Axel Schildt / Detlef Siegfried

Deutsche Kulturgeschichte

Schriftenreihe   Band 1011

Axel Schildt / Detlef Siegfried

Deutsche Kulturgeschichte

Die Bundesrepublik – 1945 bis zur Gegenwart

bpb:
Bundeszentrale für politische Bildung

Axel Schildt ist Direktor der Forschungsstelle für Zeitgeschichte in Hamburg und Professor für Neuere Geschichte an der Universität Hamburg.

Detlef Siegfried ist Associate Professor für Neuere Deutsche Geschichte und Kulturgeschichte an der Universität Kopenhagen und wissenschaftlicher Mitarbeiter der Forschungsstelle für Zeitgeschichte in Hamburg.

Diese Publikation stellt keine Meinungsäußerung der Bundeszentrale für politische Bildung dar. Für die inhaltlichen Aussagen tragen die Autoren die Verantwortung.

Bonn 2009
Lizenzausgabe für die Bundeszentrale für politische Bildung
Adenauerallee 86, 53113 Bonn
© 2009 Carl Hanser Verlag, München
Umschlaggestaltung: Michael Rechl, Kassel
Umschlagfoto: © ullstein bild – R. Dietrich. Documenta III, Kassel 1964: Frau mit Kindern vor Gemälden in der Ausstellung.
Satz: Greiner & Reichel, Köln
Druck und Bindung: CPI Ebner & Spiegel, Ulm
ISBN 978-3-8389-0011-7
www.bpb.de

Inhalt

2 Mehr Demokratie wagen. Die politische Kultur des »mündigen Bürgers« 277

3 Popularität und Performanz. Grenzüberschreitungen in Kunst und Literatur 302

Kapitel V
Kultur in der Zivilgesellschaft 1974–1982 331

1 Kultur für alle 333

Kapitel VII
Kultur zwischen deutscher Einheit und Globalisierung 1990 bis zur Gegenwart 471

Anhang

Einleitung

Der gesellschaftliche Stellenwert von Kultur hat sich in Deutschland – wie in allen modernen Staaten – in den letzten Jahrzehnten enorm erhöht. Das zeigen alle verfügbaren statistischen Daten, zuletzt der Schlussbericht einer Enquete-Kommission des Deutschen Bundestags.[1] Demnach bilden 800 000 Erwerbstätige die *creative class* der Kulturschaffenden und Kulturvermittler, hinsichtlich der volkswirtschaftlichen Wertschöpfung nahezu gleichauf mit der chemischen Industrie. Millionen Bürgerinnen und Bürger betätigen sich in zahllosen Vereinigungen musikalisch, schauspielerisch oder sportlich. Und nahezu die gesamte Bevölkerung ist Teil des massenmedialen Ensembles von Presse, Funk, Fernsehen und mittlerweile weltweiter digitaler Kommunikationsnetze.

Die damit nur umrissene hohe Bedeutung von Kultur selbst in einem – wie noch zu erläutern sein wird – zu engen Begriffsverständnis[2] wurde in zeithistorischen Überblicken zur Geschichte der Bundesrepublik nach 1945 durchaus zunehmend berücksichtigt. Nachdem in den frühen Bänden der großen Gesamtdarstellung *Geschichte der Bundesrepublik Deutschland* Kultur als illustrierender und für den »Zeitgeist« sensibilisierender Zusatz nur geringen Raum erhielt, wurden ihr im abschließenden Band über die 80er Jahre von Andreas Wirsching bereits gewichtige Partien eingeräumt.[3] Wolfgang Benz widmete in seinem zunächst drei-, dann vierbändigen Sammelwerk *Die Bundesrepublik Deutschland* der Kultur einen eigenen Band[4], auch in den neueren Überblicksdarstellungen von Manfred Görtemaker und Edgar Wolfrum werden kulturelle Trends durchgängig berücksichtigt.[5] Das Hauptgewicht lag dabei in der Regel auf der sogenannten »Alltags«– oder »populären« Kultur. Den gleichen Trend zeigen die entsprechenden Bände in der Reihe »Oldenbourgs Grundriss«. Während die Skizze von Rudolf Morsey über die Entwicklung bis 1969 die Kultur nur am Rande berührte und sein Referat zur Forschung wenig vermeldete, nimmt sie im Blick von Andreas Rödder auf die 70er und 80er Jahre einen größeren Teil ein.[6] Der fünfte Band der »Deutschen Gesellschaftsgeschichte« (1945–1989) aus der Feder von Hans-Ulrich Wehler allerdings beschränkt sich, der Gesamtkonzeption des Vorhabens folgend, auf einige wesentliche Rahmenbedingungen und kulturelle Basisprozesse.[7]

Während in jüngeren historiographischen Darstellungen der Faktor Kultur an Bedeutung gewonnen hat, bezogen besonders Literatur- und Kunsthistoriker sowie Medienwissenschaftler, die sich mit der Kultur der Bundesrepublik befassten, immer selbstverständlicher, zuweilen sehr plakativ, sozialgeschichtliche Betrachtungsweisen ein, diskutierten über politische Rahmenbedingungen für die Entwicklung der Künste und zeigten sich sensibilisiert für kulturelle Alltagsphänomene in weiterem Sinne.[8] Bei allem Informationsreichtum im Einzelnen zeigen sich allerdings mitunter Ungleichgewichte in der Betrachtung kultureller Phänomene. Während in Hermann Glasers facettenreicher Darstellung viele Geschehnisse, betrachtet vor allem im Spiegel zeitgenössischer Berichte, als Vignetten nebeneinanderstehen, geht Jost Hermand vornehmlich ideologiekritisch vor – beide Autoren sind nicht gänzlich davor gefeit, ältere Vorstellungen vom Antagonismus kulturellen Geistes und politischer Macht zu reproduzieren. Auch wenn ihre Werke wichtige Grundlinien skizzieren und zahlreiche Details beleuchten, fehlt eine konzeptionell auf dem mittlerweile erreichten zeitgeschichtlichen Forschungsstand basierende Kulturgeschichte der Bundesrepublik.

Der von uns gewählte Titel »Deutsche Kulturgeschichte« soll nicht in nationaler Emphase die westdeutsche Entwicklung als einzigen, sondern als einen der beiden deutschen Wege betrachten, die nach dem Zweiten Weltkrieg beschritten worden sind. Unsere Darstellung konzentriert sich auf den westdeutschen »Kulturraum«, der zwar nicht als isoliertes Gebiet, aber durchaus als »relativ selbständige Einheit behandelt«[9] werden kann. Die Bundesrepublik war über Jahrzehnte hinweg konfrontiert und zugleich über persönliche Kontakte sowie medial verbunden mit der DDR und einer gänzlich anderen Gesellschaftsordnung. Wenngleich Einflüsse viel stärker von West nach Ost verliefen, so gab es doch auch einige umgekehrte Wirkungen. Insofern schreiben wir zwar eine Kulturgeschichte der Bundesrepublik, aber schildern gerade deshalb an vielen Stellen parallele oder gänzlich divergente Entwicklungen in beiden deutschen Gesellschaften und verweisen auf kulturelle Interaktionen – am meisten natürlich bei der Darstellung der vereinigten west-östlichen Bundesrepublik seit 1990. Dieses Verfahren halten wir für redlicher, als den Anspruch einer »gesamtdeutschen« Darstellung zu erheben, die dann die DDR nur am Rande einbeziehen würde. Der Platz für eine deutsche Kulturgeschichte aber, die den anderen, ostdeutschen Weg nach dem Zweiten Weltkrieg verfolgt, bleibt frei.

Außer dem deutsch-deutschen Beziehungsgeflecht wird die europäische Ebene punktuell einbezogen, um transnationale westliche Einflüsse auf kulturellem Gebiet herauszuarbeiten, die zumindest in späteren Phasen der Bundesrepublik prägender gewesen sind als deutsche Gemeinsamkeiten. Dass sie häufig plakativ als »Amerikanisierung« bezeichnet wurden, verweist auf den transatlantischen Einfluss, der sich hier ebenfalls zur Geltung brachte. Seit den 60er Jahren gingen im Unterschied zur DDR auch die Kulturen migrantischer Bevölkerungsgruppen ein, zuerst vor allem aus Südeuropa. In der Entstehung einer multiethnischen Gesellschaft, aber auch transkontinentaler Kommunikation, Reisen und Arbeitsverhältnissen spiegelt sich als dritte räumliche Bezugsebene die globale Dimension, die die Kultur der Bundesrepublik zunehmend beeinflusst hat. Auch die unter dem Stichwort der »Globalisierung« verhandelten Phänomene werden in unsere Darstellung einbezogen.

Schon die wachsende ethnische Vielfalt zeigt übrigens, dass auch die »nationale« Ebene keinesfalls als sozial homogen vorzustellen ist.[10] Eine »Deutsche Kulturgeschichte« hat jeweils die soziale Herkunft und Lage, Altersunterschiede und Generationen, Geschlechterdifferenzen, das Stadt-Land-Kontinuum, aber auch die unterschiedlichen regionalen städtischen Traditionen, konfessionelle Kulturen und neben dem Ost-West-Verhältnis auch andere räumliche Konstruktionen der Abgrenzung zu berücksichtigen. Insofern muss eine Betrachtung der Kultur der Bundesrepublik sozialhistorisch informiert sein, wenn sie es nicht bei der immanenten Interpretation kultureller Phänomene belässt, sondern diese in Kontexten erzählen will.

Eine Kulturgeschichte der Bundesrepublik ist erstens im Blick auf ältere deutsche Traditionen der »Bürgerlichkeit«[11] und aus der Zwischenkriegszeit der Weimarer Republik und des »Dritten Reiches« herrührende Kontinuitäten sowie hinsichtlich der langen Schatten des Zweiten Weltkrieges zu betrachten; diese fallen vor allem in den ersten beiden Nachkriegsjahrzehnten markant auf, wirkten aber auch danach untergründig weiter. Zweitens muss die besondere deutsch-deutsche Abgrenzung und Verflechtung im Rahmen des Kalten Krieges auch für kulturelle Prägungen Beachtung finden – zuletzt als nachwirkender Faktor in der »Vereinigungsgesellschaft« seit den 90er Jahren. Drittens schließlich ist die Bundesrepublik transnational, vor allem in europäischer Dimension, zu verorten in der Moderne oder »Hochmoderne«[12] mit ihren kulturellen Ähnlichkeiten – etwa des Konsums und der Medien – und neuen nationalen Abgrenzungen. Dabei fällt der vorgeschlagene Endpunkt eines Jahrhunderts der »Hochmoderne« um 1970 in die Mitte unseres Untersuchungszeitraums, über die historiographische Konzeptionierung der Zeit seither hat die Diskussion gerade erst begonnen.[13] Insofern verstehen wir die »Deutsche Kulturgeschichte« auch als Beitrag zu einer nur in einem größeren Verbund zu erarbeitenden europäischen Kulturgeschichte der neuesten Zeit.[14]

Dass Kultur mehr meint als die »schönen Künste«, Religion und Bildung, ist mittlerweile ein Gemeinplatz. Doch die gegenteilige Auffassung, eine Begrenzung des Kulturbegriffs auf diese Kernbereiche, klang im Verständnis deutscher Traditionen[15] diskursiv lange nach, weit bis in die Zeit der Bundesrepublik hinein – umgangssprachlich bis heute. Erst seit den 60er Jahren wurde die Trennung von geistiger Kultur und materieller Zivilisation nachhaltig irritiert – und dies wiederum als weltweiter Prozess. In der Erklärung der UNESCO-Weltkonferenz über Kulturpolitik in Mexico-City 1982 wurde Kultur als »Gesamtheit der unverwechselbaren geistigen, materiellen, intellektuellen und emotionalen Eigenschaften« angesehen, »die eine Gesellschaft oder eine soziale Gruppe kennzeichnen, und die über Kunst und Literatur hinaus auch Lebensformen, Formen des Zusammenlebens, Wertesysteme, Traditionen und Überzeugungen umfasst.«[16] Es scheint symptomatisch, dass sich im gleichen Zeitraum, in dem progressive Kulturpolitiker das Konzept der »Soziokultur« als Mittel zur »Demokratisierung der Kultur« propagierten[17], in den Geistes- und Sozialwissenschaften ein »Cultural Turn« vollzog[18], der schließlich auch die in dieser Hinsicht nicht traditionslose deutsche Geschichtswissenschaft erfasste.[19] Kulturgeschichte wurde allerdings wohl nur in der englischsprachigen Welt »zur dominierenden Form historischen Forschens und Schreibens«[20], womit kein kohärenter theoretischer Ansatz, sondern eine in sich vielfältig schillernde Strömung bezeichnet ist. Ihr kleinster gemeinsamer Nenner besteht in der Akzentverlagerung von der Annahme der Wirkkraft großer gesellschaftlicher Strukturen zur Einsicht, dass diese nur in kulturellen, nicht zuletzt sprachlichen, Repräsentationen Existenz gewinnen können und selbst von kulturellen Faktoren beeinflusst werden. In diesem Sinne geht es nicht um ein neues Themenfeld, sondern um neue Perspektiven historischer Betrachtung.[21] Nicht die »objektiven« Strukturen, sondern die »subjektiven« Erfahrungen und Wahrnehmungen von Individuen und Gruppen kennzeichnen demnach kulturhistorische Ansätze. Die zähen Diskussionen darüber, ob die Kulturgeschichte die Sozialgeschichte ersetzen könne oder »nur« ergänzen solle, konnten – je nachdem, wie das Kulturelle definiert wurde – insofern zu keinem abschließenden Ergebnis kommen. Allerdings ist mit der kulturhistorischen Akzentverlagerung, dass Kultur alles umgreife, was die Menschen aus sich und ihrer Welt machen, was sie dabei denken und sprechen, eine thematische Hinwendung zu lange Zeit in der Geschichtswissenschaft eher randständigen ästhetischen Dimensionen gesellschaftlicher Entwicklung verbunden. Mittlerweile ist die Kulturwissenschaft auch für die Zeitgeschichtsforschung zu einer beachtlichen Referenzgröße geworden.[22]

Kulturhistorische Perspektiven haben zuerst unter dem Banner der »Alltagsgeschichte« in die Sozialgeschichte Einzug gehalten; sie firmieren bisweilen auch unter dem etwas sperrigen Begriff der »Alltagskulturgeschichte« (Martin Dinges). Der Alltag in all seinen Facetten, Lebensstile, ästhetische Präferenzen im weiteren Sinne und das Feld populärer Kultur haben ein großes und kaum zu überblickendes Forschungsgebiet entstehen lassen.

Der Begriff der »politischen Kultur« verweist auf das subjektive Ambiente des politischen Systems.[23] Wegen seines nur vage zu bestimmenden Gehalts wurde er in der Geschichtswissenschaft eher zögerlich verwandt. Mittlerweile werden allerdings Ansätze einer »Kulturgeschichte des Politischen« und einer »Neuen Politikgeschichte« diskutiert, in der die symbolische Repräsentation nicht mehr länger als Appendix des politischen Systems, sondern Performanz als das Wesentliche von Politik verstanden wird. Der Pomp von Staatsbesuchen, die Ausgestaltung von Heldenfeiern, die Rituale der Demission von Politikern[24] und insgesamt das Verhältnis der Politik zur medialen Öffentlichkeit sind ins Zentrum der Aufmerksamkeit gerückt.[25] Und schließlich wagen sich auch Zeithistoriker bisweilen in die Bezirke der Künste, analysieren den Kulturbetrieb und ziehen immer öfter literarische Quellen heran – allerdings in der Regel lediglich in illustrierender Absicht.

Unsere »Deutsche Kulturgeschichte« profitiert von der skizzierten Akzentverschiebung zu kulturalistisch informierten Ansätzen. Wir teilen die damit verbundene weite Auffassung von Kultur, ohne deshalb eine Identität von Kultur, Gesellschaft und Politik anzunehmen. Uns geht es nicht um eine »Neue Kulturgeschichte« strenger Observanz, bei der alles in der praktischen Tätigkeit aufgehen würde.[26] Vielmehr finden auch die Produkte kultureller Praxis – von Automobilen und Möbeln bis hin zu Gedenkstätten, philosophischen Systemen und Gemälden Beachtung. Ausdrücklich beziehen wir die vermeintlich spröde Materie wirtschaftlicher, sozialer und politischer Basisprozesse so weit ein, wie dies für das Verständnis kultureller Zusammenhänge notwendig ist. Unser Ansatz beruht auf der Annahme einer Interdependenz gesellschaftlicher und kultureller Prozesse. Dabei legen wir unserer Darstellung eine idealtypische Unterteilung in Alltags- und Populärkultur, politische Kultur und die Künste zugrunde, die alle Kapitel gleichermaßen strukturiert und eine Erzählung so anlegen lässt, dass lange Linien der Kontinuität, aber auch die Parallelität oder Ungleichzeitigkeit von Bruchstellen entdeckt werden können.

Im Bereich der Alltagskultur berücksichtigen wir milieuhaft differenzierte Lebensstile in der häuslichen Sphäre der »Wohnkultur«, im Konsum und in der Freizeit, die wiederum nicht gänzlich von der Arbeitswelt isoliert werden kann. Vom Sport und Kinobesuch bis zum Kirchgang und Urlaubstourismus sollen möglichst viele Aspekte einbezogen werden. Einen durchgängigen Strang der Darstellung populärer Kultur bilden die massenhaft verbreiteten Medien im Printbereich – von den Tageszeitungen bis zu den Comics –, Radio und, später hinzukommend, Fernsehen sowie Internet. Auch hier umfasst die Betrachtung nicht allein die Rezipienten, sondern ebenso die Sendeanstalten, Programme, die mediale »Hardware« wie den Besitzstand vom Rundfunkgerät bis zum PC.

Die Darstellung der Kultur des Politischen umgreift die Repräsentation des Staates auf allen Ebenen, etwa in der Gedenkpolitik, die sich erweiternde Partizipations- und Diskussionskultur der Bundesrepublik von Wahlen und Demonstrationen bis zu den »Neuen Sozialen Bewegungen«. Besondere Aufmerksamkeit richten wir auf die großen politischen Debatten von der Wiederbewaffnung in den 50er Jahren bis zu den Wertediskussionen seit den 80er Jahren.

Die Künste – der angesichts allgemeiner Verbreitung nicht restlos vermeidbare Wertbegriff der »Hochkultur« oder »Höhenkammkultur« trifft seinen Gegenstand immer weniger, auch wenn es nach wie vor nicht »populäre« kulturelle Segmente gibt – werden von uns als gleichrangiges Themenspektrum behandelt. Literatur, Bildende Kunst, Film, Musik, Theater, Museum, Design, Architektur bilden dabei zugleich Bestandteile des »Kulturbetriebs«. Für die Darstellung der künstlerischen Entwicklungen können wir uns am wenigsten auf vorliegende zeitgeschichtliche Deutungsmuster stützen, allerdings liegen gute historische Darstellungen benachbarter Disziplinen in ausreichender Zahl vor.

Dass der von uns gewählte Aufbau der Darstellung nicht ohne Probleme ist, sowohl im Blick auf die Historizität des Ästhetischen als auch angesichts der Verschiebungen im Verhältnis von politischer Kultur und Kunst, bleibt unbestritten. Was zum Beispiel in den frühen Jahren der Bundesrepublik von intellektuellen Zeitgenossen als Kitsch verdammt wurde, mochte später Kunststatus gewinnen[27], die Politisierung der Künstler und Schriftsteller in bestimmten Phasen der Bundesrepublik ebenso wie ihre »Entpolitisierung« in anderen Zeiten oder die Alltag, Politik und Kunst überwölbende Bedeutung der ethnischen Vielfalt in den Großstädten lässt eine strikte Zuordnung von Themen in einen unserer durchgängigen Strukturbereiche nicht zu. Wir haben gar nicht erst versucht, unsere Verortungen umständlich zu rechtfertigen, sondern haben jeweils pragmatisch danach entschieden, was uns narrativ vorteilhaft erschien. Dieses Verfahren war schon deshalb geboten, weil sich das Verständnis dessen, was Kultur sei, in den sechs Jahrzehnten nach dem Zweiten Weltkrieg grundsätzlich wandelte.

Dies spricht auch für einen möglichst weiten Zugriff auf die kulturellen Dimensionen des Alltags, der Politik und auf die künstlerischen Entwicklungen. Dabei gehen wir davon aus, dass der kulturelle Wandel nicht von einem gesellschaftlichen Wandel abzuleiten ist, sondern dieser selbst bereits Teil des kulturellen Wandels ist und sich gleichzeitig in ihm abbildet. In der Geschichte der Bundesrepublik vollzog sich – mit enormen kulturellen Auswirkungen – eine tiefgreifende Transformation von einer klassischen modernen Industriegesellschaft mit traditionalen Zügen zu einer »postindustriellen« Gesellschaft mit weiterer Ausdifferenzierung von Sozialmilieus und einer neuen Qualität der Individualisierung; in diesem Prozess fielen die zuvor strikt gezogenen Grenzen von niederer »Massenkultur« und hoher geistiger Kultur. Damit einhergehend wandelte sich die Kultur einer klassischen repräsentativen zur partizipativen Demokratie der »Konsumbürger« mit sehr wechselhafter Bereitschaft zum Engagement.

Um einen leichten Zugang zur Lektüre zu ermöglichen, basiert der Band auf einer chronologischen Grundstruktur. Aus pragmatischen Gründen werden manche häufig wiederkehrenden Themenfelder nicht immer wieder neu aufgerollt, sondern in derjenigen Periode, in der sie von besonderer Bedeutung sind, eingehender behandelt – mitunter mit einem Vorlauf bzw. Ausblick auf vorgängige oder spätere Ausprägungen. Andere Themenbereiche, vor allem die Medialisierung[28] und die Konsumkultur[29], werden hingegen häufiger und an verschiedenen Entwicklungspunkten angesprochen. Ein enzyklopädisches Vorgehen ist nicht intendiert. Obwohl viele Aspekte angesprochen werden, musste immer wieder ausgewählt werden, längst nicht alle wichtigen Akteure und Geschehnisse konnten Berücksichtigung finden. Es geht uns vielmehr um die Nachzeichnung von Grundlinien, die durch markante Beispiele verdeutlicht werden, die zugleich die Variationsbreite, das Spektrum von Möglichkeiten, die Kontexte erkennen lassen.

Wir haben uns entschieden, die Kulturgeschichte der Bundesrepublik in sieben zeitliche Abschnitte zu gliedern, denen jeweils ein Kapitel gewidmet ist. Die gewählten Zäsuren besitzen keinen kanonischen Charakter und kombinieren markante politische Einschnitte wie 1949 und 1990 mit eher weichen kulturhistorischen Dimensionen, etwa der Transformation zur Konsum- und Mediengesellschaft, und mit arbeitspragmatischen Gesichtspunkten der Einteilung. Dass eine Kulturgeschichte der Bundesrepublik nicht 1949 beginnen kann, sondern mit dem Kriegsende 1945 und der Besatzungszeit beginnen muss, setzen wir als selbstverständlich voraus.

Kapitel I bis III hat Axel Schildt, Kapitel IV bis VI Detlef Siegfried geschrieben, das Schlusskapitel wurde gemeinsam verfasst. Die Kapitel behandeln in sich jeweils wiederholender Dreiteilung Alltags- und Popularkultur, politische Kultur und die Künste sowie bildungsbürgerliche Diskurse um die »Hochkultur«:

- Im ersten Kapitel (1945–1949) geht es um die Kultur in der »Zusammenbruchsgesellschaft« (Christoph Kleßmann). Thematisiert werden kulturelle Kontinuitäten und Wandlungen vor dem Hintergrund einer erodierten und unter neuem Vorzeichen provisorisch restituierten politischen, ökonomischen und infrastrukturellen Ordnung. Dabei wird verdeutlicht, welch enormer Stellenwert der Kultur als moralischem Überlebensmittel zukam.
- Das zweite Kapitel (1950–1957) behandelt die Kultur im Wiederaufbau zwischen Traditionalismus und Modernisierung, den Übergang von der Not zur kärglichen »Normalisierung« des Alltags, die auf der politischen Kultur liegenden langen Schatten deutscher Vergangenheiten, die allmähliche normative Verwestlichung – bis hin zur Kanonisierung der Abstraktion in der Bildenden Kunst.
- Das dritte Kapitel (1958–1965) befasst sich mit der Kultur in der aufziehenden Konsumgesellschaft, die sich mit einem ungekannten Wohlstand für breite Teile der Bevölkerung verband und um das Fernsehgerät herum eine medial zementierte Häuslichkeit ausprägte. Zugleich politisierten sich in eben diesem Zeitraum die Schriftsteller und Künstler mit erstaunlicher Vehemenz – lange vor 1968!
- Das vierte Kapitel (1966–1973) untersucht den sich beschleunigenden kulturellen Wandel, der durch einen generationell bedingten »cultural lag« mitunter polarisierte und von der Medienöffentlichkeit spektakulär inszenierte und politisierte Formen annahm. In diesem Zeitraum erreichte die Politisierung der Künste und die Überwindung von »hoher« und »niederer« Kultur ihren programmatischen Höhepunkt.
- Das fünfte Kapitel (1974–1982) zeichnet die kulturellen Folgen des zwischen den frühen 60er Jahren und den mittleren 70er Jahren vonstatten gegangenen »Wertewandelsschubs« (Helmut Klages) im Spannungsverhältnis zwischen zivilgesellschaftlicher Stabilisierung und temporären Gefährdungen nach.
- Das sechste Kapitel (1983–1989) befasst sich mit der Kultur in der Spätphase der »alten« Bundesrepublik, die nach dem »Abschied vom Provisorium«

(Andreas Wirsching) ein stabiles Selbstbild entwickelt hatte. Über den Umweltschutz, über geschichtspolitische Themen – etwa beim »Historikerstreit« – wurde heftig diskutiert, aber dies vollzog sich unter Anerkennung
und Ausweitung des pluralistischen Spektrums zwischen der Propagierung
einer »geistig-moralischen Wende« und den Konturen einer »Erlebnisgesellschaft« (Gerhard Schulze).

– Das siebte Kapitel (von 1990 bis zur Gegenwart) schließlich stellt die kulturellen Umbrüche dar, die mit der Wiedervereinigung einhergingen. Der
Spannungsbogen reicht von westdeutscher Delegitimation des künstlerischen Schaffens in der DDR bis zur »Ostalgie«, die nach einer kurzen Phase
deutsch-deutscher Begeisterung einzog. Mit kurzem Abstand zeigte sich,
dass die größere Bundesrepublik mit den Folgen einer Globalisierung umzugehen hatte, die so unterschiedliche Phänomene wie etwa das Internet,
den Ferntourismus oder kulturelle Konflikte mit Migrationskulturen im
»Einwandererland« Deutschland einschloss. Wir haben das letzte Kapitel
bewusst nicht als essayistisches Ausblickskapitel konzipiert, es ist sogar
das umfangreichste von allen und nicht weniger dicht belegt. Allerdings
ließ sich dabei kaum auf geschichtswissenschaftliche Studien und bereits
diskutierte Deutungsmuster zurückgreifen. Wir stützen uns hier in starkem Maße auf Arbeiten aus anderen geistes- und sozialwissenschaftlichen
Fächern und auf publizistische Stimmen der Zeitgenossen. Bei der Historisierung neuester Zeitgeschichte an der Kante zur Gegenwart potenzieren
sich die methodischen Probleme der Auswahl, Gewichtung und Deutung
kultureller Phänomene, weil diese noch selbst, aber je nach Standort, nicht
zuletzt der Generationszugehörigkeit, sehr unterschiedlich erlebt worden
sein mögen. Allerdings macht dies auch den subjektiven Reiz eines historischen Blicks auf die vergangenen Jahre, auf die unmittelbare Vorgeschichte
der Gegenwart aus, die damit zugleich für künftige geschichtswissenschaftliche Forschungen als Feld in einem ersten Zugriff aufgebrochen wird.

Die »Deutsche Kulturgeschichte« soll als Überblickslektüre ebenso nützlich
sein wie als Studienbuch, wobei zur besseren Lesbarkeit die Anmerkungen
mit weiterführender – in aller Regel der neuesten – Literatur am Ende der
Darstellung platziert wurden. Der Vertiefung dienen zudem eine kleine an-
notierte Bibliographie sowie ein Personen- und Ortsregister.

Kapitel I
Nach dem Krieg: Zäsuren, Aufbrüche und Kontinuitäten 1945–1949

Über kaum etwas ist so lange und so ausdauernd gestritten worden wie über die richtige Begrifflichkeit für das Ende des Zweiten Weltkrieges. War es eine »Stunde Null«, überwogen die Kontinuitäten oder die Neuanfänge und Aufbrüche, handelte es sich um einen »Zusammenbruch« oder um eine »Befreiung«? Die »Stunde Null«, die metaphorisch das Kriegsende am 8. Mai 1945 bezeichnet, hat eine lange Karriere hinter sich.[1] Wann der Begriff in der Nachkriegszeit erstmals Verwendung fand, ist unklar, aber schon 1947 gab Roberto Rosselini einem Film, der in den Trümmern Berlins spielte, den Titel *Germania nell' anno zero*. Als Symbol für die welthistorische Zäsur und für die Planungen der siegreichen Alliierten, die in ihren Besatzungszonen einen vollständigen politischen und kulturellen Neubeginn beabsichtigten, passt der Begriff.[2] Und er passt in lokaler Perspektive auch auf die Bombardierungen von Städten, die allerdings auf jeweilige Daten noch im Krieg verweisen. Allerdings erhielt der Bezug auf eine »Stunde Null« in späteren Bekundungen nicht selten einen apologetischen Beiklang, der annehmen ließ, die nationalsozialistische Vergangenheit sei plötzlich über Nacht verschwunden gewesen. Die Rede von der »Stunde Null« verband sich mit dem Mythos eines Wiederaufbaus aus dem Nichts, des deutschen Wiederaufstiegs wie Phönix aus Schutt und Asche.

Je nach Blickwinkel erhält man immer wieder gänzlich verschiedene Bilder vom Kriegsende. Der Untergang des nationalsozialistischen Regimes, das in seinem Todeskampf den Terror sogar gegen die eigenen »Volksgenossen« ausübte, wenn sie nicht mehr für den »Endsieg« sterben wollten[3], markierte zweifelsfrei eine tiefgreifende Zäsur; Todesangst wich der Erleichterung. Aber diese mischte sich auch mit Trauer: Sieben Millionen Deutsche waren im Krieg getötet worden. Die Schlacht von Stalingrad mit dem Untergang einer ganzen Armee, aber auch die Bombenangriffe auf Hamburg und Dresden mit etwa 35 000 bzw. 25 000 Todesopfern wurden zu Symbolen einer nachhaltigen Traumatisierung.

Tiefe Niedergeschlagenheit war weit verbreitet[4]. Deutschland hatte den Krieg verloren; die Propaganda des NS-Regimes, die bis zuletzt den ›Endsieg‹ beschworen hatte und der viele lange und manche bis zuletzt geglaubt hatten, war als Lügengebilde entlarvt. Auf die nationalistische Hybris folgte moralischer Katzenjammer. Das Gefühl, befreit zu sein, mochte angesichts der völlig ungewissen Zukunft nur eine kleine Minderheit der Bevölkerung teilen, an erster Stelle diejenigen, die in Zuchthäusern und Konzentrationslagern überlebt hatten oder im Widerstand gewesen waren. Dass das Kriegsende für den Westen Deutschlands zugleich den Weg zu einer stabilen Demokratie und zu ungekanntem Wohlstand eröffnete, lag 1945 außerhalb jeglichen Erwartungshorizonts. Über Jahrzehnte blieb der Begriff der »Befreiung« in der öffentlichen Erinnerung der Bundesrepublik tabuisiert. Stattdessen war stets von »Zusammenbruch« die Rede, weil das Kriegsende mit dem schmerzlich empfundenen Verlust östlicher Reichsgebiete und der Teilung in zwei Staaten verbunden wurde. Erst 1985, kurz vor dem Ende der deutschen Zweistaatlichkeit, hat der damalige Bundespräsident Richard von Weizsäcker in einer bemerkenswerten Rede das Kriegsende auch als »Befreiung« in objektivem Sinne bezeichnet.[5]

Für viele Zeitgenossen waren nicht nur Apathie und Hoffnungslosigkeit bestimmend, sondern neue Sorgen traten hinzu. Die ehemaligen Träger und Nutznießer des »Dritten Reiches« mussten eine harte Bestrafung fürchten. Welches Schicksal die Kriegsgefangenen, zumal im Osten, erwartete, war völlig ungewiss; und der größte Teil der Bevölkerung war von sozialer Misere betroffen: Hunger, Obdachlosigkeit der Ausgebombten und Evakuierten sowie überfüllte Behelfswohnungen prägten den Alltag. Besondere Not litten diejenigen, die in der Schlussphase des Krieges aus den deutschen Ostgebieten geflohen oder nach dem Krieg von dort vertrieben worden waren und sich nun in einer fremden Umgebung zurechtfinden mussten. Die erste Volkszählung in der Bundesrepublik (1950) ermittelte bei einer Bevölkerung von 50,2 Millionen 7,9 Millionen Vertriebene und 1,5 Millionen aus der Sowjetischen Besatzungszone (SBZ) zugewanderte Menschen. In der SBZ war der Anteil an Vertriebenen 1949 noch höher als in den Westzonen, am höchsten lag er in Mecklenburg-Vorpommern mit 43,3 Prozent der Bevölkerung, danach folgte Schleswig-Holstein in der Britischen Zone mit 33,2 Prozent. Der Flüchtling, Sammelbezeichnung für alle herumirrenden Bevölkerungsgruppen, avancierte zur bestimmenden »Gestalt einer Zeitenwende« (Elisabeth Pfeil).

Die Schwelle von der schlechten zur guten Zeit bildete auch rückblickend nicht das Kriegsende, sondern die »Normalisierung« der Lebensumstände, vor allem infolge der Währungsreform von 1948, und das Sich-wieder- und -neueinrichten in eigenen vier Wänden ohne erzwungene Nähe zu anderen Mietern und Untermietern im behelfsmäßigen Quartier.

Die »Stunde Null« als Bezeichnung für das Jahr 1945 stand aber nicht nur im Kontrast zur anhaltenden sozialen Not, sondern auch zu vielen institutionellen und personellen Kontinuitäten. In Universitäten, Vereinen, Kirchen, überall wurde – oft versehen mit dem Pathos des Neubeginns – auf Altvertrautes zurückgegriffen. Und obgleich die Traditionsbestände aus unterschiedlichen Zeiten stammten, ließen sich die vorangegangenen zwölf Jahre nicht ausklammern. Die seit der Jahrhundertwende Geborenen hatten entscheidende Jahre ihrer beruflichen Karriere im »Dritten Reich« erlebt, die um 1920 Geborenen hatten die meisten Soldaten für die Wehrmacht gestellt, die zehn Jahre später geborenen Jahrgänge waren in Hitler-Jugend und BDM der nationalsozialistischen Indoktrination ausgesetzt gewesen.

Das NS-Regime hatte große Unterstützung in allen Altersgruppen erfahren, eine *re-education* wurde für unabdingbar gehalten. Aber selbst diejenigen, die wegen ihrer Betätigung für das »Dritte Reich« von den Alliierten dauerhaft ausgeschaltet werden sollten, konnten in der Regel nach kurzer Unterbrechung ihre Karrieren fortsetzen. In welchem Verhältnis dabei erzwungene äußere Anpassung und selbstkritische Lernprozesse standen, ist kaum auszumachen. Häufig setzte eine allmähliche Umorientierung bereits nach der Kriegswende von Stalingrad ein, allerdings war sie nach der Währungsreform noch längst nicht abgeschlossen.[6]

1 Kultur in Trümmern – Alltag in der Nachkriegszeit

Die Flüsterpropaganda in der Agonie des »Dritten Reiches« hatte die Bevölkerung auf schreckliche Notzeiten vorbereitet: »Genießt den Krieg, der Frieden wird furchtbar sein!« hieß eine der kolportierten Parolen. Fast bis zuletzt hatte die Führung des NS-Regimes eine ausreichende Versorgung der »Heimatfront« sicherstellen können – auf Kosten der brutalen Ausplünderung besetzter Gebiete. In den ersten drei Nachkriegsjahren herrschte bittere materielle Not.[7] Als die Alliierten – für »Normalverbraucher« – einen Tagessatz von 1500 Kalorien festsetzten, bedeutete dies keineswegs eine Verbesserung gegenüber der Kriegszeit. Von 1500 Kalorien konnte zwar niemand auf Dauer leben, aber in Verbindung mit der durch Auslandshilfe ermöglichten Speisungen für Schulkinder, dem Anbau von Gemüse in Kleingärten, »Hamsterfahrten« der Städter aufs Land, um Schmuck, Kleider und andere Habseligkeiten gegen Lebensmittel zu tauschen, oder dem riskanten Besuch des – selbstverständlich verbotenen – Schwarzmarkts reichte es knapp zum Überleben. Allerdings konnte nicht jeder die hohen Preise, als Währung galten meist amerikanische Zigaretten, bezahlen; der amtlich festgesetzte Preis für ein Pfund Butter betrug im Februar 1946 in der Britischen Zone 1,80 RM, auf dem Schwarzmarkt 250 RM.[8] Eine segensreiche Rolle spielte die humanitäre Hilfe von Organisationen vor allem skandinavischer und westeuropäischer Nachbarländer sowie der USA. In der verklärten Erinnerung wurden die sogenannten Care-Pakete mit hochwertigen Lebensmitteln, Dosenfleisch, Kaffee, Schokolade zum kollektiven Symbol westlicher Hilfe, selbst wenn nur ein kleiner Teil der Haushalte sie erhielt.[9]

Die Lage spitzte sich dramatisch zu, als im Frühjahr 1946 die auf Lebensmittelkarten zugeteilten Rationen gekürzt wurden, z. B. in der Britischen Zone auf 1100 Kalorien; in dieser Situation nutzten auch die zahllosen Rezepte, wie aus den Mehlzuteilungen schmackhafte Suppen oder aus allerlei Kräutern »Wildgemüse« zu bereiten sei[10], nur noch wenig. Die zu geringe und nährstoffarme Nahrung führte zu einem allgemeinen Absinken der Arbeits- und Leistungsfähigkeit und zu erhöhter Krankheitsanfälligkeit, etwa einer besorgniserregenden Zunahme der Tuberkulose.

Am längsten dauerte die Überwindung der materiellen Schäden. 1,3 bis 2 Millionen Tonnen Bombenlast waren im Krieg über Deutschland abgeworfen worden, 400 bis 600 Millionen Kubikmeter Schutt und Trümmer bildeten in den Städten bizarre Landschaften. Schon vor dem Zweiten Weltkrieg hatte es einen Fehlbestand von mehr als einer Million Wohnungen gegeben, der sich durch den 1939 dekretierten Baustopp für zivile Vorhaben noch erhöht hatte, bevor dann in der zweiten Kriegshälfte die alliierten Bombenangriffe ganze Stadtteile in Schutt und Asche legten. Der Zerstörungsgrad betrug in vielen Städten an Rhein und Ruhr mehr als zwei Drittel der Bausubstanz, in Hamburg und Berlin mehr als die Hälfte. Schätzungen besagen, dass auf dem Gebiet der späteren Bundesrepublik zwischen 18 und 24 Prozent aller Wohnungen total zerstört worden waren; nur wenig mehr als die Hälfte galt als völlig unzerstört.[11] Am schlimmsten stellte sich die Lage in der britischen Zone wegen der dort liegenden schwer betroffenen Industrieregionen dar. Hier ermittelten Statistiker 1946, dass einer Person durchschnittlich 6,2 Quadratmeter zur Verfügung standen; in der französischen waren es 9,4, in der sowjetischen 9,0 und in der US-Zone 7,6 Quadratmeter. Die Einengung oder gar der Verlust der Privatsphäre prägten die Lebensstile.

Die Wohnungsnot traf Flüchtlinge und Vertriebene besonders hart. Sie litten aber nicht allein an materieller Not, sondern häufig auch unter der hartherzigen Haltung der einheimischen Bevölkerung. Obwohl die »Volks- und Leistungsgemeinschaft« als Garant für den Sieg von den Nationalsozialisten beschworen worden war, regierte nun tatsächlich eine informelle Empathie-Skala. Auf dieser rangierten ganz oben das eigene und das Leid der Familienangehörigen, dann folgten Freunde, Studien- und Arbeitskollegen, Nachbarn und erst weit dahinter die »Landsleute aus dem Osten«, die als Konkurrenten um knappen Wohnraum und als zusätzliche Esser meist nicht gern gesehen waren und allenfalls als gering entlohnte Helfer in der Landwirtschaft benötigt wurden. Die Integration der Vertriebenen gestaltete sich schwierig und war eine Sache mehrerer Generationen.[12] Ganz unten auf der Rangliste des Mitleids allerdings, noch

Ein GI in den Trümmern des Kölner Doms, Frühjahr 1945

weit hinter den Vertriebenen, rangierten, wie aus zahllosen lokalen Quellen hervorgeht, die überlebenden Opfer des NS-Regimes, Entlassene aus Konzentrationslagern und Zuchthäusern sowie ehemalige ausländische Zwangsarbeiter, die nun als Displaced Persons auf ihre Repatriierung oder die Auswanderung nach Übersee warteten.

Nicht nur von materieller Not, auch von moralischem Zerfall war vor diesem Hintergrund vielfach die Rede. Es war keineswegs verwunderlich, dass das Kriegsende zur »Stunde der Kirchen« wurde. Die Religion fungierte auch für viele Menschen, die zuvor kirchenfern gelebt hatten, als Trostspenderin in tiefer Not. Hinzu kam, dass die Kirchen als einzige Institutionen galten, die, abgesehen von wenigen »schwarzen Schafen«, die Zeit des »Dritten Reiches« moralisch intakt überstanden hatten. Die Alliierten gaben ihnen das Recht, sich selbst zu entnazifizieren, was sie allerdings weitgehend unterließen. Stattdessen machten sie sich sehr erfolgreich zum Anwalt des gesamten Volkes, das als Opfer sinistrer Mächte präsentiert wurde. Zugleich erfüllten die Kirchen eine eminent wichtige Aufgabe sozialer Integration – mit traditionellen karitativen Initiativen, etwa der Bahnhofsmission oder der Ausgabe von Essen und Kleidung in Flüchtlingslagern. Besonders stark war das kirchliche En-

Moralische Misere

gagement für Vertriebene und Flüchtlinge. Die »Ostpfarrer«, aus den ehemaligen deutschen Ostgebieten stammende Geistliche, stellten insbesondere in etlichen evangelischen Landeskirchen ein erhebliches Kontingent der kirchlichen Bediensteten.[13] Auch die einheimische Bevölkerung strömte wieder in die Kirchen, wobei die Erinnerung an überfüllte Gotteshäuser damit zusammenhängt, dass viele Kirchen im Bombenkrieg zerstört worden waren und häufig Notbehelfe, etwa die Benutzung der verbliebenen Räumlichkeiten durch beide große christliche Konfessionen, gefunden werden mussten. In der hannoverschen evangelischen Landeskirche z. B. waren von ursprünglich etwa 1000 Gotteshäusern 336 unbenutzbar. Immerhin wurden die zur Verfügung stehenden Kirchen nach 1945 wieder beheizt; im letzten Kriegswinter hatte das NS-Regime den meisten Gemeinden keine Bezugsscheine für Kohlen mehr bewilligt.[14]

Sozialwissenschaftler warnten vor der Auflösung des familiären Zusammenhalts. Durch die hohen Verluste im Krieg und die Gefangenschaft von anfangs 12 Millionen Soldaten (vier Fünftel davon waren allerdings bis 1947 wieder entlassen worden) musste in vielen Familien die Ehefrau die Verantwortung für den Existenzkampf übernehmen. Die damit einhergehenden unfreiwilligen weiblichen Emanzipationsprozesse sind sogar als »stille Kulturrevolution« bezeichnet worden.[15] Zumindest hatte der Krieg die Geschlechterverhältnisse durcheinandergewirbelt. Noch 1950 standen jeweils 100 Frauen von 25 bis 39 Jahren 81 Männer dieses Alters gegenüber. Dies hatte zur Folge, dass viele Frauen wesentlich ältere Männer heirateten als in »normalen« Zeiten und dass jede vierte ungewollt unverheiratet blieb.[16]

Soziologen prägten den Begriff der »bindungslosen Jugend« (Curt Bondy), der sich nicht nur auf die aus der Bahn geworfenen heimat- und berufslosen Jugendlichen bezog, sondern allgemein als Kennzeichnung der um 1930 geborenen Generation diente. Nach repräsentativen Umfragen zehn Jahre nach Kriegsende war bei drei Vierteln der Jugendlichen der Vater Soldat gewesen, bei einem Viertel gestorben; lebte er noch, war er bei mehr als der Hälfte der Befragten länger als vier Jahre abwesend gewesen. Allenthalben war von der »vaterlosen Gesellschaft« die Rede, wobei dies auch Probleme einschloss, die sich daraus ergaben, dass viele Soldaten mit psychischen Leiden aus dem Krieg zurückkehrten, sich an den Frieden und ihre veränderte Rolle in den Familien nicht gewöhnen konnten. Als die Zivilgerichte ihre Arbeit, die seit 1943 weitgehend geruht hatte, wiederaufnahmen, kam es zu einer enormen Scheidungswelle, die bis 1950 anhielt. Vor diesem Hintergrund war die »Verwilderung« und Kriminalität von Teilen der Jugend, die in der großstädtischen Agonie des Bombenkriegs schon dem NS-Regime Sorgen bereitet hatte, ein immer wieder diskutiertes Problem in der Nachkriegszeit.[17]

In vielen Familien waren die älteren Kinder und Jugendlichen gezwungen, sich am materiellen Überlebenskampf zu beteiligen. Wenn sie etwa – was streng verboten war – auf Züge sprangen und Kohlen einsammelten, um für die Winterfeuerung in kalten Notquartieren zu sorgen, dann war das kein Abenteuerspiel, sondern bittere Notwendigkeit, erwachsene Tat einer »Jugend ohne Jugend«. Allerdings ergäbe sich doch ein sehr unvollständiges Bild, wenn nicht auch die Lebenslust und das kriegsbedingte Nachholbedürfnis in Rechnung gestellt würden, zu lesen, Sport zu treiben, zu tanzen, die freie Zeit mit Gleichaltrigen zu verbringen. Dass auch hier bereits sozialkulturelle Differenzierungen zu beachten sind, verdeutlicht etwa die in großstädtischen Kellern gepflegte Jazz-Kultur, die durchaus an die bürgerliche Swing-Begeisterung der Kriegszeit anknüpfte[18] und deren elaborierte Stile[19] wohl eher den akademischen Nachwuchs als Arbeiterjugendliche ansprachen. Die freizeitkulturelle Seite jugendlichen Lebens in der Nachkriegszeit ist gleichwohl weitgehend von Erinnerungen der Zeitzeugen an die materielle Not überdeckt.[20] Häufig erinnern sich damalige Kinder und Jugendliche nur daran, dass sie es waren, die das Fraternisierungsverbot zwischen den Besatzungssoldaten und der einheimischen Bevölkerung als Erste durchbrachen, Kaugummi und Schokolade zum Beispiel für Botengänge und andere Dienstleistungen erhielten. Britische Soldaten durften etwa in Flensburg seit Juni 1945 mit Kindern spielen, und bisweilen gab es, wie in allen Städten, engere Kontakte zwischen ihnen und deutschen Mädchen, was andere wiederum für »unter ihrer Würde« hielten.[21] Angesichts dessen, dass nur ein geringer Teil der Bevölkerung direkten Kontakt zu alliierten Militärangehörigen hatte – in der US-Zone kamen im Dezember 1946, also noch zu einem frühen Zeitpunkt, drei Besatzungsangehörige auf je 1000 Einwohner, in der Britischen 10 und in der Französischen 18 –, ist solchen Erzählungen nicht durchgängig zu trauen. Allerdings besitzen sie einen hohen symbolischen Gehalt. Nähere Bekanntschaft mit Amerikanern, wurde bei einer repräsentativen Umfrage Ende 1949 festgestellt, hatten seit dem Ende des Krieges etwa 15 Prozent gemacht, vor allem Menschen in höheren Positionen der Wirtschaft, der Verwaltung und des Kulturbetriebs. Nur etwa fünf Prozent der Bevölkerung verfügten über englische Sprachkenntnisse. Die langfristigen engen Verbindungen zwischen Amerikanern und Deutschen, die sich vor allem in den US-Garnisonsorten in Bayern, Hessen, Baden-Württemberg und Rheinland-Pfalz ergaben, stellen in dieser Hinsicht einen interessanten Sonderfall dar.

»Jugend ohne Jugend«

Kinder im Hauptdurchgangslager für Vertriebene und Flüchtlinge in Wipperfürth (Bergisches Land), 1947

»Kulturhunger«   Eine gängige Vorstellung über die Nachkriegszeit besagt, dass der existenziellen Not und Depression inmitten der Trümmer ein bizarrer Kulturhunger kontrastierte, der dann mit der »Normalisierung« und zunehmendem Wohlstand einer allgemeinen Sättigung und kulturellen Verflachung gewichen sei. Diese Vorstellung ist nicht ganz falsch, aber viel zu undifferenziert. Zum einen hatte der Krieg lediglich auf den ersten Blick ausschließlich und unterschiedslos eine »Zusammenbruchsgesellschaft«[22] hinterlassen. Tatsächlich verdeckte die enorme Unübersichtlichkeit bei Kriegsende große Unterschiede. Neben schwerstzerstörten Großstädten etwa an Rhein und Ruhr – von Aachen, Köln und Düsseldorf bis Essen, Hamm und Dortmund – gab es vollständig oder beinahe unzerstörte Orte wie Oldenburg und Celle sowie die kleinen Universitätsstädte, Erlangen, Göttingen, Heidelberg, Marburg oder Tübingen.[23] Die »Topographie großstädtischer Trümmertristesse und heiteren ländlichen Abseits lokalisierte vielerlei Widersprüchlichkeiten«[24], die von Politikern und Publizisten, die Deutschland in den ersten Jahren nach dem Krieg bereisten, immer wieder hervorgehoben wurden. Innerhalb der von Bombenangriffen besonders betroffenen Städte wiederum lagen ausgebrannte, ehemals dicht besiedelte Arbeiterquartiere neben großbürgerlichen Villenvierteln an der Peripherie oder in der Nähe der Städte, etwa die »Bourgeois-Gesellschaft von Bad Pyrmont« (Hans Werner Richter), die unversehrt geblieben waren. Der

Krieg war nicht nur, wie schon von Zeitgenossen immer wieder beschrieben, der große Gleichmacher, sondern verschärfte zugleich gesellschaftliche Gegensätze. Schicksalslagen überdeckten zwar soziale Strukturen, »oben« und »unten« schienen im gemeinsamen Überlebenskampf nicht mehr zu existieren, aber solche Illusionen verblassten schon angesichts luxurierender Schwarzmarktgrößen, die ungestört von Hungerexistenzen in exklusiven Restaurants und Klubs Hummer und Kaviar mit Champagner hinunterspülten.[25] Spätestens mit der Währungsreform, als die Einkommens- und Vermögensunterschiede wieder allenthalben sichtbar wurden, war die Zeit der Unübersichtlichkeit vorüber.

Zum anderen war schon im Krieg deutlich geworden, dass gerade in dunkelster und materiell kärglichster Zeit die Kultur – im weiten Sinne – als unverzichtbares moralisches Lebens- und Überlebensmittel angesehen wurde. So hatte es zum Beispiel im Krieg und in der unmittelbaren Nachkriegszeit eine weibliche »Trümmermode« und »Behelfsmode« gegeben, um kleine ästhetische Glanzlichter in eine dunkle Zeit zu bringen; sie zeichnete sich vor allem durch die Phantasie aus, mit der Ersatz für nicht vorhandenes Material gefunden wurde, bis hin zu Schnittmustern für Mäntel aus Wolldecken amerikanischer Care-Pakete. Spätestens mit der Währungsreform gab es wieder den üblichen, von Zeitschriften für Damen kolportierten Saisonwechsel für modische Bekleidung.[26] Kinobesuche und die Verbreitung des Radios hatten 1943 ihre vorläufigen Höhepunkte erreicht. Und selbst nach der offiziellen Einstellung des Kulturbetriebs im Zeichen des »totalen Krieges« im September 1944 hatte es noch Film- und Theateraufführungen für Soldaten gegeben, ebenso eine Tageszeitung für die Bevölkerung, und die Rundfunkstationen sendeten bis wenige Tage vor der Kapitulation.

Während das Transportwesen nahezu vollständig zusammengebrochen Radio war, in manchen Städten immerhin Pakete mit der Straßenbahn befördert, der allgemeine Postverkehr aber zum Beispiel in der Britischen Zone erst im Juli 1945 wiederaufgenommen wurde[27], repräsentierte das Radio den fast nahtlosen Übergang von der Kriegs- in die Nachkriegszeit. In Hamburg wurde – abgesehen von der bis zum 9. Mai betriebenen Station in Flensburg[28] – der letzte Sender des nationalsozialistischen »Großdeutschen Rundfunks« nach einer Abschiedsansprache des Gauleiters und Reichsstatthalters Karl Kaufmann am Abend des 2. Mai 1945 abgeschaltet. Schon am 4. Mai um 19 Uhr ging der Sendebetrieb mit der britischen Nationalhymne und der zweisprachig verlesenen Ansage »Here is Radio Hamburg, a Station of the Allied Military Government / Hier ist Radio Hamburg, ein Sender der alliierten

Radioreporterin auf Außenreportage in München, 1945   Aufnahme eines Werbespots bei Radio Bremen, 1948

Militärregierung« weiter.[29] Ähnlich war es in jenen großen Städten, in denen es bereits in der Weimarer Republik und im »Dritten Reich« Rundfunkstationen gegeben hatte. In München, Frankfurt am Main und Stuttgart besetzten amerikanische Truppen die Sendeanstalten und strahlten seit dem 12. Mai, 1. Juni und 3. Juni wieder ein Programm aus. In der ehemaligen Reichshauptstadt bewerkstelligten im Moskauer Exil geschulte deutsche Kader unter dem Schutz der sowjetischen Armee am 13. Mai den Sendestart des Berliner Rundfunks.

Das Radio bestimmte in der Zeit extremen Papiermangels in starkem Maße die mediale Kultur. Nach Schätzungen waren mindestens 80 Prozent der Geräte über den Krieg gerettet worden, etwa die Hälfte der privaten Haushalte konnte bereits in der unmittelbaren Nachkriegszeit Rundfunkprogramme empfangen; allerdings erfolgten Bekanntmachungen und Nachrichtenübermittlungen der städtischen und Militärbehörden auch durch Plakatanschläge und Lautsprecherwagen, die durch kleine Orte fuhren.

Die Radioproduktion lief schon bald wieder an, schneller als fast alle anderen Produkte des alltäglichen Lebens. Sie betrug in den Westzonen 1946 bereits 120 000 Stück, vervierfachte sich bis 1948 nahezu und erreichte schließlich 1,2 Millionen Geräte 1949. Legendär geworden ist der Aufstieg von Max Grundig, der 1947 mit seinem Baukastenradio »Heinzelmann« einen spektakulären Erfolg erzielte; die Röhren für dieses Gerät mussten sich die Käufer allerdings auf dem Schwarzmarkt besorgen.

Das Radioprogramm wandte sich an alle Bevölkerungsgruppen und strukturierte wie seit den Anfängen in der Zwischenkriegszeit gewohnt den Tag; allerdings konnte die Sendezeit erst allmählich wieder ausgeweitet werden. Radio Hamburg strahlte im Juli 1945 täglich ein zehnstündiges Programm aus, ein Viertel davon richtete sich in verschiedenen Sprachen an die als DPs in Lagern lebenden ehemaligen »Fremdarbeiter«. Die deutschsprachigen Anteile bestanden aus Übernahmen von Radio Luxemburg, des deutschsprachigen Dienstes der BBC, Verlautbarungen der Militärregierung, aber auch bereits ersten lokalen Beiträgen, kurzen Morgenandachten, Landwirtschaftssendungen bis hin zu einem breiten Spektrum musikalischer Angebote – vom Symphoniekonzert bis zur Tanzmusik einschließlich des bei vielen Jugendlichen beliebten Jazz. Spezielle Programme wandten sich auch an die Frauen. Im Rahmen von meist 45 Minuten boten sie alltagstaugliche Tipps.[30] Bereits im Oktober 1946 war der Nordwestdeutsche Rundfunk hinsichtlich der Hörerschaft und Mitarbeiterzahl (über 1000) zur drittgrößten europäischen Radiostation aufgestiegen, hinter der britischen BBC und der Radiodiffusion Francaise. Um 1949/1950 war auf dem Gebiet der Bundesrepublik die vormalige höchste Rundfunkdichte von etwa zwei Dritteln der Haushalte (1943) wieder erreicht worden, wobei nach wie vor erhebliche Unterschiede zwischen Stadt und Land, aber auch zwischen Einheimischen und Flüchtlingen zu verzeichnen waren.

Die Versorgung mit aktuellen Presseerzeugnissen wurde zunächst notdürftig durch sogenannte Heeresgruppenzeitungen gesichert, Blätter mit nur wenigen Seiten, die meist zwei- oder dreimal in der Woche erschienen und vor allem wichtige Anordnungen und Mitteilungen der Besatzungsbehörden, etwa über die Ausgabe von Lebensmittelkarten, enthielten. Sie trugen neutrale Namen wie *Aachener Nachrichten*, das erste dieser Blätter bereits am 24. Januar 1945, *Frankfurter Presse*, *Hamburger Nachrichten*, *Kölnischer Kurier* oder *Braunschweiger Bote*, hatten eine Auflage von jeweils mehreren Hunderttausend Exemplaren und wurden bis zum Frühjahr 1946 durch eine von deutschen Verantwortlichen mit alliierter Lizenz herausgegebenen Presse ersetzt. Auch wenn das System der Lizenzierung in den jeweiligen Besatzungszonen unterschiedlich gehandhabt wurde, gab es ein Jahr nach Kriegsende überall wieder eine Basisversorgung mit Presseinformationen. In Berlin standen zu

Presse

diesem Zeitpunkt drei Millionen Bewohnern täglich drei Millionen Tageszeitungen zur Verfügung, eine bessere Relation als am Vorabend des Zweiten Weltkriegs.[31] Allerdings gab es in der ländlichen Provinz Orte, in denen noch im zweiten Nachkriegsjahr nur eine einzige »Tageszeitung« zwei- oder dreimal in der Woche erschien. Das Presseangebot differenzierte sich allmählich mit neuen Blättern nach alten Mustern. Überregional angebotenen anspruchsvollen Tageszeitungen der Alliierten, der *Neuen Zeitung* in der US-Zone, der *Welt* in der Britischen und der *Täglichen Rundschau* in der Sowjetischen Besatzungszone, folgten die *Süddeutsche Zeitung* in München und die *Frankfurter Rundschau* sowie – allerdings erst nach Aufhebung der Lizenzpflicht – die *Frankfurter Allgemeine Zeitung*. Auch die neuen meinungsbildenden Wochenblätter, die damals auf der rechten Seite beheimatete *Zeit* in Hamburg, der katholische *Rheinische Merkur* sowie – seit 1948 – die beiden konservativen protestantischen Zeitungen *Christ und Welt* (Stuttgart) und das *Allgemeine Sonntagsblatt* (Hannover, dann Hamburg), boten intellektuelle Kost für die schmale Bildungselite. Eine britischen Vorbildern nachempfundene neue Form präsentierte der *Spiegel*, der sich als »Nachrichtenmagazin« vermarktete.

Seit Beginn des 20. Jahrhunderts hatte es moderne, wöchentlich erscheinende Illustrierte in Deutschland gegeben, in der Zwischenkriegszeit gewöhnte sich das Publikum zudem an spezielle Rundfunkzeitschriften und an ein breites Sortiment von Frauen- und Modeillustrierten. Dieser Standard konnte zwar anfangs noch nicht wieder geboten werden. Die meisten der auf Entspannung und Unterhaltung gerichteten Journale erschienen erst seit 1948, aber es gab bemerkenswerte Ausnahmen, wie etwa die Rundfunkzeitschrift *Hör Zu* schon im zweiten Nachkriegsjahr.

Bücher,
Zeitschriften

Die Kriegszerstörungen hatten auch die Buchproduktion erheblich beeinträchtigt. Nach Kriegsende lief sie – nicht zuletzt wegen strenger alliierter Restriktionen – nur sehr langsam wieder an.[32] Vom Kriegsende bis zur Währungsreform wurden in den Westzonen und Westberlin insgesamt etwa 15 000 Bücher, Broschüren und Kleinschriften sowie 1000 Zeitschriften in 850 Verlagen publiziert. Die Buchproduktion entsprach damit dem Stand im Deutschen Reich von 5304 Titeln 1944 (1938: 20 130). Angesichts der extremen Papierknappheit gab es eine enorme Nachfrage für fast jede Veröffentlichung. Bücher, die selten in einer Auflage von mehr als 5000 Exemplaren erschienen, gehörten zu den begehrtesten Schwarzmarkt-Gütern, denn die 2000 Buchhandlungen, die man in den Westzonen Ende 1946 zählte, erhielten – wenn überhaupt – nur zwei oder drei Exemplare der Neuerscheinungen. Abgesehen

Zeitungsstand am Münchner Hauptbahnhof, 1949

von der Belieferung der Bibliotheken gaben sie höchstens einmal ein Buch an »ernsthafte« Stammkunden ab; in den Monaten vor der Währungsreform horteten die Buchhandlungen im Keller Bestände, die man für gute (DM-) Währung verkaufen wollte.[33] Zu einem erheblichen Teil handelte es sich bei den Veröffentlichungen um Broschüren von nicht mehr als 30 Seiten. Die Neuauflagen von älteren Titeln (Fachbücher, literarische Klassiker) machten ebenfalls einen erheblichen Prozentsatz aus. Die in jener Zeit zuerst lizenzierten neu- und wiedergegründeten Unternehmen der Verleger Kurt Desch in der US-Zone, Peter Suhrkamp bzw. S. Fischer und Eugen Claassen in der Britischen Zone oder des Rowohlt Verlags für alle Besatzungszonen erhielten einen wichtigen Startvorteil. Legendär wurden die im Rowohlt Verlag aus billigem Zeitungspapier im Rotationsdruck – mit ausnahmsweise hoher Auflage von 100 000 Exemplaren – produzierten Romane sowie die Zeitschrift *story. Erzähler des Auslands. Ein Leseheft*, die zum Preis von 0,60 RM – dem Zehntel des Wertes einer Zigarette – das Nachholbedürfnis für ausländische Belletristik befriedigen half.[34]

Viele städtische Bibliotheken waren zerstört, die noch vorhandenen hatten oft wenig zu bieten. Die Stadtbibliothek von Weißenburg in Franken zum Beispiel war aufgrund nationalsozialistischer Säuberungen schon 1934 von 10 000 auf 3000 Bände geschrumpft, nun führte die Suche nach NS-Literatur zur weiteren Minimierung des Bestands. Nicht nur die Traktate von NS-Größen oder Werke von Ernst Jünger wurden hier ausgesondert, sogar das *Nibelungenlied* und Lieder Walthers von der Vogelweide fanden keine Gnade, da sie vom NS-Regime missbraucht worden waren. Andernorts standen Heinrich von Treitschke, Hermann Löns oder Knut Hamsun auf dem Index. Diese Literatur wurde sekretiert und aus der allgemeinen Ausleihe zurückgezogen, wobei entweder das Gesamtwerk oder auch nur einzelne Schriften eines Autors betroffen sein konnten.

In der SBZ gab es eine Aussonderungsliste mit ca. 30 000 Titeln, in der US-Zone behalf man sich mit einer exemplarischen *List of Nationalist and Militarist Literature* von etwa 1000 Titeln, die aber beliebig erweitert werden konnte. Eine interzonal wichtige Rolle spielte schließlich die Deutsche Bücherei in Leipzig, die im Mai 1946 ein Verzeichnis mit 15 000 indizierten Buchtiteln und 150 Zeitschriften veröffentlichte. Häufig wurde angesichts der Bücherknappheit dazu aufgerufen, aus privaten Beständen Bücher und Noten zu spenden. Die Bielefelder Stadtbücherei veröffentlichte einen solchen Appell im Amtlichen Mitteilungsblatt im August 1945:

> »Spendet Bücher! Um den Bestand der Stadtbücherei wieder aufzufüllen, die schmerzlichen Lücken zu schließen und gegebenenfalls eine Zweigstelle im Osten der Stadt zu errichten, bittet die Stadtbücherei die Bevölkerung, aus ihrem Bücherschatz je ein wertvolles Buch zu spenden. Ohne Mithilfe der Bürgerschaft wird eine Ausleihe im alten Rahmen kaum möglich sein.«[35]

Zugleich entstanden überall private Leihbüchereien, die zu geringen Preisen den Lesehunger stillten und erst während des Wiederaufbaus in den 50er Jahren allmählich verschwanden.[36]

Während für das Radio und die häusliche Lektüre von aktueller Presse bis zu anspruchsvoller Belletristik eine kärgliche Grundversorgung bald wieder hergestellt war, gab es je nach lokalem Zerstörungsgrad und personellen Voraussetzungen unterschiedliche Zeitpunkte für den Wiederbeginn des allgemeinen »kulturellen Lebens«. Nicht nur Wohnviertel waren im Bombenkrieg zerstört worden, sondern im gleichen Ausmaß Filmtheater, Konzerthäuser und Museen. Zudem gab es unterschiedliche Regelungen der von den Besatzungsbehörden verfügten Ausgangssperren, die an manchen Orten erst im Herbst 1945 gelockert wurden.

Es war kein Zufall, dass im schwer zerstörten Berlin das kulturelle Angebot früher und reichhaltiger präsentiert wurde als in den meisten anderen Städten. In der Vier-Sektoren-Metropole, in der die alliierten Mächte um das beste Image einer Kulturnation konkurrierten[37], fanden bereits wenige Tage nach Kriegsende die ersten Konzerte und Theateraufführungen statt – 121 Premieren zählte man bis zum Jahresende. Erich Kästner notierte im August 1945, es gäbe in der ehemaligen Reichshauptstadt »bald mehr Kabaretts als unzerstörte Häuser«.[38] Berlin wurde »wiedergeboren, aber als Theater der Nationen«.[39] Mit einem leichten zeitlichen Rückstand hinter Berlin wurde auch in den anderen deutschen Städten der Konzert- und Theaterbetrieb wieder aufgenommen. [40] Hannover bot das erste Philharmoniekonzert am 1. Juli, Hamburg am 2. Juli, München am 8. Juli, Düsseldorf am 15. Juli, Köln am 13. August, Würzburg am 31. Oktober; in Hannover erfolgte die erste Opernaufführung – Leoncavallos *Bajazzo* – am 11. Juli, in Göttingen brachte man am 4. August *Figaros Hochzeit*; Essen startete am 12. August mit einem Mozart-Konzertabend und präsentierte am 31. August als erste Oper Rossinis *Barbier von Sevilla*.

In den vor der allgemeinen Kapitulation eroberten Städten des Westens war das Theaterleben bisweilen schon im Frühjahr wieder erwacht; in Bonn wurde auf einer Behelfsbühne am 9. März Goethes *Faust* aufgeführt, die Städtische Bühne eröffnete allerdings erst am 15. Dezember mit Lessings *Nathan der Weise*; Mitte September wurde der Theaterbetrieb in Heidelberg aufgenommen, im Oktober begann die neue Spielzeit in Augsburg, Detmold, Koblenz, Kiel, Nürnberg, Stuttgart, Ulm und Köln – dort erfreuten sich die Zuschauer am 19. Oktober im Millowitsch-Theater am *Glücksmädel*. Oft mussten beträchtliche Schwierigkeiten überwunden werden, weil geeignete Räumlichkeiten fehlten. Etwa die Hälfte der ca. 60 Staats- und Stadttheater in den Westzonen spielte in Konzert- und Vortragssälen, Turn- und Stadthallen oder Rathaussälen. Immerhin hatte das Platzangebot in den Westzonen mit etwa 50 000 bereits 1947 den Stand von 1939 wieder erreicht, die Platzausnutzung lag in den Spielzeiten von 1945/46 bis 1947/48 mit mehr als 80 Prozent deutlich über dem Vorkriegsergebnis von 65 Prozent; schon vor der Währungsreform allerdings ließ sich mancherorts ein nachlassendes Interesse am Theaterangebot feststellen.[41]

Eine ganz besondere Episode des beschwerlichen Theateralltags führte zur Gründung der Ruhrfestspiele in Recklinghausen. Weil während der Saison 1946/47 einige Schauspieler wegen der Kälte nicht spielen mochten, schickte die Direktion des Hamburger Schauspielhauses einen Lastwagen ins Ruhrgebiet, der dank der Sympathie des Betriebsrats einer Zeche mit Kohlen be-

Theater

laden zurückkehrte. Als Gegenleistung für die illegale Schenkung gastierte das Hamburger Theater im folgenden Jahr in Recklinghausen und führte dort, finanziert vom Senat der Hansestadt, u. a. *Figaros Hochzeit* und Einakter von Tschechow und Tolstoi auf. Die Stadt Recklinghausen und die Zeche organisierten die Aufführungen, wobei die Hälfte der Karten an Zechenangehörige verkauft wurde. Der große Erfolg ließ die Idee jährlicher Festspiele entstehen, die mit Unterstützung der Stadt und der Gewerkschaften seit 1948 jeweils im Anschluss an die Maifeierlichkeiten stattfinden.[42]

Kino Eine erstrangige Bedeutung für die Alltagskultur besaß das Kino. Im Krieg hatte die Flucht in den »schönen Schein« heiterer Filmwelten zu einem Anstieg auf über eine Milliarde Kinobesuche im Deutschen Reich 1943 geführt. Bis zum Schluss waren unterhaltende Kinostreifen zur Unterstützung der deutschen Durchhaltemoral produziert worden, und nach Kriegsende wurde die Dreharbeit auf dem ehemaligen UfA-Filmgelände in Babelsberg am Rande von Berlin – auf sowjetischem Besatzungsgebiet – umgehend wieder aufgenommen. Im Herbst 1947 war das Nachfolgeunternehmen DEFA mit mehr als 1000 Angestellten hinter der sowjetischen *Mosfilm* das zweitgrößte Filmproduktionsunternehmen in Europa.[43] Im einsetzenden Kalten Krieg bildeten sich allerdings in den Westzonen, vor allem in Hamburg und München, bald neue Zentren der Filmproduktion. Zudem sah Hollywood die Chance, mit Unterstützung der eigenen Besatzungsbehörden frühere Marktpositionen zurückzuerobern, zunächst mit untertitelten, bald auch mit synchronisierten Filmen. In den Westzonen liefen bis Ende 1948 nur 26 Produktionen aus diesem Gebiet, acht Filme aus dem Osten, dagegen 84 Reprisen vor allem aus UfA-Provenienz und 312 Filme aus dem westlichen Ausland.

Die Kinogebäude – häufig innerstädtisch gelegen – wiesen einen hohen Zerstörungsgrad auf. In den meisten Städten gab es zwar seit Sommer 1945 wieder vereinzelte Filmtheater, aber diese konnten den Ansturm der Kinohungrigen kaum bewältigen. In Hamburg öffneten mit Genehmigung der Militärregierung am 27. Juli zehn Lichtspielhäuser ihre Pforten. Bei der Eröffnung des Atlantic-Kinos in der Nähe des Hauptbahnhofs hatten sich vor Beginn der ersten Vorstellung etwa 2000 Menschen eingefunden, nur für ein Viertel von ihnen gab es Plätze. Ein großes Polizeiaufgebot musste eingreifen und Ordnung schaffen. Ähnliche Szenen gab es vor etlichen Kinos, die zunächst ausschließlich UfA-Unterhaltungsfilme boten, die von den alliierten Behörden für unbedenklich gehalten wurden. Bis Ende des Jahres standen in den Westzonen 1150 Kinostätten wieder zur Verfügung. Bis 1949 verdreifachte sich die Zahl auf 3360, die der Kinobesuche stieg von ca. 300 Millionen 1946 auf 467,2 Millionen 1949.[44] Die Statistik verrät allerdings, zumal für die unmittelbare Nachkriegszeit, wenig über Ausstattung und Standard der Kinos. Dass sie in den kalten Wintern 1946/47 und 1947/48 mitunter weniger als Unterhaltungsangebot denn als Möglichkeit zum Aufwärmen dienten, ist durch viele Erzählungen belegt, zumal die durchschnittlichen Eintrittspreise, um eine Reichsmark, erschwinglich waren. Insgesamt wird man aber davon ausgehen können, dass eskapistische Motive auch in den kargen Nachkriegsjahren im Vordergrund standen und damit die Präferenz für Unterhaltungsfilme vorgezeichnet war. Die cineastische Problembewältigung jüngster deutscher Vergangenheit wie in den anspruchsvollen Werken von Helmut Käutner, Wolfgang Staudte und anderen künstlerischen Größen, die in der Filmgeschichtsschreibung derart im Vordergrund stehen, dass sie bisweilen für repräsentativ gehalten werden, spielte eine geringe Rolle. Die Statistik spricht eine andere Sprache.[45] Was das Publikum zu sehen wünschte, drückten die *Kieler Nachrichten* in einer Besprechung der ersten verfilmten Operette in der Nachkriegszeit, *Herzkönig*, folgendermaßen aus: »Endlich einmal keine Trümmer, keine Visionen, kein geheimnisvoller Mord, keine Brennhexen und Dachkammermilieu – keine Probleme, sondern Musik, Unsinn und sehr viel Liebe.«[46] Die bald wieder produzierte »Wochenschau«, die von den 30er bis in die 60er Jahre hinein selbstverständliches Element jeder Kinovorstellung war, diente ebenfalls, schon angesichts des Aktualitätsvorsprungs von Radio und Zeitung, in erster Linie der Unterhaltung und nicht der politischen Information.

Ein Zeichen für die Wiederherstellung friedensmäßiger »Normalität« war auch die Aufnahme des Sportbetriebs. Am 24. September 1945 erlebten 15 000 Zuschauer die erste Profiboxveranstaltung in Hamburg. Der deutsche Schwergewichtsmeister Hein ten Hoff schlug seinen Gegner in der ersten Runde k.o.; drei Jahre später, am 6. November 1948, nahm der legendäre Schwergewichtsweltmeister Max Schmeling in der Berliner Waldbühne vor 20 000 Zuschauern Abschied vom Boxring. Er verlor seinen letzten Kampf nach Punkten und wechselte in einen kaufmännischen Beruf.[47]

Auch in der Provinz wurde der Sportbetrieb schon wenige Monate nach Kriegsende wieder aufgenommen – in der Nachkriegszeit waren allerdings viele Sportanlagen von den Besatzungsmächten für eigene Belange beschlagnahmt worden. In Kassel traten zum ersten Fußballspiel die Mannschaften »Links der Fulda« und »Rechts der Fulda« am 19. August gegeneinander an, in Marburg hieß die erste Begegnung, die am 9. September angepfiffen wurde, »Links der Lahn« gegen »Rechts der Lahn«.[48] Bald bedurfte es solcher Verlegenheitsbezeichnungen nicht mehr, die alten Vereinsnamen lebten wieder

Sport, Vergnügen

auf, allerdings in der Regel nicht mehr die 1933 verbotenen Arbeitersportvereine. Bereits kurz nach dem Krieg zeigte es sich, dass legendäre Namen von vor 1945 wieder in aller Munde waren. Sepp Herberger bezeichnete 1947 den 1. FC Kaiserslautern, Meister der Französischen Zone mit 31:3 Punkten und 128:5 Toren, als beste deutsche Mannschaft. Ihre Spieler wurden von den Fußballanhängern »wie Götter« behandelt, obwohl sie nicht wissen konnten, dass sie bereits den Kern der späteren Weltmeisterelf von 1954 verehrten. In einem Spiel gegen Tura Bonn gewannen die »roten Teufel« in der späteren Bundeshauptstadt 1948 vor begeisterten Zuschauern mit 12:3 Toren.[49]

Kleine, aber sichtbare Zeichen für die allmähliche »Normalisierung« des Lebens: Im November 1945 gastierte im Flensburger Stadttheater der Zirkus »Bellis Charivari« und zauberte mit einem bunten Programm für die Zivilbevölkerung »richtige Manegenatmosphäre« herbei, obwohl aus technischen Gründen keine Tiere auftreten durften – bis auf den Affen Bongo, bei dem die Zuschauer rätselten, ob es nicht doch ein verkleideter Artist war.[50] Am 9. Dezember 1945 wurde das Tanzverbot für das Hamburger Vergnügungsviertel St. Pauli aufgehoben, in fünf Lokalen auf der Reeperbahn und in der Großen Freiheit durfte wieder getanzt werden.[51] Mitte September 1946 eröffneten Vertreter der Stadt und der Militärregierung in München das erste Oktoberfest seit 1938. Zwar besaßen die Brauereien keine Bierzelte, und überhaupt gab es Bedenken, in die USA übermittelte Bilder von der »Wies'n« könnten die dortige Spendenbereitschaft negativ beeinflussen, aber gefeiert wurde doch, wenn auch nur mit Dünnbier und wenigen Fahrgeschäften – und selbstverständlich ohne die nicht mehr zeitgemäßen Schießbuden, die durch Ballwurfbuden ersetzt werden mussten.[52] Das Wiederaufleben militaristischer Gesinnung versuchten die Behörden in Pforzheim am Nordschwarzwald auch dadurch zu verhindern, dass »zwecks Gründung einer Feuerwehrkapelle sämtliche Musiker von Holz- und Blechinstrumenten« in ein Gasthaus befohlen wurden, weil man meinte, durch eine zentrale Erfassung könne man Marschmusikaktivitäten besser kontrollieren.[53]

Ein Bericht über eine große Briefmarkenauktion in Hamburg, bei der im Januar 1947 erhebliche Summen umgesetzt wurden, lässt erkennen, dass nur kurze Zeit nach dem Krieg – und lange vor der Währungsreform – überall wieder Elemente bürgerlicher Sekurität aufschienen: »Viele Ostzonenflüchtlinge retteten als einzigen Besitz ihre Briefmarkensammlung. Sie gründeten sich mit dem Auktionserlös eine neue Existenz.«[54] Diese Aussage war allerdings nicht repräsentativ für die Lage der Vertriebenen und Flüchtlinge. Auch unter ihnen stellte sich das soziale Gefüge wieder her. Akademiker landeten nur in seltenen Fällen ganz unten, aber der Verlust des einstigen Vermögens konnte auch durch den späteren Lastenausgleich nicht vollständig kompensiert werden. Die Landsleute aus dem Osten wurden in der unmittelbaren Nachkriegszeit vor allem in die agrarischen Regionen der östlichen Länder der späteren Bundesrepublik – Schleswig-Holstein, Niedersachsen, Hessen und Bayern – geleitet und dort nicht selten von einheimischen Bauern als billige Arbeitskräfte ausgenutzt. Erst mit der Weiterwanderung vieler Flüchtlinge und Vertriebenen in den frühen Jahren der Bundesrepublik kam es zu ihrer Verstädterung und Eingliederung in die Industrie. Ökonomische und soziale Erfolge und Misserfolge ihrer Integration, die Veränderung vor allem dörflicher Kulturen und die Aufsprengung vorheriger konfessionell einheitlicher Gemeinden begleiteten über Generationen hinweg die Nachkriegsgeschichte.[55]

Die erzwungenen Schulferien, die aufgrund der Bombardierungen der Städte und der Weigerung vieler Eltern, ihre Kinder der Obhut der Kinderland-Verschickung (KLV) anzuvertrauen, zum Teil schon mehr als ein Jahr gedauert hatten, endeten im Sommer und Herbst 1945, zum Beispiel in Hamburg am 6. August, in Hannover am 24. August, in Lübeck am 10. September. Zunächst waren es meist nur die Grundschüler, in den folgenden Monaten aber auch alle anderen, die wieder – unter schwierigsten materiellen Bedingungen – lernen durften. Viel zu wenige, im Winter oft unzureichend beheizte Schulräume standen zur Verfügung, häufig mussten die Schüler auf den Fensterbänken sitzen. Ein Drei-Schicht-System war oftmals die Regel, um die Gebäude von morgens bis abends auszulasten. Auf Sportunterricht wurde meist verzichtet, da die Hallen zerstört waren oder als Flüchtlingsunterkünfte dienten. Da es viel zu wenige Lehrer gab, mussten diese nicht nur als Klassenlehrer für eine Klasse fungieren, sondern oft noch eine zweite oder dritte »in Schlepp nehmen«, wie dies in norddeutsch-maritimer Sprache ausgedrückt wurde. Bis wieder Schulbücher zur Verfügung standen, musste improvisiert werden. Unterrichtswerke aus der NS-Zeit wurden auf ihre Unbedenklichkeit geprüft und meist, mitunter bis auf ein paar ausgerissene Seiten, weiter verwendet. Die Schülerinnen und Schüler konnten sich häufig schlecht konzentrieren, weil sie hungrig waren und die privaten Umstände die Anfertigung von Hausaufgaben und ausreichenden Schlaf nicht zuließen.[56] Die Hamburger Schulverwaltung teilte Ende 1945 mit, dass für alle Jungen und Mädchen, die Ostern 1946 zur Schulentlassung anstanden, die Schulpflicht um ein Jahr verlängert werde, weil unter den Kriegsbedingungen und Einflüssen der HJ das Ziel der achten Klasse bei weitem nicht hatte erreicht werden können.[57] Eine Linderung der schlimmsten Not brachten schon im ersten Nachkriegs-

Zurück in die Schule

Schulbeginn in München, Herbst 1945

jahr Schulspeisungen, die vor allem durch Spenden amerikanischer, britischer und skandinavischer Wohltätigkeitsorganisationen ermöglicht wurden. Die allgemeine Entspannung der schulischen Bedingungen zog sich aber noch bis zum Ende des Wiederaufbaus ein Jahrzehnt später hin.

Wie aus der Skizze sehr unterschiedlicher Bereiche deutlich geworden ist, besaß die Kultur im weitesten Sinne in der »Trümmerzeit« einen hohen Stellenwert. Aber entgegen späterer Verklärung handelte es sich nicht um einen klassenübergreifenden »Kulturhunger«, der dann nach der Währungsreform und durch die »Normalisierung« des gesellschaftlichen Lebens wieder in die getrennten Bahnen von hoher und niederer Kultur übergegangen wäre; die »feinen Unterschiede« (Pierre Bourdieu) ästhetischer Präferenzen lassen sich auch für die Ausnahmejahre nach 1945 nachweisen. Aber gerade für jüngere Angehörige des Bildungsbürgertums öffneten sich, wie man aus zahlreichen Selbstzeugnissen weiß, völlig neue Horizonte, wobei die kultureuphorische Emphase des »So viel Anfang war nie« sich im Rückblick als Zurücktasten zu altvertrauten bildungsbürgerlichen Mustern entpuppte.

Hochschulen öffnen wieder   Dies ist besonders deutlich an der Entwicklung der Hochschulen abzulesen, für die es eine »Stunde Null« im Sinne eines völligen Neuanfangs 1945 ebenso wenig gab wie für die deutsche Gesellschaft insgesamt.[58] An etlichen Hochschulen war der Lehr- und Prüfungsbetrieb bis in die letzten Wochen und

Tage vor dem Kriegsende fortgeführt worden. Vor allem nicht mehr fronttaugliche männliche und etwa zur Hälfte weibliche Studierende und ältere Professoren hatten das Bild der Universitäten im letzten Kriegsjahr geprägt. Die Besatzungsmächte sorgten dann dafür, dass alle Hochschulen zwischen Herbst 1945 und Frühjahr 1946 wiedereröffnet werden konnten, obwohl von 32 Institutionen mit Hochschulstatus in den Westzonen nur sechs nahezu unversehrt geblieben waren. Versuche, die studentische Sozialstruktur zu verändern, gab es nicht. In der Britischen Zone wurde der Anteil an Studierenden aus Arbeiterhaushalten auf fünf Prozent geschätzt, in der SBZ war es kaum anders. Der Anteil der weiblichen Studierenden lag bei einem Fünftel, immerhin etwas höher als in den Friedensjahren des »Dritten Reiches«, aber weit unter dem Frauenanteil im Krieg; und es gab Universitäten, wie z. B. Hamburg, die zum ersten Semester keine Frauen zuließen und damit auf den Stand des 19. Jahrhunderts zurückfielen.

Wer einen Studienplatz ergattert hatte, musste sehen, wie er sich materiell halbwegs einrichtete und »ordentlich« studieren konnte. In Kiel fanden die Vorlesungen im Wintersemester 1945/46 auf vier Schiffen im Hafen statt, die gleichzeitig als Arbeitsplatz und Wohnheim für Lehrkräfte und Studenten dienten. Waren es hier ungeheizte und hoffnungslos überbelegte Kabinen, in denen Dozenten und Studenten hausten, griff man anderswo auf Luftschutzbunker ohne Tageslicht und Ventilation zurück. Wegen der schlechten Verkehrsverhältnisse mussten oft jeden Tag etliche Stunden für den Weg aufgewandt werden, weil kaum jemand ein Fahrrad besaß. Da in vielen Fällen die Räumlichkeiten der Hochschulen über die gesamte Stadt verteilt waren, schlossen die Dozenten häufig früher, damit auch Kriegsversehrte eine Chance hatten, die nächste Vorlesung zu erreichen.

Fast überall herrschte Arbeitspflicht für die Studierenden, z. B. musste in Münster eine Woche pro Semester auf dem Bau gearbeitet werden, um zerstörte Gebäude zu reparieren. In Marburg, Darmstadt und Mainz war es jeweils ein Tag in der Woche, gewöhnlich der Samstag, der z. B. zum Einsortieren ausgelagerter Buchbestände benutzt wurde. Wer wegen Versehrtheit nicht arbeiten konnte, erhielt in Heidelberg zumindest einen Knüppel, um damit die Kartoffelvorräte in der Mensa zu bewachen.[59]

Auch um die akademischen Erfordernisse stand es schlecht. In etlichen Hochschulen gab es keine Bücher, sondern, wie in Hamburg, nur sogenannte »Studienbehelfe zu den Vorlesungen«, Broschüren im Selbstverlag, unveräußerlich und nur für die Seminarteilnehmer, gedruckt auf schlechtestem Papier; dadurch erhielt das gesprochene Wort eine gesteigerte Bedeutung.

Charakteristisch war für die Mehrheit der Studenten die zurückliegende Dienstzeit in der Wehrmacht. Es gab einen relativ hohen und wachsenden Anteil an Offiziersgraden, in der Regel einige Jahre älter als heutige Studienanfänger, und demgegenüber einen abnehmenden Anteil solcher Studenten, die als Antifaschisten, z. T. nach erwiesener Beteiligung am Widerstand und einer Inhaftierung durch das NS-Regime, aufgenommen worden waren. Sehr bald dominierte eine eher unpolitische und konservative Grundstimmung. Nachdem in der Neustädter Kirche in Erlangen im Januar 1946 der im »Dritten Reich« inhaftierte Pastor Martin Niemöller von Studenten als »Verräter« angegriffen worden war, wollte die bayerische Verwaltung die gerade wieder eröffnete Universität schließen lassen und alle ehemaligen Soldaten unter ihnen zum Holzfällen schicken.

Wann die unmittelbare Nachkriegszeit endete, lässt sich nicht mit Bestimmtheit sagen: Wirtschaftlich war es die Währungsreform, politisch die Gründung der Bundesrepublik, für die Alltagskultur, die von den politischen und wirtschaftlichen Rahmenbedingungen beeinflusst war, sind solche Zäsuren sehr schwer auszumachen. Eher ist von einem allmählich und regional sowie sozial sehr ungleichmäßig verlaufenden Prozess auszugehen, der aus der existenziellen Nachkriegsnot in den anfangs kärglichen Wiederaufbau überleitete. Noch spätere Zeitpunkte wird man hinsichtlich der Veränderung von Einstellungen und Mentalitäten annehmen müssen. Der Krieg warf lange Schatten auf die Alltagskultur der Nachkriegsgesellschaft.

2 Die politische Kultur: Deutsche Traditionen und alliierte Re-education

Erklärte Absicht der Alliierten war es, Deutschland nach einem Prozess der Entmilitarisierung, Entflechtung der wirtschaftlichen Monopole, der Entnazifizierung und Demokratisierung wieder als einheitlichen Staat in die Völkergemeinschaft einzugliedern. Interne Aussagen über eine Bestrafung Deutschlands – der nach dem Finanzminister der USA benannte Morgenthau-Plan oder die Ideen der Vansittartisten in Großbritannien[60] – und der Vorwurf einer deutschen Kollektivschuld wurden nach 1945 explizit verworfen, etwa vom amerikanischen Ankläger der Nürnberger Prozesse, Robert H. Jackson.

Unter dem erklärten Ziel der Alliierten, die Deutschen wieder zur Demokratie zu führen, verstanden Westalliierte und Sowjetunion allerdings grundsätzlich Verschiedenes. Das Ideal der parlamentarischen Demokratie westlicher Prägung hatte nichts mit der als ›Volksdemokratie‹ verbrämten Diktatur einer Staatspartei zu tun, die nach sowjetischer Vorstellung aus dem antifaschistisch-demokratischen Transformationsprozess hervorgehen sollte.

Dieser Grundkonflikt wurde auf der Potsdamer Konferenz im Juli 1945 noch überdeckt von scheinbar gemeinsamen Zielen.[61] Zudem kontrastierte auch in den westlichen Besatzungszonen das Ideal der Demokratie mit den Herrschaftsmitteln, die angesichts der tiefen Verstrickung großer Teile der Bevölkerung in die Herrschaft des NS-Regimes zunächst die einer strengen Militärdiktatur sein mussten. Diese Widersprüche prägten auch alle politischen Maßnahmen in den Besatzungszonen.

Die Arbeit des in Potsdam eingesetzten Alliierten Kontrollrats, der nur Politische Anfänge einstimmig beschließen konnte[62], zeigte wie die Außenministerkonferenzen in den folgenden Jahren eine Verhärtung der Gegensätze zwischen den Siegermächten. Insofern gestalteten die Besatzungsbehörden in ihren jeweiligen Zonen die Verhältnisse bald allein nach den Direktiven der Regierungen in Washington, London, Paris und Moskau.

Beim politischen Wiederaufbau setzte die Sowjetische Militäradministration in ihrer Zone auf ein zentralistisches Vorgehen. Sehr früh ließ sie bereits mit ihrem Befehl Nr. 2/45 vom 10. Juni 1945 die Tätigkeit »antifaschistischer Parteien und Organisationen« auf zonaler Ebene zu und brachte damit die Westalliierten unter Zugzwang, die – von unten nach oben aufbauend – zunächst nur lokale Zusammenschlüsse lizenzieren wollten. Am 27. August 1945 erlaubte die US-Administration die Bildung von Parteien auf Kreisebene und am 23. November auf Länderebene. Die Briten genehmigten Parteigründungen in ihrer Zone am 15. September, die Franzosen schließlich am 12. Dezember 1945. Berücksichtigt wurden im Kern vier politische Strömungen, die sozialdemokratische, kommunistische, liberale und eine neue überkonfessionell christlich-demokratische. Parallel dazu wurden Gewerkschaften und andere Verbände wieder zugelassen.[63]

In den westlichen Zonen knüpften die Arbeiterparteien in etwa wieder an ihre einstmalige Stärke vor 1933 an.[64] Allerdings war das sozialdemokratische Erscheinungsbild von Überalterung geprägt. Unter den ca. 700 000 Mitgliedern in den Westzonen Ende 1946 waren mehr als 90 Prozent schon vor dem »Dritten Reich« in sozialdemokratischen Organisationen aktiv gewesen. Dem entsprach das offizielle Festhalten am terminologisch marxistischen Parteiprogramm von 1925, das erst 1959 ersetzt wurde. Die kommunistische Partei, welche die meisten politischen Opfer unter der NS-Herrschaft zu beklagen gehabt hatte, präsentierte sich in den Westzonen mit ca. 300 000 Mitgliedern (1947) zunächst als antifaschistische und demokratische Partei, für die der Sozialismus nur noch ein fernes Ziel sei. Aber bis zur Gründung der Bundesrepublik hatte sich die Partei gesellschaftlich weitgehend isoliert, galt sie doch weithin nicht als deutsche Partei, sondern als sowjetische Agentur, als »Russenpartei«.

Die liberalen und konservativen Parteien hatten 1933 sämtlich kapituliert, deshalb zeigten sich die neuen Momente des Parteiensystems nach 1945 stärker auf ihrer Seite. Dort gab es starken Widerhall für die Idee einer Sammlung aller bürgerlichen Kräfte in einer Partei, wobei sich schließlich eine überkonfessionelle, christlich-demokratische Partei durchsetzte. Sie erhielt eine deutschnational-konservative Färbung vor allem in Norddeutschland, fand ihren stärksten Rückhalt aber in den katholischen Regionen des Westens und Südens. Die CDU bildete als überkonfessionelle Union die wichtigste Innovation im Parteiensystem. In Bayern allerdings wurde der Parteiname CDU mit der Begründung verworfen, das »demokratisch« klinge zu weltlich, und durch »sozial« ersetzt. In der CDU/CSU gewannen sehr rasch die Befürworter einer liberal-konservativen Linie (liberal in der Wirtschaftspolitik, konservativ-klerikal in der Kulturpolitik) die Oberhand gegenüber den Anhängern einer stärker sozialen Ausrichtung.

Neben der Union gab es eine zweite Sammlung, die Vereinigung der vor 1933 in verschiedenen Parteien organisierten Liberalen in der Freien Demokratischen Partei (FDP). Unter gemeinsamem Dach bestanden die politischen Differenzen allerdings fort. Eine Strömung wollte die Partei als nationalliberale Kraft rechts von der CDU/CSU ansiedeln, eine andere, zu ihr zählte der spätere erste Bundespräsident Theodor Heuss, lokalisierte die Liberalen zwischen Christ- und Sozialdemokratie: von den einen getrennt durch die Ablehnung konservativer Einflüsse auf die Gesellschaftspolitik, von den anderen durch die Ablehnung staatlicher Einschränkungen wirtschaftlicher Handlungsfreiheit.

Die Wahlen zu den ersten Landesparlamenten zeigten eine weitgehende Wiederherstellung der Muster politischer Präferenzen aus der Zeit vor 1933, genauer, der Zeit vor dem Aufstieg der NSDAP zur Massenpartei.[65] Fasst man alle Ergebnisse der Landtagswahlen in den drei Westzonen 1946/47 zusammen, erhielten CDU/CSU knapp 40 Prozent, die SPD 35 Prozent, FDP und KPD je ca. 10 Prozent. Schon zwei Jahre nach Kriegsende hatte sich die bürgerliche Vorherrschaft parteipolitisch wiederhergestellt.

Kultur – im weitesten Sinne – hatte in den alliierten Neuordnungsvorstellungen einen zentralen Stellenwert. Das Versagen der deutschen Kultur, so sah man es, habe das NS-Regime überhaupt erst ermöglicht, Kulturpolitik avancierte insofern zum genuinen Teil alliierter Sicherheitspolitik. Die Umerziehung der Deutschen zu zivilen und demokratischen Einstellungen sollte auf einem radikalen kulturellen Neuanfang gründen, der wiederum eine umfassende Entnazifizierung und Kontrolle des deutschen Geisteslebens voraussetzte.

Für das Gebiet der späteren Bundesrepublik wurde, unbeschadet einiger Spezifika in den anderen beiden westlichen Zonen[66], die in den USA ausgearbeitete Konzeption der *re-education* maßgeblich, die schon bald, moderater klingend, als *re-orientation* propagiert wurde. Im Gegensatz zu späteren böswilligen Interpretationen, die das Postulat des Umlernens als »Charakterwäsche« verunglimpften[67], sollte es um eine reflektierte Auseinandersetzung mit der eigenen geschichtlichen Tradition gehen, wobei man an eine deutsche Linie humanistischen und aufklärerischen Denkens anknüpfen könne.[68] Allerdings veränderten sich die politischen Voraussetzungen für die *re-orientation* mit der Zuspitzung des Kalten Krieges seit 1947[69] – gipfelnd in der politischen Säuberung der McCarthy-Ära, als die Bekämpfung des Kommunismus zur alleinigen Maxime wurde.

Es war den politischen Planern der *re-education* von vornherein klar, dass sich Erfolge nur dann einstellen würden, wenn man vor allem die als besonders gefährdet angesehene Jugend und die meinungsbildenden, gebildeten Schichten erreichen würde. Die Deutschen standen, zumal im amerikanisch besetzten Teil, unter permanenter demoskopischer Beobachtung.[70] Dies begann bereits mit Befragungen von Kriegsgefangenen und Zivilpersonen in den gerade besetzten Gebieten. Der Eindruck, dass sich kaum einer mehr als überzeugter Nationalsozialist bekennen mochte, aber moralische Indolenz und Hartherzigkeit angesichts der Konfrontation mit den NS-Verbrechen, die Abwehr jeder Verantwortung, verbunden mit »arrogantem Stolz auf die deutsche Kultur«[71], weit verbreitet waren, ließ eine mühsame Umerziehung erwarten.

So gab es unter den Alliierten beträchtliche Sorgen, dass die verbliebenen vor- und undemokratischen Denkmuster und Mentalitäten sich mit sozialen Problemen, etwa dem der Flüchtlinge, zu gefährlichem Sprengstoff verbinden könnten. Allerdings wurde rasch sichtbar, dass sich der Hass weiter Teile der Bevölkerung nicht gegen die westlichen Sieger richtete, von denen die Franzosen am unbeliebtesten waren, sondern sich auf Opfergruppen des NS-Regimes konzentrierte. Ehemaligen Zwangsarbeitern, die als Displaced

Persons in Lagern lebten, unterstellte man häufig, für Diebstähle und Raub-
überfälle verantwortlich zu sein, die wenigen Holocaust-Überlebenden wurden mitunter als kriminelle Schwarzmarkt-Organisatoren angesehen, die sich
an der deutschen Not weideten. Während sich diesbezügliche Ressentiments
als zählebig erwiesen haben, ist über das reichhaltige kulturelle Leben, das in
den DP-Lagern von den ehemaligen Gefangenen organisiert wurde, kaum
etwas bekannt.[72]

Entnazifizierung Bemerkenswert war die große Zustimmung bei der Frage, ob der Nationalsozialismus eine gute Idee gewesen sei, die lediglich schlecht ausgeführt
wurde. Bei einem knappen Dutzend repräsentativer amerikanischer Umfragen zwischen November 1945 und Dezember 1946 betrug sie jeweils knapp
50 Prozent, im August 1947 und bei weiteren Umfragen bis 1950, auch solchen des 1946 von Elisabeth Noelle-Neumann in Allensbach in der Französischen Zone gegründeten Instituts für Demoskopie, jeweils ca. 55 Prozent.
Schlecht ausgeführt worden war die Idee des Nationalsozialismus demzufolge
von den verbrecherischen Funktionären an der Spitze. Mit deren Bestrafung
durch die Nürnberger Prozesse, über die in der Presse der Besatzungszeit ausführlich und betont sachlich berichtet worden war[73], zeigte sich eine Mehrheit der Bevölkerung durchaus einverstanden. Die Antworten auf eine andere
Frage der Demoskopen zeigen die Richtung des Umgangs mit der NS-Vergangenheit im beginnenden Kalten Krieg: »Wenn Sie wählen müssten zwischen
Kommunismus und Nationalsozialismus, unter welcher Regierung würden
Sie lieber leben?« Darauf gaben im November 1946 ca. 15 Prozent und im
Februar 1949 ca. 40 Prozent den Nationalsozialismus an; der Anteil derjenigen, die sich für den Kommunismus entschieden, war in diesem Zeitraum
von 10 auf unter 5 Prozent gesunken, der Anteil derjenigen, die mit »weder
noch« antworteten, von 65 auf 50 Prozent.[74] Diese Streiflichter auf das politische Bewusstsein der Bevölkerung, zu ergänzen etwa hinsichtlich des latenten
Antisemitismus, lassen die immer noch populäre Annahme eines politischen
Nullpunktes, aber auch einer von alten Eliten und Besatzungsmächten betriebenen »Restauration« von einem solchen Neustart aus fragwürdig erscheinen.
Angemessen scheint es eher, davon auszugehen, dass die Menschen vor und
nach der Kapitulation 1945 nicht grundsätzlich verschieden dachten, dass es
in dieser Hinsicht Elemente einer »Volkskontinuität« (Lutz Niethammer) gab.
Das NS-Regime und der »Führer« mochten als abgewirtschaftet angesehen
worden sein, aber deshalb hatte sich noch längst kein tiefgreifender Wertewandel vollzogen.

Auf mehrheitlich erbitterte Abwehr stieß vor allem die Entnazifizierung,

Zeitungsleser nach der Urteilsverkündung der Nürnberger Prozesse, 1. Oktober 1945

gab es doch die verbreitete Auffassung, dass es den Siegern, die den Luftkrieg gegen die deutsche Zivilbevölkerung geführt hatten, gar nicht zustünde, über Deutsche zu Gericht zu sitzen. Die wachsende Abwehr der Entnazifizierung lag aber auch an ihrer bürokratischen Handhabung, die eher die kleinen Mitglieder und Mitläufer benachteiligte, über die zuerst verhandelt wurde, während die hohen Funktionäre und Nutznießer, deren Fälle eine langwierige Sammlung von Beweisen erforderlich machten und deshalb in der Regel später entschieden wurden, wegen der allgemeinen Milderung der Verfahren oft glimpflich davonkamen, so dass man von einer »Mitläuferfabrik« sprach.[75] Einer der vielen skandalösen Fälle war in dieser Hinsicht die Einstufung von Alfred Hugenberg als »Mitläufer« durch eine Detmolder Spruchkammer, »eine der schamlosesten Komödien in der deutschen politischen Geschichte«, wie es in einem zeitgenössischen Zeitungskommentar hieß.[76]

Entgegen mancher Legenden von der Wirkungslosigkeit der Entnazifizierung ist gleichwohl festzuhalten, dass diese durchaus erhebliche Dimensionen annahm. In die Internierungslager der westlichen Besatzungszonen waren anhand von Listen insgesamt mehr als 170 000 höhere NS-Funktionäre, Beamte und Manager großer Betriebe zum *automatical arrest* eingeliefert worden. Zunächst hatten die Angehörigen des öffentlichen Dienstes, dann auch anderer Berufs- und Personengruppen anhand eines detaillierten Fragebogens – in der US-Zone waren zunächst 131, in der Britischen Zone

133 Fragen zu beantworten – Rechenschaft über ihre Karrieren im »Dritten Reich« abzulegen.

Bis Ende März 1946 waren in der US-Zone 1,26 Millionen dieser Fragebögen ausgewertet worden. Eine im gleichen Jahr erschienene Sammlung von Reportagen des amerikanischen Schriftstellers John Dos Passos, der im Auftrag der Illustrierten *Life* Deutschland bereiste, trug in der deutschen Übersetzung den Titel »Im Land des Fragebogens«[77], und 1951 gelangte ein ressentimentgeladener autobiographischer Bericht aus der Feder des Rowohlt-Lektors Ernst von Salomon mit dem Titel *Der Fragebogen* an die erste Stelle der belletristischen Bestenliste.

Insgesamt wurden mehr als 3,6 Millionen Verfahren in den Westzonen zunächst vor alliierten, dann mit Deutschen besetzten Spruchkammern und Gerichten verhandelt. 1667 wurden als Hauptschuldige und rund 23 000 als Belastete zumeist mit Haft- oder hohen Geldstrafen belegt, weitere 150 000 kamen als Minderbelastete mit geringen Geldstrafen davon, während die restlichen 95 Prozent als Mitläufer galten, als entlastet eingestuft wurden oder von der Einstellung ihrer Verfahren, zum Teil infolge weitreichender Amnestien für Jugendliche, Kriegsversehrte und Personen mit geringem Steueraufkommen, begünstigt wurden. Auch wenn dies letztlich keine übertrieben harte Bilanz darstellte, mag die zeitweilige Existenzunsicherheit vieler durch ihre Tätigkeiten für das NS-Regime belasteter Personen als Warnung vor weiterem Engagement in dieser politischen Richtung gewirkt haben.[78] Eine der ersten Gesetzgebungsmaßnahmen des Bundestags galt Ende 1949 dem Ende der Entnazifizierung.[79]

Die Entnazifizierung in der SBZ unterschied sich in ihrer Zielsetzung beträchtlich von derjenigen in den Westzonen, obwohl sie formal ähnlich angelegt war. Wichtigster Unterschied war der Zusammenhang mit einer Bodenreform und mit Enteignungsmaßnahmen in der Industrie, wodurch angeblich die Wurzeln des Faschismus ausgerottet würden.[80] Wie in den westlichen Zonen wurde die Entnazifizierung Ende der 40er Jahre als abgeschlossen betrachtet. Wer sich positiv zur »antifaschistisch-demokratischen« Ordnung stellte, sollte als ehemaliges Mitglied der NSDAP nicht mehr diskriminiert werden.

Die Verantwortlichen des Kultursektors – des Bildungswesens (Schulen, Erwachsenenbildung, Hochschulen) und der Medien (Verlagswesen, Theater, Film, Presse, Rundfunk) – wurden in allen Zonen besonders genau überprüft und sehr häufig aus ihren Ämtern entfernt. Eine Ausnahme bildeten allerdings die Kirchen und kirchlichen Institutionen, deren »Selbstreinigung« sich auf evangelischer Seite nur auf einige offen nationalsozialistische Funktionäre der »Deutschen Christen« erstreckte[81], während beim katholischen Klerus nahezu völlig unangetastete Kontinuität waltete – schöne Legenden über die prinzipielle Gegnerschaft zum »Dritten Reich« wurden gern geglaubt, die Besatzungsmächte sahen die Kirchen als einzige moralisch noch intakte Instanz an.[82]

In der US-Zone arbeiteten die Behörden mit sogenannten weißen, grauen und schwarzen Listen, auf denen insgesamt etwa 1400 Schlüsselpersonen des Kultur- und Medienbetriebs verzeichnet waren. Auf der weißen Liste befanden sich 441 Personen, die als geeignet erschienen, künftig verantwortliche Positionen einzunehmen, 207 als uneingeschränkt politisch zuverlässig, 234 sollten eine Schlüsselstellung nur probeweise erhalten[83]. Die graue Liste verzeichnete 389 Personen, die keine gestalterischen Posten erhalten durften, aber im Kulturbetrieb bleiben konnten, und die schwarze Liste erfasste 327 Personen, denen eine Beschäftigung grundsätzlich verwehrt werden sollte, und weitere 283, die nach Möglichkeit nicht einzustellen seien. Diese schwarze Liste liest sich geradezu als *Who is who* für die Kulturszene der frühen Bundesrepublik, vom Schriftsteller Ernst Jünger bis zum Feuilletonisten Friedrich Sieburg, vom Filmschauspieler Emil Jannings bis zum bayerischen Generalmusikdirektor Hans Knappertsbusch. Ähnlich wie in der amerikanischen Zone verfuhr man auch in den anderen Besatzungszonen, wobei das Vorgehen in der US-Zone und in der SBZ offenbar radikaler war als in der Britischen und Französischen Zone. Aber zugrunde lag die gemeinsame Überzeugung, dass eine Entnazifizierung der Kultur mit der Überprüfung der Schlüsselpersonen zu beginnen habe.

Die Betroffenen beschritten häufig Entnazifizierungskarrieren, die mit drakonischen Urteilen begannen, um in der Revisionsinstanz milde zu enden. So wurde die Hitler-Bewunderin Winifred Wagner, Prinzipalin des Bayreuther Familienclans, im Urteil des Spruchkammerverfahrens am 16. April 1947 in Gruppe II (»Belastete, wie Aktivisten, Militaristen oder Nutznießer«) einsortiert, aber in einem zweiten Verfahren am 8. Dezember 1948 als »Minderbelastete« der Gruppe III zugeteilt, wobei die Sühnemaßnahmen reduziert wurden. Zunächst sollte sie zu Sonderarbeiten für die Allgemeinheit für die Dauer von 450 Tagen herangezogen und ihr Vermögen zu 60 Prozent als Beitrag für die Wiedergutmachung eingezogen werden, sie sollte das Recht auf öffentliche Ämter, das Wahlrecht und die Ansprüche auf öffentliche Pensionen oder Renten verlieren, außerdem für fünf Jahre keinen freien oder selbstständigen Beruf ausüben oder als Lehrerin, Predigerin, Redakteurin, Schriftstellerin oder Rundfunkkommentatorin tätig sein. Später wurden die Maßnahmen bis auf die Einschränkung der Berufsausübung aufgehoben und die Bewährungsfrist dafür halbiert.[84]

Die Personallisten für den Bereich der Kultur zeugten von teilweise intimer Kenntnis der Entwicklung in Deutschland nach 1933, einzelner Biographien und Netzwerke. Die Besatzungsbehörden verfügten über eine Reihe profilierter »Kulturoffiziere«, die mit der deutschen Literatur, Kunst und Musik bestens vertraut waren. Hinzu kam die Beratung durch deutsche und österreichische Intellektuelle[85], die aus politischen oder rassistischen Gründen ins Exil hatten gehen müssen und die nun mit den Armeen ihrer Aufnahmeländer oder später als Remigranten zurückkehrten. Zudem wurde eine Vielzahl von Reiseberichten verfasst, von Willy Brandt, der in norwegischer Sprache eine Schrift mit dem markanten Titel »Verbrecher und andere Deutsche« verfasste, bis zu Carl Zuckmayer, der verständnisvoll über die deutsche Kulturszene in die USA berichtete.[86]

Distanz gegenüber Remigranten Die westlichen Siegermächte vermieden allerdings jeden Anschein, sie würden die intellektuelle Garde des Exils als ihre Vertrauenspersonen gegenüber den in Deutschland Gebliebenen ansehen und Schlüsselposten bevorzugt mit diesen besetzen – im Gegensatz zur sogenannten Gruppe Ulbricht und anderen Kadern in der SBZ. Denn man wusste nur zu genau, dass Remigranten herzlich unbeliebt waren. Offiziell breitete die deutsche Seite – in West und Ost – zwar sehr früh und demonstrativ die Arme aus. Dies reichte vom Aufruf zur Rückkehr, der nach der Münchner Ministerpräsidentenkonferenz 1947 in den Westzonen veröffentlicht wurde, bis zur pathetisch-schwülstigen Begrüßung von Thomas Mann (»Willkommen in der Heimat, der befreiten«), der im Goethejahr beide Teile Deutschlands bereiste, durch den Moskau-Rückkehrer und Kulturfunktionär Johannes R. Becher in Weimar 1949.

Aber solche Begrüßungen kontrastierten mit den Anfeindungen, die nicht nur der Nobelpreisträger in Deutschland erfahren musste und die es im Zuge der spätstalinistischen Kampagnen gegen Westemigranten um 1950 auch in der SBZ/DDR gab. Vielen Menschen, die während der Zeit des »Dritten Reiches« Deutschland nicht verlassen hatten, blieben die Rückkehrer aus dem Exil fremd, und diese wiederum empfanden sich als Fremde, wurden nicht wieder heimisch, ließen sich oft gar nicht erst dauerhaft nieder. Ohnehin war es nur ein kleiner Teil, der nach Vertreibung und Flucht aus Hitler-Deutschland und der oft mühsamen Eingewöhnung in den Exilländern in die ehemalige, zerstörte und feindlich gesonnene Heimat zurückkehren wollte. Nach Schätzungen dürfte es nicht mehr als ein Drittel der ca. 3000 Publizisten und

Szene aus dem Film *Der Ruf* (1949) mit Fritz Kortner in der Rolle eines Remigranten, der an seine deutsche Universität zurückkehrt

Journalisten gewesen sein, das den Weg zurück ging, von den aus Deutschland entkommenen Juden dagegen remigrierten insgesamt nur etwa vier Prozent. Auch wenn es insofern keine breite Gegenelite war, die zur Verfügung gestanden hätte, sind doch die politischen und kulturellen Beiträge zur Neuorientierung, die einzelne Remigranten leisteten, äußerst vielfältig, und es gelangen erstaunliche Karrieren[87]: Zu erwähnen sind zum Beispiel die sozialdemokratischen Bürgermeister Max Brauer in Hamburg, Wilhelm Hoegner in München und Ernst Reuter in Westberlin; der Journalist Hans Habe, der anfangs großen Einfluss auf die Pressepolitik in der US-Zone besaß; der Schriftsteller Alfred Döblin, 1933 zunächst nach Frankreich und dann 1940 in die USA geflohen, als »Kulturoffizier« und maßgeblicher Intellektueller der Französischen Zone; Fritz Eberhard als eigenwilliger Intendant des Süddeutschen Rundfunks; Alfred Kantorowicz, Ernst Bloch, Bertolt Brecht, Stefan Heym, Hans Mayer und etliche andere hochkarätige Intellektuelle, die in die SBZ und DDR gingen und dort Desillusionierungsprozesse erlebten – die Liste ließe sich erweitern. Allerdings waren es eben doch wenige im Vergleich zu jenen, die in Deutschland geblieben waren. Und es gab für das erfolgreiche Einleben in der neuen alten Heimat eine wichtige Voraussetzung: Man durfte nicht sein Schicksal als Exilant hervorkehren, sondern musste sich in die Nachkriegsgemeinschaft konstruktiv einfügen. Auch aus diesem Grund dauerte es ein halbes Jahrhundert, bis das Thema der Remigration in der deutschen Öffentlichkeit auf Empathie und Interesse stieß.

Geistige
Umorientierung Mit der Ausschaltung nationalsozialistisch belasteter Funktionsträger war für die *re-education* noch wenig erreicht, ging es doch nicht nur, schwer genug, um die Veränderung von politischen Einstellungen, sondern um tieferliegende Bewusstseinselemente der deutschen Tradition. Dem war nicht beizukommen durch schockartige Konfrontation mit den Verbrechen der NS-Zeit, wie es vor allem die US-Besatzungsmacht mit aufklärerischen Dokumentarfilmen versuchte. Eine kathartische Wirkung der Bilder stellte sich nicht ein – die Menschen gingen ihnen, wenn möglich, aus dem Wege. Sehr bald wurde deutlich, dass mit der Imagination der überlegenen Zivilisation der USA und der Propaganda für eine gemeinsame amerikanisch-europäische Wertewelt immerhin mittelfristig mehr zu erreichen war.[88]

Das nationalsozialistische Gift aus den Hirnen der Menschen zu tilgen, so dachte man, könne nur gelingen, wenn auch sprachlich eine radikale Entnazifizierung erfolge. Mit einer sauberen, nüchternen, ehrlichen Sprache nach all der verlogenen Propaganda des NS-Regimes sollte wieder bei null begonnen werden – ein Anliegen aller Besatzungsmächte.[89] Wörter wie »Rassenschande«, »Herrenrasse« oder »Ariernachweis« waren zumindest aus der öffentlichen Sprache verbannt worden. Allerdings zeigten sich Probleme bereits bei der Umbenennung von Straßen und Plätzen. Während man in der US-Zone misstrauisch gegenüber der Rückbenennung in monarchistische Bezeichnungen blieb, sollten in der SBZ die Vorkämpfer der kommunistischen Arbeiterbewegung geehrt werden.[90] Im Westen siegte vielfach die neutrale Sachbezeichnung: In Frankfurt am Main wurde aus dem »Platz der SA« der »Börsenplatz«, in Hamburg aus dem »Adolf-Hitler-Platz« der »Rathausmarkt«. Ansonsten zeigte sich gerade in der Beschwörung der gereinigten Sprache nicht selten die schwülstige Rhetorik deutscher Tradition, gegen die auch groß angelegte Sensibilisierungsprogramme wie die über drei Jahrgänge laufende Serie *Aus dem Wörterbuch des Unmenschen*, die Dolf Sternberger unter Mitarbeit von Gerhard Storz und W. E. Süskind in der Zeitschrift *Die Wandlung* publizierte, wenig ausrichten konnten.[91] Das Problem geistiger Entnazifizierung war sprachlich nicht zu lösen, bei jeder Bildungseinrichtung und allen Medien zeigte sich die Verwobenheit des Neubeginns mit vielfältigen Kontinuitäten.

Die amerikanische Regierung hatte ursprünglich dekretiert, dass die Grundschulen erst wieder geöffnet werden dürften, wenn neben politisch annehmbaren Lehrkräften auch geeignete Schulbücher zur Verfügung stünden. Und in keinem Bereich wurde die Entnazifizierung derart konsequent durchgeführt wie im Bildungswesen. Im Land Hessen betrug der Anteil der nicht verwendungsfähigen Lehrer für Volksschulen zwischen 55 und 75 Prozent, in einzelnen Städten der US-Zone wie z. B. Würzburg lag er bei 90 Prozent. Aufgrund dessen war die Lehrer-Schüler-Relation in allen Zonen auf ca. 1 zu 70 angestiegen, weit entfernt von sinnvollen Betreuungsverhältnissen; selbst im »Dritten Reich« (1939) hatte das Verhältnis bei 1 zu 40 gelegen. In der SBZ war die Entnazifizierung der Lehrerschaft am radikalsten ausgefallen. Dort versuchte man durch junges, in Schnellkursen geschultes Personal Abhilfe zu schaffen – um den Preis einer Absenkung der Lehrqualität. Solche Kurse gab es auch in den Westzonen, die Gymnasien behalfen sich zudem mit der Wiedereinstellung von Pensionären.

Dass jegliches Material, das den Geist des Nazismus und Militarismus aufrechterhalte, aus den Schulen zu verbannen sei, war auf amerikanische Veranlassung als eine der wenigen bildungspolitischen Festlegungen in das Potsdamer Protokoll aufgenommen worden. Da aber im Herbst 1945 der Schulbetrieb wiederaufgenommen werden sollte und bis dahin kaum genügend neue Schulbücher zur Verfügung stehen konnten, musste mit Notprogrammen improvisiert werden. Zum Teil wurden nationalsozialistische Schulbücher freigegeben, zum Teil Unterrichtsmaterialien aus der Weimarer Zeit, die in England und den USA, zum Beispiel in der Bibliothek des *Teachers College* der *Columbia University*, zur Verfügung standen, vervielfältigt. In der US-Zone wurden bis zum März 1948 von 2509 Titeln etwas mehr als die Hälfte vorbehaltlos zur Wiederverwendung freigegeben, bei 535 Titeln mussten Streichungen, Änderungen oder Ergänzungen vorgenommen werden.[92] Eine nähere Inspektion zeigt, dass damit zwar offensichtlich nationalsozialistisches Gedankengut getilgt werden konnte, die Volksschulbücher aber eindeutig eine reaktionäre und antimoderne Ausrichtung behielten.[93]

Dies passte zum allgemeinen Verzicht auf eine radikale Schulreform in den Westzonen. Die Alliierten hatten die Gestaltung des Schulsystems deutscher Verantwortung überlassen, ein Freibrief für die Ablehnung integrativer Elemente zugunsten der Wiederaufrichtung des dreigliedrigen Schulwesens, wie es seit der Jahrhundertwende überliefert war. Das Gymnasium als Hort abendländischer Kultur wurde von konservativen deutschen Kulturpolitikern erfolgreich verteidigt.[94] Selbst zarteste Ansätze der Schulreform wie die sechsjährige gemeinsame Grundschulzeit in den späteren Stadtstaaten wurden teilweise, wie etwa in Hamburg 1954, wieder rückgängig gemacht.

Kulturelle Angebote für die Jugend, die den Maximen der *re-orientation* folgten, bezogen sich vor allem auf die außerschulische und außerbetriebliche Freizeit. Amerikanische und britische Programme setzten angesichts der vermuteten zähen Mentalitätsreste der NS-Zeit[95] auf die Förderung von selbstbestimmten Jugendausschüssen, Jugendringen, lokalen Jugendparlamenten und Jugendgruppen, also auf die Förderung von demokratischem Denken *from the bottom up.* Musische Anteile, gerade angesichts der Erfahrungen ästhetischer Überwältigung durch die Inszenierungen der HJ, spielten dabei eine große Rolle.[96] Es war symptomatisch, dass überkommene autoritäre Strukturen vielfach wieder eingeführt wurden, wenn alliierte Einrichtungen – etwa die *German Youth Activities (GYA)*-Programme der US-Armee[97] – in deutsche Verwaltung übergingen.

Deutsche Beharrungskraft Ein Kernstück der *re-orientation* stellte die Hochschulpolitik dar.[98] Es hatte in den alliierten Ländern, vor allem in den USA, durchaus Überlegungen gegeben, mit rücksichtsloser Härte an den Hochschulen durchzugreifen. Dahinter stand die Vorstellung einer besonderen – geistigen – Verantwortung gerade dieser Institution. Schon am 16. August 1936 hatte der als Jude von der TU Dresden entlassene und von den Nationalsozialisten schikanierte Romanist Victor Klemperer in seinem Tagebuch notiert:

»Wenn es einmal anders käme und das Schicksal der Besiegten läge in meiner Hand, so ließe ich alles Volk laufen und sogar etliche von den Führern, die es vielleicht doch ehrlich gemeint haben könnten und nicht wussten, was sie taten. Aber die Intellektuellen ließe ich alle aufhängen, und die Professoren einen Meter höher als die andern; sie müssten an den Laternen hängen bleiben, solange es sich irgend mit der Hygiene vertrüge.«[99]

Stattdessen war die Hochschullandschaft der unmittelbaren Nachkriegszeit gekennzeichnet von zäher Beharrungskraft gegen die auferlegte Entnazifizierung. Das zeigte sich allerdings erst später, in den 50er Jahren, als viele der 1945 entfernten nationalsozialistisch belasteten Hochschullehrer, soweit nicht emeritiert, pensioniert oder verstorben, wieder in die Hochschulen zurückgekehrt waren.

Bei der Neuordnung der Universitäten lässt sich ein Grundmuster erkennen. Überall wurden die nationalsozialistisch belasteten durch neue Rektoren ersetzt, die häufig bereits vor 1933 wichtige universitäre Ämter innegehabt hatten. Daraus ergab sich für etliche Jahre eine Dominanz älterer Ordinarien. Nicht der revolutionäre Bruch stand auf der Tagesordnung, sondern die Rückkehr zur »Normalität« nach zwölfjähriger Ausnahmesituation. Die Hochschulen selbst wollten lediglich einige unumgängliche personelle Maßnahmen einleiten, um dann die als sachfremd empfundenen Eingriffe der Besatzungsmacht abzuwehren.

Es stellte sich aber bald heraus, dass die Alliierten sehr viel weiter gehende Vorstellungen als nur den Austausch an der Spitze hegten. In Hamburg hatte der neue Senat den Fakultätsmitgliedern, die er für zu stark belastet hielt, auch aus Fürsorge den Rückzug nahegelegt, bevor die Untersuchung der Besatzungsmächte begann. Schließlich machte es einen erheblichen Unterschied, ob jemand mit vollen Bezügen als Emeritus ausschied, mit immerhin 75 Prozent dieser Bezüge pensioniert oder ohne Bezüge entlassen wurde. Die britischen Behörden kamen dieser Absicht eines freiwilligen Rücktritts aber zuvor, forderten die Ausfüllung von Fragebögen und suspendierten oder entließen zahlreiche Professoren. Der Universitätsleitung gelang es dann Ende August 1945, die Besatzungsmacht zu bewegen, den bisherigen drei Kategorien für die Überprüfung von Hochschullehrern »Bestätigt«, »Suspendiert« und »Entlassen« eine vierte hinzuzufügen: »Vorläufig genehmigt« – so eingeordnete NS-belastete Dozenten konnten zunächst weiterlehren. Am 31. März 1947 waren in Hamburg (ohne die Medizinische Fakultät) von 56 Ordinariaten 31 mit ehemaligen NSDAP-Mitgliedern besetzt. Aufgrund einer Senatsverfügung wurden die als »Mitläufer« suspendierten Hochschullehrer seit Mitte 1948 wiedereingestellt.

In der US-Zone wurde häufig härter entschieden, so etwa von der Militärregierung im Fall Martin Heidegger, der 1946 zwangspensioniert wurde. Seine Emeritierung mit allen Rechten und Bezügen erreichte der vom Remigranten Kurt Hiller einmal als »Denkwebel«[100] titulierte Rektor der Universität Freiburg von 1933 dann aber (1952) doch. In Erlangen wurde der Lehrkörper so rigide gesäubert, dass in mancher Fakultät nur wenige Dozenten verblieben, die nun Gebiete in der Lehre zu vertreten hatten, für die sie nicht qualifiziert waren. Im November 1946 beschwerte sich das bayerische Kultusministerium, dass wegen der neuerlichen Entlassung von 33 Professoren durch die Militärregierung nicht mehr alle Lehrstühle an der Münchner Universität besetzt werden könnten. Diese Professoren waren im selben Monat mit der Begründung entlassen worden, ihnen fehlten die »politischen, liberalen und moralischen Qualitäten«, die zur Entwicklung der Demokratie in Deutschland notwendig seien.

Dagegen setzte sich bald die auf deutscher Seite vertretene Auffassung durch, nach Entfernung einiger weniger Belasteter den Universitätsbetrieb in alter Tradition wiederaufzunehmen. Beim Abschluss der Verfahren in Göttingen blieben lediglich drei Fälle der Kategorie III (»Minderbelastete«)

mit Berufsverbot übrig, außerdem fünf in der Kategorie IV (»Mitläufer«). Da nach dem Gesetz zur Beendigung der Entnazifizierung in Niedersachsen alle Fälle der Kategorien III und IV ohne Verfahren automatisch in die Kategorie V (»Entlastete«) überführt wurden, konnten sich diese um ihre baldige Rehabilitation und Reintegration bemühen.

Auf alliierter Seite herrschte erhebliche Unsicherheit über die Zweckmäßigkeit einer schematisch – nach formalen Kriterien der Mitgliedschaft – vollzogenen Entnazifizierung. Dies musste die älteren deutschnationalen Ordinarien, die der Partei häufig nicht beigetreten waren, bevorzugen. Sie hatten leicht vom Konservatismus hinüber zum Nazismus und nun als »Mitläufer« wieder zurückrutschen können, hielten alliierte Experten fest. Solche Überlegungen, die auf eine Modifikation der Entnazifizierung zielten, blieben bekanntlich folgenlos. Die ordinarialen »Fast-Nazis« blieben, und die formal Belasteten kamen zum großen Teil wenig später ebenfalls wieder. Ihre Stellen wurden meist vakant gehalten und von Pensionisten verwaltet. Wenig Mühe gab man sich hingegen um die in die Emigration vertriebenen Wissenschaftler; nur ein Bruchteil von ihnen kehrte zurück.

Die Entnazifizierung der Hochschulen in der Sowjetischen Besatzungszone und der im sowjetischen Sektor von Berlin liegenden Humboldt-Universität war von den gleichen Grundmustern der Auseinandersetzung zwischen den neuen Universitätsleitungen und der Besatzungsadministration geprägt. Allerdings waren hier die Maßnahmen der Entnazifizierung härter, und die ernannten Rektoren, die sich in den Augen der politischen Administration als zu zögerlich erwiesen, wurden in einigen Fällen sehr bald, noch vor der Wiedereröffnung, zum Rücktritt gedrängt. In Leipzig musste die für den 31. Oktober 1945 vorgesehene Eröffnung sogar in letzter Minute, die Rede des Rektors lag bereits vor, abgesagt werden, weil die Entnazifizierung noch nicht in ausreichendem Maße erfolgt war. Besonders dramatisch war die Entwicklung in Greifswald. Hier wurde der vorläufige Rektor Ernst Lohmeyer, gegen den sich das Misstrauen aufgrund seines behutsamen Vorgehens in der Entnazifizierung schon länger gerichtet hatte, am 14. Februar 1946, einen Tag vor der Wiedereröffnung der Universität, aufgrund einer falschen Anschuldigung verhaftet, er habe als Wehrmachtsmajor in der Ukraine an Erschießungen teilgenommen. Ein sowjetisches Militärgericht verurteilte ihn zum Tode, er wurde am 19. September 1946 hingerichtet.

Bei aller Härte der anfänglichen sowjetischen Maßnahmen gab es allerdings durchaus einen systemfunktionalen Pragmatismus. So waren an der Medizinischen Fakultät der Universität Leipzig über 70 Prozent durch eine

NSDAP-Mitgliedschaft belastet, aber in 49 von 72 Fällen durften diese Fakultätsmitglieder ihre ärztliche Tätigkeit weiter ausüben. Ähnlich verfuhr man an der berühmten Charité in Berlin, wo zwar 50 schwerbelastete Mitarbeiter in den ersten beiden Nachkriegsmonaten entlassen worden waren, aber etwa 40 andere NS-belastete Ärzte weiter tätig sein durften, weil sie dringend gebraucht wurden.

Auch für die Studierenden galten im ersten Nachkriegssemester die formalen Kriterien der Entnazifizierung. Aktive Mitglieder der NSDAP und ihrer Organisationen durften nicht immatrikuliert werden, und diese Vorgabe wurde schon deshalb sehr streng umgesetzt, weil etwa in der Britischen Zone von über 54 000 Bewerbern nur knapp 23 000 zugelassen werden konnten. Durch die Jugendamnestie im Sommer 1946 bestanden die strengen Bestimmungen nur für ein bis zwei Semester. 1947/48 – die Hochschulen der Westzonen galten mit einer Studierendenzahl von nun etwa 100 000 als hoffnungslos überfüllt – begann der Abschluss der Entnazifizierung und die zuerst allmähliche, dann immer raschere Reintegration der als NS-belastet Entfernten in die deutschen Hochschulen. Von den nach 1945 Entlassenen waren bis 1950 fast 1000 (ca. 40 Prozent) wiedereingestellt worden, und dieser Anteil erhöhte sich in den folgenden Jahren noch beträchtlich.

Etwas aufgehellt wird das düstere Bild beim Blick auf einzelne Initiativen der Besatzungsmächte, etwa die Neugründung der Freien Universität Berlin durch die US-Militärbehörde oder die besondere Förderung einer modernen Ausrichtung der Politikwissenschaft und Soziologie, die etwa die *Ford Foundation* oder *Rockefeller Foundation* zu ihrer Sache machten.[101] In diesen Fächern unterrichteten – im Gegensatz etwa zur Germanistik und Geschichtswissenschaft – am ehesten demokratisch gesinnte Dozenten und auch einige Rückkehrer aus dem Exil.[102]

Während die alliierten Maßnahmen zur *re-orientation* im Bildungswesen auf zähen Widerstand reformunwilliger Kräfte, zumal in den Gymnasien und Hochschulen, stießen und aufgrund der wenig beweglichen Institutionen insgesamt nur geringe Wirkungen erzielten, gab es bei der zweiten Säule der Umerziehung, den Medien, jedenfalls auf den ersten Blick günstigere Voraussetzungen.

Am einfachsten war es beim Rundfunk. Hier mussten zunächst die Kommandohöhen der Direktion und Intendanz von den Experten der jeweiligen Besatzungsmächte eingenommen, danach der Sendebetrieb mit technischer Improvisation in Gang gebracht und schließlich auf eine solide Basis gestellt werden. Dazu gehörte die Beschaffung von Autos, Werkzeugen, Rundfunk-

Medien und Re-orientation

technik und Möbeln ebenso wie die rasche Wiedereinstellung der deutschen Sprecher, Schreibkräfte und Techniker, die nicht selten, da sie bis zuletzt die Verlautbarungen des NS-Regimes gesendet hatten, im regionalen Umkreis lebten. Das Gleiche galt für die Musiker der Radiosymphonieorchester, Pianisten und etliche Programm-Macher, die aufgrund ihrer vorherigen »unpolitischen« Tätigkeiten als harmlos galten oder als unbelastet eingestuft wurden. Lediglich hinsichtlich der Nachrichtensprecher und politischen Kommentatoren verfuhren die Besatzungsmächte anfangs sehr vorsichtig. In den ersten Monaten waltete eine Vorzensur, mussten Sendemanuskripte vor ihrer Verlesung alliierten Kontrolleuren vorgelegt werden. Allerdings vertrug sich dies nicht mit der Vielzahl der täglich anfallenden Texte und der beim Radio gegebenen Notwendigkeit rascher Reaktion. Viel wichtiger war es, Vertrauen in die verantwortlichen deutschen Redakteure setzen zu können, und dieses Vertrauen stellte sich im täglichen Umgang zwischen Besatzungsoffizieren und deutschen Mitarbeitern in der Regel bald ein, zumal wenn man deren Biographien kannte. So saß in Frankfurt der remigrierte Literaturwissenschaftler Hans Mayer als Chefredakteur für Politik dem amerikanischen Kontrolloffizier Golo Mann gegenüber; in Hamburg trug Alexander Maaß als Kontrolloffizier Verantwortung; der Remigrant leitete später die Rundfunkschule des NWDR. Er konnte sich mit den zweifelsfrei antinationalsozialistischen Redakteuren der ersten Stunde, Axel Eggebrecht oder Peter von Zahn, bei allen Konflikten in Einzelfällen, grundsätzlich gut verständigen.[103] Eine vorausschauende Personalpolitik war effektiver als jede Zensur.

In der westalliierten Rundfunkpolitik gab es einige unterschiedliche Akzente[104], die im jeweiligen nationalen System begründet lagen, an dem sich die Besatzungsbehörden ausrichteten. Das dezentrale und regional ausgerichtete System der USA spiegelte sich in der Gründung von Sendern in Frankfurt, Stuttgart, München und Bremen, die später zum Hessischen, Süddeutschen und Bayerischen Rundfunk sowie Radio Bremen wurden, während für die gesamte Britische Zone, ausgerichtet am Vorbild des BBC, der Nordwestdeutsche Rundfunk (NWDR) mit der Zentrale in Hamburg entstand, der Mitte der 50er Jahre nach langen Querelen in den Norddeutschen und Westdeutschen Rundfunk geteilt wurde. In der Französischen Zone entstand – eine Mischung des amerikanischen und britischen Systems – als zentrale Station der Südwestdeutsche Rundfunk in Baden-Baden, der die regionale Gliederung der Zone widerspiegeln sollte; außerdem wurde Radio Saarbrücken für das Saarland eingerichtet. Einen Sonderfall bildete auch hinsichtlich des Radioempfangs die ehemalige Reichshauptstadt. Die sowjetischen Truppen betrieben, zunächst vom britischen Sektor aus, eine Sendeanlage, die zum Berliner Rundfunk ausgebaut wurde. Während die britische Besatzungsmacht eine Zweigstelle des NWDR installierte, aus dem später der Sender Freies Berlin (SFB) hervorging, gründeten die Amerikaner ihren Rundfunk im amerikanischen Sektor (RIAS), der im beginnenden Kalten Krieg eine legendäre Bedeutung für die Unterrichtung der Ostberliner und sowjetzonalen bzw. DDR-Bevölkerung gewinnen sollte.

Die westlichen Alliierten wollten sich möglichst bald von der direkten Kontrolle des Rundfunks zurückziehen. Allerdings ließen sie es nicht zu, wie auf deutscher Seite beabsichtigt, zum System von vor 1933 zurückzukehren, als das Postministerium für die technische Seite, das Innenministerium für die politische Kontrolle und Aktiengesellschaften mit staatlicher Mehrheitsbeteiligung für das wirtschaftliche Funktionieren zuständig gewesen waren. Als eine Lehre aus der deutschen Geschichte sollte die Errichtung eines staatsfernen, von den verschiedenen Kräften der Gesellschaft pluralistisch gestalteten Rundfunks gelten. Durch Verordnungen der jeweiligen Besatzungsmacht und Gesetze der Landtage entstanden daraufhin in den Westzonen zwischen Januar 1948 und Mai 1949 die sechs erwähnten öffentlich-rechtlichen Rundfunkanstalten. Die öffentlich-rechtlichen Spitzengremien, die aus gesellschaftlichen Gruppen – Kirchen, Gewerkschaften, Arbeitgeberverbände, Hochschulen u. a. – sowie Vertretern der Parteien, Parlamente und Regierungen zusammengesetzt waren, wählten auf Zeit die politisch verantwortlichen Intendanten der Rundfunkstationen. Diese im einzelnen variierenden Konstruktionen verhinderten zwar nicht parteipolitische Lagerbildung und kartellmäßiges Proporzdenken, das Anfang der 50er Jahre immer deutlicher zutage trat, aber der öffentlich-rechtliche Rundfunk blieb doch insgesamt ein relativ staatsunabhängiges Medium mit einigen Nischen für kritische Geister.

Das Pressewesen als verlässlichen Garanten einer *re-orientation* zu organisieren, machte ungleich größere Probleme, da es sich um eine Vielzahl von Tages- und Wochenzeitungen sowie monatlich erscheinende Schriften aller Arten handelte.[105] Gemeinsam war den drei großen alliierten Mächten, dass sie eine Zeitung in eigener Regie, aber von deutschen Journalisten redigiert, herausgaben, die ihre Position als kulturelle Führungsmacht unterstrich: In der britischen Zone war es *Die Welt*, in der SBZ die *Tägliche Rundschau*, in der US-Zone die *Neue Zeitung*. Entscheidend war, dass in allen Zonen mit einem System der Lizenzierung gearbeitet, d. h. nach der ersten Phase der unmittelbaren Versorgung der Bevölkerung durch alliierte Truppenblätter neu geschaffene Presseerzeugnisse in die Hände von als verlässlich angesehenen

Deutschen gegeben wurden. Damit entstand ein Spannungsverhältnis zwischen den sogenannten Altverlegern, deren Druckereien zwar in den Westzonen nicht enteignet wurden, die aber auch nicht die Erlaubnis zur Produktion von Printerzeugnissen erhielten, und den Lizenznehmern, denen häufig ausreichende Druckkapazitäten und das notwendige Know-how fehlten. Erst nach dem Ende der Lizenzzeit konnten sich auch Altverleger wieder frei auf dem Markt betätigen. Bis 1953 gab es demzufolge zwei Verlegerverbände.

Die größten zonalen Unterschiede bestanden in der Auswahl der Lizenznehmer. In der Britischen Zone entstanden sogenannte Parteirichtungszeitungen, z. B. in der Millionenstadt Hamburg das sozialdemokratische *Hamburger Echo*, die liberale *Hamburger Freie Presse*, die konservativ-christdemokratische *Hamburger Allgemeine Zeitung* sowie die kommunistische *Hamburger Volkszeitung*. Diese waren formal von den Parteien unabhängig, vertraten aber deren grundsätzliche Positionen und waren personell eng mit diesen verwoben. Die Papierzuteilung, entscheidend für die Druckauflage, wurde nach den regionalen Wahlen in der Britischen Zone im Herbst 1946 korrigiert und den jeweiligen Stimmanteil angepasst.

In der SBZ wurden die Lizenzen von vornherein an Parteien und sogenannte Massenorganisationen erteilt, die »führende Rolle« erhielt nach Bildung der Sozialistischen Einheitspartei (SED) das *Neue Deutschland* zugesprochen, die inhaltlich gleichgeschalteten Blätter erschienen bis zum Ende der DDR.

In der US-Zone wiederum vergaben die Behörden eine Zeitungslizenz jeweils an eine politisch heterogene Gruppe verlässlicher Antifaschisten (*licesee panels*).[106] Bei der Heidelberger *Rhein-Neckar-Zeitung* waren es der Kommunist Rudolf Agricola, der Sozialdemokrat Hermann Knorr und der spätere liberale Bundespräsident Theodor Heuss. Ähnliche Allianzen ergaben sich bei etlichen Blättern, wobei – spektakulär etwa im Fall der *Frankfurter Rundschau* – die Kommunisten im beginnenden Kalten Krieg aus den Herausgebergremien und Redaktionen entfernt wurden.

Entgegen mancher Legenden gab es auch im Pressewesen keine »Stunde Null«. Unterhalb der Chefredaktion und neben den politischen Ressorts, bei deren Auswahl die größte Sorgfalt waltete und die häufig mit älteren, bereits vor 1933 prominenten oder sehr jungen Journalisten besetzt wurden, kehrten diejenigen zurück, die während des »Dritten Reiches« unbeschadet als Redakteure Karriere gemacht hatten. Wie neuere historische Studien zur Lizenzpresse zeigen, waren die Neuanfänge mit einem erheblichen Anteil personeller Kontinuität behaftet, und wie in allen anderen gesellschaftlichen Bereichen auch beruhte sie auf vielfältigen beruflichen und persönlichen

Beziehungen.[107] Allerdings haben die Lizenzen durchaus den Grundstein zu einigen neuen Presseimperien gelegt: Axel Springer, Rudolf Augstein, Henri Nannen, Gerd Bucerius und viele andere klingende Namen des westdeutschen Journalismus konnten sich dadurch hervorragende Startpositionen auf dem Zeitungs- und Zeitschriftenmarkt verschaffen. Seit Mitte 1947 legten die westlichen Alliierten die Lizenzvergabe in deutsche Hände, nun kam es auch darauf an, dass man über gute Drähte zu den jeweiligen politisch regierenden Personen verfügte. So erhielt z. B. Axel Springer die für ihn wichtige Lizenz für das *Hamburger Abendblatt* nicht zuletzt durch gute Verbindungen zu Max Brauer, dem sozialdemokratischen Ersten Bürgermeister der Hansestadt, der sich dabei über Widerstände in seiner Partei hinwegsetzte.

Nach ähnlichen Mustern vollzog sich die Rekonstruktion des Verlagswesens. Nationalsozialistisch belastete Unternehmen wie Beck, Lehmann, Bruckmann, Langen-Müller oder Callwey erhielten anfänglich keine Lizenz. Wieder gegründet wurden u. a. der Insel Verlag und Brockhaus in Wiesbaden, Springer, Walter de Gruyter und Herbig im britischen Sektor von Berlin, Goverts, Christian Wegner und Marion von Schröder in Hamburg, J. C. B. Mohr und Rainer Wunderlich in Tübingen, Herder in Freiburg, Kurt Desch, Piper und Carl Hanser in München und Rowohlt in Stuttgart, dann in Hamburg. Aus dem Exil kam Bermann Fischer zurück, der weiter mit Peter Suhrkamp zusammenarbeitete, der den S. Fischer Verlag über die Zeit des »Dritten Reiches« gerettet und das letzte Kriegsjahr im Konzentrationslager verbracht hatte. Zunächst im britischen Sektor von Berlin gegründet, zog der Verlag bald nach Frankfurt am Main. Die Wege trennten sich dann, 1948 entstand der Suhrkamp Verlag, der in den 60er Jahren den Höhepunkt seiner Bedeutung erreichen sollte.[108]

In der politischen Kultur der Westzonen verschränkten sich die alliierten Initiativen auf allen Ebenen immer stärker mit den deutschen Beiträgen, die zunehmend selbstbewusster vorgetragen wurden. Gegenüber dem zentralistischen Modell der SBZ, wo dem »Kulturbund zur demokratischen Erneuerung Deutschlands« als antifaschistischer Massenorganisation zur »Umerziehung der Intelligenz« eine große Bedeutung zukam[109], erlangte in den Westzonen die kommunale kulturpolitische Ebene große Bedeutung. Charakteristisch war dabei, dass auch in den sozialdemokratisch regierten Städten meist nicht die Traditionen der Arbeiterkultur wiederbelebt wurden; die Rettung bürgerlicher Kultur sollte den Weg aus der Barbarei weisen – dem Diktum des Duisburger Kulturdezernenten Paul Dittrich folgend: »Es ist der Geist, der den Körper baut, nicht umgekehrt.«[110]

Bildungsbürgerliche Diskurse

Von den Besatzungsmächten gefördert, wurde die Heimat, lokal und regional, real oder in fiktiver Ferne, als tröstlicher Zuflucts- und Sehnsuchtsort propagiert.[111] Die gesellschaftliche Integration durch eine regionale und lokale Heimatpolitik, die in der frühen Bundesrepublik ihren Höhepunkt erreichen sollte, war bereits ein Teil des heimlichen Lehrplans kommunaler Kulturpolitik in den ersten Nachkriegsjahren. Auch hier lassen sich einige gemeinsame Muster herausstellen.[112] Der Stolz auf neu gegründete Volkshochschulen[113], auf die Wiederinbetriebnahme der städtischen Büchereien, auf erste Ausstellungen in Museen, Gemäldegalerien, bejubelte Premieren der Stadt- und Landestheater – all dies förderte den lokalen und regionalen Patriotismus, der traditionell ein mächtiges Movens bürgerlichen Selbstbewusstseins gewesen war und nun die kulturelle Grundlage für den Wiederaufstieg des Bürgertums und der Bürgerlichkeit bildete.[114] Die speziellen Foren und Formen, in denen sich die lokalen Selbstverständigungsdebatten vor allem des örtlichen Bildungsbürgertums abspielten, sind nur in Grundlinien bekannt. Zu entdecken sind bizarre Anknüpfungsversuche an Gruppen der Weimarer Zeit wie in der »Nachbarschaftsbewegung« im Geiste des einstigen Jungdeutschen Ordens Artur Mahrauns[115], in manchen Orten bildeten sich ambitionierte Vereine zur Orientierung in den neuen Kulturverhältnissen. In Pforzheim gründete der Oberbürgermeister Friedrich Adolf Katz eine literarische Gesellschaft und organisierte Vortragsabende, zu denen 1946 zum Beispiel Theodor Heuss und Martin Niemöller eingeladen wurden.[116] Auf Initiative der Stadt Wuppertal wurde eine Vereinigung mit dem Namen »Der Bund. Gesellschaft für geistige Erneuerung« gegründet, der von einem Stadtrat und ehemaligen Gymnasialdirektor geleitet wurde, um die »allgemeine Kulturkrise« zu erörtern. Sie stand nicht jedem Interessierten offen, sondern wählte sich ihre Mitglieder selbst aus.[117] In manchen kleinen Universitätsstädten knüpfte man an die akademische Salon-Geselligkeit der Zwischenkriegszeit an, die dann häufig in den 50er Jahren allmählich abnahm.[118] Die retrospektiv als »geistesaristokratische Dynastien«[119] herausgehobenen Eliten waren allerdings, soweit politisch unbelastet, meist sehr junge Intellektuelle, die erst später Renommee erlangten.

Ein wichtiges Forum bildungsbürgerlicher Selbstverständigung waren politisch-kulturelle Zeitschriften, die meist für eine Zone zugelassen waren und in ihrer Titelwahl häufig idealistisches Engagement signalisierten: *Aussaat, Sammlung, Begegnung, Neues Abendland, Besinnung, Zeitwende* usw.; auch in der SBZ erschienen etliche solcher Zeitschriften unter Titeln wie *Heute und morgen, Schöpferische Gegenwart* oder *Ost und West*. Auf den ersten Blick Ausdruck einer »Zeitschrifteneuphorie«[120], suggerierte die Vielzahl der Titel doch auch eine »täuschende Fülle«.[121] Nur wenige dieser Blätter traten mit substanziellen Beiträgen hervor, darunter die profilierten *Frankfurter Hefte* der Linkskatholiken Walter Dirks und Eugen Kogon und als eines der auflagenstärksten Organe *Der Ruf*, der im August 1946 erstmals erschien und pro Ausgabe 100 000 Exemplare absetzte. Herausgeber war zunächst Alfred Andersch, dann kam Hans Werner Richter hinzu. Ihr Votum für einen aus der Desillusionierung über den Stalinismus geborenen sozialistischen Humanismus und die scharfen, zunehmend nationalistisch getönten Angriffe gegen die alliierte *re-education* führten zum Bruch mit den zuständigen Stellen der US-Zone und schließlich zur Einstellung der Zeitschrift im Herbst 1949.

Die erste Ausgabe der Zeitschrift *Der Ruf*, 15. August 1946

Die Deutungen der Geschichte und Gegenwart waren in den meisten politisch-kulturellen Zeitschriften geprägt von Mustern quasireligiöser Umkehr, Meditation und Besinnung auf den Kanon bürgerlicher Tugenden – Maß und Bescheidenheit, Ehrlichkeit, Aufrichtigkeit und Selbstzucht –, um den Anspruch erheben zu können, aus der Kultur heraus Politik und Gesellschaft zu formen.[122] Darauf zielende Illusionen zerstoben in Westdeutschland mit der Rückkehr zur Marktwirtschaft und der Wiederherstellung überkommener Dichotomien von Geist und Macht, in Ostdeutschland sorgte die stalinistische Ausrichtung der Kulturpolitik dafür, dass die kulturell-politischen Zeitschriften ihre herausgehobene Bedeutung verloren.

Den thematischen Kern der politisch-kulturellen Diskurse in den dafür gegründeten Zeitschriften, in den elitären Nachtprogrammen der Rundfunkstationen, in Verlautbarungen der Kirchen und in Vortragsreihen sowie Festveranstaltungen bildete in den ersten Nachkriegsjahren die sogenannte Schulddebatte.[123] Im Zentrum stand die Frage, wie es zur »deutschen Katastrophe« (Friedrich Meinecke) habe kommen können. Dabei wurde mit großer Entrüstung der angeblich von den Siegermächten unterschiedslos gegen

Die »Schulddebatte«

die gesamte Bevölkerung erhobene Vorwurf einer »Kollektivschuld« abgewiesen[124], außerdem begann – etwa in kirchlichen Veröffentlichungen beider Konfessionen – die Aufrechnung von Schuld: Deutschen Kriegsverbrechen wurden die alliierten Luftangriffe und die Vertreibung der Deutschen aus den ehemaligen Ostgebieten entgegengestellt.

Intellektuell anspruchsvoller war der Vorschlag des Philosophen Karl Jaspers, der die kriminelle Schuld, die von der Justiz zu verfolgen sei, von der politischen Schuld, die zur staatsbürgerlichen Haftung führe, und der dem Individuum zukommenden moralischen Schuld unterschied, die wiederum von einer metaphysischen Schuld zu trennen sei, die letztlich die Existenz des Menschen in der Moderne betraf.[125]

Im Zentrum der weitverzweigten Erörterungen stand die metaphysische Schuld als entlastende geistesgeschichtliche Konstruktion, häufig mit religiösem Einschlag. Der Abfall von Gott seit der Renaissance und die Säkularisierung der abendländischen Welt hätten zu einem immer größeren geistigen Vakuum geführt, das von modernen Dämonen, der Technik, der Vermassung und Entfremdung, ausgefüllt worden sei.[126] Der Erfolg des nihilistisch-totalitären Dämons Hitler – quasi zufällig in Deutschland – erschien als Kulmination dieser Entwicklung, die Fragen nach persönlicher Verantwortlichkeit als unbedeutend erscheinen ließen. Der metaphysische Nebel, in dem alle Menschen gleich schuldig schienen, kam weltanschaulichen Bedürfnissen – nicht zuletzt der einstigen Funktionseliten des »Dritten Reiches« – weit entgegen.

Allerdings gab es innerhalb dieser Hauptströmung zur Erklärung des Nationalsozialismus erhebliche Unterschiede – vor allem in konfessioneller Hinsicht. Katholische Publizisten kritisierten vehement die preußische Machtstaatsapotheose, die letztlich als politisch-kulturelle Ausprägung der Säkularisierung erschien, oder gingen gar bis zu Luther als Wurzel des Bösen zurück, während borussisch gestimmte Historiker und Publizisten sich vorübergehend in der Defensive befanden.[127] Wie dominierend geistesgeschichtliche Konstruktionen wirkten, zeigt ein Blick auf das zeitgenössische kommunistische Schrifttum, das vor allem in der SBZ hohe Auflagen erzielte. Bis auf den Bauernkrieg zurückgreifend, porträtierte Alexander Abusch den *Irrweg einer Nation* (1947), der über viele Jahrhunderte hinweg schließlich in das »Dritte Reich« geführt habe. In dieser »Miseretheorie« wurde ebenso wie in der katholischen Publizistik das »Preußentum« besonders belastet.

Als Ausweg aus der Misere galten in den westlichen Zonen hauptsächlich zwei Perspektiven, die sich im Übrigen häufig zwanglos vereint finden. Das eine war die Besinnung auf die deutsche klassische Kultur, die »Heimkehr zu

Klassik und christliche Erneuerung

Goethe«[128] und besonders zur klassischen Musik. Stimmungsvoll wurde dies in den Reden zur Wiedereröffnung der Universitäten 1945/46 zelebriert, die weithin von der Behauptung bestimmt waren, zumindest die eigene *alma mater* sei im »Dritten Reich« sauber geblieben und man könne mit einigen Blessuren dort weitermachen, wo man aufgehört habe. Die Feier zur Wiedereröffnung der Hamburger Universität fand am 6. November 1945 in der Musikhalle statt. Untermalt mit dem Allegro aus dem Orgelkonzert F-Dur von Georg Friedrich Händel, den Fest- und Gedenksprüchen von Johannes Brahms und der Phantasie g-Moll für Orgel von Johann Sebastian Bach, wies der für Bildung und Wissenschaft zuständige sozialdemokratische Senator Heinrich Landahl, ein prominenter Reformpädagoge der Weimarer Zeit, in seiner Eröffnungsrede auf die Chance zum Neuanfang durch Rückbesinnung hin:

> »Aus der Seele und dem Geist aber muss die Gesundung kommen. Und hier blieb uns ein Erbe erhalten, das nicht in Trümmer sinken konnte, wie die Dome und Schlösser und Rathäuser der Vergangenheit. Die gewaltigen Meisterwerke deutscher Musik konnten durch nichts zerstört werden. Die unsterblichen Klänge Bachs und Mozarts und Beethovens tönen so rein und eindringlich wie je. Wer in den letzten Wochen häufig in diesem Raum einem der vielen Konzerte beiwohnte, hat erlebt, was an Läuterung und Kraft von diesem Erbe unserer Volksseele ausgeht.«[129]

Während in dieser Besinnung auf die deutsche Klassik immerhin aufklärerische Inhalte anklangen, wies die andere Perspektive als Ausweg aus der verhängnisvollen Entwicklung der modernen Säkularisierung in Richtung einer durchgreifenden Rechristianisierung; das (christliche) »Abendland« avancierte im ersten Nachkriegsjahrzehnt zu einem der meistgebrauchten Begriffe der politisch-kulturellen Diskurse. Im beginnenden Kalten Krieg kam der Konstruktion einer Polarität von abendländischer Freiheit gegen bolschewistischen bzw. totalitären Kollektivismus – so die zeitgenössische Terminologie – eine ideologische Brückenfunktion zu. So konnte der lebende totalitäre Dämon Stalin an die Stelle des toten Dämons Hitler gesetzt werden. Dadurch mochte es vielen so scheinen, als hätten sie wenigstens gegen diesen Feind schon immer auf der richtigen Seite gestanden.

Eingedenk der Maxime, für die *re-education* die geeigneten Anknüpfungspunkte in den Traditionen deutschen politischen Denkens zu suchen, förderten die westlichen Alliierten, zumal die USA, durchaus die politisch-kulturellen Zeitschriften, selbst wenn sie zunächst eine skeptische Distanz zu den Werten westlicher Demokratie einnahmen – hier setzte man allgemein auf geduldig abzuwartende Lernprozesse. Im Fall der Disziplinierung der Zeitschrift *Der Ruf* wegen kritischer Artikel über die Alliierten verließen die US-Besatzungsbehörden allerdings diese Linie und schädigten damit ihr Ansehen unter deutschen Intellektuellen.[130] Auch die Hoffnungen, die Kirchen könnten die *re-orientation* quasi spirituell überhöhen[131], sollten sich nicht erfüllen, weil katholische und evangelische Geistliche ebenfalls die Muster eines Gegensatzes von tiefem europäischem und besonders deutschem Geist zur flachen amerikanischen Zivilisation wie gleichermaßen zur kollektivistischen Massenseele im Osten reproduzierten und sich zudem erfolgreich zum Anwalt des geschlagenen Volkes gegen die Schikanen der Siegermächte erklärten.

Propaganda für
den Westen Insofern schälte sich für die amerikanische Seite mit Beginn des Kalten Krieges eine Art von zweistufigem Vorgehen heraus: zum einen die Unterstützung aller antikommunistischen Kräfte einschließlich jener, die lediglich aus realpolitischen Motiven für den Zusammenschluss der westlichen Staatenwelt als Schutz vor dem östlichen Bolschewismus optierten; zum anderen die Propaganda für die amerikanische Demokratie, für westliche liberale Werte sowie die materielle Unterstützung derjenigen Kräfte in den Westzonen, die als Multiplikatoren in dieser Hinsicht wichtig sein konnten. Allerdings bestand nicht nur zwischen der Sowjetunion und den Westalliierten eine politische und kulturelle Konkurrenz. Auch die Westmächte verfolgten jeweils zu einem Teil besondere Anliegen und propagierten nicht zuletzt – in Anknüpfung an jahrzehntelange Traditionen – die eigene Nationalkultur. Dazu gehörte der Import britischer, französischer und vor allem amerikanischer Literatur, Bühnenstücke, Filme usw., Presseorgane wie die bereits erwähnte *Neue Zeitung* aus München, von den Alliierten befohlene sogenannte Auflagensendungen im Radio wie *Voice of America*, Ausstellungen zum amerikanischen *way of life* im Bereich des Wohnens und des Städtebaus[132], die Einladung von Multiplikatoren in die USA[133] und schließlich spezielle Informationszentren in allen Zonen. Das dichteste Netz spannten etwa zwei Dutzend Amerika-Häuser (Ende 1949) mit *Reading Rooms*, in denen die Besucher Bücher selbst aus den Regalen entnehmen konnten – das »Freihandsystem« war in Deutschland bis dahin weitgehend unbekannt. Bücher, Zeitschriften, Sprachkurse, Vorträge, Filme und künstlerische Darbietungen waren Teil einer »Kulturoffensive« zur Hervorhebung der USA als Kulturnation und der Propaganda für westliche Freiheit.[134] Auch wenn die Erfolge solcher Bemühungen schwer einzuschätzen sind, konnte die »Kulturoffensive« doch – ausweislich aller demoskopischen Befunde – zumindest im ersten Anlauf die zähen Ressentiments und alten Vorurteilsmuster über die USA als zivilisatorisch führendem, kulturell jedoch zurückgebliebenem Land nicht auflösen. Die mentalen Widerstände gegen eine von den Siegern oktroyierte Kultur sind sogar verglichen worden mit der Situation im Süden der USA nach dem Bürgerkrieg.[135]

Zwei Drittel der repräsentativ Befragten äußerten 1950 im Gebiet der US-Zone, noch nie von einem speziellen *Re-orientation*-Programm gehört zu haben, während die überwiegende Mehrheit von der amerikanischen Wirtschaftshilfe wusste. Die (gegenüber den anderen Besatzungsmächten) relativ hohe Beliebtheit der Amerikaner bezog sich vor allem auf die Lebensmittel, Zigaretten und anderen Güter aus einer fernen Welt des Wohlstands, die offenbar eine geradezu erotisch ausstrahlende Aura besaßen. Das Bild des schwarzen US-Soldaten mit den Chesterfields für das deutsche »Fraulein«, wie es etwa in Wolfgang Koeppens Roman *Tauben im Gras* (verfasst 1948) ausgemalt wurde, prägte sich dem kollektiven Gedächtnis ein. Die Attraktivität amerikanischer Konsumgüter bildete zwar die materielle Voraussetzung für eine »normative Verwestlichung« (Alfons Söllner), ist aber mit ihr nicht gleichzusetzen. Mentale Umbrüche vollzogen sich erst lange nach Gründung der Bundesrepublik.

3 Illusionen des totalen Nullpunktes: Die Künste zwischen Neubeginn und Wiederanknüpfung

Die Gemengelage von Altem und Neuem, von deutschen Traditionen und ausländischen Einflüssen, die Reflektion gegenwärtiger Not und die Suche nach einer unbelasteten, befreiten Zukunft drückten sich auch in der zeitgenössischen »Hochkultur« aus. Zugleich machten sich in den Künsten Eigenentwicklungen bemerkbar, die zum Teil im »Dritten Reich« zurückgestaut und unterschiedlich kanalisiert worden waren. Die Kunst- und Literaturszene war in starkem Maße auf kommunikative Strukturen angewiesen, die erst allmählich, beginnend auf örtlicher Ebene, wieder geknüpft werden konnten. Die unmittelbare Nachkriegszeit war von Briefkontakten und persönlichen Begegnungen bestimmt, bei denen es um die Bestandsaufnahme dessen ging, womit und mit wem kulturell gerechnet werden konnte. Theaterpremieren und neue Filme bedurften der Kritik ebenso wie die Neuerscheinungen der Verlage. Das Feuilleton[136] der Tages- und Wochenpresse sowie die politisch-kulturellen Zeitschriften, etwa das von Alfred Döblin bis zu seiner resignierten Rückkehr ins Exil nach Paris in der Französischen Zone redigierte

Goldene Tor (1946–1951), aber auch Kommentare im Rundfunk, zum Beispiel von Alfred Andersch am Frankfurter Sender, schufen allmählich wieder diskursive Maßstäbe. Die ersten Ausstellungen Bildender Kunst, Schriftstellerkongresse und Buchmessen, die unter kärglichen Rahmenbedingungen organisiert wurden, kündeten von ungebrochenem kulturellem Gestaltungswillen. Auch Literatur- und Kulturpreise – wiederbegründet oder neugeschaffen – wurden schon bald vergeben.[137] Der Lessing-Preis in Hamburg war 1944 zuletzt an den greisen ehemaligen Oberbaudirektor Fritz Schumacher gegangen; seine dabei vorgetragenen Wiederaufbaugedanken konnte er ein Jahr später ohne Veränderungen wiederholen. Der Georg-Büchner-Preis, der seit 1933 pausiert hatte, wurde in Darmstadt schon 1945 wieder vergeben; der Literaturpreis der Stadt München, gestiftet in den 20er Jahren, wurde 1947 wieder verliehen. Neue Preise kamen hinzu, wie der Fontane-Preis und später eine Auszeichnung, die für den Literaturmarkt besonders wichtig werden sollte – der Preis der Gruppe 47.

Kultureller Bruch Ost-West

Zugleich ist zu berücksichtigen, dass bereits ab 1947 der Kalte Krieg dafür sorgte, dass die Kommunikation zwischen Ost und West unterbrochen oder zumindest erschwert wurde. Bereits der Erste deutsche Schriftstellerkongress, der vom Schutzverband Deutscher Autoren im Freien Deutschen Gewerkschaftsbund einberufen wurde und in den vier Sektoren von Berlin vom 4. bis 8. Oktober 1947 mit mehr als 300 Teilnehmern aus verschiedenen Ländern stattfand, war von Spaltung überschattet. Die Regie hatte noch demonstrativ auf Einmütigkeit gesetzt. Ricarda Huch erhielt den Ehrenvorsitz, Elisabeth Langgässer, als katholische »Halbjüdin« im »Dritten Reich« mit Berufsverbot belegt und schikaniert, hatte über »Schriftsteller unter der Hitler-Diktatur« referiert, Alfred Kantorowicz sprach über »Deutsche Schriftsteller im Exil«, und ein Manifest beschwor in schwülstigem Ton die nationale Kultur: »Ja, wir glauben an die unvergängliche Gemeinschaft derer, die die deutsche Sprache sprechen, derer, die durch die Landschaft Walthers von der Vogelweide und Wolframs von Eschenbach, Goethes und Hölderlins angeregt und geformt worden sind.«[138] Aber dann hatte, ausgerechnet im sowjetischen Sektor, ein junger amerikanischer Journalist, Melvin J. Lasky, die Eintracht mit einer Provokation zerstört. Provoziert von Angriffen kommunistischer Schriftsteller und Funktionäre, darunter Wolfgang Harich, hatte Lasky, später Gründer der Zeitschrift *Der Monat* und Mentor des »Kongresses für Kulturelle Freiheit«, gefordert, nicht nur die nationalsozialistische, sondern auch die sowjetische Diktatur zu verurteilen, weil sie die kulturellen Freiheiten unterdrücke. Bereits beim Zweiten deutschen Schriftstellerkongress, der aus Anlass der Hundertjahrfeier des Paulskirchen-Parlaments in Frankfurt am Main am 18. und 19. Mai 1948 stattfand, tagten die westdeutschen Schriftsteller weitgehend unter sich.[139] Das nach komplizierten Verhandlungen neu gegründete gesamtdeutsche PEN-Zentrum, an dem Johannes R. Becher von östlicher und Erich Kästner von westlicher Seite führend beteiligt waren, fand sich bald in die Auseinandersetzungen des Kalten Krieges verstrickt und kümmerte bis zum endgültigen Auseinanderbrechen 1951 dahin.[140] Wiederum in Frankfurt wurde dann am 28. August 1949, dem 200. Geburtstag von Goethe, die »Deutsche Akademie für Sprache und Dichtung« gegründet; einen Monat später, vom 18. bis 23. September, fand die erste Frankfurter Buchmesse statt. Der im Vorjahr nach langen Querelen neu gegründete »Börsenverein des deutschen Buchhandels« hatte sich zu diesem Zeitpunkt bereits vom Leipziger Börsenverein getrennt, die westliche Reorganisation des Buch- und Zeitschriftenmarktes war damit vollzogen.[141] Zugleich entstand allerdings eine ernsthafte »Buchkrise«, ausgelöst durch die Währungsreform und neue Konkurrenzbedingungen angesichts der nun wieder auf den Markt drängenden »Altverleger«, die zuvor von den Alliierten zum Abwarten verurteilt worden waren. Ernst Rowohlt sprach auf der ersten Frankfurter Buchmesse vom Ende der »Diktatur des guten Buches«.[142]

Ebenso wichtig wie die kommunikative Infrastruktur war die Etablierung eines diskursiven Feldes im weitesten Sinne weltanschaulicher Orientierung. Obwohl die Kulturschaffenden – wie auch heute – nicht durchweg theoretisch interessiert waren und entscheidende Prägungen zudem oft längst erhalten hatten, im Kaiserreich oder in der Zwischenkriegszeit, lohnt sich doch ein Blick auf die philosophischen Strömungen der Nachkriegsjahre als konzentriertem Ausdruck der geistigen Orientierungssuche zumindest im Hintergrund der kulturellen Rekonstruktion, wenn nicht sogar als künstlerisches Klassifikationsmerkmal.[143]

Philosophische Strömungen

An erster Stelle standen im Westen Deutschlands religiöse Orientierungen, eine geschichtsenthobene Innerlichkeit und antimoderne Zivilisationskritik, die vor allem die angeblich vom Nationalsozialismus nach Belieben manipulierten »Massen« zum Objekt der Verachtung werden ließen. Die Philosophie wurde zwar terminologisch gereinigt, ein »deutsches«, auf die »Rassenseele« zurückgeführtes Denken war nicht mehr zeitgemäß.[144] Durch die jüngste Katastrophe schien aber eine elitäre Haltung, die von einer fortschreitenden Verfallsgeschichte ausging, in der die Massen das große Individuum erdrückten, vollauf bestätigt. Die prominenten kulturpessimistischen Publikationen von Martin Heidegger (*Sein und Zeit*, 1927) und Karl Jaspers (*Geistige Situa-*

tion der Zeit, 1931) konnten den weltanschaulichen Komfortbedürfnissen des Bildungsbürgertums noch immer weithin genügen. Allerdings war Heidegger wegen seiner NS-Aktivitäten in der Öffentlichkeit der unmittelbaren Nachkriegszeit nicht gelitten. Zudem ließ der hermetische Spezialjargon seine raunenden Thesen von der »Seinsvergessenheit« und der »Verfallenheit« der Gegenwart an das »Man« eher in vereinfachenden Zusammenfassungen der Feuilletons wirken. Jaspers, der eine strikte Distanz zum Nationalsozialismus gewahrt hatte, ging bald nach Basel, Heidegger stand bereits um 1950 wieder in höchstem Ansehen.[145] Einer näheren Untersuchung wäre es wert, die Wirkung der »Kehre« vom »Heroisch-Solipsistischen zum Konservativ-Geborgenen«[146], die nicht nur Heidegger vollzogen hatte, für die ersten Nachkriegsjahre näher zu untersuchen. Die religiöse Färbung anstatt der gottlosen Verzweiflung weist zumindest in die angegebene Richtung, aber es handelte sich um einen komplizierten Transformationsraum, der von Ungleichzeitigkeiten gekennzeichnet war. Die ubiquitär anzutreffende Kritik an Technik und Vermassung[147] war tief pessimistisch geprägt, ließ aber zugleich den Ausweg in konservativen Elitekonzepten suchen.[148] Im Übrigen zelebrierte die künstlerische Szene wohl ohnehin eher die existenzialontologische Pose, als dass sie wirkliches Interesse an den filigranen Verästelungen deutscher Existenzphilosophie oder am Existenzialismus französischer Provenienz entwickelt hätte. Zumindest das von Jean-Paul Sartre geforderte politische Engagement, die radikale Entscheidung, war nicht ihre Sache; eher hielt sie es mit den »absurdistischen« Konzepten, wie sie etwa Albert Camus vertrat. Sie wirkten auf viele jüngere Intellektuelle authentisch und der Gegenwart besonders verpflichtet. Am Rande spielte anfangs auch die Rezeption des Marxismus eine Rolle, aber im Kalten Krieg wurde dieser quasi externalisiert, galt als östlich, bis dann in den 50er Jahren die Kritische Theorie und – namentlich in den Evangelischen Akademien – die Frühschriften von Marx wiederentdeckt wurden.

Der Befund, dass existenzphilosophische Haltungen dominierten, die Phänomene der Angst, des Scheiterns, der Einsamkeit und Tragik der Ausgesetztheit des menschlichen Daseins, aber auch die Wege zum »Einfachen, Tröstenden und Heilenden«[149] thematisiert wurden, ist angesichts von schrecklichem Krieg und düsterem Nachkrieg nicht überraschend und gilt auch für das akademische Fach Philosophie.[150]

Die Kernthese der – alsbald publizierten – Vorlesung von Karl Jaspers mit seiner Unterscheidung krimineller, politischer, moralischer und metaphysischer Schuld als wohl wichtigstem philosophischem Beitrag zur Schuldfrage war ebenso plausibel differenzierend, wie sie angenehm entlastend wirkte.

Jaspers wies die Künstler und Schriftsteller vor allem auf die metaphysische Sinngebung des historischen Geschehens, weil die meisten mit der kriminellen und politischen Seite der Schuld nichts zu tun hatten und die moralischen Verfehlungen mit sich selbst abmachen sollten. Und wenn die metaphysische Dimension auf die Kritik der Moderne abzielte, dann war als scheinradikale Position vor allem die elitäre Abrechnung mit dem Nationalsozialismus als »Kulturterror des Kleinbürgers« (Thomas Mann)[151] naheliegend. Dies war keine bewusste Verzerrung – und Verniedlichung – des zurückliegenden Regimes, sondern transportierte durchaus vielfältige Erfahrungen mit nationalsozialistischer Intellektuellenfeindlichkeit und kennzeichnete nicht allein konservative Positionen, hatte doch die antifaschistische Volksfront-Propaganda bereits Mitte der 30er Jahre als zentrale Losung den Kampf der »Kultur gegen Barbarei« ausgegeben. Allerdings wurde in der unmittelbaren Nachkriegszeit nicht mehr die aktivistische Komponente betont, sondern vor allem die »Innere Emigration« reklamiert, mit der man den Nationalsozialismus moralisch unbelastet überstanden habe. Da diese Opposition schwer überprüfbar war, wurde sie nicht nur von jenen geltend gemacht, die sich tatsächlich, oftmals nach anfänglicher Begeisterung, angewidert vom NS-Regime abgewandt hatten wie Ernst Jünger oder Gottfried Benn. Während dieser sich als aristokratische Form »Innerer Emigration« als Militärarzt zur Wehrmacht meldete und 1938 Schreibverbot erhalten hatte, durften manche der konservativen Schriftsteller in den partiell geduldeten Bezirken des religiösen und schöngeistigen Schrifttums sogar im Krieg noch publizieren; selbst ehemalige HJ-Barden wie Hans Baumann (Autor von *Es zittern die morschen Knochen* u. a.) stellten nun ihre neue Innerlichkeit als »Innere Emigration« dar. Und das Innere wurde zugleich in einer spektakulären Auseinandersetzung zum Kampfbegriff gegen das Äußere, das Exil. In die Literaturgeschichte ist diese Debatte als »Große Kontroverse« eingegangen – eine missverständliche Begrifflichkeit, ging es doch um inkommensurable Antipoden. Auf der einen Seite stand Thomas Mann, weltweit anerkannt einer der größten deutschen Schriftsteller des 20. Jahrhunderts, auf der anderen befanden sich Literaten der zweiten Reihe, die im Lande geblieben waren und wohl als Stimme der Mehrheit gelten konnten.[152] Thomas Mann, der aus dem amerikanischen Exil mit Rundfunkkommentaren seit 1940 die historischen Linien nachzeichnete, die seiner Ansicht nach in den Nationalsozialismus münden mussten, war von Walter von Molo, bis 1933 Präsident der Sektion für Dichtkunst der Preußischen Akademie und mit Thomas Mann bekannt, in einem »Offenen Brief« in der *Berliner Allgemeinen Zeitung* am 8. August 1945 aufgefordert worden, als »Seelenkundiger« zurückzukommen; er solle sich gemeinsam mit den im Land Gebliebenen auf den Weg zur Wahrheit begeben und damit ein Zeichen für die Pflicht zum Glauben an die »Mitmenschlichkeit« setzen. Schon mit dieser Aufforderung zur gemeinsamen Wahrheitssuche war die Distanz zur Position von Thomas Mann markiert worden, denn dieser hatte in seiner Rundfunkbotschaft am Tag der Kapitulation am 8. Mai 1945 mit Blick auf die geöffneten Konzentrationslager unmissverständlich betont: »Es war nicht eine kleine Zahl von Verbrechern, es waren Hunderttausende einer sogenannten deutschen Elite, Männer, Jungen und entmenschte Weiber, die unter dem Einfluß verrückter Lehren diese Untaten begangen haben.«[153] Noch bevor Thomas Mann auf die Aufforderung von Molos geantwortet hatte, erschien am 18. August in einer Münchener Zeitung ein Aufsatz von Frank Thiess, dem Verfasser vor allem historischer Romane, der nach anfänglicher Begeisterung für Hitler zeitweise in Rom, dann in Österreich gelebt hatte, aber keineswegs als »innerer Emigrant« anzusehen war. Er hielt Thomas Mann die fehlende Antwort auf den »Offenen Brief« vor und brachte zugleich eine scharfe Note in die Auseinandersetzung, indem er die in Deutschland Gebliebenen als die eigentlichen Heroen stilisierte, weil es schwerer gewesen sei, »sich hier seine Persönlichkeit zu bewahren, als von drüben Botschaften an das deutsche Volk zu senden.« Die Exilanten hätten von den »Logen und Parterreplätzen des Auslands« aus der »deutschen Tragödie« zugeschaut. Die Antwort von Thomas Mann erfolgte im New Yorker *Aufbau* am 28. September und wurde in Deutschland vielfach abgedruckt. Der Titel *Warum ich nicht zurückkehre* war unmissverständlich und benannte alle Verletzungen seit 1933 sowie den Widerwillen, in Deutschland jenen Opportunisten wieder zu begegnen, die sich nun als innere Oppositionelle gerierten. Sein harsches Urteil wurde immer wieder zitiert:

> »Es mag Aberglauben sein, aber in meinen Augen sind Bücher, die von 1933 bis 1945 in Deutschland überhaupt gedruckt werden konnten, weniger als wertlos und nicht gut in die Hand zu nehmen. Ein Geruch von Blut und Schande haftet ihnen an. Sie sollten alle eingestampft werden.«

Damit hatte Thomas Mann, so empfand man es weithin, eine großzügige Einladung zur Wiedereingliederung in das deutsche Volk ausgeschlagen. Die schon im »Offenen Brief« von Molos anklingenden taktischen Wendungen, mit denen Thomas Mann vor die Wahl gestellt wurde, entweder nach seiner Rückkehr als Fürsprecher der Deutschen gegen die amerikanische *re-education* zu fungieren oder für immer aus der Gemeinschaft des Volkes ausgeschlossen zu bleiben, blieben unerörtert und sind erst sehr viel später zum

Gegenstand der Literaturgeschichtsschreibung geworden. Im Übrigen hatte eine zeitgenössische demoskopische Erhebung in der US-Zone eindeutig ergeben, dass eine Mehrheit zumindest der dortigen Bevölkerung gegen eine Rückkehr von Thomas Mann votierte.[154] Allerdings ließ sich sein Werk, wie jenes seines Bruders Heinrich, von Zweig, Werfel, Feuchtwanger und anderen nicht gänzlich aussperren, der Beitrag der Exilschriftsteller zur Klassischen Moderne des 20. Jahrhunderts war dafür zu gewichtig. Während die Schubladen der meisten in Deutschland gebliebenen Autoren leer waren, Hermann Kasacks *Die Stadt hinter dem Strom* bildete eine der wenigen Ausnahmen, legten Theodor Plivier mit *Stalingrad* (geschrieben 1943/44 in der Sowjetunion, in Deutschland 1945 veröffentlicht) und Anna Seghers mit *Das siebte Kreuz* (1942) klassische Romane zur Auseinandersetzung mit dem »Dritten Reich« vor, demonstrierte der im Schweizer Exil lebende Hermann Hesse mit dem *Glasperlenspiel* (verfasst 1943, publiziert 1946, die 35. Auflage erschien 1949; der Autor erhielt dafür den Nobelpreis für Literatur) seinen friedlichen Protest gegen die Barbarei und sorgte Thomas Mann wiederum mit dem *Doktor Faustus* (1947) für eine eindrucksvolle literarische Umsetzung seiner Reflektionen zur deutschen Geschichte.[155] Auch das Hineinragen der Klassischen Moderne in die Zeit nach dem Zweiten Weltkrieg, der zweite literarische Kontinuitätsstrang neben der Klassik, verbietet es, für die Belletristik von einer »Stunde Null« zu sprechen.[156]

Der die Zeitstimmung dominierende existenzphilosophische Zug drückte sich sehr markant in der Lyrik aus, der schon wegen des Papiermangels besonders geeigneten kleinen literarischen Form, die in den politisch-kulturellen Zeitschriften häufig berücksichtigt wurde. Der retrospektiv, erst einige Jahre nach Kriegsende häufiger verwandte Begriff der »Trümmerlyrik« bzw. »Kahlschlagliteratur« – Wolfgang Weyrauch sprach 1949 im Nachwort seiner Anthologie *Tausend Gramm* von den »Kahlschlägern«, Heinrich Böll legte 1952 sein *Bekenntnis zur Trümmerlyrik* vor – umfasste ein breites Spektrum unterschiedlicher Tendenzen.[157] Zunächst meinte es das Zurückgeworfensein des Individuums auf die pure materielle Existenz, aber damit zugleich auf das geistig Wesentliche. Als lyrisches Schlüsseldokument gilt das siebenstrophige Gedicht *Inventur* von Günter Eich, das vermutlich in der Kriegsgefangenschaft 1945 entstand und zuerst in Hans Werner Richters Anthologie *Deine Söhne, Europa. Gedichte deutscher Kriegsgefangener* (1947) veröffentlicht wurde. In einem als »lakonisch« charakterisierten Stil hieß es in der ersten und den beiden letzten Strophen dieses Gedichts, dessen Titel programmatisch gemeint war:

»Dies ist meine Mütze,/dies ist mein Mantel,/hier mein Rasierzeug/im Beutel aus Leinen. (…) Die Bleistiftmine/liebe ich am meisten:/Tags schreibt sie mir Verse,/die nachts ich erdacht./Dies ist mein Notizbuch,/dies ist meine Zeltbahn,/dies ist mein Handtuch, dies ist mein Zwirn.«

Das Zurückgeworfensein auf die beinahe nackte, aber gerettete Existenz war für viele Schriftsteller eine nur allzu präsente Erfahrung, die in einer nicht korrumpierten Sprache vermittelt werden sollte. Für viele stand Hans Erich Nossack, der eine Woche vor den schweren Bombenangriffen auf Hamburg im Juli 1943 die Stadt verlassen hatte, um in der nahe gelegenen Heide einige Urlaubstage zu verbringen. Er rettete dadurch sein Leben, aber viele Manuskripte waren verloren, eine Katastrophe, die ihn zwang, sich als Autor neu zu definieren. Sein Werk *Der Untergang* (1948) sollte sich fern von jedem ästhetischen Pomp auf eine sachliche und nüchterne Beschreibung des Luftkriegsgeschehens beschränken.[158] Der Appell zur Beschränkung auf das Wesentliche, das absolut Notwendige, begegnet in etlichen lyrischen Produktionen der ersten Nachkriegsjahre, etwa bei Wolfdietrich Schnurre 1948:

»zerschlagt eure Lieder/Verbrennt eure Verse/Sagt nackt/Was ihr müßt.«[159]

Wolfgang Weyrauch, Protagonist des radikalen Neuanfangs, postulierte ein Jahr zuvor:

»Die Schönheit ist ein gutes Ding. Aber Schönheit ohne Wahrheit ist böse. Wahrheit ohne Schönheit ist besser.«[160]

Neben solcher Bestandsaufnahme in den Trümmern mit einem Pathos der Nüchternheit, die durchaus die Pose des heroischen Aushaltens einschloss, evozierte die düstere Zeitstimmung eine kräftige Konjunktur für eskapistische Tendenzen. Hier bildete nicht das Kriegsende, wie in der literaturhistorischen Forschung einhellig betont wird, eine Zäsur, sondern die Abgrenzung von der »Neuen Sachlichkeit« seit Beginn der 30er Jahre; entsprechende Tendenzen äußerten sich auch in einer vom NS-Regime halbwegs geduldeten Literatur zwischen Innerer Emigration und Innerlichkeit im Krieg, in der Suche nach der heilen und schönen Natur und religiösem Trost, wobei dies häufig kaum zu trennen war.[161] Wie schon zur Zeit der Romantik Anfang des 19. Jahrhunderts lässt sich die Wendung bzw. Rückwendung zur Religion, besonders zur katholischen Kirche, bei vielen Schriftstellern hervorheben, etwa bei dem »moralisch untadeligen Repräsentanten einer konservativen literarischen Tradition«[162] Werner Bergengruen (seit 1936 katholisch), Reinhold Schneider (seit 1938 wieder katholisch) oder Edzard Schaper (seit 1951 katholisch).[163] Die breite Konversion war also kein neues Phänomen der Nachkriegszeit und markierte noch weniger eine deutsche Spezifik; vor allem die französische

Bewegung der *Renouveau catholique* der Zwischenkriegszeit, die Werke etwa von Paul Claudel oder Georges Bernanos, hatten auch die deutsche Literaturszene beeinflusst.[164]

In ihrer Literatur gehe es gar nicht, so etliche der Vertreter einer Rückkehr zur Natur, um eine Flucht aus der Wirklichkeit, sondern um das Verlassen der Oberfläche und um den Aufbruch zu einer eigentlichen Wirklichkeit, die in der Magie der Natur gesehen wurde. Als wichtige Repräsentanten dieser Strömung können Werner Bergengruen, Rudolf Alexander Schröder[165], Ernst Wiechert, Manfred Hausmann, Stefan Andres und Reinhold Schneider gelten, daneben auch der 1947 in Eckernförde pensionierte Studienrat Wilhelm Lehmann. Was der marxistische Literaturwissenschaftler Hans Mayer 1947 mit der Bemerkung »Es rauscht in den Schachtelhalmen«[166] abtat, kam dem Trostbedürfnis eines dafür aufgeschlossenen Publikums entgegen. Die erbauliche Note prädestinierte die naturlyrischen Ergüsse im Übrigen zur Aufnahme in fast alle Sammlungen für den Deutschunterricht, wo sie schon in den frühen 60er Jahren bei Schülern oft nur noch Gelächter hervorriefen. Reinhold Schneider allerdings wurde in der Ära Adenauer angesichts pazifistischer Neigungen zur *persona non grata*.

Im Unterschied zu den Propagandisten eines puristischen Neuanfangs, die sich in der unmittelbaren Nachkriegszeit eher im lyrischen Genre oder in der lakonischen Form von Reportagen oder *short stories* ausdrückten, erschien in jenen Jahren eine Reihe von religiös gestimmten Romanen, die in epischer Breite den Kampf zwischen Gut und Böse schilderten und den Pfad zu christlicher Tugend wiesen, zum Beispiel *Der Kranz der Engel* (1946) von Gertrud von Le Fort, *Das unauslöschliche Siegel* (1946) von Elisabeth Langgässer, der von einem zum Katholizismus konvertierten Juden erzählt, oder *Das Tier aus der Tiefe* (1949), der erste Band einer Trilogie von Stefan Andres. Es wäre im Übrigen völlig verfehlt, die religiös grundierte Literatur auf einer politisch-biographischen Achse allein als konservativ zu verorten. Im »Dritten Reich« verfolgte Autoren wie Elisabeth Langgässer oder Ernst Wiechert ebenso wie der Exilschriftsteller Franz Werfel würden solche Konstruktionen *ad absurdum* führen; ihre Erfahrungen im und mit dem »Dritten Reich« standen neben autobiographisch geprägten Darstellungen wie Claus Hubaleks *Unsere jungen Jahre* (1946), dem *Gefängnistagebuch* (1946) von Luise Rinser oder, als Schrift eines inhaftierten politischen Widerstandskämpfers, Günther Weisenborns *Memorial* (1947).

Die Behauptung eines totalen »Neubeginns als Programm«[167], die Beschwörung eines »Nullpunkts«, musste sich schon bald als Illusion heraus- Illusion des Nullpunktes stellen, weil keine neue Sprache zur Verfügung stand und schon das Postulat in metaphorisch aufgeladener, begrifflich diffuser und keineswegs voraussetzungsloser Semantik formuliert wurde. Dies zeigte sich in der Herausbildung eines spezifischen Realismus-Konzepts, das als »magischer Realismus« in die Literaturgeschichtsschreibung einging. Ihm konnten authentische, vor allem die Verfolgung in der NS-Zeit reflektierende Berichte nicht genügen, ebenso wie die als konventionell empfundenen Erzählstrategien der Klassischen Moderne überwunden werden sollten. Aber ungeachtet aller künstlerischen Überhöhung und surrealistischer Einflüsse sollte doch – im Unterschied zu den naturbezogenen und religiösen Richtungen – auf einen gewissen, allerdings wiederum verfremdeten Rest an »Realität« nicht verzichtet werden.[168] Der Grad der Verfremdung – von einer kaum merkbaren poetischen Überhöhung bis hin zur Konstruktion bizarrer mythischer Geschichtsbilder[169] – fiel allerdings sehr unterschiedlich aus. Stilistisch angeregt von der »reinigenden Kraft« (Alfred Andersch) der amerikanischen Prosa solcher Autoren wie Ernest Hemingway, John Steinbeck oder William Faulkner, der 1949 den Literaturnobelpreis erhielt, beeinflusst vom französischen Existenzialismus und seiner »Würde der Aussichtslosigkeit«, sollte durch die Verfremdung gesellschaftlich-historischer Sachverhalte mit literarischen Mitteln eine »Ästhetik des Humanen« (Heinrich Böll) angestrebt werden[170], eine Art von Parteilichkeit für die Leidenden, Geschundenen, besonders die vom Krieg Gezeichneten. Diese Parteilichkeit hatte nichts mit Konzepten des Sozialistischen Realismus gemein, die in der kommunistischen Literatur der Zwischenkriegszeit von Georg Lukács und anderen entwickelt worden waren und in der SBZ kanonisiert wurden. Vielmehr ging es sehr häufig um eine Erzählperspektive »von unten«, die nicht die Kommandierenden, sondern die Kommandierten hervortreten ließ. In etlichen Romanen, sie erschienen fast alle erst gegen Ende der unmittelbaren Nachkriegszeit, wurde vornehmlich den aus dem Krieg zurückgekehrten zerlumpten Soldaten, die vom Schicksal gebeutelt worden waren, eine Stimme verliehen. Hans Werner Richters *Die Geschlagenen* (1949), Walter Kolbenhoffs *Heimkehr in die Fremde* (1949) oder Heinrich Bölls erster Roman *Wo warst du, Adam?* (1951) stand Ilse Aichingers Buch *Die größere Hoffnung* (1948) gegenüber, in dem ausnahmsweise die Not der verfolgten Juden im Wien der Kriegsjahre im Mittelpunkt stand; die beim Erscheinen des Romans 27-jährige Autorin hatte mit ihren jüdischen Eltern 1939 nach England emigrieren können.[171] Die materielle und seelische Not der Nachkriegsjahre diente in dieser Prosa als düstere Grundierung für eine Botschaft, die auch als Sinngebung des Sinnlosen, als Anti-Theodizee gedeutet worden ist – in krassem Gegensatz zum Trost durch Natur und Religion und doch durch ihre metaphysische Dimension damit verbunden, in der die »Helden« nur als machtlose »Akteure eines Welttheaterspiels« fungierten. Umgekehrt traf die energische Absage an dieses Programm, wie sie etwa Ernst Kreuder, ermuntert von Hermann Hesse, vortrug, dass es nämlich die Dichtkunst zum platten Spiegel der Gegenwart verkommen lasse, während sie doch nur der »Zauberspiegel der Zeit, welche nicht ist« (Jean Paul), sein könne[172], nicht den wesentlichen Gehalt des »magischen Realismus«. Die Übergangszonen waren viel breiter und Gemeinsamkeiten viel größer, als es die zeitgenössischen programmatischen Postulate suggerieren.

Aber die Illusion eines voraussetzungslosen Neuanfangs, ebenso wie auf der anderen Seite die Wahrnehmung von dessen Bedrohlichkeit, erwiesen sich als notwendige Produktivkraft für die Rekonstruktion des literarischen Feldes. Während der Buchmarkt und die Lesegewohnheiten noch von der Kontinuität der im Bildungsbürgertum kanonisierten Weimarer Klassik und daneben von der Literatur der Epoche Klassischer Moderne vom späten Kaiserreich bis zu den 20er Jahren geprägt waren (Theodor Fontane, Rainer Maria Rilke, Thomas und Heinrich Mann, Hermann Hesse, Alfred Döblin u. a.), mussten sich die zeitgenössischen Schriftsteller ihre Geltung erst erkämpfen. Ihre offene Vermarktung setzte erst später ein, weil auch die entsprechenden Marktverhältnisse erst entstehen mussten.

Die erfolgreichste Selbstkonstruktion eines informellen Zusammenschlusses war zweifellos die Gruppe 47, die in der Öffentlichkeit später legendäre Züge gewann. Ihre Vorgeschichte ist häufig beleuchtet worden und soll hier nur knapp skizziert werden.[173] Hans Werner Richter und Alfred Andersch, beide von der nationalrevolutionären und kommunistischen Jugendbewegung vor 1933 affiziert und beide aus amerikanischer Kriegsgefangenschaft kommend, hatten im April 1947 ihre Posten als Redakteure der Zeitschrift *Der Ruf* auf Druck der US-Militärbehörden verloren. Diese fühlten sich von der Kritik der Besatzungspolitik und einer als »Nihilismus« beklagten Widerborstigkeit gegen eine eindeutige prowestliche Stellungnahme im beginnenden Kalten Krieg provoziert. Die Idee zur Bildung einer Schriftstellergruppe soll Hans Werner Richter bei einer Zusammenkunft von Autoren am Bodensee im Juli 1947 gekommen sein, wo man sich über Manuskripte austauschte. Das Treffen stand unter dem Einfluss des fast 70-jährigen Rudolf Alexander Schröder, aber immerhin wurde dort auch von Heinz Friedrich ein Grundsatzreferat über »Meine Gedanken zur geistigen Lage der jungen Generation« gehalten. Die Form der Zusammenkunft sagte Richter zu, aber er wollte andere, jüngere Schriftsteller versammeln. Eine Gelegenheit ergab sich durch die Einladung einer Mäzenatin, die ihr Haus am Bannwaldsee im Allgäu zur Verfügung stellte, am 10. September 1947.[174] Dort diskutierten 17 ausschließlich jüngere Teilnehmer, darunter Wolfdietrich Schnurre, Walter Kolbenhoff und Nicolaus Sombart, Beiträge für die von Hans Werner Richter geplante Literaturzeitschrift *Skorpion*, die mit literarischen Mitteln die Arbeit am *Ruf* fortsetzen sollte, von der dann aber nur eine Nullnummer erschien.[175] Schnurre trug seine Erzählung *Das Begräbnis* vor – sie handelte nicht zuletzt von der Gottverlassenheit eines Pfarrers –, die offenbar als Ausdruck gemeinsamer Empfindungen Anklang fand. Das Zusammentreffen stieß spontan auf so viel Beifall, dass man sich schon am 8./9. November 1947 in Herrlingen bei Ulm erneut versammelte, diesmal unter Beteiligung von Alfred Andersch, der beim ersten Mal nicht hatte dabei sein können. Seither galten feste Spielregeln. Zweimal im Jahr lud Richter persönlich jüngere Autoren der Westzonen, später der Bundesrepublik ein – eine formelle Gruppenzugehörigkeit gab es nicht. Man bezeichnete sich als »Freunde« und verstand sich als Nonkonformisten, ein Programm formulierte die Gruppe 47 nicht, dadurch ergab sich eine erfolgreiche Anpassungsfähigkeit an neue literarische Konzepte. Allerdings gab es doch, gestiftet durch Richter und Andersch, eine Art gemeinsamer Plattform, die vor allem die Positionen des poetischen Realismus zur Geltung brachten. Schon beim Treffen in Herrlingen hatte Andersch ein Referat über »Deutsche Literatur in der Entscheidung« vorgetragen, in dem er sich sowohl von den Schriftstellern der »inneren Emigration« wie von der Widerstandsliteratur des Exils und dem »linksbürgerlichen Tendenzroman« abgrenzte.[176] Dies blieb der einzige literaturtheoretische Beitrag, ansonsten ging es stets um konkrete Beispiele aus der Literatur der Gegenwart.[177] Diejenigen, die aus ihrem Werk vorlasen, durften im Übrigen nicht selbst Stellung nehmen, wenn ihre Texte anschließend diskutiert wurden. Die Gruppe 47, die den westdeutschen Literaturbetrieb der 50er und frühen 60er Jahre maßgeblich prägen sollte, war zum Zeitpunkt ihrer Gründung allerdings noch keineswegs tonangebend. Auf den ersten beiden Schriftstellerkongressen waren ihre Angehörigen nicht vertreten.

Der für die Konstruktion der Gruppe 47 erfolgreiche Mythos des radikalen Neubeginns fiel zusammen mit dem im gesamten 20. Jahrhundert traditionsreichen Mythos der Jugend.[178] Die Selbststilisierung als »junge Generation« in der Literaturszene der Nachkriegszeit verweist auf Kontinuitäten vor allem der Zeit um 1930, als dieser Mythos alle politischen Richtungen überwölbend im Zenit stand, als es auch nicht um das Lebensalter, sondern um das Gefühl einer schicksalhaften Generationszugehörigkeit gegangen war. Entscheidend war dafür jetzt das Kriegserlebnis, das »eingesetzte Leben« männlicher Intellektueller, die »getrennt von den Älteren durch ihre Nicht-Verantwortlichkeit für Hitler« sein sollten, wie Alfred Andersch es in dem Aufruf *Das junge Europa formt sein Gesicht* im *Ruf* reklamierte.[179] Die Vertreter der Jugend konnten 1945 durchaus 38 Jahre alt sein wie Günter Eich und Wolfgang Weyrauch, 37 Jahre alt wie Walter Kolbenhoff und Hans Werner Richter oder 31 Jahre alt wie Alfred Andersch. Jünger waren Heinrich Böll mit 28 Jahren, Wolfdietrich Schnurre mit 25 und der jüngste dieser Reihe, Wolfgang Borchert.

Dieser bei Kriegsende 23-jährige Autor personifizierte schon zu Lebzeiten wie kaum ein anderer den doppelten programmatischen Anspruch von Jugendlichkeit und totalem Neuanfang. Sein früher Tod ließ ihn zum Mythos werden. Zum zweiten Treffen der Gruppe 47 war er eingeladen worden, und Alfred Andersch beschrieb seinen Einfluss sogar als »Borchertismus«[180]. Dies ließ sich sicherlich auch auf seinen programmatischen Text »Das ist unser Manifest« beziehen, der in Schriftstellerkreisen kursierte: Draußen vor der Tür

> »Wir brauchen keine Dichter mit guter Grammatik. Zu guter Grammatik fehlt uns Geduld. Wir brauchen die mit dem heiser geschluchzten Gefühl. Die zu Baum Baum und zu Weib Weib sagen und ja sagen und nein sagen: Laut und deutlich und dreifach und ohne Konjunktiv. Für Semikolons haben wir keine Zeit und Harmonien machen uns weich und die Stilleben überwältigen uns: Denn lila sind nachts unsere Himmel. Und das Lila gibt keine Zeit für Grammatik, das Lila ist schrill und ununterbrochen und toll.«[181]

In der Einleitung der Ursendung seines dramatischen Werks *Draußen vor der Tür* als Hörspiel im NWDR durch Ernst Schnabel am 13. Februar 1947 wurde der Autor präsentiert als die lang ersehnte Stimme aus der Jugend, die trotz aller Aufforderungen so lange geschwiegen habe.[182] Der Autor selbst, ein persönlich bescheidener Mensch, sprach vom »Konjunktur-Theater« und »Borchert-Rummel«, den man um seine Person veranstalte, als er innerhalb eines Jahres zum jugendlichen Star der Literaturszene wurde.[183] Allerdings gab es unter Kollegen durchaus auch abfällige Urteile, etwa von Hans Henny Jahnn oder Hans Erich Nossack, der in seinem Tagebuch 1961 rückblickend notierte: »Die entsetzliche Armut nach 1945 beweist sich darin, daß man einen Wolfgang Borchert, der nichts Neues und das Alte nur schlecht und dünn sagte, als ein Symbol des jungen Menschen unserer Zeit pries.«[184] Das Hörspiel jedenfalls stieß auf enorme Resonanz. Ida Ehre, die Intendantin der Hamburger Kammerspiele, besuchte ihn mit dem Regisseur Wolfgang Liebeneiner und überzeugte Borchert davon, den Text für die Bühne zu dramatisieren; zugleich gewann sie Ernst Rowohlt, der dafür den Rowohlt-Theaterverlag gründete, das Stück zu drucken.

Draußen vor der Tür wurde am 20. November 1947, am Tage nach Borcherts Tod in einem Baseler Hospital, an den Hamburger Kammerspielen uraufgeführt. Dem düsteren, Ernst Tollers *Hinkemann* (1923) nachempfundenen Heimkehrerdrama, in dem der Unteroffizier Beckmann, von Selbstmitleid erfüllt, vergeblich seine Schuld und Verantwortung an die Vätergeneration in Gestalt seiner leiblichen Eltern, seiner militärischen Vorgesetzten und der bereits wieder gesellschaftlich Saturierten zurückgeben will, war auf der Bühne nur ein Anfangserfolg beschieden und wurde seit 1949/50 kaum mehr aufgeführt, bis es dann nach einigen Jahren allmählich Eingang in die Bühnenspielpläne und kanonische Geltung erhielt.[185] Die Verfilmung mit einem versöhnlicheren Schluss – *Liebe 47* des Regisseurs Wolfgang Liebeneiner (1949) – erreichte keinen großen Kinoerfolg. Dafür wurde das schmale Werk Borcherts, besonders *Draußen vor der Tür*, dank des Einsatzes von Ernst Rowohlt zum millionenfach verkauften Longseller.[186]

Theaterlegenden Zwei weitere dramatische Werke deutscher Gegenwartsautoren sind zu erwähnen. Nur kurzfristigen Erfolg erzielte das Stück *Die Illegalen* von Günther Weisenborn, das 15-mal in der SBZ, aber nur viermal in den Westzonen inszeniert wurde. Der Autor war als Mitglied der Widerstandsgruppe Schulze-Boysen/Harnack, der sogenannten »Roten Kapelle«, verhaftet worden und überlebte das »Dritte Reich« im Zuchthaus. Sein Stück, das die Atmosphäre der Angst und Erfahrungen von Haft, Folter und Hinrichtungen reflektierte, endete mit einem Appell an die deutsche Jugend, einen neuen Anfang zu finden. In der DDR galt es als zu wenig parteilich und wurde nicht mehr gespielt.

Das genaue Gegenstück hinsichtlich des Erfolgs beim Publikum schaffte Zuckmayers Stück *Des Teufels General*. Im Dezember 1946 in Zürich und in Deutschland aufgrund alliierter Einwände erst im November 1947 in Frankfurt am Main uraufgeführt, erlebte das Stück allein in dieser Spielzeit 17 Inszenierungen, in der nächsten 53 und Tausende von Aufführungen in den folgenden Jahren. Die überaus große Popularität beim westdeutschen Publikum – in der SBZ blieb das Stück verboten – ist leicht erklärlich. Die Zentralfigur war der Luftwaffengeneral *Harras*, ein liebenswürdiger und trinkfester Haudegen, der sich dem von ihm verachteten Regime aus Fliegerleidenschaft andiente, während er gleichzeitig die Sabotageversuche eines befreundeten Untergebenen zwar nicht billigte, aber deckte und schließlich, von der Gestapo bedrängt, Selbstmord verübte. Die ideologische Konstruktion des sauberen Soldatentums, das sich im Kampf mit finsteren Schergen des Regimes befand, musste – abgesehen von einzelnen Missfallenskundgebungen unverbesserlicher brauner Sympathisanten – auf lauten Beifall stoßen, noch dazu als Stück von einem insofern unverdächtigen Zeugen, einem Vertreter des Exils. Zuckmayer war über die apologetische Funktion seines Stückes beim deutschen Publikum später selbst erschrocken und ließ es 1963 für die Bühne sperren.[187] Aber im Gegensatz zu Weisenborns *Illegalen* fand *Des Teufels General* seinen Weg in den Schulunterricht und wurde mit prominenter Besetzung (Curd Jürgens in der Rolle des Generals Harras) in den 50er Jahren erfolgreich verfilmt.

In der Literaturgeschichtsschreibung wird nach wie vor die Legende kolportiert, es habe – bis auf die drei beschriebenen Ausnahmestücke von Wolfgang Borchert, Günther Weisenborn und Carl Zuckmayer – keine Aufführungen von deutschen Gegenwartsautoren gegeben. Außerdem besäßen Weisenborn als inhaftierter Widerständler und Zuckmayer als Exilant besondere Biographien, und jung sei nur Borchert gewesen. Eine solche apodiktische Aussage ist falsch, denn allein bis Ende 1946 wurden 29 Stücke von lebenden deutschsprachigen Dramatikern uraufgeführt.[188] Allerdings bleibt ihre Tendenz in qualitativer Hinsicht richtig, handelte es sich doch fast ausschließlich um Autoren, die keinen Nachruhm begründeten. Die Kunstpolitik des »Dritten Reiches« hatte eine erhebliche zerstörerische Dynamik entfaltet. Dramen der Antike und der Weimarer Klassik waren zwar mit mehr oder weniger Nähe zum Ideologiekonglomerat der Nationalsozialisten weiter inszeniert worden – bis auf einige für das Regime besonders peinliche Ausnahmen wie Lessings *Nathan der Weise*, der verboten worden war. Aber die wichtigsten Dramatiker der 20er Jahre, darunter Bertolt Brecht, Ernst Toller, Ödön von Horváth, waren ins Exil vertrieben worden; der Kult um den greisen Gerhart Hauptmann diente lediglich durchsichtigen Propagandazwecken. Dieser Aderlass musste Auswirkungen auf die Theaterszene nach 1945 zeitigen, zumal auch führende Kritiker der Zeit vor 1933 im Exil geblieben waren, Alfred Polgar und Julius Bab in den USA, Alfred Kerr in Großbritannien.

Hinsichtlich der Schauspieler, Regisseure und Bühnenbildner wiederum herrschte eine hohe Kontinuität, es waren, wenn man von einigen Intendanten absieht, »die gleichen, die in der Nazizeit das Theater gemacht hatten«.[189] Die wenigen Remigranten, darunter die Regisseure Fritz Kortner, Erwin Piscator oder Wolfgang Langhoff, der allerdings schon 1946 von Düsseldorf zum Deutschen Theater im Ostteil Berlins wechselte, setzten zwar wichtige Akzente, veränderten das Bild aber nicht grundsätzlich.[190]

Es ist symptomatisch, mit welchen Stücken die Theater im Herbst 1945 den

Premiere der *Dreigroschenoper* von Bertolt Brecht an den Münchner Kammerspielen, 27. April 1949

Spielbetrieb wieder aufnahmen. Besonders oft war es Goethes *Iphigenie* (23 Inszenierungen in den Westzonen allein 1945/46, zwei in der SBZ), häufig auch Lessings *Nathan der Weise*, bisweilen Hugo von Hofmannsthals *Jedermann*. Das Neue des Theaterprogramms war eher das neuentdeckte Altvertraute, eine gefühlige Anrufung von Menschlichkeit in klassischen Stücken, die, von naziideologischen Schlacken gereinigt, als tröstliche Lebenshilfe dienen konnten. Gustav Gründgens verschaffte in diesem Sinne seinem schon im »Dritten Reich« vertretenen klassizistischen und ahistorischen Inszenierungskonzept einer absoluten Werktreue erneut hegemoniale Geltung – seinen größten Triumph stellte später die Hamburger Faust-Inszenierung (1957) dar. Einige Klassiker-Werke waren allerdings in den ersten Nachkriegsjahren aus politischen Gründen nicht gern gesehen. Friedrich Schillers *Wilhelm Tell*, vom NS-Regime bereits während des Kriegs verboten, kam in der US-Zone erneut auf den Index, weil man befürchtete, Gessler als Symbol der habsburgischen Unterdrückung der Schweizer Kantone könne mit Eisenhower identifiziert werden. Es wurde in den Westzonen erst 1948/49 viermal inszeniert, in der SBZ einmal 1946. Stattdessen stand *Kabale und Liebe* ganz oben mit 42 Inszenierungen in den Westzonen und 30 in der SBZ bis 1949, noch vor *Don Carlos*, dessen Plädoyer für Gedankenfreiheit in der nationalsozialistischen

Zeit bisweilen offenen Beifall ausgelöst haben soll. Nicht gern gesehen war das Werk von Heinrich von Kleist wegen preußisch-militaristischer Tendenzen; der *Prinz von Homburg* wurde bis 1949 nicht inszeniert, *Käthchen von Heilbronn* nur einmal, während *Der zerbrochene Krug* zwanzigmal in den Westzonen und elfmal in der SBZ inszeniert wurde.[191]

Zur dominanten Klassik kamen, angesichts des Mangels an spielfähigen deutschen Gegenwartsdramen, zahlreiche ausländische Stücke hinzu – bis zum Herbst 1946 konnten durch Bemühungen der US-Militärregierung und finanziell großzügige Übersetzungsprogramme über 40 Theaterstücke amerikanischer Autoren für Deutschland verfügbar gemacht werden, darunter zahlreiche Boulevardkomödien und Kriminalstoffe.[192] Eines der besonders häufig gespielten Stücke ist heute vergessen. Robert Ardreys *Leuchtfeuer* (1939) – es wurde von 1945 bis 1949 dreißigmal in den Westzonen und sechsmal in der SBZ inszeniert – brachte einen zweifelnden Journalisten auf die Bühne, der sich auf einen einsamen Leuchtturm zurückgezogen hatte und im Dialog mit den toten Passagieren eines gesunkenen Schiffs wieder Lebensmut gewinnt. Gelobt wurde in der Kritik das Surreale, der »magische Realismus«. Hier wie bei vielen anderen Stücken war entscheidend, dass es 1941 im einzigen namhaften deutschen Theater außerhalb des »Dritten Reiches«, im Zürcher Schauspielhaus, aufgeführt worden war. Diese Bühne hatte nun gewissermaßen Vorbildcharakter. Erfolgreich gespielt wurden Eugene O'Neills *Trauer muß Elektra tragen*, eine modernisierende Übertragung der antiken Orestie in die Gesellschaft der amerikanischen Südstaaten, und Thornton Wilders Familienidylle *Unsere kleine Stadt* und *Wir sind noch einmal davongekommen*, dessen große Wirkung Carl Zuckmayer in seinem Bericht für US-Behörden damit erklärte, dass es gespielt wurde »vor einem Publikum, das wirklich mit knapper Not Untergang und Katastrophe entkommen war«.[193] Das wohl meistaufgeführte französische Stück war Anouilhs *Antigone*, während den Bühnenwerken Sartres oft mit einigem Misstrauen begegnet wurde. Nur 17 Inszenierungen seiner Stücke gab es bis 1949, keine einzige in der SBZ.

Die Tendenz der Rückkehr zum klassischen Kulturgut vergangener Jahr- **Klangwelten** hunderte war auf keinem künstlerischen Gebiet so stark ausgeprägt wie im klassischen Konzertrepertoire. Von Bach bis Beethoven, von Mozart bis Brahms als jüngstem der Klassiker versprach Musik Tröstung und Ordnung des äußeren Chaos durch Vertiefung in harmonische Klänge. Überall wurde der Neubeginn nach dem Krieg mit Darbietungen deutscher Klassik eingeleitet. Es mag als »Ironie der Geschichte« gelten, dass in der Stunde der Zerschlagung äußerer nationaler Größe sich die »Vorherrschaft der deutschen Musik«, die angeblich einzigartig sei, besonders deutlich bewährte.[194] Es spielte keine Rolle, dass diese Musik auch von den Nationalsozialisten, die ansonsten als kleinbürgerliche Kulturbanausen bezeichnet wurden, hochgehalten worden war, weil sie auch ihrer Politik kulturvolle Weihe verliehen hatte. Das Publikum musste sich diesbezüglich nicht umstellen, ausgesondert worden waren nur wenige jüdische Komponisten wie Felix Mendelssohn Bartholdy, die nun umgehend rehabilitiert wurden. Klassische Musik musste 1945 nicht entnazifiziert werden, höchstens deren Stardirigenten, die sich im »Dritten Reich« hatten hofieren und fürstlich bezahlen lassen und dem Regime dafür als kulturelles Aushängeschild gedient hatten wie etwa Herbert von Karajan mit gleich zweifacher NSDAP-Mitgliedschaft oder Wilhelm Furtwängler, dessen Durchhaltekonzerte den »Endsieg« allerdings auch nicht herbeizuführen vermochten. Furtwängler hatte die Berliner Philharmoniker zuletzt am 22. Januar 1945 im Admiralspalast an der Friedrichstraße dirigiert. Beide konnten ihre Karrieren schon bald fortsetzen.[195]

Komplizierter verhielt es sich mit Werken der in der NS-Zeit weitgehend ignorierten internationalen Moderne: In geringer Dosierung wurden neben der Klassik in Konzertveranstaltungen auch Werke von Igor Strawinsky, Béla Bartók oder Sergej Prokofjew zur Aufführung gebracht. Im Übrigen spielte hier der Rundfunk eine sehr wichtige Rolle. Zwar war schon sehr bald das für Radioprogramme seit der Zwischenkriegszeit typische Übergewicht an U-gegenüber E-Musik – die strikte Trennung von Unterhaltungs- und ernster Musik findet sich in den Statistiken der öffentlich-rechtlichen Funkhäuser der ersten beiden Nachkriegsjahrzehnte – wiederhergestellt. Aber innerhalb der Sparte E-Musik bemühten sich die Dirigenten der Rundfunk-Symphonieorchester wie Hans Schmidt-Isserstedt im NWDR, Hans Rosbaud beim Südwestdeutschen Rundfunk oder Karl Amadeus Hartmann beim Bayerischen Rundfunk, das Publikum auch an die Klassische Moderne heranzuführen. Dabei ist zu berücksichtigen, dass die Ausweichmöglichkeit auf andere Sender für die Hörer in den ersten Nachkriegsjahren aus technischen Gründen begrenzt war. Im Blick auf die städtischen Kulturen wären schwer zu fassende Unterschiede zu berücksichtigen, die mit jeweiligen Persönlichkeiten des Konzert- und Musiktheaterlebens und der Position einzelner Häuser, etwa einer besonderen »Traditionsverbundenheit der Münchener Staatsoper« ebenso zu tun hatten wie mit lokal unterschiedlichen Präferenzen des Publikums.[196] Aber mit leichten Abweichungen wird es – zumal in der Provinz – so gewesen sein wie in Nürnberg. Hier hieß es in der Pressebesprechung eines Konzertabends mit Claude Debussy und Gustav Mahler im Blick auf die

Reaktionen des Publikums, es werde »noch viel impressionistische Musik geboten werden müssen, bevor eine größere Zuhörerschaft ihre klassisch-romantisch gewöhnten Ohren und Seelen diesen neuen Klängen willig aufschließen« werde.[197] Häufig wurde bei Konzerten vor der Pause zeitgenössische Musik geboten, und das Publikum wusste, dass es danach mit Mozart oder Beethoven belohnt werden würde.[198]

Der erfolgreichste, bekannteste und wohl am meisten gespielte Repräsentant moderner E-Musik war Paul Hindemith (1895–1963).[199] Er galt den Kritikern als einer der Verfemten des Regimes, als Vertreter eines besseren Deutschlands, der aber seiner Heimat innerlich treu geblieben sei, ein Exilant nach dem Geschmack der Daheimgebliebenen. Seine Musik wurde von den wieder und neu erscheinenden Fachzeitschriften für Musik, *Melos*, Sprachrohr der Moderne schon in den 20er Jahren, und *Musica* gelobt und vom kunstsinnigen Publikum als »gemäßigt modern« – eben noch – goutiert. Hindemith hatte mit der Aufführung seiner Oper *Mathis der Maler*, die in Stuttgart im Dezember 1946 Premiere feierte und als wichtigste deutsche Erstaufführung der Nachkriegszeit gilt, bereits im »Dritten Reich« 1934 Erfolg gehabt. Er hatte Deutschland erst 1938 verlassen, als die Bemühungen von Joseph Goebbels und einigen anderen Spitzenfunktionären um die Förderung einer sogenannten »nordischen« oder »heroischen« Moderne endgültig gescheitert waren. Hinzu kam, dass der Verlag Schott's Söhne seine Partituren bald wieder in Deutschland veröffentlichte. Während die Musik von Hindemith, der selbst Deutschland nur noch sporadisch besuchte, erfolgreich in die Konzertprogramme integriert werden konnte, stießen die atonalen Klänge von Arnold Schönberg oder dessen Schülern Alban Berg und Anton Webern auf weitgehende Ablehnung. Hier vermischten sich ästhetische Abneigungen gegen den radikalen Modernismus mit Ressentiments gegen die »jüdischen« Künstler, die schon 1933 aus Deutschland geflohen waren.[200] Ihre Musik wurde allerdings im Rahmen einiger Initiativen gepflegt, etwa in den Konzerten der »musica viva«, die Karl Amadeus Hartmann in München seit 1946 organisierte, oder in den sommerlichen »Internationalen Ferienkursen für Neue Musik« im Jagdschloss Kranichstein bei Darmstadt seit demselben Jahr, zu denen Hunderte von Interessierten strömten.[201] Während so immerhin die Kennerschaft modernistischer Strömungen auf schmaler Basis verbreitet wurde, fiel die atonale Musik im Übergang von der SBZ zur DDR als »formalistisch« in Ungnade.

Ansonsten wurde das Segment musikalischer Gegenwartskunst in starkem Maße von Komponisten bestimmt, die, wie etwa Werner Egk, Carl Orff oder

Boris Blacher, auch im »Dritten Reich« aufgeführt worden waren. Carl Orff etwa, hofiert und sich andienend im »Dritten Reich«[202] und somit in den Listen der US-Behörden als »grau/inakzeptabel« beurteilt, stieß in Stuttgart bei den amerikanischen Kulturoffizieren, darunter einer seiner ehemaligen Schüler, auf viel Verständnis und durfte sich sogar als aktiver Widerstandskämpfer gegen das NS-Regime gerieren.[203] Dies war eine wichtige Voraussetzung für seine spätere – erneute – Aufnahme in den Kanon der tänzerischen und schulmusikalischen Erziehung, so dass er ebenso wie zur Berliner Olympiade 1936 auch zur Münchner Olympiade 1972 eine Auftragsarbeit (»Gruß der Jugend«) abliefern durfte.

Ablehnend stand die Musikmoderne vor allem den großen erratischen Figuren einer neoromantischen Richtung gegenüber, die von Richard Wagner bis Richard Strauss reichte. Wurde das Werk Wagners nicht nur aufgrund der germanophilen Thematik, sondern auch aufgrund der antisemitischen Publizistik des Komponisten und wegen der innigen Verbindung des Bayreuther Familienclans mit den Nationalsozialisten indiziert, kreidete man Strauss an, dass er sich anfänglich als Repräsentant der Reichsmusikkammer zur Verfügung gestellt hatte und – wie viele andere zeitgenössische Künstler auch – sich vom NS-Regime luxurierend aushalten ließ. Seine Werke waren vor allem in München vielfach aufgeführt worden. Allerdings erfolgte die Rehabilitierung dieser beiden Komponisten bald. Es lag keinesfalls an amerikanischen Einsprüchen, dass die Bayreuther Wagner-Festspiele erst Anfang der 50er Jahre wieder stattfinden konnten, sondern am deutschen Entnazifizierungsverfahren.[204] Und Richard Strauss, der mit Erlaubnis der US-Behörden 1945 in die Schweiz übersiedelte, wurde nicht nur in seiner Heimatstadt München weiterhin verehrt; einige seiner Werke gelangten schon vor seinem Tod 1949 wieder zur Aufführung.

Freiheit für die Bildende Kunst
Der Einschnitt durch das NS-Regime und den Krieg war für die Bildenden Künstler noch tiefer als für Komponisten und Musiker[205]; viele zeitgenössische Vertreter der Moderne, soweit sie nicht aus dem Land getrieben worden waren, konnten nur noch im Verborgenen malen, ohne Aussicht auf eine Ausstellung ihrer Werke, zumal seit der barbarischen Stigmatisierung einer »entarteten Kunst« 1937. Die Rahmenbedingungen des Krieges erschwerten zusätzlich die künstlerische Produktion. Willi Baumeister, nach 1945 einer der am meisten beachteten Maler in der deutschen Öffentlichkeit, notierte im Frühjahr 1941 in seinem Tagebuch:

»Da es keine Leinwand mehr gibt, male ich auf Pappe kleine Formate. Im Atelier ist es sehr schön still. Andererseits ist es nicht leicht, die Depressionen dieser Zeit auszuhalten. Dies nun seit 7 Jahren. Vermutlich kann ich nie mehr meine Bilder in Ausstellungen zeigen. Ich arbeite also ausschließlich für mich allein.«[206]

Bei den Bombenangriffen auf die großen Städte gingen in der zweiten Kriegshälfte zahlreiche Ateliers in Flammen auf; auch die staatlichen, städtischen und privaten Galerien hatten große Verluste zu verzeichnen; die ausgelagerten Bestände unterlagen, etwa für Groß-Hessen, der alliierten Kontrolle, hier im Collecting Point der US-Militärregierung in Wiesbaden.[207] Umso bemerkenswerter war der frühe Beginn des Ausstellungswesens mit Hilfe der Besatzungsmächte. Eine der ersten Ausstellungen lebender Künstler wurde in Überlingen am Bodensee am 20. Oktober 1945 eröffnet, Dutzende waren es im folgenden Jahr, die die Moderne des 20. Jahrhunderts präsentierten. Es ging um die »Befreite Kunst«, wie eine Ausstellung in Celle im März 1946 benannt wurde. Und dies galt zunächst für alle Besatzungszonen. Die Sowjetische Militäradministration (SMAD) trug vermutlich vollständig die Kosten für die sehr ambitionierte »Allgemeine Deutsche Kunstausstellung« in Dresden vom 25. August bis 31. Oktober 1946; in der Jury saßen mit Max Pechstein und Karl Hofer hochrenommierte Bildende Künstler. Auch hier ging es in erster Linie um eine Bestandsaufnahme zeitgenössischer moderner Kunst aus Deutschland, wobei unter »modern« letztlich alle Richtungen des 20. Jahrhunderts verstanden wurden, eine große Pluralität der Stile und Thematiken – von der Flucht in die Natur bis zur Präsentation der Trümmer – gezeigt wurde.[208] Intention war es einerseits, die im »Dritten Reich« verfemten Künstler zu rehabilitieren, und andererseits, der Bildenden Kunst wieder den Anschluss an internationale Entwicklungen zu ermöglichen. Anders als in der Musik oder Literatur spielte das Kunst-Exil keine größere Rolle. Die Ausstellungen mit zeitgenössischen Werken waren im Blick auf Skulpturen zunächst stark bestimmt von Käthe Kollwitz und Ernst Barlach, »deren Werke jenen klagenden, appellartigen Charakter« besaßen, der als »wahrhaft zeitgemäß« empfunden wurde.[209] Bei den Gemälden traten expressionistische Werke von Emil Nolde, Karl Schmidt-Rottluff, des erwähnten Max Pechstein und anderer, die im »Dritten Reich« als Moderne stigmatisiert worden waren, anfänglich in den Vordergrund. Der Expressionismus galt als zuverlässige Haltung gegen die Barbarei, auch die Leitung der Kunsthochschulen wurde nun meist von dieser Großvätergeneration gestellt. Neben expressionistischen Werken hingen realistische Bilder, etwa von Otto Dix oder Karl Hofer. Gerade Hofer gewann nicht nur als Künstler, sondern auch als Vizepräsident des Kulturbunds, Direktor der Berliner Hochschule für bildende Künste und

Karl Hofer: Ruinennacht (1947)

Mitherausgeber der Zeitschrift *Bildende Kunst* zugleich eine wichtige Rolle als Theoretiker eines Konzepts des Realismus.[210] Dieses richtete sich sowohl gegen die seiner Meinung nach an ein Ende gekommene abstrakte Malerei als auch gegen psychoanalytisch geprägte surrealistische Strömungen und deren »phantastische Bilder« voller Sagen, Mythen und Verfremdungen gegenwärtiger Trümmerlandschaften, wie sie etwa von Werner Heldt, Werner Gilles oder Heinz Trökes gemalt wurden.[211] Allerdings durchzog auch das Werk von Hofer eine zeitbedingt tief deprimierte Stimmung und zugleich die Anklage gegen die politisch Mächtigen, denen gegenüber nur eine Haltung der Verweigerung in Frage käme.[212] Es war kein Zufall, dass sich die realistische Tendenz besonders markant in der Grafik jener Jahre zeigte, die enger an die antifaschistische Tagesprogrammatik, etwa in der Bebilderung von publizistischen Texten in den zahlreichen politisch-kulturellen Zeitschriften, anzuschließen vermochte. Allerdings haftete auch ihr ein schwermütiger Zug an.[213] Dagegen stand eine Strömung gegenstandsloser Malerei, deren wichtigste Repräsentanten Fritz Winter und der bereits genannte Willi Baumeister wurden. Als zentrale Programmschrift gilt das Buch *Die schöpferischen Kräfte in der abstrakten Malerei* (1947) von Ottomar Domnick. Die quantitative Präsenz dieser

Strömung, deren Werke bei den Zeitgenossen wenig Begeisterung auslösten, ist auf anfänglich etwa fünf bis acht Prozent geschätzt worden[214], bevor sich dann die »abstrakte Kunst« – von oben diktiert[215] und vom Publikum keineswegs einhellig begrüßt – als westliches Symbol der Moderne im Kalten Krieg durchsetzte. Mit umgekehrten Wertungen als »dekadent« und »formalistisch« wurde diese Zuschreibung in der SBZ und DDR bestätigt.

Wie in allen Künsten galt auch in der Architektur und Stadtplanung die Zuordnung zur kulturellen Moderne als Ausweis antifaschistischer Gesinnung, während »traditionalistische« Tendenzen per se für das Gegenteil standen, eine Auffassung, die sich innerhalb der Fachdebatten bis in die 80er Jahre hinein hielt. Die völkischen Invektiven gegen den »Kulturbolschewismus«, besonders die Stigmatisierung des mit der Bauhaus-Moderne konnotierten Flachdachs, wurden lange zum Kern der Auseinandersetzungen stilisiert. Die nicht erfolgte Entnazifizierung der Architekten wurde dabei mit der nicht möglichen Entnazifizierung der Architektur verwechselt, politische Vergangenheiten hochgespielt, wo es um Gegenwartsinteressen ging. Allerdings sorgte die Ende der 40er Jahre beginnende Baukonjunktur dafür, dass der ideologische Krieg zwischen modernem Werkbund und traditionalistischem Heimatschutzstil, der die 20er Jahre geprägt hatte, keine dramatischen Formen mehr annahm.[216]

Die neuere Forschung hat betont, dass die von den Nationalsozialisten gezogene Trennungslinie auch in der Architektur nicht in erster Linie gegen die Moderne gerichtet, sondern primär antisemitisch fundiert war, wobei einige der angefeindeten Vertreter des Neuen Bauens jüdische Architekten und Städteplaner waren – die nach 1945 nur zu einem geringen Teil zurückkehrten.[217] Umgekehrt besagte die Baugesinnung noch wenig über das konkrete Verhalten unter dem NS-Regime. Selbst später emigrierte modernistische Vertreter der Architektur, etwa Walter Gropius oder Mies van der Rohe, bemühten sich um Aufträge des NS-Regimes und gingen so weit, Modelle für HJ-Heime oder andere offizielle Bauten sogar mit Hakenkreuz-Fähnchen zu drapieren. Sie verließen Deutschland erst, als sich ihre Hoffnungen auf eine starke Stellung der Kunstmoderne, wie sie im faschistischen Italien bestand, nicht erfüllten.[218] Wieder andere, etwa Ernst Neufert, zuvor Mitarbeiter von Walter Gropius, blieben im Lande und fanden vor allem im Industriebau unter der Ägide der Deutschen Arbeitsfront und im Büro von Albert Speer ein reiches Betätigungsfeld für die Errichtung von lichtdurchfluteten Fabriken mit viel Stahl und Glas. Auch das große Führerprogramm von 1940 für einen Sozialen Wohnungsbau nach dem Krieg faszinierte viele Architekten

Architektur und Stadtplanung

und Städteplaner; die 1942/43 einsetzenden Bombardierungen der großen Städte wurden von ihnen mit grimmigem Zynismus als Chance für einen städtebaulich kompromisslosen Wiederaufbau begrüßt.[219] Die damit einhergehenden Anforderungen an eine rationelle Normung und Massenfertigung entsprach visionären Gedankengängen, die bereits seit den frühen 20er Jahren die Debatten der Modernisten bestimmt hatten. Begeistert konzipierten die Planer in den Arbeitsstäben von Albert Speer, der Organisation Todt und der Deutschen Arbeitsfront den modernen Wiederaufbau.

Das Ergebnis des Krieges hatte allerdings dazu geführt, dass zunächst kaum große Bauprogramme in Angriff genommen werden konnten. Ende der 40er Jahre meldeten zwar bereits die ersten Städte das Ende der Aufräumarbeiten, und New Yorker Reisebüros priesen Deutschlandreisen bald mit dem Hinweis an, es sei die letzte Gelegenheit, Trümmer und Ruinen zu sehen. Aber der Wohnungsbestand nahm in den ersten Nachkriegsjahren noch weiter ab, weil durch die Witterung mehr teilzerstörte Wohnungen endgültig unbewohnbar als instandgesetzt wurden. In Ost- und Westdeutschland begann der Wiederaufbau insofern spürbar erst mit der Staatsgründung. Mit Blick auf die Stadtplanung ist deshalb für die Kriegs- und ersten Nachkriegsjahre von einer Zeit des Träumens in Trümmern gesprochen worden.[220]

Die konzeptionellen Auseinandersetzungen in der Zeit des Kondominiums bis zur doppelten Staatsgründung 1949 waren hauptsächlich bestimmt von zwei Diskussionen hinsichtlich des künftigen Wiederaufbaus. Die erste betraf die Berücksichtigung der vorhandenen Bausubstanz. Auf der einen Seite standen die Anhänger eines »rekonstruktiven« Wiederaufbaus, wie er allerdings in vielen schwer zerstörten Städten schon aus Kostengründen kaum zu realisieren gewesen wäre – hier wurde meist betont, dass die Rekonstruktion meinte, den historischen Charakter zu erhalten, nicht aber zu kopieren.[221] Freudenstadt im Schwarzwald galt als besonders gelungene Einlösung entsprechender Forderungen[222], und es war ebenso symptomatisch wie auf den ersten Blick verwirrend, dass der Beifall dafür besonders lebhaft aus der SBZ und frühen DDR erklang, wo »deutsche Baugesinnung« und traditionelles Handwerk seit 1947/48 propagandistisch gegen die westliche Moderne gestellt wurden. Auf der anderen Seite standen diejenigen, die schon den Begriff des »Wiederaufbaus« ablehnten und völlig neue Wege vorschlugen. Immer wieder zitiert wird ein Diktum des modernen Architekten Otto Bartning von 1946: »Wiederaufbau? Technisch, geldlich nicht möglich, sage ich Ihnen; was sage ich? – seelisch unmöglich!«[223] Angesichts der Trümmerberge florierende Phantasien, den Schutt nur noch aufzuforsten, aber die Städte räumlich zu verlegen, etwa München an den Starnberger See, erwiesen sich aus finanziellen Gründen als ebenso undurchführbar wie in der Regel eine getreue Rekonstruktion des einstmals Bestehenden. Selbst in den am schwersten zerstörten Großstädten standen häufig noch die Grundmauern der Gebäude, und unter der Stadt gab es eine »zweite Stadt«, das System der Versorgungsleitungen für Wasser, Gas, Elektrizität, Telefon usw., deren völliger Neubau an anderem Ort wesentlich kostspieliger geworden wäre. Insofern ergab sich hinsichtlich des Städtebaus bald überall ein Kompromiss von Rekonstruktion und Neuplanung, wobei architektonisch im Süden Deutschlands häufig eher erstere, im Norden dagegen letztere Komponente betont wurde.

Die zweite Konfliktlinie ergab sich aus der Frage, wie denn künftig neu geplant werden sollte. Als Konsens konnte zwar, bis in die 60er Jahre hinein, das bereits seit der Jahrhundertwende und auch – rassistisch aufgeladen – in der Zeit des Nationalsozialismus propagierte Postulat einer Gliederung und Auflockerung der Städte gelten. Die gegliederte und aufgelockerte Großstadt sollte deren beklagte – angebliche – Anonymität und Seelenlosigkeit lindern und wieder eine Gemeinschaft entstehen lassen. Auch Elemente der »Gartenstadt«, wie sie seit dem Ende des 19. Jahrhunderts propagiert wurde, gingen in dieses Leitbild ein. Großzügig bemessene Grünzüge sollten die Wohnviertel untereinander und diese von den gewerblichen Distrikten trennen, eine vehemente Forderung bereits in den internationalen Debatten der Zwischenkriegszeit. Die Mehrheit der Städteplaner postulierte eine »Stadtlandschaft«, auch dieser Begriff war seither geläufig, die durch möglichst viele Eigenheime und durchgängig zwei- und dreistöckige Bebauung Geborgenheit gewährleisten sollte; die Erfahrungen des Luftkriegs mit seinen Angriffen auf die dicht besiedelten citynahen Arbeiterviertel erhöhten die Plausibilität des Konzepts. Besonders bekannt wurde das Buch *Organische Stadtbaukunst* (1948) des Architekten Bernhard Reichow, in dem er seine Pläne für Stadtlandschaften in Posen und Stettin aus der Kriegszeit unverändert für den westdeutschen Wiederaufbau empfahl. Reichow, dessen Neigung zu inflationärem Gebrauch biologischer Analogien ihm den Spitznamen »Bernhard von Organien« einbrachte, wurde, nicht zuletzt für die »Neue Heimat«, ein wichtiger Städteplaner der Bundesrepublik. Vehemente Unterstützung erfuhr das Konzept der »Stadtlandschaft«, zur großen Enttäuschung vieler moderner Architekten, durch den emigrierten prominenten Vertreter des Neuen Bauens Walter Gropius auf einer von der US-Militärregierung organisierten Vortragsreise 1947.

Demgegenüber vertrat eine modernistische Minorität das Leitbild der »ver-

Block 1 und 4 der Grindelhochhäuser in Hamburg, frühe 50er Jahre

tikalen Gartenstadt«. Durch Wohnhochhäuser, deren Errichtung die Bau-
ordnung bis 1945 verhindert hatte, sollten Flächen eingespart und zu Parks
umgestaltet werden. Ebenso wie die Anhänger der Stadtlandschaft wandten
sich die Modernisten gegen die lichtlosen Hinterhöfe der Jahrhundertwende,
die Großstädte sollten »gesunden«. Allerdings galt es, die Zerstörung von Urbanität in einer Stadtlandschaft durch das Bauen in die Höhe zu vermeiden.

Während Anhänger des traditionalistischen Heimatschutzstils solche
Ideen, die bereits Anfang der 20er Jahre auf den Reißbrettern modernistischer
Städteplaner entstanden waren, prinzipiell verwarfen, nutzten in Hamburg
moderne deutsche Architekten, darunter Bernhard Hermkes und Rudolf
Lodders, die Gunst der Stunde, um eine für die Angehörigen der britischen
Besatzungsverwaltung bestimmte Siedlung mit sechs zwölf- und sechs acht-
stöckigen langgezogenen sogenannten Scheibenhochhäusern zu planen und
im Februar 1946 mit dem Bau zu beginnen. Daraus entstand später die erste
Wohnhochhausanlage auf deutschem Boden.[224] Während sich 1946 noch
keine breite Kritik an der Besatzungsmacht entfalten konnte, scheiterte in
Mainz in der Französischen Zone zwei Jahre später der Plan von Marcel Lods,
eines Schülers des prominenten Vertreters der rationalistischen Moderne Le
Corbusier, den Wiederaufbau basierend auf dem Gedanken der vertikalen

Gartenstadt in Angriff zu nehmen, am nahezu einhelligen Widerstand der lokalen Bevölkerung und ihrer politischen Vertreter.[225]

Auf der Ebene der Planung für ganze Städte sorgten die vielfältigen Bedingungsfaktoren – von der Wirtschaftlichkeit bis zum Baurecht – für Kompromisse zwischen den radikalen Konzeptionen. So wurde der Kampf zwischen horizontaler und vertikaler Stadtlandschaft zehn Jahre später in städtischen Bebauungsplänen endgültig beigelegt, die Punkthochhäuser immerhin als städtebauliche Dominanten innerhalb ansonsten niedriger konzipierter Siedlungen vorsahen. Auch mit Blick auf solche Kompromisse entstanden die heute vielfach gebrauchten Begriffe der »zweiten« oder »gemäßigten Moderne« für die Zeit nach 1945. Unterhalb der Ebene des Abschleifens der großen Gegensätze gab es aber durchaus Demonstrationen konservativer oder progressiver Wiederaufbaugesinnung und heftige Auseinandersetzungen über den Umgang mit symbolgeladenen solitären Bauten, Kirchen, Schlössern, Rathäusern oder Geburtshäusern berühmter Dichter. In Nürnberg zum Beispiel ging es um den Wiederaufbau des Albrecht-Dürer-Hauses als »Symbol für eine zwar wie auch immer geartete, aber dennoch weiterhin gedanklich existente und konnotativ mit mittelalterlichen Vorstellungen verbundene Altstadt.«[226] In München wurde ähnlich traditionalistisch für den Wiederaufbau der Monumentalbauten der Wittelsbacher argumentiert.[227] Dass die scheinbar werkgetreue Restauration solcher Bauten politisch und moralisch ein falsches Signal sei, wurde demgegenüber im Streit um das Goethe-Haus in Frankfurt am Main von dem Publizisten Walter Dirks vertreten, denn damit würde die Geschichte ignoriert, die zu dessen Zerstörung geführt hatte:

»Es war kein Versehen, das man zu berichtigen hätte, keine Panne, die der Geschichte unterlaufen wäre. Es hat seine Richtigkeit mit diesem Untergang. Deshalb sollte man ihn anerkennen (…). Die Vorstellung, das geliebte Verlorene in die Wirklichkeit zurückzwingen zu können, ist entweder eine ohnmächtige Auflehnung gegen jenen Urteilsspruch oder sie ist sentimental.«[228]

Solche Debatten, die grundsätzliche Fragen des Umgangs mit der kulturellen Tradition aufwarfen, begleiteten den Start zu einer westlich konnotierten Moderne, die in der Bundesrepublik der 50er Jahre ihren Siegeszug beginnen sollte.

Kapitel II
Kultur im Wiederaufbau – die Gründerjahre
der Bundesrepublik 1949/50–1957

Bleierne Zeiten oder neue Gesellschaft? Seit Bestehen der Bundesrepublik gibt es zwei Deutungsmuster ihrer Gründerjahre, die sich schroff gegenüberstehen. Das eine speist sich aus der Erzählung von der »Restauration«, die sich in Westdeutschland vollzogen habe. Demzufolge habe es nach dem Zweiten Weltkrieg die Chance zu einem radikalen Neuanfang gegeben, die aber nicht genutzt wurde. Stattdessen seien die alten bürgerlichen Verhältnisse wieder aufgerichtet worden.

Dagegen betonten zahlreiche Beobachter schon bald mit großer Erleichterung, dass Bonn eben nicht Weimar geworden sei, wie etwa der Schweizer Publizist Fritz René Allemann ein vielbeachtetes Buch betitelte. Der Soziologe Ralf Dahrendorf schrieb wenig später, die Bundesrepublik sei eine »neue Gesellschaft« geworden. Die Zeitgeschichtsforschung entdeckte in den 80er Jahren die scheinbar restaurativen und bleiernen Zeiten der frühen Bundesrepublik als eine »Periode aufregender Modernisierung« (Hans-Peter Schwarz).

Hervorzuheben ist gegenüber solch unterschiedlichen Erinnerungsvarianten zunächst, dass die 50er Jahre eine Zeit enormen wirtschaftlichen Aufstiegs waren, zu der es in der neueren deutschen Geschichte keine Parallele gibt. Das Wort vom »Wirtschaftswunder« spiegelte die überraschende Rasanz des westdeutschen Wiederaufbaus, dessen Erfolge – im letzten Drittel des Jahrzehnts – an die Schwelle einer neuen und bis dato ungekannten Stufe gesellschaftlichen Wohlstands und kultureller Modernität führten. Dies alles vollzog sich unter »konservativen Auspizien« (Christoph Kleßmann), während der Regierungszeit einer Koalition der Unionsparteien mit der FDP und der nationalkonservativen Deutschen Partei in einem politisch-kulturellen Klima, in dem das wieder gewonnene Alte zunächst hoch im Kurs stand. Die Kinogänger schwärmten von den gleichen Stars wie in der Vorkriegszeit, die Titelbilder von Illustrierten 1950 sahen ähnlich aus wie 1938. Viele Menschen erinnerten sich gern zurück, war doch das »Dritte Reich«, bei Richtern, Ärzten, Lehrern, Professoren, Unternehmern, aber auch bei vielen Arbeitern, mit beruflichen Karrieren und privatem Glück verbunden. Dies hatte unmittelbar wenig mit politischer Restauration zu tun, aber die kräftigen Kontinuitätsstränge, die die junge Bundesrepublik ebenso bestimmten wie die rapide

Modernisierung ihrer Gesellschaft, verliehen den Anfangsjahren des neuen Staates eine eigentümliche Prägung.[1]

Eine tiefe Zäsur wurde schon durch die neuen Gebietsgrenzen markiert. Preußen war durch einen alliierten Kontrollratsbeschluss 1947 förmlich aufgelöst worden. Konnte es für die politische Kultur einen tieferen Bruch geben als den Verlust der weiten agrarischen Gebiete Ostelbiens, die in der neueren deutschen Geschichte das Herz protestantisch-deutschnationaler Hegemonie dargestellt hatten? Auf dem Staatsgebiet der Bundesrepublik waren die beiden großen christlichen Konfessionen anteilig nahezu gleich stark in der Bevölkerung vertreten – die katholische Seite zunächst sogar mit größerem Einfluss in der überkonfessionellen CDU/CSU.

Die »Normalität« bürgerlicher Gesellschaft bestimmte bereits die Signatur der Gründerjahre des neuen Staates. Die Männer, soweit nicht gefallen, waren bis auf wenige Ausnahmen aus Krieg und Gefangenschaft zurückgekehrt, die Familien hatten sich meist als stabiler Fels in der Brandung erwiesen. Das Erwerbssystem funktionierte wieder, die sozialen Hierarchien und Ungleichheiten existierten wie ehedem, aber – fast – allen ging es besser als in der unmittelbaren Nachkriegszeit. Die durchschnittlichen Löhne und Gehälter befanden sich 1950 auf einem Stand, der zuvor nach einer langen Aufstiegsperiode 1914, auf dem Höhepunkt der kurzen trügerischen Stabilisierung der Weimarer Republik 1928/29 und während der hitzigen Rüstungskonjunktur 1938 erreicht worden war. Dazwischen hatten Zeiten sozialer Misere durch den Ersten Weltkrieg, die Inflation und Weltwirtschaftskrise, den Zweiten Weltkrieg und in der Nachkriegszeit gelegen. Der nun einsetzende Aufstieg, in dem sich das Bruttosozialprodukt bis 1960 verdoppelte, war etwas gänzlich Ungekanntes und veränderte Gesellschaft und Kultur.

Das wichtigste Ziel der Bundesbürger bestand zunächst darin, sich wieder in den eigenen »vier Wänden« einzurichten und eine komfortable Privatsphäre herzustellen, wie man sie »in den guten alten Zeiten« besessen oder zumindest erträumt hatte. In einem einfühlsamen Reisebericht beschrieb der amerikanische Publizist Norbert Muhlen in der Zeitschrift *Der Monat* die Vermischung gegensätzlicher Momente im »Wiederaufbau«-Alltag der frühen 50er Jahre:

»Das Wort ›wieder‹ wurde zum Leitmotiv deutschen Lebens, sein Ziel die Wiederkunft des Zerstörten, ein Ziel, geboren aus dem Heimweh nach der verlorenen guten alten Zeit und aus der Sehnsucht nach der verschwundenen Sicherheit. Der Aufbau eines neuen Deutschland heißt ›Wiederaufbau‹. Ja, es wurde auch wiederaufgebaut, was vorher gar nicht dagewesen war.

Neues gab sich als ganz Altes aus, wie etwa jene zwei scheinbar uralten, vom Tabaksqualm der Jahrhunderte geschwärzten Weinstuben in Nürnberg, die vor kurzem dort eröffnet wurden und die es niemals zuvor gegeben hatte; der kluge Wirt wußte, was das Publikum brauchte, um sich wohlzufühlen. Anderswo sah ich eine auf einem Ruinengrundstück erbaute Bude, an der der Mörtel noch frisch schien; ihre längliche Fassade war dekoriert mit einem Stück Leinwand, auf das die Mauer einer mittelalterlichen Schloßruine gepinselt war, und darüber leuchtete es in Neon-Buchstaben: ›Altdeutscher Keller‹.«[2]

Die Formel vom »Neon-Biedermeier« oder »motorisierten Biedermeier«[3] (Erich Kästner) wurde schon von den Zeitgenossen bemüht, um den bis in die Ästhetik reichenden Widerspruch von lebensweltlicher Modernisierung und ängstlichem Sicherheitsstreben mit rückwärts gewandter Sehnsucht begrifflich zu markieren. Ständiger Begleiter des Wiederaufbaus war, vor dem Hintergrund der Erfahrungen des nicht weit zurückliegenden Krieges und der »schlechten Zeiten«, eine tief verankerte Angst. In der dramatischen Phase des Kalten Krieges um 1950 glaubte eine Mehrheit der Bundesbürger, nur in einer kurzen Atempause zwischen Zweitem und Drittem Weltkrieg zu leben, und je mehr es wirtschaftlich bergauf ging, desto verbreiteter waren die Sorgen, der kommende Rückschlag werde umso härter ausfallen.[4]

Die schillernde Ambivalenz der »janusköpfigen« (Georg Bollenbeck) Gründerjahre der Bundesrepublik ist der Hauptgrund für den Erfolg nostalgischer Inszenierungen der »Fifties«. Die »Entdeckung« und erste Hochkonjunktur einer Thematisierung der 50er Jahre in der medialen Öffentlichkeit und kommerziellen Werbung vollzog sich in den 70er Jahren mit einem Höhepunkt um 1980, also im Abstand einer Generation.[5] Auf der einen Seite wurde die moralische Einfachheit, Bescheidenheit und auf einer festen Wertebasis ruhende Verlässlichkeit der westdeutschen Gesellschaft und Politik als Garant für den künftigen Aufstieg gerühmt und zum Leitbild empfohlen – oder auch von Intellektuellen verspottet. Auf der anderen Seite faszinierte ästhetisch – positiv wie negativ – das breite Spektrum des Geschmacks, vom behäbigen »Gelsenkirchener Barock« bis zum legendären »Nierentisch«, vom kitschigen »Heimatfilm« bis zu den Petticoats und Gelfrisuren als Symbol der Nachkriegsmoderne.[6] Dabei interessierte bei den retrospektiven Konstruktionen der 50er Jahre kaum die Frage nach historiographisch zu ermittelnden Gewichtungen damaliger Kultur; die immer neuen Konjunkturen einer Thematisierung der 50er Jahre haben vielmehr gezeigt, dass die Gründerzeit der Bundesrepublik geradezu mythenfähig geworden ist.

1 Moderne Lebenswelt und Sehnsucht nach Geborgenheit

Wiederaufbau-
Mentalität

Eine ins Enorme gesteigerte Konzentration auf das persönliche Fortkommen prägte die Alltagskultur der frühen 50er Jahre. Ein geradezu unbändiger Wille brach sich Bahn, »sich aus dem Elend zu erlösen«, aber eben nicht im kollektiven Klassenkampf, sondern als privater bzw. familiärer Kraftakt und, wie es der Hamburger Professor für Volkswissenschaft, Heinz-Dietrich Ortlieb ausdrückte, mit dem Scarlett-O'Hara-Schwur auf den Lippen, »nie, nie wieder Hunger zu leiden« und nur danach zu trachten, »zu Wohlstand und Behagen zu kommen«[7]. Je besser es der deutschen Volkswirtschaft ging, desto länger musste gearbeitet werden, 1955 waren es in der Industrie annähernd 50 Stunden an sechs Werktagen. Der Publizist Paul Schallück bemerkte, dass im Ausland mit einigem Misstrauen der »Taumel maßloser Tüchtigkeit« als »la Tüchtigkeit allemande« apostrophiert werde.[8] Was in den Liedern der Protestbewegung schon zehn Jahre später als Mischung von blinder Arbeitswut und politischer Vergangenheitsverdrängung verspottet wurde, etwa in Franz Josef Degenhardts Song »Vatis Argumente«, in dem penetrant vom »Ärmel aufkrempeln« die Rede war, kennzeichnete durchaus die Mentalität der Bevölkerung im Wiederaufbau. Rückblickend zogen Alexander und Margarete Mitscherlich in psychoanalytischer Sicht eine Verbindung von dieser Arbeitswut zum Umgang mit der NS-Vergangenheit:

> »Statt einer politischen Durcharbeitung der Vergangenheit als dem geringsten Versuch der Wiedergutmachung vollzog sich die explosive Entwicklung der deutschen Industrie. Werktätigkeit und ihr Erfolg verdeckten bald die offenen Wunden, die aus der Vergangenheit geblieben waren.«[9]

Arbeitsalltag

Das enorme Tempo des Wiederaufbaus führte in den 50er Jahren zu einem Anstieg der Zahl der Erwerbstätigen um 30 Prozent auf ca. 26,5 Millionen, gleichzeitig sank die Arbeitslosenquote von 11 Prozent auf 1,3 Prozent. Allerdings gab es beträchtliche regionale Ungleichheiten – in den sogenannten Zonenrandgebieten etwa verlief der Wachstumsprozess mit einiger Verzögerung.[10] Die nahezu restlose Integration der Vertriebenen und Flüchtlinge in den Arbeitsprozess war zum einen nur möglich durch den anhaltenden Wirtschaftsboom, zum anderen aber war der ständige Zustrom von Arbeitskräften, insbesondere von gut qualifizierten Fachkräften aus der DDR, eine Bedingung für die wirtschaftliche Expansion. Der beruflichen Position nach waren 1950 fast drei Viertel der Erwerbstätigen unter den Vertriebenen Arbeiter, gegenüber weniger als der Hälfte in der übrigen Bevölkerung.

Der Arbeitsalltag im Wiederaufbau der 50er Jahre war, im eigentlichen

Wortsinn, schwer, denn die manuelle Arbeit spielte eine wichtige Rolle. Zu erinnern ist etwa an den heute nahezu ausgestorbenen Beruf des Kohlenträgers. Von den in diesem Jahrzehnt neuerrichteten Wohnungen waren noch vier Fünftel mit Kohleöfen ausgestattet. Die Bauarbeit, die eine außerordentliche Rolle spielte, war wenig industrialisiert. Motorisierte Zementmischmaschinen wurden kaum eingesetzt, dafür gab es noch den ungelernten Beruf des Steinträgers, der auf einer Holzkiepe über der Schulter die zu verarbeitenden Klinkersteine zu den Maurern trug. Gleichzeitig strömten, etwa an den dynamisch expandierenden großstädtischen Handelsplätzen Frankfurt am Main, Düsseldorf oder Hamburg, Heere von Angestellten und Beamten morgens in die Büros und Behörden in den wiederhergestellten oder neuerrichteten Verwaltungspalästen der City. Ihre Arbeitszeiten waren meist ebenso lang wie diejenigen der Industriearbeiter.

An der Ausweitung der Beschäftigung hatten die Frauen – ganz im Gegensatz zu zähen Legenden einer Rückkehr an den Herd nach der heroischen Trümmerzeit – einen überdurchschnittlichen Anteil.[11] Von den verheirateten 20- bis 29-jährigen Frauen waren 1950 etwa ein Viertel und 1961 bereits 43 Prozent erwerbstätig, bei den 30- bis 39-jährigen stieg der Anteil von 26 auf 37 Prozent. Gleichzeitig veränderte sich die Form weiblicher Erwerbstätigkeit. Während 1950 nur die Hälfte der erwerbstätigen verheirateten Frauen einer außerhäuslichen Beschäftigung nachging, fiel die andere Hälfte unter die »mithelfenden Familienangehörigen«, eine Kategorie, deren Anteil sich bis 1960 auf ungefähr ein Viertel verringerte. Die Rationalisierung der Landwirtschaft, das Verschwinden kleiner Kaufläden, die Verbesserung der beruflichen Ausbildung von Frauen und das wachsende Angebot an geeigneten Arbeitsplätzen waren einige der Gründe dafür. Die vermehrt in Dienstleistungsberufe drängenden Frauen rückten zunächst vornehmlich in weniger qualifizierte und schlechter bezahlte Positionen ein. In den unteren Leistungsgruppen der Angestellten (IV und V) waren 1951 36 Prozent der männlichen und 78 Prozent der weiblichen Angestellten beschäftigt, 1962 klafften die entsprechenden Anteile mit 22 bzw. 73 Prozent noch weiter auseinander. Allerdings mehrten sich auch Beispiele von bemerkenswerten Frauenkarrieren in allen Bereichen der Gesellschaft.[12]

Auf dem Land hatte der Wandel vom agrarisch geprägten Dorf zur entbäuerlichten Landgemeinde zwar bereits am Ende des 19. Jahrhunderts begonnen, aber die endgültige Transformation setzte in den 50er Jahren ein. Das »agrarische Milieu« löste sich nicht vollständig auf, aber durch die Aufgabe kleinerer Höfe, durch Gewerbeansiedlung, das Verschwinden von Läden und Gastwirtschaften und nicht zuletzt durch die bald lückenlose Versorgung mit dem Hörfunk begann eine Modernisierung des dörflichen Lebens. Einerseits war es weniger auf das nachbarschaftliche Umfeld ausgerichtet, weil viele Menschen nun in benachbarten Städten arbeiteten und tagsüber nicht anwesend waren, zum anderen sorgte die Medienversorgung für mehr private Abgeschlossenheit.

In der Arbeiterschaft war durch das Aufbrechen betrieblicher Strukturen und lokal festgefügter proletarischer Milieus im Zweiten Weltkrieg »politisches Klassenbewusstsein« nur noch in einzelnen industriellen Zentren bei kleineren Teilen von Betriebsbelegschaften anzutreffen. Vorherrschend blieben aber vage Vorstellungen vom »oben« und »unten« der Gesellschaft, einer »Dichotomie als kollektives Schicksal« (Heinrich Popitz); dies verband sich in Betrieben regionaler Industriekulturen – etwa des Ruhrgebiets – mit einem hohen Anteil an manueller Arbeit mit einer auch über familiäre Traditionen vermittelten körperlich-männlichen »Arbeiteridentität« (Dietmar Süß), die durchaus mit individualistischen Aufstiegsstrategien harmonierte.[13] Die bis heute kolportierte These des zeitgenössisch einflussreichen Soziologen Helmut Schelsky von der »nivellierten Mittelstandsgesellschaft« als Trend für die Entwicklung der Bundesrepublik verkleisterte zwar – bewusst – die sozialen Ungleichheiten.[14] Aber sie erlangte eine beträchtliche Plausibilität, weil sie von vielen als Formel für den »Abschied von der Proletarität« (Josef Mooser) verstanden wurde, dem Ausweg aus einer schicksalhaften Armutsexistenz, der durch die allgemeine Wohlstandsentwicklung geöffnet wurde.[15]

Kargheit und Konsum

Die letzten Lebensmittelkarten wurden 1950 abgeschafft, nicht nur früher als in der DDR[16], sondern auch früher als in Großbritannien. Während die Schulärzte noch zwei Jahre zuvor angesichts der Unterernährung vieler Kinder besorgt waren, füllten nun sogar erste Anzeigen für Schlankheitsmittel die Spalten der Illustrierten. Die Westdeutschen strichen wieder »gute Butter« auf das Brot, konnten sich bisweilen Wurst und Käse leisten, »echter Bohnenkaffee« wurde zumindest am Wochenende in vielen Familien ausgeschenkt. Dennoch stimmen die populären Vorstellungen von einer »Fresswelle« nicht mit der Realität der frühen 50er Jahre überein.[17] Die Küche im statistisch beobachteten »4-Personen-Arbeitnehmerhaushalt mit mittlerem Einkommen« – es stieg von 340 DM (1950) auf 600 DM (1956) – war insgesamt noch recht karg bestückt. Kaffeeersatz, Kunsthonig und Eipulver blieben vertraute Lebensmittel, die Margarine herrschte vor. Ansätze zu einer Verfeinerung des Konsums auf breiter Basis gab es erst in der zweiten Hälfte der 50er Jahre. Zudem war in jener Zeit nicht der Konsum das markanteste Kennzeichen, sondern der Verzicht. Der Einkommenszuwachs wurde weniger für Vergnügungen ausgegeben als für Anschaffungen zurückgelegt. Die Sparquote (Anteil des gesparten an der Summe des verfügbaren Einkommens) verdreifachte sich in den 50er Jahren auf fast neun Prozent, stieg also stärker als die Einkommen. An erster Stelle stand das Bausparen, dessen Volumen sich in jenem Zeitraum sogar verzwölffachte, ein deutlicher Hinweis auf das zentrale Objekt der Wünsche, für das alle Anstrengungen und Entbehrungen lohnend erschienen.

1950 entfielen statistisch gesehen noch jeweils drei private Haushalte auf zwei Wohnungen, das Untermieterdasein war zum Massenschicksal geworden. Von den 14,6 Millionen Haushalten in »Normalwohnungen« – vor allem in den Großstädten hausten viele Menschen noch in Notunterkünften aller Art – verfügten 1950 nur ca. 60 Prozent über eine Kochstelle zur alleinigen Benutzung, vier Millionen Haushalte hatten nur eine behelfsmäßige oder gar keine Kochgelegenheit. Entwürdigend war es, wenn die Vermieterin, durch den »Kuppeleiparagraphen« gesetzlich dazu angehalten, darüber wachte, dass der Damen- oder Herrenbesuch das Haus spätestens um 22 Uhr verließ.

Besonders bedrückend war die Wohnsituation für jene 2,2 Millionen Menschen, davon 900 000 Flüchtlinge und Vertriebene, die 1950 – häufig sehr beengt – in Notwohnungen und Notunterkünften lebten. Aufgrund des stetigen Zustroms an Flüchtlingen gab es noch 1955 insgesamt 1907 Lager mit 185 750 Personen (die letzten dieser Lager wurden erst 1971 aufgelöst). Ein Drittel der repräsentativ befragten Bevölkerung hielt (1955) eine sofortige Veränderung ihrer Wohnungssituation für erforderlich. Die Wegscheide zwischen schlechter und guter Zeit war daher für viele Menschen genau der Zeitpunkt, an dem sie ihre »eigenen vier Wände« bezogen und aus der Misere von Barackenlagern, überfüllten Altbauwohnungen oder Notquartieren mit mangelnden sanitären Einrichtungen und Kochgelegenheiten entkamen.

Durch ein beeindruckendes Programm für einen »Sozialen Wohnungsbau« konnte die schlimmste Wohnungsnot innerhalb eines Jahrzehnts überwunden werden; 1960 lebte ein Drittel aller Bundesbürger in Neubauwohnungen, ein wichtiger Punkt auch der deutsch-deutschen Systemkonkurrenz um den besseren Sozialstaat.[18] Dass die durchschnittliche Quadratmeterzahl der Neubauwohnungen 1950 noch mit weniger als 50 Quadratmetern für eine vierköpfige Familie nicht gerade großzügig bemessen war und bald vom Volksmund als »Wohnlokus mit Kochnische und germanischem Hockergrab (Sitzbadewanne)«[19] verspottet wurde, tangierte nicht das Glücksgefühl der neu einziehenden Bewohner. Die Sozialwohnungen wiesen Standards auf,

Wohnen

die in den Altbauten häufig nicht erreicht wurden: ein eigenes WC und Bade- oder Duschgelegenheit sowie bald auch die Zentralheizung.

Angesichts der Raumnot hatten zahlreiche Fachleute die Losung aus- gegeben, den »Sozialen Wohnungsbau« durch einen »sozialen Möbelbau« zu er- gänzen.[20] Um aus der Not eine Tugend zu machen, sollten dem Publikum klei- ne und funktional klare Möbeltypen als zweckmäßiger und damit schöner er- scheinen. Aber die Fachleute hatten die Rechnung ohne die Käufer gemacht, wie in einem Essay in der Zeitschrift *Der Mo- nat* ausgeführt wurde:

»›Nach dem Krieg hatte die Möbelindus- trie eine Revolution erwartet‹, sagte ein Möbelfabrikant, ›aber sie kam nicht‹. Selbst die Leute, die alles verloren hat- ten, kauften sich, wenn sie in eine der neuen kleinen Wohnungen des Sozia- len Wohnungsbaus einzogen, wieder so ähnliche große blankpolierte Möbel, wie sie früher in viel größeren Wohnungen gestanden hatten.«[21]

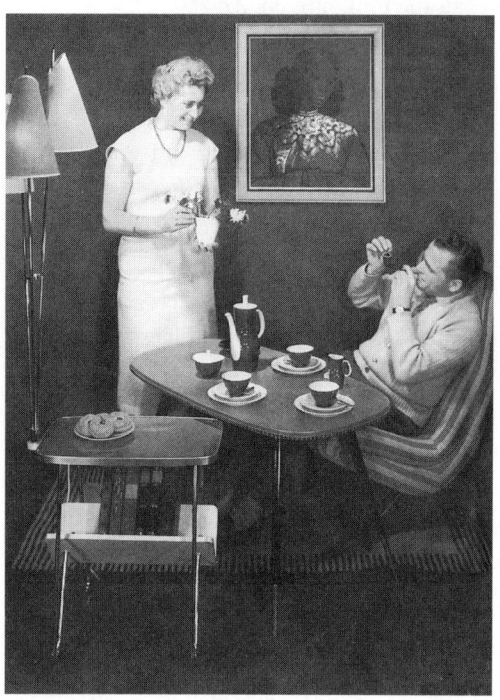

Neuer Wohlstand: ein Wohnzimmer Mitte der 50er Jahre

Das Institut für Demoskopie legte Mit- te der 50er Jahre einem repräsentativen Querschnitt der Bevölkerung die Abbildungen von vier Wohnzimmern mit unterschiedlichem Stil der Einrichtung zur Auswahl vor. Das Ergebnis war eindeutig: Mehr als die Hälfte bevorzugte dasjenige mit einem wuchtigen Wohnzimmerschrank, dem Esstisch in der Mitte, den Stühlen mit geschwun- gener Lehne und einem klobigen Polstersessel der »Marke« Gelsenkirchener Barock. Nur eine kleine Minderheit schätzte dagegen das Wohnzimmer mit den im Rückblick typischen Insignien der 50er Jahre wie Nierentisch, Scha- lensessel und flexibler Stehlampe.[22]

Bevorzugte Küchenform wurde die sogenannte »kleine Arbeitsküche« von etwa sechs Quadratmetern, konstruiert nach den ergonomischen Erkennt- nissen der 20er Jahre, allerdings meist noch nicht als Einbauküche, sondern voll gestellt mit wuchtigen Küchenbuffets, die dem Zeitgeschmack zum Entsetzen der Fachleute am meisten zusagten. Sie hatten anfangs Platz, weil

Kühlschränke, Waschmaschinen und andere Elektrogeräte erst später Einzug hielten.[23] Typisch für den Massenwohnungsbau jener Jahre waren Grundrisse, die neben dem Wohnschlafzimmer oder Wohnzimmer und einem separaten Elternschlafraum sehr kleine Kinderzimmer vorsahen, in denen Kinder – in der Regel bei strikter Geschlechtertrennung – nicht viel mehr als einen Schlafplatz hatten. Aber selbst das war keineswegs selbstverständlich. Verschiedenen Umfragen aus den frühen 50er Jahren zufolge besaß ein Viertel der Jugendlichen kein eigenes Bett, nahezu die Hälfte übernachtete im Schlafraum der Eltern. Die neuen Sozialwohnungen waren konzipiert für Familien mit zwei Kindern und förderten kleinfamiliäre Muster, wie sie prototypisch schon als heimlicher Lehrplan des modernen Mietwohnungsbaus seit den 20er Jahren erprobt worden waren.

Von konservativer Seite gab es deshalb vehemente Kritik am Zuschnitt des Massenwohnungsbaus, der die »Schrumpf-Familie« fördere. Die Novellierung des Wohnungsbaugesetzes als »Familienheimgesetz« 1956, mit dem vor allem der Eigenheimbau, auch für Haushalte mit mehr als zwei Kindern, gefördert werden sollte, setzte einen neuen Akzent. Der zuständige christdemokratische Minister Franz-Josef Wuermeling hob immer wieder die Familie als naturgegebene »Urzelle« und »Ordnungszelle« der Gesellschaft und des Staates hervor und rief zur Verbreiterung seiner »kleinen Kampfgruppe für die Familie« auf, »indem jedes Mitglied des Bundestages sich zutiefst der einzigartigen sittlichen und völkischen Aufgabe und Bedeutung unserer Familien, unserer Mütter und Väter bewußt wird und damit in eine gemeinsame große Kampffront für unsere Familie eintritt.«[24]

Allerdings schien die konservative Familienideologie bereits in den 50er Jahren nicht mehr zeitgemäß zu sein. Die Scheidungsraten verharrten zwar auf niedrigstem Niveau, aber es wurde sehr früh geheiratet, weil ohne Trauschein nicht an eine Wohnung zu kommen war. Zu dem Motiv, beengten häuslichen Verhältnissen in die – vermeintlich – größere Freiheit der Ehe zu entkommen, kam, dass sehr viele Bräute bereits schwanger waren, auch weil es kaum Kenntnisse über Verhütungsmethoden gab. Die Zahl der Schwangerschaftsabbrüche von 1950 bis 1957 wird auf eine halbe bis eine Million geschätzt, jährlich starben etwa 10 000 Frauen an den Folgen des illegalen Eingriffs. Die nationalsozialistische Polizeiverordnung vom 21. Januar 1941, welche die Herstellung von empfängnisverhütenden Mitteln unter Strafe stellte, blieb in einigen Bundesländern bis in die 60er Jahre hinein in Kraft.[25] Vor der Ehe war ansonsten – nicht nur von der katholischen Kirche – Enthaltsamkeit geboten, in der Ehe empfahl man die Methode Knaus-Ogino. Vor diesem

Hintergrund blühten nicht nur die Ratgeberrubriken, etwa die legendäre Rubrik »Fragen Sie Frau Irene« in der Rundfunk- und Fernsehillustrierten *Hör Zu*, der Dr. Walther von Hollander, ein schon in den 30er Jahren in diesem Metier publizistisch tätiger Autor, seine Stimme verlieh.[26] Auch der Aufstieg des zunächst vor allem auf Antikonzeptiva und Sexualaufklärungsschriften spezialisierten Versandhandels von Beate Uhse in Flensburg zeigte den wachsenden einschlägigen Bedarf. Dass dieses Unternehmen sich permanent gegen Anzeigen von Sittenwächtern zu wehren hatte, wirft ein Licht auf die geringe sexuelle Toleranz der 50er Jahre.[27] Ähnliches gilt für die Stigmatisierung alleinerziehender Mütter, wenn sie nicht verwitwet waren.[28]

Die außerhäusliche weibliche Erwerbstätigkeit sorgte allerdings in vielen Ehen für Irritationen patriarchaler Rollenmuster[29], auch im katholischen Milieu[30]; allenthalben wurde nach einer neuen familiären Ordnung gesucht.[31] »Partnerschaft« fand zwar als Formel weithin Akzeptanz, und die Ehe wurde als Gemeinschaft zur Hebung des Wohlstands angesehen, zugleich aber erhielt die »Hausfrau« ganz selbstverständlich die Pflicht zur »Hausarbeit« und damit eine Doppelbelastung zugewiesen. Insofern tritt uns auf unzähligen Bildern immer wieder die nähende, strickende, putzende Ehefrau und Mutter entgegen, während der Mann im Sessel sitzt und Zeitung liest oder wohlgefällig die gerade von seiner Ehefrau produzierten Speisen betrachtet.[32] Nicht abgebildet werden konnten die in den 50er Jahren aufgrund der Kriegsfolgen und enormen Arbeitsanstrengungen besonderen psychischen Belastungen der Frauen, denen die familiäre »Beziehungsarbeit« hauptsächlich aufgebürdet wurde.[33] Allerdings gab es auch das Bild der jungen berufstätigen Frau, die selbstständig ihr Leben gestaltete. In einer Reportage aus dem Jahr 1953 über die »Käti vom Hochhaus«, Mieterin in einem der ersten Wohnhochhäuser (Hamburg-Grindelberg) mit Einzimmerappartments für ledige Frauen ab 30 Jahren, hieß es:

> »Sie ist eine moderne Frau. Nicht nur weil sie einen modernen Pullover trägt. Käti wohnt im ›Hochhaus für Damen‹ (…) ja und sollte Käti einmal Herrenbesuch bekommen … so könnte sie ihm sogar ein richtiggehendes modern eingerichtetes Café im eigenen Hause bieten, weil die nun mal einzige und für alles bestimmte Stube vielleicht gerade etwas zarte Spitzenwäsche zu trocknen hat. Das nimmt man für soviel Moderne dann gern in Kauf.«[34]

Wenn eine dort wohnende Mieterin heiratete, musste sie ausziehen, so stand es im Mietvertrag. Die etwas voyeuristische Anspielung auf Kätis Dessous bildete die gar nicht heimliche Rückseite asexueller Prüderie; der Unmenge an Werbung für Damenunterbekleidung in den Illustrierten nach zu urteilen, gab es eine geradezu fetischhaft anmutende Lust an der Betrachtung von Büstenhaltern, Strumpfhaltern und Korsetts[35], überstrahlt vom Mythos synthetischer Strümpfe, der die 50er Jahre zur »Perlonzeit« der Bundesrepublik stilisierte.[36]

Schon den Zeitgenossen fiel als charakteristischer Zug der 50er Jahre der Rückzug in die neu gewonnene Häuslichkeit auf.[37] Sie wurde von kritischen Sozialwissenschaftlern als »Regression in die kleinfamiliären Gruppenego-

Häuslichkeit und Radio

ismus« (Jürgen Habermas)[38] gescholten oder auf die Formel vom »privaten Heim als Fluchtburg« (Hans Paul Bahrdt)[39] gebracht. Ein ganzes Bündel von Gründen beförderte die inkriminierte Verhaltensweise. Die extrem langen Arbeitstage ließen häufig gar keine Aktivitäten außerhalb des Hauses mehr zu, weder physisch noch zeitlich. Hinzu kam die erwähnte Priorität, auf langlebige Konsumgüter zu sparen und dafür auf Vergnügungen zu verzichten, zudem eine Art Nachholbedürfnis familiärer Gemeinsamkeit nach den katastrophalen Kriegs- und Nachkriegszeiten.

Die von den zeitgenössischen Soziologen und Städteplanern propagierten traditionsreichen Nachbarschaftskonzepte, welche die Anonymität und Entfremdung vor allem in den Großstädten lindern sollten, zerbarsten an der nüchternen Realität der Neubausiedlungen.[40]

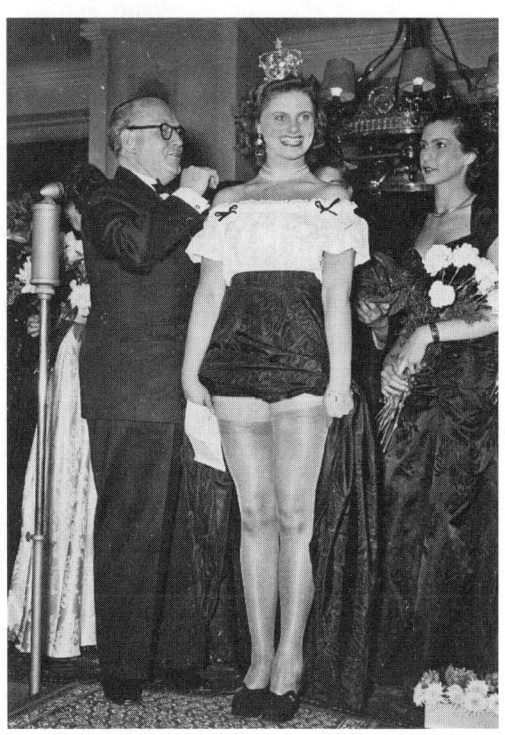

Die Siegerin: Gonda Soreen als »Deutsche Beinkönigin 1951«

Selbst in Dörfern wurde eine Lockerung nachbarschaftlicher Bindungen registriert, sogar die Teilnahme am traditionellen Stammtisch ging zurück. In einer bundesweiten Erhebung wurde 1953 ermittelt, dass sich lediglich ein Viertel der Bevölkerung einmal in der Woche mit Freunden oder Bekannten traf; bei der Wiederholung dieser Erhebung eine Generation später (1979) gab dagegen die Hälfte der Befragten solche Geselligkeit zu Protokoll.[41]

Die notorische Häuslichkeit prägte das Freizeitprofil der frühen 50er Jahre. Zeitgenössische Bestandsaufnahmen ergaben stets eindeutige Befunde.[42] Ruhige häusliche Tätigkeiten, das Lesen der Tageszeitung und von Illustrierten, Haus- und Gartenarbeit, die Pflege von Hobbys, ein Spaziergang um den Block oder ganz einfach »Nichtstun« und was noch unter »Gemütlichkeit« verstanden wurde, zeichneten ein recht monotones Bild werktäglichen Feierabends, und auch das Wochenende wurde meist schlicht zum Ausruhen genutzt. Da in vielen Betrieben bereits am Samstagmittag geschlossen wurde, konnte angesichts der restriktiven Ladenöffnungszeiten häufig nur noch in aller Eile eingekauft werden. Auch die Gartenarbeit des Mannes und die häuslichen Pflichten der Frau – so die gängige Aufteilung – wurden möglichst noch am Samstag erledigt. Aber oft genug blieb auch am Sonntag viel zu tun, was kaum als Freizeit anzusprechen wäre, etwa die enorme, wenn auch kaum in Stunden zu beziffernde Eigenleistung beim Bau des eigenen Hauses.

Vor diesem Hintergrund avancierte das Radio zum »Hegemon der Häuslichkeit«[43]. Das Rundfunkgerät als repräsentatives Möbelstück, als Musiktruhe oder -vitrine, das mit Deckchen dekoriert die »gute Stube« schmückte, gehörte vom Lebensgefühl her zur gelungenen Wiederherstellung der »guten alten Vorkriegszeit«, obgleich eine derartige Geräteausstattung in den 30er Jahren für viele Menschen noch eher im Bereich der Wünsche angesiedelt gewesen war. Während der 50er Jahre schaffte sich nahezu jeder Haushalt ein Rundfunkgerät an, wobei ein durchaus beträchtlicher Teil des Publikums versuchte, angesichts knapper Kassen die monatlichen Rundfunkgebühren von 2 DM zu sparen und »schwarz« zu hören. Warnende Kampagnen der Rundfunkanstalten und Peilsender ließen jedoch während der 50er Jahre mehrere Millionen Haushalte »beitragsehrlich« werden.[44]

Das Radio bestimmte die Zeitstrukturen des häuslichen Alltags. Während des gesamten Jahrzehnts lag die durchschnittliche Hördauer bei täglich knapp drei Stunden pro Tag, das Medium begleitete mit seinen Serviceangeboten das Aufstehen und die Arbeitsvorbereitung, bot erste Nachrichten, Wetterberichte, leichte Musik und Zeitansagen, stiftete Orientierung und Einstimmung in den Tag. Auch die Morgenandachten oder andere Formen kurzer kirchlicher Sendungen waren so platziert, dass sie noch vor dem Aufbruch zur Arbeit gehört werden konnten. Die gemeinsamen mittäglichen Essenszeiten, vor allem am Sonntag, wurden häufig auf das Programm abgestimmt. Für die Hausfrau lieferte das Radio den Zugang zur Welt und beflügelte sie bei der Arbeit. Es gehörte zum »modernen« Gesicht der 50er Jahre, dass in vielen Haushalten das Rundfunkgerät tagsüber kaum ausgeschaltet wurde. Über die Bedeutung des Rundfunks im Tagesablauf einer hessischen Hausfrau hieß es 1950: »Radio hört die Frau ›den ganzen Tag‹, wie sie betont. Tatsächlich hört sie zwischen 6 Uhr 30 und 9 Uhr und dann zwischen 11 Uhr und 13 Uhr. Auch von 16 bis 22 Uhr ist das Radio dauernd in Betrieb. Sogar während des Interviews hörte sie Musik.«[45] Eingebettet in Unterhaltungsmusik aller Art waren Informationen und praktische Tipps in leicht fasslicher Art durchaus erwünscht, wie sie etwa der von allen öffentlich-rechtlichen Anstalten ausgestrahlte Werbefunk bot. Was allerdings »vom deutschen Sender« nicht kommen sollte, war ein »hochgestochenes« und mit Fremdworten versehenes Vokabular, wie es ein von der *Hör Zu* 1951 dem Nordwestdeutschen Rundfunk weitergegebenes neunstrophiges Gedicht einer Hörerin ausdrückte, das resignativ schloss: »Wer Tag für Tag am Radio sitzt/und hört das Neu'ste an,/ der kaufe sich ein Wörterbuch,/damit er folgen kann.«[46]

Vor allem bildete das Radio das Zentrum familiärer Geselligkeit am werktäglichen Feierabend, der angesichts des langen Arbeitstages in der Regel erst gegen 18 Uhr begann. Die Männer lasen während des Radiohörens am häufigsten Zeitung oder betrieben ihre Liebhabereien, während die Frauen das Essen bereiteten oder andere Hausarbeiten erledigten. Aber man gruppierte sich doch um das eingeschaltete Gerät in »guter Stube« oder Wohnküche, zumal die beengten Wohnverhältnisse oft gar kein Ausweichen in rundfunkfreie Räume zuließen. Aus demoskopischen Umfragen ist bekannt, dass meistens das männliche Familienoberhaupt die Programmauswahl bestimmte. Besonders konfliktreich gestaltete sich dies offenbar aus zwei Gründen allerdings selten. Zum einen blieb in sehr vielen Haushalten das Radio ohnehin ständig auf die »zuständige« öffentlich-rechtliche Station eingestellt, weil sich nur diese störungsfrei empfangen ließ und zudem lokale Meldungen brachte. Zum anderen verliefen die Trennlinien der Programmpräferenzen in den 50er Jahren vor allem entlang der sozialen Unterschiede und weniger entlang generationeller Grenzen. Die überwiegende Mehrheit der Jugendlichen stand bereits mit 16 Jahren wie die Erwachsenen im Berufsleben und hatte nach ebenso langen und anstrengenden Arbeitstagen wie diese das Bedürfnis nach leichter Unterhaltung. Die Sendeanstalten boten ohnehin kaum jugendspezifische Programme an[47], sondern eine Mischung, die in den Kernzeiten am werktäglichen Feierabend und am Wochenende ein familiäres Gemeinschaftserlebnis ermöglichen sollte. Als eindeutiger Spitzenreiter in der Hörergunst erwiesen sich »Bunte Abende«, die – im Unterschied zu ihren schon in den 30er Jahren beliebten Vorgängern – nun immer mehr Quizelemente aufwiesen, wie überhaupt Rätselsendungen als vielleicht wichtigste Übernahme aus der angelsächsischen Radiokultur in die deutsche Rundfunkunterhaltung gelten können.

Ansonsten waren Hörspiele mit heiter-humoristischer oder kriminalistischer Note sehr beliebt, und selbstverständlich die leichte Muse, von der Volks- und Schlagermusik bis zu Operetten und Marschmusik. Das Verhältnis von Musik- zu Wortanteilen betrug den Angaben der Rundfunkanstalten zufolge durchgehend 60 zu 40, innerhalb der Musiksparte handelte es sich hauptsächlich um »U-Musik«. Es gab nur eine einzige Art von Musik, die von der überwiegenden Mehrheit der Hörer nicht nur abgelehnt, sondern sogar gehasst wurde: der schon in der NS-Zeit häufig mit rassistischen Untertönen stigmatisierte Jazz, der von den öffentlich-rechtlichen Stationen in den 50er Jahren nur selten und dann zu peripheren Sendezeiten gespielt wurde. Die Abwehrhaltung gegen alles »Fremdländische« und die Trennung von Unterhaltungsmusik und Jazz sprachen eine deutliche Sprache.[48] Wünsche nach mehr volkstümlicher Mittagsmusik standen neben Beschwerden über angeblich häufige Jazz-Programme, die auch als »jüdische Musik« charakterisiert wurden; beim Bayerischen Rundfunk wünschte man stattdessen die »alten, sentimentalen deutschen Schlager«, eine Erhebung im Bereich des Nordwestdeutschen Rundfunks ergab 1953/54 eine sehr positive Bewertung von Marschmusik.

Deutsche Schlager

An erster Stelle standen aber die aktuellen deutschen Schlager, von denen ein Vorschulkind, wie in einer Umfrage der selben Rundfunkanstalt 1953 mit bedenklichem Tonfall mitgeteilt wurde, gewöhnlich mehr kenne als Volkslieder – Einzelkinder hätten, wie es in einer weiteren Untersuchung hieß, »eine besondere Anfälligkeit« für den Einfluss des Schlagers.[49] Dessen Texte zeigten die gleiche eskapistische Tendenz wie die Filme jener Zeit, und häufig handelte es sich auch um deren musikalische Untermalung. Geradezu prototypisch erscheint der schon 1948 erstmals von Rudi Schuricke gesungene sehnsuchtsvolle Schlager *Wenn bei Capri …*, der noch das gesamte nächste Jahrzehnt immer wieder gern gehört wurde.[50] Die Texte über schmachtende Jäger, Matrosen oder – wie in diesem Falle – Fischer zeugten nicht gerade von einer Reflektion der modernen Lebenswelt. Der aus Breslau stammende Hans-Arno Simon, später einer der bekanntesten Schlagertexter, konnte mit *Anneliese*, vorgetragen in heimatähnlichem Dialekt, 1954 die erste Goldene Schallplatte der Nachkriegszeit einspielen. Der Debut-Erfolg des Österreichers Freddy Quinn, Künstlername von Manfred Nidl-Petz, mit seinem monatelang an der Spitze der Hitparaden stehenden Titel *Heimweh* (1956), von dem innerhalb eines Jahres zwei Millionen Schallplatten verkauft wurden, markierte gleichzeitig den sentimentalen Höhepunkt der Sehnsuchtswelle, die sich nicht nur vordergründig auf das Schicksal der Vertriebenen beziehen ließ, sondern insgesamt gute alte Zeiten beschwor, die es nie gegeben hatte:

»Dort wo die Blumen blühn,/dort wo die Täler grün,/da war ich einmal zu Hause./Wo ich die Liebste fand,/da liegt mein Heimatland,/wie lang bin ich noch allein.«
Zur verkitschten Sehnsucht als moderner Heimatideologie passte es, dass dieser scheinbar urdeutsche Schlager schlichtes Remake eines US-Erfolgstitels war.

Schlagermusik war außer im heimatlichen Regionalsender, in benachbart liegenden westdeutschen Stationen und den in einigen süddeutschen Gebieten empfangenen deutschsprachigen Programmen aus der Schweiz und Österreich auch über die »Sowjetzonen«-Sender zu hören. Nach einer repräsentativen bundesweiten Erhebung des Allensbacher Instituts im Jahr 1952 hatten fast die Hälfte der westdeutschen Bevölkerung bzw. ca. 60 Prozent der Rundfunkhörer technisch die Möglichkeit, Programme aus der DDR zu empfangen und machten davon mehrheitlich häufig oder zuweilen Gebrauch, beurteilten aber den Inhalt der Sendungen, soweit es sich nicht um Musik handelte, meist ungünstig; die ostdeutschen Schlager klangen in den 50er Jahren den westlichen noch recht ähnlich.[51] Dagegen hielt sich die Beliebtheit der britischen und amerikanischen Soldatensender (BFN, später BFBS, und AFN) – entgegen späterer Legenden – zumindest bis Mitte der 50er Jahre in noch engen Grenzen. Von der amerikanischen Botschaft in Auftrag gegebene Erhebungen ergaben 1954 und 1955 Einschaltquoten von drei bis fünf Prozent für den AFN im Gebiet ihrer ehemaligen Zone, für den BFN kaum höhere.

Mit der Gründung der Bundesrepublik, dem Ende alliierter Pressepolitik *Presse* und der Wiederherstellung »normaler« Marktverhältnisse verdoppelte sich die Zahl der Tageszeitungen (1950) mit 429 Organen (ohne Nebenausgaben) gegenüber der Lizenzzeit.[52] Entschärft wurde die neue Konkurrenzsituation durch den allgemein beginnenden wirtschaftlichen Aufschwung, von dem die Presse als Werbemedium insgesamt profitierte. Die zuvor getrennten Verbände der Altverleger und der Lizenzverleger schlossen sich 1953 zum »Bundesverband deutscher Zeitungsverleger« zusammen. Seither setzte eine Pressekonzentration ein, die zum Rückgang selbstständiger publizistischer Einheiten und zur Verdrängung kleiner regionaler und lokaler Blätter führte. Die Zahl der Tageszeitungen stieg dagegen noch bis 1960 (498) leicht an und sank erst danach (1970: 430). Typisch wurde für die Presselandschaft der Bundesrepublik die Aufteilung in Regionen, die mitunter von nur einer größeren Zeitung dominiert wurden. Selbst die wenigen überregional vertriebenen Tageszeitungen mit nationaler Bedeutung – wie die *Frankfurter Allgemeine Zeitung*, die *Welt*, die *Süddeutsche Zeitung* oder die *Frankfurter Rundschau* – wur-

Jugendliche lauschen den Klängen einer Jukebox.

zelten ökonomisch jeweils fest in ihren Regionen. Es etablierte sich ansonsten eine weitgehend richtungsneutrale Generalanzeigerpresse in modernisierter Form. Der Wettbewerb um die Anzeigenerlöse wurde zum wichtigsten Kriterium für den Erfolg einer Zeitung. 1950 finanzierten sich die Tageszeitungen noch zu weniger als einem Drittel aus Anzeigenerlösen, zehn Jahre später zu nahezu zwei Dritteln. Dies förderte die Tendenz zu einer politischen Berichterstattung, die sich in ihrem *mainstream* nur wenig unterschied.

Dass sich die vordem stark milieuverhaftete Pressestruktur nach dem Zweiten Weltkrieg fundamental verändert hatte, zeigte der rasche Niedergang der Parteizeitungen, die nur in den ersten Nachkriegsjahren einige Bedeutung erlangt hatten. Die Nachfrage nach dezidierter politischer Stellungnahme und Kommentierung wurde – abgesehen von wenigen profilierten überregionalen Tageszeitungen – zum Teil von Wochenzeitungen wie *Die Zeit* abgedeckt, die allerdings in der Regel nur jeweils kleinere Gruppen politisch-weltanschaulich bereits festgelegter und häufig akademisch gebildeter Leser und eine Gesamtauflage von weniger als einer Million erreichten.

Der Anteil regelmäßiger und gelegentlicher Zeitungsleser betrug in Westdeutschland verschiedenen Erhebungen zufolge etwa 70 Prozent – anteilsmäßig mehr Männer als Frauen.[53] Sie bevorzugten in ihrer überwiegenden Mehrheit sogenannte Provinzblätter und darin wiederum den Lokalteil.[54] Die Auflage aller Tageszeitungen stieg in den 50er Jahren zwar von 11,1 Millionen 1950 auf 15,5 Millionen 1960. Diese durchaus beträchtliche Zunahme war aber zu einem erheblichen Teil auf den Bevölkerungsanstieg – Flüchtlinge, Vertriebene, Rückgliederung des Saargebiets – zurückzuführen.

Dass die Abonnementzahlen bald stagnierten, war auf einen entscheidenden Umbruch in der Presselandschaft zurückzuführen: das Aufkommen eines neuen Typus von Boulevardzeitung. Im Straßenverkauf vertriebene Blätter besaßen 1950 noch einen Anteil von weniger als fünf Prozent an der Auflage aller Tageszeitungen, 1960 hingegen schon fast dreißig Prozent. Dieser Strukturwandel der Presse beruhte in erster Linie auf dem beispiellosen Siegeszug der 1952 gegründeten *Bild-Zeitung* des Axel Springer Verlags.[55] Die geschickte Mischung von reißerischen Aufmachern, umfangreichen Sportberichten, Klatschgeschichten, konservativer Erbaulichkeit und der Abbildung attraktiver Bikini-Mädchen, aufbereitet für den »modernen Analphabeten« (Hans Zehrer), erwies sich als äußerst erfolgreich. Bereits 1953 hatte das »Groschenblatt« eine Auflage von einer, 1955 von zwei, 1956 von drei und 1962 von vier Millionen Exemplaren, die vor allem auf dem Arbeitsweg und in den Arbeitspausen gelesen wurden.

Ein weiteres Erzeugnis aus dem Springer-Verlag muss erwähnt werden, wenn man die massenmediale Spiegelung des Lebensstils jener Jahre erfassen möchte: Die 1946 lizenzierte Rundfunk- und später auch Fernsehprogrammzeitschrift *Hör Zu*, die bereits 1950 die Auflage von einer und ein Jahrzehnt später von über vier Millionen erreichte; damit las ein Drittel der erwachsenen Bundesbürger diese Programmzeitschrift. Der Erfolg von – so die Eigenwerbung –»Deutschlands größter Familienzeitschrift« beruhte neben der übersichtlichen Vorschau auf das Programm von Hörfunk und Fernsehen auf einer Mischung von betont unpolitischer Unterhaltung für die ganze Familie und dem Vertrautmachen mit der entstehenden Konsumgesellschaft. Etwa ein Drittel eines Heftes nahmen Anzeigen für Konsumgüter ein, und zahlreiche Gewinnspiele, bei denen Autos, Kühlschränke oder Bügeleisen als Preise lockten, erhöhten die Nähe zu diesen Gütern und steigerten die Attraktivität der *Hör Zu*. In einem kritischen Porträt wurde sie in der Zeitschrift *Der Monat* als »moderne Gartenlaube« beschrieben, voller kleinbürgerlicher Familiarität, bieder-gemütlich, ofenwarm.[56]

Gelegentlich erinnerten die Illustrierten der frühen fünfziger Jahre nicht nur von der Gestaltung her frappierend an entsprechende Erzeugnisse der 30er Jahre. Auch ihre Gesamtauflage (1950 ca. 6 Millionen) und das meist regional begrenzte Verbreitungsgebiet verwiesen auf die aus der Vorkriegszeit bekannten Strukturen. Im ersten Quartal 1950 lag an erster Stelle die *Quick* mit einer Druckauflage von 685 000 Exemplaren, es folgten die *Neue Illustrierte* (Köln) mit 612 000 und einige Blätter mit einer Auflagenhöhe um 400 000 und schließlich an siebter Stelle der *Stern* mit 328 000, der aber in den folgenden Jahren am schnellsten seine Auflage zu steigern vermochte. Neben der bewährten Methode, auf leicht konsumierbare Fortsetzungsromane zu setzen, machte die richtige Mischung das Erfolgsrezept aus, nicht zuletzt der Einsatz der Sensationsberichterstattung.[57] In der Tradition der Zwischenkriegszeit fußten die Frauenzeitschriften, die sich selbst zugleich explizit als »modern« stilisierten wie etwa die *Constanze*, die bereits Mitte der fünfziger Jahre mit 600 000 Exemplaren die höchste Auflage solcher Produkte vorzuweisen hatte. Sie richtete sich zunächst vor allem an unverheiratete jüngere Frauen mit Tipps zur Einrichtung und Mode.[58]

Ein weiteres Beispiel war das »Auflagenwunder« des »deutschen Nachrichtenmagazins« *Der Spiegel*. Angelsächsischen Vorbildern nachempfunden, steigerte er seine Auflage innerhalb der 50er Jahre um weit mehr als das Dreifache, während der gesamte Zeitschriftenverkauf sich lediglich verdoppelte. Der Erfolg dieses neuartigen »Nachrichtenmagazins« lag neben der Information durch intensiv recherchierte *stories* in der Art der Präsentation, die bis in die Sprache hinein spezifisch für dieses Blatt war. Der *Spiegel* galt vor allem als wichtige Agentur einer »Amerikanisierung« der deutschen Sprache.

Etwa die Hälfte der erwachsenen Bevölkerung las verschiedenen Umfragen von 1952 bis 1958 zufolge wöchentlich in Illustrierten. An erster Stelle erwies sich dabei das Eingehen auf das Bedürfnis nach populärer Belletristik als – keineswegs neues – Erfolgsrezept zur Auflagensteigerung. Befriedigt wurde es durch die groß herausgestellten Fortsetzungsromane namhafter Unterhaltungsschriftsteller. Das erhebliche Ausmaß der Verbreitung von Illustrierten war auch auf das System der »Lesezirkel« bzw. »Lesemappen« zurückzuführen, die Anfang der fünfziger Jahre etwa 15 Prozent aller Haushalte erreichten. Dabei war lediglich ein Siebtel auf die aktuell erschienenen Blätter abonniert, während fast die Hälfte der Bezieher ihren Lesestoff erst vier Wochen nach Erscheinungsdatum erhielt – ein Zeichen für die erzwungene Sparsamkeit angesichts noch relativ niedriger Einkommen. Am Ende der Dekade verringerte sich das Interesse an Lesemappen beträchtlich, weil immer mehr Leser die neu erschienenen Illustrierten am Kiosk kauften.

Eine ähnliche Entwicklung galt für die Lektüre von Büchern als literari- Buchlektüre
scher Massenware. In den 50er Jahren erlebten die privaten Leihbibliotheken,
nicht selten mit einem Zeitungs- oder Tabakladen zusammen betrieben, ihre
Hochzeit. Nach Schätzungen gab es auf dem Höhepunkt, 1954, ca. 20 000 solcher Buchausleihen. Die Leser kamen aus allen Alters-, Berufs- und Gesell-
schaftsschichten, überrepräsentiert waren Arbeiter. Die angebotene Lektüre
bestand fast ausschließlich aus unterhaltenden Trivialromanen, die eigens
für die Leihbüchereien hergestellt wurden. 1958 gab es etwa dreißig Verlage,
die monatlich 150 Titel mit einer Durchschnittsauflage von 2000 Exemplaren
produzierten.

In den 50er Jahren hatte sich die Zahl der öffentlichen Büchereien von einem niedrigen Stand aus verdoppelt, ihre Buchbestände vervierfachten sich
sogar. Aber nach einer Umfrage des EMNID-Instituts von 1958 wurde die Zahl
der »aktiven« Leser, die mehr als einmal ein Buch entliehen, auf nicht mehr als
eine Million geschätzt. Ein preisgünstiges Angebot für mittlere und gehobene
literarische Ansprüche stellten zum einen die bereits am Vorabend des Ersten
Weltkriegs eingeführten Buchgemeinschaften dar, deren Mitglieder für einen
jährlichen Mindestbetrag Bücher aus einem größeren Sortiment meist erfolgreicher Titel bestellen konnten. Durch Massenauflagen war es möglich, den
Mitgliedern einen erheblichen Rabatt gegenüber dem üblichen Ladenpreis
einzuräumen. 1952 zählte man 38 Buchgemeinschaften mit einer Million
Mitgliedern, ein Jahrzehnt später 15 mit fünf Millionen Mitgliedern, die
ca. 15 Prozent aller Haushalte mit Lesestoff versorgten. Marktführer war am
Ende dieses Konzentrationsprozesses der Bertelsmann-Lesering, der zudem
mit dem »Neckermann-Leserkreis in Europas größter Buchgemeinschaft«
die Versandhaus-Kundschaft eines Branchenriesen einbezog.[59]

In den 50er Jahren begann auch der Siegeszug des modernen Taschenbuchs.[60] Nachdem Rowohlt 1950 seine rororo-Reihe auf den Markt gebracht
hatte, folgten bald auch die anderen großen Verlage und der Deutsche Taschenbuch Verlag (dtv) als Gemeinschaftsunternehmen mehrerer Häuser.
Das häufig mit Glanzfolie versehene broschierte Buch mit zumeist unter 200
Seiten auf schlechtem Papier und eng gesetztem Text, das in einer erkenn-
baren Reihe zu moderatem Preis angeboten wurde, war eine Neuerung auf
dem deutschen Buchmarkt. Denn gegenüber kleinformatigen Vorläufern wie
»Reclams Universalbibliothek«, »Göschen« oder der »Insel-Bücherei«, die für
die Vermittlung eines literarischen Kanons immer noch sehr wichtig waren,
gingen die Taschenbücher der 50er Jahre mit einer völlig neuen Vertriebsform
einher. Sie lagen in drehbaren Drahtgestellen, der Kunde konnte sich selbst

ein Bild machen. Von 1950 bis 1957 erschienen 1280 Titel mit einer Auflage von annähernd 65 Millionen Exemplaren. Jeder Bundesbürger hätte also statistisch wenigstens ein Taschenbuch erworben. Allerdings hatte es nur jeder Dritte laut einer Umfrage Anfang der 60er Jahre mindestens einmal für sich oder als Geschenk gekauft. Ähnlich wie öffentliche Büchereien und Buchgemeinschaften erreichte das Taschenbuch ein eher mittelständisches Publikum. Aber auch bei diesem gab es Vorbehalte, mehr als ein Drittel der Befragten gab bei einer Erhebung 1958 an, ein Taschenbuch sei gar kein richtiges Buch, weil es keinen festen Einband besitze. Dies deckte sich mit bildungsbürgerlichen Ressentiments gegen die Entauratisierung von klassischen Werken der Weltliteratur durch ihre Aufnahme in Taschenbuchprogramme. So entwickelte sich der Taschenbuchmarkt sehr rasch zum Mittel der Befriedigung von Interessen bildungsbeflissener und aufstiegsorientierter junger Menschen mit schmaler Geldbörse. Während 1950 noch nahezu die gesamte Produktion (94,4 Prozent) aus Werken der Belletristik bestanden hatte, meist Lizenzausgaben erfolgreicher Romane, nahmen Sachbuchtitel 1957 schon mehr als die Hälfte dieses Marktes ein. Der Durchschnittspreis für ein Taschenbuch war von 1,50 DM 1950 auf ca. 2 DM 1957 gestiegen, das entsprach der Höhe der monatlichen Hörfunkgebühr.

Dass ein großer Teil der privaten Haushalte andere Prioritäten als die Lektüre hatte, zeigte 1955 eine groß angelegte Umfrage des Allensbacher Instituts für Demoskopie zum Buchbesitz auf der Basis von 5000 Interviews. Das Ergebnis führte zu einem entsetzten Aufschrei in den Feuilletons: Nur ein Drittel gab an, öfter oder gelegentlich zu lesen, aber ebenso hoch war der Anteil derjenigen, die kein einziges Buch besaßen, und nur ein Drittel der Haushalte hatte mehr als dreißig. Nach der Bibel wurde am häufigsten das seit Jahrzehnten beliebte *Dr. Oetker-Backbuch* vorgefunden. In den 50er und 60er Jahren verdreifachte sich zwar die Zahl der Titel jährlicher Neuerscheinungen von ca. 14 000 (1951) über 23 000 (1960) auf 45 000 (1970), und der private Buchbesitz nahm zu, aber die Ausstattung privater Bibliotheken blieb eines der sichtbarsten Unterscheidungsmerkmale von kulturellem Kapital.

Zugleich überschwemmte eine Flut von Heftchenromanen und Comics den Markt mit serialisierten Angeboten für unterschiedliche Zielgruppen.[61] An Frauen richteten sich etwa die *Sylvia*-Romane, in denen es stets um die große Liebe ging und nach vielen Verwicklungen endlich auf Seite 66 – der Umfang der Heftchen war auf diese Seitenzahl genormt – das *happy end* eintrat. Neue Kriminalserien wie *G-man Jerry Cotton* (seit 1954) bedienten vor allem ein jüngeres männliches Publikum, ebenso die Westernformate *Tom Prox* oder

Billy Jenkins, während die populären Landser-Hefte und das maritime Pendant *SOS – Deutsche Schiffe in Seenot* wohl nicht nur nostalgische Bedürfnisse befriedigten, sondern die wiedererwachte Faszination militärischer Männlichkeit vermittelten.

Seit 1951 erfreute die aus den USA importierte *Micky Mouse* eine wachsen- Jugendkultur
de, meist jugendliche Leserschaft zunächst monatlich, seit 1956 zweiwöchentlich und seit 1958 wöchentlich; kurz zuvor hatte die Auflage die Millionengrenze durchbrochen. Seit 1950 erschien *Supermann*, es folgten, als deutsche Konkurrenz gegen Walt Disney, *Fix und Foxi* seit 1953, *Tom und Jerry* und – im italienischen schmalen Querformat – *Akim, der Sohn des Dschungels* sowie zahlreiche weitere Comics. Außerdem räumten etliche Illustrierte und Zeitungen den beliebten Strips erheblichen Platz ein – die legendäre Mecki-Figur der *Hör Zu* stammte im Übrigen aus dem Jahr 1937 –, und die Schuhladen-Kette Salamander punktete beim kindlichen Publikum mit *Lurchis Abenteuer*, die bald Kultstatus erlangten.

Bildungsbürgerlichen Schichten zeigten die Heftchen und Comics einen kulturellen Degenerationsprozess an; gegen sie richtete sich nun besonders die seit dem 19. Jahrhundert tobende Schmutz- und Schunddebatte in einer Art letzter Schlacht.[62] Dass sie bereits verloren war, zeigte die Tatsache, dass selbst die Kirchen in ihre Traktate für Jugendliche solche Formen aufnahmen. Spätere Inhaltsanalysen von literaturwissenschaftlicher Seite zeigten im Übrigen, dass die in den Heftchen und Comics vermittelten Leitbilder – einschließlich der Zukunftsvorstellungen im Genre der Science-Fiction – sehr traditionell und bieder ausfielen und entgegen Befürchtungen aufgeregter Jugendschützer eine eher gesellschaftsstabilisierende Funktion besaßen. Eine konservative Tendenz hatte auch die erste kommerzielle Jugendzeitschrift *Rasselbande* (seit 1953), die über Umwege Mitte der 60er Jahre in der *Bravo* aufging.[63]

Es fällt auf, dass – in krassem Kontrast zur Situation ein Jahrzehnt später – von einer jugendlichen Teilkultur nur in zarten Ansätzen und von einer Polarität zwischen jugendlicher und allgemeiner Kultur kaum die Rede sein konnte. Daran änderte auch die von den Massenmedien geschürte Diskussion um die sogenannten Halbstarken Mitte der 50er Jahre wenig, in der schon das ›Herumlungern‹ einiger Jugendlicher an Straßenecken und vor Kinoeingängen als bedrohliches Zeichen für die Auflösung aller Ordnung erschien.[64] Empirischen Erhebungen zufolge war nur ein winziger Bruchteil der Jugendlichen, meist waren es männliche Arbeiterjugendliche zwischen 16 und 19 Jahren, in ›Halbstarken-Krawalle‹ verstrickt. Damit wurden Rangeleien am Rande der ersten Rock-'n'-Roll-Konzerte von Bill Haley, aber auch Ausein-

Das erste *Supermann*-Heft, 1950

andersetzungen um den ruhestörenden Lärm von Mopeds bezeichnet. Wichtig war allerdings die mediale Vermittlung solcher Auseinandersetzungen, weil sie zeigte, dass es ein Potenzial der Unzufriedenheit gab. Viele Jugendliche träumten von größerer Freiheit – fast die Hälfte von ihnen soll nach Umfragen Anfang der 50er Jahre eine Auswanderung in ferne Länder erwogen haben, um der von ihnen empfundenen perspektivlosen Tristesse der Bundesrepublik zu entkommen. Vom Kriegsende bis 1957 wanderten fast eine Million meist junge Deutsche aus, an erster Stelle in die USA, danach verebbte der Strom.

In der Realität des Wiederaufbaus ergab sich die Häuslichkeit der Jugendlichen und jungen Erwachsenen wie beim Rest der Bevölkerung schon aus den Belastungen der Berufsarbeit. Nach einer repräsentativen Erhebung von 1953 arbeiteten 69 Prozent der 15–17-Jährigen, 85 Prozent der 18–20-Jährigen und 86 Prozent der 21–24-Jährigen. Zu den vier Fünfteln der Jugendlichen von 15 bis 24 Jahren, die berufstätig waren, kann man ca. 7 Prozent zumeist weibliche Jugendliche addieren, die, vor allem auf dem Lande, im elterlichen Haushalt mitarbeiteten.[65] Die Erziehungsmethoden der Erwachsenen, von Eltern, Lehrern, Lehrherren und Geistlichen, schlossen in den 50er Jahren noch recht selbstverständlich körperliche Strafen als probates Mittel ein – es wurde sehr viel geprügelt.[66]

Die frühe Einbeziehung von Jugendlichen in das Arbeitsleben setzte eine seit Beginn des 20. Jahrhunderts bestehende Einteilung fort. Im dreigliedrigen Schulsystem besuchten 1952 ca. 80 Prozent der 13-jährigen Schüler Volksschulen (Hauptschulen), 6 Prozent Mittelschulen (Realschulen) und 12 Prozent Gymnasien (der Rest entfiel auf Sonderschulen). 1960 war das Verhältnis 70 : 11 : 15. Von den 16-jährigen besuchten 1952 noch 13 Prozent eine allgemeinbildende Schule (4 Prozent Realschulen, 9 Prozent Gymnasien), 1960 waren es 20 Prozent (7 bzw. 13 Prozent). Der Anteil der Kinder aus Arbeiterhaushalten – also der Hälfte aller Haushalte – an den Abiturienten betrug 1950 zwischen 3 und 4, 1960 zwischen 6 und 7 Prozent.[67]

Die große Mehrheit der berufstätigen Jugendlichen arbeitete und wohnte unter ähnlichen Bedingungen wie die erwachsenen Beschäftigten. Nach dem erst 1960 novellierten Jugendarbeitsschutzgesetz von 1938 betrug die wöchentliche Höchstarbeitsgrenze 48 Stunden, die in der ersten Hälfte der 50er Jahre häufig übertroffen wurden. In einer vom *Hamburger Abendblatt* 1958 durchgeführten Erhebung mit dem Titel »Hamburg wie es leibt und lebt« wurde der durchschnittliche Tagesablauf der berufstätigen Hamburger Jugendlichen zwischen 15 und 20 Jahren skizziert: Aufstehen um 6 Uhr 23; Aufbruch zur Arbeit um 7 Uhr 03; Arbeitsbeginn nach einem Weg von 23 Minuten um 7 Uhr 26; nach einer Arbeitszeit von 8 Std. 49 Min. um 16 Uhr 15 Antritt des Rückwegs; Ankunft zu Hause um 16 Uhr 38; Schlafengehen um 21 Uhr 44. Selbst in der stark vom Dienstleistungsgewerbe geprägten Großstadt Hamburg ergaben sich also noch im letzten Drittel der 50er Jahre durchschnittliche Wochenarbeitszeiten für Jugendliche von 45 bis 50 Stunden.[68]

Einer der wichtigsten Orte außerhäuslicher Freizeit war das Kino. Es berücksichtigte zwar besonders Jugendliche als Kunden, etwa mit Western und *B-movies* aus Hollywood in Nachmittagsvorstellungen oder am Sonntagvormittag. Aber erfolgreicher als heute beanspruchte es doch, ein Freizeitmedium für die gesamte Bevölkerung zu sein.[69] Die Kinoblüte der 50er Jahre scheint auf den ersten Blick mit dem bisher gezeichneten Bild notorischer Häuslichkeit zu konfligieren. Allerdings lag die drangvolle Enge in vielen Kinos vor allem daran, dass zu Beginn des Jahrzehnts erst wenig mehr als die Hälfte der vor dem Zweiten Weltkrieg vorhandenen Filmtheater wieder zur Verfügung stand. Die Zahl der Filmbesuche dagegen hatte mit 490 Millionen (bzw. zehn Filmbesuchen pro Jahr je Einwohner der Bundesrepublik) 1950 noch nicht annähernd den im Krieg erreichten Höchststand (von einer Milliarde Filmbesuchen 1943 – bezogen allerdings auf das damalige Reichsgebiet) erreicht. Dann aber erfolgte eine rasante Zunahme der Besucherzahlen auf ca. 820 Millionen (15,6 Filmbesuche je Einwohner) 1956; im folgenden Abschwung wurde mit ca. 440 Millionen Filmbesuchen 1960 der Wert von 1950 wieder unterschritten.

In der Boomphase des Kinos waren allerdings nicht neue Schichten für den Film gewonnen worden, sondern es hatte sich lediglich die Relation von regelmäßigen zu sporadischen Kinogängern umgekehrt. Dies lag zum Teil an den wachsenden Einkommen und am Bau neuer attraktiver Filmtheater; 1953 hatten neun Zehntel der Bevölkerung zumindest die Möglichkeit, in ihrer Nähe

Kino

Das Kino »Regina« in München, 1957

ein Kino zu besuchen. Aber auch in den großen Zeiten des Kinobooms nutzte die Mehrheit der Bevölkerung dieses Unterhaltungsangebot selten oder überhaupt nicht. Jüngere Menschen ohne Familie, mit Zeit und Geld ausgestattet, vor allem Angestellte, stellten den Typ des regelmäßigen Kinogängers dar.

Die Inhalte der gebotenen Filme als »Tagträume der Gesellschaft« (Siegfried Kracauer) unterschieden sich kaum von jenen der Illustrierten und massenhaft verbreiteten trivialen Literatur. Bezeichnend waren die Antworten auf eine vom Allensbacher Institut für Demoskopie 1953 gestellte Frage: »Wenn Sie die Auswahl hätten zwischen einem Film, der in einem eleganten Hotel, und einem Film, der in einem Arbeitervorort spielt, und beide sind gleich gut, in welchen würden Sie lieber gehen?« Vierzig Prozent bevorzugten das Hotel-, 28 Prozent das Arbeitermilieu, bei den Frauen lagen die Präferenzen mit 47 gegen 24 Prozent noch deutlicher auseinander.[70] Wegen des hohen Maßes an personeller und inhaltlicher Kontinuität unterschieden sich viele Kinofilme der frühen 50er Jahre kaum von jenen der Zwischenkriegszeit.[71] 80 bis 90 Prozent der Regisseure und Drehbuchautoren waren alte Bekannte, und es gab eine Fülle von Neuauflagen beliebter Vorkriegsstreifen wie *Grün ist die Heide* (1932, 1951 und 1972), *Die drei von der Tankstelle* (1930, 1955), *Der Kongreß tanzt* (1931, 1955), *Sissy* bzw. *Sissi* (1938, 1955 ff.), *Geierwally* (1921, 1940, 1956), *Mädchen in Uniform* (1931, 1958).

»Heimatfilm«   Gleichwohl war auch das zu Beginn der 50er Jahre besonders erfolgreiche

Genre des »Heimatfilms«, das eine synthetisch verkitschte Pseudoheimat bot, ein höchst modernes und geschickt vermarktetes Produkt. Nichts wurde dem Zufall überlassen, um das tiefe Bedürfnis des Publikums nach einer harmonischen Gestaltung der Dinge in einer spannenden Erzählung mit bisweilen heiterer Note zu befriedigen.[72] Hier »stimmten« die sozialen Zusammenhänge noch, die infolge des Krieges und der Nachkriegswirren undeutlich geworden waren. Vorzugsweise im dörflichen Milieu spielend, mit Oberförster und Töchterlein, Bauern, bildungsbürgerlichen Honoratioren wie dem Herrn Pfarrer und dem Herrn Lehrer, zeigten die Heimatfilme eine heile Welt, die natürlich auch in früheren Zeiten so nie existiert hatte. Nicht selten war es ein verarmter Großgrundbesitzer aus dem Osten, der sein Auskommen als Verwalter eines Gutes und nach *happy end* durch Heirat einer schönen Tochter des Dorfes auch sein Glück in der neuen Heimat fand. Gedreht wurde bevorzugt in Landschaften südlich der Mainlinie, etwa in Oberbayern oder im Salzkammergut, wobei die scheinbar politikfernen Handlungen mit ihrer Imagination heiler hierarchischer Welten in ländlichem Ambiente durchgängig konservative Wertvorstellungen transportierten. Die Aufnahmebereitschaft wurde durch beliebte Schauspieler erhöht, etwa Sonja Ziemann und Rudolf Prack, das Liebespaar im *Schwarzwaldmädel* (1950; Regie Hans Deppe), dem ersten deutschen Farbfilm nach dem Krieg. 16 Millionen Besucher bewunderten sie allein im ersten Jahr.

Die bewusst inszenierte Vermischung von realer und fiktiver Heimat lässt sich am nicht weniger erfolgreichen Nachfolgefilm *Grün ist die Heide* (1951) verfolgen, der mit dem selben Personal, ergänzt durch weitere Stars wie Otto Gebühr und Willy Fritsch, allerdings in der norddeutschen Lüneburger Heide angesiedelt wurde. Als der Film schließlich nach Uelzen am Rande des Handlungsorts gelangte, lief er dort in zwei Lichtspielhäusern mit täglich insgesamt neun Vorstellungen. In der Anzeige des Central-Theaters hieß es:

»Unsere Heide ist es wert, als Hauptdarsteller eines deutschen Spitzenfarbfilms genannt zu werden. Mehr als 3 500 000 begeisterte Besucher im Bundesgebiet sahen unseren Heimatfilm. Jetzt ist er hier – im Herzen der Heide (…) Heimatklänge von Hermann Löns, aber auch Heimatklänge aus dem Riesengebirge machen dieses Filmwerk zu einem einzigartigen Volkslied.«[73]

Die »Heimatfilme« hatten in den 50er Jahren einen Anteil von etwa einem Fünftel aller Kino-Uraufführungen, weit höher war der Anteil in der ersten Hälfte des Jahrzehnts; daneben erfreuten sich viele harmlose Komödien und Schlagerfilme mit wenig belangvoller Handlung, aber flotter Musik großer

Beliebtheit. Vierzig Prozent der in den 50er Jahren gezeigten Filme waren Importe aus den USA. Ein besonders prominentes Beispiel stellte der Film *Vom Winde verweht* dar, der bereits 1940 in Atlanta/Georgia uraufgeführt worden war, dann aber nach der Kriegserklärung an die USA nicht mehr in die deutschen Kinos gelangte – mehr als 100 Millionen Zuschauer hatten ihn weltweit bereits gesehen, als er um die Jahreswende 1952/53 in den Kinos der Bundesrepublik anlief – und auch hier zum Erfolg wurde.

Sport Auch der Sport bot einem vor allem jüngeren männlichen Teil der Bevölkerung die Gelegenheit zu außerhäuslichen Unternehmungen, wobei es sich allerdings häufig nicht um eine aktive Betätigung, sondern um den Sportplatzbesuch als Zuschauer handelte. Zum ersten Fußballländerspiel nach dem Zweiten Weltkrieg gegen die Schweiz im Stuttgarter Neckarstadion 1950 strömten mehr als 100 000 Menschen. Nach bundesweiten Schätzungen kamen 1953 beim Fußball auf 600 000 bis 800 000 aktive Spieler fünf Millionen Zuschauer und zwölf Millionen Fußballtoto-Wetter. Die ca. 20 000 Vereine, die dem Deutschen Sportbund angeschlossen waren, registrierten 1950 nur 3,2 Millionen Mitglieder (6,7 Prozent der Bevölkerung), weniger als um 1930. Schon die langen Arbeitstage ließen häufig keine Zeit für das Training oder Wettkämpfe, zudem konnten wegen der angespannten finanziellen Lage viele den Beitrag für eine Vereinsmitgliedschaft nicht aufbringen. Infolge der Wohlstandsentwicklung stieg die Zahl der Mitglieder in den Sportvereinen bis 1957 aber auf 4,6 Millionen. Verschiedenen Umfragen zufolge trieb – unabhängig von einer Vereinsmitgliedschaft – etwa ein Viertel der Bevölkerung in den 50er Jahren regelmäßig oder sporadisch Sport, davon wiederum waren vier Fünftel männlich.

Es widerspricht nicht dem Befund einer sportlich wenig aktiven Bevölkerung, wenn dennoch ein Sportereignis der 50er Jahre – mit zeitlichem Abstand zunehmend mythisiert – als markantes Symbol für das neue Selbstbewusstsein und Lebensgefühl der Bundesbürger fungiert. Der überraschende Gewinn der Fußballweltmeisterschaft nach dem 3:2 im Berner Wankdorfstadion am 4. Juli 1954 gegen die hoch favorisierte ungarische Mannschaft, die seit Jahren kein Nationalspiel verloren hatte, barg alle Ingredienzien für einen dramatischen Stoff. Dass die deutschen Außenseiter nach einem Zwei-Tore-Rückstand das Spiel mit dem Siegtreffer in der 84. Minute noch für sich entscheiden konnten und diesen Vorsprung bis zum Schlusspfiff retteten, war unschwer als Zeichen des unbedingten deutschen Aufstiegswillens und als Ausdruck des sich entfaltenden Wiederaufbaus zu deuten, als Fortsetzung heldenhafter Kämpfe mit anderen, zivilen Mitteln.

Triumphaler Empfang der Weltmeister in München, 1954

Allerdings haben zeithistorische Forschungen diesen Befund differenziert. Zum einen ist hervorgehoben worden, dass die Begeisterung massenmedial erzeugt wurde, insofern also der spezifische historische Stand der Massenmedien und gesellschaftlicher Medialisierung zu berücksichtigen ist. So fand die Fußball-WM 1954 in der Presse – anders als heute mit monatelang vorher beginnendem Marketing – zunächst keine größere Aufmerksamkeit, bestimmte nicht die Titelseiten der Zeitungen. Erst mit den deutschen Erfolgen im Viertel- und Halbfinale erwachte die Aufmerksamkeit, die sich beim triumphalen Empfang der Helden in der Heimat zur kollektiven Begeisterung steigerte. Zum anderen handelte es sich – ungeachtet der geschätzten halben Million Zuschauer an Fernsehgeräten in Gastwirtschaften und vor den Schaufenstern von Phonogeschäften sowie der Betrachtung späterer Wochenschaubilder im Kino – um eine große Inszenierung des Radiozeitalters, die von der heiseren Stimme des Hörfunkreporters Herbert Zimmermann lebte. Dem Spiel wurde vor allem im häuslichen privaten und familiären Rahmen gefolgt. Zum Dritten war die mediale Botschaft deutlich: Überall verbreitete ängstliche Mahnungen, keine nationalistischen Aufwallungen zuzulassen, wären dafür kaum erforderlich gewesen. Auch wenn deutsche Fans im Siegestaumel die erste Strophe des Deutschlandliedes gröhlten und der DFB-Präsident Peco Bauwens der Mannschaft »bestes Deutschtum« attestierte, wie die Zeitungen berichteten – das »starke gemeinsame Erleben«[74] des Sieges symbolisierte ein neues Lebensgefühl, das mehr mit individuellem Glück und Erfolg als mit nationaler Ehre in Verbindung gebracht wurde, so dass man höchstens von einer Art »DM-Nationalismus« sprechen könne, der die Mentalität der Bevölkerung prägte.[75] In diesem Sinne waren die Westdeutschen wieder »zurück auf dem Platz«.[76]

2 Die langsame Gewöhnung an die politische Kultur einer Demokratie

Nur vier Jahre nach Kriegsende hatten die Westdeutschen wieder eine parlamentarische Demokratie. Die Bundesrepublik war, ausdrücklich als Provisorium bis zur Wiederherstellung der nationalen Einheit mit dem Anspruch auf Rechtsnachfolge des Deutschen Reiches und der Vertretung aller Deutschen gegründet, ebenso wie die gleichzeitig entstandene DDR, ein Kind des Kalten Krieges. Die politische Kultur befand sich im Schnittpunkt mehrerer Linien: Zum einen knüpfte man an die erste deutsche Demokratie an, wobei gleichzeitig die »Fehler von Weimar« vermieden werden sollten, die nicht zuletzt in einer verfehlten Verfassungskonstruktion gesucht wurden. Zum anderen war schon das Grundgesetz, diese Bezeichnung hatte man der »Verfassung« vorgezogen, um das Provisorische zu unterstreichen, nicht ohne Einflussnahmen der Westalliierten, vor allem der USA, entstanden. Außerdem erhielt der neue Staat am 12. Mai 1949 ein Statut, das nur eine halbe staatsrechtliche Souveränität gewährte und die Garantie der Verfassung sowie die äußere Vertretung der Bundesrepublik in der Hand der nunmehrigen westlichen Freunde beließ, die als »Hohe Kommissare« fungierten. Vor dem Hintergrund Weimarer Demokratietradition und neu implantierter parlamentarischer Verfassung, realpolitisch allein möglicher Westoption und den prekären politischen Mentalitäten großer Teile der Bevölkerung, die der neuen Ordnung eher reserviert gegenüberstanden, gab es durchaus Hemmnisse für die Entwicklung einer demokratischen politischen Kultur. Vor allem musste ein Weg gefunden werden, die Integration nationalsozialistisch belasteter Teile der Bevölkerung und zentraler Funktionseliten zu leisten und gleichzeitig einen glaubwürdigen Trennungsstrich zu den damit verbundenen politischen Belastungen zu ziehen. Diese schwierige Aufgabe der »Vergangenheitspolitik« (Norbert Frei) wiederum vollzog sich unter der Glocke eines allgegenwärtigen Antikommunismus, der ein schlichtes Freund-Feind-Denken mit strengen Sprachregelungen und einer bizarren Abendlandideologie gegen den »Bolschewismus« förderte, in der eben nicht die Demokratie gegen die stalinistische Diktatur, sondern eine angeblich seit Jahrhunderten gegebene westliche Freiheit in religiöser Bindung gegen einen immer schon vorhandenen östlichen Kollektivismus gestellt wurde. Es gab eine Spätblüte sittenstrenger Zensur bei den Medien und manifeste Versuche regierungsamtlicher Meinungslenkung. Veteranen- und Kameradschaftstreffen der Wehrmacht und Waffen-SS sowie Pfingsttreffen der Vertriebenenverbände unter Schirmherrschaft Bonner Politiker, auf denen ein Deutschland über die Grenzen von 1937 hinaus gefordert wurde, ließen nicht immer erkennen, dass sie nur der Erinnerungspflege dienten. Ein maßlos überstrapaziertes politisches Strafrecht gegen die ohnehin marginalisierten Kommunisten war nur die Spitze einer illiberalen Atmosphäre – kurz: Die verkrampfte politische Kultur der frühen 50er Jahre war noch keineswegs die einer offenen Gesellschaft. Allerdings gab es durchaus virulente deutsche Demokratietraditionen und lokale Milieus sowie – von westlicher Seite teilweise initiierte und unterstützte – Akteure, Foren und Ideen, die allmählich zu einer Liberalisierung der politischen Kultur und Öffentlichkeit beitrugen. In der Gründerzeit der Bundesrepublik waren sie allerdings noch nicht tonangebend, ihr Durchbruch erfolgte erst im folgenden Jahrzehnt.

Der »Parlamentarische Rat« – diese Bezeichnung war zur Vermeidung des Begriffs einer »Verfassunggebenden Versammlung« gewählt worden – diskutierte das Grundgesetz vom 1. September 1948 bis zum 23. Mai 1949 in den Räumen der ehemaligen Pädagogischen Akademie in Bonn. Zum Präsidenten wurde der damals 72-jährige frühere Kölner Oberbürgermeister Konrad Adenauer (CDU) gewählt, der die wenigen Plenarsitzungen leitete; das meiste spielte sich im 21-köpfigen Hauptausschuss – geleitet von Carlo Schmid (SPD) – und in Fachausschüssen ab. Die Beratungen basierten auf einem grundsätzlichen Einvernehmen der CDU/CSU, FDP und SPD, das bereits zuvor beim Treffen einer Expertenkommission der Ministerpräsidenten der Länder in Herrenchiemsee vom 10. bis 23. August 1948 gefunden worden war. Fundamental oppositionell verhielten sich die Kommunisten, die die Gründung eines Weststaates als Akt der nationalen Spaltung ansahen. Das Grundgesetz wurde aber auch von den Vertretern der rechtskonservativen Deutschen Partei als zu zentralistisch und von den meisten Delegierten der CSU als zu »preußisch« und zu »weltlich« abgelehnt.

Das Grundgesetz übernahm zwar sinngemäß viele Bestimmungen der Weimarer Verfassung, aber die Erfahrung, dass sich die Nationalsozialisten im Rahmen dieser Ordnung hatten durchsetzen können, führte zu wichtigen

Demokratie-
Gründung

Veränderungen. Neu war, dass die Grundrechte nun als unveräußerlich an die erste Stelle rückten, den Parteien ausdrücklich ein Mitwirkungsrecht bei der politischen Willensbildung des Volkes zugesprochen und sie gleichzeitig auf die demokratische Verfassung festgelegt wurden. Auf Weimarer Erfahrungen war die Einführung des ›Konstruktiven Misstrauensvotums‹ als einzigem Weg zum Wechsel der Regierung während der Legislaturperiode zurückzuführen. Auch die geringe Macht des Bundespräsidenten, der nicht vom Volk gewählt wird, dessen Amtszeit nur fünf Jahre dauert, der nur einmal wiedergewählt werden darf und dessen Amtsrechte sehr eng umgrenzt sind, so dass er keine autonome Macht wie der Reichspräsident in der Weimarer Republik bilden kann, spiegelte die Erfahrungen mit dem Scheitern der ersten deutschen De-mokratie. Schließlich war dies auch der Hintergrund für den weitgehenden Verzicht auf plebiszitäre Bestimmungen im Grundgesetz, um die Möglich-keit der demagogischen Ausnutzung von Volksentscheiden auszuschließen. Dass nicht die Strukturprobleme der Weimarer Verfassung oder plebiszitäre Elemente wesentlich den Untergang der ersten Demokratie begründeten, gilt heute als geschichtswissenschaftlich gesichert, aber die selbst zu einem über-wiegenden Teil in den 20er Jahren aktiven Väter – und wenigen Mütter – des Grundgesetzes handelten unter dem Eindruck der Katastrophe von 1933.[77] »Weimar« blieb für viele Jahre ein negativ konnotierter Begriff und Abwehr-argument mit der Pointe, dass eine zu weitgehende Demokratie zur Anarchie und danach zur Diktatur führen müsse.[78] Das vom Parlamentarischen Rat be-schlossene Grundgesetz wurde am 12. Mai 1949 von den westlichen Militär-gouverneuren, gleichzeitig mit Verkündung des Besatzungsstatuts, genehmigt und anschließend von den Landtagen ratifiziert. Nur derjenige von Bayern lehnte ab, erklärte aber, bei Ratifizierung durch die anderen Landtage sich dem Votum anschließen zu wollen.

Am 10. Mai 1949 wurde vom Parlamentarischen Rat in geheimer Abstim-mung mit 33 gegen 29 Stimmen Bonn, eine wenig zerstörte rheinische Uni-versitätsstadt mit etwa 100 000 Einwohnern – gegen die mit hundertjährigen demokratischen Symbolen aufwartende Mainmetropole Frankfurt – als Re-gierungssitz bestimmt; als Hauptstadt galt weiterhin Berlin. Diese Unterschei-dung war vielen Bundesbürgern später nicht mehr bekannt. Konrad Ade-nauer selbst hatte bereits 1946 seine schon aus den 20er Jahren herrührende prinzipielle Abneigung gegen die Reichshauptstadt verkündet: »Wer Berlin zur neuen Hauptstadt macht, schafft geistig ein neues Preußen.«[79] Und Willy Brandt sprach 1973 offiziell von der »Bundeshauptstadt Bonn«. In der zeit-genössischen Presse wurde über einen Stimmenkauf spekuliert, zumal der in

Rhöndorf beheimatete Adenauer als Vorsitzender der »Hauptstadtkommission« des Parlamentarischen Rates, der ja schon in Bonn tagte, seinen ganzen Einfluss geltend machte, dort auch künftig zu bleiben. Die Bundesrepublik hatte jedenfalls ihren ersten politischen Skandal. Aber auch die finale Abstimmung – auf Antrag der SPD – im Bundestag am 3. November 1949 ergab mit 176 Stimmen für und 200 gegen Frankfurt keine Veränderung.[80] Und bald gewöhnte sich die Öffentlichkeit an das verächtlich und respektlos, aber auch liebevoll bezeichnete »Bundesdorf«, an die »Bonner Republik« mit ihrer im Rückblick als angenehm nüchtern und zurückhaltend empfundenen Repräsentationskultur gegenüber den gigantomanen Machtinszenierungen der Nationalsozialisten in Berlin, Nürnberg und München.[81] Dabei besaß zwar die lokale, auch als »gemütlich« bezeichnete Atmosphäre des Regierungssitzes keine prägende Kraft für die nationale politische Kultur, aber sie war geeignet, deren Züge markant zu symbolisieren. Zur Anmutung zurückhaltender Nüchternheit trug das großzügig ausgebaute Bundestagsgebäude bei, das vormals als Pädagogische Akademie von dem modernen Architekten Hans Schwippert in malerischer Lage errichtet worden war und in dem der sozialdemokratische Alterspräsident Paul Löbe am 7. September 1949 die erste Sitzung des neuen Parlaments eröffnete.[82]

Vorausgegangen war ein Wahlkampf, der in seinem Gepräge vom Stil der Plakate und Kundgebungen bis zur Herkunft, der Diktion und dem Habitus der Kandidaten zwischen – jeweils männlichem – bürgerlichem Honoratiorentum und altem Arbeiterbewegungspathos angesiedelt war und noch weitgehend in Weimarer Traditionen wurzelte.[83] Für die Wahl galt ein nur wenig eingeschränktes Verhältniswahlrecht mit einer Fünf-Prozent-Hürde auf Landesebene, so dass auch zahlreiche kleinere Parteien in den Bundestag gelangten.[84] Die drei stärksten Parteien – CDU/CSU 31 Prozent, SPD 29 Prozent, FDP 12 Prozent – erhielten zusammen mehr als 60, die Kommunistische Partei weniger als sechs Prozent. Im Parlament saßen daneben die Vertreter regional starker Gruppen wie der Deutschen Partei, die nur in vier norddeutschen Ländern antrat und mit vier Prozent berechnet auf das gesamte Bundesgebiet ebenso viel erhielt die Bayernpartei, die wiederum nur im Freistaat kandidierte und dort 20 Prozent erhalten hatte, wie auch die Wirtschaftliche Aufbauvereinigung, eine ebenfalls dort beheimatete rechtspopulistische Gruppierung. Drei Prozent erzielte das Zentrum, Reste der einstigen katholischen Partei vor allem im Rheinland, die sich dem Aufgehen in der CDU verweigerten, zwei Prozent schließlich die Deutsche Rechtspartei, in der sich ehemalige Nationalsozialisten und Deutschnationale sammelten. Erkennbar ist eine noch recht buntscheckige Zusammensetzung politischer Fraktionen rechts von der Sozialdemokratie. Diese Heterogenität verdeckte eine bereits politisch festgefügte bürgerliche Hegemonie. Bis in die Gegenwart kolportiert wird die Legende, wenn nicht Adenauer – mutmaßlich mit seiner eigenen Stimme – für seine Wahl als Kanzler mit der knappsten Mehrheit gesorgt hätte, hätte der sozialdemokratische Parteivorsitzende Kurt Schumacher diesen Posten erhalten. Tatsächlich standen der Fraktion der Sozialdemokraten mit nicht einmal 30 Prozent doppelt so viele Parlamentarier bürgerlicher Parteien gegenüber – und mit den wenigen Kommunisten wollte man so wenig zu tun haben, wie diese die SPD unterstützt hätten. Zur Regierungsbildung gab es nur zwei reale Möglichkeiten: eine Große Koalition von CDU/CSU und SPD oder eine bürgerliche Koalition unter Führung der Christdemokraten. In den Unionsparteien gab es durchaus Fürsprecher einer Zusammenarbeit mit den Sozialdemokraten. Adenauer favorisierte eindeutig eine Koalitionslösung, die angesichts der nationalistischen Töne des SPD-Vorsitzenden für die intendierte Integration in die westliche Staatenwelt weniger Reibungsverluste erwarten ließ. Gewollt oder nicht, war damit zugleich das Wechselspiel mit einer prinzipiell konstruktiven Opposition eingeleitet worden, das zur Stabilität der parlamentarischen Demokratie beitrug. Jenseits lebendigen expressiven Meinungsstreits im Bundestag wurden schon in den ersten Legislaturperioden mehr als 90 Prozent aller Gesetze einvernehmlich verabschiedet.[85] Im sozialpolitischen Feld konnte sich der Kanzler bei großen Vorhaben auf die SPD verlassen, so beim Ersten Wohnungsbaugesetz 1950, beim Lastenausgleichsgesetz 1952 oder der Rentenreform 1957; das gleiche gilt für das am 11. September 1952 unterzeichnete Schuldenabkommen mit Israel. Das ordnungspolitische Einvernehmen zwischen Regierungslager und Sozialdemokratie lässt sich auch auf die Etablierung einer Infrastruktur zur Koordination der Kulturpolitik beziehen. Da im Grundgesetz die Kulturhoheit der Länder festgelegt worden war, bedurfte es koordinierender Gremien wie etwa der Kultusministerkonferenz (KMK) für die Schulpolitik; unter dem Dach des Deutschen Städtetages wurden Belange kommunaler Kultur erörtert.[86] Die 50er Jahre werden angesichts der großen Erfolge der Union und seines eigenen Aufstiegs zum unangefochtenen Kanzler – man sprach allenthalben von der Kanzlerunion – nicht zu Unrecht als Ära Adenauer erinnert. Aber gleichzeitig bildeten einige Bundesländer, Niedersachsen, Hessen und die Stadtstaaten mit ihren Landesvätern Hinrich Wilhelm Kopf, dem »roten Welfen« in Hannover, Georg August Zinn in Wiesbaden, Wilhelm Kaisen in Bremen und Max Brauer in Hamburg, industriell-urbane Regionen wie das

Ruhrgebiet und viele Großstädte ein sozialdemokratisches Gegengewicht und Potenziale für spätere Machtveränderungen.[87]

Zu Beginn der 50er Jahre bestanden in protestantisch-konservativen Kreisen noch erhebliche Vorbehalte gegenüber der Union, die ihnen als zu katholisch-sozial und rheinisch-westdeutsch erschien. Die Mitgliederzahl betrug Mitte und Ende des Jahrzehnts etwa 250 000 mit starkem Übergewicht der katholischen Konfession. Volksparteilichen Charakter besaß sie lediglich in katholisch geprägten Regionen, vor allem an Rhein und Ruhr. Erst im Oktober 1950, auf dem ersten Bundesparteitag der CDU in Goslar, schlossen sich die einzelnen Landesverbände zu einer Bundespartei zusammen, die auf der Basis eines »christlichen Menschenbildes« die Soziale Marktwirtschaft, die parlamentarische Demokratie und die außenpolitische Westbindung hervorhob. Aber wichtiger als alle Programmformulierungen war die glaubwürdige Personalisierung des eingeschlagenen Kurses durch den bei Amtsantritt 73-jährigen Konrad Adenauer, der weniger als Vater- denn als politisch erfahrene Großvaterfigur das Gefühl vermittelte, beim »Alten Fuchs« seien die Staatsgeschäfte gut aufgehoben, so dass man sich selbst seinen privaten Aufstiegsinteressen widmen könne. Folgt man den regelmäßigen demoskopischen Umfragen, so interessierte sich bis zum Ende der 50er Jahre nur etwa ein Viertel der Bundesbürger überhaupt für Politik; dem geringen Interesse entsprach der niedrige Informationsgrad über das neue demokratische System. Neun Zehnteln der Bevölkerung, so ermittelte das Allensbacher Institut für Demoskopie in Umfragen Anfang der 50er Jahre, war die Arbeitsweise des Bundestages und die Funktion des Bundesrates unbekannt. Vor diesem Hintergrund war das auf eine Person konzentrierte Vertrauen entscheidend.

Das Image des Kanzlers als erfahrenem und nüchternem Staatslenker, dem man ob seiner klaren Sprache nachsagte, mit einem Schatz von 500 Worten auszukommen, harmonierte ausgezeichnet mit dem hochgebildeten freidemokratischen *homme de lettres* Theodor Heuss, der zum Bundespräsidenten gewählt worden war.[88] Heuss hatte als Mitglied und Reichstagsabgeordneter der Staatspartei widerstrebend dem Ermächtigungsgesetz zugestimmt, dann die ursprünglich nationalsoziale Zeitschrift *Die Hilfe* mit heftiger Propaganda gegen Versailles bis zum Verbot 1937 weitergeführt und anschließend, während er privatisierte, sogar gelegentlich für das Feuilleton von Goebbels' Zeitung *Das Reich* geschrieben.[89] Dennoch galt er nach 1945 den Besatzungsmächten als liberaler Aktivposten. Er erhielt eine Zeitungslizenz und stieg zur präsidialen Führungspersönlichkeit der FDP auf. Adenauer, als Mitglied des Katholischen Zentrums und Oberbürgermeister von

Köln seit 1917, war von den Nationalsozialisten umgehend abgesetzt worden und überdauerte die Diktatur, immer in enger Fühlung mit dem katholischen Klerus, ohne sich mit dem Regime einzulassen. Phänotypisch in die Zeit passend wirkte der ostentativ zivile Habitus von Präsident und Kanzler, das ganz und gar Unsoldatische des Schwaben und bei Adenauer sogar Antipreußische des Rheinländers, das nach innen und außen beruhigend empfunden wurde. Hinzu kam der parteilose Ludwig Erhard, auch er ein Mann aus dem Süden Deutschlands, der als »Mann mit der dicken Zigarre« den immer erfolgreicheren Wiederaufbau persönlich zu gewährleisten schien.

Auch die bayerische CSU, noch deutlicher im katholischen Milieu wurzelnd, hatte sich von vornherein auf den Boden der Marktwirtschaft gestellt. Allerdings befand sich die bayerische Schwesterpartei um 1950, nach einer Phase innerparteilicher Kämpfe zwischen einem altbayerisch-bäuerlichen und radikal-regionalistischen Flügel – der sich dann teilweise in der 1948 gegründeten Bayernpartei (BP) wiederfand – und der eher gemäßigt föderalistischen Mehrheit unter dem Parteivorsitzenden Josef Müller (»Ochsensepp«) auf einem Tiefpunkt ihres Einflusses. Bei der Bundestagswahl 1949 erreichte sie 29, bei der Landtagswahl 1950 nur 27 Prozent, stark bedrängt von ihrer Konkurrentin, der BP, die 21 bzw. 18 Prozent erreichte. 1954 geriet die CSU in Bayern zum ersten und einzigen Mal in ihrer Geschichte in die Opposition, 1956 zählte sie 43 000 Mitglieder, halb so viele wie 1947. Erst danach begann ihr langanhaltender Aufstieg. In den ersten Adenauer-Kabinetten stellte die CSU den Finanzminister, von 1949 bis 1957 war es Fritz Schäffer, aus föderalistischer Sicht ein Schlüsselministerium. Als Bundesminister für Atomfragen und dann als Verteidigungsminister in der Frühzeit der Bundeswehr profilierte sich unter den jüngeren Parlamentariern der Partei Franz Josef Strauß.[90]

Im Laufe der 50er Jahre setzten sich CDU und CSU als führende Kraft des »bürgerlichen Lagers« unerwartet rasch durch. Bei der Bundestagswahl 1953 steigerten sie ihren Stimmenanteil auf 45 Prozent, und 1957 erreichten sie erstmals und bisher einmalig die absolute Mehrheit mit exakt 50,2 Prozent der Stimmen. In den Integrationssog der Union geriet dabei die norddeutsch und protestantisch geprägte konservative Deutsche Partei (DP), die in Niedersachsen mit Heinrich Hellwege zeitweise sogar den Ministerpräsidenten stellte. Die DP war in allen von Adenauer geführten Kabinetten vertreten und unterstützte von Anfang an vor allem die Außenpolitik des Kanzlers vorbehaltlos. Nachdem sie 1953 und 1957 nur noch in den Bundestag zurückkehren konnte, weil die CDU ihr einige sichere Wahlkreise abgetreten hatte, traten ihre Spitzenfunktionäre Anfang der 60er Jahre sukzessive der Union bei, die Partei löste sich auf.

Auch der in den 50er Jahren regional wählerstarke Gesamtdeutsche Block/ Block der Heimatvertriebenen und Entrechteten (GB/BHE), der in zahlreichen Landeskoalitionen und nach seinem Einzug in den Bundestag 1953 (5,9 Prozent im Bundeskabinett mit zwei Ministern vertreten war, wurde vor allem von der Union beerbt. Seine beiden Minister, Theodor Oberländer und Waldemar Kraft, schwerbelastete ehemalige Nationalsozialisten, traten 1955 zur Partei des Kanzlers über.

Allein die liberale FDP bewahrte ihre Rolle als eigenständiger Koalitionspartner der Union. In wirtschafts- und sozialpolitischen Fragen bestand zwar eine Gemeinschaft mit mittelständischen Vertretern der CDU/CSU, aber in Fragen der Kultur-, Rechts- und Bildungspolitik setzten sich die Liberalen bisweilen von als klerikal empfundenen Positionen der Kanzlerpartei ab. Während die FDP zu Beginn der 50er Jahre teilweise nationalistische Töne anschlug und einige Landesverbände Unterwanderungsversuchen ehemaliger nationalsozialistischer Funktionäre ausgesetzt waren, verschoben sich die Gewichte danach vorübergehend zugunsten liberaldemokratischer Strömungen. Die Flexibilität der Partei zeigte sich in unterschiedlichen Koalitionen in den Ländern, darunter mit der SPD in Nordrhein-Westfalen (1956 bis 1958). Nach dem Austritt von vier FDP-Bundesministern des rechten Flügels 1956 erlitten die Liberalen bei der Bundestagswahl 1957 Stimmenverluste und wurden vorübergehend in die Opposition verwiesen.

Diese Rolle kam der SPD von Anfang an zu. Die Partei versuchte, neben der Industriearbeiterschaft die Mittelschichten anzusprechen und sich als »Partei aller Schichten des arbeitenden Volkes« (Helga Grebing) darzustellen. Propagiert wurde ein patriotisch-national gefärbter demokratischer Sozialismus. Nationale Einheit, parlamentarische Demokratie, Sozialisierung und Planwirtschaft stellten programmatische Eckpunkte dar, wobei jegliche Verbindung zu den Kommunisten, auch angesichts der brutalen Unterdrückung oppositioneller Sozialdemokraten in der DDR, strikt abgelehnt wurde.

Der SPD gelang es zunächst nicht, über die traditionelle Stammwählerschaft hinaus neue Schichten zu integrieren. Sie konnte weder in den Mittelschichten noch bei den katholischen Arbeitern gewinnen. Bei den ersten drei Bundestagswahlen erhielt sie jeweils lediglich um die 30 Prozent. Aufgrund der Überalterung sank die Mitgliederzahl zunächst von 845 000 (1948) auf 589 000 (1955), dann stieg sie allmählich an auf 650 000 (1960) – immerhin hatte die SPD damit doppelt so viele Mitglieder wie die CDU. Zudem kündigte sich die Sozialdemokratisierung von Regionen wie dem Ruhrgebiet an, wo die SPD vor 1933 noch hinter Zentrum und Kommunisten gelegen hatte.[91]

Auch nach Kurt Schumachers Tod (1952) blieben die Sozialdemokraten mit ihrem neuen Vorsitzenden Erich Ollenhauer beim Oppositionskurs gegen die Adenauer-Regierung in den Fragen der Deutschlandpolitik und der Wiederbewaffnung, wobei sie keine klare Gegenposition formulierten, sondern forderten, trotz der Westintegration keine Chance auszulassen, der deutschen Einheit näher zu kommen. Insofern ergab sich die eigenartige Konstellation, dass die linke Seite des politischen Spektrums eher die nationale Karte spielte, die konservative Regierung hingegen – ungeachtet aller Sonntagsreden mit der Forderung der Wiedervereinigung – die westlich-supranationale. Diejenigen wiederum, die versuchten, Positionen eines »dritten Weges« zwischen den Blöcken zu formulieren, fanden sich – meist zu Unrecht – als *fellow travellers* der Kommunisten beargwöhnt, präsentierte sich doch auch die ostdeutsche SED als nationale Kraft, die ihre Propaganda gegen die »Bonner Spalter« richtete.[92] Obwohl es einigen Zuspruch für Forderungen nach Neutralität in protestantischen Milieus gab, scheiterte die von Gustav Heinemann, Innenminister des ersten Kabinetts Adenauer bis zum Oktober 1950, gegründete neutralistische Gesamtdeutsche Volkspartei (GVP) bei der Bundestagswahl 1953; ihre führenden Mitglieder, darunter neben Heinemann mit Johannes Rau ein weiterer späterer Bundespräsident, schlossen sich der SPD an.[93]

Alle anderen Oppositionsparteien wurden in den 50er Jahren marginalisiert oder verschwanden von der politischen Bühne. Die KPD, die bis 1948 mit Ministern in den Koalitionsregierungen der meisten Länder vertreten war, hatte sich durch ihren von der SED vorgegebenen Kurs, in dem sich klassenkämpferisches Vokabular mit hemmungsloser nationalistischer Agitation gegen die Westintegration mischte, völlig isoliert und gelangte 1953 mit nur zwei Prozent nicht wieder in den Bundestag. Die Bundesregierung hatte schon zwei Jahre zuvor das Verbot der Partei beim Bundesverfassungsgericht beantragt. Ihre Mitgliederzahl sank – nach allerdings unsicheren Angaben – von etwa 300 000 Mitte 1948 auf 78 000 im August 1956.[94]

Politische Einstellungen

Rechtsextreme Gruppierungen erlangten um 1950 einen gewissen Zulauf, vor allem die neonazistische Sozialistische Reichspartei (SRP), die bei der niedersächsischen Landtagswahl 1951 immerhin elf Prozent der Stimmen erhielt. Diese Partei wurde bald darauf vom Bundesverfassungsgericht verboten.[95] Solche punktuellen Erfolge rechtsextremer Parteien werfen Schlaglichter auf politische Einstellungen in Teilen der Bevölkerung, die Bemühungen einer *re-orientation* getrotzt hatten.[96] Nicht allein der Krieg und die Nachkriegszeit lagen als »schlechte Zeit« hinter den Menschen, sondern eine lange Kette von Einbrüchen in die Normalität ihres Lebens. Nach der »guten alten Zeit« des Kaiserreichs wurden die Bürgerkriegswirren der Weimarer Republik, die Inflation, die Weltwirtschaftskrise, die Katastrophe des Zweiten Weltkriegs und seine Folgen als Kontinuum erlebt. Dazwischen hatte es nur kurze Phasen gegeben, die ein besseres Leben versprachen, und dazu gehörten in der Erinnerung vor allem die sogenannten Friedensjahre des »Dritten Reiches«, die viele mit ihrem persönlichen Aufstieg verbanden. Bei einer repräsentativen Erhebung des Instituts für Demoskopie Allensbach Ende 1951 wurde die Frage gestellt, wann es Deutschland im 20. Jahrhundert am besten gegangen sei. Die übergroße Mehrheit antwortete, das »Dritte Reich« (44 Prozent) oder das Kaiserreich vor 1914 (43 Prozent) seien Deutschlands beste Zeiten gewesen, nur sieben Prozent nannten die Weimarer Republik, und noch weiter hinten rangierte mit zwei Prozent die »Zeit seit 1945«. Bei der Frage nach der schlechtesten Zeit nannten 80 Prozent die Besatzungszeit von 1945 bis 1949, während der Zweite Weltkrieg – ebenso wie die Weimarer Republik – nur von acht Prozent und die Friedensjahre des »Dritten Reiches« nur von zwei Prozent negativ bewertet wurden. Sicherlich ist aus solchen Umfragen nicht umstandslos auf politische Einstellungen zu schließen, aber diese wiederum speisten sich durchaus aus persönlichen Erfahrungen und Erinnerungen. So lässt sich auch erklären, dass sich 1952 bei einer anderen Allensbacher Erhebung, die danach fragte, welcher »große Deutsche« am meisten »für Deutschland geleistet« habe, 36 Prozent für Bismarck, neun Prozent für Hitler, sieben Prozent für Friedrich den Großen und lediglich drei Prozent für Adenauer aussprachen. Mitte der 50er Jahre überholte der Bundeskanzler dann den »Eisernen Kanzler«, während die Hitler-Präferenz allmählich abnahm. Aber zumindest für die Zeit um 1950 sind starke monarchistische, autoritäre, explizit demokratiefeindliche und faschistische Neigungen in weiten Teilen der Bevölkerung in Rechnung zu stellen.

In zwei besonders symbolbehafteten Fällen war das Verhältnis von Regierung und *vox populi* direkt berührt. Einmal wurden dabei entgegen der demoskopisch ermittelten relativen Mehrheit die traditionellen demokratischen Farben Schwarz-Rot-Gold als Bundesflagge gegen das monarchistische und auch unter den Nationalsozialisten verehrte Schwarz-Weiß-Rot durchgesetzt. Angesichts der zeitgenössischen Geheimhaltung von Umfragen im Staatsauftrag ist diese Entscheidung wenig diskutiert worden.[97]

Der andere Fall betraf die Suche nach einer unbelasteten Nationalhymne. Das *Deutschlandlied*, gedichtet von Hoffmann von Fallersleben 1841

Hymnen-Streit

und gesungen nach einer Melodie von Joseph Haydn, die ursprünglich dem Habsburger Herrscher gehuldigt hatte (*Gott erhalte Franz den Kaiser*; 1797), war vom sozialdemokratischen Reichspräsidenten Friedrich Ebert 1922 zur Staatshymne erklärt worden. Die Nationalsozialisten hatten sie übernommen, allerdings lediglich mit der ersten Strophe und als Vorspiel zum anschließenden *Horst-Wessel-Lied*. 1945 verboten die Alliierten auch das *Deutschlandlied*. Das Grundgesetz hatte die Frage der Hymne offengelassen. Für Bundespräsident Heuss stand fest, dass das *Deutschlandlied* diskreditiert sei und es eines neuen Liedes und Textes bedürfe. Er beauftragte damit Rudolf Alexander Schröder, einen glaubwürdigen Repräsentanten der »inneren Emigration«, der sich nach einigem Zögern bereit erklärte und eine *Hymne an Deutschland* vorlegte, zu der der Komponist Hermann Reutter die Melodie schrieb. Nach langwierigen Umarbeitungen im Präsidialamt – so wurde aus dem Eingangsvers »Herz der Treue, Vaterland« das »Land des Glaubens, deutsches Land«, weil Heuss nach den jüngsten Erfahrungen die Treue nicht mehr als deutsches Qualitätsmerkmal erachtete – präsentierten die Rundfunkstationen zur Silvesternacht 1950 den Vorschlag. Die Reaktion des Publikums war eindeutig. Nach einer Allensbacher Umfrage befanden nur 16 Prozent »Theos Nachtmusik«, wie es spöttisch hieß, als gelungen, 43 Prozent lehnten sie ab, manche zogen sogar Vergleiche zur neuen »Becher-Hymne« der DDR. Adenauer drang auf die Beibehaltung des *Deutschlandliedes* und unterlegte die Notwendigkeit einer Hymne im Gespräch mit den Hohen Kommissaren mit der Anekdote von einem Sportwettkampf in Köln:

> »Es wurde die belgische Nationalhymne gespielt. Alles stand auf und salutierte. Nun kamen die Deutschen an die Reihe. Der Kapellmeister intonierte – ob aus eigener Eingebung, weiß ich nicht: ›Wir sind die Eingeborenen von Trizonesien‹. Die Belgier haben gemeint, das sei die deutsche Nationalhymne und haben salutiert.«

In einem anderen Fall sei als deutsche Hymne *In München steht ein Hofbräuhaus* angestimmt worden.[98] Die Presse sekundierte durchweg dem Bundeskanzler, wobei Marion Dönhoff in der Wochenzeitung *Die Zeit* vom 23. August 1951 sogar die Auffassung vertrat, es sei ziemlich gleichgültig, ob die erste oder die dritte Strophe gesungen werde. Nach weiteren Vorschlägen drängte Adenauer 1952 den Bundespräsidenten, es beim *Deutschlandlied*, reduziert auf die dritte Strophe, zu belassen. Heuss gab ihm resignierend recht: »Ich habe den Traditionalismus und sein Beharrungsbedürfnis unterschätzt.«[99]

Umgang mit der NS-Vergangenheit

Ein überaus dunkles Kapitel der frühen 50er Jahre bildete die nahezu restlose soziale Integration ehemaliger Nationalsozialisten in die Nachkriegsgesellschaft. Selbstverständlich galten für das Funktionieren der Gesellschaft systemnotwendig praktische Erfordernisse – woher hätten die unbelasteten Zahnärzte, Ingenieure, Journalisten und Rechtsanwälte auch kommen sollen? Aber für die soziale Integration musste ein Preis gezahlt werden, nämlich die Vergiftung der politischen Kultur durch die immer schamlosere Rehabilitierung einstiger NS-Größen und die Verweigerung einer ehrlichen Auseinandersetzung mit den deutschen Massenverbrechen.

Eines der symbolisch wohl aussagestärksten Bilder über den öffentlichen Umgang mit der NS-Vergangenheit in der frühen Bundesrepublik stammt aus dem Mikrokosmos einer provinziellen Kleinstadt, dem niedersächsischen Stadtoldendorf (8000 Einwohner), und datiert vom 1. Oktober 1951. Vor dem Ofen des städtischen Gaswerks präsentierten sich die Honoratioren der Kleinstadt dem Fotografen stolz und zufrieden nach einer in bestem Gewissen ausgeführten Tat. Sämtliche Entnazifizierungsakten – sie dokumentierten 600 Fälle – waren gerade den Flammen überantwortet worden. Der sozialdemokratische Bürgermeister Wilhelm Noske, ein Geschichtslehrer, erklärte feierlich, damit habe seine Stadt als erste in der Bundesrepublik einen »Schlußstrich unter die gesamte Entnazifizierung« gezogen. Dieser Akt diene dem sozialen Frieden und der Versöhnung, denn man solle sich nur vergegenwärtigen, was hätte passieren können, wenn etwa das Mitgliederverzeichnis der NSDAP und ihrer Untergliederungen in falsche Hände geraten wäre, seien doch dort alle Personen verzeichnet, die heute in der Stadt Rang und Namen besäßen.[100]

Im privaten Bereich förderten soziale Netzwerke mit unzähligen informellen Verbindungen aus gemeinsam verbrachten Jahren des Studiums und der Ausbildung sowie alte nachbarschaftliche Kontakte die Integration ehemaliger Täter und Mitläufer des »Dritten Reiches«. Standes- bzw. Klassensolidarität war die Triebfeder der Wiedereingliederung. Sie sorgte dafür, dass diejenigen, die in den Nachkriegsjahren eine berufliche Zwangspause hatten einlegen müssen, bis zur Mitte der 50er Jahre in etwa den vormaligen sozialen Status wieder erreicht hatten.

Schon in seiner ersten Regierungserklärung vor dem Bundestag erklärte Konrad Adenauer am 20.September 1949:

> »Durch die Denazifizierung ist viel Unglück und viel Unheil angerichtet worden. Die wirklich Schuldigen an den Verbrechen, die in der nationalsozialistischen Zeit und im Kriege begangen worden sind, sollen mit aller Strenge bestraft werden. Aber im Übrigen dürfen wir nicht mehr zwei Klassen von Menschen in Deutschland unterscheiden: die politisch Einwand-

freien und die Nichteinwandfreien. Diese Unterscheidung muß baldigst verschwinden. Der Krieg und auch die Wirren der Nachkriegszeit haben eine so harte Prüfung für viele gebracht und solche Versuchungen, daß man für manche Verfehlungen und Vergehen Verständnis aufbringen muß. Es wird daher die Frage einer Amnestie von der Bundesregierung geprüft werden und es wird weiter die Frage geprüft werden, auch bei den Hohen Kommissaren dahin vorstellig zu werden, daß entsprechend für von alliierten Militärgerichten verhängte Strafen Amnestie gewährt wird.«[101]

Kaum jemandem fiel auf, dass sich neben der Einfühlung für die Opfer der Entnazifizierung kein Platz für ein Gedenken an die jüdischen und anderen Opfer des untergegangenen Regimes fand. Eine der ersten Maßnahmen des Deutschen Bundestags war das Ende 1949 einmütig verabschiedete »Straffreiheitsgesetz« für Taten in der Zeit des »Dritten Reiches« und in der Nachkriegszeit, eine sehr weitgehende Amnestie. Die Grenze für deren Gewährung lag bei einjährigen Haftstrafen, so dass selbst brutale Gewalttäter bis hin zu Totschlägern unter den Begünstigten waren; die meisten der 800 000 Strafbefreiungen und Verfahrenseinstellungen betrafen allerdings minderschwere Fälle.[102] Dem allgemeinen Wunsch nach Ende des »modernen Hexentreibens«, so der Bundesminister Hans-Joachim von Merkatz (DP), folgten auch die Länderparlamente. Über eine Sitzung der Hamburger Bürgerschaft wurde berichtet: »Alle Fraktionen waren sich darüber einig, daß man einen Schlußstrich ziehen müsse, nur die Form blieb umstritten.«[103]

In den folgenden Jahren kam die Strafverfolgung von NS-Taten vor westdeutschen Gerichten nahezu vollständig zum Erliegen. 1523 Verurteilungen wegen nationalsozialistischer Verbrechen waren dort 1949 registriert worden, 809 waren es im folgenden Jahr, und nach kontinuierlicher weiterer Abnahme schließlich noch 21 im Jahr 1955. Angesichts der eigenen Belastung zahlreicher Angehöriger deutscher Gerichte war es nicht verwunderlich, dass ihr Eifer zur Verfolgung von NS-Verbrechen nicht besonders ausgeprägt war. Kein einziges Mitglied des terroristischen »Volksgerichtshofes« wurde je für seine Taten belangt. Außerdem lebten unbehelligt Zehntausende von sogenannten »Illegalen« mit gefälschter Identität in der Bundesrepublik, vom Volksmund verniedlichend als »Braun-Schweiger« tituliert. Obwohl auch dieses Delikt unter die Amnestie des Straffreiheitsgesetzes fiel, meldeten sich 1950 nur sehr wenige in die Legalität zurück. Viele hatten gute Gründe für ihre verborgene Existenz, weil sie schwere Straftaten begangen hatten, die selbst durch großzügige Amnestien nicht gedeckt waren. Nach Vermutungen von Experten befanden sich 1950 allein in Hamburg illegal 4000 ehemalige Angehörige des

NS-Apparats; Hunderte sollen es auch in der kleinen Stadt Flensburg gewesen sein. Es wirft ein bezeichnendes Licht auf die Gesellschaft der frühen Bundesrepublik, dass dies mit Wissen von Bekannten, Nachbarn und Kommunalbeamten möglich war.[104]

Das Interesse der Medien galt dagegen den letzten noch in alliierten Haftanstalten auf westdeutschem Boden verbliebenen Kriegsverbrechern.[105] Die Orte Landsberg, Werl und Wittlich wurden Anfang der 50er Jahre politische Reizworte, und die in der Presse als »Kriegsinhaftierte« bezeichneten Häftlinge erhielten trotz aller Aufklärungsbemühungen der Alliierten in der Öffentlichkeit eine Opferrolle zugesprochen. In Landsberg solidarisierten sich deutsche Politiker und große Teile der Bevölkerung mit den Einsitzenden; die als Opfer bezeichneten Häftlinge waren zu diesem Zeitpunkt kaum mehr Wehrmachtsangehörige, sondern fast ausschließlich das ehemalige Personal von SS und Gestapo. Im gleichen Tenor wie die Provinzpresse berichteten fast alle Medien, von den großen Illustrierten bis hin zu überregionalen seriösen Tages- und Wochenblättern. Der öffentlichkeitswirksame Besuch des Bundeskanzlers in Werl kurz vor der Bundestagswahl 1953 trug der Volksmeinung Rechnung.[106]

Die gleiche fürsorgliche Tendenz dominierte die publizistische Begleitung der letzten großen Prozesse gegen hochrangige NS-Funktionsträger und Offiziere der Wehrmacht. Während bei Ersteren bisweilen noch »schwarze Schafe« als Einzeltäter dargestellt wurden, die brutale Verhaltensweisen an den Tag gelegt hätten, wandte sich die Öffentlichkeit nahezu unisono gegen die Kriegsverbrecherprozesse vor alliierten Gerichten, obwohl diese mit recht milden Urteilen endeten oder, parallel mit den Verhandlungen über die Wiederbewaffnung, auf dem Gnadenwege erledigt wurden. Die ehemaligen Wehrmachtsoffiziere, deren professionelle Kompetenz man für den Aufbau der neuen westdeutschen Armee benötigte, hatten zu verstehen gegeben, dass ihre Mitwirkung nur um den Preis deutlicher Ehrenerklärungen für den gesamten Offiziersapparat zu gewinnen sein würde. Der NATO-Oberbefehlshaber Dwight D. Eisenhower erfüllte diese Forderung auf Bitten von Adenauers Militärberatern Anfang 1951, indem er formulierte, der »deutsche Soldat als solcher« habe seine »Ehre« nicht verloren.[107] Es gab eine kurze Phase von wenigen Jahren, von 1951 bis etwa 1954, als die politische Kultur der Bundesrepublik, die noch gar keine eigene Armee hatte, in eigentümlicher Weise militarisiert erschien und sich eine ausgeprägte Veteranenkultur entwickelte. Soldatenverbände, aber auch soldatische Jugendgruppen gediehen als wesentlicher Teil dubioser rechtsextremer Netzwerke auf lokaler Ebene.[108]

Im öffentlichen Dienst ebnete das sogenannte 131er-Gesetz von 1951 über die Wiedereinsetzung derjenigen Beamten, die 1945 ihre Stellung verloren hatten, auch vielen früheren NSDAP-Funktionären wieder den Weg zur Fortsetzung ihrer Karriere. Der gesamte öffentliche Dienst wurde verpflichtet, offene Stellen bevorzugt mit Angehörigen des privilegierten Personenkreises zu besetzen, bis eine Quote von 20 Prozent der Beschäftigten erreicht war. Manche Universitätsfakultäten waren nicht glücklich darüber, bei Ausschreibungen »amtsverdrängte« Kollegen zuerst berücksichtigen zu müssen, weil ihr autonomes Auswahlrecht dadurch zur Farce geriet.[109]

Einen der seltenen öffentlichen Skandale verursachte die Personalpolitik des Auswärtigen Amtes, wo der Anteil der ehemaligen NSDAP-Mitglieder unter den höheren Beamten 1952 nach Aussage von Adenauer vor einem Untersuchungsausschuss des Bundestages etwa zwei Drittel und unter den Referatsleitern vier Fünftel betrug – mehr als zu Zeiten des NS-Außenministers Ribbentrop. Der Bundeskanzler hatte dieser Aussage hinzugefügt, jetzt müsse man aber endlich »mit der Naziriecherei Schluß machen«[110]. Kaum thematisiert wurde, dass Ende 1950 – im Konsens mit dem sozialdemokratischen Oppositionsführer Schumacher – die »Organisation Gehlen«, die im Zweiten Weltkrieg als Wehrmachtsabteilung »Fremde Heere Ost« Spionage betrieben hatte, in den Bundesdienst übernommen wurde. In ihrem Dunstkreis bewegten sich etliche schwerbelastete NS-Täter.[111] Ebenso wenig problematisiert wurde die personelle Kontinuität in der Polizei. In sehr vielen Städten waren die Polizeipräsidenten Mitte der 50er Jahre Beamte, die ihre Führungserfahrungen in Himmlers Gestapo und Kripo gesammelt hatten.[112]

Die Szenerie von nationalsozialistisch belasteten Neuanfängen lässt sich auch auf die staatlichen und offiziösen Kulturinstitutionen beziehen, die in einem wahren Gründungsboom im Jahrfünft zwischen 1948 und 1953 entstanden. Die auswärtige Kulturpolitik wurde in der Abteilung VI der Dienststelle für Auswärtige Angelegenheiten des Bundeskanzleramtes koordiniert. Ziel war es, die internationale Isolation durch deutsche Kultur und Gelehrsamkeit zu durchbrechen. Für die ständige Repräsentation deutscher Kultur im Ausland waren die Goethe-Institute von zentraler Bedeutung. Das 1951 in der Rechtsform eines Vereins gegründete Goethe-Institut schloss konzeptionell und personell eng an die Traditionen der von 1931 bis 1945 bestehenden Deutschen Akademie an, der alle sieben Gründungsmitglieder des Goethe-Instituts, aber auch fast alle Angestellten bis zu den untersten Ebenen angehört hatten. Bis in die 70er Jahre hinein blieb das Goethe-Institut geprägt von einer Generation, der eine bestenfalls »ambivalente Haltung zum NS-Staat« attestiert werden kann.[113] Auch im Blick auf andere Kultur-, Bildungs- und Forschungsinstitutionen wird die Macht der Kontinuität deutlich, die weit über die einzelne skandalöse Karriere hinausreichte, ob hinsichtlich der »Hochbegabtenförderung«[114] oder der von der Deutschen Forschungsgemeinschaft geförderten »Ostforschung«[115].

Die Anfangsjahre der Bundesrepublik erlebten eine Schwemme von Offizierstagebüchern, anekdotenhaften Memoiren aus dem Dunstkreis der NS-Führungsclique und Mitläuferrechtfertigungen – von Papen bis Schacht.[116] Der breite Strom apologetischer Literatur, die das Bild des Nationalsozialismus beschönigte und verfälschte, floss nicht nur in rechtsextremen Verlagen, sondern fand Eingang in die allgemeine Öffentlichkeit. Als Einfallstor dienten etwa die Illustrierten, in denen sogenannte Tatsachenberichte – mit dem Versprechen zeitgeschichtlicher Authentizität durch die seinerzeit aktiv beteiligten Verfasser – ihre Blütezeit erlebten. Dies galt auch für Darstellungen der NS-Vergangenheit im Nachrichtenmagazin *Der Spiegel*, in dem es eine ehemalige SD-Größe zum Ressortchef bringen konnte.[117] Zum bevorzugten Auffangbecken nationalsozialistischer Starjournalisten entwickelte sich in diesen Jahren die protestantische Presse, allen voran *Christ und Welt*.[118] Aber nicht die plumpe Rechtfertigung des NS-Regimes war das Anliegen des literarischen Erinnerungsstromes der frühen 50er Jahre – dies hätte angesichts alliierter Kontrolle nicht geduldet werden können. Vielmehr transportierte er eine zeitspezifische Mischung von Verharmlosung (weitgehende Ausklammerung des Holocaust aus der Zeitgeschichtsschreibung[119]), Minimierung des Täterkreises, Behauptung des Nicht-gewusst-Habens (selbst bei hohen Funktionsträgern), Rückzug auf die Position des Befehlsempfängers oder die peinliche Gloriole angeblichen Widerstands, wo es sich um regimeinterne Auseinandersetzungen gehandelt hatte. Und immer wieder wurde die moralisch untadelige Wehrmacht von der SS (die Waffen-SS wiederum wurde zur »sauberen« Seite geschlagen) abgesetzt. Dies war auch die vorherrschende Tendenz für die meisten Kriegsfilme, die in der ersten Hälfte der 50er Jahre eine ausgesprochene Konjunktur erlebten.[120] Symptomatisch war die nur auf den ersten Blick erfolgreiche diplomatische Intervention der deutschen Botschaft in Paris, die Aufführung des dreißigminütigen Dokumentarfilms *Nuit et Brouillard* (Nacht und Nebel) über Auschwitz von Alain Resnais zu verhindern. Der Film war als französischer Beitrag für die Filmfestspiele von Cannes 1956 vorgesehen. Die Begründung der deutschen Seite lautete, dass gemäß der Festspielordnung keine Filme gezeigt werden dürften, die die nationalen Gefühle eines Volkes verletzten oder das friedliche Zusammenleben der Völker gefährdeten. Die darauf einsetzenden Proteste erreichten schließlich, dass der Film außer Konkurrenz laufen konnte und auch in der Bundesrepublik zu sehen war.[121]

Als ein Schlüsseldokument des Genres gehobener Rechtfertigungsliteratur ist der Bestseller des Jahres 1951 zu nennen, *Der Fragebogen* von Ernst von Salomon, von dem der Rowohlt Verlag innerhalb von wenig mehr als einem Jahr 150 000 Exemplare absetzte. Hier wurde von einem ehemaligen Haudegen der extremen Rechten der Weimarer Zeit, nun Lektor des Verlags, eine scheinbar abgeklärte Position der Äquidistanz zur Dummheit der NS-Würdenträger und der amerikanischen Besatzer, die ihn mit dem Entnazifizierungsfragebogen behelligten, eingenommen, die in weiten Kreisen der literarischen Öffentlichkeit populär war. Die von Salomon in die anekdotischen Erinnerungen über die »bösen Zeiten« eingestreuten Aussagen, die »ideologische Konzeption« Hitlers, der Preußen zerstört habe, sei die »Konzeption der Demokratie« gewesen, der SA-Führer Ernst Röhm ein »Landsknecht von jener Sturheit, die leben und leben lassen wollte«, die Nürnberger Rassegesetze zwar »blödsinnig, schändlich, armselig«, aber immerhin Barrieren gegen die »verruchte Willkür« usw. usf., geben einen Eindruck davon, welche Aussagen über das »Dritte Reich« offenbar vom Publikum goutiert wurden.[122]

Es war vor diesem Hintergrund nicht verwunderlich, dass kritische Intellektuelle von einer »Restauration« sprachen. Besonders Walter Dirks und Eugen Kogon, die in den ersten Nachkriegsjahren in der hessischen CDU aktiv waren, brachten diesen Begriff in den *Frankfurter Heften* in Umlauf und meinten damit einerseits das Ende aller Hoffnungen auf einen wirklichen politischen und geistigen Neuanfang, den Wiederaufbau der Parteien in den alten Strukturen und die Zurückdrängung sozialer Gesinnung in der CDU, auf der anderen Seite den »Triumph des Hindenburg-Deutschen«, womit auf die Rückkehr einstiger Funktionseliten und deren Habitus gezielt wurde.[123] Dieser Bitternis über die »restaurative« Atmosphäre gab Wolfgang Koeppen in seinem legendären Schlüsselroman über das Bonner *Treibhaus* (1953) Ausdruck, wo über das parlamentarische Getriebe hinausgehend die politische Kultur der frühen Bundesrepublik charakterisiert wurde: »Deutschland war ein großes öffentliches Treibhaus (...) Üppigkeit ohne Mark und Jugend, es war alles morsch, es war alles alt, die Glieder strotzten, aber es war eine Elephantiasis arabum«[124].

Sogar von »Renazifizierung« sprachen einige Zeitgenossen angesichts der weitherzigen Integration ehemaliger NS-Angehöriger in den 50er Jahren[125], ein Diktum, das allerdings Missverständnisse hervorrufen konnte. Denn auch wenn die personelle Kontinuität zum »Dritten Reich« nicht zu übersehen war, darf man nicht vergessen, dass ein Großteil des begünstigten Personenkreises schon vor 1933 wie auch im NS-Regime innerhalb seiner professionellen Sphäre funktioniert hatte. Außerdem bildete die strikte Abgrenzung von rechtsextremer Aktivität eine Bedingung für die soziale Integration als Chance einer zweiten Sozialisation. Schon Adenauer hatte im Anschluss an sein Integrationsangebot in der bereits zitierten ersten Regierungserklärung ergänzt, die Regierung sei »unbedingt entschlossen, aus der Vergangenheit die nötigen Lehren gegenüber allen denjenigen zu ziehen, die an der Existenz unseres Staates rütteln, mögen sie nun zum Rechtsradikalismus oder zum Linksradikalismus zu zählen sein.« Gefordert wurde die Anpassung an die neue Ordnung. Und warum auch sollten die ehemaligen Nationalsozialisten an der neuen Ordnung rütteln, die sich zunehmend als stabil erwies und ihre soziale Integration sicherte, während das »Dritte Reich« so schmählich untergegangen war, dass für irgendwelche Dolchstoßlegenden kein Raum blieb? Je wieder in bürgerlicher Reputation leben zu können, das war mehr, als viele nach 1945 zu hoffen gewagt hatten. Angesichts der geglückten Wiedereingliederung in die Gesellschaft zeigten die wenigsten der ehemaligen NS-Funktionäre Neigung, sich in den rechtsradikalen Splittergruppen zu engagieren, die zudem von den Hohen Kommissaren der Alliierten aufmerksam beobachtet wurden. Das Verbot der neonazistischen Sozialistischen Reichspartei (SRP) 1952 und ein Jahr später die Inhaftierung einer Gruppe ehemaliger führender NS-Funktionäre, die erfolgreich begonnen hatte, die FDP in Nordrhein-Westfalen und Niedersachsen zu erobern, um daraus den Kern einer künftigen rechtsextremen Partei zu bilden, durch britische Militärpolizei boten ausreichenden Anschauungsunterricht.[126]

Neben der Unterbindung rechtsextremer und antisemitischer Organisationsversuche zielten die Bemühungen um eine Abgrenzung vom Nationalsozialismus vor allem auf die Ehrung des nationalkonservativen Widerstands vom 20. Juli 1944 und auf die »Wiedergutmachung« der Verbrechen an den Juden sowie die »Aussöhnung« mit Israel. Spätestens 1951/52 war der »Erinnerungskampf« (Norbert Frei) zugunsten eines ehrenden Gedenkens der Widerständler sozusagen »von oben« entschieden worden. In seiner Rede zum zehnten Jubiläum des fehlgeschlagenen Attentats betonte Bundespräsident Heuss, dass der Versuch, »das Vaterland vor der Vernichtung zu retten«, trotz der Erfolglosigkeit »nicht nur Recht, sondern Pflicht« gewesen sei. Die Parallelisierung des 20. Juli 1944 mit dem 17. Juni 1953, dem Symbol der Auflehnung Ostdeutschlands gegen die stalinistische Diktatur[127], erleichterte

»Erinnerungskampf«

die Popularisierung des nationalkonservativen Widerstands, aber noch Jahre später gab es erhebliche Reserven etwa gegen die Umbenennung von Schulen nach dessen Angehörigen.[128]

Auch das zweite große Thema symbolischer Abgrenzung vom »Dritten Reich«, die Wiedergutmachung und Aussöhnung mit Israel, war ein »von oben« eingeführtes Thema. Die Zahlungen an Israel im Rahmen des Londoner Schuldenabkommens 1952 wurden von Adenauer mit der Unterstützung der Sozialdemokratie gegen Widerstände im eigenen Kabinett und gegen die demoskopisch ermittelte relative Mehrheit der Bevölkerung durchgesetzt, und zwar nicht zuletzt aus außenpolitischen und außenwirtschaftlichen Gründen.[129] Die offiziell bestärkte »Aussöhnung« mit den jüdischen Opfern des Nationalsozialismus fand ihren zeittypischen Ausdruck in der Gründung der Gesellschaft für Christlich-Jüdische Zusammenarbeit.[130] Man sollte die Bemühungen, ein positives Bild von Israel zu vermitteln und Verständnis für die Lage der Juden zu wecken, nicht geringschätzen, aber der Antisemitismus hatte in den 50er Jahren erst widerstrebend den Rückzug ins Private angetreten. Regelmäßig zeigten Umfragen ein bedrückendes Bild fortwirkender antisemitischer Stereotypen, die darin zusammengefasst werden können, dass eine relative Mehrheit es für besser hielt, »keine Juden im Land zu haben«.[131] Als »Antisemitismus ohne Juden« ist dies später bezeichnet worden, denn in der Bundesrepublik lebten in den 50er Jahren nur noch wenige zehntausend jüdische Bürger.[132] Antisemitische Einstellungen wurden im nächsten Jahrzehnt seltener geäußert, wobei nicht deutlich ist, ob dahinter wirkliche Einsicht oder eher die Anpassung an den konformistischen Meinungsdruck stand, schließlich war Antisemitismus in der Öffentlichkeit tabu. Sporadisch zeigte er sich allerdings noch, etwa im Zusammenhang spektakulärer Prozesse wie jenem, den Veit Harlan, der Regisseur des nationalsozialistischen Hetzfilms *Jud Süß*, gegen den Direktor der Pressestelle des Hamburger Senats, Erich Lüth, wegen Geschäftsschädigung anstrengen ließ, weil dieser zum Boykott der Nachkriegsfilme des Antisemiten aufgerufen hatte. Lüth gewann nach jahrelangem Streit durch alle Instanzen; das Bundesverfassungsgericht bestätigte 1959 die Höherrangigkeit der freien Meinungsäußerung, das Urteil schrieb Rechtsgeschichte.[133]

Umgang mit Kommunisten
Im Klima des Kalten Krieges fand die Integration ehemaliger Nationalsozialisten ihr negatives Pendant im Ausschluss der Kommunisten aus dem politischen Leben. 1948 wurden ihre letzten Vertreter aus den Landesregierungen, Zeitungsredaktionen und Rundfunkstationen entfernt, um 1950 begann die Illegalisierung des Umfeldes der KPD. Schon das ob der Eile bei sei-

ner Verabschiedung »Blitzgesetz« genannte Strafrechtsänderungsgesetz vom 30. August 1951 mit der Wiederaufnahme der vom Alliierten Kontrollrat gestrichenen Bestimmungen über Hochverrat, Staatsgefährdung und Landesverrat hinterließ einen schalen Geschmack. Der Kronjurist der SPD im Deutschen Bundestag, Adolf Arndt, sprach von diesem Gesetz später als von einem »Schlangenei«, bei dem er sich schäme, es mit ausgebrütet zu haben.[134] Zehntausende von Verfahren wurden eröffnet – während die Verfolgung von NS-Verbrechen nahezu vollständig ruhte; schon geringfügige Vergehen, etwa die Organisierung von Ferienreisen für Kinder in die DDR, konnten zu Haftstrafen führen. Im gleichen Jahr stellte die Bundesregierung, im Einklang mit der demoskopisch ermittelten Mehrheit der Bevölkerung[135], einen Verbotsantrag gegen die KPD vor dem Bundesverfassungsgericht, 1953 wurden kommunistische Widerstandskämpfer von der Wiedergutmachung ausgeschlossen, obwohl ihre Partei im Kampf gegen den Nationalsozialismus den größten Blutzoll entrichtet hatte.[136] Die Bekämpfung der KPD durch eine Polizei und Justiz, deren Personal bisweilen an die berufliche Praxis vor 1945 anknüpfen durfte, führte dazu, dass sich der Kern eines ansonsten schrumpfenden kommunistischen Milieus in der prinzipiellen Gegnerschaft gegenüber der westdeutschen Politik nur bekräftigt fühlen konnte. Die KPD bezeichnete die Bundesrepublik als Halbkolonie des US-Imperialismus, rief zum »revolutionären Sturz des Adenauer-Regimes« auf und bekämpfte SPD- und Gewerkschaftsführer als dessen gekaufte Lakaien. In der Phase des späten Stalinismus um 1950 kam es zu rigiden politischen »Säuberungen« der KPD von allen, die diesem sektiererischen Kurs nicht bedingungslos folgen mochten. Die Stimmenzahl halbierte sich von der ersten zur zweiten Bundestagswahl 1953, als die KPD mit 2,2 Prozent an der erstmals geltenden Fünf-Prozent-Hürde scheiterte. Einige Monate zuvor war Stalin gestorben und hatte in der DDR im Juni ein Arbeiter- und Volksaufstand stattgefunden, der zeigte, wie verhasst die Diktatur dort bei der Mehrheit der Bevölkerung war.[137]

Obwohl es offenkundig war, dass von der KPD keine Gefahr für die innere Ordnung mehr ausging, hielt die Bundesregierung trotz der Nachfragen des Bundesverfassungsgerichts, ob das Verfahren weitergeführt werden sollte, am Verbotsantrag fest. Am 17. August 1956 wurde die Partei verboten, ihre noch verbliebenen Mitglieder arbeiteten teilweise illegal weiter. Innenminister Gerhard Schröder (CDU) erklärte nach dem Verbotsurteil, es sei nicht an »Massenverfolgungen gedacht«, es sollten auch »keine Verhaftungswellen ausgelöst« und »keine Hexenjagd« gegen »irregeleitete Arbeiter« sowie »einige Angehörige des Geisteslebens« durchgeführt werden, die »der Verführung des dialektischen Materialismus erlegen sind«; vielmehr gehe es gegen die Spitzenfunktionäre und Hintermänner.[138] Die Praxis der Justiz entsprach dem nicht, rechtsstaatliche Prinzipien wurden »längere Zeit nur begrenzt und zum Teil gar nicht gewahrt.« Von 1951 bis 1968 wurden 138 000 Ermittlungsverfahren eingeleitet, kam es zu ca. 7000 Verurteilungen – darunter jüdische Verfolgte des »Dritten Reiches«. [139]

Die Bekämpfung der KPD war allerdings nicht der eigentliche Kern der antikommunistischen Aktivitäten. Diese richteten sich in einem heftigen Propagandakrieg gegen die Machthaber im »Osten«, sowohl in der Sowjetunion als auch in der »Sowjetzone« bzw. »Mitteldeutschland« und deren »Pankow-Regime«. Es gehörte zur sprachlichen Abgrenzung, dass der jeweils andere deutsche Staat nicht mit seiner offiziellen Bezeichnung genannt werden durfte. Wenn ein Schüler im Aufsatz statt von »Mitteldeutschland« die Bezeichnung »Ostdeutschland« wählte oder die Anführungszeichen bei der »DDR« vergaß, wurde dies als Fehler angestrichen.[140] Ein weitverzweigtes Geflecht von mitunter dubiosen Vereinigungen, die von Regierungsstellen der Bundesrepublik, vor allem dem Innenministerium und dem Presse- und Informationsamt, subventioniert und geheimdienstlich koordiniert wurden, sollte das gegnerische System propagandistisch destabilisieren.[141] Flugblätter und Broschüren wurden – teilweise in Tarnumschlägen – über die innerdeutsche Grenze geschmuggelt oder aus der Luft abgeworfen.[142] Eine noch größere Rolle spielte der Ätherkrieg, etwa beim Aufstand in der DDR im Juni 1953.[143] An den Propagandaschlachten beteiligten sich nicht wenige »alte Bekannte«, die sich ihre professionellen Kenntnisse im »antibolschewistischen« Kampf seit dem Ausgang des Ersten Weltkriegs und bei den Nationalsozialisten erworben hatten.[144] Die mitunter rassistische Bildsprache der Plakate zeigte, auch wenn nicht mehr von »jüdisch-bolschewistischen Untermenschen« gesprochen werden durfte, dieselben Gespenster in Sowjetuniform mit asiatischen Augen, die drohend wie King Kong über deutschen Müttern und Kindern standen. Umgekehrt hatte die DDR in diesem schmutzigen Propagandakrieg keine Scheu, mit nationalistischen Offizierskreisen in der Bundesrepublik zu kooperieren, wenn diese nur gegen die Westintegration wirkten. Es fällt in diesem Zusammenhang auf, dass die ostdeutsche Propaganda gegen »alte Nazis« Anfang der 50er Jahre recht zurückhaltend ausfiel, weil sie mögliche Verbündete verschreckt hätte; sie setzte erst im letzten Drittel des Jahrzehnts mit Vehemenz ein, als die Integration der Bundesrepublik in das westliche Bündnis unumkehrbar vollzogen war.

Der Antikommunismus als Rahmenbedingung der politischen Kultur bedeutete mehr als einen Propagandakrieg gegen das östliche System und die wenigen Kommunisten im eigenen Land. Darüber hinaus funktionierte die Anschuldigung, dem »Bolschewismus« in die Hände zu arbeiten, vor allem als moralische Keule gegen die Sozialdemokratie, der es wenig nutzte, dass sie sich in der Gegnerschaft gegen die SED nicht übertreffen lassen wollte und wie keine andere Partei aktiven Widerstand in der SBZ bzw. DDR organisierte. Viele Sozialdemokraten, die für das Ostbüro der SPD gearbeitet hatten, saßen dort in Gefängnissen. In die Zeitgeschichte politischer Perfidie eingegangen sind die von der FDP und CDU/CSU im Bundestagswahlkampf 1953 geklebten Plakate mit den Texten »Wo Ollenhauer pflügt, sät Moskau!« und »Alle Wege des Marxismus führen nach Moskau!«.[145] Alle politischen Initiativen gegen den Kurs der Westintegration und die Wiederaufrüstung standen unter dem Generalver-

Wahlplakat der CDU, 1953

dikt »ostzonaler« Wühlarbeit oder bestenfalls grenzenloser Naivität, die dem Feind in die Hände arbeitete. Dieser Vorwurf wurde etwa gegen Martin Niemöller als Repräsentant der evangelischen Kirche und gegen manche Schriftsteller und Künstler erhoben, die als Grenzgänger zwischen Ost und West arbeiteten und sich damit besonders verdächtig machten. Die Verfilmung (1951) von Heinrich Manns *Der Untertan*, ein Welterfolg des Filmemachers Wolfgang Staudte, blieb in der Bundesrepublik mehrere Jahre verboten und konnte erst 1958 gezeigt werden.[146]

Überhöht wurde die restriktive Innenpolitik der frühen 50er Jahre von einer eigentümlichen und zeitweise dominanten Integrationsideologie, in der die Verteidigung und Wiederherstellung des christlichen Abendlandes gegen die bolschewistische Bedrohung beschworen wurde.[147] In weit zurückliegenden Traditionen des 19. Jahrhunderts wurzelnd und sich auf das noch weit ältere Geschehen eines ewigen Kampfes von westlicher individualistischer Freiheit gegen östlichen Kollektivismus berufend, wurde eine große Erzählung vorgetragen, der zufolge die Entfernung von Gott seit dem Mittel-

Abendland-Ideologie

alter und die damit einhergehende Sinnentleerung jenes Vakuum geschaffen hätten, in dem moderne Dämonen die Menschheit hätten verführen können. Diese Erklärung für den Erfolg Hitlers, die großen Teilen der Schulddebatte der unmittelbaren Nachkriegszeit unterlegt war, ließ sich unschwer in eine Argumentation überführen, der zufolge der nach Hitler verbliebene und noch weit gefährlichere Dämon, Stalin, zur hauptsächlichen Bedrohung erklärt wurde. Die Sowjetunion wiederum erschien als die aktuelle Form östlicher Bedrohung, des Kollektivismus aus den asiatischen Steppen, gegen den das westliche Christentum seit eintausend Jahren gekämpft hatte, in erfolgreich missionierenden Kreuzzügen ebenso wie in dramatischen Verteidigungs- schlachten. Mit dieser Erzählung konnte an Erfahrungen angeknüpft wer- den, die im Zweiten Weltkrieg und angesichts von Vertreibungen und Besat- zungspolitik in der SBZ aktualisiert wurden. Dass man schon immer gegen Russland im Kampf gestanden hatte, verlieh im Nachhinein dem Überfall auf die Sowjetunion eine moralische Weihe – es war kein Zufall, dass Hitler in seinem Tagesbefehl nach der Niederlage von Stalingrad die Niederlage der sechsten Armee zum Opfergang für das Abendland erklärte und auch die SS ihre Europa-Propaganda ganz auf die Argumentation abstellte, das Abend- land müsse gegen die asiatische Bedrohung kämpfen.[148] Eine in bildungsbür- gerlichen Kreisen mitunter vorhandene Russophilie, die sich vor allem auf die ›slawische Seele‹, die Literatur der Tolstoi, Puschkin, Dostojewski stützte[149], wurde berücksichtigt, indem auf die Vernichtung der schmalen Oberschicht durch die Bolschewiki hingewiesen wurde, wodurch gleichsam der kulturelle europäische Firnis vom asiatischen Wesen entfernt worden sei.

Die Auseinandersetzung mit dem Kommunismus rückte in den frühen 50er Jahren nicht den Gegensatz von parlamentarischer Demokratie und stalinistischer Diktatur, sondern, wie nicht nur der Kanzler immer wieder formulierte, die »Wahl zwischen Sklaverei und Freiheit«[150] in das Zentrum der Argumentation. Deutschlandpolitisch hießen die Leitvokabeln demzufolge »Einheit in Freiheit«, um sich von der kommunistischen Wiedervereini- gungspropaganda abzusetzen.[151] Die vieldeutige Leitvokabel der »Freiheit« wiederum konnte in christlich-konservativer Terminologie durchaus mit ag- gressivem Antiliberalismus und tiefer Skepsis gegenüber zu weitgehender Demokratie vereinbart werden.

Dies wurde deutlich in den vielfältigen Bemühungen, einen intellektuellen Kern abendländischer Ideologie zu begründen. Als Foren profilierten sich die Wochenzeitung *Rheinischer Merkur*[152], die Monatszeitschrift *Neues Abendland* (1946–1958), eine in München 1950 gegründete »Abendländische Aktion«

mit diversen Manifesten, und schließlich seit 1952 die Treffen der »Abendländischen Akademie« in der katholischen Bischofsstadt Eichstätt. Dort trafen sich einmal im Jahr Hunderte von meist katholischen Intellektuellen und Politikern von CDU/CSU, Deutscher Partei und Bayernpartei, darunter viele Adelige, unter der Schirmherrschaft des örtlichen Bischofs – und zu einem Teil finanziert durch die »Bundeszentrale für Heimatdienst«, die 1963 in »Bundeszentrale für politische Bildung« umbenannt wurde –, um über christlich-abendländische Strategien gegen eine zunehmend dem »Materialismus« verfallende Welt zu beraten. Beklagt wurde eine »Formaldemokratie«, die dem Bolschewismus im modernen Religionskrieg, einem »Krieg von Weltanschauungen« (Friedrich von der Heydte), nichts entgegenzusetzen habe.

Das Grundgesetz erschien insofern als auf lange Sicht ungenügendes »Behelfsheim«, so der Historiker Georg Stadtmüller 1951. Das allgemeine Wahlrecht wurde problematisiert, weil ein Staatsmann nicht gleichzeitig Gott in seinem Gewissen und für sein Handeln verantwortlich sein und gleichzeitig die Gesetze aus der Hand Dritter empfangen oder gar vom Vertrauen eines Parlamentes abhängig sein könne. Mindestens sollte der Parlamentarismus durch die Einrichtung einer zweiten Ständekammer bzw. eines Senats mit weitreichenden Kompetenzen und berufenen Mitgliedern gezähmt werden. Auch ein Verbot von Streiks und die Einführung der Todesstrafe wurden erörtert. Hoch im Kurs standen Francos Spanien und noch mehr die katholische Diktatur von Salazar in Portugal als Bezwinger der roten Gefahr. »Liberalismus« und Sozialdemokratie galten vor diesem Hintergrund als Beginn einer Erkrankung, die zur Pest des Bolschewismus führen müsse. So bizarr die gesellschaftspolitischen Vorstellungen heute anmuten, handelte es sich keineswegs um marginale Zirkel, sondern um eine durchaus einflussreiche Strömung. Als Sponsor im Hintergrund wirkte vor allem das begüterte bayerische Fürstenhaus Waldburg-Zeil, im Kuratorium saßen u. a. Heinrich von Brentano (Fraktionsvorsitzender der CDU im Bundestag und späterer Bundesaußenminister), Alois Hundhammer (CSU, Präsident des Bayerischen Landtags), Lorenz Jaeger (Erzbischof von Paderborn), Richard Jaeger (CSU, späterer Vizepräsident des Deutschen Bundestages), Hans-Joachim von Merkatz (DP, späterer Bundesratsminister), Hans Schuberth (CSU, Bundespostminister), Hermann Weinkauff (Präsident des Bundesgerichtshofes) und Paul Wilhelm Wenger (Redakteur des *Rheinischen Merkur*) – um nur einige Namen zu nennen.

Der neue Staat, die Bundesrepublik, so wurde deutlich, verortete sich nicht mehr in der Mitte, sondern im Westen, aber in einem Westen, der keineswegs eine eindeutige Orientierung an liberalen Werten einbezog, sondern sehr stark von der abendländischen Ideologie durchwirkt war, wie Konrad Adenauer, der selbst in dieser Vorstellungswelt wurzelte, in seiner ersten Regierungserklärung verdeutlichte:

> »Es besteht für uns kein Zweifel, daß wir nach unserer Herkunft und nach unserer Gesinnung zur westeuropäischen Welt gehören. (...) Unsere ganze Arbeit wird getragen sein von dem Geist christlich-abendländischer Kultur ...«[153]

Als Kern und Kraftquell europäischer Gemeinschaft fungierten in diesem Denken Frankreich und Westdeutschland, darum herum gruppiert Italien und die Benelux-Länder, also jene Staaten, die wenige Jahre später die Europäische Wirtschaftsgemeinschaft gründen sollten. Andere Teile Westeuropas waren als militärische, politische und wirtschaftliche Partner willkommen, zählten aber in der abendländischen Vorstellungswelt nicht zum Wertekern – vor allem die Distanz von England durch den Ärmelkanal schien größer zu sein als die über den Atlantik, wobei sich das Verhältnis zu den USA sichtbar veränderte. Um 1950 erschien Amerika als militärischer Garant und politisch-wirtschaftliche Basis für die Freiheit Westeuropas, galt aber – in Analogie mit dem Verhältnis von Rom und Athen in der Antike – trotz und wegen seiner technisch-zivilisatorischen Vorsprünge als kulturell zurückgeblieben, als oberflächlich und zu wirklich geistiger Tiefe unfähig. Demgegenüber wurden die USA fünf Jahre später in der abendländischen Publizistik als fester Bestandteil einer gemeinsamen westlichen Wertewelt behandelt. Der konservative Remigrant Erik von Kuehnelt-Leddihn insistierte darauf, die »wahrhaft christliche Kulturerneuerung« sei ein »gemeinsames Problem von San Francisco bis Helmstedt«. Damit hatte die Abendland-Ideologie ihre heimliche Funktion erfüllt, große Teile der Bevölkerung, nicht zuletzt tonangebende bildungsbürgerliche Schichten, nach Westen zu orientieren, ihnen dabei aber ihre Dünkel gegen die »seelenlose Erwerbsgesellschaft« – einer der zähesten diesbezüglichen Topoi – der USA zunächst zu belassen; der Schauder vor dem amerikanischen *way of life*, einer »Amerikanisierung«, durfte im Schatzkästlein der Ressentiments bleiben, gleichzeitig wurde zunehmend betont, dass es sich um ein transatlantisches kulturelles Problem des Westens handle. Rückblickend lässt sich der Abendland-Ideologie insofern bei allem Anachronismus ihres Gesellschaftsbildes paradoxerweise eine positive Funktion für die Verankerung der Bundesrepublik im Westen und für die Zurückdrängung des Nationalismus zumessen.

Die Grenzen von 1937   Aber dies war für die Zeitgenossen noch nicht unbedingt erkennbar, mischte sich die emphatische Beschwörung des abendländischen Abwehrkampfes doch immer wieder mit aggressiv vorgetragenen »Rechtsansprüchen« auf Vertriebenentreffen mit ranghoher Beteiligung von Regierungsmitgliedern, die sich nicht mit der Forderung nach Wiedervereinigung der beiden deutschen Staaten und nicht einmal mit den »Grenzen von 1937«, so weit reichte die staatsoffizielle Position, zufrieden erklären wollten.[154] Es musste von den östlichen Nachbarn, vor allem von Polen, als bedrohlicher Revanchismus empfunden werden, wenn die Grenzen zwischen den beiden deutschen Staaten auf der Wetterkarte des Fernsehens und den Karten im Schulunterricht nur gestrichelt, die Umrisse von 1937 dagegen fett markiert waren und in der Mitte von Dörfern und Städten Wegschilder die Kilometerangabe zu ehemals deutschen Orten im Osten angaben, die die einheimische Bevölkerung oft nicht einmal kannte.

Als geschichtspolitisch besonders aktiv zeigte sich der stellvertretende Bundesvorsitzende der FDP und spätere Landesminister von Nordrhein-Westfalen Friedrich Middelhauve, der ohnehin bei den Versuchen, mit Hilfe ehemaliger nationalsozialistischer Funktionäre die liberale Partei weit rechtsaußen zu positionieren, eine undurchsichtige Rolle spielte. Von ihm ging die Initiative aus, das Hermannsdenkmal im Teutoburger Wald als nationalen Kultort wiederzubeleben. Im Beisein des FDP-Vorsitzenden Thomas Dehler wurde am 17. Juni 1954, ein Jahr nach dem Aufstand in der DDR, bei Einbruch der Dunkelheit eine von Chorälen und dem Zapfenstreich orchestrierte Feier mit Fackeln und den Fahnen aller deutschen Länder illuminiert:
»Das Hermannsdenkmal im Teutoburger Wald war in weißes und rotes Licht getaucht. Handelte es sich dabei nur um einen Zufall, daß sich, im Zusammenspiel mit der Dunkelheit die Farben des Bismarck-Reiches ›Schwarz-Weiß-Rot‹ ergaben? Spruchbänder säumten den Aufgang zum Denkmal, den tausend Fackeln erleuchteten, eines davon lautete: ›Deutschland – das ist auch Breslau und Königsberg‹.«[155]
Allerdings war der Versuch einer Wiederbelebung soldatischen Heldenkults nicht unbedingt repräsentativ für die politische Gedenkkultur, die vielmehr die – nahezu unterschiedslos Opfer und Täter einbeziehende – Trauer um die Weltkriegstoten[156] und um die verlorenen Gebiete im Osten zelebrierte, bei denen die Forderung nach neuerlicher Missionsbereitschaft mitunter nur noch als pflichtschuldige Geste erschien, während die Verteidigung des noch aus den Trümmern geretteten Teilstaats im Mittelpunkt stand.

Mehrere symbolische Höhepunkte sind diesbezüglich für das Jahr 1955 zu registrieren. Die 700-Jahr-Feier der Stadt Königsberg wurde Ende Mai von der Ruhrgebietsstadt Duisburg gemeinsam mit den Vertriebenenorganisationen

Schlesiertreffen in Frankfurt (Main), 1954

der Ostpreußen ausgerichtet. In seiner Festansprache ging der sozialdemokratische Oberbürgermeister August Seeling nach ehrender Erwähnung des »tapferen Einsatzes unserer Wehrmacht« im Kampf um Königsberg auf dessen einstmalige Rolle als »Vorort des Deutschtums im Nordosten« und als »Bollwerk gegen die fremden Stämme im Osten« ein. Den Höhepunkt der Feiern bildete die Aufführung eines Stücks aus der Feder eines ehemaligen NS-Aktivisten vor dem historischen Rathaus und der gotischen Salvatorkirche als Kulisse für die Geschichte Königsbergs. Duisburg wurde in die Handlung einbezogen, indem in einer Schlüsselszene die Bürger der Stadt zur Kolonisierung des Ostens aufgefordert wurden.[157]

Am 10. Juli 1955 versammelten sich 60 000 katholische und evangelische Christen im Augsburger Rosenau-Stadion zum Höhepunkt der Jahrtausendfeier der Schlacht auf dem Lechfeld im Jahre 955; die vielbeachtete Hauptrede, es war sein erster öffentlicher Auftritt als Bundesaußenminister, hielt Heinrich von Brentano. Er sah eine »deutliche Parallele« zwischen der Ungarn-Schlacht vor tausend Jahren und der aktuellen politischen Lage:

»Die Ähnlichkeit ist erschreckend. Damals standen vor den Toren des Abendlandes, vor den Toren dieser Stadt, in der wir weilen, die heidnischen Nomadenscharen des Ostens; Verderben und Untergang drohten. Jetzt stehen wiederum, nicht sehr viel weiter von dieser Stadt entfernt, die Massen des Ostens, und wiederum sehen wir der Gefahr ins Auge, daß das Abendland von ihnen überrannt wird und ihnen zur Beute fallen kann. In gewisser Beziehung ist die Gefahr noch gewaltiger als damals. Denn nicht vereinzelte Nomadenhorden sind es jetzt, mit denen wir es tun haben, sondern ein Block von der Größe eines Erdteils, wohl organisiert und gegliedert.«[158] Zum besonders emotionalisierten geschichtspolitischen Gedenkort wurde die Rückkehr der letzten Kriegsgefangenen aus der Sowjetunion, das »Wunder von Friedland«, im Oktober 1955. Die Medien präsentierten Adenauer als Helden, der dem »Bolschewismus« die geknechteten Landsleute entreißen konnte, die nun in der Heimat einen überschwänglichen Empfang erhielten.[159]

Allerdings war 1955 auch das Jahr, in dem erstmals im Bundestag sozialdemokratische Kritiker, namentlich Helmut Schmidt, aus Anlass der Brentano-Rede danach fragten, welche merkwürdigen Gestalten eigentlich am eifrigsten das Abendland mit durchaus nicht genuin demokratischer Argumentation verteidigten und welche Verbindungen zur Bundesregierung bestünden, worauf diese eher defensiv reagierte. Auch mehrten sich satirische Bemerkungen, wie etwa von Peter Rühmkorf, der in Artikeln für den linksoppositionellen Hamburger *Studentenkurier* 1955 von »jener kategorialen Immobilität, die bereits ein Synonym des Systems geworden ist«, und von den »Verwaltungswürstchen und Schalterbeamten des Abendlandes« in »Bonn-Byzanz« schrieb.[160] Die Kritik jüngerer Intellektueller richtete sich in starkem Maße gegen die »restaurative Kulturpolitik« (Eugen Kogon), die ein besonderes Anliegen der Abendland-Retter darstellte und eine ganze Reihe von Skandalen produzierte. In den westdeutschen Symbolhaushalt eingegangen sind die Reaktionen auf das im Januar 1951 uraufgeführte, leicht kitschige Melodram *Die Sünderin* unter der Regie von Willi Forst, in dem es um die schicksalhafte Verstrickung einer aus gutbürgerlicher Familie stammenden Frau in die Prostitution ging, um Mord, Selbstmord und Sterbehilfe, Eifersucht und Liebe. Ob eher der gesamte Plot oder zwei sehr kurze Nacktszenen der damals 25-jährigen Hauptdarstellerin Hildegard Knef das Missfallen vor allem klerikaler Kreise an dem heute ab zwölf Jahren freigegebenen Film weckten, mag offenbleiben. Jedenfalls kam es in verschiedenen Städten, nachdem von Kirchenkanzeln dazu aufgerufen wurde, etwa in Düsseldorf und Regensburg, zu Demonstrationen und Kundgebungen von mehreren tausend Menschen vor den Kinos, in denen der Film gespielt wurde, und zu Störungen der Vorstellungen mit Stinkbomben; nur wenige Besucher wiesen in dieser Situation auf den Wert der künstlerischen Freiheit hin.[161] Die gleichen Tendenzen einer restriktiven, sehr stark von konservativen kirchlichen Positionen bestimmten Moralvorstellung prägten die Jugendschutzpolitik der frühen 50er Jahre, die den Kampf gegen »Schmutz und Schund« und für die »Volksgesundheit« seit dem späten 19. Jahrhundert, der auch in der Weimarer Republik geführt worden war, umstandslos fortsetzte.[162]

Liberale Strömung Von der konservativen Abendland-Ideologie lässt sich eine liberale Strömung unterscheiden, die sich 1947/48 im beginnenden Kalten Krieg wie jene nicht nur in der Bundesrepublik, sondern in ganz Westeuropa konstituierte. Sie orientierte viel stärker auf den Zusammenschluss des gesamten Westens und damit für eine »Westernisierung« der politischen Kultur.[163] Der Abendland-Terminologie wurde zwar auch hier anfangs mitunter gehuldigt und auch der kompromisslose Antikommunismus keineswegs abgelehnt. Die von der CIA über amerikanische Gewerkschaften insgeheim finanzierte Zeitschrift *Der Monat* hatte ihr erstes redaktionelles Vorwort im Oktober 1948 unter das Motto »Schicksal des Abendlandes« gestellt. Propagiert wurde die Verteidigung der »Freiheit« unter Führung der USA gegen den »Totalitarismus«, und Bertrand Russell sowie Franz Borkenau erörterten, ob ein rascher präventiver Waffengang unternommen werden sollte, bevor die Gegenseite über ein umfassendes Atomwaffenarsenal verfügte.[164]

Die kämpferische Frontstellung gegen den Totalitarismus bestimmte den internationalen »Kongreß für die Freiheit der Kultur«, der 1950 erstmals in Westberlin tagte und »seine einzige Aufgabe in der Verteidigung der Freiheit des schöpferischen und kritischen Geistes gegen jegliche Einschränkung oder Bedrohung« sah. Die Kongress-Bewegung sollte sich ihrem »Berliner Manifest« zufolge gegen die »Friedenskampagnen« aus dem Osten, »dieses Falschgeld des Friedens«, wenden und darüber aufklären, »dass Theorie und Praxis des totalitären Staates die größte Bedrohung darstellen, der sich der Mensch in seinem geschichtlichen Dasein bisher gegenübergesehen hat.« Zu den deutschen Unterzeichnern des Manifestes zählten unter anderen Alfred Weber, Theodor Plivier und der sozialdemokratische Berliner Bürgermeister Ernst Reuter. Unter den 20 Mitgliedern des »Deutschen Ausschusses« der Bewegung waren mit Willy Brandt und Carlo Schmid weitere Sozialdemokraten vertreten, im Internationalen Komitee wurden als deutsche Vertreter unter anderem Karl Jaspers, Alfred Weber, Carlo Schmid, Eugen Kogon, Adolf Grimme, Alexander Mitscherlich, Franz Borkenau und Dolf Sternberger genannt. Anders als im *Monat* wurde in den offiziellen Erklärungen des Kongresses der Abendland-Begriff allerdings weitgehend vermieden; an seine Stelle trat die »freie Welt«, ein Begriff, der eine nicht minder radikale Kampfbereitschaft gegen den östlichen »Totalitarismus« ausdrückte.[165]

Allerdings mahnten die Intellektuellen dieser Strömung, die vor allem liberale Publizisten, nicht wenige enttäuschte ehemalige Kommunisten und westlich orientierte Sozialdemokraten umfasste, auf ihrem zweiten Kongress 1953 in Hamburg, der Kampf gegen den Totalitarismus dürfe nicht dazu führen, im politischen Kampf des Kalten Krieges selbst totalitäre Mittel anzuwenden. Dies wandte sich gegen die Exzesse der McCarthy-Ära, die auch nach Westeuropa ausstrahlten. Was von konservativen Abendland-Ideologen begeistert begrüßt wurde, führte bei Liberalen zu einer kritischen Wachsamkeit gegenüber dem Abbau bürgerlicher Freiheiten. Nicht eine einheitliche Ideologie dürfe dem Kommunismus entgegengestellt werden, wie es die konservativen Abendland-Protagonisten forderten, sondern pluralistische Gedankenfreiheit. Der Westen sollte dadurch attraktiv werden, dass er in diesem Sinne einfach moderner war als der Osten. Die Modernität wiederum wurde präsentiert in der Propaganda für die marktwirtschaftliche Ordnung vor dem Hintergrund realer Konsumerfahrungen.[166] Dieses Denken erhielt seit der Mitte der 50er Jahre immer größere Resonanz und war nun längst nicht mehr nur auf den *Monat* und verwandte Organe verwiesen.[167]

Der allmähliche Klimawechsel, der vom dezisionistischen Freund-Feind-Denken zu einer entspannteren, dialogbereiteren politischen Kultur führte, lässt sich anhand der Entwicklung zahlreicher Foren verfolgen, der Programme der seit 1947 gegründeten Evangelischen und – zeitversetzt – auch der Katholischen Akademien. Die Zahl der Tagungen Evangelischer Akademien, am bekanntesten wurden jene in Bad Boll und Loccum, verdreifachten sich von 1952 bis 1961 auf über 1000, die Zahl der Teilnehmer von ca. 20 000 auf 50 000.[168] Dort sowie auf zahlreichen Veranstaltungen anderer Bildungsstätten sowie bei Gelegenheiten zum Meinungsaustausch, beim »Darmstädter Gespräch« (seit 1949)[169], bei den wöchentlichen »Mittwochsgesprächen« im Kölner Bahnhof (seit 1950)[170] und ähnlichen Einrichtungen wurde in beinahe jeder Stadt der Dialog eingeübt und in einem permanenten Diskurs die Selbstbeschreibung der Gesellschaft allmählich differenziert.[171] Schon in den frühen 50er Jahren, unter restriktiven Rahmenbedingungen der politischen Kultur, begann die Wandlung der westdeutschen Gesellschaft zu einer diskutierenden Öffentlichkeit. Während die konservative Regierung noch erfolgreich einen großen Teil der Medien direkt und indirekt mit ihren

Diskussions-kultur

Sprachregelungen steuerte[172], veränderte sich die Diskurslandschaft allmählich. Traditionelle Orte des Politisierens wie der Stammtisch wurden dabei medial verhäuslicht, etwa von Werner Höfers *Internationalem Frühschoppen*, einer der beliebtesten Hörfunk- und Fernsehsendungen der 50er und 60er Jahre. Die Mischung aus Imagination von Modernität durch internationale Gäste und männerbündischem Bezug – Frauen durfen in dieser Sendung lange Zeit nur den Weißwein nachschenken – passte offenbar ideal in die Zeit des Wiederaufbaus.[173]

Zu erwähnen sind in diesem Zusammenhang auch die Massenmedien als Stätte des Broterwerbs für zahlreiche Schriftsteller und Publizisten. Sie wirkten vor allem in den intellektuellen Nachtprogrammen, die alle Rundfunkstationen seit 1947/48 einrichteten und die immerhin – selbst wenn es sich prozentual nur um Bruchteile der Hörer handelte – Hunderttausende erreichten. Man wollte dort, wie es immer wieder hieß, nicht links oder rechts, sondern »tiefsinnig« und anspruchsvoll sein, aber jedenfalls die Freiheit des Individuums an die erste Stelle rücken. Alfred Andersch gab dazu in einer Sendung über die *Europäische Avantgarde* dem Schweizer Publizisten Denis de Rougemont das Wort. Dieser ironisierte die von den Vereinten Nationen proklamierten Menschenrechte mit der Bemerkung, Meinungsfreiheit, Religionsfreiheit, soziale Sicherheit und Schutz vor äußerer Aggression genössen vor allem »die Sträflinge in amerikanischen Gefängnissen. (Man gönnt ihnen sogar Kino am Samstag-Abend).« Wahre Freiheit aber werde nicht vom Staat, ob sowjetisch oder demokratisch, gewährt – »was wir brauchen, um frei zu sein, ist einzig und einfach: Mut.«[174] In einer Terminologie, die an ältere geistesgeschichtliche Traditionen erinnerte, artikulierten sich mitten in der politisch-kulturell dunkelsten Zeit der Bundesrepublik bereits jene intellektuellen Kräfte, die zu einer liberalen Gesellschaft westlicher Provenienz drängten. Insofern erscheint sie auch als »Inkubationszeit« (Jürgen Habermas).

3 Auf künstlerischem Wege zur Akzeptanz westlicher Moderne

Wenngleich sich die Herausbildung neuer Strömungen nie auf exakte Daten zurückführen lässt, waren die beiden großen politischen Zäsuren auch für die Tendenzen »hoher Kunst« um 1950 von Bedeutung. Die erste dieser Zäsuren war die noch vor Gründung der Bundesrepublik durchgeführte Währungsreform, die den Übergang zu »normalen« Marktverhältnissen auch für den

Kunstmarkt einleitete – mit allen bekannten Erscheinungsformen bis zur Kunstfälschung. Nachdem bei der Restaurierung des Lübecker Doms – seit 1948 – immer mehr gotische Fresken entdeckt worden waren, die 1951 selbst den Bundeskanzler in die Hansestadt lockten und sogar auf Briefmarken verewigt wurden, zeigte der Maler Lothar Malkat sich und seinen Vorgesetzten, den Kunsthistoriker Lothar Fey, im Frühjahr 1952 selbst an. Die neue Republik hatte ihren ersten großen Fälschungsskandal.[175]

Die Währungsreform, zumal sie zunächst mit einem beträchtlichen Anstieg der Arbeitslosigkeit verbunden war, verscheuchte zwar nicht sofort die düstere Gestimmtheit, ist aber im Rückblick als Herstellung verlässlicher und vertrauter Rahmenbedingungen mit hohem Symbolgehalt ausgestattet worden. Heinrich Böll konstatierte in einem Essay Anfang der 60er Jahre: »Die Zeit vom 20. Juni 1948 bis heute nennt man: nach der Währungsreform, im Volksmund schlichter: vor und nach der Währung (…) Wir leben im Jahre 12 nach der Währung.«[176] Zur Wiederherstellung von »Normalität« gehörte die Wiederbelebung des künstlerischen Selbstbewusstseins einer Dichotomie von Geist und Macht, Künstler und Bürger. Dieses klassische Gegensatzpaar im intellektuellen Ideenhaushalt hatte bereits die deutsche Literatur des 19. und der ersten Hälfte des 20. Jahrhunderts durchzogen, exemplarisch etwa im Werk von Thomas Mann und Hermann Hesse. Die neuerliche Konjunktur dieses Motivs schloss die charakteristischen Tendenzen einer elitären Nichtbeachtung der tagespolitischen Diskussionen ein.[177]

Die zweite, staatspolitische Zäsur, die Gründung der Bundesrepublik als eines zunächst halbsouveränen Staates, der sich im Kalten Krieg auch in kultureller Hinsicht als Teil der »westlichen Wertegemeinschaft« definierte, schuf nicht nur verfassungsmäßige Rahmenbedingungen intellektueller Freiheit. In einer Atmosphäre des Freund-Feind-Denkens wurden zugleich künstlerische Strömungen umstandslos als dem Westen oder Osten zugehörig einsortiert, am krassesten wohl auf dem Gebiet der Bildenden Kunst. Aber auch die Verbindungen zwischen Schriftstellern aus West und Ost, die sich noch im gemeinsamen PEN-Zentrum trafen, wurden brüchig.[178] Die gleichzeitige Trennung der Künste von der Sphäre der Politik und die politisch verbindliche Durchsetzung »westlicher Moderne« verliehen der kulturellen Szene der frühen Bundesrepublik ihre eigentümliche Signatur.

Es fügte sich, dass im Gründungsjahr der beiden deutschen Staaten zugleich der 200. Geburtstag Goethes gefeiert wurde. Wie in einem Brennglas können wesentliche Aspekte der erwähnten Rahmenbedingungen am Beispiel der Diskussionen des Goethe-Jahres 1949 studiert werden. Der Wei-

Deutsch-deutsche Kämpfe um die Klassiker

marer Dichterfürst hatte in der unmittelbaren Nachkriegszeit als rettender Haltepunkt fungiert, dreißig Ausgaben des *Faust* und mehr als ein Dutzend Faust-Kommentare waren in der bücherarmen Zeit von 1945–1949 veröffentlicht worden. Das Jubiläumsjahr markierte nun den Höhepunkt der Begeisterung; zahlreiche Kulturzeitschriften brachten Themenhefte zum 200. Geburtstag heraus, darunter der *Monat, Heute und morgen* sowie die *Hamburger Akademische Rundschau.* Kein Rundfunkprogramm für intellektuelle Nachtschwärmer verzichtete auf eine Sendung zum Anlass, der Nordwestdeutsche Rundfunk veranstaltete sogar ein »Goethepreisausschreiben« zum Thema »Welches Gespräch würden Sie mit Goethe führen, wenn Ihnen das möglich wäre?«. Unter den mehr als 1000 Einsendungen wurden sechs Arbeiten mit je 1000 DM und weitere zehn mit je 500 DM prämiiert. Symptomatisch war, dass sich die Einsender, zu mehr als neun Zehnteln Männer, kaum einmal an den jungen Stürmer und Dränger, sondern stets an den Alten von Weimar wandten, bei dem sie sicheren Halt suchten.[179] Der Hamburger Unternehmer Alfred Toepfer, der sich seit den 30er Jahren als Kulturmäzen engagiert hatte, stiftete im Jubiläumsjahr einen Goethe-Preis, erster Preisträger war der Schweizer Philosoph Carl Jacob Burckhardt.[180] Nur wenige Autoren distanzierten sich von der »allgemeinen Goethepsychose« (Elisabeth Langgässer) und einem Rummel, den Erich Kästner satirisch ins Bild setzte:

>»Endlich ertönt der Startschuß! Die Federn sausen übers Papier. Die Rotationsmaschinen gehen in die erste Kurve. Die Mikrophone beginnen zu glühen. Ein noch gut erhaltener Festredner bricht plötzlich zusammen. Das Rennen hat begonnen: das Goethe-Derby über die klassische 200-Jahr-Strecke!«[181]

Aber solche respektlosen Äußerungen waren keineswegs repräsentativ. Schon die Mahnung des Philosophen Karl Jaspers, der 1947 in Frankfurt am Main den Goethe-Preis verliehen bekam, sich vom Goethe-Kult als kritikloser Rechtfertigung deutscher Vergangenheit zu distanzieren, hatte zu heftigen Protesten jener geführt, die sich wie der Romanist Ernst Robert Curtius dagegen verwahrten, »Geister vom Range Goethes durch fortschreitende Modernität« in Frage zu stellen und so das deutsche Wesen zu verraten. Der Hinweis des aus dem Exil zurückgekehrten Literaturwissenschaftlers Richard Alewyns, »zwischen uns und Weimar liegt Buchenwald«, traf weithin auf Unverständnis.[182]

Die Feier der reinen Kunst, nun schon unter neuen Marketing-Bedingungen, erhielt gleichwohl eine direkte politische Note durch den Kalten Krieg. Und wieder schieden sich die Geister, wie in der Debatte um die »innere

Emigration« im ersten Nachkriegsjahr, an der Position des größten deutschen Schriftstellers im 20. Jahrhundert. Thomas Mann verweigerte sich nämlich der Blocklogik des Kalten Krieges, als er in seiner Dankansprache zur Verleihung des Goethe-Preises, der erst nach langen Auseinandersetzungen in der Jury an ihn vergeben wurde, in Frankfurt am Main ausführte:

> »Ich kenne keine Zonen. Mein Besuch gilt Deutschland selbst. Deutschland
> als Ganzem, und keinem Besatzungsgebiet. Wer sollte die Einheit Deutsch-
> lands gewährleisten und darstellen, wenn nicht ein unabhängiger Schrift-
> steller, dessen wahre Heimat (…) die freie, von Besatzungen unberührte
> deutsche Sprache ist.«[183]

Thomas Mann, der kurz vor dem Goethe-Jahr seinen Faustus-Roman, literarisierte Summa seines politisch-kulturellen Engagements, veröffentlicht hatte, begab sich nur wenige Tage, nachdem er als Festredner in Frankfurt am Main aufgetreten war, nach Weimar, um auch dort am 1. August 1949 zur Feier Goethes zu sprechen und diesen als großen Humanisten zu preisen. Im Hintergrund hatte sich vor allem der einflussreiche marxistische Philosoph und Literaturhistoriker Georg Lukács für die Einladung Manns eingesetzt, dessen Auftreten in das kommunistische Bündniskonzept passte. Heftige Kritik wurde im Westen Deutschlands, unter anderem von dem ehemaligen Buchenwald-Häftling Eugen Kogon, daran geübt, dass Thomas Mann es unterlassen hatte, die Nutzung des Lagers durch die sowjetische Besatzungsmacht anzusprechen, die dort nicht nur ehemalige NS-Funktionäre, sondern auch andere politische Gegner interniert hatte. Allerdings mahnte Thomas Mann in seiner Weimarer Rede durchaus, »Freiheit, Recht und die Würde des Individuums« nicht untergehen zu lassen.[184] Die Kritik im Westen veranlasste Mann zur Vorsicht. Um seine Unabhängigkeit zu unterstreichen, lehnte er in den kommenden Jahren mehrere Einladungen nach Weimar sowie die Annahme des DDR-Nationalpreises und des Stalin-Friedenspreises ab. Allerdings gab er die Einwilligung, als Ehrenpräsident der Schiller-Gesellschaft in Weimar zu dienen und drängte seinen Verleger Bermann Fischer, eine Ausgabe seiner Werke in der DDR zu gestatten. Außerdem setzte er sich, allerdings vergeblich, für eine west-östliche Koproduktion zur Verfilmung der *Buddenbrooks* ein; sie scheiterte am Einspruch des Bundesministeriums für Gesamtdeutsche Fragen (BMG). Zur Wiederaufführung kamen die deutschdeutschen Querelen noch einmal 1955, im Todesjahr Thomas Manns, als dieser zu den Schiller-Feierlichkeiten sowohl nach Stuttgart als auch nach Weimar reiste. In diesem Fall versuchte das BMG den Bundespräsidenten zu bewegen, dem Schriftsteller die Reise nach Ostdeutschland auszureden. Heuss verweigerte sich dem Ansinnen, das er in einem internen Vermerk »grotesk« und »töricht« nannte:

»Ich halte dafür, dass in den geistig-kulturellen Dingen ein Maximum an Gemeinsamkeit gepflegt werde, und freue mich darüber, wenn das Stuttgarter Ensemble mit einem Schiller auf der Weimarer Bühne erscheint. (…) Es gibt doch ein sogenanntes gemeindeutsches Kulturgut. Aber man sagt, in den Händen der Leute der sowjetischen Zone wird es nur propagandistisch gesehen und bewertet. Welche Schwachheit, davor Angst zu haben!«[185]

Thomas Mann und seine Tochter Erika in München, 1952

Eben solche krampfhaften Bemühungen, der SED-Führung keine Gelegenheit zu geben, sich als Förderer deutscher kultureller Traditionen zu profilieren, kennzeichneten die Kulturszene – und zwar keineswegs in den Mustern konventioneller Links-rechts-Schemata. Als im Bach-Jahr 1950 die westdeutschen Rundfunkanstalten erst nach dem Versprechen, eine rein musikalische Veranstaltung zu liefern, das Angebot des Leipziger Senders annahmen, ein großes Festkonzert ins Programm zu übernehmen, verweigerte sich allein der Intendant des Süddeutschen Rundfunks Fritz Eberhard, ein sozialdemokratischer Remigrant, diesem Kompromiss aus prinzipiellen antikommunistischen Gründen.[186] Im Falle der Schiller-Ehrungen vermochte die DDR allerdings keinen großen ideologischen Gewinn aus Thomas Manns Ausführungen zu ziehen, stellte dieser doch heraus, dass die »nationale Idee« eine »gestrige« sei und schon Schiller die Menschheit über die Nation gestellt habe – dies entsprach nicht der »nationalen« Linie der SED und wurde vom Zentralorgan *Neues Deutschland* nicht erwähnt.[187]

Kulturpessimismus
Die depressive Düsternis der unmittelbaren Nachkriegszeit mit ihren lebensphilosophisch inspirierten Anklagen gegen die »Technik«, »Massengesellschaft« und »Entfremdung« ragte in die Gründerjahre der Bundesrepublik hinein und bestimmte in starkem Maße den Feuilleton-Horizont.

Technik bedeute den Untergang der Kultur und des Humanen, Technik sei die Form, in der das Dämonische die Zeit beherrsche, lautete der *cantus firmus* zahlreicher Intellektueller.[188] Dies konnte im Kalten Krieg politisch aufgeladen werden, wie etwa der Roman *1984* des in Indien geborenen Engländers George Orwell zeigte, der 1949 erschien. Im folgenden Jahr wurde er in deutscher Sprache zunächst in mehreren Folgen im *Monat* abgedruckt und dann als Buch veröffentlicht, von dem auf Anhieb 25 000 Exemplare verkauft wurden. Die zutiefst pessimistische Darstellung des von einem totalitären und mit moderner Technik betriebenen Überwachungsapparat (»Big Brother«) restlos manipulierten Individuums, das sich dem vom Regime vorgegebenen »Neusprech« für die Massen anzuschließen hatte und so völlig entfremdet funktionieren sollte, konnte unschwer auf die Verhältnisse hinter dem Eisernen Vorhang bezogen werden und fand für Jahrzehnte Aufnahme in den Schulunterricht.

Die Breite der Rezeption und Zustimmung zu technikskeptischen Positionen um 1950 ist allerdings schwer zu ermitteln, zumal sich deren Protagonisten bisweilen als einsame Rufer gegen den Strom der Zeit präsentierten. So fügte der Schriftsteller Rudolf Hagelstange in einem Aufsatz für den *Monat* 1951, nachdem er beklagt hatte, dass die Kunst durch den technischen Fortschritt »zu einem qualifizierten Haschisch unserer Tage verfälscht worden« sei, kokettierend hinzu: »Vielleicht klingt das schrecklich deutsch, konservativ oder pessimistisch.«[189]

Als neuer Akzent in der traditionsreichen Technikkritik fungierte die Beschwörung der Psychotechnik. So warnte der prominente Psychiater Joachim Bodamer davor, wer sich den »Instrumenten der technischen Zivilisation«, wie dem Auto, Film oder Radio, aussetze, werde durch deren »uniformen Gleichschaltungscharakter selbst seelisch uniform«.[190] Fluchtpunkt solcher Betrachtungen war regelmäßig die »Masse«, ein dominierendes Dauerthema seit den 20er Jahren, wobei »Masse« nach einer bekannten Definition des Spaniers Ortega y Gasset, dem laut Umfragen meistgelesenen Philosophen der frühen Bundesrepublik, zunächst nicht mehr als den »Durchschnittsmenschen« meinte. Die besondere Eingängigkeit des Begriffs der »Masse« im »gebildeten Bürgertum« in den 50er Jahren entsprang einer schwer beschreibbaren Mischung von angstvollem Schaudern nach den Erfahrungen mit dem Marschtritt uniformer Kolonnen innerhalb und außerhalb des Landes in der ersten Hälfte des Jahrhunderts mit älteren elitären Vorbehalten angesichts einer »wachsenden Herrschaft der Halbbildung« sowie einer Zersetzung der organischen Gemeinschaften. Als symptomatisch erscheint die Klage des in der intellektuellen Szene sehr präsenten exilrussischen Philosophen Fedor Stepun beim »Darmstädter Gespräch« 1952:

> »Der Begriff der Gemeinschaft, den Tönnies geprägt hat, ist heute in Wirklichkeit nicht zu finden. Selbst wenn die Menschen zusammenkommen, um einen großen Geist zu verehren, nennen sie sich nicht Kant- oder Goethegemeinschaften, sondern Goethegesellschaften. (…) Ja, es fragt sich, ob die meisten Kirchen heute auch nicht nur Jesusgesellschaften sind. Dass diese ganze gesellschaftliche Struktur sehr leicht zur Vermassung führt, der nur wahre Persönlichkeiten Widerstand leisten könnten, ist selbstverständlich …«[191]

Die Angst vor dem Überstaat mochte sich vordergründig vor allem auf »den Osten« beziehen. Aber häufig wurde auch betont, dass die immanente Gefahr einer ins »ungemessene wachsenden Bürokratie« jedenfalls »nicht minder beträchtlich« sei als die Drohung des »eurasischen Totalitarismus der klassenlosen Gesellschaft«, wie der Soziologe Willy Hellpach betonte.[192] Viel diskutiert wurde Alfred Webers Konstruktion eines typologischen Gegensatzes von »drittem« und »viertem Menschen«. Der »vierte Mensch«, nach Alfred Weber »nichts anderes als eben eine anlagemäßige Desintegrierung« vom ganzheitlichen »dritten Menschen«, war ein in die »Gesamtverapparatung« als Hauptzug der »modernen Daseinsform« eingespanntes gesichtsloses Wesen, das als bloßes Objekt funktioniere.[193]

Aus der »dämonischen« Technik und der »Vermassung« der Gesellschaft entsprang die »Entfremdung«, die Einsamkeit des Einzelnen in der Masse. Einfühlsam beschrieb dies der Publizist Friedrich Sieburg in der *Gegenwart* 1953: Es »weht uns aus unserer Epoche eine Leere an, von der wir nicht wissen, ob sie auf den Zustand der Welt oder auf unsere innere Situation zurückgeführt werden muß«.[194] Charakteristisch war die Verknüpfung von konservativer Zivilisationskritik, Gesundheitsdiskurs und Psychotherapie. Die auf das menschliche Individuum bezogene Argumentation erweiterte sich regelmäßig zur zeitkritischen Diagnostik: Krank seien »nicht nur einzelne Menschen, sondern unsere ganze Zeit«. Vor allem der durch Zeithetze bedingte »Stress« wurde in den 50er Jahren zu einem geläufigen Begriff.[195]

Die Bedrohung durch »Massengesellschaft« und »Entfremdung« blieb ein wichtiges Thema im Feuilleton der 50er Jahre, meist verbunden mit der Propaganda für Elitekonzeptionen konservativer oder liberaler Provenienz in vielfältigen Mischformen, so etwa bei Wilhelm Röpke, der in terminologischer Anlehnung an Ortega y Gasset zum »Aufstand der Elite« aufrief. Bei kirchlich engagierten Schriftstellern stand die »moderne Form der Askese«

als Weg aus der »Vermassung« im Vordergrund, eine meditative Haltung, die unter dem Stichwort der »Konsumaskese« in der Kritik der »Wohlstands- und Freizeitgesellschaft« am Ende der 50er Jahre häufig angesprochen wurde.

Die sich im Wiederaufbau aufhellende Lebenswelt führte dazu, dass das Lamento über die Masse und die Beschwörung einer konsumasketischen Elite in abendländischer Verantwortung immer häufiger ironisiert wurde. Welche sichere Wirkung mit dem Thema »Masse« zu dieser Zeit erreicht werden konnte, glossierte etwa Alexander Mitscherlich an einem fiktiven Beispiel: »Politische Großversammlung, die Arena gefüllt bis zum letzten Platz, ein Teppich von Menschen und Gesichtern in den aufsteigenden Reihen, der Redner in vollem Zug. Er sagt: ›Die Vermassung ist an allem Schuld‹. Orkanartiger Applaus.«[196]

»Moderner Konservatismus«

Auch der schrullige Antiurbanismus des lederbehosten Martin Heidegger, obgleich er immer noch zahlreiche Verehrer fand, passte nicht recht zu den Wiederaufbauerfolgen. Damit einher gingen zwar auch Einflussverschiebungen innerhalb der akademischen Philosophie, die existenzialphilosophische Phänomenologie wurde an vielen universitären Fachbereichen von »kritisch-analytischen« bzw. »empiristischen« Ansätzen, nicht selten als Re-Import von Traditionen des deutschsprachigen Raums (»Wiener Kreis« u. a.) aus den USA, abgelöst. In der Öffentlichkeit aber verlor die Philosophie an Aufmerksamkeit. Symptomatisch dafür war es, dass die neben Heidegger in der Öffentlichkeit bekanntesten Philosophen jener Zeit, der Spanier José Ortega y Gasset und Karl Jaspers, ihren Ruhm in der Zwischenkriegszeit begründet hatten und zudem eher als Essayisten geschätzt wurden. Der Abstieg der Philosophie ging einher mit der steigenden Beachtung gesellschaftsdiagnostischer Beiträge von fachwissenschaftlicher, zumal soziologischer Seite.[197]

In dieser Sicht galt die Technik nicht mehr als Ursache für die »Vermassung«, sondern im Gegenteil als Mittel zur Auflösung der »Masse«. Ein Beitrag von Otto Krämer, eines führenden Mitglieds im Verein Deutscher Ingenieure (VDI), beim »Darmstädter Gespräch« 1952 veranschaulicht das harmonisierende Bild eines durch Technik gewonnenen gleichen Zugangs zu den kulturellen Gütern:
»Der Herr Bundespräsident liest keine bessere Zeitung und sieht keinen besseren Film als der Pförtner dieses Hauses, und die Senner auf der Laufbichler Alm unterhalten sich über dieselben Sportereignisse wie die Studenten in Darmstadt oder München. Es ist eine Art Ausgleich, ein Mitbeteiligen aller im Gange … (Zwischenruf: Volksgemeinschaft! Heiterkeit. Beifall, Heiterkeit) – Ja! sagen Sie: Volksgemeinschaft-. Ich vermeide anrüchige Worte,

obwohl sie manchmal richtig sind – es kann kein falsches Unternehmen sein, aus einer Masse ein Volk machen zu wollen. (Beifall).«[198]

Vor allem die Soziologie als empirische Sozialforschung erlangte zunehmend eine Deutungshoheit in den Feuilletons, Evangelischen Akademien und anderen politisch-kulturellen Foren. Arnold Gehlen und Helmut Schelsky hatten bereits früh die neuen Forschungstrends in Soziologie und Psychologie dahingehend zusammengefasst, dass die Sicht auf die »Masse« die »Differenzierung ›unter dem Tisch‹« übersehe. Dort, so formulierte Gehlen, gebe es

»die bunteste Vielzahl informeller Gruppierungen quer durch die Großorganisationen hindurch, kleine anonyme und doch indirekt oft höchst einflußreiche Netze von Freundschaften, Gesinnungs-, Vertrauens- und Traditionsgemeinschaften, von ›Teams‹, die man nur im Einzelfall sieht und die niemand über den engen Bereich seiner Erfahrung hinaus kennt. (…) Das Zeitalter der Vermassung ist also das Zeitalter der kleinen Sondergruppierungen, der Vertrauensbeziehungen, für die man sich einsetzt und wirklich etwas tut, der Teams, welche Gleichgesonnene kooptieren. Das Zeitalter der Seelen-Uniformierung ist auch das der noch nicht dagewesenen Bewußtheit und Ausfaltung des Seelischen …«[199]

Die später als »moderner« oder »technokratischer« Konservatismus bezeichnete Strömung um das Dreigestirn Hans Freyer, Arnold Gehlen und Helmut Schelsky[200] hatte nichts mehr mit den konservativ-utopischen Anklängen an eine Aufhebung der »Entfremdung« zu tun. Im Gegenteil: Das Ausmaß »moderner Entfremdung« wurde breit ausgemalt, um die heroische Pose des Aushaltens der Entfremdung umso kontrastreicher entgegensetzen zu können. Die bedeutsamste Verallgemeinerung solcher Blicke auf die »moderne Gesellschaft« lieferte Hans Freyer mit seiner 1955 erschienenen *Theorie des gegenwärtigen Zeitalters*. Hier ging es darum, dem unausweichlichen, vor allem pychologischen Druck der »sekundären Systeme« des »technischen Zeitalters« nicht mit bloßer Anpassung zu begegnen, sondern »über die Möglichkeit, der Entfremdung gewachsen zu sein«, nachzudenken.

Dem diente etwa der glänzende Essay von Helmut Schelsky mit dem Titel *Ist der Großstädter wirklich einsam?*:

»Je sachlicher die menschlichen Beziehungen im Arbeitsraum werden und je privater und individuell wählbarer die im Freizeitraum, umso angemessener empfindet sie heute der Mensch. So wird gerade die Großstadt heute mehr und mehr zu seiner optimalen Umwelt, in der sich der moderne Mensch wohl fühlt und die er dem kleinstädtischen oder dörflichen Leben vorzieht, das ihm viel mehr Belastungen auferlegt. (…) Die alten Vorstellungen von der Einsamkeit und seelischen Verlorenheit des Großstädters, die aus der Anonymität und Fremdheit der Menschen in der Großstadt stamme und nach neuen Gemeinschaftsbildungen als Heilmittel rufe, sind zur unwirklichen Romantik geworden.«[201]

Während sich konservatives Denken modernisierte und mit den realen Verhältnissen arrangierte, wurden Diagnosen eines Gemeinschafts- und Sinnverlustes und daraus folgende düstere Zukunftsszenarien zunehmend – in der Terminologie oft bis zur Verwechselbarkeit traditioneller konservativer Kulturkritik ähnlich – von remigrierten oder in den USA gebliebenen »kritisch-theoretischen« Denkern vorgetragen. »Verwaltete Welt«, »Krisis des Individuums«, »bloßes Funktionieren innerhalb der ungeheuerlichen gesellschaftlichen Maschinerie, in die wir alle eingespannt sind« – alle diese Stichworte des Entfremdungsdiskurses finden sich z. B. in einem Rundfunkgespräch von Theodor W. Adorno und Max Horkheimer mit Eugen Kogon im Hessischen Rundfunk, das 1950 geführt wurde. Die sogenannte Frankfurter Schule spielte bereits in der frühen Bundesrepublik eine große und sogar größere Rolle als in den 30er Jahren.[202] Allerdings war das nur möglich, weil die frühen Versuche einer Verbindung von Karl Marx und Sigmund Freud krampfhaft verdunkelt wurden, weil sie nicht in die antikommunistische Atmosphäre des Kalten Kriegs passten. Horkheimer verschloss deshalb bekanntlich die Ausgaben der *Zeitschrift für Kritische Sozialforschung* aus der Zeit des Exils im Keller des Frankfurter Instituts. Zudem verweigerte sich das Institut für Sozialforschung durchaus nicht empirisch-soziologischer Auftragsforschung für die Industrie, wie ihre Studie zum Betriebsklima bei der Firma Mannesmann zeigte. Insofern ist auch die Charakterisierung der Frankfurter Schule als »kritische Zierde einer restaurativen Gesellschaft« zumindest missverständlich.[203] Weder war die Bundesrepublik einfach nur restaurativ, noch war die Frankfurter Schule in jenem Sinne gesellschaftskritisch, wie es retrospektiv, nach dem Beginn des Engagements von Adorno für die »Aufarbeitung der Vergangenheit« Ende der 50er Jahre und nach der Wiederentdeckung der frühen Schriften des Instituts aus den 20er und 30er Jahren, assoziiert wird.

Die skizzierten Wandlungen der Ideenlandschaft der 50er Jahre fanden in den Künsten unterschiedliche Ausdrucksformen und Tempi. Tendenziell blieben Literatur und Theater stärker traditionellen Mustern verhaftet als die Bildende Kunst und die Architektur, aber die mehr oder weniger umkämpfte Durchsetzung einer spezifischen »westlichen Moderne« ist in allen künstlerischen Bereichen zu beobachten.

Kritische Theorie

In der Literaturgeschichtsschreibung über die 50er Jahre herrschte lange Zeit die Tendenz vor, besonders markante »moderne« Phänomene für das Ganze auszugeben, während weite Teile des literarischen Buchmarktes tatsächlich weitgehend »terra incognita«[204] geblieben sind. Ähnlich wie der Nierentisch für das Design der Möbel wurde die Gruppe 47 retrospektiv als repräsentativ für die Literatur der 50er Jahre ausgegeben. Das große Übergewicht der Beharrungskräfte auf literarischem Gebiet ergab sich aber schon aus der Organisation des Buchmarktes. Von den zum Zeitpunkt der Währungsreform registrierten 850 Verlagen war Mitte der 50er Jahre lediglich noch ein Drittel verblieben, während Altverleger wie C. H. Beck, Bruckmann, Callwey oder Franz Schneider – dieser vor allem auf dem lukrativen Markt der Kinder- und Jugendliteratur – wieder marktbeherrschende Positionen einnehmen konnten. Einer Aufstellung von 1958 zufolge waren unter den ersten 100 erfolgreichsten Titeln nur 13 Bücher, die nach 1945 erstmals aufgelegt worden waren. Das erste davon, ein Schulatlas, auf Platz 16, das erfolgreichste belletristische Buch folgte auf Platz 49 – *Vater unser bestes Stück* von Hans Nicklisch.[205] Der Autor hatte mit dieser harmlos-humorvollen Familiengeschichte 1955 (26 Auflagen bis 1966) seinen literarischen Durchbruch erzielt, nicht zuletzt durch die Verfilmungen seiner Romane mit namhaften Leinwandstars und die Aufnahme der Titel in das Angebot des großen Buchclubs. In der Literaturdistribution, der Herausbildung eines Medienverbunds, in neuen Gestaltungsformen wie dem Taschenbuch ist für die ersten beiden Drittel der 50er Jahre weit eher von Modernisierung zu sprechen als hinsichtlich der Experimentierfreude großer Werke der Prosa und Lyrik.[206] Der Tod von Gottfried Benn (1956) konnte geradezu als Symbol verstanden werden. Der expressionistische Dichter, der nach anfänglicher Unterstützung des Nationalsozialismus 1938 Schreibverbot erhalten hatte, als Wehrmachtsarzt in eine von ihm selbst so bezeichnete »aristokratische Form innerer Emigration« wechselte und dann erneut bis 1948 nicht publizieren durfte, hatte eine – ähnlich der anderer ehemaliger konservativer Revolutionäre – poetologische Wende zu sprachartistischem Ästhetizismus mit lakonisch-melancholischem Unterton vollzogen, die sich in einigen Essays, vor allem aber in seinem lyrischen Werk (*Statische Gedichte* [1948], *Fragmente* [1951], *Destillationen* [1953]) ausdrückte. In seinem berühmten Gedicht »Teils – teils« lautete ein Vers:
»Nun längst zu Ende/graue Herzen, graue Haare/der Garten in polnischem Besitz/die Gräber teils-teils/aber alle slawisch,/Oder-Neißelinie/für Sarginhalte ohne Belang/die Kinder denken an sie/die Gatten auch noch eine Weile/teils-teils/bis sie weiter müssen/Sela, Psalmenende.«[207]

Offenbar traf Benn mit solchen Stimmungen abendländischen Niedergangs und des Verlustes der Heimat die Empfindungen eines großen Teil des bildungsbürgerlichen Publikums. Sein lyrisches, von Politik und Gesellschaft abgewandtes Ich entwickelte Vorbildcharakter für die Poesie schlechthin. In einem Vortrag über *Probleme der Lyrik* definierte Benn 1951 »das absolute Gedicht, das Gedicht ohne Glauben, das Gedicht ohne Hoffnung, das Gedicht an niemanden gerichtet. Das Gedicht aus Worten, die Sie faszinierend montieren«[208]; im selben Jahr erhielt er den Büchner-Preis.

Zur Mitte der 50er Jahre bemerkten manche Kritiker, dass die Wirkung zeitgenössischer, ins Leben eingreifender Literatur auf dem »Nullpunkt« angelangt sei, diesbezüglich herrsche Funkstille.[209] Dies war allerdings nicht im wörtlichen Sinne zu verstehen, denn die Rundfunkanstalten waren zu einem der wichtigsten Mäzene und Publikationsorte für Schriftsteller geworden, eine große Zahl von Autoren konnte zeitweise überhaupt nur durch regelmäßige Aufträge für das Radio existieren, etwa Günter Eich oder Arno Schmidt. Da etliche Kulturredaktionen selbst von namhaften Schriftstellern geleitet wurden, von Alfred Andersch in Frankfurt, dann in Stuttgart, wo vorher Helmut Heißenbüttel amtierte, von Ernst Schnabel in Hamburg usw., förderten sich Kollegen gegenseitig, ein wichtiges Instrument für den Aufbau von Netzwerken, aber auch für die Veränderung des Berufsbildes von Schriftstellern.[210] Der Hörfunk-Autor hatte sich einer funkgemäßen Sprache zu befleißigen. Mit dem Hörspiel, das zwar bereits in der Zwischenkriegszeit entwickelt worden war, aber in den frühen 50er Jahren seinen produktiven Höhepunkt erreichte[211], wurde zugleich ein neuer Bereich zwischen und außerhalb von Buchliteratur und Theater etabliert, in dem wiederum deren Stoffe verwandt werden konnten – oder umgekehrt, wie bereits im Falle von Wolfgang Borcherts *Draußen vor der Tür*.[212]

Der Buchmarkt der frühen Bundesrepublik war ein »Verkäufermarkt«, die Nachfrage größer als das Angebot und insofern wäre die ökonomische Chance für inhaltliche Neuerungen sogar größer als in anderen Zeiten gewesen.[213] Die Vergabe der wieder reichlich vorhandenen Literaturpreise zeigt dagegen die Macht des Traditionalismus. Den alljährlich zur Frankfurter Buchmesse verliehenen Friedenspreis des Deutschen Buchhandels erhielten neben politischen Persönlichkeiten und großen konservativen und liberalen Namen humanistischen Denkens zwei deutsche Schriftsteller, Hermann Hesse 1955 und Reinhold Schneider 1956. Bekenntnisse zu Frieden und Versöhnung und die Beschwörung bildungsbürgerlicher Werte in weihevoller Atmosphäre konnten auch als Appell zur Aussöhnung mit der nationalsozialistischen

Vergangenheit aufgefasst werden, in die nicht wenige Funktionäre des Buchhandels verstrickt waren.[214] In einer Statistik der Preisträger namhafter Literaturpreise, die das *Sonntagsblatt* 1963 für die Nachkriegszeit errechnete, stand an der Spitze Friedrich Georg Jünger, und zahlreiche Preisträger der NS-Zeit wie Hans Carossa und Agnes Miegel wurden erneut bedacht[215], während im Bundestag der Außenminister Heinrich von Brentano im Mai 1957 die späte Lyrik Bertolt Brechts mit den Gesängen Horst Wessels auf eine Stufe stellte.[216] Die festgefügte literarische Sozietät vermochte es in den 50er Jahren noch, zeitgenössische Autoren, die sich solchen Traditionen nicht verpflichtet fühlten, weitgehend auszuschließen. Selbst Heinrich Böll, der noch am ehesten als preiswürdig galt, wurde von mancher Jury immer wieder abgelehnt.[217] Geradezu als symptomatisch mag die Entscheidung angesehen werden, den Bremer Literaturpreis 1956 nicht an Paul Celan, sondern an Ernst Jünger zu vergeben. In seiner Dankesrede pries der bis 1949 noch mit Schreibverbot belegte Schriftsteller, den Orden »Pour le merite« an der Brust, seine Kriegstaten und sah den Offiziers- und Dichterberuf als biographische Einheit.[218] Eben diese Doppelnatur empfanden auch weite Teile des bildungsbürgerlichen Publikums als verehrungswürdig, Ernst Jünger war nicht nur mit seinen als »innere Emigration« vermarkteten Romanen der 40er Jahre, sondern nun auch als Streiter für das »Abendland« gegen den »asiatischen Schicksalszwang« wieder marktgängig. [219] Sein Privatsekretär, der rechtskonservative Publizist Armin Mohler, verfügte über ausgezeichnete Kontakte zu wichtigen Presseorganen.[220] Großen Anklang bei Kritik und Publikum fanden heroisierende, mit einem Schuss Melancholie behaftete Darstellungen ehemaliger deutscher Größe.[221] Ein weitgehend vergessener Erfolgsautor der 50er Jahre, als er noch etliche namhafte Literaturpreise erhielt, wurde Gerd Gaiser mit seinem Roman *Die sterbende Jagd* (1953), in dem das Ende eines deutschen Jagdgeschwaders literarisiert wurde. Sein zweiter Erfolgstitel, *Abschlußball* (1958), richtete sich gegen den Niedergang traditioneller Werte in der neuen Konsumgesellschaft. Die hegemoniale Macht der konservativ ausgerichteten literarischen Sozietät trieb Kritiker wie den Publizisten Karlheinz Deschner zu bitterböser Polemik gegen *Kitsch, Konvention und Kunst*, so der Titel seiner spektakulären Streitschrift 1957.

Innerhalb und außerhalb der Gruppe 47

Vor diesem Hintergrund ist die retrospektiv beschworene Macht der Gruppe 47 zu relativieren[222], transportiert diese Wertung doch nicht zuletzt die Dämonisierung konservativer Zeitgenossen, die den Zusammenschluss als »geheime Schrifttumskammer« stigmatisierten, so der Landesvorsitzende der CDU Westfalen-Lippe, Josef Dufhues, 1963. Angetreten war die Gruppe 47 als

Forum für jüngere Schriftsteller, und zumindest in der ersten Hälfte der 50er Jahre war sie keineswegs tonangebend, hatte allerdings bereits durch strategisch kluges Vorgehen eine beachtliche Position erlangt. Die geradezu ostentative Manifestlosigkeit und lediglich informelle jährliche Zusammenkunft als Werkstattgespräch, bei der die Lesung von Stücken aus dem Produktionsprozess der Schriftsteller im Mittelpunkt stand, ermöglichte ein hohes Maß an Flexibilität und wacher Aufmerksamkeit für neue Tendenzen des Literaturbetriebs. Gerade die Werkimmanenz mit striktem Politisierungsverbot für den offiziellen Teil der Tagung wurde offenbar als nonkonformistisch und sogar avantgardistisch empfunden und zog viele Autoren, Kritiker, Agenten und Verleger an. Dass hinter dem Zusammenschluss gemeinsame Erfahrungen der kurz vor und nach dem Ersten Weltkrieg Geborenen und – allerdings selten explizit angesprochene – Grundauffassungen nicht nur von Literatur, sondern auch von Politik zwischen »heimatloser Linker« und gänzlicher Heimatlosigkeit standen, ist bereits erläutert worden. Symptomatisch ist jedenfalls, dass sich die Wandlung der Kahlschlagliteratur und der Orientierung an den lakonischen Short Storys amerikanischer Provenienz zur »kafkaesken« Entfremdung, die in der Literaturgeschichtschreibung als »gegen-realistische« Wende bezeichnet wird[223], auch als Gruppenphänomen der Gruppe 47, allerdings mit gewichtigen Ausnahmen, darstellen lässt.[224] Der seit 1950 – mit Unterbrechungen – verliehene Preis der Gruppe 47 sollte als Förderpreis unbekannte Autoren bekannt machen. Beim ersten Mal ging er an Günter Eich, allerdings nicht für seine Kahlschlag-Lyrik, sondern für das seltsam zeitlose Gedicht »Fränkisch-tibetischer Kirschgarten«, das über dem tristen Alltag der frühen Bundesrepublik zu schweben schien. Den Preis stiftete 1950 und 1951 die US-Werbeagentur McCann Company, jeweils 1000 DM, 1952 gab die Deutsche Verlagsanstalt 2000 DM, 1953 brachten der Rowohlt Verlag und der Südwestfunk diese Summe gemeinsam auf, in den folgenden Jahren legten meist mehrere Verlage zusammen. Als Preisträger folgten Heinrich Böll (1951), Ilse Aichinger (1952), Ingeborg Bachmann (1953), Adrian Morriën (1954), Martin Walser (1955), Günter Grass (1958), Johannes Bobrowski (1962) und Peter Bichsel (1965).

Die mediale Präsenz der Gruppe verdankte sich mehreren Instrumenten. Ihre Mitglieder – der Begriff ist nicht im engen Sinne zu verstehen – gaben einflussreiche Literaturzeitschriften heraus. Der prominente Literaturkritiker und -wissenschaftler Walter Höllerer publizierte seit 1954 die *Akzente*, wo regelmäßig die preisgekrönten Texte aus der Gruppe 47 abgedruckt wurden, Alfred Andersch *Texte und Zeichen* (1955–1957). Ausgezeichnete Kontakte

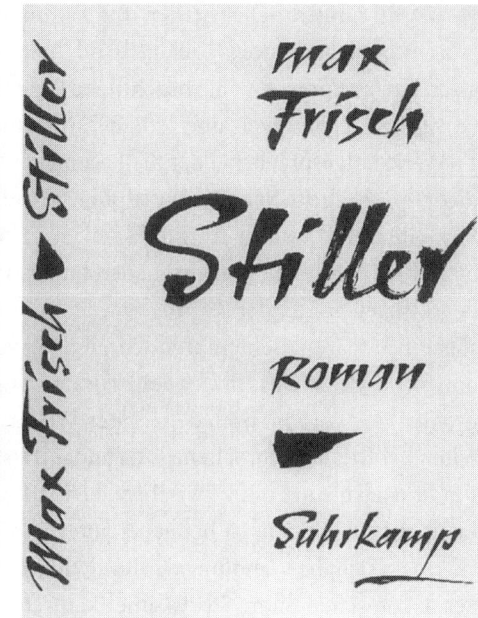

Max Frisch auf dem *Spiegel*-Titel, Schutzumschlag seines Romans *Stiller* (1954)

bestanden zu wichtigen politisch-kulturellen Zeitschriften wie den *Frankfurter Heften*, dem *Monat*, zu den Kulturredaktionen der öffentlich-rechtlichen Rundfunkanstalten, besonders durch Andersch. Das Hörspiel eignete sich durch die Möglichkeiten der Überhöhung der Realität mit sprachlichen Mitteln und eingespielten Geräuschen besonders gut für die Intentionen jenes »magischen Realismus«. Es war insofern kein Zufall, dass gerade Günter Eich, seine berühmteste Produktion *Träume* stammt bereits aus dem Jahr 1947 (die Bearbeitung eines Preisausschreibens des NWDR zu den Zukunftsvisionen der Hörerschaft), geradezu als Personifikation für das ideale Hörspiel galt, man sprach bald vom »Eich-Maß«; aber auch Ingeborg Bachmann und andere schrieben bevorzugt für diese Rundfunkform.[225]

Für das Marketing wichtig war auch die persönliche Anwesenheit von Gästen aus der Verlagsbranche, etwa Ernst Rowohlt, Klaus Piper und Siegfried Unseld, die eine direkte Orientierung und Selektion für den Markt durch die Lesungen und vor allem durch den Preis der Gruppe 47 erhielten. Es ist verbürgt, dass sich aufgrund der Anwesenheit der Literaturaufkäufer die Schriftsteller sehr um eine gute »performance«, die dialektfreie und korrekt betonte Rezitation ihrer Texte bemühten. Als Lohn konnte schon 1952 mancher Teilnehmer mit einem Buchvertrag in der Tasche oder dem Auftrag für ein Hörspiel wieder nach Hause fahren.[226] Die Aussagekraft des Preises stieg später durch die Professionalisierung der Kritik, als mit Walter Höllerer, dem aus der DDR in die Bundesrepublik gelangten Hans Mayer und Walter Jens drei Professoren und daneben mit Joachim Kaiser und seit Ende der 50er Jahre Marcel Reich-Ranicki zwei Feuilletonredakteure von Rang einbezogen wurden. Allerdings vollzog sich dies erst mit einem Generationswechsel auch der Mitgliedschaft in der zweiten Hälfte der 50er Jahre, als der junge Günter Grass zu einer Art »Hilfssheriff« für Richter und »engagiertem Sachwalter der Gruppenidentität« avancierte.[227]

Die Gruppe 47 erlangte zwar eine immer maßgeblichere Rolle im literarischen Feld, gleichwohl repräsentierte sie nicht einfach die moderne Richtung westdeutscher Belletristik. Abgesehen von den inhaltlich dazu nicht passenden Traditionalisten hielten sich einige der bedeutendsten zeitgenössischen Schriftsteller aus verschiedenen, aber nicht unbedingt programmatischen Gründen von der Gruppe fern. So gehörte Wolfgang Koeppen, dessen großer gesellschaftskritischer, an Formen der Klassischen Moderne der Zwischenkriegszeit anknüpfender Trilogie (*Tauben im Gras* [1951]; *Das Treibhaus* [1953], *Der Tod in Rom* [1954]) in den 50er Jahren, gelinde gesagt, kein großer Erfolg beschieden war, nicht zur Gruppe 47; allerdings unterstützte Alfred Andersch als Redakteur beim Süddeutschen Rundfunk Koeppen, der Aufträge für einige Reiseberichte erhielt.[228] Auch der Dramatiker und Romancier Hans Henny Jahnn, der nach einer Zeit im Ausland seit 1950 in Hamburg als erster Präsident der dortigen Freien Akademie der Künste lebte, sich politisch im Kampf gegen die Wiederbewaffnung engagierte und sich in seinem Werk nach dem Zweiten Weltkrieg durchaus an einem »magischen Realismus« orientierte, gehörte nicht zur Gruppe 47. Und schließlich ist Arno Schmidt zu erwähnen, der, bis in die Sprache eigenwillig experimentierend, eine dichte Beschreibung des Alltags, aber auch der großen politischen und gesellschaftlichen Fragen seiner Zeit anstrebte. Seine ersten, zu einer Trilogie vereinten Romane nach dem Zweiten Weltkrieg (*Brand's Haide* [1951], *Schwarze Spiegel* [1951], *Aus dem Leben eines Fauns* [1953]) erschienen im Rowohlt Verlag, die Erzählung *Seelandschaft mit Pocahontas* (1955) in der von Andersch redigierten Zeitschrift *Texte und Zeichen*, aber die Gesellungsformen der Gruppe 47 waren ihm zuwider.[229]

Ein genauerer Blick auf die Gruppe 47 lässt schon hinsichtlich der Häufigkeit der Teilnahme sehr große Unterschiede erkennen, die in der mythenbesetzten Konstruktion eines monolithischen Vereins verschwinden. Unter den etwa 200 Mitgliedern und 80 Gästen, die während des Bestehens der

Gruppe an den Tagungen teilnahmen – für die 50er Jahre sind diese Zahlen zu halbieren –, kann eine »altgediente« Kerngruppe mit informellen Hierarchieverhältnissen ausgemacht werden (darunter Hans Werner Richter, Alfred Andersch, Heinrich Böll, Günter Eich, Wolfgang Hildesheimer, Siegfried Lenz, Wolfdietrich Schnurre, Wolfgang Weyrauch), aber viele fühlten sich in der männerbündlerischen Atmosphäre nicht heimisch. Dies gilt wohl nicht nur für die wenigen – im Gesamtzeitraum des Bestehens der Gruppe etwa ein Dutzend – Teilnehmerinnen, von denen Ingeborg Bachmann, Inge Aichinger und Luise Rinser die prominentesten waren. In jüngster Zeit ist ein erbitterter Streit um das Verhältnis zu Paul Celan mit der Frage entstanden, ob es antisemitische Tendenzen in der Gruppe 47 gegeben habe. Der aus einer deutsch-jüdischen und von den Nationalsozialisten ermordeten Familie der Bukowina (Czernowiz) stammende, in Paris lebende Übersetzer und Dichter hatte beim Treffen in Niendorf an der Ostsee 1952 ein Gedicht vorgelesen, das zu den eindrücklichsten des Jahrhunderts zählt: *Die Todesfuge*, die den Mord an den europäischen Juden thematisiert. Die Verszeile »Der Tod ist ein Meister aus Deutschland, sein Auge ist blau« ist heute allgemein bekannt, aber in den 50er Jahren, als vom Holocaust möglichst nicht gesprochen werden sollte, wurde dies offenbar als Kränkung von jenen empfunden, die sich wie die Inspiratoren der Gruppe 47 als Teil eines besseren Deutschlands begriffen – so jedenfalls die Wertung in einer neueren »Streitschrift«; dort wird die aggressive Reaktion von Hans Werner Richter auf die Sprache der Lesung von Celan angeführt, der danach nie wieder dort auftrat.[230] Dagegen ist unter anderem eingewandt worden, dass beim gleichen Treffen die jüdische Schriftstellerin Ilse Aichinger den Preis erhielt und eine ganze Reihe jüdischer Autoren zur Gruppe gehörten. Die Kontroverse ist nicht abgeschlossen, zumal immer neue Korrespondenzen von Schriftstellern aus den 50er Jahren ediert werden.

Auf der Bühne   Der Eindruck von der Frühphase der Bundesrepublik als einer künstlerisch wenig produktiven Phase ist von der Literaturgeschichtsschreibung vor allem auf das Theaterleben bezogen worden.[231] Dies gilt hinsichtlich der institutionellen Seite, der dominierenden, mit öffentlichen Mitteln subventionierten Stadt- und Landestheater und einem traditionellen System des in starkem Maße (in den 50er Jahren zu etwa 60 Prozent) über Abonnements von »Theaterringen« und anderen Publikumsvereinigungen organisierten Besuchs. Damit verbunden war der Anpassungsdruck an die Erwartungen der Geldgeber, die sich vor allem eine Förderung ihres kulturellen Images als Stadt oder Region erhofften, und des Publikums bzw. der Organisatoren des Theaterbesuchs. Dass sich die Besucherzahl von der Spielzeit 1949/50 bis zur Spielzeit 1956/57 auf 20 Millionen fast verdoppelte – dieser Stand wurde dann ein Jahrzehnt gehalten, bevor ein allgemeiner Niedergang einsetzte – hat natürlich viele Ursachen, zumal das Theaterleben ein weites Spektrum von beliebten mundartlichen Bühnen in Hamburg, München oder Köln bis zum politischen Kabarett umfasste. Die bekanntesten Kabaretts waren das 1947 gegründete Düsseldorfer »Kom(m)ödchen«, die seit 1949 öffentlich auftretenden Westberliner »Stachelschweine« und die Münchner »Lach- und Schießgesellschaft« um Dieter Hildebrandt und Sammy Drechsel seit 1956. Ihre Programme wurden häufig vom Rundfunk und Fernsehen übertragen – der frühe öffentlich-rechtliche Sylvesterabend gehörte bald diesen Gruppen und wies ihnen damit eine klar definierte Rolle als harmlose Unterhaltungskunst zu; nur wenige Kabarettisten wie Wolfgang Neuss, die deshalb seltener in den Medien vorkamen, mochten sich nicht so recht einfügen.[232]

Aber auch die traditionelle Kunstbühne erlebte einen Aufschwung und wachsenden Zuspruch des Publikums. Die tonangebenden Intendanten der großen Häuser, von denen neben Karl-Heinz Stroux, Hans Schalla, Oscar Fritz Schuh, Harry Buckwitz und einigen anderen Gustav Gründgens, bis 1955 in Düsseldorf, dann am Hamburger Schauspielhaus, als Primus inter Pares hervorzuheben ist, verstanden offenbar, die bildungsbürgerlichen Erwartungsmuster anzusprechen.[233] In einem von Gründgens entworfenen »Düsseldorfer Manifest« (1952) wurde für die Inszenierungen »Werktreue« gefordert, das Theater sollte als Kunstort weihevoller Aura erhalten werden. Dieses als »Klassizismus« bezeichnete Insistieren auf ahistorischer Werkimmanenz, letztlich ein Festhalten am Konzept der Gründgens-Inszenierungen in der NS-Zeit, war ein Ausdruck der zeitgenössisch typischen Hervorhebung künstlerischer Autonomie gegenüber der gesellschaftlichen Gegenwart. Es bezog sich vor allem auf die Interpretation klassischer Stücke, deren Texte als sakrosankt behandelt wurden, Experimente sollten sich nicht zwischen diese und das aufnehmende Publikum drängen. Solche Positionen richteten sich unausgesprochen gegen die mit der Moderne der 20er Jahre verbundenen Remigranten, Fritz Kortner und Erwin Piscator, die zwar schon längst keiner kommunistischen Neigung mehr anhingen, aber in den 50er Jahren dennoch keine Intendanz erhielten und häufig für ihre als Gastregisseure produzierten Inszenierungen angefeindet wurden.

Von den deutschen Klassikern in diesem Jahrzehnt der »Klassikerschwemme«[234] war Friedrich Schiller der meistgespielte deutsche Dramatiker vor Goethe und Lessing. Im Schiller-Jubiläumsjahr 1958/59 verwies er sogar Shakespeare vom ersten Platz der Tabelle der Klassikeraufführungen deutsch-

sprachiger Bühnen.[235] Dieser Befund gilt auch für das Programm der Ruhrfestspiele in den 50er Jahren, da man davon ausging, dass der Arbeiter am
ehesten durch werkgetreu interpretierte Klassiker ins Theater gelockt werden
könne.[236]

Gustav Rudolf Sellner, seit 1951 als Intendant in Darmstadt, galt in den 50er
Jahren hinsichtlich der Formensprache als avantgardistischer Gegenpart von
Gründgens' klassizistischem »Reichskanzleistil« (Fritz Kortner). Von ihm
wurde der bewusst karg imaginierte Bühnenraum ort- und zeitlos gestaltet,
wodurch den klassischen Stücken – vorzugsweise der Antike – die Aussage
unterlegt werden konnte, sie verhandelten vor allem anthropologische Kon-
stanten, wie der Kritiker Georg Hensel 1970 rückblickend resümierte:

> »Sein Refrain: So war der Mensch, so ist er, und so wird er ewig bleiben.
> Modern waren bei Sellner nur die theatralischen Ausdrucksmittel, nicht
> jedoch das, was sie ausdrücken sollten: das Tragische, dieses Herzstück des
> Konservativismus. So brachte er das paradoxe Kunststück fertig, konser-
> vatives Theater zu machen mit progressivem Anspruch.« [237]

Im Blick auf die deutschsprachige zeitgenössische Dramatik fällt auf, dass sich
die Mitglieder der Gruppe 47 auf diesem Feld in den 50er Jahren kaum betätigten[238], sieht man von einigen vergessenen Stücken Wolfgang Hildesheimers, später auch Grass' ab. Diese Zeit wird heute als das »Jahrzehnt Frischs
und Dürrenmatts«[239] charakterisiert. Die Uraufführungen von Friedrich Dürrenmatts *Der Besuch der alten Dame* im Zürcher Schauspielhaus am 29. Januar
1956 und zwei Jahre später *Biedermann und die Brandstifter* von Max Frisch
gelten als zentrale Theaterereignisse. Formal auch an Brechts Theorien des
Epischen Theaters geschult, wobei allerdings der Dichter strikt vom Marxisten getrennt wurde, gelang es den beiden Schweizer Autoren ausgezeichnet,
die auch in der Gruppe 47 gepflegte Haltung einer »kombattanten Resignation«[240], eine weltanschaulich diffuse Partisanengesinnung gegen die fortschreitende Entfremdung, auszudrücken, aber gleichwohl Abstand von kon-
kretem Engagement zu halten. Beide »Helden« in Dürrenmatts *Die Ehe des
Herrn Mississippi* (1952), ein drakonisch strafender Staatsanwalt und ein lini-
entreuer Stalinist, beide ehemalige Strichjungen, landen in einer Irrenanstalt.
Als »Absurdes Theater«, ein Sammelbegriff für sehr unterschiedliche Dra-
menformen, ist die hinter solchen Stücken verborgene und in der Nachfolge
des Existenzialismus stehende Aussage bezeichnet worden, dass alles Sein
ungewiss und letztlich absurd sei, die Geschichte in blinder Betriebsamkeit
nicht vom Fleck käme. Dürrenmatt oder Hildesheimer folgten damit einer
Tendenz, die ihren originären Ausdruck in den Stücken der in Paris lebenden

Dramatiker Eugène Ionesco und Samuel Beckett fanden. Ionesco, der in der französischen Hauptstadt schon seit 1950 Triumphe feierte, erlebte die erste deutsche Uraufführung erst sechs Jahre später. Becketts Dramen *Warten auf Godot* und *Endspiel* gelangten dagegen bereits im Jahr ihrer Uraufführung in Paris 1953 und London 1957 auch auf westdeutsche Bühnen.[241] Bis heute sind Ionesco und Beckett die außerhalb Frankreichs meistgespielten französischsprachigen Theaterautoren. Das »Absurde Theater« wurde in den 50er Jahren besonders von Sellner in Darmstadt gefördert.

Das Konzertleben wies einen ähnlichen Dualismus wie das Bühnengeschehen auf: Auf der einen Seite stand die Pflege der Klassiker des 18. und – in Maßen berücksichtigt – der modernen Klassiker des 19. und frühen 20. Jahrhunderts; in Bayreuth traf sich die Hautevolee seit 1951 wieder bei den Wagner-Festspielen. Auf der anderen Seite standen die sich als Avantgarde verstehenden Anhänger einer »seriellen Musik«, die gegen die romantisierende Vergangenheit gerichtet und in der Nachfolge Arnold Schönbergs die rationale und transparente Konstruktion eines Klangsystems anstrebten.[242] Die serielle Musik wurde nicht zuletzt von einigen öffentlich-rechtlichen Sendern im Rahmen intellektueller Nachtprogramme und mit der Einrichtung von Studios für experimentelle Aufnahmen gefördert.[243] Zudem fungierten die Radiostationen auch als Sponsoren von wichtigen Festivals. So wurden etwa die »Donaueschinger Musiktage für zeitgenössische Tonkunst«, das weltweit erste Festival für Neue Musik, das an diesem Ort 1921 seine Premiere hatte, seit 1950 vom Südwestfunk finanziert und vornehmlich für konzertante Musik konzipiert.[244] Die zunehmend dogmatische Ausrichtung der Avantgarde führte allerdings dazu, dass manche jüngeren Komponisten an der westdeutschen Szene verzweifelten. Hans Werner Henze ging nach Italien, um sich dort der »sinnlichen Unmittelbarkeit des Landes und der Leute auszusetzen.«[245]

Die Werke serieller Musik fanden zwar wenig Anklang in den Ohren des Publikums, wurden aber von der Kritik, namentlich von Hans Heinz Stuckenschmidt, immer wieder mit dem Argument gerechtfertigt, wahrhaft avantgardistische E-Musik müsse notwendig dem konventionellen Musikgeschmack fremd klingen. Gerade im Phänomen des Elitären, so urteilte durchaus ähnlich der »moderne Konservative« Arnold Gehlen und der »kritische Theoretiker« Theodor W. Adorno in seiner *Philosophie der neuen Musik* (1949), stecke ein letztes Potenzial der Widerständigkeit gegenüber der totalitären Vermassung, so der eine, gegenüber der »Kulturindustrie«, so der andere, wobei Adorno auch die wilden Jazz-Rhythmen in sein Feindbild integrierte.[246]

Konzertleben

Allerdings folgte das Publikum dieser Logik nicht. Intolerante Ablehnung brachte sie nämlich nicht, wie von den Kulturkritikern erwartet, nur der hermetisch seriellen Musik etwa Karlheinz Stockhausens entgegen, sondern auch den – hinsichtlich des programmatischen Überwindens fester Regeln im Namen des Individalismus – programmatisch entgegengesetzten anspruchsvollen Improvisationen im Jazz, die in den 50er Jahren nur in einer schmalen Akademikerszene Prestigegewinn versprachen – seit 1960 wurde dafür die Bezeichnung »Free Jazz« geläufig.[247] In der Provinz, etwa in Bielefeld, wurde allerdings noch 1956 die Bereitstellung der Oetker-Halle für eine Vorstellung von *Porgy and Bess* abgelehnt. Erfolglos bemühte sich der städtische Kulturdezernent um die Rücknahme der Entscheidung: »Der Komponist Gershwin, der die Negeroper (…) geschrieben hat, ist international anerkannt innerhalb der Gattung ›Ernste Musik‹.« Das New Yorker Ensemble musste in einem Bielefelder Kinosaal auftreten.[248]

Kanonisierung der Abstraktion

In keinem anderen ästhetischen Bereich gab es eine derart harte Polarisierung und doktrinäre Dekretierung, welche Formensprache als »westlich« und »modern« zu gelten habe, wie in der Bildenden Kunst. Die Entscheidung für die Kanonisierung der nicht gegenständlichen Malerei erfolgte bereits im heftigen Streit zwischen dem Kunsthistoriker Hans Sedlmayr und dem Künstler Willi Baumeister, in den beim ersten »Darmstädter Gespräch« 1950 zahlreiche weitere Diskutanten eingriffen. Sedlmayr hatte in einer programmatischen Schrift über den *Verlust der Mitte* (1948), dem wohl meistverkauften Buch der deutschen Kunstgeschichtsschreibung, die abstrakte Malerei in den Kategorien der religiös verbrämten Abendland-Ideologie als geistige Degeneration, als »Vertauschung von Oben und Unten«, verurteilt. Seine Ausführungen in Darmstadt wurden aus dem Publikum mit einem »Heil Hitler« quittiert.[249] Gegen Sedlmayr wandte sich Willi Baumeister, indem er sich die antimodernistischen »Engros-Verurteilungen durch Spengler, Rosenberg und Sedlmayr« verbat.[250] Sedlmayr mit dieser Aufzählung in die Nähe des Nationalsozialismus zu rücken, war angesichts von dessen Mitgliedschaft in der NSDAP und Karriere vor 1945 argumentativ begründet. Er war nach Kriegsende zunächst von der Universität entfernt worden und erhielt erst 1951 einen Ruf nach München. Demgegenüber hatten etliche »gegenstandslose« Künstler im »Dritten Reich« nur heimlich malen können, darunter die späteren Vorkämpfer der Abstraktion Willi Baumeister, Theodor Werner, Fritz Winter und Ernst Wilhelm Nay. Allerdings ist es bemerkenswert, dass der Hinweis auf NS-Belastungen angesichts der sonstigen politisch-kulturellen Umgebung um 1950 überhaupt als Malus registriert wurde. Wichtig war wohl, dass

Erste Ausstellung mit Werken von Pablo Picasso in München, 1955

in diesem Streit eine Wesensgleichheit von »Blut-und-Boden«-Kitsch sowie der stalinistischen Schönfärberei des »sozialistischem Realismus« als Ausdrucksformen figürlichen Malens in der Moderne suggeriert werden konnte, was sehr gut in die ideologische Landschaft des Kalten Krieges passte, in der die Abstraktion als genuiner Ausdruck westlicher Willensfreiheit erschien.[251] Die Verbildlichung des Formlosen, aus der sich mit subjektiver Kraft eine neue Struktur zurückgewinnen ließ, diese Botschaft konnte als Reaktion auf das Chaos der Nachkriegszeit und zugleich als Ausdruck eines »technischen Zeitalters« einen großen Teil der Kunstszene überzeugen. Wie schon für Literatur und Theater meinte das »Westliche« neben geringeren amerikanischen vor allem französische Einflüsse[252] der dort nach Kriegsende in Verbindung mit dem Existenzialismus von Camus und Sartre in Literatur und Theater entstandenen »Art informel«. Vermittelt wurde dies durch zahlreiche Ausstellungen und den Kunsthandel im Dreieck von Köln/Düsseldorf, Westberlin und München. Führende westdeutsche Protagonisten nichtgegenständlicher Malerei, die von den westlichen Vorbildern stark beeindruckt waren, sammelten sich im Gründungsjahr der Bundesrepublik als Gruppe »ZEN 49«, darunter Willi Baumeister und Fritz Winter.[253]

Allerdings verliefen die Auseinandersetzungen verwickelter, als es die kunsthistorische Konstruktion eines simplen Siegeszuges der Abstraktion suggeriert. So erlebte zum Beispiel der von den Nationalsozialisten sehr geschätzte Bildhauer Arno Breker nach seiner Entnazifizierung als »Mitläufer« (1948) in den 50er Jahren in Düsseldorf eine zweite große Schaffensperiode. Zwar waren es kaum mehr öffentliche Aufträge, aber seine Porträtbüsten bedeutender Künstler, Politiker und vor allem Unternehmer-Persönlichkeiten, etwa aus der Familie Quandt, von Rudolf-August Oetker oder Hans Josef Abs, zeigten, welch hoher Wertschätzung er sich in der »Elite« der frühen Bundesrepublik erfreute. Die in der Kulturgeschichtsschreibung verbreitete Legende von einer energischen Förderung der abstrakten Künstler durch eine interessierte Clique von Manipulateuren um den 1951 gegründeten einflussreichen »Kulturkreis im Bundesverband der Deutschen Industrie«, die sich damit ein unbelastetes Image geben wollte, gilt mittlerweile als widerlegt. Weder war diese mäzenatische Vereinigung homogener Ausrichtung, noch förderte sie bis zur Mitte des Jahrzehnts bevorzugt modernistische Tendenzen.[254] Eher setzten sich diese hinter dem Rücken der Akteure durch, weil sie immer besser, bald »glänzend ins Nachkriegsdeutschland« passten; der Anspruch des Progressiven »wurde vom politischen Konservatismus auch als Störung empfunden«, kam ihm aber in der Abstinenz gegenüber historisch-politischen Debatten entgegen. Insofern kann eine »merkwürdige Koppelung von ›Formalismus‹ und ›Geistigkeit‹« als charakteristisch für die 50er Jahre gelten.[255]

Als zweiter symbolischer Streit auf dem Weg zur Durchsetzung der Abstraktion in der Bildenden Kunst ist die Auseinandersetzung mit Karl Hofer, dem Präsidenten des wiedergegründeten Deutschen Künstlerbundes, zu nennen, der die Gegenüberstellung von Abstraktion und Figürlichkeit für unsinnig hielt. 1954 traten Baumeister, Nay und Winter aus der Vereinigung wegen kritischer Bemerkungen von Hofer aus, die sie auf ihr Werk bezogen, Ein Jahr später rechnete Will Grohmann, ein namhafter publizistischer Förderer der westlich-modernistischen Richtung, mit Hofer in radikaler Schärfe ab, wobei der biographische Hintergrund nicht unwesentlich scheint. Hofer hatte 1933 seine Professur an der Berliner Hochschule der Künste verloren und nach widerständigem Leben 1945 wieder erhalten, auch Grohmann war von den Nationalsozialisten als Gymnasiallehrer im selben Jahr entlassen worden. Während aber Hofer nach 1945, obgleich im Westen Berlins lehrend, von den Kulturfunktionären der SBZ und DDR mit Ehrungen bedacht wurde und sich positiv zur kommunistischen Weltfriedensbewegung äußerte, hatte Grohmann die SBZ 1947 verlassen müssen und war nach Westberlin gezogen. Solche biographischen Elemente – der Maler Fritz Winter zum Beispiel kehrte erst 1949 aus sowjetischer Kriegsgefangenschaft zurück – bildeten den stets präsenten Hintergrund für die kunsttheoretischen Kontroversen. Die Abrechnung mit Hofer, die auch in der Zeitschrift *Der Monat* über einige Nummern hinweg ausgetragen wurde, trug insofern offen politische Züge. Hofer plante zuletzt eine umfassende Entgegnung, starb aber 1955 – wie sein Antipode Willi Baumeister.

Im selben Jahr wiederum fand in Kassel die erste »documenta« statt, die größte Ausstellung internationaler moderner Kunst in der Bundesrepublik – die Befangenheiten in der zeitgenössischen Ideologiesprache mag man daran ermessen, dass der Trägerverein zunächst den Titel »Abendländische Kunst des 20. Jahrhunderts« vorgeschlagen hatte.[256] Die Auswahl der Exponate in der Frühphase der documenta, die heute weltweit als renommierteste internationale Ausstellung moderner Kunst gilt, folgte sichtlich der vom Verantwortlichen der documenta 1 bis 3, dem Kunsthistoriker Werner Haftmann, vertretenen »steilen Kanonisierung der westlichen Kunst entlang der Idee einer ihr immanenten Entwicklungslogik hin zu individualisierter Expression und Abstraktion«[257], wobei in der documenta 1 zunächst noch sehr stark der Expressionismus der Zwischenkriegszeit herausgestellt und damit rehabilitiert wurde. Erst die documenta 2 (1959) stand gänzlich im Zeichen abstrakter Bildender Kunst.

Wie stark der antirealistische Zug war, zeigte sich auch auf dem Feld der Photographie. Im Rahmen der Ausstellungen auf der Fachmesse »photokina«, die seit 1951 in Köln gezeigt wurde, gewann die »subjektive Photographie« zunehmende Beachtung, bei der Bilder, etwa hinsichtlich der Wiedergabe von Bewegungen, ohne erläuternde Begleittexte häufig kaum mehr interpretierbar waren.[258] Die Hunderttausende von Besuchern, die sich in den Ausstellungen zur modernen Kunst drängten, waren nicht die einzigen Botschafter der Abstraktion, die nun zunehmend in den Alltag diffundierte, wie der Kunsthistoriker Martin Warnke betont:

> »Der impulsiv gesetzte Farbklecks der Tachisten war auf der Documenta noch nicht zu Ehren gekommen, da war er als Stoffmuster schon in allen Schaufenstern.«[259]

Nicht zufällig verzweigten sich schon im Durchsetzungsprozess der Abstraktion und verstärkt seit der documenta 1 die modernen Strömungen in der Bildenden Kunst, wurde es für die interessierten Laien immer schwieriger, »lyrische Abstraktion«, »Tachismus«, »Art brût« und weitere Richtungen eines eher »Abstrakten Expressionismus« von der ursprünglichen »Art informel« zu unterscheiden. Die Unzufriedenheit mit der Durchsetzung abstrakter Malerei als konventioneller Norm führte zu spektakulären Aktionen. So zündete die Gruppe »Zero« bei ihrem Gründungsakt 1957 – dem Jahr des Sputnik – eine Rakete, die einen radikalen Neuanfang, die prinzipielle Abkehr von herkömmlichen »Tafelbildern« und die Überwindung der »unerträglichen Nachkriegskunst« symbolisieren sollte, die sich dann in den 60er Jahren – international – in einer Welle aktionistischer Kunst äußerte.

»Zweite Moderne« – Architektur und Stadtplanung

Dass sich der Durchsetzungsprozess einer westlich konnotierten Moderne nicht allein auf schmale Felder der Belletristik oder der Bildenden Kunst bezog, zeigen die Tendenzen der Architektur und Stadtplanung besonders deutlich, weil es hier um die Gestaltung des öffentlichen Raums ging, der in den Großstädten, aber nicht nur dort, von der breiten Bevölkerung wahrgenommen wurde. Die Weichen waren auch hier bereits vor der Gründung der Bundesrepublik gestellt worden, wobei Kontinuitätsstränge in die Zwischenkriegszeit zurückreichten. Der Begriff des »International Style« war 1932 anlässlich einer Architekturausstellung im »Museum of Modern Art« (MOMA) in New York geprägt worden und intendierte zugleich Anknüpfung und Abschwächung radikaler Tendenzen des Weimarer Bauhauses. Seit 1951 residierte in Darmstadt der auf Initiative des Bundestags gegründete »Rat für Formgebung«, der wie schon der »Werkbund« nach der Jahrhundertwende der Schönheit der Produkte »made in Germany« verpflichtet war. Enormes Ansehen in einer sich als ästhetische Elite empfindenden jungen und gebildeten Schicht erwarb sich etwa die Firma Braun mit Musikschränken, Saftzentrifugen, Rasierapparaten und anderen Gebrauchsartikeln in einem gehobenen Preissegment. Sie folgte der Formensprache des sogenannten »Ulmer Funktionalismus«, benannt nach der dortigen Hochschule für Gestaltung, die 1955 eröffnet wurde.[260] Klar konturierte und gegliederte Gegenstandsformen belebten die Traditionsformel des »form follows function« (Adolf Loos). Zugleich gab es auf vielen Feldern des Gebrauchsdesigns, befördert durch die neuen elastisch formbaren Kunststoffe, in den 50er Jahren einen Trend zur »Stromlinie«, die als besonders amerikanisch »modern« anmutete.[261]

Diese »zweite« oder »gemäßigte Moderne« erlebte ihren Siegeszug in Westdeutschland mit dem Beginn des Wiederaufbaus, so dass ein Protagonist dieser Richtung, Alfons Leitl, in der Zeitschrift Baukunst und Werkform 1953 empfahl, darüber nachzudenken, »wie wir mit dieser erfreulichen Tatsache fertig werden«, dass der Modernismus sich voll durchgesetzt habe.[262] Die Mäßigung bezog sich nicht zuletzt auf die Trennung vom politisch sozialradikalen Programm und dem Aufgeben einer doktrinären Formensprache, etwa hinsichtlich des streng geometrischen Bauens. Die Betonung des Funktionalen und Rationalen setzte sich allerdings fort. Architektonische Vorbilder wurden etwa das neue

UNO-Gebäude in New York (1947–50) und andere Hochhäuser in den amerikanischen Großstädten, deren Gestaltung (mit charakteristischem »Curtain Wall«) in den Fachzeitschriften zunächst oft gelobt, später aber auch als monotone »Rasteritis« abgelehnt wurde. Als programmatisch und westlich wurde die Leichtigkeit der Konstruktion mit sparsamem Einsatz von Baumaterial angesehen, die einige architektonische Glanzlichter der frühen Bundesrepublik auszeichneten, etwa von Egon Eiermann, Frei Otto oder Hans Scharoun, und diese retrospektiv von repräsentativen Bauten der 60er und 70er Jahre absetzen ließen, als wieder mehr Geld zur Verfügung stand, während das ästhetische Kapital nicht angewachsen war. Auch dieser Architektur wird seit dem Ende der 80er Jahre von manchen Denkmalswürdigkeit attestiert.[263] Allerdings setzten auch die besonders strengen Vorbehalte der Wirtschaftlichkeit in

Das Mannesmann-Hochhaus in Düsseldorf, erbaut 1958

den materiell noch recht kargen Jahren des Wiederaufbaus enge Grenzen bei der Realisierung von architektonisch ansprechenden Lösungen. Und dort, wo es den Unternehmen wieder gutging, entstanden in den Gründerjahren der Bundesrepublik durchaus ähnlich wuchtig-repräsentative Bauten wie vor dem Zweiten Weltkrieg. Diese Gemengelage von Rückgriffen auf die Architekturströmungen der ersten Hälfte des 20. Jahrhunderts zeigte sich in unterschiedlichen lokalen Konstellationen, von der »Demonstration der Modernität« in Düsseldorf bis zur Besinnung auf »bewährte Kontinuität« in München.[264]

Einen deutlichen Unterschied zur Baumoderne der 20er Jahre mit typischer Blockrandbebauung markierten allerdings die freistehenden zwei- bis dreigeschossigen und zeilenförmig angeordneten Siedlungen des Sozialen Wohnungsbaus der großen gemeinnützigen Unternehmen, etwa der »Neuen Heimat«, bei denen sich zwar die Form des Daches, im Norden eher flach, im Süden eher walmdachmäßig, unterscheiden mochte, aber gleichermaßen die Funktionalität – etwa hinsichtlich der Wohnungsgrundrisse – im Vordergrund stand. Die freistehenden Zeilenbauten repräsentierten das bereits Ende der 30er Jahre formulierte Ideal eines zugleich »gegliederten« und »aufgelockerten« Wohnungsbaus – den Begriff hatten Johannes Göderitz und andere Städteplaner benutzt –, das immer noch als zeitgemäß modern empfunden wurde.[265]

Als inszenatorischer Höhepunkt einer westlichen Bau-Moderne kann die drei Jahre vorbereitete Internationale Bauausstellung (Interbau) in Westberlin 1957 gelten, für die das südliche Hansa-Viertel in der Nähe des Tiergartens ausgewählt wurde. Geleitet wurde die Ausstellung maßgeblich von Otto Bartning, einem der Vertreter der Architektur-Moderne, der 1950 zum Präsidenten des Bundes Deutscher Architekten gewählt worden war. Hier, in Westberlin als Bollwerk westlicher Freiheit, ging es nicht zuletzt um eine klare Abgrenzung vom Baugeschehen im Ostteil der Stadt, wo der Architekt Hermann Henselmann während des gesamten Jahrzehnts an der Errichtung von »Arbeiterpalästen« in der Stalin-Allee (später: Karl-Marx-Allee) arbeitete.[266] Von den etwa eine Million Besuchern der Interbau kam immerhin ein Drittel aus Ostberlin und der DDR.[267] Gegenüber dem – hinsichtlich der zeitlichen Abschnitte allerdings uneinheitlichen – Gesamtkomplex der Stalin-Allee wurde im Hansa-Viertel programmatisch der individuelle Stilwille eingeladener prominenter Architekten aus dem In- und Ausland, darunter Alvar Aalto, Walter Gropius, Oscar Niemeyer und Le Corbusier, herausgestellt, die jeweils ein einzelnes, von reichlich Grün umgebenes Gebäude erstellten.

1957, im Rekordrausch von Wiederaufbauerfolgen, im Jahr von Adenauers politischem Triumph, als CDU und CSU bei den Bundestagswahlen die absolute Mehrheit errangen, stand also zugleich eine als westlich konnotierte kulturelle Moderne im Zenit ihres Ansehens. Allein die Feier der freien Persönlichkeit, einer autonomen, an der Gesellschaft weitgehend desinteressierten Individualität der Kunst und des Künstlers, schien noch zeitgemäß.

Kapitel III
Kultur in dynamischen Zeiten 1957/58–1965

Im zweiten Nachkriegsjahrzehnt wurde der Wiederaufbau im engeren Sinne weitgehend abgeschlossen, es begann der Weg in eine ungekannte Zukunft.[1] Überall war mit der Verbesserung der materiellen Lebensumstände eine Aufhellung der düsteren, ängstlichen Atmosphäre der frühen 50er Jahre zu spüren. Die nun angebrochenen »fetten Jahre«[2] mit steigenden Einkommen, »Vollbeschäftigung« und kürzerer Arbeitszeit schufen die Basis für ein neues Konsummodell und zugehörige, sich rasch verbreitende moderne Lebensstile.

CDU und CSU hatten im Herbst 1957 mit der absoluten Mehrheit bei der Bundestagswahl den Zenit ihrer Macht erreicht. Wichtige Reformvorhaben waren 1957/58 im Parlament einvernehmlich verabschiedet worden, die Umstellung auf eine dynamisch an den Lohnzuwachs geknüpfte Altersrente ebenso wie das sogenannte Gleichberechtigungsgesetz, mit dem Ehefrauen zum Beispiel nicht mehr auf die Zustimmung ihres Ehemannes angewiesen waren, wenn sie erwerbstätig sein wollten. Wenngleich der Kalte Krieg in den Krisen um Berlin (1958–1961) und Kuba (1962) noch einmal dramatische Dimensionen gewann, hatte doch – von heute aus betrachtet – die nukleare Abschreckung den von großen Teilen der Bevölkerung befürchteten Dritten Weltkrieg verhindert. Die 1956 erfolgte Aufstellung der Bundeswehr war aus verschiedenen Motiven, weniger mit prinzipiellen pazifistischen Argumenten als aufgrund diffuser Ängste nach den Erfahrungen des Krieges und wegen der Befürchtung, damit die deutsche Einheit zu opfern, von großen Teilen der Bevölkerung noch abgelehnt worden. Nachdem es aber wieder eine Armee gab, wurde sie kaum mehr in Frage gestellt. Proteste wandten sich nun, in einer ersten machtvollen Welle 1957/58, gegen den militärischen »Missbrauch« der atomaren Technik, deren friedliche Nutzung aber allgemein als segensreich galt, weil davon die endgültige Lösung aller Energieprobleme erhofft wurde. 1958 war von Frankreich, der Bundesrepublik, Italien und den Benelux-Staaten nicht nur die Europäische Wirtschaftsgemeinschaft (EWG), sondern auch »Euratom« als Dachorganisation für die gemeinsame Entwicklung der Nukleartechnik der EWG-Länder gegründet worden. Das Bewusstsein, in einem »Atomzeitalter« mit daraus erwachsenden Chancen und Risiken zu leben, verbreitete sich rasch. Im Godesberger Programm der SPD, mit dem sich die Partei 1959 das Image einer modernen Volkspartei gab, wurde die Vision einer friedlichen atomaren Zukunft sogar in die Präambel aufgenommen.

Die internationale Entspannung, die bald nach dem Berliner Mauerbau 1961 und der hermetischen Abschottung der beiden deutschen Staaten voneinander einsetzte, bewirkte zusammen mit der inneren Stabilisierung der Bundesrepublik, dass kritische Positionen in der Öffentlichkeit auf größere Resonanz trafen und allmählich vordringen konnten, nicht zuletzt hinsichtlich des Umgangs mit der NS-Vergangenheit. Eine Reihe von Justizskandalen um die Aufdeckung von verschwiegenen Biographien nationalsozialistischer Verbrecher, die als respektable Bürger ganz ungestört mit ihren Nachbarn gelebt und ihre Karrieren fortgesetzt hatten, wurden von der Presse bereits im letzten Drittel der 50er Jahre sensationell aufgemacht. Es zeigte sich, dass nach der weitgehend vollzogenen Integration nationalsozialistisch belasteter Personen die Kritik vornehmlich jüngerer Publizisten nicht mehr aufzuhalten war. Dass obrigkeitsstaatliche Praktiken im Umgang mit der Presse nicht mehr hingenommen wurden, symbolisierte die sogenannte Spiegel-Affäre 1962, als dem Nachrichtenorgan »ein Abgrund von Landesverrat« (Konrad Adenauer) vorgeworfen wurde, um das unliebsame Blatt mit einer Polizeiaktion zu bestrafen. Die Proteste einer liberalen Öffentlichkeit dagegen, die die Bundesregierung in ihrem Bestand erschütterten, waren Ausdruck einer bereits in Gang befindlichen Veränderung der politischen Kultur in der Bundesrepublik.

Die Durchsetzung einer als westlich konnotierten Moderne der Abstraktion und programmatisch betonter künstlerischer Autonomie hatte mit der ersten documenta in Kassel 1955, der Interbau in Westberlin 1957 und der Gestaltung des westdeutschen Pavillons bei der Weltausstellung in Brüssel 1958 ihren Höhepunkt erreicht. Während die Liberalisierung der politischen Kultur, die Besinnung auf westliche demokratische Standards in breiterem Maße nun erst einsetzte, begann in der »hohen« Kultur bereits eine Politisierung und weiter reichende Radikalisierung. Anfang der 60er Jahre wurde in vielen Beiträgen von Intellektuellen sehr kritisch auf die Geschichte nach dem Zweiten Weltkrieg und den westdeutschen Wiederaufbau zurückgeschaut, prominent etwa in einem Sammelband, herausgegeben vom Initiator der Gruppe 47, Hans Werner Richter, mit dem Titel *Bestandsaufnahme*[3]; ein schäbig erfolgter Wiederaufbau und der daraus hervorgegangene Wohlstandskonsum, so die Diagnose der meisten Beiträger, seien kein Garant dafür, die künftigen Herausforderungen zu bestehen, wie sie etwa in der Beschwörung einer »deutschen Bildungskatastrophe« (Georg Picht) ausgemalt wurden. Die Schriftsteller und Künstler hätten selbst politisch Stellung zu nehmen, ihre bequem distanzierte Haltung sollten sie aufgeben. Die Zunahme realistischer Stoffe in der Literatur, die sogar die Arbeitswelt – wieder – entdeckte, engagiertes politisches Dokumentartheater und die Erosion der klaren Unterscheidung von hoher, ernster und unterhaltender, volkstümlicher Kunst waren die sichtbarsten Zeichen für einen Tendenzwechsel, mit dem sich starke Spannungen zwischen Regierungspolitik und oppositionellen Schriftstellern verbanden, unüberhörbar etwa in den Beschimpfungen, zu denen sich Bundeskanzler Ludwig Erhard gegen Rolf Hochhuth und andere hinreißen ließ. Es zeichneten sich im Übrigen unter den Intellektuellen bereits jene Differenzierungen ab, die einen Teil der kulturellen Szene am Ende der Dekade zum Protest unter linksradikalen Vorzeichen führten.

In der Zeitgeschichtsschreibung wird der Zeitraum vom letzten Drittel der 50er bis zum ersten Drittel der 70er Jahre mit dem Begriff der »langen 60er Jahre« (Anselm Doering-Manteuffel) belegt. Er umschließt die Take-off-Phase zu einer Moderne als »Lebensweise allgemein«[4], die Transformation zu einer postindustriellen Gesellschaft und die nochmalige Dynamisierung des Wiederaufbau-Booms, ungeachtet der häufig überschätzten konjunkturellen Delle der Rezession 1966/67. Erst 1973 endete demnach der Nachkriegsboom. Es dürfte zwar schwerfallen, innerhalb der »langen 60er Jahre« scharfe Zäsuren auszumachen, aber retrospektiv lassen sich doch hinsichtlich der Alltagskultur, der politischen Kultur und der Künste beträchtliche Unterschiede zwischen ihrem Beginn und ihrem Ende – nach lebensweltlicher Modernisierung, Reformdebatten und jugendkulturellen Aufbrüchen – konstatieren.

1 Alltagskultur in der Konsumgesellschaft

Zu Beginn der 60er Jahre wurden 14-jährigen Hauptschulabgängern für den Antritt einer Lehrstelle Mopeds, Ferienreisen oder ein gut gefülltes Sparbuch versprochen; das Versandhaus Neckermann köderte 1961 Arbeitskräfte mit dem Angebot, sie würden morgens mit firmeneigenem Fahrzeug zu Hause abgeholt, um ihnen die Zumutung öffentlicher Verkehrsmittel zu ersparen. Die Bundesregierung beschloss im August jenes Jahres, dass bis zum 31. Januar 1962 keine Arbeitslosenversicherung mehr zu entrichten sei, denn die Kassen waren übervoll, weil die Erwerbslosenquote seit 1961 unter einem Prozent lag, also »Vollbeschäftigung« herrschte.[5]

Für – fast – alle ging es aufwärts. Das Bruttosozialprodukt hatte sich im ersten Jahrzehnt der Bundesrepublik verdoppelt, die Zuwachsrate betrug 1960 ca. acht Prozent, in der Welthandelsstatistik rangierte Westdeutschland nun vor Großbritannien, einer der Siegermächte. Die enorme Ausweitung – auch weiblicher – Erwerbstätigkeit in den 50er Jahren stieß, wörtlich, an ihre Grenzen, nachdem qualifizierte Arbeitskräfte aus der DDR infolge des Berliner Mauerbaus ausblieben. Der Arbeitskräftemarkt war leergefegt, zumal nun die geburtenschwachen Jahrgänge der unmittelbaren Nachkriegszeit ins Berufsleben traten. Für viele schwere und schmutzige Tätigkeiten war es kaum mehr möglich, Deutsche zu interessieren; industrielle Unternehmer sahen in der Anwerbung von Gastarbeitern aus südeuropäischen Ländern den einzigen Ausweg aus dieser Situation. Nachdem bereits 1955 mit Italien ein Anwerbevertrag geschlossen worden war, folgten weitere 1960 mit Spanien und Griechenland, 1961 mit der Türkei, 1964 mit Portugal und 1968 mit Jugoslawien. Eine der symbolträchtigsten Fotoaufnahmen jener Jahre zeigt die Ankunft des millionsten Gastarbeiters, eines Portugiesen, der bei seiner Ankunft auf dem Kölner Hauptbahnhof 1964 mit einem Moped und einem Fernsehgerät beschenkt wurde.[6] Der Begriff des »Gastarbeiters«, mitunter wurde noch der belastete Terminus »Fremdarbeiter« benutzt, zeigte an, dass man sich vorübergehend in Westdeutschland Beschäftigte vorstellte, die

Mit Armando Rodrigues de Sá, der 1964 in Köln eintrifft, arbeiten eine Million Gastarbeiter in Deutschland.

mit kurzfristigen Verträgen eingestellt und je nach Konjunkturlage problemlos entlassen werden bzw. jeweils durch frische Arbeitskräfte aus den Anwerbestaaten ersetzt werden sollten. Die »Gäste«, die häufig aus agrarischen, zurückgebliebenen Regionen der Mittelmeerländer stammten, standen in der betrieblichen Pyramide meist ganz unten – neunzig Prozent waren Mitte der 60er Jahre als Arbeiter beschäftigt gegenüber fünfzig Prozent bei den deutschen Arbeitnehmern; sie hausten anfangs häufig kaserniert in Mehrbett-zimmern schäbiger Wohnlager, um möglichst billig zu leben und das ersparte Geld an ihre Familien schicken zu können. Es entsprach einheimischen Klischees, wenn etwa italienische Gastarbeiter am Wochenende voller Sehnsucht nach der Heimat in den Bahnhofshallen der Großstädte zusammenstanden. Ängste vor Überfremdung einschließlich medial geschürter Minderwertig-keitskomplexe deutscher Männer gegenüber den angeblich sexuell potenteren »Südländern«, wie sie etwa Franz Josef Degenhardt in seinen frühen Liedern thematisierte, standen neben positiven betrieblichen Erfahrungen mit der Verlässlichkeit der neuen Kollegen. Als die *Bild-Zeitung* unter der Überschrift »Gastarbeiter fleißiger als deutsche Arbeiter?« die Arbeitsleistung der Gast-arbeiter gegenüber derjenigen der deutschen Arbeitnehmer lobte, kam es al-lerdings zu empörten Reaktionen bis hin zu Warnstreiks.[7] Die erste Hälfte der 60er Jahre trug zwar noch nicht die Signatur einer multikulturellen Gesell-schaft, aber durch allmählichen Nachzug von Familien wurde deutlich, dass die Vorstellung einer ständigen Rotation kurzfristig im Land befindlicher Gastarbeiter nicht haltbar war. Das Aufkommen südeuropäischer Läden und Restaurants weitete auch für Teile der westdeutschen Bevölkerung allmählich den nationalen Horizont.

Vor dem Hintergrund der »Vollbeschäftigung« hatte sich der Ausfall von Arbeitszeiten wegen Krankheit 1960 gegenüber 1938 und 1950 verdoppelt, nicht nur wegen des neuen Gesetzes zur Lohnfortzahlung, sondern auch we-gen der Gewissheit der Arbeitnehmer, im Falle einer Kündigung jederzeit wie-der eine neue Stelle erhalten zu können. Viele Unternehmen zahlten spezielle Anwesenheitsprämien oder veranstalteten für besonders pflichteifrige Be-triebsangehörige exklusive Tombolas, bei denen Autos, Waschmaschinen und Fernsehgeräte verlost wurden. Jährlich wechselte in den frühen 60er Jahren ein Drittel aller Beschäftigten in der westdeutschen Wirtschaft seinen Arbeits-platz; besonders mobil waren jüngere Facharbeiter, die sich die Unternehmen gegenseitig mit dem Versprechen höherer Prämien, höheren Weihnachts-geldes und lukrativer Altersversorgung abspenstig machten. Auch 40- bis 50-jährige weibliche Büroangestellte, die wieder berufstätig sein wollten, weil ihre erwachsenen Kinder aus dem Hause waren, wurden von vielen Firmen umworben, denn im Dienstleistungssektor gab es kaum die Möglichkeit, auf Gastarbeiter zurückzugreifen. Der weibliche Anteil stieg bei Angestellten und Beamten während der 60er Jahre von 30 auf fast 45 Prozent[8]; zur besseren Ein-beziehung von Frauen wurde seit dem Beginn der 60er Jahre das Angebot an Teilzeitarbeitsplätzen beträchtlich ausgeweitet.[9]

In dieser Zeit wuchs das Selbstbewusstsein der Arbeitnehmer, auch das der weiblichen Beschäftigten, beträchtlich. Die Löhne stiegen in raschem Tempo, meist vereinbart nach einvernehmlichen Verhandlungen zwischen Unternehmerverbänden und Gewerkschaften, auch Forderungen auf Betriebsebene wurde meist sehr rasch nachgegeben. Die Bruttowochenlöhne der Arbeiter in der Industrie verdoppelten sich von 1957 bis 1965. In jenem Jahr verfügte der von der staatlichen Statistik definierte durchschnittliche Arbeitnehmerhaushalt mit zwei Kindern und mittlerem Einkommen über etwa 1000 DM an ausgabefähigem Nettoeinkommen.

Das »lange Wochenende« Zugleich war die Arbeitszeit seit ihrem Höchststand Mitte der 50er Jahre, als in der Industrie durchschnittlich 48,6 Stunden an sechs Werktagen gearbeitet wurde, stetig verkürzt worden. Die Forderung nach einer 40-Stunden-Woche an fünf Werktagen hatte sich mit der familiären Parole »Samstags gehört Vati mir« zum Schwerpunkt gewerkschaftlicher Tarifpolitik entwickelt.[10] 1958 vereinbarten IG-Metall und Arbeitgeber die 44-Stunden-Woche mit einer schrittweisen Verkürzung auf 40 Stunden bis 1965. Allerdings wurde in den meisten Branchen länger gearbeitet. 1960 lag die durchschnittliche Wochenarbeitszeit bei 45,3, 1965 bei 44,3 Stunden. Wichtiger als die Summe der geleisteten Arbeitsstunden in der Woche war die Durchsetzung des freien Samstags, eines »langen Wochenendes« als kompakten Freizeitblocks, für den sogar etwas längere Arbeitszeiten an den verbleibenden Werktagen in Kauf genommen wurden. In der Hälfte aller Betriebe war bis 1961 die Fünf-Tage-Woche eingeführt worden – mit beträchtlichen Folgen für das gesamte öffentliche Leben; die meisten Schulen gingen in den 60er Jahren zum fünftägigen Betrieb über, viele Läden machten nun am Freitagabend und am samstäglichen Vormittag ihre größten Umsätze. Die Hoffnungen der Kirchen, die deshalb auch die gewerkschaftlichen Forderungen unterstützt hatten, dass angesichts des für weltliche Aktivitäten gewonnenen Samstags die Gottesdienste am Sonntag besser besucht würden, erfüllten sich allerdings nicht.[11]

Ein neues Konsummodell Der erhebliche Zuwachs an Wohlstand führte zu einem neuen Konsummodell, in dem sich die Gewichte zwischen zwingend Benötigtem und frei Disponiblem merklich verschoben. Zuvor nur an Feiertagen verzehrte Genussmittel wie der »echte« Bohnenkaffee und Güter, die bislang einer schmalen Oberschicht vorbehalten waren, wie der PKW, rückten in den alltäglichen Horizont zumindest des Erreichbaren. Damit verbundene Wahrnehmungen prägten Ende 1957 die vehemente öffentliche Diskussion um die Hintergründe der Ermordung einer in Kreisen der Frankfurter Hochfinanz und Ruhrindustriellen herumgereichten Edelprostituierten, deren Markenzeichen ein schwarzer Mercedes SL 190 gewesen war. Der Fall diente dem Publizisten und Schriftsteller Erich Kuby als Vorlage für seinen 1958 veröffentlichten halbdokumentarischen Roman *Rosemarie. Des deutschen Wunders liebstes Kind*, der sofort von Rolf Thiele mit Nadja Tiller in der Hauptrolle verfilmt wurde. Immer wieder wurde in den zeitgenössischen Diskussionen um diesen Fall nicht nur die Auffassung geäußert, Promiskuität sei keine Spezialität der Oberschicht und deren Luxus sei dem »Normalbürger« nicht mehr fremd, weil die Gesellschaft insgesamt in eine »Hochkonsumphase«[12] mit entsprechenden moralischen Risiken eingetreten sei.[13]

Von heute aus betrachtet, handelte es sich zwar für die große Mehrheit der Bevölkerung noch um einen recht bescheidenen Wohlstand, aber der Maßstab war die nur wenige Jahre zurückliegende »schlechte Zeit«. Mittlerweile wurden nicht einfach größere Mengen verzehrt, sondern der Geschmack hatte sich verfeinert und pluralisiert[14]; Mehl wurde in den privaten Haushalten 1963 nur noch halb so viel verbraucht wie 1950, auch der Konsum von Gries, Nudeln oder Hülsenfrüchten hatte stark abgenommen; stattdessen hatte sich der Verbrauch von Honig, Quark oder Tee in diesem Zeitraum verdoppelt, von Südfrüchten, Schinken und Schokolade vervierfacht, von Käse und Bier versechsfacht, von Bohnenkaffee und Geflügel versiebenfacht.[15] Um das »Brathendl« rankte sich eine der großen gastronomischen Erfolgsgeschichten jener Zeit; eine 1955 in München begründete und bald expandierende Restaurantkette (auf dem Höhepunkt Ende der 70er Jahre zählte man weltweit 1600 Filialen) warb mit dem Slogan »Heute bleibt die Küche kalt, wir gehen in den Wienerwald«.[16] Auch italienische Lokale waren beliebt, und als besonders raffiniertes Experiment, das sich stetig steigender Nachfrage erfreute, galten »Chinarestaurants«, von denen man in Hamburg 1964 bereits 14, in Düsseldorf 12 und in Köln 8 zählte.[17] Allerdings blieb es um 1960 noch eine festliche Ausnahme, auswärts zu essen. Wichtiger war die Simulation gastronomischer Erlebnisse, prominent im Fernsehen vom Chefkoch Clemens Wilmenrod präsentiert, dessen Rezepte auch in Büchern mit hohen Auflagen angeboten wurden. Eine ganze Generation wuchs mit seinen »Schwedischen Fischrouladen«, mit »Toast Hawai«, »Dänischem Krabbenauflauf«, »Tomatensalat aus Texas«, »Sandwich Amerika« und vor allem dem »Dream Lunch« (ein dünn geschnittenes Kalbsschnitzel mit Champignons aus der Dose und Käse) auf.[18] Wie die Bezeichnung vieler Rezepte andeutet, interessierte gerade das etwas Fremde, wenn nicht sogar Exotische, das man problemlos auf dem häuslichen Tisch servieren konnte.

Das neue Konsummodell zeigte sich nicht allein bei der Verfeinerung

Das Ende des Mangels: Paar vor gut gefülltem Kühlschrank

der Mahlzeiten, sondern ebenso bei der Präsentation der immer reichlicheren Warenfülle in den Läden, in denen man sich nun immer öfter selbst orientieren sollte. Etwa 15 Prozent machten 1961 die sogenannten Selbstbedienungsläden aus, Mitte der 60er Jahre waren die »Tante-Emma-Läden« dagegen schon in der Minderheit.[19] Die Errichtung von ersten Supermärkten auf der »grünen Wiese« an der Peripherie der Städte, von ausgedehnten Fußgängerzonen in der City als Einkaufsparadiesen[20] und besonders der rapide wachsende Umsatz der Versandhäuser gingen mit einem neuen, abstrakteren Verhältnis der Konsumenten zum Geld einher. Immer mehr Betriebe zahlten seit dem Ende der 50er Jahre die Arbeiter nicht mehr am Ende der Woche mit der »Lohntüte« aus, sondern überwiesen das Geld monatlich auf ein Girokonto, das dafür eingerichtet werden musste. Die Banken und Sparkassen wiederum gewährten bald die Überziehung dieses Kontos mit einem Dispositionskredit, bald nur noch »Dispo« genannt; seit 1967 gab es auch die Scheckkarte.[21] Die Akzeptanz von Ratenzahlungen für begehrte Konsumgüter wuchs, wenngleich auch um 1960 von den Wirtschaftswissenschaftlern noch zwei Konsummodelle unterschieden wurden, das deutsche bzw. europäische, bei dem vor größeren Anschaffungen angespart wurde, und das der leichtlebigeren Amerikaner, bei dem Ratenzahlungen sorglos eingegangen wurden.[22] Als sehr unterschiedliche Indizien für die Ausprägung eines Konsumentenbewusstseins und habituell eines »Konsumbürgers« können die Gründung der »Stiftung Warentest« (1964) und die damit verbundene regelmäßige Unterrichtung über die Qualität einzelner Produkte[23], aber auch die Zunahme des Ladendiebstahls und ähnlicher Delikte gelten. Mehr als 50 kampfstarke NATO-Divisionen, hieß es in einer mit *Verbrechen im Wohlstand* überschriebenen Titelgeschichte des *Spiegel* 1965, könne man mit den ca. 870 000 im Vorjahr verurteilten Tätern aufstellen, die im Eldorado der Konsumgesellschaft immer neue Gelegenheiten für ihre Taten erhielten.[24]

Die ungekannte Warenfülle[25] und breite Konsumwerbung wurden von Gesellschaftskritikern für eine konsumistische Gefährdung vor allem der Jugend verantwortlich gemacht. Tatsächlich aber folgte auch die zeitgenössische Werbung noch dem Anspruch sachlicher Information über einzelne Produkte; allerdings wurde – auch mittels demoskopisch ermittelten Wissens über die Bedürfnisse der Konsumenten – sehr viel treffsicherer auf bestimmte Käufergruppen gezielt, vor allem auf die Frauen. Das Bild der modernen Frau hatte bereits die Kultur der 20er Jahre mitbestimmt, nun wurde es jedoch gezielt auf die durch Erwerbstätigkeit und Haushalt doppelt belastete, aber auch doppelt kompetente weibliche Persönlichkeit bezogen, die sich für ihre Mühen mit einem Hauch Hedonismus verwöhnen (lassen) durfte. Mit den neuen technischen Geräten im Haushalt war allerdings nicht unbedingt ein Nettogewinn an freier Zeit verbunden. So erforderten die neuen Textilien – 1962 hatten Oberhemden aus synthetischen Fasern bereits einen Marktanteil von 40 Prozent erobert – eine häufigere Wäsche, da Kragen und Manschetten nun rascher unansehnlich wurden. Nicht nur die Frauen wurden umworben, sondern sehr häufig die gesamte Familie als Kommunikationsfeld potentieller Konsumenten, und erstmals traten auch Jugendliche, die über eigenes Geld verfügten, vermehrt als Trendsetter auf.[26]

Die Durchsetzung des massenhaften Konsums in ungekannter Variationsbreite war Teil nicht nur einer westeuropäischen Entwicklung[27], sondern fand in spezifischer Ausprägung und reduzierter Form auch in Osteuropa und vor allem in der DDR seine Entsprechung. Auch die ostdeutsche Kultur der 60er Jahre gilt als »Wunderwirtschaft« des Konsums, und nicht zufällig strahlte das Fernsehen der DDR von 1959 bis 1971 ein eigenes Werbefernsehen aus, das allerdings eher den Zuschnitt einer Ratgebersendung annahm[28], während das »Markenbewusstsein« der ostdeutschen Bevölkerung schon früh durch westliche Medien geprägt wurde.

Seit der zweiten Hälfte der 50er Jahre schwoll der kulturpessimistische Chor derer an, die die gestiegene Bedeutung des Konsums als verhängnisvolle »Amerikanisierung« stigmatisierten. Dazu gehörte nicht nur der Konsum im engeren Sinne, sondern auch die intensivierte Werbung, die höhere Wachstumsraten aufwies als die Konsumgüterindustrie selbst, und die immer generalstabsmäßiger im Sinne moderner Marketingstrategien aus den USA organisiert wurde.[29] Aber auch die Auffassung einer Manipulation der »außengeleiteten« Verbraucher wurde durch auflagenstarke Übersetzungen von Büchern aus den USA befördert, etwa Vance Packards *Die geheimen Verführer. Der Griff nach dem Unbewußten in Jedermann* und David Riesmans *Die*

»Amerikanisierung«

einsame Masse. Eine Untersuchung der Wandlungen des amerikanischen Charakters, die beide 1958 zu Bestsellern wurden.[30] Auch der Begriff des »Konsumterrors« wurde, verbunden mit der kritischen Sicht auf eine »Amerikanisierung«, bereits in diesem Zeitraum und nicht erst, wie heute oft fälschlich angenommen, zehn Jahre später häufig benutzt.

Zentrum der Jugendkultur: der Star-Club in Hamburg-St. Pauli

Über den Begriff und die Dimensionen der »Amerikanisierung« haben sich Historiker gestritten.[31] Zu unterscheiden sind zwei Ebenen und zwei Phasen. Zum einen ist zu konstatieren, dass die Versuche der USA, nicht nur als reiche Besatzungsmacht mit Marshall-Plan und *Mickey Mouse*[32], sondern als Kulturnation zu erscheinen, im ersten Nachkriegsjahrzehnt an einer Wand traditionsreicher Ressentiments[33] zerschellten. Erst für die zweite Welle von Waren und Importen sowie zugehörigen Leitbildern aus den USA seit dem Übergang zu einer Konsumgesellschaft um 1960 lässt sich von Tendenzen einer »Amerikanisierung von unten« (Kaspar Maase) sprechen; die 60er Jahre waren demnach das »entscheidende Jahrzehnt« der »Amerikanisierung«.[34] Dabei ging es nicht um die umstandslose Übernahme kultureller Muster, sondern um deren Anverwandlung, Modifizierung und Einordnung in eigene Sinnkonstruktionen. Dies zeigte sich vor allem in der kommerziellen Jugendkultur, die US-Angebote, Blue Jeans, Rock ’n’ Roll, Coca-Cola und andere Insignien jugendlicher Unabhängigkeit, bereitwillig aufgriff.[35] Dass selbst der 1958 als Soldat zur Ableistung seines Wehrdienstes in die Bundesrepublik kommende Elvis Presley als Symbol typisch amerikanischer zivilistischer Lässigkeit und Lockerheit erschien, weist auf die breite Projektionsfläche amerikanischer Leitbilder für westdeutsche Jugendliche hin, die Ausbrüche aus Schulzucht und autoritären Elternhäusern sowie ein selbstbestimmtes Freizeitleben erträumten.[36] Eine wichtige mediale Instanz zur Zähmung und Kanalisierung solcher Utopien in eine modern anmutende »Teenager-Kultur« war die Jugendzeitschrift *Bravo*, die sich zum Anwalt der

Jugendlichen erklärte, im dritten Jahr ihres Bestehens, 1959, mit einer Auflage von mehr als 500 000 Exemplaren erschien und etwa 1,5 Millionen Leser, meist unter 20 Jahre alt, zählte. Hier wurde dem »Halbstarken« der Typ des netten, jungen Teenagers gegenübergestellt, dessen Modernität vor allem in größerer Konsumfreude gegenüber den asketischen Leitbildern der altmodisch und spießig wirkenden Anhänger des staatlichen und kirchlichen Jugendschutzes bestehen sollte.[37] Statt politischer Diskussionen war der Typus des Teenagers interessiert an einer selbstbestimmten Frisur mit etwas längeren Haaren[38] und der selbst ausgesuchten Kleidung, die in immer mehr Kaufhäusern in eigenen Jugendabteilungen angeboten wurde. Die Propagierung einer »Teenager-Kultur« diente nicht zuletzt der Steigerung des Absatzes für jugendliche Mode und Schallplatten. Ausführliche Analysen hatten Ende der 50er Jahre ergeben, was Jugendliche bereits besaßen und wohin ihre Konsumwünsche zielten: Mopeds und Tonbandgeräte standen bei den männlichen, Schallplattenspieler und Fotoapparate bei den weiblichen Jugendlichen an der Spitze des Wunschzettels.[39] Die Jugendlichen wurden mit zunehmendem Wohlstand als Konsumentengruppe immer wichtiger. 1964 schätzte man die Ausgaben der 14- bis 25-Jährigen bereits auf 17 Milliarden, 1967 auf 24 Milliarden DM. Die amerikanischen Leitbilder des Jugendkonsums strahlten bis in die DDR[40], während es eine »Sowjetisierung« als ähnlich tiefgreifende kulturelle Beeinflussung dort nicht gab.[41] Komplizierter werden simple Bilder einer »Amerikanisierung« allerdings angesichts der Beat-Welle, die in den frühen 60er Jahren nicht aus den USA, sondern aus Großbritannien kommend von Hamburg über Westdeutschland hereinbrach.[42]

Alle zeitgenössischen Untersuchungen zeigen, dass die überwiegende Häuslichkeit in der Freizeit, die bereits die frühen 50er Jahre charakterisiert hatte, sich um 1960 noch deutlicher ausprägte.[43] Im Zentrum des Konsums standen langlebige Güter zur Ausstattung der eigenen Wohnung, um diese technisch zu modernisieren und die Häuslichkeit noch komfortabler zu gestalten. Dazu gehörte insbesondere die »neuzeitliche Anbauküche«, die seit Mitte der 50er Jahre in den Horizont der Wünsche rückte, wobei stilistisch auf Bauhaus-Entwürfe der 20er ebenso wie auf amerikanische Vorbilder mit charakteristischer Stromlinienform seit den 40er Jahren zurückgegriffen wurde. Die moderne Einbauküche wurde als »Betrieb der Hausfrau« beworben, als »ein Unternehmen, aus dem täglich schmackhafte Fertigprodukte hervorgehen«.[44] In diesem rationalisierten »Betrieb« durften Kühlschrank, Elektromixer, Kaffeemaschine, Toaster nicht fehlen – Letzterer wirklich eine Übernahme aus der angelsächsischen Kultur. Die technische Aufrüstung voll-

Modernisierte Häuslichkeit

zog sich flächendeckend in den 60er Jahren. Der amtlichen Statistik zufolge erhöhte sich der Anteil privater Haushalte, in denen ein Kühlschrank vorhanden war, von 52 (1962) auf 84 Prozent (1969). Zum zeitgenössischen Wohnideal gehörte die Essecke als jener Ort, an dem die Familie ihre Mahlzeiten einnehmen sollte, nicht mehr in der Wohnküche, aber auch nicht in einem eigenen Esszimmer, sondern eben in einer kleinen Nische dazwischen, wenn möglich mit einer Durchreiche zur Arbeitsküche. Das Wohnzimmer sollte nicht mehr nur eine repräsentative, möglichst selten benutzte »gute Stube« sein, sondern vor allem die Behaglichkeit vor dem Fernsehgerät garantieren. Ein besonders modernes Image besaßen skandinavische Möbel aus Teak-Holz, die zugleich als hell, freundlich, warm und mit »griffiger Struktur«, als gemütlich und rustikal beworben wurden.[45] Der Umsatz der Möbelindustrie stieg in der ersten Hälfte der 60er Jahre um 56 Prozent.[46] Allerdings haben genauere Untersuchungen gezeigt, dass auch in dieser Modernisierungsphase die Konsumenten nur in geringem Maße den als geschmackvoll »propagierten Wertsetzungen«[47] folgten, wie sie etwa in der seit 1960 von Gruner & Jahr eigens dafür angebotenen Monatszeitschrift *Schöner Wohnen. Journal für Haus, Wohnung, Garten und Gastlichkeit* präsentiert wurden. Bei der Anschaffung neuer Möbel hielten die meisten an traditionellen Stilen, klobigen Sesseln im Wohnzimmer und wuchtigen Buffets in der Küche, fest, die stilistische Umgestaltung vollzog sich häufig nur nach und nach und in Teilen der Wohnung.

Anfang der 60er Jahre lebte ein Drittel der westdeutschen Bevölkerung in Neubauwohnungen. Aber trotz enormer Anstrengungen der öffentlichen Hand im Wiederaufbau, vor allem durch den staatlich subventionierten Sozialen Wohnungsbau, gab es zu Beginn der 60er Jahre 2,7 Millionen mehr Haushalte als Wohnungen, ein Bedarf, der erst im folgenden Jahrzehnt rechnerisch befriedigt werden konnte. Zum einen kam es in der ersten Hälfte der 60er Jahre zu besonders vielen Familiengründungen und einem »Babyboom«, zum anderen konnten sich ältere Menschen seit der großen Rentenreform von 1957 häufiger eine eigene Wohnung leisten und wollten der nachfolgenden Generation nicht mehr zur Last fallen.

Zudem wuchs die Wohnfläche stetig an, bei Neubauwohnungen von durchschnittlich 55 Quadratmetern 1953 auf 70 Quadratmeter 1960 und 86 Quadratmeter 1970. Diese Ausweitung des Wohnraums ließ sich immer weniger in den Kernstädten selbst verwirklichen. Der enorme Anstieg der Baulandpreise – u. a. durch die Verdrängung von Wohnvierteln durch Büro- und Verwaltungsgebäude in citynahen Bezirken – führte zu Mietpreissteigerungen und erhöhten Immobilienpreisen in den Städten. Da dort kaum erschwinglicher Wohnraum vorhanden war, verstärkte sich bereits seit Mitte der 50er Jahre die Tendenz, an der städtischen Peripherie und in vormals agrarischen Regionen zu bauen. Vor allem wuchsen die »Schlafstädte« im Umkreis von einer halben bis einer Stunde Bahn- oder Autofahrt zu den Arbeitsstätten in der City sehr rasch.[48] Vormals ländlich geprägte Orte wurden nun zunehmend von städtischen Arbeitnehmern bewohnt, nicht mehr scharfe Stadt-Land-Gegensätze, sondern zunehmend suburbane Lebenswelten bestimmten die gesellschaftliche Signatur.[49]

Verbunden war dieser »Zug ins Grüne« mit einem markanten Eigenheimboom, der Anteil der wohnungsbesitzenden an allen Haushalten erhöhte sich von 29,1 (1961) auf 34,3 Prozent (1968), ein auch in den 70er und 80er Jahren anhaltender Trend – 1988 betrug der Anteil ca. 40 Prozent.[50] Vorstädtische Bungalowsiedlungen galten den Zeitgenossen als Inbegriff der neuen Konsum-Moderne, die Beatles besangen den *Bungalow Bill*. Angeknüpft wurde mit dem in den 20er Jahren noch als »Kulturbolschewismus« stigmatisierten Flachdach der Bungalows an die Bauhaus-Moderne der 20er Jahre, nun allerdings in einer bürgerlich domestizierten Form, weniger geometrisch streng, mehr auf »Gemütlichkeit« getrimmt, mit viel Rundbögen für die Türöffnungen. — »Ins Grüne«

Aber einerlei, ob unter modernem Flachdach, im konventionell spitzgiebeligen Eigenheim oder in den seriell errichteten Siedlungszeilen der großen Wohnungsbaugesellschaften, etwa der Neuen Heimat, die Wohnungen und die einzelnen Räume wurden größer. Die Möglichkeiten der individuellen Nutzung vermehrten sich. Großer Beliebtheit erfreute sich der »Partykeller«, ein typisches Prestigeobjekt im Wohlstand der 60er Jahre. Bei einer repräsentativen Umfrage gaben 1964 immerhin 28 Prozent an, mindestens einmal im Monat eine Party zu geben oder einer Einladung zu folgen. Das sommerlich feierabendliche und Wochenendgetriebe in den Eigenheimsiedlungen im »Grünen« wurde in einer Titelgeschichte *Freizeit in Deutschland* des *Spiegel* im selben Jahr zusammengefasst:

»Freizeitfieber grassiert besonders in den neuen Familienheim-Dschungeln rings um die Städte. Wenn das Rattern der Rasenmäher vorübergehend verstummt, wird allenthalben das insistente Klacken von Ping-Pong-Bällen, von Krocket-, Boule- und Boccia-Kugeln hörbar, vermischt mit Planschgeräuschen aus Plastik-Swimmingpools. Durch die Abenddämmerung zieht der Qualm von Freiluft-Bratereien, bei denen der Spaß darin besteht, sich nach amerikanischem Vorbild an halbverkohlten Fleischklumpen zu delektieren.«[51]

Der Traum vom Eigenheim

Das »Berufspendeln«, den Ergebnissen der Volkszählung von 1961 zufolge arbeitete fast ein Drittel aller abhängig Beschäftigten (gegenüber einem Sechstel 1950) in einem anderen als dem Wohnort, war wohl der wichtigste Grund für die mit der Suburbanisierung voranschreitende Automobilisierung.[52] Eine Frau, zwei Kinder, drei Räume, vier Räder – auf diese spaßig gemeinte Formel brachte ein zeitgenössischer Beobachter den suburbanen Lebensstil. 1957 waren erstmals mehr Autos als zweirädrige Kraftwagen neu angemeldet worden, 1959 fuhren 3,3 Millionen, 1964 bereits 7,7 Millionen PKW auf den Straßen der Bundesrepublik. Nicht nur die steigenden Löhne, sondern zugleich die Verbilligung des Benzins – um etwa 10 Prozent auf 60 Pfennige (1960) – und der Autos um etwa 15 Prozent führten dazu, dass der Luxustraum vom eigenen »fahrbaren Untersatz« allmählich zur realen Möglichkeit wurde.

Statt in überfüllten Vorortzügen und abhängig vom Fahrplan, mit dem Fahrrad strampelnd, auf Moped oder Motorrad der jeweiligen Witterung ausgesetzt, ließ sich die Fahrt mit dem eigene PKW komfortabler gestalten und schuf neue zeitliche Freiräume. Eindeutige Berechnungen von zeitlicher Ersparnis und Mehraufwand durch das eigene Auto sind allerdings kaum möglich. Der eigene PKW ersparte nicht nur den Arbeitsweg mit öffentlichen

Verkehrsmitteln, sondern diente auch zur Bewältigung des Alltags außerhalb der Arbeitszeit – für den Einkauf oder Transport von Kindern zur Schule – und zu Vergnügungszwecken. Für eine kleine Spritztour oder den Besuch von Verwandten und Bekannten am Wochenende wurde der eigene »fahrbare Untersatz« unersetzlich. Die Autowerbung betonte immer wieder die Funktion des PKW als »Familienkutsche«.[53]

Ein enger Zusammenhang bestand zwischen der Automobilisierung und dem Massentourismus, der als Gegenpol zur modernisierten Häuslichkeit in den 60er Jahren expandierte. Um 1960 verreiste lediglich ein Drittel der westdeutschen Bevölkerung im Urlaub, am Ende der 60er Jahre war es bereits etwa die Hälfte. Dabei waren zunächst noch Unterschiede der Reiseintensität zu konstatieren. Nach einer Erhebung des Meinungsforschungsinstituts DIVO aus dem Jahr 1961 unternahmen jeweils mehr als die Hälfte der Angestellten und Beamten eine Urlaubsreise, ein Viertel war es bei den Facharbeitern, ein Fünftel bei den sonstigen Arbeitern; Personen mit Abitur verreisten doppelt so häufig wie der Durchschnitt der Bevölkerung. Solche Abstufungen waren schon ein Jahrzehnt später weitgehend planiert.

PKW und Tourismus

Bei der Mehrheit der Bevölkerung, die zu Beginn der 60er Jahre (noch) keine Urlaubsreise unternahm, waren neben allgemeinem Geldmangel vor allem zwei Motive für den Verzicht anzutreffen. In der jüngeren und mittleren Generation wurde es für wichtiger gehalten, zunächst auf größere Anschaffungen, das Haus, das Auto, zu sparen, bei vielen älteren Menschen, die das Reisen nicht gewohnt waren, herrschten Unsicherheit und eine gewisse Scheu, sich auf ein touristisches Abenteuer einzulassen.[54]

Zwei Drittel derjenigen, die Anfang der 60er Jahre zu einer Urlaubsreise aufbrachen, blieben im eigenen Land, und etwa 30 Prozent von diesen kamen bei Verwandten unter. Die traditionelle Konzentration auf bestimmte Regionen, der zufolge Touristen aus Süddeutschland die Alpen und den Schwarzwald bevorzugten, aber nur in geringer Zahl nördlich des Mains Urlaub machten, während Hamburger und Bremer selten Bayern besuchten und wie die Reisenden aus dem Ruhrgebiet eher an Nord- und Ostseeküste logierten, war in abgeschwächter Form auch in den 60er Jahren noch vorhanden. Durch die Massenmotorisierung weitete sich allerdings der Radius der Urlaubsreisen, der Ende der 50er Jahre in der Regel bei 500 bis 600 Kilometern gelegen hatte, immer mehr aus. Der Anteil der PKW-Urlauber machte 1964 erstmals die Mehrheit aus.

Von der Massenmotorisierung profitierte der Auslandstourismus – während Anfang der 60er Jahre etwa ein Drittel aller Reisen in andere Länder

Grenzen der Mobilität: Stau auf der Autobahn München – Salzburg, 1957

führten, überwogen 1968 erstmals die Auslands- die Inlandstouristen. Dass Österreich und Italien als Reiseziele in der ersten Hälfte des Jahrzehnts einsam an der Spitze der Beliebtheit lagen, war symptomatisch. Halbwegs vertraute Sprache und Mahlzeiten im einen, Sonne, Strandleben und Sicherheit innerhalb einer starken deutschen Kolonie im anderen Fall bildeten die Motive für diese Präferenz. Im Falle Italiens, das sich mit dem eigenen PKW erreichen ließ, wurde das Reisefieber durch eine Flut von Filmen, Zeitungs- und Zeitschriftenartikeln schon in den 50er Jahren zusätzlich angeheizt.[55] Bilder von azurblauem Meer, Frauen in Bikinis oder eleganten Sommerkleidern, romantische Motive, weintrinkende Paare auf umrankten Terrassen, Fischerdörfer und mit Zitronen beladene Eselskarren weckten Sehnsüchte, die dann meist erstmals in den 60er Jahren zur Italienreise führten.

Auch die spanische Costa Brava und die Costa del Sol, an denen noch verträumte Fischerdörfer das Bild prägten, galten Mitte des Jahrzehnts bereits als beliebte Strandkolonien für alle Preisklassen des Tourismus. Mallorca wurde geradezu zum Inbegriff des Badeurlaubs, der von Zeitgenossen bisweilen auch abschätzig als »Teutonengrill« bezeichnet wurde. Hohe touristische Zuwachsraten wiesen, wenngleich auf niedrigem Niveau, die osteuropäischen Länder auf, an erster Stelle Jugoslawien, Rumänien, Bulgarien, und immerhin zwei bis drei Prozent der bundesdeutschen Urlauber reisten, meist zu Verwandten, in den 60er Jahren in die DDR. Familienzusammenführung ließ sich auch in anderen Ländern des Ostblocks organisieren, vor allem in Rumänien und Bulgarien. Das bulgarische Seebad Warna am Schwarzen Meer avancierte nach dem Bau der Berliner Mauer zugleich zu einem der billigsten Urlaubsziele unter südlicher Sonne und für viele zur seltenen Gelegenheit deutsch-deutscher familiärer Gemeinsamkeit. Ca. 30 000 Touristen aus der Bundesrepublik und aus der DDR (im Verhältnis 1 : 2) fanden sich dort in der Sommersaison 1962 ein. Allerdings aß man gruppenweise selbstverständlich getrennt, und Funktionäre der DDR überwachten misstrauisch Kontaktaufnahmen zwischen West- und Ostdeutschen.

Die Fahrt mit dem eigenen Auto in die Ferien ließ sich billiger gestalten, wenn auf die Übernachtung in Hotels oder Pensionen verzichtet wurde. Auf fünf Millionen schätzte man die Zahl der deutschen Camper 1964. Tausende von Fachgeschäften für Camping- und Sportartikel, aber auch die großen Kauf- und Versandhäuser boten ein immer breiteres Sortiment für diese Urlaubsform. Auf Zeltplätzen an Nord- und Ostsee, in Bayern oder im Teutoburger Wald, in Kärnten und Tirol, an den oberitalienischen Seen oder an der Adria bildete sich ein eigener Stil aus, für den die Propangas-Idylle und Klappstühle der 50er Jahre bald nicht mehr als ausreichend angesehen wurden. Die Gastronomie rund um die Camping-Plätze wurde anspruchsvoller, die Zelte erhielten ein Vorzelt, und es tauchten immer mehr Wohnwagengespanne auf.

Das neue oder auch gebraucht gekaufte Auto – Gebrauchtwagenmärkte schossen wie Pilze aus dem Boden – war für viele Menschen mehr als nur ein nützliches Objekt, sondern wurde häufig zum verwöhnten Familienmitglied. Um den eigenen PKW zu erwerben, leisteten viele Arbeitnehmer zusätzliche Überstunden und pflegten den Lack am Wochenende hingebungsvoll mit mildem Schaum und feinem Leder; im Inneren sorgte der Autostaubsauger für penible Sauberkeit. Um den eigenen PKW herum organisierte sich allmählich auch ein bevorzugtes Freizeithobby der Männer – der Begriff »Hobby« wurde schon von Zeitgenossen als »Amerikanisierung« des traditionellen deutschen »Steckenpferdes« angesehen. Auf die monatlich erscheinende Zeitschrift *hobby* im Format A 5 warteten Anfang der 60er Jahre jeweils etwa 1,5 Millionen Leser, auf dem Titelbild wurden sehr oft neue Automodelle vorgestellt. Auch die Tankstelle, häufig mit angeschlossener Werkstatt, avancierte zum beliebten Ort männlicher Gesellung.[56]

Der jeweilige soziale Status vermittelte sich zunehmend über die jeweilige Automarke. In dem Maße, wie das Auto als ein Massenprodukt die Straßen füllte, gewann dessen exquisite Form als Medium der Abgrenzung für das Besitzbürgertum an Bedeutung. Die hochwertigen Modelle von Mercedes und

BMW oder der »Opel Kapitän« wurden als Objekte des demonstrativen Konsums der Oberschicht mit »Extras« ausgestattet und dementsprechend wahrgenommen. Am unteren Ende der PS- und Hubraumskala standen Autos wie der »Fiat 500«, der aber auch in besser gestellten Haushalten als Zweitwagen für die Einkaufstouren der Hausfrau angeschafft wurde. Das Zentrum der Massenmotorisierung repräsentierte aber der »VW Käfer«, von dem 1960 täglich etwa 4000 vom Band liefen. Dieses Modell, das in den 30er Jahren entwickelt worden war, hatte längst Kultstatus erlangt und galt als Symbol des erfolgreichen Wiederaufbaus nach dem Krieg.[57] Aber nun wuchs in der Mitte der Gesellschaft das Bedürfnis, sich auch in einer symbolischen Form von der scheinbaren Uniformität »der Masse« abzuheben, die vor allem mit dem »Käfer« assoziiert wurde. Dies machte etwa den »Opel Rekord« zum Erfolgsmodell. Während der Versuch, mit dem »VW 1500« (1963 kostete er 6700 DM ab Werk) die Wolfsburger Produktpalette zu erweitern, sich zunächst als wenig erfolgreich erwies, gelang es Opel mit dem »Kadett«, im Preissegment des »VW Käfer« einen Marktanteil von ca. 23 Prozent (1963) zu erobern und damit auch den »Ford 12 M« als weitere Konkurrenz des »Käfers« zu überflügeln.

Mit zunehmender PKW-Dichte wurde die Massenmotorisierung von vielen als unheimlich empfunden, in der Presse war immer häufiger zu lesen, dass es zu viele Autos auf der Straße gebe.[58] Im Düsseldorfer *Industriekurier* hieß es in einem Bericht über die Osterreisewelle 1962: »Wer an den Ostertagen oder am ersten Tage danach das Pech hatte, mit dem Kraftwagen die Autobahn benutzen zu müssen (von den Mutwilligen wollen wir hier gar nicht reden), den konnte das Grauen packen.« Das Statussymbol, so der Tenor vieler Presseberichte, verwandle sich in ein Schreckensinstrument, und der Wettlauf zwischen Massenmotorisierung und Straßenbau werde sich nicht zum Nutzen des Autofahrers entwickeln. Immerhin warnte nun der Verkehrsfunk vor dem Autobahnstau – seit der Abschaffung der Rundfunkgebühr für Autoradios (1959) wurden PKW mit diesem Medium serienmäßig ausgestattet, das auch für den Empfang anderer Informationen und Unterhaltung während der Fahrt sorgte.

Beklagt wurde der Verkehrsinfarkt der Städte, dem mit Parkautomaten, Hoch- und Tiefgaragen sowie – erstmals 1962 in Kassel als Experiment aus Paris eingeführt – der Parkscheibe, die kostenloses Kurzparken erlaubte, abgeholfen werden sollte. Angesichts des dennoch »hoffnungslosen Individualverkehrs« hatte das *Handelsblatt* schon 1960 für den Verzicht auf das Auto für die Fahrt ins Büro plädiert. Die Akzentverschiebung in den öffentlichen Debatten um die Wertigkeit des Automobils im Straßenverkehr verdeutlicht ein im Auftrag der Bundesregierung erstellter Expertenbericht im August 1964, dessen Tenor von der Zeitung *Die Welt* wie folgt wiedergegeben wurde: »Das Auto, des Bürgers liebstes Kind, hat mehr als irgend etwas anderes unser Leben verändert. Wir müssen mit dem Auto leben, aber wir dürfen uns von ihm nicht beherrschen lassen.« Zudem wurde erörtert, dass der Besitz des Autos, polemisch überspitzt, aus den Westdeutschen ein »Volk der Vorbestraften« machte. 1964 wurden 276 000 Bundesbürger wegen schwerer Verkehrsdelikte (Vergehen) verurteilt, etwa eine Million wegen Verkehrsübertretungen gerichtlich bestraft, darunter eine steigende Zahl wegen Trunkenheit am Steuer, der Grenzwert des Erlaubten lag bei einem Blutalkoholgehalt von 1,5 Promille. Den Vorstellungshorizont vieler Zeitgenossen traf wohl ein Mitte der 60er Jahre mitunter gezogener Vergleich, dem zufolge die Zahl der Unfalltoten eineinhalbmal und die der Verletzten fünfzehnmal so hoch lag wie die beim Polenfeldzug 1939 (10 600 Gefallene, 30 000 Verwundete).

Zu einem ebenso wichtigen Faktor tiefgreifender lebensweltlicher Veränderungen wurde das Fernsehen. Die Bundesrepublik – und bei diesem Konsumgut gleichzeitig die DDR – wandelte sich in nur einem Jahrzehnt von der Rundfunk- zur Fernsehgesellschaft, eine kulturelle Revolution im tiefsten Frieden.[59] In der Bundesrepublik begann das Fernsehen seinen Siegeszug als Massenmedium im letzten Drittel der 50er Jahre. 1957 wurde das millionste Gerät bei der Gebühreneinzugszentrale der Bundespost angemeldet, 1961 wurden etwa vier Millionen Fernsehhaushalte gezählt (ein Viertel aller Haushalte), 1970 registrierte die Post über 15 Millionen angemeldete Geräte. Für die rasante Verbreitung des neuen Mediums sorgten verschiedene Umstände: Immer hochwertigere Geräte wurden immer billiger angeboten; der wachsende Wohlstand machte die Anschaffung problemlos, zumal bequeme Ratenzahlungen offeriert wurden und das Gerät auch Einsparungen für bisherige außerhäusliche Vergnügungen, etwa den Kinobesuch, ermöglichte.

Ein wichtiger Grund für die wachsende Attraktivität des Fernsehens war die Ausweitung des Programmvolumens. Schon im letzten Drittel der 50er Jahre war die vorabendliche Lücke zwischen Nachmittags- und Abendprogramm der ARD durch Angebote der jeweiligen regionalen Fernsehstationen geschlossen worden. Gekoppelt mit einzelnen Werbeblöcken, die allerdings noch nicht den Verlauf der Sendungen unterbrachen, wurden Magazine mit regionalen oder lokalen Themen im Wechsel z. B. mit amerikanischen oder eigens für diesen Zweck produzierten deutschen Kriminalserien ausgestrahlt.

Seit 1956 war es technisch möglich geworden, eine zweite Fernsehstation

Fernsehzeitalter

einzurichten, aber erst am 1. April 1963 begann nach jahrelangen politischen Querelen zunächst von Eschborn bei Frankfurt, dann von Mainz aus der Sendebetrieb des Zweiten Deutschen Fernsehens (ZDF). Ein Jahr nach dem Sendestart des ZDF richteten die Rundfunkanstalten der ARD eigene Dritte Programme ein, die vor allem die bisherigen regionalen Angebote der Vorabendzeit ausweiteten und anfangs gewisse intellektuelle Ansprüche pflegten. Während das Erste Programm der ARD seine durchschnittliche tägliche Sendedauer von 10 bis 11 Stunden in den 60er Jahren kaum mehr veränderte, verdoppelte das ZDF sein Sendevolumen, das 1963 und 1964 noch durchschnittlich etwa fünf Stunden am Tag betrug, bis zum Ende des Jahrzehnts, so dass ARD und ZDF gleichzogen. Das inhaltliche Profil unterschied sich nicht grundlegend. Die ARD brachte anteilsmäßig etwas mehr Informationssendungen, das ZDF hatte ein leichtes Übergewicht bei Fernseh- und Kinospielfilmen und beim Sportangebot. Das ZDF musste bald mit dem Image kämpfen, eine eher politisch konservative Sendeanstalt zu sein und ein biederes Programm vorwiegend für ältere Menschen zu bieten, die ARD galt als eher sozialliberal, aber im Blick auf das Erste Programm auch nicht als sehr experimentierfreudig.

Viele Haushalte statteten ihre Antenne mit einem Zusatzempfangsgerät für das DDR-Fernsehen aus, auch wenn dies in der Atmosphäre des Kalten Krieges öffentlich umstritten blieb. Der Springer-Konzern übte sogar Druck auf die Zeitungsgroßhändler aus, Rundfunkprogrammzeitschriften mit Informationen über das Angebot des DDR-Fernsehens zu boykottieren. Die Attraktivität des östlichen Programms hatte ohnehin nichts mit politischer Propaganda, sondern zu einem großen Teil damit zu tun, dass dort häufig Sportsendungen und besonders viele alte Ufa-»Schnulzen« gezeigt wurden, weil die alten Ufa-Bestände in Berlin-Babelsberg in den Besitz der DEFA, der zentralen Film-Gesellschaft der DDR, übergegangen waren. Etwa ein Drittel der – grenznah lebenden – Bundesbürger hatte technisch die Möglichkeit, das Programm des DDR-Fernsehens zu empfangen. Die Springer-Presse gab nach vier Jahren im Herbst 1964 ihren Boykott des Abdrucks von DDR-Programmen auf.

Die Macht des Fernsehens (seit 1964 auch tragbar und seit 1967 in Farbe) verstärkte in der familiären und privaten Sphäre die bereits seit der Zwischenkriegszeit vom Radio her bekannten Muster der Ausrichtung häuslicher Zeitstrukturen, vor allem des Einnehmens der Mahlzeiten, am Programm eines elektronischen Mediums. Hohe Zuwachsraten gab es beim Verzehr von salzigem oder süßem Gebäck, das wiederum von der Fernsehwerbung propagiert wurde.[60] Die Menschen lernten im Übrigen sehr rasch, mit dem Fernseh-angebot umzugehen. Zum Unmut der Verantwortlichen, die von Anfang an eigens für die Koordination zwischen erstem und zweitem Programm sorgten und »Schutzzonen« für politische Informations- gegenüber Unterhaltungs-sendungen schufen, beherrschte das Publikum virtuos die Slalomtechnik des Hin- und Herschaltens, mit der belehrende Sendungen umgangen und unter-haltende Angebote gefunden werden konnten.

Der Aufstieg des neuen audiovisuellen Mediums schuf eine neue Erlebnis-dimension, eine gewaltige Vermehrung fiktionaler filmischer Angebote und der Möglichkeiten, sich über ferne und nahe Welten nicht nur informieren, sondern gleichzeitig zugehörige Bilder auf sich wirken zu lassen. Ein Beispiel für die Erzeugung von Empathie durch eine mediale Brücke für weit ent-fernt lebende Wesen lieferte zur besten Sendezeit nach der Tagesschau »Ein Platz für Tiere« des wertkonservativen Frankfurter Zoodirektors Bernhard Grzimek, der häufig in Begleitung eines Affen, bisweilen auch eines anderen Tiers, im Studio erschien.[61] Auch die Bilder aus europäischen Ländern, zum Beispiel von Krönungsfeierlichkeiten oder großen Sportereignissen, fanden sehr großes Interesse. Die erste Nachrichten-Liveschaltung des europäischen Netzes Eurovision wurde am 9. Oktober 1958 anlässlich des Todes von Papst Pius XII. gesendet. Allerdings wurde die Idee eines permanenten europäi-schen Programms nicht realisiert.

Kaum zu überschätzen für die Konstruktion eines europäischen Gemein-samkeitsgefühls war die zur besten Sendezeit am Samstagabend ausgestrahlte Show *Einer Wird Gewinnen* (seit 1964 vom Hessischen Rundfunk), deren Ab-kürzung auf die Europäische Wirtschaftsgemeinschaft anspielte. Kandidaten aus anfangs acht, später einem Dutzend europäischer Länder traten in dieser mit musikalischen und anderen Darbietungen angereicherten Quizsendung gegeneinander an. Der »Showmaster« Hans-Joachim Kulenkampff avancierte zu einem der beliebtesten Entertainer der 60er Jahre.

Ähnlich wie dieser hatten zahlreiche Fernsehstars ihre Karriere beim Hör-funk begonnen[62], und auch die Muster zahlreicher Sendungen des audio-visuellen Mediums[63] waren bereits dort erprobt worden. Dies gilt nicht zuletzt für weitere Quizsendungen, die sich in den 60er Jahren großer Beliebtheit erfreuten, etwa Robert Lembkes *Heiteres Beruferaten* (seit 1955), bei der ein Rateteam den Beruf eines Gastes enthüllen sollte, oder das Wissensquiz *Hätten Sie's gewusst?* (seit 1962) mit Heinz Maegerlein. Auch bunte Nachmit-tage oder Abende, etwa *Der blaue Bock* (seit 1957) mit Otto Höpfner, den der Hessische Rundfunk als launige Sendung präsentierte, hatte es in der Rund-

Hans-Joachim Kulenkampff mit Assistentin

funkunterhaltung seit den 30er Jahren gegeben.

Das Fernsehen bot in einer Zeit, als es – zunächst – meist nur ein, dann zwei Programme gab und in der für die meisten Menschen dieses Medium noch den frischen Reiz des Ungewohnten ausstrahlte, eben wegen der eingeschränkten Programmauswahl viel gemeinsamen Gesprächsstoff an der Arbeitsstelle, beim Einkauf und über den Gartenzaun hinweg. Einzelne Sendungen erzielten Einschaltquoten von mehr als 90 Prozent, wurden als »Straßenfeger« bezeichnet, etwa der Krimi-Mehrteiler *Das Halstuch* (1962) von Francis Durbridge.

Hinsichtlich der Kriminalfilme wurde bald deutlich, dass das Publikum – wohl auch wegen der in den USA und England gegenüber Deutschland doch sehr unterschiedlichen rechtlichen Bestimmungen und Praktiken der Strafverfolgung, aber auch der fremden Atmosphäre – lieber durch einheimische Serien unterhalten werden wollte. Dies machte den enormen Erfolg von *Stahlnetz* (seit 1958) aus, zu dem das DDR-Fernsehen mit *Blaulicht* alsbald ein Pendant schuf.

Eigens für das Fernsehen produziert wurden zahlreiche Fernsehfilme, von denen sich neben Kriminalhandlungen vor allem sogenannte Familienserien der größten Beliebtheit erfreuten. Nachdem *Die Schölermanns* bereits in den 50er Jahren zur Kultsendung avancierten, startete der Hessische Rundfunk mit der *Firma Hesselbach* (später: *Familie Hesselbach*) 1960 eine Serie, die auf einen direkten Radiovorläufer (1949–56) zurückging. Bis 1963 liefen von dieser Serie, die Alltagsprobleme der Familie und der Arbeitswelt kombinierte, 42, 1966/67 noch einmal neun Folgen.

Wer über die letzte Folge einer solchen Serie nicht mitreden konnte, lief Gefahr, sich sozial zu isolieren. Ein beträchtlicher Konformitätsdruck führte in vielen Familien zur Anschaffung eines Geräts, manche bildungsbürgerlichen Widerstände von Eltern gegen das Fernsehen wurden durch das Drängen der Kinder überwunden, die sich in der Schule ausgegrenzt fühlten.

Als positiver Faktor für die Anschaffung eines Geräts wirkten auch Übertragungen großer Sportereignisse, etwa der Olympischen Spiele 1960 in Rom, wo der deutsche Leichtathlet Armin Harry über 100 und 200 m Sprint eine Goldmedaille gewann, und besonders der Spiele der sogenannten »Vollprofi«-Bundesliga (seit 1963).

Die Krise des Kinos verstärkte sich in den 60er Jahren auf dramatische Weise. Während 1960 noch 596 Millionen Kinobesuche gezählt wurden (der höchste Punkt war 1956 mit über 800 Millionen erreicht worden), waren es 1970 nur noch 167 Millionen. Die rasante Ausbreitung des Fernsehens war sicherlich eine wesentliche Ursache für den gleichzeitigen Niedergang des Kinos. In Umfragen dazu wurden immer die gleichen Gründe genannt. In der gemütlichen Atmosphäre der eigenen vier Wände ließen sich Filme komfortabler und preisgünstiger genießen; die Wendung von den »drei F's« – Fernsehen, Filzlatschen, Flaschenbier – fand allgemeine Verbreitung.

Auswirkungen des Fernsehens

Der wirtschaftliche Niedergang der Filmbranche führte zum vergeblichen Versuch, mit marktgängigen Streifen Massen für das Kino dauerhaft zurückzugewinnen. Der Monumentalfilm *Ben Hur* spielte 1960 große Gewinne ein, im Januar 1963 betrat erstmals James Bond, gespielt von Sean Connery, die deutschen Kinoleinwände und trank auf der Verbrecherjagd mit schönen Frauen geschüttelte Martinis. Aber alle Bemühungen änderten nichts daran, dass der Kinobesuch allmählich zu einer Angelegenheit allein jugendlicher Freizeitkultur wurde. Nach EMNID-Erhebungen zählten Mitte der 60er Jahre vor allem 2,7 Millionen Teenager zwischen 14 und 19 Jahren zu jenen, die sich bis zu viermal im Monat einen Film ansahen.

Auch die Freunde des populären sogenannten Volkstheaters wurden vom Fernsehen bedacht, das beliebte Stoffe zur besten Sendezeit am Samstagabend anbot. Die gemäßigt dialektgefärbten Komödien des Millowitsch-Theaters in Köln und des Hamburger Ohnsorg-Theaters wurden bereits seit 1953 im Fernsehen übertragen. Der Münchner *Komödienstadl* hingegen, seit 1959 ausgestrahlt, war eine Erfindung des Bayerischen Rundfunks, ohne dass es dafür eine fernsehunabhängige Bühne gegeben hätte.

Dennoch ließ das Fernsehen durchaus Raum für andere Massenmedien. Die Tageszeitung behauptete ihre Position[64] nicht zuletzt wegen der lokalen Nachrichten, die auf der Mattscheibe in den 60er Jahren noch kaum berücksichtigt werden konnten. Die Auflage der Tageszeitungen war von 13,4 (1954) auf 17,3 Millionen (1964) gestiegen und betrug – auf dem Höhepunkt – schließlich 21,2 Millionen Exemplare (1983). Eine wichtige Strukturveränderung auf dem Markt der Tageszeitungen ist allerdings zu einem Teil auf das Fernsehen

zurückzuführen. Mitte der 50er Jahre war die Auflage der Abonnements-
blätter gegenüber derjenigen der Straßenverkaufszeitungen noch dreimal so
hoch, Mitte der 60er Jahre teilten sich die beiden Zeitungstypen den Markt
genau zur Hälfte. Zeitungen wurden offenbar stärker als zusätzliches Medium
außerhalb des Hauses – etwa auf dem Arbeitsweg oder in der Mittagspause –
gekauft und gelesen als in der vorherigen fernsehlosen Zeit, eine Voraussetzung für den enormen Erfolg der *Bild-Zeitung* des Springer-Konzerns, die
Anfang der 60er Jahre eine Auflage von ca. 4 Millionen Exemplaren erreichte.

Die Auflage der Publikumszeitschriften blieb mit ca. 60 Millionen in den
60er Jahren auf gleicher Höhe. Dass das audiovisuelle Medium dem Lesen
von Zeitungen und Zeitschriften ausweislich allgemeiner Statistiken keinen
Abbruch tat, weist zwar darauf hin, dass sich das mediale Verhalten ausdifferenzierte und nicht einfach vom Fernsehen monopolisiert wurde. Allerdings
wuchs die Bedeutung des audiovisuellen Mediums für die Art der Lektüre; etwa
die Hälfte der Bevölkerung las nach Umfragen um 1960 Woche für Woche in
den Rundfunk- und Fernsehzeitschriften.[65] Auch die enorme Auflagensteigerung der anderen Illustrierten – beim *Stern* von ca. 900 000 (1957) auf 1,6 Millionen (1965), bei der *Quick* im gleichen Zeitraum von einer auf 1,5 Millionen,
bei der *Bunten* von 300 000 auf 1,4 Millionen und bei der *Neuen Revue* von
700 000 auf 1,7 Millionen – wird auf indirekte Wirkungen des neuen Mediums
zurückgeführt.[66] Aber selbst die Buchproduktion ging durch die Ausbreitung
des Fernsehens nicht zurück. Die Zahl der gemeldeten Erst- und Neuauflagen
verdoppelte sich vielmehr in den 60er Jahren von 22 524 (1960) auf 47 096
(1970). Widersprüchlich fielen allerdings die Ergebnisse zeitgenössischer Erhebungen zur Wirkung des neuen Mediums auf die Buchlektüre aus.[67]

Radio im
Fernsehzeitalter

Das Radio behielt auch im Fernsehzeitalter eine hohe Bedeutung, änderte
aber allmählich seine Funktion.[68] Eine entscheidende Neuerung der Pro-
grammstruktur bestand in der großflächigen Einführung von Magazinsen-
dungen für den Vormittag, Nachmittag und Abend, die hauptsächlich unterhaltende Musik im Wechselspiel mit Nachrichten, Konsumententipps,
Ratgeberrubriken und anderen kurzen Wortbeiträgen brachten. Die schär-
fere Konkurrenz der Anbieter von Rundfunkprogrammen – gegenüber den
monopolistischen Strukturen beim Fernsehen – führte zu einer raschen
Verjüngung der Unterhaltungsmusik. Die öffentlich-rechtlichen Anstalten
versuchten zu verhindern, dass jugendliche Hörer sich gänzlich von ihnen
abwandten und das deutsche Programm von Radio Luxemburg, die amerikanischen oder britischen Soldatensender (AFN und BFBS), die seit 1964 bestehenden sogenannten kommerziellen Piratensender außerhalb der britischen

und niederländischen Dreimeilenzone (Radio Caroline, Radio London, Radio Veronica u. a.) oder sogar die auf die Bundesrepublik gerichteten Propagandasender der DDR (Freiheitssender 904, Deutscher Soldatensender) einschalteten, die jeweils moderne britische oder amerikanische Popmusik ausstrahlten.[69] Unter dem Druck dieser Konkurrenz kam es im öffentlich-rechtlichen Rundfunk selbst zu einer bisweilen als »Luxemburgisierung« beklagten Veränderung des Hauptprogramms, während in einem Nebenprogramm eher intellektuell anspruchsvolle Wortbeiträge und ein höherer Anteil an »ernster« sowie unterhaltender Musik für ältere Menschen angeboten wurden. Eine wichtige Voraussetzung für die in den 60er Jahren weiterhin vorhandene Attraktivität des Rundfunks bildete die verbesserte Empfangsqualität. Bis Ende 1966 hatten alle öffentlich-rechtlichen Sender ihre UKW-Programme auf den 1958 erstmals präsentierten Stereofunk umgestellt.[70]

Die Durchsetzung des Fernsehens bedeutete offensichtlich nicht, dass die zuvor benutzten Medien ihre Bedeutung verloren hatten. Der Bildschirm war zum Leitbild innerhalb eines Verbunds mit dem Radio und der Presse geworden, aber alle Medien hatten ihre Reichweite vergrößert. Die einzige repräsentative Langzeitstudie (Erhebungen der Jahre 1964, 1970 und 1974) über die »Massenkommunikation« in der Bundesrepublik ermittelte: Während 1964 von 100 Personen in ihrem Haushalt 55 über ein Fernsehgerät verfügten, waren es 1970 85; über mindestens ein Radiogerät verfügten jeweils 95 von 100 Personen in ihrem Haushalt, der Anteil der Zweitgeräte war im gleichen Zeitraum von 15 auf 30 gestiegen; ebenso der Anteil der regelmäßigen Käufer oder Abonnenten einer Tageszeitung von 70 auf 77. An einem durchschnittlichen Werktag wurden 1970 lediglich drei Prozent der Bevölkerung weder über ein Fernsehgerät noch über ein Radio oder die Tageszeitung erreicht; die Verweildauer vor dem Fernsehgerät stieg in diesem Zeitraum von etwa einer auf knapp zwei Stunden beträchtlich an, während die Radionutzung nur leicht von ca. 90 auf ca. 75 Minuten zurückging und die mit der Tageszeitung verbrachte Zeit mit 35 Minuten zunächst gleich blieb.

Selbst wenn in den folgenden Jahrzehnten weitere Modernisierungen der Lebenswelt erfolgten, zum Beispiel verfügten 1962 erst 14 Prozent aller privaten Haushalte über ein Telefon[71], lässt sich festhalten, dass die entscheidende Transformationsphase auch für den Alltag großer Teile der Bevölkerung – mit neuen Konsumstilen, der Suburbanisierung, mit der Automobilisierung und einer tiefgreifenden Medienrevolution im Übergang zum Fernsehen als neuem Leitmedium – in den »langen 60er Jahren« begann.

2 Abschied von der Ära Adenauer – Reformdebatten und Liberalisierung

In den frühen 60er Jahren sprach man bereits von einer »Ära Adenauer«; der erfolgreiche wirtschaftliche Wiederaufbau, verbunden mit steigendem Wohlstand und Massenkonsum, hatte die westdeutsche Gesellschaft binnen weniger Jahre sogar so weit stabilisiert, dass die politischen Machtverhältnisse vielen Zeitgenossen unverrückbar erschienen und eine eindeutige konservative Hegemonie auch der politischen Kultur anzeigten. Aus zeitlichem Abstand lässt sich das Gegenteil feststellen. Seit dem letzten Drittel der 50er Jahre häuften sich nämlich – mit immer größerer öffentlicher Resonanz – kritische Stimmen, die »einige Gründungsmythen und Tabus der Republik«[72], Modernisierungsrückstände und Demokratiedefizite beklagten, wenn nicht sogar die Frage gestellt wurde, ob man in der Bundesrepublik überhaupt leben könne.[73] Sammelbände wie *Ich lebe in der Bundesrepublik* (1960) von Wolfgang Weyrauch aus dem Umkreis der Gruppe 47 und *Ich lebe nicht in der Bundesrepublik* (1964) des jüdischen Schriftstellers Hermann Kesten, der nicht aus dem Exil zurückkehrte, gaben dazu unterschiedliche Auskünfte. Leitmotivisch formulierte der Soziologe Ralf Dahrendorf 1961 das zentrale Thema politischer Diskurse für das begonnene Jahrzehnt:

> »Die deutsche Frage ist die Frage nach den Hemmnissen der liberalen Demokratie in Deutschland. Die liberale Demokratie ist ein politisches Prinzip, wenn nicht ein politisches System. Politische Strukturen aber schweben nicht in der Luft.«[74]

Ausweitung der Demokratie

Demokratie sollte nicht mehr auf den Parlamentarismus eingegrenzt bleiben. Gefordert wurden Reformen – ein Zauberwort der 60er Jahre –, die eine Demokratisierung aller gesellschaftlichen Bereiche, nicht zuletzt der Bildungseinrichtungen, zum Ziel hatten.[75] Dabei richtete sich bei der Suche nach Vorbildern der Blick vor allem auf die USA, daneben auf west- und nordeuropäische Gesellschaften. Symbolisiert durch die Präsidentschaft von John F. Kennedy – seit 1961 – schien eine gemeinsame westliche liberale Werteordnung zu entstehen, vor deren Hintergrund die westdeutsche Wirklichkeit in den Augen kritischer Intellektueller hinterwäldlerisch, ja anachronistisch wirkte. Dies galt zum Beispiel für Fragen der Sexualmoral, so dass es kein Zufall war, dass die aus der CDU/CSU und von der katholischen Kirche unterstützte Kampagne der »Aktion Saubere Leinwand« (ASL) gegen den Anfang 1964 in die Kinos gelangten Film *Das Schweigen* des schwedischen Regisseurs Ingmar Bergmann, der von der »Freiwilligen Selbstkontrolle« einstimmig freigegeben und besonders empfohlen worden war, selbst wiederum heftig angegriffen wurde. Der maßgebliche Initiator der ASL, der Bundestagsabgeordnete und Rechtswissenschaftler Adolf Süsterhenn (CDU), sah sich als »Professor Lüsterhahn« tituliert. Dass sittliche Anständigkeit über künstlerischer Freiheit rangiere, war allerdings bereits nicht mehr als Mehrheitsmeinung zu verankern, selbst prominente Christdemokraten, etwa der Hamburger Landesvorsitzende Erik Blumenfeld, warnten vor intoleranten Sittenwächtern.[76] Mittlerweile herrschte die Auffassung vor, dass moralische Urteile nicht mehr autoritär dekretiert werden sollten, sondern lediglich ein Instrument in einem pluralistischen Meinungskonzert seien. Der Begriff des »Pluralismus«, in den 50er Jahren noch ein Fachterminus politologischer Literatur, avancierte allmählich zur selbstverständlichen Alltagsvokabel. Damit bekamen jene Intellektuellen, die schon ein Jahrzehnt zuvor als Propagandisten einer »Westernisierung« (Anselm Doering-Manteuffel), der Durchsetzung einer liberalen Kultur westlicher Provenienz gewirkt hatten, endgültig Oberwasser.[77] Die »Aktion Saubere Leinwand« löste sich übrigens Anfang 1966 auf. Dass prüde Sittenstrenge bis in die 60er Jahre hinein auch in der Sozialdemokratie zu finden war, zeigte der Rücktritt des populären Hamburger Bürgermeisters Paul Nevermann 1965. Seine Frau hatte sich geweigert, die First Lady anlässlich des Besuchs der britischen Königin in der Hansestadt zu geben, weil ihr Mann eine Geliebte hatte und die Presse dies angesichts des Staatsbesuchs bundesweit als Skandal herausstellte[78] – heute würde bei ähnlich strengen Maßstäben kaum mehr eine politische Begegnung stattfinden können.

Auch in der DDR hatte es in der ersten Hälfte der 60er Jahre eine Öffnung zu etwas mehr Meinungsfreiheit gegeben, soweit diese nicht die Grundlagen der diktatorischen Ordnung betraf. Nach dem Bau der Berliner Mauer, der sogar als die eigentliche Gründung des ostdeutschen Staates angesehen wurde, weil nun der ständige Aderlass der Bevölkerung in »den Westen« aufhörte und erstmals halbwegs verlässliche Planungen möglich waren, meinte die DDR-Führung – nicht zuletzt im Bereich kultureller Orientierungen – enge Vorgaben lockern zu können. Dies sollte zugleich ihre schmale Legitimationsbasis erweitern. Die kulturelle Öffnung war nicht auf die DDR beschränkt. In den Staaten des »realen Sozialismus« kam es zu einer breiteren Bewegung immanenter Kritik, die frühere Dogmen, dass etwa mit der Überwindung des Kapitalismus auch die menschliche Entfremdung verschwunden sei, verwarf. Symbolische Bedeutung erhielt eine Konferenz zum 80. Geburtstag von Franz Kafka in Liblice in der Nähe von Prag im Mai 1963. In der DDR gewann ein Jahr später eine große Schriftstellertagung eine ähnliche Bedeutung.[79] Einige

Kulturelle Öffnungen in der DDR

kritische Romane, etwa Christa Wolfs *Der geteilte Himmel* (1963), wurden veröffentlicht[80], einige gesellschaftskritische Filme kamen in die Kinos, 1964 wurde sogar eine Schallplatte der Beatles von der staatlichen Plattenfirma »Amiga« herausgegeben, und im Radio der DDR wurde im Anschluss an ein »Deutschland-Treffen« der Staatsjugendorganisation FDJ mit *DT 64* eine eigene Sendung für Jugendliche geschaffen, die deren Probleme aufgreifen und deren Musik, einschließlich der Beat-Musik aus dem Westen, spielen sollte, um überhaupt weiter ideologischen Einfluss ausüben zu können.[81] Es ist symptomatisch, dass die westliche Musik ebenso wie in der Bundesrepublik zum Fanal jugendlichen Unabhängigkeitsstrebens wurde, die der Staatsgewalt unkontrollierbar zu werden schien.[82] Die größte nichtgenehmigte Demonstration in der DDR zwischen 1953 und 1989 richtete sich gegen das Verbot einiger Dutzend einheimischer Beat-Gruppen: die »Leipziger Beatdemo« am 31. Oktober 1965. Die Tendenzen einer kulturellen Öffnung in der DDR, die nicht mit der politisch-kulturellen Liberalisierung des bereits demokratischen politischen Systems der Bundesrepublik gleichgesetzt werden dürfen und auch erst nach dem Mauerbau eingesetzt hatten, wurden, wenige Wochen nach den Leipziger Vorkommnissen, mit dem sogenannten »Kahlschlag-Plenum« der SED im Dezember 1965 bereits wieder abrupt beendet.[83] Die dort erfolgte Disziplinierung von Schriftstellern wie Stefan Heym und Christa Wolf, Musikern – der Liedermacher Wolf Biermann erhielt ein absolutes Auftritts- und Publikationsverbot – und vor allem Filmkünstlern war zwar nicht dauerhaft wirksam, ließ aber die beiden deutschen Gesellschaften noch weiter auseinander driften.

Propagandakrieg zwischen Ost und West

Während in der DDR die vorsichtige Öffnung für die Machthaber existenzielle Risiken hervorzubringen schien, gab es in der Bundesrepublik immer wieder Kampagnen, mit denen die Wachsamkeit gegenüber der östlichen Bedrohung beschworen und vor einer zu weitgehenden Liberalisierung der politischen Kultur gewarnt wurde. Die beiden deutschen Staaten waren in einen immer aufwendigeren medialen Propagandakrieg – über Plakate, Flugblätter, Broschüren, Zeitungen, Radiosendungen – verstrickt, in dem die DDR die Bundesrepublik als antinational, klerikalfaschistisch, militaristisch brandmarkte, während die Bonner Politik das als »Pankow«, »Zone« und »Sowjet-KZ« titulierte ostdeutsche Regime als dem Nationalsozialismus an Schlechtigkeit zumindest ebenbürtig hinstellte.[84] Es mag als Ironie der Geschichte erscheinen, dass sich die bittere Konfrontation zwischen der Bundesrepublik und der DDR partiell durchaus belebend auf die auswärtige Kulturpolitik auswirkte, weil man sich als das jeweils bessere Deutschland präsentieren wollte.

Zwischen Heimatfilm und Boxkampf: Einladung zu einer Feier zum Tag der Deutschen Einheit

In die erste Hälfte der 60er Jahre fällt der Vertrag über die deutsch-französische Zusammenarbeit (1963), mit dem auch das westdeutsch-französische Kulturabkommen von 1954 erweitert wurde und symbolisch – zum Wohle der westeuropäischen Integration – die alte »Erbfeindschaft« der Völker diesseits und jenseits des Rheins beendet wurde.[85] Zugleich wurden kulturelle Kontakte zwischen der Bundesrepublik und osteuropäischen Staaten, vor allem der Tschechoslowakei und Polen, geknüpft, wenngleich mit dem taktischen Hintergedanken einer Isolierung der DDR im eigenen Lager.[86]

Neben der deutsch-deutschen und internationalen Dimension hatte die Blockkonfrontation auch eine innenpolitische Dimension, die nicht auf die verbotene KPD beschränkt blieb, deren Funktionäre und Anhänger Anfang der 60er Jahre mit großer Härte verfolgt wurden.[87] Im Visier waren immer auch die *fellow traveller*. Der CDU-Politiker Rainer Barzel hatte 1959 ein Komitee »Rettet die Freiheit« gegründet, das in einem *Rotbuch* ein Jahr später Hunderte von Intellektuellen und Künstlern als Handlanger kommunistischer Tarnorganisationen anprangerte, von Max Born bis Luis Trenker, von Victor de Kowa bis Olga Tschechowa, von Otto Dix bis Werner Egk.[88] Im »Kalten Bürgerkrieg« musste die Liberalisierung der politischen Kultur gegen eine konservative »antikommunistische Mobilisierung« durchgesetzt werden, die jeder Demokratisierung misstrauisch gegenüberstand.[89]

Eichmann und Auschwitz – die NS-Vergangenheit Die staatliche und gesellschaftliche Stabilisierung der Bundesrepublik beförderte auch die Auseinandersetzung mit der NS-Vergangenheit, denn nun erst konnte gefragt werden, mit welchem Personal denn der Wiederaufbau vonstatten gegangen war. Die Herausbildung einer kritischen Öffentlichkeit vollzog sich nicht zuletzt entlang dieses Themas.[90] Anlässe, die es schon Anfang der 50er Jahre reichlich gegeben hätte, gerieten jetzt, seit dem letzten Drittel des Jahrzehnts, zu Skandalen, die in der Presse groß aufgemacht wurden. Einige Prozesse boten ob ihrer spektakulären Begleitumstände entsprechendes Material. So war ein angesehenes Mitglied der Stadt Offenburg, der Studienrat Ludwig Zind, wegen antisemitischer Delikte zu einer Haftstrafe von einem Jahr ohne Bewährung verurteilt worden. Nachdem die Justiz ihn nur widerwillig angeklagt hatte, verhalfen ihm die Behörden vor der Revisionsverhandlung zur Flucht nach Ägypten, weil kein Haftbefehl ausgestellt worden war.[91] Im Fall des Holzhändlers Nieland, der antisemitische Broschüren vertrieb, war das Hauptverfahren nach jahrelangen Ermittlungen nicht eröffnet worden; es stellte sich heraus, dass der verantwortliche Richter selbst nationalsozialistisch schwer belastet war.[92] 1959 erheiterte der Film *Rosen für den Staatsanwalt* des Regisseurs Wolfgang Staudte das Kinopublikum. Ein am Ende des Krieges wegen Diebstahls einer Tafel Schokolade zum Tode verurteilter Soldat, der durch Zufall überlebt hatte, trifft in einer Kleinstadt auf den damals verantwortlichen Staatsanwalt, der nun zum Oberstaatsanwalt geworden ist, und begeht die gleiche Straftat noch einmal. Dem nunmehrigen Oberstaatsanwalt unterläuft ein schwerwiegendes Freudsches Versprechen, als er nach einem milden Plädoyer erneut die Todesstrafe fordert, wodurch seine Vergangenheit aufgedeckt wird. Die zuvor erwähnten Prozesse, vor allem der Fall Zind, hatten Staudte zu diesem Film angeregt.[93]

Als Einschnitt nicht nur der juristischen Aufarbeitung der NS-Verbrechen, sondern auch der politischen Kultur der Bundesrepublik gilt der sogenannte Ulmer Einsatzgruppenprozess von 1958, der die Ermordung von Juden als »Partisanen« hinter der Ostfront untersuchte. Diesen Prozess gab es nur, weil einer der Mörder, ein hoher Polizeioffizier, seine Dienstzeiten im Zweiten Weltkrieg zur Berechnung der Pension einklagte – eine ganze Reihe der Polizeipräsidenten westdeutscher Großstädte hatte zuvor im Zweiten Weltkrieg innerhalb des Reichssicherheitshauptamtes Karriere gemacht.[94] Aber die westdeutsche »Schweigegesellschaft« bekam nun immer mehr Risse. So präsentierte der *Spiegel* 1959 den Euthanasiearzt Dr. Heyde-Sawade auf dem Titelbild – der Täter praktizierte mit falschem Namen, aber mit Wissen seiner nachbarlichen Umgebung und gedeckt von Landesbehörden, die ihn sogar als Gutachter beim Sozialgericht heranzogen, als Badearzt in Westerland auf Sylt.

Vor dem Hintergrund des erwachten Problembewusstseins in der breiten Öffentlichkeit war es wiederum ein spektakulärer Anlass, der die Debatte um die »Aufarbeitung« in das Zentrum der medialen Aufmerksamkeit rückte. In der Sylvesternacht 1959/60 war die gerade neu eingeweihte Kölner Synagoge mit antisemitischen Schmierereien besudelt worden. In den folgenden Wochen kam es zu Dutzenden von Nachahmungstaten, Festnahmen und Vernehmungen, begleitet von intensiver Presseberichterstattung. Interessant war, dass in der Bundesregierung zwei Erklärungen nebeneinander bestanden. Das Verteidigungsministerium verdächtigte – ohne jegliche Beweise – die DDR, durch geheimdienstliche Provokationen die Bundesrepublik diskreditieren zu wollen, das Innenministerium ging von verwirrten jugendlichen Tätern aus, nachdem Mitglieder der rechtsextremen Deutschen Reichspartei verhaftet worden waren. Unwidersprochen blieb die Schlussfolgerung aller politischen Kräfte, dass die ehrliche »Aufarbeitung der Vergangenheit« (Theodor W. Adorno), vor allem die Aufklärung der Jugend über den Nationalsozialismus, verstärkt werden müsse.[95] Allerdings gab es trotz aller Bemühungen um politische Bildung – eine darauf bezogene Fachdidaktik befand sich erst in den Kinderschuhen[96] – an den Schulen starke generationell bedingte Hemmnisse, die der Deutsche Ausschuss für das Erziehungs- und Bildungswesen in seiner Erklärung zur antisemitischen Schmierwelle im Januar 1960 benannte:

> »Die älteren Lehrer haben in drei, die ältesten sogar in vier politischen Systemen nicht nur als Beamte ihren Eid ablegen, sondern als Erzieher den Staat in der Klasse lehrend vertreten müssen. Sie waren der Verführung und dem Druck des Nationalsozialismus noch stärker ausgesetzt als die Staatsbürger in vielen anderen Bereichen.« Hinzu komme: »Viele Lehrer stehen unter dem Druck von Eltern, die es nicht wünschen, daß ihre Kinder die Wahrheit über den Nationalsozialismus erfahren.«[97]

Es war insofern nicht erstaunlich, dass aus der jungen Generation eigene Initiativen der Aufklärung ergriffen wurden, zuerst vom akademischen Nachwuchs, der Anfang der 60er Jahre die Thematisierung der zuvor weitgehend verschwiegenen NS-Vergangenheit der Hochschulen in Vorlesungsreihen durchsetzte. Dass angesichts der zahlreichen belasteten Professoren auch in diesen Veranstaltungen häufig noch weichgezeichnet wurde – linke Intellektuelle sprachen vom »hilflosen Antifaschismus« (Wolfgang Fritz Haug) – war nicht verwunderlich, aber ein Anfang war gemacht.[98] Eine Einflussnahme der DDR, die mit etlichen Veröffentlichungen – am bekanntesten das trotz Verbots in mehreren Auflagen vertriebene *Braunbuch* (1965) – die NS-Belastungen von Tausenden von Funktionsträgern der Bundesrepublik öffentlich machte, gab es in den Debatten um das »Dritte Reich« durchaus.[99] Aber es kennzeichnete einen wesentlichen Unterschied zu den Anfangsjahren der Bundesrepublik, dass nun mit dem Argument, die Anschuldigungen kämen aus dem Osten und seien deshalb per se erlogen, die Propagandaschlacht nicht mehr zu gewinnen war. Der Rücktritt der Minister Seebohm und Oberländer und die ständige Erklärungsnot, warum ein Kommentator der Rassengesetze, Hans Globke, Adenauers engster Berater im Kanzleramtsministerium sein durfte, zeigten die moralische Defensive, in die man in Bonn geraten war – Hinweise auf nationalsozialistisch belastete Funktionäre in der DDR halfen dagegen wenig.

In den folgenden Jahren sorgten der Eichmann-Prozess in Jerusalem (1961) und der Auschwitz-Prozess in Frankfurt am Main (1963/65)[100] dafür, dass der Massenmord an den europäischen Juden, der in den 50er Jahren nur sehr vage benannt worden war, ein zentraler Punkt der Betrachtung des Nationalsozialismus wurde. Allerdings wurde in der zeitgenössischen Diskussion bereits angemerkt, dass die Konstruktion der NS-Bestie, ob als planender Bürokrat wie Eichmann oder in Gestalt der direkten Vernichtungstäter in Auschwitz, bequeme Distanzierungsmöglichkeiten für die Bevölkerung bot. Das Wissen über den Nationalsozialismus wuchs zwar weiter an, nicht zuletzt durch verdienstvolle Gesamtdarstellungen und Quelleneditionen um 1960, aber der Massenmord an den Juden, für den seit Ende der 70er Jahre der Begriff »Holocaust« Verbreitung fand, blieb darin doch ein nur ungern wahrgenommenes Kapitel. Als etwa 1960/61 und als Wiederholung 1963 im Fernsehen die 14 Folgen der Serie *Das Dritte Reich* gezeigt wurden, ermittelte man eine Sehbeteiligung von mehr als der Hälfte der potentiellen Zuschauer, einzig die achte Folge *Der SS-Staat* über Konzentrationslager und Judenvernichtung, die sogar einen Grimme-Fernsehpreis erhielt, wies ein weit geringeres Publikum auf.[101] Mitte der 60er Jahre wurde immer deutlicher, dass sich eine Schere öffnete zwischen einer jüngeren, gebildeten Minderheit, die durchaus über starke Bastionen in den Medien sowie im politischen Raum verfügte und immer mehr Resonanz für die Intensivierung der NS-Aufarbeitung erhielt, und der Mehrheit der Bevölkerung, die bei allen demoskopischen Umfragen stets den Wunsch äußerte, über die nationalsozialistische Vergangenheit nichts mehr hören zu wollen, und forderte, endlich einen Schlussstrich zu ziehen. Diese Konstellation begleitete etwa die seit 1964 im Deutschen Bundestag geführten Debatten um die Verjährung von NS-Verbrechen. »Das Geheimnis der Erlösung heißt Erinnerung.« Diesen Satz eines jüdischen Mystikers zitierte der Bundestagsabgeordnete und spätere Innenminister Ernst Benda (CDU), einer der Protagonisten für eine Verlängerung der Verjährungsfristen und der Aufhebung der Verjährung für Mordtaten, in der zentralen Debatte am 10. März 1965, die verschiedentlich als »Sternstunde des Parlaments« bezeichnet worden ist. Die öffentliche Resonanz wurde noch verstärkt durch ein vom *Spiegel* veröffentlichtes Gespräch zwischen Rudolf Augstein und Karl Jaspers, in dem dieser die Forderungen nach einer Abschaffung der Verjährung für Völkermord moralisch grundierte.[102] Es ist kein Zufall, dass in diesem Zeitraum auch die ersten Gedenkstätten am Ort ehemaliger Konzentrationslager errichtet wurden, 1965 in Dachau und Neuengamme; Bergen-Belsen erhielt 1966 ein Dokumentenhaus – jeweils nach langen Auseinandersetzungen, die sich danach weiter intensivierten.[103]

Eine erregte Diskussion über den Ersten Weltkrieg gewann in der ersten Hälfte der 60er Jahre zugleich eine enorme Bedeutung für den Umgang mit dem Nationalsozialismus. Die sogenannte Fischer-Kontroverse hatte zunächst die konservative Historikerzunft in helle Aufregung versetzt, fand aber bald den Weg in die breitere Öffentlichkeit. Fritz Fischer, Ordinarius der Universität Hamburg, hatte in einem Buch mit dem Titel *Der Griff nach der Weltmacht* (1961) die deutschen Kriegsziele und deren Protagonisten im Lichte der staatlichen Quellen beleuchtet und auf dieser Basis der landläufigen Auffassung widersprochen, alle Mächte seien in den Weltkrieg geschliddert, aber Deutschland allein sei nach seiner Niederlage die gesamte Schuld aufgebürdet worden. Der Versailler Vertrag und die daraus resultierenden Probleme aber, so wurde es auch in den Schulbüchern verbreitet, habe dann den Aufstieg Hitlers ermöglicht, an dem die Alliierten zumindest eine große Mitschuld trügen. Wenn aber nun eine deutsche Hauptverantwortung für den Ersten Weltkrieg ursächlich war, geriet diese Interpretation ins Wanken, musste die Frage nach Kontinuitäten und Parallelitäten gestellt werden, wurde die Sicht auf einen deutschen antidemokratischen Sonderweg eröffnet, die in den 70er Jahren einigen Einfluss gewann. Die Thesen von Fritz Fischer werden heute relativiert,

Die Fischer-Kontroverse

vor allem wegen der sehr deutschen Betrachtung, die aggressive Potenziale anderer beteiligter Mächte am Ersten Weltkrieg unberücksichtigt ließ. Aber für die Liberalisierung der politischen Kultur war deren zeitgenössische Wirkung aus zwei Gründen positiv. Zum einen zerstörten sie die jahrzehntelang kolportierten nationalistischen Lebenslügen von deutscher Unschuld; zum anderen gelang es in dieser Auseinandersetzung nicht, einen Kritiker mundtot zu machen. Höhepunkt einer staatlich unterstützten Kampagne konservativer Historiker, allen voran Gerhard Ritter, gegen Fischer war der Versuch des Auswärtigen Amtes, 1964 eine Vortragsreise in die USA durch Streichung der Zuschüsse zu verhindern. Die Solidarität der einladenden Institutionen und Personen verhinderte dies. Im gleichen Jahr traten sogar Bundeskanzler Ludwig Erhard und Bundestagspräsident Eugen Gerstenmaier vor die Rundfunkmikrophone, um gegen Fischer Stellung zu beziehen. Aber mittlerweile berichteten zahlreiche Zeitungen sehr kritisch über die Methoden seiner Gegner, so dass zumindest ein Patt in der Auseinandersetzung konstatiert wurde.[104]

Atomares Zeitalter   Die geschichtspolitischen Auseinandersetzungen um 1960 gingen einher mit einer die Gegenwart und Zukunft existenziell berührenden Debatte um den Grundwiderspruch des nun ausgerufenen »atomaren Zeitalters«, den militärischen »Missbrauch« atomarer Technik versus der durch ihre zivile Nutzung segensreichen Zukunft der Menschheit. Bundeskanzler Konrad Adenauer hatte auf einer Pressekonferenz am 4. April 1957 erklärt, »taktische Atomwaffen sind im Grunde nichts anderes als eine Weiterentwicklung der Artillerie«[105], die Bundeswehr müsse deshalb damit ausgerüstet werden. Diese Verharmlosung war politisch notwendig, wie Adenauer vor dem Bundesparteivorstand der CDU ausführte: »Glauben Sie mir: die Angst vor der Atombombe ist etwas Emotionales, und dieses Emotionalen Herr zu werden, nachdem das deutsche Volk diesen letzten Krieg hat über sich ergehen lassen müssen, wird sehr schwer sein.«[106] Zugleich aber löste die Verharmlosung eine kommunikative Katastrophe aus, weil mit offensichtlich falschen Aussagen nur tiefsitzende Ängste der Nachkriegsgesellschaft geweckt wurden. Ausweislich demoskopischer Quellen wähnte sich eine Mehrheit der Bevölkerung in den 50er Jahren in einem nur kurzen Intervall zwischen Zweitem und noch schrecklicherem Drittem Weltkrieg – die erfahrungsgesättigten Ängste vor neuem Krieg und neuer materieller Not bildeten einerseits die mentale Rückseite des erfolgreichen westdeutschen Wiederaufbaus[107] und hatten ihren Anteil am triumphalen Erfolg der CDU/CSU mit der Parole »Keine Experimente« bei den Bundestagswahlen 1957 gehabt. Andererseits erreichten, ein Jahrzehnt nach den Bombenabwürfen über Hiroshima und Nagasaki, immer mehr Informationen über die Folgen die Öffentlichkeit der westlichen Welt. Diesbezügliche apokalyptische Phantasien prägten selbst noch die zeitgenössische belletristische Literatur, markant etwa im Œuvre von Arno Schmidt nachlesbar.[108] Diffuse Ängste verbreiteten sich mehr und mehr, bis hin zu Spekulationen über den Zusammenhang von Atomtestexplosionen und Witterungsverhältnissen. Bereits im nasskalten Sommer 1956 führte die Mehrheit der repräsentativ befragten Bevölkerung das schlechte Wetter auf Atombombenversuche zurück. Vor diesem Hintergrund wurde der Protest einer als »Göttinger 18« bezeichneten Gruppe prominenter deutscher Naturwissenschaftler am 12. April 1957 – eine direkte Reaktion auf die Presseerklärung Adenauers – zum Fanal einer Protestbewegung. In ihrem Appell stellten sie fest, dass jede einzelne der taktischen Atomwaffen eine ähnliche Wirkung wie die Hiroshima-Bombe habe, und forderten den Verzicht der Bundesrepublik auf den Besitz solcher Waffen. Der Appell der »Göttinger 18« leitete eine Fülle weiterer Stellungnahmen ein. Zum personifizierten Symbol des Gewissensaufstands gegen die atomare Bedrohung wurde der Friedensnobelpreisträger Albert Schweitzer, der am 23. April 1957 – zehn Tage nach der Göttinger Erklärung – einen von Radio Oslo ausgestrahlten und von 150 Rundfunksendern weltweit übernommenen und immer wieder nachgedruckten Appell »an die Menschheit« gerichtet hatte, die Atomrüstung zu beenden. Als er ein Jahr später erneut im Radio das Wort ergriff, diesmal explizit gegen die atomare Ausrüstung der Bundeswehr, galt er als moralische und sachliche Autorität, der kaum etwas argumentativ entgegenzusetzen war. Daneben äußerten sich mit Ernst Bloch, Karl Jaspers oder Günther Anders weitere intellektuelle Heroen in der Öffentlichkeit, die dort durchaus nicht isoliert waren. In Meinungsumfragen sprachen sich mehr als vier Fünftel der Befragten gegen eine atomare Bewaffnung der Bundeswehr aus.

Der Höhepunkt der Protestbewegung lag im Frühjahr 1958, als beinahe täglich neue Appelle und Erklärungen von Wissenschaftlern, Kirchengremien, Studentenausschüssen und Politikern der Opposition veröffentlicht wurden.[109] Einer der bekanntesten Aufrufe, unterschrieben u. a. von Thomas Dehler (FDP), dem Publizisten Axel Eggebrecht, dem Politologen Eugen Kogon, dem Soziologen Alfred Weber sowie von den Schriftstellern Heinrich Böll und Erich Kästner, erschien am 10. März. Eine große Kundgebung in Frankfurt am Main am 23. März gab dann den Auftakt zu einer Fülle weiterer öffentlicher Manifestationen, darunter sogar einige lokale Warnstreiks. Am 31. März schließlich konstituierten in München prominente Schriftsteller und

Künstler, darunter Ingeborg Bachmann, Günter Eich, Wolfgang Koeppen und Loriot, das »Komitee gegen Atomrüstung«, das sowohl gegen die atomare Bewaffnung der Bundeswehr als auch für eine Ächtung von Atomwaffen weltweit eintrat. Die größte Demonstration fand in Hamburg am 17. April statt, wo der sozialdemokratische Erste Bürgermeister, Max Brauer, vor 150 000 Menschen sprach und eine Volksbefragung ankündigte, die mit der existenziellen Gefahr begründet wurde: »Denn an uns alle ist die Frage gestellt, ob wir den Untergang aller Kultur und den Selbstmord oder ob wir die Rettung des Friedens, die Rettung unserer Frauen, die Rettung unserer Kinder wollen.«[110] Am 9. Mai wurde im Hamburgischen Gesetz- und Verordnungsblatt ein »Gesetz, betreffend die Volksbefragung über Atomwaffen« veröffentlicht. Drei Fragen waren demnach vorgesehen: »1. Sind Sie für eine Ausrüstung der Bundeswehr mit atomaren Waffen? 2. Sind Sie für eine Lagerung von Atomwaffen im Gebiet der Bundesrepublik? 3. Sind Sie für die Errichtung von Abschußbasen für Atomraketen im Gebiet der Bundesrepublik?« Die Abstimmung sollte am 8. Juni 1958 stattfinden, wurde aber mit einer auf Antrag der Bundesregierung erlassenen einstweiligen Anordnung des Bundesverfassungsgerichts ausgesetzt, danach verebbte die Protestwelle, die sich aber in der aus Großbritannien stammenden Ostermarschbewegung der 60er Jahre wiederbelebte.[111]

Die Proteste galten dem Missbrauch einer angeblich menschheitsbeglückenden Technik. Die erste große internationale Konferenz der UNO »Atoms for Peace« hatte im Sommer 1955 in Genf unter Beteiligung von 1200 Delegierten aus 73 Staaten sowie jeweils 800 Wissenschaftlern und Journalisten stattgefunden. Die USA unternahmen in ihrer Auslandspropaganda große Anstrengungen, ein friedliches »Atomzeitalter« zu imaginieren, in der Bundesrepublik unterstützt von publizistischen Aktivitäten der damals noch so bezeichneten »Bundeszentrale für Heimatdienst«. Franz Josef Strauß, Minister eines eigens eingerichteten Ministeriums für Atomfragen, erklärte in einem Vortrag vor dem Hamburger Übersee-Club 1956 die Forschung und Verwertung der Kernenergie schlicht zu einer künftigen »Frage des Lebensstandards«; die vielseitigen Möglichkeiten, etwa in der Medizin und Nahrungsmittelindustrie, für die Haltbarmachung von Wurst- oder Käsescheiben durch radioaktive Bestrahlung oder die Ernte nach einer »Mutation durch Atombehandlung besonders großer Erdnüsse«, wurden stolz auf einer Kasseler Ausstellung *Atomkraft als Friedenskraft* im Mai 1958 gezeigt. In diesem Sinne kann der zeitgenössische Begriff des »Atomzeitalters« als Inbegriff von Wohlstandsverheißungen und als Chiffre für die Forderung darauf gerichteter – auch mentaler – Anpassungen verstanden werden. Nicht die Bombenabwürfe auf Hiroshima und Nagasaki und auch nicht die allgemeine Bedrohung durch Atomwaffenarsenale standen Pate für diesen Begriff, der 1952 noch nicht im *Brockhaus* verzeichnet war, sondern das Heraufdämmern einer westlichen Konsumgesellschaft. Die auch mit der friedlichen Nutzung der Kernenergie einhergehenden Risiken wurden allerdings kaum jemals angesprochen.

Die Ambivalenz von »fürchterlicher Drohung« und »strahlender Hoffnung« (Max Born) wurde besonders von der Sozialdemokratie betont. Die SPD, genauer gesagt deren auf eine programmatische Neuentwicklung drängenden Reformer[112], rückten – unterstützt durch gewerkschaftliche Stellungnahmen – die atomaren Möglichkeiten in das Zentrum einer friedlichen Sozialutopie. Dies betonte auch die Präambel des Godesberger Programms von 1959. Verbunden wurde die Begrifflichkeit des »Atomzeitalters« mit der Signatur einer *zweiten Revolution* – so der Titel eines populären Taschenbuchs aus der Feder des SPD-Intellektuellen Leo Brandt, Mitte der 50er Jahre Staatssekretär in der Regierung von Nordrhein-Westfalen und führender Atomideologe der Partei. Hier fand sich die dringliche Forderung nach »friedlicher Anwendung der Atomenergie« in Verbindung mit einer energischen Reform der Bildung. Die Prognosen für ein atomares Konsumparadies gehörten seither zur fest vorgegebenen Disposition für Referenten der Partei.

Die SPD war zwar auch in den 50er Jahren keine marxistische Partei gewesen und hatte sich sowohl in den Bundestagsdebatten wie auch in den Bundesländern, Großstädten und Kommunen, in denen sie regierte, konstruktiv am Wiederaufbau und der Gestaltung der parlamentarischen Demokratie beteiligt. Aber das proletarische Erscheinungsbild und die klassenkämpferische Rhetorik vieler Funktionäre hatten es der politischen Konkurrenz doch leicht gemacht, die SPD als im tiefsten Innern unzuverlässige und letztlich systemfeindliche Kraft zu verdächtigen. Um mehr als die traditionelle Anhängerschaft für sich zu gewinnen, sollte das Erscheinungsbild der Partei grundlegend verändert werden. Das nach heftigen Diskussionen mit großer Mehrheit verabschiedete Godesberger Programm definierte die SPD als »Partei der Freiheit des Geistes« und sah den »demokratischen Sozialismus« verwurzelt »in christlicher Ethik, im Humanismus und in der klassischen Philosophie«. In Letzterer mochten sich auch Marxisten berücksichtigt fühlen, aber schon die Reihenfolge machte den tiefgreifenden programmatischen Wandel gegenüber dem bis dahin offiziell gültigen und eindeutig marxistisch geprägten Heidelberger Programm von 1925 deutlich. In weiteren Passagen wurde zudem betont, der Sozialismus sei »kein Religionsersatz« und der besondere Auftrag, die Eigenständigkeit und der öffentlich-rechtliche Schutz der Kirchen und Religionsgemeinschaften herausgestrichen.

Aufstieg der Sozialdemokratie

Für den Aufstieg in der SPD in den 6oer Jahren gab es nach dem Abwurf von »ideologischem Ballast« (Carlo Schmid) in Godesberg viele Faktoren.[113] Die Selbstdarstellung als Volkspartei, die – symbolisiert durch eine programmatische Rede von Herbert Wehner im Bundestag am 30. Juni 1960 – ihren Frieden mit der Westintegration machte, und die Präsentation des Regierenden Bürgermeisters von Berlin, Willy Brandt, zur Bundestagswahl 1961 als »Kanzlerkandidat«, spielten jedenfalls zusammen. Für diesen Wahlkampf hatte die SPD die Präsidentschaftskampagne der Demokraten in den USA ein Jahr zuvor genau beobachtet und für die eigene Strategie übernommen, bis hin zur Fahrt des Kanzlerkandidaten im offenen, cremefarbenen Cabriolet, bejubelt von Menschenmassen an den Straßen. Auf der Regierungsseite hingegen waren nach drei Legislaturperioden Abnutzungstendenzen unübersehbar. Das ungeschickte Verhalten Adenauers beim Bau der Berliner Mauer, als er nicht sofort in die Hauptstadt reisen mochte, auch seine Anspielungen auf den unehelichen Remigranten Frahm/Brandt in norwegischer Uniform zeigten wenig Souveränität. Nach den kräftigen Verlusten der Regierungsparteien bei der Bundestagswahl 1961 bei gleichzeitigem Zuwachs der SPD festigte sich der Eindruck eines Duells zwischen dem greisen Kanzler aus Rhöndorf und einem jugendlich wirkenden »deutschen Kennedy«.[114] Angesichts der Animositäten zwischen Adenauer und dem neuen amerikanischen Präsidenten wirkte diese mediale Stilisierung umso überzeugender, nachdem die CDU zunächst durchaus einen Vorsprung bei der Übernahme moderner Marketingstrategien für Wahlkämpfe hatte.[115] Jedenfalls führte die Verbreitung des Fernsehens zu einem raschen Wandel der politischen Kultur, der erhöhten Bedeutung telegener Präsentation.[116]

Spiegel-Affäre

Verbunden mit zunehmend freimütiger Kritik an den Auswüchsen des »CDU-Staates« in der Presse[117] erhöhte sich die Nervosität der Bundesregierung. Dies zeigte sich deutlich in der spektakulären »Spiegel-Affäre«, die sich zu einem der größten politischen Skandale in der Geschichte der Bundesrepublik auswuchs. Aufgrund eines Artikels unter der Überschrift »Bedingt abwehrbereit« über das NATO-Manöver »Fallex 62« wurden am 26. Oktober 1962 die Redaktionsräume des Blattes in einer Nacht-und-Nebel-Aktion von starken Polizeikräften besetzt, der Herausgeber Rudolf Augstein und mehrere Redakteure verhaftet und der Verfasser des Artikels, Conrad Ahlers, in seinem spanischen Urlaubsort von der dortigen Polizei festgenommen und in die Bundesrepublik überstellt. Augstein und Ahlers blieben monatelang in Untersuchungshaft. Obwohl sich alle Vorwürfe, militärische Geheimnisse verraten zu haben, später als haltlos herausstellten – die Eröffnung des Hauptverfahrens wurde im Mai 1965 abgelehnt, die Kosten der Bundeskasse auferlegt –, hatte der Kanzler im Bundestag von einem »Abgrund von Landesverrat« gesprochen. Aber die Aktion gegen den *Spiegel* und ihre Umstände, etwa die Verhaftung von Ahlers aufgrund eines Amtshilfeersuchens an das faschistische Spanien, wurden zu einem Bumerang für die Bundesregierung. Zuvor nicht gekannte einhellige Proteste in der Öffentlichkeit und die Distanzierung des liberalen Koalitionspartners, dessen Minister zurücktraten, führte schließlich sogar zur Demissionierung des verantwortlichen Verteidigungsministers Franz Josef Strauß (CSU). Die »Spiegel-Affäre« gilt weithin als erstes Signal für die Herausbildung einer breiten kritischen Öffentlichkeit, die für den Erhalt der Meinungsfreiheit eintrat, sie bewegte die großstädtische Bevölkerung der Bundesrepublik und vor allem die Intellektuellen sogar stärker als die gleichzeitige Kubakrise.[118]

Bemerkenswert war in diesem Zusammenhang allerdings, dass die SPD sich nicht an die Spitze der öffentlichen Proteste setzte, sondern äußerst vorsichtig und zurückhaltend agierte und in ihren Erklärungen lediglich auf die Einhaltung rechtsstaatlicher Grundsätze drang. In der Parteiführung reiften offenbar Hoffnungen, die geschwächte Union zur Bildung einer Großen Koalition zu bewegen. Im Anschluss an Godesberg sprach man von »Gemeinsamkeitspolitik« bzw. »Gemeinsamkeitskurs«. Eine kulturell nicht unwesentliche Voraussetzung war auch die allmähliche Entkrampfung des Verhältnisses zur katholischen Kirche, die noch in die ersten drei Bundestagswahlen mit bischöflichen Hirtenbriefen eingegriffen hatte, in denen, von den Kanzeln verlesen, vor der Wahl »sozialistischer« und »liberalistischer« Abgeordneter gewarnt worden war. Als Fritz Erler, Vorsitzender der SPD-Bundestagsfraktion, mit einer Delegation seiner Partei am 5. März 1964 von Papst Paul VI. empfangen wurde und diesem ein Exemplar des Godesberger Programms überreichte, sah dies die Union mit Missbehagen.

Die Absicht, als »Volkspartei« zu gelten, die in allen Schichten der Bevölkerung um Stimmen warb, wurde in den Reden der führenden Vertreter der SPD immer wieder untermauert. Herbert Wehner reklamierte, dass man die »Partei des Volkes schlechthin« sei, Willy Brandt versprach, gesellschaftliche Verhältnisse anzustreben, in denen »alle aktiven Kräfte harmonisch verbunden werden und zu aller Nutzen zusammenwirken«, sowie die Ausgestaltung des Staates als »wahre Heimstätte«. Slogans wie »Wir sind alle eine Familie«

fanden Verbreitung, und öffentliche Foren zur sozialdemokratischen Kommunalpolitik wurden unter der Überschrift »Gute Stube Stadt« veranstaltet. Die Plakate zur Bundestagswahl (1965 – SPD: »Sicherheit JA«, CDU: »Unsere Sicherheit«) unterschieden sich zum Teil kaum, so dass 1966 veröffentlichte Verse von Ernst Jandl vielen kritischen Beobachtern die Situation treffend auf den Begriff zu bringen schienen: »manche meinen/lechts und rinks/kann man nicht/velwechsern/werch ein Illtum!«

Links von der SPD   Die Wandlung der Sozialdemokratie ließ auf der linken Seite des politischen Spektrums tatsächlich eine Lücke entstehen. In einer Atmosphäre, in der alle Organisationsversuche links von der SPD unter dem Generalverdacht einer Steuerung durch die SED standen, achteten allerdings selbst die wenigen marxistischen »Traditionalisten« in kleinen linkssozialistischen Gruppierungen und im Sozialistischen Deutschen Studentenbund (SDS) auf strikte Abgrenzung. Der von der SPD 1960/61 verstoßene akademische Nachwuchsverband schloss selbst kurz darauf kommunistische Gruppierungen aus.[119] Die erstmals zur Bundestagswahl 1961 antretende Deutsche Friedensunion (DFU), in der neben einigen pazifistischen und linkssozialistischen Persönlichkeiten verdeckt auch kommunistische Gruppierungen mitarbeiteten, blieb durch den Verdacht östlicher Unterstützung – der Parteiname wurde in der Öffentlichkeit mit »Die Freunde Ulbrichts« übersetzt – weitgehend erfolglos.

Ein zentraler Punkt öffentlicher Debatten war das politische Strafrecht. Die rigide Praxis der Verfolgung der 50er Jahre hielt auch zu Beginn der 60er Jahre an, als etwa 400 bis 500 Verurteilungen wegen »kommunistischer Umtriebe« gemeldet wurden. Veröffentlicht wurden diese Zahlen seit 1961 nicht mehr. Die Verfolgung bezog sich nicht nur auf die Aktivitäten der von der SED geführten illegalen KPD, deren Mitgliederzahl auf maximal 12 000 geschätzt wurde. Schon wer in irgendeiner Form verdächtig war, Kontakte »nach drüben« zu unterhalten, konnte aus nichtigen Gründen in die Mühle der politischen Justiz gelangen. Strafbar war etwa die Annahme der Einladung einer DDR-Gewerkschaft oder die Organisation von Ferienlagern für westdeutsche Kinder in der DDR; selbst das Parteiprogramm der sowjetischen Kommunisten und Reden von Chruschtschow wurden 1962 beschlagnahmt, gegen den Verleger ermittelt. Diese politische Verfolgungspraxis passte immer weniger in die internationale Entspannungspolitik; die Bundesrepublik war die einzige Demokratie in Westeuropa, in der Kommunisten strafrechtlich verfolgt wurden. Auch für die Profilierung des demokratischen Rechtsstaates gegenüber der DDR-Diktatur war die rigide politische Strafverfolgung hinderlich. Und die Tatsache, dass die Urteile auch von nationalsozialistisch belasteten

Richtern gesprochen wurden, empörte die liberale Öffentlichkeit in der Bundesrepublik.

Die Wendung der Sozialdemokratie zur »Volkspartei« und die Illegalität der sektenhaften KPD bereiteten den Boden für die Suche nach einer »Neuen Linken«, deren Aufgaben in allen westeuropäischen Ländern und den USA intensiv diskutiert wurden. Ende der 50er Jahre begann in intellektuellen Kreisen, in der Zeitschrift des SDS *Neue Kritik*, in der *Konkret* und im Westberliner *Argument-Club*, auch die Entdeckung der »Kritischen Theorie« der Zwischenkriegszeit und des Exils sowie undogmatischer marxistischer Schriften, etwa von Theodor W. Adorno, Max Horkheimer, Karl Korsch, Georg Lukács und Ernst Bloch, der kurz vor dem Mauerbau von der DDR in die Bundesrepublik wechselte. Kaum beachtet blieb der historische jüdisch-deutsche Hintergrund, das Moment des Reimports vormals verfemter Autoren. Biographisch interessant erscheint auch, dass etliche der jungen Intellektuellen, die sich der Exilliteratur zuwandten, aus Kreisen der bündischen Jugend (insbesondere der »dj.1.11«) stammten.[120] In seinem Beitrag für die *Bestandsaufnahme 1962* von Hans Werner Richter konstatierte der Marburger Politikwissenschaftler Wolfgang Abendroth eine Wiederbelebung der sozialistischen Idee.[121] Bereits in der ersten Hälfte der 60er Jahre bildete sich die am Ende der Dekade aufbrechende Polarität zwischen liberalen Reformern und zunächst wenigen, unter sich zerstrittenen Linkssozialisten heraus, die allerdings zunächst noch im gemeinsamen Protest gegen die Regierungspolitik verborgen lag.

Eine der zentralen Reformforderungen betraf die Bildungsreform.[122] Zu Beginn der 60er Jahre fielen zehn bis 25 Prozent aller Schulstunden aufgrund von Lehrermangel aus, die durchschnittliche Klassengröße betrug in den Volksschulen 37 Schüler (1958). In den großen Flächenländern bestand schon deshalb ein enormes Bildungsgefälle, weil der Anteil ein- und zweiklassiger Dorf- oder »Zwergschulen« an allen Volksschulen sehr hoch war, Ende der 50er Jahre waren es 70 Prozent in Rheinland-Pfalz, 64 Prozent in Schleswig-Holstein und 56 Prozent in Bayern. Die Zusammenfassung solcher Schulen, an denen meist ein Lehrer acht Klassen in einem Raum zusammen unterrichtete – in Hessen als »Mittelpunktschulen«, in Niedersachsen als »Dörfergemeinschaftsschulen«, in Nordrhein-Westfalen als »Zentralschulen« bezeichnet –, stieß Anfang der 60er Jahre auf erbitterten Widerstand von konservativer und katholischer Seite, die für die Aufrechterhaltung der häufig von einer Konfession geprägten kleinen Schulen eintrat.

Der erste Anstoß für die Diskussion über eine Schulreform erfolgte durch den sogenannten Sputnik-Schock aufgrund des ersten sowjetischen Welt-

Bildungsreform

raumflugs 1957. Dieser rückte die bedrohliche Vision eines nicht mehr militärisch, sondern durch wissenschaftlich-technischen Fortschritt bedingten weltrevolutionären Sieges des Ostblocks in den Mittelpunkt. Die Bildungsreform war schon im Gange, als 1964 eine Artikelserie in der Wochenzeitung *Christ und Welt* aus der Feder von Georg Picht eine breite Öffentlichkeit alarmierte. Seine Feststellung eines »Bildungsnotstands« gilt heute als Beginn der Bildungsreformdiskussion. Mit dramatischer Geste sagte Picht den Untergang Deutschlands als »Kulturstaat« voraus, wenn nicht sofort erhebliche finanzielle Anstrengungen unternommen würden. Die Zahl der Abiturienten müsse innerhalb des nächsten Jahrzehnts verdoppelt werden, wolle man nicht den Anschluss an die führenden Industrienationen verlieren. Bei Picht und einigen anderen Bildungsforschern und Soziologen – darunter Friedrich Edding, Hellmut Becker und Ralf Dahrendorf – wurde nicht mehr allein die Systemkonkurrenz bemüht, sondern die Gefahr deutschen Provinzlertums in einer künftigen planetarischen Welt beschworen. Nicht nur die Sowjetunion und der Ostblock, auch die USA und Japan galten hinsichtlich der Bildungsentwicklung als haushoch überlegen.

Einig war man sich über die Notwendigkeit der Ausschöpfung der Begabungsreserven, die Überwindung der Bildungsresistenz unterer Schichten z. B. in ländlichen katholischen Regionen. Zugleich überlagerten neue emanzipatorische Töne die ökonomische Begründung der Bildungsexpansion. Ralf Dahrendorf schrieb über *Bildung als Bürgerrecht* (1965), der Begriff der »Chancengleichheit« wurde zur geflügelten Parole; gefordert wurde nun »Förderung statt Auslese«.

Deutschlandpolitik Das zweite große Thema in der ersten Hälfte der 6oer Jahre war die Deutschlandpolitik. Der Bau der Berliner Mauer am 13. August 1961 hatte alle Hoffnungen auf eine baldige Wiedervereinigung zerstört. Während aber die von Adenauer und Erhard geführten Regierungen erst recht an der unnachgiebigen Nichtanerkennung der DDR festhielten und darauf beharrten, dass Deutschland bis zu einem Friedensvertrag in den Grenzen von 1937 fortbestehe, meldeten sich zuerst in der FDP, dann auch in der SPD immer mehr Politiker, die es für realistischer hielten, über eine langsame Verbesserung der Beziehungen zu den osteuropäischen Ländern, aber auch zur DDR, eine Entspannung in Europa und damit die Möglichkeit einer Annäherung der beiden deutschen Staaten zu erreichen. In den großen Parteien gab es dafür zu dieser Zeit noch keineswegs eine Mehrheit. Auf dem Karlsruher Parteitag der SPD 1964 sahen die Delegierten an der Bühnenwand eine Landkarte Deutschlands in den Grenzen von 1937, darunter das Motto: »Erbe und Auftrag«. Seit 1963, nachdem sich die beiden Supermächte im Sommer zuvor bei der Kubakrise am Rande eines atomaren Schlagabtausches befunden hatten, wurde allerdings »Entspannungspolitik« zum Schlagwort einer weltgeschichtlichen Epoche, erhöhte sich der westliche Druck, insbesondere der US-Administration, auf die Bundesregierung, ihre Positionen zu überdenken. Die Kritiker der Regierungspolitik konnten sich bestätigt fühlen, als der amerikanische Präsident John F. Kennedy in einer Rede am 10. Juni 1963 eine »Strategie des Friedens« entwickelte, in der er ausdrücklich die – angesichts der Erfahrungen des Zweiten Weltkriegs – berechtigten Sicherheitsbedürfnisse der Sowjetunion hervorhob. Ein enormes Presseecho fand wenige Wochen später ein Referat des engen Brandt-Beraters Egon Bahr in der Evangelischen Akademie Tutzing, in dem er, sich auf Kennedy berufend, die Formel vom »Wandel durch Annäherung« erläuterte: Der Bau der Berliner Mauer sei als Zeichen der Schwäche und Angst des SED-Regimes zu bewerten, auf diese – berechtigte – Angst sei einzugehen, damit Ostdeutschland sich wieder mit geringerem Risiko öffnen könne.

Die Position der Bundesregierung, dass jede Aufwertung der DDR zu unterbleiben habe, geriet demgegenüber in die Defensive, denn immer mehr setzte sich die Einsicht durch, dass nicht nur die Führung des Regimes, sondern auch die Bevölkerung getroffen wurde, wenn etwa Künstler, Wissenschaftler oder Wirtschaftsmanager aus der DDR keine Einreiseerlaubnis in die Bundesrepublik – und andere NATO-Staaten – erhielten. Weltweit tobte der symbolische Kleinkrieg im Sportbetrieb. Für die Olympischen Spiele in Tokio 1964 war es zum dritten und letzten Mal nach langem diplomatischem Tauziehen gelungen, eine gesamtdeutsche Mannschaft aufzustellen, die unter gemeinsamer Fahne (Schwarz-Rot-Gold mit den olympischen Ringen in Weiß in der Mitte) und Schillers von Beethoven vertonter *Ode an die Freude* ins Stadion einzog. Die Startplätze mussten zuvor in deutsch-deutschen Wettkämpfen ermittelt werden. 1968 gab es bereits zwei Mannschaften, die allerdings unter gleicher Fahne antraten.[123] Wann immer ansonsten bei internationalen Sportveranstaltungen das Abspielen der »Becher-Hymne« oder das Aufziehen der »Spalter-Flagge« der DDR drohte, sollten bundesdeutsche Delegationen abreisen. Die demonstrative Hervorhebung der Nichtstaatlichkeit Ostdeutschlands im Begriff »Sowjetzone« oder kurz »Zone« – zur Benennung gab es verbindliche Richtlinien des Bundesministeriums für gesamtdeutsche Fragen – verletzten auch den Stolz vieler Bewohner der DDR, die sich als die armen und unmündigen Verwandten fühlen mussten, in deren Namen gesprochen wurde. Ihren jährlichen Höhepunkt fand diese Symbolpolitik in den Reden zum »Tag der deutschen Einheit« am 17. Juni, der zum Beispiel in allen Schulen feierlich begangen wurde; auch die vorweihnachtliche Aktion »Kerzen ins Fenster« wurde immer wieder organisiert.

Demgegenüber verhandelte der Westberliner Senat direkt mit Vertretern der DDR über Besucherregelungen in der geteilten Stadt. Der Regierende Bürgermeister Willy Brandt prägte in diesem Zusammenhang Ende 1964 die Formel: »Was gut ist für die Menschen im geteilten Deutschland, das ist auch gut für die Nation.« Allerdings betonte er stets die Grenzen der Annäherung, die auch für seine spätere Politik als Kanzler maßgeblich blieben, dass die DDR nämlich weder Ausland noch das dortige Regime demokratisch sei. 1964 begann dann die Bundesregierung, politische Häftlinge von der DDR, zunächst gegen Sachlieferungen, dann gegen DM-Beträge, freizukaufen. Ein von der SED vorgeschlagener und zu deren Überraschung von der SPD akzeptierter Redneraustausch kam nicht zustande, weil die dafür geschaffene gesetzliche Ausnahmeregelung für das Verbot kommunistischer Propaganda durch ostdeutsche Funktionäre von der Führung der DDR als diskriminierendes »Handschellengesetz« abgelehnt wurde.

Aussöhnung mit Osteuropa Mitte der 60er Jahre war die öffentliche Diskussion in starkem Maße von der Politik gegenüber den osteuropäischen Staaten bestimmt. Als die Evangelische Kirche Deutschlands (EKD) im Oktober 1965 eine Denkschrift über *Die Lage der Vertriebenen und das Verhältnis des deutschen Volkes zu seinen östlichen Nachbarn*, die sogenannte Ostdenkschrift, veröffentlichte, wirkte dies auf viele als Provokation. Das im Geiste des Antikommunismus jahrzehntelang geforderte »Recht auf Heimat« für die Vertriebenen wurde hier erstmals auch auf die Millionen in den ehemaligen deutschen Gebieten geborenen Polen bezogen, und es fehlte nicht der Hinweis auf die deutsche Verantwortung für den Zweiten Weltkrieg. Obwohl damit keine direkte Forderung nach Anerkennung der Oder-Neiße-Grenze verbunden war, führte die Denkschrift zu heftigen Diskussionen und zur Ablehnung des Vorstoßes durch die Bundesregierung. Vom Geist der Versöhnung getragen war auch ein Briefwechsel der katholischen polnischen und deutschen Bischöfe, obwohl er nicht zur Einigung über die staats- und kirchenrechtlichen Fragen der ehemaligen deutschen Ostgebiete führte. Mitte der 60er Jahre öffnete sich auch die Kluft zwischen den Rechtspositionen der Bundesregierung und den Erwartungen der Bevölkerung. Erhebungen des Instituts für Demoskopie Allensbach ergaben, dass sich der Anteil derjenigen, die Pommern, Schlesien und Ostpreußen für immer verloren gaben, von 32 Prozent (1959) auf 46 Prozent (1964) und 61 Prozent (1967) erhöhte. Der Anteil derjenigen, die meinten, eines Tages würden diese Territorien wieder zu Deutschland gehören, halbierte sich gleichzeitig über 35 und 25 auf 18 Prozent. Seit Mitte der 60er Jahre konnten sich daher immer mehr Menschen eine Wiedervereinigung nur noch als Vereinigung von Bundesrepublik und DDR vorstellen.

Auch die Sicht auf die DDR veränderte sich nach dem Mauerbau allmählich. Journalisten der Wochenzeitung *Die Zeit* durften 1963 die DDR bereisen und berichteten mit einem Buch von ihrer *Reise in ein fernes Land*; andere Buchtitel wie *Das geplante Wunder* oder *Die DDR ist keine Zone mehr* zeigten, dass hier, bei sehr unterschiedlicher Bewertung, mit fremdem Blick ein Land neu entdeckt wurde. Der israelische Journalist Amos Elon aus Israel nahm zwei auch kulturell deutlich unterschiedene Gesellschaften wahr; während die Bundesrepublik eine westlich-liberale Färbung angenommen habe, würden in der DDR spezifisch deutsch-preußische Traditionen auffallen, die sich nicht auf den Stechschritt der Nationalen Volksarmee beschränkten. Die politische Kultur der beiden deutschen Staaten unterschied sich mittlerweile viel tiefgreifender als diejenige der Bundesrepublik und ihrer westeuropäischen Nachbarn.

3 Einmischung in die gesellschaftliche Realität – die Politisierung der Künste

Tonangebende Schriftsteller reagierten nicht nur auf den merkbaren Umschwung der politischen Kultur, viele hatten ihre Distanz zum Bonner *Treibhaus* (Wolfgang Koeppen) Ende der 50er Jahre bereits aufgegeben und machten sich zu Wortführern des Aufbruchs aus der Ära Adenauer. Insofern hat es wohl kaum in einer anderen Phase der Geschichte der Bundesrepublik einen vergleichbar engen Zusammenhang von politischer Kultur und künstlerischem Schaffen gegeben. Es ist symptomatisch, dass die repräsentative kritische *Bestandsaufnahme 1962* der Wiederaufbaujahre nicht von politischer oder wissenschaftlicher Seite, sondern vom Organisator der Gruppe 47 herausgegeben wurde. Von der historischen Forschung werden mittlerweile die frühen 60er Jahre als Beginn eines »fundamentalen Umbruchs«[124] des geistigen Klimas und »als eine breite Zäsur im künstlerisch-kulturellen Selbstverständnis der Republik«[125] hervorgehoben, die einen »deutlichen Paradigmenwechsel«[126] der literarischen Produktion und ihrer Sprachmittel in eben diesem Zeitraum zur Folge gehabt hätten. Der Wille, auch sprachlich modern zu sein, zeigte sich etwa in der konsequenten durchgängigen Kleinschreibung der Zeitschrift *atomzeitalter*, die von 1959 bis 1968 in der Europäischen Verlagsanstalt erschien und letztlich ein Organ zur Propagierung moderner Lebensverhältnisse darstellte, an dem sich zahlreiche namhafte Publizisten und Sozialwissenschaftler beteiligten. Die von Karl Pawek redigierte Kulturzeitschrift *magnum*, sie erschien von 1953 bis 1957 in Wien und dann bis 1966 in Köln, nannte sich im Untertitel sogar *Zeitschrift für modernes Leben*. Sie legte im Übrigen besonders großen Wert auf den Zusammenklang von Text und avantgardistischer Fotografie.[127]

Positivismusstreit   Der Drang, provinzielle Enge durch internationale Anregungen zu überwinden, kann vielleicht als kleinster Nenner für zeitgeistige Stellungnahmen genannt werden, und dies lag auf der Linie der sich ohnehin gesellschaftlich und kulturell vollziehenden »Verwestlichung«. Näher betrachtet, lauerte unter dieser Hülle der Modernität allerdings ein tiefgreifender Dissens hinsichtlich einer adäquaten Betrachtung der Gesellschaft, der auf weit zurückreichende Auseinandersetzungen wies. Beim sogenannten »Positivismusstreit«, der Anfang der 60er Jahre nicht nur die Philosophen und Soziologen erregte, ging es um die »Logik der Sozialwissenschaften«, darum, ob diese zur gesellschaftlichen Problemlösung beitragen könnten, so die Pragmatiker des Kritischen Rationalismus wie Karl Popper und Hans Albert, oder den gesellschaftlichen Verblendungszusammenhang kritisch zu analysieren hätten, wie es die Vertreter der sogenannten Frankfurter Schule, Theodor W. Adorno, Max Horkheimer, Herbert Marcuse und andere, vertraten. Trotz einiger Vermittlungsversuche, etwa Ralf Dahrendorfs, radikalisierten sich die gegenseitigen Anwürfe, entweder Handlanger gesellschaftlicher Manipulation zu sein oder aber totalitären Visionen das Wort zu reden, in den folgenden Jahren allgemeiner Politisierung.[128]

Politisierungs-
anlässe   Ein enormer Politisierungsschub erfasste die Schriftsteller und Künstler. Ein Jahrzehnt vor »1968« wurde er erstmals in der Kampagne »Kampf dem Atomtod« öffentlich in größerem Ausmaß wirksam. Der Erklärung der Göttinger Atomwissenschaftler folgten Stellungnahmen von Peter Rühmkorf zur *Dämonokratie*, Ilse Aichinger, Gertrud von Le Fort, Luise Rinser u. a. unterzeichneten einen Text *Frauen gegen die Atombewaffnung*, Hans Henny Jahnn veröffentlichte *Thesen gegen Atomrüstung*, kaum ein namhafter Schriftsteller fehlte unter dem zentralen Manifest vom April 1958, das sich gegen die atomare Bewaffnung der Bundeswehr richtete.[129] Gerade der Umkreis der Gruppe 47 liefert ein wichtiges Beispiel für die Politisierung. Noch 1956 hatte Hans Werner Richter ohne größere Resonanz den sogenannten Grünwalder Kreis

Kundgebung gegen Atomwaffen, Hamburg 1958

gegründet, um dort getrennt von den literarischen Diskussionen in der Gruppe 47 über politische Initiativen zu diskutieren – nur wenige von deren Mitgliedern, darunter Heinrich Böll, hatten sich beteiligt. Um 1960 dagegen, in der Abenddämmerung der Ära Adenauer, waren die Begriffe »Schriftsteller« und »Regierungskritiker« nahezu synonym zu verwenden.[130] Bezeichnend war der Titel *Die Alternative oder Brauchen wir eine neue Regierung* des von Martin Walser im Rowohlt Verlag einen Monat vor der Bundestagswahl 1961 in hoher Auflage herausgegebenen Taschenbuchs. Zwanzig Schriftsteller, darunter Peter Rühmkorf, Hans Magnus Enzensberger, Wolfdietrich Schnurre, Günter Grass und Siegfried Lenz, sammelten darin Argumente gegen die Regierung Adenauers und empfahlen mehr oder weniger direkt die Wahl der SPD. Neben der »unbewältigten« Vergangenheit – dabei erstaunen allerdings die schwachen Bezüge zum Jerusalemer Eichmann-Prozess des gleichen Jahres – wurde immer wieder »das kleine schäbige Verbraucherglück« gescholten, das zu politischer »Gleichgültigkeit« geführt habe, außerdem die starre Politik gegenüber Ostdeutschland, die eine Wiedervereinigung verhindere.[131]

Das starre Festhalten an Sprachregelungen des Kalten Krieges gegenüber der DDR, also ein Feld symbolischer Politik, schien vielen Schriftstellern besonders anstößig. Am 12. Mai 1961 hatte das Bundesministerium für gesamtdeutsche Fragen *Bezeichnungsrichtlinien* herausgegeben, denen zufolge allein

»Mitteldeutschland« oder »Sowjetische Besatzungszone« (SBZ) bzw. deren
adjektivische Formen als korrekte Benennungen akzeptabel seien, von der
DDR allenfalls mit Anführungszeichen oder dem Zusatz »sogenannte« gesprochen werden dürfe.[132] Ab 1. Juni 1961 unterlagen Bücher, Filme und Post-
sendungen aus Ostdeutschland dem »Gesetz zur Überwachung strafrecht-
licher und anderer Verbringungsverbote«. Zu den betroffenen DEFA-Filmen
gehörten Verfilmungen von Fontane und Fritz Reuter, 1960 wurden zahlreiche Dokumentarfilme aus der DDR verboten, darunter Filme über Käthe Kollwitz, Otto Dix und Szenen einer Brecht-Inszenierung.[133] Diese Politik wurde
von sozialdemokratischen Landesregierungen mitgetragen. Im Dezember
1960 verhinderte der von der SPD geführte Hamburger Senat ein Treffen des
»Deutschen PEN-Zentrums Ost und West« in der Hansestadt, die Delegation
aus der DDR – darunter Arnold Zweig, Stephan Hermlin, Ludwig Renn und
der Kulturfunktionär Wilhelm Girnus – wurde aus ihrem Hotel komplimen-
tiert und zur Abreise gezwungen. Daraufhin erschien ein vehementer Protest in der Wochenzeitung *Die Zeit*, und deren Verleger Gerd Bucerius, zu
dieser Zeit noch Bundestagsabgeordneter der CDU, lud die Schriftsteller aus
der DDR auf seine Kosten zu einem Streitgespräch mit Vertretern aus der
Bundesrepublik zum Konzept des »Engagements« in der Literatur ein, das im
April 1961 in Hamburg stattfand.[134] Im gleichen Monat folgte eine Diskussion
im Ostberliner Deutschland-Sender zwischen Bucerius, Marion Dönhoff und
Theo Sommer von der *Zeit* und Karl-Eduard von Schnitzler, Gerhart Eisler
und dem Intendanten des Senders Kurt Ehrich über *Wege und Möglichkeiten
der Wiedervereinigung*.[135] Die kurze Phase der kulturellen Auflockerung in der
DDR Anfang der 60er Jahre ließ dann sogar Hoffnungen auf gemeinsame Initiativen von Intellektuellen in Ost und West aufkeimen, um die petrifizierten
Gegensätze zwischen den jeweiligen Regierungen aufzubrechen.

Die Kritik vieler Intellektueller an der ihnen anachronistisch erscheinenden
»Gänsefüßchen«- und Verbotspolitik, die nach dem Mauerbau letztmalig,
aber nur für kurze Zeit dominierte, war eng verbunden mit Forderungen
nach einer Liberalisierung der Bundesrepublik, obrigkeitsstaatliche Reaktionen der Regierung auf publizistische Kritik wurden wiederum zur Triebfeder
für öffentlichen Protest. Dafür stand als zentrale Auseinandersetzung die
»Spiegel-Affäre«. Schon am Tag nach der Polizeibesetzung des Nachrichtenmagazins solidarisierten sich zahlreiche Schriftsteller, die Gruppe 47 initiierte
eigens ein Manifest, das am 29. Oktober 1962 in der *Frankfurter Rundschau*
erschien. Die 36 Unterzeichner protestierten nicht nur gegen einen »Akt von
staatlicher Willkür«, sondern erklärten »die Unterrichtung der Öffentlichkeit

Studenten demonstrieren 1962 vor der Frankfurter Hauptwache anlässlich der *Spiegel*-Affäre für die Pressefreiheit.

über sogenannte militärische Geheimnisse für eine sittliche Pflicht«; wegen dieser weitgehenden Formulierung unterschrieben einige Schriftsteller das Manifest nicht, darunter Günter Grass, der die Auffassung vertrat, ein linksintellektueller Pazifismus dieser Art habe zum Untergang der Weimarer Republik beigetragen.[136]

Politische Spannungen zwischen Regierung und kritischen Intellektuellen schwelten weiter. Taschenbuchtitel des Rowohlt Verlags wie *Das Land der unbegrenzten Zumutbarkeiten* (1963) oder *Die Einübung des Ungehorsams in Deutschland* (1964), beide Bücher aus der Feder des eigenwilligen kritischen Theoretikers jüdischer Herkunft Ulrich Sonnemann, der erst 1955 aus dem Exil zurückgekehrt war, artikulierten allgemeine Unzufriedenheit mit den herrschenden Zuständen und die Notwendigkeit der Gegenwehr. Dies strapazierte offenbar die Nerven Bonner Spitzenpolitiker. Nachdem der junge Schriftsteller Rolf Hochhuth (Jg. 1931), der gerade mit seinem Bühnenstück *Der Stellvertreter* bekannt geworden war, im *Spiegel* unter der Überschrift *Der Klassenkampf ist noch nicht zu Ende* die Manipulation der Arbeiter in den

Betrieben als »Klassenkampf von oben« gedeutet und eine systematische Be-
günstigung des Großunternehmertums durch die Regierung konstatiert hatte,
brannten bei Ludwig Erhard alle Sicherungen durch. Im Wahlkampf 1965 be-
schimpfte er linke Intellektuelle als »Banausen und Nichtskönner« und »ganz
kleine Pinscher« und sprach von »unappetitlichen Entartungserscheinungen
der modernen Kunst«.[137] In jenem Wahljahr arbeitete von Juni bis September
ein »Wahlkontor deutscher Schriftsteller« unter der Ägide von Günter Grass
für die SPD Reden und Schriften aus, es beteiligten sich Nicolas Born, F. C.
Delius, Hubert Fichte, Peter Härtling, Peter Schneider und viele andere. Die
Ausarbeitungen fanden allerdings meist keine Verwendung. Im Übrigen war
es nicht so, dass die Sympathien für die SPD erst nach deren Entscheidung für
die Große Koalition ein Jahr später abkühlten. Martin Walser hatte bereits in
seinem Vorwort der *Alternative* von 1961 vorgebeugt:

> »Ein traditionelles Gerücht sagt, die Intellektuellen stünden immer links.
> Wer die überraschende Einmütigkeit darauf zurückführen möchte, würde
> in einem Gedanken zweimal irren. Wenn einer weit genug von den Bergen
> entfernt ist, hält er sie für blau. Der Alpinist kennt eine andere Farbskala.
> Und dann müßte sich ja, wer links steht, nicht unbedingt für die SPD ent-
> scheiden.«

Schon zur Bundestagswahl 1961 hatten viele Schriftsteller mit ihrer Kritik an
der SPD nicht gespart und ihre Wahlentscheidung eher mit der Ablehnung
der Regierungsparteien begründet, in Briefen untereinander aber konnte
ohne taktische Zurückhaltung argumentiert werden. Am 11. März 1961 schrieb
Alfred Andersch an Hans Magnus Enzensberger:

> »Und ich werde auch nicht diesen Dummkopf, der etwas so sagenhaft
> Herrliches wie die norwegische Staatsbürgerschaft aufgegeben hat, um in
> Deutschland Politiker zu werden, als Alternative zu dem senilen Lumpen
> sehen.«[138]

Beim nächsten Wahlkampf verweigerte sich dann auch Enzensberger, der bei
der *Alternative* noch dabei war, dem Werben der SPD.

Literatur um 1960 Die Auswirkungen des politisch-kulturellen Klimawechsels auf Inhalte und
Formen von Literatur und Kunst können zunächst allgemein als Wendung zur
gesellschaftlichen Realität bis hin zu ihrer puren Dokumentation beschrieben werden.[139] Die große Zeit magischer Poesie und westlicher Abstraktion
ging zu Ende, kulturkritisch-anthropologische Betrachtungen von *Masse und
Macht* (1960) wie im Werk des späteren (1981), in London lebenden Literatur-
nobelpreisträgers Elias Canetti wirkten vor diesem Hintergrund seltsam unzeitgemäß und fanden nur eine geringe Beachtung – zehn Jahre früher wäre

dies anders gewesen, zwei Jahrzehnte später setzte eine breite Rezeption ein.[140] Die literarische Prosa der Bundesrepublik erhielt durch einige wichtige Romane seit Ende der 50er Jahre, die neue realistische Schreibweisen präsentierten und zeigten, dass sie »in der Gegenwart angekommen«[141] war, Weltgeltung. An der Spitze stand ein, so die literaturhistorische Wertung im zeitlichen Abstand, Dreigestirn von Autoren der Gruppe 47, Martin Walser, Günter Grass und Heinrich Böll. Walser hatte 1957, gerade 30-jährig, seinen Erstling *Ehen in Philippsburg* vorgelegt, eine beißende Kritik des satten Kleinbürgertums, 1960 folgte *Halbzeit*, der tausendseitige erste Band einer Trilogie, in der das Zukunftsbild einer immer marktförmigeren, immer mehr der Werbung und dem Kommerz ausgelieferten Gesellschaft gezeichnet wurde.[142] Die *Blechtrommel*, die den internationalen Ruhm von Grass (Literaturnobelpreis 1999) begründete, erschien 1959. Die »realistisch-groteske Rekonstruktion kleinbürgerlicher Lebensweise und Ideologie im Dritten Reich«[143] aus der Perspektive der sozialen Randstellung des zwergwüchsigen Trommlers Oskar Matzerath ging in die Literaturgeschichte ein, die kongeniale Verfilmung durch Volker Schlöndorff (1979), aber auch vielfältige erregte Debatten über die politischen Ansichten von Grass und angeblich pornographische Elemente steigerten seinen schriftstellerischen Nimbus stetig.[144] Der Roman *Hundejahre* – dritter Band der *Danziger Trilogie*, zu der noch die Novelle *Katz und Maus* (1961) gehörte –, in dem die Geschichte des 20. Jahrhunderts über die politischen Zäsuren hinweg mit wechselnden Protagonisten aus verschiedenen Perspektiven erzählt wurde, folgte 1963. In jenem letzten Jahr von Adenauers Amtszeit erschienen auch die *Ansichten eines Clowns* von Böll (Literaturnobelpreis 1972), ein faszinierendes, bisweilen satirisch verfremdetes Porträt des rheinisch-katholischen bürgerlichen Milieus und politischer Doppelmoral, in dem es auch um personelle Kontinuitäten und gebrochene Biographien der Nachkriegszeit ging, ein seinerzeit höchst aktuelles Thema.[145] Der Ruhm der prominenten Autoren steigerte die öffentliche Beachtung für die Gruppe 47, die 1962 in einer Titelgeschichte des *Spiegel* porträtiert wurde. Unter der Überschrift *Richters Richtfest* wurden dort alle Angriffe auf die Gruppe, sie betreibe manipulatives Marketing, abgewehrt[146]; Rudolf Augstein war im Übrigen selbst mehrmals auf den Tagungen der Gruppe Gast gewesen. 1963 rückten zum Jahrestreffen bereits Übertragungswagen des Fernsehens an. Sebastian Haffners Bericht über die Gruppe 47 in der ARD dauerte eine Dreiviertelstunde zur besten Sendezeit. Eine größere Beachtung hatte noch kein literarischer Zirkel erfahren. Aber mit der Zeit erwiesen sich medialer Rummel und Starkult als tödlich. Mitte der 60er Jahre und parallel mit der Ausbreitung der politischen Protestbewegung begann der Zerfall der Gruppe 47, 1972 hielt sie ihre letzte Tagung ab.

Die Konzentration auf neue Tendenzen in Literatur und Kunst birgt zwei Gefahren. Die eine wäre die Ignoranz gegenüber Kontinuitätslinien in den Geschmackspräferenzen. 1959 nannte ein Fünftel aller Studierenden den 1955 verstorbenen Thomas Mann als Lieblingsautor.[147] Nur ein Mitglied der Gruppe 47, Heinrich Böll, war auf den ersten Plätzen vertreten, dagegen etliche Autoren, die, selbst wenn sie wie Hesse oder Bergengruen noch lebten, ihre wichtigste Schaffensphase in der Zwischenkriegszeit oder unmittelbar nach dem Zweiten Weltkrieg erlebt hatten. In der allgemeinen Bevölkerung dürfte die Präferenz noch mehr bei jenen Schriftstellern gelegen haben, die man – vielleicht – aus dem Schulbuch kannte, vor allem aber die von der Angebotsseite und medial nahegebracht wurden.

Damit ist die zweite Gefahr einer Überschätzung des literarisch Neuen benannt. Das Publikum tendierte überwiegend zu Autoren, die für sie verständlich schrieben. Über vier Millionen Mitglieder zählten die Buchgemeinschaften 1960 (davon der Bertelsmann Buchclub als Marktführer 2,5 Millionen) mit mehr als 30 Millionen verkauften Büchern. Die beliebtesten Autoren im ersten Quartal jenes Jahres waren Erich Kästner, P. S. Buck, Knut Hamsun, John Knittel und Jack London[148], hauptsächlich bewährte Titel klassischer Moderne und gehobener Unterhaltung. Die zunehmende Abschleifung klarer Kriterien für »E« (ernst) und »U« (unterhaltend) gilt auch für die literarische Produktion. Die Germanisten dürften sich darauf geeinigt haben, dass Siegfried Lenz (geboren 1926), der zur Gruppe 47 zählte, hinsichtlich seines Œuvre etwas über Johannes Mario Simmel einzuordnen wäre, aber dabei handelt es sich doch um feinere Abstufungen »zwischen avancierter Kunstliteratur und ambitionierter Unterhaltungsliteratur«[149] und nicht um Klassenunterschiede.

Lenz hatte bereits in den 50er Jahren einige Romane und Erzählungen veröffentlicht, die sogar verfilmt worden waren, wie *Der Mann im Strom* (1957) ein Jahr später mit Hans Albers. Seine Kurzgeschichten *So zärtlich war Suleyken* hatten ihm 1961 den Kulturpreis der Landsmannschaft Ostpreußen eingebracht, zahlreiche weitere Ehrungen, etwa der Gerhart-Hauptmann-Preis 1961 und der Bremer Literaturpreis 1962 für das szenische Werk *Die Zeit der Schuldlosen* (1961) folgten. Es wurde ebenso verfilmt wie sein Band mit Erzählungen unter dem Titel *Das Feuerschiff* (1960). Die Fähigkeit, Geschichte in Geschichten zu erzählen und damit belletristische Stoffe verfilmungsfähig zu gestalten, trug sicherlich zum großen Publikumserfolg von Lenz bei, der sein Handwerk nach abgebrochenem Studium in journalistischer Tätigkeit im Zeitungsfeuilleton und Rundfunk gelernt hatte. 1968 gelang ihm dann mit *Deutschstunde* sein meistbeachtetes Werk. Hier geht es, in Anklang an die Schikanen gegen Emil Nolde im »Dritten Reich«, um die Autoritätshörigkeit eines Mitläufers, des Dorfpolizisten Jens Ole Jepsen, der das von den Nationalsozialisten gegen den Kunstmaler Max Ludwig Nansen verhängte Malverbot durchzusetzen versuchte. Innerhalb weniger Jahre erlebte die *Deutschstunde* eine Millionenauflage, auch hier sicherlich befördert durch eine – zweiteilige – Fernsehverfilmung.[150]

Johannes Mario Simmel hatte ebenfalls schon einige Romane, aber noch viel mehr Drehbücher geschrieben, als ihm 1960 mit *Es muß nicht immer Kaviar sein* – der dickleibige Roman war zuvor als Fortsetzungsserie in der Illustrierten *Quick* abgedruckt worden – ein spektakulärer Durchbruch gelang. Seine in der Folgezeit fast ausnahmslos verfilmten Romane, es waren zuletzt mehr als 30 mit einer Auflage von über 70 Millionen, basierten meist auf aktuell diskutierten Themen, die mit Kriminalhandlungen verknüpft wurden und dem Autor die Gelegenheit zu mitunter beißender Kritik an den gesellschaftlichen und politischen Zuständen der Bundesrepublik boten. Erst in den 80er Jahren gelang es Simmel allerdings, den Ruf eines Trivialautors teilweise abzustreifen.

Als Medium für ein Abschleifen kanonischer Sortierung von Literatur fungierte auch das Feuilleton, allen voran der Kulturteil des Nachrichtenmagazins *Der Spiegel*. Mit umfangreichen Rezensionen, einer Rubrik »Neu in Deutschland«, in der gerade erschienene Bücher des In- und Auslandes empfohlen wurden, und seit Anfang der 60er Jahre auch mit einer – seither unverändert – in »Belletristik« und »Sachbücher« aufgeteilten Liste der »Bestseller« wurde dem Publikum etwas vorgeführt, das im Bildungsbürgertum ein Jahrzehnt zuvor noch einhellig auf Ekel und Ablehnung gestoßen wäre: das traute Miteinander von Ingeborg Bachmann, Günter Grass und Siegfried Lenz mit einem der unzähligen *Angelique*-Romane der Französin Anne Golon und Harold Robbins' *Die Unersättlichen*.[151] Hinzu kam die internationale Mischung, deutsche Autoren standen nun neben – vornehmlich – amerikanischen und französischen, wobei ausländischer »*trash*« offenbar leichter Zugang fand als deutscher. Unzweifelhafte Bestsellerautoren wie Heinz G. Konsalik waren, zumindest in den 60er Jahren, kaum vertreten. Unabhängig davon, dass mit den auf Umfragen beim Buchhandel basierenden Bestsellerlisten auch Literaturpolitik gemacht wurde, zeigten sie die wachsende Beachtung, die die zeitgenössische westdeutsche Literatur erfuhr.

Die ostdeutschen Autoren kamen allerdings kaum vor, obwohl sie in jenen
Jahren durchaus zunehmende Beachtung erfuhren. Nachdem 1961 Bruno
Apitz' *Nackt unter Wölfen* und 1962 Anna Seghers' *Das siebte Kreuz* in der
Bundesrepublik veröffentlicht werden konnten, erschienen in etlichen Verlagen zahlreiche Bücher von »DDR-Autoren«, eine Bezeichnung, die geradezu
zum literarischen Gütesiegel bei einem Teil des westlichen Publikums wurde.
Johannes Bobrowski, der 1962 sogar den Preis der Gruppe 47 erhielt, Günter
de Bruyn, Franz Fühmann, Stefan Heym, Günter Kunert, Irmtraud Morgner,
Erwin Strittmatter, Christa Wolf und einige andere fanden auch deshalb rasch
ein Publikum, weil ihre realistischen Schreibweisen nun zum einen besser in
die literarischen Trends passten, zum anderen, weil sie über eine vielen fremd
anmutende Gesellschaft berichteten. Ästhetische Differenzen der Literatur
der DDR und jener im Westen ergaben sich auch aus der jeweiligen unterschiedlichen Funktion. Weil die Schriftsteller in der DDR das Bewusstsein
ihrer Leser verändern wollten, schrieben sie verständlicher als ihre Kollegen
in der Bundesrepublik, die sich stärker um den Fortschritt der künstlerischen
Form kümmerten. Den größten Erfolg erzielte Hermann Kant mit seinem Roman *Die Aula* (1965) über den Bildungshunger der Aufbaugeneration an den
Arbeiter-und-Bauern-Fakultäten um 1950. Obwohl der DDR als Kulturfunktionär und Präsident des Schriftstellerverbandes bis zum Schluss treu ergeben
und von der westdeutschen Kritik immer wieder angefeindet, fand seine ironische und immanent kritische Darstellung der DDR-Verhältnisse viele Leser.

Bei allen Unterschieden innerhalb dieser Gruppe von Schriftstellern hielten sie doch alle bewusst Distanz zum »Bitterfelder Weg«, der in der DDR
beschritten werden sollte. Auf einer Autorenkonferenz im VEB Chemiekom-
binat Bitterfeld war 1959 proklamiert worden, die Entfremdung zwischen
Kunst und Leben, zwischen Künstler und Volk zu überwinden. Diese Utopie,
die in ihrer Vergeblichkeit durchaus ein Grundmotiv bei vielen deutschen
Schriftstellern seit Goethe und besonders in der klassischen Moderne – von
Hermann Hesse bis Thomas Mann – gewesen war, sollte nun nicht nur durch
volkstümliche Stoffe, sondern auch durch die Einbeziehung der Arbeiter und
Bauern als Autoren realisiert werden. Die Folge war ein zwischen Aufschwung
der Laienkunst und peinlichem Dilettantismus oszillierendes Phänomen. Interessant ist nun, dass in der Bundesrepublik mit der Gründung der »Gruppe
61« ebenfalls ein Brückenschlag zwischen betrieblichem Alltag und Literatur
versucht wurde. Gegründet in Dortmund 1961 von dem Bibliothekar Fritz
Hüser und dem Gewerkschafter Walter Köpping, gehörten der Gruppe u. a.
Günter Wallraff, Peter-Paul Zahl und Erika Runge an. Den bedeutendsten

Roman, *Irrlicht und Feuer* (1963), legte der Bergmann Max von der Grün vor. Allerdings fiel die literarische Produktion aus dem Umkreis der Gruppe 61 insgesamt dürftig aus, während politische Differenzen zunahmen und Mitte der 60er Jahre das faktische Ende herbeiführten.[152]

Ein besonderer Autor zwischen Ost und West war Uwe Johnson, der sich schon als Jugendlicher mit den Autoritäten des SED-Staates angelegt hatte und der 1959, nachdem sein erster Roman *Mutmaßungen über Jakob* im Suhrkamp Verlag veröffentlicht worden war, nach Westberlin übersiedelte. Hier ging es letztlich um sein eigenes Schicksal eines doppelten Grenzgängers in der Personifikation des Eisenbahners Jakob, der weder im Osten noch im Westen glücklich leben konnte, aber diesen doch vorzog; auch sein Werk *Das dritte Buch über Achim* beschäftigte sich mit dem Thema der deutsch-deutschen Grenze. Johnson, von der Kritik der Bundesrepublik hochgelobt, arbeitete seit Ende der 60er Jahre an seinem Hauptwerk *Jahrestage*, von dem die ersten drei Bände seit 1970 erschienen.[153]

Politische Lyrik

Die allgemeine Politisierungstendenz erfasste nicht nur die Prosa, sondern auch die Lyrik; wie sie in der unmittelbaren Nachkriegszeit am sinnfälligsten die Trümmerliteratur, der Kahlschlag in den Gedichten von Günter Eich und anderen repräsentierte, setzte sie nun programmatisch die Abkehr von purer Sprachartistik auf die Tagesordnung. An erster Stelle ist dabei der junge Hans Magnus Enzensberger zu nennen. Niemandem gelang es so erfolgreich wie ihm, für Jahre auf »zeitgeistigen« Wellen zu surfen. Auch der studierte Literaturwissenschaftler und Philosoph, der zeitweise als Rundfunkredakteur und kurze Zeit als Lektor – im Suhrkamp Verlag – tätig war, entstammte der Gruppe 47. Als begnadeter Meister der kleinen Form schrieb er gedankenreiche Zeitschriftenessays über Phänomene der modernen Gesellschaft, vom Massentourismus bis zur *Bild-Zeitung* (*Einzelheiten*, 1962), und engagierte sich in politischen Zusammenhängen. Zudem legte er in dem hier betrachteten Zeitraum drei epochemachende Lyrikbände vor: *verteidigung der wölfe* (1957), *landessprache* (1960) und *blindenschrift* (1964). Enzensberger erhielt 1963, zu diesem Zeitpunkt bereits hauptsächlich in Norwegen lebend, den Büchner-Preis, 1965 wurde er zum Spiritus Rector des neuen *Kursbuchs*, eine der wichtigsten Zeitschriften für das agenda setting der Protestbewegung. Das Motiv des *Kursbuchs*, nämlich die Aufforderung, keine Oden, sondern Fahrpläne zu lesen, kann direkt aus einem der berühmtesten Gedichte Enzensbergers, *ins lesebuch für die oberstufe* (1957), entnommen werden, das dann tatsächlich in den 60er Jahren im Deutschunterricht gern interpretiert wurde: »lies keine oden, mein sohn, lies die fahrpläne:/sie sind genauer. roll die seekarten auf,/eh es zu spät ist. sei wachsam, sing nicht./der tag kommt, wo sie wieder listen ans tor/schlagen und malen den neinsagern auf die brust zinken./lern unerkannt gehn, lern mehr als ich:/das viertel wechseln, den paß, das gesicht./versteh dich auf den kleinen verrat,/die tägliche schmutzige rettung./nützlich sind die enzykliken zum feueranzünden,/die manifeste: butter einzuwickeln und salz/für die wehrlosen. wut und geduld sind nötig,/in die lungen der macht zu blasen/den feinen tödlichen staub, gemahlen/von denen, die viel gelernt haben,/die genau sind, von dir.«

Der Appell zum Abschied von ablenkender Dichtung und zu politischer Wachsamkeit und Partisanengesinnung angesichts nahezu allmächtiger manipulativer Unterdrückung radikalisierte sich in seinen noch bekannteren Versen in der *landessprache*, in der er sich fragte: »Was habe ich hier verloren, in diesem Land«? Die Wendung, hier gehe es »rückwärts aufwärts«, brachte die subjektive Seite der »konservativen Modernisierung« in der Bundesrepublik, »diesem arischen Schrotthaufen«, auf den bittersten Begriff.[154]

Dokumentartheater Das hier anklingende Argument der nicht bewältigten Vergangenheit bildete eines der zentralen Motive für die Politisierung auf der Bühne, wo für einige Jahre die dokumentargetreue szenische Rekonstruktion der jüngsten Geschichte eine hervorgehobene Bedeutung erhielt.[155] Das spektakulärste der politisch-historischen Zeitstücke war wohl *Der Stellvertreter* von Rolf Hochhuth, uraufgeführt vom Intendanten der Freien Volksbühne in Westberlin, Erwin Piscator, am 20. Februar 1963. Die dramatisch zugespitzten Thesen über das Schweigen des Papstes Pius XII. zum Massenmord an den europäischen Juden während des Zweiten Weltkriegs lösten ein kontroverses Echo in der Öffentlichkeit aus. Allein im ersten halben Jahr nach der Uraufführung gingen beim Rowohlt Verlag, der die Rechte am Text besaß, mehr als 3000 Stellungnahmen ein, von erbitterten Protesten bis zu gehaltvollen Briefen – Fritz J. Raddatz, seinerzeit dort Lektor, stellte daraus umgehend einen Sammelband zusammen.[156] Die vehemente Diskussion berührte kaum künstlerische Aspekte. Das Stück, ein eher konventionell konzipierter Fünfakter in der Tradition klassisch-idealistischer Dramaturgie und problemlos zu inszenieren, wurde an zahlreichen Theatern gespielt, zudem in 17 Sprachen übersetzt und in 25 Ländern uraufgeführt.

Als zweites herausragendes Zeitdrama gilt *Die Ermittlung* (1965) von Peter Weiss. Das Stück unternahm als Oratorium in elf Gesängen den Versuch, die Vorbereitungen und schließlich die Ausführung des Holocaust auf der Bühne in sprachlich monotoner Nüchternheit zu dokumentieren. Die Aussagen von Angeklagten und Zeugen im Frankfurter Auschwitz-Prozess dienten als Materialgrundlage des Stückes, das vor allem angesichts der starken Betonung ökonomischer Gründe für den Holocaust, der Ausschaltung der Juden aus dem Wirtschaftsleben bis zum Raub ihrer Habe, umstritten blieb.[157]

Einige Bühnenstücke mit dokumentarischem Duktus waren auch von der Bewegung gegen die Atomkriegsgefahr der späten 50er Jahre angeregt worden. Friedrich Dürrenmatts *Die Physiker* wurde 1962 uraufgeführt, zwei Jahre später folgte Heinar Kipphardts *In der Sache J. Robert Oppenheimer*. Begonnen hatte er mit der Arbeit daran 1958, auf dem Höhepunkt der Kampagne »Kampf dem Atomtod«. Oppenheimer war als Atomwissenschaftler in den USA in einen Zwiespalt zwischen Wissenschaft

Dieter Borsche (l.) und Günther Tabor in einer Aufführung von Rolf Hochhuths *Stellvertreter* (Regie: Erwin Piscator) im Berliner Theater am Kurfürstendamm, 1963

und gesellschaftlicher Verantwortung geraten. Er verweigerte sich weiteren Forschungen und setzte sich stattdessen für eine atomare Rüstungskontrolle ein. Kipphardts Stück basierte auf Originaldokumenten aus den Untersuchungsverfahren in den USA gegen Oppenheimer und thematisierte in der dramaturgischen Form des Verhörs die Gefahren des atomaren Krieges und die Verantwortung der Naturwissenschaftler. Wie in dem Drama von Peter Weiss war mit einem zeitgeschichtlichen Stoff eine Stellungnahme zur Gegenwart verbunden. Es ist symptomatisch, dass sich in der zweiten Hälfte der 60er Jahre dann die Dokumentation historischer Stoffe vor allem auf »Revolutionen« konzentrierte bzw. zugunsten von direkt auf die Gegenwart bezogenen gesellschaftskritischen Themen zurücktrat.

Scharfe Auseinandersetzungen gab es um Bertolt Brecht, einen der größ- **Streit um Brecht** ten deutschen Dramatiker des 20. Jahrhunderts.[158] 1948 hatte sich der Exilschriftsteller auf der Flucht vor den inquisitorischen McCarthy-Ausschüssen nach Ostberlin abgesetzt, wo er gemeinsam mit Helene Weigel das »Berliner Ensemble« aufbaute. Der Sänger Ernst Busch, legendärer »Barrikaden-Tauber« der 30er Jahre, die Schauspielerin Therese Giehse und andere namhafte Künstler arbeiteten mit ihm zeitweise eng zusammen. Im Westen Deutschlands unterstellte man Bertolt Brecht, der die österreichische Staatsbürgerschaft besaß und nicht Mitglied der SED werden mochte, eine zwielichtig opportunistische Haltung. Brecht war mit den Kulturfunktionären der Partei schnell aneinandergeraten, die ihm 1951 nach der Uraufführung der von Paul Dessau komponierten pazifistischen Oper *Das Verhör des Lukullus* an der Berliner Staatsoper »formalistische Tendenzen« vorwarfen und das Stück absetzten. Während Brecht eine zweite genehme Fassung herstellte, übernahm der Frankfurter Intendant Harry Buckwitz die erste. Nach dem Aufstand vom 17. Juni 1953 richtete Brecht eine Solidaritätsadresse an Ulbricht, von der nur die »Verbundenheit mit der Sozialistischen Einheitspartei Deutschlands«, nicht aber die Forderung nach einer »Aussprache mit den Massen über das Tempo des sozialistischen Aufbaus« abgedruckt wurde. Der vollständige Brief war nur wenigen Zeitgenossen bekannt. Sein bitterer Spott über die argumentative Hilflosigkeit der Machthaber ergoss sich in dem Gedicht *Die Lösung* aus seinem Nachlass, das allerdings erst 1959 bekannt wurde:

> »Nach dem Aufstand des 17. Juni/ließ der Sekretär des Schriftstellerverbandes/in der Stalinallee Flugblätter verteilen,/auf denen zu lesen war, daß das Volk/das Vertrauen der Regierung verscherzt habe/und es nur durch verdoppelte Arbeit/zurückerobern könne. Wäre es da/nicht einfacher, die Regierung/löste das Volk auf/und wählte ein anderes.«[159]

Obwohl Brecht dem Westen Deutschlands mindestens ebenso skeptisch gegenüberstand wie der DDR, galt er nach seinem Tod 1956 auch in der Bundesrepublik als großer Bühnenautor. Stuttgart erlebte zwei Jahre danach die Uraufführung der Faschismusparabel *Der aufhaltsame Aufstieg des Arturo Ui* unter der Regie des Brecht-Schülers Peter Palitzsch, der auch in den 60er Jahren neben Harry Buckwitz einer der wichtigsten Interpreten und Förderer des dramatischen Œuvres wurde. Der Boykott von Brecht lebte jedoch nach dem Mauerbau in verschärfter Form wieder auf. Der Regisseur Boleslaw Barlog etwa brach in Berlin eine Inszenierung des *Puntila* ab. Der zum fanatischen Antikommunisten konvertierte deutsch-jüdische Journalist und Schriftsteller, Remigrant mit US-Staatsbürgerschaft Friedrich Torberg sorgte sogar dafür, dass der Autor in Österreich bis 1962 nicht gespielt wurde; man spricht in diesem Zusammenhang vom »Wiener Brecht-Boykott«. Den für lange Zeit letzten und erfolglosen Angriff führte Günter Grass mit seinem Drama *Die Plebejer proben den Aufstand* (1966). Es rekapitulierte die Haltung Brechts am 17. Juni 1953, der zu diesem Zeitpunkt in Ostberlin seine Coriolan-Inszenierung probte. Obwohl Grass selbst behauptete, kein »Anti-Brecht-Stück«, sondern ein Stück über das Verhältnis von Geist und Macht geschrieben zu haben, fiel es bei der Kritik nicht nur wegen künstlerischer Mängel, sondern vor allem wegen der Brecht-Schelte durch[160] – ein deutlicher Beleg, wie rasch sich die Zeiten änderten. Im Übrigen untersagte Helene Weigel 1967/68 wiederum den vom Intendanten Barlog geleiteten Westberliner Bühnen und anderen Theatern in Westdeutschland, die die *Plebejer* inszeniert hatten, die Aufführungen von Brecht-Stücken.[161]

Allgemein verbuchten die Theater keine wachsenden Zuschauerzahlen, obwohl die wachsende Freizeit und das »lange Wochenende« anderes vermuten ließen. Aber auch hier machte sich das Vordringen des Fernsehens bemerkbar, in dem seit dem Ende der 50er Jahre ein »intensiver Rückgriff auf die Theaterliteratur« erfolgte. Neben den Klassikern und modernen westlichen Autoren aus dem Ausland wurde auch die deutschsprachige Gegenwartsdramatik immer häufiger für das Fernsehen aufbereitet.[162] Ruinös war die Konkurrenz des neuen häuslichen Mediums aber nicht für die Theater, sondern für die Filmtheater, war doch das Kinosterben Anfang der 60er Jahre schon voll im Gange. Das von 26 zum Teil namhaften Regisseuren, darunter Alexander Kluge, Edgar Reitz und Peter Schamoni, unterzeichnete *Oberhausener Manifest* (1962) endete pathetisch: »Der alte Film ist tot. Wir glauben an den neuen.«[163] Begrüßt wurde, dass durch den »Zusammenbruch des konventionellen deutschen Films« auch der dahinterstehenden »Geisteshaltung« der Boden entzogen worden sei. Der Anspruch der sich als Avantgarde sehenden Gruppe, den künstlerisch anspruchsvollen Film, bei dem man sich von der Nouvelle Vague in Frankreich mit Godard, Truffaut und Chabrol ebenso anregen ließ wie vom italienischen Neorealismus eines Antonioni oder vom polnischen Regisseur Andrzej Wajda, auch für den wirtschaftlichen Wiederaufstieg des Kinos in der Bundesrepublik zu nutzen, verkannte allerdings die Präferenzen des Massenpublikums. Der Kinobesuch war nicht wegen der – im Übrigen differenziert zu betrachtenden – cineastischen Qualität der Produktionen dramatisch zurückgegangen, sondern weil das Bedürfnis nach Filmen auch im Fernsehen befriedigt werden konnte. Die größten Erfolge erzielten allerdings nach wie vor mehr oder weniger konventionelle Unterhaltungsfilme, Karl-May- und Edgar-Wallace-Verfilmungen, Schlagerfilme und als Import die legendären James-Bond-Reißer.[164] Interessant ist der von der Stadt der deutschen Kurzfilmtage, Oberhausen, ausgehende Appell aber als Dokument für den Willen zur Traditionskritik und zum Engagement für eine gesellschaftspolitisch progressive Filmproduktion.

Es ist aufschlussreich, dass auch für die sogenannte moderne E-Musik ein deutlicher »Positionswechsel« für die frühen 60er Jahre festgestellt wird. Wie die Filmschaffenden machten Komponisten mit einem – Kölner – »Ma-

Heinz Mack; *Silber Rotor (ZERO ROTOR)*, 1960

nifest« (1960) von sich reden[165], und wie in der Literatur und beim Theater ging es um eine Irritation der hochabstrakten Formen, hier des streng gefügten Gebäudes der seriellen Musik, durch neue spielerische Freiheiten und Klangfarben.[166] Bei allen Differenzierungen ist allerdings zu berücksichtigen, dass die Werke der in der Expertenszene um 1960 geschätzten und in jenem Zeitraum mit Uraufführungen hervortretenden jungen Heroen der Moderne, Karlheinz Stockhausen, Mauricio Kagel, Hans Werner Henze oder György Ligeti, im Konzertleben ohnehin fast immer mit bewährten klassischen Kompositionen verbunden aufgeführt wurden. Der Kritiker Horst Koegler berichtete 1957, »dass nach wie vor der ganze Komplex der modernen Musik – und er beginne in manchen Städten schon bei Bruckner – auf den größten Widerstand beim durchschnittlichen Konzertpublikum« treffe.[167] Diesem galt der ältere Vertreter einer gemäßigten Moderne Paul Hindemith als Personifikation der abgelehnten Musik.

Auch in der Bildenden Kunst begann mit der restlosen Durchsetzung nicht-gegenständlicher Malerei als »westlicher ›Weltkunst‹ des Modernismus«[168] die Suche nach einem offeneren Kunstbegriff, einer Überwindung der zur Ideologie des Kalten Krieges erstarrten abstrakten Kunst und einer Aufhebung der starren Grenzen zwischen höherer und Gebrauchskunst. Die Kasseler documenta 2 (1959) hatte noch »ganz im Zeichen der Gegenstandslosen«[169] gestanden. Dagegen dominierte auf der documenta 3 (1964), etwa im Blick auf die Künstler der Gruppe ZERO mit ihrem *Salon de Lumière*, bereits die Diskussion über Verbindungen zwischen Klang, Licht und Bewegung. Auch die Pop Art mit ihren zwischen Konsumkritik und -affirmation oszillierenden Aussagen fand die Aufmerksamkeit der Experten.[170]

Aufbrüche in der Bildenden Kunst   In der ersten Hälfte der 60er Jahre, dem entscheidendem Zeitraum dieser Tendenzwende, häuften sich – wie in der Literatur[171] – die zu symbolischen Daten gewordene Ereignisse, bei denen Künstler aus der Bundesrepublik ihre Zugehörigkeit zur westlichen Avantgarde demonstrieren konnten. Ausstellungen im Museum of Modern Art (1959) oder die deutsche Abteilung der

»Italia 61« in Turin zeigten Weltgeltung. Vor allem aber war es die Etablierung von einigen Kunstzentren mit internationaler Bedeutung, in Düsseldorf mit der Akademie, als deren Spiritus Rector Joseph Beuys auftrat, der dort seit 1961 einen Lehrstuhl bekleidete.[172] Künstlergruppen und Kunsthandel wuchsen hier, wie in Köln, München und Westberlin, zu einer Szene zusammen, die durch die enge Vernetzung mit dem Geschehen in Paris, London oder New York zugleich eine Internationalisierung zur Folge hatte.[173] 1958 hatte der heute mindestens gleichrangig mit Beuys als einer der wichtigsten deutschen Bildenden Künstler der zweiten Hälfte des 20. Jahrhunderts angesehene Wolf Vostell am wohl ersten europäischen »Happening«, einer »Décollage-Aktion« in Paris, teilgenommen. An der Münchner Akademie entstand im gleichen Jahr die Gruppe ›Spur‹ um Lothar Fischer, Heimrad Prem, Helmut Sturm und Hans-Peter Zimmer (alle unter 30 Jahre alt), die sich ein Jahr später der Situationistischen Internationale anschloss, der Urzelle für die späteren Polit-Happenings der 68er-Kommunarden. Dieter Kunzelmann hatte sich der Gruppe 1960 angeschlossen.[174] In Westberlin machten Georg Baselitz[175], Eugen Schönebeck – sie wechselten vom Ost- in den Westteil der Stadt – und Markus Lüpertz auf sich aufmerksam. Lüpertz, Vertreter einer neoexpressionistischen Richtung »dithyrambischer« Malerei, gründete 1964 die Künstlergruppe »Groß-Görschen«, die sich als »Selbsthilfegalerie« bezeichnete. Das Charakteristische am Aufbruch in der Bildenden Kunst um 1960 war zum einen die Suche nach neuen ästhetischen Ausdrucksformen jenseits des sterilen »sozialistischen Realismus« und der »abstrakten informellen und tachistischen Strömungen des Westens«.[176] Zum anderen war die Richtung der Suche im traditionellen Motiv der Wiedervereinigung von Kunst und Leben vorgegeben, wobei das Leben nun immer mehr mit der Einmischung in die politischen und gesellschaftlichen Verhältnisse assoziiert wurde.

Dabei lässt sich eine Parallität in West- und Ostdeutschland feststellen. Auch in der DDR, in Leipzig, Dresden, Halle und Ostberlin, bildeten sich künstlerische Szenen heraus, die sich von der parteilichen Lesart des Sozialistischen Realismus absetzten.[177] Willi Sitte war noch 1962 wegen seiner künstlerischen Nähe zu Picasso gerügt worden und musste die übliche rituelle »Selbstkritik« üben, Bernhard Heisig war nach seiner Kritik am Bitterfelder Weg als Rektor der Leipziger Kunsthochschule abgesetzt worden. Walter Ulbricht hatte auf der 2. Bitterfelder Konferenz im April 1964 mit dem Motto »Ankunft im sozialistischen Alltag« eine positive Sicht gefordert, die den kunstinteressierten Werktätigen eine Wiedererkennung ihres Lebensumfelds im Kunstwerk ermöglichte. Die Bildenden Künstler in der DDR, soweit sie nicht wie Baselitz Mitte der 50er Jahre oder Gerhard Richter noch wenige Monate vor dem Mauerbau in den Westen wechselten, fanden sich zwar sporadisch zu allgemeinen Einverständniserklärungen mit der Linie der SED bereit, bemühten sich aber in ihren eigenen Bildern und Plastiken um eine sehr individuelle Formensprache. Wolfgang Mattheuer ließ sich bei seinen Bildern von Caspar David Friedrich, Magritte und Picasso anregen, bei Werner Tübke ergaben sich die surrealen Züge auch durch Anleihen bei alten Meistern wie Cranach und Dürer. Wollte die DDR-Führung die ersehnte internationale Anerkennung erhalten, konnte sie letztlich die Künstler, wenn sie nicht direkt politisch opponierten, nicht daran hindern, das Konzept des Sozialistischen Realismus ad absurdum zu führen. Auch die von Ost nach West reichenden künstlerischen Einflüsse in der ersten Hälfte der 60er Jahre, die aus der DDR und aus Polen – etwa in der Plakatkunst – in die Bundesrepublik reichten, hatten wenig mehr mit dem herkömmlichen Sozialistischen Realismus zu tun.[178]

Konzepte einer Politisierung der Bildenden Kunst arbeiteten sehr stark, wie schon bei der erwähnten Gruppe »Spur«, mit einer Mischung von ästhetischer und politischer Provokation, um die passive Rezeption in aktive Partizipation zu verwandeln. Die um 1960 entstehende »Fluxus-Bewegung« griff auf dadaistische Vorstellungen vom Leben als simultanem Gewirr von Geräuschen, Farben und geistigen Rhythmen zurück, die in den USA im »Action Painting« eines Jackson Pollock und beim Schönberg-Schüler John Cage in Kompositionen mit Zufallsgeräuschen ihren Ausdruck gefunden hatten. In der internationalen Avantgarde löste diese neodadaistische Kunstströmung den Kult der Abstraktion und insgesamt den tradierten Werkbegriff ab. Als markantes Ereignis kann für die Bundesrepublik das »Festum Fluxorum Fluxus – Musik und Antimusik – Das instrumentale Theater« in Wiesbaden im September 1962 genannt werden. Schon der Titel deutete die Auflösung vormals getrennter Kunstbereiche an. In den folgenden Jahren gab es eine ganze Reihe spektakulärer Happenings, die dann auch eine grellbunte Facette in den jugendkulturellen Protesten von »1968« bildeten.[179]

Kulturelle Urbanität

Im Rückblick überrascht es kaum mehr, dass die für alle anderen Künste festgestellte Zäsur oder zumindest Tendenzwende auch für die eng mit ihrem materiellen Gebrauchswert verbundene Architektur und Stadtplanung zu beobachten ist. Noch 1960 war nach heftigen Debatten im sozialdemokratisch dominierten Stadtrat von Braunschweig mit knapper Mehrheit beschlossen worden, das im Zweiten Weltkrieg schwer zerstörte Stadtschloss vollständig abzureißen und auf der freien Fläche einen öffentlichen Park zu errichten. Dabei spielten nicht nur wirtschaftliche Erwägungen eine Rolle; zugleich sollte der Abriss des im »Dritten Reich« als SS-Junkerschule genutzten Schlosses als Symbol für die Demontage der nachwirkenden Welfen-Ideologie wirken. Ebenso symptomatisch für den »Geist der Zeit« war die wiederum heftig umstrittene Rodung des Parks und Rekonstruktion der Schlossfassade, hinter dem heute ein Einkaufszentrum und kulturelle Einrichtungen der Stadt residieren.[180] Nach der Apotheose internationaler Bau-Moderne bei der Interbau in Westberlin (1957), des ersten westdeutschen Forschungsreaktors im »Atomdorf« Garching im selben Jahr[181] und der Brüsseler Weltausstellung (1958)[182] setzte sich eine kritische Grundstimmung gegen den städtischen Wiederaufbau durch. In Hans Werner Richters *Bestandsaufnahme* bemerkte der Rektor der Ulmer Hochschule für Gestaltung, Otl Aicher, die Bundesrepublik besitze »die größte Baukranfabrik der Welt«, die Baukräne seien zum »beherrschenden Symbol des Wiederaufbaus« geworden. Mittlerweile, so Aicher, werde der »Soziologismus der vierziger Jahre« halbwegs erfüllt, Licht, Luft und Sonne in die neuen Wohnungen zu lassen. Aber keineswegs werde mit der »großen Landzerstörung« und »Auflösung der Städte« in Stadtlandschaften die angesichts irreversibler Entwicklungen – insbesondere des privaten PKW-Verkehrs – zu fordernde Planung zur Herstellung kultureller Urbanität berücksichtigt:

> »Lediglich die Büro-, Bank- und Geschäftscity wahrt noch die Würde der alten Stadt, erinnert an die Konzentration der Kultur, die zum Wesen der Stadt einst gehörte. Die Oper, die Konzerthalle, das Theater liegen heute zwischen Kinos und Kaufhäusern eingeklemmt. (…) Von der alten Stadt bleibt ein Schatten, ein Rummelplatz mit dem Ramsch und Nepp unserer Plastikkultur.«[183]

Als symbolische Wende planerischer Leitbilder gilt allgemein der Deutsche Städtetag in Augsburg 1960, auf dem der Ökonom Edgar Salin in einer immer wieder zitierten Rede die Wiederherstellung kultureller »Urbanität« forderte. Ihm und anderen, die wie der Psychoanalytiker Alexander Mitscherlich die *Unwirtlichkeit der Städte* – so der Buchtitel seines immer wieder aufgelegten Suhrkamp-Taschenbuchs (1965) – beklagten[184], die tagsüber nur noch vom Kommerz erfüllt und abends menschenleer seien, ging es um die Schaffung einer kritischen Stadtbürgerschaft, die sich für das Gemeinwesen interessieren und für ihre Belange engagieren sollte. Die Intention einer Humanisierung und Kulturalisierung der Städte wurde allerdings in der Ausführung mit dem zeitgenössischen Schlagwort einer »Urbanität durch Dichte«[185] in ihr Gegenteil verkehrt. Auf den Reißbrettern der Planer entstanden auf der Basis von soziologisch und betriebswirtschaftlich ermittelten Kennziffern

Das Hansa-Viertel in Berlin mit einer Plastik von Hans Uhlmann, 1957 (Ausschnitt)

gigantisch dimensionierte Großsiedlungen mit Hochhaustürmen. Vor allem die marktbeherrschenden Wohnungsbauunternehmen, allen voran die »Neue Heimat«, erhielten hier ein breites Betätigungsfeld.[186] Die günstige Wirtschaftskonjunktur und der immer noch vorhandene Wohnungsmangel beförderten einen enormen Bauboom in den 6oer Jahren, dessen Ergebnisse das Bild von Westberlin – mit dem Bau des »Märkischen Viertels« wurde 1963 begonnen – und der Peripherie fast aller westdeutschen Großstädte prägten. Bereits ein Jahrzehnt später wurden die Großsiedlungen, die in der Regel keine günstige Anbindung an den öffentlichen Personennahverkehr erhielten, als inhuman und brutal kritisiert. Die gängig gewordene Stilkategorie »Brutalismus« ist zwar dem Französischen entlehnt und besaß im Übrigen urspünglich eine andere Bedeutung – der Architekt Le Corbusier hatte das Bauen mit »beton brût« (nacktem Beton) schon in den 5oer Jahren als besonders modern propagiert[187] –, aber die Assoziation von Gewalttätigkeit angesichts der Betonburgen der 6oer Jahre verhalf dem Begriff zu einiger Popularität. Auch die Revitalisierung der Innenstädte durch moderne Einkaufszentren, die eine Erlebnisdimension vermitteln sollten, etwa das »Europa-Center« in Westberlin, änderten wenig an den kritischen Befunden der Urbanismus-Protagonisten.[188] Linksoppositionelle radikalisierten diese Sicht zwei Jahrzehnte später – um eine Legitimation für den »Häuserkampf« in den Großstädten zu schaffen – sogar mit dem Begriff der »zweiten Zerstörung«, die Schlimmeres angerichtet habe als der Krieg.[189]

Der Bonner Kanzlerbungalow von Sep Ruf, 1964

Während die immer größer dimensionierten Projekte städtischer Architektur im Rückblick als Radikalisierung des ohnehin das 20. Jahrhundert beherrschenden funktionalistischen Leitbildes verstanden werden können, erscheint der von Sep Ruf gebaute »Kanzlerbungalow« (1963/65) eher als Abschluss und endgültige Aussöhnung von politischem Konservatismus und gemäßigter Bau-Moderne. Den neuen Bundeskanzler Ludwig Erhard, der sich innerhalb der CDU – und gegen Konrad Adenauer – als amerikafreundlicher »Atlantiker« profilierte, hatte seit dem Beginn der 50er Jahre eine enge Freundschaft mit Ruf verbunden, der zusammen mit Egon Eiermann den Deutschen Pavillon auf der Brüsseler Weltausstellung gestaltet hatte. Nach seinem Amtsantritt als Kanzler wollte Erhard, der stets mit dem Imperativ »Maßhalten!« in Verbindung gebracht wurde, die moderne Lebensform rationalisierter Sparsamkeit mit seiner Bonner Wohnstätte, einem für Zwecke auch der Repräsentation relativ bescheiden dimensionierten Bungalow, demonstrieren. Die Öffentlichkeit war zunächst entsetzt, Zeitungen berichteten über »Ludwigslust« oder das »Palais Schaumbad« (im Palais Schaumburg hatte Adenauer residiert), dass die Schlafzimmer dort sehr klein seien, dass man Platzangst bekomme, der private Wohnteil sei ein »Maßhalte-Bunker«.[190] Solche Kritiken, die moderne Bauten durch das 20. Jahrhundert begleitet hatten, verweisen darauf, dass bei aller Betonung neuer Tendenzen auch die zählebigen Kontinuitäten der Modernekritik nicht vergessen werden dürfen, die das ästhetische Empfinden breiter Teile der Bevölkerung nach wie vor bestimmten.

Der Zeitraum vom letzten Drittel der 50er bis zur Mitte der 60er Jahre ist insofern als Veränderungsraum mit starken Ungleichzeitigkeiten zu verstehen. Nach dem Abschluss der ersten Phase des Wiederaufbaus, der aus der materiellen Armut und einer in starkem Maße von personellen Kontinuitäten bestimmten politischen Kultur an den Anfang einer »neuen Gesellschaft« (Ralf Dahrendorf) geführt hatte, versuchte die künstlerische Avantgarde zwar bereits, die westliche Moderne und den »International Style« mit provokanten und immer radikaleren Formen und Aussagen zu überwinden. Aber auch die Kräfte kultureller Beharrung waren in den immer dynamischer werdenden Zeiten noch durchaus beträchtlich.

Kapitel IV
Kultur in der Transformationsgesellschaft 1966–1973

Bis heute symbolisieren Studentenbewegung und sozialliberale Koalition, Popkultur und Underground einen Bruch in der Geschichte der Bundesrepublik. Auf den ersten Blick scheint es, als hätten erst die politischen und kulturellen Innovationen der späten 6oer und frühen 7oer Jahre die traditionellen Bindungen der Gesellschaft gesprengt und den Weg zu einer Modernisierung gebahnt. Tatsächlich waren diese Erscheinungen selbst Ergebnisse eines länger andauernden Wandels, der seit den späten 5oer Jahren immer sichtbarer geworden war und sich seit der Mitte der 6oer Jahre mit schubartiger Dynamik durchsetzte.[1] Dass er mit heftigen Konfrontationen verbunden war, zeigt, wie umstritten manche seiner Elemente nach wie vor waren. Was Jürgen Habermas rückblickend als »Fundamentalliberalisierung« der Bundesrepublik beschrieb, war ein höchst kontroverser Vorgang, der immer wieder Bestrebungen hervorrief, eine konservative »Tendenzwende« herbeizuführen.

Auf starken Widerhall stießen Forderungen nach vermehrter politischer Teilhabe, ein erweiterter Literaturbegriff oder das Aufkommen neuer Subkulturen, weil die moderne Gesellschaft sichtbar an einem Scheidepunkt angelangt war. Nicht nur in der Bundesrepublik, sondern in allen westlichen Gesellschaften ist dieser Wandel beobachtet worden. Mit Begriffen wie »Postmoderne«, »reflexive Moderne« oder »Erlebnisgesellschaft« versuchten Soziologen ein ganzes Bündel von Erscheinungen zu fassen: die Ausdehnung des Konsums und die Medialisierung, die die sozialen Unterschiede verfeinerten; die Erosion der traditionellen Sozialmilieus, der eine Lockerung kultureller Bindungen entsprach; die damit eng zusammenhängende Individualisierung. Ganz wesentlich ging der Eindruck eines tiefgreifenden Wandels auf die Tatsache zurück, dass sich die wirtschaftliche Basis der Gesellschaft veränderte – und damit auch der Alltag und die Mentalitäten der Bürger. Dass immer mehr Menschen im Dienstleistungssektor arbeiteten – Mitte der 7oer Jahre übertraf ihre Zahl die der in der Industrie Beschäftigten – bedeutete, dass ihr Alltag weniger stark von harter körperlicher Arbeit geprägt war, Qualifikation und Wissen wichtiger wurden und ihr kultureller Horizont sich erweiterte. Wenn auch die zeitgenössische Annahme von der Entstehung einer »postindustriellen Gesellschaft« (Daniel Bell) zutreffend in der Beschreibung der weitgehenden Folgen der wirtschaftlichen Umschichtung war, so konnte doch vom Ende der Industriegesellschaft nicht die Rede sein.[2] Im Unterschied zu manchen anderen Gesellschaften – auch in Westeuropa –, die von einer agrarisch geprägten direkt zu einer dienstleistungsbasierten Wirtschaftsweise übergingen, blieb die industrielle Basis der deutschen Wirtschaft, die im 19. und 20. Jahrhundert den Aufstieg des Landes begründet hatte, auch nach den 60er Jahren außergewöhnlich stark und beeinflusste selbst im Rückgang noch kollektive Mentalitäten und kulturelle Vorlieben. Immerhin arbeiteten im Jahre 2000 noch 34 Prozent der Erwerbstätigen in Industrie und Handwerk, während 64 Prozent im Dienstleistungssektor tätig waren und 2,5 Prozent in der Landwirtschaft. 1970, kurz vor dem Umschlag, lag der »sekundäre Sektor« mit 48 Prozent der Beschäftigten noch vor den Dienstleistungen mit 43 Prozent, während in der Landwirtschaft immerhin noch 9 Prozent der Erwerbstätigen ihr Geld verdienten.[3]

Wertewandel   Durch den zunehmenden Wohlstand, die kulturelle Öffnung der Gesellschaft und die Hebung des Bildungsniveaus gewannen »postmaterialistische« »Werte« an Bedeutung – also grundlegende Orientierungsmuster, die nicht auf materielle Ziele gerichtet sind, sondern auf die Verbesserung der Lebensqualität im Sinne von Selbstverwirklichung und Partizipation.[4] Als in den frühen 60er Jahren materielle Grundbedürfnisse weitgehend befriedigt waren, nahm nicht nur die Bereitschaft zur politischen und kulturellen Liberalisierung zu, sondern auch die Aufmerksamkeit, mit der sich die Bundesbürger jenen Aspekten des Alltagslebens widmeten, die nicht unmittelbar existenzbezogen waren. Dieser »Pluralisierungsvorgang«, die »›Ausfaltung‹ oder ›Ausdifferenzierung‹ vorher weniger entwickelter Sinn-, Lebens- oder Optionsmuster«,[5] bedeutete für den Einzelnen zunehmende Freiheit in der Lebensgestaltung, aber auch die Anforderung, sich selbstständig in der Gesellschaft zu orientieren.

Der Wertewandel setzte Mitte der 60er Jahre schubartig ein und kam Mitte der 70er Jahre zu einem vorläufigen Abschluss. Nicht nur in wirtschaftlicher Hinsicht, sondern auch im Hinblick auf die Mentalitäten der Westdeutschen markieren diese Jahre eine Scharnierzeit, in der sich das kulturelle Gepräge der Bundesrepublik grundlegend wandelte. Die wichtigste soziale Trägergruppe dieses Wandels waren formal besser gebildete junge Leute. Fragt man nach den Voten der jüngsten Altersgruppen zu den bevorzugten Erziehungszielen – einem wichtigen Indikator für den Wertewandel –, so bevorzugten sie das Ziel »Selbständigkeit und freier Wille« sehr viel stärker als andere – 1974 stimmten ihm 71 Prozent der jungen Leute zu, 18 Prozent mehr als im Bevölkerungsdurchschnitt.[6] Unterscheidet man hier noch einmal nach dem

Bildungsstand, so schält sich heraus, dass die Zustimmung zu diesem Ziel nicht nur mit abnehmendem Alter wuchs, sondern auch mit zunehmender Bildung. 1974 stimmten ihm 73 Prozent der 16- bis 24-jährigen Volksschulabsolventen zu, 82 Prozent der gleichaltrigen Realschulabsolventen und sogar 91 Prozent der Abiturienten – damit lag die Avantgarde des Wertewandels zu fast 40 Prozent über dem Bevölkerungsdurchschnitt. Diese Zahlen spiegeln erhebliche innergesellschaftliche Spannungen und machen deutlich, dass der Wandel gegen Widerstände durchgesetzt werden musste.

Der immer wieder thematisierte »Generationskonflikt«, in dem diese Spannung besonders deutlich sichtbar wurde, war auch, aber nicht nur eine mediale Konstruktion. Er fügte sich gut in die traditionelle deutsche Obsession für »Jugend« und »Jugendlichkeit« ein, beruhte aber auch auf Tatsachen, wie die von der Sozialforschung immer wieder herausgearbeiteten Befunde zum »cultural lag« zeigten: Jüngere Menschen stellten sich relativ schnell auf die neuen kulturellen Spielräume ein, während ältere Bürger längere Zeit brauchten und dazu auch weniger bereit waren. Ungeachtet des von »1968« überformten Selbststilisierungspotenzials der Rede vom »Generationskonflikt« waren in bestimmten Bereichen die Unterschiede zwischen den Generationen nicht zu übersehen. Um 1968 hatten die noch im 19. Jahrhundert sozialisierten Jahrgänge, die die Gründerjahre der Bundesrepublik geprägt hatten, die Verantwortung an Jüngere abgegeben, so dass nun noch stärker als zuvor jene kurz nach der Jahrhundertwende Geborenen die Geschicke des Landes bestimmten, die im »Dritten Reich« ihre beruflichen Karrieren begonnen hatten.[7] Einflussreich waren die Angehörigen der »45er-Generation«, die das Kriegsende als Jugendliche oder junge Erwachsene erlebt und mit der Gunst des demokratischen Neuanfangs ihr berufliches und politisches Leben begonnen hatten. Auch die Konservativen unter ihnen, wie etwa der CDU-Nachwuchspolitiker Helmut Kohl (Jahrgang 1930), setzten sich zum Teil kritisch mit der Gegenwart auseinander – nicht zuletzt mit allem, was die Bundesrepublik mit der NS-Vergangenheit verband – und verschafften sich seit der zweiten Hälfte der 50er Jahre öffentliches Gehör. Viele von ihnen standen den noch Jüngeren, etwa zwischen 1940 und 1950 Geborenen, die später als »68er-Generation« von sich reden machen sollten, anfangs mit Sympathie gegenüber, weil sie in ihnen Verbündete im Kampf für eine politische und kulturelle Erneuerung der Bundesrepublik sahen.

Dass die Kultur der Bundesrepublik in diesen Jahren sichtlich vielfältiger wurde und sich nach außen hin öffnete, war den Folgen des wirtschaftlichen Aufschwungs zuzuschreiben – dem Fernsehen, dem Tourismus und der Ar-

Generationen

beitsimmigration –, aber auch der weltweiten Entkolonialisierung. Sie berührte die Bundesrepublik weniger direkt als Kolonialmächte wie Frankreich, Großbritannien oder die Niederlande, aber auch hier signalisierten »Dritte-Welt«-Initiativen, Solidaritätsbewegungen und die Wahrnehmung von »Fremden« im eigenen Land, dass sich der kulturelle Horizont über die nationalen Grenzen hinaus zu erweitern begann. Das zunehmende Interesse an den außereuropäischen Teilen der Welt wurde begleitet von einer Kritik an den vormaligen Kolonialmächten und den USA, ohne unbedingt »antiamerikanisch« zu sein. Schon hier, am Beginn des vorerst letzten Globalisierungsschubs, der sich seit der weltpolitischen Wende von 1989/91 voll entfaltet hat, zeigt sich exemplarisch, dass der Wandel der Kultur in einem Wechselprozess mit Wirtschaft und Gesellschaft steht. Konsumboykott, Fair Trade und die zunehmende Diskussion ethischer Kriterien für wirtschaftliches Handeln demonstrieren, dass die angeblich »weichen« kulturellen Phänomene die angeblich »harten« Sphären von Wirtschaft und Politik erheblich beeinflussen. Dass Kultur keine abgeleitete Randerscheinung ist, wurde besonders deutlich, als sich die westdeutsche Gesellschaft mit unerwartet schneller Geschwindigkeit wandelte.

Die Dynamik der Transformationsgesellschaft speiste sich aus einem vierfachen Spannungsverhältnis. Erstens war die Demokratisierung durch einen erweiterten Zugang zu Politik, Bildung und materiellen Gütern mit einer Verfeinerung sozialer Unterschiede verbunden. Soziale Angleichung und neue soziale Ungleichheit vermittelten sich insbesondere über kulturelle Phänomene. Zweitens zeichneten sich im Konflikt der Generationen um kulturelle Vorlieben und Lebensstile besonders deutlich die Umrisse einer spezifisch westdeutschen Kultur ab. Gleichzeitig zeigte sich, dass auch die Älteren vom kulturellen Wandel mitgerissen wurden – auf manchen Feldern schneller als auf anderen –, wodurch sich die Generationen einander annäherten. Drittens wurde immer deutlicher, dass Konsum nicht mit Manipulation gleichzusetzen war, sondern vielen Bürgern bis dahin ungekannte Entfaltungsspielräume bot. Viertens erreichte die kulturelle Internationalisierung der Bundesrepublik in diesen Jahren einen Durchbruch. Sie verband sich mit deutschen Traditionen zu einem spezifisch westdeutschen Gemisch. Die Kultur der Bundesrepublik war in den frühen 70er Jahren so international wie nie zuvor und selbst in ihren traditionellen Sektoren schon erheblich modernisiert.

1 Individualisierung und Liberalisierung. Der Alltag der Konsumbürger

Die mit dem Wirtschaftswunder boomende Zukunftsforschung entwarf gigantische Szenarien, die schon innerhalb kürzester Zeit Wirklichkeit werden sollten. Ende 1966 prognostizierten die Wickert-Institute für die nächsten zehn bis zwanzig Jahre den Massenverkehr mit Unterwasser-Booten, eine von längerer Lebensdauer und früherer Heirat ausgelöste Ausdehnung von Drei-Generationen-Haushalten und auf längere Sicht auch unterirdische Städte.[8] Das größte »seelische Problem« aber sei die Bewältigung der Freizeit. Wie sehr gerade die Freizeit zum Terrain wurde, auf dem die kulturelle Identität der Bundesrepublik nach innen und außen hin sichtbar eine spezifische Gestalt annahm, demonstrierten etwa die XX. Olympischen Sommerspiele 1972 in München, die die Weltläufigkeit der Bundesrepublik unter Beweis stellten. Überschattet wurden sie von der Geiselnahme eines arabischen Terrorkommandos im Quartier der israelischen Olympiamannschaft am 5. September 1972, die beim Befreiungsversuch durch die Polizei in einem Blutbad endete. Tatsächlich hatte der wirtschaftliche Aufschwung auch Schattenseiten, die allerdings weniger in dem Problem der Freizeitgestaltung zu finden waren. Ein wichtiger Aspekt war die Kontrolle der massenhaft auf den Markt geworfenen Konsumgüter nach Kriterien wie Sicherheit, Gesundheits- und Umweltverträglichkeit. Immer drängender wurde das Problem des Verbraucherschutzes, als die Segnungen des Fortschritts immer mehr Bürger einbezogen. 1963 kam das Magazin *DM* auf den Markt – das erste Blatt, das Warentests publizierte –, 1966 *test*, die Zeitschrift der Stiftung Warentest, die durch unabhängige Qualitätsprüfungen eine objektive Information der Verbraucher ermöglichen sollte und 1971 von 100 000 Bundesbürgern abonniert wurde.[9]

Dass Konsumgüter mit problematischen Seiten gleichzeitig die Individualisierung vorantrieben, lässt sich am Aufstieg des Automobils nachvollziehen. Während zunehmender Schadstoffausstoß und die steigende Zahl der Verkehrstoten, die mit fast 20 000 im Jahr 1970 den höchsten Wert in der Geschichte der Bundesrepublik erreichte, zahlreiche Diskussionen über die Risiken der Modernisierung auslösten, trieb die Ausdifferenzierung der automobilen Modellpalette die Individualisierung voran.[10] Die meisten Modelle von Opel, Ford und Audi entsprachen den Mobilitätsambitionen von Arbeiter- und Angestelltenfamilien, BMW wurde von gut verdienenden Freiberuflern und leitenden Angestellten bevorzugt, Sportwagen von Ferrari oder Chevrolet allerdings blieben einer kleinen Gruppe betuchter Bohemiens vorbehalten. Unter ihnen besonders beliebt war das 1964 auf den Markt gebrachte

Autos

Modell 911 der Firma Porsche (Selbstdarstellung: »Marke für Individualisten«), das mit bis zu 210 Stundenkilometern die Fahrzeit von München nach Sylt minimierte.[11] Der seit 1969 angebotene Ford Capri (Firmenwerbung: »sieht aus wie der amerikanische Mustang«) wurde zu *dem* Symbol sportlichen Autofahrens für junge (alleinstehende) Angestellte und besser verdienende Arbeiter; als Konkurrenz brachte Opel 1970 für diese Zielgruppe den ebenso legendären Manta A auf den Markt.[12] Wer bei geringerem Finanzvolumen Sportlichkeit demonstrieren wollte, konnte die Konkurrenz auf der Autobahn schon im unscheinbaren, aber schnellen »Höllenofen« NSU TT hinter sich lassen. Unter Studierenden waren große Motorleistung, pfeilartiges Design und barocker Komfort verpönt. Französische Modelle wie der 2 CV und der Renault 4 transportierten nicht nur ein Flair von linksrheinischer Liberté, sondern boten auch eine preisgünstige Kombination von minimalistischem Materialaufwand, hoher Flexibilität im Innenraum und geringem Kraftstoffverbrauch. Während die »Ente« als »Studentenauto« galt, in dem sich Ende der 60er Jahre demonstrativer Individualismus schon zum Klischee verfestigt hatte, wurde der seit 1963 angebotene R 4 als Inkarnation des Pragmatismus gehandelt, der einen sozial heterogenen, jungen und politisch links eingestellten Abnehmerkreis bediente.[13] Derartige Ausdifferenzierungen waren nicht zuletzt auf die Internationalisierung des westdeutschen Automarkts zurückzuführen, auf dem der Anteil von Neuzulassungen ausländischer Fabrikate zwischen 1960 und 1971 von 9,7 Prozent auf 25,2 Prozent enorm zunahm – insbesondere, weil sie für einen günstigeren Preis mehr Komfort boten als die deutschen Produzenten, darunter auch Volkswagen, dessen spartanischer Käfer ins Hintertreffen geriet.[14] Mit dem R 16, Citroëns DS 21 und dem Peugeot 404 stieß die Konkurrenz auch in die mittleren und oberen Klassen vor.

Rauchen Wie andere legale Drogen, insbesondere der Alkohol, stiegen auch Zigaretten vom Luxus- zum Massenkonsumgut auf. Sie verdrängten Zigarren, Grob- und Feinschnitt als Formen des Tabakverbrauchs und wurden gleichzeitig in immer größerer Variationsbreite angeboten. 1961 gingen in der Bundesrepublik pro Monat 6,5 Milliarden Zigaretten über den Verkaufstresen, 1971 waren es mehr als 10 Milliarden, und auch der Pro-Kopf-Verbrauch der Bundesbürger stieg in diesem Zeitraum steil an und ging nach seinem Höhepunkt im Jahre 1972 bis in die frühen 90er Jahre nur ganz allmählich wieder zurück.[15] Konsumiert wurden Zigaretten immer weniger in den sozial besser gestellten Schichten, immer stärker hingegen in den unteren Einkommens- und Bildungsgruppen, während sich gleichzeitig das Geschlechterverhältnis verschob: Rauchen war nicht mehr ein männliches Privileg, auch auf diesem Gebiet verwirklichte sich das Ideal weiblicher Emanzipation, das rauchende Stars wie Marlene Dietrich oder Jean Seberg verkörperten. Erst als weibliches Rauchen nicht mehr mit sexueller Verführung assoziiert wurde, sondern Gleichstellung in der Allgegenwart der rauchenden Hausfrau sichtbar wurde, ging der Tabakverbrauch wie zuvor schon bei den Männern auch bei den Frauen wieder zurück – vorangetrieben durch zahlreiche Initiativen zur gesundheitlichen Aufklärung insbesondere seit den frühen 70er Jahren. Gebremst wurde ihre Durchschlagskraft allerdings durch den politischen Konflikt zwischen Einsicht in die Gesundheitsgefährdung durch das Rauchen und dem Bekenntnis der sozialliberalen Bundesregierung, »mündige Bürger« auch auf diesem Gebiet nicht »gängeln« zu wollen.[16] Der Vormarsch der Frauen trieb die Verbreitung der Filterzigarette voran, die Mitte der 50er Jahre aufkam und in dem Ruf stand, das Gesundheitsrisiko zu vermindern. Um eine frühe Markenbindung zu erreichen, zielte die Werbung der Zigarettenindustrie besonders auf Jugendliche. Zwar war der dezidierte Appell an diese Altersgruppe verboten, doch zu einem vollständigen Werbeverbot für Tabak, wie es in manchen skandinavischen Staaten seit 1972, in Portugal und Italien seit 1984 herrschte, konnte sich die Politik in der Bundesrepublik nicht durchringen. Seit 2007 hat die Gesetzgebung der Bundesländer, die die bis dahin für viele öffentliche Bereiche – Transportmittel und Bahnhöfe, Ämter und Schulen – erlassenen Rauchverbote auch auf Gaststätten ausdehnte, zähe Auseinandersetzungen und weitgehende Irritation über die Rechtslage ausgelöst.

Unumstrittener Spitzenreiter unter den Zigarettenmarken war in den 60er und frühen 70er Jahren HB (»Frohen Herzens genießen«, BAT), während die Nummer Zwei, die 1956 erneut auf den Markt gebrachte Ernte 23 (Reemtsma), seit 1965 Anteile verlor. Auch das seit 1959 mit dem Versprechen internationaler Horizonterweiterung (»Der Duft der großen weiten Welt«) auf den dritten Platz vorgestoßene Reemtsma-Produkt Peter Stuyvesant büßte seit 1967 an Renommee ein und musste seine Position an Lord Extra (Brinkmann) abgeben.[17] Zwischen 1967 und 1973 ging Peter Stuyvesants Marktanteil von 15,8 auf 10 Prozent zurück (1986 waren es nur noch 5,6 Prozent) – nicht nur, weil sich die Überzeugungskraft des PR-Versprechens erschöpft hatte und das mit einer Marschmelodie unterlegte Konzept der von Heinz Drache gesprochenen Werbespots veraltete.

Auch bei dem demonstrativ genossenen Konsumgut, das sich in Rauch auflöste, waren der Symbolwert, die Konstruktion und Verstärkung kollektiver Identitäten durch Werbung und Images von enormer Bedeutung.[18] Sie verstärkten sich noch, als immer mehr Marken auf den westdeutschen Markt drängten und den Etablierten mit differenzierten Identitätsangeboten Konkurrenz machten. Seit 1969 erfreute sich ein mit rustikalem Outdoor-Image versehener Newcomer (»Für meine Camel gehe ich meilenweit«) wachsender Beliebtheit insbesondere bei jungen Männern, während gleichzeitig der »Geschmack von Freiheit und Abenteuer« seinen Siegeszug antrat, der Marlboro bald an die Spitze katapultierte. Der Aufstieg der leichten Lord Extra verdankte sich der wachsenden Zahl von Raucherinnen, die auch andere nikotinarme Produkte wie Milde Sorte und Kent konsumierten. 1970 brachte BAT erstmals eine Zigarette auf den Markt, die dezidiert auf die Zielgruppe der Frauen zugeschnitten war, Kim, »für Männerhände viel zu schick«, die »aufgeschlossene und moderne Frauen« ansprechen sollte.[19] Allerdings waren in diesem speziellen Segment auch schwarze, filterlose Zigaretten wie Roth-Händle und Reval verbreitet, die von der Jungintelligenz bevorzugt wurden. Weniger lautstark beworben und »naturrein« (also nicht zusätzlich aromatisiert), galten sie als Marken für Individualisten und Konsumkritiker. 1968 gingen monatlich etwa 500 Millionen Reval, 200 Millionen

Ein Klassiker der Zigarettenwerbung: das HB-Männchen

Roth-Händle und elf Millionen Gauloises in Rauch auf, während bald darauf der Verkauf von Feinschnitt zum Selberdrehen anzog – vorangetrieben durch die Steuererhöhung für Fertigzigaretten von 29 Prozent zum 1. September 1972. Allerdings griffen Intellektuelle wie Günter Grass, der die Marke Schwarzer Krauser No. 1 bevorzugte, weniger aus pekuniärem Mangel zum Feinschnitt; es war, wie die Marktforschung der Konkurrenz herausfand, »ihr starker Hang zum Individuellen«.[20] Als Nagelprobe für die Demokratisierung wurde an den Schulen der Konflikt um die Einrichtung von Raucherecken ausgetragen.

Illustrierte Dass die Grenzen des kulturell Akzeptablen in der zweiten Hälfte der 60er Jahre immer weniger normativ festgelegt wurden, sondern sich nach den Vorlieben der Bürger verschoben – freilich im Wechselspiel mit der Konsumgüterindustrie, die Angebote machte, aufrechterhielt oder zurückzog –, zeigte sich besonders stark am Wandel der Illustriertenlandschaft. Wie bei den Tageszeitungen sorgte auch bei den Publikumszeitschriften die wirtschaftliche Delle von 1966/67 für einen Titelschwund, der auf den Einbruch der Werbeeinnahmen zurückzuführen war.[21] Am Ende eines tiefgreifenden Konzentrationsprozesses verfügten die vier großen Verlagskonzerne Springer, Gruner + Jahr, Burda und Bauer 1970 über 34 Titel mit einer Gesamtauflage von über 60 Millionen.[22] Das entsprach einem Marktanteil von 64 Prozent – eine Steigerung allein gegenüber 1968 von mehr als sieben Prozent. Nicht nur die großen Illustrierten *Stern*, *Quick*, *Neue Revue* und *Bunte* erreichten in der zweiten Hälfte der 60er Jahre Spitzenwerte bei den Auflagenzahlen – jeweils 1,5 bis 1,8 Millionen zwischen 1966 und 1969, die zusammen 40 Prozent der Bundesbürger erreichten –, sondern auch Special-Interest-Magazine wie die 1961 gegründete *ADAC-Motorwelt*, die Fußballzeitschrift *Kicker* (seit 1957) oder ein politisches Magazin wie *Der Spiegel* (Ende der 60er Jahre um die 900 000 verkaufte Exemplare). Während einige nicht mehr konkurrenzfähige Blätter wie *Heimat im Bild* oder *Kristall* ihr Erscheinen einstellten, wurden Ende der 60er Jahre eine Reihe neuer Zeitschriftenprojekte gestartet, die auf die rasant sich wandelnden kulturellen Präferenzen der Bundesbürger reagieren sollten. Nicht nur nackte Haut, die zum Auflagenboom der Großen beigetragen hatte, trieb den Verbreitungs- und Differenzierungsprozess voran. Der Wandel der Gesellschaft brachte jene Zielgruppen mit spezifischen Interessen hervor, die den Verlagen vielversprechend erschienen, weil sie attraktive Werbeadressaten waren und damit Annoncen einbrachten. Seit 1966 bediente *Eltern*, die *Zeitschrift für die schönsten Jahre des Lebens*, den Informations- und Diskussionsbedarf von Baby-Boomer-Familien in Zeiten des Wertewandels (und erreichte damit Ende 1967 einen Spitzenverkaufswert von 1,25 Millionen Exemplaren), noch im selben Jahr folgte die weniger erfolgreiche Konkurrenz von Gruner + Jahr, *es. Die Zeitschrift für Mütter und Väter*. Auf die Zielgruppe des Erfolgsblattes *Schöner Wohnen* hatte es, ebenfalls seit 1966, *zuhause* des Hamburger Jahreszeiten-Verlags abgesehen.

Die spektakulärste, schon vor ihrem Erscheinen vieldiskutierte Innovation Jasmin stellte Springers *Jasmin. Zeitschrift für das Leben zu zweit* dar, die am 14. März 1968 auf den Markt kam. Des Medienmagnaten erste Frauenzeitschrift sollte anders werden als die 14 Illustrierten, die sich bis dahin auf diesem engen Feld tummelten. »Informationen, facts und noch mal facts«, kündigte Projektmanager Karl-Heinz Hagen an, »Weg vom Schmus der Frauenzeitschriften – Mode und Kosmetik ja, als Konzession, aber Schwerpunkt auf Reportagen.«[23]

Hochwertig bebildert und geschrieben, mit Realitätspostulat (»Wir wollen uns mit den wirklich wichtigen Dingen auseinandersetzen«), Fortsetzungsroman, Enthüllungen über den Mann und – der Clou – ein aus Kinderschutzgründen unaufgeschnittenes Fortsetzungs-»Lexikon der Erotik« als Heft im Heft, ließ sich die Kundschaft das Blatt auch durch die notorischen Nörgeleien der Kulturkritik (Peter O. Chotjewitz: Tradierung »sentimentaler Unwichtigkeiten«) nicht madig machen. Zum Preis von nur einer Mark (später 1,50 DM) ging *Jasmin* Ende 1968 knapp 1,5 Millionen, Ende 1970 noch 1,2 Millionen Mal pro Heft über den Ladentisch.[24] Das unscharfe Zielgruppenkonzept der Zeitschrift, die etwa neun Prozent der Bundesbürger erreichte (15 Prozent der 20- bis 29-Jährigen), spiegelte sich in der Tatsache wider, dass ihre Leserschaft zu 43 Prozent aus Männern bestand.[25] Die Chefredakteure Adolf Theobald und Leona Siebenschön sahen sich durch dieses für eine Frauenzeitschrift ungewöhnliche Merkmal, das auch an Klarheit interessierte Anzeigenkunden irritierte, zu einer schärferen Profilierung veranlasst. 1971 tilgten sie den missverständlichen Untertitel und orientierten das Blatt seit Anfang 1973 ohne größeren Erfolg an der New Yorker Frauenzeitschrift *Cosmopolitan*. Zum Jahresende 1973 stellte Gruner + Jahr, bei dem *Jasmin* mittlerweile gelandet war, trotz einer verkauften Auflage von immerhin noch 700 000 die Zeitschrift ein.[26]

Fernsehen Unter Druck gerieten die Illustrierten auch durch den Aufstieg des Fernsehens, das den Siegeszug des Bildes am überzeugendsten verkörperte. Einen Einschnitt stellte die Einführung des Farbfernsehens dar, das durch Willy Brandts Knopfdruck auf der Berliner Funkausstellung am 25. August 1967 gestartet wurde. Nach den USA und Japan war damit die Bundesrepublik eines der ersten europäischen Länder, das über Farbfernsehen verfügte.[27] Tatsächlich in Farbe übertragen wurden anfangs jedoch nur jene Sendungen, bei denen es »auf Schau und die Entfaltung barocker Pracht« (ZDF-Intendant Karl Holzamer) ankam, wie etwa die großen Shows »Der Goldene Schuss« mit Vico Torriani oder Peter Frankenfelds »Vergissmeinnicht« – insgesamt nicht mehr als acht Stunden pro Woche, erst Anfang der 70er Jahre wurde Farbübertragung die Regel.[28] Auch die Einführung der zentnerschweren Farbfernseher vollzog sich zögerlich, obwohl die Elektronikhersteller die Innovation nutzten, um über Dumpingpreise (das günstigste Gerät bot Neckermann für 1840 DM an) eine Marktverschiebung zu ihren Gunsten zu erreichen. Seit Mitte der 60er Jahre wurden die Dritten Programme mit bildungs- und hochkulturellen Angeboten erheblich ausgebaut, Serien wie *Die Unverbesserlichen* (NDR, seit 1965) und Fernsehspiele von Egon Monk, Dieter Meichsner oder Wolfgang Menge transportierten eine »Zeitkritik«, die sich zum Ideal eines

»engagierten« Selbstverständnisses hin zuspitzte, auf die Mattscheibe. Kulturelle und politische Provokation wurde seit 1969 gezielt in Szene gesetzt, etwa von Dietmar Schönherr und Vivi Bach in ihrer ZDF-Show *Wünsch Dir was.* Eine beispiellose Erfolgsgeschichte begann 1970 mit der Reihe *Tatort*, die von den ARD-Anstalten produziert wurde, Kriminalfälle in Alltagsverhältnisse und gesellschaftliche Kontexte einbettete und durch reichlich Lokalkolorit Identifikation ermöglichte. Dass der Aufstieg des Fernsehens zum Leitmedium neben voyeuristischen auch aktionistische Bedürfnisse befriedigte, zeigte sich am Erfolg der nach Art eines Doku-Dramas gemachten Serie *Aktenzeichen XY ungelöst*, die sich der Verbrechensbekämpfung widmete. Beflügelt durch die Zunahme der »Wohlstandskriminalität« und spektakuläre Verbrechen wie die Kindermorde Jürgen Bartschs (die die Öffentlichkeit von ihrer Aufdeckung 1966 bis zum Tode

Dietmar Schönherr und Vivi Bach in der Fernsehsendung *Wünsch Dir was*

Bartschs bei einer Kastrationsoperation erregten), präsentierte Eduard Zimmermann seit Ende 1967 nach Polizeiangaben erstellte Verbrechensinszenierungen, um die Zuschauer zur Mithilfe bei der Aufklärung zu ermuntern.[29] 200 bis 250 Hinweise gingen pro Sendung im Studio ein, etwa 2000 bei der Polizei, erklärte der TV-Fahnder, der seit 1964 schon in der ZDF-Reihe »Vorsicht, Falle« »Nepper, Schlepper, Bauernfänger« gejagt und dafür die »Goldene Kamera« der *Hör Zu* errungen hatte.[30] Mit Denunziation, Vorverurteilung oder »Menschenjagd«, wie Otto Köhler meinte, hatte dies nach Überzeugung des Fernseh-Wachtmeisters nichts zu tun: »Kein Zuschauer jagt irgendeinen anderen Menschen. Der Zuschauer ist nur aufgerufen, der Polizei seine Augen und Ohren zu leihen.«

Der kulturelle Wandel der späten 60er und frühen 70er Jahre erklärt sich nicht zuletzt aus den Erfahrungen, Motiven, Wahrnehmungen und Deutungen, mit denen die Bundesbürger dem Massenkonsum entgegentraten, der

Krisenängste und Risikobereitschaft

ihre Lebenswirklichkeit entscheidend veränderte. Im internationalen Vergleich zeigte sich, dass sie weniger als ihre Nachbarn oder gar die US-Amerikaner bereit waren, dem wachsenden Reichtum zu vertrauen und ihr Handeln danach auszurichten.[31] Sie fürchteten eine neue Wirtschaftskrise und wurden umso ängstlicher, je mehr der Reichtum zunahm – und zwar schon in den frühen 60er Jahren, noch bevor die leichte wirtschaftliche Turbulenz von 1966/67 die Krisenängste noch potenzierte. Dieses Moment der Verzögerung in der mentalen Anpassung vieler Deutscher an die rasche Verbesserung der materiellen Lage führte dazu, dass traditionelle und modernere Haltungen stärker kollidierten als in manchen anderen europäischen Ländern. Insbesondere die Konflikte der mittleren 60er Jahre waren geprägt von Versuchen, die mit der Ausbreitung des Konsums einhergehende kulturelle Liberalisierung einzugrenzen oder zu stoppen. Die »Aktion Saubere Leinwand« oder Ludwig Erhards permanente Maßhalteappelle richteten sich direkt gegen die vermuteten kulturellen Folgen der Konsumgesellschaft, die eine, wie es in einer kritischen Quelle heißt, »Verbrauchergemeinschaft mit halber Moral« erzeugt habe.[32] Erst nach dem Ende der kurzzeitigen Wirtschaftsflaute von 1966/67 wichen die Krisenängste allmählich zunehmender Selbstsicherheit. 1969 kamen Emnid-Meinungsforscher, die seit 1958 die Bundesbürger danach befragten, ob sie den gegenwärtigen Lebensstil für »zu anspruchslos«, »zu anspruchsvoll« oder »gerade richtig« hielten, zu dem Ergebnis, dass erstmals »die Gruppe überwiegt, die mit der Wohlstandsentwicklung ›versöhnt‹ ist«.[33] Die schon seit 1964 zunehmende Wertschätzung von Selbstständigkeit und Selbstverwirklichung im Hinblick auf die Erziehung ihrer Kinder korrespondierte nun mit einem wachsenden Zutrauen zur wirtschaftlichen Entwicklung. Die Westdeutschen konsumierten nicht nur stärker als zuvor, sondern standen ungewöhnlichen kulturellen Vorlieben gelassener gegenüber, bezogen Frauen selbstverständlicher in das Erwerbsleben ein und waren eher zu Zukunftsinvestitionen bereit – etwa im Hinblick auf die Ausbildung ihres Nachwuchses. 1975 hoben sie sich diesbezüglich trotz der bereits einsetzenden Wirtschaftskrise von den anderen Europäern nun sogar eher positiv ab. Skepsis und Ablehnung der Konsumgesellschaft waren in der Bundesrepublik weniger verbreitet als in anderen Ländern. Gegenüber Italien mit 64 Prozent und Frankreich mit 52 Prozent wurden diesen Gruppen in Westdeutschland nur 39 Prozent der Bevölkerung zugerechnet.[34]

Eigensinniger Konsum

Im Laufe der 60er Jahre wurden auch jene Stimmen lauter, die Konsum nicht einfach mit Manipulation gleichsetzten. Die Einsicht, dass er auch Selbststeuerungspotenziale der Individuen mobilisierte, drang allerdings nur langsam und begrenzt durch – nicht zuletzt, weil mit der Studentenbewegung die zuvor konservative Konsumkritik von links besetzt wurde. Nach Herbert Marcuses Buch *Der eindimensionale Mensch* von 1967 war es Wolfgang Fritz Haugs *Kritik der Warenästhetik* von 1971, die eine einflussreiche linke Deutung formulierte und noch 1990 in 10. Auflage erschien. Bei der Zuwendung der Konsumbürger zu Fragen der Lebensqualität spielten individuelle Vorlieben und gemeinschaftliche Verhaltensmuster, die nicht nach ökonomischen Kriterien geformt waren, eine entscheidende Rolle. Aspekte der Lebensqualität und Kritik am ungebremsten Konsum lag vielen dieser »postmaterialistischen« Ideen und Praktiken zugrunde. Insofern war die Kritik am Konsum nicht obsolet geworden, wohl aber waren Korrekturen an allzu einseitigen Vorannahmen angebracht. Dies veranlasste 1990 Jürgen Habermas, einen der schärfsten Kritiker der Konsumgesellschaft der 60er Jahre, zu einer Revision. Die These seiner Habilitationsschrift (1962) von der Verwandlung eines »kulturräsonierenden zum kulturkonsumierenden Publikum« zog er zurück: »Die Resistenzfähigkeit und vor allem das kritische Potenzial eines in seinen kulturellen Gewohnheiten aus Klassenschranken hervortretenden, pluralistischen, nach innen weit differenzierten Massenpublikums habe ich seinerzeit zu pessimistisch beurteilt.«[35]

Wie sehr Jugendlichkeit und Selbstständigkeit zu neuen Leitbildern aufstiegen, signalisierte die Werbung, deren Etats erheblich ausgebaut wurden, um die vielen neuen Waren an den Käufer und die Käuferin zu bringen. Nicht mehr reife Herren warben um Vertrauen, sondern junge Leute beiderlei Geschlechts demonstrierten Spontaneität und Experimentierfreudigkeit. Aber auch die Produktpalette veränderte sich, wie der Katalog des Versandhauses Neckermann 1967 zeigte: Während noch im Vorjahr nur 10 Prozent des Bekleidungssortiments betont jugendlich gehalten war, betrug der Anteil nun 40 Prozent, und erstmals zierte das Katalogcover nicht, wie der *Spiegel* süffisant bemerkte, die »traditionelle Titeldame im maßvoll-flotten Mutti-Look«, sondern »zwei hüpfende Teenager in beatgrünem Hosendress und orangefarbenem Minirock«.[36] Die politischen und kulturellen Impulse von Studentenbewegung und Underground waren wie geschaffen, um den Trend der Werbung in den 60er Jahren – weg von der nüchternen Produktinformation hin zur Inszenierung von geschmacklich differenzierten Lebensstilen und Wunschbildern des »modernen Menschen« – mit Ideen und Material zu füttern.[37] Dass die kommerzielle Produktwerbung zeitgeistige Ziele und Werte wie Selbstständigkeit, Emanzipation, ja sogar Revolution aufnahm und behauptete, diese seien durch Unterwäsche, Waschautomaten oder Strümpfe zu erreichen,

Werbung

verstärkte die Überzeugung der Kulturrevolutionäre vom manipulativen Charakter der Werbung. Tatsächlich inspirierte nichts die Konsumindustrie mehr als die neu aufkommenden kulturellen Vorlieben unter zunächst randständigen Jugendlichen. Das Werk eines seiner wichtigsten Vermittler illustriert, wie das Streben nach kultureller Befreiung und Kommerzialisierung Hand in Hand gingen. Mit Kampagnen für die Wodkamarke Puschkin, für Volkswagen und den Softdrink Afri-Cola schuf der Werbefotograf Charles Wilp avancierte Produktwerbung.[38] Wie einige Künstler seiner Zeit hatte er mit der Idee Erfolg, Kunst und Populärkultur miteinander zu verbinden – allerdings anders als die meisten auf der Seite der Wirtschaft. Wilp schöpfte insbesondere das Potenzial der Gegenkultur aus, fotografierte 1968 für das Wirtschaftsmagazin *Capital* Rudi Dutschke mit Karl Marx' *Kapital* unter dem Arm – was im SDS für heftigste Kontroversen sorgte – und verschaffte der deutschen Coca-Cola-Konkurrenz eine internationalistische und gegenkulturelle Anmutung. In seiner Afri-Cola-Kampagne von 1967/68 – »sexy-mini-super-flower-pop-op-cola (›alles ist in AFRI-COLA …‹)« – ließ Wilp Nonnen, Rocker und knapp bekleidete Frauen – zum Teil Stars wie Marsha Hunt oder Donna Summer – hinter beschlagenem Glas selbstbewusst bis lasziv agieren. Der diffuse Eindruck, verstärkt durch absurde Textfragmente, assoziierte Rauschzustände, während die alles andere als devote Haltung der häufig schwarzen Protagonistinnen Authentizitätsideale der Gegenkultur widerspiegelte. Die halluzinogene Inszenierung soziokultureller Erlebniswelten brachte Wilp den Ruf eines revolutionären Erneuerers der Produktwerbung ein und 1972 eine Einladung zur documenta 5, die sich erstmals dem Verhältnis von Kunst und Werbung widmete. Dass dieses Prinzip auch politisch zu gebrauchen war, demonstrierte eine Porträtserie von 1970, die die Mitglieder des sozialliberalen Kabinetts in popkulturellen Kontexten präsentierte.

Gammler und Playboys

Wie in der »Freizeitgesellschaft« die Arbeit als selbstverständliche Grundlage menschlicher Existenz in Frage gestellt wurde, demonstrierte die auf etwa 6000 Personen taxierte Subkultur der »Gammler«, die auf Konsum weitgehend verzichten wollten, ebenso wie »Playboys«, für die kostspieliger Konsum ein wesentliches Merkmal der Lebensführung darstellte.[39] In extremer Weise zeigten sie, dass die mit dem Ideal der Askese verbundene Ideologie des Aufsparens an Überzeugungskraft verloren hatte. »Gammler«, die zwischen 1965 und 1967 auf den großen Plätzen in den Zentren der Großstädte jugendlichen Nonkonformismus ausstellten und damit die »arbeitende Bevölkerung« provozierten, zeigten, dass das Ideal der Boheme nicht mehr nur kleinen Gruppen von Künstlern vorbehalten war, sondern für einen

Charles Wilp, Werbung für Afri-Cola (1968)

wachsenden Teil der Jugend in erreichbare Nähe rückte.[40] Nichtstun, Lässigkeit, lange Haare und betont nachlässige Kleidung signalisierten: Arbeit und Leistung waren zu meiden, wollte man nicht in den Circulus vitiosus von Erwerb und Konsum geraten. Politik gehörte nicht zu den Aktionsfeldern der Gammler, aber es bildete sich, insbesondere in Frankfurt und Westberlin, auch ein politischer Flügel heraus, der mit den niederländischen Provos sympathisierte, an den Unruhen von 1967/68 teilnahm und danach zwischen Drogensubkultur und Militanz oszillierte. Einer seiner Repräsentanten war der charismatische Führer der Frankfurter Provos, Hans-Peter Ernst, der eine abgebrochene Berufsausbildung hinter sich hatte, aber aus einem selbst gewählten Außenseiterdasein eine Mission ableitete. Für ihn war eine Revolution legitim nicht aus politischen Gründen, sondern um die Bedürfnisse der jungen Nonkonformisten nach einem totalen Anderssein zu erfüllen.[41] Im Frühjahr 1968 brachte er diese Präferenz für die privaten, häufig ästhetischen Antriebsmomente auf die radikale Formel: »Mann, wir wollen Revolution machen! Was interessiert uns Politik?«[42] In der materiellen Basis, in den Zielen und im Habitus völlig anders stellten in den 60er Jahren »Playboys« eine Art der Lebensführung aus, die augenblicksgebunden war und Lebensgenuss ganz in den Mittelpunkt stellte. Die High-Life-Schicht war klein, aber auch für die Massenkultur bedeutsam, weil sie dem Publikum Annehmlich-

keiten des modernen Lebens vorführte, von denen ein kleines Stück zu errei-
chen nicht mehr ganz so aussichtslos erschien wie noch wenige Jahre zuvor.
Stets umgeben von schönen jungen Frauen und schnittigen Autos, galt als
Prototyp des »Playboys« der Münchner Millionenerbe Gunter Sachs, der als
»Liebhaber des Leichten« (Michael Krüger) wie kein anderer den Esprit eines jeglicher irdischen Schwere enthobenen Daseins verkörperte. Nach dem
Besuch eines Elite-Internats am Genfer See und dem Studium in Lausanne
wurde der weltläufige Unternehmersohn Akteur des internationalen Jetsets,
der sich an Orten wie Paris, New York und St. Tropez traf und die Nähe zur
zeitgenössischen Kunst pflegte.[43] Sachs drehte seit 1963 Dokumentarfilme,
initiierte das Modern Art Museum München und fand seit 1973 als Fotograf
internationale Anerkennung. Während Gammler und Provos Müßiggang und
Kunstsinn mit einem Interesse für die Niederungen das Alltags verbanden,
begründete der zeitweilige Gatte von Brigitte Bardot seinen Wechsel vom
Film zur Fotografie mit der Nähe des Dokumentarfilms zum »Hässlichen«
und »Alltäglich-Trivialen«, während er selbst sich als jemanden sah, »der vor
allem die Schönheit dieser Welt sucht und sieht und anderen Menschen zeigen
möchte«.[44]

Teenage Fair
1969

Wie der Massenkonsum das Leben der Bundesbürger veränderte, inwiefern er ihr Verhalten und ihre kulturellen Präferenzen beeinflusste, lässt sich
am Beispiel der »Teenage Fair 1969« studieren. Neun Tage lang, vom 23. bis
31. August 1969, zog diese erste speziell auf den Jugendmarkt abgestellte
Messe der Konsumgüterindustrie 300 000 Jugendliche an – mehr als jede Demonstration und jedes Popfestival. Hier zeigte sich einerseits, wie sehr der
»rebel chic« schon um sich gegriffen hatte: Modefabrikanten und Sparkassen
warben mit Beatbands, Go-Go-Girls, Lightshows, Marx- und Che-Guevara-
Emblemen sowie allerlei aufmüpfigen Sprüchen für ihre Produkte. Andererseits wurde deutlich, dass Jugendliche, wie eine Zeitschrift für Werbeleute
festhielt, »nicht so dumm« waren, »wie es der Marketinggewaltige gern sehen
würde«.[45] Darauf machten schon die vielen Jugendgruppen aufmerksam, die
vor Manipulation warnten und gegen Verdummung demonstrierten. Allerdings waren konsumkritische Haltungen unter den Besuchern ohnehin weit
verbreitet. Sie sahen die Veranstaltung in erster Linie als »dufte Show mit Pop
und Musik«, bei der man sich »auch über Produkte und Dienstleistungen
informieren konnte«.

Sexuelle
Revolution

Kommerzialisierung veränderte auch die Wahrnehmung der Sexualität
und das Sexualverhalten. Es war nicht die Verbreitung der Anti-Baby-Pille
allein, die die »sexuelle Revolution« der späten 60er Jahre auslöste, sondern

das Ineinandergreifen von technischer Innovation, Wertewandel und Sexualitätsdiskurs in den Medien und der Werbung. Hinzu kam ein Modeideal, das sexuell moderat akzentuierte Jugendlichkeit propagierte – und damit nicht nur junge, sondern auch ältere Frauen und Männer anzog. Die zwischen Mitte der 60er Jahre und den frühen 70er Jahren über die Bundesrepublik schwappende »Sexwelle« begrub die öffentliche Ignoranz gegenüber sexuellen Bedürfnissen, die die 50er Jahre geprägt hatte. Zeitschriften und Filme malten die vielfältigen Praktiken detailliert aus – vom Geschlechtsverkehr zwischen »Schwarz« und »Weiß« über den Partnertausch bis hin zum Gruppensex. Doch diese aufregenden Konstellationen blieben zumeist Phantasieprodukte. Das wichtigste Ergebnis der »sexuellen Revolution« bestand darin, dass am Anfang der 70er Jahre sehr viel mehr Menschen als zuvor relativ angstfrei Sex haben konnten.

Dass Sexualität nicht mehr nur in der heterosexuellen Ehe stattfinden durfte, war ein kultureller Demokratisierungsfortschritt ersten Ranges. Dennoch ließ auch auf diesem Gebiet vermehrte Chancengleichheit die feineren Unterschiede hervortreten. So nahm durch die zuverlässige Verhütungsmethode der Pille und den eskalierenden Sexualitätsdiskurs das Verantwortungsbewusstsein von Männern ab, während Frauen sich der Erwartung ständiger Verfügbarkeit zu erwehren hatten. Hier mussten ebenso neue Grenzen und Konventionen gefunden werden wie überall, wo sich die Verhältnisse schnell und grundlegend wandelten. Nicht ausgelöst, aber doch enorm beflügelt und in mancher Hinsicht radikalisiert wurde die »sexuelle Revolution« durch die Studentenbewegung, die mit Wilhelm Reich in einer befreiten Sexualität eine wichtige Voraussetzung für die Überwindung der autoritären Persönlichkeit sah, die den Nationalsozialismus ermöglicht habe.[46] Linke Studentengruppen kritisierten schon in den frühen und mittleren 60er Jahren moralisierende Zensurforderungen, die Bestrafung der Homosexualität und den Zwang zur »Muss-Heirat«, weil ein Kind unterwegs war. Radikale Sprüche wie »Wer zweimal mit derselben pennt, gehört schon zum Establishment« deuteten an, wie weit der Anspruch auf Überwindung der traditionellen Sexualnormen am Ende der 60er Jahre ging. Wie problematisch das Postulat einer freien Sexualität für alle auch sein konnte, zeigt besonders pointiert die Tatsache, dass es z. T. auf Kinder ausgedehnt wurde.[47]

Bei der besonders umstrittenen öffentlichen Darstellung von Sexualität hielten die Grenzen, die die Zensur errichtet hatte, seit Mitte der 60er Jahre nicht mehr stand. Zum Einsturz gebracht wurden sie von einer sich wandelnden öffentlichen Meinung, den Illustrierten, die Nacktheit auf dem Titelbild als Methode der sicheren Umsatzsteigerung entdeckten, einer verunsicherten Jurisprudenz und einer Flut freizügiger Schriften, die insbesondere aus Dänemark kamen, das 1967 als erstes Land der Welt die Pornographie legalisiert hatte.[48] Auch die Pille, die seit 1961 auf dem Markt war, hatte ihren Durchbruch erst 1965/66 – nachdem im allgemeinen Wertewandel, mit Hilfe der Medien und der neuen Jugendkultur, die Legitimität der traditionellen Sexualnormen nachhaltig in Frage gestellt wurde.[49]

Sexualerziehung und sexuelle Praktiken

Zu den umstrittensten Maßnahmen, mit denen Bundesregierung und Kultusministerien auf den Druck der Studentenbewegung, die kommerzielle Bilderflut und das veränderte Sexualverhalten reagierte, gehörte die Institutionalisierung der Sexualerziehung an den Schulen, die seit 1966 angegangen wurde und drei Jahre später mit der Veröffentlichung des von der Bundeszentrale für gesundheitliche Aufklärung herausgegebenen »Sexualkunde-Atlas« ein autoritatives Medium erhielt. Die in wissenschaftlich-nüchterne Texte und Bilder umgesetzten Empfehlungen der Kultusministerkonferenz demonstrierten, dass Aufklärung in staatlicher Hand sich auch am Ende der 60er Jahre nur in weitgehend lustfreier Form durchsetzen konnte. Sie konnten die freizügigeren Darstellungen der Printmedien vielleicht kognitiv begleiten, aber nicht ersetzen. Dennoch war die neue Rolle des Staates als Sexualaufklärer keineswegs unumstritten, wie in den Folgejahren Versuche von katholischer Seite zeigten, die Verantwortung für die Sexualerziehung dem Staat wieder zu entziehen und in die Hände der Erziehungsberechtigten zu legen. 1978 hieß das Bundesverfassungsgericht die »Wissensvermittlung« in den Schulen gut, verbot aber gleichzeitig »jeden Versuch einer Indoktrinierung« und übertrug die Sexualerziehung den Eltern.[50] Dieser Beschluss konnte die Liberalisierung von Sexualnormen und Sexualpraktiken nicht revidieren, aber er signalisierte, dass der erhofften »Befreiung« Grenzen gesetzt waren. Wie sehr sich das Verhalten veränderte, belegt ein Vergleich der studentischen Sexualität in den Jahren

Das Redaktionsbüro »Kritischer Katholizismus« organisiert auf dem Katholikentag 1968 eine Kampagne für eine liberale Sexualmoral.

1966 und 1981.[51] Vorehelicher Geschlechtsverkehr war bereits 1966 nicht nur bei männlichen, sondern auch bei weiblichen Studierenden üblich und ein wichtiger Bestandteil vorehelicher Liebesbeziehungen gewesen. Aber im Vergleich zu 1966 wurden 1981 sexuelle Beziehungen drei bis vier Jahre früher aufgenommen – hier holten vor allem die Frauen auf, die nun zudem ebenso viele Sexualpartner hatten wie Männer und experimentierfreudiger waren. Sexualität wurde ein selbstverständlicher Teil studentischen Alltags, war aber nicht mehr so stark an eine dauerhafte Partnerschaft gebunden. Das Prinzip der seriellen Monogamie, in der sich der Anspruch auf eine auch in sexueller Hinsicht erfüllte Paarbeziehung verwirklichen sollte, deutete sich schon Anfang der 80er Jahre an.

Nicht nur kulturell legitimiert, sondern erst einmal juristisch legalisiert werden musste Homosexualität. Erst 1969 wurde die 1935 von den Nationalsozialisten verschärfte Fassung des § 175, die 1949 in das Strafgesetzbuch übernommen worden war, abgeschafft. Zugespitzt formulierte der Historiker Hans Joachim Schoeps, für Homosexuelle habe das »Dritte Reich« »eigentlich erst 1969 aufgehört«.[52] Noch der Entwurf des Strafgesetzbuches der Bundesregierung von 1962 enthielt strafrechtliche Instrumente zur Befestigung der heterosexuellen Ehe als normativem Sittlichkeitsideal. Doch Reformer wie Herbert Jäger und Albin Eser konnten im Verbund mit einer gewandelten öffentlichen Meinung erreichen, dass in der Großen Strafrechtsreform von 1969 Sexualität im Kern als Privatsache betrachtet und nicht strafrechtlich beeinflusst wurde.[53] Liberalisierung und Entkriminalisierung führten dazu, dass gleichgeschlechtliche Beziehungen öffentlich sichtbarer wurden, auch wenn sie nicht unbedingt stärker verbreitet waren. Bei jungen Männern nahmen homosexuelle Aktivitäten im Zuge der sexuellen Liberalisierung sogar ab.[54] Dass erhebliche Vorbehalte weiter bestanden und reaktivierbar waren, zeigte sich, als in der AIDS-Hysterie der mittleren 80er Jahre das Verhalten von Homosexuellen, Drogenkonsumenten und Prostituierten an den Pranger gestellt wurde.[55]

Wie der soziokulturelle Prozess der »sexuellen Revolution« vorangetrieben wurde, lässt sich an der Vermittlungsrolle so unterschiedlicher Persönlichkeiten wie Oswalt Kolle, Beate Uhse und Günter Amendt exemplifizieren. Der Journalist Oswalt Kolle betrieb seit den späten 50er Jahren Aufklärung für die Masse der Bundesbürger, denen er in Zeitschriftenserien, Büchern und Kinofilmen (»Das Wunder der Liebe«, 1967, »Deine Frau, das unbekannte Wesen«, 1969) in betont nüchterner Sprache die emotionale Bedeutung und die Techniken einer auf Gleichberechtigung beruhenden Sexua-

Homosexualität

Protagonisten der sexuellen Revolution

lität nahebrachte.[56] Kolles Erfolg basierte darauf, dass sein Aufklärungsethos ein gestiegenes Publikumsinteresse bediente und gleichzeitig den normativen Rahmen des heterosexuellen Liebeslebens in der Ehe nicht überschritt. Mit praktischen Produkten für die »Ehehygiene« hatte auch die Unternehmerin Beate Uhse ihr Geschäft in den 40er Jahren begonnen und damit die »Kontrazeption in der Republik mit Macht und Umsicht« (Gunter Schmidt) besorgt. Doch ihren geschäftlichen Durchbruch erreichte sie erst mit der Kommerzialisierung der Sexualität.[57] Der Sozialwissenschaftler Günter Amendt legte 1970 mit *Sexfront* eine Aufklärungsschrift aus linker Perspektive vor, die wegen ihrer unverblümten Sprache und bildlichen Darstellungen mit Verbotsanträgen überzogen wurde.[58] Der Tabubruch, pointiert auszusprechen, »was längst alle – fast alle – taten«, befriedigte einen enormen Bedarf speziell unter Jugendlichen.[59] Im Unterschied zu Uhse konzentrierte sich Amendts Vorstellung von sexueller Befreiung nicht auf ihre kommerziellen Aspekte, im Unterschied zu Kolle überstieg sie die Grenzen von Heterosexualität und Ehe. Die sexualmoralische Botschaft von *Sexfront* war einfach: Erlaubt ist, was im gegenseitigen Einvernehmen geschieht. Der »schönste, frechste und unverklemmteste Beitrag der 68er zur sexuellen Frage« (Gunter Schmidt) unterlief damit per se alle normativen Restriktionen und popularisierte die Verhandlungsmoral als Maßstab des Sexualverhaltens.[60]

Mode　　Wie sich der Alltag der Bundesbürger durch sexuelle Revolution, gewandelte Geschlechternormen und Kommerzialisierung liberalisierte, zeigte sich auch im Wandel der Mode und der Kosmetik. Während der traditionelle Begriff von Schönheit an Wohlstand gekoppelt war, stieg körperliche Attraktivität in den 60er Jahren zu einem autonomen Statusmerkmal auf, das die Grenzen von Geschlecht, sozialer Lage, ethnischem Hintergrund oder Bildungsstand überstieg. Schminke und Kleidung waren Mittel, diejenigen körperlichen Attribute besonders zur Geltung zu bringen, die als vorteilhaft galten – nicht mehr nur bei festlichen Gelegenheiten, sondern im Alltag. Nichts demonstrierte dies deutlicher als der Minirock. Ende 1965 von der britischen »Courrèges der Arbeiterklasse«, Mary Quant, als Massenprodukt speziell für junge Frauen auf den Markt gebracht, avancierte er als Symbol der sexuellen Revolution vom Kleidungsstück zur »Weltanschauung«.[61] Umfragen zufolge trugen 1967 nur 4 Prozent der unter 30-jährigen westdeutschen Frauen Minirock, 1969 waren es 26 Prozent, und 1970 erreichte er in dieser Altersgruppe mit 51 Prozent eine Mehrheit. In den mittleren Jahrgängen lagen die Anteile jeweils erheblich niedriger.[62] Von ähnlicher symbolischer Wirkung war die Inbesitznahme langer Hosen durch Frauen, zunächst nur im Freizeitbereich und erst am Ende der 60er Jahre auch in den harten Sphären von Ausbildung und Beruf.

An diesen Beispielen wird deutlich, dass die Mode internationaler, jugendlicher und zugleich geschlechtsneutraler wurde. Nicht nur eigneten sich Frauen im Zeichen der Emanzipation traditionell Männern vorbehaltene Kleidungsgegenstände an, im Gegenzug stylten sich Männer weiblicher. Diese Tendenz zum Androgynen wurde in der Modewelt seit etwa 1966 unter dem Stichwort »Unisex« verhandelt, und die Zeitschrift *Twen* sah darin sogar in erster Linie – »Jürgen will wie Uschi sein« – eine Aufweichung männlicher Rollenstereotypen.[63] Der stärkste Indikator für diese Tendenz – und zugleich eine der umstrittensten Innovationen der mittleren und späten 60er Jahre – war die Langhaarmode. Als junge Männer den Beatles nacheiferten – nicht zuletzt, um Mädchen zu gefallen, die deren feminines und lässiges Erscheinungsbild mochten –, entspann sich in vielen Familien ein Kulturkampf, bei dem unterschiedliche Vorstellungen von Männlichkeit zur Diskussion standen. Es gab weitere Anzeichen für eine Erosion des traditionellen maskulinen Ideals, etwa den Wandel in der Herrenmode, der 1966 eine »schleichende Verweiblichung« anzuzeigen schien.[64] Zuvor eher nach sozialen Grenzen standardisiert und mit wenig Aufmerksamkeit bedacht, wurde Herrenmode seit der Mitte der 60er Jahre nicht nur überhaupt Gegenstand männlichen Interesses, sondern auch farbiger, kühner geschnitten und selbst für Ältere erstrebenswert, die hinter dem Jugendideal nicht zurückstehen wollten. »Wer Grau trägt, ist feige« – dieser Werbeslogan von 1967 illustriert recht präzise, wie die neue Mode durchaus an traditionellen maskulinen Stereotypen ansetzte.[65]

Als um 1970 auch Politiker, Polizisten und für ein gutes Jahr sogar Bundeswehrsoldaten lange Haare trugen und 1972 eine Mehrheit der Bevölkerung einen »gepflegten halblangen Haarschnitt« befürwortete, wurde es für Nonkonformisten noch wichtiger, an der Spezifik ihres Erkennungsmerkmals festzuhalten.[66] Weil sie den künstlichen Zurichtungen des Körpers durch Sauberkeit und ordentliche Kleidung das Echte und Unverbildete gegenüberstellten, durften und sollten ihre Haare gern wild wuchern und gerade keinen besonders »gepflegten« Eindruck machen. Auf textilem Gebiet erhielt der allgemeine Trend zur praktischen und informellen Unisex-Bekleidung im gebrauchten Parka, Jeans und Pullover, die lange getragen und geflickt wurden, eine milieuspezifische Ausprägung.[67] Ergänzt wurde diese Konvention gelegentlich durch Überreste des Hippiestils, um dessen Konfektionalisierung die Textilindustrie seit 1966 sich bemühte – selbstgemachte, gefärbte und aus anderen Kulturen importierte Kleidung nebst Ketten und Ringen.

Lange Haare

Während in Gegenkultur und alternativer Szene das in Deutschland traditionell populäre Natürlichkeitsideal eine Renaissance erlebte, emanzipierte sich die große Masse junger Frauen durch den zunehmenden Gebrauch von Kosmetika. Ähnlich wie lange Haare bei jungen Männern lösten geschminkte Augen und Lippen oder lackierte Fingernägel bei jungen Frauen Streit in den Familien aus, bei dem es um mehr als Nebensächlichkeiten ging. Sie galten als Signalement der sexuellen Verführung, als Statement gegen die Ideologie des Aufsparens, an ihnen machte sich in einer spezifisch deutschen Optik die Differenz von »Kultur« und »Zivilisation« fest. Im Vergleich zu anderen westeuropäischen Ländern verwendeten die Bundesbürgerinnen markant weniger Kosmetika. Lippenstift benutzten 1962 zum Beispiel 73 Prozent der Engländerinnen und 58 Prozent der Französinnen, aber nur 38 Prozent der westdeutschen Frauen.[68] Erst seit der Mitte der 60er Jahre wurde das Natürlichkeitsideal durch den erfolgreichen Emanzipationskampf junger Frauen ernsthaft in Frage gestellt – selbstverständlich unterstützt von der Kosmetikindustrie, die auf die junge Zielgruppe zugeschnittene Produkte anbot: leicht parfümierte und in sehr hellen Farben gehaltene Lippenstifte, die Jugendlichkeit betonten und sexuelle Konnotationen zurücknahmen. Gut zehn Jahre später war der Gebrauch von Kosmetika auch unter ganz jungen Frauen selbstverständlich geworden. Mehr als die Hälfte der 20- bis 22-Jährigen legten täglich Lippenstift und sogar drei Viertel Augen-Make-up auf, und zwischen 1960 und 1971 stiegen die jährlichen Pro-Kopf-Ausgaben der westdeutschen Verbraucher für Körperpflege und Kosmetik von 18,50 DM auf 70 DM.[69] Zwar blieben die jungen Bundesbürgerinnen im europäischen Vergleich besonders skeptisch und forderten häufiger »Natürlichkeit«.[70] Aber die speziell in Deutschland so lange verachtete »Oberfläche« körperlicher Schönheit gewann im Laufe der 60er Jahre enorm an Bedeutung, während sich gleichzeitig das Spektrum dessen, was als »schön« erachtet werden konnte, so weit ausdifferenzierte wie nie zuvor. Das wachsende Selbstbewusstsein, mit dem junge Frauen und Männer ihr Äußeres modifizierten, verweist nicht nur auf gewandelte subjektive Darstellungsbedürfnisse, sondern auch auf die zunehmende gesellschaftliche Akzeptanz eines genussvollen Lebens, in dem Sexualität eine wichtige Rolle spielte. Selbst die Entscheidung gegen das »Schicke« und für einen »authentischen« Stil, wie er in der Alternativkultur als Kritik am überkommenen Formalismus und dem vermeintlichen Diktat der Konsumindustrie bevorzugt wurde, war eine von vielen Varianten eines ästhetischen Individualismus. Models wie Uschi Obermaier und Rainer Langhans, die spielend den Sprung vom Matratzenlager der Kommune 1 auf die Titelseiten der Journale schafften, re-

In den sechziger Jahren funktioniert die Haartracht als kulturelles Unterscheidungsmerkmal.

präsentierten den Aufstieg abweichender Stile in das breite Angebotsset von attraktiven Schönheitsidealen – Männer nun sogar einbezogen. Wie positiv auch das Ausland die in vielen Facetten sichtbare »sexuelle Revolution« östlich des Rheins aufnahm, demonstrierte 1970 die französische Zeitschrift *Nouvel Observateur*: »Ganz eindeutig hat Deutschland sich verändert. Rosa ist an die Stelle von Braun getreten, das schwere lustvolle Stöhnen beim Orgasmus überdeckt das dumpfe Stampfen der Legionen. Vibratoren statt Kanonen! Das ist recht beruhigend.«[71]

Zu dem Freiheitsgefühl, das mit den 60er Jahren verbunden wird und diese Zeit bis heute als eine Dekade des kulturellen Aufbruchs erscheinen lässt, hat der Aufstieg der populären Musik wesentlich beigetragen. Sie lieferte nicht nur den akustischen Hintergrund einer Kulturrevolution, sondern war das emotionale Bindemittel für viele Subkulturen und Akteure, die ansonsten sehr unterschiedliche Vorstellungen hatten.[72] Während sich zuvor musikalische Präferenzen nach Schichtzugehörigkeit unterschieden – grob sortiert hörten Schlager und Rock 'n' Roll zumeist Arbeiterjugendliche, Jazz und Klassik Jugendliche mit gehobenem Bildungshintergrund –, wurden Beat- und Rockmusik mehr und mehr in allen sozialen Gruppen gehört und produziert.

Ihr Erfolg beruhte nicht auf einer politischen Botschaft, sondern auf der Tatsache, dass sie die bevorzugte Musikrichtung Jugendlicher war und die

Clubs und Diskotheken

unter ihnen verbreiteten Vorstellungen von Freiheit und Unabhängigkeit verkörperte. In den späten 50er und frühen 60er Jahren hatte ein von vielen als konformistisch betrachteter Star wie Peter Kraus entscheidend dazu beigetragen, den kommerziellen Jugendmarkt zu erschließen. Aber eine wirkliche Massenkultur, die die Grenzen von Alter, Bildung und sozialer Herkunft überschritt, entstand erst seit dem Durchbruch der Beatles 1963. Dass die einheimische Schallplattenindustrie sich auf die neue Richtung überhaupt einließ, war nicht nur dem internationalen Druck zu verdanken, sondern auch der Tatsache, dass sich von unten her eine soziale Bewegung entwickelte, die die Beatwelle trug. In Stadt und Land entstanden seit den frühen 60er Jahren Beatbands, die die örtlichen Tanzlokale bespielten und ein begeistertes Publikum fanden. Bedeutendster Nukleus mit internationaler Ausstrahlung war der 1962 gegründete Star-Club in Hamburg, dessen Besitzer Manfred Weißleder vielen deutschen und internationalen Bands eine Bühne bot. Der Star-Club war erfolgreich, gerade weil er – an der Großen Freiheit, mitten im Rotlichtviertel St. Paulis gelegen – den Nimbus des Anrüchigen und Untergründigen ausstrahlte, der diese Art von Musik nicht nur für Arbeiterjugendliche, sondern auch für junge Intellektuelle wie den Schriftsteller Hubert Fichte oder den Beat-Club-Redakteur Michael Leckebusch anziehend machte. Wie erfolgreich dieses Konzept war, zeigen die Besucherzahlen – 1965 waren es durchschnittlich 1330 Personen täglich.[73] Dass sie in den darauffolgenden Jahren zurückgingen, hatte mit einem Strukturwandel zu tun: Zum einen differenzierte sich seit Mitte der 60er Jahre das Spektrum der Popmusik so weit aus, dass es nicht mehr von einem Club allein repräsentiert werden konnte. In Hamburg bot seit 1965 beispielsweise Danny's Pan Club der wachsenden Gemeinde der Folk-Adepten eine Heimstatt. Zum Zweiten bekamen die Live-Clubs seit 1967 Konkurrenz von Diskotheken – in der Elbmetropole beispielsweise das in diesem Jahr eröffnete Grünspan, das Anhänger des Underground anzog. Hier wurden nicht mehr nur nachgespielte und in zweifelhaftem Englisch nachgesungene Versionen britischer oder amerikanischer Hits geboten, sondern der Originalsound, zwar aus der Konserve, aber dafür authentisch und brandaktuell.[74] Zum Dritten war Beatmusik zur Massenkultur geworden, in der viele Orte und Medien eine Rolle spielten, aber englische und amerikanische Bands dominierten. Alles in allem zeigte sich eine ähnliche Entwicklung wie in der Sexualität und der Mode: Erst weil in den Massenkulturen die Grenzen von Schicht, Geschlecht, Bildungsstand und Alter durchlässiger wurden, entstanden neue Differenzierungen. Gleichstellung für viele führte nicht zur Gleichmacherei, sondern zur Individualisierung.

Während der breite Zugang zu kulturellen Gütern die groben sozialen Diskrepanzen relativierte, traten die feinen Unterschiede deutlicher hervor. Welche Folgen dieser Verschiebungsvorgang haben konnte, zeigte sich beispielsweise an der Nutzung von Unterhaltungselektronik. Noch Ende der 50er Jahre waren die Gerätschaften, mit denen Musik reproduziert werden konnte, relativ klar nach Geschlechtergrenzen aufgeteilt: Junge Männer benutzten das Tonband, das ihr technisches Interesse herausforderte und bediente, während der Markt für Plattenspieler von jungen Frauen geprägt wurde, die technikfern sozialisiert waren und die neuen, vollautomatischen Geräte von Philips oder PE schätzten, die auf Knopfdruck in Betrieb zu setzen waren. Zwar verschaffte der 1965 auf den Markt gebrachte Kassettenrekorder endlich auch Frauen den Zugang zur Aufnahmetechnologie, aber auf einem wesentlichen Terrain gerieten sie ins Hintertreffen. Seit 1968 definierte die Stereoanlage den Standard avancierter Musikrezeption. Sie bildete die Grundlage für den Aufstieg der Langspielplatte, die eine wesentliche Basis für die Intellektualisierung der Popmusik und ihre Entwicklung zur Kunstform darstellte.[75] Modularer Aufbau, Verkabelungen, Schalter, Lampen, Wattzahlen und eine eigene, 1967 geschaffene DIN-Norm für »High Fidelity« zogen Männer an und schreckten Frauen häufig ab. Mit der Stereoanlage als zentraler Hardware, mit Diskotheken, Schallplattenläden, Zeitschriften, Konzerten und Festivals entstand um die Popmusik herum ein kultureller Raum, in dem sich junge Männer als Experten profilierten. Um 1970 gaben sie etwa doppelt so viel Geld für Schallplatten aus wie ihre Altersgenossinnen, und weit mehr als doppelt so viele von ihnen – 43 Prozent der 15- bis 23-jährigen Männer gegenüber 17 Prozent der gleichaltrigen Frauen – besaßen eine Stereoanlage.[76] Frauen liebten Popmusik und tanzten begeisterter als Männer, aber als Objekte von Fachdiskursen und Machtstrategien waren Schallplatten und Phonogeräte, Popkonzerte, ja Popmusik überhaupt, zu einem bevorzugten Terrain für junge Männer geworden.

Englischsprachige Popmusik trug erheblich dazu bei, die Kultur der Bundesrepublik mit dem westeuropäischen und atlantischen Kulturkreis zu verbinden. Um einen einseitigen Amerikanisierungsstrom, wie Kulturkritiker mutmaßten, handelte es sich dabei allerdings nicht. Dies zeigt das Beispiel von Radio Bremens Fernseh-Beat-Club, der nicht nur in der Bundesrepublik und der DDR, sondern auch in Westeuropa und anderen Teilen der Welt zu einer prominenten Adresse der Popmusik aufstieg. Das Konzept dieser Fernsehshow für Jugendliche, die am 25. September 1965 erstmals 35 Minuten lang die hitzige Atmosphäre eines Musikclubs in die Wohnstuben transportierte, hatte

Ernest Borneman entwickelt – ein Jazzkenner und Fernsehmann, der 1933 als Jungkommunist aus Deutschland geflohen war, in Großbritannien eine Medienkarriere gemacht hatte und später Sexualwissenschaftler wurde. Seine Idee, das musikalische Potenzial der Beatbewegung ins Fernsehen zu bringen, verwirklichte und transformierte Michael Leckebusch, der die Sendung zu internationalem Ruhm brachte. Er wurde zum Fernsehpionier, als er die Studioauftritte der Beat- und Undergroundbands durch Überblendungen, Montagen und Flüssigkeitsprojektionen optisch inszenierte – und damit Marshall McLuhans Konzept »all senses must get into the act« umsetzte. Dies brachte ihm internationalen Ruhm, aber auch Kritik des Publikums ein, das sich mit der Abbildung von Negativen, einem Auge oder einer Gitarrensaite nicht zufrieden gab. 1968/69 galt der Beat Club auf dem europäischen Kontinent als mit Abstand beste Musikshow, wurde in 48 Ländern ausgestrahlt und erreichte durchschnittlich 75 Millionen Menschen pro Sendung.[77]

Deutsche Bands galten vor dem »Krautrock«-Boom der 70er Jahre als Epigonen und spielten auf dem internationalen Markt keine Rolle, aber Einzelne konnten durchaus Karriere machen – vorausgesetzt, sie erkannten den transnationalen Charakter dieser kulturellen Strömung an. Mit seinen Hamburger Existenzialisten-Freunden Astrid Kirchherr und Jürgen Vollmer beeinflusste Klaus Voormann den Wandel der Beatles von einer Rock 'n' Roll-Band zu massenkompatiblen »Moptops«. Voormann arbeitete nach einem Grafikstudium in Berlin und Hamburg als Layouter für die Zeitschriften *Hör zu* und *Elegante Welt* und ging 1963 nach London, um dort hauptsächlich als Musiker zu arbeiten.[78] 1979 kehrte er als Musikproduzent nach Deutschland zurück. Das von ihm entworfene Plattencover der Beatles-LP *Revolver* erhielt 1966 den Grammy für das beste Cover des Jahres. Das Erscheinungsbild der Beatles nach *Sgt. Pepper* prägte der deutsche Grafiker Heinz Edelmann. Aufgrund seiner Arbeiten für das Flaggschiff der kommerziellen Jugendpresse, *Twen*, wurde Edelmann 1967 als Art Director für die Produktion des Zeichentrickfilms *Yellow Submarine* nach London geholt.[79] Der Beatles-Film war inspiriert von der Sgt.-Pepper-Ästhetik, die er in eine überbordend bunte, phantasievolle und zugleich klare Animationsoptik übersetzte. Dass eine künstlerische Ausbildung für eine Karriere in der internationalen Popkultur nicht unbedingt nötig war, zeigt das Beispiel der Kölnerin Christa Päffgen, die nach dem Volksschulabschluss im Alter von 16 Jahren Deutschland verließ, unter dem Namen »Nico« eine Karriere als Model und Schauspielerin absolvierte und in den New Yorker Künstlerkreisen um Andy Warhol und die Band Velvet Underground zu Starruhm kam.[80]

Vorangetrieben wurde die Internationalisierung der Populärkultur in der Bundesrepublik durch die US-amerikanischen und britischen Soldatensender American Forces Network und British Forces Broadcasting Service sowie seit 1960 von zahlreichen Piratensendern, die vor den Küsten Großbritanniens, der Niederlande und Schwedens stationiert waren und ausschließlich auf Popmusik aufgebaute und durch Werbung finanzierte Programme ausstrahlten. Von Jugendlichen mit Abstand am meisten gehört wurde allerdings das deutsche Programm von Radio Luxemburg, das seit 1961 auch englischsprachige Musiktitel brachte und zwischen 1959 und 1967 seine wöchentliche Hörerzahl in der Bundesrepublik von 5,2 Millionen auf 15,5 Millionen verdreifachte.[81] 1971 danach befragt, welches Programm sie wählen würden, wenn sie nur noch eines empfangen könnten, entschieden sich zwei Drittel der jungen Radiohörer für Radio Luxemburg.[82] Während der *Beat Club* das vornehmlich an englischsprachiger Popmusik interessierte Publikum ansprach, hatte Radio Luxemburg gerade wegen seines Mischkonzepts Erfolg. Denn die 14- bis 19-Jährigen bevorzugten 1968 zu etwa gleichen Teilen ausländische und deutsche Schlager.[83] Der Jungintelligenz hingegen galt Radio Luxemburg als »Europas Schnulzensender Nr. 1« (*Twen*). Er sperrte seine kurze Welle für alles, was mit Protest oder Nonkonformismus in Verbindung gebracht werden konnte, erreichte aber gerade wegen seiner auf traditionelle Hörerwartungen herabgesetzten Schwelle ein breites Publikum. Erst der Erfolg der ausländischen, häufig kommerziellen Sendeanstalten führte dazu, dass sich die öffentlich-rechtlichen Anstalten in der Bundesrepublik im letzten Drittel der 60er Jahre allmählich vom Erziehungsgedanken lösten und stärker auf die Bedürfnisse des jüngeren Publikums eingingen.

Bei den Printmedien stieg *Bravo* mit der jugendlichen Massenkultur auf und setzte Anfang 1966 erstmals eine Million Hefte ab, geriet dann aber in eine Krise. Erst als es sich umfassender den Alltagsbedürfnissen Jugendlicher widmete, speziell durch Sexualberatung, übersprang es 1973 wieder – und dann für lange Zeit – die Millionengrenze.[84] Die Krise war auch Ausdruck eines Differenzierungsvorgangs in der Zeitschriftenlandschaft. Nicht nur legten seit Anfang 1967 diejenigen Blätter zu, die Pop und Politik für den politisierten Bildungsnachwuchs kombinierten – *Twen*, *Konkret* und *Pardon* sowie kurzzeitig das Magazin *Underground* –, es kamen auch Spezialzeitschriften für Popmusik auf, die auf unterschiedlichem Niveau ein wachsendes Publikum bedienten. Ende 1972 setzten *Pop*, *Popfoto* und *Musikexpress* zusammen bereits 450 000 Hefte pro Monat ab. Als Zeitschrift für Kenner kam das 1966 gegründete Magazin *Sounds* hinzu.

Während politische Chansons oder Protestsongs zum Teil auf etablierten Schallplattenlabels Erfolg hatten, platzierten sich auf dem europäischen Markt amerikanische Plattenfirmen wie CBS und Liberty oder die schwedische Firma Metronome über englischsprachige Populärmusik, die zum Teil politisch unterlegt war. Parallel dazu entstanden deutsche Plattenlabels, die zum Teil selbstverwaltet waren oder sich zwischen Kulturindustrie und linker Szene verorteten. Im Laufe der 60er Jahre etablierte sich ein neuer Managertypus, der Künstler nicht als auswechselbare Objekte betrachtete, sondern als autonome Produzenten. Wie erfolgreich die Beachtung ethischer Kriterien im harten Musikgeschäft sein konnte, demonstrierte die Frankfurter Konzertagentur Lippmann + Rau, die zwischen 1962 und 1969 das American Folk Blues Festival veranstaltete und damit jungen Leuten in vielen Ländern Europas die direkte Begegnung mit afroamerikanischen Bluesmusikern ermöglichte. Sie bediente nicht nur den aktuellen Musikgeschmack junger weißer Europäer, sondern auch ihren gestiegenen Bedarf an Identifikation mit den Unterdrückten und Ausgegrenzten auf der ganzen Welt sowie ihre Kritik an der Entfremdung in den westlichen Konsumgesellschaften.[85]

Weil junge Bundesbürger nicht besonders stolz auf ihre nationale Zugehörigkeit waren und mehr Wert auf Internationalität legten, schätzten sie besonders Produkte ausländischer Herkunft, was die deutsche Konsumgüterindustrie erheblich unter Druck setzte, besonders in der Unterhaltungsmusik.[86] Nicht deutsche Schallplattenfirmen, sondern Metronome und CBS erschlossen den Jugendsektor, der bis zum Ende der 50er Jahre kaum existiert hatte. In der deutschen Schallplattenindustrie stieß englischsprachige Populärmusik auf starken Widerstand, weil dieser Markt als deutsches Terrain betrachtet wurde, das gegen ausländische Konkurrenz zu verteidigen sei. Auch nach dem Durchbruch der englischsprachigen Popmusik wurde am Ende der 60er Jahre erneut für die Legitimität und Repräsentanz des deutschen Schlagers in Radio und Fernsehen gefochten. In den Hitparaden betrug sein Anteil 1967 nur noch 25 Prozent.[87]

Radio und Fernsehen   In Hörfunkprogrammen stieg der Anteil der ausländischen Schlager in der zweiten Hälfte der 60er Jahre stark an, 1970 pendelte er je nach Sender zwischen 50 und 60 Prozent.[88] Die rasche Zunahme kontrastierte stark mit den Vorlieben des Publikums, das sich nach wie vor zu einem hohen Anteil für deutsche Schlager aussprach – eine Tatsache, die stets ins Feld geführt wurde, wenn sich der Kampf um nationale Präferenzen im Kampf um die Quote konkretisierte. Wenn die Auswahl der Titel allzu unausgewogen erschien, geriet das Publikum aus dem Häuschen. »Proteste wie noch nie« registrierte die

Hamburger Morgenpost nach der großen ARD-Silvestershow von 1968. Bei den Rundfunkanstalten standen die Telefone nicht still, weil hauptsächlich englisch- und französischsprachige Musik zu hören war. »Wer sich mitten in die Sendung einschaltete«, so ein Kritiker, »musste annehmen, in eine Teenager-Party in Paris, London oder New York geraten zu sein.«[89] Deutscher oder ausländischer Schlager – der Kampf, der auf diesem Feld ausgetragen wurde, war ein Kampf um die kulturelle Kontur der Bundesrepublik, um den Grad ihrer Verwestlichung. In den Sendeanstalten gab es unterschiedliche Präferenzen. Während sich Ende der 60er Jahre etwa der Hessische Rundfunk und der WDR wagemutig zeigten und Spezialprogramme für Minderheiten ins Programm hievten, engagierten sich ZDF und NDR besonders für den deutschen Schlager.

Wie sich die Präferenzen verschoben, illustriert die Geschichte zweier bekannter Schlagersendungen im Deutschen Fernsehen – Chris Howlands *Musik aus Studio B* und Dieter Thomas Hecks *ZDF-Hitparade*. Howland erhielt 1962 mit *Musik aus Studio B* eine eigene Fernsehshow im NDR, die anfangs auch englischsprachige Schlager brachte. Allerdings verschob sich das Gewicht zugunsten des deutschen Schlagers, der für Ältere akzeptabel war und einen Teil des jüngeren Publikums ansprach, während Beatmusik polarisierend wirkte. Zum Januar 1969 setzte der NDR Howland ab und startete im Herbst des Jahres einen Neuanfang mit neuem Konzept und neuem Moderator und »treudeutschem« (Howland-)Profil.[90] Ebenfalls 1969 fiel der Startschuss für die *ZDF-Hitparade*, bis 1984 moderiert von Dieter Thomas Heck, einem bewährten Propagandisten des deutschen Schlagers.[91] Heck kam von Radio Luxemburg, wo er seit 1966 mit einer Hitparade den Bedarf an deutschsprachiger Unterhaltungslyrik bedient hatte. Demonstrative Zuschauerorientierung war auch das Erfolgsrezept seiner Fernsehshow: Die Stars bewegten sich inmitten des locker gruppierten Publikums, sie sangen live zum Halb-Playback und wurden mittels Zuschauerentscheid hoch- oder abgewählt. Hier konnten die Anhänger von Roy Black, Rex Gildo und Heino in modernem Umfeld ihre Sehnsüchte stillen, ohne sich altbacken vorzukommen. Gleichzeitig reicherten Interpretinnen wie Katja Ebstein oder Juliane Werding in homöopathischen Dosen die private Welt des Schlagers mit gesellschaftlichen Fragestellungen an. Manche Unterhaltungskünstler wie Udo Jürgens mieden Hecks lautstarkes TV-Spektakel, um ihren Ruf nicht zu gefährden. Dieser mischte die »Flapsigkeit eines Autoverkäufers« mit der »Solidität eines Oberlehrers«, urteilte Rolv Heuer in *Konkret* und sah in Heck den »Barzel der Pop-Szene«.[92]

Gegenkultur Gerade weil Musik grundsätzlich offen ist für kognitive Füllungen unterschiedlicher Art, eignet sie sich besonders gut als Medium des jeweiligen Zeitgeistes. Nicht vorrangig der Text, sondern der Sound begründet ihre soziale Bindungs- und Mobilisierungsfunktion. Beatmusik ist daher zeitgenössisch als »sprachlose Opposition« bezeichnet worden, die die am wenigsten artikulierte Form der Gesellschaftskritik darstellte, aber die aufkommenden politischen Proteste auf der symbolischen und habituellen Ebene begleitete.[93] Seit Mitte der 60er Jahre wurde elektrisch verstärkte Musik darüber hinaus auch zu einem Medium explizit politischer Botschaften. Quellen dieser Politisierung waren Folkmusik, Chanson, Aktionstheater, die Beatbewegung und die Hippies, die sich mit kommerzieller Popmusik zu einer vielschichtigen kulturellen Ausdrucksform der politischen Protestbewegungen verknüpften. Musikalisch artikulierter Protest griff zunächst pazifistische Traditionen auf und richtete sich gegen Aufrüstung und Militäreinsätze – insbesondere gegen den Krieg der USA in Vietnam –, aber auch allgemeiner gegen die Unterdrückung des Individuums in einer technokratischen Gesellschaft. Eine Möglichkeit, die gesellschaftspolitische Relevanz von Musik trotz ihrer konsumindustriellen Potenziale zu erhalten, wurde im Entstehen einer »jungen Kultur« (Rolf-Ulrich Kaiser) gesehen, die sich auf vielen Gebieten zeigte. Das Festival im kalifornischen Monterey im Juni 1967, bei dem Künstler wie Jimi Hendrix, The Who, Janis Joplin und Jefferson Airplane erstmals einer größeren Öffentlichkeit bekannt wurden, präsentierte eine neue Form der Popmusik, die Generationsbewusstsein, Sozialkritik und den Anspruch auf ein alternatives Leben artikulierte. Aus den Impulsen des Festivals auf der Burg Waldeck und der amerikanischen Underground-Szene entstanden die Internationalen Essener Songtage vom September 1968. Dieses bis dahin größte europäische Popfestival zog 40 000 Besucher an und bot etwa 200 Künstler der verschiedensten Genres auf – darunter Alexis Korner, Franz Josef Degenhardt, Tangerine Dream und die amerikanischen Bands Mothers of Invention und The Fugs.[94] Nach den musikalischen Großereignissen in den USA 1969, dem Festival von Woodstock und dem Rolling-Stones-Konzert von Altamont, wurde 1970 in Europa zum Jahr der regionalen Festivals – ein Zeichen dafür, dass die noch häufig als Gegenkultur verstandene Rockmusik in die Breite der Gesellschaft diffundierte. In der Bundesrepublik Deutschland nahmen in jenem Jahr etwa 500 000 Jugendliche an den Festivals teil, die nur zum Teil die Erwartungen einer solidarischen Gemeinschaft der »beautiful people« erfüllten.

Swinging Benjamin Wie zahlreiche andere Zeichen und Stilelemente – lange Haare, unkonventionelle Kleidung, Drogen, libertäre Sexualität – wurde »progressive« Rockmusik als Ausdrucksform der Gegenkultur betrachtet, die gegen Übergriffe des »Mainstream« zu verteidigen sei, insbesondere gegen kommerzielle Interessen. Manche Musiker wehrten sich gegen derartige Vereinnahmungen. Robert Plant, der Sänger von Led Zeppelin, erklärte mit Blick auf die Fans in der Bundesrepublik Deutschland, die stärker als andere Sinnstiftung erwarteten: »Das deutsche Publikum ist an und für sich O. K., nur viel zu politisch.«[95] Politische Ansprüche und Aktionsformen wie Proteste gegen überhöhte Eintrittspreise, kollektives Stürmen von Popkonzerten kamen in der Bundesrepublik häufiger vor als in Großbritannien oder Skandinavien, wo die Verbindung zwischen Rockmusik und politischem Protest lockerer war. Im Gegensatz zu vielen älteren standen die jüngeren Mitglieder und Aktivisten der Studentenbewegung der Beatmusik emotional besonders nahe und sprachen ihr eine politische Bedeutung zu. Frankfurter Provos betrachteten sie 1967 nicht nur als »Kulturrevolution des Schaugeschäfts«, die insbesondere den Jungen zugute kam, sondern wünschten sich auch, die Beatles, Bob Dylan und andere Stars möchten eine »internationale Beat-Partei« gründen, um gegen Rassismus und Kolonialismus vorzugehen.[96] Im Gegensatz zur etablierten linken Kulturkritik, die kulturindustriell vermittelte Musik als Medium der Entfremdung deutete, begriffen einige jüngere Intellektuelle die modernen Massenkulturen als Medien der Befreiung. Ihr theoretischer Heros wurde Walter Benjamin, der die Veränderung der Gesellschaft durch Politisierung der Kunst proklamiert hatte. Massenmedien wie die Fotografie, das Fernsehen, elektrisch verstärkte Musik beraubten die Kunst ihrer »Aura« des Einzigartigen, machten sie jedermann zugänglich und beinhalteten daher ein revolutionäres Potenzial. So jedenfalls sah es Helmut Salzinger in seinem Buch mit dem bezeichnenden Titel »Swinging Benjamin« von 1973.[97]

Weil angeblich nur »von unten« initiierte und in Eigenregie vermarktete Musik sich vor der Vereinnahmung durch die Kulturindustrie schützen konnte, distanzierten sich viele Akteure der Protestbewegungen von Pop- und Rockmusik, als sie auf immer größere Resonanz stieß. Einen Einschnitt markierte die »Underground«-Kampagne des Schallplattengiganten CBS, der zwischen 1968 und 1970 unter den Leitbegriffen »Pop Revolution« und »Underground« zahlreiche Bands vermarktete und damit – nach Auffassung vieler – zentrale Elemente der Gegenkultur ihres rebellischen Potenzials beraubte. Dieser kulturindustrielle Prozess wurde als »Kulturimperialismus« betrachtet und trieb die Radikalisierung, der die Studentenbewegung im Zerfall erfasst hatte, noch zusätzlich voran. Auch als Reaktion auf die Dominanz amerikanisch induzierter Popmusik wurde nicht nur in Schweden oder Griechenland, sondern auch in Westdeutschland »Volksmusik« als vermeintlich nicht entfremdete Nationalkultur neu entdeckt. Allerdings ersetzte diese Art der historischen Selbstvergewisserung nicht die Neigung vieler Jugendlicher zu elektrisch verstärkter Popmusik, sondern ergänzte sie eher.

Drogen

Schon lange hatte der Konsum illegaler Drogen zum Habitus kultureller Avantgarden gehört. Doch im letzten Drittel der 60er Jahre kam es zu einem Strukturbruch aufgrund seiner enormen Verbreitung unter Jugendlichen. Während in den frühen 60er Jahren lediglich klassische Drogen wie Amphetamine auch von Jugendlichen genommen wurden, wuchs seit 1967 die Zahl der Haschisch- und Marihuanakonsumenten rapide.[98] Der Boom hielt an bis etwa 1971, als die Skepsis gegenüber Drogen auch unter jungen Leuten wieder zunahm. In der Altersgruppe der 16- bis 29-Jährigen hatten 1971 14 Prozent der Befragten nach eigenen Angaben schon einmal Haschisch oder LSD ausprobiert, 1972 waren es nur noch 10 Prozent, während der Anteil derjenigen, die erklärten, sie hätten dazu »keine Lust«, von 63 Prozent auf 72 Prozent stieg.[99] Getragen wurde die Haschischwelle vor allem von Gymnasiasten aus gehobenen Herkunftsmilieus, während der etwas später einsetzende Boom der ›harten‹ Drogen von weniger gut ausgebildeten Arbeiterjugendlichen und Drop-outs ausging. Zeitgenössischen Erhebungen zufolge variierte der Anteil drogenkonsumierender Oberschüler in westdeutschen Großstädten zwischen einem Viertel und einem Drittel der Befragten.[100] Allerdings handelte es sich weniger um Dauerkonsumenten, sehr viel häufiger wurde nur gelegentlich und über einen begrenzten Zeitraum hinweg »gehascht«, besonders experimentierfreudig waren junge Männer.

Im Gegensatz zum Heroin wurden Cannabisprodukte häufig in der Gruppe konsumiert und waren Teil einer gegenkulturellen Vergemeinschaftung, die oftmals – ebenso wie das Halluzinogen LSD – mit einer politischen Bedeutung aufgeladen wurden. Der Gebrauch dieser Substanzen war überformt von einer »Drogenkultur«, die Wahrnehmungen und Ideale beeinflusste, Rituale ausbildete und über spezifische Medien verbreitet wurde.[101] Illegale Drogen spielten eine eminent wichtige Rolle im 1967 aufkommenden »Underground«. Sie unterstützten das Informelle, Undisziplinierte und Fließende im äußeren Erscheinungsbild ihrer Akteure, indem sie als Alternative zur legalen Droge Alkohol generationsspezifische Substanzen zur Erzeugung von Kontrollverlust boten. Cannabis-Konsum unterlief das selbst in seinen Ausbruchsoptionen rational kontrollierte Miteinander auch durch Einbindung in den Wertehimmel der »neuen Sensibilität«, den die Schallplatten psychedelischer Rockbands, Poster, Zeitschriften und Filme in den subkulturellen Alltag transportierten.

Weil Angehörige linker Gruppierungen unter Rauschmittelkonsumenten in den späten 6oer und frühen 7oer Jahren überrepräsentiert waren, wurde der Umgang mit Drogen zu einem kontrovers verhandelten Thema im linken Spektrum.[102] In der explosionsartigen Ausweitung und Kommerzialisierung des Drogenmarktes wurde schnell deutlich, dass das »Ritual der Droge«[103] kaum einen politischen Zusammenhalt stiftete. Stattdessen erstreckte sich die zunehmende Kritik an der Kommerzialisierung der Gegenkultur auch auf den Drogenkonsum. 1969 sah sich selbst das publizistische Flaggschiff des cannabisaffinen Westberliner Anarchismus gezwungen, eine Debatte unter der Fragestellung »Ist Haschen revolutionsfördernd oder [...] konterrevolutionär?« anzuregen, in der Peter-Paul Zahl monierte, der revolutionäre »Hass« gehe »flöten durch häufigen Haschischgenuss«.[104] Jedenfalls verflüchtigte sich die Vorstellung, Drogenkonsum und politische Revolution seien zwei Seiten einer Medaille, angesichts der Folgen, die Kommerzialisierung, Entideologisierung und Herausbildung einer ›harten‹ Drogenszene mit sich brachten.

2 Mehr Demokratie wagen. Die politische Kultur des »mündigen Bürgers«

Die Skepsis der Bundesbürger gegenüber der Demokratie, ihre ausgeprägte Staatsloyalität, das Ideal politischer Harmonie, ihre Neigung zur Unterordnung und das geringe politische Engagement – diese Merkmale einer »Untertanenkultur« traten im Laufe der 6oer Jahre und frühen 7oer Jahre zurück.[105] In den langen 6oer Jahren entstand zunächst nur in Ansätzen eine politische Kultur der Teilhabe, die über den Rahmen der repräsentativen Demokratie hinausging. Indikatoren waren etwa das Interesse für Politik, das mit dem Reichtum der Gesellschaft, dem Anwachsen des Dienstleistungssektors, dem Bildungsgrad, der Medialisierung und der politischen Konflikte stark zunahm. Bis 1960 betrachteten sich nur knapp 30 Prozent der Bundesbürger als politisch interessiert, bis 1973 stieg dieser Anteil auf fast 50 Prozent.[106] Auch die Tatsache, dass 1966 das sozialdemokratische Ideal einer »mündigen Gesellschaft« viele Bürger bereits mehr ansprach als Visionen einer »formierten Gesellschaft«, signalisierte ihr wachsendes politisches Selbstbewusstsein.[107] In den politischen »Wendejahren«, die mit dem Regierungseintritt der SPD im Rahmen der Großen Koalition von 1966 einsetzten, wurden die Demokratiedefizite der westdeutschen Gesellschaft immer vehementer thematisiert.[108] Insbesondere forderten die Kritiker, die parlamentarische Ordnung durch eine demokratische Verankerung in der Gesellschaft zu vertiefen. Von den Kirchen und dem Städtebau über die Arbeitsplätze, Schulen und Hochschulen bis hin zu den Erziehungsheimen und der Bundeswehr sollten den Betroffenen mehr Mitbestimmungsrechte eingeräumt werden – das war der Sinn der Losung »Mehr Demokratie wagen« des sozialliberalen Regierungsprogramms von 1969. Wie weit die Demokratisierung der Gesellschaft gehen sollte, ob sie etwa, wie beispielsweise Jürgen Habermas meinte, auf die soziale Teilhabe ausgedehnt werden oder sogar in sozialistische Verhältnisse münden sollte, wie einem Teil der Studentenbewegung vorschwebte, war Gegenstand der politischen Auseinandersetzung.[109] Konservative Gegner der Demokratisierung betrachteten die politische Teilhabe der »Masse« als ein Grundübel der Moderne, liberale Kritiker sahen darin ein totalitäres Konzept, das die Regeln des Miteinanders in Staat und Gesellschaft unzulässig gleichsetzte und die Legitimität der staatlichen Institutionen unterlief.

Diese Konfliktkonstellation beeinflusste die politische Kultur bis weit in die 70er Jahre hinein. Dass die Demokratisierungsforderungen von links immer mehr Rückhalt in der Bevölkerung erhielten und mit der sozialliberalen Koalition schließlich politisch bestimmend zu werden schienen, provozierte Gegenreaktionen. Umgekehrt kamen auch in den außerparlamentarischen Bewegungen, die in den 60er Jahren entstanden, radikale Strömungen auf, die das politische System umwälzen wollten. Aber wesentlich wichtiger war die Rolle der APO als Demokratisierungskatalysator für einen erheblichen Teil der Bundesbürger.[110]

Außerparlamentarische Opposition

Da die SPD, die noch 1957/58 die Kampf-dem-Atomtod-Bewegung angeführt hatte, nach dem Godesberger Programm von 1959 dieses Thema fallen ließ, mobilisierten andere Gruppen gegen das Wettrüsten im Allgemeinen und Atomwaffen auf deutschem Boden im Besonderen. Der 1960 nach britischem Vorbild in Norddeutschland abgehaltene erste Ostermarsch war ethisch-pazifistisch geprägt und bemüht, im Polarisierungssog des Kalten Krieges eine neutrale Position zu halten.[111] Marschiert wurde vier Tage lang, man protestierte gegen den Krieg als solchen, politische Forderungen wurden nicht gestellt. Seine Mobilisierungskraft nach innen und propagandistische Wirkung nach außen hin entfaltete der Ostermarsch erst in den Folgejahren, als das Spektrum der beteiligten Gruppen und Individuen größer wurde, die Losungen politischer, die Dauer kürzer und die Formen lockerer. Vor allem die Elemente der modernen Jugendkulturen – Jazz, Skiffle, Folk –, die mit dem Zuwachs an jungen Demonstranten einströmten, brachten die Märsche auf die Höhe der Zeit: vom symbolischen Selbstopfer zum politisch-kulturellen Engagement mit Spaßkomponente. Offensiver und politisch wirksamer wurden sie, als sie positive Ziele formulierten und offen um Bündnispartner warben. Seit 1963 wurde der »Umsetzung von ethischem Impuls in Politik« (Christel Beilmann, Pressesprecherin des Ostermarsches) Rechnung getragen durch die Umwandlung der mittlerweile institutionalisierten Bewegung in eine »Kampagne für Abrüstung«.[112] Sie erreichte damit einen Popularitätsschub, sichtbar vor allem im Anwachsen der Teilnehmerzahl auf 100 000 im Jahre 1964. Auch als im darauffolgenden Jahr mit den Bewegungen gegen die Notstandsgesetze und den Vietnamkrieg zwei weitere Mobilisierungsachsen entstanden, blieb die Kampagne für Abrüstung die stärkste der außerparlamentarischen Bewegungen. Gleichzeitig veränderte das Aufkommen weiterer Ein-Punkt-Bewegungen ihr Selbstverständnis. Mit der Umbenennung in »Kampagne für Demokratie und Abrüstung« von Anfang 1968 reagierte sie auf die gewachsene Sensibilisierung für Gefährdungen der Demokratie, wie sie in den Notstandsgesetzen und im Erstarken der NPD gesehen wurden, und entwickelte sich de facto zu einer Dachorganisation der APO.

Die Bewegung gegen die Notstandsgesetze reagierte auf den vom Rechtsausschuss des Bundestages im Frühjahr 1965 präsentierten Entwurf eines Notstandsgesetzes, der die Bedenken der SPD gegen den ursprünglich 1960 von Bundesinnenminister Schröder vorgelegten Entwurf ausräumen sollte, aber insbesondere seitens der Gewerkschaften und an den Hochschulen auf scharfe Kritik stieß.[113] Einem ersten bundesweiten Treffen der Opposition gegen die Notstandsgesetze im Mai 1965 folgte nach einer Phase der lokalen Verankerung am 30. Oktober 1966 der Kongress »Notstand der Demokratie« in Frankfurt, der von der Kampagne für Abrüstung, dem SDS und den Industriegewerkschaften Chemie und Metall unterstützt wurde und mit mehr als 20 000 Besuchern erstmals das Potenzial einer vereinigten Opposition außerhalb des Parlaments demonstrierte. Die Bildung der Großen Koalition im Dezember 1966, der im Bundestag nur die wenigen FDP-Abgeordneten gegenüberstanden, machte die Notwendigkeit einer »Außerparlamentarischen Opposition« plausibel. Dass die Opposition sich sammelte, weil sie in der Verknüpfung der Notstandsgesetze mit der Vorstellung einer »formierten Gesellschaft« in der Situation der Wirtschaftskrise eine akute Gefahr für die Demokratie sah, macht deutlich, wie stark die Bereitschaft zur Verteidigung der demokratischen Institutionen zugenommen hatte. Das gewachsene Engagement entsprach der schon Anfang der 60er Jahre etwa von Ralf Dahrendorf geforderten Demokratisierung der Gesellschaft. Der Sternmarsch gegen die Verabschiedung der Notstandsgesetze am 11. Mai 1968, den das Kuratorium

Notstandsgesetze

Hans Magnus Enzensberger als Abschlussredner beim Kongress »Notstand der Demokratie«,
30. Oktober 1966

für Demokratie und Abrüstung, das Kuratorium »Notstand der Demokratie«,
der Verband Deutscher Studentenschaften und der SDS gemeinsam organisierten, stellte mit 100 000 Teilnehmern den Höhepunkt der APO dar.

Vietnamkrieg Pazifistisch motivierte Proteste gegen den Vietnamkrieg, die im Herbst
1965 einsetzten – ein halbes Jahr nachdem die USA ihr militärisches Engagement begonnen hatten –, wurden 1966 politisiert durch das Engagement der
Studentenbewegung. Hier tat sich insbesondere der SDS hervor, der im Vorgehen der USA nicht nur ein Verbrechen gegen die Menschlichkeit sah – und
es mit der Ermordung der Juden im »Dritten Reich« gleichsetzte –, sondern
auch eine Strategie zur Zurückdrängung des internationalen Befreiungskampfes in Südostasien.[114] Demgegenüber betrachtete sich der seit der 21. Delegiertenkonferenz vom September 1966 dominierende »antiautoritäre« Flügel
des SDS als metropolitaner Teil der weltweiten Befreiungsbewegungen, die
im Antikolonialismus ihren revolutionären Kern hatten. Seit Anfang dieses
Jahres richteten sich gegen den Vietnamkrieg die ersten Aktionen begrenzter
Regelverletzung, die zunächst symbolisch, dann auch handfest die üblichen
Formen der außerparlamentarischen Willensbekundung durchbrachen. Im
Februar 1966 veranlassten zerschellende Eier am Amerikahaus in Westberlin
den Regierenden Bürgermeister Willy Brandt zu einer Entschuldigung beim
amerikanischen Stadtkommandanten. Im Dezember 1966 und im Februar

1967 kam es bei Vietnam-Demonstrationen in Westberlin und Frankfurt zu handfesten Auseinandersetzungen mit der Polizei. Zwar wurden auch traditionelle Formen des Protestes angewendet, wie etwa der Frankfurter Kongress »Vietnam – Analyse eines Exempels« vom 22. Mai 1966, der als Redner u. a. Oskar Negt, Jürgen Habermas und Herbert Marcuse aufbot. Aber anders als in den anderen Protestbewegungen war hier der Einfluss des SDS mit seinem zunehmend revolutionären Selbstverständnis bestimmend.[115]

Zwischen 1965 und 1969 bildete sich, ausgehend von Westberlin, an den Hochschulen eine Studentenbewegung. Sie entwickelte zwar aufgrund ihrer Forderungen zur Hochschulreform eine spezifische Basis und Organisationsstruktur, gewann aber ihre eigentliche Durchschlagskraft, weil sie den Rahmen der Hochschulen verließ, in die gesellschaftlichen Auseinandersetzungen eingriff und an den anderen außerparlamentarischen Bewegungen teilnahm. An der Studentenbewegung waren zahlreiche Verbände wie der Liberale Studentenbund Deutschlands, der Sozialdemokratische Hochschulbund oder die Humanistische Studentenunion beteiligt, aber ihren intellektuellen, politischen und organisatorischen Kern bildete der Sozialistische Deutsche Studentenbund. Der SDS war seit dem Ausschluss aus der SPD zum Vorreiter der Neuen Linken geworden, der Impulse der amerikanischen Students for a Democratic Society aufnahm – beispielsweise das Ideal einer partizipatorischen Demokratie oder Aktionsformen wie »go-in« und »teach-in« – und in linkssozialistischen und anarchistisch-antiautoritären Varianten umsetzte.[116] Der im September 1966 gewählte neue Bundesvorstand konzentrierte sich nicht mehr nur auf die Studenten, sondern setzte auf eine Jugendrevolte. In einem Strategiepapier vom April 1967 erklärten Reimut Reiche und Peter Gäng, die oppositionelle Bewegung habe sich auf »die Jungen« zu stützen, und am aussichtsreichsten sei es, »die unpolitische Protesthaltung der Jugendlichen« zu politisieren – also die inzwischen enorm angewachsene Masse der jungen Ostermarschierer, »Gammler«, Kriegsdienstverweigerer, Folk- und Beat-Adepten in den politischen Kampf einzubeziehen.[117] Ein eigener Schülerverband, das am 17. und 18. Juni 1967 gegründete Aktionszentrum Unabhängiger und Sozialistischer Schüler, sollte dieser Politisierung den nötigen Rahmen geben.

Die Öffnung zur Jugendkultur verlieh der politischen Revolte eine starke kulturelle Färbung, die sich aus den Leitbildern und Praktiken nonkonformistischer Jugendlicher ergab. Theoretisch begründet wurde der kulturrevolutionäre Akzent durch ein Ideengemisch, in dem sich Ansätze des Situationismus und der Frankfurter Schule mit Impulsen aus der amerikanischen Counter-

*Studenten-
bewegung*

*»68er-Bewe-
gung«*

Aufruf zu einer Demonstration gegen den Krieg in Vietnam

culture, den antikolonialen Befreiungsbewegungen und deutschen Traditionen verbanden. Weil zwischen 1967 und
1969 die politischen Protestbewegungen ineinandergriffen und mit einem
kulturellen Umbruch verschmolzen, der
Kunst, Musik, Literatur und Lebensweisen umfasste, ist es richtig, für diese Jahre von einer »68er-Bewegung« zu
sprechen, die die heterogenen, oftmals
widersprüchlichen Elemente vereinte.[118]
Gerade die Kombination aus politischen
Neuordnungsvorstellungen und dem
Ideal eines anderen Lebens im Hier und
Jetzt machte das Faszinosum des Aufbruchs um 1968 aus und überstieg die
Grenzen der Studentenbewegung. Die
Verschränkung von Privatem und Politischem vermarktete im Zusammenspiel
mit den Medien besonders gekonnt die
Kommune 1, die sich am Jahreswechsel
1966/67 in Westberlin bildete und getreu
der Losung »Man muss die Gesellschaft
ändern, um sich selbst ändern zu kön-
nen. Man muss sich selbst ändern, um die Gesellschaft ändern zu können« in
den kommenden Monaten die politische Kultur der Stadt durch Happenings,
Provokationen und einen unkonventionellen Alltag belebte.[119] Sie stand in
einem Spannungsverhältnis zu Rudi Dutschke, dem charismatischen Führer
des SDS, der vor dem Hintergrund einer DDR-Sozialisation und eines starken Interesses an der Geschichte und Theorie der Arbeiterbewegung ernsthaft und messianisch erschien, wo die Kommune 1 ironisch war, rational und
diszipliniert, während die K 1 emotional und spontan auftrat, politisch im
Gegensatz zum kulturellen Fokus der Kommunarden.[120] Mehr als die Kommune verkörperte Dutschke das politische Image der 68er-Bewegung: radikal
bis hin zur Militanz, an den Werten der sozialen Gerechtigkeit und der internationalen Solidarität orientiert, ideologisch changierend zwischen einer
Neuen Linken der westlichen Welt und den Traditionen des deutschen Linksradikalismus.

Im Protest gegen die Erschießung des Studenten Benno Ohnesorg durch einen Polizeibeamten am 2. Juni 1967 in Westberlin breitete sich die Studentenbewegung in der ganzen Bundesrepublik aus. Der Politisierungsschub erfasste auch jene »junge Kultur«, die sich in den mittleren 60er Jahren in der Literatur, dem Theater, Folk und Protestlied sowie in der Beatmusik entwickelt hatte. Radikalisiert wurde er durch das zweite kritische Ereignis, das Attentat auf Rudi Dutschke vom 11. April 1968, das eine Eskalation zwischen 68er-Bewegung und Staatsgewalt einleitete und mit dem Scheitern der Bewegung gegen die Notstandsgesetze im darauffolgenden Monat das entscheidende Jahr der 68er-Bewegung abschloss. Einige Wortführer des 1970 formal aufgelösten SDS wollten die »antiautoritäre Phase« der 68er-Bewegung überwinden und gründeten marxistisch-leninistische Gruppen, die den politischen Kampf vorantreiben sollten. Die Radikalisierung erfasste auch Mitglieder der Kommune 1 wie Dieter Kunzelmann und Fritz Teufel, die sich 1969/70 militanten Gruppen anschlossen, während Rainer Langhans mit dem Aufbau eines »Pop-Konzerns« das kommerzielle Potenzial der Kulturrevolution ausschöpfen wollte. Politisch profitierte besonders die SPD von dem durch »1968« freigesetzten Potenzial, während ein großer Teil in linke Subkulturen einging, die sich zunächst in den Großstädten, dann auch auf dem Lande herausbildeten.

Intellektuelle Leitfiguren der APO waren die wenigen Linkssozialisten, die es in den 50er und frühen 60er Jahren gegen den konservativen Mainstream zu akademischen Würden gebracht hatten. Die Linksverschiebung in der deutschen Intelligenz in den 60er und 70er Jahren erheblich beeinflusst hat der Marburger Politikwissenschaftler Wolfgang Abendroth, der am Ende der Weimarer Republik einer Oppositionsgruppe der KPD angehört und Widerstand gegen den Nationalsozialismus geleistet hatte.[121] Nach 1945 Mitglied der SPD, integrierte Abendroth die verschiedenen sozialistischen Strömungen inner- und außerhalb der Sozialdemokratie und prägte die westdeutsche Variante der in vielen Ländern entstehenden Neuen Linken in ihrer Frühzeit. Für Abendroth stellte das Bündnis zwischen der jungen, kritischen Intelligenz und der Arbeiterschaft – repräsentiert durch die Gewerkschaften – die Grundlage für eine Demokratisierung und sozialistische Transformation der Bundesrepublik dar. Sein Konzept, den demokratischen Gehalt des Grundgesetzes auch mittels außerparlamentarischer Aktivitäten gegen Verformungen zu schützen, repräsentierte einen Verfassungspatriotismus, der freiheitliche Rechtsnormen zum zentralen Identifikationsfaktor machte und damit die Fixierung der Deutschen auf den Staat aufbrechen sollte. Die Diskussion um die Notstandsgesetze beeinflusste auch der Rechts- und

Leitfiguren der APO

Staatswissenschaftler Jürgen Seifert. Er kam aus der linken Jugendbewegung, gehörte Ende der 50er Jahre dem SDS-Bundesvorstand an und wurde 1971 Professor für Politische Wissenschaft an der Universität Hannover.[122] Beeinflusst von Abendroth und befreundet mit zahlreichen Akteuren der APO, darunter Ulrike Meinhof, verstand Seifert das Grundgesetz als Rahmen einer demokratischen Ordnung, die sich erst im Konflikt mit den nach wie vor starken antidemokratischen Traditionen durchsetzen und im Alltag der Bürger verankern musste. Wie Abendroth, Seifert und andere Unterstützer des SDS wurde auch der Politikwissenschaftler Ossip K. Flechtheim aus der SPD ausgeschlossen, als diese sich von ihrem Studentenverband trennte.[123] Flechtheim, in seiner Studienzeit Kommunist, hatte sich der Widerstandsgruppe Neu Beginnen angeschlossen und begann in den USA seine Karriere als Politikwissenschaftler mit Schwerpunkten in der Kommunismus- und der Zukunftsforschung. Seit 1959 Professor am Otto-Suhr-Institut der Freien Universität Berlin, gehörte er zur Prominenz der Humanistischen Union und der Kampagne für Abrüstung und war 1967 Mitbegründer des Republikanischen Clubs in Westberlin.

Seit Mitte der 60er Jahre wurde die linkssozialistische Variante der Neuen Linken bedrängt durch eine »antiautoritäre« Konkurrenz, die die Protagonisten der Frankfurter Schule in den Vordergrund rückte. Zur theoretischen Leitfigur des antiautoritären Flügels des SDS wurde Herbert Marcuse, der die Veränderung der modernen Industriegesellschaft betonte und sozialen »Randgruppen« sowie den Unterdrückten in der »Dritten Welt« die Rolle eines revolutionären Subjekts zurechnete. Zum zweiten Kronzeugen wurde – insbesondere in Abgrenzung zu Theodor W. Adorno, von dem sich frühere Verehrer auf dem Weg zur Revolution abwandten, weil er der politischen Praxis ablehnend gegenüberstand – der 1940 verstorbene Walter Benjamin. Wo Adorno vor dem gefräßigen Schlund der Kulturindustrie kein Entkommen sah, fand Benjamin in den technisch reproduzierten Kunstwerken eine Möglichkeit der Befreiung, wo Adorno reflektieren wollte, hoffte Benjamin, wenn auch gebrochener, als es seine späteren Anhänger bevorzugten, auf eine Politisierung der Kunst. Bei Benjamin fand die sich radikalisierende Jungintelligenz der späten 60er Jahre jene »Bewegungssuggestion« (Helmut Lethen), derer sie bedurfte, um ihre Praxis als revolutionär begründen zu können.

Kriegsdienst-
verweigerung
Deutliche Hinweise auf die Veränderung der politischen Kultur gab auch die Zahl der Kriegsdienstverweigerer, die sich seit 1965 vervielfachte. Schubartig nahm sie 1968 zu, als mit knapp 12 000 doppelt so viele junge Männer wie im Vorjahr den Dienst bei der Bundeswehr verweigerten, 1971 waren es

28 000.[124] Mit dem Anstieg der KDV-Zahlen traten ethisch-weltanschauliche und politische Motive für die Verweigerung in den Vordergrund, während die in den frühen 60er Jahren vorherrschenden religiösen Beweggründe weniger häufig angegeben wurden. In der Zurückweisung soldatischer Sozialisation spiegelte sich nicht nur ein Zivilisierungsschub, sondern auch die politische Kritik am Vietnamkrieg und den Notstandsgesetzen. Allerdings verdeckten ethische und politische Begründungen vor dem Prüfungsausschuss häufig andere, vielleicht stärkere Motive.[125] Denn junge Männer lehnten nicht nur mehr und mehr das Erlernen von Kriegstechnik ab, sondern auch die Unterordnung unter eine militärische Disziplin. Sie hielten den 18-monatigen Militärdienst für Zeitvergeudung und zogen den Zivildienst vor, bei dem eine sinnvollere Arbeit zu verrichten war und Haartracht, Kleidung und ein »lässiger« Habitus nicht allzu stark eingeschränkt wurden. Die Bundesregierung hielt 1968 fest, bei Ersatzdienstleistenden handelte es sich um »meist stark individualistisch geprägte Persönlichkeiten«, und eine Infratest-Studie kam 1971 zu dem Ergebnis, eine ablehnende Haltung gegenüber der »Schule der Nation« nehme mit dem Bildungsgrad zu, weil sich Besucher der weiterführenden Schulen »überwiegend an Leitbildern aus der zivilen Gesellschaft« orientierten.[126]

1969 stellte Wilhelm Hennis in einem Artikel in der *Frankfurter Allgemeinen Zeitung* fest, unter dem Schlagwort der »Demokratisierung« – die »universalste politische Forderung unserer Zeit« – seien in keinem anderen westlichen Land während der vorangegangenen fünf Jahre »gesellschaftliche Strukturen so in Bewegung geraten« wie in der Bundesrepublik.[127] Tatsächlich hatten sich die Verhältnisse gerade auf diesem Gebiet besonders stark gewandelt, weil der Rückstand der Deutschen besonders groß gewesen war. Von Hennis skeptisch betrachtet, weil man nicht ohne Weiteres das demokratische Prinzip des Staates auf die Ebene der gesellschaftlichen Institutionen übertragen könne, war doch unverkennbar in der Bundesrepublik die Bereitschaft, politische, soziale und kulturelle Gegebenheiten in Frage zu stellen, und das Selbstbewusstsein, sie verändern zu können, gewachsen. Zwischen 1959 und 1974 nahm der Anteil derer, die meinten, politisch Einfluss nehmen zu können, stärker zu als in Großbritannien und den USA – insbesondere in der Jugend.[128] Diese Entwicklung setzte die Institutionen in Staat und Gesellschaft unter Druck, stellte aber auch die mentale Wandlungsfähigkeit der Bürger auf die Probe und rief Gegenreaktionen hervor. Eine konservative Gegenmobilisierung richtete sich insbesondere gegen »1968«, dem alle als negativ erachteten Zeiterscheinungen kultureller wie politischer Natur zugerechnet wurden. Sie begann nicht erst auf dem Höhepunkt der Studentenbewegung, sondern setzte bereits einige

Konservative Gegenmobilisierung

Jahre früher ein. So belegt beispielsweise die gehäufte Presseberichterstattung über körperliche Übergriffe und Entlassungen wegen »weibischer« Haartracht in den mittleren 60er Jahren den Versuch, die »zackige« Norm maskuliner Selbstzucht mit Gewalt aufrechtzuerhalten. Gleichzeitig zeigt sie, dass derartige Eingriffe in die Privatsphäre nicht unwidersprochen hingenommen wurden, sondern zunehmend auf Gegenwehr stießen.

NPD Auf der parteipolitischen Ebene hatte der kulturelle und politische Wandel weitreichende Folgen. 1964 entstand mit der NPD eine Sammlungspartei des rechten Spektrums, die die Schwäche der CDU nach dem Ende der Ära Adenauer nutzen und sich bei der Bundestagswahl 1965 als vierte Partei etablieren wollte.[129] Sie blieb mit zwei Prozent weit unterhalb der Fünf-Prozent-Hürde, konnte aber zwischen 1966 und 1968 in sieben Landtage einziehen. Ihren größten Erfolg errang sie 1968 in Baden-Württemberg mit knapp zehn Prozent der Stimmen. Die NPD präsentierte sich als moderat nationalistische Partei, die die Westbindung der Bundesrepublik akzeptierte, aber den vermeintlichen Ausverkauf deutscher Interessen im Osten bekämpfte und für die Aufrechterhaltung traditioneller Werte eintrat. De facto vereinte sie ein Konglomerat rechter Positionen, das zwischen völkischem Rassismus, Nationalneutralismus und deutschnationalem Konservatismus changierte. Ihre Wähler – 70 Prozent waren Männer, die stärkste Altersgruppe bildeten die 45- bis 60-Jährigen – fand sie nicht nur in den norddeutschen Hochburgen des Nationalismus, sondern auch in wirtschaftlich schwachen und protestantisch geprägten ländlichen Regionen Süddeutschlands, etwa in Franken und Nordhessen.[130] Begünstigt wurde ihr Aufstieg durch die wirtschaftliche Flaute von 1966/67 und durch die Zusammenarbeit der CDU mit der SPD, die in der Großen Koalition gipfelte und rechts außen ein Vakuum hinterließ. Einen wesentlichen Hintergrund aber bildete der soziale und kulturelle Wandel – die »Verwestlichung« mit Rockmusik, langhaarigen Jugendlichen und der Zerstörung von Autorität, die dem Normenverständnis vieler Bundesbürger entgegenlief, wurde von der NPD als Verfallserscheinung gedeutet und bekämpft. Allerdings entzogen die wirtschaftliche Erholung, das Ende der Großen Koalition und der Lagerwahlkampf von 1969 der Partei den Rückhalt in der Wählerschaft. Ihr erneutes Scheitern bei der Bundestagswahl – sie erhielt 4,3 Prozent der Wählerstimmen – beschleunigte ihren Niedergang, der begleitet wurde von innerer Radikalisierung und Abspaltungen, die in den Folgejahren auch vor politischer Gewalt nicht zurückschreckten. Die 1970 von der NPD als neue Sammlungsbewegung initiierte »Aktion Widerstand« gegen die Ostverträge führte mit Losungen wie »Brandt an die Wand!« in die Bedeutungslosigkeit.

Beeindruckt von der Entschiedenheit linker Gruppen, knüpften einige junge Intellektuelle an das Ideengut der »konservativen Revolution« aus der Weimarer Republik an und traten für eine Erneuerung des bieder und rückständig erscheinenden Nationalismus ein. »Von der Linken lernen« – diese Forderung löste 1969 eine breite Debatte in der rechtsradikalen Zeitschrift *Nation Europa* aus. »Rechts: Das muss in Zukunft heißen: nicht reaktionär, sondern sozialrevolutionär; nicht antiintellektuell, sondern bewusste Einbeziehung der Rationalität in die Politik; nicht staatsnationalistisch, sondern im Sinne eines modernen, europäischen Nationalismus.«[131] Eine der publizistischen Neugründungen der »Neuen Rechten« war die 1970 von Caspar Schrenck-Notzing herausgegebene Zeitschrift *Criticón*. Als Vordenker dieser schon Mitte der 60er Jahre entstehenden intellektuellen Strömung trat Armin Mohler auf, Freund von Carl Schmitt und zeitweise Sekretär Ernst Jüngers, der 1950 ein Standardwerk zur »Konservativen Revolution« in der Weimarer Republik veröffentlicht hatte.[132] Mohler fungierte als Vermittler rechtsintellektueller Impulse aus Frankreich, aktualisierte das Bekenntnis zum technischen Fortschritt ebenso wie den sachlich-»kalten« »faschistischen Stil« und modernisierte damit den ideologischen Überbau des Rechtsextremismus. Als Journalist etwa für *Christ und Welt*, *Die Welt* und *Bayernkurier* übte er zeitweise erhebliche öffentliche Wirkung aus.

Ein tief greifender Bruch im politischen Leben vollzog sich durch den Regierungswechsel von 1969, der die zwanzig Jahre lange Vorherrschaft der CDU beendete. Er war möglich geworden, weil sich in der FDP eine immer größere Nähe zu sozialdemokratischen Positionen ergeben hatte – insbesondere in der Bildungs-, Rechts- und Deutschlandpolitik –, die der SPD die Möglichkeit bot, aus der Großen Koalition auszuscheren und zur führenden Regierungspartei aufzusteigen.[133] Einen Durchbruch brachte schon am 5. März 1969 die Wahl des Juristen Gustav Heinemann zum Bundespräsidenten, der 1950 aus Protest gegen die Wiederbewaffnung als CDU-Bundesinnenminister zurückgetreten war, sich nach einem Zwischenspiel bei der Gesamtdeutschen Volkspartei 1957 der SPD angeschlossen und der Großen Koalition als Justizminister angehört hatte.[134] Heinemann bezeichnete seine Wahl zur Verärgerung der CDU als »ein Stück Machtwechsel«, weil die Unterstützung der FDP schon auf die künftige Regierungskoalition hindeutete.[135] Zwar büßte die FDP bei der Wahl am 28. September 1969 wegen ihres Kurswechsels erheblich an Stimmen ein und kam auf nur noch 5,8 Prozent. Auch blieb die CDU/CSU mit 46,1 Prozent stärkste Fraktion, doch die Tatsache, dass die NPD den Einzug in den Bundestag knapp verfehlte und die Erhöhung

»Macht-wechsel«

des Stimmenanteils der SPD auf 42,7 Prozent verhalfen einer sozialliberalen Koalition zu einer parlamentarischen Mehrheit von zwölf Sitzen. Mit Willy Brandt, der als linkssozialistischer Aktivist 1933 ins Exil gegangen war, von Norwegen aus Widerstand gegen den Nationalsozialismus geleistet hatte und von 1957 bis 1966 Regierender Bürgermeister von Westberlin gewesen war, hatte die SPD schon seit seinen Kandidaturen für das Kanzleramt von 1961 und 1965 eine charismatische Führungsfigur aufgebaut, die für eine wachsende Zahl von Bundesbürgern den Willen zur Modernisierung des Landes und seiner Öffnung nach außen hin überzeugend verkörperte.[136] Unter seiner Kanzlerschaft erhielt die Entspannungspolitik mit den Ostblockstaaten und der DDR, die er schon als Außenminister der Großen Koalition vorangetrieben hatte, höchste Priorität. Der Moskauer und der Warschauer Vertrag von 1970 sowie der Grundlagenvertrag mit der DDR von 1972, aber auch symbolische Handlungen wie Brandts Kniefall vor dem Denkmal für die Opfer des Warschauer Ghetto-Aufstands von 1943, das ihm das Prädikat »Man of the Year« des Jahres 1970 der amerikanischen Zeitschrift *Time* einbrachte, lösten in der Bundesrepublik heftigste Kontroversen aus.[137] Brandts triumphale Wiederwahl nach dem gescheiterten Misstrauensvotum von CDU/ CSU 1972 entsprang nicht zuletzt dieser Polarisierung, die gerade wegen ihrer personalisierten Stoßrichtung unter den Anhängern der sozialliberalen Koalition (»Willy wählen!«) einen enormen Mobilisierungsschub auslöste.[138] Der als Visionär wahrgenommene Sozialdemokrat verband seine außen- und deutschlandpolitischen Ziele mit dem Ideal einer »sozialen Demokratie«, die die Teilhabechancen der Bürger nicht nur in der politischen Sphäre, sondern über Bildung, betriebliche Mitbestimmung und sozialpolitische Maßnahmen auch in der Gesellschaft verbessern sollte. Nicht zuletzt als Perspektive für die Kritiker aus den Reihen der APO verkündete Brandt in seiner Regierungserklärung von 1969: »Wir stehen nicht am Ende unserer Demokratie, wir fangen erst richtig an. Wir wollen ein Volk der guten Nachbarn werden im Innern und nach außen.«[139]

SPD und FDP Mit Brandt als weltgewandtem, charismatischem Führer, einer modernisierten Programmatik und einem modernen Politikstil, der eine positive Medienresonanz auslöste, konnte die SPD so viele Gruppen der Gesellschaft mobilisieren wie nie zuvor. Im Wahljahr 1969 gewann sie 100 000, 1972 sogar 150 000 neue Mitglieder. Zu ihrem traditionellen Wählerpotenzial, der Arbeiterschaft, stießen vermehrt Angestellte und Beamte sowie Schüler und Studierende. In der Mitgliedschaft verringerte sich der Arbeiteranteil zwischen 1966 und 1973 von 32 auf 26 Prozent (1952 waren es noch 45 Prozent gewesen), während der Anteil der Angestellten von 19 auf 22, derjenige der Beamten von 8 auf 9 Prozent wuchs.[140] Insbesondere der Zustrom der jungen Neumitglieder mit Abitur oder Hochschulabschluss hob das Bildungsniveau an. In der innerparteilichen Hierarchie schlug sich die Verbürgerlichung, Akademisierung und Verjüngung der SPD nieder. 1974 waren in Nordrhein-Westfalen 44 Prozent der SPD-Mitglieder Arbeiter, unter den Ortsvereinsvorsitzenden stellten sie 23 Prozent, bei den Unterbezirksvorsitzenden lediglich noch 11 Prozent.[141] Zu den daraus resultierenden Dissonanzen kamen Richtungskonflikte zwischen pragmatischen Sozialreformern wie Helmut Schmidt, gewerkschaftsnahen Traditionalisten, ethischen Sozialisten wie Erhard Eppler und den insbesondere bei den Jungsozialisten einflussreichen Marxisten.[142] Eine anders geartete Verschiebung erfasste die FDP ebenfalls schon seit den 60er Jahren

Willy Brandt und Walter Scheel fahren Franz Josef Strauß davon. Wahlplakat der SPD, 1972

und hatte zu ihrem politischen Richtungswechsel beigetragen. Der Rückgang des »alten« Mittelstandes von Selbstständigen und der Aufstieg des »neuen« Mittelstandes aus Angestellten und Beamten unterfütterte auf der sozialen Ebene die politische Modernisierung der Partei und spiegelte sich auch im Führungswechsel von Erich Mende zu Walter Scheel und Wolfgang Mischnik wider.[143] Programmatisch setzten die von Scheel, Werner Maihofer und FDP-Generalsekretär Karl-Hermann Flach entwickelten und 1971 auf einem Parteitag verabschiedeten »Freiburger Thesen« neue Akzente, die den Wirtschaftsliberalismus durch die Forderung nach Mitbestimmung einschränkten und die Bürgerrechte des Individuums hervorhoben. Diese programmatische Neuausrichtung trug zur Stabilisierung der FDP bei, die seit 1969 ihren konservativen Flügel verlor, aber nach dem Aderlass 1973 mit 63 000 Mitgliedern die Zahl von 1969 (53 000) erstmals übertraf.

Nach der Großen Koalition, die die Integrationsfähigkeit der CDU/CSU am rechten Rand gemindert hatte, gingen die Christdemokraten nach dem

CDU/CSU

»Machtwechsel« von 1969 zur Opposition gegen die sozialliberale Regierung über und mobilisierten insbesondere gegen die »Verzichtspolitik« gegenüber dem Osten.[144] Als Sammlungspartei rechts von der SPD trieb die CDU/CSU in den 70er Jahren durch die Gegenüberstellung von »Freiheit« und »Sozialismus« die politische Polarisierung voran. Die angestrebte »Tendenzwende« beschränkte sich keineswegs auf die Ost- und Deutschlandpolitik, sondern richtete sich gegen den Paradigmenwechsel von »1968« im Ganzen und setzte bereits Ende der 60er Jahre ein.[145]

Dennoch veränderte sich auch die innere Gestalt der CDU – nicht zuletzt als Folge eines Generationswechsels, der an ihr ebenso wenig vorüberging wie an anderen Institutionen. Schon in den Jahren zuvor waren nationalkonservative Politiker wie Alfred Dregger und Hans Filbinger auf regionaler Ebene in zentrale Führungsämter in Partei und Staat eingerückt. »1968« verstärkte jenen von manchen ihrer Anhänger bekämpften Demokratisierungsschub, den das Parteiengesetz von 1967 auslöste. Weil in der früheren Honoratiorenpartei, die ihre Führungsgremien durch Kooptation zusammengestellt hatte, nun erstmals gewählt werden musste, konnten auch liberale Aufsteiger in entscheidende Positionen vorrücken. Zu den jüngeren Vertretern der CDU, die in der zweiten Hälfte der 60er Jahre die Hebel der Macht bedienten, gehörten Rainer Barzel, Gerhard Stoltenberg und Helmut Kohl. Die innerparteiliche Modernisierung war dringend nötig, um der ungewohnten Linksentwicklung unter den Akademikern etwas entgegenzusetzen. Insgesamt profitierte auch die CDU von der Politisierung und Demokratisierung der ganzen Gesellschaft und entwickelte sich seit 1968 in großen Sprüngen zu einer Mitgliederpartei.[146] Zwischen 1968 und 1975 verdoppelte sie ihre Mitgliederzahl von knapp 290 000 auf mehr als 590 000.[147] Bei der SPD wuchs sie in diesem Zeitraum von gut 730 000 auf eine knappe Million. Nicht zuletzt die Entwicklung der beiden großen Parteien zu schichtübergreifenden Massenparteien ist ein Beleg für die in den 60er und 70er Jahren besonders stark zunehmende Bereitschaft der Bundesbürger zum politischen Engagement.

Freiheit der Wissenschaft? Das Engagement ging auch auf die Polarisierung zurück und war Teil einer breiten Gegenbewegung gegen die sozialliberale Politik, den schnellen kulturellen Wandel und die Radikalisierung von links. Dezidiert gegen die linke Politisierung an den Hochschulen wandte sich der im November 1970 gegründete Bund Freiheit der Wissenschaft, der die »Demokratisierung der Universität« als Bedrohung der Freiheit von Forschung und Lehre empfand.[148] Dem Bund schlossen sich auch einzelne SPD-Mitglieder wie Richard Löwenthal, Thomas Nipperdey oder Alexander Schwan an, die Führungsfunktionen übernahmen und nach außen hin den überparteilichen Charakter der Vereinigung dokumentieren sollten. Tatsächlich rekrutierte sich die weit überwiegende Mehrzahl der Mitglieder aus dem breiten Spektrum der konservativen Hochschullehrerschaft, darunter Wilhelm Hennis, der bayerische Kultusminister Hans Maier, Roman Herzog, der Historiker Michael Wolffsohn und der Politologe Klaus Motschmann. Auf der anderen Seite des politischen Spektrums stand der Bund demokratischer Wissenschaftler (BdWi), der nach einem zweiten Gründungsanlauf 1972 einen Teil der linken Intelligenz von Wolfgang Abendroth über Ossip K. Flechtheim bis Walter Jens und Jürgen Habermas organisierte, aber – auch aufgrund der Nähe zur DKP – keinen nennenswerten Einfluss erreichte.

Zum zeitgenössischen Symbol politischer Polarisierung wurde der sogenannte »Radikalenerlass«, der als »Berufsverbot« Bekanntheit in ganz Europa erlangte und als staatlich gewollte Rückkehr zur Untertanenmentalität gewertet wurde.[149] Der gemeinsame Beschluss des Bundeskanzlers und der Ministerpräsidenten der Länder vom Januar 1972 sollte »Links-« und »Rechtsextremisten« vom öffentlichen Dienst fernhalten. Die SPD wollte durch den Radikalenerlass die außenpolitische Öffnung zum Osten durch eine innenpolitische Abgrenzung nach links ausbalancieren, um dem altbekannten Vorwurf zu begegnen, die »Sozis« würden dem Kommunismus Tür und Tor öffnen. Er richtete sich in erster Linie gegen die 1968 als Nachfolgerin der verbotenen KPD neu gegründete DKP, die einen Teil des durch die Jugendrevolte freigesetzten Protestpotenzials absorbierte – aber auch gegen den Rest des vielschichtigen linksradikalen Spektrums, das beim »Marsch durch die Institutionen« den öffentlichen Dienst anvisierte. Während die SPD-regierten Bundesländer die Praxis des Ausschlusses bald wieder aufgaben, wurde in den CDU-regierten Ländern (in Bayern und Baden-Württemberg bis 1991) die Regelanfrage beim Verfassungsschutz beibehalten; bis Ende der 70er Jahre wurden über 2 Millionen Bewerber für den öffentlichen Dienst durchleuchtet. Wesentlich folgenreicher als das Ergebnis der wenigen dabei herausgefilterten »Verfassungsfeinde« waren die Auswirkungen auf die politische Kultur.[150] Im Verbund mit den mitunter hysterischen Formen der Terroristenjagd entstand seit den frühen 70er Jahren ein repressives Klima, das von vielen als gezielte Einschränkung der Meinungsfreiheit gedeutet wurde. Nach wie vor war der Anteil derer, die meinten, man könne seine politische Meinung frei äußern, hoch. Aber er nahm seit 1971 ab, besonders stark unter den jungen Bundesbürgern mit gehobener Bildung und ausgeprägtem politischen Interesse. In dieser Alters- und Bildungsgruppe, die noch 1959 mit 89 Prozent die

Meinungsfreiheit für uneingeschränkt verwirklicht hielt, ging diese Überzeugung insbesondere seit Anfang der 70er Jahre zurück auf nur noch 51 Prozent 1976.[151] Die Demokratisierung der Westdeutschen schritt voran, aber nicht ohne Rückschläge, die zum Teil Reaktionen auf das schnelle Wachstum der politischen Partizipation darstellten. Allerdings erfasste die konservative »Tendenzwende« auch einen Teil der linken Bewegung und der Liberalen, und unter dem Vorzeichen der Krise erhielt der Begriff des Konservatismus eine positivere Konnotation, die sich auch in der Selbstdeutung politischer Akteure niederschlug. »Man trägt wieder konservativ«, überschrieb die *Zeit* am 29. März 1974 ihren Leitartikel.

Bildungs-
reform Die Veränderungen in der politischen Kultur der Bundesrepublik erklären sich zu einem nicht unerheblichen Teil aus der Öffnung des Bildungsaufstiegs für eine große Masse von Menschen. Das Interesse für Politik und die Bereitschaft zum politischen Engagement war am ausgeprägtesten bei jungen Leuten mit höherer Bildung und relativ großen individuellen Entfaltungsmöglichkeiten. Diese Gruppe begrenzte sich seit der zweiten Hälfte der 60er Jahre nicht mehr nur auf eine kleine Elite. Zu keinem anderen Zeitpunkt stieg die Zahl der Schüler weiterführender Schulen so stark wie in der zweiten Hälfte der 60er und der ersten Hälfte der 70er Jahre. Dabei nahm zunächst der Anteil der Realschüler zu, in der zweiten Hälfte der 60er Jahre erfasste die Expansion auch das Gymnasium, dem der Deutsche Bildungsrat 1975 attestierte, es habe sich »von einer Standesschule für das Bürgertum zu einer Aufstiegsschule auch für bisher bildungsferne Schichten« entwickelt.[152] Während sich in den Jahren 1960 bis 1976 die Gesamtzahl der Schüler wegen der »geburtenstarken Jahrgänge« um etwa 50 Prozent erhöhte, schnellte ihre Zahl auf den weiterführenden Schulen um 160 Prozent hoch. Auch der Anteil der Studierenden nahm stark zu. Während unter den 19- bis 25-jährigen Bundesbürgern im Jahre 1965 6,6 Prozent studierten, waren es 1970 9,5 Prozent und 1975 14,1 Prozent.[153] Durch die Expansion des Bildungswesens lösten Schüler und Studierende die Arbeiterjugendlichen als bestimmende Sozialfiguren der westdeutschen Jugend ab. Dass die Mehrheit der 16- bis 18-Jährigen am Übergang zu den 80er Jahren nicht mehr einen achtstündigen Arbeitstag im Betrieb verbrachte, sondern zur Schule ging, den Nachmittag relativ frei gestalten und lange Ferien für die Erkundung fremder Welten nutzen konnte, war ein wesentlicher Faktor für die Entstehung einer Freizeit-, Wissens- und Erlebnisgesellschaft, in der Kultur eine wachsende Rolle spielte.

Bildung als
Bürgerrecht Aber nicht nur die Quantitäten veränderten sich, sondern auch die Zielsetzungen, die mit der Öffnung des Bildungswesens verbunden wurden. Die

Bildungsreform wurde schon bald nicht mehr nur als »Erschließung des Begabungspotenzials« verstanden, die den vermeintlichen Rückstand der Bundesrepublik im Wettkampf mit dem Kommunismus und den anderen westlichen Ländern ausgleichen sollte, sondern als Teil einer Gesellschaftsreform, als demokratisches Projekt zur Verbesserung der »Chancengleichheit«.[154] In dem vieldiskutierten Idealtypus des »katholischen Arbeitermädchens vom Lande« verdichteten sich die Merkmale der Benachteiligung. Wie soziale Gleichstellung über Bildung und die Zivilisierung der Deutschen konzeptionell ineinandergriffen, illustriert das von Willy Brandt in seiner Regierungserklärung von 1969 skizzierte Ideal des Bundesbürgers: »Das Ziel ist die Erziehung eines kritischen, urteilsfähigen Bürgers, der imstande ist, durch einen permanenten Lernprozess die Bedingungen seiner sozialen Existenz zu erkennen und sich ihnen entsprechend zu verhalten. Die Schule der Nation ist die Schule.«[155] Wie auf anderen Gebieten auch war der parteipolitische Konsens bei der Bildungsreform bis in die frühen 70er Jahre hinein groß. Erst dann lehnten konservative Kreise dezidiert das zuvor geteilte Ziel der Chancengleichheit als »sozialistische Gleichmacherei« ab.[156] Zu der ursprünglich auch von christdemokratischen Politikern ins Auge gefassten grundlegenden Reform des Schulwesens – der Einführung einer allgemeinbildenden Schule für alle bis zur 9. Klasse – kam es nicht.

Sieht man einmal von dieser ausgebliebenen Strukturreform ab, war die Modernisierung innerhalb des gegebenen Rahmens beträchtlich. Besonders stark wandelte sich das Gymnasium als traditionelle Bildungsanstalt der Elite. Es nahm nicht nur die wachsende Menge derer auf, die nach höherer Bildung strebten, sondern öffnete sich in seinem Selbstverständnis, den Lehrinhalten und Strukturen zur Gesellschaft hin. Schon in den frühen 60er Jahren verlor das traditionelle Konzept idealistischer Bildung an Rückhalt, und in der Mitte der Dekade wurde die autoritative Vermittlung ewig gültiger Wahrheiten in einem von der Gesellschaft abgeschotteten Schutzraum allgemein als »unzeitgemäß« (Carl-Ludwig Furck) betrachtet.[157] An ihre Stelle trat der positive Bezug auf die moderne Gesellschaft der Gegenwart, die Anwendung wissenschaftlicher Methoden und die Demokratisierung des Gymnasiums vor allem im Verhältnis von Lehrern und Schülern.

Auf derart wohlbereitetem Boden erzielte die in den mittleren 60er Jahren   Schülerbewegung entstandene Schülerbewegung, die sich im Wesentlichen aus Gymnasiasten zusammensetzte und ein wichtiger Akteur in der mittlerweile abstrakt erwünschten Konfliktkultur war, zwischen 1967 und 1973 beträchtliche Erfolge. Die Schülerbewegung trieb die Enttraditionalisierung von unten her voran, während »oben« die Bereitschaft zur Reform über Partei- und Verbandsgrenzen hinweg so groß war wie nie zuvor.[158] In der Debatte um die Demokratisierung der Schule spielte die Funktion der SMV eine wichtige Rolle. Die Umwidmung von der »Schülermitverwaltung« zur »Schülervertretung«, die am Ende dieser Diskussion stand, war nicht nur sprachlicher Art, sondern verkörperte ein neues Selbstverständnis. Der Einfluss der Schülerinnen und Schüler sollte sich nicht mehr nur auf die randständige Mitwirkung unter der Oberhoheit der Schulleitung beschränken, auf Kakaoverkauf in den Pausen und die Organisation von Schulfesten. An die Stelle des Ideals einer schulischen Gemeinschaft, die von einem natürlichen Autoritätsgefälle geprägt war, trat die Vorstellung eines in sich differenzierten Gesellschaftskörpers, der Interessenvertretung erforderte. Dass selbst an der Schule das Walten funktionaler Autorität durch Demokratisierung eingeschränkt werden sollte, rief nicht nur den Widerstand des konservativen Philologenverbandes hervor. Ungeachtet dessen sprach die Kultusministerkonferenz 1968 eine Empfehlung aus, die etwa die Teilnahme von Schülervertretern an Lehrerkonferenzen oder die Mitwirkung bei der Unterrichtsplanung vorsah und bis 1970 auf Länderebene mehr oder weniger reformfreudig umgesetzt wurde. Auch die Meinungsfreiheit der Schüler wurde gestärkt, indem nahezu alle Bundesländer die Zensur von Schülerzeitungen abschafften.

Oberstufen-
reform Konsens herrschte um 1970 auch hinsichtlich der Bereitschaft, das traditionelle Schulsystem zu revidieren. Die von der Kultusministerkonferenz 1972 nach dem »Buxtehuder Modell« verabschiedete Oberstufenreform schaffte de facto den traditionellen Fächerkanon ab, indem sie individuelle Schwerpunktsetzungen durch Leistungs- und Grundkurse in einem erweiterten Fächerspektrum vorsah. Die reformierte Oberstufe sollte nicht nur besser für das Studium qualifizieren, sondern auch, wie die KMK betonte, als »ein Weg in berufliche Ausbildung oder Tätigkeit« führen.[159] Darüber hinaus weitete sie die Mitwirkungsmöglichkeiten der Schüler erheblich aus und kam damit den Forderungen der Schülerbewegung entgegen. Welche Dynamik der Reformprozess insbesondere im Hinblick auf die Individualisierung und Demokratisierung von Bildung entwickelte, illustriert die Tatsache, dass für kurze Zeit sogar der Philologenverband diesen Beschluss mittrug.

Hessische
Rahmenricht-
linien Doch die Kompromissbereitschaft hatte Grenzen, wie schon bald darauf die hitzige Kontroverse um die hessischen Rahmenrichtlinien für die Sekundarstufe I von 1972/73 zeigte – dem weitestgehenden Reformwerk im Hinblick auf den Unterricht. Im Deutschunterricht sollten literarische Texte nicht mehr verstehend gelesen, sondern im Hinblick auf ihre gesellschaftliche Funktion analysiert werden. Ebenso kritisch trat man der Sprache entgegen, die in ihrer sozialen Funktion gesehen wurde. Für besondere Erregung sorgte die Entthronung der Hochsprache, deren normative Verbindlichkeit relativiert wurde – um auch der Volkssprache in ihren verschiedenen Soziolekten und Dialekten zu ihrem Recht zu verhelfen. In dem neuen Fach Gesellschaftslehre, das Geschichte ersetzte, wurde die »Befähigung zur Selbst- und Mitbestimmung« angestrebt, die sich gegen soziale Ungleichheiten und etablierte Machtverhältnisse durchzusetzen habe.[160] Das Reformwerk des hessischen Kultusministers Ludwig von Friedeburg (SPD), vormals am Frankfurter Institut für Sozialforschung, rief nicht nur beim Philologenverband und beim Bund Freiheit der Wissenschaft Widerstand hervor, sondern auch beim Koalitionspartner FDP. Dass die CDU damit gar das »Ende« des Rechtsstaates nahen sah, war ein Zeichen für die kommende Polarisierung, die viele Eltern mobilisierte, aber auch manche pointierte Position ins Absurde überzog. Unterstützt wurde Friedeburg von der Gewerkschaft Erziehung und Wissenschaft und Bildungsreformern wie Hellmut Becker und Hartmut von Hentig, die die Debatte der 60er und 70er Jahre erheblich beeinflussten. Hentig, seit 1963 Pädagogikprofessor zunächst in Göttingen, dann in Bielefeld und 1974 Gründer und Leiter der dortigen Laborschule sowie des Oberstufenkollegs, sah die Aufgabe der Schule darin, durch Erfahrungen in der Schülergemeinschaft selbstbestimmt und verantwortlich handelnde Individuen heranzubilden, die sich als Teil der Gesellschaft verstanden.[161] Die Schule sollte nicht nur Wissensvermittlung betreiben, sondern einen Raum für die Persönlichkeitsbildung bieten. Optimale äußere Voraussetzungen für die Verwirklichung eines derart umfassenden Bildungsideals biete die Gesamtschule, weil sie die ganze Komplexität der Gesellschaft im Kleinen abbilde.

Die Gesamtschule wurde um 1970 als demokratische Schule par excellence angesehen. Nicht nur die Regierungsparteien SPD und FDP betrachteten sie als Schule der Zukunft, sondern auch ein erheblicher Teil der CDU. Besonders deutlich wurde der Reformkonsens im »Strukturplan« des Deutschen Bildungsrates von 1970, der die Durchlässigkeit des gegliederten Schulwesens erhöhen, den privilegierten Zugang des Gymnasiums zum Studium abschaffen und die Oberstufe für polytechnische Elemente öffnen wollte.[162] Der »Bildungsgesamtplan« der Bund-Länder-Kommission von 1973 hingegen demonstrierte bei allen nach wie vor vorhandenen Gemeinsamkeiten, dass sich die Geister an der Frage schieden, ob die Reformpläne in die Einführung der Gesamtschule als Regelschule münden oder das dreigliedrige Schulsystem grundsätzlich beibehalten werden sollte. Dass überhaupt ernsthaft über

Gesamtschule

eine Reform des traditionellen Systems nachgedacht wurde, hatte auch mit den Entwicklungen im Ausland zu tun, wo von der US-amerikanischen *High School* über das französische *Collège* und die britischen *Comprehensive schools* bis hin zu den skandinavischen *Folkeskoler* die frühe Trennung der Schüler aufgehoben und gemeinschaftliche Bildung zumindest bis zur 9. Klasse betrieben wurde. Ebenso wie diese Modelle sollte auch die Gesamtschule individuell abgestimmte Bildung durch innere Differenzierung ermöglichen und damit verhindern, dass durch die frühzeitige Trennung nach der 4. Klasse soziale Vorprägungen reproduziert würden. Die Bereitschaft, das Verbundkonzept von Chancengleichheit und Individualisierung zu erproben, war zunächst groß, aber sie wich einem Glaubenskrieg, als die Gesamtschule als Regelschule eingeführt werden sollte. Zwar führten auch CDU- und CSU-regierte Bundesländer Gesamtschulen probeweise ein, aber in der Konkurrenz zum mittlerweile gründlich modernisierten Gymnasium hatten sie es schwer – insbesondere seit etwa 1980, als der Anteil der besonders leistungsfähigen Schüler an den Gesamtschulen zurückging. Immerhin hatte die Reformphase der mittleren 60er und frühen 70er Jahre zu einer markanten Öffnung des Zugangs zu weiterführender Bildung geführt.

Auch die Reform der beruflichen Bildung wurde zu einem wichtigen Thema. 1969 entstand eine Lehrlingsbewegung, die in Zusammenarbeit mit den Gewerkschaften Forderungen nach Demokratisierung und Lebensstilpluralisierung in die Betriebe trug und sich gegen überholte Ausbildungsstrukturen wandte.[163] Bereits seit Mitte der 60er Jahre gab es eine parlamentarische Diskussion um die Reform der beruflichen Bildung, als deren Defizite eine zu starke Ausrichtung auf betriebliche Verwertung und zu geringe Qualifizierungen benannt wurden. Im Juni 1969 verabschiedete der Bundestag ein Berufsbildungsgesetz, das neben begrifflichen Innovationen – aus dem »Lehrling« wurde der »Auszubildende« – einige Neuerungen einführte, wie etwa die pädagogische Qualifikation der Ausbilder, die Möglichkeit zur Stufenausbildung und eine systematischere Ausbildungsplanung.[164] Die bisher in der Hand der Selbstverwaltungsorgane der Wirtschaft liegende Verantwortung für die Ausbildung wurde nun auch auf Gewerkschaften und Berufsschullehrer ausgedehnt. Für die Lehrlingsbewegung, die 1970 ihren Höhepunkt erreichte, war das neue Berufsbildungsgesetz jedoch unzureichend. Forderungen nach einer Übernahme der Ausbildung in die öffentliche Hand und einer Gleichstellung von Auszubildenden und Schülern in einer Gesamtschule mit polytechnischer Ausrichtung prägten die erste Hälfte der 70er Jahre. Obwohl eine grundlegende Reform der beruflichen Bildung eines der zentralen Anliegen der sozialliberalen Koalition war, scheiterte sie endültig 1975; das duale System von betrieblicher und schulischer Ausbildung blieb erhalten – wenn auch in modernisierten Formen.

Ziele wie die Öffnung der Bildungszugänge und Demokratisierung richteten sich auch auf deviante und ausgegrenzte Gruppen der Gesellschaft. Auf manchen Gebieten, wie etwa in der Psychiatrie, waren schon im Laufe der 60er Jahre Reformbestrebungen sichtbar geworden.[165] Sie gewannen an Dynamik oder wurden erstmals thematisiert, als Journalisten wie Günter Wallraff und Ulrike Meinhof die skandalösen Zustände in Obdachlosenasylen, Psychiatrien und Jugenderziehungsanstalten publik machten und die 68er-Bewegung das Problem politisierte.[166] In den frühen 70er Jahren war die Situation der »Unterprivilegierten« Dauerthema in der Presse, wie große Reportagen des *Spiegel* zwischen 1971 und 1973 belegen, die das soziale Spektrum jenseits des saturierten Mittelstands ausleuchteten: Obdachlose, Arbeitsmigranten, körperlich und geistig Behinderte, Vorbestrafte, kriminelle Jugendliche; sogar Auszubildende und weibliche Arbeitnehmer wurden unter diesem Sammelbegriff subsumiert.[167]

Wie stark herkömmliche Konzepte seit dem Ende der 60er Jahre unter Druck gerieten, lässt sich an der Jugendfürsorge studieren, die vom Impuls der Demokratisierungsdebatte geprägt war.[168] Abweichendes Verhalten wurde nicht mehr als individuelle Schuld betrachtet, sondern als Resultat gesellschaftlicher Defizite. Aufgabe einer »emanzipatorischen« Jugendhilfe sollte sein, Jugendliche zur Befreiung aus bedrückenden Sozialverhältnissen zu befähigen. Ein Teil der Studentenbewegung glaubte gar, Angehörige von »Randgruppen« verfügten über ein schärferes Bewusstsein von den sozialen Konflikten in der Gesellschaft als die konsumistisch befriedete Arbeiterschaft. Ihre »asozialen Verhaltensweisen« seien ein »unbewußter Protest gegen die bestehenden Gesellschaftsverhältnisse«.[169] Nicht der Kranke war krank, sondern die ihn stigmatisierende Gesellschaft – so sah es das Sozialistische Patientenkollektiv in Heidelberg. Früh in den Mittelpunkt von Revolutionierungsbestrebungen rückten Fürsorgezöglinge, die in »Heimkampagnen« des SDS-Umfelds zu Revolten im Erziehungshaus ermuntert wurden. Am 28. Juni 1969 statteten etwa 200 Aktivisten der linken Frankfurter Szene dem Erziehungsheim Staffelberg in Nordhessen einen Besuch ab, um den »Heimterror« zu brechen.[170] Nachdem Forderungen nach Mitbestimmung, Abschaffung von Prügelstrafe, Postzensur und Besuchskontrolle nicht erfüllt wurden, entflohen etwa 70 Fürsorgezöglinge und schlossen sich z. T. den radikalen Gruppen an. Größere Bekanntheit als Heimstatt für jugendliche Drop-outs, wie sie

**Jugend-
fürsorge**

auf längere Sicht »als politisch motiviertes Gegenmodell zur derzeitigen Familien- und Heimerziehung« gedacht waren, erlangte das im Dezember 1971 gegründete Georg-von-Rauch-Haus in Westberlin.[171] Von staatlicher Seite wurde 1970 eine Reform des Jugendhilferechts begonnen, die die Fürsorge nach einem neuen Prinzip anlegte, das sich im Laufe der 70er Jahre durchsetzte. An die Stelle von Bestrafung und Wegsperren trat die Förderung von individueller Entwicklung.

Kinderläden   Ein ebenso starker Reformimpuls im Erziehungswesen ging von den Kinderläden aus, die 1968 von weiblichen SDS-Mitgliedern initiiert wurden. Ursprünglich geschaffen, um Freiraum für das Studium und die Politik zu erhalten, wurden mit ihnen bald auch sozialutopische Ideen verbunden. Auf der Frankfurter Delegiertenkonferenz des SDS vom September 1968 hatte Helke Sander die Kinderbetreuung von der Privatangelegenheit der Frauen zu einem Politikum erhoben und damit einen symbolischen Anstoß zur Entstehung der zweiten Frauenbewegung gegeben.[172] 1967 und 1968 wurden in Frankfurt und Westberlin die ersten Kinderläden gegründet und damit ein Modell öffentlicher Kinderbetreuung geschaffen, die bis dahin ein Kümmerdasein gefristet hatte. Im Gegensatz zu den skandinavischen Ländern oder Großbritannien war staatliche Kinderbetreuung in der Bundesrepublik benachteiligten Schichten vorbehalten – alleinerziehenden Arbeiterinnen etwa, die dem Ideal der Hausfrau und Mutter nicht entsprechen konnten. Die Kinderläden wollten nicht mehr nur zur »Mündigkeit« erziehen – so die Leitidee Heinrich Roths, die die Erneuerung der Pädagogik in den 60er Jahren anstieß –, sondern zum »Ungehorsam«.[173] Wie Erziehung unter antiautoritärem Vorzeichen vonstatten gehen sollte, war Gegenstand theoretischer Debatten und praktischer Experimente, die manche wegen ihrer »Unbekümmertheit« (Jürgen Habermas) frappierten. Gerade weil die Kinderläden neue Wege – und dabei manche Sackgasse – erprobten, begleitete etwa die Stadt Frankfurt zwischen 1972 und 1976 den Ausbau des kommunalen Betreuungssystems mit einem Programm, das ihr Anregungspozential systematisch evaluierte.[174]

Dritte Welt   Seit den frühen 60er Jahren engagierte sich die Bundesrepublik in der Entwicklungshilfe für Länder der so genannten Dritten Welt. Dieses Engagement hatte neben philanthropischen auch handfeste außen- und wirtschaftspolitische Gründe. Es sollte verhindern, dass die DDR an internationalem Rückhalt gewann, war eine Folge des Drucks der westlichen Verbündeten, die – ebenfalls aus weltpolitischen Gründen – ein stärkeres Engagement forderten, und erschloss der expandierenden Industrie neue Rohstoffquellen und Absatzmärkte. Hinzu kam, dass in der Mitte der 60er Jahre die Entwicklungsländer ihre Ansprüche selbstbewusster als zuvor anmeldeten. Nationale Befreiungsbewegungen, die sich gegen die Vorherrschaft der europäischen Kolonialmächte wehrten, trieben den Zerfall des Kolonialsystems voran und schoben sich gleichzeitig zwischen die gegensätzlichen Blöcke des Kalten Krieges. Für den radikalen Flügel der Studentenbewegung verkörperten sie ein revolutionäres Subjekt. Sie eröffneten weißen Mittelschichtjugendlichen der westlichen Welt die Möglichkeit, sich als Akteure eines globalen Befreiungskampfes zu verstehen. Die spektakuläre Politisierung ging nur von einer kleinen Gruppe aus, aber sie fiel auf einen fruchtbaren Boden, den die Medien bereitet hatten. Die Fernsehbilder vom Vietnamkrieg und dem Bürgerkrieg in Nigeria (Biafra) mobilisierten nicht nur Studierende, sondern vermittelten vielen Bundesbürgern einen nachhaltigen Eindruck von der Armut in der südlichen Hemisphäre und dem gewachsenen Selbstbewusstsein mancher ihrer Bewohner.

Seit 1959 engagierten sich die Kirchen mit wohltätigen Initiativen wie Brot für die Welt und Misereor beim Kampf gegen die Armut in der Dritten Welt. Ergänzt wurden sie bis Mitte der 60er Jahre durch den Aufbau eines staatlichen Systems der Entwicklungshilfe, das die Verteilung der mittlerweile erheblichen Finanzmittel aus dem Steuertopf abwickelte.[175] Nicht zuletzt der Druck aus den Entwicklungsländern – im Rahmen der Vereinten Nationen oder in der 1961 gegründeten Bewegung der blockfreien Staaten – führte dazu, dass die wirtschaftliche Unterstützung der Dritten Welt weniger als taktische Investition und mehr als Ausgleich für ein historisch gewachsenes Abhängigkeitsverhältnis betrachtet wurde, bei dem die Erste Welt gut und die Dritte Welt schlecht abschnitt. Insbesondere Erhard Eppler (SPD), Bundesminister für wirtschaftliche Zusammenarbeit von 1968 bis 1974, nahm die Impulse der 68er-Bewegung auf – um das links von der SPD flottierende Potenzial zu gewinnen, aber auch, um mit seiner Hilfe eine schlagkräftige »Lobby für die Dritte Welt« zu formen. Sie sollte den innenpolitischen Druck für eine nachhaltige, in erster Linie an den Interessen der Nehmerländer orientierten Entwicklungshilfe erhöhen. Die ambitionierten Neuordnungsinitiativen stießen allerdings nicht nur – wie auf anderen Gebieten auch – bei der CDU/CSU-Opposition auf Widerstand, die in den Jahren 1970 bis 1974 Epplers Etat stets ablehnte, sondern auch innerhalb der sozialliberalen Koalition.

Politisiert und öffentlich angeprangert wurden die Verhältnisse in der Dritten Welt von der linken Studentenbewegung, die sich gegen bürgerliche Mildtätigkeit richtete, aber auch gegen eine Entwicklungshilfe, die in erster Linie den Interessen der Industrieländer diente.[176] Daneben entstanden Initiativen, die sich vom traditionellen Konzept der Wohltätigkeit ebenso absetzten wie

Entwicklungshilfe

von einer revolutionären Zielsetzung. Sie konnten breiter in die Gesellschaft wirken als die radikalen Gruppen, weil sie sich ernsthaft auf den Kampf um Reformen einließen. Viele entstanden im Umfeld der Kirchen, bei denen das Thema seit Mitte der 60er Jahre eine zentrale Rolle spielte. So gründeten evangelische und katholische Jugendorganisationen 1970 die Aktion Dritte Welt Handel, die Verbesserungen durch faire Wirtschaftsbeziehungen erreichen wollte. Unabhängig von den Kirchen entstand schon 1968 in Freiburg die Aktion Dritte Welt, die sich für einen grundlegenden Richtungswechsel in der Entwicklungspolitik einsetzte und damit auch bundespolitisch Impulse gab.

Dritte-Welt-Bewegung

Nach Vorläufern während des Algerienkrieges erhielt die Dritte-Welt-Bewegung ihren eigentlichen Gründungsschub zwischen 1965 und 1969.[177] Aktionen richteten sich nicht nur gegen die Kriegführung der USA in Vietnam, sondern auch gegen afrikanische oder mittelöstliche Diktatoren wie Moïse Tschombé oder Schah Reza Pahlavi. Im Laufe der 70er Jahre verstetigte und verbreitete sich diese Bewegung. Es entstand eine Vielzahl von Organisationen, die zum Teil aufgrund unterschiedlicher politischer Observanz miteinander konkurrierten – etwa die Initiative Internationale Vietnam-Solidarität und die Hilfsaktion Vietnam. Auch die 1970 gegründeten Zeitschriften *Blätter des Informationszentrums Dritte Welt – iz3w* (Freiburg) und *Antiimperialistisches Informationsbulletin* (Marburg) waren Teil dieses Institutionalisierungs- und Differenzierungsvorgangs. Ein Schwerpunkt des Engagements wurde in den 70er Jahren das südliche Afrika. 1971/72 richteten sich Proteste gegen die Beteiligung deutscher Firmen am Bau des Cabora-Bassa-Staudamms in der portugiesischen Kolonie Mozambique, 1974 wurde die Anti-Apartheid-Bewegung gegründet, die sich für die Abschaffung der Rassentrennung in Namibia und Südafrika einsetzte. Dritte-Welt-Läden und Fair Trade – 1975 entstand als Handelsorganisation die Gesellschaft zur Förderung der Partnerschaft mit der Dritten Welt (GEPA) – verankerten globales Problembewusstsein nicht nur im Alltag einer zahlenmäßig begrenzten Gruppe.[178] Boykottaktionen gegen Äpfel aus Chile oder Südfrüchte aus Südafrika signalisierten generell, dass sich dem Konsumenten auch politische Einflussmöglichkeiten eröffneten. Allerdings veränderten zunächst nur kleine Gruppen ihre Einstellung und ihr Verhalten. Insgesamt standen die Bundesbürger der Entwicklungspolitik noch Mitte der 70er Jahre ambivalent gegenüber. In der Krise nach Sparmöglichkeiten befragt, fiel 60 Prozent zuallererst dieser Bereich ein.[179]

»White Negroes«

Begleitet wurde die politische Bewegung von einer kulturellen Neuorientierung. Schon seit den 50er Jahren wuchs unter jungen Intellektuellen das Interesse an nichtweißer, speziell afroamerikanischer Kultur, die als Medium der

Befreiung betrachtet wurde.[180] Musikalische Stile wie Jazz, Blues und Soul boten ein emotionales Potenzial zur Distanzierung von rassistischen Einstellungen und eröffneten eine weite, multiethnische Welt. Darüber hinaus wurden Afroamerikaner als Vorbilder für die Lebensführung in existenziell unsicheren Zeiten betrachtet, weil sie aufgrund ihrer von Ausbeutung, Diskriminierung und sozialer Unsicherheit geprägten Geschichte entsprechende Verhaltensmuster ausgeprägt hätten. In Norman Mailers Konzept des »White Negroe« – eines weißen Nonkonformisten, der sich schwarzen Amerikanern habituell anverwandelt – werden solche Vorstellungen besonders deutlich. Vor allem die um 1970 sich entfaltende Gegenkultur suchte nach »authentischen« Vorbildern, um den »Entfremdungen« der Gegenwart zu entkommen, und fand sie in verfolgten ethnischen Minderheiten in allen Teilen der Welt – Afroamerikanern, Vietnamesen, schwarzen Südafrikanern, Indianern. Sie dienten ihnen dazu, die eigene Gesellschaft kritisch zu reflektieren, Argumente und kulturelle Werkzeuge zu entwickeln, um die Gegenwart zu verstehen und zu verändern. Seit etwa 1967 repräsentierten Künstler und Bands wie Jimi Hendrix und MC 5 eine gegenwartsnahe und herausfordernde Form afroamerikanischen Eigenbewusstseins, im Aufstieg der unterdrückten »Völker« kam Folklore zu neuem Ruhm – von Inti-Illimani (Chile) bis Miriam Makeba (Südafrika).

Dass wegen der Rassenunruhen in den USA und des Aufstiegs der Befreiungsbewegungen nichtweißen Ethnien eine besondere revolutionäre Disposition zugeschrieben wurde, steigerte die Anziehungskraft schwarzer Kultur und Politik für junge weiße Revolutionäre – wie überhaupt »schwarz sein« als Merkmal der Ausgrenzung schlechthin galt, mit dem viele andere Formen der Exklusion gleichgesetzt wurden.[181] Als Frankfurter Gammler Ende 1966 wegen ihrer langen Haare aus einer Gaststätte geworfen wurden, kamen ihnen »Assoziationen mit der Rassenschranke im amerikanischen Süden«.[182] Auch Michael (»Bommi«) Baumann, der später eine Rolle im militanten Westberliner »Blues« spielte, berichtete, »dass es dir mit den langen Haaren plötzlich wie einem Neger gegangen ist«, und erkannte durch die Bluesmusik, die die Lage der Schwarzen behandelte, »den Zusammenhang. Du bist dann plötzlich auch so 'ne Art Jude oder Neger oder Aussätziger« – jedenfalls »irgendwie draußen«.[183] Aber in der linksradikalen Literatur wurde auch betont, dass ein »Rassenkrieg« zwischen Schwarz und Weiß vermieden werden sollte. Es sollte die revolutionäre Bewegung in allen Ländern vorangetrieben werden – die Befreiung aller ermöglichte erst die Emanzipation unterdrückter Ethnien. Auf diese Weise wurden junge Weiße aus den »Metropolen« in den besonders stark von den Befreiungsbewegungen des »Trikont« vorangetriebenen internationalen Befreiungskampf einbezogen. Die Musik unterdrückter Völker bot ein emotionales Potenzial zur Unterstützung dieses Kampfes – insbesondere der Blues, der schwarzen Ursprungs war, aber über Elektrifizierung und Kommerzialisierung vielfach Anschlussstellen für weiße Rebellen bot und mittlerweile sogar über die Hitparaden den Jugendlichen Europas »schwarzes« Feeling injizierte.

3 Popularität und Performanz. Grenzüberschreitungen in Kunst und Literatur

Vor dem Hintergrund einer noch in den 50er Jahren stark nach den traditionellen Grenzen segmentierten Kultur bewirkten die vielfachen Grenzüberschreitungen zwischen Hoch- und Populärkultur seit Mitte der 60er Jahre einen Dammbruch. Pop Art und Pop-Literatur bezogen sich auf die Massenkultur, während die politisch engagierte Literatur gezielt soziale Schichten und Minderheiten jenseits des Bürgertums erkundete. Vor dem Hintergrund von Bildungsaufstieg, Massenkonsum und Medialisierung erhielten mehr Menschen als zuvor Zugang zu anspruchsvollen Inhalten und Formen – insbesondere dann, wenn sie mit leichter zugänglichen Elementen kombiniert wurden. Dadurch war die Kluft zwischen Populär- und »Hochkultur« einfacher zu überbrücken, aber sie verschwand keineswegs. Vielmehr trug die Einbeziehung populärer Kulturen entscheidend zur Erneuerung der Künste bei, während gleichzeitig kulturelle Prägungen im Elternhaus selbst bei Bildungsaufsteigern nicht ohne Weiteres verschwanden.

Dennoch hat sich zwischen der Mitte der 60er und der Mitte der 70er Jahre die »Hochkultur« stärker geöffnet als je zuvor. Dazu hat wesentlich beigetragen, dass ein Massenmarkt für junge Intellektuelle entstand, der entsprechend der politischen Präferenzen in dieser Zielgruppe links konnotiert war. Publizistisch wurde er zum einen von Publikumszeitschriften wie *Konkret*, *Pardon* und *Twen* bedient, die seit 1966 steil aufstiegen und deren Kernleserschaft 1970 bei zusammen etwa 1,2 Millionen Personen lag.[184] Ihren Absatz erheblich steigern konnten auch Taschenbuchreihen, die sich auf anspruchsvolle literarische oder politische Themen konzentrierten. Aber dieses Gebiet wurde demokratisiert nicht nur durch Massenabsatz, sondern auch durch mediale Techniken wie aufsehenerregende Aktionen und Leseraktivierung. *Pardon*, das auf diesem Gebiet früh aktiv wurde, platzierte 1963 eine Günter-Grass-Büste in der Walhalla, um des Dichters »Stilisierung zum Nationaldenkmal«

zu persiflieren. Strafanzeigen und Indizierungen, ausgelöst durch eine nackte Dame auf ärztlichen Schultern (September 1968) oder durch einen gekreuzigten Osterhasen (März 1970) steigerten den Absatz der Satirezeitschrift. Dass Leser nicht nur auf kommerzielle Anregung reagierten, sondern sich selbstbestimmt literarische und politische Stoffe aneigneten, demonstrierte die Vielzahl von Lesegruppen, wie sie aus dem Impuls der Studentenbewegung entstand. Nicht Bildungsvorsatz im klassischen Sinne, sondern das Bedürfnis nach umfassender Information bestimmte die Lesegewohnheiten einer wachsenden Gruppe insbesondere junger Leser. Einen Demokratisierungsschub auf belletristischem Gebiet löste die Entstehung einer Pop-Literatur aus, die Sinnkonstruktionen minderer Wertigkeit ernst nahm und gezielt mit den Hervorbringungen der Massenmedien wie Fotografien, Film und Klang arbeitete. Auf der Seite der Autoren spiegelte sich die Vergesellschaftung des Lesens in der Durchsetzung von Selbstverwaltungs- und Mitbestimmungsmodellen bei Verlagen und in Redaktionen ebenso wider wie in der Gründung des Verlags der Autoren, der aus dem Streit zwischen Lektoren und Leitung des Suhrkamp Verlags hervorging, und der von Frank Benseler (Luchterhand Verlag) initiierten »Literaturproduzenten«-Bewegung.

Geöffnet und näher an die Gesellschaft gerückt wurde die »Hochkultur« auch durch den Politisierungsschub, der eine gesellschaftliche Verantwortung der Kunst einforderte. Sie sollte aktivierend wirken und selbst politisch eingreifen. Gleichzeitig zeigten sich nicht nur auf dem Gebiet der Literatur Tendenzen einer »neuen Subjektivität«, die sich nach dem Ende der Politisierungseuphorie stärker entfalteten. Im Verlagswesen, beim Film und in der Musik entstanden »alternative« Segmente, die den neuen Strömungen ein Forum boten und zum Teil auch kommerziell erfolgreich waren.

Der strukturelle Rahmen für den politisch-literarischen Aufbruch um 1968 entstand seit der Mitte der 60er Jahre. Das Taschenbuch als schnelle und kostengünstige Form der Literaturproduktion und -rezeption verdoppelte in den Jahren 1963 bis 1967 seinen Absatz; die Zahl der Taschenbuchleser mit Volksschulabschluss stieg zwar langsamer, aber doch immerhin um zwei Drittel.[185] Zwischen 1960 und 1971 wuchs die Zahl der neuen Titel von 1000 auf 3500 jährlich. Allerdings wurde dieser Anstieg vor allem von jungen Leuten unter 30 Jahren getragen. Sie lasen mehr, während der Einzug des Fernsehens in die Wohnstuben den Anteil des Lesens am Zeitbudget der Gesamtbevölkerung zwischen 1967 und 1973 von 13 Prozent auf 9 Prozent sinken ließ.[186] Weder gehörten die literarischen Verlage zu den Marktführern noch tangierten politische Schriften und anspruchsvolle Literatur den Unterhaltungsmarkt, der

Literaturbetrieb

mit Titeln von Eric Malpass oder Hildegard Knef wesentlich höhere Absatz-zahlen erreichte. Dennoch erfuhr die Demokratisierung des Lesens einen erheblichen Schub durch die kritische Öffentlichkeit, die sich seit den frühen 60er Jahren immer vehementer artikulierte und in Gestalt von APO und Stu-dentenbewegung aktivistische Formen annahm und einen »Markt für Marx« schuf, den auch etablierte Verlage bedienten.[187] Neue Reihen wie Rowohlts »rororo aktuell« und Fischers »Informationen zur Zeit« lieferten den Stoff für die Lesebewegungen unter den Jüngeren, die der Demokratisierungs- und Po-litisierungsschub beschleunigt hatte und die ihren Höhepunkt in den frühen 70er Jahren erreichten.[188]

Suhrkamp-
Kultur Zum wichtigsten intellektuellen Ideenspender wurde der Suhrkamp Ver-lag, der mit Klassikern wie Hermann Hesse, Bertolt Brecht, Max Frisch und Walter Benjamin über ein stabiles Reservoir auch bei wechselnden Moden verfügte. Den gewachsenen Bedarf an moderner Literatur und theoretischen Grundlagentexten für eine pekuniär noch schmalbrüstige Kundschaft deck-te die 1963 gegründete »edition suhrkamp«. Feldforschungen in den Uni-versitätsbuchhandlungen von Tübingen und Marburg hatten den Verleger

Willy Fleckhaus (rechts) im Gespräch mit Siegfried Unseld während der Frankfurter Buchmesse 1981

Siegfried Unseld von der Notwendig-keit einer Taschenbuchreihe für den anspruchsvollen Bedarf überzeugt. Die klare Gestaltung durch Willy Fleckhaus, den Art Director der eben gegründeten Zeitschrift für anspruchsvolle Zwanzig-jährige, *Twen*, unterstrich den moder-nen, am intellektuellen Stil der Neuen Sachlichkeit orientierten, aber demons-trativ pluralistischen Charakter der Rei-he. Der farbige, von einer freien Fläche in der oberen Hälfte beherrschte Um-schlag wurde strukturiert lediglich durch acht feine Querstriche, die Namen, Ti-tel und Verlagssignet in der Schrifttype Garamond 2 Cicero trugen, aber ansons-ten viel freien Raum ausstellten. Neben-einander platziert sollten die geplanten 48 Bände pro Jahr Unseld zufolge ein »Lichtband« ergeben, »dessen Farbvaleurs bei Blauviolett beginnen, über-gehen in Violett, Rot, Orange, Gelblichrot, Gelb, Grüngelb, Grün, Blau, um wieder im Blauviolett zu enden«.[189] Zehn Jahre nach der Gründung, im April

1973, waren in der edition suhrkamp 594 Bände mit einer Gesamtauflage von 13,5 Millionen Exemplaren erschienen, darunter zahlreiche von maßgeblichen Autoren der 60er und 70er Jahre aus dem In- und Ausland wie Peter Weiss, Herbert Marcuse, Roland Barthes, Erika Runge, Ernst Bloch und Wolfgang Fritz Haug. Sie versorgten die neuen sozialen Bewegungen und kulturellen Strömungen mit Diskussionsstoff und erzeugten einen kulturellen Horizont, der mit dem Namen des Verlages in Verbindung gebracht wurde. Eine »Suhrkamp-Kultur« konnte nur entstehen, weil das Frankfurter Verlagshaus viermal monatlich neues Material ausstieß, das auf Schulhöfen und in Universitätsseminaren ebenso diskutiert wurde wie in den gehobenen Party-Republiken Hamburgs und Münchens – selbst dann, wenn man die Bücher nur vom Hörensagen kannte.

Der Pluralisierungsschub bei den Printmedien vollzog sich trotz z. T. gegenläufiger Tendenzen. Einer Konzentration bei Tageszeitungen oder Jugendmagazinen beim Springer Verlag stand – bei freilich erheblich minderen Größenordnungen – eine erblühende Szene von Alternativzeitungen gegenüber, dem Siegeszug von Verlagskonzernen wie Bertelsmann und Holtzbrinck ein Boom an Kleinverlagen. 1965 gründete der SDS den Verlag Neue Kritik, der zunächst unorthodoxe linke Klassiker publizierte, seit 1966 auch aktuelle Literatur (»Probleme sozialistischer Politik«). Anfang 1967 wurde der Berliner Verlag Oberbaumpresse gegründet, der Schriften Che Guevaras, der chinesischen Kulturrevolution, der Black-Panther-Bewegung und amerikanische *underground poems* auf den Markt brachte und über seine Rotaprint R 30 5 auch Flugschriften wie das *Oberbaumblatt* und die Schülerzeitung *Roter Turm* laufen ließ.[190] Mit einem modernen Programm bekannter Autoren trat 1965 der Verlag Klaus Wagenbach mit seinen »Quartheften« u. a. von Ingeborg Bachmann, Wolf Biermann, Günter Grass und Kurt Wolff an die Öffentlichkeit, wandte sich aber seit 1968 mit der »Rotbuch«-Reihe für gesellschaftspolitische Literatur besonders der linken Szene zu. Zu einem wichtigen kulturrevolutionären Verlag wurde der 1968 kollektiv gegründete, aber de facto von Jörg Schröder geleitete MÄRZ Verlag.[191] Finanziert durch die auf Pornographie spezialisierte Parallelgründung Olympia Press, produzierte er bis zu seinem Konkurs von 1974 ein Programm, das literarisch wie politisch gewagteste Positionen in drastischer Optik – gelb, rot, groß – unter die Leute brachte. Darunter Grundlagenwerke der Pop-Literatur (*ACID*, *Trivialmythen*), Robert Crumbs *Head Comix*, Günter Amendts *Sexfront* und Edgar Snows *Roter Stern über China*.

Seit 1967 nahm die Zahl der kleinen literarischen und politischen Zeitungen sprunghaft zu.[192] Sie gingen hervor aus kulturrevolutionären Subkulturen

Kleinverlage

Underground-Zeitungen

und nutzten die technische Errungenschaft des Foto-Offsett-Drucks, der jedem Laien ermöglichte, mit Hilfe von Schere und Klebstoff aus vorgefundenem und selbst entworfenem Material ebenso kostengünstig wie schnell eine Druckvorlage zu montieren. Ihr häufig spektakuläres Layout, das Sehgewohnheiten destruierte und Spontaneität, Eklektizismus sowie utopisches Bewusstsein verströmte, erzeugte ein intensiviertes Rezeptionsverhalten und unterschied sich markant von den betont nüchtern gestalteten Periodika der gleichzeitig entstehenden kommunistischen Gruppen. Angeregt durch amerikanische und britische Underground-Zeitungen entstanden Blätter wie *Agit 883* (Westberlin, 1969–1972), *Ana & Bela* (Köln, 1969–1972), *Germania* (Frankfurt, 1971/72), *Der Metzger* (Duisburg, seit 1968) oder *Päng* (Nürnberg, 1970–1976).[193] Von kleinen Gruppen gefertigt, erschienen sie häufig unregelmäßig und behandelten ein weites Spektrum zwischen linksradikaler Militanz und Sex, Drogen, Musik und alternativem Alltag. Anzeichen für Koordination und Verstetigung in diesem Teil der »Gegenöffentlichkeit« waren die Gründung des Informationsdienstes *Ulcus Molle*, der seit 1969 zweimonatlich über den unübersichtlich gewordenen alternativen Pressemarkt informierte, und die seit 1971 in Mainz veranstaltete »Minipressen-Messe«.

Comics   Dass diese Kleinzeitungen eine starke optische Komponente hatten, war auch auf Anleihen aus der Comic-Literatur zurückzuführen, die in einem kleinen alternativen Segment Gestalter mit kulturrevolutionärem Anspruch hervorbrachte. Mitte der 60er Jahre kam eine Welle neuer Comics westlicher Herkunft wie *Perry Rhodan* und *Asterix* auf den Markt, die thematisch und gestalterisch schlichtere deutsche Abenteuerserien wie *Sigurd* und *Tibor* verdrängten und eine Vielzahl zeitgenössischer Bedürfnisse vom Technikmythos bis zur hochkulturellen Bildung befriedigten.[194] Die Verarbeitung von Comics in Literatur, Film und bildender Kunst sowie Ausstellungen in der Westberliner Akademie der Künste (1969/70) und dem Hamburger Kunsthaus (1971) signalisierten ihre Aufnahme in den Kanon des ästhetisch Diskutablen. Gleichzeitig spielten Comics in den aufsteigenden Satireblättern wie dem aus den USA importierten, aber Anfang der 70er Jahre mit einer deutschen Redaktion ausgestatteten »Fachblatt für geistige Tiefflieger«, *MAD* (seit 1967), eine wichtige Rolle. Schon früher publizierten Grafiker und Illustratoren wie Kurt Halbritter, Arno Ploog, Chlodwig Poth, Hans Traxler und F. K. Waechter satirische Kommentare nicht nur politischer Art insbesondere in *Pardon* (seit 1962), dann auch in anderen Zeitschriften und in Eigenregie. Der Adorno-Schüler Alfred von Meysenbug, ein Frankfurter SDS-Aktivist, verband die Gestaltungsmittel der Pop Art mit subkulturellen Themen und

politischen Ansprüchen.[195] Er veröffentlichte 1968 mit *Glamour-Girl* und *Super-
Mädchen* konsumkritische Comics und
bebilderte kulturrevolutionäre Publikationen wie Amendts *Sexfront*. Wie aus
antiautoritärer Perspektive selbst das Bil-
derbuch einer Erneuerungskur unterzogen wurde, demonstrieren F. K. Waech-
ters *Anti-Struwwelpeter* (1970) und sein
*Tischlein deck dich und Knüppel aus dem
Sack* (1972). In der zweiten Hälfte der
70er Jahre verkörperten etwa Gerhard
Seyfried für das Westberliner Alternativmilieu und Franziska Becker für die feministische Szene den Bedarf an selbst-
ironischer Karikatur von Rollenmustern
in den neuen sozialen Milieus und Bewegungen.

Alfred von Meysenbug, *Super-Mädchen*, 1968

Als literarische Zeitschriften mit politischem Anspruch entstanden 1965 in
München *Kürbiskern* und in Frankfurt das *Kursbuch*, eine wichtige Rolle spielte auch die schon 1958 in Westberlin gegründete *alternative*. Breiter im Ansatz war das Magazin *Konkret*, das sich als »Zeitschrift für Kultur und Politik«
verstand und nicht nur zahlreichen Schriftstellern Zugang zu einem größeren
Publikum verschaffte.[196] 1955 als *Studenten-Kurier* gegründet u. a. von Klaus
Rainer Röhl, wurde *Konkret* zu einer Publikumszeitschrift, als 1964 wegen politischer Unbotmäßigkeit die Subventionen aus der DDR ausblieben und das
Blatt sich zur Massenkultur hin öffnete, Sex in Wort und Bild thematisierte,
aber ansonsten an seinem radikal linken politischen Anspruch festhielt. Zuvor
hatte *Konkret*, dessen Feuilleton zeitweise Peter Rühmkorf leitete, u. a. Kurt
Hiller, Arno Schmidt und Hans Henny Jahnn ein Forum geboten. Die Öffnung Mitte der 60er Jahre brachte neben dem Fleischlichen auch zahlreiche
andere populäre Themen ins Heft, die seit 1966 von Nachwuchsjournalisten
wie Stefan Aust und Rolv Heuer behandelt wurden: Gammler und Hippies,
Mode und Beatmusik. Zahlreiche Autoren aus dem popaffinen ebenso wie
aus dem konsumkritischen Spektrum fanden hier ein Betätigungsfeld – von
Hubert Fichte bis Gerd Fuchs, von Uwe Nettelbeck bis Hermann Peter Piwitt.
1968 war aus dem handvertriebenen Blatt für Individualisten eine moderne

Illustrierte geworden, die radikale Gesellschaftskritik mit einem ausgeprägten Sinn für die Transformationen des Alltagslebens verknüpfte und eine Auflage von 170 000 absetzte.[197]

Kursbuch   Eine wichtige Kommunikationsfunktion im begrenzteren Spektrum der an Politik und Literatur interessierten Nachwuchsintelligenz übernahm das von Hans Magnus Enzensberger herausgegebene *Kursbuch*. Die Vierteljahresschrift war aus einem nicht verwirklichten transnationalen Zeitschriftenprojekt hervorgegangen und erschien erstmals im Juni 1965 im Suhrkamp Verlag (ab 1970 im Verlag Klaus Wagenbach).[198] Schon der nach traditionellen Maßstäben vollkommen unliterarische Name war Programm. Das *Kursbuch* sollte kein Ort der literarischen Selbstdarstellung sein, sondern in einem internationalen Horizont die Wirklichkeit erkunden und kritisches Bewusstsein erzeugen. Neben literarischen Texten, verfasst von Autoren des In- und Auslands, hatten dokumentarische Berichte starkes Gewicht, zusammengefasst in »Dossiers«. Dieses Material – Erklärungen, Protokolle, Statistiken –, der Gesellschaftsbezug der Literatur und der zunehmend interventionistische Ton spiegeln die rasante Politisierung unter jungen Schriftstellern wider. Als Leitorgan der Nachwuchsintelligenz reflektierte und schuf das *Kursbuch* die jeweils aktuellen Trends und Themen des intellektuellen Diskurses. Dass es auch dafür im politisierten Klima der späten 60er Jahre einen erheblichen Bedarf gab, zeigt die Steigerung der Auflage von bereits beachtlichen 11 000 Exemplaren pro Heft im Jahr 1965 auf 50 000 im Jahr 1968.[199] Wie sich der Zeitgeist wandelte, lässt sich an den Schwerpunktthemen des *Kursbuches* ablesen: vom Auschwitzprozess, den das erste Heft behandelte, über Entwicklungshilfe und Befreiungsbewegungen, Psychiatrie, die deutsche Frage (alles 1965), über Strukturalismus (1966), Mathematik (1967), Studentenbewegung und Futurologie (beides 1968) bis hin zur Phantasie und Spontaneität (1969), Frau und Familie (1969) sowie Ästhetik (1970). Probleme des Sozialismus wurden 1971/72 behandelt, 1973 Ökologie, 1974 die Emanzipation in den privaten Beziehungen.

Alternativer Literaturvertrieb   Nicht nur ein Ausdruck des sprunghaft gewachsenen Bedarfs an theoretischer Orientierung waren die in den späten 60er und frühen 70er Jahre verbreiteten Raubdrucke.[200] Ohne Rücksicht auf das Copyright gedruckt und vertrieben wurden Schriften aus dem ganzen kulturrevolutionären Fundus des 19. und 20. Jahrhunderts, die in den Verlagsprogrammen (noch) nicht oder nur zu hohen Preisen zu bekommen waren. Als Raubdrucke kursierten zahlreiche Schlüsseltexte der 68er-Bewegung wie etwa die *Dialektik der Aufklärung* von Theodor W. Adorno und Max Horkheimer oder *Die Funktion des Orgasmus* von Wilhelm Reich in mehreren Ausgaben.[201] Wildes Drucken an den Kassen der Verlage vorbei regte deren Risikobereitschaft an und katapultierte nicht selten die offensichtlich gewünschten Titel in die Verlagsprogramme. Wie mit anderen Praktiken des alternativen Konsums – Diebstahl, Boykott, Bootlegs –, die auch alternativen Buch- und Schallplattenläden das Leben schwermachten, meldete sich hier der Anspruch, auf alles ein Anrecht zu haben – insbesondere auf intellektuelle Nahrung.

Vertrieben wurden diese Produkte nicht nur auf Büchertischen an den Universitäten, sondern auch in linken Buchläden. Diese wurden seit 1968 unter Namen wie »Spartakus« (Hamburg), »polibula« (Göttingen), »Karl-Marx-Buchhandlung« (Frankfurt) oder »Jos Fritz« (Freiburg) in vielen Städten gegründet. Der Verband des linken Buchhandels vereinigte in seinem Gründungsjahr 1970 20 Buchläden, 1975 waren es 100.[202] Sie boten ein weit gefächertes, linkspluralistisches Sortiment belletristischer und politisch-theoretischer Literatur an und überstanden häufig auch die Konkurrenz aus dem parteikommunistischen Spektrum. Ihre kommunikative Funktion für die nicht nur literarisch interessierten, sondern politisch gerichteten Milieus wurde durch Veranstaltungen, Teilnahme an politischen Aktivitäten, extensiven Informationsaustausch (Flugblätter, Anschlagzettel) oder angeschlossene Cafés unterstrichen. Dass der Bedarf an (in weitestem Sinne) alternativem Schrifttum und Rockmusik weit über die Groß- und Universitätsstädte hinausging, bezeugt der Erfolg des aus dem Umfeld der Zeitschrift *Pardon* hervorgegangenen, 1969 gegründeten Frankfurter Versandhauses Zweitausendeins, das das in »Merkheften« konjunktursensibel zusammengestellte Material von Arno Schmidt, Robert Crumb oder Bob Dylan zu konkurrenzlos günstigen Konditionen bis in die tiefste Provinz vertrieb.[203] Seit 1974 trat er mit einem Lyrikband von Wolf Wondratschek, der nicht weniger als 30 000-mal verkauft wurde, auch als Verlag in Erscheinung, dessen preisgünstige Produkte nicht in den Buchhandel gelangten, sondern ausschließlich direkt vertrieben wurden.

Die Spannung in der Literatur um 1968 resultierte besonders aus der Konkurrenz zweier Strömungen, der politisch engagierten und der Pop-Literatur, die den Umbruch von der industriellen zur »postindustriellen« Gesellschaft aus unterschiedlichen Perspektiven reflektierten.[204] Die zeitgenössisch den Strömungen der Gegenkultur zugeordneten Bestimmungen, ihre Trennung in eine »rationalistische« und eine »emotionale« (Rolf Schwendter) Richtung, sind auch auf diese literarischen Strömungen übertragen worden. Unterschiede sind sicherlich auszumachen, wobei neben der parallelen Existenz

Politisch engagierte Literatur und Pop-Literatur

auch eine zeitliche Abfolge zu konstatieren ist: Pop-Literatur war nicht zuletzt eine Gegenbewegung zur engagierten Literatur. Aber beide Strömungen hatten mehr gemein, als häufig behauptet wurde – ganz abgesehen davon, dass sie von manchen Lesern gleichermaßen rezipiert wurden. Ebenso wie die Pop-Literatur erschloss die politisch engagierte Literatur ihren Lesern einen internationalen Bezugsrahmen, aber sie thematisierte stärker spezifisch deutsche Themen, insbesondere die NS-Vergangenheit. Während Rolf Dieter Brinkmann und Ralf-Rainer Rygulla neue Impulse aus den USA oder Großbritannien vorbehaltlos aufnahmen, waren Martin Walser oder Hilde Domin skeptisch gegenüber den »postmodernen« Strömungen aus dem Westen. Beide Literaturen durchbrachen gezielt die sozialen Grenzen der »bürgerlichen« Belletristik, allerdings in unterschiedlicher Weise. Sie bezogen sich auf Gruppen jenseits der »nivellierten Mittelstandsgesellschaft«, die einen stärker auf Arbeiter, die anderen stärker auf Randgruppen und jugendliche Subkulturen. Als Avantgarden strebten sie gesellschaftliche Veränderungen an, die eine durch Aufklärung und politische Intervention, die andere durch eine »neue Subjektivität«, die Emanzipation auf einer anderen Ebene erstrebte und darin durchaus politisch war. Beide arbeiteten stark dokumentarisch, aber während ein Teil der politisch engagierten Literatur investigativ vorging (Günter Wallraff) oder Stimmen aus dem Volk zu Wort kommen ließ (Erika Runge), verwendete die Pop-Literatur »Zivilisationsstimulantien« aus den Massenmedien – Filme, Fotografien, Popmusik – als »poetisches Material«.[205]

Politisierung   Mitte der 60er Jahre wurde die begonnene Politisierung vieler Schriftsteller entschiedener und überschritt häufig die Außengrenze der Sozialdemokratie nach links, während ein großer Teil – als Wortführer Günter Grass – weiterhin seine Hoffnungen in die SPD setzte, ein dritter Teil sich auf bewährte Weise politischer Stellungnahmen enthielt.[206] Sichtbar wurden die Friktionen etwa innerhalb der Gruppe 47, als 1966 während ihrer Tagung in Princeton Peter Weiss, Hans Magnus Enzensberger und Reinhard Lettau an einer Anti-Vietnam-Kundgebung teilnahmen, was Hans Werner Richter als antiamerikanischen Affront empfand. Während Martin Walser einige Jahre mit der DKP sympathisierte, der manche der Jüngeren wie Erika Runge, Uwe Timm oder Franz Xaver Kroetz beitraten, bewegten sich andere wie Christian Geissler, Peter Schneider oder Peter-Paul Zahl im weiten linksradikalen Spektrum zwischen Maoismus und Anarchismus. Zwar wehte der Geist unter Intellektuellen möglicherweise freier als bei anderen Bevölkerungsgruppen, was abrupte politische Kurswechsel einschloss. Doch waren die Debatten der mittleren und späten 60er Jahre nicht selten auch der Beginn lang andauernder Parteinahme. Wie sich schon hier die Geister schieden, lässt sich exemplarisch an einer Auseinandersetzung studieren, die Peter Weiss und Hans Magnus Enzensberger 1965/66 ausfochten. Weiss, der mit Enzensberger in der Gruppe 47 wider den Stachel löckte, warf dem Freund vor, aus Gründen der »Doppelmoral« und intellektueller Ambivalenz einer eindeutigen Parteinahme für die Befreiungsbewegungen der Dritten Welt auszuweichen. Er selbst hatte sich nach surrealistischen Anfängen zur politischen Wirkungsabsicht und zum Sozialismus bekannt (ohne allerdings am Ende wirklich ein »Schüler Brechts«[207] zu werden) und forderte – in Frageform – auch Enzensberger zur Positionierung heraus: »Sind wir fähig, unsere Zweifel und unsere Vorsicht aufzugeben und uns zu gefährden, indem wir eindeutig aussprechen: Wir sind solidarisch mit den Unterdrückten und wir werden als Autoren nach allen Mitteln suchen, um sie in ihrem Kampf (der auch der unsere ist) zu unterstützen?«[208] Enzensberger, stets auf Unabhängigkeit bedacht, wies derart bekenntnishaftes Involvement in einem Stakkato von Hauptsätzen von sich: »Die Moralische Aufrüstung von links kann mir gestohlen bleiben. Ich bin kein Idealist. Bekenntnissen ziehe ich Argumente vor. Zweifel sind mir lieber als Sentiments. Revolutionäres Geschwätz ist mir verhasst. Widerspruchsfreie Weltbilder brauche ich nicht. Im Zweifelsfall entscheidet die Wirklichkeit.« Allerdings übertraf schon im September des darauffolgenden Jahres – im Aufschwung der Befreiungsbewegungen, der Rassenunruhen in den USA und der westdeutschen Studentenbewegung nach dem 2. Juni 1967 – der Skeptiker seine Kollegen noch an Radikalität: »In der Tat, was auf der Tagesordnung steht, ist nicht mehr der Kommunismus, sondern die Revolution. Das politische System der Bundesrepublik ist jenseits aller Reparatur. Man kann ihm zustimmen, oder man muss es durch ein neues ersetzen. *Tertium non dabitur.*«[209] Enzensberger hielt die Revolution wohl für notwendig, aber gleichzeitig für nicht möglich – ein Detail, das die Öffentlichkeit hinter allem Donner kaum mehr wahrnahm. Jedenfalls hielt sich, wie eine Umfrage des *Spiegel* ergab, die Zustimmung der Schriftsteller zur These von der Unvermeidlichkeit der Revolution sehr in Grenzen. Gerhard Zwerenz skizzierte das Dilemma, in dem sich viele Autoren befanden, die die Bundesrepublik verändern wollten, aber keinem der angebotenen Rezepte etwas abgewinnen konnten: »Die Alternative Revolution – Reform beziehungsweise hie Enzensberger, hie Grass, verrät heute nichts mehr als die Schlichtheit ihrer Verkünder. Die Revolution ist unmöglich, die Reform zu wenig.«

Dass Schriftsteller seit Mitte der 60er Jahre in einem stärker polarisierten intellektuellen Klima eingreifen wollten, war auch anderwärts zu beobachten, »Tod der Literatur«?

etwa unter Journalisten.[210] In der Literaturwissenschaft oder der Pädagogik löste die interventionistische Wende Grundsatzdebatten um das fachliche Selbstverständnis aus.[211] Zu den Fehlwahrnehmungen, die die radikalen Revisionen häufig auslösten, gehörte auf dem Gebiet der Literatur die These vom »Tod der Literatur«. Anders, als ihnen unterstellt wurde, hatten Enzensberger, Karl Markus Michel und Walter Boehlich im *Kursbuch 15* vom November 1968 keineswegs den Abschied von der Literatur proklamiert. Vielmehr wurde hier am Ende eines Jahres, in dem sich die Welt schneller gedreht hatte, über Stand und Perspektiven des eigenen Tuns nachgedacht.[212] Enzensberger verkündete nicht, sondern bespöttelte die wiederkehrende Rede vom Ende der Literatur, die schon immer dem Geschäft förderlich gewesen sei. Vor allem stellte er die Frage, wie man schreiben sollte, wenn man gesellschaftlich etwas bewirken wollte. 1967 und 1968 war in der Gesellschaft ein großes demokratisches Potenzial sichtbar geworden, das auf die Schriftsteller nicht angewiesen war und deren angemaßte Avantgarderolle bei der Demokratisierung in Frage stellte. Gleichzeitig hatte die Kulturindustrie ihre gewaltige Integrationsfähigkeit unter Beweis gestellt und die ernüchternde Erkenntnis hinterlassen, dass avantgardistische Form und Rebellion nicht mehr automatisch Hand in Hand gingen. Zum Schreiben von Gedichten, Erzählungen und Dramen gehörte künftig das »Risiko, dass solche Arbeiten von vornherein, unabhängig von ihrem Scheitern und Gelingen, nutz- und aussichtslos sind. Wer Literatur als Kunst macht, ist damit nicht widerlegt, er kann aber auch nicht mehr gerechtfertigt werden.«[213] Enzensberger selbst – nicht widerlegt – schrieb auch weiterhin Gedichte, die erst Jahre später veröffentlicht wurden, aber Schriftsteller, »die sich mit ihrer Harmlosigkeit nicht abfinden können«, hätten andere Vorbilder, »bescheidene«, wie er meinte: Wallraffs Industriereportagen, Bahman Nirumands Persien-Buch, Ulrike Meinhofs Kolumnen in *Konkret*.

Dokumentarische Literatur   In dieser Debatte ging es nicht um das Ableben der Literatur, sondern um die Frage nach ihrem Gesellschaftsbezug, nach den Möglichkeiten des Eingriffs. Wie konnte sie erreichen, so formulierte es 1967 der Germanist Helmut Lethen, »dass die Versprechen der Kunst im Materiellen eingelöst werden«?[214] Die politische Überformung der Literatur zeigte sich in der Entdeckung Walter Benjamins als Fürsprecher einer Politisierung der Kunst, in der Wiederbelebung linksradikaler Belletristik der Weimarer Republik und im Aufstieg der sozialdokumentarischen Literatur. In dokumentarischer Form wurden nicht mehr nur zeitgeschichtliche Themen bearbeitet – wie zuvor auf dem Theater von Kipphardt, Hochhuth oder Weiss –, sondern unbekannte Zonen der Gegenwartsgesellschaft ausgeleuchtet. Nicht subjektiv gefiltert oder wissenschaftlich zugerichtet, sondern direkt und unverfälscht – so der Anspruch – sollte die Wirklichkeit zur Sprache kommen. Die ohne Angabe von Auswahlkriterien und Bearbeitungsverfahren publizierten »Bottroper Protokolle« (1968) der Autorin und Dokumentarfilmerin Erika Runge wurden zum Prototyp einer dokumentarischen Literatur mit Unmittelbarkeitsanspruch. Acht Interviews – darunter eine Putzfrau, ein Beat-Sänger, eine Angestellte und ein kommunistischer Betriebsratsvorsitzender – beleuchten Lebensweisen in der »Klassengesellschaft« einer Ruhrgebietsstadt. Dass sich Arbeiter im O-Ton äußerten, begrüßte Martin Walser, weil eine selbst in ihrer »antibürgerlichen« Façon »bürgerliche« Literatur sie nicht angemessen zum Sprechen bringen könne.[215] Institutionalisierte Formen nahm die literarische Selbsttätigkeit von Arbeitern (und Intellektuellen, die ihnen dabei zur Seite stehen wollten) in Gestalt des 1969 gegründeten »Werkkreises Literatur der Arbeitswelt« an, der auf frühe Initiativen der Gruppe 61 aufbauen konnte und eine Reihe lokaler Werkstätten etablierte.[216]

Natürlich waren Realitätsbehauptungen, die mit der dokumentarischen Literatur verbunden wurden, fragwürdig. Ebenso wie der Bedarf an »authentischen« Leitbildern, der nicht in erster Linie aus den Bedürfnissen der Untersuchten rührte. Aber zum einen wurde das Konstruierte dokumentarischer Literatur z. T. durchaus reflektiert – etwa in Enzensbergers biographischem »Roman« »Der kurze Sommer der Anarchie« von 1972 über den spanischen Anarchisten Buenaventura Durutti. Und zum anderen war das starke Interesse der Nachwuchsintellektuellen an Unterschichten auch Teil einer gesellschaftlichen Öffnungsbewegung. Das Ziel einer »politischen Alphabetisierung Deutschlands« (Enzensberger) oder gar eine platte Anverwandlung an die Arbeiterklasse waren damit nur teilweise verbunden. Eher handelte es sich um soziologische Unternehmungen, die der empirischen Erforschung einer unbekannten Welt dienten. Diesem Bedürfnis nach sozialer und kultureller Grenzüberschreitung kam der »Werkkreis Literatur der Arbeitswelt« entgegen, der sich zum Ziel setzte, »Informationen und Informanten aus der Arbeitswelt in der Bundesrepublik wieder zur Geltung zu bringen«.[217] Dass die Öffentlichkeit unter dem Vorzeichen des politischen Engagements dazu mehr denn je bereit war, zeigt sich am Erfolg seiner im Fischer Taschenbuch Verlag publizierten Reihe, die am Ende der 70er Jahre 28 Titel in einer Auflage von 670 000 Exemplaren vorweisen konnte.

In ihren Statements und politischen Präferenzen, den Zielgruppen und kulturellen Vorlieben waren viele der jungen, politisch engagierten Schriftsteller der späten 60er Jahre nach wie vor verhaftet in traditionellen Bezügen: »Cross the border – close the gap«

Schriftform, rationaler Diskurs, Klassengesellschaft. Noch reflektierten wenige den Aufstieg der neuen Medien, die Folgen der Pop- und Drogenkultur, die Tendenzen der Individualisierung, die in ihrem Alltag durchaus eine Rolle spielten. Abwehr war die vorherrschende Reaktion auf das Statement des amerikanischen Literaturwissenschaftlers Leslie A. Fiedler, der 1968 in einem vieldiskutierten Vortrag die literarische Moderne für passé erklärte, eine Ausdehnung des Literaturkonzepts auf Trivialliteratur – Western, Comics, Science-Fiction, Pornographie – forderte und die Mythen, die die Massenkultur erzeugte, für legitim erklärte.[218]

Fasziniert von der emotionalen Energie des Jazz, des amerikanischen Beat und des Underground äußerten sich in der Bundesrepublik anfangs nur wenige Intellektuelle wie etwa Joachim Ernst Berendt, Karl Otto Paetel oder Rolf-Ulrich Kaiser. Erst nachdem die Möglichkeiten ihrer Intellektualisierung ausgelotet waren, wurden Stile aus der Welt der Massenkultur als respektable Kultur wahrgenommen. Als ihr Ansturm in den 60er Jahren drängender wurde, nahm die Skepsis des weit überwiegenden Teils der Schriftsteller noch zu. Das Einwirken bunter Bilder und lauter Musik stellte den Anspruch der Literatur auf Dauerhaftigkeit, Tiefe und Sinn ebenso in Frage wie die Avantgarderolle der Schriftsteller, die sich als Erzieher verstanden und die vermeintliche Verdummung der Bevölkerung durch Konsum und Kulturindustrie bekämpften. Manche von ihnen verstanden sich als Marxisten, die von Fiedler direkt attackiert wurden – als Verteidiger der »Rationalität und der Vorherrschaft des politischen Faktums; sie sind ihrem Wesen nach Feinde einer Zeit des Mythos und der Leidenschaft, der Sentimentalität und der Phantasie.«[219] Dagegen brachten die Vertreter des Rationalismus das Argument der NS-Vergangenheit in Anschlag: Vor diesem Hintergrund verbiete sich jeder neue Romantizismus. Während sie per Aufklärung einem politischen Rückfall vorbeugen wollten, entwickelten andere Aversionen »gegen eine avantgarde, die nach deutscher eiche riecht« und orientierten sich an US-amerikanischen Vorbildern.[220]

Rolf Dieter
Brinkmann

Auf Fiedlers Seite schlug sich nur eine kleine Minderheit, die selbst mit Elementen der Popkultur experimentierte. In der Debatte bezog nur Rolf Dieter Brinkmann Stellung für ihn. Brinkmann kam aus der »Kölner Schule« um Dieter Wellershoff und brachte 1968, als verschiedene subkulturelle Strömungen mit Impulsen aus den USA und Großbritannien zu einem »Underground« verschmolzen, zwei Pop-Gedichtbände sowie den Roman *Keiner weiß mehr* heraus. 1969 erschienen bei Kiepenheuer & Witsch *Silverscreen. Neue amerikanische Lyrik* und – herausgegeben mit Ralf-Rainer Rygulla – im MÄRZ

Verlag die Anthologie *Acid. Neue amerikanische Szene.* Mit *Acid* wollten die Herausgeber ein »Gesamtklima« zeigen, »das sich seit dem Auftreten der Beat-Generation Mitte der fünfziger Jahre andeutete und von der nachfolgenden jüngeren Generation aufgegriffen, modifiziert und weiterentwickelt worden ist«.[221] Auch wenn hier dadaistische, surrealistische und situationistische Traditionen einflossen, waren die Vertreter der frühen literarischen Postmoderne zum Teil radikaler auf die Gegenwart fixiert als politisch engagierte Autoren, die ihre Motivation eher aus historischen Problemlagen und sozialen Utopien bezogen.[222] Für Brinkmann war das präsentistische Schreiben im Stile des Pop ein zeitgemäßer Weg, das Ziel aller Avantgarden einzulösen und Kunst und Leben miteinander zu versöhnen: »Alles ereignet sich nur *jetzt, in einem Augenblick*, und in diesem einen Augenblick ist die Person, die schreibt, anwesend. Sie schreibt nicht, um ›Literatur‹ weiterzuentwickeln [...], sie realisiert *sich* jetzt in diesem einen Gedicht.«

»Grundlagenforschung der Gegenwart« (Brinkmann) betrieben einige jüngere Autoren besonders mit Hilfe der Popmusik, die Walser, Weiss oder Enzensberger schon aus Altersgründen weniger zugänglich war. Bereits in seinem Statement zu Fiedler fragte sich Brinkmann, ob er nicht lieber den Sound der Doors lauter stellen sollte, »anstatt weiterzutippen«.[223] Dass hier eine Verbindung mit Zukunft entstand, zeigte sich schon vor Fiedlers Vortrag an der Tatsache, dass nicht mehr nur randständige Medien sie popularisierten. Seit März 1968 veranstaltete der Norddeutsche Rundfunk eine vierzehntägige Sendereihe, in der unter dem Titel »Autoren als Disk-Jockeys« jüngere Schriftsteller wie Peter O. Chotjewitz oder Peter Handke Popmusik präsentierten. Derartige Fusionen von Literatur und Musik bauten auf der Jazz-und-Lyrik-Tradition der 50er Jahre auf, erhielten aber durch die gesellschaftskritisch gefärbte Musik von der US-Westküste neue Schubkraft und eine politische Note. Anders, als viele Beobachter meinten, war Popmusik nicht in erster Linie als modisches Accessoire für Schriftsteller interessant, sondern formal – in ihrem Eklektizismus, der Unmittelbarkeit, dem Authentizitätsanspruch und den Effekten. Als Hubert Fichte am 2. Oktober 1966 im Star-Club zu den Songs der Liverpooler Band Ian and the Zodiacs aus seinem ethnographischen Gammler-Roman *Die Palette* las, verbanden sich zwei auch formal zusammengehörige Stränge der jungen Kultur in der gemeinsamen Performance an einem subkulturellen Ort. In der Öffentlichkeit wurde dieser viel beachtete Auftritt als Akt kultureller Grenzüberschreitung gewertet, verbunden mit Demokratisierungseffekten. Die Zeitschrift *Twen* sah in der »Kombination von unterkühlter Erzählung und heißem Beat« sogar »eine neue Kunstform«

Beat & Prosa

entstehen.[224] In *Konkret* lobte Uwe Herms den Star-Club als Ort der Demokratie, der den Horizont weitete und die Selbsttätigkeit der Besucher anregte, »Widerspruchs- und Teilnahmsfreude« freisetzte.[225] Schon hier deutete sich an, dass die modernen Massenkulturen und politische Ideale keineswegs so unvereinbar waren, wie die polarisierte Literaturdebatte suggerierte. Gerade in den Jahren nach 1968 verbanden jüngere Autoren wie Chotjewitz, Salzinger oder Elfriede Jelinek Elemente der Massenkultur und politische Kritik – teilweise mit revolutionärem Anspruch – zu einem Mischkonzept, das Individuum, Kunst und Gesellschaft gleichermaßen umfasste.

Hubert Fichte   Wie kurz gegriffen und eng der Politikbegriff war, mit dem um 1968 häufig hantiert wurde, zeigt das Werk Fichtes, der als mehrfacher Teilnehmer an den Tagungen der Gruppe 47 schon zu den etablierten Autoren gehörte. Fichte kam bedeutenden gesellschaftlichen Umbrüchen nur auf die Spur, weil er weit unterhalb dessen ansetzte, was gemeinhin als »politisch« verstanden wurde. Durch Feldforschungen in der Hamburger Kneipe Palette (seit 1962) und der Psychedelic-Diskothek Grünspan (seit 1967) erkundete er Subkulturen, die sich als Ausdruck gesellschaftlicher Transformationen erweisen sollten. Hinzu kamen lange Forschungsreisen in Länder der Dritten Welt, die in politischen Statements und kulturellen Adaptionen der meisten Europäer nur als Projektionen eigener Bedürfnisse vorkamen.[226] Um nicht durch Deutung und Klassifizierung den kolonisierenden Blick zu verlängern, beschränkte sich der »lyrische Reporter« auf die dichte Beschreibung fremder Welten in Hamburg und Südamerika. Stärker als in anderen der Pop-Literatur zugerechneten Texten wird hier die Vergangenheit zum Verständnis der Gegenwart herangezogen. Die aus fragmentarischen Beobachtungen, Zitaten, biographischen Skizzen gefügten Texte signalisieren Offenheit statt auktorialer Deutungsmacht – eine Form, die Fichtes ethischem Anspruch einer »Ästhetik als Menschenfreundlichkeit, Würde« am ehesten entsprach.[227] Die angesichts der existenziell und kulturell bedrohten Sujets seiner Bücher gestellte Frage, was »uns denn eigentlich« »retten« könne, beantwortete Fichte mit der nur vordergründig bescheidenen Auskunft: »Ich weiß nicht, was uns retten kann. Ich glaube, uns kann nichts retten, es sei denn, der sorgsame Versuch, uns selbst und andere kennen zu lernen.«

Bernward Vesper   Prominentes Beispiel postmoderner Prosa aus dem Radikalisierungsschub nach 1968 ist Bernward Vespers »Romanessay« *Die Reise*. Geschrieben vom August 1969 bis zu seinem Selbstmord am 15. Mai 1971, verarbeitete Vesper in diesem autobiographischen Passagenwerk u. a. politische Überlegungen, Kindheitseindrücke, Drogenerfahrungen, Sexualphantasien, Reflexionen über Felix, den gemeinsamen Sohn mit Gudrun Ensslin.[228] Immer wieder zum Roman oder sogar »Nachlass einer ganzen Generation« (*Weltwoche*) stilisiert, spiegelt Vespers Buch jedenfalls stärker als andere die Verquickungen von NS-Vergangenheit, autoritärer Erziehung, Lebensstilexperimenten und politischer Radikalisierung wider, weil der Autor Sohn des prominenten Dichters Will Vesper war, der an seinen völkischen Überzeugungen auch nach 1945 festhielt. Kombiniert mit Reiseerfahrungen der unterschiedlichsten Art, die zwischen Dichtung und Wahrheit, Reflexion und Engagement changieren, nimmt der Bericht über Kindheit und Jugend einen immer größeren Raum ein, während sich gleichzeitig mit dem Gefühl der Bedrohung durch eine feindliche Umwelt die Radikalität der politischen Aussagen steigert. Ein »Zeitdokument ersten Ranges« ist dieser literarische Trip ins Extrem, weil er überscharf zeitgenössische Empfindungen und Utopien einer größeren Gruppe junger Bundesbürger herausarbeitete.[229]

Zwar brachte sich das Bedürfnis nach einem Bezug zur Gesellschaft und nach politischem Engagement in der Bildenden Kunst gebrochener zur Geltung als in der Literatur, aber gesellschaftliche »Relevanz« war auch hier das Ziel zahlreicher Richtungen. Ein weiterer Innovationsschub ging von ihrer Intermedialität aus – dem Bemühen, verschiedene, bis dahin getrennte Ausdrucksformen wie Literatur, Film, Musik oder Performance zu kombinieren. Unter dem Vorzeichen des Kalten Krieges hatte der Realismus als staatssozialistische Ideologie, abstrakte Kunst hingegen als Ausdruck freien Geisteslebens im Westen gegolten. Diese bipolare Anordnung erodierte mit der Entspannungspolitik, aber auch weil Gegenbewegungen zum Abstrakten Expressionismus entstanden, die sich stärker auf gegenständliche Sujets bezogen, ohne ein widerspiegelungstheoretisches Dogma zu vertreten.[230] Einen bedeutenden Schub erhielt der neue Realitätsbezug durch den Aufstieg der elektronischen Massenmedien und der Populärkultur, die den Alltag immer stärker prägten. Schon 1956 hatte Richard Hamiltons Collage »Just what is it that makes today's homes so different, so appealing« die mediale Überformung des Wohnzimmers durch technische Gerätschaften und Medienfiguren thematisiert und damit programmatisch den Einfluss der Massenkultur zum Gegenstand bildender Kunst erhoben. Wie britische Künstler der Independent Group am Londoner Institute of Contemporary Arts, die seit den 50er Jahren mit neuen Medien und Technologien experimentierten und neue theoretische Zugänge wie Marshall McLuhans Medienkonzept erprobten, reflektierten auch ihre amerikanischen Kollegen die Wirklichkeit der Konsum- und Mediengesellschaft.[231] Unter dem Sammelbegriff »Pop Art« ent-

Bildende Kunst

stand daraus eine der größten künstlerischen Bewegungen des 20. Jahrhunderts, die sich in der Bundesrepublik erst in der zweiten Hälfte der 60er Jahre durchsetzte; 1967 beherrschte sie den Kölner Kunstmarkt. Die Pop Art bezog auch Anregungen aus der Anti-Kunst der ersten Jahrhunderthälfte, ohne unbedingt deren gesellschaftsverändernde Zielsetzung zu übernehmen. Ihr methodisches Prinzip, die Collage, war eine Möglichkeit, das Erhabene zu destruieren und den Alltag einzubeziehen. Zur grundsätzlichen Kunstkritik radikalisiert wurde diese eklektische Methode der Formgebung im Dadaismus, der durch die Verwendung massenhaft produzierter Alltagsgegenstände das autonome Schöpferideal unterlief und die ihrem ursprünglichen Kontext entrissenen Fragmente in einen neuen Sinnzusammenhang stellte. Zum Vorbild der neuen Welle von Anti-Kunst in den 60er Jahren wurde Marcel Duchamp. Die Pop Art durchbrach die Vorherrschaft der abstrakten Kunst, indem sie auf die dadaistische Tradition zurückgriff und damit das inzwischen ungeheuer angewachsene Material des Massenkonsums erschloss.

Pop Art   In der westdeutschen Bilderwelt spielte Pop Art eine wichtige Rolle, allerdings weniger als hochkulturelles Produkt, sondern in der Werbegrafik – von der auch manche Pop-Art-Größen wie Andy Warhol kamen –, der Musikkultur und Alternativpresse. Das Cover der Beatles-LP *Sgt. Pepper's Lonely Hearts Club Band* (1967), mit der der britische Pop-Art-Künstler Peter Blake das Anregungspotenzial der Medienwelt ausstellte, ermutigte auch in der Bundesrepublik Künstler zum Eklektizismus, zur Collage und zur Gestaltung psychedelischer Phantasiewelten.[232] Die Malerin und Grafikerin Gertrude Degenhardt erschloss mit einer 1968 veröffentlichten Mappe zu den Songs von »Sgt. Pepper« die lebensweltlichen und bewusstseinserweiternden Elemente der Poprevolution für eine deutsche Intellektuellenszene, die hoch politisiert war und der Kommerzialisierung des alternativen Alltags mehr als skeptisch gegenüberstand.[233] In provokative Vignetten-Ensembles (»Himmel« und »Hölle«) sortierten im selben Jahr die Grafiker Ute und Hans-Ulrich Osterwalder für *Twen* Ikonen der Populärkultur. Darunter befanden sich neben Popstars wie Jane Fonda (positiv) und Roy Black (negativ) auch zahlreiche politische Akteure von Konrad Adenauer bis Rudi Dutschke, was den hohen Politisierungsgrad der westdeutschen Gegenkultur widerspiegelte.[234]

Ohne Rahmen und Sockel   Unter dem Vorsatz der Entauratisierung wurden die traditionellen Präsentationsformen des Kunstwerks, Rahmen und Sockel, in Frage gestellt und die Grenzen der bildenden Kunst zu Musik, Film, Tanz und Theater gezielt überschritten. Nicht nur das zu neuer Blüte gelangte Ideal der Einheit von Kunst und Leben brachte in den 60er Jahren eine Vielzahl von künstlerischen Richtungen hervor, die gleichzeitig bestanden und dem Differenzierungsschub entsprachen, den auch Politik und Gesellschaft erlebten: Richard Serras und Eva Hesses sockellose Skulpturen aus Blei und Stoff, Land Art, neurealistische Fallenbilder (Daniel Spoerri) und schrillbunte Papiermaché-»Nanas« (Niki de Saint Phalle), Minimal Art von Sol Le Witt und Hanne Darboven, Gerhard Richters und Sigmar Polkes Abbildexperimente mit Versatzstücken der Massenkultur (»Kapitalistischer Realismus«), Dieter Roths Lebensmittel-Skulpturen. Weniger kommerzialisierbar als die Pop Art und gleichzeitig stärker auf die Gesellschaft bezogen war die Aktionskunst. Inspiriert vom amerikanischen Happening, von Surrealismus und Situationismus entstanden in den frühen 6oer Jahren performative Kunstformen, die ihren Anspruch auf Wirksamkeit einlösten, indem sie die traditionellen Orte der Kunst, Museum und Galerie, verließen, mit elektronischer Musik und Videotechnik experimentierten und in der zweiten Hälfte der 6oer Jahre politischer und angriffslustiger wurden.[235]

Wichtigster deutscher Vertreter von Fluxus, der Bewegung, die mit Konzerten und »Events« Kunst aus ihren schematisierten Formen lösen und in einen medial fluiden Zustand versetzen wollte, blieb Wolf Vostell. Fluxus-Kunst, so die konsumkritische Idee, konnte nicht vermarktet werden, weil sie nicht gegenständlich war, sondern situativ kreiert und erfahren wurde. Durch Kombinationen beiläufiger bis brachialer Ausdrucksformen wurde Kunst als Lebenspraxis inszeniert und zielte auf Bewusstseinsveränderung. Nach »Dé-Collagen« und Straßenaktionen in den frühen 6oer Jahren griff Vostell in den Folgejahren immer direkter politische Themen auf.[236] 1964 veranstaltete er ein Happening auf einem Militärflugplatz, was wegen angeblicher Verletzung der »Würde der Bundeswehr« (die ihn unterstützt hatte) zu einer Anfrage im Bundestag führte. 1967 kritisierte er den Zusammenhang von Konsumgesellschaft und Vietnamkrieg, indem er mit Spielzeugbomben gefüllte Schaufensterpuppen in Brand setzen ließ (»Miss Vietnam«). Seine Plastik »Ruhender Verkehr« von 1969 – es handelt sich um einen bei laufendem Autoradio einbetonierten Opel Kapitän vor einer Kölner Galerie – stellte er in einen Zusammenhang mit der Zweckentfremdung von Autos für den Barrikadenbau im Pariser Mai von 1968.

Zu den in der Bundesrepublik aktiven Fluxus-Künstlern gehörte auch der Koreaner Nam June Paik (1932–2006), der in Freiburg studierte, von John Cage beeinflusst war und im elektronischen Studio des Westdeutschen Rundfunks in Köln im Austausch mit dem Avantgarde-Komponisten Karlheinz Stockhausen stand.[237] Im Fluxus-Kontext erregte Paik 1962 mit der Zer-

Wolf Vostell

Nam June Paik

störung einer Violine (»One for Violin Solo«) Aufsehen, machte jedoch in der Folgezeit vor allem als Pionier der Videokunst von sich reden, die sich dem einseitigen Kommunikationsstrom des Fernsehens widersetzte und das künstlerische Potenzial der Aufzeichnungstechnologie für jedermann erkundete. 1969 inszenierte er in New York das Projekt »TV Bra for Living Sculpture«: Seine Partnerin Charlotte Moorman, die »Jeanne d'Arc der Neuen Musik«, spielte auf einem Cello und trug dazu einen Plastik-BH mit einmontierten Mini-Bildschirmen, die eine Videokamera mit Bildern vom Geschehen versorgte. Die Doppelkodierung des »TV Bra« als gegenständlicher Blickfang und Reflexionsmedium zugleich sollte für die Vielschichtigkeit der Medienwelt sensibilisieren. 1969/70 entwickelte Paik den ersten Video-Syntheziser, der die »Entmaterialisierung« (Wulf Herzogenrath) der Videokunst ermöglichte, indem er künstliche Fernsehbilder erzeugte.

Ferdinand Kriwet

Nah an der Alternativszene bewegte sich Ferdinand Kriwet, dessen »Seh-« und »Hörtexte« die durch die neuen Medien vorangetriebene Erosion der Gattungsgrenzen reflektierten. Er löste die Schrift aus dem Kontext von Buch und Zeitung und lotete durch Experimente mit Buchstabengrößen, Formen, Farben und Materialien (»Lesewald«, »Rundscheibe«, »Poem-Painting«) ihre visuellen Wirkungsmöglichkeiten aus: »Nicht länger in Buchhandlungen allein, sondern mehr und mehr ins Kaufhaus, in den Supermarkt, in den Kiosk, in Galerien, Schallplattenläden drängt es die Poesie der Zukunft«.[238] Kriwet setzte sein radikal auf die Massenkultur gerichtetes Postulat »Kunst ist Unterhaltung« u. a. durch Beteiligung an der besonders kreativ erblühenden Gegenkultur des Rheinlands um. Seine kreisförmigen »Sehtexte« illuminierten die Tanzfläche des 1967 eröffneten Creamcheese in Düsseldorf – des ersten Underground-Clubs der Bundesrepublik, von Günther Uecker und der Künstlergruppe Zero als »Aktionsraum« konzipiert –, seine Mixed Media Show, aufgeführt mit den Mothers of Invention, erregte Aufsehen beim ersten europäischen Popfestival, den Internationalen Essener Songtagen 1968.[239] Akustische Eindrücke von der Medienresonanz auf die Mondlandung fing Kriwet 1969 bei einer Reise nach New York ein und verarbeitete sie zu der 15-minütigen Collage »Apollo Amerika«, die am 20. November 1969 vom WDR ausgestrahlt wurde. Andere »Hörtexte« zur Stimmenvielfalt im weltumspannenden Äther folgten.

Wiener Aktionismus

Aktionskunst in ihrer provokativsten Form betrieben seit 1962 die Wiener »Aktionisten« Otto Mühl, Hermann Nitsch, Günter Brus und Rudolf Schwarzkogler, deren Körperkunst hartnäckigste Tabus durchbrach.[240] Weil ihre Version dekonstruktiver Kunst den Körper zum Gegenstand der virtuellen (Selbst-)Zerstörung machte, stellte sie Erlebniskonventionen besonders radikal in Frage und löste nicht nur Schock, sondern auch Strafverfahren aus. In Nitschs »Orgien Mysterien Theater« spielen Kreuzigungsrituale eine zentrale Rolle, bei denen Tierkadaver Gegenstand und Materiallieferanten (Innereien, Blut, Fell) zugleich sind – wobei sich das Körpermaterial häufig auf Menschen ergießt. Auf Enttabuisierung und Bewusstwerdung durch die »rituelle Orgie« laufen auch Otto Mühls »Materialaktionen« hinaus, die zur »Beschüttung« auch Lebensmittel und Klistierspritze einbeziehen. »Pissaktionen« (1968) und die antikonsumistische Performance »Oh Tannenbaum« vom Dezember 1969, bei der vor Publikum geschlachtet wurde, Urin, Kot und ein nackter Frauenkörper zum Einsatz kamen, radikalisierten das Aktionsinventar formal und stellten es in einen politischen Kontext. Brus, dessen »Selbstverstümmelung« (1965) schon schmerzhafte Praktiken ausstellte, überstieg das Symbolische in »Zerreißprobe« (1970), indem er sich mit einer Rasierklinge Verletzungen zufügte.

Den größten Bekanntheitsgrad unter den Aktionskünstlern der 60er Jahre erreichte Joseph Beuys, der nach seiner spektakulären Entlassung von der Düsseldorfer Kunstakademie 1972 das zeitgenössische Ideal des Künstlers als Gesellschaftsreformer verkörperte.[241] Beuys betrachtete Kunst und Gesellschaft als eine Einheit (»Soziale Plastik«) und griff durch diesen »erweiterten Kunstbegriff« bewusst auf gesellschaftliche Belange über. Aber seit seiner Beteiligung an der Fluxus-Bewegung von 1963 bezog er zunehmend auch politisch Stellung. Spektakuläre Aktionen unter Einbeziehung der eigenen Person, Konflikte mit der Kultusbürokratie, mäzenatische Förderung durch den Darmstädter Pop-Art-Sammler Karl Ströher und ein Survival-Outfit aus Anglerweste, Hut und Tasche prädestinierten ihn zum Medienstar einer »Kulturgesellschaft«, die auf Augenhöhe mit den anderen westlichen Ländern gelangen wollte. In Alltag und Industrie beheimatete Materialien wie Fett, Filz und Gummi, die der Aktionskünstler für seine Installationen verwendete, unterstrichen den Anspruch auf eine demokratische Kunst.[242] Ausgehend von einer ganzheitlichen, an Rudolf Steiner angelehnten Anthropologie, wollte er die Gesellschaft von der Kunst her harmonisieren und setzte sich für den Ausbau politischer Teilhabemöglichkeiten ein. 1967 gründete er die »Deutsche Studentenpartei« (die in der Studentenbewegung auf wenig Gegenliebe stieß), 1971 die »Organisation für direkte Demokratie durch Volksabstimmung« und kandidierte 1976 für die ökologisch-konservative Aktionsgemeinschaft Unabhängiger Deutscher zur Bundestagwahl. Seit 1979 versuchte er seine Sendung von einer Gesellschaft jenseits der Ideologien durch das Engagement bei

Joseph Beuys

den Grünen zu verwirklichen. Der Weg von politischen Kunstschöpfungen zu einer Alternativpartei konnte freilich nicht darüber hinwegtäuschen, dass hier nach wie vor ein (männlicher) Künstler als autonomer Schöpfer agierte, dessen bevorzugte Form seit den frühen 70er Jahren die Performanz in Vortrag und Diskussion wurde.[243]

Neue Musik Intermediale Ansätze zeigten sich nicht nur in der Bildenden Kunst, wo zahlreiche Grenzüberschreitungen zur Neuen Musik oder zur Performance zu beobachten waren. Auch in Musik, Theater und Film waren derartige Grenzüberschreitungen häufig. Um 1968 erreichte selbst die als »schwierig« betrachtete Neue Musik, die bis dahin nur von einer sehr kleinen Minderheit geschätzt wurde, größere Resonanz, weil sie sich gegenüber dem auf Egalität und Partizipation gerichteten Zeitgeist öffnete.[244] Karlheinz Stockhausen, Pionier der seriellen Musik am Kölner Studio für elektronische Musik, beeinflusste zahlreiche Pop-Bands wie die Beatles – die ihn in die »Crowd« auf ihrem Sgt.-Pepper-Album von 1967 aufnahmen – und Pink Floyd; in einer der erfolgreichsten deutschen »Krautrock«-Bands, Can, spielten einige seiner Schüler. Andere Komponisten wie Luigi Nono und Mauricio Kagel bemühten sich um Zugänglichkeit aus Gründen des politischen Engagements.

Hans Werner Henze Wie unbefangen dabei musikalische Gattungsgrenzen überstiegen wurden, lässt sich exemplarisch an Hans Werner Henzes Bühnenstück *Der langwierige Weg in die Wohnung der Natascha Ungeheuer* von 1971 studieren, das Verdi, Bach und Mahler ebenso zitierte wie Free Jazz, elektronische Musik, Foxtrott und Militärmärsche – dies alles versetzt mit profanen Alltagsgeräuschen, eingespielt per Tonband.[245] Systematisch planierte Henze die Grenzen zu anderen Kunstgattungen, indem er mit der Titelheldin die bekannte Kreuzberger Malerin zitierte, Gedichte seines Freundes Gastón Salvatore einbezog, die Musiker performativ ausstaffierte und die Klangsequenzen so aneinanderfügte, dass sie den »Kontrasteffekt von Bilderfolgen« (Henze) erzielten. Der Bewertung als »akustischer Landfriedensbruch« (*Bild*-Chefredakteur Peter Boehnisch) entsprach Henzes politische Absicht, eskapistische und reformistische Neigungen in der Studentenbewegung zu persiflieren. Affinitäten der Neuen Musik zu den linken Bewegungen der späten 60er und frühen 70er Jahre waren aufgrund ihrer Ursprünge in den revolutionären Kulturbewegungen des frühen 20. Jahrhunderts naheliegend. Henze, Mitglied der Kommunistischen Partei Italiens und 1972 Bundestagskandidat der DKP, bemühte sich auch mit anderen Werken wie dem Che Guevara gewidmeten Oratorium *Das Floß der Medusa* (1968), der internationalen Liedersammlung *Voices – Stimmen* (1973) oder der Szenischen Kantate *Streik bei Mannesmann*

(1973; zusammen mit dem Hamburger Ensemble »Hinz und Kunst«) um musikalische Zugänglichkeit, um in revolutionärer Absicht eine breitere Zielgruppe zu erreichen.[246]

In ihrem Bemühen um Verständlichkeit gingen viele junge Komponisten und Musikwissenschaftler zu Hanns Eisler über, der in der Musik eine erwünschte Politisierung der Kunst am überzeugendsten verkörperte. In der ersten Hälfte der 70er Jahre kam es in verschiedenen Städten zur Gründung von Hanns-Eisler- und Ernst-Busch-Chören, die den am revolutionären Arbeiterlied angelehnten Kosmos der Blas- und Schalmeien-Kapellen sowie Agitprop-Trupps bereicherten, aber kaum verhindern konnten, dass sich der gymnasiale Nachwuchs der Revolte eher am »Kulturimperialismus« der Popmusik orientierte.[247] Geltend machte sich der egalitäre Zeitgeist nicht nur in den Kompositionen, sondern auch durch den Bedarf an inneren Reformen des Musikbetriebs. Kritisiert wurden überkommene Strukturen ebenso wie Autoritarismus und Disziplinierung, propagiert hingegen der Abbau hierarchischer Strukturen und die Improvisation als antiautoritäre Form, die den Musiker aus dem Korsett der Komposition befreite und seine Kreativität anregte.

Joseph Beuys in Neapel, 1971

Intermedialität, Popularität und Politisierung veränderten auch die Szene der Chansonniers, Folksänger und Liedermacher, die seit 1964 eine Heimat auf der Burg Waldeck im Hunsrück gefunden hatte. Ursprünglich entstanden aus dem Bedürfnis, eine Art Gruppe 47 für das Lied zu bilden – man wollte dem französischen Chanson, amerikanischem Folk, jiddischer Folklore und deutschen Freiheitsliedern eine Bühne geben und damit dem deutschsprachigen Schlager anspruchsvolle Inhalte und Formen entgegensetzen –, versammelten sich auf der Waldeck alljährlich zu Pfingsten bald schon mehrere tausend junge Leute.[248] Sie wurden angelockt auch von der ausführlichen Medienberichterstattung (nicht zuletzt des Fernsehens, dessen Tantiemen das Festival finanzierten) und sprengten die Idee des kleinen Kreises von Fachleuten, weil der Bedarf an Reflexion über gesellschaftliche Probleme so stark gewachsen war, dass Folklore von Esther und Abi Ofarim oder Dunja Rajter

Festivals auf der Burg Waldeck

sogar in den Hitparaden vertreten war. Wie populär darf das »engagierte Chanson« sein? Welche Rolle spielt Musik beim politischen Engagement? Diese Fragen entzweiten Veranstalter und Besucher bei den Festivals von 1967 und 1968, als der Boom des internationalen Underground und die Eskalation der Studentenbewegung anscheinend Richtungsentscheidungen forderten. Fort aus dem Waldecker Winkel drängte eine Gruppe um Rolf-Ulrich Kaiser, die ein großes Popfestival im urbanen Rahmen vorbereitete – die Internationalen Essener Songtage von 1968 –, aber auch linksradikale Aktivisten, die vor die Werkstore und auf die gepflasterten Straßen wollten. Allerdings lagen derartigen Polarisierungen auch Reinheitsvorstellungen zugrunde, die von vielen Künstlern und Festivalbesuchern nicht geteilt wurden. Für sie gehörten das entspannte Ambiente eines alternativen Events und politische Opposition zusammen, wie sich am letzten Festival vom September 1969 zeigte, das zu einem großen Treffen der westdeutschen Gegenkultur wurde, schon während sie dabei war, sich in verschiedenen Strömungen zu verlieren. In der auch weiterhin links geprägten Kulturszene und den neuen sozialen Bewegungen der 70er Jahre spielten Folkmusiker und Liedermacher eine bedeutende Rolle.[249] Gegensätzliche Pole unter den Künstlern repräsentierten etwa Reinhard Mey und Franz Josef Degenhardt. Der Jurist und Schriftsteller Degenhardt fand bei seinem ersten öffentlichen Auftritt auf dem Festival von 1964 ein Publikum, das seine »Bänkellieder« zu schätzen wusste. Sie wurden in den späten 60er und 70er Jahren von vielen Intellektuellen goutiert, weil sie ebenso poetisch wie präzise und unerbittlich die Doppelmoral der Wirtschaftswundergesellschaft analysierten – die Gegenwart des Nationalsozialismus (»In den guten alten Zeiten«), Persistenz sozialer Ungleichheit (»Spiel nicht mit den Schmuddelkindern«), Ressentiments gegenüber Normabweichungen jeglicher Art (»Tante Th'rese«, »Tonio Schiavo«).[250] Ins Offensive wendete sich die Gesellschaftskritik seit 1968, als seine Texte zum Teil plakativ-politisch wurden, aber auch die Gemeinschaft einer hedonistischen Linken beschworen. Wie Degenhardt wollte Reinhard Mey, ebenso frankophil und ebenfalls seit 1964 auf der Waldeck dabei, dem inhaltlich flachen Schlager anspruchsvolle Chansons in deutscher Sprache entgegensetzen.[251] Anders als Degenhardt widersetzte er sich dem Trend zur entschiedenen Politisierung und hielt an ironischen Alltagsskizzen und Liebesliedern fest, die ihm insbesondere in den frühen 70er Jahren große Erfolge bescherten.

Theater   Eine besonders wichtige Bühne für den Zeitgeist der späten 60er Jahre bot das Theater, das ein größeres Publikum erreichte als manch andere Segmente der »Hochkultur«. Während das Theater der 50er Jahre durch die Thematisierung grundlegender Fragen der menschlichen Existenz gleichsam zeitlos agierte, erhielt es seit den frühen 60er Jahren durch das dokumentarische Theater einen Politisierungsschub. APO und Studentenbewegung beschleunigten diese Politisierung, indem sie zum Teil direkt auf die Programme einzelner Spielstätten Einfluss nahmen oder gegen Inszenierungen protestierten, aber auch, indem sie selbst performative Aktionsformen wie Happening oder Straßentheater als Mittel der politischen Arbeit etablierten.[252] Die teilweise Loslösung des Theaters aus seinem traditionellen Institutionengefüge setzte die bestehenden Bühnen auch von innen her unter Druck, so dass die größere Nähe zur Gesellschaft, zum Populären und zur Politik von Demokratisierungsforderungen und weitergehenden Mitbestimmungsmodellen begleitet wurde.[253]

Dabei wäre es ein Missverständnis, die Politisierung des Theaters allein auf der stofflichen Ebene anzusiedeln. Die eigentlichen, häufig umstrittenen Innovationen betrafen die Inszenierung – also die spezifisch künstlerische Leistung des Theaters.[254] Nicht revolutionäre Texte oder Agitationskunst, sondern die Frage, wie sich Theater und Gesellschaft zueinander verhalten sollten, politisierten eine Institution der Hochkultur, die sich in den 50er Jahren eher der Musealisierung klassischer Texte gewidmet hatte. Der als Parteigänger der SED umstrittene Bertolt Brecht wurde seit den späten 50er Jahren durch namhafte Regisseure und studentische Theatergruppen im westdeutschen Kulturleben etabliert – und damit eine Theaterauffassung, die durch eine spezifische Art der Inszenierung nicht die Einfühlung, sondern die kritische Distanz des Zuschauers zum Bühnengeschehen hervorrufen wollte. Durch den Einfluss Brechts erlebte auch das Volksstück eine Renaissance, das durch Alltagsthemen, volksnahe Sprache und Sozialkritik die Tore des Theaters weit aufstoßen sollte und seit den mittleren 60er Jahren mit Stücken von Martin Sperr (*Jagdszenen aus Niederbayern*, 1966) oder Franz Xaver Kroetz (*Heimarbeit*, 1971) auch Gegenwartsstoffe bearbeitete.

Wie versucht wurde, klassischen Texten die Aura des Überzeitlichen zu nehmen und auf ihren Erklärungswert für Zeitprobleme hin zu befragen, illustriert die Inszenierung von Schillers Stück *Die Räuber* (1966) am Bremer Theater, wo Intendant Kurt Hübner mit Regisseuren wie Peter Stein und Peter Zadek sowie Schauspielern wie Bruno Ganz und Jutta Lampe zwischen 1962 und 1973 den weit ausstrahlenden »Bremer Stil« prägte.[255] Wilfried Minks Bühnenbild, das durch eine großgezogene Pop-Art-Vorlage Roy Lichtensteins (Schusswaffe, Mündungsfeuer, CRAK!) schon auf den ersten Blick den Stoff in die Gegenwart katapultierte, entsprach die grobe, comicartige Figurengestal-

Performative Wende

tung, die Zadek zufolge die drastischen Elemente des Stückes herausarbeiten sollte. Zerstörung der exklusiven Aura und Aktivierung der Sinne per Popkultur stellten gewohnte Rezeptions- und Deutungsmuster radikal in Frage und riefen Protest ebenso hervor wie Beifall. An diesem Beispiel werden die Grundelemente der »performativen Wende« (Erika Fischer-Lichte) im Theater der späten 60er Jahren sichtbar: Nicht mehr das Werk und sein sprachlich vermittelter geistiger Gehalt stehen im Mittelpunkt, sondern die Aufführung, die körperlich-sinnliche Elemente aufwertet und visuelle Anregungen aus anderen Künsten übernimmt; das Publikum soll zur aktiven Beteiligung angeregt werden, anstatt in passiver Rezeption zu verharren.

Dass die Wende zum Performativen auch zum Wechsel in eine andere Kunstform führen konnte, zeigt das Beispiel des 1966 gegründeten Studentenkabaretts Floh de Cologne, das 1969 zur Beatmusik mit deutschen Texten überging, um ein anderes Publikum zu erreichen. Die Studenten der Theaterwissenschaft hatten es satt, vor dem Kölner Bürgertum zu spielen, das ihre wunderbar rebellischen Inhalte goutierte.[256] »Bis heute war Brecht der Größte, das hier ist besser«, kommentierte ein Zuschauer einen Auftritt von Hoffmanns Comic Teater, das zu seinen unter Masken gespielten Stehgreifstücken Beatmusik mit politischen Texten vortrug.[257] Sie sollte nicht nur zur Aktivierung des Publikums beitragen, sondern entsprach auch dem Lebensgefühl der jungen Aktivisten. Politische Botschaft und die emotionale Sprache der Musik verbanden sich so eng, dass die Truppe seit 1970 unter dem Namen Ton Steine Scherben zur einflussreichsten Polit-Rockband der Bundesrepublik wurde.[258]

Publikums-
beschimpfung

Dass nicht nur etablierte, sondern auch aufstrebende Bühnen wie das Frankfurter Theater am Turm (TAT) oder die Berliner Schaubühne in der performativen Wende den Sprung zu den tonangebenden Spielstätten schaffen konnten, lässt sich etwa an Claus Peymanns Uraufführung von Peter Handkes *Publikumsbeschimpfung* (1966) studieren.[259] Handkes »Sprechstück« strebte weder Belehrung noch Erbauung an und kreierte auch keinerlei fiktive Handlung, sondern konfrontierte das Publikum in direkter Ansprache mit sich selbst und seinen Erwartungen an das Theater. »Sie werden kein Schauspiel sehen. / Ihre Schaulust wird nicht befriedigt werden. / Sie werden kein Spiel sehen. / Hier wird nicht gespielt werden.« – So machte Handke schon in den ersten Sätzen das Publikum mit dem vertraut, was es zu erwarten hatte. Handkes Sprachgestaltung orientierte sich an der Beatmusik, deren Rhythmus sich im Sound der Bühnensprache wiederfinden sollte. Gegen die Absicht von Autor und Spielleiter betrachtete das Publikum die direkte Ansprache als Aufhebung der vierten Wand, was sich bei der zweiten Aufführung in einer versuchten Bühnenerstürmung materialisierte. Auch bei Peymann war die (geistige) Aktivierung des Publikums beabsichtigt und rangierte das Performative vor dem Inhaltlichen, während er – im Gegensatz zu Zadeks Umgang mit dem klassischen Stoff – werkgetreu inszenierte und damit die Absichten Handkes in eine adäquate Inszenierung umsetzte.

Auch die Blüte des Neuen Deutschen Films nach den Oberhausener Kurzfilmtagen von 1962 ging von einer Gruppe von Nachwuchsfilmern aus, deren Werke dem Kino in seiner tiefsten Krise ein jüngeres Publikum zuführten, weil sie sich kritisch mit sozialen und politischen Gegenwartsthemen auseinandersetzten und Zuschaueraktivierung durch Destruktion klassischer Konstruktionsprinzipien wie Linearität, Narrativität und Geschlossenheit anstrebten. Das Konzept des Autorenfilms rührte nicht nur aus der materiell begründeten Tatsache, dass der Regisseur (neben manchen anderen Tätigkeiten) häufig auch das Drehbuch schrieb, sondern aus dem Ideal, die subjektive Weltsicht des Autors in einer erkennbar eigenen Weise visuell umzusetzen.[260] Im Unterschied zur französischen *nouvelle vague* aber obsiegte im frühen deutschen Autorenfilm mitunter vor der Visualisierung das literarische Vorbild und die Intention, »rationale Überzeugungsarbeit zu leisten«.[261] Hier würde, so kritisierte Enno Patalas 1969 schon im unerbittlichen Ton, nur die »verkehrteste, reaktionärste« Voraussetzung der *politique des auteurs* aufgenommen, nämlich »das Vertrauen in die Allmacht des Regisseurs«.

Seinen Durchbruch hatte der deutsche Autorenfilm 1966. Als »Geburtstag des Neuen Deutschen Films« bewertete ein zeitgenössischer Kritiker die Premiere von Ulrich Schamonis Spielfilm *Es* (1966), der anhand einer ungewollten Schwangerschaft die Konflikte eines jungen Paares in einem Leben nach modernen Vorstellungen behandelt.[262] Gleichzeitig erkundet Volker Schlöndorffs *Der junge Törless* (1966) nach dem Stoff Robert Musils die Mechanismen bei der Erziehung autoritärer Charaktere und führt die Brüchigkeit bürgerlicher Moral vor. Alexander Kluges *Abschied von gestern* (1966) zeigt im kontrastiven Collage-Stil das Scheitern einer jungen Frau, die – zumal als ehemalige DDR-Bürgerin und Jüdin – in der formierten Gesellschaft den Launen mächtiger Männer und einer unerbittlichen Justiz ausgeliefert ist. Nicht nur Kluge, sondern auch Vlado Kristl und Jean Marie Straub experimentierten mit radikalen ästhetischen Formen.[263] Die ganze inhaltliche und ästhetische Vielfalt des Neuen Deutschen Film entfaltete sich in den Folgejahren, als der psychologisch-reflexive Fokus der ersten Produktionen in verschiedene Richtungen überstiegen wurde. May Spils brachte mit der leichten Filmburleske *Zur Sache, Schätzchen* (1967) den subversiv-hedonisti-

Neuer
Deutscher Film

schen Lebensstil jugendlicher Großstadtbewohner in die Kinos. Andererseits wurde der Gesellschaftsbezug politischer und interventionistischer, wie die dokumentarisch-agitatorischen Filme von Helke Sander (*Brecht die Macht der Manipulateure*, 1968/69) und Harun Farocki (*Die Sprache der Revolution*, 1972) besonders pointiert zeigen.[264] Der Neue Heimatfilm zwischen 1968 und 1972 changierte, ähnlich wie das sozialkritische Volksstück, zwischen der Kritik an der Rückständigkeit der »Provinz« einerseits – so etwa Volker Schlöndorffs *Der plötzliche Reichtum der armen Leute von Kombach* – und ihrer Aufwertung als Region alternativer Identitätsstiftung andererseits – beispielsweise in Reinhard Hauffs *Mathias Kneißl* (1970/71).[265] Rainer Werner Fassbinders *Angst essen Seele auf* (1973) und Hauffs *Die Verrohung des Franz Blum* (1974) thematisieren mit der »eigentlich unmöglich[en]« (Fassbinder) Liebe zwischen dem jungen Marokkaner Ali und der Witwe Emmi sowie dem Überlebenskampf im Strafvollzug die Spannung zwischen individuellen Bedürfnissen und gesellschaftlicher Norm.

Nachwuchs-
förderung
Flankiert und reflektiert wurde der Innovationsschub durch Zeitschriften wie *Filmkritik* (seit 1957) und *Film* (seit 1963), vorangetrieben wurde er durch Ausbildungsinstitutionen wie das 1962 von Alexander Kluge und Edgar Reitz gegründete Institut für Filmgestaltung in Ulm, vor allem aber durch die 1966 eröffnete erste Filmhochschule in der Bundesrepublik, die Deutsche Film- und Fernsehakademie Berlin, deren erstem Jahrgang später erfolgreiche Autorenfilmer wie Farocki, Sander und Wolfgang Petersen angehörten.[266] 1967 nahm in München die Hochschule für Fernsehen und Film ihren Betrieb auf, die weniger politisiert war, aber mit Klaus Emmerich oder Wim Wenders ebenfalls schon im ersten Jahr Nachwuchs mit großer Zukunft ausbildete. Materiell wurde der Produktionsschub seit 1966 überhaupt erst möglich durch die Gründung des Kuratoriums junger deutscher Film (1964) als Förderungswerk für Debütanten. Nach dem 1967 vom Bundestag verabschiedeten Filmförderungsgesetz, das dem deutschen Film auch auf dem internationalen Markt eine bessere Ausgangsposition verschaffen sollte, finanzieren die sogenannten »Kinogroschen« – eine Abgabe von zunächst 10 Pfennigen pro verkaufter Eintrittskarte – Produktionen, die ein besonders großes Publikum zu erreichen versprechen.

Dass dadurch auch Filme gefördert wurden, die nicht unbedingt den hohen Qualitätsstandards des Neuen Deutschen Films entsprachen, verweist auf die enorme Ausdifferenzierung des Spektrums. In der zweiten Hälfte der 60er Jahre entfaltete sich jene Pluralität, auf der dann die internationalen Erfolge des deutschen Films in den 70er Jahren aufbauten.[267] Anfang 1966 kam Louis

Malles *Viva Maria* mit Brigitte Bardot und Jeanne Moreau als Anführerinnen einer lateinamerikanischen Bauernrevolte in die Kinos und erschien Westberliner SDSlern als praktische Verkörperung der Idealverbindung von Marxismus und Anarchismus. Während realistisch inszenierte Western von Sergio Leone (*Spiel mir das Lied vom Tod*, 1968) neben einem Massenpublikum auch Studentenrevolutionäre anzogen, boomte seit 1970 die kinematografische Kommerzialisierung der »sexuellen Revolution« in Gestalt teilweise dokumentarisch drapierter *Schulmädchen-Reporte* (Regie: Ernst Hofbauer, Walter Boos).

Das zwischen *nouvelle vague* und Autorenfilm, Dokumentarfilm und populären Genres changierende Interesse eines jungen, besser gebildeten Publikums trug zur Stabilisierung des Kinos in den frühen 70er Jahren bei. Zwischen 1965 und 1976 ging die ohnehin schon rasant fallende Zahl der Kinobesucher von 294 Millionen noch um mehr als die Hälfte auf 115,1 Millionen zurück, doch die Zahl der Filmtheater – 1963 waren es 5964, 1976 nur mehr 3092 – erodierte in den frühen 70er Jahren weniger stark und stieg in der zweiten Hälfte der Dekade sogar wieder an.[268] Nicht zuletzt die in den frühen 70er Jahren entstehenden Kommunalen Kinos und Programmkinos wurden zu Orten einer Kinokultur, die abseits der kommerziellen Lichtspieltheater dem hochkulturellen Medium einen Resonanzraum bot. Im Herbst 1971 wurde auf Initiative des Kulturdezernenten Hilmar Hoffmann in Frankfurt das erste Kommunale Kino gegründet – 1978 gab es etwa 130 von ihnen. An der Schnittstelle von Marktgängigkeit und Anspruch arbeiteten kommerzielle Filmkunsttheater, die in den frühen 70er Jahren als Programmkinos einen neuen Aufschwung erlebten. 1978 waren es ungefähr 60, zu denen etwa das Cinema Ostertor in Bremen (gegründet 1969) und das Abaton Kino in Hamburg (1970) gehörten. In der vielfältigen Berliner Kinoszene nahm das 1970 eröffnete und vom Verein der Freunde der Deutschen Kinemathek betriebene Arsenal eine Leitfunktion ein.

Kapitel V
Kultur in der Zivilgesellschaft 1974–1982

Der Wechsel im Bundeskanzleramt von Willy Brandt zu Helmut Schmidt im Mai 1974 spiegelte einen gesamtgesellschaftlichen Strukturbruch wider. Markantes Zeichen für das Ende der Boomphase war die Ölkrise von 1973/74, die sich durch Sonntagsfahrverbote tief in das Gedächtnis der mittlerweile automobil sozialisierten Bundesbürger eingegraben hat.[1] Die wirtschaftliche Rezession wurde 1979/80 noch einmal verstärkt durch eine zweite Krise ums Öl. Zwischen 1969 und 1985 stieg die Zahl der Arbeitslosen von knapp 180 000 auf mehr als 2,3 Millionen, was einem Wachstum der Arbeitslosenquote von 0,9 auf 9,3 Prozent entsprach.[2] Während des »kurzen Traums immerwährender Prosperität« (Burkart Lutz) waren ambitionierte sozial- und gesellschaftspolitische Projekte entstanden – z. B. das Bundesausbildungsförderungsgesetz (BAFöG) von 1971 und die Einführung der flexiblen Altersgrenze mit der Rentenreform von 1972. Doch angesichts der knapperen Finanzen konnten die gewachsenen Erwartungen der Bürger an Globalsteuerung und keynesianisches Wirtschaftssystem immer weniger befriedigt werden.[3] Die beginnende »dritte« industrielle Revolution durch die Mikroelektronik erschütterte die tragenden Säulen ihrer beiden Vorläufer – der Schwerindustrie und der Chemie- und Elektroindustrie – und ließ große Traditionsunternehmen etwa des Bergbaus, der Schiffbau- und der Textilindustrie verschwinden. Gleichzeitig verbreiterten sich Bildungsaufstieg, Massenkonsum und Freizeit und trieben den Wandel zur Wissens- und »Dienstleistungsgesellschaft« voran.[4]

Auf der Ebene der kollektiven Mentalitäten war der Mitte der 70er Jahre abgeschlossene Wertewandelsschub nicht mehr rückgängig zu machen. Dass die Bürger einen Wert wie »Gehorsam« für minder wichtig, einen Wert wie »Selbstständigkeit« hingegen für wichtiger hielten, korrespondierte mit der Ausdifferenzierung ihrer kulturellen Vorlieben; stärker als zuvor akzeptierten sie das Nebeneinander unterschiedlicher Lebensstile. In den Künsten wurde die Pluralität von Ansätzen und Stilformen unter dem Begriff der »Postmoderne« verhandelt, der das »Ende der großen Erzählungen« (Jean-François Lyotard) von Aufklärung, Fortschritt und Modernisierung postulierte. Gleichzeitig wurde das individualistische Element der Moderne aufgewertet und zum Leitmotiv einer »radikalen Pluralität« erhoben, die sich in der künstlerischen Produktion vielfach niederschlug.[5]

Tatsächlich entstanden die Ambivalenzen in der Kultur der 70er Jahre
aus der Gleichzeitigkeit gegenläufiger Tendenzen: erstens aus der Spannung
zwischen Wirtschaftskrise und Krise des Sozialstaats auf der einen, Ausbau
der Bildung und des Massenkonsums sowie einer grundlegenden kulturellen
Liberalisierung auf der anderen Seite. Und zweitens aus der Spannung zwischen dem zunehmenden Engagement der Bürger in Vereinen, Initiativen
und Bewegungen auf der einen und der partiellen Rücknahme des staatlichen Demokratisierungsversprechens auf der anderen Seite. Die 68er-Be-
wegung machte die westdeutsche Gesellschaft mit Idee und Methoden der
partizipatorischen Demokratie vertraut, aber manche jener Gruppen, die
sich in ihrem Zerfall radikalisierten, spielten z. T. vorsätzlich (»Die Widersprüche zuspitzen!«) jenen in die Hand, die ein politisches Rollback wollten.
Mit dem »Radikalenerlass« von 1972 und den harten Reaktionen des Staates
gegen den Terrorismus ging in den Augen der Westdeutschen die Meinungsfreiheit zurück. Man solle seine Worte vorsichtig wählen, meinten 1978 so
viele wie zuletzt am Übergang der 50er zu den 60er Jahren.[6] Während die in
der zweiten Hälfte der 70er Jahre zu voller Kraft aufgelaufene konservative
»Tendenzwende« die Demokratisierung zurückzudrängen versuchte, das sozialdemokratische Modernisierungsprojekt nur begrenzt verwirklicht werden
konnte und der Linksradikalismus vollends scheiterte, mischten sich mit den
Neuen Sozialen Bewegungen immer größere Teile der Bevölkerung politisch
ein. Utopieverlust und Realpolitik unter konservativen Auspizien prägten das
geistige Klima, in dem sich die Zivilgesellschaft formte, während Partizipation
von unten die in den 60er Jahren begonnene Demokratisierung der Gesellschaft vorantrieb.

Zivilgesellschaft in der Bundesrepublik der 70er Jahre – das war eine Gesellschaft, die durch Selbstmobilisierung auf die Herausforderungen der Moderne kritisch reagierte.[7] In dem von Ulrich Beck popularisierten Begriff der
»reflexiven Moderne« wird die neue Mentalität sichtbar, die das zivilgesellschaftliche Engagement besonders stark motivierte: Anstatt den Mechanismen der Industriemoderne zu vertrauen, werden ihre Grundlagen problematisiert.[8] Die Neuen Sozialen Bewegungen der 70er Jahre waren nicht mehr
geprägt von der Forschrittseuphorie der 68er-Bewegung, sondern bekämpften die unerwünschten Nebenfolgen des Wachstums, dessen »Grenzen« der
Club of Rome 1972 aufgezeigt hatte, und wollten die drohende Eskalation
des »zweiten Kalten Krieges« um 1980 eindämmen.[9] Wie stark das Krisenbewusstsein zunahm, zeigt die Tatsache, dass demographischen Erhebungen
zufolge der Anteil derjenigen Bundesbürger, die meinten, sie lebten »in einer

glücklichen Zeit«, in den 70er Jahren kontinuierlich zurückging. Während er noch 1969 bei 58 Prozent lag, waren es 1982 nur mehr 32 Prozent.[10] Neben Umweltschutz und Hochrüstung avancierte das Verhältnis der Geschlechter zu einem zentralen Thema. Frauen hatten sich schon in den 60er Jahren stärker in der öffentlichen Sphäre zur Geltung gebracht, hauptsächlich in Arbeit, Bildung und Freizeit, doch in den 70er Jahren setzte die Neue Frauenbewegung die nach wie vor ausgeprägte Ungleichheit im Geschlechterverhältnis auf die politische Tagesordnung und wirkte weit in die Gesellschaft hinein.

Die im Laufe der 70er Jahre aus der Gegenkultur entstehenden sozialen Kristallisationen wie Linksradikalismus, alternatives Milieu und Neue Soziale Bewegungen versuchten in unterschiedlicher Weise, die Gesellschaft zu verändern und ein Leben zu verwirklichen, das sich durch Selbstbestimmung von gängigen Normen unterschied. Wesentliche Merkmale einer »neuen Subjektivität«, die sich um 1970 herausbildete und in der zweiten Hälfte der 70er Jahre erheblichen Einfluss gewann, waren das Postulat umfassender Selbstentfaltung, das Streben nach intensiven Erfahrungen und Authentizität, die individuelle Wahlentscheidung zwischen verschiedenen Optionen der Lebensführung, das Ideal projektorientierter Arbeit im Team.[11] Wie die kulturelle Avantgarde im frühen 20. Jahrhundert die im 18. und 19. Jahrhundert dominierende bürgerliche Subjektkultur in Frage stellte, so wirkte die Gegenkultur der späten 60er und frühen 70er Jahre als sprengendes Element der Subjektkultur der »Hochmoderne«, die als technokratisch, konformistisch und entfremdet empfunden wurde. Stattdessen wurde die Kollektivität der kleinen Gemeinschaft als »Voraussetzung gegenkultureller Subjektivität« betrachtet. Die Akteure der Gegenkultur implantierten der westdeutschen Gesellschaft ein Subjektivitätskonzept, das dem sozialen Trend der Individualisierung entsprach. Eine konsumistische Variante setzte das bereits in der Counterculture der späten 60er Jahre sichtbar gewordene ästhetische Potenzial ökonomisch um.[12]

Neue Subjektivität

1 Kultur für alle

Für das Individuum in der »Erlebnisgesellschaft«, wie der Soziologe Gerhard Schulze die neue kulturelle Qualität der postindustriellen Gesellschaft zu beschreiben versucht, spielen persönliche Erfahrung und Experiment eine wichtige Rolle.[13] Im Gegensatz zum Ritual, das durch ästhetische Mittel Individuen diszipliniert und mobilisiert, repräsentierte das Spiel ein kreatives Lebenskonzept.[14] Nach Überzeugung des niederländischen Kulturtheoretikers Johan Huizinga brach der »Homo ludens« die »allgemeine Verernstung der Kultur« auf, die die geistigen Bewegungen der Industriegesellschaft mit sich gebracht hatten. Dass sein erstmals 1938 erschienenes Buch *Homo Ludens. Vom Ursprung der Kultur im Spiel* als Rowohlt-Taschenbuch zwischen 1958 und 1981 mehrfach aufgelegt und sechzigtausendmal verkauft wurde, verweist auf die Bedeutung, die diesem anthropologischen Idealtypus einer Kultur der Demokratie und des Überflusses zugemessen wurde. Eine gelassene, spielerische und experimentierfreudige Kultur konnte sich überhaupt nur entwickeln, weil der Anteil der Freizeit auch im Laufe der 70er und 80er Jahre weiter wuchs – insbesondere durch den Bildungsaufstieg großer Bevölkerungsgruppen, aber auch durch die Verlängerung des Jahresurlaubs. Insgesamt wuchs die Freizeit der Bundesbürger zwischen 1969 und 1982 um ein Viertel. Während ein repräsentativer Durchschnitt der Bevölkerung 1973 seinen Anteil an täglich frei disponierbarer Zeit auf 3 Stunden und 40 Minuten taxierte (immerhin fast eine Stunde mehr als 1957), waren es 1981 nochmals über eine halbe Stunde mehr, nämlich 4 Stunden und 18 Minuten.[15] Der Zuwachs verteilte sich auf häusliche wie außerhäusliche Aktivitäten gleichermaßen, wobei die Freizeit immer weniger zur Regeneration nach anstrengender körperlicher Arbeit benötigt, sondern immer stärker als Raum für Selbstentfaltung genutzt wurde. Während 1977 noch 47 Prozent der Bundesbürger Ausruhen und 26 Prozent »etwas unternehmen, erleben« als wichtigsten Bestandteil ihrer Freizeit angaben, lagen 1983 schon beide Ziele gleichauf bei 32 Prozent.[16] Dabei waren die Freizeitanteile sehr unterschiedlich verteilt, berufstätige Frauen und Migranten etwa arbeiteten erheblich länger als der Durchschnitt der Bevölkerung. Überhaupt führte die Ausdehnung der Freizeit nicht automatisch zu mehr Gleichheit. Hier entstanden neue kulturelle Distinktionen, feinere Unterschiede, bei denen soziale Herkunft, Geschlecht, Bildungsstand, Alter und Ethnizität von Bedeutung waren. Dennoch machte die durch Freizeit, Wohlstand, Bildungsreform und Medialisierung hervorgerufene soziokulturelle Öffnung soziale Grenzen durchlässiger.

Gleichzeitig entstanden durch die ausgedehnteren Freizeitbudgets neue gesellschaftliche Problemfelder. Vor allem riefen Schadstoffausstoß und Überlastung von Verkehrsadern und Erholungsräumen durch Automobilisierung und Massentourismus ein wachsendes Umweltbewusstsein hervor. Aber auch auf anderen Gebieten wurden die »Grenzen des Wachstums« sichtbar. Häuslichkeit und Individualisierung sprengten die räumlichen Zuschnitte des Mas-

senwohnungsbaus und führten zu extensiver Zersiedelung und Landschafts-
zerstörung. Damit wurden auch utopische Hoffnungen enttäuscht, die auf
einen ungebrochenen Fortschritt in Technik, Wirtschaft und Gesellschaft
setzten.[17]

Anders als der vielgelesene David Riesman (*Die einsame Masse*) und die
meisten anderen Kulturkritiker der 50er und 60er Jahre prognostiziert hatten,
führte das Ineinandergreifen von Wohlstand, Freizeit und Massenkonsum
nicht zur Vereinsamung des Individuums. Dass sich die Bindekraft der katholischen Kirche oder des Arbeitermilieus lockerten, Dorfgemeinschaften
nicht mehr so fest gefügt waren oder Familienformen sich veränderten, empfanden die Einzelnen nicht selten als Verlust, doch wurde die Freisetzung aus
der Tradition allgemein eher als Fortschritt betrachtet. Denn es ergaben sich
bessere Möglichkeiten als je zuvor, in selbstgewählten Gemeinschaften Kultur
zu konsumieren und zu produzieren. Am Offensichtlichsten zeigte sich der
zunehmende Kommunikationsbedarf am Bedeutungszuwachs der Massenmedien, die sich in der Bundesrepublik auch im internationalen Vergleich besonders vielfältig ausdifferenzierten. Zwischen 1970 und 1985 stieg die Zeit,
die die Bürger täglich auf die Mediennutzung verwendeten, von 3 Stunden
und 34 Minuten auf 4 Stunden und 55 Minuten.[18] Dabei trat beim Fernsehen,
das 1974 in nahezu allen Haushalten vorhanden war, mit der Sättigung auch
ein Gewöhnungseffekt ein, während das von seiner Rolle als Leitmedium verdrängte Radio als Begleitmedium einen neuen Aufschwung erlebte und das
Zeitunglesen an Bedeutung verlor – insbesondere bei jungen Leuten.

Beliebter wurde der schon in den 60er Jahren zur Modernisierung gezwun-
gene Hörfunk zum einen wegen seiner Servicewellen wie Bayern 3 (ab 1971),
hr 3 (ab 1972) und SWF 3 (ab 1975), die Aktualität – Nachrichten und Ver-
kehrsinformationen in dichten Abständen – mit leichter Unterhaltung und
einer Personalisierung durch feste Moderatoren verbanden.[19] Erst um 1973
fanden die Sendeanstalten mit der Kombination von Unterhaltungssendun-
gen und Magazinen, die auf Information – Politik, Kultur, Sport – spezialisiert
waren, ein abwechslungsreiches und zugleich zielgruppenspezifisches Pro-
grammformat. Zusätzliche Popularität gewann das Radio durch Regionalisierung, wobei Live-Sendungen, die von der Beteiligung der Hörer lebten – »Bremer Container« (1970) oder »Hallo Ü-Wagen« (1974) nicht nur besonders
populär waren, sondern auch dem Ideal des wechselseitigen Austauschs von
Hörer und Medium sehr nahe kamen.

Das Fernsehen versuchte seine »Entzauberung« (Marie-Luise Kiefer) wettzumachen und sich zugleich für die Konkurrenz mit kommerziellen Anbie-

Medialisie-
rung und
Kommunika-
tion

tern zu wappnen, indem es stärker dem Unterhaltungsbedürfnis des Publikums und gleichzeitig seiner inneren Vielfalt Rechnung trug.[20] Weitgehend verflüchtigt hatte sich die Vorstellung, mit Hilfe des Fernsehens die Masse erziehen zu können. Zielgruppenprogramme sollten die Interessen spezifischer Altersgruppen, speziell von Kindern und Jugendlichen, genauer bedienen, während andererseits – was den Pluralismus wieder einschränkte – politische und ästhetisch-avantgardistische Experimente der späten 60er und frühen 70er Jahre zurückgenommen wurden. Parallel dazu schwand in der zweiten Hälfte der 70er Jahre die Bereitschaft zum engagierten Fernsehjournalismus – nicht zuletzt, weil die CDU in »Rotfunk«-Kampagnen gegen den WDR und den NDR deren vermeintlich einseitige Berichterstattung attackierte und gleichzeitig die Einführung des kommerziellen Fernsehens forderte.[21] Allein 1977 wurden einzelne Sendungen von *Glashaus – TV intern* und *Report* abgesetzt, ebenso wie Volker Schlöndorffs *Die verlorene Ehre der Katharina Blum* und Günter Wallraffs Film über die *Bild-Zeitung*. Manche von ihnen wurden aufgrund von Protesten später doch noch ausgestrahlt, wie überhaupt kritische Sendungen keineswegs vollständig verschwanden. Während der Anteil von Informationssendungen im ZDF bei 25 Prozent verharrte, wurde er in der ARD noch von 35 auf 40 Prozent gesteigert, wobei im Streit um »Ausgewogenheit« politische Magazine wie *Panorama* oder *Monitor* unter Druck gerieten.[22] Zahlreiche Fernsehspiele, Dokumentarfilme und Kooperationsprojekte von Kino und Fernsehen, die das Publikum vor den Bildschirm bringen sollten, behandelten Gegenwartsprobleme aus zeitkritischer Perspektive. Auch die in den 70er Jahren aufkommenden Talkshows wie *III nach neun* (N 3, ab 1974) und *Je später der Abend* (WDR 3/ARD, ab 1974), die den Bildschirm kommunikativ belebten, waren Teil des in der Gesellschaft tobenden politischen Meinungsstreits – bevor in den 80er Jahren ihre inflationäre Verbreitung mit inhaltlicher Verflachung einherging.[23]

Dass elektronische Massenmedien vor dem Aufkommen von Videokamera und Internet trotz aller Bemühungen in erster Linie rezeptive Medien waren, verstärkte die gängige Sicht ihres »manipulativen« Charakters. Bundeskanzler Schmidt bemängelte 1978 den angeblich übermäßigen Fernsehkonsum und legte den Bürgern einen »fernsehfreien Tag« nahe.[24] Der vom Fernsehen ausgelöste Rückgang bei Kino- und Theaterbesuchen bestätigte scheinbar den Rückzug in die private Isolation. Erst nach der Gewöhnung an das neue Medium konnten beide Institutionen ab Mitte der 70er einen Teil des verlorengegangenen Terrains wieder zurückgewinnen.[25] Der Museumsbesuch stieg bei einer wachsenden Zahl von Häusern sogar kontinuierlich, von 14 Millionen im Jahre 1970 auf über 62 Millionen 1986, weil er nicht mehr nur einem »Prestigebedürfnis« diente, sondern einer »immensen kulturellen Neugier« (Manfred Sack).[26] Unabhängig davon wurden in den 70er Jahren Stimmen lauter, die den Zuschauer oder Zuhörer nicht nur als passiven Rezipienten sahen, sondern Eigensinn und Kreativität beim Aufnehmen und Verarbeiten der vielfältigen Informationen hervorhoben. Plausibilität erhielt diese Deutung nicht zuletzt durch die Tatsache, dass parallel zur Medialisierung die individuellen und gemeinschaftlichen Aktivitäten der Bundesbürger erheblich zunahmen. Zunächst einmal bedeutete der Wandel der Familienformen – Ende der Großfamilie, Rückgang der Heiratsquoten, Zunahme der Scheidungsraten – nicht, dass der Einzelne alle Bindungen verlor. Auch weiterhin blieben die nächsten Verwandten zentrale Bezugspersonen, aber Freunde wurden zunehmend wichtiger. Selbstgewählte Freundschaften außerhalb der Familie, aber auch engere Kontakte zu Kollegen und Nachbarn zeigten, dass das Netz an zwischenmenschlichen Bindungen nicht mehr im gleichen Ausmaß von gegebenen Verwandtschaftsverhältnissen bestimmt, sondern nach eigenen Vorlieben geknüpft wurde. Dies war auch eine Folgewirkung der besseren Bildung: Formal weniger Gebildete waren stärker familien-, besser Gebildete stärker freundschaftsorientiert.[27] Gegenseitige Unterstützung in Krisensituationen oder bei gesellschaftlicher Benachteiligung gewährten auch Selbsthilfegruppen, die in den 70er Jahren boomten und 1984 auf mehr als 50 000 mit einer Mitgliederzahl von einer halben Million geschätzt wurden.

Unterstützt wurde die zunehmende Enttraditionalisierung und Flexibilisierung der zwischenmenschlichen Kommunikation durch ein technisches Medium, das Telefon. Im Laufe der 70er Jahre verdoppelte sich die Zahl der Telefone pro 100 Einwohner von 22,5 auf 45,9; 1986 waren es 64.[28] Damit lag die Bundesrepublik etwas über dem westeuropäischen Durchschnitt, aber weit hinter Ländern wie Schweden und der Schweiz, die ihr mehr als zehn Jahre voraus waren und dem Vorreiter USA am nächsten kamen. Noch bis weit in die 60er Jahre hinein wurde das Telefon hauptsächlich von Behörden und Unternehmen genutzt und hatte den Ruf des Machtinstruments – in Kafkas *Schloss* etwa wurde »ununterbrochen telefoniert«.[29] Dies änderte sich, als sich die privaten Haushalte mit dem kommunikativen »Basiswerkzeug« (Stefan Münker/Alexander Roesler) ausstatteten – 1969 waren es 31 Prozent und 1978 schon 70 Prozent. Als 1983 der Versorgungsgrad 89 Prozent erreichte, war das mausgraue oder farbige, mit Wählscheibe oder Tastenblock ausgestattete Telefon zum ubiquitären Kommunikationsmittel der breiten Masse geworden, das Einsamkeit verminderte und das Sicherheitsgefühl erhöhte. Genutzt wurde es sehr viel häufiger und intensiver von Frauen als von Männern.[30] Es war Teil einer umfassenden kommunikativen Vernetzung, die ihren zentralen Ort in der Wohnung hatte und gleichzeitig die gewachsene Mobilität in der Gesellschaft unterstützte, weil es mündlichen Austausch ohne körperliche Präsenz ermöglichte. »Die Wohnung war zum Teil der Welt geworden – das Radio als ihr Ohr, Fernsehen als Auge und Telefon als die interaktive Verbindung: Mit dieser Ausstattung konnte die Wohnung nun gleichzeitig Ausgangspunkt zur Entdeckung der Umwelt und behaglicher Ort des Rückzugs werden.«[31]

Auf zunehmende Entdeckungsfreude deutet vieles hin. Nicht zuletzt erweiterte Fremdsprachenkenntnisse und der Tourismusboom der 70er Jahre, der über die nationalen Grenzen hinausging. Während 1970 mit 54 Prozent gut die Hälfte der Bundesbürger in den Ferien ins Ausland strebten, waren es 1984 – bei einer erheblich gewachsenen Zahl von Touristen – zwei Drittel.[32] Aber der Freizeitschub hatte auch positive Auswirkungen auf das Vereinsleben. Die 1970 vom Deutschen Sportbund (DSB) gestartete »Trimm-dich«-Kampagne, die den in den vorangegangenen Jahren kollektiv angesammelten Wohlstandsspeck abtragen sollte, gab den Startschuss für eine breite Fitness-Bewegung. Der Anteil derer, die (nach eigenen Angaben) regelmäßig oder gelegentlich Sport trieben, steigerte sich von 42 Prozent im Jahre 1973 auf 53 Prozent 1981; der DSB konnte seine Mitgliederzahl zwischen 1960 und 1986 von 4,9 auf 17,1 Millionen erhöhen – besonders markant waren die Steigerungsraten bei Frauen.[33] Dass im Freizeitschub auch traditionelle Formen der Geselligkeit einen Aufschwung nehmen konnten, zeigt das Wachstum des Deutschen Sängerbundes von 1,3 auf 1,7 Millionen Mitglieder im selben Zeitraum, das sicherlich nicht nur auf Bundespräsident Walter Scheels volkstümliches Engagement als Interpret von »Hoch auf dem gelben Wagen« zurückzuführen war. Besonders stark stieg der Zulauf zu Vereinen seit der Mitte der 70er Jahre. Gehörten 1973 30 Prozent der Bundesbürger einem Verein an, so waren es 1990 58 Prozent.[34]

Trotz der Zunahme der freiwilligen Verbindungen erzeugten Rezession, innenpolitische Spannungen und Bedrohungsgefühle durch Umweltkrisen und Hochrüstung auch Vorbehalte im sozialen Miteinander. So ging die Bereitschaft, den Mitmenschen zu vertrauen, seit Mitte der 70er Jahre erstmals wieder leicht zurück. Dennoch wurde der Trend zur Teilhabe dadurch nicht nachhaltig gestört. Ein Indikator für die zunehmende Informalisierung der sozialen Beziehungen war, dass der Anteil derer, die im Gespräch mit Fremden schnell zum »Du« übergingen, zwischen 1974 und 1980 von 25 auf 32 Prozent zunahm. Besonders hoch war er bei jüngeren Menschen.[35]

In den frühen 70er Jahren belebte sich die Debatte um die Zukunft der »Kultur für alle« Stadt, die unter den Folgen von Suburbanisierung, Ökonomisierung und »autogerechter« Ausrichtung zu leiden hatte. Um die durch den Wegzug von Häuslebauern in die Vorstädte und profitable Neubauten für das Dienstleistungsgewerbe verödeten Innenstädte neu zu beleben, setzten sich der Deutsche Städtetag, Urbanisten und Kulturlobbyisten dafür ein, die Kultur näher an den Bürger heranzuführen. Zu keinem Zeitpunkt wurde – nicht nur in der Bundesrepublik, sondern, forciert durch den Europarat, auch in anderen Ländern – so intensiv über eine urbane »Kultur für alle« (Hilmar Hoffmann) diskutiert wie in den 70er Jahren. Das 1973 vom Deutschen Städtetag vorgelegte Konzept »Wege zur menschlichen Stadt« plädierte für eine Aufwertung der sozialen und kulturellen Ziele der Kommunen gegenüber wirtschaftlichen Motiven und setzte dem quantitativen ein »qualitatives Wachstum« entgegen.[36] Belebung der Innenstädte durch kulturelle Kristallisationspunkte (moderne »Marktplätze«), Einbeziehung historischer Bausubstanz, Öffnung und teilweise Dezentralisierung von Bibliotheken oder Volkshochschulen waren Mittel, um dem Bürger der »nachökonomischen Stadt« Spielräume der Aneignung zu erschließen. Einzelne Kommunen versuchten schon in den frühen 70er Jahren mit Experimenten wie »Straßenkunst Hannover«, »Kunstmarkt Köln« oder der Wuppertaler »urbs '71« dem Ziel einer »Sozialkultur« näherzukommen, die Kultur und Alltag gesellschaftspolitisch verkoppeln sollte. Die Konfrontation der Bürger *mit* Kultur und ihre Befähigung *zu* Kultur sollte konsumistische Haltungen aufbrechen, Aktivität fördern und Kommunikation stiften. »Kultur«, so hob der Nürnberger Kulturreferent Hermann Glaser hervor, »stellt vor allem kommunikative Strukturen her.«[37] Auch die Bemühungen der Sub- und Gegenkulturen, durch Wohngemeinschaften, Kommunikations- und Jugendzentren die Infrastruktur eines alternativen Alltags aufzubauen, liefen auf eine Reorganisation urbanen Lebens hinaus. Sie betrieben ihre Projekte kollektiv und häufig in Konfrontation mit den Kommunalverwaltungen, setzten aber ebenfalls auf Bürgernähe und den Erhalt historischer Bausubstanz. Gelegentlich – wie etwa im Berliner Stadtteil Kreuzberg – veränderte der Zuzug von Migranten, Studenten und Jugendlichen in zum Abriss bestimmte Straßenzüge das Profil eines Stadtteils grundlegend. Das Europäische Denkmalschutzjahr 1975 stieß zahlreiche Initiativen zur Erhaltung historischer Bausubstanz an, die unter soziokulturellem Vorzeichen der beginnenden »Heimat«-Euphorie Identifikationsobjekte vermittelten. Freilich entstanden damit auch jene »Kulissenheimaten« (Hermann Bausinger), die später *Young Urban Professionals* aus Medienfirmen und Grafikbüros anzogen und die Aufwertung (»*gentrification*«) vormals arbeiterlich geprägter Stadtteile vorantrieben.[38]

Kommunika-
tionszentren
Als Ergebnis dieser Bemühungen von unten und von oben entstanden in zahlreichen Städten Kultur- und Kommunikationszentren, die altersübergreifend von der Kinderbetreuung bis zur politischen Aktion Raum für eine Vielzahl von Bürgeraktivitäten boten. Getragen wurden sie von Privatpersonen, politischen Initiativen, Sozialverbänden wie der Arbeiterwohlfahrt oder den Kommunen, während im Innern zumeist weitgehende Mitbestimmung oder Selbstverwaltung der Besucher angestrebt wurde.[39] Staatliche Subventionen bildeten die finanzielle Basis, kommerzielle Ziele wurden ausgeschlossen. Als bauliche Hüllen dienten zumeist alte Gebäude – ehemalige Fabriken, Speicher oder Hallen, die die Aura eines gewachsenen Ortes mit Flexibilität im Innenraum vereinten. Anders als Neubauten regte die Inbesitznahme verlassener Industriebauten Phantasie, Kreativität und Kommunikation zwischen Initiatoren und Anwohnern an und mobilisierte viele Menschen, die sich aktiv an der Planung und Ausgestaltung beteiligten.[40]

Die Gründung des Bundesverbandes soziokultureller Zentren 1977 und der Arbeitsgemeinschaft stadtteilkultureller Zentren 1980 signalisierte die Verstetigung dieser kommunikativen Knotenpunkte im Nahbereich. Ein weit ausstrahlendes frühes Modell für ein erfolgreiches Kommunikationszentrum im Stadtteil war die 1971 auf Initiative des Malers Friedhelm Zeuner und des Architekten Horst Dietrich in Hamburg-Altona gegründete »Fabrik«.[41] Die ehemalige Munitions- und Maschinenfabrik, durch Gastronomie teilweise selbst finanziert, aber seit 1973 staatlich bezuschusst, beherbergte tagsüber zumeist Kinder und Jugendliche aus dem Stadtteil, die von hauptamtlichen Pädagogen betreut wurden. Basteln, Töpfern, Theater, Film und ein Bauspielplatz gehörten zum breit gefächerten Programm, Cafeteria und Teestube boten Räume für Entspannung und Gespräch. Abends zog ein dichtes Programm von Musikveranstaltungen ein zumeist jugendliches Publikum aus der Stadt und dem Umland an. Auch das schon 1969 gegründete älteste Kommunikationszentrum der Bundesrepublik, die Fabrik K 14 am Rande der Oberhausener Innenstadt, geht auf Privatinitiative zurück, während das 1974 auf Anregung Hermann Glasers gegründete KOMM in Nürnberg von der Stadt getragen, aber nach einem Selbstverwaltungsmodell geführt wurde. Neben Arbeitsmöglichkeiten für freie Gruppen zogen hier multimediale Angebote, Café, Kneipe und Veranstaltungen in den frühen 80er Jahren etwa 10 000 Besucher monatlich an. Das Düsseldorfer ZAKK (Zentrum für Aktion, Kultur und Kommunikation), 1977 von Künstlern, Architekten und Sozialpädagogen ins Leben gerufen, befindet sich in einer umgebauten früheren Lagerhalle der Firma Klöckner und zählt heute 150 000 Besucher im Jahr.

Ähnliche Bedeutung hatten Jugendzentren, die im Laufe der 70er Jahre in vielen Gemeinden entstanden und von einer veritablen sozialen Bewegung getragen wurden. Als »selbst verwaltete« Freizeitstätten richteten sie sich gegen eine Kommerzialisierung der Freizeit, aber auch gegen den Erziehungsanspruch des Staates. JZ-Initiativen entstanden auch in Großstädten, verbreiteten sich aber vor allem abseits der industriellen Ballungszentren. Sie bildeten Knotenpunkte eines gegenkulturellen Netzwerks, das sich im Laufe der 70er Jahre über die Bundesrepublik legte und bis in kleinste Ortschaften verzweigte.[42] Anders als in Großstädten stellten Jugendzentren hier nicht nur eine Option in einem weiten Spektrum von Freizeitangeboten dar, sondern zogen konkurrenzlos oftmals einen beträchtlichen Teil der örtlichen Jugendlichen an. Sie waren zivilgesellschaftliche Institutionen par excellence, weil sie durch Jugendliche selbst gesteuert und häufig überhaupt erst durch ihr politisches Engagement errichtet wurden. Ihre Schubphase hatte die Jugendzentrumsbewegung zwischen 1971 und 1973, während anschließend eine Institutionalisierung und Professionalisierung einsetzte. Ende 1974 arbeiteten ungefähr 1000 JZ-Initiativen, von denen fast zwei Drittel schon Erfolge vorzuweisen hatten, wenn auch häufig nur Provisorien.[43] Mitte der 70er Jahre wurde eine Reihe von ihnen wieder – zumindest vorübergehend – geschlossen, weil sie sich als politische oder kulturelle Unruheherde entpuppten. Zur verschlechterten Finanzlage der Kommunen kam die abnehmende Bereitschaft von Kommunalpolitikern, Freizeitexperimente mit unerwünschten Nebenfolgen wie Linksradikalismus oder Drogenkonsum zu alimentieren. Zwischen 1975 und 1977 gab es einige überregional koordinierte Versuche, die Jugendzentren unter ungünstigeren Rahmenbedingungen neu zu definieren: als konzeptionell vielfältige und auch im Innern plurale Strukturelemente eines gegenkulturellen Alltags, bei dem es weniger auf kurzzeitige Rebellion ankam als auf Verstetigung.[44]

Zur intensivierten Kommunikationskultur der 70er Jahre trug auch der Wandel der Wohnformen bei, obwohl manche Veränderungen in die entgegengesetzte Richtung zu deuten schienen: der Rückgang der Haushalte, in denen fünf oder mehr Personen lebten, von 14 Prozent auf 8 Prozent zwischen 1960 und 1980, der steigende Anteil von Kleinfamilien und Einpersonenhaushalten, der bis zum Beginn der 80er Jahre immer frühere Auszug Jugendlicher aus der elterlichen Wohnung.[45] Auf der anderen Seite signalisierte die allmähliche Akzeptanz der »wilden Ehe« jedenfalls in den Städten – 1972

Wohnformen

lebte nur ein Prozent der jungen Frauen mit ihrem Partner ohne Trauschein zusammen, 1982 waren es 14 Prozent – eine Informalisierung der Lebensweisen. Am markantesten aber spiegelte sich das Bedürfnis nach Kommunikation und Kollektivität im Aufstieg der Wohngemeinschaften wider. Mit der Realität studentischen Lebens, das für immer mehr Heranwachsende einen gewichtigen Teil der Biographie ausmachte, war die kleinfamilial bestimmte Wohnungsnorm nicht mehr zur Deckung zu bringen. »Solche Typen«, so fasste *Der Spiegel* 1971 die neuen Bedürfnisse zusammen, »brauchen schöne Altbauwohnungen.«[46] Hausbesetzungen, wie sie zwischen 1970 und 1973 in Frankfurt am Main und Westberlin und 1980/81 in einer neuen Welle im ganzen Bundesgebiet, wiederum mit Schwerpunkt in Berlin stattfanden, signalisierten die große Bedeutung eines eigenen Lebensraums für junge Leute. Weniger politischen Zielen verpflichtet als pragmatisch um einen gemeinschaftlichen Alltag kreisend, etablierten sich im Laufe der 70er Jahre die Wohngemeinschaften als »realistische Nachfolger der Kommunebewegung« (Johann August Schülein). 1971 wurde ihre Zahl auf etwa 2000 geschätzt, 1980 auf knapp 40 000.[47]

Motive für das Zusammenziehen waren teils finanzieller Natur, teils die günstige Lage auf dem Wohnungsmarkt, aber auch Freundschaftsbeziehungen unter Gleichaltrigen, die im privaten Beziehungsgeflecht immer wichtiger wurden.[48] Schließlich kamen gemeinsame politische Ideen hinzu, die auch nach den gescheiterten Kommune-Experimenten nicht ganz verschwanden. WGs waren am häufigsten in Großstädten und an Hochschulorten anzutreffen, in den Stadtzentren, und dort vor allem in Wohnungen aus der Zeit um die Jahrhundertwende, die am ehesten jene »funktionale Offenheit« boten, die ihre spezifischen Nutzungszwecke forderten: viele und große Zimmer von ähnlichem Zuschnitt, einen potentiellen Gemeinschaftsraum – oft in Form einer großen Küche –, ein großes Bad.[49] Zum Ende der 70er Jahre hin etablierten sie sich auch als Wohnform für Erwachsene, die die Ausbildungsphase hinter sich hatten – als Alternative zum paarweisen Zusammenwohnen, aber auch zum Singledasein. Hier konnte sich nach allgemeiner Überzeugung Individualismus besonders gut entfalten.[50] Schon 1974 war die Zufriedenheit von WG-Bewohnern am größten, wenn Gemeinschaft und private Freiräume gut ausbalanciert waren.

Stadtfeste und Festivals

Im alternativen Alltag, der die Trennung von Kunst und Leben praktisch aufhob, spielte Ästhetik eine zentrale Rolle. Musik, Tanz, Malerei und Theater waren von Arbeit und Politik nicht separiert, sondern Teil des Alltags, der ein »ständiger Festtag« sein sollte.[51] Das kommunikative Ideal der Studentenbe-

wegung, das »Diskutieren« als rationaler, »herrschaftsfreier« Diskurs mit ge-
meinschaftsbildenden Effekten, ging darin ein – als Teil eines Mischkonzepts,
in dem Formen der spielerisch-emotionalen Artikulation eine bedeutende
Rolle spielten.[52] Dieser Ansatz harmonierte mit dem Bemühen kommunaler
Kulturaktivisten um die Neubelebung der Stadt durch Festivals und Stadtteil-
kultur. An der Allgegenwärtigkeit der Kultur im städtischen Leben ließe sich
»der Grad der Urbanität einer Stadt ablesen«, postulierte der SPD-Kulturpoli-
tiker und spätere Leiter des Deutschen Instituts für Urbanistik, Dieter Sauberzweig.[53] Während neu erfundene und zu modernen Stadtevents aufgepeppte
Traditionsfeste wie das Münchner Oktoberfest oder die Kieler Woche von den
Kommunalverwaltungen organisiert wurden, kamen die »folkloristisch deko-
rierten Kiez- und Quartiersinszenierungen« von unten, häufig getragen von
linken und alternativen Initiativgruppen.[54] Die Kieler Woche, entstanden aus
der repräsentativen Segelregatta für die Eliten des Kaiserreichs und einer Fest-
woche für Kultur und Wissenschaft in der Weimarer Republik, kombinierte
seit 1949 das Segeln mit einem breiten Kulturangebot und dem politischen
Anspruch, zum internationalen Austausch beizutragen – zunächst vor allem
mit den skandinavischen, dann mit den osteuropäischen Ländern.[55] Intensiviert wurde der Volksfestcharakter der Kieler Woche durch die 1974 nach dem
Vorbild der Münchener Spielstraße zur Olympiade von 1972 gestaltete »Spiel-
linie für Jung und Alt«, die mit ihren vielen Mitmachangeboten zu einem
Publikumsmagneten wurde. Mit drei Millionen Besuchern und 1500 Veranstaltungen, darunter 300 kostenlosen Open-Air-Konzerten im Jahre 2008
verbindet sich freilich nur noch sehr abstrakt die von dem Gründer der Nach-
kriegs-Kieler-Woche, Andreas Gayk, gehegte Idee eines Festes zur Förderung
der demokratischen Gemeinschaft. Das Münchener Oktoberfest war ebenfalls
aus einem aristokratischen Wettkampf entstanden – ausgetragen nicht im
Segelboot, sondern auf dem Pferderücken – und schon im späten 19. Jahrhundert zu einem Volksfest geworden. Ein politisch-kulturelles Standbein
allerdings fehlte ihm. 1984 erreichte es mit über sieben Millionen Besuchern
einen Rekord, wie überhaupt neben neuen Fahrgeschäften, der Schlagzahl
beim Anstich und der Getränkepreisgestaltung Rekordzahlen beim Bierkon-
sum (1984 50 000 Hektoliter) und Brathendl-Verkauf (660 000) für gesteigerte
öffentliche Aufmerksamkeit sorgen.[56] Dass auch derartige Zentralereignisse
der Festivalisierung urbaner Kultur von politischen Zeitströmungen berührt
wurden, demonstrierte eindrücklicher noch als die Auseinandersetzungen
um die Teilnahme von Kriegsschiffen an der Kieler Woche in den frühen
80er Jahren das von einem Rechtsradikalen ausgeführte Attentat am Haupt-

eingang des Oktoberfestes vom 26. September 1980, dem 12 Menschen zum Opfer fielen.

Von Beginn an politisch durchwirkt war das Konzept der größeren und kleineren Festivals, die aus der Gegen- und Alternativkultur hervorgingen. Das Erfolgsrezept der Festivals auf der Burg Waldeck, regelmäßig Musiker verschiedener Genres, Kleinkunst, Aktionstheater und Diskussion zusammenzubringen, bewährte sich seit den frühen 70er Jahren auf regionaler Ebene.[57] Ein herausragendes Beispiel ist das Open-Ohr-Festival in Mainz, das seit 1975 jährlich zu Pfingsten abgehalten wird und durch eine Vielzahl musikalischer Stile, Theater und Information ein buntes Publikum anzieht. Initiiert wurde es vom Mainzer Jugendamt, das sich zur Beratung Waldeck-erfahrene Fachleute heranholte und einer unabhängigen Projektgruppe die Gestaltung übertrug.[58] Die inhaltlichen Schwerpunkte der Festivals in den 70er und frühen 80er Jahre signalisierten, dass ihr Kulturbegriff stets Politik und die Hoffnung auf ein besseres Leben einbezog: »Arbeit, Liebe, Traum« (1976), »Keine Bange« (1978), »Macht Druck & Co« (1979), »Zeit zum Aufstehn!« (1981).

Kinderkultur   Festivals und Zielgruppenprogramme der Medien bezogen nicht nur Jugendliche intensiver als zuvor in die Kommunikationskultur ein, sondern auch Kinder. Neben der Jugendkultur, die seit den späten 50er Jahren als eigenständige, aber mit der Gesellschaft dennoch verflochtene Teilkultur entstand, bildete sich seit den frühen 70er Jahren eine Kinderkultur heraus.[59] Dieser Begriff, erstmals 1973 im *Kursbuch* gebraucht, weist darauf hin, dass um die jüngsten Mitglieder der Gesellschaft ein eigenständiger kultureller Raum entstand, in dem neue Vorstellungen von Erziehung, pädagogische Initiativen, Konsummuster und Eigenaktivitäten von Kindern zusammenflossen. Ziel war es, Kinder zu freien Individuen zu bilden – oder sich selbst bilden zu lassen. Selbstständigkeit und freier Wille – diese Erziehungsziele hielten seit den frühen 60er Jahren immer mehr Bundesbürger für erstrebenswert, formale Autorität genügte nicht mehr, und – ebenfalls ein einschneidender Zivilisierungsvorgang innerhalb kurzer Zeit – die zuvor selbstverständliche Anwendung körperlicher Gewalt gegenüber Kindern wurde geächtet und staatlich sanktioniert. Demgegenüber wurden empathische Kommunikation und rationale Diskussion als Erziehungsmethoden aufgewertet.[60] Kinderkultur, das umfasste »Kultur *für* Kinder«, also Dinge (Spielzeug, Bekleidung), Medien (Bücher, Theater, TV) und Institutionen (Kindergarten, Spielplatz) ebenso wie die »Kultur *der* Kinder« – also ihre selbstgeschaffenen Spiele und »Undergroundpoesie« (Hermann Bausinger), ihren selten berechenbaren Umgang mit den Medien, Personen, Institutionen, Orten und Artefakten, die sie umgaben.[61]

Hintergrund für die Entstehung eines kulturellen Raums zwischen Bolzplatz, Kita und *Rappelkiste* war auch hier der allgemeine gesellschaftliche Wandel: die nach dem »Pillenknick« abnehmende Kinderzahl, steigende Frauenerwerbstätigkeit und höhere Scheidungsraten wie überhaupt die Ausdifferenzierung der Lebensweisen, die den Stellenwert von Kindern veränderten. Auf dem Soziologentag 1982 fasste Rainer Münz zusammen, Kindern werde ein »Wert« zugeschrieben, der »primär mit Lebenserfüllung, mit Sinnstiftung, mit persönlichen Glückserwartungen, auch mit der symbolischen Verlängerung der eigenen Existenz« verbunden werde.[62] Weil Kinder seit den frühen 70er Jahren deutlich stärker als zuvor emotionale Bedürfnisse befriedigten, wuchs ihr Gewicht innerhalb der Familie zulasten der Elternbeziehung. In der »partnerschaftlichen Familie« wurde ihnen nicht nur mehr Aufmerksamkeit gewidmet, auf sie projizierten sich auch Hoffnungen auf gesellschaftliche Veränderungen, wie sie in den 70er Jahren hoch im Kurs standen. Nicht mehr gesellschaftsferne Kindheitsidyllen oder restriktive Erziehung, sondern Konfrontation mit der Wirklichkeit – auch mit ihren weniger idyllischen Seiten – und Erziehung in Eigenregie waren zeitgenössische Ideale, die sich in Kinderbüchern, Theater und TV-Produktionen niederschlugen.

Kinder der 70er Jahre, die als Erste durchgängig mit dem Fernsehen groß wurden und 1973/74 zu drei Vierteln täglich zwischen 17 und 20 Uhr etwa eine Stunde lang vor dem Bildschirm saßen, waren nicht mehr allein auf Tierserien wie *Lassie* oder *Flipper* angewiesen.[63] In den frühen 70er Jahren wurden zahlreiche Magazine für Kinder konzipiert, die auf spielerische Weise Wissen vermitteln, aber gleichzeitig für gesellschaftliche Probleme sensibilisieren und zur Kritik ermuntern sollten. Seit 1972 strahlten die ARD-Sendeanstalten *Maxifant und Minifant* (NDR), *Das feuerrote Spielmobil* (BR/SFB) und *Die Sendung mit der Maus* (WDR) aus, während seit Mitte der 70er Jahre zusätzlich zahlreiche narrative Unterhaltungsserien wie *Pan Tau* oder *Meister Eder und sein Pumuckel* – beim ZDF *Biene Maja*, *Heidi* und *Pinocchio* – ins Programm kamen.[64] Von 1973 bis 1984 brachte das ZDF sonntags die Vorschulserie *Rappelkiste*, deren Titelsong schon den (in den Gremien hoch umstrittenen) kritischen Ansatz entfaltete, mit dem die Reihe insbesondere Kinder sozial benachteiligter Schichten ansprechen sollte: »Machste mal zu Hause Krach, kriegste gleich eins auf das Dach / Willste übern Rasen laufen, musste dir ein Grundstück kaufen / Spielste mal im Treppenhaus, schmeißt dich gleich der Hauswart raus«. Verfilmungen sozialkritisch-emanzipatorischer Kinderliteratur wie *Die Ilse ist weg* von Christine Nöstlinger (WDR 1976), *Die Vorstadtkrokodile* von Max von der Grün (WDR 1977) oder Hark Bohms Jugendfilm

Nordsee ist Mordsee (1975) schafften es sogar ins Abendprogramm und demonstrierten die gesellschaftliche Akzeptanz dieses Genres.

Zum Streitfall wurde die Übernahme der 1970 in der Bundesrepublik mit dem »Prix Jeunesse« ausgezeichneten amerikanischen Vorschulserie *Sesame Street*, die den Innovationsschub des ARD-Vorschulprogramms überhaupt erst angestoßen hatte.[65] Gegen den Widerstand der süddeutschen Anstalten setzten WDR, NDR und Hessischer Rundfunk ihre Ausstrahlung durch. Da die Serie nach dem Willen der ARD-Programmdirektoren wegen des Ortes der Handlung – einer amerikanischen Slumstraße, die in Deutschland Schutzinstinkte hervorrief –, angeblich zu starken kognitiven Lernzielen und Star-Fixierung nicht in das Erste Programm übernommen werden sollte, mussten sich Ernie und Bert, Kermit, Krümelmonster und der garstige Oskar aus der Mülltonne seit Januar 1973 mit den Dritten Programmen der norddeutschen Sender begnügen. Schon 1974 lag der Bekanntheits- und Beliebtheitsgrad der *Sesamstraße* im Norden des Landes weit vor aller Konkurrenz. Hier wurde sie von 92 Prozent aller 3- bis 10-Jährigen gesehen, 70 Prozent schauten sich drei und mehr Ausstrahlungen pro Woche an. Dass mit der *Sesamstraße* als Speerspitze die pädagogisch konzipierten Magazine insgesamt hohe Einschaltquoten auch bei Vorschulkindern aus der ansonsten erzieherischen Absichten eher unzugänglichen »unteren Sozialschicht« erreichten, beurteilte das Hamburger Hans-Bredow-Institut, das im Auftrag des Bundesministeriums für Bildung und Wissenschaft eine Begleituntersuchung durchführte, als »absolutes Novum«.[66] In den eigens für Eltern und Erzieher herausgegebenen Informationen zur Sendereihe wurde anhand der tabubrechenden Puppenmonster das hinter der *Sesamstraße* stehende Erziehungskonzept erläutert: »Unsere Kinder sind noch nicht angepasst. In bestimmten Dingen müssen sie sich anpassen. Zusammenleben erfordert ein gewisses Maß an Anpassung. Entwicklung, Kulturentwicklung aber erfordert ein gewisses Maß an Nichtangepasstsein, an Nichtfestgefahrensein. Wir brauchen Monster.«[67] Die nach dem Baukastenprinzip aus Spiel-, Zeichentrick- und Realfilmen zusammengesetzten Folgen bestanden anfangs zum größten Teil aus synchronisierten (und an die deutschen Verhältnisse angepassten) Elementen der US-Serie, zum geringeren Teil aus Eigenproduktionen des NDR. Seit 1975 wurde die *Sesamstraße* auch im Ersten Programm und von den süddeutschen Anstalten mit Ausnahme des Bayerischen Rundfunks ausgestrahlt, 1978 ersetzte man die inkriminierte Kulisse durch ein Haus, das deutschen Kindern alltagsnäher erscheinen sollte und von »Henning« (Venske), »Lilo« (Pulver) und den Puppen »Samson« und »Tiffy« mit Leben gefüllt wurde.

Ernie und Bert aus der *Sesamstraße*

Zu einem wesentlichen Bestandteil der »Kultur *für* Kinder«, aber »*von* Kindern« mehr oder weniger eigensinnig angeeignet, wurde eine Vielzahl neuer Spielzeuge wie etwa Autorennbahnen von Carrera (seit Anfang der 60er Jahre), Barbie-Puppen von Mattel (seit 1964) und Playmobil-Figuren (seit 1974). Sie schöpften einen Teil des Taschengeldes ab, das sich 1976 bei den Vier- bis Zehnjährigen schon auf stattliche 1,5 Milliarden D-Mark belief.[68] Die Medialisierung des Kinderzimmers begann in den frühen 70er Jahren mit Kinderschallplatten, insbesondere aber mit den preisgünstigeren, robusteren und bedienungsfreundlicheren Kinderkassetten. Vinyl und Band zusammen genommen, waren im Boomjahr 1977 etwa 2000 Titel für Kinder im Angebot.[69] Neben dem Marktführer Miller International (Label »Europa«), der 1970 durch Billigware den Massenmarkt erschloss, und anderen Großen des Schallplattengeschäfts etablierten sich einige wenige Firmen mit einem inhaltlich wie technisch anspruchsvolleren Programm, darunter Wagenbachs Quartplatten (*Warum ist die Banane krumm?*, *Die große Grips-Parade*) und der Pläne Schallplattenverlag (*Rotkäppchen*, *Das Auto Blubberbum*). Zwischen 1970 und 1977 stieg der Absatz von Kindertonträgern von 1 Million auf 14,5 Millionen. Besonders populär waren Elfie Donnellys Hörspielserien *Benjamin Blümchen* (seit 1977) und *Bibi Blocksberg* (seit 1980), die sich auch als Soundtrack bei Autofahrten bewährten. Häufig wurden Schallplatten und Kassetten im Verbund mit TV- und Printmedien aufgelegt, wie z. B. *Sesamstraße*, *Biene Maja*, Enid Blyton oder Karl May, später auch die Krimi- und Detektivserien *TKKG* und *Die drei ???*; Polydor produzierte Hörspielfassungen einiger Bücher aus der rororo-Rotfuchs-Reihe. Wie andere Medien der Massenkultur geriet auch die Kinderkassette (insbesondere als Grabbeltischware) unter Manipulationsverdacht, denn schnell zeigte sich, dass Kinder ihre Lieblingskassetten immer wieder hörten und bald auswendig kannten. Dass dies nicht mit platter Indoktrination gleichzusetzen war, legte der süffisant auf die Vorurteile der eigenen Leserschaft gerichtete Kommentar der Zeitschrift *Ästhetik & Kommunikation* 1977 in einem Schwerpunktheft über Kindermedien nahe: »Wer fünfzig Mal die gleiche Kassette (primitiv, unrealistisch, indianerfeindlich, sadistisch) hört, muss sich doch die objektivierten ideologischen Bedeutungen angeeignet haben – oder etwa nicht?«

Kinder-
literatur und
-theater

Wie sich Inhalte und Bezüge der »Kultur für Kinder« veränderten, lässt sich am Wandel der Kinderliteratur nachvollziehen. Seit den späten 60er Jahren durchbrachen junge Kinderbuchautoren wie Ursula Wölfel, Christine Nöstlinger oder Peter Härtling künstliche Phantasiewelten und die »Fixierung auf den Erwachsenen« (Malte Dahrendorf) und operierten dicht an der sozialen Wirklichkeit von Kindern – nicht zuletzt mit der Absicht, sie zur Veränderung dieser Wirklichkeit zu ermuntern. Nicht mehr der plakativ optimistische Ansatz der antiautoritären Kinderliteratur, modellhaft die erfolgreiche Konfliktlösung durch selbstbewusste Kinder zu propagieren, sondern die schwierige Bewältigung eines komplexen Alltags stand im Mittelpunkt einer Kinderliteratur, die bei den vielfältigen sozialen Erfahrungen ihrer Leserinnen und Leser ansetzen wollte.[70] Im Mittelpunkt standen Kinder, die sich kritisch zu ihrer Umwelt verhielten und Alltagsprobleme der unterschiedlichsten Art zu bewältigen hatten: Konflikte mit den Eltern und Flucht aus dem Obdachlosenmilieu in Peter Härtlings *Theo haut ab* (1977) und Leonie Ossowskis *Die große Flatter* (1977), die Zerstörung einer Kinderliebe durch den Wohnortwechsel der Eltern in Christine Nöstlingers *Glaubt bloß nicht, dass ich heule* (1979), Selbstmord und Tod in Irina Korschunows *Die Sache mit Christoph* (1978) und Elfie Donellys *Servus Opa, sagte ich leise* (1977). Auch historische Stoffe, insbesondere der Nationalsozialismus und die Nachkriegszeit, und politische Sujets wie die Dritte Welt und der Umweltschutz waren in den 70er und 80er Jahren erfolgreich. Gleichzeitig erlebte Ende der 70er Jahre die phantastische Literatur einen Aufschwung – moderne Märchen, die den schon in den späten 60er Jahren sichtbar gewordenen Bedarf an utopischen Welten und alltagsfernen Mythen bedienten, teilweise aber auch stärker als zuvor soziale Wirklichkeit und Phantasie verknüpften. Der Erfolg von Michael Endes *Die Unendliche Geschichte* (1979) verhalf auch seinem schon einige Jahre zuvor erschienenen »Märchenroman« *Momo* (1973) zum Durchbruch und korrespondierte mit der bemerkenswerten Resonanz von J. R. R. Tolkiens Trilogie *Der Herr der Ringe* (deutsch: 1972), die bis 1978 einhunderttausendmal verkauft wurde – wobei freilich der Marktanteil realistischer Literatur auch künftig weit überwog. Mit Unbehagen an einseitigem Rationalismus und den problematischen Nebenfolgen der Modernisierung mag diese Konjunktur zu tun gehabt haben. Doch ihre weitverbreitete Deutung als Entpolitisierung, Privatisierung oder gar Restauration bewegte sich in einer fruchtlosen Polarität.

Dies zeigte sich beispielsweise an der Arbeit von Kindertheatergruppen, die Gegenwartsprobleme wie den Umgang mit Sexualität, das Zusammenleben in der Einwanderergesellschaft, Rollenverhalten im Geschlechterverhältnis oder Drogensucht auf phantasievolle Art und Weise auf die Bühne brachten. In Westberlin entstand Ende der 60er Jahre aus dem linken »Reichskabarett« heraus die Urzelle des sozialkritischen Kinder- und Jugendtheaters in der Bundesrepublik, seit 1972 bekannt unter dem Namen »Grips-Theater«.[71] Es sprach mit Stücken wie *Das hälste ja im Kopf nicht aus* (1975), *Alles Plastik* (1981) oder *Linie 1* (1986) auch Jugendliche und junge Erwachsene an. Das 1972 vom »Grips-Theater« abgespaltene Kinder- und Jugendtheater »Rote Grütze« machte mit seinen anfangs heftig umstrittenen Sexualaufklärungsstücken *Darüber spricht man nicht* (1973) und *Was heißt hier Liebe* (1976) Furore, die Dutzende Male im In- und Ausland inszeniert und zum Teil verfilmt wurden. Kinder waren in diesen Stücken nicht nur Rezipienten, sondern nahmen aktiv an der Aufführung teil. Eine »Atmosphäre, in der sich Lust an Kommunikation, an Spielen und Ausprobieren, im Äußern von Gefühlen überträgt«, war nach Ansicht der Autoren und Schauspieler am besten geeignet, »eine positive, entkrampfte und lustvolle Einstellung zur Sexualität« zu vermitteln: »Auf der spielerischen Ebene können Gefühle leichter und unzensierter zum Ausdruck kommen, als auf der rein verbalen Ebene. Es können sogar Gefühle ausgedrückt werden, die in der Realität oft nicht erlaubt werden.« So vermittelte sich auch anfangs misstrauischen Eltern die »Einsicht, dass es möglich ist, ohne Angst und Kopfzerbrechen mit diesem schwer belasteten Thema umzugehen«.[72]

Angebot und Gebrauch von Theater, Literatur und Medien zeigen, dass Kinder unter dem erzieherischen Leitmotiv von Selbstständigkeit, Kreativität und sozialer Verantwortung in den 70er Jahren sehr viel mehr Möglichkeiten zur persönlichen Entfaltung erhielten als zuvor. »Kinderkultur« war ein sozialemanzipatorisches und aktivistisches Konzept, das nicht auf bürgerliche Schichten begrenzt blieb, sondern vor allem über die elektronischen Massenmedien Erziehungsnormen in der ganzen Gesellschaft beeinflusste und gleichzeitig die Selbsttätigkeit von Kindern aufwertete. Gerade Hochhaussiedlungen, in denen viele Kinder sozial schlechter gestellter Familien lebten, waren Gegenstand pädagogischer Bemühungen, durch Abenteuer- und Bauspielplätze und andere offene Spielkonzepte Kreativität zu fördern.[73] Überhaupt spielten im Rückbau problematischer Modernisierungsfolgen – Wiederbelebung der Innenstädte, verkehrsberuhigte Straßen, Festival- und Kiezkultur – Bedürfnisse von Kindern eine wichtige Rolle.

Bestenfalls in Ansätzen und nur für bestimmte Stadtteile galt dies auch im Hinblick auf die ethnische Vielfalt, die von unten her entstand, seit sich nach dem Ende der Anwerbephase ausländischer »Gastarbeiter« in der Bundesrepublik dauerhaft eine Bevölkerungsgruppe nichtdeutscher Herkunft etablierte. Nach den Vertriebenen und den DDR-Flüchtlingen endete der dritte Arbeitskräfteschub von außen, ohne den der wirtschaftliche Aufstieg weniger schwungvoll vonstatten gegangen wäre, mit dem Anwerbestopp vom 23. November 1973.[74] Danach ging die Zahl ausländischer Arbeitnehmer wie gewollt zurück, doch entgegen der politischen Absicht nahm die ausländische Wohnbevölkerung zu, weil sich viele der inzwischen seit vielen Jahren in der Bundesrepublik lebenden »Gastarbeiter« auf eine längere Dauer einstellten und ihre Familien nachholten.[75] Obwohl Politiker wie Hans-Dietrich Genscher schon 1973 erkannten, dass Deutschland de facto zu einem »Einwanderungsland« geworden war, blieb die Anerkennung dieses Wandels selbst in der SPD und den Gewerkschaften umstritten, so dass es zu einer systematischen Integrationspolitik nicht kam. Vielmehr verstärkte sich in der wirtschaftlichen Krise die Auffassung, »Gastarbeiter« nähmen Deutschen die Arbeitsplätze weg – wobei ignoriert wurde, dass sie das soziale Gefüge unterschichteten, also diejenigen harten, eintönigen und gefährlichen Arbeiten übernahmen, zu denen die anspruchsvoller gewordenen deutschen Arbeitnehmer nicht mehr bereit waren. Ein Vorstoß des ersten Ausländerbeauftragten der Bundesregierung, Heinz Kühn, von 1979, durch Ausbau der Einbürgerungsmöglichkeiten, Bildungsförderung der »zweiten Generation« und kommunales Wahlrecht die Integration von Einwanderern entscheidend voranzutreiben, scheiterte. Ebenso erging es dem Gesetzentwurf zur Liberalisierung des Staatsbürgerschaftsrechts der SPD/FDP-Regierung von 1982, deren gleichzeitige Initiativen zur Rückkehrförderung aber von der Regierung Kohl aufgegriffen wurden.

In der neuerlichen Wirtschaftskrise der frühen 80er Jahre mischten sich in die Ausländerdebatte völkisch-nationalistische Argumente, die nicht nur von den neu aufkommenden »Listen für Ausländerstopp« angeführt, sondern auch in etablierten Parteien und Medien offen ventiliert wurden. In der Bevölkerung stieg der Anteil derer, die sich für die Rückkehr der Immigranten aussprachen, von 39 Prozent Ende 1978 auf 80 Prozent im März 1983.[76] Der Grundsatzstreit um den ethnischen Zuschnitt der westdeutschen Gesellschaft entzündete sich an der türkischen Minderheit, die gleichzeitig mit haftbar gemacht wurde für die bereits aufscheinenden Probleme einer neuen, von den Ländern der Dritten Welt ausgehenden Migrationsbewegung. In allen europäischen Ländern hatten Zuzugsstopps in den frühen 70er Jahren die Phase der prosperitätsbedingten Arbeitsmigration beendet, während in den frühen 80er Jahren eine bis heute anhaltende transkontinentale Armutsmigration einsetzte, bei der frühere Entsendeländer wie Italien oder Spanien selbst zu Aufnahmeländern wurden.[77] In der Bundesrepublik wurde dies sichtbar in der Zunahme der Asylbewerber, deren Zahl sich, nicht zuletzt aufgrund politischer Umbrüche im Iran und in der Türkei, zwischen 1979 und 1980 von 51 000 auf 107 000 verdoppelte.[78] Diese Entwicklung überformte die Debatte über den Umgang mit der türkischen Minderheit, die noch aus der Arbeitsmigration kam, aber im Gegensatz zu den meisten anderen Nationalitäten weiter gewachsen war. Gleichzeitig blieben die ethnozentrischen Stimmen nicht unwidersprochen. Insbesondere in den Städten mit großen ethnischen Minderheiten – 1973 waren in Stuttgart 26,5 Prozent aller Beschäftigten Ausländer, in Frankfurt 22,6 Prozent – wurde (häufig mit kommunaler Unterstützung) versucht, das Ideal einer »multikulturellen Gesellschaft« praktisch zu verwirklichen.[79] Es ging davon aus, dass Integration nicht mit Assimilierung gleichzusetzen sei, sondern, wie der SPD-Abgeordnete Peter Conradi schon 1979 unter Verweis auf das US-amerikanische Beispiel anregte, »unter Beibehaltung der sprachlichen und kulturellen Herkunft« erfolgen könnte. Auch nach ethnischen Kriterien nicht eine Monokultur, sondern eine Kultur der Differenz anzuerkennen, fiel den Westdeutschen besonders schwer, obwohl hybride Kulturen in der deutschen Geschichte eher der Normalfall als die Ausnahme gewesen waren. Dies hatte auch mit dem besonders »exklusiven« (Klaus Bade) Charakter des deutschen Staatsbürgerschaftsrechts zu tun, das dem Abstammungsprinzip folgte. Erst in den frühen 90er Jahren, nach einer mehr als zehnjährigen Phase restriktiver Ausländerpolitik, nahm die Bundesregierung von der von ihren Vorgängerinnen vertretenen Position Abstand, Deutschland sei »kein Einwanderungsland«, und 1999/2000 wurde die Erlangung der deutschen Staatsbürgerschaft auch ohne deutsche Abstammung entscheidend erleichtert.

Die Zuwanderer aus der Türkei rückten in den Mittelpunkt der Ausländerdebatte, weil sie die mit Abstand größte Gruppe unter den Migranten stellten – 1980 mit knapp 1,5 Millionen ein Drittel, gefolgt von den Jugoslawen mit 632 000 (14,2 Prozent) und den Italienern mit 618 000 (13,9 Prozent).[80] Außerdem waren sie von den Schutz- und Förderungsmaßnahmen der EG ausgeschlossen und wurden von der Bevölkerung als besonders fremdartig wahrgenommen. Stereotype Zuschreibungen, die der komplexen Wirklichkeit innerhalb dieser Bevölkerungsgruppe kaum gerecht wurden – starke Bindekraft der islamischen Religion, Herkunft aus rückständigen ländlichen Regionen, Unterdrückung der Frau –, bestimmten die Wahrnehmung der Türken in der Bundesrepublik. Tatsächlich bestand ein erheblicher Teil der türkischen Arbeitsmigration der späten 60er Jahre aus jungen Frauen, die etwa in der Berliner Elektro- und Textilindustrie arbeiteten und dem traditionalistischen Klischee keineswegs entsprachen.[81] Die seit den mittleren 70er Jahren zunehmend verbreiteten Koranschulen, die in der Diaspora religiöse und kulturelle Bedürfnisse bedienten, wurden nur von einer Minderheit türkischer Jugendlicher besucht und waren unter den Zugewanderten heftig umstritten.[82] Verstärkt wurde die Ablehnung in der einheimischen Bevölkerung durch die schwerwiegenden Folgen der ausgebliebenen Integrationspolitik: die unter türkischen Bleibewilligen besonders hohe Arbeitslosigkeit, ausgelöst durch den Zusammenbruch der Schwer- und Textilindustrien; die schlechten Zukunftsaussichten türkischer Jugendlicher, von denen 1980 drei Viertel keinen Hauptschulabschluss hatten und 46 Prozent weder zur Schule gingen noch arbeiteten;[83] die durch die abweisende Haltung der Aufnahmegesellschaft forcierte Tendenz zur kulturellen und religiösen Abschottung; die unzureichende Vorbereitung der Schulen auf den »zweisprachigen Analphabetismus« türkischer Kinder und Jugendlicher. Hinzu kam eine stärkere politische Konfrontation zwischen nationalistischen und linken türkischen Gruppen, die durch die politischen Verhältnisse in der Türkei bedingt war und antitürkische Ressentiments auf deutscher Seite verstärkten.

Andererseits deutete die Bildung von Ausländervereinigungen, die sich Mitte der 70er Jahre z. T. als Reaktion auf die wankelmütige Ausländerpolitik der Bundesregierung bildeten, auf zunehmende Teilhabe an den Angelegenheiten der Gesellschaft hin. So entstand 1975 ein »Solidaritätskomitee Ausländischer Arbeiter in der Bundesrepublik Deutschland«, 1974 und 1977 eine Reihe türkischer Arbeitervereine. Auch die von der deutschen Politik bekämpfte

Ghettobildung in industrienahen oder innerstädtischen Wohngebieten der Großstädte hatte vielschichtige Ursachen und Folgen. Zum einen war sie Ergebnis städtebaulicher Fehlentwicklungen: Z. T. gezielt wurden ausländische Arbeitnehmer, die spätestens mit dem Zuzug ihrer Familien aus den Wohnheimen in eigene Wohnungen strebten, zeitlich befristet in Sanierungsgebieten angesiedelt, um die einheimische Wohnbevölkerung zu verdrängen und auf diese Weise umso leichter Abriss und Neubebauung zu erreichen. Zum anderen wurde in der hektischen Ausländerdebatte nicht erkannt, dass monoethnische Siedlungsgemeinschaften mehr waren als unzugängliche Ghettos. Vor allem wirkten sie als Schleusen zwischen alter und neuer Heimat, als erste Stufe eines wirklichen Einwanderungsprozesses, der langfristig zumeist in Integration mündete. In seiner temporären Schutz- und Eingliederungsfunktion unterschied sich »Klein-Anatolien« in Duisburg nicht von »Little Germany« in New York.

Wie in den 70er Jahren ethnisch hybride Kulturen im Wechselspiel von Einwanderern und Einheimischen entstanden, lässt sich am Beispiel von Berlin-Kreuzberg studieren. Seit Ende 1964 kamen türkische »Gastarbeiter« in den Bezirk und bildeten bald Sportvereine (Türkspor, 1965) und politische Vereinigungen (Türk Toplumcular Ocagi, 1967).[84] 1974 wurde das erste türkische Kino »Sinema Kent« in der Dresdener Straße eröffnet, im Jahr darauf die Mevlana-Moschee am Kottbusser Tor. Viele der 28 000 Türken, die 1975 in Kreuzberg lebten, wohnten in den Sanierungsgebieten von SO 36, dem östlichen Teil des Bezirks am Rande der Mauer – in verfallenden Häusern, die abgerissen werden sollten und daher kurzfristig (und vermeintlich billig) vermietet wurden. Erst Proteste gegen die Kahlschlagsanierung sicherten Anfang der 80er Jahre den Erhalt der historischen Bausubstanz. Während eine türkische Infrastruktur aus Vereinen, Lebensmittelläden, Teestuben und Kleinbetrieben neues Leben in heruntergekommene Straßenzüge brachte, reagierte die Kommunalpolitik auf den Zuzug einer großen Zahl nichtdeutscher Bevölkerung mit der Berufung des bundesweit ersten Ausländerbeirates (1971), der ersten Ausländerbeauftragten und der ersten kommunalen türkischen Bibliothek (1974). 1975 und 1981 griff das Kunstamt Kreuzberg mit den Ausstellungen »Mehmet kam aus Anatolien« und »morgens Deutschland – abends Türkei« die Einwanderung als Faktor einer gewandelten Kiezidentität auf.[85] Einerseits schuf die ausgebaute türkische Infrastruktur einen kulturellen Raum, in dem bis zu einem gewissen Grad ein Leben nach traditionellem Muster fortgesetzt werden konnte, andererseits vergrößerten sich die Berührungsflächen zwischen deutscher und türkischer Bevölkerung. Mit

Kultur im Einwanderungsland

Günter Wallraff, verkleidet als Mitglied der faschistischen türkischen Organisation *Graue Wölfe*, lässt sich von Franz Josef Strauß ein Buch signieren.

der Zeit – insbesondere im Generationenwechsel – veränderten sich soziale Zusammensetzung und kulturelle Interessen. Soziale Aufsteiger unter den Zugezogenen wanderten häufig in Stadtteile mit niedrigerem Migrantenanteil ab, während sich gleichzeitig ein gehobener Mittelstand aus türkischen Ärzten und Anwälten etablierte sowie seit Anfang der 80er Jahre eine Szene türkischer Künstler, Musiker und Theaterleute der »zweiten« und »dritten« Generation.

Erst als sich Migration und ethnische Differenz als dauerhafte Phänomene entpuppten, wurden sie künstlerisch intensiver reflektiert. Helma Sanders-Brahms' WDR-Fernsehfilm *Shirins Hochzeit*, der 1976 im Ersten Programm ausgestrahlt wurde, schilderte am Schicksal einer nach Köln geflohenen und sexuell missbrauchten jungen Türkin (gespielt von Ayten Erten) die Schwierigkeit, sich in einer fremden, abweisenden Gesellschaft zurechtzufinden. Während der Film beim deutschen Publikum auf Interesse und positive Resonanz stieß, wurde er von vielen Türken abgelehnt und löste Demonstrationen der rechtsradikalen »Grauen Wölfe« aus, weil er, so eine rechte türkische Zeitung, angeblich die »Ehre der türkischen Mädchen mit den Füßen getreten, die Mentalität, Sitten und Gebräuche der Türken lächerlich gemacht« habe – was wiederum auf deutscher Seite mit Verständnislosigkeit aufgenommen wurde.[86] Zum größten literarischen Erfolg entwickelte sich Günter Wallraffs Sozialreportage *Ganz unten* (1985), die bis Ende 1986 1,6 Millionen Mal verkauft wurde. Wallraff, der schon 1972 eine Reportage zur Arbeitsmigration publiziert hatte, vermittelte seine unter falscher »Gastarbeiter«-Identität (»Ali«) bei Industriebetrieben und Schnellimbissketten angesammelten Erfahrungen mit Ausbeutung, Ausländerfeindlichkeit und sozialer Isolation einer mittlerweile sensibilisierten deutschen Öffentlichkeit. Seine Darstellung wurde zum Teil kritisiert, weil sie angeblich das Stereotyp des armen, ungebildeten und ausgebeuteten Arbeitsmigranten bediente und damit Herrschaftsverhältnisse befestigte, während andere (darunter auch manche Betroffenen) die Thematisierung eines eklatanten und bis dahin häufig ausgeblendeten Missstands positiv bewerteten – ohne dass die Skandalisierung freilich eine Verbesserung der Verhältnisse bewirkte.[87] Seit Ende der 70er Jahre erhoben Immigranten selbst lauter ihre Stimme und traten in größerer Zahl literarisch an die Öffentlichkeit, u. a. in Sonderheften der linken Kulturzeitschriften *Kürbiskern, Kursbuch* und *Ästhetik & Kommunikation* (1979 bis 1981).[88] Unter dem ironischen Stichwort »Gastarbeiterdeutsch« publizierte zwischen 1981 und 1983 eine Gruppe um den Italiener Franco Biondi und den Syrer Rafik Schami, die als Arbeiter in die Bundesrepublik gekommen waren und inzwischen akademische Berufe ausübten, drei Anthologien, die an die Tradition der linken Arbeiterliteratur anknüpften und Solidarität zwischen Arbeitsmigranten und ihren deutschen Klassengenossen propagierten. Daneben repräsentierte der türkische Autor, Übersetzer und promovierte Literaturwissenschaftler Yüksel Pazarkaya, der seit 1958 in Deutschland lebte und ein Pionier der »Gastarbeiterliteratur« war, die Position des kulturellen Austauschs und der gegenseitigen Verständigung zwischen Deutschen und Türken.[89] Schließlich publizierten Irmgard Ackermann und Harald Weinrich vom Institut für Deutsch als Fremdsprache an der Universität München drei Anthologien mit Ergebnissen der Wettbewerbe »Als Fremder in Deutschland« und »In zwei Sprachen leben« von 1980 und 1982, die den fremden Blick auf die deutsche Gesellschaft von innen her fördern sollten. Umstritten war Weinrichs Wertschätzung des besonders »ursprünglichen« Charakters der »Gastarbeiterliteratur«, die mit dem zeitgenössisch ausgeprägten »Erfahrungshunger« (Michael Rutschky) junger deutscher Intellektueller korrespondierte und ihren Authentizitätsbedarf bediente.[90] Erst seit Mitte der 80er Jahre entstand aus den Wurzeln dieser frühen migrantischen Gegenöffentlichkeit ein breiterer Strom interkultureller Literatur, der jene »Vielstimmigkeit« (Sigrid Weigel) erreichte, die »Multikulturen« eigen ist.

Rückgang der Kirchlichkeit

Pluralisiert wurde das ungefähr gleich stark von Katholizismus und Protestantismus bestimmte religiöse Gefüge der Bundesrepublik nicht nur durch die Migration, die dem islamischen und – vor allem seit den 90er Jahren – wieder dem jüdischen Glauben eine breitere soziale Basis verschaffte. Auch die nachlassende Bindekraft der beiden großen christlichen Kirchen war nicht automatisch mit Säkularisierung gleichzusetzen – selbst wenn dies zweifellos ein Teilaspekt der Modernisierung war. Denn neben die »Verkirchlichung des Christentums« (Franz-Xaver Kaufmann) trat in den 70er Jahren auch eine ungewöhnlich starke Selbstmobilisierung von Laien mit hohen Partizipationsansprüchen – ganz abgesehen von christlichen Erneuerungsbewegungen, New Age und fernöstlichen Heilslehren, die auf einen zwar gewandelten, aber dennoch fortgesetzt starken Bedarf an überweltlicher Sinnstiftung hindeuteten.[91] Alles in allem wurde die Religion »unbestimmter«, »hintergründiger« und in gewisser Weise auch »unsichtbarer«, jedenfalls im Hinblick auf die kirchliche Sozialform.[92]

Die negativen Auswirkungen von Massenkonsum, Medialisierung und Wertewandel auf die Kirchen als soziale Formationen, die durch Mitgliedschaft, Gottesdienstbesuch und Initiationsrituale im Lebensverlauf getragen wurden, waren nicht zu übersehen. Nahm schon die Zahl der Mitglieder ab – zwischen 1970 und 1985 bei der katholischen Kirche von 27,2 auf 26,3 Millionen, bei der protestantischen Kirche von 28,5 auf 25,1 Millionen –, so war der Rückgang bei Taufen und Hochzeiten, insbesondere aber beim Kirchgang noch deutlicher.[93] Besonders dramatisch erodierten kirchliche Orientierungen unter jungen Leuten, und hier am stärksten in den frühen 70er Jahren, während sich der Niedergang in den Folgejahren verlangsamte. 1969 gingen noch 40 Prozent der 16- bis 29-jährigen Katholiken regelmäßig zur Kirche, 1973 waren es 24 und 1980 nur noch 16 Prozent. Bei den gleichaltrigen Protestanten verringerte sich dieser Prozentsatz von der schon sehr viel geringeren Ausgangsposition von sechs auf drei und zwei Prozent.[94] Auf Seiten der katholischen Kirche hatte der Rückgang sicherlich auch mit ihren offiziellen Positionen zur Ehe ohne Trauschein und zur Abtreibung zu tun, die sie kompromisslos ablehnte, während sie von jungen Leuten am nachdrücklichsten toleriert wurden.

Diese Entwicklung setzte die Kirchen in einer Zeit, in der sie bereits grundlegende innere Reformen durchliefen, zusätzlich unter Druck.[95] Gleichzeitig deuteten Kritiker dieser Reformen den anhaltenden Rückgang der Kirchlichkeit als Votum gegen den Anpassungskurs der Kirchenführungen, was bis in die frühen 70er Jahre zu harten innerkirchlichen Konfrontationen führte. In der katholischen Kirche hatte das Zweite Vatikanische Konzil (1962–1965) jene »Wende zur Welt« ausgelöst, die den Zugang zum Gottesdienst erleichtern und Laien stärker als zuvor beteiligen sollte. Künftig wurde die Eucharistiefeier nicht mehr in lateinischer Sprache abgehalten, spielte die Begegnung eine wichtigere Rolle als der »vertikale Gottesbezug«.[96] Gleichzeitig wuchs das Krisenbewusstsein, was weitergehende Reformbemühungen auslöste. Die stärkere Öffnung zur Gesellschaft hin lässt sich am Kurs des 1969 neu gewählten Münsteraner Bischofs Heinrich Tenhumberg exemplifizieren, der nicht mehr »Gebote verkünden, sondern eine Motivierung für Gebot und Weisung anbieten« wollte.[97] Das Ziel einer »Freiheitserziehung« war die Grundlage für einen neuen Pastoralplan, der nicht mehr nur vom Verkündungsauftrag der Kirche, sondern von den vielfältigen Bedürfnissen des Individuums ausging. Gleichzeitig bildete die Arbeit der katholischen Jugendorganisationen, in denen sich die Impulse der Studentenbewegung festgesetzt hatten, einen Schwerpunkt der künftigen Arbeit. Zwischen 1970 und 1978 stieg die Mitgliederzahl der Katholischen Jungen Gemeinde im Bistum Münster von 7300 auf 12 300 und ging erst in den Folgejahren kontinuierlich zurück.[98] Eine »›pragmatische‹ Wende« (Wim Damberg) bestimmte die kirchliche Arbeit in den 70er Jahren: ein an den lokalen Verhältnissen orientiertes, differenziertes Gemeinschaftsangebot, das durch den Ausbau von Caritas und Lebensberatung die Professionalisierung kirchlicher Dienstleistungen vorantrieb. Gleichzeitig demonstrierten Basisgemeinden-Bewegung und Initiativen wie »Kirche von unten« (seit 1979) die Aushöhlung der Priesterkirche durch zunehmende Partizipation von Laien. Ganz ähnlich war die Entwicklung in der evangelischen Kirche, die in den 70er Jahren als »Inkubationszeit einer langfristigen Transformation« eine Professionalisierung durch übergemeindliche kirchliche Dienste und Demokratisierung durch Wahl auf Zeit, Frauenordination (seit 1978) und Aktivierung von unten erlebte.[99]

Dass die Entkirchlichung der Gesellschaft keineswegs Hand in Hand gehen musste mit einem Bedeutungsverlust des Religiösen, zeigte der zwischen 1965 und 1975 intensiv geführte und öffentlich breit wahrgenommene »Dialog zwischen Christentum und Marxismus«, in dem neben marxistischen Philosophen wie Ernst Bloch und Roger Garaudy katholische Theologen wie Karl Rahner und Johann Baptist Metz sowie ihre protestantischen Kollegen Jürgen Moltmann, Helmut Gollwitzer und ihre Kollegin Dorothee Sölle eine bedeutende Rolle spielten.[100] Nachdem die damit noch stark verbundenen

Christentum und Marxismus

Zukunftshoffnungen abflauten oder sich auf Lateinamerika, die Befreiungstheologie und den Antirassismus verlagerten, wurde die Debatte über die politische Rolle der Religion im weiteren Verlauf der 70er Jahre z. T. mit anderen Themen – neben dem Verhältnis zur Dritten Welt etwa Kernenergie und Feminismus – und mit stärkerem Praxisbezug fortgeführt. Mit der Friedensbewegung in den frühen 80er Jahren erreichte sie einen neuen Höhepunkt. In der Evangelischen Kirche lebten die in der zweiten Hälfte der 60er Jahre entstandenen sozialistischen Strömungen etwa in den Evangelischen Studentengemeinden fort, sie wurden von prominenten Theologen wie Dorothee Sölle (»Christen für den Sozialismus«) unterstützt und lösten harte Auseinandersetzungen aus, etwa zum Umgang mit den »DKP-Pfarrern« in den mittleren 70er Jahren. Seit 1973 dokumentierten sich der politische Anspruch und die Nähe der Kirchen zu den Neuen Sozialen Bewegungen besonders sichtbar auf den alle zwei Jahre abgehaltenen Evangelischen Kirchentagen. In aller Farbigkeit zeigte sich der kritische Partizipationswille einer Kirche von unten auf dem seit dem Frankfurter Kirchentag von 1975 als »Markt der Möglichkeiten« firmierenden Forum für Initiativen jedweder inhaltlichen Ausrichtung. Die Zahl der Dauerteilnehmer stieg im Laufe der 70er Jahre kontinuierlich von 15 000 in Frankfurt auf jeweils etwa 100 000 in den 80er Jahren – darunter zu einem hohen Anteil aktiv Mitwirkende.[101] 1981 in Hamburg und 1983 in Hannover wurden die Kirchentage von großen Friedensdemonstrationen begleitet.

Neue Religionen Wenn sich auch die Zahl ihrer Anhänger in Grenzen hielt, trug doch die Sichtbarkeit neureligiöser Gruppen auf der Straße, ihre Repräsentationen in der Popkultur – von der Beatles-Pilgerfahrt nach Indien (1968) bis zum Musical »Jesus Christ Superstar« (1971) – ebenso wie in der politischen Debatte um ihre Eindämmung zum Eindruck eines »religious revival« (Pascal Eitler) bei, der Teil einer breiteren Kulturbewegung der »neuen Subjektivität« war. Die seit den frühen 70er Jahren in Erscheinung tretenden und als »Jugendreligionen« apostrophierten Gruppen bezogen ihre Anregungen aus christlichen und fernöstlichen Quellen. Sie waren keine Abspaltungen der großen Kirchen, sondern originäre Folgeerscheinungen der Hippie- und Kommunebewegung der 60er Jahre – derjenige Teil, der gemeinschaftlich den Weg nach innen beschritt und sich in der Fixierung auf einen bestimmten Glauben oder Führer zum Teil extrem autoritären Verhältnissen unterwarf. Dem Gründer der hinduistischen Krisna-Bewegung, Swami Prabhupada, folgten in der Bundesrepublik nicht mehr als 200 Anhänger, die durch öffentliches Tanzen, Singen (»Chanten«), Broschüren- und Schallplattenverkauf in orangenem Gewand und mit (fast) kahlgeschorenem Schädel am markantesten in

Erscheinung traten und den drogenaffizierten Teil der Gegenkultur durch das Angebot »stay high forever« für sich zu gewinnen suchte.[102] Die Divine Light Mission des 1957 geborenen und dem westlichen Wohlstand nicht abgeneigten Guru Maharaj Ji zog 1978 in der Dortmunder Westfalenhalle fast zehntausend Personen an (Eintrittspreis: 110 DM), von denen allerdings nur etwa 500 aktive Mitglieder waren.[103] Die aus dem Wiener Aktionismus hervorgegangene »Aktionsanalytische Organisation« (AAO) verbreitete sich 1976/77 von der Kommune Otto Mühls aus in der Bundesrepublik. Die einige hundert Mitglieder zählende Gruppe wollte an der Verbindung von Sozialismus und individueller Emanzipation festhalten – allerdings mit rigiden Mitteln (Verbot von Zweierbeziehungen) und hierarchisch-autoritären Binnenstrukturen.[104] Die größte Anziehungskraft entwickelte Bhagwan Shree Rajneesh, ein früherer Philosophieprofessor, der fernöstliche Spiritualität mit westlichen Psychotechniken verband und 1974 im indischen Poona ein Zentrum errichtete, das zeitweilig von mehreren tausend jungen Europäern besucht wurde. Er gewann eine besonders große Zahl von Anhängern, weil das von ihm offerierte psychoreligiöse Gemisch angeblich am weitesten »in die äußersten Bezirke des Bewusstseins« führte.[105] Ein deutscher Poona-Reisender berichtete: »Man sieht hier oft Leute, die sich nach einer Gruppe oder nach einer Meditation umarmen, sich streicheln, in die Augen gucken. Aber es ist etwas anderes als das, was man in deutschen Zeitungen liest. Das Gefühl, das hier herrscht, ist eines, wie ich es von vielen Encounter-Gruppen auch kenne, Menschen öffnen sich, lassen ihre Fassade fallen, werden offen für Freundlichkeit, für Zuneigung, für Liebe.«[106] In der Bundesrepublik bewirtschafteten die 9000 (1982) vornehmlich orange und rot gekleideten, mit der »mala« (einer Perlenkette mit dem Bildnis des Meisters) angetanen und einem neuen Namen ausgestatteten Sannyasins »ganz entspannt im Hier und Jetzt« Meditationszentren, aber auch Restaurants und Diskotheken.[107]

Pluralisierung und Mobilisierung waren auch wesentliche Merkmale der Unterhaltungsmusik, vorangetrieben vom Kommerzialisierungsschub des Pop. Nicht nur, weil Medien und Unterhaltungselektronik sie zielgruppenspezifisch in die fernsten Winkel des Landes transportierten, sondern auch, weil sich dadurch die Interessen stärker ausdifferenzierten und immer mehr – insbesondere junge – Bürger selbst Musik machten. In den 70er Jahren erlebte der Jazz ein Revival, weil er Berührungsängste gegenüber populären Formen wie Rock'n'Roll, Soul und Ragtime ablegte, sich zur Weltmusik hin öffnete und dadurch an Vielfalt gewann. Seit Mitte der 70er Jahre war ein Folk-Revival zu verzeichnen, das so gegensätzliche Genres wie das demokratische

Unterhaltungs-
musik

Volkslied (Liederjan, Zupfgeigenhansel) und Neoromantik (Elster Silberflug) ebenso umfasste wie Mundartlieder (Walter Mossmann, Hannes Wader), Folk Rock (mit mittelhochdeutschen Texten: Ougenweide), Straßenmusik (Klaus der Geiger) und Irish Folk.[108] Einen bedeutenden Ort dieser authentizistischen Bewegung gegen die Kommerzialisierung in der Popmusik bildete das 1975 erstmals abgehaltene Folk- & Liedermacherfestival in Tübingen. Auch der schon in den 60er Jahren wiederbelebte Blues verankerte sich stärker im Musikleben der Bundesrepublik, nicht zuletzt durch Regionalisierung und deutsche Texte: Die Gruppe Das Dritte Ohr sang in deutscher Sprache, Joy Fleming sogar im Mannheimer Dialekt, während Festivals in Orten wie Gaildorf und Lahnstein regelmäßig Blues präsentierten und die internationalen Größen Champion Jack Dupree und Louisiana Red in Hannover ansässig wurden.[109] Vorlieben nicht nur des Alternativen Milieus bedienten 1976 Reggae-Bands wie Bob Marley & The Wailers mit Konzerten in Offenburg, Düsseldorf und Hamburg und das »umsonst & draußen«-Festival in Vlotho, das seit 1975 jährlich stattfand und innerhalb weniger Jahre seine Teilnehmerzahl von 3000 auf 100 000 (1979) steigerte.[110]

Schlager mit Gesellschaftsbezug Eine Tendenz zur neuen Innerlichkeit war in der Populärkultur zwar zu beobachten, aber alles andere als dominant, wie das große Interesse an gesellschaftlichen Problemlagen selbst im deutschen Schlager, dem vermeintlichen Kernbereich des Gesellschaftsfernen, zeigte. Dass Lieder von Peter Alexander, Chris Roberts und Katja Ebstein die 70er Jahre in der Schlagerwelt zum »Jahrzehnt der Menschen, Nachbarn und anderer Minderheiten« machten, deckte sich mit den Bestrebungen von sozialen Bewegungen zum Aufbau einer Kommunikationskultur von unten.[111] Am wirksamsten gelang es Udo Jürgens, die allgemeine Stimmung so umzusetzen, dass sich eine große Masse Einzelner persönlich berührt fühlte und damit jener »magische Moment« entstand, »an dem der Zeitgeist zu singen beginnt« (Peter Wicke). Er hatte in den 60er Jahren mit unpolitischen Liedern wie »Merci Chérie« – 1966 für Österreich Sieger beim Grand Prix Eurovision in Luxemburg – Erfolg gehabt, bewies aber in den Folgejahren, dass man auch mit gesellschaftsbezogenen Schlagern, wenn sie nur glaubwürdig erschienen, ganz an die Spitze der Hitparaden gelangen konnte. Nachdem das politisch allzu plakative »Lieb' Vaterland« (Text: Eckhard Hachfeld) 1971 eine Kontroverse, aber keinen ökonomischen Erfolg auslöste, fand Jürgens den richtigen Ton mit »Griechischer Wein«, ein Lied über Isolation und Heimweh unter Arbeitsmigranten, das 1974 wochenlang die Hitlisten anführte. Auch die nachfolgenden Songs waren hoch platziert: »Ein ehrenwertes Haus« (1975), das spießige Reaktionen auf die Ehe ohne Trauschein aufs Korn nahm und »Aber bitte mit Sahne« (1976), ein ironischer Kommentar zu den Folgen des Wohllebens. Die Loyalität seiner Fans sicherte sich Jürgens auch durch ständige persönliche Präsenz – auf großen Tourneen in kurzen Abständen, die häufig mehrere hunderttausend Besucher anzogen. Während Roy Black oder Heino auch weiterhin traditionalistischere Geschmacksrichtungen bedienten, thematisierten in den späten 70er und frühen 80er Jahren Mary Roos, Gitte oder Wencke Myhre auch andere, bis dahin umgangene Aspekte des gesellschaftlichen Wandels: Homosexualität, Frauenemanzipation und das gewandelte Männerbild. Musikalisch wurden die Grenzen des Schlagers in den frühen 80er Jahren fließender – in Gestalt der Neuen Deutschen Welle griff er sogar Elemente des Punk auf.

Zu einer Erfolgsgeschichte wurde der 1956 in Lugano erstmals veranstaltete Schlagerwettbewerb Eurovision Song Contest (»Grand Prix Eurovision«), an dem sich immer mehr europäische Länder beteiligen. Er zeigte nicht nur Sympathieverteilungen unter den europäischen Nachbarn, sondern auch den kleinsten gemeinsamen Nenner der gesellschaftlichen Stimmungen. Auch der bislang einzige erste Platz für die Bundesrepublik, den die von Ralph Siegel promotete Saarländerin Nicole mit »Ein bisschen Frieden« 1982 in Harrogate errang, belegt dies. Dass das Land von den Europäern auf der populärkulturellen Ebene allmählich wieder akzeptiert wurde, zeigte sich 1970, als es mit Katja Ebsteins »Wunder gibt es immer wieder« erstmals unter den ersten drei Plätzen vertreten war, wie überhaupt die 70er und frühen 80er Jahre dem deutschen Schlager die besten Platzierungen einbrachten. In allen Ländern wurde die Unterhaltungsmusik durch den Grand Prix, wie Jan Feddersen festhielt, »europäischer«, weil er Komponisten und Interpreten zwang, »eine Musiksprache zu entwickeln, die nicht allein in ihren Heimatländern populär« war.[112]

Unter dem Schlagwort »Krautrock« errangen in den frühen 70er Jahren deutsche Bands internationalen Ruhm. Sie waren ein frühes Beispiel dafür, dass im Zeitalter der globalen Medialisierung kulturelle Impulse nicht mehr allein von wenigen Zentren – insbesondere den USA – ausgingen, sondern in einem komplexen *flow* zwischen regionalen Szenen in allen Teilen der Welt entstanden.[113] In den frühen 70er Jahren beeindruckte (weitgehend wortfreie) elektronische Musik aus deutschen Landen: die aus einer Münchner Musikkommune hervorgegangene Gruppe Amon Düül II, die Hamburger Formation Faust oder die Band Can, die in Köln beheimatet, aber international zusammengesetzt war.[114] Großen kommerziellen Erfolg hatte Kraftwerk aus Krefeld. Ihr Album *Autobahn* (1974), eine »durch elektronische Hilfsmit-

Udo Lindenberg in den siebziger Jahren in der Hamburger *Fabrik*

tel skurril vertonte Autobahnfahrt, die mächtig abgeht« (*Sounds*), landete auf Anhieb auf den vordersten Plätzen nicht nur der einheimischen Charts, sondern ebenso in den USA und Großbritannien, wo die Band auch als Verkörperung einer kühlen Intellektualität spezifisch deutscher Provenienz aufgefasst wurde. In der Bundesrepublik vereinte Rockmusik und deutsche Sprache zur wirklich populären Kunstform aber erst Udo Lindenberg (geb. 1946), dessen »kalkuliert provokante Flapsigkeit« (Peter Kemper) Alltagsbezug und Selbstbewusstsein der um die Rockmusik entstandenen Jugendkultur verkörperte. Mit dem Album *Andrea Doria* (1973) stellte er unter Beweis, dass deutschsprachiger Rock 'n' Roll auch dann (und umfassender) die Ansprüche eines konsumkritischen Publikums befriedigen konnte, wenn er nicht politische Agitationskunst betrieb.

Lindenberg, dessen Stimme mit dem »Stöhnen aus der Koje eines Stadtstreicherasyls« (Günter Amendt) assoziiert wurde, strahlte nicht nur persönliche Authentizität aus, sondern inkorporierte den ganzen Traditionsbestand der Rockmusik durch zeitgemäße Übertragung ins Deutsche (»Lindenbergs Rock Revue«, 1978). Mit ihm wuchsen zugleich Popularität und Einfluss der »Hamburger Szene«, die auf einer langen kollektiven Erfahrung mit sozial rückgebundener Unterhaltungsmusik aufbauen konnte und in den 70er Jahren um Orte wie die »Fabrik« und »Onkel Pös Carnegie Hall«, Plattenfirmen, Konzertveranstalter und Künstler wie Inga Rumpf, Abi Wallenstein und Ulla Meinecke eine besonders dicht um Musik kreisende Alltagskultur hervorbrachte.

Rockpalast   Näher an das Publikum rückte aber auch die internationale Rockmusik – nicht nur durch eine Vielzahl von Tourneen und Festivals, sondern auch durch eine mediale Innovation: 1977 ging der vom WDR produzierte *Rockpalast* als Live-Übertragung aus der Essener Grugahalle eine ganze Samstagnacht lang im Ersten Programm über den Bildschirm. Bis 1986 war auf diese

Weise ein großes Publikum nicht nur in der Bundesrepublik (und der DDR), sondern per Eurovision in ganz Westeuropa zweimal jährlich bei den Auftritten von Stars wie The Who, U 2, Van Morrison, Bob Marley oder Nina Hagen (so gut wie) live dabei.[115] Durch Parallelübertragung der Radiostationen in Stereo wurde die präsentistische Simulation noch verstärkt, so dass die Teilnehmer der zahlreichen heimischen Rockpalast-Partys zum Publikum eines virtuellen europäischen Popfestivals wurden. Unverhüllt kommerziell erschien hingegen die »Disco-Welle«, die mit dem Film *Saturday Night Fever* (1977) mit John Travolta in der Hauptrolle einsetzte, von gesellschaftlichen Zusammenhängen weitgehend abstrahierte und das Ideal der Emanzipation auf Kunstfertigkeit auf der Tanzfläche beschränkte. Schon seit 1974 wurde diese Deutung durch das Fernsehformat *Disco* mit Ilja Richter lanciert und von Schöpfungen wie Boney M. und Silver Convention unterstützt, wobei sich das reale Miteinander in den boomenden Diskotheken, die in der Tat demokratische Orte waren und keineswegs nur im kommerziellen Rahmen veranstaltet wurden, sehr viel komplexer gestaltete.[116]

Gegen die mit dem Musikbetrieb verbundene Gigantomanie richtete sich in der zweiten Hälfte der 70er Jahre die Punk-Bewegung. Sie ging von den USA und Großbritannien aus und wurde in der Bundesrepublik hauptsächlich von männlichen Mittelschichtjugendlichen – häufig Gymnasiasten – getragen, die seit 1976 Bands wie Male (Düsseldorf), Coroners (Hamburg) oder PVC (Berlin), eigene Fanzines und unabhängige Kleinlabels schufen und Orte wie den Ratinger Hof (Düsseldorf), die Markthalle (Hamburg) und das SO 36 (Berlin) zu Treffpunkten regionaler Punkszenen machten.[117] Überregionale Festivals, die gehäuft seit 1979 stattfanden, deuteten auf Vernetzung und Verstetigung hin. Ihr provokativ-anarchischer Gestus richtete sich auch gegen rationalistische und hippieske Überreste der 68er-Bewegung, vor allem gegen den von ihnen mitunter artikulierten Alleinvertretungsanspruch in Sachen Rebellion.[118] Anfangs häufig auf englischsprachige Texte und die westlichen Vorbilder fixiert, musikalisch gezielt minimalistisch, dilettantisch und antiprofessionell, entstand aus den frühen Punkbands eine vielschichtigere Szene deutschsprachiger Gruppen, die z.T. auch kommerziell erfolgreich waren. »1977 waren wir noch angewidert von der pompösen, platten, sich in immer gleichen Ritualen ergebenden, feisten, saturierten Pop-Musik, heute gibt es mehr gute Bands, als wir zu hoffen gewagt haben«, resümierte Diedrich Diederichsen Anfang 1980 und schloss die rhetorische Frage an: »Ist die Revolution vorbei, und haben wir gesiegt?«[119] Unter dem Rubrum »Neue Deutsche Welle« wurden zwischen 1980 und 1983 so unterschiedliche Bands wie Fehl-

Punk

Auftritt der *Kotzbrocken* in Hamburg, 1981

farben, Deutsch-Amerikanische Freundschaft und Einstürzende Neubauten subsumiert und kommerziell vermarktet, die auf jeweils eigene Weise gesellschaftliche Problemlagen reflektierten, literarische und musikalische Präferenzen verfolgten. Während der mit dem NDW-Etikett behängte Titel »Ich will Spaß – ich geb Gas« von Markus 1982 an die Spitze der deutschen Charts gelangte, lieferte ein Song wie »Eiszeit« (Ideal, 1981) den Soundtrack für die pessimistische Grundstimmung einer ganzen Altersgruppe. Angesichts von Massenarbeitslosigkeit, Umweltverschmutzung und Hochrüstung sahen 58 Prozent der westdeutschen Jugendlichen ihre Zukunft als »eher düster« an, und nur ein knappes Viertel war »eher zuversichtlich«.[120] Den rebellischen Zug des westdeutschen Punk repräsentierte am bündigsten die 1979 gegründete Band Slime aus Hamburg, die mit jahrelang indizierten Songs wie »Deutschland« und »Bullenschweine« auch linksradikale, aggressiv antistaatliche und antideutsche Inhalte transportierte. Am 18. Dezember 1982 kamen in Hannover erstmals Hunderte von Punks zusammen, um an einem »Chaos-Tag« gegen die polizeiliche Erfassung in einer »Punker-Datei« zu protestieren.

2 Politische Kultur der Teilhabe

Ein »sozialdemokratisches Jahrzehnt« wurden die 70er Jahre entgegen aller Hoffnungen, die sich noch nach dem überwältigenden Wahlsieg Willy Brandts von 1972 mit ihm verbanden, nicht.[121] Während sich die schon in dieser Zeit sichtbare konservative »Tendenzwende« in der Mitte der 70er Jahre immer nachdrücklicher geltend machte, als das sozialdemokratische Modernisierungsprojekt zwischen Wirtschaftskrise und politischer Radikalisierung steckenblieb, entstand zugleich eine politische Strömung, die die Idee der Modernisierung an sich in Frage stellte. Vielleicht deutlicher noch als in der vorangegangenen Dekade trat in den 70er Jahren neben der »Inhaltsseite« der politischen Kultur ihre »Ausdrucksseite« (Karl Rohe), ihr soziokultureller Aspekt hervor. Denn mit den Neuen Sozialen Bewegungen und dem alternativen Milieu traten neue kollektive Akteure in Erscheinung, deren Meinungen, Einstellungen und Werte sich in prononciert eigenen sozialen Formen zur Geltung brachten und auf die Gesellschaft als Ganzes einwirkten. Politisch und soziokulturell umfassten Neue Soziale Bewegungen und alternatives Milieu sehr viel größere Gruppen, als sich dann in den frühen 80er Jahren in der neuen Partei »Die Grünen« organisieren sollten. Hier entstand eine neuartige Form der politischen Partizipation, die in verschiedenen soziokulturellen Milieus verankert war. Obwohl in der Verfassung nicht vorgesehen, wurden Umweltschutz- und Anti-AKW-Bewegung, Frauenbewegung und Friedensbewegung, aber auch die Schwulen- und Lesbenbewegung, Hausbesetzer und Autonome zu eigenständigen und schwergewichtigen Akteuren im politischen System der Bundesrepublik. Partizipation wurde weniger als Teilnahme an Auseinandersetzungen sich gegenüberstehender sozialer Klassen konzipiert, sondern individualistischer, als kritisches Engagement des Einzelnen in überschaubaren Gruppen, die dann gegebenenfalls die Form einer umfassenderen »Bewegung« annehmen konnten. Nicht mehr nur Mitgliedschaft in Parteien und Teilnahme an Wahlen, sondern eine Vielzahl von Methoden der direkten Demokratie – Demonstration, politisches Happening, Bürgerinitiative, Unterschriftensammlung, begrenzte Regelverletzung – fächerten die Möglichkeiten der politischen Teilhabe weit auf und wurden zu selbstverständlichen Optionen der Bürgerbeteiligung. Der gestiegene Anspruch auf Teilhabe, der sich in unterschiedlichen Formen der Aktivität äußerte, rückte das aus den großen sozialen Formationen scheinbar entlassene Individuum stärker in den Mittelpunkt der Aufmerksamkeit – nicht die »große Persönlichkeit« aus Politik und Wirtschaft, sondern die »kleinen Leute« oder »einfachen Menschen«.

Gleichzeitig wurden im alternativen Milieu die Möglichkeiten und Grenzen subjektzentrierter Kooperationsformen in der Dienstleistungs- und Wissensgesellschaft durchgespielt – eine »Versuchsanordnung«, deren Resultate in der ganzen Gesellschaft verwertet wurden.[122] Die neuen Formen der Teilhabe bildeten sich im Konflikt vor allem mit dem Staat heraus, was zum Teil zu gewaltsamen Auseinandersetzungen führte, die das politische Klima erheblich belasteten. »Radikalenerlass« und überzogene staatliche Reaktionen auf den Terrorismus markierten die Grenzen der Liberalisierung und führten zur Verhärtung der politischen Fronten.[123]

Dass sich die Demokratie trotz Wirtschaftskrise und Rücknahme des Demokratisierungsversprechens fester in der politischen Kultur der Bundesrepublik verankert hat, ist nicht zuletzt auf die Neuen Sozialen Bewegungen zurückzuführen, die die »Selbstgestaltungsfähigkeit« (Roland Roth/Dieter Rucht) der Gesellschaft entscheidend verbesserten. Ein wesentlicher Faktor für die Verankerung der Demokratie im Alltag der Bundesbürger, wie sie in den 70er Jahren in der zunehmenden politischen Beteiligung zu sehen ist, war der markant höhere Bildungsstand unter den nachwachsenden Altersgruppen. Martin und Sylvia Greiffenhagen haben diesen empirisch immer wieder nachweisbaren Zusammenhang festgehalten: »Je formal gebildeter jemand ist, desto größer ist sein politisches Interesse, desto besser sein Wissen über politische Vorgänge, desto größer sein Selbstvertrauen und sein Vertrauen zu anderen Menschen, desto größer auch seine Überzeugung, durch eigenes Handeln die Politik seines Landes mitgestalten zu können.«[124] Unter generationellem Blickwinkel war die Entstehung einer zivilen politischen Kultur darauf zurückzuführen, dass ältere Bundesbürger ihre Einstellungen änderten, indem sie sich an den gewachsenen Partizipationsansprüchen der jungen Bildungsaufsteiger orientierten. 1976 hatten bereits gut 20 Prozent der damals 18-Jährigen an einer politischen Demonstration teilgenommen und knapp 16 Prozent Flugblätter hergestellt oder verteilt, fast drei Viertel hatten bei einer Unterschriftensammlung mitgemacht.[125] 1981 wurden Kernkraftgegner, Hausbesetzer und Umweltgruppen von Anteilen zwischen 50 und 80 Prozent der westdeutschen Jugendlichen unterstützt, 31 Prozent von ihnen rechneten sich selbst zu den Umweltschützern, 20 Prozent zu den Kernkraftgegnern.[126]

Mitgliedschaft und Engagement

Zwischen 1973 und 1976 ging das politische Interesse der Bundesbürger etwas zurück, stieg dann aber wieder an. Anfang 1983 erreichte der Anteil derer, die von sich selbst sagten, sie interessierten sich für Politik, einen Spitzenwert von 57 Prozent.[127] Ebenso nahm die Wahlbeteiligung bei den Bundestagswahlen nach dem Rekordergebnis von 91,1 Prozent im Jahre 1972 wieder leicht ab, bewegte sich aber bis in die frühen 8oer Jahre nur wenige Prozentpunkte unterhalb dieses Wertes, um danach markant zurückzugehen. Dass das gestiegene politische Interesse nicht automatisch mit zunehmender Organisationsbereitschaft in der traditionellen Form einherging, insbesondere nicht im linken Spektrum, zeigten die Mitgliederbewegungen bei Parteien und Gewerkschaften. Während die Mitgliederzahl der CDU weiterhin stieg, hatte die SPD den Höhepunkt ihrer Anziehungskraft 1976 erreicht, danach besaßen immer weniger Bundesbürger das blaue Parteibuch. Auch der seit Ende der 6oer Jahre wieder gestiegene gewerkschaftliche Organisationsgrad nahm in der zweiten Hälfte der 7oer Jahre erneut ab.[128] Die bedeutendste Innovation der politischen Kultur in diesem Jahrzehnt war eine neue Partizipationsbewegung von unten, die zunächst als »Bürgerinitiativbewegung« bezeichnet wurde und sich später in ein klarer strukturiertes Spektrum Neuer Sozialer Bewegungen ausdifferenzierte. »Neu« waren diese sozialen Bewegungen im Gegensatz zur Arbeiterbewegung, sie rekrutierten sich vor allem aus den jüngeren Segmenten der besser gebildeten Mittelschichten. Aus diesem Sozialfundus schöpften auch die Parteien, aber im Gegensatz zu ihnen und den Gewerkschaften waren die Bewegungen nicht zentralistisch, sondern lokal und regional strukturiert, was Zugänglichkeit und unmittelbare Einflussnahme erleichterte. Sie agierten öffentlich, aber außerhalb der Parlamente, mit Unterschriftensammlungen, Demonstrationen, Blockaden und Besetzungen. Häufig verbanden sich in ihren Zielen radikaldemokratische Ideale mit postmaterialistischen Vorstellungen eines besseren Lebens. Schon in den frühen 7oer Jahren waren ihre künftigen Schwerpunkte zu erkennen: Naturschutz, Emanzipation der Frauen und Gleichstellung der Geschlechter, Frieden, Solidarität mit der Dritten Welt, Bürger- und Menschenrechte, Wiederbelebung des urbanen Raums. Zumeist hatten sie Vorläufer mit zum Teil langer Geschichte, aber im Unterschied zu manchen früheren Bewegungen wurden sie nicht von Großorganisationen wie Gewerkschaften, Parteien, Kirchen oder überregionalen Komitees ins Leben gerufen und mobilisiert, sondern von unten her. Dass in ihnen auch Mitglieder solcher Organisationen aktiv waren, stützt die Deutung, dass es sich bei den Neuen Sozialen Bewegungen weniger um eine Alternative zu den schon etablierten Formen der politischen Partizipation handelte als um deren Erweiterung.

Die Bürgerinitiativen der frühen 7oer Jahre konzentrierten sich häufig auf kommunale Probleme. Sie setzten sich für Kindergärten, Schwimmbäder oder Einrichtungen für Drogenabhängige ein, bekämpften Sanierungspläne oder neue Industrieanlagen. In Hamburg und München wehrten sie sich

Bürgerinitiativen

gegen geplante Flughäfen, in Eltville gegen eine Autobahn am Rheinufer, in Nordhorn gegen einen Bombenabwurfplatz – gut 40 Prozent der ungefähr 3000 bis 4000 Bürgerinitiativen, die es 1975 gab, engagierten sich in der Umweltpolitik. Verlässliche Zahlen sind aufgrund des informellen und fluktuierenden Charakters der Bürgerinitiativen kaum zu erhalten, doch dürften Annäherungswerte von 60 000 bis 120 000 Aktiven in der Mitte und mehr als 230 000 am Ende der 70er Jahre in etwa zutreffen.[129] Zu einem hohen Anteil kamen ihre Mitglieder und Aktivisten aus der Mittel- und Oberschicht mit gehobener Bildung.[130] Bürgerinitiativen verhielten sich nicht grundsätzlich anti-institutionell, sondern arbeiteten häufig mit den Verwaltungen zusammen, die – wenn auch zum Teil zögerlich – auf diese Erscheinungen einer »lebendigen Demokratie« (Gustav Heinemann) eingingen, indem sie »Hearings« veranstalteten oder – wie in Nürnberg oder Köln – ständige Diskussionsforen einrichteten. Ungeachtet der Tatsache, dass Bürgerinitiativen grundsätzlich überparteilich waren und nicht selten auch von CDU-Wählern unterstützt wurden, interpretierten konservative Vordenker wie Wilhelm Hennis diese Formen der Bürgerbeteiligung als »Herausdrängen des Amtsgedankens aus dem Demokratiebegriff«.[131]

Betrachtet man die Entwicklung in einem längeren zeitlichen Verlauf, dann wird deutlich, dass nach der Protestspitze um 1968 seit Mitte der 70er Jahre die Zahl der Proteste wieder stark zunahm und im Hinblick auf die Teilnehmerzahl 1983/84 einen neuen Höhepunkt erreichte. Hier ragten einzelne Ereignisse wie die Großdemonstrationen der Friedensbewegung hervor, aber zur Hochzeit des politischen Protestes wurden die Jahre zwischen 1980 und 1984 vor allem, weil sich hier bei einer hohen Anzahl von Aktivitäten mehr Menschen betätigten als in jedem anderen Jahrfünft.[132] Damit bestätigte sich, was schon in der zweiten Hälfte der 70er Jahre sichtbar geworden war: Die Neuen Sozialen Bewegungen hatten sich als politischer Faktor fest etabliert. Zwar gab es thematische Konjunkturen, aber gerade das gleichzeitige Auftreten der Bewegungen zwischen 1974 und 1984 muss als schubartiger Durchbruch bewertet werden – zumal viele Menschen für unterschiedliche Themen mobilisierbar waren.

»Postmaterialistisch« waren die Neuen Sozialen Bewegungen insofern, als sie nicht – wie zuvor die Arbeiterbewegung – den wirtschaftlichen und technologischen Fortschritt grundsätzlich begrüßten und um die gerechte Verteilung seiner Früchte kämpften, sondern seine Schattenseiten problematisierten und Fragen der Lebensqualität in den Mittelpunkt stellten. Dies zeigte sich besonders deutlich an der ökologischen Bewegung, die für die Erhaltung der natürlichen Umwelt eintrat und sich im Kampf gegen Atomkraftwerke entfaltete, als die Ölkrise von 1973 eine Richtungsentscheidung für oder gegen eine billige, aber riskante Energiequelle auf die Tagesordnung setzte. Ihre Dynamik entstand nicht nur von unten her, sondern wurde vorangetrieben durch die sozialliberale Bundesregierung, die auf der Grundlage eines eigenen »Umweltprogramms« (1971) insbesondere die Schadstoffemissionen erheblich verminderte, aber damit gleichzeitig jene Basisinitiativen ermunterte, die mehr wollten und sich insbesondere in der Frage der Atomenergie gegen die Regierungspolitik stellten. Als Dachverband der Ökologiebewegung entstand 1972 der Bundesverband Bürgerinitiativen Umweltschutz (BBU), der 1975 etwa 110, 1980 250 Initiativen repräsentierte und ihnen als Lobby, mit fachlicher Expertise und Aktionshilfen zur Seite stand, aber entgegen dem basisdemokratischen Anspruch von »starken Männern« wie Hans-Helmuth Wüstenhagen und Jo Leinen geführt wurde.[133]

Das Hauptthema der Ökologiebewegung in den 70er Jahren, der Kampf gegen Atomkraftwerke, mobilisierte seit Ende 1976 große Menschenmassen. 1977 nahmen an Anti-AKW-Protesten etwa 300 000 Personen teil, 1979 waren es 400 000, und sie erreichte, revitalisiert durch das Reaktorunglück in Tschernobyl, 1986 einen Höhepunkt mit 1,2 Millionen.[134] War die weitere Umsetzung des Bonner Atomprogramms schon durch die großen Proteste zum Stillstand gekommen, so löste die Katastrophe von Tschernobyl ein grundsätzliches Umdenken aus. Insbesondere in der SPD und den Gewerkschaften wuchs der Rückhalt der Atomkraftgegner, was auf längere Sicht – im Jahre 2000 – zum Beschluss der rot-grünen Bundesregierung führte, bis 2020 die Nutzung der Atomenergie einzustellen.[135]

Zum Ursprungsmythos der Anti-AKW-Bewegung wurde der erfolgreiche Kampf gegen den Bau eines Atomkraftwerks in Wyhl, der im Februar 1975 mit der Besetzung des Baugeländes durch 28 000 Demonstranten seinen Höhepunkt erreichte und dem Thema erstmals bundesweite Aufmerksamkeit sicherte. In Wyhl ging der Protest von örtlichen Bauern und Winzern aus, die sich mit anderen Initiativen zum »Internationalen Komitee der Badisch-Elsässischen Bürgerinitiativen« zusammenschlossen und gegen die über ihren Kopf hinweg getroffene Entscheidung der Stuttgarter Landesregierung mobil machten.[136] Er zog auch Studenten aus dem nahe gelegenen Freiburg an, die das Geschehen am Kaiserstuhl in die lange Linie eines bäuerlich-alemannischen Befreiungskampfes einbetteten und über Mundartlieder, Volkshochschule im Wyhler Wald, einen Piratensender und wissenschaftliche Hilfestellung ein engeres Verhältnis zur ländlichen Bevölkerung fanden. Selbst

Ökologie-
bewegung

die an einem traditionalistischen Fortschrittsbegriff orientierten K-Gruppen, denen der Erfolg in den Fabriken versagt blieb, griffen angesichts seiner offensichtlichen Mobilisierungskraft das Ökologiethema auf.[137] Zunächst verzögerten die Besetzung des Baugeländes und eine bis 1982 sich hinziehende gerichtliche Auseinandersetzung den Baubeginn, am Ende scheiterte der Plan der Landesregierung ganz. Überregionale Mobilisierungskraft für die Anti-AKW-Bewegung gewann der Wyhler Protest nicht zuletzt aufgrund seiner ungewohnten sozialen Zusammensetzung: In der Kaiserstühler Bevölkerung erkannten viele Bürger sich selbst und legten ihre Scheu gegenüber ungewohnten politischen Methoden ab, während protestgewohnte Studierende hier ein neues Subjekt jenseits der Arbeiterklasse vorfanden, das einerseits sozialromantische Authentizitätsvorstellungen bediente, andererseits die Bodenhaftung beförderte.[138]

Protestplakat gegen das geplante Atomkraftwerk Whyl

Während Bürgerinitiativen anfangs keineswegs grundsätzlich konträr zu den Verwaltungen standen, richtete sich der Anti-AKW-Protest nach der Radikalisierung und Polarisierung von 1976/77 gleichzeitig gegen den von Robert Jungk avisierten »Atom-Staat«.[139] Demonstrationsverbote, massive Polizeieinsätze bei den Großdemonstrationen in Brokdorf, Grohnde und Kalkar und die 1977 aufgedeckte Abhöraffäre um den »Atomdissidenten« Klaus Traube schienen – zumal im Kontext des Radikalenerlasses und des gleichzeitig zur Hysterie sich steigernden Kampfes gegen den Terrorismus – Jungks Schreckensvision eines Staates zu bestätigen, der zur Durchsetzung seines Atomprogramms auf Überwachung, Repression und Demokratieabbau angewiesen sei. So verwirbelten insbesondere nach dem Unfall im US-amerikanischen Atomkraftwerk bei Harrisburg (1979) und dem NATO-Nachrüstungsbeschluss Ängste vor atomarer Bedrohung und einer damit verbundenen »neuen Tyrannei« (Jungk) zur apokalyptischen Vision eines bevorstehenden »1984«.[140] Gleichzeitig wurde seit den späten 70er Jahren die Suche nach Alternativen zum Atomstrom intensiviert. Energiesparmodelle und Experimente mit erneuerbaren Energien ergänzten den Protest und lenkten die Debatte um Ausstiegsoptionen in eine pragmatische Richtung.

Politisch gewann die Ökologiebewegung nicht nur über die öffentliche Resonanz ihrer Aktivitäten Gewicht, sondern auch, weil sie in der Auseinandersetzung mit staatlichen Plänen eigenes Expertenwissen entwickelte – ein Beispiel ist das 1977 gegründete Freiburger Öko-Institut. Wenn auch in der Umweltschutzbewegung umstritten war, inwieweit ihre Professionalisierung und Institutionalisierung mit den ursprünglichen Ansprüchen zu vereinbaren sei, so rückte doch ihr Anliegen in Gestalt von Umweltschutzbeauftragten und -ministerien immerhin als Daueraufgabe in die Verwaltungen ein. Gleichzeitig ermöglichte die Beschäftigung hauptamtlicher Mitarbeiter – sie stieg in den Westberliner Gruppen der Ökologiebewegung von durchschnittlich einer Stelle (1980) auf 5,9 (1993) – eine kontinuierlichere und professionellere Arbeit, die manchen Aktivisten-Experten eine berufliche Perspektive bot.[141]

Friedensbewegung

Die Reihe der Großdemonstrationen, die die Bundesrepublik zwischen 1980 und 1983 erlebte, geht in erster Linie auf das Konto der Friedensbewegung. Doch ohne die Vorbereitung eines allgemeinen Protestklimas durch die Anti-AKW-Bewegung, ohne die Etablierung der Protestformen Demonstration und Besetzung auch für Bürger jenseits der studentischen Alters- und Bildungsgrenzen, wäre ihre Dimension schwerlich vorstellbar. Die Friedensbewegung entstand als Reaktion auf den im Dezember 1979 gefassten NATO-Doppelbeschluss, der die Stationierung von 108 Pershing-II-Raketen und 464 »Cruise Missiles« in Europa ankündigte, falls sich die Sowjetunion nicht bei Verhandlungen bereiterklären sollte, ihre neu stationierten Mittelstreckenraketen SS 20 zurückzuziehen.[142] Die heftige Abwehrreaktion gegen diesen Beschluss erklärt sich erstens aus der Furcht vor einem Stellvertreterkrieg der Supermächte auf europäischem und insbesondere auf deutschem Boden – ein Reaktionsmuster, das schon bei Rüstungsplänen in den 50er Jahren erkennbar war. Es bekam nun – zweitens – eine andere Stoßrichtung, weil sich die deutsche Furcht vor einem Krieg nicht mehr mit der grundsätzlichen Befürwortung militärischer Konfliktbewältigungsstrategien paarte. Der Wertewandel der 60er und frühen 70er Jahre brachte nämlich – dies war das mentale Unterfutter der Friedensbewegung – die grundsätzliche Ablehnung des Militärischen in weiten Teilen insbesondere der nachwachsenden Altersgruppen mit sich, die die Abschreckungslogik in Frage stellten. Und schließlich verdichtete sich drittens eine Reihe von Vorgängen – der Einmarsch der Sowjetunion in Afghanistan von Ende 1979, die Wahl des militanten Antikommunisten Ronald Reagan zum amerikanischen Präsidenten ein Jahr später – zu einer akuten Krisensituation, die die Gefahr einer militärischen Konfrontation zwischen den Großmächten erhöhte.

Die enorme Mobilisierungskraft des »Nuklearpazifismus« (Manfred Görtemaker) entfaltete sich, als ein breites Bündnis – darunter kirchliche Friedensorganisationen wie Pax Christi, die Aktion Sühnezeichen, berufsbezogene Friedensinitiativen, das DKP-Spektrum, das in sich vielfältige Gründungsspektrum der Grünen, ein wachsender Flügel der SPD um Erhard Eppler – den Kampf gegen die Stationierung aufnahm. Den kleinsten gemeinsamen Nenner dieser äußerst heterogenen Koalition formulierte der aus dem DKP-Umfeld heraus initiierte Krefelder Appell vom 16. November 1980, den als Erstunterzeichner auch die Mitbegründerin der Grünen, Petra Kelly, und der Exbundeswehrgeneral Gert Bastian unterstützten – ihnen taten es am Ende mehr als 4 Millionen Bundesbürger gleich. Erstmals sichtbar wurde das enorme Potenzial der Friedensbewegung bei der Bonner Demonstration vom 10. Oktober 1981 mit 300 000 Teilnehmern, und es steigerte sich noch am 10. Juni 1982, als anlässlich des Staatsbesuchs des US-Präsidenten über eine halbe Million Menschen am Regierungssitz demonstrierten.

Wie fragil das Bündnis der verschiedenen linken und bürgerlichen Gruppen war, wurde auf einer Reihe von Aktionskonferenzen sichtbar, die die Friedenbewegung seit Anfang 1982 abhielt, um das gemeinsame Vorgehen zu beraten. Vor allem geriet das Konzept des kleinsten gemeinsamen Nenners – Protest gegen die Stationierung der US-Raketen auf dem Boden der Bundesrepublik – unter Druck, als insbesondere die Grünen darauf bestanden, die Verhängung des Kriegsrechts in Polen vom Dezember 1981, die Beteiligung der Sowjetunion am Rüstungswettlauf und die Unterdrückung der Friedensbewegung in der DDR zu thematisieren.[143] Hier zeigte sich, dass den Dominierungsversuchen der DKP Grenzen gesetzt waren in einer pluralistisch und individualistisch geprägten Massenbewegung, die unter der Hand zerfaserte, wenn man sie als »Transmissionsriemen« gebrauchen wollte.[144] Im Herbst 1983 mobilisierte die Friedensbewegung mit einer Aktionswoche noch einmal einen Großteil ihrer Sympathisanten – mehr als eine Million Menschen nahmen allein an der Bonner Großdemonstration vom 22. Oktober teil –, um den Bundestag zu einer Entscheidung gegen die Stationierung zu zwingen. Als das Parlament die Stationierung billigte, die Raketen in Stellung gebracht wurden und sich die Sowjetunion schließlich auf Verhandlungen einließ, erlahmte ihre Mobilisierungskraft. Gleichwohl institutionalisierte sich auch hier ein Teil der Bewegung, etwa in Form der Friedens- und Konfliktforschung.[145]

Zu Auseinandersetzungen innerhalb der Friedensbewegung hatten auch die Aktionen autonomer Gruppen geführt, die Gewalt und Sabotage als legitime politische Mittel betrachteten und ihre Hochburgen in Großstädten wie Hamburg und Westberlin hatten.[146] Eine wichtige Rolle für die Herausbildung der »Autonomen« spielte die zweite Hausbesetzerbewegung der frühen 80er Jahre, die zum Teil an die Vorgängerbewegung vom Anfang der 70er Jahre anknüpfte. Zwar war die Absicht identisch, leerstehenden Wohnraum in ein gegenkulturelles Terrain umzufunktionieren. Auch sollte, wie das Schlagwort von der »Instandbesetzung« verdeutlichte, gewachsene Bausubstanz erhalten werden. Doch der Anspruch, von hier aus die ganze Gesellschaft zu revolutionieren, war zugunsten einer »Politik der ersten Person« verflogen. Rudi Dutschkes revolutionärer Idealtypus, der »städtische Guerillero«, war unter den Autonomen durchaus anzutreffen, allerdings eher als ästhetisches Ideal, das sich sozial in eigenen Lebenswelten verdichtete und politisch in Gestalt des »schwarzes Blocks« den militanten Flügel vieler Protestbewegungen repräsentierte.

Nach den 60er Jahren verfestigten sich manche Ideen der Gegenkultur in alternativen Milieus, die überall in der westlichen Welt entstanden. Alternativ sein – das bedeutete, ein Leben jenseits der »kompakten Majorität« (Rolf Schwendter) zu führen. Der alternative Alltag beinhaltete den Anspruch auf Selbstverwirklichung in der Gemeinschaft Gleichgesinnter nach Idealen wie individuelle Freiheit, Solidarität, Natürlichkeit und Nachhaltigkeit ebenso wie das Ziel, die Gesellschaft als Ganzes zu verändern. Die innerhalb des alternativen Milieus seit den frühen 70er Jahren favorisierte Form der Zusammenarbeit war das »Projekt« – zeitlich begrenzte gemeinschaftliche Aktivitäten wie kollektives Wohnen, Zeitungen und Radiostationen, Jugendzentren, Landkommunen, Handwerksbetriebe, Künstlergemeinschaften oder politische Initiativen.[147] Typische Kennzeichen dieser Projekte waren kollektives Eigentum, Selbstbestimmung und Überschaubarkeit – was direkte Demokratie erleichterte. Sie versuchten die Trennung von Arbeit, Freizeit, politischem Engagement und Privatleben ebenso aufzuheben wie die Trennung von Hand- und Kopfarbeit.[148] Alternative Projekte konzentrierten sich nicht auf Großbetriebe oder den Staat, sondern wollten politisches Engagement und ein alternatives Leben in der so genannten »Reproduktionssphäre« verwirklichen. Nur zwölf Prozent der Projekte widmeten sich Mitte der 80er Jahre der Produktion (lediglich vier Prozent in der Landwirtschaft), 70 Prozent boten Dienstleistungen an: Reisebüros, Cafés, Galerien, Buchhandlungen oder Kinderläden. Weitere 18 Prozent widmeten sich politischen Aktivitäten – Bürgerinitiativen, Stadtteilgruppen, Parteiinitiativen.[149] Weil alternative Projekte, verglichen mit der Gesellschaft als Ganzem, weniger stark auf Handwerk und Industrieproduktion, stärker hingegen auf Medien, Erziehung, Freizeit und politischen Projekten beruhten, fand sich hier eine Avantgarde der postindustriellen Gesellschaft, wirtschaftlich begründet auf Dienstleistung und Wissen, getrieben vom Ziel der Selbstverwirklichung und Partizipation.[150]

Auch die Arbeits- und Existenzform des Projekts entsprach den sozialen Mechanismen von postindustriellen Gesellschaften, weil sie fest getaktete Rhythmen im Arbeitsverlauf oder zwischen Arbeit und Freizeit nicht kannte, sondern das Kleinkollektiv als selbstbestimmten Entfaltungsraum des kreativen Subjekts in den Mittelpunkt rückte. Im Gegensatz zur Gemeinschaftsarbeit in der Klassischen Moderne geht es im Projekt nicht darum, soziale Anpassung zu erreichen, sondern heterogene Vorstellungen zu nutzen, um ein komplexes Ergebnis zu erzielen.[151] Allerdings haben praktische Erfahrungen gezeigt, dass Projektarbeit häufig ungleiche Ausgangsbedingungen der Teilnehmer reproduziert. Informelle Hierarchien, Selbstausbeutung und organisatorisches Chaos waren negative Begleiterscheinungen einer in mancher Hinsicht innovativen Arbeits- und Lebensweise, die freilich häufig nicht selbst getragen, sondern von direkten oder indirekten staatlichen Zuschüssen abhängig war.

Vernetzung Ein herausgehobenes Beispiel für den erfolgreichen Aufbau eines breiten Geflechts alternativer Projekte war das im November 1978 gegründete »Netzwerk Selbsthilfe«.[152] Ursprünglich geschaffen, um Ausweichjobs für Linke zu schaffen, die von Berufsverboten oder Arbeitslosigkeit betroffen waren, entwickelte es sich zu einer Organisation, die ein weit gefächertes Spektrum politischer, kultureller oder kommerzieller Projekte innerhalb der Alternativszene förderte – sofern sie selbstverwaltet und im Gemeinschaftsbesitz waren, mit alternativen Methoden und ökologisch verantwortungsbewusst arbeiteten. Unterstützt von prominenten Intellektuellen wie Robert Jungk oder Hans Magnus Enzensberger, hatte das Netzwerk schon nach wenigen Monaten fast 3000 Mitglieder (April 1979) und vergab monatlich 42 000 DM – 1991 gab es 30 Netzwerke auf regionaler Basis, die eine Million DM jährlich vergaben. Obwohl Machtkonzentration und Strukturen in gewisser Weise mit dem basisdemokratischen Anspruch kollidierten und immer wieder erhitzte Diskussionen auslösten, bildete das Netzwerk eine bedeutende finanzielle Basis für den Aufbau alternativer Projekte, bis die öffentliche Bereitschaft zur Bezuschussung wuchs. Auf der politischen Ebene hatte das 1969 gegründete Sozialistische Büro eine lose koordinierende Funktion. Es wollte die autonomen Elemente der antiautoritären Bewegung beibehalten und gleichzeitig – im Gegensatz zu manchen Subkulturen – politisch agieren. Der von ihm organisierte Frankfurter Kongress gegen Repression an Pfingsten 1976 war mit 20 000 Teilnehmern eines der größten Treffen auf nationaler Ebene. Um die Mitte der 70er Jahre setzte sich mit den »Spontis« eine eher locker gefügte Strömung durch, die als antitechnokratische und politisch-hedonistische Bewegung die Vorherrschaft der intellektualistischen K-Gruppen durchbrach. Die Parole des von etwa 10 000 Menschen besuchten »Tunix«-Kongresses in Westberlin von 1978, »Wir wollen alles, und wir wollen es jetzt!«, deutete, wenn schon kein politisches Konzept, so doch immerhin den umfassenden Erneuerungsanspruch an, der sich nicht auf die politische Sphäre begrenzte, sondern alle Aspekte der Lebenswelt umgriff.

Plakat für den Tunix-Kongress in Berlin 1978

Die im alternativen Milieu versammelte »Koalition der jungen Avantgardemilieus aus mehreren Klassen«[153] entwickelte einen »Korpus moralischer Regeln« (Émile Durkheim), der aus der gesellschaftlichen Differenzierung und aus den seit 1966 offen sichtbaren kulturellen Konflikten hervorging. Ihr »moralischer Habitus«, der sich gegen die kulturellen Normen der klassischen Moderne richtete, umfasste politische Ziele und philosophische Ideen ebenso wie Geschmack, Lebensstil, Sprache, das Verhältnis zu Leib und Seele und einen bestimmten politischen Stil. In diesem Milieu schlossen sich links orientierte Jugendliche zu Gemeinschaften zusammen, die verbunden waren durch eigene Medien, Netzwerke und Ereignisse. Sie waren in bestimmten Bezirken von Großstädten wie Westberlin, Frankfurt und Hamburg angesiedelt, aber auch in kleineren Universitätsstädten und sogar in manchen ländlichen Regionen. 1980 hatte das alternative Milieu bereits eine eindrucksvolle Stärke erreicht. Etwa 80 000 Aktivisten betrieben 11 500 alternative Projekte von Landkommunen bis zu politischen Gruppen, von Umzugsfirmen bis zu alternativen Schulen. Joseph Huber, einer der besten Szenekenner, schätzte die Zahl der Anhänger auf 300 000 bis 400 000 Personen.[154] In diesem Jahr vertrieben die 390 Alternativzeitungen monatlich 1,6 Millionen Exemplare. Besonders weit verbreitet waren die Sympathien für alternative Praktiken unter Studierenden. Ende der 70er Jahre nahm fast ein Viertel von ihnen für sich in Anspruch, selbst teilweise alternativ zu leben. 12 Prozent gehörten zum alternativen Milieu, in einer Hochburg wie Frankfurt waren es sogar 20 Prozent.[155] Noch größer – in Frankfurt fast 40 Prozent – war die Zahl der Studierenden, die sich selbst zwischen den Kulturen verorteten. Besonders dieser hohe Anteil zeigt, wie stark ein größerer Teil der Gesellschaft – insbesondere ihre künftige Führungsschicht – von der Alternativkultur beeinflusst wurde.

Selbst wenn gelegentlich versucht wurde, nach dem Vorbild von Christiania in Kopenhagen befreite Zonen wie die »Freie Republik Wendland« oder die UFA-Fabrik in Berlin zu etablieren, traf doch die Deutung der »zwei Kulturen«, ins Gespräch gebracht von dem SPD-Politiker Peter Glotz und gern aufgenommen in der alternativen Szene selbst, nur teilweise zu. Sie war mit der sie umgebenden Gesellschaft durch viele Bande verknüpft; nur deshalb konnte sie den gesellschaftlichen Wandel so stark beeinflussen. In den frühen 80er Jahren umfasste das alternative Milieu etwa 4 Prozent der westdeutschen Wählerschaft, es dezimierte sich auf 2 Prozent innerhalb der folgenden zehn Jahre und ist heute fast verschwunden, während seine Position als avantgardistisches Milieu von dem sogenannten »postmodernen Milieu« übernommen wurde.[156] Das alternative Milieu selbst verflüchtigte sich, aber viele seiner Ideen und Mentalitäten wurden von größeren Gruppen aus allen Klassen und Schichten der Gesellschaft aufgenommen.

Schon die Zäsur der späten 70er Jahre, der Berliner Tunix-Kongress und die Gründung der *tageszeitung* (*taz*), die Entstehung zunächst regionaler grüner und alternativer Bündnisse, machte deutlich, dass der revolutionäre Weg, wie ihn kommunistische Gruppen eingeschlagen hatten, an ein Ende gekommen war. Sie demonstrierte, dass individuelle Bedürfnisse stärker waren als die revolutionäre Idee, die das alternative Leben in die Zukunft verschob. Sie bedeutete aber auch insofern einen Bruch, als mit der Bildung der »grünen« Partei das alte deutsche Ideal der »Lebensreform« erstmals politisch wurde.[157] Der frühere Glaube, Selbstrettung führe zur Rettung der Gesellschaft, wurde überwunden durch die Bereitschaft zur politischen Teilhabe jenseits der Milieugrenzen und zur Akzeptanz des parlamentarischen Systems. Die Verschmelzung mit der Gesellschaft nahm freilich mitunter Formen an, die den früheren Zielen diametral entgegenstanden. Im Laufe der 80er und 90er Jahre wurde der Hedonismus – ursprünglich ein Konzept zur Überwindung der Normen von Arbeit, Pflicht und Leistung – extrem kommerzialisiert. Und, was folgenreicher war, die Vorstellung der Selbstverwirklichung, die bei der inneren Motivation des Individuum ansetzte, wurde, angetrieben von neokonservativen und neoliberalen Strömungen, zum weithin propagierten Ideal einer Gesellschaft, die das sich selbst mobilisierende Individuum zur grundlegenden Sozialfigur eines deregulierten Gemeinwesens mit vermindertem Staatsanteil machte.[158]

Neue soziale Bewegungen und alternatives Milieu veränderten nicht nur die politische Kultur der Bundesrepublik, indem sie eine Politik von unten etablierten. Sie brachten auch eine neue Partei hervor, die das etablierte Dreiparteiensystem aufbrach. Seit 1977 entstanden aus der Ökologiebewegung grüne und bunte Listen, die auf lokaler und regionaler Ebene zu Wahlen kandidierten, um die Interessen der außerparlamentarischen Bewegungen auch in den Parlamenten zur Geltung zu bringen. Die beiden Grundströmungen, zumeist bürgerlich-konservative »grüne« und aus einem vielfältigen Spektrum linker, zum Teil aus den Überresten maoistischer Gruppen zusammengesetzte »bunte« Listen, fusionierten bei der Karlsruher Gründungsversammlung der Grünen im Januar 1980, wobei sich nach nur einem Jahr der konservative Flügel abspaltete.[159] Die Welle der Neuen Sozialen Bewegungen führte der »Anti-Parteien-Partei«, die sich auf die Felder Ökologie und Frieden konzentrierte, viele Mitglieder zu und trug grüne Listen in zahlreiche Landesparlamente. Im März 1983 zog sie mit 5,6 Prozent der Stimmen erstmals in den Bundestag ein und erreichte 1987 mit 8,3 Prozent ihr bestes Ergebnis vor der Wiedervereinigung. Die Mitgliederzahl der Partei wuchs von Ende 1979 bis 1985 von gut 9000 auf 37 000, ihren vorläufigen Höhepunkt erreichte sie 1987 aufgrund des hohen Mobilisierungseffekts bei der Bundestagswahl mit mehr als 42 000, davon ein Drittel Frauen.[160] Die Mitglieder waren vor allem jung und gebildet – in den frühen 90er Jahren wurde die »Generationspartei« im Kern von einem »alternativen Mittelstand« mit hohem Akademikeranteil und Schwerpunkt in Berufen der Humandienstleistungen – also Lehrerinnen und Sozialpädagogen – getragen. Auf dem Weg zur Parlamentarisierung der politischen Arbeit kam es zu zahlreichen innerparteilichen Konflikten, die sich seit Ende 1983, parallel zur Flaute der Neuen Sozialen Bewegungen, im Kampf zwischen »Realos« und »Fundis« polarisierte und am Ende in der Verdrängung des ökosozialistischen Flügels mündete. In den frühen 90er Jahren, als die Partei für eine Wahlperiode nicht im Bundestag saß, notierte der Politikwissenschaftler Joachim Raschke: »Ein positives Verständnis für die spezifische Politikform Partei hat es immer noch schwer bei den Grünen. Da sie aber offenkundig auch nicht mehr Bewegung sind, sind sie weder Fisch noch Fleisch.«[161]

taz

Am schwierigen Weg der Professionalisierung drohte zeitweilig auch ein weiteres Produkt der Neuen Sozialen Bewegungen und des alternativen Milieus zu scheitern: die als »Anti-Zeitungs-Zeitung« (Jörg Magenau) konzipierte *tageszeitung*, die sich als journalistische Nachwuchsschmiede und unkonventionelles Blatt inzwischen fest etabliert hat. In der Hochzeit der Alternativpresse als zentrales Organ einer »Gegenöffentlichkeit« von Initiativgruppen in mehreren Großstädten vorbereitet, lag am 27. September 1978 die erste Ausgabe der *taz* auf den WG-Tischen, seit dem 17. April 1979 erschien sie tatsächlich täglich. Sie stieg auf mit den Neuen Sozialen Bewegungen und konnte 1986 erstmals mehr als 50 000 Exemplare absetzen, Ende 1989 lag die Zahl der verkauften Exemplare bei 63 000 – ein Wert, bei dem sich der Absatz in etwa einpendelte.[162] Nach dem Willen der Gründer sollte das Blatt die in der Terroristenhysterie sichtbar gewordene einseitige Berichterstattung der Presse durchbrechen, der »autonomen Linken« ein Diskussionsforum bieten und einen »Bezugspunkt für ein Alltagsleben schaffen, das sich gegen die herrschenden kulturellen Normen neue Lebenszusammenhänge aufzubauen sucht«.[163] Aus den ethischen Ansprüchen des Alternativmilieus ergaben sich auch die Leitlinien des *taz*-Journalismus: keine klare Trennung von Information und Meinung, Debatte statt »Linie« bei gleichzeitigem politischen Interventionismus, Lust am Experimentieren. In den frühen Jahren arbeiteten die 90 Mitarbeiter (1979) nicht anders als andere alternative Projekte: selbstverwaltet und antihierarchisch bei hohem Einfluss der »Basis«, mit großem persönlichen Einsatz bei geringer Bezahlung und erheblicher öffentlicher Subventionierung (in diesem Falle

Plakat der *Grünen* zur Europawahl 1979

durch die Berlin-Förderung des Bundes). Weil sie im Alternativmilieu eine zentrale Kommunikationsfunktion übernahm, wurde sie stärker als jedes andere »Projekt« an den dort geltenden ethischen Maßstäben gemessen. Die Szene äußerte sich in einem ausgedehnten Leserbriefteil, anfangs hatten regionale Initiativgruppen noch großen Einfluss, häufig war die Redaktion Ziel direkter Aktionen von Hausbesetzern, RAF-Sympathisanten oder Feministinnen. Als immanente Kritik wirkten die Kommentare des »Säzzers« oder der »Säzzerin«, aber auch gelegentlicher Aufruhr wie der Streik der *taz*-Frauen im Herbst 1980, der sich gegen das nicht nur zahlenmäßig unausgewogene Geschlechterverhältnis in der Mitarbeiterschaft richtete. Obwohl die Frauenbewegung in der Berichterstattung eine wichtige Rolle spielte, war die Zeitung selbst, wie die Mitbegründerin Ute Scheub resümiert, »ein Männerprojekt, weil Männer diese Art von Politik generell dominieren. Die wenigen Frauen haben sich dann um Frauenpolitik gestritten.«[164] Eine innere Strukturreform und die Erfindung der Frauenquote schufen hier Abhilfe. Allerdings blieb der Anteil der Männer unter den Lesern (1987 67 Prozent) deutlich höher als bei den anderen überregionalen Tageszeitungen – ebenso wie der Anteil der AbiturientInnen (87 Prozent), knapp die Hälfte hatte einen Hochschul-, weitere 10 Prozent einen Fachhochschulabschluss.[165] Dass der Gegensatz von Milieugazette und Profijournalismus zugunsten eines gut gemachten Blattes mit linksliberaler Note entschieden wurde, zeichnete sich schon im weiteren Verlauf der 80er Jahre ab und war Anfang der 90er Jahre ausgemacht, als sich das alternative Milieu verflüchtigte.

Der politische Partizipationsschub der 70er und 80er Jahre ging besonders stark von der Neuen Frauenbewegung aus, die die Gesellschaft für Geschlechterstereotypen, Geschlechtsrollen und die Notwendigkeit der Gleichstellung in Wirtschaft, Politik und Alltag sensibilisierte – freilich mit gemischten Bilanzen. Die in vielen Ländern gleichzeitig entstehende Frauenbewegung hatte sich in der Bundesrepublik mit einer besonders traditionalistischen Familienideologie auseinanderzusetzen, die bereits wichtige politische Weichen gestellt hatte. Etwa mit der Entscheidung, den Arbeitskräftebedarf des Aufschwungs nicht durch Frauen zu decken (wie es die skandinavischen Länder oder die DDR taten), sondern durch »Gastarbeiter«. Geringere Erwerbstätigkeit und das nach wie vor hartnäckig sich haltende Ideal der Ernährer-Hausfrauen-Ehe griffen so stark ineinander, dass – im Unterschied zu vielen anderen europäischen Ländern – ein flächendeckendes Angebot an Kindergartenplätzen, Nachmittagsbetreuung und Ganztagsschulen erst nach der Jahrtausendwende ernsthaft in Angriff genommen wurde. Langsamer als

Frauenbewegung

ihr Anteil unter den Abiturienten stieg der Frauenanteil unter den Studierenden, von 31 Prozent im Jahre 1970 auf 40 Prozent im Jahre 1985.[166] Die Erwerbsquote unter den 15- bis 64-jährigen Frauen wuchs von 48 Prozent im Jahre 1970 auf 55 Prozent im Jahre 1988 (zum Vergleich: in Schweden von 50 Prozent auf 80 Prozent im selben Zeitraum), wobei der (Wieder-)Einstieg in die Berufstätigkeit häufig durch Teilzeitarbeit erfolgte. Frauen waren und sind stärker repräsentiert in traditionell weiblichen, schlechter bezahlten Dienstleistungsberufen – Erziehung, Pflege, Verkauf, Assistenz – und haben nach wie vor erheblich geringere Aufstiegsmöglichkeiten. Gleichzeitig waren die Hausarbeiten höchst einseitig verteilt: 1983 wurde die Wäsche zu 90 Prozent von Frauen gewaschen, beim Kochen waren es 88 Prozent, beim Geschirrspülen 71 Prozent. Am deutlichsten nahm im Zuge der »neuen Väterlichkeit« der männliche Anteil an der Kinderbetreuung zu, wobei Mütter nach wie vor doppelt so viel Zeit in diese Aufgabe investierten und überdies mehr im Haus arbeiten mussten, denn je mehr Männer sich um die Kinder kümmerten, desto weniger putzten, wuschen und kochten sie.

Die Frauenbewegung formierte sich (in der Bundesrepublik stärker als in anderen Ländern) außerhalb der bestehenden Institutionen und wollte Gleichberechtigung durch Eigenbewusstsein, Selbstorganisation und Kampf gegen das »Patriarchat« durchsetzen. Hervorgegangen aus vielen Initiativen auch der älteren, bürgerlichen Frauenbewegung, wurde sie öffentlichkeitswirksam »inszeniert«[167] in der Studentenbewegung.[168] Hier entstand auch ihr »autonomes« Selbstverständnis, ihre Distanz von Mann und Staat. Als Ende 1968 eine Gruppe von SDS-Frauen aus der ihnen zugedachten Rolle als Sexualpartnerinnen und attraktiven Begleiterinnen ihrer Genossen heraustrat und das Machtgefälle in den Geschlechterbeziehungen thematisierte, rückten die privaten Lebensverhältnisse in den Mittelpunkt einer politischen Auseinandersetzung.[169] Im Unterschied zu den theoretischen Luftschlössern mancher SDS-Größen war der Geschlechterkonflikt, wie Ulrike Meinhof schrieb, »kein angelesener«: »den kennt, wer Familie hat, auswendig, nur, dass hier erstmalig klargestellt wurde, dass diese Privatsache keine Privatsache ist«.[170] Der Protest der SDS-Frauen fiel auf fruchtbaren Boden, weil er den bereits begonnenen Wandel der Geschlechterverhältnisse durch Partizipationsforderungen, Selbstorganisation in »Weiberräten« und eine alternative Praxis in Kinderläden entschieden vorantrieb.[171]

Das kollektive Aufbegehren gegen die tradierten Rollenmuster entzündete sich besonders sichtbar an der Frage der Abtreibung. Wie die Pille Sexualität und Fortpflanzung einigermaßen zuverlässig trennte, sollte die Abschaffung des Abtreibungsverbots noch umfassender die eigenständige Entscheidung von Frauen über ihre Lebensführung ermöglichen. Die 1971 nach französischem Vorbild von Alice Schwarzer ins Leben gerufene und vom *Stern* publizistisch unterstützte Selbstbezichtigungskampagne »Ich habe abgetrieben!«, an der sich zunächst 374 zum Teil prominente Frauen beteiligten, löste große Resonanz aus. Die Losung »Mein Bauch gehört mir!« signalisierte, dass es hier nicht mehr in erster Linie darum ging, soziale Verelendung durch Kinderreichtum zu verhindern, sondern um einen Emanzipationskampf, der die Selbstbestimmung der Frau in den Mittelpunkt rückte.[172] Zum Grundsatzkonflikt zwischen den politischen Lagern erhoben, wurde die von der sozialliberalen Regierung 1974 beschlossene Fristenregelung (Straffreiheit des Abbruchs bis zur zwölften Schwangerschaftswoche) vom Bundesverfassungsgericht für unzulässig erklärt, das dem Recht des »ungeborenen Lebens« einen höheren Stellenwert beimaß. 1976 hielt der Bundestag an der Strafbarkeit des Schwangerschaftsabbruchs fest, definierte aber Ausnahmen. Der Streit um die Abtreibung lebte 1990 wieder auf, als viele irrtümlich glaubten, der § 218 StGB werde wegen der liberaleren DDR-Regelung fallen.

Nach dem politischen Aufbruch in den frühen 70er Jahren konsolidierte sich die Frauenbewegung, indem sie seit Mitte des Jahrzehnts ein dichtes Netzwerk von Projekten ausbildete, das sich zu einer feministischen Gegenkultur formte.[173] Auch wenn ihre Sozialstruktur relativ homogen war – die meisten Aktivistinnen waren unter 30 Jahre alt und verfügten über gehobene Bildung –, macht ein Blick auf die unterschiedlichen Inhalte und Formen schnell klar, dass die Frauenbewegung in sich überaus vielfältig war. Gewerkschafterinnen und linke Feministinnen kombinierten den Kampf um die Gleichberechtigung der Geschlechter mit sozialen Ansprüchen. In Parteien und Kirchen bildeten sich Frauengruppen, die ihre Institutionen mit feministischem Gedankengut konfrontierten. Radikal autonome Feministinnen behaupteten eine Überlegenheit des »weiblichen Prinzips« und lehnten jede Teilnahme an den männlich beherrschten Institutionen ab. Lesbengruppen sahen in ihrer sexuellen Orientierung die konsequenteste Verweigerung gegenüber dem Patriarchat. Vor allem in den mittleren 70er Jahren anzutreffen waren vom amerikanischen Feminismus inspirierte Selbsterfahrungsgruppen, die durch die Erkenntnis, dass »vieles von dem, was ich für meine persönlichen Probleme hielt, in Wirklichkeit die gemeinsame Erfahrung von allen Frauen war«, einen kollektiven Lernprozess auslösten.[174] Ebenso wie die Ansätze differierten die Arbeitsschwerpunkte. Zuflucht und Hilfestellung bei gewaltsamen Übergriffen boten Frauenhäuser, die seit 1976 entstanden – Anfang der 80er Jahre

Feministische Gegenkultur

gab es schon 100 von ihnen. 1977 wurde in Westberlin der erste »Notruf für vergewaltigte Frauen« gegründet, der innerhalb weniger Jahre in vielen westdeutschen Städten Nachahmer fand. Andere Initiativen diskutierten über einen »Lohn für Hausarbeit« und problematisierten damit diejenigen Arbeiten, die Frauen »aus Liebe«, also unbezahlt, ausführten. 1976 wurde als Diskussionsforum der Frauenbewegung die Zeitschrift *Courage* gegründet (sie existierte bis 1984), 1977 mit weit größerer Ausstrahlung *Emma*, maßgeblich geprägt von der öffentlich sichtbarsten Akteurin der Frauenbewegung, Alice Schwarzer. Frauenbuchhandlungen, Frauenverlage wie »Frauenoffensive« und Reihen großer Verlage wie Rowohlts »neue frau« deckten den Bedarf der entstehenden feministischen Lesekultur, in der Autorinnen wie Verena Stefan (*Häutungen*, 1975) und Anja Meulenbelt (*Die Scham ist vorbei*, 1978), aber auch DDR-Schriftstellerinnen wie Christa Wolf, Brigitte Reimann und Maxie Wander sowie die grundlegende internationale feministische Literatur von Simone de Beauvoir, Betty Friedan oder Kate Millett breit rezipiert wurden. Frauencafés und -kneipen waren weitere Fixpunkte einer Infrastruktur, die in den größeren Städten einen feministischen Alltag ermöglichte, aber auch die Gefahr der subkulturellen Abkapselung in sich barg. Seit 1976 entstand über »Sommeruniversitäten«, wissenschaftliche Arbeitskreise und Ringvorlesungen eine spezifische Frauenforschung an den Universitäten. Seit den frühen 80er Jahren wurde der »Internationale Frauentag« am 8. März von zahlreichen Gruppen als gemeinsamer Aktions- und Festtag begangen. 1987 verstanden sich immerhin 7,5 Prozent der vor und 15,5 Prozent der nach 1945 geborenen Frauen als Anhängerinnen der Frauenbewegung.[175]

Handzettel für einen Frauennotruf, 1978

Gleichstellung und Frauenförderung

Mit der theoretischen und praktischen Selbstfindung war in vielen Gruppen eine radikale Abkehr von der Männerwelt verbunden, wobei sich im Aufbau einer feministischen Gegenkultur bald herausstellte, dass Phänomene wie Konkurrenz und Machtstreben nicht auf ein »männliches Prinzip« beschränkt waren. Im Laufe der 80er Jahre wurde die subkulturelle Hermetik wieder aufgebrochen, als Feministinnen sich verstärkt politisch einmischten – nicht selten im Konflikt mit den radikal-autonomen Gruppen der Frauenbewegung, die insbesondere der Institutionalisierung in Gestalt von Gleichstellungsbeauftragten oder Frauenförderplänen ablehnend gegenüberstanden. Dass die Gleichstellung von Frauen gerade im politischen Feld große Fortschritte gemacht hat, ist neben dem Druck von oben, der nicht zuletzt von der Europäischen Gemeinschaft ausging, auch auf die Professionalisierung der Aktiven zurückzuführen, die nach der Ausbildungsphase in der Frauen- und Gleichstellungspolitik ihren beruflichen Schwerpunkt fanden. Als Antidiskriminierungs- und Frauenförderungsstrategie beschlossen unter den Parteien 1986 zuerst die Grünen, 1988 die SPD die Besetzung politischer Ämter und Mandate nach Quoten. Der Anteil der weiblichen Abgeordneten im Bundestag stieg von 7,3 Prozent im Jahre 1976 auf 20,5 Prozent im Jahre 1990.[176] Eine »frauenpolitische Erfolgsgeschichte« (Ute Gerhard) begann auch mit der Einrichtung von Gleichstellungsstellen und Frauenbüros, die zunächst auf Länderebene – 1979 in Hamburg und Hessen – eingerichtet wurden. Seit 1982 entstanden bis Ende der 80er Jahre 540 kommunale Gleichstellungsstellen (2002 waren es 1900), die auf der Grundlage von Gleichstellungsgesetzen Frauenförderung in den Verwaltungen betrieben, Diskriminierung bekämpften und gleichzeitig Bindeglieder zu örtlichen Fraueninitiativen der unterschiedlichsten Art wurden – darunter auch eine Vielzahl von Projekten der »autonomen« Frauenbewegung. Überhaupt haben »Grenzgängerinnen zwischen autonomen und institutionalisierten Bereichen« erheblich zum Erfolg der Frauenbewegung beigetragen, indem sie Gräben zwischen den vermeintlich gegensätzlichen Konzepten überbrückten.[177]

Trotz aller Verbesserungen konnte man Anfang der 90er Jahre angesichts der anhaltenden strukturellen Diskriminierung und der nationalen Einigung, die in der ehemaligen DDR besonders stark zu Lasten der Frauen ging, zu einer scheinbar paradoxen Bilanz gelangen: »Frauen haben unglaublich viel erreicht, aber verändert hat sich seit Generationen fast nichts.«[178] Eine optimistischere Deutung würde das Erreichte stärker gewichten, gerade weil den sozialen und politischen Fortschritten bei der Gleichstellung so tief sitzende strukturelle und mentale Hindernisse im Wege standen. Mit Blick auf die Arbeitsteilung in den Familien resümierte Rosemarie Nave-Herz 1988, dass »sich die traditionellen geschlechtsspezifischen Rollenerwartungen aufzulösen beginnen«, wenn auch »der zeitgeschichtliche Wandel auf der normativen

Ebene schon weiter fortgeschritten zu sein scheint als auf der faktischen«.[179] Dass dennoch die schon von der »alten« Frauenbewegung thematisierten Ansprüche auch nach der Jahrtausendwende nicht nur im globalen Maßstab aktuell sind, ist Barbara Holland-Cunz zufolge nicht einem Versagen der feministischen Bewegung zuzuschreiben, sondern der »Veränderungs-Resistenz patriarchaler Herrschaft«.[180]

Terrorismus Während die Neuen Sozialen Bewegungen vielen Menschen einen Weg zur politischen Teilhabe und lebensweltlichen Neuorientierung eröffneten, erwies sich die politische Radikalisierung spätestens Mitte der 70er Jahre als Sackgasse. Aus dem Aufbruch von »1968« war auch ein radikaler Flügel entstanden, der vor allem in Form marxistisch-leninistischer »K-Gruppen« eine »kleine deutsche Kulturrevolution« entfachte und damit einen Rahmen schuf, in dem sich die Energien der Revolte unterhalb der Grenze zum bewaffneten Kampf entfalten und gleichzeitig abbauen konnten.[181] Demgegenüber bildeten sich zum selben Zeitpunkt terroristische Gruppen, die eben diese Grenze überschritten und in Anlehnung an militante Befreiungsbewegungen der Dritten Welt eine »Stadtguerilla« aufbauen wollten.[182] Die 1970 gebildete Rote Armee Fraktion (RAF) um Andreas Baader, Gudrun Ensslin und Ulrike Meinhof wollte »die Widersprüche zuspitzen«, um den vermeintlich undemokratischen Staat zu demaskieren und dadurch Gegenreaktionen der Bevölkerung hervorzurufen. Die gelegentliche Bewunderung, die Desperado-Aktionen und der dezidierte Antiintellektualismus der RAF noch in den frühen 70er Jahren auslösten, verflog, als die politischen Morde das Ziel der »Befreiung« immer offensichtlicher desavouierten. Neben den »Leninisten mit Knarren«, der RAF, entstand 1972 aus der anarchistischen Subkultur Westberlins eine zweite terroristische Gruppierung, die Bewegung 2. Juni, die sich um mehr Volksnähe bemühte, indem sie bei Banküberfällen Schokoküsse verteilte, aber die Illegitimität politischer Gewalt ebenso wenig durchbrechen konnte wie die RAF. Obgleich nicht nur in der Bevölkerung, sondern selbst in der radikalen Linken isoliert, beeinflusste der Terrorismus doch die politische Kultur der 70er Jahre nicht unerheblich und trug zur Verhärtung der politischen Fronten bei. Daran hatten die Reaktionen des Staates und eines Teils der Medien erheblichen Anteil, die mit einem neuen Konzept der »Inneren Sicherheit«, Strafrechtsverschärfungen und Hysterie reagierten. Ihren Höhepunkt erreichte die Konfrontation, als im Sommer und Herbst 1977 Generalbundesanwalt Siegfried Buback, der Vorstandsvorsitzende der Dresdner Bank, Jürgen Ponto, und der Präsident der Arbeitgeberverbände, Hanns Martin Schleyer, samt ihrer Begleiter von RAF-Kommandos ermordet wurden und nach der gewaltsamen Beendigung einer Flugzeugentführung in Mogadischu die inhaftierte RAF-Spitze Selbstmord beging. In der Suggestion einer staatlichen Existenzkrise erlebte ein »konservatives Bürgerlichkeitsideal« eine Renaissance, wurden Staatsräson und politische Folgebereitschaft eingefordert, während in der Bevölkerung der Ruf nach der Todesstrafe laut wurde.[183] Die Reaktionen richteten sich nicht zuletzt auf »Sympathisanten« an den Hochschulen, wie die »Mescalero-Affäre« zeigte, die ein Kommentar in der Zeitung des Göttinger AStA vom 25. April 1977 ausgelöst hatte. Die in allen großen Tageszeitungen zitierte »klammheimliche Freude« eines anonymen »Mescalero« über den Tod des Bundesanwalts wurde zum Anlass heftiger Erregung und polizeilicher Durchsuchungsaktionen, während die Aufforderung des Autors zur Aufgabe des bewaffneten Kampfes in der Regel unerwähnt blieb.[184] In der Gleichzeitigkeit von Desillusionierung in den sympathisierenden Milieus, Rücknahme des Demokratisierungsversprechens und der Wiedergeburt des loyalen Staatsbürgers liegt die eigentliche Zäsur des »Deutschen Herbstes«, der die Staatsferne der kritischen Jugend befestigte und zugleich eine pragmatische Wende auslöste. Während sich die mündigen Bürger in den Neuen Sozialen Bewegungen stärker zur Geltung brachten als je zuvor, wurde es noch einsamer um die zweite und dritte »Generation« der RAF, die insgesamt nicht mehr als 60 bis 80 Mitglieder hatte, den »bewaffneten Kampf« weiterführte und sich erst 1998 offiziell auflöste.

3 »Hochkultur« zwischen Gesellschaftskritik und Authentizitätskult

Von heute aus betrachtet, wird die zeitgenössisch verbreitete und stets mit vorwurfsvollem Unterton geäußerte Meinung, Literatur, Kunst und Film der 70er Jahre hätten sich auf eine neue Innerlichkeit zurückgezogen, den tatsächlichen Verhältnissen kaum gerecht. Sie erklärt sich vor dem Hintergrund des enormen Politisierungsschubs von 1968. Dass sich im Laufe der 70er Jahre das Spektrum weiter ausdifferenzierte, hatte besonders damit zu tun, dass »1968« nicht nur Inhalte politisierte, sondern eine formale Experimentierwut freisetzte, die noch lange fortwirkte – etwa in der Body-Art von Rebecca Horn oder den Mulitmedia-Arbeiten von Jürgen Klauke. Während Pop-Literatur, Fantasy, Disco-Kultur oder die 1972 auf der documenta 5 unter dem Stichwort »Individuelle Mythologien« präsentierten Arbeiten die Deutungs- und Partizipationsmöglichkeiten weiter auffächerten (ohne damit per se antipolitisch zu sein), setzte sich ein breiter künstlerischer Strom auch weiterhin mit gesellschaftlichen Problemlagen auseinander – freilich weniger agitatorisch als zuvor. Stattdessen ging der Gesellschaftsbezug in die Tiefe und lotete insbesondere die historische Dimension von Themen aus, die im Gegenwartsbezug des Politisierungsschubs flach geblieben waren. Dass sich an Themen wie dem Nationalsozialismus und der deutschen Frage in den 80er Jahren große Identitätsdebatten entzünden würden, deutete sich bereits seit Mitte der 70er Jahre in der Bildenden Kunst und im Film an, wo sie Gegenstand intensiver Reflexion waren – wenn auch nicht als genuine Avantgardeleistung, sondern im Wechselspiel mit einem zunehmenden Interesse der Medien.

Bildende
Kunst Nachdem die Kunst in den 60er Jahren vom Sockel und aus dem Rahmen gestoßen worden war, feierte in den 70er Jahren die Malerei eine Wiederauferstehung. Sie beschäftigte sich zum Teil mit Farb- und Formexperimenten, wie die analytische Malerei der Beuys-Schüler Blinky Palermo und Imi Knoebel, oder mit dem Authentizitätsanspruch, wie etwa in Sigmar Polkes Studien »Original und Fälschung«, aber nach wie vor spielte auch der Gesellschaftsbezug eine wichtige Rolle. Künstler sezierten die Gegenwartsverhältnisse im Stile George Grosz' und Otto Dix', wie etwa die Gruppe Berliner Realisten um Wolfgang Petrick, Peter Sorge, Arwed Gorella und Klaus Vogelgesang. »Aggressive Karikaturzeichnungen von spießbürgerlicher Idyllik mit Eigenheim und Hollywoodschaukel aus dem Versandkatalog, mit Fußballhysterie und Porno-Sex kamen hier ebenso zu Wort wie eine kalte Fotoobjektivität und ironische Montagetechnik, mit deren Hilfe die ›Kritischen Realisten‹ eine direkte Auseinandersetzung suchten und zur Politkunst tendierten.«[185] Johannes Grützke, Mitglied der Berliner »Schule der neuen Prächtigkeit«, machte sich 1973 bereits über den naiven Fortschrittsoptimismus lustig. Wie bedeutsam die kritisch-realistische Richtung war, zeigt sich daran, dass sie an vielen Orten gleichzeitig entstand und manche überregional bekannten Künstler hervorbrachte. Auch einige der international ausstrahlenden Maler setzten sich kritisch mit der Gegenwart, nicht selten mit der jüngsten deutschen Geschichte auseinander. Mit Gerhard Richter, Georg Baselitz, Anselm Kiefer, Jörg Immendorff und anderen fand die Malerei der Bundesrepublik über den nationalen Rahmen hinaus Anerkennung – gerade weil sie als spezifisch »deutsch« galt. Tatsächlich durchdrangen sich Kunst und nationale Herkunft bei einigen der mit dem Etikett »deutsche Kunst« Klassifizierten auf drei Ebenen. Künstlerisch wählten sie einen Weg jenseits von Abstraktem Expressionismus und Sozialistischem Realismus als den ideologisch kanonisierten Kunstformen der gegensätzlichen politischen Systeme. Manche sahen in den »hingehauenen, emotionsgeladenen Bildern« (Jost Hermand), die 1980 unter dem Titel »Heftige Malerei« erstmals umfassend präsentiert wurden und 1982 die Besucher der documenta 7 erregten, Anklänge an den ebenfalls als »deutsch« apostrophierten Expressionismus. Biographisch lag einigen von ihnen die Beschäftigung mit der Spannung, die die deutsche Situation prägte, besonders nahe, weil sie – Richter, Baselitz, Polke – aus der DDR in die Bundesrepublik gekommen waren, während Immendorff nach einer maoistisch geprägten Vorgeschichte durch die Freundschaft mit dem Dresdener Maler A. R. Penck der Problematik der gespaltenen Nation besonders sensibel gegenüberstand. Thematisch spielten Krieg, Judenvernichtung, deutsche Teilung und Terrorismus in ihren Bildern eine bedeutende Rolle.

In den frühen 70er Jahren hatte der Beuys-Schüler Jörg Immendorff sich auf politische Agitationskunst konzentriert, bemühte sich dann aber darum, »Einblicke« zu schaffen – also Hintergründe anzubieten, ohne freilich ganz auf Belehrung zu verzichten: »Je intensiver ich meinen Standpunkt formuliere, je eher empfängt ein anderer Material, mit dem er arbeiten kann.«[186] Seinen Durchbruch hatte Immendorff mit der Bilderfolge »Café Deutschland«,

Jörg Immendorff

Johannes Grützke, *Unser Fortschritt ist unaufhörlich*, 1973

die seit 1977 entstand. »Café Deutschland I« (1977/78) zeigt das Interieur der geteilten Nation, die, überschattet von der nach wie vor bedrohlichen NS-Vergangenheit und separat gehalten von den Regierungschefs, sich in Vergnügungen ergeht, während sie zugleich unter der Teilung leidet – dies alles unter der ironischen Supervision des verehrten Bertolt Brecht. Der Maler selbst, nach wie vor nicht ganz frei von agitatorischer Absicht, fordert zur Verbrüderung auf, indem er dem Betrachter durch die Mauer hindurch die Hand reicht. Ihr biographisches Pendant findet diese Geste in der Freundschaft zu Penck, der Immendorffs östlicher Verbündeter beim Kampf um die Aufhebung der Teilung war und 1980 in die Bundesrepublik übersiedelte. 1978 forderte Immendorff mit dem in diesem Kontext üblichen Pathos die »westdeutschen und europäischen Künstler« auf: »Behandelt in Euren Werken Fragen des Alltages, Ungerechtigkeiten, die Frage drohender Kriegsgefahr durch zwei imperialistische Mächte, politische Unterdrückung. Setzt Euch für den Frieden ein, denn fällt erst die erste Bombe, bleibt keine Staffelei trocken.«[187] Im Gegensatz zur Literatur blieb jedoch das Interesse am Kunstgeschehen der DDR noch bescheiden, erst die Ausstellung »Zeitvergleiche. Malerei und Grafik aus der DDR« von 1982 stieß auf größere Resonanz.

Kiefer, Baselitz,
Lüpertz

Von plakativer Historienmalerei weit entfernt, behandelt Anselm Kiefer Geschichte als »ästhetische Erfahrung« (Frank Trommler) auf assoziative Weise. Nach »Selbstversuchen« mit Hitlergruß an europäischen Kulturstätten (»Besetzungen«) von 1969 beschäftigte er sich in düster-bizarren Landschaftsdarstellungen, die durch Inschriften wie »Märkische Heide«, »Maikäfer flieg« oder »Malerei der verbrannten Erde« (1974) nationalgeschichtlich konnotiert wurden, mit den Folgen von NS-Diktatur und Krieg für den nationalen Mythenhaushalt.[188] Der Bilderzyklus »Dein goldenes Haar, Margarethe« und »Dein aschenes Haar, Sulamith« (1981) setzt sich anhand einer gegenpoligen Personenkonstellation aus Paul Celans »Todesfuge« mit der Ermordung der europäischen Juden auseinander. Dass der »Tod ein Meister aus Deutschland« war, erschließt sich freilich nicht auf den ersten Blick. Ein abgewandter Frauenkörper vor schwarzer Ruinenlandschaft und der durch ein halbrund aufgeklebtes Strohbündel vor weitem Acker lediglich angedeutete Bezug auf eine blonde Frau verweist auf einen historischen Zusammenhang in einer allgemeinen Form, die gleichwohl die Phantasie des Betrachters beunruhigt. Wie die »pathetischen Realisten« Georg Baselitz und Markus Lüpertz stellt auch Kiefer im konventionellen Sinne »nichts dar«, sondern schafft Bilder, die »als selbständiges malerisches Geschehen Assoziationen erzeugen, Erinnerungen wecken, Vorstellungen entfachen, die den Strom der mensch-

Jörg Immendorff, *Café Deutschland*, 1977/78

lichen Bewusstseinsbilder beeinflussen«, aber gerade wegen ihrer Deutungs-
offenheit beim Spiel mit den Mythen umstritten sind.[189]

Auf einzelne Werkphasen begrenzt ist der Bezug auf historische Themen
bei Baselitz und Lüpertz. Baselitz ging in den mittleren 60er Jahren durch
monströse, postsoldatische Jugendgestalten (»Helden«) den Folgen einer
NS-Jugendsozialisation und der persönlichen Selbstfindung nach. Nach ei-
genem Bekunden »kein Historienmaler«, verwies er seit 1969 demonstrativ
auf formale Aspekte seiner Malerei, indem er fortan seine Figuren über Kopf
malte, um die Suggestion des schnell Erschließbaren zu zerstören.[190] Lüpertz
thematisierte in seinen schwebenden »Dithyramben« die Persistenz der Tradition in der vermeintlich postnationalen Bundesrepublik. Eine Figurendar-
stellung wie »Schwarz-Rot-Gold« (1974) kommt ohne Fleisch und Blut aus:
Als längst das soldatische Leitbild des »Staatsbürgers in Uniform« gilt, über-
wölbt schwebend ein Stahlhelm (in Wehrmachtsform) den nicht existenten
Kopf. Zwar versuchte Lüpertz stets dem »Terror des Themas« zu entfliehen,
doch rührte sein Rückgriff auf verpönte oder verdrängte Nationalsymbole

auch aus dem Kalkül, wie er später einräumte, »ins Gespräch kommen« zu wollen.[191]

Gerhard Richter

Auch im Werk Gerhard Richters sind historische Bezüge sichtbar, allerdings vor allem in den 60er und 80er Jahren und in so betont »antiideologischer« Weise, wie es unter denjenigen, die sich einer »skeptischen Generation« zurechneten, üblich war. Schon Richters zeitweilig bevorzugte Form, die Übertragung von Fotografien auf die Leinwand (unscharf und häufig in Grautönen), pointiert den zwischen Abbildung und Konstruktion schwebenden Charakter medial gestalteter Wirklichkeiten. Stellungnahme ist mit dieser tastenden Exploration des Alltags ausdrücklich nicht verbunden, doch entsteht durch die Einbeziehung umstrittener historisch-politischer Themen durchaus ein auch auf dieser Ebene problematisierender Horizont. »Onkel Rudi« (1965), das Ganzkörperporträt eines lächelnden Mannes in Wehrmachtsuniform, thematisierte schon früh die Alltagsdimension des Nationalsozialismus, während der Versuch, Fotografien aus Konzentrationslagern zu malen, scheiterte.[192] Die auf der documenta 10 1997 dokumentierte Sammlung von Richters Fotovorlagen seit 1962 (»Atlas«) deutet gerade in der Kombination von Landschafts-, Alltags-, Star- und pornographischen Aufnahmen mit Fotos von Judenverfolgung und KZ auf ein Interesse an der historischen Dimension der deutschen Gegenwartsmentalität hin.[193] 1988 entstand der 15-teilige Gemäldezyklus »18. Oktober 1977«, der sich anhand des Todes der RAF-Spitze im »Deutschen Herbst« mit dem Scheitern des Terrorismus auseinandersetzt. Ulf Erdmann-Ziegler hat den Zyklus als »letztes Kapitel der deutschen Nachkriegsmalerei« interpretiert und auf Richters Historisierungsleistung hingewiesen, die längst im politischen Meinungskampf fixierten Deutungen der Fotografien von RAF-Mitgliedern bei der Verhaftung, als Gefangene oder Tote in der Zelle aufzubrechen. Richter selbst kommentierte entsprechend: »Die Bilder sind nicht parteiisch, darin sind sie eindeutig. Sie lassen sich also schlecht benutzen. Trauer ist nicht an eine ›Sache‹ gebunden. Genauso wenig wie Mitleid.« – Mitleid mit dem »Tod« und dem »Scheitern«: »dass eine Illusion, die Welt verändern zu können, gescheitert ist«.[194]

Auch im Bereich der Plastik gab es schon in den 70er Jahren erste Projekte, die sich mit der Erinnerungskultur der westdeutschen Gesellschaft auseinandersetzten – ein Thema, das seit Mitte der 80er Jahre erheblich an Bedeutung gewann. Hier ist Jochen Gerz zu nennen. Sein in mehreren Städten gezeigtes, umstrittenes »EXIT/Dachau-Projekt« von 1974 – eine Installation, die u. a. »Dossiers« mit Fotos banaler Gegenstände (Telefon, Warnschilder, Gedenkstättenordnung in fünf Sprachen, Verhaltenshinweise) aus der KZ-Gedenkstätte Dachau präsentierte – stellte einen musealen Umgang mit der NS-Vergangenheit in Frage, der auf eine Abstumpfung und teilweise Reproduktion eines autoritären Habitus hinauslief.[195]

Arbeiten von Richter und Gerz, aber auch die Fotodokumentationen von Fluxus oder Land Art verweisen auf den Aufstieg der Fotografie in die Sphäre der Hochkultur, der schon in den 50er Jahren begonnen hatte. Die Tradition des deutschen Fotojournalismus, in den 20er Jahren begründet durch die Illustrierten der Weimarer Republik, lebte wieder auf in den Illustrierten der Bundesrepublik, erneuert durch Anregungen amerikanischer Magazine wie *Life*. In der US-Emigration hatten die Berliner Bildjournalisten Kurt Safranski, Ernest Mayer und Kurt Kornfeld die Fotoagentur »Black Star« gegründet, die *Life* mit »Schlagbildern« (Michael Diers) von Robert Capa oder Henri Cartier-Bresson versorgte und nach Kriegsende Maßstäbe für die westdeutschen Hochglanzmagazine setzte.[196] Nach der Illustriertenblüte der 60er Jahre gerieten viele Blätter in die Krise, wobei der fortgesetzte Erfolg des *Stern* zeigte, dass guter Fotojournalismus nach wie vor Interesse fand. Die große Resonanz der von Karl Pawek organisierten und vom *Stern* unterstützten »Weltausstellungen der Photographie« von 1973 (»Unterwegs zum Paradies«) und 1977 (»Die Kinder dieser Welt«) demonstrierte das anhaltende Interesse an sozialdokumentarischer Fotografie, wobei mit Leni Riefenstahls Fotodokumentationen des nordafrikanischen Nuba-Stammes (1973 und 1976) unter ethnologischem Deckmantel auch ein neoarischer Körper-Ästhetizismus Wiederauferstehung begehrte.[197] Zu den Künstlern, deren Fotoessays die Optik von ambitionierten Illustrierten wie *Twen*, *Jasmin* oder *Stern* prägten, gehörte der US-Amerikaner Will McBride, der nach dem Militärdienst in der Bundesrepublik geblieben war, seit 1961 als freier Fotograf arbeitete und 1972 seine erste Einzelausstellung in einer Münchner Galerie eröffnete.[198] Für Wirbel sorgte das Aufklärungsbuch *Zeig mal!* für Kinder (1974), das kindliche Sexualität dokumentierte und heute kaum mehr veröffentlicht werden könnte. Geprägt wurde das kollektive Bildarchiv der Bundesbürger auch durch Fotoreporter wie Robert Lebeck, der für den *Stern* arbeitete und zeitweise Chefredakteur von *GEO* war, Thomas Höpker, der, ebenfalls für das Flaggschiff von Gruner & Jahr, in den 70er Jahren den Bundesbürgern ein Bild der DDR vermittelte, und Timm Rautert, der u. a. für das *Zeit-Magazin* und *GEO* arbeitete.[199] Der populären Kunst zuzurechnen ist David Hamilton, dessen voyeuristisch inszenierte Mädchenakte auch in der Bundesrepublik ein Massenpublikum erreichten.

Die Gründung der ersten Fotogalerien 1972 in Hannover und Köln, 1975 in Hamburg signalisierten, dass technische Reproduzierbarkeit dem Aufstieg

Fotografie
zwischen
Dokumentation
und Kunst

eines Mediums zum Kunstwerk nicht mehr unbedingt abträglich war, während gleichzeitig das Fotografieren als demokratische Massenkultur gesteigerte Wertschätzung erfuhr. Nach der Posterwelle der späten 60er Jahre wurde sozialdokumentarische Fotografie von August Sander oder Diane Arbus in limitierten Auflagen verkauft (4500 DM für eine Sander-Mappe von Schirmer, Mosel), so dass der *Spiegel* hier 1974 ein »neues Terrain« für den Kunstmarkt ausmachte.[200] Die »Mediendocumenta« 6 von 1977 trug diesem Bedürfnis Rechnung, indem sie Fotokünstler wie Robert Häusser und Bernd und Hilla Becher ausführlich vorstellte, während gleichzeitig die ersten fotohistorischen Sammlungen in den Museen eingerichtet wurden. In diesen Zusammenhang gehört auch die Gründung der Zeitschrift *Fotogeschichte* im Jahre 1981, die durch historisch kontextualisierte »Sozialisierung des Bildes« einer geschichtslosen Ästhetisierung und Kommerzialisierung entgegenarbeiten wollte.[201]

Fotoamateure 1974 verfügten fast 70 Prozent der 20- bis 22-jährigen Bundesbürger mit dem Fotoapparat über ein Gerät zur dokumentarischen Konstruktion der Realität – Ende der 70er Jahre hatten sie durch die preisgünstigen halbautomatischen Spiegelreflexkameras auch Zugang zu avanciertem Material.[202] Dass »Medienamateure« (Susanne Regener) die Kamera nicht nur zum angeblich unreflektierten »Knipsen«, sondern zur Herstellung komplexer Weltdeutungen verwendeten, belegen zahlreiche Gemeinschaftsinitiativen der 70er Jahre.[203] Fotoarbeitsgruppen in Jugend- und Kommunikationszentren mit angeschlossenem Fotolabor ermöglichten Kommunikation und individuelle Gestaltung bis hin zur Präsentation in Ausstellungen. Fotografiert wurde hier aufgrund der ästhetischen Effekte und einfacherer Entwicklungsmöglichkeiten in Schwarzweiß, während 1980 schon 92 Prozent aller Fotos in Farbe geschossen wurden.[204] 1972/73 entstandene lokale Gruppen der »Arbeiterfotografie«, die sich 1978 zu einem Verband zusammenschlossen. Sie knüpften an die parteiliche Fotografie der Weimarer Republik an und dokumentierten Arbeitsverhältnisse, Streiks, den Alltag von Migranten, Stadtteilleben und Feste, um bewusstseins- und gemeinschaftsbildend zu wirken.[205] Auch Volkshochschulen und Zeitschriften wie *filter* und *foto-scene* öffneten sich in der zweiten Hälfte der 70er Jahre gegenüber der sozialdokumentarischen Fotografie. Nicht selten wurde mit der »wachsenden Zahl von immer größer werdenden Kleinmedien« (Diethart Kerbs) die Hoffnung auf eine Demokratisierung der gesellschaftlichen Kommunikation verbunden. Wie in den Arbeiterfotografie-Gruppen bald schon von innen heraus eine idealisierende und instrumentalisierende Darstellungsweise der kämpfenden Klasse kritisiert wurde, bekannten sich andere Fotografen, die sich für ähnliche Themen interessierten, stärker zum subjektiven Blick. Ein wichtiger Protagonist war Günter Zint, der in den 60er Jahren als Fotoreporter u. a. für *Quick, Twen* und den *Spiegel* gearbeitet hatte und Akteuren der Populärkultur (insbesondere Rockstars und ihren Fans) und der Studentenbewegung ebenso Individualität abgewann wie dem Alltagleben (insbesondere in Hamburg-St. Pauli) und zum bedeutendsten Fotodokumentaristen der Neuen Sozialen Bewegungen wurde.[206] Als Agitationsmittel wurde die Fotomontage von Klaus Staeck wiederentdeckt und popularisiert, der Wahlkampfparolen oder Politikeraussagen satirisch aufs Korn nahm und damit – ähnlich wie die Montagen Ernst Vollands und Jürgen Holtfreters – immer wieder Zensur und Bildersturm auslöste. Allein 1976 wurden Staeck-Ausstellungen nach Auskunft der *Frankfurter Rundschau* fünfzigmal verboten.

In der zweiten Hälfte der 70er Jahre erlebte der Neue Deutsche Film seine produktivste Phase. Erstens statteten die Ausbildungs- und Förderungsinstitutionen eine Riege junger Filmemacher mit Kenntnissen und Produktionsmöglichkeiten aus. Zweitens differenzierte sich ein breites Spektrum von Genres aus, die inhaltlich und formal in verschiedene Richtungen experimentierten, insbesondere aber zeithistorische und zeitgenössische Wirklichkeiten reflektierten. Drittens brachte diese in sich vielfältige Szenerie eine Reihe von Autoren und Regisseuren hervor, die international erfolgreich waren, weil sie eine Formsprache entwickelten, die eigenwillig und populär zugleich war.

Während die Ausbildungsstätten in Westberlin und München, Filmförderung und Preise seit Mitte der 60er Jahre erstmals systematisch Nachwuchs heranbildeten, entstand um Kommunale Kinos und Programmkinos seit den frühen 70er Jahren eine Filmszene, die ihre Produkte abnahm und kommunizierte. Einen materiellen Förderungsschub und gleichzeitig die Öffnung über ein begrenztes cineastisches Publikum hinaus brachte das »Film-Fernseh-Abkommen« (1974) zwischen den öffentlich-rechtlichen Rundfunkanstalten und der Filmwirtschaft, das das prekäre Konkurrenzverhältnis zwischen Kino und Fernsehen entspannte. Es sicherte (nach einer Verwertungszeit von zwei Jahren im Kino) dem Fernsehen die Ausstrahlungsrechte für die Produktionen der Privatwirtschaft, während die Rundfunkanstalten im Gegenzug bis zu 75 Prozent der Produktionskosten subventionierten. Diese Kooperation bahnte auch anspruchsvollen Filmen, die im Kino nicht unbedingt ein Massenpublikum erreichten, den Weg in die Wohnstuben der Bundesbürger – darunter große Filme von Rainer Werner Fassbinder, Wim Wenders und Hark Bohm.[207] »Kein wichtiger neuerer deutscher Film ist«, so sieht es der Medienwissenschaftler Knut Hickethier, »– von wenigen Großproduktionen

Film

abgesehen – ohne Fernsehbeteiligung entstanden.«[208] Die Regionalisierung der Filmförderung seit Ende der 70er Jahre erweiterte das Spektrum der Fördertöpfe zusätzlich, während gleichzeitig neue Publikationen den Wissensdurst der Kinoszene stillten. Seit 1974 präsentierte etwa die blaue »Reihe Film« des Hanser Verlags wichtige Regisseure des internationalen Films – der erste Band widmete sich François Truffaut, gleich der zweite einem Deutschen: Rainer Werner Fassbinder.

»German Film Boom«

Die filmgeschichtliche Zäsur der mittleren 70er Jahre markierte der *Spiegel*, der Ende 1975 mit der Schlagzeile »Wieder da: Der deutsche Film« aufmachte und damit auf den Erfolg reagierte, den Regisseure wie Fassbinder, Wenders, Werner Herzog und Volker Schlöndorff auf den internationalen Festivals von Cannes und London einheimsten.[209] Sie galten als maßgebliche Avantgardisten ihrer Zeit, die an die deutsche Kinotradition der 20er Jahre anknüpften. Der britische Filmhistoriker Roger Manvell konstatierte, die Deutschen seien »erneut die Meister im Herstellen bildschöner depressiver und fatalistischer Filme«. Französische und amerikanische Cineasten waren fasziniert von Hans-Jürgen Syberbergs Filmen über Ludwig II. (1972), Karl May (1974 – mit Helmut Käutner und Kristina Söderbaum) und Adolf Hitler (1976/77, u. a. mit Heinz Schubert und Alfred Edel) – »visuelle Essays« (Douglas Sirk), die sich auf surreale Weise mit mythisch-bizarren Gestalten der deutschen Geschichte auseinandersetzten. Eine ebenfalls an Sonderlingen interessierte, aber weniger hermetische, gleichsam »ethnographische« (Thomas Elsaesser) Filmsprache machte einen anderen Absolventen der Münchner Filmhochschule, Werner Herzog, zu einem der großen Stars des Neuen Deutschen Films. 1975 erhielt er für seine spröde Kaspar-Hauser-Studie *Jeder für sich und Gott gegen alle* den Großen Spezialpreis der Jury in Cannes und den Preis der Internationalen Filmkritik. Schon 1972 hatte Herzog mit *Aguirre, der Zorn Gottes* (Musik: Popol Vuh) seinen internationalen Durchbruch erzielt, einem Film über einen versprengten Trupp spanischer Konquistadoren des 16. Jahrhunderts auf Beutezug im peruanischen Urwald. Mit der Hauptfigur Aguirre verkörpert Klaus Kinski einen irrlichternden Desperado auf der Suche nach seinem künftigen Reich. *Stroszek* (1976), ein Roadmovie über die glücklose Emigration dreier Berliner Outcasts in die USA, knüpfte an die Biographie des Hauptdarstellers Bruno S. an, spiegelte aber auch die Auswanderungsphantasien mancher westdeutscher Intellektueller wider. Wim Wenders, der nach seinem ersten Erfolg mit *Alice in den Städten* (1973) und dem an der innerdeutschen Grenze spielenden und in Cannes preisgekrönten Roadmovie *Im Lauf der Zeit* (1976) einige Jahre in den USA verbrachte, entwickelte eine Ästhetik der Entschleunigung, die durch lange Einstellungen grandiose Bilder hervorgebracht hat. Häufig treffen in abgelegenen Landschaften und an verlassenen Orten Solitäre aufeinander, die zögernd Bindungen entwickeln, aber bald erneut auseinanderstreben – neuen Hoffnungen entgegen, die sich mit der Ferne verbinden. *Paris, Texas* (1984) und *Der Himmel über Berlin* (1987), eine poetische Studie über die geteilte Stadt, waren seine größten Erfolge in den 80er Jahren.

Doch der »German Film Boom« (*Newsweek*) war nicht nur deshalb so durchschlagend, weil nach den filmästhetischen Neuerungen von Jean-Luc Godard oder François Truffaut in den 50er und 60er Jahren ein neuer Innovationsschub fällig war. Vor allem erzeugte die Vormachtstellung des Hollywood-Kinos – 1966 kamen 28 Prozent der in den deutschen Kinos gezeigten Filme aus den USA, 1980 waren es 55 Prozent bei steigender Tendenz – einen Bedarf an anspruchsvollen Produktionen, die das Zeug hatten, ein größeres Publikum anzuziehen.[210] Zur wichtigsten Zäsur wurde das Jahr 1975, als der 1966 »geborene« Neue Deutsche Film »volljährig« (Robert Fischer/Joe Hembus) wurde: Die erfolgreichsten deutschen Filmproduktionen dieses Jahres kamen aus der Hand ambitionierter Nachwuchsregisseure – *Lina Braake* von Bernhard Sinkel und *Die verlorene Ehre der Katharina Blum* von Volker Schlöndorff und Margarethe von Trotta. Sie zeigten, dass der Neue Deutsche Film nicht nur die Kritiker, sondern auch das Publikum begeistern konnte. Sinkel, vormaliger Ressortleiter Archiv und Dokumentation beim *Spiegel*, erzählt in seiner antikapitalistischen Komödie vom Sieg eines ins Altersheim abgeschobenen Rentner-Pärchens (Lina Carstens, Fritz Rasp) über eine mächtige Bank. Dieser volksnahe und politisch zeitgemäße Unterhaltungsfilm gewann nicht nur die Sympathien der Kritiker und den Bundesfilmpreis, sondern auch die Herzen des politisch einschlägig ausgewiesenen Publikums in Berlin-Kreuzberg, das am Ende der Vorführung fünfzehn Minuten lang applaudiert haben soll – so berichtete das linksliberale *Spandauer Volksblatt*.[211] *Katharina Blum* nach der Romanvorlage von Heinrich Böll (Hauptdarstellerin Angela Winkler, Musik Hans Werner Henze) setzte erstmals ein aktuelles politisches Thema – die Rolle der *Bild-Zeitung* bei der Verfolgung einer vermeintlichen »Anarchistenbraut« – in einen Kassenschlager um. Dass dieser Film über die Ursachen und Folgen des repressiven politischen Klimas ein derartiger kommerzieller Erfolg wurde, ist auf die Mischung erzählerischer und analytischer Elemente zurückzuführen: Personalisierung, genaue Kontextbeschreibung und »Sich-zur-Einfachheit-Bekennen« (Schlöndorff) – was freilich manchen Kritikern zu holzschnittartig erschien.

Nicht zu Unrecht ist der von Michael Rutschky geprägte Begriff »Erfahrungshunger« zum Ausgangspunkt filmgeschichtlicher Beschreibungen ge-

Suche nach Authentizität

macht worden.[212] Die Suche nach Authentizität und Identifikation drückte sich in vielen Produktionen des Neuen Deutschen Films in den 70er und frühen 80er Jahren aus. Sie führte in die Nachbarschaft, wo in sozialen Konflikten, bei Jugendlichen, widerständigen Alten und unter Frauen nach ursprünglichen Interessen gefahndet wurde, die mit der arbeitsteiligen und bürokratisierten Gesellschaft in Konflikt gerieten. Nach Erfahrung gesucht wurde aber auch in der Geschichte, vor allem in der deutschen Geschichte des 20. Jahrhunderts, die gebrochene Figuren in reicher Fülle hervorgebracht hatte – und damit Stoff für anspruchsvolle Filme. Diese nicht mehr von großen Theorien geleitete Suche erzeugte »Lichtspiele von Seelenpein, Weltschmerz und Zivilisationsverzagung«, die jenseits des Rheins für »radikal deutsch« gehalten wurden.[213] Auch im Lande selbst wurde dieses Etikett relevant, weil nicht zuletzt die große internationale Resonanz den Erfolg mancher Produktionen in der Bundesrepublik beförderte. Soziologische Studien und Gesellschaftskritik waren nach wie vor anzutreffen und erreichten z. T. herausragende ästhetische und erzählerische Qualität – so etwa Klaus Wildenhahns vierteilige Fernsehdokumentation *Emden geht nach USA* (1975/76) –, wobei sich insgesamt das Interesse von der Theorie zum Konkreten, vom Kollektiv zum Individuum, vom Intellekt zum Gefühl verschob. Der »Erfahrungshunger« prägte auch den sozialrealistischen Film und brachte eine eigenständige »Bilderkultur« hervor, die »aus dem Schatten der sprachlichen Repräsentationssysteme« heraustrat.[214] Nicht auf die Inhalte waren die Erfolge des Neuen Deutschen Films zurückzuführen, sondern auf ihre experimentellen Erzählstrategien. Unter den Figuren, die er exponierte und zur Identifikation anbot, war eine große Anzahl Frauen. Sie befanden sich auf der »Suche nach sich selbst« und gingen vorsichtig mit ihrer »neuen Identität« um. Ebenso populär waren Außenseiter – jugendliche Drop-outs, Gangster, Prostituierte. Man muss in der Personalisierung sozialer Konflikte keinen »Rückschritt« sehen, um den großen »Gewinn« der besseren Zugänglichkeit für Zuschauer mit Identifikationsbedürfnissen zu erkennen.[215]

Rainer Werner Fassbinder

Dazu gehören auch die von einem radikalen Subjektivismus geprägten Produktionen Rainer Werner Fassbinders. Fassbinder, der seit 1967 in der Münchener Off-Theaterszene eine maßgebliche Rolle spielte, widmete sich ab 1968 immer stärker dem Film. In 16 Jahren produzierte er 43 Filme – eine enorme Leistung, die nur möglich war, weil sich der anarchistische Autokrat auf die Loyalität seiner Theatertruppe stützen konnte. Für ein gleichberechtigtes Miteinander waren, wie Fassbinders Star Hanna Schygulla meinte, die »Voraussetzungen ... ungünstig«.[216] Seinem Erstling *Liebe ist kälter als der*

Tod (1969) folgten noch im selben Jahr die preisgekrönte Verfilmung seines Stückes *Katzelmacher* sowie zahlreiche weitere Produktionen in kurzen Abständen. 1973 erzielte er mit *Angst essen Seele auf* seinen ersten größeren Publikumserfolg, zwischen 1977 und 1979 setzte er sich mit dem westdeutschen Terrorismus auseinander (in der von ihm initiierten Gemeinschaftsproduktion *Deutschland im Herbst* und in *Die Dritte Generation*). Fassbinders Filme sind psychologische Studien, die sich häufig mit der Ungleichheit in Liebesbeziehungen beschäftigen, allerdings in einem sozialen Kontext. Sie thematisieren die vieldeutigen, von Identifikation und Ablehnung, Liebe und Hass geprägten Beziehungen zwischen Außenseitern und der sie umgebenden Gesellschaft. »Frauen, Schwule, Juden, Neger, Arbeiter und Aufrührer, sie alle sind von der Gesellschaft, gegen die sie zu Recht opponieren, derartig gezeichnet und geschädigt, dass sie noch in ihrem Versuch auszusteigen, in ihrer eigenen Struktur und in ihren Handlungen nur das wiederholen, wogegen sich ihre Auflehnung richtet«.[217] Von dieser Ambivalenz – der »Tyrannei eines idealisierten Selbstbildes« (Thomas Elsaesser), die sich besonders in den Paarbeziehungen ausdrückt – sind auch seine größten Erfolge geprägt: Die »BRD-Trilogie« – *Die Ehe der Maria Braun* (1978/79), *Lola* (1981) und *Die Sehnsucht der Veronika Voss* (1981/82) – sowie die um ein populäres Lied und seine Interpretin kreisende Auseinandersetzung mit dem schönen Schein des »Dritten Reiches«, »Lili Marleen« (1980/81). Fassbinder verarbeitete in diesen historischen Melodramen Anregungen des deutschen Emigranten Douglas Sirk (Detlef Sierck), der in den USA ein erfolgreicher Regisseur wurde und Fassbinder faszinierte, weil er einfach erzählte und seine Figuren liebte, selbst wenn sie schwach waren: »Douglas Sirk hat die zärtlichsten Filme gemacht, die ich kenne, Filme von einem, der die Menschen liebt und sie nicht verachtet wie wir.«[218] Fassbinders fünfzehnstündiges Meisterwerk, die 1980 ausgestrahlte 14-teilige Fernsehserie *Berlin Alexanderplatz* mit Günter Lamprecht in der Rolle des Franz Biberkopf, stieß auf gemischte Resonanz, weil sie weder der traditionellen Literaturverfilmung noch den Bedürfnissen des Massenpublikums entsprach: Düstere Farben, lange Zitate aus Alfred Döblins Romanvorlage, surrealistische Sequenzen verstörten manche Zuschauer, während die Cineasten begeistert waren.

Einen Skandal löste das schon 1975 für das Frankfurter Theater am Turm geschriebene Fassbinder-Stück *Der Müll, die Stadt und der Tod* aus, das nach harten Auseinandersetzungen erst 1985 aufgeführt wurde. Es beschäftigte sich mit Stadtsanierung und Bauspekulation der frühen 70er Jahre, wurde aufgrund seiner Frontstellung gegen jüdische Immobilienunternehmer – darunter der spätere Vorsitzende des Zentralrats der Juden in Deutschland, Ignatz Bubis – als antisemitisch kritisiert und veranlasste die Jüdische Gemeinde Frankfurts zu einer Bühnenbesetzung.[219] Von Fassbinder als Auseinandersetzung mit einem Tabu gerechtfertigt und unter der Fahne der Kunstfreiheit von manchen verteidigt, bekämpften andere das Stück als Wiedergeburt des antisemitischen Stereotyps vom raffgierigen Juden.

Volker Schlöndorff

Volker Schlöndorff, der sich mit *Katharina Blum*, seiner Beteiligung an *Deutschland im Herbst* und der Studie über Franz Josef Strauß, *Der Kandidat* (1980), intensiv mit politischen Gegenwartskonflikten beschäftigt hatte, erreichte mit *Die Blechtrommel* (1979), der Verfilmung des 1959 veröffentlichten Romans von Günter Grass, den bis dahin größten Erfolg des deutschen Nachkriegsfilms.[220] Von unten, aus der Perspektive des kleinwüchsigen Oskar Matzerath betrachtet, stellte sich die Weltgeschichte (Nussschale: Danzig) anders als gewohnt dar – skurriler und keineswegs selbstverständlich. Es ist eine Perspektive der »Verweigerung« und des »Protests« (Schlöndorff) gegen die Welt der Erwachsenen, die zu Anpassung und Mitläuferei stets bereit sind.[221] Bis ins Metaphorische hinein kam diese Sicht dem um 1980 sprunghaft wachsenden Interesse am Alltag der »kleinen Leute« im Nationalsozialismus entgegen – und das auf höchst unterhaltende Weise. Schlöndorffs *Blechtrommel* erhielt 1979 bei den Filmfestspielen in Cannes die Goldene Palme – zusammen mit *Apocalypse Now* von Francis Ford Coppola – und 1980 als bis dahin einziger deutscher Film den Oscar für den besten ausländischen Film. Er stand für den Schub, den die Auseinandersetzung mit dem Nationalsozialismus auch im Film erlebte – und die gleichzeitig wohl auch auf eine »unterschwellige Sehnsucht nach einer nationalen Identität« verwies.[222] Zwischen 1975 und 1985 wurden mehr als fünfzig Spielfilme zu diesem Thema produziert – fast so viele wie in den dreißig Jahren zuvor.[223]

»Filmarbeiterinnen«

Die Benachteiligung von Filmemacherinnen etwa bei der Filmförderung trieb ihre Selbstorganisation voran, so dass Mitte der 70er Jahre mit dem Verband der Filmarbeiterinnen eine starke Lobby entstand. Neben dem großen Interesse des Fernsehens sorgte er mit dafür, dass sich Autorinnen und Regisseurinnen in der Bundesrepublik stärker zur Geltung bringen konnten als in anderen Ländern. Filmemacherinnen wie Margarethe von Trotta (*Die bleierne Zeit*, 1981), Jutta Brückner (*Hungerjahre*, 1980) und Helma Sanders-Brahms (*Deutschland, bleiche Mutter*, 1980) machten sich einen Namen, indem sie die spezifische Lage und Perspektive von Frauen im Hinblick auf Arbeit und Alltag in den Mittelpunkt stellten, insbesondere aber die »Spurensuche nach dem eigenen Ich«.[224] Die früheren Kamerafrauen Ulrike Ottinger und Elfi Mikesch erregten durch experimentelle Filme Aufmerksamkeit.[225] Helke Sander, die 1974 die feministische Fachzeitschrift *frauen und film* gründete und den feministischen Film in der Bundesrepublik auch theoretisch untermauerte, changiert in ihrer Trilogie *Die allseitig reduzierte Persönlichkeit – Redupers* (1977), *Der subjektive Faktor* (1981) und *Der Beginn aller Schrecken ist Liebe* (1984) von einem politischen Fokus über die Geschichte der Frauenbewegung zur Problematik der Liebe als Kern weiblicher Identität.

Ebenso wenig wie in der Kunst oder dem Film lassen sich die literarischen Tendenzen der mittleren 70er bis frühen 80er Jahre mit dem Etikett der Neuen Subjektivität adäquat erfassen. Insgesamt wurde hier noch sehr stark der Kulturbruch der späten 60er Jahre verarbeitet, wobei sich die schon damals erkennbare Vielfalt der Themen, Formen und Erzählstrategien weiter ausdifferenzierte. Gerade die autobiographisch geprägten Verarbeitungen der 68er-Bewegung zeigen, dass das verbreitete Klischee von der Ablösung der Politisierung durch einen gesellschaftsfernen Subjektivismus viel zu grobschlächtig ist. Freilich spiegelte sich der Trend der »Neuen Subjektivität« etwa in der schon in den frühen 70er Jahren einsetzenden autobiographischen Welle wider, die auch von Schriftstellern wie Peter Rühmkorf, Thomas Bernhard und Wolfgang Koeppen erzeugt wurde, in der »Frauenliteratur« oder in den Arbeiten Nicolas Borns, der mit seinem Roman *Die erdabgewandte Seite der Geschichte* (1976) das »radikalste Beispiel« (Peter Handke) dieser Richtung abgab und sich gänzlich von der Welt zurückzog. Aber es stellte sich Mitte der 70er Jahre auch die Frage, wie sich Politisches und Privates, Radikalität und Genuss, Politikfähigkeit und alternativer Alltag zueinander verhalten sollten angesichts der Tatsache, dass große gesellschaftliche Ziele offenkundig selbst durch äußerste Willensanstrengung, straffe Organisation oder gar Waffengewalt nicht zu erreichen waren, gleichzeitig aber die Spielräume der Lebensführung größer wurden. Das Ziel einer besseren Welt gab ein erheblicher Teil der Schriftsteller weiterhin nicht auf, auch wenn im Hinblick auf die damit verbundenen Erwartungen Ernüchterung eingetreten war. Selbst scheinbar apolitische Tendenzen wie neue Religiosität speisten sich zu einem Gutteil aus der Utopie einer besseren Welt, auch wenn sie nicht mehr besonders »links« war. Subjektiver war der Gesellschaftsbezug insofern geworden, als häufiger nach dem richtigen Verhältnis von Gesellschaftsveränderung und persönlicher Alltagsbewältigung gefragt wurde. Dass dies mit einem ausgeprägt politischen Selbstverständnis erfolgen konnte, zeigen Christian Geisslers Bücher *Das Brot mit der Feile* (1973) und *kamalatta* (1988), die sozialrevolutionäre Szenen der 60er bis 80er Jahre behandeln und nach Art einer Ästhetik des

Literatur zwischen Gesellschaftsbezug und Subjektivität

Widerstands an deren Ideal eines radikalen Ausbruchs aus den gesellschaftlichen Zwängen festhalten. In Form eines Schelmenromans über die Kreuzberger Subkultur verteidigte Peter-Paul Zahl in *Die Glücklichen* (1979) den absoluten Glücksanspruch eines alternativen Milieus, das die revolutionäre Überwindung des Kapitalismus anstrebte, aber einstweilen in anarchischer Kompromissverachtung sich recht heiter einrichtete. Auch Uwe Timms autobiographisch verankerter *Heißer Sommer* (1974) beschreibt Politisierung und Zerfall der 68er-Bewegung als Entwicklungsroman eines jungen Mannes, der am Ende seine privaten Lebensverhältnisse ordnet, aber politisch nicht resigniert hat. Demgegenüber reflektiert einige Jahre später Timms *Kerbels Flucht* (1980) den inzwischen eingetretenen Sinnverlust am Beispiel eines privat gescheiterten jungen Mannes, dessen politischen Einsichten ihm bei der Bewältigung seiner ausweglosen Situation nicht helfen. Das erfolgreichste Buch dieses Genres, Peter Schneiders Erzählung *Lenz* (1973), die bis Anfang der 80er Jahre einhunderttausendmal verkauft wurde, schildert lakonisch die Selbstzweifel eines jungen Westberliner Intellektuellen angesichts der theoretischen Versteinerung und Alltagsferne der radikalen Linken. Nach wie vor auf der Suche nach einem guten Leben, erkennt er bei seinem temporären Exil in Italien, dass Lebensgenuss und radikale Politik durchaus vereinbar sind.

Diese Arbeiten gaben die kulturrevolutionären Ziele der 68er-Bewegung selten auf, sondern reflektierten sie mit der notwendigen Verzögerung einiger Jahre. »Erst jetzt nämlich«, so hielt Schneider 1975 fest, »da die Bewegung aus den Straßen in die Wohngemeinschaften zurückgedrängt ist, kommen die Themen dieser Jahre in der Literatur, in den Filmen, der Malerei an. Auf einmal gibt es wieder neue Stoffe in der Literatur, Experimente mit den neuen Darstellungsformen und das alles zu einem Zeitpunkt, da wir uns mitten in einer Phase zunehmender Depression und Entpolitisierung befinden.«[226] Da aus (gescheiterten) Hoffnungen keine Rezepte für das Verhalten im Alltag zu gewinnen sind, spielen die Konflikte zwischen Gesellschaft, linker Szene und Individuum in vielen dieser literarischen Werke eine wichtige Rolle. »Erfahrungshunger« ist auch hier sichtbar: das Bedürfnis, in Kontakt zur »wirklichen Welt« zu kommen, wie auch immer sie dann konstruiert wurde. Diese komplexen, häufig selbstkritischen Bücher reflektierten einen Teilaspekt des frühen Individualisierungsprozesses, den Wunsch nach »Selbstverwirklichung«, der seit den 60er Jahren Teil des Wertewandels und ein wichtiges Motiv der 68er-Bewegung gewesen war. Gleichzeitig wurden sie noch vom kritischen Bezug zur Gesellschaft durchfärbt, von der Frage nach den Möglichkeiten widerständigen Verhaltens jenseits eines revolutionären Kollektivs – im Gegensatz zu anderen Arbeiten, die sich ganz auf innere Konflikte konzentrierten und am ehesten so etwas wie eine »neue Innerlichkeit« repräsentieren. Allein schon in Lenz' Diagnose von »Depression« und »Entpolitisierung« wird der Wunsch nach einem Gesellschaftsbezug sichtbar.

Vielleicht am signifikantesten markierte die neuartige Verschränkung von Politik, Geschichte, Psychologie und Subjektivität das zweibändige, bis heute immer neu aufgelegte und 200 000-mal verkaufte Mammutwerk *Männerphantasien* (1977/78) von Klaus Theweleit, ein Kultbuch nicht nur der Alternativszene, dem Rudolf Augstein attestierte, es sei die »aufregendste Publikation dieses Jahres«.[227] Dem faschistischen Charakter auf der Spur, wertet der Autor 250 Romane und autobiographische Schriften von Freikorpskämpfern und rechtsradikalen Schriftstellern wie Rudolf Höß, Ernst von Salomon und Ernst Jünger im Hinblick auf ihr Verhältnis zu Frauen und Sexualität aus. Das Buch wurde in manchen Kreisen nicht nur verschlungen, weil es sich, kompiliert aus langen Quellenzitaten, Assoziationsketten, analytischen Passagen, Fotos, Comics und Abbildungen aller Art, wie ein Film las und damit Anstöße aus der Pop-Literatur aufgriff. Es überstieg die marxistischen Faschismustheorien, indem es die Wahrnehmungen der faschistischen Täter ernst nahm, Ansätze von Gilles Deleuze, Félix Guattari und Margaret Mahler einbezog, eine geschlechter- und körpergeschichtliche Perspektive entwickelte – und gleichzeitig an der optimistischen These der Studentenbewegung festhielt, dass emanzipatorische Politik und freie Sexualität zusammengehörten.[228]

Männerphantasien

Auch die Pop-Literatur kreiste keineswegs nur um einen subjektiven Bauchnabel, sondern bezog in ihre amerikanisch inspirierte, von den modernen *Sounds and Visions* geprägte Wirklichkeitswahrnehmung zahlreiche Aspekte des Gesellschaftlichen ein. Ein Beispiel dafür ist das Werk Jörg Fausers, dessen Gedichte, Reportagen, Hörspiele und Romane sich mit den zumeist vergeblichen Versuchen unfreiwilliger Außenseiter beschäftigten, an der Gesellschaft teilzunehmen: Spieler, Drogenabhängige, Kleinkriminelle. Für Fauser, der zeitweise im Istanbuler Drogenmilieu zugebracht und bei den Frankfurter Hausbesetzungen der frühen 70er Jahre dem anarchistischen Flügel angehört hatte, war Partizipation Voraussetzung für glaubwürdiges Schreiben: »Der Schriftsteller ist kein trotziger Außenseiter, er will teilhaben, denn nur woran er teilhat, darüber kann er mit Fug und Recht schreiben.«[229] Fauser war einer der wenigen deutschen Beat-Autoren, die in der Underground-Literatur eine wichtige Rolle spielten (er war in den frühen 70er Jahren mit Jürgen Ploog und Carl Weissner Mitbegründer der Zeitschriften *UFO* und *Gasolin 23*) und zugleich kommerziellen Erfolg hatte. Einer breiten Öffentlichkeit wurde er bekannt durch seine Romane *Der Schneemann* (1981; 1984 verfilmt mit Marius Müller-Westernhagen), *Rohstoff* (1984) und *Das Schlangenmaul* (1985). In den frühen 80er Jahren schrieb er zahlreiche Texte für den Rockmusiker Achim Reichel, darunter die LP *Blues in Blond* (1981). Wenn er sich in dieser Zeit auch dem Genre des Kriminalromans zuwandte, dann, weil er für ihn »mehr Wirklichkeit« enthielt als die Belletristik und die Frage nach den gesellschaftlichen Machtverhältnissen aufwarf. Nicht als theoretische Deduktion, sondern als praktisches Problem, das nicht auszublenden war, selbst wenn man sich dem Leben über eine subjektive Perspektive näherte.

Im weiteren Verlauf der 80er Jahre mischte sich neuerliches Engagement von Künstlern mit Rückzugsbewegungen, kräftigeren »postmodernen« Tendenzen und einer teilweisen Wiederbelebung des intellektuellen Konservativismus.

Kapitel VI
Kultur der Selbstanerkennung 1983–1990

In der zweiten Hälfte der 80er Jahre erwies sich der schon früher geprägte Begriff der »Selbstanerkennung« als treffende Beschreibung des Verhältnisses der Bundesbürger zu ihrer Gesellschaft. Gerade während der letzten Jahre der DDR hatten sie sich von der Vorstellung verabschiedet, in einer staatlichen Übergangsform zu leben, die, wie es das Grundgesetz vorschrieb, durch die »Wiedervereinigung« überwunden werden sollte. Gleichzeitig hatte die Bundesrepublik auch international großes Ansehen gewonnen. Aber der »Abschied vom Provisorium« bezog sich nicht nur auf die Institutionen, das Territorium und den europäischen Einigungsprozess.[1] Auch das kulturelle Selbstbild der Bundesbürger hatte sich zu einem westdeutschen Eigenbewusstsein verfestigt, das sich in einem zunehmend selbstsicheren Umgang mit anderen Staaten und Gesellschaften zur Geltung brachte. Es gehört zu den Ironien der jüngsten deutschen Geschichte, dass die Bundesrepublik zu sich selbst fand, unmittelbar bevor die deutsche Frage erneut auf der Tagesordnung stand. Aber ein Eigenbewusstsein entstand weder allein aus politischen Motiven noch war es Ergebnis der von der Regierung Kohl angestrebten »geistig-moralischen Wende«, die die schon in den 70er Jahren angestrebte konservative »Tendenzwende« durchsetzen sollte. Vielmehr identifizierten sich gegen Ende der 80er Jahre immer mehr Bürger mit der westdeutschen Gesellschaft, weil bürgerschaftliches Engagement als Kontrollelement von Staat und Gesellschaft Legitimität gewann und zum Teil institutionalisiert wurde. Angetrieben wurde es auch weiterhin von einer Staatsskepsis, die sich in den Neuen Sozialen Bewegungen zeigte. Zur Identifikation mit der Bundesrepublik trug auch bei, dass viele der mit dem Menetekel »1984« verbundenen Schreckvisionen nicht in Erfüllung gegangen waren. Wirtschaftlich waren die frühen 80er Jahre noch von den Folgen der zweiten Ölkrise geprägt, während das zunächst moderate, aber seit 1988 zur Hochkonjunktur sich steigernde Wirtschaftswachstum eine optimistische Grundstimmung hervorrief.

Jetzt erst auch beeinflusste das in der Gegenkultur der 70er Jahre entwickelte Subjektivitätskonzept wirklich signifikant die Gesellschaft als Ganze – nicht zuletzt, weil die vermehrte Freizeit und zunehmender Konsum die Entstehung einer »Erlebnisgesellschaft« (Gerhard Schulze) vorantrieben, die vom Wunsch des Einzelnen nach einem erfüllten Leben geprägt war. Da-

»Kulturgesellschaft«

durch wuchs die wirtschaftliche Bedeutung der Kulturindustrie. Die Umsätze der Musikindustrie beliefen sich 1982 auf 25 Milliarden DM und übertrafen die der Druckindustrie, der Buchmarkt setzte mit 10 Milliarden DM mehr um als die Luft- und Raumfahrtindustrie, und zwischen 1982 und 1986 wuchs der Umsatz des Kulturmarkts um ein Viertel bis ein Drittel.[2] 1985 führte Jürgen Habermas eine »Neue Unübersichtlichkeit« auf das Ende der Utopie von einer sozialstaatlich abgesicherten Arbeitsgesellschaft zurück. Statt der Arbeit wurde die Kommunikation zur Sphäre, mit der sich Zukunftshoffnungen verbinden ließen. Der Frankfurter Sozialphilosoph plädierte für eine »kommunikative Alltagspraxis und für ein Verfahren der diskursiven Willensbildung, welche die Beteiligten *selbst* in die Lage versetzen könnten, konkrete Möglichkeiten eines besseren und weniger gefährdeten Lebens nach *eigenen* Bedürfnissen und Einsichten nach *eigener* Initiative zu entwickeln«.[3] Damit war das Individuum stärker auf sich selbst verwiesen als in der klassischen Arbeitsgesellschaft, wo die traditionellen sozialmoralischen Milieus Orientierungssicherheit gegeben hatten. Gleichzeitig, so sah es Habermas, wurde das emanzipatorische Potenzial der »Selbstverwirklichung« von der Politik unterlaufen, die mit Hilfe einer traditionellen Kultur »die haltenden Mächte der konventionellen Sittlichkeit, des Patriotismus, der bürgerlichen Religion und der Volkskultur« bewahren wollte. Stärker als je zuvor wurde Kultur zu einem Schlüsselbegriff für den Zusammenhalt der Gesellschaft, und zwar in einer weiten Fassung, die über die »Hochkultur« hinaus auch den Alltag, die Lebensweisen und die politische Kultur umfasste. Der Bundestag führte zweimal, 1984 und 1986, kulturpolitische Grundsatzdebatten, die Kulturausgaben der öffentlichen Haushalte stiegen zwischen 1980 und 1990 von 6,8 auf 11,7 Mrd. DM, die Bundesländer gründeten 1987 die »Kulturstiftung der Länder«.[4] Bundeskanzler Helmut Kohl legte in seiner Regierungserklärung im März 1987 unter dem Postulat »Wir sind eine Industriegesellschaft und Kulturgesellschaft zugleich« ein kulturpolitisches Programm vor, das u. a. zwei Museumsbauten vorsah, die das Geschichtsbewusstsein der Bundesbürger prägen sollten: das Haus der Geschichte der Bundesrepublik Deutschland in Bonn und das Deutsche Historische Museum in Berlin. Gleichzeitig propagierte CDU-Generalsekretär Heiner Geißler »eine farbige und tolerante Kulturgesellschaft«, »die den vielfältigen Wünschen nach neuen Lebenschancen entspricht«.

Doch das in den 80er Jahren hochgehaltene Ideal einer »Kulturgesellschaft« wurde unterschiedlich gefüllt. Wollten die einen »Kultur« zum Bindemittel einer zunehmend individualisierten Gesellschaft machen, sahen andere in ihr eine Sphäre zur Aushandlung der vielfältigsten Alltagspraktiken und Weltdeutungen. Während die schon in den 70er Jahren implementierte »Kultur für alle« (Hilmar Hoffmann) mittlerweile in tausend Blumen erblühte, wurde Kultur gleichzeitig stärker als zuvor kommerzialisiert – etwa durch die Einführung des Privatfernsehens –, was kritische Haltungen zur Massenkultur reaktivierte. Gerade die »Gestaltungsidee eines schönen, interessanten, subjektiv als lohnend empfundenen Lebens«, nach Auffassung Gerhard Schulzes der »kleinste gemeinsame Nenner von Lebensauffassungen in unserer Gesellschaft«, bot sich für eine Ästhetisierung und Kommerzialisierung durch Produktangebote und Werbung an.[5] Dennoch wurde der in den frühen 80er Jahren vorherrschende Kulturpessimismus, der sich auch auf neue Technologien wie die Mikroelektronik erstreckte, in der zweiten Hälfte der 80er Jahre tendenziell überlagert von optimistischeren Deutungen. Ähnliche Spannungen waren im Hinblick auf die Debatten um die politische Identität zu beobachten: Den Versuchen, die Idee der Nation wieder aufzuwerten, wurde ein »Verfassungspatriotismus« (Dolf Sternberger) entgegengesetzt, der einem essentialistischen Nationalbewusstsein skeptisch gegenüberstand und auf die Bindekraft der von den Bürgern aktiv geformten demokratischen Ordnung vertraute. In den stärker als zuvor kommerzialisierten Künsten erreichte die Auseinandersetzung mit der klassischen Moderne, die teils euphorisch verabschiedet, teils in transformierter Form weitergeführt wurde, einen Höhepunkt. Der weitverbreitete Eindruck vom »Ende der Geschichte« korrespondierte auch hier mit einer Sensibilisierung für globale Probleme, die politisches Engagement ebenso auslöste wie Rückzug und gelegentlich elitärkonservative Haltungen wieder aufleben ließ.

1 Individualisierung und Medialisierung in der Alltagskultur

Die Widersprüchlichkeit der Kultur in den 80er Jahren – Individualisierung und wachsende Teilhabe des Einzelnen auf der einen, Kommerzialisierung der öffentlichen Sphäre auf der anderen Seite – wird nur verständlich vor dem Hintergrund eines grundlegenden gesellschaftlichen Wandels, der sich schon in der vorangegangenen Dekade ankündigte und in den 80er Jahren den Alltag vieler Bundesbürger bestimmte. Eine Revolution bei den Massenmedien durch Privatfernsehen, Verkabelung und Mikroelektronik griff in diesen Wandel ein und trieb die Individualisierung auf der kulturellen Ebene voran.

Trotz des wirtschaftlichen Aufschwungs seit 1983 und der Entlastung der meisten Bundesbürger durch Steuerreformen kehrte sich – wie in den meisten westeuropäischen Ländern – die in den vorangegangenen Jahrzehnten zu beobachtende Annäherung der Einkommensunterschiede um, und die Ungleichheit nahm wieder zu, auch wenn die Armut weniger sichtbar war.[6] Die Arbeitslosigkeit ging nicht zurück, sondern pendelte sich in den 80er Jahren auf einem Sockel von etwa 9 Prozent ein.[7] Besonders Jugendliche mit niedrigem Bildungsstand, alleinerziehende Frauen, kinderreiche Familien und Migranten waren von der »neuen Armut« betroffen. Wenn im Folgenden der Wandel der Konsummuster beschrieben wird, dann darf nicht vergessen werden, dass die konsumtiven Wahlmöglichkeiten eines wachsenden Teils der Bevölkerung mehr als beschränkt waren. Das Schlagwort von der »Zweidrittelgesellschaft« mag das quantitative Gewicht der Armut dramatisieren, doch auch der sozialwissenschaftlich abgesicherte Befund der »80-Prozent-Gesellschaft« bedeutete immerhin, dass bis zu einem Fünftel der Bundesbürger – die meisten zeitweilig, ein kleiner Teil dauerhaft – nur begrenzt am gesellschaftlichen Miteinander teilhaben konnte.[8]

Konsummuster — Aufs Ganze gesehen nahmen die privaten Konsumausgaben wieder zu, nachdem sie 1981 und 1982 erstmals in der Nachkriegszeit zurückgegangen waren. Insgesamt stieg der private Verbrauch zwischen 1980 und 1988 um 13 Prozent, wobei der für Nahrungsmittel und Bekleidung aufgewendete Anteil weiterhin abnahm und derjenige für Transport, Kommunikation und Mieten stieg.[9] Immer mehr Geld gaben die Bürger auch für Freizeitgüter und den Urlaub aus – über den langen Zeitraum von 1965 bis 1987 betrug die Steigerungsrate hier 474 Prozent bei einer Zunahme des gesamten privaten Verbrauchs von 248 Prozent. Es erhöhte sich nicht nur der Ausstattungsgrad der Haushalte mit Waschmaschinen und Kühlschränken, auch die Automobilisierung der Gesellschaft nahm zu – nun sogar häufig mit Zweit- und (bei erwachsenen Kindern) Drittwagen. Ganz besonders wurde im Kontext der medialen Revolution der 80er Jahre in Kommunikations- und Unterhaltungselektronik investiert. Je nach Haushaltstyp wurde zwischen einem Viertel und einem Drittel der für die Freizeit aufgewendeten Budgets für Urlaubsreisen ausgegeben, die mittlerweile zu nahezu zwei Dritteln ins Ausland führten – insbesondere nach Südeuropa mit den Spitzenreitern Italien und Spanien.[10] Auch die Zahl der Wohnungen stieg deutlich an, wobei die Wohnungsgrößen zunahmen und sich die Ausstattung verbesserte – allerdings bei steigenden Quadratmeterpreisen.

Ein entscheidendes Merkmal des Verbrauchs in den 80er Jahren war, dass er sich immer mehr von der Normativität entfernte, die noch die Konsummuster der Boomphase kennzeichnete. Konsumiert wurde weniger nach allgemein angestrebten Wohlstandsidealen – Haus, Auto, Urlaubsreise (in jeweils schichtspezifischen Ausprägungen) –, sondern stärker nach individuellen Vorlieben. Ein individualistischer Konsumstil wäre ohne die günstige materielle Entwicklung kaum möglich gewesen, aber er entstand auch aufgrund einer Aufwertung der inneren, subjektiven Motivation. Dem Soziologen Gerhard Schulze zufolge wurden »außenorientierte«, also von Notwendigkeiten oder Traditionen bestimmte »Lebensauffassungen« von »innenorientierten Lebensauffassungen« verdrängt, »die das Subjekt selbst ins Zentrum des Denkens und Handelns stellen«.[11] Nun, so Schulze, musste der Einzelne selbst herausfinden, wie das Ideal eines ihm gemäßen »schönen Lebens« zu gestalten sei. Auch lebensnotwendige Verbrauchsgüter wie Kleidung, ein Dach über dem Kopf und Transport wurden stärker nach subjektiven Kriterien spezifiziert. Der Kleidungsstil, die Einrichtung der Wohnung, die Art des Transports wurden zu Teilelementen eines gelungenen Lebens nach individuellem Gusto. Beim Konsumieren ging es weniger als zuvor darum, etwas zu *besitzen,* als darum, jemand zu *sein* – was einen hohen Grad an Selbstreflexion erfordert. Der aus den gesellschaftlichen und kulturellen Wandlungen erwachsende individualästhetische Konsumstil macht auch plausibel, warum die in der Gegenkultur der 70er Jahre schon sichtbare Aufwertung der ersten Person in den 80er Jahren Bedeutung weit über das alternative Milieu hinaus erlangte. Wie Dritte-Welt-Läden, Verbraucherboykott oder ökologische Nahrungsmittelproduktion zeigen, führte die von ihr vorgebrachte Konsumkritik nicht zum Konsumverzicht, sondern zu einem ethisch begründeten Konsum, der bald auch von großen Kaufhäusern oder Reiseveranstaltern bedient wurde.[12] Keineswegs alle, aber doch die meisten Bundesbürger konnten ernsthaft erstreben, was über Jahrhunderte nur einer kleinen Schicht vorbehalten gewesen war: ein Leben, das sich nicht im Existenzkampf erschöpfte, sondern nach individuellen Vorlieben zu gestalten war.

Welche bedeutende Rolle symbolische Identifikationen dabei spielten, lässt sich etwa am Aufstieg italienischer Gastronomie studieren, die die deutsche Küche internationalisierte und besonders stark mit Lebensgenuss assoziiert wurde. Während in den 70er Jahren noch hauptsächlich jüngere, besser gebildete und solventere Bundesbürger die schon wachsende Zahl italienischer Restaurants besuchten, schmeckten Carpaccio und Barolo in der darauffolgenden Dekade auch Otto Normalverbraucher. Zwischen den frühen 80er und den späten 90er Jahren wuchs die Zahl italienischer Restaurants in Mün-

Italienische Küche, schwedische Regale

chen von 230 auf 600, während sich der Absatz von Tiefkühlpizzas für den heimischen Verzehr zwischen 1980 und 1990 auf 68 000 Tonnen verdreifachte.[13] Den feineren Geschmack bedienten italienische Feinkosthändler mit ausgesuchten Olivenölen, Aceto Balsamico und Prosecco. Ein anderes Beispiel ist die Karriere des skandinavischen Einrichtungshauses IKEA, dessen Produktpalette seit 1974 auch in der Bundesrepublik die im Laufe der Zeit sich wandelnden Identifikations- und Repräsentationsbedürfnisse widerspiegelt. Sein erfolgreichstes Produkt, das Regalsystem »Ivar«, bediente in den 70er Jahren das zeitgenössische *Do-it-yourself*-Bedürfnis einer jungen Käuferschicht, die Schlichtheit, Flexibilität und Offenheit gegen die Wucht kunstvoll gedrechselter Eichenschrankwände setzte.[14] Zum Erfolgsprodukt der 80er Jahre wurde hingegen das aus weiß beschichteten Spanplatten zusammengesetzte Regalsystem »Billy«, das das Kieferngestell ins Kinderzimmer oder in den Keller verdrängte, weil es ein moderneres ästhetisches Ideal repräsentierte und einer inzwischen arrivierten Käuferschicht die Möglichkeit gab, ihren neuen Status zu unterstreichen. 1991 musste »Billy« aus dem Programm genommen werden, weil es Formaldehyd enthielt. Seit 1993 setzte es nach Kundenprotesten seine Erfolgsgeschichte fort – nun natürlich schadstofffrei und auch in Furniervarianten aus Echtholz.

Persistenz
sozialer
Ungleichheit

Ulrich Beck folgerte aus der Beobachtung derartiger Individualisierungsprozesse eine Erosion der traditionell nach Klassen und Schichten segmentierten vertikalen Struktur der Gesellschaft, während Gerhard Schulze neue soziale Milieus identifizierte, die sich aus Lebensumständen wie etwa Bildung und Alter und subjektiven Einstellungen (»Erlebnisdispositionen«), darunter Werthaltungen und kulturelle Präferenzen, ergaben. Zu Recht hat Hans-Ulrich Wehler in Anknüpfung an Pierre Bourdieu das Fortbestehen der sozialen Ungleichheit und der Klassenprägungen hervorgehoben und neben den nach wie vor ungleichen Verteilungen von Vermögen und Kompetenzen insbesondere auf die Weitergabe eines klassenspezifischen Habitus im Sozialisationsprozess verwiesen: »Wer einen abgehobenen ökonomischen Status oder eine begehrte Leistungskapazität gewonnen hat, fördert mit all seinen materiellen, sozialen und kulturellen Kapitalsorten die Entwicklung der Kinder, stattet sie mit einem erfolgreichen Habitus, einem hilfreichen sozialen Netzwerk und einer anspruchsvollen Ausbildung aus. Insbesondere die etablierten Klassen der akademischen Intelligenz sorgen für die Installation eines Habitus, bei dem Leistungsorientierung, Sprachkompetenz, Bildungswesen im Vordergrund stehen. Damit aber werden Dispositionen und Kenntnisse internalisiert, die sich als unschätzbar wertvolle Ressourcen erweisen werden. Auf dieselbe

Weise verläuft die Habitusbildung in den höheren wirtschaftlichen Klassen.«[15] Auch wenn der Aussage Wehlers, jede Hoffnung auf eine »egalitäre Nivellierung oder gar Aufhebung der Sozialen Ungleichheit« könne nur trügen, zuzustimmen ist, gehen in seiner pauschalen Ablehnung soziologischer Konzepte der Pluralisierung, Individualisierung, »Risiko-« und »Erlebnisgesellschaft« wichtige Potenziale zur Erklärung der gesellschaftlichen Ausdifferenzierung verloren. Sicherlich verweist schon die Entstehung dieser Ansätze in den 80er Jahren auf die Zeitgebundenheit auch eines sozialwissenschaftlichen Blicks. Doch dass das soziologische Interesse an der inneren Motivation der sozialen Akteure mit dem Aufkommen einer neuen Subjektkultur in den 70er Jahren wuchs, macht seine Resultate nicht per se unglaubwürdig.

Wie der Ausbau des Sozialstaates, der Bildungsschub der 70er Jahre, zunehmende Freizeit und Konsum das soziale Gefüge flexibilisiert haben und wie Soziale Milieus sich dies auf die Klassenstruktur der Gesellschaft auswirkte, hat am überzeugendsten die ebenfalls bei Bourdieu ansetzende Analyse der sozialen Milieus einer Hannoveraner Arbeitsgruppe um Michael Vester erklärt, die Klassenprägungen und subjektive Wahrnehmungen und Deutungen kombiniert untersucht.[16] Bourdieu zufolge sind soziale Milieus »Wahlverwandtschaften«, die durch einen gemeinsamen Habitus verbunden sind. In den Habitus fließen klassenspezifische Sozialisationen, wie Wehler sie beschrieben hat, ein, aber auch subjektive Neigungen und Lernprozesse. Er vergegenständlicht sich in Lebensstilen, Denk- und Handlungsweisen, Gefühlen und kulturellen Vorlieben, die wiederum kennzeichnend sind für unterschiedliche Milieus. 1982 hat das Sinus-Institut diese lebensweltlichen, Struktur und Individuum vermittelnden Milieus erstmals nach den Koordinaten Sozialstatus (bei Vester über den Begriff des Habitus) und Wertorientierungen empirisch kartiert.[17] Demnach teilte sich die eine Hälfte der Bevölkerung in die beiden größten, zwischen Unterschicht und Mittlerer Mittelschicht angesiedelten Milieus, von denen das hierarchiegebundene »Kleinbürgerliche Milieu« traditionalistische Werte vertrat, während das »Aufstiegsorientierte Milieu« aus Facharbeitern, Angestellten und berufstätigen Frauen stärker nach Eigenverantwortung und Selbstverwirklichung strebte. Ein schichtübergreifendes »Hedonistisches Milieu« aus vorwiegend jungen Leuten suchte besonders intensiv nach Individualität und Authentizität, während sich im »Traditionellen Arbeitermilieu« und im »Traditionslosen Arbeitermilieu« Fraktionen der Arbeiterschaft sammelten, die in unterschiedlicher Weise an materiellen Zielen orientiert waren – die einen an Sicherheit und Stabilität, die anderen, geprägt durch einen »Habitus der Notwendigkeit« (Vester), an Besitz und Konsum auf niedrigem Niveau. Am stärksten auf Distinktion bedacht waren die Angehörigen des »Konservativen gehobenen Milieus«, die traditionelle bürgerliche Werte hochhielten, diejenigen des »Technokratisch-liberalen Milieus«, das fortschrittlich-liberal eingestellt war, Leistung schätzte und aus höheren Angestellten, Beamten und Unternehmern bestand, sowie das am stärksten avantgardistisch eingestellte »Alternative Milieu«. Im Laufe der 80er Jahre verschoben sich die Gewichte zwischen diesen Milieus ebenso wie ihre innere Gestalt, so dass zum Teil neue Abgrenzungen erforderlich wurden. So ging etwa bis Mitte der 90er Jahre der Anteil des »Kleinbürgerlichen Milieus« auf 20 Prozent zurück, während das »Aufstiegsorientierte Milieu« auf 25 Prozent anwuchs und das »Traditionelle Arbeitermilieu« um 5 Prozent abnahm zugunsten des »Traditionslosen Arbeitermilieus«, das im sozialen Polarisierungsprozess auf gut 12 Prozent stieg.[18] Ein seit 1991 identifiziertes und anwachsendes »Modernes Arbeitnehmermilieu« (1997: 7 Prozent) und ein »Modernes bürgerliches Milieu« (1997: 8 Prozent) bildeten die aufgeschlossenen, nach mehr Autonomie strebenden und arrivierten Fraktionen von aufstiegsorientierten Arbeitnehmern und vormaligem Kleinbürgertum.

Haushalts-
und Familien-
formen

Die ambivalenten Auswirkungen der Individualisierung auf die Alltagskultur lassen sich für die 80er Jahre besonders deutlich an der Pluralisierung der Haushalts- und Familienformen studieren. Das in lebenslanger Ehe gemeinsam mit mehreren Kindern in einem Haushalt lebende heterosexuelle Paar – dieses Familienleitbild, in den 50er Jahren ideologisch kanonisiert, büßte zum Teil gegen den energischen Willen der Politik seine Normativität ein. Steigende Frauenerwerbstätigkeit, Entkoppelung von Partnerschaft und Fortpflanzung sowie Bildungsaufstieg hatten diese Entwicklung schon in den 70er Jahren deutlich werden lassen, wie an steigenden Scheidungszahlen und dem Aufkommen nichtehelicher Lebensgemeinschaften zu beobachten war. Vor allem der Rückgang der Geburtenquote – sie halbierte sich zwischen 1965 und 1985 – hatte einen »apokalyptischen Bevölkerungsdiskurs« reanimiert und einen familienpolitischen Konservatismus befördert, der nach 1982 nicht nur die Regierungspolitik bestimmte, sondern sich auch in einer »neuen Mütterlichkeit« niederschlug, die Teile des alternativen Milieus bewegte.[19] Zwar erstreckten sich die familienpolitischen Initiativen der Regierung bei der Förderung der Kinderbetreuung durch Erziehungsgeld und Erziehungsurlaub nicht mehr nur auf Mütter, sondern bezogen zunehmend auch die Väter ein. Sie dienten jedoch nach wie vor dem mit dem »Kindeswohl« begründeten Ziel, die Betreuung in den ersten drei Lebensjahren den Familien zuzuweisen.[20]

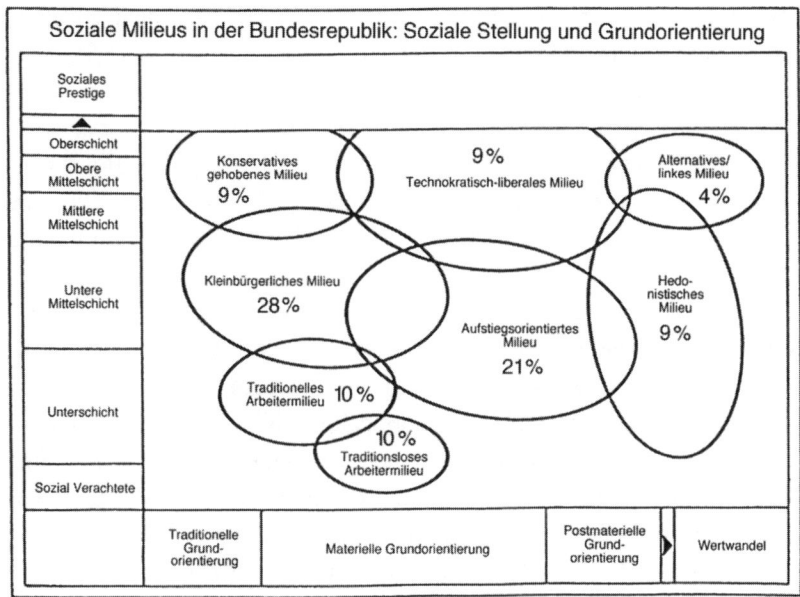

Soziale Milieus in der Bundesrepublik

Dass derartige familien- und arbeitsmarktpolitisch begründete Maßnahmen gegen den Drang der Frauen zur Selbstständigkeit durch Erwerbsarbeit nicht nur wenig ausrichten, sondern auch nicht intendierte Folgen haben konnten, zeigte sich vor allem am Anstieg des Heirats- und Geburtsalters sowie der geringeren Geburtsquote bei den Besserqualifizierten. Wie sehr die Ehe in der ersten Hälfte der 80er Jahre an normativer Verbindlichkeit eingebüßt hatte, artikulierten pointiert die Heranwachsenden, wie die Sinus-Jugendstudie von 1983 ermittelte: 40 Prozent der jungen Männer und 34 Prozent der jungen Frauen hielten »vom Heiraten nicht viel«.[21] Der negative Trend bei den Heiraten und der Geburtenquote sowie die Zunahme der Scheidungen kam Mitte der 80er Jahre vorerst zum Stillstand, was immerhin signalisierte, dass die traditionelle Form von Partnerschaft und Familie trotz gestiegener Frauenerwerbstätigkeit bei der Mehrheit »Fixpunkt und Leitbild der privaten Lebensorientierungen« (Thomas Meyer) blieb. Dennoch verbarg sich hinter diesen Entwicklungen eine weitere Pluralisierung der Lebensformen. Während 1970 von 100 ledigen Frauen 97 heirateten, ging der Anteil bis 1985 kontinuierlich auf 59 zurück und stabilisierte sich in den Folgejahren bei einem Wert von etwas über 60 (darunter freilich die nun heiratsfähigen geburtenstarken Jahrgänge sowie eine schon beträchtliche Zahl von Zweit- oder Dritt-

heiraten).[22] Die Heiratsbereitschaft variierte erheblich nach dem Bildungsstand: Formal besser Gebildete heirateten seltener und später. Dass in der
Bundesrepublik trotz des evidenten und häufig alarmistisch kommentierten
Wandels traditionalistische Normen noch verhältnismäßig stark fortwirkten,
zeigt ein Blick auf die anderen europäischen Länder. Der Anteil unehelich
geborener Kinder etwa betrug in der Bundesrepublik 1987 gut 10 Prozent,
während in Schweden und Dänemark fast die Hälfte aller Kinder außerhalb
der Ehe geboren wurden.[23]

Entkoppelung
von Liebe,
Ehe und
Elternschaft
Gleichzeitig veränderten sich die Gründe für die Heirat: Wichtiger als materielle und soziale wurden emotional-affektive Motive, was wiederum die
Ansprüche an die Ehe anwachsen ließ und die Scheidungswahrscheinlichkeit
erhöhte. Der Staat hatte auf die »Entkoppelung von Liebe, Ehe und Elternschaft« (Sibylle Meyer/Eva Schulze) 1976/77 mit einer Reform des Ehe- und
Familienrechts reagiert, die die Vorrangstellung des Mannes in der Ehe aufhob und bei der Scheidung das Verschuldensprinzip durch das Zerrüttungs-
prinzip ersetzte. Wurden 1970 15 von 100 Ehen geschieden, so erhöhte sich
diese Zahl bis 1985 auf 30, wo sie sich bis in die frühen 90er Jahre stabilisierte
(2000 waren es 38). Aufgrund von Scheidung, aber auch als freiwillig gewählte
Lebensform nahm die Zahl der Einelternfamilien markant zu. 1976 stellten
Alleinerziehende mit ihren Kindern 9 Prozent aller Familien, 1992 waren es
14 Prozent. Die Loslösung der Familie von der Ehe zeigte sich auch in nicht-
ehelichen Lebensgemeinschaften, die seit den 70er Jahren zu einer stärker
praktizierten und auch akzeptierten Lebensform insbesondere junger Leute
wurde. Die Zahl der ohne Trauschein zusammenlebenden 18- bis 35-Jäh-
rigen stieg zwischen 1972 und 1992 von 82 000 auf fast 1,4 Millionen.[24] Diese
Lebensform wurde auch von Älteren vermehrt gewählt, u. a. ein Effekt der
gestiegenen Scheidungszahlen, wie überhaupt diese weniger formelle Form
der Zweisamkeit ein Hinweis auf stärker fluktuierende Partnerbeziehungen
im (längeren) Lebensverlauf ist.

Eine weitere Alternative zur Familie wurde das Leben als »Single«, eine
um sich greifende Existenzform, an der sich in den 80er Jahren positive wie
negative Projektionen entluden. Um die Singlekultur – 1972 lebten 10 Prozent
der unter 35-Jährigen allein, 1992 waren es 24 Prozent – entstand eine urbane
Lebensweise, in der sich der Freiheitsgewinn der Individualisierung markant
herausarbeiten (und als Werbeleitbild verwerten) ließ.[25] Dass auch junge
Frauen mit hohem Bildungsniveau diese Lebensform bewusst wählten, hatte
ebenso wie die steigende Kinderlosigkeit in dieser Alters- und Qualifikations-
gruppe auch mit den unzulänglichen Bedingungen für eine Vereinbarkeit von

Familie und Beruf zu tun. Vereinsamung war damit keineswegs automatisch verbunden. Häufigere und intensiver gepflegte Freundschaften als in Ehen verbanden sich mit einer zunehmend praktizierten Form der Partnerschaft, die als »living together apart« bezeichnet wurde.

Es greift zu kurz, in der erodierenden Verbindlichkeit der Ehe und der Pluralisierung der privaten Lebensformen einen »Totalabbruch traditioneller Einstellungen und Konventionen« zu sehen oder sie mit einem generellen Bedeutungsverlust familiärer Beziehungen gleichzusetzen.[26] Entgegen den in Deutschland nach wie vor verbreiteten konservativen Ansichten zu diesem Thema treiben die Erwerbstätigkeit von Frauen und die damit verbundene Kinderbetreuung außerhalb der Familie auch vor dem dritten Lebensjahr keineswegs zwingend den Zerfall der Familie voran.[27] Zahlreiche Untersuchungen zeigen, dass selbst im Falle der Scheidung zwar die Beziehung zum Partner zerbricht, nicht aber diejenige zu Kindern, Eltern und Geschwistern. An die Seite der nach wie vor dominanten Kleinfamilie treten »Patchwork-« und »multilokale Mehr-Generationenfamilien« (Hans Bertram) mit engen Kontakten zwischen den Generationen.[28] Gerade die Ausdifferenzierung in Partnerschaftsmodelle von unterschiedlichem Formalisierungsgrad hat dazu geführt, dass Partnerschaften nicht nur unkomplizierter gelöst, sondern auch schneller eingegangen werden. Zweifellos sind mit diesem Wandel auch Kosten verbunden. Doch von einer Auflösung der Gesellschaft in Solitäre war man trotz gegenteiliger Diskurse in den 8oer Jahren weit entfernt.

Ähnlich ambivalente Auswirkungen wie der Wandel der Lebensformen hatte die nach dem ersten Drittel der 8oer Jahre einsetzende Medienrevolution, die die etablierten Medien erfasste und neue hervorbrachte.[29] Mit ihr verbanden sich in den ersten Jahren in polarisierter Form skeptische ebenso wie euphorische Erwartungen. Ob das Kabelfernsehen eingeführt und der Rundfunk teilprivatisiert werden sollte, welche Folgen die massenhafte Einführung des Personalcomputers haben und wie der Videokonsum das Weltbild Jugendlicher verändern würde – über diese Fragen wurde erbittert gestritten. **Mediale Revolution**

Die Tageszeitungen, deren Zahl sich Mitte der 70er Jahre bei etwas über 120 stabilisiert hatte, setzten im Verlauf der 8oer Jahre mit nur geringen Schwankungen stetig gut 20 Millionen Exemplare ab, allerdings bei anhaltender Verlagskonzentration.[30] Dabei nahm die für das Zeitunglesen aufgewendete Zeit ab, schon bevor das Internet hier einen signifikanten Einbruch verursachte. Der in die Mediennutzung investierte Zeitaufwand stieg zwischen 1980 und 1990 von 4 Stunden und 46 Minuten auf 5 Stunden und 27 Minuten täglich, während der Zeitungslektüre 1990 gerade noch 30 Minuten am Tag gewidmet **Printmedien** wurden und dabei auch der Anteil der Haushalte, in denen eine Tageszeitung gelesen wurde, abnahm.[31] Dass die Printmedien dennoch boomten, war den Publikumszeitschriften zu verdanken, die mit einer immer stärker differenzierten Produktpalette ihre Gesamtauflage von 89 Millionen (1982) auf 110 Millionen (1990) steigerten, bevor sie mit der Vereinigung einen regelrechten Sprung nach vorn machten. Special-Interest-Magazine für die verschiedensten Zielgruppen spielen hier auch eine Rolle, insbesondere Blätter, die über das Geschehen bei anderen Medien informierten, allen voran Fernsehzeitschriften.

Entgegen manchen Befürchtungen geriet das Buch, das seine Funktion als Leitmedium längst verloren hatte, beim Vormarsch der elektronischen Medien nicht ins Abseits. Zwar stagnierte die Zahl der veröffentlichten Titel zwischen 1980 und 1991 bei knapp 68 000 pro Jahr, allerdings auf einem deutlich höheren Niveau als in der vorangegangenen Dekade.[32] Blickt man aus einer etwas längeren Perspektive auf den Buchhandelsumsatz, so zeigt sich eine erhebliche Steigerung: Er verdoppelte sich zwischen 1981 und 1997 von 7,5 auf 15,8 Milliarden DM jährlich, wobei der Vereinigungsschub erheblich zu Buche schlug. Inwieweit Bemühungen zur Leseförderung in der nachwachsenden Generation (so 1985 die vom Börsenverein des Deutschen Buchhandels initiierte »Stiftung Lesen«) etwas bewirkten, ist schwer zu ermessen. Jedenfalls stieg der Anteil derer, die von sich behaupteten, fast täglich Bücher zu lesen, zwischen 1980 und 1990 von 26 Prozent auf 32 Prozent.[33] Dies war auch der Tatsache zuzuschreiben, dass Mediennutzung nicht nach dem Ausschlussprinzip funktioniert. Es deutete sich an, dass Bessergebildete die neuen Medien am intensivsten nutzten, während das nichtlesende Drittel der Bevölkerung dem Medium Buch tendenziell vollständig entwöhnt wurde und im Laufe der 90er Jahre zu Lasten des Drittels der Vielleser wuchs. Unter den Verlagen nahm die Konzentration zu, auch wenn die Bundesrepublik im internationalen Vergleich nach wie vor eine besonders vielfältige und unabhängige Verlagslandschaft aufwies. Behaupten konnten sich auch große konzernunabhängige Häuser wie Suhrkamp und Hanser. Seit 1981 erschienen in München, der deutschen Verlagshauptstadt, auch im europäischen Maßstab die meisten Titel pro Jahr.

Radio   Die meiste Zeit verbrachten die Westdeutschen, anders als noch in den frühen 70er Jahren, nicht vor dem Fernseher, sondern vor dem Radiogerät – 1990 fast drei Stunden täglich. Der Hörfunkboom beruhte auf der enormen Ausdifferenzierung des Angebots, die die Privatisierung auslöste. Zwischen 1986 und 1988 nahmen landesweite private Radiostationen den Sendebetrieb auf – die ersten waren Radio Schleswig-Holstein und Radio ffn in Niedersachsen – und konzentrierten sich ganz auf die vom öffentlich-rechtlichen Hörfunk bereits erprobte Erfolgsmixtur aus Unterhaltung und Regionalisierung, häufig zu Lasten der Information.[34] Zusammen mit der Programmausweitung bei den Öffentlich-Rechtlichen, dem Aufkommen von Lokalradios und der Institutionalisierung einzelner »Freier Radios«, die, wie Radio Dreeckland in Freiburg, ihre Hochzeit in den späten 70er Jahren überlebt hatten, bestand am Ende der 80er Jahre eine bereits erheblich ausdifferenzierte Hörfunklandschaft, die in der darauffolgenden Dekade noch zielgruppenspezifischer werden sollte.[35]

Der Aufschwung des Radios verdeckt allerdings die in der langen Linie eindeutig erkennbare Tendenz der Bürger zu den Bildschirmmedien, auch wenn sich die Hoffnung, den Fernsehapparat zum »multifunktionalen Heimterminal« (ZDF 1985) weiterentwickeln zu können, nicht erfüllen sollte. Zunächst jedoch vermittelte die Privatisierung dem Fernsehen in der zweiten Hälfte der 80er Jahre einen Nutzungsschub. Die Zeit, die vor dem Bildschirm verbracht wurde, lag etwas über zwei Stunden, mit einem langsamen Anstieg von 1985 bis 1990 um zwölf Minuten auf 2 Stunden und 13 Minuten täglich – ein Trend, der auch weiterhin anhielt. Freilich wurde das Fernsehen stärker als Unterhaltungsmedium genutzt, während es als Informationsmedium an Bedeutung und Reputation verlor. Zu den »Symptomen der Ermüdung«, die Hartmut Winkler dem Leitmedium 1992 attestierte, gehörte auch, dass die Zuschauer »wenn schon nicht kritischer, so doch skeptischer« im Hinblick auf »die Beweiskraft der bewegten Bilder« wurden – ein Befund, der nicht unbedingt von Dauer war.[36]

Privates Fernsehen

Die Mediendebatte der 80er Jahre kreiste erstens um die schon anhand des »Adenauer-Fernsehens« in den frühen 60er Jahren diskutierte Frage, inwiefern das machtvolle Medium Fernsehen privater Verfügung und damit der Gefahr der Manipulation unterliegen sollte. Das Problem der Monopolisierung der Medienlandschaft erhielt sehr viel mehr Brisanz, als sich in den 80er Jahren führende Verlagshäuser wie Bertelsmann, Springer und Holtzbrinck auch bei privaten Radio- und Fernsehstationen engagierten und damit zu Multimediaunternehmen wurden.[37] Dass die Diversifizierung der Medienlandschaft auf der wirtschaftlichen Ebene mit einem medienübergreifenden Konzentrationsprozess einherging, ließ ihre kulturellen Auswirkungen besonders fragwürdig erscheinen. Den Weg zur Privatisierung freigegeben hatte das dritte Rundfunkurteil des Bundesverfassungsgerichts vom 16. Juni 1981, das am 3. April 1987 in einen Staatsvertrag zur Neuordnung des Rundfunkwesens im Sinne des Dualen Systems, also der Koexistenz von öffentlich-rechtlichem und privatem Rundfunk, mündete und damit eine »Medienwende« (Dietrich Schwarzkopf) auslöste. Während Bundeskanzler Schmidt das private Fernsehen für »gefährlicher als Kernenergie« hielt, weil es die Demokratie unterhöhlte, trieb die Regierung Kohl die Privatisierung entschieden voran, um nach dem Ideal des freien Marktes die Meinungsvielfalt zu erhöhen und auf diese Weise auch die in der Vergangenheit oftmals unbotmäßigen öffentlich-rechtlichen Anstalten zu disziplinieren.[38] Dabei zeigte sich an der europäischen und globalen Dimension dieses Wandels, dass allein die technische Möglichkeit einer medialen Revolution eine Dynamik auslöste, die von ideologischen Grabenkämpfen nur am Rande beeinflusst wurde. Die Kommerzialisierung des Fernsehens begann am 1. Januar 1984, als lokale Kabelpilotprojekte in Ludwigshafen und München ihren Betrieb aufnahmen. Sie sollten klären, inwieweit eine Erhöhung des Angebots an Fernsehprogrammen – darunter auch private Anbieter, die hier eine Probebühne fanden – von den Bürgern angenommen würde. Während die Verkabelung der Haushalte auch aufgrund der hohen Kosten nur langsam voranschritt (sie lag noch 1990 bei unter 30 Prozent), löste die Möglichkeit des individuellen Satellitenempfangs vor allem in den frühen 90er Jahren eine Dynamik aus, die die Durchsetzung des Privatfernsehens erheblich beschleunigte.[39]

Neue Programme   Als Leitprogramme kristallisierten sich aus der Vielzahl werbefinanzierter Anbieter bis 1987 RTL plus und SAT.1 heraus, während sich in einem zweiten Schub bis 1993 das Spektrum mit neuen Programmen wie Pro Sieben, Vox, RTL 2, Kabel 1, n-tv und Arte ausdifferenzierte und um das Pay-TV-Programm Premiere erweiterte. Ab 1995 kamen Spartenkanäle wie Viva, MTV und Nickelodeon hinzu. Obwohl eine Marktkonzentration verhindert werden sollte und die Sendeanstalten in der Gründungsphase durch gemischte Beteiligungen (insbesondere von Zeitungsverlagen) finanziert wurden, prägte bald die Konkurrenz der Mediengiganten Bertelsmann – mit RTL plus (seit 1992 RTL), Vox und RTL 2 – und Kirch – mit SAT.1 und Pro Sieben – das Geschehen im privaten Sektor. Sie setzten auch die öffentlich-rechtlichen Anstalten unter Druck, die im Kern an ihrem Kulturauftrag – Vermittlung eines breiten Angebots von Information und Unterhaltung auch für Minderheiten – festhielten, während die Privaten unter der Fahne der Wahlfreiheit des Zuschauers zur massengängigen Flachware tendierten, aber gelegentlich auch Spielräume für experimentelles Fernsehen wie Alexander Kluges »Development Company for Television Program« (dctp, seit 1987) und Informationsprogramme wie Erich Böhmes *Talk im Turm* (seit 1990) aufwiesen. Die Kirch-

Sender fütterten ihre Programme anfangs vor allem aus dem großen Fundus des Filmhändlers, RTL plus hingegen, das über diese komfortable Quelle nicht verfügte, suchte sich durch preisgünstige und spektakuläre Eigenproduktionen zu etablieren. Shows und Magazine, die nackte Haut vermarkteten (*Tutti Frutti, M – Männermagazin*) zogen Zuschauer und Werbegelder an und ließen RTL zum Markführer aufsteigen. Die Privatisierung führte zu einer erheblichen Ausweitung des Programmangebots, das beispielsweise in Berlin von gut 144 Stunden (1986) auf 410 Stunden (1990) täglich anwuchs und zur multiplen Medialisierung des Alltags beitrug.[40] Als erste Sendeanstalt strahlte RTL 1992 sein Programm rund um die Uhr aus. Die ständige Verfügbarkeit und der Schwerpunkt auf Unterhaltung führten dazu, dass private Anbieter die Aufmerksamkeit der Zuschauer stärker auf sich zogen als ARD und ZDF. Der Anteil der Öffentlich-Rechtlichen am Fernsehkonsum der Bundesbürger sank zwischen 1987 und 1995 von 94 Prozent auf knapp 40 Prozent, den größten Anteil als einzelne Sendeanstalt hatte 1995 RTL mit 17,6 Prozent, gefolgt von SAT.1, ZDF und ARD mit jeweils knapp 15 Prozent.

Manche Innovationen waren nicht von Dauer, insbesondere, wenn der Tabubruch eine öffentliche Debatte auslöste, die die Grenzen des Zeigbaren neu justierte. Dass zu viel Sex, Horror oder echtbluthaltiges »Reality TV«-Zuschauer abschreckte und juristische Sanktionen nach sich zogen, veranlasste die Privatsender zu stärkerer Zurückhaltung. Andere Neuerungen trugen länger. SAT.1 wie RTL entwickelten lineare Programmstrukturen – aneinandergereihte Sendungen desselben Formats an einem festen Sendeplatz oder Wechsel im 30- oder 60-Minutentakt.[41] Gegen die inflationäre Mehrfachverwertung von Kinofilmen durch die Privaten setzten die öffentlich-rechtlichen Anstalten ihr ureigenstes Produkt, das selbstgemachte große Fernsehspiel, nun aber in mehreren Teilen, häufig umgesetzt von bekannten Regisseuren – wie z. B. *Heimat* (SFB/WDR, seit 1984) von Edgar Reitz, *Das Boot* (WDR/SDR 1985) von Wolfgang Petersen oder *Die Bertinis* (ZDF 1988) von Egon Monk. Dass Serien mit hoher Folgenzahl dauerhaft Zuschauer binden konnten, hatten ARD und ZDF schon mit *Dallas* (seit 1981), *Denver Clan* (seit 1983) und der *Lindenstraße* (seit 1986) erfolgreich erprobt. Mit *Gute Zeiten, schlechte Zeiten* (seit 1992) verdichtete RTL dieses Prinzip zu einer *Daily Soap* und sicherte sich damit ein junges Publikum im Vorabendprogramm. Politische Magazine wie *Spiegel TV* (RTL, seit 1988) bedienten, teilweise spektakulärer als ihre öffentlich-rechtlichen Vorläufer, den Bedarf an politischer Information.

In den 90er Jahren ging es den Sendern darum, das angesichts des vielfältigen Angebots veränderte Zuschauerverhalten zu ihren Gunsten zu ent-
Sehgewohnheiten

scheiden und das »Zappen« auf einen anderen Kanal zu verhindern. Wegen des großen Programmangebots und der Fernbedienung als Zauberstab für Couch-Potatoes sah der Zuschauer anders fern als zuvor: An die Stelle der vorgegebenen Programmeinheiten trat eine aus Fragmenten der unterschiedlichsten Genres individuell montierte Filmcollage, deren Schnittstellen häufig (aber keineswegs ausschließlich) durch Werbeblöcke markiert waren.[42] Die Kommerzialisierung des Fernsehens hat manche skeptische Erwartung bestätigt. Allerdings hat sich, wie so häufig, der Zuschauer als selbstständiger und eigenwilliger erwiesen als befürchtet. Die Vielfalt des Angebots, das vor allem durch die öffentlich-rechtlichen Anstalten, Arte und 3sat auch anspruchsvolle Angebote enthält, in Kombination mit anderen Medien hat die Möglichkeiten selbstbestimmten Medienkonsums erweitert. Dass er die Individualisierung besonders stark vorantrieb, war schon in den 80er Jahren kaum zu übersehen, als sich mit der Ausdifferenzierung des Angebots auch das Publikum »verstreute«.[43] Das Fernsehen, so urteilte Barbara Sichtermann, war »Nachrichtenpool, Zerstreuungskiste, Spielzeug und Lagerfeuer – aber eins ist es nicht mehr – Fetisch«.[44] Bei der Auswahl und Zusammensetzung der Programme auf sich selbst verwiesen, erkaufte der Zuschauer seine neu gewonnene Freiheit durch den Verlust der Fernsehgemeinschaft, die am Arbeitsplatz oder über den Gartenzaun hinweg das Programm des Vorabends besprach.

Video   Ein zweiter Teilaspekt der Debatte um die neuen Medien in den 80er Jahren betraf die kulturellen Folgen einer anderen technischen Neuerung. Im ersten Drittel der 80er Jahre begann der Einzug der Videotechnik in die Wohnzimmer der Bundesbürger, die 1985 zu 23 Prozent und 1990 zu 48 Prozent mit einem Videorecorder ausgestattet waren.[45] Durch Verbilligung, Vereinheitlichung im VHS-Format und zunehmende Bedienungsfreundlichkeit erhielt ein Massenpublikum erstmals die Möglichkeit, im Fernsehen ausgestrahltes Material aufzuzeichnen und zu einem selbstgewählten Zeitpunkt wiederzugeben, gekaufte oder geliehene Videokassetten abzuspielen und mittels einer Videokamera sogar selbst Aufnahmen herzustellen.[46] Als »audiovisuelle Zeitmaschine« (Siegfried Zielinski) emanzipierte der Videorecorder den Zuschauer vom Zeitdiktat der Kulturindustrie – Kino und Fernsehen – und gab ihm per Camcorder überdies die Möglichkeit, produktiv zu werden. Wie so häufig rief der gewachsene Handlungsspielraum der Massen auch dieses Mal Besorgnisse hervor, der Kontrolle enthoben, könnte das neue Medium beim Zuschauer unerwünschte Begehrlichkeiten wecken. Hinzu kam, dass die Privatisierung des Filmkonsums auch dem Kino einen Teil seines jungen Kernpublikums entzog. Insbesondere dem Videokonsum Jugendlicher und ihren vermeintlichen Präferenzen für Horror und Porno wandte sich die Aufmerksamkeit von Jugendschützern und Pädagogen zu. Das 1985 erlassene Zugangsverbot zu Videotheken für Jugendliche schädigte das ohnehin prekäre Image der Supermärkte für die Filmverwertung zusätzlich, die bald als Schmuddelläden galten und seit 1987 (7800 Geschäfte) einen Niedergang erlebten.[47] Ein genauer Blick zeigt, dass die Hauptnutzer nicht, wie häufig behauptet, aus unterprivilegierten Schichten kamen, sondern aus Haushalten mit mittleren Einkommen, darunter in zunehmendem Maße Familien mit Kindern.

Mit dem Kreativpotenzial der Videotechnik verbanden sich zum Teil überzogene Hoffnungen, wobei 1988 immerhin mehr als zehn Prozent der Haushalte, die einen Videorecorder besaßen, auch über eine Kamera verfügten – ein Hinweis auf ein durchaus vorhandenes Interesse, das sich mit der Digitalisierung erst richtig entfalten sollte. Videogruppen wie die Medienoperative Berlin (gegründet 1977) oder die Medienwerkstatt Freiburg (1978), die mit ihren Versuchen zur Herstellung einer Gegenöffentlichkeit selten genug – etwa mit Produktionen wie »Passt bloß auf!« (1981) und »S'Weschpennäscht« (1982) im Rahmen des *Kleinen Fernsehspiels* des ZDF – ein größeres Publikum erreichten, waren politisch motivierte Vorläufer von Video-AGs in Schulen und Jugendzentren sowie »Offener Kanäle« (seit Mitte der 80er Jahre), in denen sich das Interesse an audiovisueller Medienproduktion »von unten« verwirklichen konnte.[48]

Eine herausragende Rolle im Technisierungsschub der 80er Jahre spielte der Computer, der für die Zeitgenossen nicht nur Potenziale, sondern auch Gefährdungen der in den Alltag ausgreifenden dritten industriellen Revolution verkörperte. Zu den negativen Seiten der Mikroelektronik wurden neben den rationalisierungsbedingten Arbeitsplatzverlusten die Kontroll- und Überwachungsmöglichkeiten durch flächendeckende Erfassung gerechnet. Die Furcht vor einem »Überwachungsstaat«, der bei der Terroristenverfolgung auf das Prinzip der computergestützten Rasterfahndung gesetzt hatte, kulminierte in der Bewegung gegen die für 1983 geplante Volkszählung, die auch in der durch ein Urteil des Bundesverfassungsgerichts veränderten Form von 1987 auf Widerstand stieß und in den Großstädten von mehr als zehn Prozent der Bürger boykottiert wurde.[49] Einen Teil ihrer Schubkraft zog diese Bewegung aus der Angst, »Computerisierung« und »Verkabelung« würden die Orwellsche Schreckensvision eines »1984« pünktlich zum literarisch avisierten Datum Wirklichkeit werden lassen. Die anfangs weitverbreiteten Aversionen richteten sich auch gegen das Rationalisierungs- und Bürokratisierungspotenzial der binären Logik, die zum Verlust menschlicher

Computer

Autonomie führen würde. Auf der anderen Seite wurden mit der Mikroelektronik grenzenlos optimistische Zukunftsvisionen verbunden, die ebenso von den vermuteten Potenzialen der Maschine selbst ausgingen. Die Bundesregierung organisierte sogar einen eigenen Kongress zum Thema »1984«, auf dem Bundesforschungsminister Heinz Riesenhuber für eine optimistische Sicht auf die Informationstechnik warb.[50] Allerdings wusste die Bevölkerung zu unterscheiden. 1987 erwartete die große Mehrzahl der Bundesbürger vom Computer positive Wirkungen in der Medizin, der Wirtschaft und für die Arbeit der Behörden, während die Auswirkungen auf die Arbeitsplätze negativ beurteilt wurden. Im Hinblick auf Haus und Freizeit hielten sich Befürworter und Skeptiker in etwa die Waage.[51] Dass die Technik selbst zum Gegenstand weit ausgreifender negativer wie positiver Projektionen wurde, hatte auch damit zu tun, dass ihre soziale Praxis noch kaum erprobt war.[52] Zweifellos hat die Einführung der Mikroelektronik die Individualisierung ebenso vorangetrieben wie die Bürokratisierung. Das Ideal der Selbstbestimmung, mittlerweile fest verankert in der kollektiven Mentalität der Bundesbürger, fand hier ein Medium, das die Informations- und Ausdrucksmöglichkeiten des Einzelnen ebenso potenzierte, wie es die durch »Thatcherism« und »Reaganomics« forcierte Wende zum Wirtschaftsliberalismus technologisch untermauerte. Doch diese Welle trug nicht nur Ideologen des freien Marktes, Consulting-Raubritter und ABM-Kräfte auf der Suche nach einem neuen Broterwerb. Der »Erneuerung des stahlharten Gehäuses mit elektronischen Mitteln« (Andreas Wirsching) stand ein nur zum Teil kontrollierbarer Gestaltungswille entgegen, der von unten kam und Homogenisierungsbestrebungen systematisch unterlief. Politische Proteste begrenzten auch die Verfügungsgewalt des Staates oder der Privatwirtschaft über die stetig wachsende Datenmenge. Bahnbrechend war das Volkszählungsurteil des Bundesverfassungsgerichts von 1983, das das Recht des Einzelnen auf Information über die Verwendung personenbezogener Daten gesetzlich verankerte.

In den Alltag der Bürger zog der Computer mit der Entwicklung des Apple II von 1977 (der »Computer für den Rest von uns«, so die Firmengründer) ein, der 1981 auch bei IBM, dem Hersteller von Großrechenanlagen für Industrie und Militär, Interesse am Massenmarkt weckte.[53] IBM stieg bei den Personal Computern bald zum Marktführer auf und definierte den Standard für eine Vielzahl von Konkurrenten wie Compaq oder Dell. Graphische Benutzeroberflächen, wie sie seit Anfang der 8oer Jahre von Apple und Microsoft entwickelt wurden, verbesserten die Zugänglichkeit der elektronischen Datenverarbeitung nachhaltig. Mitte der 8oer Jahre kamen immer mehr Arbeitnehmer an ihren Arbeitsplätzen mit Computern in Berührung, die, nicht zuletzt aufgrund niedrigerer Preise, zeitgleich auch in den privaten Raum einzogen. Doch erst in den 90er Jahren wurde der PC für das private Heim durch immer dichtere Vernetzung zum zentralen Informations- und Kommunikationsmedium für breite Schichten der Bevölkerung.

Zugang zum privaten Raum eroberte sich der Computer vor allem als Spielmaschine. Als Arbeitsmittel im heimischen Büro wurde er erst seit Mitte der 80er Jahre verwendet. Videospiele wie der Punkte fressende »Pac-Man« hielten seit den frühen 80er Jahren auf Spielecomputern etwa von Nintendo Einzug in die Kinderzimmer, während die »Atari-Schützen« (Karl Markus Michel) später auch PCs als technische Plattform für Computerspiele nutzten. 1984 verfügten schon 24 Prozent der Haushalte mit Kindern zwischen 14 und 18 Jahren über ein Telespielgerät oder einen Heimcomputer, Ende der 80er Jahre hatten mehr als 80 Prozent der Jugendlichen Erfahrungen mit Computerspielen.[54] Die übliche, in Deutschland lauter als in den USA oder Großbritannien tönende Kulturkritik, die dem Computer ähnlich wie Fernsehen und Videotechnik die Zerstörung einer heilen Kinderwelt, Abhängigkeit, Verrohung und soziale Isolation vorwarf, wurde schon bald abgetan.[55] Vor allem verschob sich die Perspektive von der als bedrohlich empfundenen Computer*technik* auf die Funktion des Computers als *Medium*. Damit rückten die sozialen Kontexte der Mediennutzung in das Blickfeld. Empirisch zeigte sich schnell, dass die Nutzungskonzepte des Computers nicht technisch vorgegeben waren, sondern in einem kulturellen Aushandlungsprozess erst gefunden werden mussten. Nicht schon bestehende konkrete Bedürfnisse machten anfangs den Computer attraktiv. Vielmehr ging es darum, »ihn zu besitzen, ihn kennen zu lernen und ihn zu beherrschen«.[56] Entscheidend für die Bedürfnisse, die er dann befriedigte, waren die soziokulturellen Kontexte, in denen sich die *User* bewegten. Eine Untersuchung von 1987/88 zur Computernutzung im Alltag arbeitete ganz unterschiedliche Praktiken heraus: junge Leute gehobener Herkunft, die den PC als kreatives Werkzeug benutzten; Aufsteiger, die mit seiner Hilfe ihre Position auf dem Arbeitsmarkt verbessern wollten; Techniktüftler, für die die Funktionen des PC zweitrangig waren; Programmierer, die ihn als intellektuelle Herausforderung betrachteten. Selbst in Gruppen der Alternativszene, die dem Computer anfangs feindlich gegenübergestanden hatte, verbreitete er sich immer mehr und diente der Verbesserung der Verwaltungsarbeit ebenso wie der Kommunikation.[57] Auch in diesem Milieu ersetzte er zeitraubende Routinen und ermöglichte damit die Annäherung an Ideale selbstbestimmter Arbeit und Transparenz.

Wesentlichen Anteil an der Ausweitung der Nutzungsmöglichkeiten hatte die Textverarbeitung, die dem PC seit Mitte der 80er Jahre den Weg in das heimische Arbeitszimmer bahnte. Im Gegensatz zum weitverbreiteten Einstiegsgerät Commodore 64 (seit 1982) senkten Apple Macintosh und Atari ST die Zugangsschwelle durch eine grafische Benutzeroberfläche. Zwischen 1980 und 1990 stieg die Zahl der Heim- und Personal Computer von gut 200 000 auf 3,8 Millionen. Einen erheblichen Anteil daran hatten die besserverdienenden Familienhaushalte. 1988 besaßen 24,7 Prozent, zwei Jahre später 31,5 Prozent der Vier-Personen-Haushalte mit mittlerem Einkommen einen Computer.[58] Im internationalen Vergleich lag die Bundesrepublik im Mittelfeld. 1996 kamen hier auf 100 Einwohner 24 Personal Computer – erheblich weniger als in den USA (48) und den anderen nordwesteuropäischen Ländern, mehr als in Südeuropa und Frankreich (18).[59] In jenem Jahr waren 40,5 Prozent aller westdeutschen Haushalte mit einem PC ausgestattet. Große Unterschiede in der Nutzung ergaben sich nicht nur hinsichtlich des Alters, sondern auch des Geschlechts. Erfahrungen mit dem Computer hatten 1986 31 Prozent der Männer, aber erst 18 Prozent der Frauen, die ihre Kenntnisse auf diesem Gebiet wesentlich weniger selbstbewusst einschätzten und den Folgen der »Computerisierung« skeptischer gegenüberstanden als Männer.[60]

Erziehung zur Informations-technologie

Ob und in welchem Ausmaß der Mensch von heute an die Technik von morgen anzupassen sei, darüber gingen die Meinungen weit auseinander. Seit 1980 trieben die Bundesministerien für Bildung und Wissenschaft sowie für Forschung und Technologie den Einsatz von Computern an den Schulen voran, um die Schüler für die »Herausforderungen« der Zukunft zu qualifizieren. Klaus Haefner, Mitglied der Kommission »Zukunftsperspektiven gesellschaftlicher Entwicklungen« der baden-württembergischen Landesregierung, konstatierte einen besonderen Rückstand der Deutschen und popularisierte die Forderung nach einem »Computerführerschein für alle«, die von Bundesbildungsministerin Dorothee Wilms aufgegriffen wurde.[61] Gegen Bedenken von SPD und der Gewerkschaft Erziehung und Wissenschaft, die sich zeitweise heftig gegen derartige Pläne wehrten, aber durch das Vorpreschen der CDU-regierten Länder und den Druck der Europäischen Gemeinschaft ins Hintertreffen geraten waren, verabschiedete die Bund-Länder-Kommission für Bildungsplanung Ende 1984 das Rahmenkonzept »Informationstechnische Bildung in Schule und Ausbildung«, das den Ländern die Einführung einer Grundbildung in Informationstechnologie samt berufsbezogener Vorbereitung und vertiefenden Unterrichts in Informatik empfahl.[62] Zu einer Medienrevolution kam es um 1990 nicht nur, weil die

Ein Schüler spielt an einem Heimcomputer, 1988

Durchdringung der Gesellschaft mit Computertechnik in der zweiten Hälfte der 80er Jahre als sozialer und kultureller Prozess politisch gefördert wurde, sondern auch, weil er geradezu naturwüchsig gesellschaftlich vorangetrieben wurde und sich gegen Pädagogisierung und Monopolisierung gleichermaßen richtete.

Eine »Computerkultur« von unten entstand aufgrund des hohen Bedarfs an Kommunikation – ausgelöst durch das Bedürfnis, die Anwendungsmöglichkeiten von Hard- und Software zu beherrschen und zu erweitern. Denn mit »Auspacken – Aufstellen – Anfangen«, wie die Werbung des Herstellers Amstrad verkündete, war es keineswegs getan. Allein auf dem kommerziellen Zeitschriftenmarkt der Bundesrepublik bedienten nicht weniger als 83 Fachzeitschriften (1986) das Informations- und Diskussionsbedürfnis zum Thema Computertechnik.[63] Nicht über das von der Bundespost forcierte, aber gescheiterte Bildschirmtextsystem (Btx), sondern durch privat betriebene Mailboxen auf der Basis des ebenfalls von der Post bereitgestellten Datenaustauschdienstes Telebox entstand seit 1984 ein computerbasiertes Kommunikationssystem, das insbesondere dem Medium selbst gewidmet war und den Teilnehmern zum Programmtausch, Kauf/Verkauf und zur technischen Problemlösung diente.[64]

Es war vor allem die Selbstorganisation der *User* im Alltag, die die Weiterentwicklung des Mediums in verschiedene Richtungen vorantrieb. Besonders Chaos Computer Club öffentlichkeitswirksam widerspiegelte sich ihr Eigensinn in der Gründung des Chaos Computer Clubs (CCC), der 1981 aus der Subkultur der *Hacker* entstand und drei Jahre später erstmals durch eine spektakuläre Aktion Sicherheitslücken im immer dichteren Datennetz ausmachte. Um die Öffentlichkeit auf die Unzuverlässigkeit des Lieblingsbabys von Bundespostminister Christian Schwarz-Schilling aufmerksam zu machen, knackte der Club den Btx-Code der Hamburger Sparkasse und transferierte binnen einer Nacht 135 000 DM auf das eigene Konto.[65] Ursprünglich von dem Ziel der »Verwirklichung des neuen Menschenrechts auf zumindest weltweiten freien, unbehinderten und nicht kontrollierten Informationsaustausch unter ausnahmslos allen Menschen und anderen intelligenten Lebewesen« getrieben, entwickelte der CCC seine eigentliche Expertise auf dem Gebiet des Datenschutzes. Gerade wegen der zwischen Ernsthaftigkeit und Provokationskunst oszillierenden Vorgehensweise erregte »Robin Data« erhebliche Aufmerksamkeit. Mitunter wurden CCC-Repräsentanten wie Herwart (»Wau«) Holland von Medien, Unternehmen und Behörden als ernstzunehmende Diskussionspartner in Sachen Datenschutz herangezogen. Die Szene der Computerfreaks versorgte das CCC-Zentralorgan *Datenschleuder* mit den neuesten Informationen, und der seit dem Jahreswechsel 1984/85 jährlich abgehaltene »Chaos Communication Congress« entwickelte sich zu einer alternativen Fachtagung. Die Datenguerilla konnte negative Effekte der Digitalisierung nicht verhindern, aber sie trieb die Debatte um ihre Kontrolle voran und verkörperte eine subversive Kreativität, die die mikroelektronische Medienrevolution in einem bis dahin ungekannten Ausmaß freisetzte.

Insgesamt zeigte sich Ende der 80er Jahre, dass die mit der Privatisierung des Rundfunks und dem Einzug der Mikroelektronik in den Alltag verbundenen Befürchtungen einer Manipulation und Entautonomisierung des Bürgers weit überzogen waren. Sie verbesserten die Möglichkeiten der gesellschaftlichen Teilhabe für viele, erfüllten aber auch die mit ihnen verbundenen Demokratisierungshoffnungen nur begrenzt. Diese Widersprüchlichkeit sollte sich noch zuspitzen, als sich um die Jahrtausendwende durch das Internet die Möglichkeiten der Information und Kommunikation sprunghaft erweiterten.

2 Politische Kultur der »geistig-moralischen Wende«

Seit Ende der 70er Jahre spielte die Auseinandersetzung mit der Geschichte eine zunehmend wichtige Rolle für die politische Kultur der Bundesrepublik. Als Fundament der »Selbstanerkennung« war dieses Gebiet hochumstritten. Sollte die Identifikation der Bundesbürger mit ihrem Staat auf einer fortdauernden Auseinandersetzung mit dem Nationalsozialismus beruhen oder sich stärker auf die positiven Seiten der deutschen Geschichte beziehen? Zwischen diesen Polen entbrannte in den 80er Jahren ein Kampf um die Deutung der deutschen Geschichte, der unterschiedliche politische Zielsetzungen widerspiegelte und gleichzeitig die Frage in den Mittelpunkt rückte, wie eine angemessene Erinnerungskultur beschaffen sein sollte.

Mit der »Kultur für alle« und dem »Alltag« – jener Sphäre, in der sich die Arbeits- und Lebensverhältnisse der Durchschnittsbürger widerspiegelten – kam seit den frühen 80er Jahren die »Alltagsgeschichte« zu Bedeutung. Sie bedrängte die Position der »Historischen Sozialwissenschaft«, die sich bis Mitte der 70er Jahre – sichtbar an der 1975 gegründeten Zeitschrift *Geschichte und Gesellschaft* – etabliert hatte und dem traditionellen Interesse der deutschen Geschichtswissenschaft an der Nation, den großen Männern und dem Staat die Untersuchung der wirtschaftlichen und sozialen Strukturen entgegengesetzt hatte. Von ihren Kontrahenten zunächst als »Mode« kritisiert, versuchten jüngere Wissenschaftler wie Lutz Niethammer oder Detlev Peukert, die ursprünglich aus der Sozialgeschichtsforschung kamen, die Alltagsgeschichte als ernstzunehmende historiographische »Methode« zu konzeptionalisieren.[66] Vor allem aber war es eine Vielzahl lokaler und regionaler »Geschichtswerkstätten«, die sich wie die britischen *History-Workshops* nach dem Motto »Grabe, wo du stehst« (Sven Lindquist) ihrer historischen Wurzeln im Nahbereich vergewisserten. Im Mai 1983 wurde in Bochum der bundesweite Verein »Geschichtswerkstatt« gegründet, dem etwa 40 lokale Geschichtswerkstätten angehörten (allein die Berliner Geschichtswerkstatt zählte 100 Mitglieder), im selben Jahr erschien erstmals die gleichnamige Zeitschrift, im April 1984 ging in Westberlin das erste »Geschichtsfest« über die Bühne.[67] Aber auch SPD und Gewerkschaften gründeten Geschichtsarbeitskreise, die Lokalforschung in eigener Sache betrieben. Motive für diese Basisbewegung jenseits der etablierten Wissenschaft waren das Bedürfnis nach historischer Identitätsbildung demokratischer Art entlang der mehr oder weniger revolutionären Abschnitte deutscher Geschichte (Märzrevolution, Novemberrevolution, Neubeginn nach 1945) und die Bearbeitung der NS-Vergangenheit, die

Alltagsgeschichte

bis dahin bestenfalls im Allgemeinen stattgefunden hatte und zur Konkretion des Alltags im »Dritten Reich« noch nicht vorgedrungen war. Die Geschichtswerkstätten fanden mit der alternativen Besetzung des Heimatbegriffs nicht nur einen umgrenzten Raum zur Erprobung neuer historiographischer Sichtweisen, sondern machten damit auch ein Sinnstiftungsangebot aus »grünem« Blickwinkel. Als Sozialhistoriker Bielefelder Provenienz in den frühen 80er Jahren gegen die aufkommende *Alltagsgeschichte* und die »Barfußhistoriker« polemisierten, waren die Standpunkte allerdings weniger unversöhnlich, als es den Anschein hatte. Die Studierenden oder Nachwuchswissenschaftler, die sich in den Geschichtswerkstätten zusammenfanden, hoben das Subjektive und Konkrete hervor, sie experimentierten mit neuen Methoden wie der *Oral History*, aber sie wollten keineswegs zurück in eine »neohistoristische Sackgasse« (Jürgen Kocka).[68]

Ein wichtiger Impuls für die Alltagsgeschichte kam nicht »von unten«, sondern von Bundespräsident Heinemann, der sein Amt dazu nutzten wollte, jungen Leuten die demokratischen Traditionen der deutschen Geschichte nahezubringen und dem vorherrschenden Konservatismus ein alternatives Geschichtsbild entgegenzusetzen. Der von ihm und dem Hamburger Industriellen Kurt A. Körber 1973 gegründete »Schülerwettbewerb Deutsche Geschichte« wollte Jugendliche zur eigenständigen Erforschung historischer Zusammenhänge in ihrem örtlichen Umfeld anregen. Bis 2008 erstellten 120 000 Teilnehmer im Rahmen von 21 Themenausschreibungen etwa 25 000 Projektarbeiten.[69] Hier wurde bereits 1975/76 das Konzept der »historischen Sozialwissenschaft« über den Begriff des »Alltags« für die Erforschung der Geschichte »vor Ort« genutzt. Im Umfeld der Geschichtswerkstätten wurde das Konzept der Alltagsgeschichte weiter ausgebaut.[70]

Alltag im Nationalsozialismus

Auf der Ebene der öffentlichen Geschichtskultur war das wichtigste thematische Feld, das dem historischen Subjekt zu neuer Bedeutung verhalf, die Geschichte des Nationalsozialismus. Einen Durchbruch brachte die vom 22. bis 26. Januar 1979 in den Dritten Programmen ausgestrahlte US-amerikanische Fernsehserie *Holocaust*, die die Sensibilisierung der Öffentlichkeit durch die Debatte um die Urteile des früheren Marinerichters und damaligen Ministerpräsidenten Filbinger (1978), um Hitler-Filme (1977) und Majdanek-Prozess (seit 1975) auf die Ebene des Alltags der Opfer transponierte und in massenhafte Betroffenheit übersetzte.[71] Mehr als ein Drittel der westdeutschen Bevölkerung sah diese Serie. Gerade weil sie das individuelle Schicksal einer jüdischen Familie (unter Ausblendung konkreter Täter) beschrieb, löste die Serie eine breite Debatte um den Judenmord aus, zog deutsche Verfilmungen jüdischer

Familiengeschichten wie *Geschwister Oppermann* (1983) und *Die Bertinis* (1988) nach sich und gab einer Bewegung zur Erforschung der NS-Geschichte und der jüdischen Geschichte vor Ort Auftrieb. Auch die meisten Gedenkstätten an den Orten der Verfolgung wurden erst seit Anfang der 80er Jahre eingerichtet – darunter 1981 das Dokumentenhaus in Neuengamme und 1983 das Dokumentations- und Informationszentrum Emslandlager. 1987 wurde die erste Ausstellung der »Topographie des Terrors« in Berlin eröffnet. Mitte der 80er Jahre gab es ein Dutzend Gedenkstätten, zehn Jahre später sechzig.[72]

Auch der Erfolg der beiden Ausschreibungen des Geschichtswettbewerbs zum »Alltag im Nationalsozialismus« zwischen 1980 und 1983 erklärt sich aus diesem Hintergrund – und trieb die Auseinandersetzung weiter voran.[73] Dem bis dahin vorherrschenden Zerrbild des »Dritten Reiches«, das einem »gesichtslosen Haufen von Unmenschen und Mitläufern« ebenso »gesichtslose Lichtgestalten des Widerstands« gegenüberstellte – »Nationalsozialismus in einem anderen Land«, wie Ulrich Herbert formulierte –, sollte durch Konkretion ein angemesseneres Bild entgegengesetzt werden.[74] Mit Kritik an der deutschen Bevölkerung ging dies nicht automatisch einher, zumal die interviewten Zeitzeugen häufig Großeltern oder Nachbarn waren. Allerdings zeigte Michael Verhoevens Oscar-nominierter Spielfilm *Das schreckliche Mädchen* (1990) am Beispiel einer bayerischen Kleinstadt und angeregt von einem tatsächlichen Fall, welche Kontroversen hartnäckige Spurensuchen von Schülern im lokalen Mikrokosmos auslösen konnten. Der mit dem gewachsenen Interesse an der NS-Geschichte einhergehende Boom der jüdischen Geschichte hatte neben einem politischen auch einen »moralisch-narzisstischen Mehrwert« zu bieten und versetzte manchen Lokalforscher »quasi automatisch auf die richtige Seite der Geschichte«.[75] Dass der Glaube an historische Missionen und fortlaufende Modernisierungen nachgelassen hatte, bedeutete nicht, dass Identifikation und Anerkennungserwartungen keine Rolle mehr spielten. Die Selbstverortung über »Heimat«, Dialekt, Ethnizität, Generation oder Geschlecht nahm gerade dann zu, als bis dahin für stabil gehaltene Strukturen in Fluss gerieten.

Dass der Raum des Alltags mit dem Wertbegriff der »Heimat« assoziiert und zum Teil verkoppelt wurde, schuf »Identität«. Individualisierung, der beginnende Globalisierungsschub und die Entstehung eines politischen Potenzials, das die Grundlagen der modernen Gesellschaft kritisierte, begünstigten eine Neuaneignung der sozialen Nahräume. Unter dem Vorzeichen der Kritik an Rationalismus, Technokratie und Massenkonsum erschien »Heimat« umso mehr »als Gegensatz zu Fremdheit und Entfremdung, als Bereich

Heimat

Die Amerikaner haben Kaugummi und Schokolade in den Hunsrück gebracht. Szenenbild aus der 1. Staffel von Edgar Reitz' *Heimat* (1984) mit Gabriele Blum (l.) und Gudrun Landgrebe

der Aneignung, der aktiven Durchdringung, der Verlässlichkeit« (Hermann Bausinger). In der Alternativkultur wurde nicht selten ein spezifischer »Provinzstolz« propagiert, er machte einen Aspekt der hier entstandenen »neuen Geschichtsbewegung« aus, die dann schon selbst ein Teilergebnis des alternativen Regionalbewusstseins darstellte.[76] Die *Spiegel*-Reportage »Heimat – unter grüner Flagge« zog 1979 eine erste Bilanz dieses »im Spannungsfeld zwischen Anarchismus und Vegetariertum, Anti-Atom-Bewegung und Landkommune, Teestube und Trödelladen« angesiedelten Phänomens.[77] Wie das Konzept »Heimat«, in Deutschland seit dem 19. Jahrhundert Identitätskern einer heterogenen Nation und nach 1945 transformiert in einen vermeintlich unpolitischen Schutzraum traditionaler Werte, von links her neu definiert werden sollte, zeigte der ebenfalls seit den späten 70er Jahren diskutierte Ansatz einer »demokratischen Heimatgeschichte«, dessen Angelpunkt die Auseinandersetzung mit dem Nationalsozialismus darstellte. Dabei war umstritten, inwieweit der »Heimat«-Begriff überhaupt zu gebrauchen war. Der Liedermacher Walter Mossmann etwa bekannte: »Jetzt versuche ich schon seit Tagen, dem Wort ›Heimat‹ etwas abzugewinnen; es geht nicht. Das Wort ist mir versaut. Ich gebrauche lieber das kühlere ›Region‹, das hat nicht diese sentimentale Entschiedenheit.«[78]

Dass auch eine gegenkulturell intendierte Deutung der Heimat den Ge-

fahren der Romantisierung ebenso erliegen wie ein spezifisches Nationalbewusstsein reproduzieren konnte, war Gegenstand der Debatte um Edgar
Reitz' historisierendes TV-Alltagspanorama *Heimat*, dessen erste Staffel 1984
mit elf Folgen über die Bildschirme ging.[79] Im Gegensatz zu der amerikanischen Fernsehserie wurde der Judenmord in Vernichtungslagern und bei
Massenerschießungen in den westdeutschen Filmen der 80er Jahre nicht gezeigt, wo Deutsche nur dann als Täter erschienen, wenn sie NS-Uniformen
trugen. Auch in Reitz' preisgekrönter Serie, die mit ruhiger Hand das Leben
der Hunsrück-Bäuerin Maria Simon und ihrer Familie zwischen 1919 und
1982 schildert, kam der Nationalsozialismus nicht aus der Mitte der Gesellschaft, sondern von außen. Im Kontext der Alltagsgeschichte, die die Bedeutung politischer Ideologien relativierte, die lange Dauer, das Unspektakuläre
und den widerständigen Eigensinn der »kleinen Leute« betonte, war eine
solche Deutung konsequent – zumal, wenn sie auf Zeitzeugen-Erzählungen
beruhte. *Heimat* war aus dem Bedürfnis entstanden, der als künstlich und
kommerziell empfundenen *Holocaust*-Serie eine deutsche Mikrogeschichte
von unten entgegenzusetzen, aber der Holocaust selbst kam praktisch nicht
vor. Reitz und sein Partner Peter Steinbach hatten ein Jahr im Hunsrück gelebt
und Erinnerungen von Zeitzeugen aufgezeichnet; zahlreiche Rollen wurden
mit Einheimischen besetzt, die häufig Dialekt sprachen. Wohl hielten die
15 Stunden und 22 Minuten, in denen die Jahre des »Dritten Reiches« ausführlich behandelt wurden, den 25 Millionen Zuschauern zahlreiche Ansatz-
punkte für eine selbstkritische Deutung des Nationalsozialismus bereit, doch
bevorzugte die westdeutsche Öffentlichkeit eine »nostalgische Lesart«, der
Reitz' linksalternative Kritik an der modernen Gesellschaft ebenfalls reichlich
Stoff bot.[80]

Nicht nur die regionale, sondern auch die »nationale Identität« wurde **Die Rückkehr**
wieder verstärkt diskutiert. Die sozialliberale Regierung Brandt hatte mit der **der Nation**
»Anerkennung der Realitäten, die im Nachkriegseuropa entstanden sind«
zugleich, wie Theo Sommer 1972 in der *Zeit* formulierte, die »Selbstanerkennung der Bundesrepublik« vollzogen – ein Begriff, der in diesem Zusammenhang schon seit 1970 immer wieder gebraucht wurde und zeigte,
dass eine realistische Deutschlandpolitik als »Voraussetzung demokratischer
Stabilisierung« (Sebastian Haffner) im Westen betrachtet wurde.[81] In den
darauffolgenden Jahren entwickelte Konzepte – M. Rainer Lepsius' Idee einer
westdeutschen »Staatsnation«, Kurt Sontheimers »bundesrepublikanischer
Patriotismus«, Dolf Sternbergers universalistisch geprägter »Verfassungspatriotismus«, Lutz Niethammers und Hans Mommsens These von der »Bi-

Nationalisierung« – beruhten auf diesem Zusammenhang und auf der Beobachtung eines zunehmenden Eigenbewusstseins insbesondere der jungen Bundesbürger.[82] Gleichzeitig entfaltete sich in der zweiten Hälfte der 70er Jahre eine Debatte um das spezifische Selbstverständnis der durch Wirtschaftskrisen und Terrorismus »verunsicherten« (Kurt Sontheimer) Bundesrepublik, die um den vagen Begriff der »Identität« kreiste.[83] Auf der einen Seite speiste sich eine Renaissance der gesamtdeutschen Idee in der erodierenden Linken aus der neutralistischen Hoffnung auf eine Überwindung der deutschen Teilung durch die linke Opposition in Ost und West und erhielt durch Rudolf Bahros Buch *Die Alternative* (1977) und ein »Manifest« oppositioneller DDR-Kommunisten (1978) neuen Auftrieb. Auf der anderen Seite wollten konservative Politiker und Publizisten aus der Geschichte das Potenzial zur Überwindung einer vermeintlichen »deutschen Identitätskrise« (Erich Kosthorst) schöpfen und ein neues nationales Selbstbewusstsein aufbauen.[84] Erreicht werden sollte dies insbesondere durch die Überwindung der vermeintlichen Fixierung auf die NS-Zeit und die Aufwertung historischer Epochen vor 1933, besser noch vor 1871. Dem stand zwar die mittlerweile stark entwickelte, auch professionell verankerte und in sich differenzierte Richtung derjenigen Intellektuellen entgegen, die ein Selbstbild jenseits der Nation vertraten, doch geriet sie durch die konservative »Tendenzwende«, aber auch durch eine neutralistische Friedensbewegung und den Aufschwung antiwestlicher Ressentiments unter Druck. Sichtbar wurde dies etwa in den Empfehlungen der Kultusministerkonferenz zur »Deutschen Frage im Unterricht« von 1978, der der mit dem Ziel der ideologischen Untermauerung einer eigenen Staatsnation vorangetriebenen geschichtspolitischen Offensive der DDR durch die Aufrechterhaltung und Weiterentwicklung eines »Bewusstseins von der deutschen Einheit« und eines Willens zur Wiedervereinigung entgegenarbeiten sollte. Auch in der Linken wurden nationale Sentiments und ethnische Zuordnungen wieder diskursfähig. Dies zeigte sich etwa an Martin Walsers Aufforderung, »die Wunde namens Deutschland offen halten«, oder an Thomas Schmids Bekenntnis, »mein Deutschsein nicht länger vergessen, überspielen« zu wollen.[85] Der Publikumserfolg von Großausstellungen wie »Die Zeit der Staufer« (1977), »Wittelsbach und Bayern« (1980) und »Preußen – Versuch einer Bilanz« (1981) demonstrierte den Bedarf an historischer Sinnstiftung jenseits der jüngsten Geschichte.[86] Auch die Folklorisierung der Museen, deren Zahl sich zwischen 1969 und 1988 von 673 auf 2400 erhöhte, unterstützte diesen Trend. Gerade die lange Zeit entbehrte Einbeziehung des Alltags lieferte historisches Material für die einsetzende »event«-Kultur der »Erlebnisgesellschaft« und trieb eine »Total-Musealisierung« der Bundesrepublik voran, die viel Raum für Identifikation bot.[87] Der in den späten 70er Jahren einsetzende Paradigmenwechsel von einem sozialwissenschaftlichen zu einem kulturalistischen Leitdiskurs spiegelte sich auch im steigenden Absatz historischer Literatur wider, insbesondere im Taschenbuch. Auch große Publikumsverlage wie Fischer und Rowohlt brachten vermehrt Bücher bekannter Geschichtswissenschaftler heraus. Die Redaktionen der überregionalen Zeitungen beschäftigten Historiker wie Karl-Heinz Janßen, Volker Ullrich (beide *Die Zeit*), Gustav Seibt (*FAZ*) und Christel Zahlmann (*FR*), die den geschichtskulturellen Diskurs moderierten und popularisierten.[88] C. H. Beck erreichte mit großen Synthesen von Gordon Craig (1978), Thomas Nipperdey (1983/87) oder Hans-Ulrich Wehler (1987) fünfstellige Auflagenzahlen, während Hanser von Umberto Ecos historischem Roman *Der Name der Rose* (1982) bis Anfang der 90er Jahre 600 000 Exemplare im Hardcover und 1,5 Millionen als Taschenbuch verkaufte und damit unter Beweis stellte, dass anspruchsvolle historische Belletristik ein Massenpublikum erreichen konnte.

Die Regierung Kohl wollte den sich verfestigenden und auch weiterhin von deutschlandpolitischem Pragmatismus begleiteten »Abschied vom ›Provisorium Bundesrepublik‹« (Michael Charlier) ganz im Sinne der KMK-Empfehlungen durch ein gesamtdeutsches Nationalbewusstsein überformen. Eine ihrer ersten geschichtspolitischen Maßnahmen bestand 1983 in einer massiven Aufwertung des »Tags der deutschen Einheit« am 17. Juni, der seit 1963 als Relikt des Kalten Krieges ins geschichtspolitische Abseits geraten war.[89] Dieser Rekurs war symptomatisch: Er stand für die Absicht, die Bi-Nationalisierung zurückzudrängen, das mit der Entspannungspolitik verbundene Eigenbewusstsein der Bundesrepublik von seiner sozialdemokratischen Färbung zu lösen, es stärker in einen gesamtnationalen Kontext zu rücken und zu einem neuen Nationalbewusstsein umzupolen. Nicht nur die Gloriole der Ära Adenauer diente diesem Ziel, sondern es sollte die lange Linie der deutschen Geschichte in den Blick genommen werden, wie der künftige CDU/CSU-Fraktionsvorsitzende Alfred Dregger schon kurz vor der Bonner »Wende« dargelegt hatte: »Sagen wir unserer Jugend, dass die Geschichte unseres Volkes nicht zwölf, sondern zwölfhundert Jahre ausmacht, dass die übrigen elfhundertachtundachtzig Jahre mindestens ebenso gut waren wie die Geschichte anderer Völker und dass in den zwölf braunen Jahren die Verbrechen weniger nicht der Wille aller waren.«[90] Das Projekt einer Relativierung des Nationalsozialismus zum Zwecke der Hebung des Nationalbewusstseins rückte im Kontext der von Helmut Kohl verkündeten »geistig-moralischen«

Wende in den Mittelpunkt einer Debatte um das historisch-politische Selbstverständnis der Bundesrepublik, die 1986/87 im »Historikerstreit« gipfelte.

Es war nicht unumstritten, die von der neuen Geschichtsbewegung, dem Geschichtswettbewerb, der Musealisierung der Alltagskultur, Trödelmärkten, Denkmalpflege, »Windmühlen- und Heustadel-Nostalgie« (Gottfried Korff) vorangetriebene »Selbst-Archäologisierung«[91] der westdeutschen Gesellschaft durch eine Gesamtinterpretation von oben zu überformen. Dies zeigten die Debatten um die Errichtung zweier Museen, die die Doppellegitimation einer gefestigten Bundesrepublik mit gesamtnationalem Anspruch belegen sollten: das Haus der Geschichte der Bundesrepublik Deutschland, das am Regierungssitz Bonn die Erfolgsgeschichte des westdeutschen Staatswesens nachzeichnen sollte, und das Deutsche Historische Museum, das in Berlin die Geschichte der Deutschen von den Anfängen bis zur Gegenwart darzustellen hatte. Angekündigt bereits in der ersten Regierungserklärung vom 13. Oktober 1982, nahm das schon unter sozialliberaler Ägide ins Auge gefasste Museumsprojekt – zunächst ging es um das Bonner Haus allein – schnell Formen an. Dem Gutachten einer wegen ihrer einseitigen Besetzung kritisierten Expertenkommission, bestehend aus konservativen Historikern, ließ die SPD-Bundestagsfraktion, die die Errichtung eines Museums in Bonn befürwortete, aber »gouvernementale Akte« (Freimut Duve) der Geschichtsdarstellung einer demokratischen Gesellschaft für unwürdig hielt, eine eigene Anhörung folgen.[92] Wenn das Museumsprojekt problematisch erschien, dann nicht so sehr aufgrund des insgesamt dann doch ausgewogenen Konzepts, sondern wegen der Gutsherrenart, in der es vorangetrieben wurde, eingebettet in geschichtspolitische Absichtserklärungen und irritierende Auftritte des Bundeskanzlers an symbolträchtigen Orten. Das Haus der Geschichte befreite sich vom Ruch des »Kanzlerprojekts« erst, als es 1986 mit Gremien ausgestattet wurde, in denen die unterschiedlichen Interessen und Richtungen vertreten waren. So war bei der Eröffnung des Hauses im Juni 1994 nicht die befürchtete einseitige Geschichtsdarstellung nach Regierungsgeschmack zu besichtigen, auch wenn die Dauerausstellung auf ein geteiltes Echo stieß – rückhaltlosem Lob standen Bedenken gegenüber, hier werde an allerhand Versatzstücken eine »geschönte Fortschrittsgeschichte« (Peter Reichel) geboten, die mehr deskriptiv als analytisch vorgehe und die NS-Vergangenheit zu stark ausblende.

Den Plan eines nationalgeschichtlichen Museums in Berlin, Anfang der 80er Jahre konzeptionell ausgearbeitet vom SPD-, dann CDU-geführten Berliner Senat, übernahm die Bundesregierung, die, so verkündete Kohl in seiner Regierungserklärung vom 4. Mai 1983, der Stadt zur 750-Jahr-Feier im Jahre

1987 ein Deutsches Historisches Museum zum Geschenk machen wolle.[93] Seit 1985 wurde dieser Plan mit der Bildung einer Expertenkommission und mehreren Anhörungen forciert umgesetzt. Verschiedentlich wurde die im Historikerstreit thematisierte Instrumentalisierung der Geschichte für die Hebung des Nationalbewusstseins befürchtet, während Bundesregierung und Sachverständigenkommission sich bemühten, Bedenken auszuräumen, hier sollte ein verbindliches Geschichtsbild verordnet oder der Nationalsozialismus relativiert werden. Als die bevorstehende Wiedervereinigung den noch bei der Gründungsveranstaltung von 1987 gehegten Plan eines Museumsneubaus im Spreebogen obsolet werden ließ, weil die Revitalisierung der alten Hauptstadt andere städtebauliche Prioritäten mit sich brachte, bot sich als Alternative das Zeughaus an, das das frühere DDR-Museum für Deutsche Geschichte mit seiner überaus reichhaltigen Sammlung beherbergt hatte. Erste Wechselausstellungen wurden seit 1991 gezeigt, ein provisorischer Abriss »Bilder und Zeugnisse der deutschen Geschichte« zwischen 1994 und 1998, bis 2006 nach mehrjähriger Schließung Bundeskanzlerin Angela Merkel die mit 8000 Exponaten bestückte Dauerausstellung »Deutsche Geschichte in Bildern und Zeugnissen aus zwei Jahrtausenden« eröffnete. Während das Haus zum Besuchermagneten wurde, dominierte in den Medien und der Fachwelt ein kritischer Tenor. Häufig wurde der Schau eine zu deskriptive, affirmative Darstellungsweise attestiert. Der Geschichtsdidaktiker Olaf Hartung monierte, die von der Sachverständigenkommission definierten Prinzipien wie »Frage- und Problemorientierung, Gegenwarts- und Zukunftsbezug, Ermunterung zur kritischen (Selbst-)Reflexion sowie eine mehrdimensionale und multiperspektivische Darstellungsweise« seien »in der Ausstellung kaum wieder zu finden«. Peter Reichel erblickte gar ein »geschichtspolitisches Desaster«, weil sich hier eine »Geschichtsschau ohne Anleitung zum kritischen Verstehen des inneren Zusammenhangs ihres Gegenstands« präsentiere.[94]

Einen Höhepunkt erreichten die geschichtspolitischen Inszenierungen bei einem gemeinsamen Auftritt Kohls mit dem amerikanischen Präsidenten Ronald Reagan am 5. Mai 1985 auf dem Friedhof von Bitburg.[95] Kohl wollte damit an einen Versöhnungsakt mit dem französischen Präsidenten Mitterrand vom Vorjahr anknüpfen, bei dem sich beide Politiker in Verdun über den Gräbern deutscher und französischer Soldaten des Ersten Weltkriegs die Hände gereicht hatten. Vierzig Jahre nach dem Ende des Zweiten Weltkriegs sollte der Auftritt mit Reagan eine ähnliche Symbolwirkung entfalten und damit die ikonografische Rehabilitierung der Deutschen auf einen Abschnitt der Geschichte ausweiten, der noch qualmte. Sie erschien dem Bundeskanz-

Bitburg

ler umso wichtiger, als die Alliierten bei ihrer gemeinsamen Siegesfeier unter sich bleiben wollten. Die erhoffte Wirkung kehrte sich in ihr Gegenteil um, als sich herausstellte, dass unter den in Bitburg Begrabenen auch Angehörige der Waffen-SS waren, was die Fragwürdigkeit der »Versöhnungssymmetrie« (Claus Leggewie) offenkundig werden ließ und zunächst in den USA, dann in der Bundesrepublik Empörung hervorrief. Trotz erheblichen Drucks aus den eigenen Reihen hielt Reagan an dem gemeinsamen Auftritt fest, den auch ein noch schnell hinzugefügter Besuch des ehemaligen Konzentrationslagers Bergen-Belsen nicht mehr ausbalancieren konnte. Bitburg zeigte einmal mehr, dass Helmut Kohl das Thema der NS-Vergangenheit stärker aufgriff als seine Vorgänger, aber durch die implizite Annahme eines bereits abgeschlossenen Lernprozesses mit der internationalen Öffentlichkeit in Konflikt geriet und im Lande selbst Kritik hervorrief, wo dieser Lernprozess mehr und mehr als Daueraufgabe betrachtet wurde. Schon Kohls Rede vor dem israelischen Parlament am 25. Januar 1984 hatte durch die missverständliche, von ihm stets verteidigte Formulierung – sie stammte ursprünglich von dem Publizisten Günter Gaus – von einer »Gnade der späten Geburt« eine Haltung der, wie Hans Mommsen formulierte, »politische[n] Folgenlosigkeit der nationalsozialistischen Erfahrung« offenbart.[96]

»Tag der Befreiung« Erst aus dem Kontext einer von absichtsvoller Instrumentalisierung und unklarer Symbolik geprägten vergangenheitspolitischen Schwüle erklärt sich die Wirkung, die dann die Rede des Bundespräsidenten Richard von Weizsäcker am 8. Mai 1985 im Deutschen Bundestag entfaltete.[97] Vieles von dem, was Weizsäcker sagte, hatten auch schon andere vor ihm gesagt – etwa Amtsvorgänger Walter Scheel zehn Jahre zuvor –, aber sein Statement, der 8. Mai sei »ein Tag der Befreiung« auch für die Deutschen gewesen, schuf in der diffusen geschichtspolitischen Lage eine Klarheit, die des Kanzlers Gesten hatten vermissen lassen. Die Rede wurde auch deshalb nahezu ungebrochen positiv aufgenommen, weil Weizsäcker auf die Verkündung wirklich provozierender Wahrheiten verzichtete – die breite soziale Basis des Nationalsozialismus inklusive der Eliten, die große Zahl der an der Vernichtung der Juden Beteiligten –, sondern aus der Perspektive der Deutschen als Kriegsverlierer argumentierte und damit die vielen einbezog, die das Kriegsende in erster Linie mit dem Gefühl der Niederlage, mit Vertreibung und dem Beginn der deutschen Teilung verbanden. Gleichzeitig wies er Schuldzuweisungen an die Sieger zurück: »Niemand wird um dieser Befreiung willen vergessen, welche schweren Leiden für viele Menschen mit dem 8. Mai erst begannen und danach folgten. Aber wir dürfen nicht am Ende des Krieges die Ursache für

Flucht, Vertreibung und Unfreiheit suchen. Sie liegt vielmehr an seinem Anfang und im Beginn jener Gewaltherrschaft, die zum Krieg führte. Wir dürfen den 8. Mai 1945 nicht vom 30. Januar 1933 trennen.«[98] Weizsäcker hob die Vertreibung und Ermordung der Juden hervor, wies die landläufige Behauptung, die Bevölkerung habe davon nichts gewusst, zurück und benannte explizit Verfolgtengruppen, die in der offiziellen Erinnerung zumeist nicht gewürdigt worden waren, wie Sinti und Roma, Homosexuelle und Kommunisten.

Die Konkurrenz der Vergangenheitsdeutungen, wie sie im Frühjahr 1985 offenbar geworden war, eskalierte zwischen 1986 und 1988 in einer der größten geschichtspolitischen Debatten der Bundesrepublik, dem »Historikerstreit«, der weder ausschließlich von Historikern geführt wurde noch im Kern geschichtswissenschaftliche Probleme behandelte.[99] Zwar ging es um die Frage, welche Rolle dem Nationalsozialismus in der deutschen Geschichte zukam, aber damit stand ein zentraler Aspekt der politischen Kultur der Gegenwart zur Debatte: War die Auseinandersetzung mit dem Nationalsozialismus abgeschlossen oder sollte sie weitergeführt werden? Und wie sollte an die NS-Vergangenheit erinnert werden? Von Beginn an war es ein Kampf um die Deutungshoheit in geschichtspolitischen Fragen, ging es um eine Richtungsentscheidung: Sollte der postnationale Weg bei enger Westbindung fortgesetzt oder eine »machtvergessene« Haltung überwunden werden zugunsten eines stärkeren nationalen Selbstbewusstseins? Michael Stürmer, der zum Beraterkreis des Bundeskanzlers gehörte, brachte auf den Punkt, was allen Teilnehmern der Debatte bewusst war und seit dem Regierungswechsel ganz oben auf der politischen Agenda stand – dass »die Zukunft gewinnt, wer die Erinnerung füllt, die Begriffe prägt und die Vergangenheit deutet«.[100] Die Kombattanten gruppierten sich in etwa entlang der politischen Lager, wobei die Positionen innerhalb der gegensätzlichen Gruppen durchaus differierten. Von den Parteien stellte sich die SPD, die an der neuen Geschichtsbewegung teilnahm und 1982 eine Historische Kommission gebildet hatte, ungeteilt an die Seite der Postnationalen, während die CDU weniger geschlossen agierte. Als mediale Plattform diente den konservativen Diskutanten insbesondere die *FAZ*, während *Die Zeit* zwar der linksliberalen Seite zuneigte, aber die Kontroverse anstoßen und gleichzeitig moderieren wollte und daher auch Gegenpositionen zu Wort kommen ließ.[101]

Der Historikerstreit begann, nachdem im Frühjahr 1986 wichtige Schritte zur Verwirklichung der beiden Museen getan wurden und der Bundestag kontrovers über ein »Mahnmal für die Opfer der Kriege und der Gewaltherrschaft« diskutiert hatte, mit einem Beitrag von Ernst Nolte am 6. Juni 1986 in

Historikerstreit

der *FAZ*, der in Frageform die These vorbrachte, der Nationalsozialismus er-
kläre sich als Reaktion auf den Bolschewismus: »Vollbrachten die Nationalsozialisten, vollbrachte Hitler eine ›asiatische‹ Tat vielleicht nur deshalb, weil sie
sich und ihresgleichen als potentielle oder wirkliche Opfer einer ›asiatischen‹
Tat betrachteten? War nicht der ›Archipel GULag‹ ursprünglicher als Auschwitz? War nicht der ›Klassenmord‹ der Bolschewiki das logische und faktische
Prius des ›Rassenmords‹ der Nationalsozialisten?«[102] Diese These stellte nicht
nur die Einzigartigkeit des Nationalsozialismus in Frage, sie entlastete auch
die Deutschen, die nicht aus einer inneren Dynamik heraus, sondern als Fehl-
reaktion auf äußere Bedrohung ein terroristisches Regime hervorgebracht
hatten. Dass die Wiederbelebung der Totalitarismusdoktrin des Kalten Krieges auf Unverständnis und Widerstand stieß, hatte nicht nur mit den damit
verbundenen politischen Absichten zu tun, sondern auch mit der Tatsache,
dass in der Sowjetunion seit dem 27. Parteitag der KPdSU vom Februar 1986
Glasnost und Perestroika um sich griffen, die den neuen Generalsekretär Mi-
chail Gorbatschow auch im Westen zu einem Hoffnungsträger machten. Am
11. Juli 1986 reagierte Jürgen Habermas mit einer umfangreichen »Kampfansa-
ge« (Karl-Heinz Janßen) gegen »apologetische Tendenzen in der deutschen
Zeitgeschichtsschreibung«, die er speziell Nolte und Stürmer, aber auch Andreas Hillgruber und Klaus Hildebrand attestierte.[103] »Auschwitz«, so warf
er Nolte vor, »schrumpft auf das Format einer technischen Innovation und
erklärt sich aus der ›asiatischen Bedrohung‹ durch einen Feind, der immer
noch vor unseren Toren steht.« Den geschichtsrevisionistischen Absichten
»neokonservativer Historiker«, die die nationalistische »Ideologie der Mitte«
wiederbeleben wollten und über das geplante Haus der Geschichte an ihrer
normativen Implementierung beteiligt waren, stellte Habermas einen »Verfassungspatriotismus« gegenüber, der die Westbindung der Bundesrepublik
bewahren sollte. Dem von den Revisionisten angestrebten »*vereinheitlichten*
Geschichtsbild« sollte ein nach 1945 gewachsener »Pluralismus der Lesarten«
entgegengesetzt werden.

In der daraufhin entbrennenden Debatte, die sich an manchen Verein-
fachungen und verschwörungstheoretischen Annahmen abarbeitete, aber
auch das ihnen zugrundeliegende »polarisierte Geschichtsbild« (Hans Mommsen) hinreichend deutlich werden ließ, obsiegte vorläufig die Habermas-Seite,
unterstützt von der Mehrzahl der beteiligten Historiker – darunter Martin
Broszat, Heinrich August Winkler und Hans-Ulrich Wehler. Insbesondere
der Geschichtsrevisionismus Noltes wurde zurückgewiesen, aber es scheiterte
auch der Versuch, ein deutsches Nationalbewusstsein durch Relativierung der

NS-Geschichte zu verstärken. Eine Bewertung der intensivierten kollektiven Erinnerung an den Nationalsozialismus als »Ausdruck übertriebenen Schuldbewusstseins« (Charles S. Maier) konnte sich nicht durchsetzen. Vielmehr verstärkte der »Historikerstreit« die Sensibilisierung für die Problematik der NS-Vergangenheit, wobei immer stärker die Frage in den Mittelpunkt rückte, auf welche Weise an diese Vergangenheit zu erinnern sei.

Besonders grell zeigte sich dies an den Reaktionen auf die Rede von Bundestagspräsident Philipp Jenninger (CDU) anlässlich des 50. Jahrestages der »Reichskristallnacht« am 10. November 1988, die als Prototyp missglückter politischer Kommunikation gilt.[104] Noch während der Rede Jenningers, der in möglicherweise missverständlicher Rhetorik, aber klarer inhaltlicher Argumentation die Dynamik der antisemitischen Radikalisierung in Deutschland aus der Perspektive der Täter erklären wollte, verließen zahlreiche Politiker den Plenarsaal des Bundestages. Als auch Parteifreunde sich distanzierten, trat er zurück. Jenninger hatte sich, wie die Londoner *Times* bemerkte, offenbar getäuscht in der Annahme, dass »wir Deutsche uns klar werden wollen über das Verständnis unserer Geschichte«.[105] Dass mit dem Ausgang des Historikerstreits das letzte Wort in Sachen »Vergangenheitsbewältigung« noch nicht gesprochen war, geschweige denn eine vermeintliche linksliberale Hegemonie in Fragen der Vergangenheitspolitik Bestand hatte, zeigte sich ein Jahr später, als die Öffnung der Mauer das Problem der »nationalen Identität« der Deutschen auf die Ebene der Tagespolitik hob und der Rückblick auf die DDR als »zweite deutsche Diktatur« erneut die Frage nach der Singularität des Nationalsozialismus aufwarf.

Jenninger-Rede

Geprägt wurde die politische Kultur der 80er Jahre auch von Legitimationsproblemen des Staates und der politischen Parteien. In den Mobilisierungserfolgen der Neuen Sozialen Bewegungen und der Gründung der Grünen in der ersten Hälfte der 80er Jahre kam die wachsende Skepsis gegenüber den »etablierten« Parteien ebenso zum Ausdruck wie im Erstarken des Rechtsradikalismus, der in Gestalt der DVU und der 1983 gegründeten Republikaner erstmals seit den 60er Jahren wieder in westdeutsche Landesparlamente (1987 in Bremen, 1989 in Berlin) einziehen konnte. Dies waren Indikatoren für eine nachlassende Bindekraft insbesondere der großen Volksparteien SPD und CDU, die bei der Bundestagswahl von 1976 noch 91,2 Prozent der Stimmen auf sich vereinigen konnten, 1987 hingegen nur mehr 81,3 Prozent. Ihre tiefergehenden gesellschaftlichen Ursachen lagen in der Erosion der großen sozialmoralischen Milieus, insbesondere der Arbeiterschaft und des Katholizismus, die auch die Wahlentscheidung individualisierte.[106] Eine star-

Politische Legitimationsprobleme

ke postmaterialistische Strömung hatte zum Teil in Gestalt der Grünen eine parteipolitische Ausdrucksform gefunden, aber auch die etablierten Parteien verändert – nicht zuletzt, weil ihre wichtigsten sozialen Trägergruppen, Angestellte und Beamte, von ihr erfasst wurden. In der früheren Arbeiterpartei SPD war ihr Einfluss in den frühen 80er Jahren so stark geworden, dass die Auseinandersetzung um die Nachrüstung die Handlungs- und Regierungsfähigkeit der sozialliberalen Koalition erheblich einschränkte. Demgegenüber hatte sich die CDU in den 70er Jahren durch Öffnung zu einer »modernen Volkspartei« (Wulf Schönbohm) entwickelt und konnte, nachdem die verlorene Bundestagswahl 1980 mit dem Spitzenkandidaten Franz Josef Strauß die Integrationsgrenzen nach rechts hin aufgezeigt hatte, zum Sprung an die Macht ansetzen.[107] Helmut Kohl, nach dem Austritt der FDP-Minister aus der sozialliberalen Koalition am 1. Oktober 1982 zum Bundeskanzler gewählt, suchte mit seiner »Koalition der Mitte« dem drängenden Problem der Wirtschaftskrise durch eine liberale Wirtschaftspolitik beizukommen, die sich dem von den konservativen Regierungen Großbritanniens und der USA vorgegebenen Ideal annäherte, aber gleichzeitig an der Idee des Sozialstaats festhielt. Das Ziel einer »geistig-moralischen Wende« richtete sich nicht nur auf geschichtspolitische Fragen, sondern auf die kulturelle Hegemonie des reformerischen Fortschrittsdenkens insgesamt. Dabei vermischten sich traditionalistische und moderne Konzepte auf eine Weise, die einerseits heterogene Teile der Bevölkerung binden konnte, andererseits zur Desintegration führte. Bei der Bundestagswahl vom 6. März 1983 konnte sich die CDU/CSU als »Partei der Konsolidierung« (Frank Bösch) profilieren und erreichte mit 48,8 Prozent das beste Ergebnis seit 1957, während die in sich zerrissene FDP noch 7 Prozent erzielte. Die SPD kam mit 38,2 Prozent auf ihr schlechtestes Ergebnis seit 1965, gleichzeitig zogen die Grünen mit 5,6 Prozent erstmals in den Bundestag ein. Vier Jahre später erreichte die CDU/CSU mit 44,3 Prozent ein schlechteres Ergebnis als Strauß sieben Jahre zuvor, während die FDP sich auf 9,1 verbesserte, die SPD weiter zurückging auf 37 Prozent und die Grünen auf 8,3 Prozent zulegten.

Außen-politische Kontinuität und »System K.«

Außen- und deutschlandpolitisch war von einer »Wende« nicht viel zu verspüren. Die Regierung Kohl setzte die Stationierung der Mittelstreckenraketen in die Tat um und erwies sich auch ansonsten als treuer Verbündeter der USA. Sie trieb die Herstellung eines gemeinsamen europäischen Wirtschaftsraums voran und machte eine Deutschlandpolitik, die sich durch Abstand im Grundsätzlichen und pragmatische Zusammenarbeit auszeichnete. Der Staatsbesuch Erich Honeckers in der Bundesrepublik im September

1987 signalisierte eine neuerliche Entspannung des deutsch-deutschen Verhältnisses, die durch Milliardenkredite, Reiseerleichterungen – die Zahl der Reisen von DDR-Bürgern in die Bundesrepublik stieg seit 1987 sprunghaft an und erreichte im darauffolgenden Jahr einen Rekord von 7,8 Millionen –, das Kulturabkommen von 1986 und zahlreiche deutsch-deutsche Kontakte insbesondere auf kommunaler Ebene stärker fundiert wurde als je zuvor.[108] Erfolge konnte Helmut Kohl auch erzielen, weil sein hochgradig personalistischer Führungsstil Politiker verschiedener Parteiflügel einbezog, solange sie loyal waren – darunter auch solche, die die neuen gesellschaftlichen Tendenzen offensiv aufgriffen und damit auf erheblichen innerparteilichen Widerstand stießen. So setzten sich Heiner Geißler als CDU-Generalsekretär seit 1977 und Bundesminister für Jugend, Familie und Gesundheit (1982 bis 1985) sowie seine Nachfolgerin im Ministeramt, Rita Süssmuth, für die Akzeptanz eines modernen Frauenbildes und für die Integration von Zuwanderern ein. In der Parteikrise von 1989 trennte Kohl sich jedoch von seinem Generalsekretär, der ihm zu eigenständig geworden war. Geißler wollte die Rolle der Partei aufwerten, denn des Kanzlers absoluter Autoritätsanspruch hatte zum Konflikt zwischen den CDU-Landesverbänden und der Bundespartei geführt, deren Machtzentrum sich in das seit 1984 von Wolfgang Schäuble administrierte Bundeskanzleramt verlagert hatte.[109] Das »System K.«, wie Kohl selbst

Eine Birne als Kanzler: Titelbild der Zeitschrift *Titanic*, 1986

es nannte, beförderte den Eindruck, die Partei bewege sich zurück zu einem profillosen »Kanzlerwahlverein«. Sparmaßnahmen und die Novellierung des Streikparagraphen 116 zerrütteten das Verhältnis zu den Gewerkschaften, obwohl Arbeitsminister Norbert Blüm den sozialkatholischen Arbeitnehmerflügel der CDU repräsentierte. Dass die gesellschaftliche Integrationskraft der Union abnahm, zeigte sich auch an der Zahl der Parteimitglieder, die 1983 mit 734 555 ihren Zenit erreicht hatte und bis 1989 auf 658 411 zurückging. Neben der Überalterung war insbesondere ein Rückgang des Arbeiteranteils und der kirchlichen Bindung zu verzeichnen.[110]

Kurswechsel der FDP

Einen noch stärkeren Mitgliederverlust von etwa einem Viertel zwischen 1981 und 1988 erlitt die FDP, die nach dem Wechsel zur Koalition mit der CDU/CSU den größten Teil ihres sozialliberalen Flügels verlor.[111] Schon in den letzten Jahren der sozialliberalen Koalition war ein erheblicher Teil der Parteispitze von den Freiburger Thesen von 1971 abgerückt und hatte eine wirtschaftsliberale Antwort auf die Krise des Sozialstaats favorisiert. Gleichzeitig wuchs die Befürchtung, als Partner der gespaltenen SPD mit in den Abgrund gerissen zu werden, während sich am linken Rand des Parteienspektrums mit den Grünen eine vierte Partei etablierte, die zugleich bürgerliche Wähler anzog. Nach dem Regierungswechsel traten einige Sozialliberale wie Ingrid Matthäus-Maier und Günter Verheugen zur SPD über, andere wie Helga Schuchardt blieben parteilos, wieder andere gründeten als Alternative die Liberalen Demokraten. Korporativ lösten sich die Deutschen Jungdemokraten von der FDP, ihre Funktion als Nachwuchsreserve übernahm die schon 1979 gegründete Konkurrenzorganisation Junge Liberale. Auch die auf Leih- und Zweitstimmenkampagnen beruhenden Wahlerfolge bei den Landtagswahlen von 1985 und der Bundestagswahl 1987 sowie in der Mitgliedschaft die teilweise Regenerierung aus mittelständischen Berufen und jungen Aufsteigern konnten den Aderlass nach dem politischen Seitenwechsel nicht wettmachen. In der neuen Regierungskoalition wirkte die FDP als Gegengewicht zur CSU und profilierte sich durch gelegentliche Interventionen in der Rechts- und Ausländerpolitik sowie, personalisiert durch den dienstältesten Außenminister der Bundesrepublik, Hans-Dietrich Genscher, durch deutschlandpolitische Kontinuität. Zu einer Belastung wurde Wirtschaftsminister Otto Graf Lambsdorff, der 1984 wegen Beteiligung an der Flick-Affäre zurücktreten musste und 1987 wegen Steuerhinterziehung verurteilt, aber im darauffolgenden Jahr gegen starke Widerstände zum Parteivorsitzenden gewählt wurde. Die Wiedervereinigung, an der Genscher maßgeblich mitwirkte, verhalf der FDP zu einem neuerlichen Aufschwung.

SPD in der Opposition

In der SPD wurde das Ende der sozialliberalen Koalition einerseits als Abschied von einem »sozialdemokratischen Jahrzehnt« betrauert, während andererseits Erleichterung über die Lösung des festgefahrenen Konflikts zwischen dem Bundeskanzler und der Mehrheit seiner Partei zu verspüren war.[112] Stärker noch als die FDP war die SPD vom Erfolg der Grünen betroffen, die einen Großteil der Jungwähler anzogen, die in den 70er Jahren die SPD sozial und atmosphärisch getragen hatten. Hier wollte die Partei nach dem Regie-

Anzeige der CDU mit einer selbstironischen Wendung des von der *Titanic* häufig verwendeten Birnen-Motivs

rungswechsel wieder ansetzen, indem sie den Neuen Sozialen Bewegungen offener als zuvor gegenübertrat, Themen wie Frieden und Umweltschutz aufgriff und sich darum bemühte, mit der Jugend ins Gespräch zu kommen. Kombiniert mit dem Thema Arbeit sind damit diejenigen Themenfelder umrissen, die Kontinuität und Wandel gleichermaßen gewährleisten und der Partei die Rückkehr an die Macht ermöglichen sollten. Ende der 8oer Jahre erreichte sie einen Anteil von etwa 40 Prozent der Jungwähler – ebenso viel wie zuletzt Mitte der 7oer Jahre –, während ihre zeitgleichen Mobilisierungserfolge in der Arbeiterschaft darauf hindeuteten, dass ihre traditionelle soziale Basis, die sich ebenfalls modernisierte, nicht unwiderruflich verloren war.[113] Dass die Anhängerschaft der SPD ein weiteres Spektrum von Milieus repräsentierte als die der anderen Parteien, war sogar günstig, als sie sich gegenüber dem gesellschaftlichen Wandel öffnete, der alle Milieus erfasste.[114] Allerdings waren, wie die Wahlergebnisse zeigten, die daraus entstehenden Bedürfnisse disparater, als es eine zwischen Industriegesellschaft und Postmaterialismus oszillierende Partei überzeugend abdecken konnte. Die zähe Modernisierung des »Tankers« (Peter Glotz) SPD moderierte in den ersten Jahren nach dem Regierungswechsel der Parteivorsitzende Willy Brandt, nun den Zwängen der Realpolitik enthoben, aber nach wie vor umweht vom Nimbus des Visionärs.

Kultur der Selbstanerkennung 441

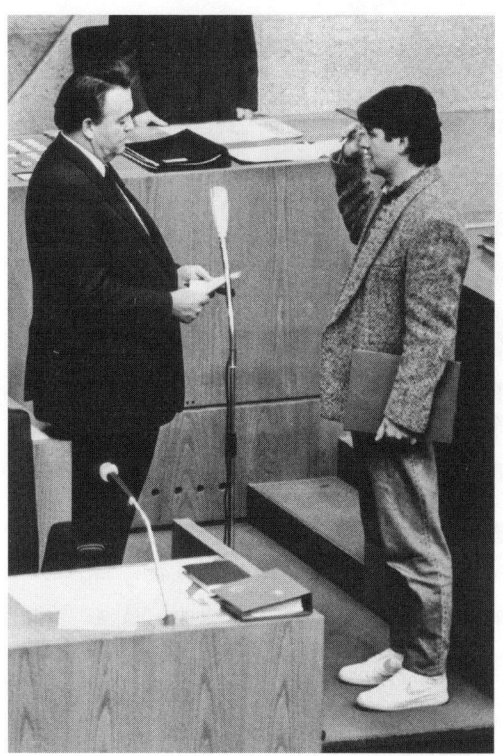

Joschka Fischer (Die Grünen) lässt sich von Ministerpräsident Holger Börner (SPD) am 12. Dezember 1985 in Turnschuhen als hessischer Umweltminister vereidigen.

Allerdings waren seine Entscheidungen mitunter schwer vermittelbar, wie etwa die Berufung der 29-jährigen parteilosen griechischen Staatsbürgerin Margarita Mathiopoulos zur SPD-Sprecherin, über die er schließlich stürzen sollte.[115] Nicht dem 1987 zu seinem Nachfolger gewählten Vorsitzenden der Bundestagsfraktion, Hans-Jochen Vogel, auch nicht Johannes Rau als dem Kanzlerkandidaten zur Bundestagswahl in diesem Jahr wurde eine Erneuerung der Partei in seinem Sinne zugetraut, sondern den von der Studentenbewegung, der Reformeuphorie der frühen 70er Jahre und den Neuen Sozialen Bewegungen geprägten jungen Regierungschefs auf Länderebene, Björn Engholm, Rudolf Scharping, Gerhard Schröder und – allen voran – Oskar Lafontaine. Verglichen mit den späten 70er und den frühen 80er Jahren verschoben sich die politischen Präferenzen sowohl der mittleren Führungsschicht der SPD als auch ihrer Wählerschaft etwas weiter nach links, was nichts daran änderte, dass in der Partei nach wie vor Sozialpolitik und Ökologie als schwer vereinbar galten. Die erste rot-grüne Koalition auf Landesebene 1985 in Hessen zeigte, dass in dieser schwierigen Konstellation immerhin auch neue parlamentarische Mehrheiten zu gewinnen waren. Als Erster von Brandts mediengeschulten »Enkeln«, die mit manchen Generationsgenossen von den Grünen einer imaginären, linkshedonistischen »Toskana-Fraktion« zugerechnet wurden, übernahm 1991 Engholm das Amt des Parteivorsitzenden, gefolgt von Scharping, Lafontaine und Schröder.

Flick-Affäre   Die seit Mitte der 70er Jahre um sich greifende Entfremdung der Bürger von den Parteien erhielt in den 80er Jahren durch eine Reihe von Skandalen neue Nahrung. Sie demonstrierten, wie das demokratische Ideal selbst von herausgehobenen Amtsträgern durch illegitime und illegale Praktiken unterlaufen wurde. In die Flick-Affäre, bei der es um eine in den 70er Jahren vom Flick-

Konzern an führende Mitglieder aller Bundestagsparteien verdeckt gezahlte Summe von insgesamt mehr als 25 Millionen DM ging, die den Verdacht der illegalen Parteienfinanzierung, wenn nicht gar der Bestechlichkeit hervorrief, waren neben den dafür gerichtlich verurteilten Wirtschaftsministern Lambsdorff und Hans Friderichs (ebenfalls FDP) zahlreiche andere Politiker involviert.[116] Die Affäre wurde 1981 öffentlich, sie beschäftigte zwischen 1983 und 1986 einen Untersuchungsausschuss des Bundestages und erweiterte das Vokabular der Bürger um das Kürzel »wg.«, das auf den Zahlungslisten die Empfänger verzeichnete, und um den Begriff »Blackout«, mit dem CDU-Generalsekretär Geißler die Erinnerungslücken von Bundeskanzler Kohl zu erklären suchte. Verstärkt wurde der Eindruck einer Doppelmoral noch durch die Initiative der Vorsitzenden der Koalitionsparteien von 1984, eine Bestrafung der Täter durch ein Amnestiegesetz zu verhindern, was aufgrund des vehementen Widerstands der Öffentlichkeit gar nicht erst zur Vorlage kam. Angesichts dieser Vorgänge stellte die Demoskopie eine Erosion des Vertrauens der Bürger in die Parteien fest. Während ihnen 1983 noch die Hälfte aller Befragten Vertrauen entgegenbrachten, sank dieser Anteil im Laufe der darauffolgenden Jahre kontinuierlich bis auf 38 Prozent im Jahre 1988.[117]

Anteil an dieser Entwicklung hatte auch das katastrophale Bild, das die Politik in der Barschel-Affäre 1987/88 abgab. Zur Bekämpfung des aufstrebenden Björn Engholm heuerte der schleswig-holsteinische CDU-Ministerpräsident Uwe Barschel im Landtagswahlkampf 1987 den Journalisten Reiner Pfeiffer an, der allerhand Phantasie entwickelte, um den Konkurrenten durch teils kriminelle Methoden zu diffamieren.[118] Als der *Spiegel* am Tag vor der Wahl diese Machenschaften aufdeckte, wurde er der unzulässigen Parteinahme beschuldigt, während Barschel ein »Ehrenwort« abgab, von Pfeiffers Wirken keine Kenntnis gehabt zu haben. Wegen der Unhaltbarkeit dieser Aussage in die Enge getrieben, trat Barschel am 2. Oktober 1987 von seinem Amt zurück und beging einige Tage später im Genfer Hotel »Beau Rivage« Selbstmord. Rudolf Augstein bot als Erklärung für den Freitod ein »zu enges Berufsbild« an und nahm damit das ausweglose Karrieremuster eines professionellen Politikers aufs Korn: »Ein Leben als Nicht-Ministerpräsident, als Nicht-Mehr-Aufsteiger, ein Leben als wohl dotierter Rechtsanwalt konnte er sich nicht vorstellen.«[119] Während die Gerüchteküche durch verschwörungstheoretische Spekulationen am Kochen gehalten wurde – wahlweise die Stasi, der israelische oder der südafrikanische Geheimdienst hätten Barschel ermordet –,[120] gerieten auch SPD-Landespolitiker in den Strudel dieser Affäre, als sich herausstellte, dass sie schon frühzeitig von Pfeiffer unterrichtet worden waren

Barschel-Affäre

und ihn überdies nach dem Skandal finanziell unterstützt hatten. So musste 1993 auch der nach der Neuwahl von 1988 zum Ministerpräsidenten gewählte Engholm wegen einer Falschaussage vor dem Untersuchungsausschuss des Landtages seinen Hut nehmen und als SPD-Vorsitzender zurücktreten. Besondere Dynamik erhielt diese Mischung aus Politik und Verbrechen durch die Mitwirkung der Medien, darunter auch die Springer-Presse und der *Stern*, der Fotos des toten Barschel veröffentlichte und die Moraldebatte von der Ebene der Politik auf die der Medienberichterstattung ausdehnte.[121]

Vereinigungs- dynamik In den Hintergrund gedrängt wurden die inneren Legitimationsprobleme der westdeutschen Politik durch den rapiden Zerfall der Herrschaft in der DDR im Laufe des Jahres 1989. Unter dem Einfluss der Liberalisierung in der Sowjetunion wurden dort Forderungen nach Meinungs- und dann auch Reisefreiheit häufiger und lauter vorgetragen. Die SED stemmte sich gegen eine Übernahme von »Glasnost« und »Perestroika« und bemühte sich 1988/ 89 insbesondere darum, eine selbstkritische Debatte zur Geschichte des Stalinismus zu verhindern, die die Legitimität der Parteiherrschaft in Frage gestellt hätte. Im Sommer 1989 mündeten die anlässlich der Kommunalwahl vom 7. Mai und der Haltung der DDR-Führung zur Niederschlagung der chinesischen Studentenrevolte auf dem Platz des Himmlischen Friedens anwachsenden Proteste in eine Abstimmung mit den Füßen, als eine immer größere Menge von DDR-Bürgern sich in den Botschaften der Bundesrepublik in Prag und Budapest versammelte und seit dem 10. September über die geöffnete Grenze zwischen Ungarn und Österreich in den Westen gelangte. Nach dramatischen Wochen, in denen Erich Honecker als Partei- und Staatschef zurücktrat und am 9. November 1989 die Mauer geöffnet wurde, entwickelte sich in der DDR aus dem demokratischen Aufbruch eine nationale Einigungsbewegung, die auf die von Helmut Kohl im Wahlkampf zur Volkskammerwahl am 18. März 1990 versprochenen »blühenden Landschaften« und die schnelle Einführung der D-Mark hoffte.[122] Der Wahlsieg der CDU, die Wirtschafts- und Währungsreform vom 1. Juli 1990 und der Abschluss der Zwei-plus-Vier-Verhandlungen mit den Siegermächten des Zweiten Weltkrieges ebneten den Weg zur Vereinigung am 3. Oktober 1990. Unter den Bundesbürgern, die diese Vorgänge zumeist staunend und aus der Ferne zur Kenntnis nahmen, herrschte nicht nur Freude über die Wiedervereinigung mit den Brüdern und Schwestern jenseits der früheren Grenze. Sie wich schon bald Befürchtungen über die finanzielle Belastung, aber auch kulturellen Ressentiments. Als die deutsche Einheit zur Verwirklichung anstand, stellte sich für manchen die Frage, inwieweit die in den vorangegangenen Jahren erreichte

»Selbstanerkennung« der Bundesrepublik als postnationale, demokratische Staatsnation von Bestand sein würde. Klaus Naumann, der sich 1988 in den *Blättern für deutsche und internationale Politik* dafür ausgesprochen hatte, die Bundesrepublik als verteidigenswertes »Definitivum« anzuerkennen, konstatierte zwei Jahre später, der Prozess der Selbstanerkennung sei »zunächst zum Erliegen gebracht. Das platzgreifende, paralysierende und bekenntnisheischende Diktum ›ein deutsches Volk‹ hat die demokratische Frage in eine Randlage abgedrängt«.[123] Als mit der Öffnung der Mauer die europäische Nachkriegsordnung zerfiel, erhielten nicht nur nationalistische Bewegungen einen Aufschwung, sondern es beschleunigte sich auch der schon begonnene Europäisierungs- und Globalisierungsprozess, der diese Bewegungen teilweise wieder eindämmte.

3 Kunst und Literatur auf dem Höhepunkt der »Postmoderne«

In den Künsten waren die letzten Jahre der »alten« Bundesrepublik von weiteren Grenzüberschreitungen zur Populärkultur und generell von der Öffnung zum breiten Publikum hin geprägt, wie sich am wachsenden Besucherstrom in die Museen, aber auch an der zunehmenden Kommerzialisierung der Kunst zeigte. Nach einer rezessionsbedingten Flaute boomte seit 1983 der private Kunstmarkt, wo einerseits Gemälde oder Skulpturen bekannter Künstler zu ungekannten Hochpreisen gehandelt wurden, andererseits ein Massenmarkt entstand. Zwischen 1977 und 1990 steigerten deutsche Kunstauktionen ihren Umsatz von 125 Millionen auf 300 Millionen DM.[124] Im Zuge einer allgemeinen Aufwertung von Kultur schmückten sich renommierte Unternehmen und Wirtschaftsmagnaten mit wertvoller Originalkunst des Impressionismus oder der Klassischen Moderne, wobei sich der Prestigegewinn immer mehr aus dem Preis des Objekts ableitete. Wer besonders up to date erscheinen wollte, deckte sich preisgünstiger mit den zeitgenössischen »Neuen Wilden« ein. Kunst wurde nicht mehr nur von den großen internationalen Häusern verkauft, sondern rückte über nationale und regionale Auktionen näher an die Kunden heran. Auch im privaten Rahmen wurden sie gehäuft abgehalten, während gleichzeitig Messen wie die Art Cologne (1967 als Kunstmarkt Köln gegründet) oder die Basler ART (seit 1968) zu Großveranstaltungen anwuchsen und Zehntausende von Besuchern anzogen.

Trotz der Stabilität des Buchmarktes geriet die traditionelle Lektüre durch die elektronischen Massenmedien unter Druck. Dies gilt auch für die bildenden Künste, wie sich paradigmatisch an der documenta 8 von 1987 zeigte, die der Malerei wenig, der Videokunst und dem Design hingegen viel Platz einräumte. Kritik an der funktionalistischen Moderne gehörte ebenso zum Common Sense wie die Skepsis gegenüber dem mittlerweile inflationär gebrauchten Begriff der »Postmoderne«, dem vorgeworfen wurde, für eine rat- und konzeptlose »Beliebigkeit« zu stehen.

Architektur Noch am überzeugendsten hat sich der postmoderne Ansatz in der Architektur niedergeschlagen und Mitte der 80er Jahre einen Höhepunkt erreicht. Schon in den frühen 60er Jahren hatte der von Stadtsanierung und funktionalistischem Massenwohnungsbau ausgelöste »Abgesang auf Putte und Straße, Platz und Baum« (Wolf Jobst Siedler) Kritik hervorgerufen. Die allgemein beklagte »Unwirtlichkeit der Städte« (Alexander Mitscherlich) wurde auf die Verabsolutierung des architektonischen Ideals »form follows function« zurückgeführt, das eine kalte Rationalität verbreitete, während emotionale Bedürfnisse nach Wärme, Tradition und Natur nicht berücksichtigt würden. »So schränkte sich die Mitteilungskraft etwa eines Wohnhauses darauf ein«, bemerkte der Kunsthistoriker und Direktor des Deutschen Architekturmuseums, Heinrich Klotz, »dass man das kleine WC-Fenster vom großen Wohnzimmerfenster unterscheiden konnte.«[125] Von Einkaufszentren und Parkhäusern geprägte Innenstädte sowie Trabantensiedlungen wie das Märkische Viertel in Berlin (seit 1963), Mettenhof in Kiel (seit 1965) oder Mümmelmannsberg in Hamburg (seit 1970) standen für die triste Wirklichkeit des einstmals gesellschaftsreformerisch intendierten »Neuen Bauens« der Klassischen Moderne, dessen Klarheit Demokratie und Offenheit hatte signalisieren sollen. Als zum »westlichen« Baustil aufgewerteter Reimport aus dem US-Exil zum allgemeinen Diktat erhoben, sei angesichts der großen Kriegszerstörungen in den deutschen Innenstädten aus der fortschrittlichen Utopie ein »Ozean der Monotonie« (Klotz) entstanden, der das Leben einförmig zurichtete, anstatt seiner Vielfalt Raum zu geben.

Wie eine »postmoderne« Architektur beschaffen sein müsste, wurde früh diskutiert. Nach Robert Venturi, der schon 1960 den symbolischen Eigenwert einer Fassade von der Funktion eines Gebäudes unterschied, übertrug Charles Jencks 1975 den Begriff der Postmoderne auf die Architektur und postulierte als ihr zentrales Merkmal eine doppelte Kodierung – aus Innovation und Tradition, Avantgardismus und Popularität oder Regionalität und Internationalität –, die der Eindeutigkeit moderner Architektur entgegengestellt wurde.[126] Ganz ähnlich wie in anderen Künsten setzte in den 60er Jahren auch in der

Architektur eine Abkehr von jener Intellektualisierung ein, wie sie die Suche nach der reinen, abstrakten Form darstellte. Im Unterschied zur modernen bezog sich die postmoderne Baukunst auf eine Vielzahl von Traditionen – darunter auch die des in sich vielfältigen Funktionalismus. »Zeitzeugenschaft«, so postulierte Wolfgang Welsch im Hinblick auf die Architektur, »ist für diese Postmoderne so wichtig, wie sie es für die Moderne war. Aber durch die Einspeisung von Traditionspotenzialen ist sie grundsätzlich für eine größere Vielzahl von Modellen offen, als es der Moderne je in den Sinn kam.«[127] Hier tritt der gewollte Eklektizismus der Postmoderne deutlich hervor – auch wenn die Architektur der Moderne sicherlich weit weniger homogen war, als postmoderne Schriften häufig nahelegten. Innerhalb des Konsensus der Heterogenität traten die einen für ein Konzept der radikalen Pluralität ein (Venturi), während andere die unterschiedlichen Elemente zu einer neuen Einheit bringen wollten (Jencks).

Rückblickend hat Charles Jencks vier Phasen der Postmoderne in der Architektur identifiziert, die als vorläufige Periodisierung gelten mögen.[128] Während die erste Phase bis 1972 vom Protest gegen die Zerstörung der historisch gewachsenen Stadt gekennzeichnet war, wurde zwischen 1972 und 1978 Venturis Ideal von »Komplexität und Widerspruch« zum Leitbild konkreter Architekturprojekte. In ihrer Hochphase von 1978 bis 1985 wurde postmoderne Architektur nicht nur allgegenwärtig, sondern verbündete sich auch mit der Macht. Zwischen 1985 und der Mitte der 90er Jahre, als sie »als lebendige Bewegung zu verblassen« begann (Jencks), bemühte sie sich um die Rücknahme großangelegter Komplexbauten zugunsten kleiner, überschaubarer Einheiten. Betrachtet man die in der Bundesrepublik verwirklichte postmoderne Architektur der späten 70er und 80er Jahre, so wird deutlich, dass einige repräsentative Gebäude – insbesondere Museen, die baulichen Ikonen der »Kulturgesellschaft« – sowie einige Projekte der Maßstäbe setzenden Internationalen Bauausstellung in Berlin 1984–1987 in einem Stil errichtet wurden, der »nicht nur Funktion, sondern auch Fiktion« (Heinrich Klotz) sein wollte.

Das Interesse gerade postmodern ambitionierter Architekten an Museumsbauten war besonders ausgeprägt, weil hier die Möglichkeiten, weitgehend ungehindert durch normative Vorgaben zu planen – und damit Baukunst zu gestalten –, sehr viel größer waren als etwa im Wohnungsbau. »Für den Architekten«, so konstatierte Josef Paul Kleihues 1979, »stellt die Planung von Museen so etwas wie den letzten Freiraum für die Übung des Entwerfens mit ›künstlerischen‹ Ambitionen dar.«[129] Einen der ersten Museumsbauten, die wegen ihres postmodern-vielgestaltigen Ansatzes Aufsehen er-

Museums-
bauten

regten, schuf der Wiener Architekt Hans Hollein mit dem zwischen 1976 und 1981 errichteten Museum Abteiberg in Mönchengladbach. Der 1983 mit dem Deutschen Architekturpreis ausgezeichnete Bau setzte Holleins Vision einer begehbaren Architekturlandschaft geradezu idealtypisch um. Er besteht aus einem Ensemble vielgestaltiger Einzelelemente, die ober- und unterhalb der als Zugangsebene und öffentliche Plaza genutzten Dachflächen angeordnet sind und als vertikale »Collage« eine ungewöhnliche Spannung erzeugen.[130] Während die absteigende Landschaft durch großzügige Glasflächen einsehbar und über Terrassen zugänglich ist, setzt der hoch aufgerichtete Verwaltungsturm oberhalb des Forums einen Kontrapunkt. Im Innern ermöglicht eine Vielzahl von Räumen unterschiedlicher Größe, Form und Wandgestaltung überraschende Wechsel von Intimität und weiten Fluchten, die den Eindruck einer »Erlebnisarchitektur« unterstützen und als angemessener Rahmen zur Präsentation moderner Kunst wahrgenommen wurden.

Ähnlich collagierend präsentierte sich der 1984 eröffnete und ebenfalls an einem Hang gelegene Bau der Neuen Staatsgalerie Stuttgart, der zum bedeutendsten »Architekturereignis« (Hermann Glaser) der 80er Jahre erklärt wurde, weil er sich ungezügelter, machtbewusster und zugleich ironischer als Holleins Museum in Szene setzte.[131] Der britische Architekt James Stirling bezog in seine »eklatant mehrsprachige« (Wolfgang Welsch) anspielungsreiche Gestaltung Versatzstücke historischer Museumsarchitektur ein, er griff die Struktur der unmittelbar benachbarten Alten Staatsgalerie auf und kombinierte sie mit anderen Elementen klassizistischer Architektur – Säulen oder eine an Schinkel angelehnte Rotunde –, brach aber den einschüchternden Gestus traditioneller Kunsttempel durch Elemente des modernen Konstruktivismus und durch geschwungene Linien, schrillfarbige Stahlapplikationen, Handläufe und Fußbodenbeläge. Gerade im Ostentativen dieser Kombination wurde die postmoderne Qualität des Neubaus gesehen, der die Kunst des 20. Jahrhunderts einer breiten Öffentlichkeit zugänglich machen sollte. Während manche den bedenkenlosen Eklektizismus für beliebig hielten, gefiel Eduard Beaucamp in der *FAZ* insbesondere das Pop-Affine des »englischen Geschmacks«: »Wieder gewonnen ist eine unterhaltende und erzählende, eine vielfach überraschende, ja spannende Architektur, die manchmal auch vor den Effekten von Jahrmarkt und Disneyland nicht zurückscheut.«[132]

Frankfurt   Ein bedeutendes Zentrum postmoderner Architektur wurde Frankfurt, das in den 80er Jahren zahlreiche Museumsneubauten erhielt – darunter das Museum für Kunsthandwerk von Richard Meier (eröffnet 1985), das Museum

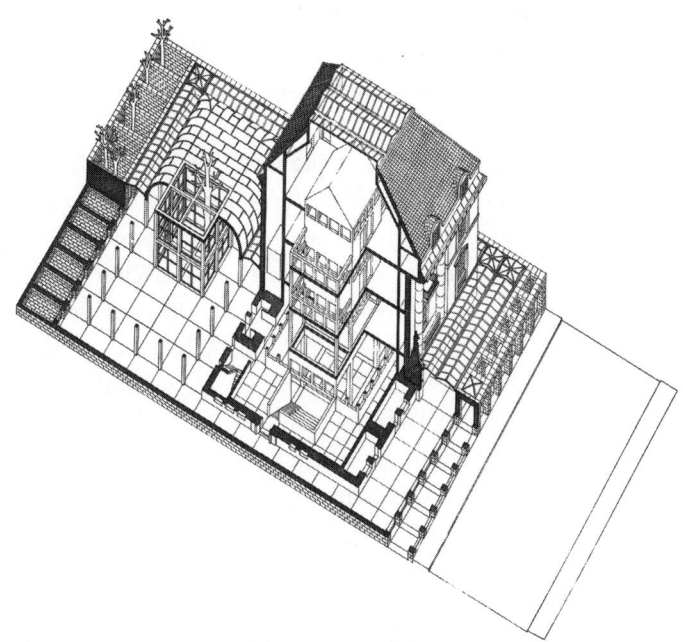

Oswald Mathias Ungers: Isometrie des Architekturmuseums Frankfurt (Main), 1979–84

für Vor- und Frühgeschichte von Kleihues (1989), das Bundespostmuseum von Günther Behnisch (1990) –, aber auch ein Studienobjekt für mehr und weniger gelungene Lösungen zum Ersatz von kriegszerstörter historischer Bausubstanz abgibt. Seit 1979 errichtete Oswald Mathias Ungers, einer der in der Bundesrepublik einflussreichsten Architekten der 80er und 90er Jahre, das ebenfalls am Frankfurter »Museumsufer« beheimatete Deutsche Architekturmuseum als Haus im Haus.[133] Nicht Zergliederung oder Kombination unterschiedlicher Architektursprachen lagen Ungers' Ansatz zugrunde, sondern die Variation grundlegender geometrischer Formen. Allerdings werden die jeweils streng rationalistischen Elemente so miteinander kombiniert, dass sie sich gegenseitig kommentieren und in Frage stellen. Ungers löste das von einem Architekturmuseum aufgeworfene Problem der Selbstthematisierung, indem er innerhalb einer entkernten historischen Villa über drei Ebenen eine auf dem Prinzip des quadratischen Rasters beruhende Stahlbetonstruktur einzog, die ein eigenes Haus bildete – eine Konstruktion, die sich dem Besucher allerdings nicht auf den ersten Blick erschließt. »Offener Raum wird in umschlossenen, Schacht in Schaft, Außen in Innen umgedeutet. Repetition, Reduplikation und Inversion erzeugen in ihrem Zusammenspiel ein Gebilde voll Irritation«.[134] Dies war der geeignete Ort, um mit der Eröffnungsausstellung »Die Revision der Moderne« 1984 eine erste Zwischenbilanz zur postmodernen Architektur zu ziehen und ihr gleichzeitig einen weiteren Popularisierungsschub zu vermitteln.

Wie in manchen anderen Städten stellte sich auch in Frankfurt die Frage, wie kriegsbedingte Baulücken in den historischen Stadtkernen aufzufüllen seien. Zwischen 1980 und 1984 wurde die Ostzeile des Römer originalgetreu rekonstruiert – ein Vorschlag des vormaligen SPD-Oberbürgermeisters Rudi Arndt, gegen den die gesammelten Proteste der Fachwelt nichts ausrichten konnten, weil die Bürger dafür waren.[135] Etwas abseits der historistischen Disney-World, in der Saalgasse, stand allerdings zeitgleich die Rekonstruktion einer Häuserzeile in architektonischem Gegenwartsduktus an. Eine eindrucksvolle Kombination aus historischem Bezug, Naturzitat und moderner Formensprache gelang Adolfo Natalini mit dem Eckhaus Nr. 4, das die historische Fachwerkbauweise in eine gemauerte Struktur übersetzt und den Schnittpunkt der Außenwege durch eine an einen Baum erinnernde Rundsäule mit angedeuteter Krone markant belebt.[136]

Einen systematischen Versuch, seine »Unwirtlichkeit« zu überwinden, machte Westberlin, das von 1979 bis 1987 mit der Internationalen Bauausstellung (IBA) auf die katastrophalen Auswirkungen jener Kahlschlagsanierung reagierte, die erst unter dem Eindruck dieser städtebaulichen Erneuerungsoffensive 1981 gestoppt wurde. Als einer ihrer beiden Direktoren wollte Josef Paul Kleihues eine Umwelt schaffen, die »auf die Chance des Menschen« abzielte, »glücklich zu sein«, anstatt »nostalgische Milieueuphorie oder sozialen Utilitarismus als Surrogat einer besseren Welt« anzustreben.[137] Unter dem Leitmotiv »Die Innenstadt als Wohnort« sollte die IBA einerseits durch Neubebauung etwa im südlichen Tiergartenviertel und in der südlichen Friedrichstadt, andererseits durch behutsame Sanierung des Altbaubestandes in Kreuzberg vorführen, wie eine humane Stadt aussehen könnte. Wesentlicher Bestandteil war die Einbeziehung der betroffenen Bevölkerung in den unterschiedlichsten Formen: durch Bürgerversammlungen, Planungsgruppen und eine Vielzahl von Selbsthilfeprojekten. Das Leitbild der »kritischen Rekonstruktion« ging von der weitgehenden Erhaltung der historischen Bausubstanz aus, die aber gleichzeitig modernen Wohnstandards und sozialen Ansprüchen gerecht werden sollte. In Kreuzberg wurden bis 1987 485 Wohnungen neu geschaffen und 6000 instand gesetzt sowie teilweise modernisiert, befanden sich drei Schulen für 1500 Schüler und Kindertagesstätten für 1400 Kinder im Bau; es wurden 250 Höfe begrünt und 20 Straßenabschnitte und Plätze umgebaut.[138] Hinzu kamen neue Jugendfreizeitheime, ein türkisches Kulturzentrum, ein Frauenstadtteilzentrum, Wohn- und Freizeitstätten für Senioren. Auch der 1982 durch Privatinitiative entstandene Kinderbauernhof am früheren Görlitzer Bahnhof, der einen ländlichen Erfahrungsraum mitten in der Großstadt schuf und zu einem Ort der Begegnung zwischen den Generationen und Kulturen wurde, erhielt Auf- und Ausbauhilfen von der IBA.

Wie sich auch im Wohnungsneubau Geschichtsbezug und moderne Gestaltung verbanden, lässt sich am Wohnblock zwischen Ritter- und Oranienstraße in der südlichen Friedrichstadt nachvollziehen. Der als »romantischer Rationalist« apostrophierte luxemburgische Architekt Rob Krier, ein Partner Ungers' und Theoretiker der »behutsamen Stadterneuerung«, verband rationalistische Architektur mit einer Orientierung an der gewachsenen Bebauung.[139] Die dreiflügelig-symmetrische Anlage des von 1978 bis 1981 im Rahmen eines Vorprojekts zur IBA errichteten Mehrfamilienhauses in der Ritterstraße folgt einem rationalistischen Muster, das aber in der Ausführung zugleich relativiert und vielfach durchbrochen wird. Traditionen des Neuen Bauens verbinden sich mit dem Bemühen, »den normierten Wohnungen des gängigen sozialen Wohnungsbaus individuellere und kommunikativere Lösungen entgegenzusetzen«.[140]

Der Sammelbegriff der »Postmoderne« fasst die hier beschriebenen Tendenzen nur zum Teil; er rührt im Kern aus der Korrektur städtebaulicher Fehlentwicklungen durch den Rückgriff auf die Geschichte, der sich in einer Vielzahl von Erscheinungen dokumentierte. Die anfänglich heftige Kritik, die das historistisch akzentuierte Identitätsstreben postmoderner Architektur als Teil einer konservativen »Tendenzwende« bewertete, legte sich im Laufe der 8oer Jahre, während gleichzeitig der postmoderne Boom an ein Ende kam.[141] Erneut machte sich eine Orientierung an den einfachen Formen der klassischen Moderne geltend, während die spektakulärsten Akzente von dekonstruktivistischer Architektur gesetzt wurden, die nicht Versöhnung, sondern Exposition der Widersprüche anstrebte: mit Bauten von Günther Behnisch oder dem Wiener Büro Coop Himmelb(l)au, dem von Frank O. Gehry entworfenen Vitra Design Museum in Weil am Rhein und dem seit 1999 zugänglichen Neubau des Jüdischen Museums in Berlin von Daniel Libeskind (Entwurf 1989).

Dass das 1989 eröffnete Designmuseum des Möbelherstellers Vitra im Design
ersten europäischen Bau des amerikanischen Dekonstruktivisten eröffnet wurde, war angemessen. Denn ähnlich wie in der Architektur traten die neuen

Frank O. Gehry: Vitra Design Museum, Weil am Rhein (1989)

Ansätze im Design häufig als Bewegungen gegen den Funktionalismus der klassischen Moderne auf, die die ohnehin erodierende Überzeugung von der ideologiefreien Formgestaltung gezielt attackierten. In den 70 Jahren trugen sie im Kontext von Konsumkritik, Wirtschaftskrise und beginnendem ökologischen Bewusstsein Umweltaspekten besonders Rechnung und setzten auf kostengünstiges Recycling, wie es etwa das Altreifensofa der Offenbacher Gruppe Des-In proklamierte. In den frühen 80er Jahren trieb eine Aufbruchbewegung junger Designer die antifunktionalistische Kritik auf die Spitze.[142] Programmatisch insistierten sie auf der freien Kreativität des Designers und richteten sich damit gegen ein verengtes Rollenbild, das sich seit den späten 50er Jahren in dem »eines Industrie-Designers erschöpfte, der gezwungen war, sich ausnahmslos an den Vorstellungen seiner Auftraggeber zu orientieren«.[143] Marktgängigkeit konnte für diejenigen, die dieser Abhängigkeit entkommen wollten, kein entscheidendes Kriterium sein, auch wenn die Akteure nach der großen Resonanz versuchten, von Unikat und Kleinserie zur industriellen Massenfertigung vorzustoßen – freilich mit geringem Erfolg. Ausstellungen wie »Möbel perdu« des Hamburger Museums für Kunst und Gewerbe von 1982 und Hochglanzmagazine wie *Stern* und *Vogue* präsentierten einer interessierten Öffentlichkeit ihre von expressivem Gestaltungswillen und »Bruch-Ästhetik« (Volker Fischer) geprägten Formideen. Im Gegensatz zum zeitgenössischen italienischen Design, dessen unkonventionelle und bunte Produkte von Studio Alchimia oder Memphis international Aufsehen erregten, wurde die industrielle Massenkultur von den Akteuren des »Neu-en Deutschen Designs« – so der an eine zeitgenössische Mode in der Popmusik angelehnte Titel einer Krefelder Ausstellung von 1983 – nur indirekt beeinflusst. Die Fachwelt stand dem radikal subjektiven Ansatz mehrheitlich skeptisch gegenüber, auch wenn im Laufe der 80er Jahre im Industriedesign kommunikative und emotionale Formelemente stärker in den Vordergrund traten.

Den Höhepunkt der medialen Aufmerksamkeit bildete eine 70-minütige Fernsehproduktion des WDR, die am 4. Februar 1986 im Ersten Programm ausgestrahlt wurde und das Neue Deutsche Design als Gegenprogramm zum Ulmer Funktionalismus in Szene setzte. Unter der Regie von Bob Rooyens, moderiert von dem Szeneaktivisten Christian Borngräber und musikalisch untermalt von Hongkong Syndikat und Einstürzende Neubauten, nahm sie auf

Consumer's Rest Lounge Chair. Künstler: Stiletto Studios. Urentwurf: 1983. Edition: 1990 (abgebildet), Auflage 1+2: 150 Stück.

provokativ-ironische Weise traditionalistische Vorstellungen von Produktgestaltung aufs Korn und stellte eine Reihe von jungen Designern vor. Darunter war auch der Berliner Künstler Frank Schreiner (Stiletto Studios) mit seinem »Consumer's Rest Lounge-Chair«, der einen Einkaufswagen als Ikone der Konsumgesellschaft zum Stillstand brachte, indem er ihn zu einem Sitzmöbel umfunktionierte.[144] Mit weiteren Gruppen wie Bellefast, Cocktail und Berlinetta war Westberlin ein Zentrum der neuen Designszene, andere Schwerpunkte bildeten Hamburg und Köln/Düsseldorf. Einen dritten Weg zwischen Kunstobjekt und Massenprodukt ohne Kunstanspruch wollte die Möbelausstellung »Berliner Wege« der Gemeinschaftsinitiative Designwerkstatt im Herbst 1988 aufzeigen, deren Prototypen allerdings nicht bis zum

Fließband vordrangen, sondern in der Sammlung des Berliner Kunstgewerbemuseums landeten.

Form follows fiction

In der Bundesrepublik deutete bereits der in den 60er Jahren aufgekommene Begriff des »erweiterten Funktionalismus« eine Aufweichung eines angeblich rein »sachlichen« Formverständnisses an, während dann das industrielle Design der 80er Jahre von einem ausdrücklichen Bekenntnis zu Ästhetik und Kommunikation geprägt war. Auch in der industriellen Formgebung brachte sich künstlerischer Gestaltungswille wieder stärker zur Geltung, wie die Entkoppelung von Zweck und Form, historisches Zitieren, opulente Umrisse und Farben zeigten, die die Distinktionsbedürfnisse breiterer Käuferschichten bedienten. Seit den frühen 80er Jahren industriell hergestellte Möbel von Gestaltern wie Stefan Wewerka und Holger Scheel erzielten Höchstpreise. Gerade in der Parallelexistenz von künstlerischem Unikat und einer von gesteigertem Formwillen geprägten industriellen Massenkultur spiegelte sich in den 80er Jahren der »Aufstieg des Designs zum prominenten Ausdrucksmittel der Kulturgesellschaft« (Gert Selle) wider. Weiter vorangetrieben wurde er vom Vormarsch des Mikroprozessors, der – ganz im Einklang mit der Forderung nach »radikaler Pluralität« – das Postulat einer Identität von Form und Funktion gänzlich fragwürdig erscheinen ließ, wie sich schon in den späten 80er Jahren an der Gestaltung von Unterhaltungs- und Kommunikationselektronik zeigte.[145]

Deutsch-deutscher Kulturtransfer

Zu keinem Zeitpunkt befruchteten sich die künstlerischen Szenen der Bundesrepublik und der DDR stärker als in den 80er Jahren. Dabei blieb das Verhältnis asymmetrisch: Während die Bundesrepublik für die DDR einen zentralen kulturellen Referenzrahmen darstellte, der über die elektronischen Massenmedien allgegenwärtig war, nahmen die Bundesbürger das Kulturleben in der DDR nur sehr begrenzt zur Kenntnis. Zwar interessierten sie sich im letzten Drittel der 80er Jahre wegen der Intensivierung der innerdeutschen Beziehungen immer mehr für die Verhältnisse in der DDR im Allgemeinen, allerdings stand dabei die politische und wirtschaftliche Entwicklung, insbesondere Fragen des Umweltschutzes im Vordergrund.[146] Gesteigertes Interesse für das kulturelle Leben und die Literatur des anderen deutschen Staates brachten, Ermittlungen der Demoskopie zufolge, 1982/83 nur 16 Prozent der Westdeutschen auf, 1985 waren es 26 und 1987 19 Prozent. Dass sich der deutsch-deutsche Kulturtransfer dennoch intensivierte, beruhte auf einem komplexen Ursachenmix: einer differenzierteren westlichen Sicht der künstlerischen Produktion in der DDR, die sich schon in den 70er Jahren angebahnt hatte; dem Eindruck einer Bedrohung durch Atomkrieg und Umweltverschmutzung, der das deutsch-deutsche Gemeinschaftsgefühl stimulierte; einer Institutionalisierung der Entspannungspolitik auf kulturellem Gebiet und der mehr oder minder erzwungenen Abwanderung von Künstlern und Intellektuellen aus der DDR.

Ein Schlüsselereignis für den deutsch-deutschen Kulturtransfer war die Ausbürgerung des Liedermachers Wolf Biermann, die ihn nach einem Konzert in Köln vom 13. November 1976 ereilte und schockartige Wirkungen auf beiden Seiten der Mauer auslöste, weil sie die Grenzen der inneren Liberalisierung in der Ära Honecker markierte.[147] Der 1953 in die DDR übergesiedelte und seit 1965 mit einem Auftritts- und Publikationsverbot belegte Sohn einer kommunistischen Hamburger Familie, dessen Vater als Widerstandskämpfer gegen den Nationalsozialismus ermordet worden war, war ein Stachel im Fleisch der DDR vor allem, weil er die autoritäre und diktatorische Führung von Staat und Partei kritisierte, aber am Ziel des Sozialismus festhielt. Damit artikulierte Biermann die Sehnsüchte eines erheblichen Teils der DDR-Intelligenz, der eine innere Liberalisierung, aber keinen grundlegenden Systemwechsel erstrebte. Die demonstrative Entscheidung Honeckers, die den Spielraum selbst der immanenten Systemkritik eng begrenzte, löste in der Bundesrepublik Empörung und in der DDR eine ungekannte Welle des Protests u. a. von mehr als 100 namhaften Intellektuellen aus, darunter Christa Wolf, Stefan Heym, Heiner Müller und Jurek Becker. Die unnachgiebige Reaktion der Machthaber und weitere Repressionen führten zu einer Abwanderung von Künstlern und Intellektuellen, die sich über mehrere Jahre erstreckte und komplexe Folgewirkungen hatte. Während das kulturelle Leben in der DDR durch diesen Aderlass – in den 80er Jahren verabschiedeten sich etwa 350 Künstler auf Dauer – ärmer wurde und die Bindungen zwischen Regime und Bevölkerung weiter erodierten, konnten viele der Abgewanderten im kulturell wie politisch andersartigen Gefüge der Bundesrepublik nur schwer Fuß fassen.[148] Aufgrund ihrer Brückenfunktion brachten sie, so sah es Fritz J. Raddatz, eine »dritte deutsche Literatur« hervor. Sie verstärkten die beiderseitigen Verschlingungen, indem sie dem dichter wachsenden offiziellen Beziehungsgeflecht eine Art negativer Vernetzung entgegensetzten, die durch ihre Äquidistanz gegenüber beiden Systemen geprägt war. Gleichzeitig nahmen durch den abwanderungsbedingten Druckabbau im Innern der DDR die Spielräume der kritischen Intelligenz wiederum zu, wobei die staatlichen Reaktionen, die sich auf ein immer feiner gewirktes Kontroll- und Überwachungssystem stützten, zwischen Liberalisierung und Repression changierten.[149]

Folgen der Biermann-Ausbürgerung

Nina Hagen, 1978

Es gingen nicht nur Schriftsteller und bildende Künstler, sondern auch Regisseure und Schauspieler, so dass der Verlust in allen Sparten des kulturellen Lebens spürbar wurde – auch in den Massenmedien.[150] Um den inneren Druck abzubauen, aber nach Möglichkeit einen ultimativen Bruch zu vermeiden, vergab die DDR-Führung in den 8oer Jahren neben allgemeinen Ausreisegenehmigungen auf einige Jahre befristete Visa oder in Einzelfällen Dauervisa (so etwa im Falle Heiner Müllers und der Schauspielerin Jutta Hoffmann), die den Betreffenden die Rückkehr oder gar eine Parallelexistenz in beiden deutschen Staaten ermöglichten. Auch deshalb ebbte die Ausreisewelle nicht ab, sondern steigerte sich noch in der zweiten Hälfte der 8oer Jahre. Zu den frühen Übersiedlern unmittelbar nach der Biermann-Ausbürgerung gehörte der Schriftsteller Thomas Brasch, der in der Ausübung seines Berufes vielfach behindert worden war, in der Bundesrepublik aber mit Theaterstücken und Filmen Erfolg hatte, und dennoch erkannte: »hier werde ich nicht alt«.[151] Mit einem dreijährigen Visum gingen der Schriftsteller Klaus Schlesinger und seine Frau, die Liedermacherin Bettina Wegner, 1980 nach Westberlin, wo sie sich der »Schwierigkeit, Westler zu werden« – so der Titel eines Schlesinger-Buches – gegenübergestellt sahen. Nach der Übersiedelung schnell an ihre Karrieren anknüpfen konnten schon in der DDR beliebte Schauspieler wie Manfred Krug, Angelica Domröse und Katharina Thalbach sowie Armin Mueller-Stahl, dem sogar der Sprung nach Hollywood gelang. Während der Musiker Klaus Renft nur schwer ein Auskommen fand, erregte Nina Hagen als Rockröhre und Schauspielerin einige Aufmerksamkeit.

DDR-Kunst im Westen   Das Bedürfnis, ein eigenes Bild von Kunst und Literatur in der DDR jenseits der Stereotypen des Kalten Krieges zu gewinnen, hatte seit den 7oer Jahren die Aufmerksamkeit des westdeutschen Publikums geschärft. Zahlreiche Ausstellungen bildender Künstler wurden seit Ende der 7oer Jahre in den westdeutschen Museen gezeigt – so neben Überblicksschauen zum Kunstschaffen in der DDR Retrospektiven zu Willi Sitte, Wolfgang Mattheuer, Bernhard Heisig und Fritz Cremer in den großen Häusern Hamburgs, Frankfurts und Westberlins –,[152] während u. a. das Gewandhausorchester Leipzig, der Tenor Peter Schreier und das Berliner Ensemble an westdeutschen Spielstätten auftraten. Auf wachsendes Interesse stieß auch Literatur aus dem »anderen Deutschland«. Gesteuert durch das Büro für Urheberrechte, gelangten Bücher von DDR-Autoren offiziell auf den kapitalistischen Markt, während nicht genehme Literatur unter der Hand einen Weg zum westdeutschen Publikum fand. Dabei brachten die Westverlage weitaus weniger Belletristik aus der DDR auf den Markt als umgekehrt. 1986 lizenzierten sie 81 belletristische Titel an die DDR und übernahmen von dort 28, im darauffolgenden Jahr steigerten sich die Zahlen auf 95 und 57.[153] Dennoch hatte DDR-Literatur in vielen Verlagsprogrammen der 80er Jahre einen festen Platz – etwa bei Suhrkamp, Fischer, Wagenbach und Rotbuch; Luchterhand stützte sich mit Anna Seghers, Christa Wolf, Christoph Hein, Hermann Kant u. a. ganz besonders auf DDR-Autoren.[154] In der Literaturwissenschaft und den Feuilletons setzte man sich ernsthaft mit ihr auseinander. Schon in der veränderten Leseerwartung rückte das Gemeinsame in den Vordergrund: Erhofft wurden nicht mehr nur – wie noch in den 70er Jahren – politisch-soziologische Auskünfte über die Konflikte jenseits der Mauer, sondern ästhetische Aussagen von allgemeiner Gültigkeit. Unterfüttert wurde die Annäherung auf Augenhöhe durch die häufigere Anwesenheit von DDR-Schriftstellern im kulturellen Leben der Bundesrepublik.[155] Heiner Müller, in den 80er Jahren meistgespielter Gegenwartsautor auf den deutschsprachigen Bühnen, war in Bochum, Hamburg, München und Stuttgart präsent, zum Teil in spektakulären Inszenierungen mit Robert Wilson; 1985 erhielt er den Georg-Büchner-Preis, im Jahr darauf den Nationalpreis Erster Klasse der DDR. Müller, der sich schon 1981 »mit je einem Bein auf den zwei Seiten der Mauer« verortete, erklärte später den Reiz dieser Position mit der Spannung zwischen dem »Erfahrungsdruck« der Geschichte in der DDR und seiner Abwesenheit im Westen: »Der Erfahrungsdruck war die Chance der Literatur, die S-Bahn-Fahrt der Privilegierten vom Bahnhof Friedrichstraße zum Bahnhof Zoologischer Garten das Auftauchen aus tiefem Wasser in eine flachere Schicht, das Schwindel erzeugte.«[156] Mühelos füllte Christa Wolf schon Ende der 70er Jahre große Säle, die Verleihung des Büchner-Preises von 1980 und ihre Frankfurter Poetik-Vorlesung zu *Kassandra* im Mai 1982 wurden zu kulturellen Großereignissen. Wie keine andere war »unsere Christa« (*Emma*) zu einer gesamtdeutschen Schriftstellerin gewor-

Christa Wolf in den achtziger Jahren an ihrem Schreibtisch

den, die sich einem »überhistorischen Humanum« verpflichtet fühlte, aber sich doch auch wunderte über »die Utopie-Strahlkraft des kleinen Landes, in dem wir wohnen«.[157] Dass dieses problematische Faszinosum zunehmender Ernüchterung wich, reflektierte ihr Essay *Störfall* (1987), der im Atomunfall von Tschernobyl nichts weniger als das Ende der sozialistischen Utopie erblickte. Stefan Heym, der seit seinem Protest gegen die Biermann-Ausbürgerung hauptsächlich im Westen veröffentlichte, eröffnete im November 1983 die Vortragsreihe »Reden über das eigene Land« in den Münchner Kammerspielen.[158] Fern von den Tempeln der Hochkultur, bei den Massen, erregten DDR-Rockbands Aufmerksamkeit, allen voran die Puhdys, die seit 1976 in der Bundesrepublik live auftraten, City, deren erste LP mit ihrem Erfolgstitel *Am Fenster* (1978) auch in einer Westausgabe erschien und eine halbe Million Mal verkauft wurde, und Karat, deren LP *Albatross* (1979) 1984 die Goldene Schallplatte erhielt.

Berliner Begegnung Zu den halboffiziellen Formen der Zusammenarbeit gehörte die von Stephan Hermlin, dem Spiritus Rector der Protesterklärung gegen die Biermann-Ausbürgerung, initiierte »Berliner Begegnung zur Friedensförderung« vom 13./14. Dezember 1981, an der etwa einhundert Schriftsteller und andere Künstler in der DDR-Hauptstadt teilnahmen – darunter Günter Grass, Erich Fried, Stefan Heym, Günter de Bruyn und die inzwischen im Westen lebenden Thomas Brasch und Jurek Becker.[159] Beunruhigt durch die »Verfins-

Stephan Hermlin bei einer Lesung in Berlin (West), 1979

terung der militärischen und politischen Situation« (Hermlin), die durch die Verhängung des Kriegsrechts in Polen am ersten Tag des Treffens schlagartig zugenommen hatte, erkannten Intellektuelle aus Ost und West eine gemeinsame Verantwortung und suchten das Gespräch, das unterm Strich auf eine Kritik der Hochrüstung beider Supermächte hinauslief. Heute könne es keinen gerechten Krieg mehr geben, erklärte Heym, »weil es keine gerechten Atombomben gibt«.[160] Dem ersten gesamtdeutschen Schriftstellertreffen seit 1947 folgten 1982 weitere Tagungen in Den Haag, Köln und Sofia sowie 1983 in Westberlin.

Den Schulterschluss mit westdeutschen Künstlern suchte die SED – vermittelt vor allem über ihre Jugendorganisation FDJ – auch auf dem Gebiet der Popkultur, wo sich in der Bundesrepublik um die Initiative »Rock gegen Rechts« und die Friedensbewegung politisch übergreifende Gemeinsamkeiten herausgebildet hatten. Während eine für 1984 geplante DDR-Tournee der Kölner Band BAP scheiterte, weil sie sich Zensurvorgaben nicht fügen wollte, entwickelte sich der Austausch von Lederjacke, Schalmei und E-Gitarre zwischen Udo Lindenberg und Erich Honecker 1987 zum Höhepunkt eines spannungsvollen, von Neugier und Kalkül, Kritik und Ironie geprägten Verhältnisses.[161] Der Musiker, der sich schon lange für das andere Deutschland interessiert hatte und seit 1982 zum prospektiven Bündnispartner gegen den NATO-Doppelbeschluss aufgestiegen war, setzte sich kritisch mit der DDR

Schalmei und Lederjacke

auseinander, ohne feindselig zu wirken. Trotz seines Erfolgstitels *Sonderzug nach Pankow* (1983) – einer respektlosen Bewerbung um einen Auftritt in Ostberlin, die von den DDR-Medien boykottiert wurde – durfte Lindenberg am 25. Oktober 1983 im Palast der Republik spielen; der Rundfunk übertrug sogar seine Kritik an der Raketenstationierung in beiden deutschen Staaten. Eine geplante Tournee wurde infolge des BAP-Desasters allerdings abgesagt. Nach einem Knüppeleinsatz gegen DDR-Jugendliche, die an Pfingsten 1987 einem Rockkonzert auf der anderen Seite der Mauer lauschten, vermachte Lindenberg »Honey« seine Lederjacke, die den SED-Chef zu mehr Liberalität bewegen sollte. Während die FDJ seit 1987 die Tore gen Westen weit öffnete und internationale Rockstars wie Bob Dylan, Bruce Springsteen und Joe Cocker in die DDR holte, mussten sich Lindenberg-Fans noch bis zum Januar 1990 gedulden, um ihren Star live zu erleben.

Kultur-
abkommen
Institutionalisiert und weiter vorangetrieben wurde der deutsch-deutsche Austausch durch ein Kulturabkommen, das nach jahrelangen Verzögerungen am 6. Mai 1986 unterzeichnet wurde.[162] Die ostdeutsche Seite wollte dadurch neben ihrer Reputation auch die Deviseneinnahmen erhöhen, die westdeutsche beabsichtigte, durch Jugendreisen, Wissenschaftleraustausch, Sportbegegnungen und eine Zusammenarbeit von Akademien, Archiven und Medien den Zugang der DDR-Bevölkerung zur westdeutschen Kultur zu erweitern und der Willkür der Behörden zu entziehen. Bedenken, das Abkommen könnte die staatliche Reglementierung noch verstärken, erfüllten sich nicht. Vielmehr intensivierte sich der Austausch mit der DDR in ihren letzten Jahren erheblich. So wurden noch 1986 Walter Jens und Peter Rühmkorf in die Akademie der Künste der DDR aufgenommen, kam es 1988 und 1989 zu wechselseitigen Buchausstellungen, während gleichzeitig die DDR-Buchproduktion in das westdeutsche Verlagstitelverzeichnis aufgenommen wurde. In Ostberlin und Dresden konnte 1986/87 erstmals eine Gesamtschau westdeutscher Malerei besichtigt werden, Bonn, Saarbrücken und Münster erlebten eine Ausstellung zur bildenden Kunst in der DDR. 1987 tourten beispielsweise das Tanztheater von Pina Bausch und das Bundesjugendorchester durch die DDR, während auf dem Festival »Duisburger Akzente« 800 Künstler und Wissenschaftler bei 100 Veranstaltungen einen Einblick in das kulturelle Leben der DDR gewährten. Reisten 1983 nur 1250 Jugendliche aus der DDR in die Bundesrepublik, erhöhte sich ihre Zahl 1986 und 1987 auf jeweils knapp 4000, 1988 lag sie bei 5500.[163] Gleichzeitig entstanden unabhängig vom Kulturabkommen und angestoßen durch das Beispiel von Saarlouis und Eisenhüttenstadt, von 1986 bis Ende 1989 62 Partnerschaften zwischen west- und

ostdeutschen Städten – Hunderte weiterer Anfragen lagen vor. Intensiv mit
Leben gefüllt wurden sie unmittelbar nach dem Fall der Mauer. Ende November 1989 brachte ein Sonderzug 920 Dresdner nach Hamburg, zwischen Erlangen und Jena wurde eine Busverbindung eingerichtet, und der Einladung
der Trierer Kommunalverwaltung an die Bürger Weimars zum kostenlosen
Trip in der Vorweihnachtszeit folgten nicht weniger als 6000 Menschen.[164]
Doch die Öffnung der Grenze leitete gleichzeitig das Ende des zwischenstaat-
lichen Kulturaustauschs ein. Bald widmete man sich dem Forträumen der
»Mauer in den Köpfen« als innerstaatlichem Problem.

Das große Interesse an Heiner Müller und Christa Wolf deutet schon darauf hin, dass der Habitus der Ironie, der spielerischen Leichtigkeit und postmodernen »Beliebigkeit«, der sich in den 80er Jahren zur Geltung brachte,
nur einen Teil der kulturellen Tendenzen ausmachte. Die differenzierte Auseinandersetzung mit Utopien des 20. Jahrhunderts, insbesondere mit dem
Nationalsozialismus und dem Stalinismus, setzte in diesen Jahren verstärkt
ein, während gleichzeitig mit Leni Riefenstahl (die 1987 ihre Memoiren vorlegte), dem für eine prospektive »Wiederkehr des Schönen« (Richard W. Eich-
ler) reklamierten Arno Breker und dem von Bundeskanzler Kohl geschätzten
und 1985 mit dem Bundesverdienstkreuz ausgezeichneten Ernst Jünger der
elitär-anthropologische Ästhetizismus der Zwischenkriegszeit eine gewisse
Faszination erregte. Vorherrschend waren freilich Ansätze der Postmoderne
und der damit verbundenen »Posthistoire«. Die ursprünglich von Konservativen wie Arnold Gehlen bestimmte Denkfigur vom Ende der Geschichte,
die nach den weltpolitischen Umbrüchen von 1989/91 mit Francis Fukuyamas
Buch *The End of History* (1992) eine viel zitierte Pointe erhielt, war seit den
späten 70er Jahren auch von vormals linken Intellektuellen übernommen
worden. Waren die Möglichkeiten, die Geschichte gewollt voranzutreiben,
anscheinend an ein Ende gekommen, verstärkte sich gleichzeitig der Eindruck einer von den Subjekten abgelösten »Selbststeuerung« der technisch-
ökonomischen Prozesse auf der einen und der »Rückführung der Kultur auf
natürliche Voraussetzungen« wie Landschaft, Heimat, klassisch-gegenständ-
liche Formen auf der anderen Seite.[165] Was als Ende der Geschichte imaginiert
wurde, zeugte, wie die Erosion der Idee der Aufklärung oder Parolen wie »No
future!« symbolisieren, von einem Verlust an Orientierung und Vertrauen in
die Gestaltungsfähigkeit der Gesellschaft, der sich im kulturellen Leben der
Bundesrepublik vielfach niederschlug.

In der Lesekultur wurden die als »postmodern« aufgefasste Literatur, die
literarischen Manifestationen einer »Posthistoire« und die zeitgeschichtlich

Geschicht-
lichkeit und
»Posthistoire«
in der Literatur

interessierte Belletristik gleichzeitig rezipiert. Während sich die einen von »der Geschichte« abwendeten, ließen die anderen sie noch einmal Revue passieren – zum Zwecke ihrer kritischen Revision, weil sich das aus ihr zu gewinnende utopische Potenzial offenbar erschöpft hatte.[166] Standen auf der einen Seite Autoren wie Botho Strauß und Patrick Süskind, die das vermeintliche Ende der Geschichte gelassen ertrugen oder euphorisch zelebrierten, zeigte sich an der Rezeption von Monumentalwerken von Peter Weiss und Uwe Johnson ein ebenso virulentes Interesse an der Auseinandersetzung mit den großen historischen Konstruktionen. Beide Tendenzen standen in einer gewissen Spannung zueinander, reagierten aber gleichermaßen auf die Krise der »großen Erzählungen« (Jean-François Lyotard), die aufzugeben sie in unterschiedlich starkem Maße bereit waren. Innerhalb einer »panoramatischen Diversifizierung der Perspektiven« hatte die Sicht des einzelnen Autors, wie Klaus Modick 1990 postulierte, »den geilen Drang aufs Ganze verabschiedet« und sich auf das Studium der Einzelerscheinungen verlegt.[167] Ähnlich wie in der Architektur erodierte in der als »postmodern« angesehenen Literatur mit der vorgegebenen Logik der Ordnungen auch die Forderung nach innerer Geschlossenheit und gab einer aus heterogenen Elementen kombinierten, fragmentarischen Darstellungsweise Raum, deren Eklektizismus auch Triviales einbeziehen konnte. Modick, debütierte 1984 mit der Novelle *Moos*, die erzählt, wie der Botaniker Lukas Ohlburg am Ende seines Lebens die Überlegenheit der literarischen Sprache bei der Beschreibung von Naturgegenständen erkennt. Breiter wahrgenommen wurde der Roman *Ins Blaue* (1985), die »ironische Geschichte einer Kopfreise«, einer »Fiktion in der Fiktion« (Modick), bis die Kritik für *Das Grau der Karolinen* (1986) endlich eine passende Schublade fand: »Lobten die einen das Buch gerade wegen seiner angeblich postmodernen Qualitäten, lamentierten die anderen über den angeblich spielerischen Unernst der Postmoderne. Einig wussten sich fast alle Kritiker lediglich darin, dass *Das Grau der Karolinen* eben ein Werk der Postmoderne sei. Nur der Autor wusste mal wieder von nichts.«[168]

Patrick Süskind

Den größten literarischen Erfolg der 80er Jahre erzielte Patrick Süskind mit seinem Roman *Das Parfum* (1985), der jahrelang in der Bestsellerliste des *Spiegel* rangierte, in zahlreiche Sprachen übersetzt und 2006 verfilmt wurde. Erzählt wird die im 18. Jahrhundert angesiedelte Geschichte des Jean-Baptiste Grenouille, der, getrieben von dem Plan, aus den Düften getöteter Jungfrauen das ultimative Parfum zu schöpfen, zum vielfachen Mörder wird, aber selbst sterben muss, als der Plan gelingt. *Das Parfum* gilt als intertextueller Roman par excellence, der sich nicht auf eine außertextliche Wirklichkeit bezieht, sondern auf literarische Quellen u. a. von Goethe, Kleist, E. T. A. Hoffmann und Grass, die in einer Vielzahl von Anspielungen, Persiflagen und Nachahmungen einbezogen werden.[169] »Grenouille plündert tote Häute, Süskind tote Dichter«, spießte Gerhard Stadelmaier in der *Zeit* dieses Verfahren auf.[170] Einen Verweis stellt auch das Titelbild dar, das für alle Ausgaben verbindlich ist – Antoine Watteaus »Jupiter und Antiope« aus dem frühen 18. Jahrhundert, das eine entblößte Achsel exponiert. Als ein intertextuelles »Gewebe von Zitaten« (Roland Barthes) konnte der Roman umso mehr aufgefasst werden, als sich die Wirklichkeit auch in Gestalt seines Autors entzieht, der öffentliche Auftritte meidet.

Während Schriftsteller wie Christoph Ransmayr, Ingomar von Kieseritzky und Bodo Morshäuser ebenfalls mit Nachahmungen operieren, kontingente Lebensweisen entwerfen und die sprachliche Konstruktion der Wirklichkeit durchspielen, hat Brigitte Kronauer in genau gefügten und sprachlich überbordenden Romanen und Erzählungen auch in gesellschaftskritischer Absicht die radikale Konstruktion von Subjektivität als Faktum und Problem herausgearbeitet. Ihre Romantrilogie *Rita Münster* (1983), *Berittener Bogenschütze* (1986) und *Die Frau in den Kissen* (1990), die zwischen »möglichst bedingungsloser Auslieferung an die Welt« und »gewaltsame[r] Besitznahme derselben« (Bettina Clausen) oszilliert, stellte nicht nur Kronauers vielgelobte Sprachmächtigkeit unter Beweis, sondern behandelte, was weniger stark wahrgenommen wurde, politische Problemstellungen. Die Autorin selbst sah in ihr ein »ästhetisch-politisches Plädoyer für die Wahrnehmung, Wertschätzung, also auch Rettung von Natur«.[171]

Auch in der Lyrik wurde der prospektive »Weltuntergang« (Hans Magnus Enzensberger) seit den frühen 80er Jahren intensiver reflektiert.[172] Sarah Kirsch, die nach der Biermann-Ausbürgerung 1977 zunächst nach Westberlin, dann in die Bundesrepublik übersiedelte, thematisierte aus subjektiver Sicht in bildreicher Sprache und atemlosem »Sarah-Sound« (Peter Hacks) die von gesellschaftlichen Fehlentwicklungen ausgelöste Gefährdung der Natur. Während der Band *Erdreich* (1982) neben diesem Thema die Situation der Fremdheit zwischen DDR, Westberlin, der Bundesrepublik und den USA, die die Dichterin bereiste, reflektiert, kommt in *Katzenleben* (1984) die »Vorläufige Verwurzelung« (so der Titel eines Gedichtes) im schleswig-holsteinischen Tielenhemme zur Sprache. Manche der Gedichte in *Schneewärme* (1989) spiegeln Kindheitserinnerungen wider und variieren Winter- und Eisbilder, die mit einer zeitgenössischen Endzeitstimmung in Verbindung ge-

Brigitte Kronauer

Sarah Kirsch

bracht werden können. Nur ausnahmsweise sind sie aber so direkt politisch
wie

Die Verwandlung

Die Landschaft ward nun von
Fliehenden einträchtigen Katzen und
Mäusen bestimmt platzenden
Vogelschwärmen mörderischen tieffliegenden
Festungen aufspritzenden Erdfontänen.[173]

In einem Rückblick auf ihre Produktion im Westen resümierte die Autorin
1988 in distanzierter Erzählweise: »Da geschah es immer häufiger, dass sie
sich als eine Fremde empfand, hierhin versprengt und lebenslänglich ge-
fangen. […] Die aussterbenden Bäume, Löcher im Himmelsgewölbe, die
heillos werdende Luft und die vergifteten Wasser der Erde, alles erleichterte
es, deutlicher als frühere Generationen die Lage zu sehen, den Aufstieg der
eigenen Art aus dem Tierreich zu beklagen, ob der Möglichkeit, den Planeten
aus den Angeln zu sprengen. Der Erdenkloß brauchte, um weiterhin leben zu
wollen, viel zärtliche Demut, ein gerüttelt Maß wahnsinniger Zuneigung für
seine arme absterbende Welt.«[174] Michael Krüger, der 1976 die Herausgeber-
schaft der einflussreichen, von Walter Höllerer und Hans Bender gegründeten
Literaturzeitschrift *Akzente* übernommen hatte und seit 1972 Gedichte veröffentlichte, warf angesichts der psychischen Folgen der modernen Lebensweise in der Sammlung *Aus der Ebene* (1982) die Frage nach den poetischen
Konsequenzen auf:

Der erschrockene Mensch

Warme Rinde, Warmes Herz.
Und ein Wahnrest, gut verborgen,
der sich durch den Schädel frisst.
Wie soll man diese Operationen
der Seele beschreiben? Stimmen
über der Stadt, kaum dass du die Straße
betrittst. Jeder Schritt ist ein Raub
an der Liebe. Und bald schon so weit
vom Ursprung entfernt, dass es kein Wort

mehr gibt für den Schmerz. Irre ich
mich, oder hat die Stadt ihr Gesicht
gewechselt? Sprich, erschrockener Mensch.[175]

In seiner Laudatio zur Verleihung des Peter-Huchel-Preises 1986 attestierte
Adolf Muschg den Gedichten Krügers, der anders als viele andere der »Fiktion
des authentischen Subjekts«, der »Ich-Pest« (Krüger), misstraute:
> »Es gibt keine Geschichte mehr, die das Heil zu suchen erlaubt, keine so-
> genannte reale, keine sogenannte erfundene Geschichte. Sie beide sind aus
> demselben trügerischen Stoff der Zeichen: sie gehören auch dem Gedicht,
> gerade dem Gedicht, daran keine Hoffnung festzumachen. Sie wäre Trug –
> aber sie wird nicht als Trug eingeklagt. Krügers Gedichte verwenden ihre
> Einsicht in die Gebrechlichkeit der Welt nicht gegen die Gebrechlichen.
> Etwas vom Auffälligsten und Anrührenden in Krügers Gedichten ist ihr
> völliger Mangel an Zynismus: als steckte in diesem noch ein Rest sauer ge-
> wordener Eitelkeit und ungebührlichen Pathos, das immer noch mehr zu
> scheuen ist als der Schmerz der Wahrheit.«[176]

Hans Magnus Enzensberger war nach desillusionierenden Erfahrungen Hans Magnus Enzensberger
u. a. während eines längeren Aufenthalts auf Kuba (1968/69) und der Tendenzwende in der Bundesrepublik in den 70er Jahren vom Glauben an den
Fortschritt und die revolutionäre Umgestaltung der Medien abgerückt, hatte
sich wieder stärker der Lyrik zugewandt und mit der »Geschichte des Fortschritts« auseinandergesetzt – so der Untertitel des Lyrikbandes *Mausoleum*
von 1975. An die Stelle des Vergangenen rückt die Vergänglichkeit in den
Mittelpunkt der Gedichtsammlung *Die Furie des Verschwindens* (1980). Häufig als Rückkehr zu seiner früheren Haltung der skeptisch-ironischen Unver-
bindlichkeit interpretiert wurde das Gedicht

Der fliegende Robert

Eskapismus, ruft ihr mir zu,
vorwurfsvoll.
Was denn sonst, antworte ich,
bei diesem Sauwetter! –,
spanne den Regenschirm auf
und erhebe mich in die Lüfte.
Von euch aus gesehen,
werde immer kleiner und kleiner,

bis ich verschwunden bin.
Ich hinterlasse nichts weiter
als eine Legende,
mit der ihr Neidhammel,
wenn es draußen stürmt,
euren Kindern in den Ohren liegt,
damit sie euch nicht davonfliegen.[177]

Nicht das Flüchtige einer postmodernen »Beliebigkeit« wird hier gefeiert, sondern das Faszinosum der Unabhängigkeit: »indem Robert entschwindet, setzt er sich fest. Vor seinem Höhenflug hat er den Hinterbliebenen ein Kuckucksei ins Nest gesetzt, an dem die Kinder ihre Freude, die *Neidhammel* fortan ihre liebe Not haben werden.«[178] Auch der fortschrittskeptische Gedichtzyklus *Der Untergang der Titanic* (1978) griff Enzensbergers ältere Denkfigur von der »Zerstörung als Chance, Innovation durch Katastrophe« (Jörg Lau) wieder auf. Seine in den 8oer Jahren vorgebrachte »Verteidigung der Normalität« ging von der Lernfähigkeit der Westdeutschen aus, unter denen allerdings – ganz entgegen postmodernen Annahmen – gleichzeitig der Typus des »sekundären Analphabeten« vorherrschte: »Er hat es gut, denn er leidet nicht unter dem Gedächtnisschwund, an dem er leidet; dass er über keinen Eigensinn verfügt, erleichtert ihn; dass er sich auf nichts konzentrieren kann, weiß er zu schätzen; das er nicht weiß und nicht versteht, was mit ihm geschieht, hält er für einen Vorzug.«[179]

Botho Strauß   Zu vieldiskutierten Fixpunkten im literarischen Leben der 8oer Jahre wurden die jeweils neuen Arbeiten von Peter Handke und Botho Strauß, die jüngere Leser anzogen, aber auch eine »Anti-Handke-Strauß-Front« (Wilfried Barner) auf den Plan riefen und polarisierte Debatten auslösten.[180] So etwa 1985 anlässlich des eben erschienenen Romans *Der junge Mann* (1984) von Strauß, der schon in den 7oer Jahren als große literarische Hoffnung galt, ein vielgespielter Stückeschreiber war und 1989 mit dem Büchner-Preis die höchste Auszeichnung des westdeutschen Literaturbetriebs erhielt. Bei Strauß paart sich intelligente, sprachgenaue und ironische Beschreibung des in Alltagsphänomenen sich materialisierenden Zeitgeistes mit konservativ-elitären Haltungen, die in den 8oer Jahren deutlich zutage traten.[181] Die vielgelesene Sammlung von Prosasplittern *Paare, Passanten* (1981) illustriert ein avantgardistisches Selbstbild, das in seiner Affirmation des Ursprungs, der Kritik der Entfremdung und der Stellung gegen die Kulturindustrie kulturpessimistische Standards perpetuierte und einen »neuen Jargon der Geschwollenheit« vorführte, der gegen Ende der 80er Jahre in der Verachtung von Zivilgesellschaft und »Masse« anschlussfähig wurde für neurechtes Gedankengut.[182] »Dass ein Volk sein Sittengesetz gegen andere behaupten will und dafür bereit ist, Blutopfer zu bringen, das verstehen wir nicht mehr und halten es in unserer liberal-libertären Selbstbezogenheit für falsch und verwerflich«, klagte Strauß in dem 1993 veröffentlichten Essay »Anschwellender Bocksgesang«, der ihm den Vorwurf des »zivilisationskritischen Vitalismus« (Helga Grebing) einbrachte.[183]

Wie ein erratischer Block lag in dieser literarischen Landschaft Peter Weiss' tausendseitiges Mammutwerk *Die Ästhetik des Widerstands*, das zwischen 1975 und 1981 in drei Bänden erschienen war. In einem großen Durchgang rekapitulierte der Autor, Mitglied der reformkommunistischen Linkspartei Schwedens, die Geschichte der deutschen Arbeiterbewegung zwischen 1937 und dem Kriegsende aus der Sicht einer Gruppe junger Kommunisten heterogener sozialer Herkunft, aber mit unersättlichem Bildungshunger und einer ausgeprägt kritischen Haltung zur Politik der KPD und der Sowjetunion, die in vielfachen Verästelungen einer Revision unterzogen wird.[184] Weiss, der in einem Interview missverständlich von einer »Wunschautobiographie« gesprochen hat, führt den jugendlichen Ich-Erzähler von Berlin über das Prager Exil in den spanischen Bürgerkrieg und weiter nach Schweden, wo er in kommunistischen und linkssozialistischen Kreisen verkehrt. Schon das nahezu absatzlose Druckbild konterkariert jede postmoderne Leichtigkeit, wie auch der Text frei ist von Ironie oder spielerischen Aspekten. Dennoch ist der »Roman« auch im Hinblick auf seine Erzählstrategien überaus komplex. Berichte von Ereignissen, gemeinschaftliche politische Reflexionen wechseln mit philosophischen Überlegungen, historischen Exkursen, Naturschilderungen und filigranen kunstgeschichtlichen Studien etwa zum Pergamon-Altar, Géricaults »Floß der Medusa« oder Gaudís unvollendeter Sagrada Familia. Über ganz Europa und darüber hinaus erstreckt sich das Spektrum der Kunstwerke, Orte und Ereignisse, die Weiss durchmustert aus der idealisierten Perspektive klassenbewusster Akteure, die Kunst und Kultur als Mittel der Erkenntnis und der politischen Emanzipation begreifen. Ihr Kampf soll eine jahrhundertealte Kontinuität der Unterdrückung durchbrechen, wobei immer wieder die Frage nach den moralischen Kriterien für die Wahl der Mittel aufgeworfen wird, Antifaschismus und Antistalinismus miteinander verbunden werden. Trotz des unablässigen Scheiterns »war das Wesentliche nicht, dass da Mächte am Werk waren, Menschen in gewaltigen Mengen nieder zu metzeln, sondern dass einige sich daran gemacht hatten, diesen Taten entgegen zu wirken, und

Ästhetik des Widerstands

das Denkwürdige daran war wiederum nicht, dass sie kaum vernehmbar waren, sondern dass es sie überhaupt gab [...]«.[185]

Die Kritik, nach dem ersten Band noch skeptisch, bewertete das Gesamtwerk, das bis 1987 etwa 90 000-mal verkauft wurde, zumeist positiv bis euphorisch.[186] Für Heinrich Vormweg war es ein »großer Entwurf gegen den Zeitgeist«, Hanjo Kesting hob »das völlig Ungewohnte, verstörend Fremdartige« hervor, »das den herrschenden Tendenzen unseres unkontrolliert expandierenden Literaturbetriebs strikt zuwiderläuft«. Eine der bemerkenswertesten Wirkungen dieser Romantrilogie bestand im Entstehen zahlreicher Lesezirkel, teils aus germanistischen Kreisen, mehr noch aber – sozial übergreifend – im Umfeld politischer und gewerkschaftlicher Gruppen, die den diskursiven Gestus des Buches als Anleitung für die eigene Praxis aufnahmen.[187] Sie lasen die *Ästhetik des Widerstands* als kritisches Geschichtsbuch, das ihre Erfahrungen einer Krise der Linken widerspiegelte, aber an der Utopie der Aufklärung ebenso festhielt wie an der Idee des Ineinandergreifens von Kunst und Revolte, die im Aufschwung der Postmoderne und der kommerziellen Kodierung einer »Erlebnisgesellschaft« in die Defensive geraten war. Zu einem überregionalen Treffen einer Vielzahl von Lesegruppen und Einzelpersonen wurden die Peter-Weiss-Tage in der Hamburger Kampnagel-Fabrik im November 1988.

Jahrestage Elementare Bedeutung hat die Erinnerung auch in Uwe Johnsons vierbändigem Hauptwerk *Jahrestage*, das zwischen 1970 und 1983 ebenfalls im Suhrkamp Verlag erschien.[188] Das nahezu zweitausend Seiten starke Opus wurde weniger gekauft und auch nicht von einer sozialen Bewegung im Miniformat getragen, erreichte aber schließlich im November 2000 in der vielgelobten Verfilmung von Margarethe von Trotta als Vierteiler in der ARD ein Millionenpublikum. In Form eines Tagebuchs von August 1967 bis August 1968 wird der Alltag der 35-jährigen Gesine Cresspahl in New York geschildert, versetzt und überblendet von Erinnerungen an ihre Familiengeschichte, insbesondere an den Vater Heinrich Cresspahl, und die ländliche Gesellschaft in dem kleinen Mecklenburger Ort Jerichow. Die Erinnerungsprotokolle, deren Adressatin Gesines amerikanisch sozialisierte Tochter Marie ist (»für wenn ich tot bin«), konzentrieren sich auf die Zeit des »Dritten Reiches« und die ersten Jahre der DDR, die die Protagonistin unmittelbar vor dem Mauerbau verlassen hat, um über eine Zwischenstation in Düsseldorf als Bankangestellte in die amerikanische Finanzmetropole zu gehen. Eingebunden in diese Figurenkonstellation ist der »Genosse Schriftsteller«, der zwischen 1966 und 1968 unter der Gesine und Marie zugeschriebenen Anschrift 243 Riverside

Drive wohnhaft war und nun im Auftrag seiner Figuren deren Treiben beobachtet und auch der eigensinnigen »Katze Erinnerung« Leben einhaucht, die nach Gesines Überzeugung »unabhängig, unbestechlich, ungehorsam« ist. »Und doch ein wohltuender Geselle, wenn sie sich zeigt, selbst wenn sie sich für unerreichbar hält«.[189] Anlass für die Rückblenden gibt oftmals die *New York Times* (»unsere erprobte Lieferantin von Wirklichkeit«), ihre Berichterstattung über die US-amerikanische Kriegführung in Vietnam, Rassenkonflikte oder den Verlauf des Prager Frühlings. In der permanenten Korrespondenz von Gegenwart und Vergangenheit, New York und Jerichow, wird das Spannungsverhältnis zwischen dem Einzelnen und den sich wandelnden gesellschaftlichen Verhältnissen historisch und topographisch konkret beschrieben. Johnson, dem gern das Etikett des »gesamtdeutschen Dichters« angeheftet wurde, untersuchte auf diese Weise nicht nur die Mechanismen von Anpassung und Resistenz im Nationalsozialismus, sondern auch in der DDR zur Hochzeit des Stalinismus.[190] Die Hoffnung auf ein freieres Leben bleibt bestehen, auch wenn sie immer wieder scheitert. Johnsons Diarium endet am 20. August 1968, als Gesine und Marie (»das Kind das ich war«) noch hoffnungsvoll unmittelbar vor dem Einmarsch der Warschauer-Pakt-Truppen in Prag Zwischenstopp in Kopenhagen machen, um vor dem Weiterflug in die Goldene Stadt Gesines alten Englischlehrer Kliefoth zu treffen, der ihren Vater mit einer Sentenz zitiert, die in den 80er Jahren vielen Menschen evident erschien: »Geschichte ist ein Entwurf.«

Dass die Geschichte nicht an ein Ende gekommen war, sondern an Dynamik gewann, sollten die weltpolitischen Ereignisse von 1989/91 eindrücklich zeigen. Stärker als zuvor wurde die Wahrnehmung dieses Umbruchs mitbestimmt von europäischen und globalen Perspektiven, wie sich etwa im Aufschwung der interkulturellen Literatur erweisen sollte. Gleichzeitig erhielt die intensivierte deutsch-deutsche Kooperation eine Wendung, in der sich auch die in den 80er Jahren schon aufscheinenden revisionistischen und nationalistischen Tendenzen stärker zur Geltung brachten. Architektur und Design der 80er Jahre zeigten, dass gleichzeitig im Schoße des Postmodernismus, der Ende der 80er Jahre schon wieder im Rückgang begriffen war, eine große Vielfalt von Ausdrucksformen entstanden war, die sich fortsetzte und in verschiedene Richtungen radikalisierte, aber nicht politisch eindimensional kodiert war. Ebenso wenig zu revidieren war die Kommerzialisierung der Kunst sowie ihre private Trägerschaft auch im öffentlichen Raum.

Kapitel VII
Kultur zwischen deutscher Einheit und Globalisierung 1990 bis zur Gegenwart

Seit der Epochenwende von 1989/90 ist die Bedeutung der Kultur in der deutschen Öffentlichkeit und Politik sehr stark gewachsen. Wichtige Gründe dafür lagen in der flächendeckenden Versorgung und Vernetzung der Bevölkerung mit elektronischen Kommunikationsmedien wie Internet und Mobiltelefon und in der schlagartig zunehmenden kulturellen Komplexität, die deutsch-deutsche Vereinigung und transnationale Zuwanderung mit sich brachten. Hinzu kam die Ablösung der »Vergangenheitsbewältigung« durch eine »Erinnerungskultur«, die durch Denkmäler, Ausstellungen und Filme ein unbekanntes Maß an Anschaulichkeit gewonnen und sich, mit heftigen geschichtspolitischen Deutungskämpfen im Blick auf die DDR und die alte Bundesrepublik, ausgeweitet hat. Unterstützt wurde die Kulturalisierung der gesellschaftlichen Beziehungen durch anhaltenden Wohlstand bei wachsender sozialer Ungleichheit, zunehmende Bildung, demographischen Wandel und die gestiegene Erwerbsbeteiligung von Frauen. Zudem hielt der Staat am Postulat einer »Kulturgesellschaft« fest und definierte sich im Einigungsvertrag sogar als »Kulturstaat«. Im Unterschied zu vielen anderen europäischen Ländern subventioniert er zu erheblichen Teilen die wichtigsten kulturellen Einrichtungen wie Schulen und Universitäten, Theater, Museen und Bibliotheken, wobei die Privatisierungstendenzen in den vergangenen Jahren stark zugenommen haben.[1] Dennoch wuchsen die staatlichen Kulturausgaben erheblich – von 3,6 auf 8,2 Milliarden Euro zwischen 1985 und 2003, wobei der bei weitem größte Teil von Ländern und Kommunen aufgebracht wird. Ende 2007 überraschte der Haushaltsausschuss des Bundestages mit einem Kulturinvestitionsprogramm in Höhe von 400 Millionen Euro, um dringende Arbeiten am Weimarer Stadtschloss und dem Neuen Palais im Park Sanssouci auszuführen sowie die KZ-Gedenkstätten in Buchenwald und Dachau besser auszustatten. Dass die Bibliotheken darben und mancherorts der Musikunterricht in den Grundschulen gefährdet ist, veranlasste hingegen sozialdemokratische Kulturlobbyisten vom Scheitern der »Kultur für alle« zu sprechen.[2]

Angesichts derartiger Gegensätze beschreibt das Prädikat des »kulturellen Allesfressers« (Jürgen Kaube) nicht die umfassende Versorgung aller Bürger mit einem breiten Spektrum von Kulturgütern, sondern ein sozial gespaltenes Phänomen, das bei einem schlechtergestellten Teil des Publikums auf

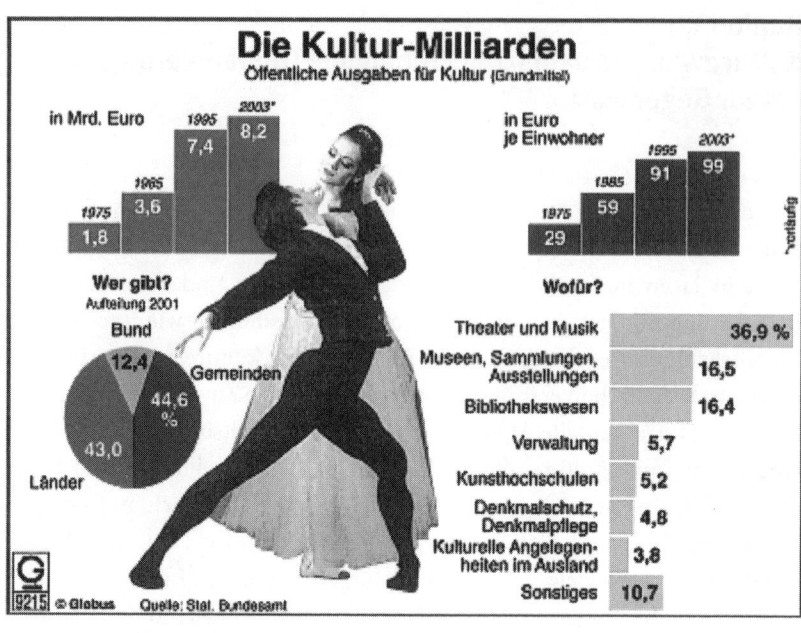

Die Kultur-Milliarden
Öffentliche Ausgaben für Kultur (Grundmittel)

in Mrd. Euro
1975 1,8
1985 3,6
1995 7,4
2003* 8,2

in Euro je Einwohner
1975 29
1985 59
1995 91
2003* 99

vorläufig

Wer gibt?
Aufteilung 2001
Bund 12,4
Gemeinden 44,6 %
Länder 43,0

Wofür?
Theater und Musik — 36,9 %
Museen, Sammlungen, Ausstellungen — 16,5
Bibliothekswesen — 16,4
Verwaltung — 5,7
Kunsthochschulen — 5,2
Denkmalschutz, Denkmalpflege — 4,8
Kulturelle Angelegenheiten im Ausland — 3,8
Sonstiges — 10,7

9215 © Globus   Quelle: Stat. Bundesamt

Öffentliche Ausgaben für Kultur, 2004

den Konsum genormter massenmedialer Angebote, beim bessergestellten hingegen auf den Genuss weiterer vielfältiger hoch- und populärkultureller Aktivitäten zu beziehen ist. Betrachtet man die Entwicklung des Freizeitverhaltens zwischen 1980 und dem Jahr 2000, so ist aufs Ganze betrachtet eine wachsende Ausdifferenzierung zu beobachten. Der Anteil der Menschen, die überhaupt Veranstaltungen der »Hochkultur« wie etwa Theateraufführungen besuchten, stieg von 52 auf 74 Prozent der Bevölkerung, ebenso der Kinobesuch (von 46 auf 61 Prozent), während aktives Musizieren bei etwa 20 Prozent stabil blieb, ebenso wie das Bücherlesen (85 Prozent). Während das Musikhören von Schallplatten und CDs ebenso wie der Videokonsum zunahm, ging das Heimwerken und Stricken zurück.[3] Medialisierung und Interesse für die Künste schlossen sich also nicht aus, auch wenn die Aufnahme hochkultureller Aktivitäten in das Spektrum des gewohnten Kulturkonsums nicht gleichzusetzen war mit regelmäßiger Nutzung. Während die Besucherzahlen der Museen nach wie vor zunahmen, hatten Theater und Opernhäuser mit Besucherrückgängen zu kämpfen – insbesondere in den jüngeren Altersgruppen. Vor allem Personen mit niedrigem Bildungsgrad, Landbewohner und Geringverdiener halten sich nach wie vor von gehobenen Kulturangeboten fern.[4]

Die politische Kultur der Bundesrepublik war seit 1990 geprägt von der Notwendigkeit, die staatliche Vereinigung praktisch zu reflektieren und kulturell zu gestalten. Dies war erheblich schwieriger als vermutet. Anstatt ebenso einzustürzen wie die Berliner Mauer, wurde die immer wieder beklagte »Mauer in den Köpfen« im Laufe der Jahre sogar höher. Nach wie vor gibt es erhebliche Widerstände, in der früheren DDR mehr zu sehen als eine »zweite deutsche Diktatur«, was bis in die Gegenwart zu erregten geschichtspolitischen Kontroversen führte. Zudem sind die NS-Vergangenheit und insbesondere der Holocaust nicht aus dem Gedächtnis der Deutschen verschwunden, sondern haben als negative Bezugspunkte des nationalen Selbstbildes stärkeres Gewicht bekommen als je zuvor. Sie dienen darüber hinaus auch als zentrale Referenz einer europäischen Identität.

Das CinemaxX in Essen, Symbol für den Kinoboom der neunziger Jahre

In der Literatur und im Film haben sich nach mehr oder weniger ausgeprägten, teilweise generationell aufgeladenen Entpolitisierungstendenzen mit konservativer Note – durch elitäre popkulturelle Strömungen und einen flächendeckenden Komödienboom im Kino – seit der Jahrtausendwende auch wieder innovative Tendenzen mit schärferem Wirklichkeitszugriff und eigenständiger Ästhetik Geltung verschafft. Gleiches gilt für das Theater, wo nach der Berliner Volksbühne als bedeutender Quelle der Erneuerung inzwischen auch anderswo jüngere Regisseure auf sich aufmerksam gemacht haben.

1 Alltag in Ost und West

Nur sehr begrenzt wurde der Alltag im vereinigten Deutschland von gemeinsamen Werten und Praktiken bestimmt. Der diesbezügliche Optimismus auf beiden Seiten der Mauer erwies sich bald als verfehlt. Während für die Bürger der ehemaligen DDR die anfängliche Euphorie zunehmender Skepsis und Enttäuschung wich, die mit tiefgreifenden sozialen Verwerfungen verbunden war, ging für die meisten Westdeutschen der Alltag so weiter wie bisher. Gleichzeitig setzten sich unter dem gemeinsamen Medienhimmel getrennte Teilkulturen fort, die nur begrenzt Schnittflächen aufwiesen. Allerdings partizipierten Ost- und Westdeutsche auf unterschiedliche Weise an den technischen Horizonterweiterungen durch Computer, Internet und verbilligte Flugreisen.

Die kurze Euphorie der Einheit Das vielleicht am häufigsten gehörte Wort am Abend der Maueröffnung in Berlin am 9. November 1989 war »Wahnsinn«, so unfassbar erschien die neue Freiheit. An der Nahtstelle von West und Ost konnten Bewohner des Stadtviertels Prenzlauer Berg nun den ersten Döner in Kreuzberg essen oder zum Ku'damm fahren, um dort die Schaufensterauslagen zu bewundern. Die Euphorie und das Gemeinschaftsgefühl der Berliner auf beiden Seiten war einmütig. Nun wachse zusammen, was zusammengehöre, rief Willy Brandt auf der Kundgebung vor dem Schöneberger Rathaus am folgenden Tag aus. Aber die Hoffnungen auf eine rasche mentale Angleichung der west- und ostdeutschen Bevölkerung erwiesen sich – zumindest auf mittlere Sicht – als Wunschdenken. Vor allem die Monate bis zur Einführung der DM in der DDR am 1. Juli 1990 waren geprägt von einem erstaunlichen Phänomen: dem samstäglichen Einfall riesiger »Trabi«-Karawanen mit charakteristischen Zweitakter-Ausdünstungen in die grenznahen Städte. In Lübeck, Braunschweig oder Hof wurden die Discounter leergekauft – palettenweise Orangensaft, Bier und Waschmittel über die nur noch formal existierende Grenze gebracht. Als die westlichen Einzelhandelsketten sich dann allmählich in den Einkaufszonen der ostdeutschen Städte einrichteten – in der Dresdener Ernst-Thälmann-Straße eröffnete der Otto-Versand ein Bestellcenter, nicht weit davon entfernt ließ Beate Uhse neutral verpackte Kataloge verteilen, überall siedelten sich Reisebüros an – verebbte allmählich der Einkaufstourismus. Die heftigste Kritik an ihren ostdeutschen Landsleuten formulierten die vormaligen oppositionellen Bürgerrechtler. Bärbel Bohley sprach von »Glasperlen für die Eingeborenen«, Stefan Heym von »quiekenden Frauen« vor »westlichem Tinnef«; die Schriftstellerin Monika Maron wies dies zurück als

Arroganz des »Satten, der sich vor den Tischmanieren eines Ausgehungerten ekelt«.[5] Diese analogisierende Replik traf nur partiell, denn die DDR-Bewohner waren nicht im Wortsinn ausgehungert, sondern wollten am höheren Konsumstandard der Westdeutschen teilhaben, den sie längst mindestens aus der Fernsehwerbung kannten. Bereits 1988 verfügten 96 Prozent der DDR-Haushalte über ein Fernsehgerät, 99 Prozent über eine Waschmaschine und immerhin 52 Prozent über ein Auto – auf das aber besonders lange gewartet werden musste.[6] Allerdings gab es einige technische Geräte, etwa Geschirr-spülmaschinen oder Videorecorder, die in der DDR nicht produziert wurden[7], und das Lebensmittelangebot befriedigte zwar Grundbedürfnisse, war aber längst nicht so vielfältig wie in Westdeutschland. Insofern hatte der »Ein-kaufsrausch« der frühen 90er Jahre zum einen nachholenden Charakter, zum anderen markierte er ein Feld der weitgehenden Sicherheit inmitten enormer Orientierungsprobleme angesichts der schwindelerregend raschen lebens-weltlichen Veränderungen, von denen die Wiedervereinigung begleitet wur-de.[8] Es war kein Zufall, dass westdeutsche Versicherungsvertreter häufig als Erste an die Türen der ostdeutschen »Brüder« und »Schwestern« klopften, um Policen für alle nur denkbaren und auch manche undenkbaren Risiken des Lebens zu verkaufen.

Im Zuge der Währungsunion 1990 – Helmut Kohl hatte in einer Fernseh-ansprache von zukünftigen »blühenden Landschaften« in der ehemaligen DDR gesprochen – war der Umtauschkurs auf 1:1 für 6000 Mark bei Men-schen über 60 Jahren, 4000 Mark bei anderen Erwachsenen und 2000 Mark für Kinder und Jugendliche festgesetzt worden. Alle darüber hinausgehenden Guthaben wurden im Verhältnis 2:1 umgetauscht, alle Schulden halbiert. Löhne, Gehälter, Mieten, Pachten usw. wiederum wurden nun in gleicher Höhe in DM wie zuvor in Mark der DDR festgelegt.

Ein erhebliches Konfliktpotenzial bestand beim Übergang zur Marktwirt-schaft und dem entsprechenden Rechtssystem darin, dass bereits 1990 über eine Million Antragsteller aus Ost und West Ansprüche auf Immobilien und anderes Eigentum erhoben. Eine Flut von Klagen beschäftigte über Jahre hinweg die Gerichte, in Ostdeutschland wurde die Wiederkehr etwa des grundbesitzenden Adels nicht nur mit Sympathie betrachtet. Eine »Treu-handanstalt« erhielt die Aufgabe, den staatlichen Besitz der DDR, vor allem industrielle Anlagen, in das Wirtschaftssystem einzugliedern.[9] Diktiert wur-den alle Aktivitäten von der Maxime, dass eine rasche Privatisierung als bes-te Form der Sanierung zu gelten habe. Dabei ging man davon aus, dass die Treuhandanstalt erhebliche Gewinne erzielen werde. Als ihre Tätigkeit Ende

Desillusio-nierungen

1994 abgeschlossen war und Bilanz gezogen wurde, standen 300 Milliarden DM Ausgaben Einnahmen von 60 Milliarden DM gegenüber. Sehr häufig waren ehemals staatliche Unternehmen mit geringem Erlös an westdeutsche Konzerne veräußert worden, denen man das Know-how zutraute, die Anlagen zu modernisieren, während diese häufig eher ein Interesse daran hatten, potentielle Konkurrenz zu beseitigen. In einem kaum zu beziffernden Maße waltete im Übrigen kriminelle Energie, mitunter von west-östlichen Seilschaften, beim »Umrubeln« der DDR-Vermögenswerte. Die ehemaligen Bürger der DDR nahmen die Treuhandanstalt insofern vor allem als verantwortliche Institution für Betriebsschließungen und Massenarbeitslosigkeit wahr. Ein Jahr nach der Wiedervereinigung betrug der Produktionsrückgang im Textilgewerbe 33, im Maschinenbau 38, in der Elektrotechnik 54 und in der Feinmechanik und Optik 88 Prozent. Über Jahre hinweg wurden mehr Betriebe geschlossen als neue aufgemacht. Allerdings gab es branchenspezifisch starke Unterschiede. Die Zahl der Erwerbstätigen sank insgesamt bis 1995 von 8,8 auf 6,4 Millionen, die der registrierten Arbeitslosen stieg von 240 000 auf eine Million (14 Prozent); eine weitere Million Menschen befand sich in »arbeitsmarktpolitischen Maßnahmen« (Fortbildung, Umschulung, Frührente). Aber neben der Massenarbeitslosigkeit in der Industrie – mit Ausnahme der Bauindustrie – gab es in Dienstleistungsbereichen zum Teil erhebliche Zuwächse der Beschäftigung.[10]

Die Mauer in den Köpfen Die 1995 erfolgende Überführung der Treuhand-Schulden in einen sogenannten Erblastentilgungsfonds, ein ideologisches Wortmonstrum, demonstrierte den Ostdeutschen, dass sie in einem maroden System gelebt hatten, und den Westdeutschen, dass sie nun für den gescheiterten Sozialismus zu zahlen hätten. Dass die sozialstaatlichen Regelungen der Bundesrepublik insgesamt recht erfolgreich auf die ehemalige DDR übertragen worden waren und die materielle Lage der Ostdeutschen viel besser war als diejenige der Bevölkerung in den anderen ehemals sozialistischen Ländern[11], verblasste hinter der entstehenden Massenarbeitslosigkeit. In der vormals nicht nur um die Arbeit organisierten, sondern auch moralisch mit dem Ethos der Werktätigkeit besonders aufgeladenen Gesellschaft des »Arbeiter- und Bauernstaats« – das Recht auf Arbeit war Bestandteil der Verfassung gewesen – wurde der Verlust des Arbeitsplatzes als existenzielle Bedrohung und tiefe Kränkung zugleich empfunden und bildete den Kern »enttäuschter Illusionen« vom »raschen Aufholen von westlichem Wohlstand«[12]. Vor diesem Hintergrund setzte ein Desillusionierungsprozess ein, der Beobachter von einer »Mauer in den Köpfen« sprechen ließ, die als mentaler Ersatz für die nicht mehr existente reale Grenze zwischen den beiden deutschen Staaten fungierte. Beamte und Manager aus den alten Bundesländern, die anfangs von der ost-deutschen Bevölkerung als Helfer freudig begrüßt wurden, waren ausweislich demoskopischer Erhebungen bald ebenso unbeliebt wie Türken, von denen nur sehr wenige im Osten Deutschlands wohnten.[13] Noch unbeliebter waren lediglich ehemalige DDR-Bewohner, die in ihre Heimatorte zurückkehrten und Vermögensansprüche geltend machten. An den ehemaligen DDR-Uni-versitäten musste die Landnahme der Fakultäten durch fliegende Evaluati-ons- und Berufungskommissionen, die häufig zweitklassiges westdeutsches Personal unterbrachten, bittere Ressentiments erzeugen. Die Ostdeutschen erhielten – »wie auch immer ironisch gebrochen« – Anfang der 90er Jahre ihren Platz als »die neuen Ostfriesen, als prämoderne Witzfiguren der West-deutschen«.[14] Die »Ossis« wiederum wehrten sich gegen die »Besserwessis«. Lehrer aus westlichen Bundesländern, die es aus familiären Gründen an eine sächsische oder mecklenburgische Schule verschlagen hatte, standen nicht selten unter Generalverdacht, ihre östlichen Kollegen penetrant belehren zu wollen. »Fortbildungsmaßnahmen« für das östliche Personal in zahlreichen Ämtern und Behörden und obligatorische Überprüfungen aller Biographien nach geheimdienstlicher und politischer Aktivität in der DDR fanden nicht nur Zustimmung. Historiker bemühten sogar Vergleiche der Angliederung der DDR mit der Situation nach dem amerikanischen Bürgerkrieg in den Süd-staaten der ehemaligen Konföderation.[15] Auch der Boom sozialwissenschaft-licher Forschung über die DDR, ca. 3000 deutschsprachige soziologische Pu-blikationen zwischen 1990 und 1995, mochte Fremdheit beim beobachteten Objekt erzeugen[16] und mit dafür sorgen, dass die in dieser Literatur meist gehegte Erwartung einer raschen »nachholenden Modernisierung« als Ver-westlichung zunächst irritiert wurde.[17] Zudem ist argumentiert worden, dass in einigen Belangen, etwa der Erwerbstätigkeit der Frauen oder der Betreuung der Kinder in Krippen, Kindergärten und Schulhorten, die DDR einen »Mo-dernisierungsvorsprung« besessen habe, der trotz aller Versuche im Westen, dies als Zwangsbeglückung zu diskreditieren, von den Betroffenen in der Er-innerung positiv besetzt worden sei.[18]

Allerdings sind weitere längerfristige strukturelle Gründe dafür anzufüh-ren, dass die ohnehin bestehende Fremdheit der Kommunikationskulturen fortbestand[19] und die »gegenseitige emotionale Distanz zwischen Ost und West deutlich gestiegen sein dürfte«[20], wie nach einem Jahrzehnt deutscher Einheit konstatiert wurde. Denn auch in den Zeiten der Zweistaatlichkeit hatte es sich nicht nur um eine künstlich getrennte deutsche Gesellschaft gehandelt, wie es in Sonntagsreden über Jahrzehnte beschworen worden war. Nach Schätzungen – verlässliche statistische Angaben existieren nicht – gab immerhin jede zweite Familie in der DDR 1990 an, Verwandte im Westen zu besitzen, sehr häufig waren es zuvor geflüchtete Angehörige. Demgegenüber hatten drei von vier Bundesbürgern keine Verwandten in der DDR.

Die Asymmetrie der Orientierung auf den jeweils anderen Teil Deutschlands drückte sich auch im Reiseverhalten aus. Dass im ersten Jahr nach dem Mauerfall mehr als 90 Prozent der Ostdeutschen in die alte Bundesrepublik reisten, ist wenig verwunderlich, aber drei Viertel der Westdeutschen nutzten die Möglichkeit nicht, dem östlichen Teil einen Besuch abzustatten. Selbst die anfänglichen Versprechen, Verwandte zu besuchen, wurden nur selten eingelöst. Noch im April 2004 gaben fast 60 Prozent der Bundesbürger zu Protokoll, »die neuen Bundesländer nicht oder kaum aus eigener Anschauung« zu kennen; nur ein Fünftel war häufiger im Osten gewesen – dagegen fast die Hälfte der ehemaligen DDR-Bewohner in Westdeutschland.[21] Dieses meist beruflich bedingte Interesse, die Abwanderung aus dem Ost- in den Westteil Deutschlands hielt in den 90er Jahren ungebremst an, übertrug sich kaum auf touristische Vorlieben. Ost- und Westdeutsche trafen sich schon bald eher auf Gran Canaria, als dass die Reize der noch unbekannten deutschen Regionen im Urlaub lockten. Erst in den letzten Jahren, mit der Verbesserung der entsprechenden Infrastruktur, haben sich etwa die Insel Rügen und einige Orte an der Ostseeküste der ehemaligen DDR zu beliebten Reisezielen auch für Westdeutsche entwickelt.

Ostalgie   Unmittelbar nach der Herstellung der deutschen Einheit schien alles, was die DDR-Gesellschaft jemals hervorgebracht hatte, diskreditiert. Die Ostdeutschen kauften fast nur noch im Westen hergestellte Waren, zumal gleichwertige und preiswertere heimische Produkte rasch aus den Regalen verschwanden. Allenthalben wurde darüber spekuliert, dass außer dem grünen Abbiegepfeil im Straßenverkehr und dem »Sandmännchen« des DDR-Fernsehens nichts mehr übrig bleiben werde. Aber schon bald wurde als Parallelerscheinung zu den erwähnten Desillusionierungsprozessen über eine beginnende »Ostalgie« berichtet, die sich bis zur »Zonensucht« steigerte.[22] Die Vorliebe für Spreewaldgurken und Rotkäppchensekt, mit anderen »Ostprodukten« in eigenen Läden vermarktet und auf Ostalgie-Partys genossen, zu denen man im FDJ-Blauhemd erschien und der Musik von »Karat«, »City« oder den »Puhdys« zuhörte, die immerwährenden Wiederholungen der DDR-Kriminalserie *Polizeiruf 110* im MDR oder ORB drückten den Wunsch nach einer »Ostidentität« aus, einer Wiederherstellung des Zustands der DDR »auf höherer

Stufe« als einer »Kultur der kleinen Leute«, in der sich nicht die einstmals proklamierte »Diktatur des Proletariats«, aber eine in der ehemaligen DDR noch vorhandene »soziale Oberhoheit« der Arbeiterklasse als »Konformitätsdruck von unten« abbildete.[23] Wie auch immer bewertet, begannen sich bald nach der Wiedervereinigung Züge einer »ostdeutschen Teilkultur« sowohl auf der Ebene der Werthorizonte und Mentalitäten als auch der Muster des Alltagsverhaltens sowie der Zeichen und Symbole zu zeigen.[24] Die Konstruktion einer »Ostidentität«, die es zur Zeit der DDR in dieser Form nicht gegeben hatte, erweist sich in ihrer Mischung aus realen gemeinsamen Erfahrungen, aber auch familialer Weitergabe und vielfältiger Medialisierung als recht robust und mit zunehmendem zeitlichen Abstand sogar stärker werdend. Auch wenn nur wenige Menschen die DDR zurückwünschen: Seit Mitte der 90er Jahre stieg der Anteil derjenigen Ostdeutschen, die sich als »Bürger 2. Klasse« fühlten.[25] Lediglich noch 11 Prozent von ihnen hielten 2007 den »Aufbau Ost« für gelungen – 1998 waren es 23 Prozent gewesen –, nur 13 Prozent zeigten sich zufrieden mit der Wiedervereinigung – gegenüber zuvor 40 Prozent.[26]

Zwar nahm die Begeisterung für die deutsche Einheit auch in den alten Bundesländern ab, aber insgesamt verlief das alltägliche Leben der Westdeutschen doch in beträchtlicher Kontinuität – je weiter im Westen, desto mehr. Eine »Westalgie« konnte sich nicht entwickeln, weil dort für die meisten Menschen durch die Wiedervereinigung kaum Veränderungen hervorgerufen wurden. Allenfalls ein vages Gefühl, dass die Zeit der Bonner Republik eigentlich ruhig und glücklich gewesen sei, war, vor allem in den mittleren Jahrgängen, nicht selten anzutreffen. Gegen die deutsche Einheit hatten anfangs aber nur wenige direkt etwas einzuwenden, zumal sie in den ersten beiden Jahren einen beträchtlichen wirtschaftlichen Boom bescherte. Aber die Begeisterung war kaum irgendwo so weit gegangen, dass nach den dramatischen Ereignissen in Berlin beim Mauerfall westdeutsche Bürger mit schwarz-rot-goldenen Fahnen auf die Straße gegangen wären – als die Mannschaft der Bundesrepublik im Juli 1990 in Rom die Mannschaft von Argentinien im Endspiel der Fußball-WM besiegte, war dies durchaus der Fall. Beträchtlichen Ärger erregte der seit Juli 1991 erhobene sogenannte Solidaritätszuschlag, kurz »Soli« genannt, in Höhe von 7,5 Prozent (seit 1998 5,5 Prozent) der Lohnsteuer. Die meisten Westdeutschen wissen bis heute nicht, dass nicht nur sie, sondern alle Bundesbürger diesen »Soli« abführen. Zweifelhafte Berechnungen der Transferleistungen von West nach Ost und einige reale Fälle von Missbrauch führten dazu, dass in der »alten« Bundesrepublik bei vielen Bürgern der Eindruck aufkam, man schaffe im Osten tatsächlich »blühende

Landschaften«, während Krisenregionen des Westens, etwa im Ruhrgebiet, trotz höherer Arbeitslosigkeit als in einigen Gebieten der ehemaligen DDR vom Staat nicht geholfen werde. Dass die schmuck restaurierten Innenstädte und gut ausgebauten Straßen mitunter auch deshalb so nobel und gelungen aussehen, weil die Armut des ostdeutschen Staates das Land vor dem gänzlichen Abriss alter Bausubstanz und ästhetischen Architektursünden bewahrt hatte, unter denen mancher westdeutsche Ort leidet, wird dabei nur selten bedacht.

Wirtschaftliche Probleme – auch im Westen

Dass die deutsche Einheit nicht aus der Portokasse zu bezahlen sei, wurde den Westdeutschen allerdings von Anfang an immer wieder vorgerechnet, nicht zuletzt in zahlreichen Titelgeschichten des *Spiegel*. Schon im Januar 1990 lautete der Aufmacher: »Massenflucht in die Bundesrepublik. Gefahr für den Wohlstand?« Einen Monat später titelte das Blatt: »Übersiedler – wie viele noch? Katzenjammer. Angst im Osten – Ärger im Westen«. Das Titelbild zur Einführung des »Soli« im Juli 1991 zeigte eine kleine männliche Figur im Würgegriff mächtiger Hände mit der Frage: »Steuer-Opfer für den Osten. Wieviel noch?« Im März 1992 lautete sie: »Ist die Einheit unbezahlbar?« und die Feststellung darunter: »Große Pleite«; einen Monat später konstatierte das Blatt auf dem Titelbild: »Opfer für den Osten. Das Teilen beginnt«. Im März 1992 hieß es dramatisch: »Deutschland in der Krise. Der Absturz«. Lakonisch lautete – vor einem Teller mit abgenagtem Knochen und einer halben Zitrone – schließlich der Aufmacher im Januar 1993: »Wohlstand ade!«[27]

Ressentiments gegen die neuen Bundesbürger steigerten sich, als die durch die Einheit im Westen angeheizte Konjunktur einbrach und Begriffe wie »Lohnverzicht«, »Sozialabbau« oder »Steueropfer« wieder zum täglichen Vokabular in den Medien wurden. Auch in den alten Bundesländern stieg die Zahl der registrierten Arbeitslosen seit 1991 stetig an und überschritt 1997 die Dreimillionengrenze.[28] Sozialhilfe bezogen dort 1998 ca. 2,5 Millionen Menschen (3,7 Prozent der Bevölkerung) gegenüber 400 000 (2,7 Prozent) in der ehemaligen DDR.[29] Dass die Nettolohn- und Gehaltssumme der ostdeutschen Arbeitnehmer – bis 1995 trotz einer immer noch weit zurückliegenden Arbeitsproduktivität – von 56 auf 78 Prozent des Standes der westdeutschen Kollegen stieg, wurde von manchen ebenso als Angriff gegen den eigenen Wohlstand angesehen wie die wegen vieler Beitragsjahre im Osten bisweilen höheren Altersrenten von Frauen.

Neue und alte soziale Ungleichheiten

Viel gravierendere Ungleichheiten zwischen Ost und West in der Verteilung des Reichtums bestanden allerdings fort. Das durchschnittliche Nettogeldvermögen der Privathaushalte im Westen war mehr als dreimal so hoch wie im Osten, über eigenen Haus- und Grundbesitz verfügte die Hälfte der alten, aber nur ein Viertel der neuen Bundesbürger.[30] In der Zurschaustellung von Reichtum fielen im Laufe der 90er Jahre offenbar Schamgrenzen; der provokative Spruch »Eure Armut kotzt mich an!«, den Autoaufkleber trugen, drückte sinnfällig ein neues asoziales Selbstbewusstsein aus, das etwa von jungen Immobilienmaklern, Börsenhändlern und »kreativen« Chefs von Werbeagenturen bei Champagnerpartys in exklusiven Clubs und Bars, in Kampen auf Sylt oder in den Szenevierteln von Hamburg, Düsseldorf oder München in Begleitung weiblicher Starlets ausgelebt wurde. Das Phänomen selbst war nicht neu, schon 1986 hatte die Fernsehserie *Kir Royal* nach dem Drehbuch von Helmut Dietl und Patrick Süskind die »Schickimicki-Gesellschaft« Münchens grandios veralbert. Aber nach dem Sieg über den Sozialismus schien die Demonstration des privaten Reichtums vielen überhaupt kein Problem mehr zu bereiten. Die Zahl der Golf-Clubs und hochpreisiger, besternter Restaurants nahm zu, exklusive VIP-Bereiche mit gastronomischen Spitzenprodukten bei Tennisturnieren, aber auch bei Spielen der Fußball-Bundesliga wurden von der bestaunten Besonderheit zur Selbstverständlichkeit. Zu den Messen für Luxusgüter, etwa Yachten oder Edellimousinen, kamen spezielle Millionärsmessen, die kurz vor und nach der Jahrtausendwende weltweit entstanden – in München seit 2008 etwa die »Luxurious Fair – the luxurious millionaire fair« und die »Millionaire Fair München«; für diese werden allerdings persönliche Einladungen ausgesprochen, ziehen es doch viele Reiche vor, ihren Luxus weiterhin zu verbergen. Und natürlich – auch dies wird gern über die Medien transportiert – befleißigen sich einige der reichsten Personen eines demonstrativ einfachen und bisweilen sogar asketischen Lebenswandels. In den 90er Jahren begann man diesbezüglich gern von »Eliten« im positiven Sinne zu sprechen.

Mit der Zurschaustellung des Lebensstils der Oberschicht, über den allerdings kaum systematisch geforscht wird[31] – zumal mit dem Wegfall der Vermögenssteuer seit Mitte der 90er Jahre nur noch Schätzungen der Zahl der Millionäre möglich sind –, verbreitete sich die Auffassung, dass die als ungerecht empfundene soziale Ungleichheit rapide zunehme. Die 90er Jahre erlebten die Wiederkehr des Begriffs der »Klassengesellschaft«, der aus politischen Gründen in der Bundesrepublik stets besonders tabuisiert gewesen war. Soziologen, die in den 80er Jahren Konzepte einer »differenziert-pluralen Nachklassengesellschaft« vorgestellt hatten, wurde nun auch von nichtmarxistischer Seite eine »ideologieträchtige Blickverengung« attestiert.[32] Auch der Begriff der »Armut«[33] und vor allem der »Kinderarmut«[34] erhielt verstärkte öffentliche Aufmerksamkeit – nachdem er in den Sozialwissenschaft bereits seit den 8oer Jahren diskutiert worden war.[35] Dabei ging es jetzt um Armut im Wohlfahrtsstaat, in der Regel also nicht um die »nackte Existenz«, sondern um den Ausschluss vom Zugang zu den reichhaltigen kulturellen Möglichkeiten der Gesellschaft; der amtlichen Statistik folgend, wonach die Armut bei einem Einkommen von weniger als der Hälfte des Durchschnittseinkommens beginnt, war um die Jahrtausendwende etwa jeder zehnte private Haushalt »arm«.[36] Der »subjektive Faktor«, wie es Marxisten einst bezeichnet hatten, gewann insofern ein erhebliches Gewicht bei der Bestimmung von sozialer Exklusion. Die ökonomische Situation des Haushalts, die Erwerbssituation, der Grad sozialer Vernetzung, das Vertrauen in die umgebenden Institutionen sowie das psychophysische Wohlbefinden verdichten sich ausweislich empirischer Erhebungen zu einem »Exklusionsempfinden«; selbst »systematisch aktivierte und umfänglich versorgte« Personengruppen – etwa in der ehemaligen DDR – mögen sich deshalb »trotzdem entkoppelt und ausgeschlossen« fühlen.[37]

Im Osten noch stärker als im Westen Deutschlands wurden in dieser Perspektive die als »Hartz IV« bezeichneten sozial- und arbeitsmarktpolitischen Maßnahmen, die seit Anfang 2005 gelten, zum negativen Symbol der Ausgrenzung. Unter dem Motto »Fördern und Fordern« wurden das vorherige Arbeitslosengeld II und die Sozialhilfe zusammengelegt. Für die Bezieher der Sozialhilfe verbesserten sich die Sätze zum Teil sogar – auch die Annahme einer Einsparung traf nicht zu –, aber viele Erwerbslose, die in der Regel nach einem Jahr in diese Gruppe gerieten, empfanden den Abstieg häufig als demütigendes Stigma. Bestimmungen, nun auch Stellen annehmen zu müssen, die nicht im mindesten der Qualifikation entsprachen, die Anrechnung mühsam ersparter Alterssicherung oder die Begrenzung von Wohnraum betrafen die Würde der meist schuldlos arbeitslos gewordenen Hartz-IV-Empfänger, die sich zuerst im Osten, dann auch im Westen mit neuen »Montagsdemos« gegen die beschlossenen Regelungen wandten.

Bildungsprobleme Die Thematisierung sozialer Ungleichheit betraf auch das Bildungswesen.[38] Wenn es eine gemeinsame Vorstellung in West- und Ostdeutschland gegeben hatte, dann diejenige, dass eine Verbesserung der schulischen Bildung jedes Individuum auf eine höhere soziale Ebene führen würde. In beiden deutschen Staaten hatte es einen Bildungsboom gegeben. Auch in der »alten« Bundesrepublik waren Bildungsschranken überwunden worden. Die in den 6oer Jahren geschaffene statistische Figur des katholischen Arbeitermädchens vom Lande als personifizierte Benachteiligung taugte nicht mehr zur Beschreibung

Montagsdemonstration gegen die Hartz-IV-Gesetze in Magdeburg, August 2004

der Realität. Weibliche Jugendliche mit Abitur gab es nun mindestens ebenso häufig wie männliche, auch konfessionelle und Stadt-Land-Unterschiede hatten sich abgeschliffen.[39] Allerdings ergaben etliche Untersuchungen um 2000, dass sich die Abhängigkeit des Schulerfolgs vom sozialen Hintergrund sogar noch weiter gefestigt hatte und diesbezüglich Deutschland international eine unrühmliche Spitzenstellung einnahm. Dies hatte nicht so sehr simple ökonomische Gründe, sondern hing eher mit dem jeweils erworbenen »sozialen« und »kulturellen Kapital« (Pierre Bourdieu) zusammen, denn selbst bei gleichem Einkommen der jeweiligen Haushalte schlugen nach wie vor verhältnismäßig mehr Kinder aus Angestellten- und Beamten- als aus Arbeiterfamilien den Weg zu höherer Schulbildung ein.

In den 90er Jahren verstärkte sich dennoch der Zuzug zu den Gymnasien weiter; 1997/98 wurden dort mehr als zwei Millionen Schüler von 150 000 Lehrern unterrichtet. Um die Jahrtausendwende erwarb etwa ein Drittel des jeweiligen Altersjahrgangs die Hochschul- oder Fachhochschulreife, in den Stadtstaaten, hier auch durch die weiter verbreiteten Gesamtschulen, waren es noch mehr. Nichts kennzeichnet stärker die langfristige kulturelle Entwicklung in Deutschland als der Vergleich mit den 60er Jahren, als nur fünf Prozent eines Jahrgangs in der Bundesrepublik das Abitur erwarben. Damit war einerseits eine Anhebung der Allgemeinbildung und nicht zuletzt der Fremdsprachenkenntnisse verbunden, die mittlerweile häufig bereits in der Grundschule vermittelt werden. Andererseits verschwand weitgehend der Anspruch einer traditionsorientierten Elitebildung. Das Abitur war kein gegenseitiges Erkennungszeichen für gemeinsam erworbene humanistische Bildungsgüter mehr, sondern zunehmend Voraussetzung selbst für subalterne Tätigkeiten im Dienstleistungssektor, etwa als Bankangestellter. Insofern dienen die seit den 90er Jahren immer aufwendigeren Abschlussfeierlichkeiten der Abiturienten, mittlerweile sogar der Absolventen der zehnten Schulklassen, nicht selten in Abendkleid und Anzug, auch der Sinnstiftung eines Ereignisses, das längst seine Exklusivität verloren hat.

An die Stelle geschlechtsmäßig, konfessionell oder regional bedingter Ungleichheiten im Bildungswesen trat eine markante ethnische Benachteiligung.[40] Gerade in der Gruppe jenes knappen Zehntels aller Jugendlichen, die Mitte der 90er Jahre (in den alten Bundesländern) ohne Hauptschulabschluss die Schulzeit beendeten und als »Bildungsarme« bezeichnet wurden, machten Jugendliche mit »Migrationshintergrund« einen beträchtlichen Teil aus.[41] Vor allem die Hauptschulen entwickelten sich spätestens in den 90er Jahren – ungeachtet aller Rettungsversuche dieses Schultyps durch konservative Bildungspolitiker – zum Auffangbecken perspektivloser Jugendlicher und damit häufig zu Institutionen, in denen nur noch schwer schulische Stoffe vermittelt werden konnten. Der Lehrerberuf wurde zumal in sozialen Brennpunkten wegen der Überforderung mit häuslich vernachlässigten, aggressiven und im Unterricht nur schwer zu erreichenden Kindern und Jugendlichen zum »Horrorjob« und das »Burn-out-Syndrom« als typische Erkrankung bekannt. Amokläufe von Schülern hielt man allerdings noch – bis zu jenem an einem Erfurter Gymnasium 2002 – für eine in Europa unmögliche amerikanische Verhaltensweise.

Konsum und
Freizeit Die Modernisierung der Lebenswelt verlief in den 90er Jahren – zumindest für die Westdeutschen – in wenig spektakulären Bahnen. Konsumstile und Freizeitpräferenzen folgten den bekannten Mustern nicht nur einer simplen Steigerung, sondern der Ausdifferenzierung und Verfeinerung. Der Anteil der Ausgaben privater Haushalte für Nahrungs- und Genussmittel ging noch weiter zurück und machte 1998 in den alten Bundesländern nur noch zwanzig Prozent aus – fast nirgendwo in Europa waren sie billiger als in der Bundesrepublik. Auch für Bekleidung und Schuhe wurde verhältnismäßig weniger ausgegeben.[42] Eine Betrachtung amtlicher Statistiken zur Verbreitung von Haushaltsgeräten zeigt, dass von diesen einige zwar erst in den 90er Jahren zum üblichen Einrichtungsstandard zählten, etwa die Mikrowelle oder der Geschirrspüler, die meisten aber, vom Fernsehgerät und Kühlschrank bis zur Waschmaschine, bereits vorher selbstverständlich in der Wohnung vorhanden gewesen waren – und wo es Rückstände in der ehemaligen DDR gegeben hatte, wurden diese in hohem Tempo aufgeholt.[43]

Noch stärker als zuvor avancierten Jugendliche und Kinder zu Trendsettern des Konsums. In einer Titelgeschichte des *Spiegel* über den »Konsum-Terror der Kinder« Ende 1993 wurde vor allem auf das ausgeprägte Markenbewusstsein der Kinder aufmerksam gemacht; Fünfjährige könnten bereits im Kindergarten »ein Kompendium von Markenartikelnamen« herbeten, Konsum sei zum »Familienthema Nummer eins« geworden.[44] Dass sich die Juveniliserung und Infantilisierung der kommerziellen Werbung in einer alternden Gesellschaft vollzog, in der die »Best Ager« die kaufkräftigsten Konsumenten stellten, sprach sich allerdings in den 90er Jahren allmählich herum. Die Werbung hat sich hinsichtlich der Zielgruppen in den letzten Jahren beträchtlich differenziert.

Das Tempo der Massenmotorisierung hielt an. In den alten Bundesländern gab es 1990 ca. 30 Millionen private PKW, zehn Jahre später registrierte man im vereinten Deutschland ca. 40 und mittlerweile sind es ca. 50 Millionen – dabei gleicht sich der Automobilisierungsgrad in Ost und West weiter an. Aber selbst wenn heute statistisch auf je zwei Personen ein PKW entfällt, heißt das noch nicht, dass damit bei jeder Gelegenheit gefahren wird, die Deutschen zum Volk »automobiler Autisten« geworden wären. Vielmehr ergeben empirische Untersuchungen »vielfältige, multimodale Mobilitätsstile«.[45] In manchen Haushalten wird der Weg zur Arbeit mit dem Fahrrad bewältigt, während das Auto nur am Wochenende oder in der Urlaubszeit bewegt wird, in anderen fährt die Ehefrau mit dem PKW zur Arbeitsstätte, während der Mann den Bus benutzt, der in der Nähe seines Büros hält; bisweilen brechen auch beide berufstätigen Partner mit jeweils einem Auto auf, wobei der eine bis zu einem Park-and-Ride-Parkplatz fährt, um dann in eine S-Bahn umzusteigen, der andere eine Fahrgemeinschaft mit Arbeitskollegen bildet. Die Individualisierung der Nutzung hat sehr viel mit den Veränderungen der Arbeitswelt selbst zu tun, etwa der Zunahme von Teilzeitarbeit, aber vereinzelt auch mit der Entwicklung eines »gespaltenen Verkehrsverhaltens« aufgrund ökologischer Sensibilität.[46]

Wie hoch dieser Faktor anzusetzen ist, lässt sich zwar schwer beantworten. Aber ein Nachdenken über das individuelle Verhalten zur Vermeidung von Schadstoffen, das in den 80er Jahren eingesetzt hatte, steigerte sich, flankiert von zahlreichen Gesetzen und behördlichen Maßnahmen, seit den 90er Jahren beträchtlich. Die Trennung von Müll nach lokal höchst unterschiedlichen Systemen, härteste Strafen gegen illegale Müllentsorger, die Pflicht zur Rücknahme von Verpackungen in Läden, leidenschaftliche Auseinandersetzungen um die Einweg- und Pfandflaschen sowie um das Dosenpfand – ökologische Sensibilität im Kampf gegen die »Wegwerfgesellschaft« wurde in Deutschland zur besonders rigide vertretenen gesellschaftlichen Norm.[47]

Das zunehmende ökologische Bewusstsein ging mit einer enormen Aufwertung gesunder Lebensführung einher. Nicht nur die Umwelt, Luft und

Neue Muster der Massenmotorisierung

Biokost und Fast Food

Wasser sollten sauber sein, auch die Nahrungsmittel sollten die reine Natur enthalten. Der Begriff »Bio« avancierte zum Zauberwort. Hatte es Ende der 70er Jahre in der Bundesrepublik – neben den traditionellen Reformhäusern – etwa 100 Naturkostläden gegeben, machten Bioprodukte in den letzten Jahren eine steile Karriere. Nachdem 1998 die Biokette Basic in München den ersten Supermarkt eröffnet hatte, boten auch die etablierten Handelsketten und die Drogeriemärkte Waren mit dem staatlichen Biosiegel an. Von 1997 bis 2006 verdreifachte sich der damit erzielte Umsatz in der Bundesrepublik von 1,5 auf 4,5 Milliarden Euro.[48] Indirekt unterstützt wurde die grüne Nahrungsmittelwelle durch immer neue Lebensmittelskandale, vor allem bei Fleisch und Geflügel. Obwohl Kontrolle und Transport biologischer Lebensmittel insbesondere aus nichteuropäischen Ländern wegen der damit verbundenen ökologischen Belastung umstritten sind, hat sich inzwischen ein so differenziertes Angebotsspektrum herausgebildet, dass 47 Prozent der Bevölkerung, motiviert in erster Linie durch das Ziel einer gesunden Ernährung, mindestens einmal im Monat zu Bioprodukten greifen – hauptsächlich bei Einzelhandelsketten, aber auch im Biofachhandel. Ein besonders qualitätsbewusster Teil der Branche konzentriert sich auf kaufkräftige Kundschaft, die Umweltverträglichkeit zum Element ihres Lebensstils gemacht hat, ohne dies mit einer Ideologie des Verzichts zu verbinden.

Zugleich setzte aber das keineswegs kerngesunde Fast Food seinen Siegeszug fort. Preisgünstige und rasch zubereitete Mahlzeiten, Bockwurst, Frikadellen, seit den 70er Jahren in Westdeutschland auch Pizzastücke und Döner-Kebap, waren längst bekannt und entsprachen immer mehr dem Konsumstil eines beschleunigten Berufslebens mit kurzen Arbeitspausen und dem Verschwinden fester Termine für das Essen in vielen Haushalten. »Snacks für zwischendurch« traten neben das Kantinenessen, bei dem die Currywurst mit Pommes Frites nach wie vor ein Lieblingsgericht darstellt. Das Fast-Food-Angebot hat sich in den letzten beiden Jahrzehnten weiter differenziert und internationalisiert, vor allem »asiatisiert«. Zudem schossen Coffee Shops aus dem Boden, die nicht mehr nur den gewohnten Kaffee, sondern Espresso, Caffè Latte, Latte macchiato und zahlreiche weitere Zubereitungen »to go« – der Anglizismus ist inzwischen vertraut – anbieten. Auch für zahlreiche Bäckerläden ist der Verkauf von Kaffee mittlerweile ein fester Teil des Geschäfts geworden.

Neben die vielen kleinen Imbiss-Stände, Coffee Shops und Minirestaurants, sehr häufig nur durch die Mitarbeit von Familienangehörigen rentabel, traten zunehmend internationale Großunternehmen, die ihr Angebot rund um den Hamburger organisieren, am bekanntesten wohl McDonalds und Burger King, die ihre ersten westdeutschen Filialen in den 70er Jahren und ihre ersten ostdeutschen Restaurants 1990 in Plauen bzw. Dresden einweihten. Allein diese beiden Ketten betreiben heute in Deutschland zusammen etwa 2000 Filialen mit täglich 3 Millionen Gästen. Zu ihrem Erfolg trug neben rascher Zubereitung und einer betont lockeren Restaurantatmosphäre ohne Kellner und gedeckte Tische die klug gewählte Lage bei, in Bahnhöfen, Einkaufszonen, mittlerweile auch auf Flughäfen und in Autobahnraststätten – überall, wo viele Menschen ihren Hunger rasch befriedigen und sich an vertrauten Angeboten orientieren wollen. Zudem wurden die Speisen auch zum »Take away« angeboten – bisweilen mit der Möglichkeit des »Drive in«. Das auch auf den regelmäßigen Verzehr von besonders preisgünstigen riesigen Portionen mit Burgern und Pommes Frites zurückgeführte Übergewicht vieler Kinder und Jugendlicher ließ diese Ketten, neben anderen Gründen, allerdings in die Kritik geraten[49]; deshalb werden dort heute alternativ auch vitaminhaltige Salate angeboten, und die Werbung betont, dass die Produkte aus heimischer Landwirtschaft stammen. Im Übrigen ist zu beobachten, dass es nicht nur sozial bedingte Unterschiede von Kunden für Fast Food und für das dagegen propagierte gesunde Slow Food gibt, sondern viele Menschen, die wechseln, gelegentlich bei einer Fast-Food-Kette ihren Einkauf unterbrechen, bei dem sie Biobrot und Bioeier erworben haben, um danach bei einem Discounter noch die Champagner-Hausmarke und Pizza besonders billig einzukaufen. Die vor »Aldi«, »Penny« oder »Lidl« parkende Luxuslimousine ist zwar zum Kritikklischee der Berichterstattung über diese Läden geworden, die vor allem von denjenigen ausschließlich aufgesucht werden, die mit schmalem Haushaltsetat auskommen müssen. In den Mittelschichten allerdings ist zunehmend eine Kombination von Konsumstilen an die Stelle von sozial trennscharf zu unterscheidendem Einkaufsverhalten getreten. Das gängige Bild einer »Aldisierung« der Gesellschaft trifft diese Differenzierungen nicht.[50]

Ähnlich vermischen sich heute die Freizeitstile, wobei allerdings in starkem Maße Kontinuitäten hinsichtlich der unterschiedlichen Präferenzen wirken. Nach wie vor sticht als Erstes die ausgeprägte Häuslichkeit hervor.[51] Etwa fünf Stunden Freizeit stand den erwachsenen Deutschen tagesdurchschnittlich Mitte der 90er Jahre zur Verfügung. Mindestens einmal in der Woche, so gab die Hälfte an, würden sie »nichts tun«, nur »faulenzen«. Bei einer Erhebung von 1998 wurden unter den mindestens einmal in der Woche ausgeübten häuslichen Betätigungen am häufigsten – in dieser Reihenfolge – die Lektüre von Zeitschriften, Fernsehen, Radiohören, Musikhören und Bücherlesen ge-

Freizeitstile

nannt – kaum anders als ein halbes Jahrhundert zuvor. Die Deutschen hatten es sich noch gemütlicher in ihrem Heim gemacht, und mittlerweile wurde häufig die Pizza oder das Sushi zum Fernsehen bei einem der vielen Anbieter telefonisch bestellt.

Unter den außerhäuslichen Aktivitäten rangierte Ende der 90er Jahre – in dieser Reihenfolge – am häufigsten der Spaziergang sowie der Besuch von Verwandten und Freunden. Auffällig ist allerdings, dies korrespondiert mit dem Trend zur Gesundheit, die Wertschätzung sportlicher Betätigung, derer sich 28 Prozent der Befragten mindestens einmal in der Woche befleißigten. Im Übrigen lässt sich ein klares altersmäßiges Profil erstellen. Bei den Jugendlichen steht das Musikhören an der Spitze vor dem Telefonieren mit Freunden und Freundinnen und familiärer Geselligkeit. Jüngere Menschen mit höherer Schulbildung bevorzugen die Lektüre von Büchern, das Musik- und Radiohören, gehen sehr viel häufiger zum Essen oder Trinken aus und treiben am meisten Sport; bei Menschen ohne höhere Schulbildung steht lediglich das Fernsehen auf einem eindeutig höheren Rang.[52]

Digitalisierung — Die seit den 90er Jahren markant erhöhte und immer stärker grenzüberschreitende Kommunikationsdichte wurde auf der technischen Ebene erst möglich gemacht durch Digitalisierung – also die Etablierung eines binären Kodierungssystems, das eine hohe Verdichtung von Daten erlaubt. Als digitale Datenträger ersetzte schon in den 80er Jahren die Compact Disc die analog aufzeichnende Schallplatte, es folgte Mitte der 90er Jahre die DVD, die das Videoband, und etwas später der MP3-Player, der die mobil im Discman abgespielte Musik-CD ablöste. Beim Fernsehen ermöglichte die komprimierte Datenübertragung neben der in Deutschland 2003 begonnenen Ablösung des analogen Antennenfernsehens durch das leistungsstärkere Digital Video Broadcasting Terrestrial (DVB-T) insbesondere die zukunftsträchtige Übertragung im Internet. Was häufig als Anfang vom »Ende der Gutenberg-Galaxis« (Norbert Bolz) überhöht wurde, war doch jedenfalls Teil eines tief greifenden Strukturwandels in der Geschichte des Fernsehens, der mit einer Gewichtsverschiebung zugunsten der privaten Sendeanstalten, Ausdehnung des Programmspektrums durch Internationalisierung und verstärkter Regulierung durch die Landesmedienanstalten einherging, während die Bestrebungen zur Einführung des Bezahlfernsehens nach jahrelangen Bemühungen scheiterten.[53] Auch der öffentlich-rechtliche Rundfunk hat sich dem Druck der Quote gefügt und verzeichnet bei nachlassender Verbindlichkeit des »Bildungsauftrags« – ein »Wort der Leute, die jetzt in Rente sind«, wie ein WDR-Redakteur urteilte – sinkende Reichweiten bei den Nachrichtensendungen, die durch die Konkurrenz des Internets unter Druck geraten sind.[54] Gleichwohl liegt der Anteil der Informationssendungen bei ARD, ZDF und den Dritten Programmen auch im internationalen Vergleich nach wie vor im Spitzenbereich.

Auch die Kommunikation per Mobiltelefon wurde erst möglich nach der Anfang der 90er Jahre begonnenen Einführung digitaler Mobilfunknetze. Bereitet war der Boden für die umfassende Digitalisierung der Gesellschaft nicht nur durch Hardware wie die flächendeckende Verbreitung des Computers seit den 80er Jahren, sondern auch durch kulturelle Treibsätze wie den Techno-Sound. Auf der Basis digitalisierter elektronischer Musik entstand seit den späten 80er Jahren eine Technoszene, die um DJs wie Westbam, Dr. Motte und Marusha sowie das Magazin *Frontpage*, das 1995 eine Auflage von 100 000 Exemplaren erreichte, eine besonders große Resonanz in Deutschland fand. Zu einer Massenveranstaltung wurde die seit 1989 durchgeführte Love-Parade in Berlin mit 700 000 Teilnehmern 1996. Hier bildete sich, begünstigt durch die Öffnung der Mauer, eine besonders weitläufige Subkultur heraus, die in leerstehenden Fabrik- oder Kaufhallen nächtelange Raves abhielt.[55] Einer Kommerzialisierung der Szene stellten sich DJs wie Alec Empire und das Frankfurter Label Mille Plateaux entgegen, während seit 1997 eine »Fuck Parade« als Gegendemonstration zum Berliner Massenhype figurierte.[56]

Voraussetzung für den massenhaften Datenaustausch, der die Kommunikationsformen der Gegenwart bestimmt, war die Vernetzung einer wachsenden Zahl von Computer-Usern seit Mitte der 90er Jahre.[57] Entwickelt wurde das Internet ursprünglich vom US-amerikanischen Verteidigungsministerium, um eine dezentrale, für militärische Angriffe weniger anfällige Kommunikationsstruktur aufzubauen. Umgesetzt als Strukturprinzip der zivilen Nutzung, hat es Demokratisierungs- und Beteiligungsbestrebungen der Bürger unterstützt, aber auch Ungleichheit verstärkt. Seit der Einführung des World-Wide-Web-Browsers auf einer benutzerfreundlichen Oberfläche (1992) wurde das Internet zu einem Informations- und Kommunikationsmedium zunächst der Wissenschaft, dann eines breiteren Teils der Bevölkerung. In der Bundesrepublik versechsfachte sich die Zahl der Internetnutzer zwischen 1997 und 2001 von 6,5 auf 38,8 Prozent der Bevölkerung ab 14 Jahren, wobei die höchsten Wachstumsquoten zwischen 1998 und 2000 erreicht wurden.[58] Dass es neben Arbeitsplätzen und öffentlichen Einrichtungen wie Bibliotheken oder Internetcafés und den seit 2001 angeschlossenen Schulen immer mehr im Alltag genutzt wurde, zeigt seine Verlagerung in den privaten Raum. 2001 war mit 53 Prozent mehr als die Hälfte der deutschen Haushalte mit einem Computer ausgestattet, während über einen Internetanschluss nur 27 Prozent verfügten.[59] Anfang 2005 hatten sich diese Zahlen mit 69 Prozent Computer- und 55 Prozent Internetausstattung schon erheblich angenähert. Den höchsten Versorgungsgrad wiesen Haushalte mit Kindern auf, während alleinlebende Frauen und Haushalte mit niedrigen Einkommen am schlechtesten ausgestattet waren. Forciert wurde die kommunikative Vernetzung durch die 1999 von Wirtschaft und Politik – prominenter Unterstützer war Bundeskanzler Gerhard Schröder – gegründete und von der Großen Koalition weiterhin unterstützte »Initiative D21«, die sich um die Verbreitung »digitaler Kompetenz« bemüht, um »Deutschland in der digitalen Welt des 21. Jahrhunderts gesellschaftlich und wirtschaftlich voranzubringen«, sowie das Programm der Bundesregierung »Internet für alle« von 2000.[60] Gleichwohl droht eine Spaltung in »user« und »looser«, die nur schwer zu überwinden ist, weil sie mit Ungleichheiten in Alter, sozialer Lage und Geschlecht korreliert. Waren junge, hochgebildete und berufstätige Männer von Beginn an die intensivsten Internetnutzer, so folgten Frauen, ältere und weniger gut gebildete Menschen mit geringem Einkommen erst allmählich. Während sich ihr Zugang zu Computern und zum Netz relativ schnell verbesserte, bleiben ihre Nutzungskompetenzen in unterschiedlich starkem Maße hinter den am meisten begünstigten Gruppen zurück – insbesondere die Bildungsvoraussetzungen haben sich als der entscheidende Faktor herauskristallisiert.[61] 2003 nutzten 53,5 Prozent der Bundesbürger das Internet – 62,6 Prozent der Männer und 45,2 Prozent der Frauen, 92,1 Prozent der 14- bis 19-Jährigen und 13,3 Prozent der 60-Jahre-und-Älteren. Im Hinblick auf den Bildungsstand waren 79,3 Prozent Bundesbürger mit Abitur online, aber nur 19,4 Prozent derjenigen, die einen Volksschulabschluss ohne Lehre hatten. Am häufigsten wurde das Internet zur E-Mail-Kommunikation verwendet, es folgten Informationssuche, Downloads (etwa von Musik) und der Kauf von Produkten aller Art.

Web 2.0   Einen qualitativen Umbruch markierte die Ausweitung der Artikulationsmöglichkeiten von »usern« im Internet durch »Social Software«. Die unter dem Etikett »Web 2.0« subsumierten interaktiven Komponenten des Internet gehen insbesondere auf die seit 2002 in den USA um sich greifende Veröffentlichung von Weblogs (engl. »log« = Tagebuch, Protokoll) oder Blogs zurück. Dabei handelt es sich um Berichte oder Kommentare von Einzelpersonen zu privaten oder öffentlichen Angelegenheiten aller Art, die von Leserinnen und Lesern kommentiert werden können. Blogs breiteten sich rasant aus, nachdem sie seit 2003 im Irakkrieg und im US-Präsidentschaftswahlkampf von 2004 als Informationsmedium eingesetzt wurden und zwischen 2003 und

2005 Google, Microsoft und Yahoo eigene Plattformen anboten. In Deutschland verzeichneten Anbieter wie myblog oder blogg_de Mitte 2005 gut 61 000 Blogs, von denen etwa ein Drittel aktiv war – für Anfang 2006 wurde deren Zahl auf etwa 40 000 geschätzt.[62] Blogger sind insbesondere formal Hochqualifizierte im Alter zwischen zwanzig und dreißig bei einem nur leichten Übergewicht der Männer. Persönliche Internetkundgebungen werden nicht nur von Parteien oder NGOs für politische Zwecke eingesetzt, sondern dienen auch Stars und Sternchen zur Selbstdarstellung und erweitern die Berichterstattung der klassischen Medien durch persönliche Journalisten-Blogs auf den Homepages von ARD, ZDF oder *Die Zeit*.[63] Als Pendant für die Präsentation von selbsterstellten Videoclips (und Aufnahmen aus der Konserve) hat das Internetportal Youtube seit 2005 einen rasanten Aufstieg erlebt, der sich seit 2006 unter den Fittichen von Google fortsetzt. Auch das 2001 gegründete Onlinelexikon Wikipedia, das die Mobilisierung eines bislang unerreichten Wissenspools anstrebt, beruht auf dem Prinzip der »user«-Beteiligung – bei der deutschsprachigen Ausgabe arbeiteten Anfang 2007 über 7000 Personen regelmäßig mit. Selbstorganisierte Vernetzung und Zugänglichkeit für jedermann haben eine neue Interneteuphorie ausgelöst, die sich nicht nur aus wirtschaftlichem Kalkül, sondern auch aus der Hoffnung auf eine Erneuerung der bürgerlichen Öffentlichkeit durch den freien Diskurs gleichberechtigter Privatleute speist. Anknüpfend an den Titel der 1962 veröffentlichten Habilitationsschrift von Jürgen Habermas, veranstaltete die Bundeszentrale für politische Bildung 2003 einen Kongress zum Thema »Mediendemokratie« unter dem Obertitel »Strukturwandel der Öffentlichkeit 2.0«, und nach anfänglicher Skepsis konstatierte der Soziologe selbst: »The Internet has certainly reactivated the grass-roots of an egalitarian public of writers and readers.«[64] Dass »Consumer Generated Content« nicht aus sich selbst heraus zur Demokratisierung führt, zeigt die Tatsache, dass die Stimmenvielfalt in der *Blogosphäre* wohl zugenommen hat, der bei weitem größte Teil der Massenmedien aber, wenn es um Mitbestimmung geht, im Verhältnis von Sender und Empfänger nach wie vor nur eine Richtung kennt.

Zur digitalen Schnittstelle der interpersonalen Alltagskommunikation aber wurde nicht der PC in stationärer oder portabler Variante, sondern das Mobiltelefon. In erweiterter Form übernimmt es durch den Internetzugang schon dessen Funktion – hierin sieht die Industrie seine größten Entwicklungspotenziale. Die in Deutschland unter der amerikanisch anmutenden Begriffskrücke »Handy« figurierende »Ikone einer neuen Mobilitätskultur«[65] kam nach der Einführung des digitalen europäischen Mobilfunkstandards GSM

Mobiltelefon

(Global System for Mobile Telecommunications) von 1992 auf den deregulierten Telekommunikationsmarkt. Im Gegensatz zu den aufgrund günstigerer Preise früher versorgten skandinavischen Ländern und Großbritannien kam der deutsche Markt, wo das Handy noch lange im Ruch eines Yuppie-Zubehörs stand, erst verzögert in Schwung, entwickelte sich dann aber rasant und übersprang 1998 die Marke von 10 Millionen Mobilfunkanschlüssen. Zum entscheidenden Schub kam es zwischen 1999 und 2000, als sich ihre Zahl von 23,5 auf 48,2 Millionen mehr als verdoppelte; 2007 hatte sie mit 97,2 Millionen die Zahl der Bundesbürger deutlich übertroffen.[66] Neue Marketingkonzepte wie Vertragspakete inklusive Telefon zum Preis von einer DM bzw. Euro und die Einführung des insbesondere von Jugendlichen genutzten Prepaid-Systems bewirkten diesen Durchbruch ebenso wie das Aufkommen ästhetisch ausdifferenzierter Geräte, die eine immer feinere Justierung des persönlichen Habitus ermöglichten. Individuell gestaltete Displays und Klingeltöne sind Teil dieser Anverwandlung. Das Handy hat die Alltagskommunikation entscheidend verändert – mit ambivalenten Effekten: Durch die Garantie jederzeitiger Erreichbarkeit erhöht es die Spontaneität, erweitert soziale Vernetzung und schafft Sicherheit, aber auch soziale Zwänge und Kontrolle. Während private Telefongespräche im öffentlichen Raum zu einer verbreiteten Erscheinung geworden sind, hat der Austausch schriftlicher Kurzmitteilungen eine Form der Privatkommunikation geschaffen, die unauffälliger und weniger aufwendig als ein Telefonat ist und sich ideal zur Feinabstimmung des Alltags und zur gegenseitigen Versicherung sozialer Nähe eignet. Unter den von Handys mittlerweile angebotenen Zusatzdiensten ist das in Deutschland 1995 eingeführte Short Message System (SMS) das mit Abstand meistgenutzte, insbesondere unter Jugendlichen, in deren Kommunikationsverhalten es eine zentrale Rolle spielt.[67] Aber auch jenseits dieser Altersgruppe ist das »Simsen« weit verbreitet: 2006 benutzten diese Funktion 81 Prozent der 16- bis 49-Jährigen regelmäßig, gefolgt von der Fotokamera (29 Prozent) und Spielen (16 Prozent).[68] Noch wenig benutzt wird die kostspielige Versendung von Fotos und die Benutzung des Internets mit dem Handy.

iPod   Nicht nur eine spezifische Variante des »E-Commerce«, die mit der Verkaufsbörse ebay oder anderen Formen des um sich greifenden Netzhandels nur begrenzt zu vergleichen ist, verbindet sich mit dem MP3-Player des Anbieters Apple. Von dem 2001 auf den Markt gekommenen iPod wurden bis 2005 weltweit 67 Millionen Geräte verkauft – trotz eines Preises, der über dem der Konkurrenz liegt.[69] Der beispiellose Erfolg des iPod erklärt sich nicht nur aus seinem gediegenen Design und elitären Nimbus, sondern auch aus der

Inbegriff eines neuen digitalen Lebensstils: Der Vorstandsvorsitzende der Deutschen Telekom präsentiert das iPhone von Apple

Aversion der Kunden gegen die Praktiken der großen Musikkonzerne vor dem Hintergrund der durch die Digitalisierung mit verursachten Krise der Musikindustrie. Deren Umsatz schrumpfte in Deutschland durch illegale Kopien und Downloads von 2,75 Milliarden 1997 auf 1,75 Milliarden Euro 2005; erst 2006 war ein leichter Rückgang von Raubkopien und Raubkopierern zu verzeichnen.[70] Demgegenüber stieg der Umsatz der per Download im Internet verkauften Musik zwischen 2005 und 2006 um ein Drittel. Nach der Entwicklung des MP3-Formats zur Komprimierung von Musikdaten von 1992 war 1999 mit Napster die erste Plattform zum Tausch von Musikdateien per Internet entstanden, die zum Einbruch der CD-Verlaufszahlen führte. Durch die harschen Reaktionen der Plattenindustrie, die dem Phänomen durch Law-and-order-Aufrufe, Kopierschutz und strafrechtliche Verfolgung beikommen wollte, verschlechterte sich ihr durch Überteuerung und billige Massenware ohnehin schon ramponiertes Image noch weiter, so dass ein Unrechtsbewusstsein beim illegalen Download nicht recht aufkommen wollte. Erst die mit einem Outsider-Image operierende Computerfirma Apple brachte die Wende, als sie mit dem iPod auf den Phonomarkt übergriff und zugleich mit iTunes eine Internet-Plattform bereitstellte, die erstmals Musik zum Download gegen Bezahlung anbot – 2005 waren es 1,3 Millionen Titel. Dass Apple auf diesem Gebiet trotz der bald aufkommenden Konkurrenz von Microsoft, Sony etc. Marktführer blieb, hatte nicht nur mit seinem technischen Artefakt zu tun, das zum »Synonym für digitale Musik, Mobilität und Miniaturisierung« wurde, sondern auch mit dem schon in der Auseinandersetzung mit Microsoft bewährten Image des David im Kampf gegen Goliath.[71] Das Kultobjekt iPod ersetzte Unmengen schlecht beschrifteter gebrannter CDs durch ein leistungsfähiges, gekaufte wie gebrannte Stücke gleichstellendes Archivierungssystem.

Internet-
DatingMit dem Zugang einer großen Zahl von Haushalten zum Internet entstanden auch über die elektronische Post hinaus ganz neue Möglichkeiten der Kommunikation. Angeboten werden sie von altersgruppenspezifischen oder -indifferenten Websites wie SchülerVZ, StudiVZ, Facebook oder lokalisten.de, deren Nutzerzahl in Deutschland allein 2008 von 17,4 auf 24,9 Millionen anwuchs.[72] Sie stiften und erhalten Kontakte, stellen aber auch soziale Hierarchien her und bieten eine üppig sprudelnde Datenquelle für kommerzielle oder politische Interessenten. Revolutioniert hat das Internet auch den Partnerfindungsprozess unter Singles – jenen Erwachsenen auf Partnersuche, die einen erheblichen Teil der 14,6 Millionen Bewohner von Einpersonenhaushalten und der 2,5 Millionen Alleinerziehenden (2004) ausmachen.[73] An die Stelle von Kontaktannoncen traten seit der Jahrtausendwende mit rasant steigenden Mitgliedszahlen kommerzielle Partnerbörsen im Internet, mit denen 2003 21, zwei Jahre später 76 Millionen Euro umgesetzt wurden. Sinkende Heirats- und steigende Scheidungszahlen sowie die leicht zugängliche Möglichkeit einer gezielten Partnersuche nach individuell gesetzten oder auf Testbasis eruierten Kriterien haben zu ihrem Erfolg ebenso beigetragen wie finanzschwere Werbekampagnen und ein Kinofilm wie *e-m@il für dich* (1998) mit Tom Hanks und Meg Ryan. 2003 und 2005 stieg die Zahl der Teilnehmer am Internet-Dating von 3,5 auf 6,2 Millionen, diejenige der zahlenden Mitglieder von Partnerbörsen von 490 000 auf 1,3 Millionen.[74] Websites wie Dating Café, Parship oder Elite Partner bieten auch weitere Dienstleistungen zur Partnersuche wie Partys und Reisen an. Freilich hat das »demokratischste Kennenlernprogramm der Welt« (*Der Spiegel*) nicht nur Segen gebracht, sondern auch Frustrationen, die mit dem intimen Massenkontakt und der Suggestion der unendlichen Auswahl verbunden sind.

FitnessMit dem Wandel der Arbeitsgesellschaft und der Individualisierung nahmen der Stellenwert und der Facettenreichtum der sportlichen Betätigung erheblich zu. Bei den bevorzugten Sportarten ging der Trend vom In- zum Outdoor und von den mannschafts- oder gruppenbezogenen zum individuellen Sport – etwa Joggen oder Klettern –, wobei sich das Spektrum der

Betätigungsformen enorm erweiterte; in den 90er Jahren ergab eine Umfrage bei den deutschen Sportvereinen 240 verschiedene Sportarten.[75] Dabei betätigten sich die sportlich Aktiven kurz nach der Jahrtausendwende nur noch zu einem Drittel im Rahmen der bestehenden 90 000 Sportvereine. Besonders stark wuchs die Anzahl der privatwirtschaftlich betriebenen Sportstudios. Während 1990 1,7 Millionen Deutsche in Fitnessstudios trainierten, waren es 2006 4,6 Millionen – wobei die Statistik seit einigen Jahren die kleineren Clubs schon gar nicht mehr mitzählt.[76] Begonnen hatte die Fitnesswelle schon Anfang der 80er Jahre, als Filme mit Arnold Schwarzenegger in der Hauptrolle (*Pumping Iron*, 1977; *Conan, der Barbar*, 1982) das Bodybuilding und die Schauspielerin Sydney Rome das Aerobic in der Bundesrepublik popularisierten.[77] Zuwachs und Strukturwandel des Sports in den 90er Jahren gingen insbesondere auf die gestiegene Sensibilität für eine gesunde Lebensführung zurück, wie sich zuerst an der *Wellness*-Welle zeigte, die komplementär zum zeitweiligen Bedeutungsverlust der zwischen 1996 und 2000 von Kostendämpfungsmaßnahmen betroffenen Kuren nicht nur über die klassischen Kurorte schwappte.[78] Die von Bäder- und Saunalandschaften oder entlegenen Wellness-Hotels angebotene Entspannung von Körper und Geist sprach insbesondere Frauen und die kommerziell bedeutsame Gruppe der »Best Agers« an. Auch zum Boom der Fitnessstudios, die Gesundheit nicht durch ein entspannungsbasiertes Anti-Stress-Programm, sondern durch Anstrengung und Schweiß erreichen wollen, trug diese wachsende Altersgruppe bei, die sich ohnehin in der Gesellschaft stärker zur Geltung brachte als je zuvor. Das Lebensdrittel, das 53-jährige Männer und 56-jährige Frauen heute statistisch gesehen noch vor sich haben, investieren sie in Konsum – neben Sport spielt das Reisen eine wichtige Rolle –, soziales Engagement und Bildung. An Gruppen von Liebhabern des *Nordic Walking* führt auf kaum einem Waldweg etwas vorbei, und gegenwärtig sitzen 18 000 Senioren als Gasthörer in deutschen Universitätsseminaren.[79] Während sich der Erfolg der Kieser-Gruppe (»Ein starker Rücken kennt keinen Schmerz«) nicht zuletzt auf dieses Segment stützt, ziehen Discounter wie die Kette McFit ein junges, weniger zahlungskräftiges Publikum an, das vornehmlich durch das Körperideal des Schlankseins motiviert wird. Besonders zukunftsträchtig scheinen allerdings kombinierte Einrichtungen zu sein, die körperliche Anstrengung individuell oder im Kurs mit einem ausgedehnten Wellness-Bereich verbinden. Große regionale Anbieter wie der Fitnesspark Schwetzingen (gegründet 1986) bieten nicht nur geschultes Personal, Kinderbetreuung und ein umfangreiches Freizeitprogramm mit Grillabenden und Mitgliederreisen an, sondern auch spezielle Angebote zur gesundheitlichen Vorbeugung für die Altersgruppe 40+.[80]

Auch in der Öffentlichkeit spielte der Sport eine wachsende Rolle; nicht zuletzt, weil damit Geld zu verdienen war. Das private Sponsoring von Sportlern oder Mannschaften, 1973 durch die Ausstattung der Spieler von Eintracht Braunschweig mit Jägermeister-Trikots publicityträchtig eingeführt, steigerte sich zwischen 2000 und 2008 von knapp 2,5 auf 4,3 Milliarden Euro und nahm etwa mit der Benennung von Stadien ungewohnte Formen an, die freilich die finanziellen Spielräume der Vereine erheblich erweiterten.[81] In Hamburg wurde 2001 aus dem Volksparkstadion die AOL-Arena; wie lange es den 2007 verliehenen Namen HSH-Nordbank-Arena tragen wird, ist ungewiss. Beim Fernsehen entbrannten um die Übertragungsrechte populärer Wettkämpfe immer wieder neue Auseinandersetzungen, während gleichzeitig die exorbitanten Gebühren neue Sendeformate mit unterhaltendem Rahmenprogramm hervorriefen, die hohe Einschaltquoten und damit hohe Werbeeinnahmen gewährleisteten.[82] Dabei changierte das Publikumsinteresse zwischen den Sportarten auch mit der Popularität der mit ihnen verbundenen Stars – abgesehen vom Fußball, der sich andauernder Beliebtheit erfreut. Riefen Steffi Graf und Boris Becker in den 80er Jahren ein gesteigertes Interesse am Tennis hervor, so erregte Michael Schumacher seit seinem ersten Weltmeisterschaftstitel von 1994 die Aufmerksamkeit der Zuschauer für Formel-1-Autorennen; seit 1997 kam mit Jan Ullrich die Tour de France für ein breiteres Publikum in Deutschland hinzu.

Fußballweltmeisterschaft 2006

Zu einem besonderen Ereignis für das *Branding* der Bundesrepublik nach innen wie nach außen hin wurde die Fußballweltmeisterschaft 2006, die als *Sommermärchen* – so der Titel einer Filmdokumentation von Sönke Wortmann – wahrgenommen wurde. Märchenhaft erschien vielen Beobachtern vor allem die entspannte Stimmung des multiethnischen Miteinanders, die nach einer vorangegangenen Debatte um ostdeutsche »No-go-Areas« für dunkelhäutige Fußballfans mit Erleichterung aufgenommen wurde. Neu war neben der Spielweise der deutschen Mannschaft unter dem Direktorat von Jürgen Klinsmann die Tatsache, dass deutsche Nationalsymbole – vor allem die Landesfarben in allen denkbaren Gestalten – allgegenwärtig waren. Das demonstrative Bekenntnis zur deutschen Mannschaft, fünf Wochen lang zur Schau gestellt durch Fahnen an Autos und Balkonen, wurde in diesem Kontext weniger als neuer Nationalismus empfunden, sondern als eine harmlose Form des Party-Patriotismus – ein Symbol für ein entspannteres Verhältnis der Deutschen zu ihrem Land, das auch bei den europäischen Nachbarn positiv bewertet wurde. Zur Mobilisierung einer ungewöhnlich großen Menge von Bundesbürgern und Gästen trug besonders die Übertragung der Spiele durch *Public Viewing* auf »Fanmeilen« bei. In über 200 Städten wurden großformatige LCD-Bildschirme errichtet, die die Weltmeisterschaft für große Menschenmassen zu einem Gemeinschaftserlebnis in Echtzeit machten. Während 3,2 Millionen die 64 Spiele im Stadion verfolgten, waren 25 Millionen per Public Viewing dabei – bis zu 50 000 auf dem Hamburger Heiligengeistfeld, 70 000 vor dem Neuen Schloss in Stuttgart, eine Million zwischen Brandenburger Tor und Siegessäule in Berlin.[83] Prachtvolles Sommerwetter, kostenloser Eintritt, multiethnische Zusammensetzung und die Anfangserfolge der deutschen Mannschaft trugen zum Erfolg dieses Angebots bei, das Teil eines neuen Fan- und Besucherbetreuungskonzepts der FIFA war – allerdings, wie gehabt bei Fußballspielen, deutlich weniger Frauen (28 Prozent) als Männer anzog.[84]

Auch in der Alltagskultur war die nach dem Zusammenbruch des Ostblocks dynamisierte Globalisierung spürbar. Die Öffnung des »eisernen Vorhangs« und die Internationalisierung der Märkte, die Erosion der »Dritten Welt« durch den Aufstieg insbesondere südostasiatischer »Tigerstaaten«, die kommunikative Vernetzung durch das Internet, die Ausweitung von Flugverkehr und Ferntourismus durch Verbilligung der Flugpreise beeinflussten den Konsum- und Lebensstil.[85] Spürbar wurden die Auswirkungen des Globalisierungsschubs auch in Form eines erheblich gewachsenen Migrationsdrucks, dem die Bundesrepublik stärker als andere europäische Länder ausgesetzt war.

Schon in der zweiten Hälfte der 80er Jahre begann die Zahl der in der Bundesrepublik lebenden Ausländer von gut vier Millionen trotz Zuzugsstopp und Rückkehrförderung schnell zu steigen und wuchs bis 1994 um etwa die Hälfte; seit Ende der 90er Jahre liegt ihre Zahl stabil bei 7,3 Millionen, was einem Anteil von 8,9 Prozent der Wohnbevölkerung entspricht.[86] Bezieht man Aussiedler und mittlerweile Eingebürgerte ein, dann besaßen 2007 15,3 Millionen oder 18,6 Prozent der Wohnbevölkerung einen »Migrationshintergrund« – deutlich mehr als in den meisten anderen europäischen Ländern.[87] Zurückzuführen war dieser Zuwachs erstens auf Familiennachzüge und den Aufenthalt von EU-Bürgern mit privilegierten Rechten. Zweitens wurden vermehrt Aussiedler aufgenommen, also Osteuropäer mit deutschen Vorfahren hauptsächlich aus der Sowjetunion, Polen und Rumänien, denen aufgrund des für das deutsche Staatsbürgerschaftsrecht grundlegenden Abstammungsprinzips (»ius sanguinis«) eine bevorzugte Aufnahme zustand. Schon zwischen 1987 und 1989 war die Zuwandererzahl aus Polen – darunter ein Großteil Aussiedler – aufgrund der dort liberalisierten Visavergabepraxis stark an-

Migration und
Globalisierung

Titelbild des *Spiegel* zur wachsenden Zahl von Asylbewerbern in der Bundesrepublik, 1991

gestiegen.[88] Drittens nahm in den frühen 90er Jahren die Zahl der Flüchtlinge erheblich zu, die entgegen landläufiger Meinungen nicht in erster Linie aus Ländern der »Dritten Welt« kamen, sondern aus Ost- und Südosteuropa – insbesondere dem von ethnischen Säuberungen betroffenen Exjugoslawien – und der Türkei, wo es zu einer Verfolgungswelle gegen Kurden gekommen war. Viertens wuchs insbesondere nach der Verschärfung des Asylrechts 1993 und der mit dem Fortfall der europäischen Binnengrenzen verbundenen Errichtung der »Festung Europa« die Zahl derjenigen Zuwanderer, die sich illegal in der Bundesrepublik aufhielten und um die Jahrtausendwende auf etwa eine halbe Million geschätzt wurden.[89] Als Arbeiter hatten sie erheblichen Anteil etwa am Bauboom in der gesamtdeutschen Hauptstadt, als Haushaltshilfen stellten sie die neuen »Dienstmädchen« der arrivierten Schichten. Dabei ignorierte die von diesen Zuwächsen ausgelöste »Das Boot ist voll«-Rhetorik die mit der Migration verbundene hohe Fluktuation. Die Tatsache, dass etwa 1993 1,2 Millionen Zuwanderungen 790 000 Abwanderungen entgegenstanden, rührte auch aus der Tatsache, dass die Bundesrepublik für viele Migranten nicht Ziel-, sondern Durchgangsland war.[90]

Ausländerfeindlichkeit und Asylrechtsreform

Eine mitunter erschreckend militante Ausländerfeindlichkeit, Brandanschläge, Morde und Ausschreitungen gegen Asylbewerberheime überschatteten das Zusammenleben im eben vereinigten Deutschland. Zum Teil konnte sie mit breiter Zustimmung rechnen, wie etwa im September 1992 in Rostock-Lichtenhage. Die Ausländerfeindlichkeit beschränkte sich nicht auf das Gebiet der früheren DDR, hatte dort aber ihre Schwerpunkte, nachdem seit Ende 1990 Asylbewerber auch auf die neuen Bundesländer verteilt wurden. Allerdings richtete sich gegen die ausländerfeindliche Welle schon bald ein breites Bündnis von Kirchen, Parteien und Einzelpersonen, die mit Lichterketten-Demonstrationen zumindest symbolisch einschritten. Nach wie vor

Ausländerfeindliche Krawalle in Rostock, 24. August 1992

wird Ausländerfeindlichkeit begünstigt von geringer Bildung und wenig Kontakt zu Zuwanderern und ist stärker verbreitet in den Flächenländern (insbesondere der ehemaligen DDR) als in den Großstädten inklusive Ostberlin.[91] Die Politik reagierte auf die erhebliche Vermehrung der Asylbewerberzahlen mit einer Einschränkung des Asylrechts, dem nach zähen Verhandlungen auch die SPD zustimmte und die am 1. Juli 1993 in Kraft trat. In der Folge, aber auch flankiert durch die Entspannung der Lage in Osteuropa, verringerte sich die Zahl der Asylbewerber von ihrem Höhepunkt mit 438 000 im Jahre 1992 erheblich – 2004 lag sie bei 36 000.[92] Nach der Einbürgerungserleichterung von 1993 durch Rechtsanspruch und Gebührensenkung kam es zu einem Durchbruch in der Integrationspolitik mit der rot-grünen Koalition von 1998, die mit der im Jahr 2000 in Kraft getretenen Reform des Staatsbürgerschaftsrechts das Abstammungsprinzip relativierte und nach dem Territorialprinzip (»ius solis«) in Deutschland geborenen Kindern die deutsche Staatbürgerschaft zuerkannte, sofern mindestens ein Elternteil acht Jahre im Lande gelebt hatte. Allerdings scheiterte die Einführung der doppelten Staatsbürgerschaft am Widerstand der CDU/CSU, so dass die Einbürgerungsquote mit 2,5 Prozent im europäischen Vergleich nach wie vor gering ist, weil Betroffene sich bis zum 23. Lebensjahr für die deutsche oder die Staatsbürgerschaft ihrer Eltern entscheiden müssen.

Verbessert wurde die Stellung von Migranten auch durch das Zuwanderungsgesetz von 2005, das mit der Regelung von Zuwanderung und Integrationsmaßnahmen erstmals die Tatsache einer Einwanderungsgesellschaft anerkennt.[93] Gleichwohl waren und sind die mit dem Zusammenleben in einer multikulturellen Gesellschaft verbundenen Probleme komplex. Sie rühren nicht zuletzt aus der Tatsache, dass sich kulturelle und soziale Unterschiede vermischen. Die in den letzten Jahren häufig angestellte Vermutung der Entstehung von »Parallelgesellschaften«, die eine Integration aufgrund kultureller, insbesondere religiös motivierter Absonderung verhinderten, erweist sich bei genauerem Hinsehen als unzutreffend. Zum einen sind Segregationstendenzen auch in der größten Gruppe der zugewanderten Bevölkerung aus der ehemaligen Sowjetunion festzustellen, die unterschiedlichen Glaubensrichtungen angehören. Zum anderen hat sich in der größten muslimischen Minderheit, den z. T. seit vielen Jahren in Deutschland lebenden Türken, in den vergangenen Jahren die gesellschaftliche Durchmischung verstärkt, während gleichzeitig die Religiosität gewachsen ist. Eine Untersuchung für Nordrhein-Westfalen ergab, dass zwischen 1999 und 2004 die Zahl der Freundschaftsbeziehungen erwachsener Türken zu Deutschen ebenso zugenommen hat wie diejenige der in deutschen Vereinen Organisierten.[94] 2004 wohnten 58 Prozent von ihnen in überwiegend deutsch geprägten, 15 Prozent in gemischten und 21 Prozent in überwiegend türkisch geprägten Vierteln. Dass neben diesen Anzeichen für eine wachsende Integration die Bedeutung der Religion zugenommen hat, steht dazu nicht unbedingt im Widerspruch, wie die bundesweite Entwicklung zeigt. Eine Bestandsaufnahme für 2008 ergibt, dass 90 Prozent der Muslime in Deutschland als religiös, 41 Prozent als hochreligiös zu bezeichnen sind – Anteile, die in der Gesamtgesellschaft bei 70 und 18 Prozent liegen.[95] Auffällig ist dabei, dass jüngere Muslime etwas häufiger an Gott glauben, beten und den Speise- oder Reinheitsgeboten folgen als ältere, während altersunabhängig die Toleranz gegenüber anderen Religionen mit 86 Prozent stark ausgeprägt ist. Zusammenfassend kommt die Studie zu dem Schluss, dass mit der hohen Bedeutung der Religion »kein rigider Dogmatismus oder Fundamentalismus verbunden« sei: »Hochreligiöse Muslime in Deutschland sind kritisch und reflektiert, mit einer hohen Akzeptanz von religiösem Pluralismus und einem eher pragmatischen Umgang mit religiösen Konsequenzen im Alltag.«[96] Kontroversen um religiöse Symbole wie das Tragen eines Kopftuches oder den Bau von Moscheen – bundesweites Aufsehen erregten 1996/97 die Debatte um die Einführung eines lautsprecherverstärkten Muezzin-Rufs in Duisburg, 2007/08 der Bau einer großen Moschee in Köln – demonstrieren die anhaltende Mobilisierungskraft ethnozentrischer Ideale, insbesondere einer gewachsenen Islamophobie, ohne dass es zu dem häufig herbeiphantasierten »Kampf der Kulturen« (Samuel Huntington) gekommen wäre.[97] Dass religiös drapierte Zwangsheiraten oder gar Ehrenmorde gesellschaftlich geächtet werden, wie die Debatte der letzten Jahre nachdrücklich verdeutlicht hat, steht zu dieser Aussage ebenso wenig im Widerspruch wie die Realität der multikulturellen Gesellschaft dem Gebot der Wahrung der Menschenrechte.[98]

Insbesondere anhand der Bildungschancen von Zuwanderern hat sich allerdings in den vergangenen Jahren der Blickwinkel von den kulturellen zu den sozialen Hinderungsgründen einer Integration verschoben. Zwar erreicht die zweite Generation von Zuwanderern aus der Türkei höhere Schulabschlüsse als ihre Eltern, die zumeist als Geringqualifizierte in die Bundesrepublik geholt wurden, 2004 machten 19 Prozent der türkischen Jugendlichen des entsprechenden Altersjahrgangs das Abitur (1996: 8 Prozent).[99] Dennoch liegen diese Werte deutlich unter denen deutscher Jugendlicher. Dass Kinder von Zuwanderern in der Schule schlechter abschneiden, ist, wie die PISA-Studie von 2000 ergab, auch auf strukturelle Förderungsmängel des deutschen Schulwesens zurückzuführen, geht aber im Kern auf soziale Benachteiligung im Elternhaus zurück, wie sie in türkischen Familien im Vergleich zu Familien aus anderen Herkunftsländern nach wie vor weiter verbreitet ist.[100] Sie macht sich u. a. in schlechteren deutschen Sprachkenntnissen oder geringerer Teilnahme an vorschulischer Bildung geltend. Dass sich der Bildungsrückstand bei größeren ökonomischen oder kulturellen Ressourcen auch in türkischen Familien vermindert, zeigt hingegen, dass soziale Faktoren schwerer wiegen als nationale Herkunft. Von den 14-jährigen Schulkindern mit Migrationshintergrund, die aus einer Arbeiterfamilie kamen, gingen 16 Prozent auf das Gymnasium, wenn sie einen Kindergarten besucht hatten (8 Prozent ohne Kindergartenbesuch), während es bei den gleichaltrigen Migrantenkindern aus höheren Sozialschichten 67 Prozent waren.[101] Neuere Ergebnisse der Migrationsforschung deuten darauf hin, dass unter den Zuwanderern eine »neue, für das 21. Jahrhundert formative Elite« (Franz Walter) entsteht, die ihren mehrsprachigen, multikulturellen Hintergrund als kulturelles Kapital einsetzt, das einer globalisierten Gesellschaft angemessen ist. 24 Prozent der Bevölkerung mit Migrationshintergrund wird sozialen Milieus zugerechnet, in denen diese offene und aufstiegsorientierte Einstellung vorherrscht.[102] Ihr Gegenpol besteht aus dem Viertel hauptsächlich junger Männer aus der früheren Sowjetunion und Exjugoslawien mit schlechten Deutschkenntnissen und junger Türken, die bei guten Deutschkenntnissen und zum Teil besserer materieller Stellung eine kulturelle Anpassung ablehnen.

Hip-Hop und Weltmusik In der Populärkultur hat sich seit den 90er Jahren um den auch in der Bundesrepublik adaptierten Hip-Hop eine männlich dominierte Szene herausgebildet, die Jugendliche vielfältiger ethnischer Herkunft umfasst und sich in Musik und Alltagslyrik ebenso äußert wie in körperlicher Performance, Straßenkunst und Mode.[103] Im Umfeld der intellektuellen Musikzeitschrift *Spex* wurde diese Jugendkultur als Ausdrucksform einer »schwarzen Kulturkritik« propagiert, die sich im Widerspruch zu den Normen der Gesellschaft befand.[104] Soziale Heterogenität und Kommerzialisierung, wie sie seit den frühen 90er Jahren von Bands und Solisten wie Die Fantastischen Vier, Fettes Brot oder Bushido vorangetrieben wurden, haben zur Verbreitung und subkulturellen Ausdifferenzierung beigetragen – darunter auch Verästelungen mit »Gangsta«-Image, frauenfeindlichen oder antisemitischen Tendenzen. Ohne provokativen Gestus bündelten sich zeitgleich unter Begriffen wie »Weltmusik« oder »Klezmer« musikalische Präferenzen gehobener Alters- und Sozialgruppen, die Globalität jenseits amerikanischer Unterhaltungskultur erstrebten, freilich unter Einbeziehung durchaus ambivalenter Authentizitätsbehauptungen.

Flugreisen und Ferntourismus Nach außen hin erweiterten die Bundesbürger ihren Horizont durch den in den 90er Jahren erheblich angestiegenen Ferntourismus, der auf differenziertere Urlaubsbedürfnisse hindeutete, allerdings auch von einer Reihe problematischer Nebenfolgen begleitet wurde.[105] Der Trend zur Auslandsreise verstärkte sich so sehr, dass die Deutschen im europäischen Vergleich mit einigen kleineren Ländern an der Spitze rangierten. 2001 führten 71 Prozent ihrer Urlaubsreisen über die Landesgrenzen hinaus (in Großbritannien betrug diese Quote 45, in Schweden 30 Prozent).[106] Dabei stieg mit der Verbilligung des Flugverkehrs, der zunehmenden Reiseerfahrung und dem höheren Bildungsgrad der Anteil der Fernreisen von 4,3 Prozent 1991 auf 6 Prozent aller Urlaubsreisen 2001, ihre absolute Zahl wuchs in diesem Zeitraum von 2,2 Millionen um mehr als 70 Prozent auf 3,8 Millionen. Während in diesem Marktsegment in den 70er Jahren und 80er Jahren noch Kultur- und Erlebnisreisen dominierten, waren es seit den 90er Jahren Erholungsurlaube an südlichen Stränden – ein Zeichen für einen einsetzenden Massenferntourismus mit All-inclusive-Garantie. Ganz oben auf der Skala der Fernreiseziele standen 1998 nach den USA Tunesien, Thailand und die Dominikanische Republik; auch die Malediven und Sri Lanka hatten bei insgesamt geringerem Fremdenverkehrsaufkommen mit jeweils fast 20 Prozent besonders hohe

Anteile deutscher Gäste aufzuweisen. Dass die Anzahl der Flugreisen von 8,6 Millionen 1990 auf 19 Millionen 2001 anstieg, war jedoch in erster Linie auf die Zunahme des innereuropäischen Flugverkehrs zurückzuführen, der (unter Hinzuziehung der nordafrikanischen Länder) in diesen Jahren stets zwischen 85 und 90 Prozent betrug. Hier zog besonders der Urlaubstourismus in die Türkei an, die ihren Marktanteil bei den deutschen Urlaubern zwischen 1999 und 2001 fast verdreifachte. In welche Richtung sich der Auslandstourismus entwickeln würde, zeigt ein Vergleich von Realitäten und Wünschen: Während Spanien, Italien, Österreich, Frankreich, die Türkei und Griechenland die meistbesuchten Urlaubsländer waren, eruierte das BAT-Freizeitforschungsinstitut 1998 als Wunschziele für die nächsten Jahre die Karibik, Australien und Florida. Die Anschläge vom 11. September 2001 brachten bei den Fernreisen einen kurzzeitigen Einbruch, aber keine dauerhafte Umorientierung, zumal die Tourismusindustrie Sicherheitsaspekten gesteigerte Aufmerksamkeit widmete.

Dass insbesondere Umweltschädigungen durch Massentourismus stärker in den Blickpunkt rückten, demonstrierte nicht nur die Tatsache, dass die UN das Jahr 2002 zum »Jahr des Ökotourismus« erklärte, sondern auch verstärkte ökologische Initiativen in den Urlaubsregionen ins Leben rief, die freilich immer wieder an Grenzen stießen. Dies lässt sich etwa an der Deutschen liebster Urlaubsinsel Mallorca studieren, die in den 80er Jahren einen massentouristischen Boom erlebte, der nach einem kurzzeitigen Rückgang aufgrund preisgünstiger Konkurrenz in der Türkei und der Karibik durch einen Zustrom ostdeutscher Touristen erneut belebt wurde und die Deutschen an die Spitze der Gastnationalitäten katapultierte.[107] Den mit dem Aufstieg preisgünstiger Alternativen verbundenen Rückgang der Mallorca-Reisen ab 2000 sucht man durch »Qualitätstourismus« mit Mittelklassehotels, Jachthäfen und Golfplätzen wettzumachen, der die Attraktivität der Insel für mittlere und gehobene Einkommensklassen erhöhen soll. Zu einem schwerwiegenden Problem wurde die anhaltende Ausdehnung der Zweitwohnsitze von Nichtspaniern – 1995 wurden sie von 58 000 Menschen bewohnt, zur Hälfte dauerhaft –, was zum Anstieg der Grundstückspreise, Schädigungen der Umwelt und Aversionen der einheimischen Bevölkerung führte. Während die »Reichen und Schönen«, darunter zu einem hohen Anteil Deutsche, sich einen immer größeren Teil der Insel aneigneten, verlebten Handwerker und Sekretärinnen Erlebnisurlaube, die im Namen einer Gaststätte an der Playa de Palma ein medienträchtiges Symbol fanden: *Ballermann 6 – Bechern, Reihern, Eimer saufen* war der Titel einer 1997 von Bernd Eichinger produzierten Filmkomödie mit

Tom Gerhardt und Hilmi Sözer in den Hauptrollen, die das dortige Treiben persiflierte. Weitaus problematischer ist eine weitere Erscheinungsform des globalen Erlebnistourismus: der in aller Regel von Männern – jährlich sollen es 400 000 Deutsche sein – als sozioethnisches Ausbeutungsverhältnis betriebene Sextourismus nach Thailand, Vietnam, Kuba oder Haiti, der mittlerweile jedenfalls dann häufig sanktioniert wird, wenn Minderjährige missbraucht werden.[108]

2 Die politische Kultur der »Berliner Republik«

Im Herbst des Jahres 2000 konstatierte Frank Schirrmacher in der *Frankfurter Allgemeinen Zeitung* den Wechsel vom »depressiven Jahrzehnt« zum »manischen Jahrzehnt«, dessen Brutstätte die von der Ökonomie Günter Mittags ein »Lichtjahrzehnt« entfernte New Economy sei. In freier Konstruktion der Abfolge der ein Jahrzehnt zurückliegenden Geschehnisse wurde hier die »deutsche Revolution, die ganz Osteuropa ergriff«, zu »Deutschlands Beitrag zur Globalisierung« erklärt.[109] Wie unterschiedlich auch immer die Akzente gesetzt wurden, deutsche Einheit und die revolutionär gewandelten internationalen politischen und weltwirtschaftlichen Entwicklungen galten allen Beobachtern gemeinsam als die wichtigsten Rahmenbedingungen für eine neue politische Kultur jenseits des Kalten Krieges, die von einer »Friedensdividende« profitieren sollte.

Die größere Bundesrepublik | Das Neue war allerdings in den alten Bundesländern zunächst keineswegs spürbar. Aus westdeutscher Perspektive hatte sich das Staatsgebiet der Bundesrepublik vergrößert und die Zahl der Einwohner vermehrt. Aber diese neuen Mitbürger waren in ein bestehendes politisches System übernommen worden. 1990 war noch vom »Ende der Bundesrepublik«[110] als Preis für die Wiedervereinigung die Rede gewesen. Aber alle Diskussionen über unterschiedliche Modalitäten der Wiedervereinigung und die gemeinsame Ausarbeitung einer neuen Verfassung (nach Artikel 146 des Grundgesetzes), die 1990 geführt wurden, erwiesen sich nach dem Beitritt der DDR zum Gebiet des Grundgesetzes (nach Artikel 23) als obsolet – weder hinsichtlich der Nationalhymne noch anderer Symbole staatlicher Repräsentation wurde ein gemeinsamer Neuanfang ins Auge gefasst.[111] Systemisch betrachtet wurde die DDR als kleineres an die Bundesrepublik als größeres Raumschiff angedockt. Die strikte Orientierung an den Westnormen galt auch für

Die Mauer fällt: Das Brandenburger Tor in Berlin in der Nacht vom 9. November 1989

Bereiche wie das Schulwesen, bei dem es erhebliche Unterschiede gegeben hatte und die ostdeutsche Variante nicht unbedingt in allen Belangen unterlegen war.[112] Zusammenfassend formulierte der Münchner Althistoriker Christian Meier: »Im Westen bleibt alles beim Alten, im Osten wird alles geändert«.[113]

Dieser Befund erstreckte sich auch auf die politischen Kräfteverhältnisse. Noch zu Beginn des Jahres 1990 gingen die meisten politischen Beobachter von einem Machtwechsel in Bonn aus, Helmut Kohl soll noch unmittelbar vor den freien DDR-Volkskammerwahlen im März 1990 angesichts der positiven Umfragen für die SPD »fast depressiv« (Horst Teltschik) gestimmt gewesen sein.[114] Erst danach wurde klar, dass die Wiedervereinigung für das Fortdauern seiner Regierung gesorgt hatte. Der *Spiegel* titelte nach dem Sieg der Regierungskoalition bei der Bundestagswahl am 2. Dezember 1990 über einem Bild von Genscher und Kohl: »Die Unvermeidlichen«.[115] Mit wachsender Entfernung zu den Ereignissen wuchs in den nächsten Jahren der Nimbus gerade dieser beiden Politiker, die den »Mantel der Geschichte« ergriffen hatten. Die Sozialdemokratie hingegen lag mit lediglich einem Drittel der Stimmen am Boden, die Grünen waren sogar nur noch durch ihren neuen östlichen Partner »Bündnis 90« im Bundestag vertreten, weil bei dieser Wahl die Fünfprozent-Hürde nur in einem der beiden vereinigten Gebiete, der Bundesrepublik oder der ehemaligen DDR, übersprungen werden musste. Eine gewisse Irri-

Bonner Kontinuität

tation löste bei vielen Beobachtern das Ergebnis der SED-Nachfolgpartei PDS aus, die bei den letzten Volkskammerwahlen 16 Prozent erzielt hatte und nun mit elf Prozent der Stimmen der ostdeutschen Bevölkerung – in den alten Bundesländern erhielt sie 0,3 Prozent – in den Bundestag eingezogen war. Allerdings glaubte kaum ein politischer Beobachter daran, dass nach dem »technischen Knock-out des Kommunismus« diese Partei in der Bundesrepublik eine Zukunft haben könne; einige Jahre später galt sie immerhin schon als regionale »Volkspartei«.[116]

Generatio-nenprojekt Rot-Grün Als die SPD nach erfolglosen Jahren mit inneren Zwistigkeiten – es war viel von der Konkurrenz der Enkel (Willy Brandts) die Rede – zusammen mit den Grünen die Regierung Kohl 1998 beerbt hatte, wurde dies von politischen Beobachtern als Sieg der »68er«nach dreißig Jahren aufgefasst. Eine Ironie der Geschichte bestand darin, dass die Entfesselung kapitalistischer Marktkräfte in den späten 90er Jahren durch die Politik der als »rot-grünes« Generationenprojekt geltenden Regierung Schröder kräftig befördert wurde. In der Öffentlichkeit war von der Toskana-Fraktion und den Armani- oder Brioni-Linken die Rede, die mit einer neuen Unbefangenheit deutsche Interessen vertreten würden und diesbezüglich die um 1930 geborenen Bedenkenträger der HJ- und Flakhelfergeneration abgelöst hätten. Nach innen war es der sozialpolitische Umbruch mit der Begründung, der Sozialstaat müsse für die Globalisierung wetterfest gemacht werden. Außenpolitisch symbolisierte die erste deutsche Beteiligung an einem Krieg nach 1945, der ohne UN-Mandat vollzogenen NATO-Aktion gegen Restjugoslawien 1999, die von Joschka Fischer als grünem Außenminister mit der Lehre aus Auschwitz zu legitimieren versucht wurde[117], das Ende der Nachkriegszeit und damit eine historische Zäsur, die schon zuvor immer wieder als Übergang von der Gesellschaft zur Nation gefordert oder gefürchtet worden war.[118] Die Weigerung von Bundeskanzler Schröder 2002, in einer »coalition of the willing« die USA bei ihren militärischen Plänen im Blick auf den sich abzeichnenden Irakkrieg offen zu unterstützen, im konservativen Kulturjournalismus seinerzeit als Ausweis des Provinzialismus gescholten[119], hielt die rot-grüne Regierung dann über die erste Legislaturperiode hinweg im Amt. Dass 2005 die SPD immerhin, nun als Juniorpartner in einer Großen Koalition mit der CDU/CSU, weiter im Kabinett blieb, hatte sie auch der verfehlten Präsentation der Union im Wahlkampf zu verdanken. Die intendierte Verstärkung der wirtschaftsliberalen Komponente – vor allem in der Steuergesetzgebung – wurde durch einen parteilosen Experten personifiziert, den der sozialdemokratische Kandidat Schröder erfolgreich als »diesen Professor aus Heidelberg« herabsetzte. Das kalte »neoliberale« Image von Paul Kirchhof und der CDU/CSU vermochten im Wahlkampf auch zahlreiche Homestorys in den konservativen Pressemedien nicht zu übertünchen. Der darauf einsetzende Lernprozess ist vielfach als »Sozialdemokratisierung« der Union beschrieben worden. Seit 2005 wuchs außerdem die Zahl von realisierten bzw. immerhin perspektivisch denkbaren politischen Bündnissen auf Landes- und Bundesebene: Neben der Großen Koalition sind dies »Rot-Rot«, »Rot-Grün« bzw. »Rot-Rot-Grün«, die sogenannte »Ampel« und »Schwampel« sowie »Schwarz-Grün«. Dabei hat man das Gefühl, dass das Ausleben hasserfüllter Feindbilder – wie noch bisweilen in bierseliger Atmosphäre am »Politischen Aschermittwoch« – zugunsten einer professionell präsentierten Sachkonkurrenz in den Hintergrund getreten ist.

Zwei längerfristige Basistrends für die Ausprägungen der politischen Kultur überlagerten und beeinflussten sich auch in den 90er Jahren. Zum einen wuchs das politische Interesse parallel mit der Bildungsexpansion weiter an.[120] Dies gilt trotz stetiger Behauptungen eines Politikverdrusses, bei denen häufig die Abnahme der Popularität jeweiliger Regierungen und Parteien mit einer generellen Abwendung von Politik gleichgesetzt wird. An den Bundestagswahlen seit 1990 beteiligten sich regelmäßig mehr als drei Viertel aller Wahlberechtigten, 1990 waren es 77,8, 2005 77,7 Prozent. Dem wurde für die »gebildeten Schichten« etwa mit der Politisierung des Kulturellen, vor allem eines thematisch erweiterten Feuilletons in maßgeblichen Tageszeitungen, Rechnung getragen.[121] Zum anderen setzte sich der Verschmelzungsprozess von massenmedialer Öffentlichkeit und (parlamentarischer) Politik fort, die sich wiederum zunehmend im Bereich der Public Relations professionalisierte.[122] Während in der Politik- und Medienwissenschaft allenthalben über Konzepte von »E-Government« berichtet oder Vorstellungen zur »Teledemokratie« oder »Cyberdemokratie« in einer vernetzten Gesellschaft spekuliert wird[123], sind ganz reale Phänomene im Kampf der »Sinnproduzenten« um »politisch-kulturelle Hegemonie« zu beobachten, die keineswegs neu sind.[124] Die grundlegenden Positionen beziehen sich weiterhin auf die im 19. und 20. Jahrhundert ausgeprägten ideologischen Strömungen – je mehr es abgestritten wird, desto stärker. Auch wenn die Ideologien – nicht erst seit 1990 – als geschlossene Denksysteme ausgedient hatten, so waren ihre inhaltlichen Fragmente und Denkfiguren keineswegs verschwunden. Auch die Grundmuster der Propaganda, Personalisierung und Populismus versus »sachlicher« Argumentation, bestehen weiter, unterliegen allerdings, der marktförmigen Medienlogik folgend, einer permanenten Modernisierung.

Die 90er Jahre waren in starkem Maße bestimmt von den Diskussionen
über die Horizonte der vergrößerten Bundesrepublik. Von »Berliner Republik«[125] und sogar einer »Generation Berlin«[126], letztere bisweilen als Über-
winderin der hedonistischen westdeutschen »68er«, war im deutschen Einigungsprozess geradezu inflationär die Rede. Verbunden war damit ein
bemüht ernsthafter Ton. Deutschland dürfe »nicht ein unsteter Zwitter und
ein Traumtänzer zwischen den Welten bleiben«[127], unpolitischen Moralismus
und »Machtvergessenheit« könne sich die wieder hergestellte Nation nun
nicht mehr leisten, sie habe ihre »normale« weltpolitische Verantwortung zu
übernehmen, den »Primat der Außenpolitik« anzuerkennen. Die Diskussion
darüber hatte bereits Mitte der 80er Jahre, also noch vor der deutschen Einheit, begonnen und hält bis heute an – wobei meist unterstellt wird, dass es
sich bei der »Machtvergessenheit« der »alten Bundesrepublik« um Realität
und nicht um einen Mythos handele.[128] Ihre heißeste Phase mit den krassesten Extremen erlebte diese Diskussion aber im Prozess der Wiedervereinigung, als auf der einen Seite Rechtsintellektuelle angesichts des zerbrö-
ckelnden sowjetischen Imperiums von der Wiedererrichtung einer autarken
strategischen Position in Mitteleuropa träumten und die »Westbindung« problematisierten[129], während linksradikale »Antideutsche« unter Parolen wie
»Deutschland, halt's Maul« – bis heute in Songs von Punkbands oder auf
T-Shirts lebendig – vor einem »Vierten Reich« warnten. Der Historiker Thomas Nipperdey wiederum kritisierte eben die »Arroganz des Postnationalen«
als typisch deutsch.[130] Vereinzelt wurde, wie von Günter Grass, auf die Verbrechen des »Dritten Reiches« verwiesen und Auschwitz als moralisches
Argument gegen die Wiedervereinigung verwandt. Allerdings schwächte er
diese Position bald dahingehend ab, dass er einen längeren Prozess der Einigung in Form einer föderativen Ordnung und mit Verhandlungen über
eine gemeinsame Verfassung besser gefunden hätte als den raschen Beitritt
der DDR.[131] Die Forderung solcher Verhandlungen mit der Legitimierung
der Verfassung durch einen Volksentscheid hatte schon Jürgen Habermas als
Mittel gegen die bloße Durchsetzung des »DM-Nationalismus« (gemeint war
eher ein darauf bezogener Wohlstandschauvinismus) erhoben.[132] Der Mainstream der Diskussion mündete schon bald ein in eine undramatische und
weniger grundsätzliche als in den Gewichtungen sich unterscheidende Diskussion um das Verhältnis von »Verfassungspatriotismus« und »nationaler
Identität«. Im Kern war sich die große Mehrheit der Diskutanten zumindest
einig in der Warnung vor einem »neuen Sonderweg« der »Entwestlichung«.[133]
Der klassische Machtbegriff erlebte keine Renaissance, wenngleich umschrei-

bende Vokabeln wie »Selbstbewusstsein«, »Verantwortung«, »Einfluss« und »Gewicht«, die Deutschlands Rolle als selbstständiger Akteur innerhalb der nach wie vor westlich geprägten Weltordnung umschreiben sollten, durchaus Karriere machten.[134] In den Diskussionen um diese Weltordnung vermengten sich – nicht nur in Deutschland – zwei grundsätzliche Diagnosen amerikanischer Politikwissenschaftler: das »Ende der Geschichte« nach dem endgültigen Sieg der westlich-liberalen Welt über den totalitären Systemgegner und der Übergang vom Ost-West-Gegensatz zu einem »Kampf der Kulturen«, der vor allem als Gegensatz von Christentum und Islam zu denken sei.[135]

Angesichts der politischen und wirtschaftlichen Probleme bei der Herstellung der »inneren Einheit« konzentrierte sich der Blick ohnehin sehr bald auf die deutsch-deutschen Querelen. Die Debatten galten zunächst der Abrechnung mit der DDR, die in erster Linie als totalitäres »Stasi-Regime« betrachtet wurde und sogar – dies sorgte schon 1990 für Erregung – einige ehemalige Aktivisten der Roten Armee Fraktion heimlich beherbergt hatte. Für die politische und wissenschaftliche Aufarbeitung gewannen dann aber – neben der an Hochschulen und Instituten betriebenen Forschung – vom Deutschen Bundestag eingesetzte Enquete-Kommissionen zur Geschichte der DDR (die Landtage der neuen Bundesländer vergaben in ähnlicher Weise regionale Untersuchungsaufträge) eine erhebliche Bedeutung. In den dokumentierten Materialien entfaltete sich ein differenziertes Bild der ostdeutschen Gesellschaft von den repressiven Mechanismen der Diktatur bis zu lebensweltlichem und kulturellem Eigensinn.[136] Dass dabei auch geschichtspolitische Interessen walteten, zeigt der Dauerstreit um die Behauptung, die Berücksichtigung des DDR-Alltags verschleiere die Diktatur, wie zuletzt der sogenannten Sabrow-Kommission vorgeworfen wurde[137], die 2006 ihre Empfehlungen zum Umgang mit der DDR-Geschichte publizierte.[138] Konservative Kulturjournalisten beklagen in melancholischem Tonfall die Verdrängung der SED-Diktatur in der Erinnerung durch eine ostalgisch »weichgespülte, präparierte DDR«[139]. Die Diskussion über eine Untersuchung des Geschichtsbewusstseins von Schülern aus Brandenburg und Bayern, bei der die DDR in der Erinnerung verklärt worden sei, wird sicherlich nicht der letzte Anlass für geschichtspolitische Diskussionen gewesen sein.[140] Aber ungeachtet aller Meinungsverschiedenheiten und einer – angesichts knapper öffentlicher Gelder – mit einiger Erbitterung ausgetragenen »Opferkonkurrenz« haben sich Befürchtungen zur Zeit der Wiedervereinigung, die »zweite Diktatur« werde, als Gruselkabinett präsentiert, zunehmend jene an das »Dritte Reich« überlagern, nicht bewahrheitet.

Abrechnung mit der DDR

Die neue »Berliner Republik« bemühte sich in ihrer Repräsentation vielmehr darum, alle Anzeichen zu vermeiden, sie blende die dunklen Seiten der gesamtdeutschen Geschichte aus oder laufe sogar Gefahr, an die Zeiten nationalistischer Großmannssucht anzuknüpfen. Die politisch-kulturelle Losung lautete dagegen vielfach: »Auch in Berlin die Bonner Republik«.[141] Schon die Entscheidung, als neuen Nationalfeiertag die staats- und völkerrechtliche Besiegelung der deutschen Einheit am 3. Oktober (dafür wurde der 17. Juni wieder zum Arbeitstag) zu wählen und nicht den Fall der Mauer am 9. November 1989, sprach für den Willen zur Kontinuität und war angesichts anderer auf diesen Tag fallender Ereignisse, etwa der »Reichspogromnacht« 1938, nachvollziehbar. Allerdings wurde diese Entscheidung von manchen auch kritisiert, weil eine Chance vertan worden sei, ein mit Enthusiasmus begrüßtes Ereignis zum Anlass volkstümlicher Feiern werden zu lassen.[142] Ungeachtet solcher Kritik ist der 3. Oktober zu einem Tag geworden, der zeigte, dass die »alte« Bundesrepublik »in ihrer geistigen Substanz die einzige Identitätsressource des deutschen Nationalstaats«[143] blieb, wobei durch den jährlich in ein anderes Bundesland wechselnden Austragungsort für die zentrale Feier der föderale Charakter des Staatswesens demonstriert wurde. Schon die Verlegung des Regierungssitzes von Bonn nach Berlin war nicht mit einmütiger nationaler Begeisterung verbunden. Nur mit einer äußerst knappen Mehrheit von 18 Stimmen entschied sich der Deutsche Bundestag nach einer Mammut-Diskussion mit 106 Rednern am 20. Juni 1991 für den Umzug in die ehemalige Reichshauptstadt. Während die Befürworter sich den Regierungssitz nur in der ehemaligen Reichshauptstadt vorstellen mochten, argumentierten die Skeptiker, sie kamen vor allem aus den Unionsparteien und der SPD, nicht nur als Bewahrer der Bonner Republik, sondern führten auch die hohen Kosten ins Feld. Die Prophezeiungen, Berlin werde damit wieder seiner Bestimmung als Kapitale im Geflecht der europäischen Hauptstädte gerecht, trafen auf heftige Abwehrreaktionen, wie sie etwa der Publizist Thomas Schmid formulierte: »Das Berlin-Theater, immer schon unangenehm, nimmt heute groteske Züge an«, denn man müsse sich nun »Tag für Tag anhören, hier kündige sich eine neue Blüte von Urbanität an«.[144] Ob Berlin zur Weltmetropole geworden oder provinziell geblieben ist, gilt nach wie vor als strittig.[145]

Die Veränderungen innerhalb der politischen Kultur, die sich unter der Hülle beschworener Kontinuität vollzogen, betrafen weniger die nationale Repräsentation als die internationale Offensive einer ideologischen Strömung, die häufig recht ungenau mit dem umgangssprachlich schillernden Kampfbegriff des »Neoliberalismus« kritisiert wird – schillernd deshalb, weil er in der angelsächsischen Welt zeitweise mit dem Begriff des »Neokonservatismus« verbunden werden konnte und etwa in Großbritannien und Deutschland zeitweise sogar zum Markenzeichen sozialdemokratischer Politiker wurde[146], die wiederum bald darauf die CDU als »neoliberal« bezeichneten. Angesichts der Differenz des wissenschaftlichen Begriffs »Neoliberalismus« und der politischen Umgangssprache war auch von »Turbokapitalismus«, ein Begriff der 90er Jahre, die Rede, um die Entfesselung der Marktkräfte und damit gesteigerte kapitalistische Gier vom sozialpolitisch eingehegten »Rheinischen Kapitalismus« der »alten Bundesrepublik« zu unterscheiden. In der Tradition des »Enrichissez vous!« stehend, trug der Begriff des »Turbokapitalismus« zugleich die ökonomische Bedeutung der neuen Technik – vor allem des Internets – mit sich, die alle Prozesse der Kommunikation enorm beschleunigte.[147] Sehr unterschiedliche und keineswegs nur in Deutschland wirksame Phänomene der Steuersenkung für Unternehmer, Deregulierung und Privatisierung öffentlicher Infrastruktur (Gesundheitswesen, Post, Verkehr, Telekommunikation usw.) um beinahe jeden Preis auf der einen sowie eine international rigide überwachte Einhaltung von Schuldengrenzen in staatlichen Haushalten und dem Abbau sozialer Ausgaben auf der anderen Seite schienen in den 90er Jahren eine neue soziale Welt zu schaffen. In dieser sollten sich flexible junge und urbane Schichten aus den modernen Sektoren der Dienstleistungsbranche, »Yuppies« (Young urban professionals) und »Dinks« (Double income no kids), wohlfühlen. An die Stelle der Kritik gegenwärtiger sozialer Ungleichheit trat nicht selten die Forderung nach »Generationengerechtigkeit« – die vor allem die Staatsverschuldung als Last für die nachwachsenden Generationen thematisierte.[148] Die Vorstellung vom Segen eines gänzlich entfesselten Kapitalismus – die »in einem vielfachen Wechselspiel zwischen Theorie, Politikberatung, Medien und Öffentlichkeit« zum dominanten und gegen Kritik weitgehend immunisierten Diskurs wurde[149] – bezog sich längst nicht allein auf den Sektor der Ökonomie. Darüber hinaus zeitigte die Affirmation eines deregulierten Kapitalismus erhebliche politisch-kulturelle Auswirkungen insofern, als jedwede Tätigkeit, nicht zuletzt im Bildungswesen, nach dem Kriterium des unmittelbaren privatwirtschaftlichen Nutzens gemessen werden sollte. Als Feindbild der deutschen Protagonisten einer radikalen Ökonomisierung der Bildung fungierten noch immer die »68er«, die mit ihrem Laissez-faire für den Leistungsverfall von Schülern und Studierenden verantwortlich sein sollten, eine bereits Jahrzehnte zuvor begonnene Polemik.[150] Angeblich objektiv festlegbare Rankings und Ratings wurden mittlerweile bis auf die Bereiche der Geisteswissenschaften und

Künste ausgeweitet und bestimmen in wachsendem Maße die Schulpolitik – die internationalen PISA-Vergleichsuntersuchungen wurden zum Fetisch der Politik, wobei die jeweiligen Anhänger gegliederter und integrierter Systeme sich die ihnen passenden Statistiken aussuchen können.[151] Das Zauberwort der Schul- und Hochschulpolitik heißt »Autonomie«, die vorherige staatliche »Bürokratie« verschwinden lasse. Allerdings ist dieses Versprechen angesichts der Unterfinanzierung weitgehend uneingelöst geblieben und hat sich angesichts zahlloser neuer Kontrollinstanzen partiell ins Gegenteil verkehrt.

Obsessionen des Rankings Die gesellschaftliche Obsession, alles in demoskopischen Daten, Statistiken und Ranglisten zu erfassen, mag bisweilen – etwa im Fall der von dem seit 2004 erscheinenden konservativ getönten Hochglanz-»Magazin für politische Kultur« *Cicero* veröffentlichten Ranglisten der »wichtigsten 300 Vordenker« oder »500 wichtigsten Intellektuellen« oder »40 Kulturwissenschaftler« – angesichts der vielfach absurden Reihungen, die vor allem auf jeweiliger Medienpräsenz beruhen, als harmloses Gesellschaftsspiel erscheinen. Die von Günter Grass angeführte Liste der Top Twenty unter den 500 »deutungsmächtigsten deutschsprachigen Zeitgenossen« (2006) präsentierte u. a. Harald Schmidt (Platz 2), Jürgen Habermas (Platz 6), Alice Schwarzer (Platz 9), Elke Heidenreich (Platz 12), Paul Kirchhof (Platz 13), den Papst (Platz 14) und Hans-Olaf Henkel (Platz 17).[152] Weniger harmlos als solche publizistischen Beispiele der »Listifizierung« dürfte sich allerdings mittelfristig die Zerstörung Humboldtscher Bildungstraditionen im Zeichen der Ausrichtung der Hochschulen am sogenannten Bologna-Prozess herausstellen, der ein straffes Studium in kurzer Zeit, international kompatible Abschlüsse und ein höheres Maß der Mobilität von Lehrenden und Lernenden durch genau festgelegte Punktsysteme versprochen hatte, aber in mitunter absurden bürokratischen Gängelungen das Fundament von Wissenschaft untergräbt. Auch die Hochschulen und einzelne Fächer werden mit zum Teil dubiosen »Rankings« gelistet, wobei die Suggestion erzeugt wird, man könne stets objektiv bestimmen, wo »Exzellenz« – ein weiteres Zauberwort seit den (späten) 90er Jahren – vertreten wäre und zu verstärken sei. Dass damit eine »Bildungs«-, »Wert«- oder »Leistungselite« produziert werden könnte, bleibt fraglich. Historiker, die durchaus nicht beanspruchen können, prophetische Gaben zu besitzen, haben zu bedenken gegeben: »Die Gesellschaft täte gut daran, genau hinzusehen und sich nicht mit Hochglanzprospekten zufriedenzugeben, auf denen die Zukunft strahlt, weil das Heute und Gestern bis zur Unkenntlichkeit geschwärzt wird.«[153]

Es ist kein Zufall, dass mit dem Absturz zunächst der »New Economy« 2000, dann der Ausbreitung der aktuellen Wirtschaftskrise seit dem Herbst

2008 die Kritik an der Jagd nach der höchstmöglichen Rendite in kürzester Zeit breiteste Zustimmung findet, selbst bei vielen der einstmaligen Propagandisten der »Deregulierung« und »Entstaatlichung«. Auch die rücksichtslose Übertragung betriebswirtschaftlicher Effizienzkriterien auf die Organisation der Bildungssysteme wird damit ihrer scheinplausiblen Legitimität entkleidet.

Die Forderung nach dem wirtschaftlich »schwachen Staat«, die von der Macht großer privatwirtschaftlicher Monopole ablenkte, ging auch in den 90er Jahren einher mit dem Ruf nach dem starken Staat, der das Sicherheitsbedürfnis seiner Bürger zu befriedigen habe. Die Konstruktion einer dramatisch zunehmenden Kriminalität – tatsächlich war diese seit 1993 rückläufig – hatte auch in jenem Jahrzehnt mit der realen Entwicklung wenig zu tun.[154] Aber die Herausstellung möglichst grausamer Taten in den Massenmedien (Raubmorde, Serienkiller, Kinderschändung und Jugendgewalt) führte zu einer Steigerung des Bedrohungsempfindens und einer Überthematisierung der »Sicherheit vor kriminellen Gefahren«, die als Projektionsfläche zahlreicher Ängste in der »Risikogesellschaft« diente.[155] In Hamburg gelang es der nach ihrem Gründer benannten »Schill-Partei«, mit hemmungsloser Sicherheitspropaganda bei der Bürgerschaftswahl im September 2001 aus dem Stand fast zwanzig Prozent der Stimmen zu erhalten, Schill wurde Zweiter Bürgermeister; die Hochburgen lagen sowohl in den reichsten Vierteln nordwestlich wie in subproletarisch geprägten Gegenden südlich der Elbe. Am Erfolg hatte ein Teil der Boulevardpresse erheblichen Anteil, die seine juristische Karriere als »Richter Gnadenlos« mit deutlicher Sympathie begleitet hatte; auch im Fernsehen erhielt er Gelegenheit, heftige Invektiven gegen angeblich zu milde Jugendrichter vorzutragen. Allerdings ist es vielleicht sogar ein Kennzeichen der politischen Kultur der Bundesrepublik nach 1990, dass solche exzentrisch-populistischen Figuren – bisher – seltener vorkommen als in vielen anderen europäischen Ländern.

Eine heftige Debatte entbrannte Ende der 90er Jahre um eine das gesellschaftliche Leben normierende »Leitkultur«. Der Begriff der »europäischen Leitkultur« (Bassam Tibi) entsprang der politikwissenschaftlichen Forschung und betonte die Ideale der kulturellen Moderne, Demokratie und Zivilgesellschaft, Aufklärung, Menschenrechte und die Trennung von Staat und Kirche. Theo Sommer machte daraus in der *Zeit* eine »deutsche Leitkultur«, die schließlich hohe politische Aufmerksamkeit erhielt, als der Fraktionsvorsitzende der CDU im Bundestag, Friedrich Merz, sich mit diesem Begriff in der Tageszeitung *Die Welt* gegen die Illusion einer multikulturellen

Sehnsucht nach Sicherheit

»Leitkultur«

Gesellschaft wandte.[156] In der seither anhaltenden Debatte, die Hunderte von Stellungnahmen von Politikern, Publizisten, Theologen hervorgebracht hat, ging es zunächst vor allem um die Forderung, dass sich die nach Deutschland eingewanderten Personen integrationswillig durch eine Anpassung an die »Kernwerte« (Theo Sommer) der einheimischen Kultur zu zeigen hätten – wobei der Begriff der »Leitkultur« ein »einheitliches normatives Set in Konkurrenz zu anderen«[157] assoziieren ließ. Zu den Kernwerten werden meist gemeinsame kulturelle Wurzeln, etwa die Sprache, Geschichte und religiöse Traditionen, gezählt, wobei »Liebe zum Vaterland«, entgegen der Aussage des vormaligen Bundespräsidenten Gustav Heinemann, seine Liebe gehöre seiner Frau, als »Selbstverständlichkeit« eingefordert wurde.[158] Auch liberale Politiker freuen sich mittlerweile über die »wohltuende Renaissance« der Heimatliebe, die nicht als »Wiederkehr dumpfer Deutschtümelei«, sondern als »unverkrampfte Antwort der jungen Generation auf die Identifizierungsprobleme ihrer 68er Lehrer und Eltern mit Deutschland« aufzufassen sei.[159] Auf einer zweiten Ebene geht es zugleich um eine auch für die einheimische Bevölkerung gültige Leitkultur, die unter dem Banner einer neuen »Bürgerlichkeit« und einer »neuen bürgerlichen Gesellschaft« als »Reformprojekt« figuriert.[160] Damit wurde in modernisierter Form das »Geplauder«[161] um Zucht und Ordnung für fernsehsüchtige Unterschichten fortgeführt. Die Ebenen von »deutscher Leitkultur«, christlichen Werten und einer »bürgerlichen Leitkultur« mit einer Bändigung des hedonistischen Ego verschwammen allerdings in den unzähligen Diskussionen in Presse und Talkshows.

Aber auch die Kritik blieb meist unkonturiert. Im Kern hob sie darauf ab, dass nicht kulturelle Traditionen, sondern das Rechtssystem eines demokratischen Staates maßgeblich zu sein hätte, nicht die Anerkennung einer Leitkultur, sondern einer Rechtskultur zu fordern sei.[162] Jürgen Habermas, der sich als einer der ersten in dieser Richtung geäußert hatte, sorgte für einige Verwirrung, als er sich mit Joseph Kardinal Ratzinger im Januar 2004 zu einem ausführlichen Gespräch traf, von dem viele Zuhörer den Eindruck hatten, Habermas erweise der Religion als notwendiger vorpolitischer Ressource des Verfassungsstaates seine Reverenz.[163] Allerdings konnte mit der Anerkennung der moralisch mitunter positiven Wirkung einer höheren sittlichen Instanz implizit auch jenen Konservativen widersprochen werden, die den »Verfassungspatriotismus« eher mit dem weltlichen Projekt des Nationalen anreichern wollten.[164] Ob der »Zeitgeist« wirklich »konservativ« geworden ist, wie etwa der Publizist Jürgen Busche in *Cicero* thesenhaft belegen wollte, ist kaum zu beantworten.[165] Der Verlauf jener öffentlichen Debatten, bei denen grundsätzliche Werthaltungen aufeinanderstießen, hat selten einen klaren Sieger bestimmt, ob es sich um den »Kruzifix-Streit« in Bayern 1995 oder die Identifikation mit dem deutschen Oberhaupt der katholischen Kirche – im Sinne der legendären Schlagzeile der *Bild-Zeitung* »Wir sind Papst« im April 2005 –, die anhaltende Diskussion um Kopftücher muslimischer Lehrerinnen oder die Popularisierung des Patriotismus handelte. Nach der Vatikan-Krise wegen der angebahnten Aufnahmegespräche mit einer reaktionären Gruppierung von Exkatholiken, deren Bischof Williamson sich als Holocaust-Leugner präsentierte, hat die Beliebtheit des deutschen Papstes gelitten. Die Werbekampagne »Du bist Deutschland« (2005/06), die von fast allen Fernsehstationen und Pressekonzernen sowie einer großen Zahl sogenannter Prominenter, darunter fast allen Talkshow-Größen wie Johannes B. Kerner, Reinhold Beckmann, Anne Will, Sandra Maischberger, Günther Jauch, Harald Schmidt und Oliver Pocher, unterstützt wurde, hatte trotz enormen Aufwands nur geringen Erfolg. Diese inhaltlich zum Teil unfreiwillig komische Kampagne für den Patriotismus, dessen äußerliche Insignien wie die Farben »Schwarz-Rot-Gold« dann durchaus die Siegesfeiern im »Sommermärchen« der Fußballweltmeisterschaft 2006 beherrschten, wurde von Satirikern und Kabarettisten so dankbar als Stoff aufgegriffen, dass sie bald versandete. Aber auch das sind nur Momentaufnahmen, die lediglich zeigen, dass die von medialen Konstruktionen geprägten öffentlichen »Wertediskussionen« oft recht kurze Halbwertzeiten besitzen. Das gilt auch für die emsige Suche nach autoritativen Sprechern, die glaubhaft konservative Werte vermitteln könnten. Wie aus einem Laboratorium kommend werden ständig neue Figuren präsentiert, die angeblich völlig neue Entwürfe vorlegen, in denen aber dann doch nur die bekannten ideologischen Muster aufscheinen, bei denen höchstens das Mischungsverhältnis von christlichen Werten, nationaler Emphase und der Verteidigung gewachsener Familienbindungen und autoritärer Muster gesellschaftlichen Zusammenleben variierte. Zu einem der tonangebenden und mit institutioneller Medienmacht ausgestatteten konservativen Modernisierer stieg in den 90er Jahren Frank Schirrmacher auf, der als Nachfolger von Marcel Reich-Ranicki im Kulturressort der *Frankfurter Allgemeinen Zeitung* und seit 1994 als einer ihrer Herausgeber einige Grundsatzdebatten anstieß, vor allem zur Bedeutung naturwissenschaftlicher Hirnforschung für die Geisteswissenschaften und den philosophischen Diskurs um die Willensfreiheit – hier finden sich Anklänge an den modernen Konservatismus Arnold Gehlens – sowie zur Alterung der Gesellschaft. Seine apokalyptischen Prognosen der Bevölkerungsentwicklung wurden auch als Anknüpfungspunkt für Kritiker der herkömmlichen Sozialpolitik gelesen, weil diese die Ungerechtigkeit gegenüber der nachfolgenden Generation zementiere.[166] Wichtiger als der Inhalt wurde bei vielen der zahllosen Schriften konservativer Reformer die zeitgemäße Verpackung, etwa als »Kultur der Freiheit« des Verfassungsrichters Udo Di Fabio, der 2005 als neuer Stern am konservativen Wertehimmel gefeiert wurde[167], oder als ironisch gebrochene Vignetten des gleichaltrigen, 1954 geborenen Starreporters und ehemaligen Chefs des *Spiegel*-Kulturressorts Matthias Matussek zum Thema, »warum die anderen uns gern haben können«[168].

Links und politically correct

Das linke und linksliberale »Lager« zehrt zwar nach wie vor von der philosophischen Autorität eines Jürgen Habermas, der sich auch in der »Berliner Republik« an wichtigen Debatten beteiligte. Doch nach dem Zusammenbruch des sowjetischen Blocks galten einst wichtige Themen wie die Bewahrung des Friedens mit den östlichen Nachbarn als zweitrangig und sozialistisches Denken als derart hoffnungslos veraltet, dass dieses geradezu als bizarrer »postmoderner Lebensentwurf« in den »TINA«-Jahren erschien.[169] Wer sich noch »links« verortete, kümmerte sich dagegen in der Regel um andere Themen, die Gleichstellung der Geschlechter, den Kampf gegen Rassismus und Fremdenfeindlichkeit oder Fragen der Umweltpolitik. Die Frage »Wissen Sie, was heute links ist?«, stellte die *taz* in einer Sonderausgabe zur Bundestagswahl 2005 Gregor Gysi, Juli Zeh, Norbert Blüm, Harry Rowohlt, Oskar Lafontaine, Michael Walzer und anderen Politikern und Publizisten. Von »Antikapitalismus« war hier nicht und von »Sozialismus« kaum die Rede; den Ton gab vielmehr Claudia Roth (Grüne) vor, die bestimmte: »Links sein heute ist die Ausgestaltung der multikulturellen Demokratie.«[170] Die Neuen Sozialen Bewegungen hatten tatsächlich seit den 70er Jahren einiges erreicht, vor allem im Blick auf die Gleichstellung der Geschlechter:[171] Frauenbeauftragte in allen Behörden, Geschlechterquoten in den meisten Parteien, als vielbeachtetes Symbol eine aus den neuen Bundesländern stammende Kanzlerin, daneben die Abnahme der Diskriminierung von Homosexualität in der Öffentlichkeit und die Anerkennung gleichgeschlechtlicher Partnerschaften durch die rotgrüne Mehrheit des Bundestages 2000, insgesamt eine zunehmende Sensibilität für Minderheiten – all dies war auch durch die Massenmedien vermittelt worden.[172]

Dass diese Fortschritte, eine konservative Gegenbewegung der USA importierend, seit den 90er Jahren als linksliberale »political correctness« oder »PC« karikiert und diffamiert wurden, zeigt die Permanenz diskursiver Deutungskämpfe um die Hegemonie in der politischen Kultur.[173] Die Ironisierung von verquasten *Speech codes* und die Verspottung eines in die Jahre gekommenen penetranten linksalternativen »Betroffenheitskults«[174] wurde zwar nicht nur von konservativer Seite vorgetragen. Aber die dramatische Geste, gegen die Tyrannei der linken »PC« mit »Zivilcourage« angebliche »Tabus« brechen zu wollen, fand vorzugsweise bei Themen wie der Gleichstellung der Geschlechter (»Gender Mainstreaming«) und dem Gedenken an die deutschen Opfer des Krieges narrative Verwendung. Risiken lauern für solche Tabubrecher allerdings regelmäßig dann, wenn ihre Positionen den Grundkonsens verletzen, der es verbietet, positive Seiten des Nationalsozialismus zu entdecken. Als die Fernsehmoderatorin Eva Hermann ihre antiemanzipatorischen Auffassungen über Frauen und Familie in Talkshows unbedarft mit dem Argument verstärken wollte, dass diesbezügliche Werte, die noch das »Dritte Reich« gepflegt hätte, durch die »68er« zerstört worden seien, wollten auch konservative Unterstützer ihr nicht mehr folgen.[175] Gespalten bleibt die Öffentlichkeit dagegen regelmäßig, wenn Phänomene in Geschichte und Gegenwart als wesensgleich mit dem Nationalsozialismus stigmatisiert werden, so etwa in der umstrittenen Einlassung des rechtskatholischen Schriftstellers Martin Mosebach anlässlich der Verleihung des Büchner-Preises 2007, als er eine Rede des französischen Revolutionärs Saint-Just neben die berüchtigte Posener Rede Heinrich Himmlers aus dem Jahr 1943 stellte, in der die Ermordung der Juden als Heldentat der SS glorifiziert worden war.

In der heutigen Gegenwart angekommen, droht »grünen« und linksliberalen Positionen toleranten Zusammenlebens mittelständischer Schichten nicht nur der Angriff konservativer Verfechter einer neuen »Bürgerlichkeit« und eines selbstbewussten »Patriotismus«, sondern auch die Rückkehr der noch vor kurzem für altmodisch erklärten Frage sozialer Gerechtigkeit innerhalb linker Diskurse. Von einem »Marx-Revival« war zwar schon vor Ausbruch der Wirtschaftskrise die Rede gewesen, aber ihr weiterer Verlauf wird das Thema wachhalten.

Im Erfahrungshorizont der meisten Bundesbürger spielte sich die Globalisierung im Sinne einer gewachsenen transnationalen Durchlässigkeit zuerst und hauptsächlich im europäischen Rahmen ab. Daran hatte die Europäische Union entscheidenden Anteil, die seit Mitte der 80er Jahre eine Phase der Stagnation überwand und, angetrieben durch den Fortfall des »Eisernen Vorhangs«, eine stärkere Integration erstrebte und sich gleichzeitig erweiterte.[176] Erreicht werden sollte dies durch den freien Verkehr von Gütern und Dienstleistungen, Kapital und Menschen. Ein wichtiges Ergebnis war, dass seit 1995 die Bürger der Länder, die die beiden Abkommen von Schengen (1985 und

Europäisierung

1990) unterzeichnet hatten – Deutschland, Frankreich, die Benelux-Staaten, Spanien und Portugal – ohne Grenzkontrollen zwischen ihren Ländern reisen konnten. Hinzu kamen noch im selben Jahr Österreich, Griechenland und Italien, später auch die anderen EU-Mitgliedsstaaten sowie mit der Schweiz, Norwegen und Island Länder, die nicht der EU angehören. Erkauft wurde die Verwirklichung des Traums von einem grenzenlosen Europa mit dem Auf- und Ausbau der »Festung Europa« – der massiven Sicherung der Außengrenzen insbesondere gegen illegale Einwanderung. Eine entscheidende Zäsur stellte 1992 der Vertrag von Maastricht – und weitergeführt der Vertrag von Amsterdam 1999 – dar. Dadurch wurden die Voraussetzungen für eine gemeinsame Außen- und Sicherheitspolitik und eine Zusammenarbeit bei der Rechtsprechung und in der Innenpolitik geschaffen, verbunden mit unmittelbaren Verbesserungen für die Bürger: eine durch den einheitlich roten Pass symbolisierte Unionsbürgerschaft mit Aufenthalts- und Wahlrecht bei kommunalen und EU-Wahlen in allen Mitgliedsstaaten sowie das Anrecht auf soziale Leistungen.

Darüber hinaus wurde in Maastricht die Wirtschafts- und Währungsunion beschlossen, deren offensichtlichstes Resultat die Einführung des Euro als Gemeinschaftswährung am 1. Januar 2002 war. Trotz ihrer unbestrittenen Vorteile bei Reisen im europäischen Ausland und der in den letzten Jahren starken Stellung gegenüber dem Dollar halten sich die Vorbehalte gegenüber der neuen Währung. Immer noch knüpfen sich an die »harte« D-Mark Assoziationen des wirtschaftlichen Wiederaufstiegs, und die große Mehrheit der Bundesbürger rechnet nach wie vor die Preise in die alte Währung um. Auch die Wahrnehmung als »Teuro«, mit der in den ersten Jahren nach der Umstellung eine gefühlte Verdoppelung der Preise zum Ausdruck gebracht wurde, ist noch nicht verschwunden. Erhebliche Akzeptanzprobleme hat der 2004 unterzeichnete »Vertrag über eine Verfassung für Europa«, der parallel zur schlagartigen Erweiterung der EU von 15 auf 25 Mitgliedsstaaten (2007 kamen noch Bulgarien und Rumänien hinzu) eine Vertiefung erreichen sollte, nach der Ablehnung durch Franzosen und Niederländer offengelegt. Sie konnten, wie die Ablehnung durch die irische Bevölkerung zeigte, auch durch den Vertrag von Lissabon (2007) nicht behoben werden. Vielfach wird die EU als undurchschaubarer bürokratischer Apparat wahrgenommen, während die Mitwirkungs- und Kontrollmöglichkeiten als gering erachtet werden. Dies zeigt die sinkende Wahlbeteiligung in allen EU-Staaten; in der Bundesrepublik ging sie zwischen 1979 und 2004 von 66 auf 43 Prozent zurück.[177] Die Ablehnung »Brüssels« wurde zum populären Thema nationalistischer

Bewegungen etwa in Frankreich, Belgien und Dänemark, die auf die Globalisierung zurückzuführenden Krisenwahrnehmungen eine antiinstitutionelle und antieuropäische Stoßrichtung geben. In Deutschland wird die »europäische« Identität nicht zuletzt in der Diskussion um die seit Jahren in Aussicht gestellte Mitgliedschaft der Türkei bemüht.

Im Gegensatz dazu steht die Erfolgsbilanz der Europäisierung auf einer Vielzahl von Gebieten. Erheblich gefördert wurde die innereuropäische Mobilität im Bildungsbereich durch das 1995 aufgelegte »Sokrates«-Programm, das eine Reihe spezifischer Förderprogramme umfasst. Über »Erasmus«, das Austauschprogramm für die Hochschulen, erhielten im akademischen Jahr 2002/ 2003 etwa 124 000 Studierende und 17 000 Dozenten Stipendien für einen Aufenthalt an einer Universität in einem anderen europäischen Land.[178] Geplant ist eine Verdreifachung bis 2013. Eine Europäisierung der Medien wurde nicht nur in der Berichterstattung der nationalen Medien über europäische Angelegenheiten und in der Präsenz von *FAZ*, *Financial Times* oder *Le Monde* an Zeitungskiosken in ganz Europa sichtbar, sondern auch in der Entstehung transnationaler Medien wie *Le Monde Diplomatique* und *Lettre International*. Prominenteste Beispiele sind die 1992 gegründete deutsch-französische Fernsehanstalt Arte und das 1993 gegründete europäische Nachrichtenfernsehen Euronews.[179]

Die Europäische Union hat eine Reihe von Kulturprogrammen aufgelegt, die die Verflechtungen zwischen den nationalen Kulturen verstärken sollen. Seit 1999 hat der Wettbewerb um die Kulturhauptstadt Europas, die durch das erste große EU-Kulturförderprogramm »Kultur 2000« (jetzt »Kultur 2007«) finanziell unterstützt wurde, den Ehrgeiz vieler europäischer Städte angereizt. Die »Media«-Programme der EU sollen die Wettbewerbsfähigkeit des europäischen Films erhöhen, während ganz unabhängig von institutioneller Förderung die Resonanz von Theater- und Opernpremieren in der europäischen Presse und der Besuch von Ausstellungen auch jenseits der nationalen Grenzen erheblich zugenommen haben.[180] Neben den spezifischen Kulturprogrammen schlagen auch andere EU-Fördermaßnahmen kulturpolitisch zu Buche. So stammten von den 87 Millionen Euro, die von 2000 bis 2006 im Land Brandenburg für Kulturstätten aufgewendet wurden, 40 Millionen aus europäischen Fördertöpfen.[181]

Ob tatsächlich schon eine »postnationale Kultur der Bürger Europas« (Olaf Schwencke) Wirklichkeit geworden ist, mag man dennoch bezweifeln. Gerade die Kultur wird häufig als nationales Terrain betrachtet, das gegen zu starke internationale Einflüsse zu verteidigen sei. Während die Sprachpolitik der EU, die Bürger neben der Muttersprache zum Erlernen mindestens zweier Fremdsprachen zu befähigen, in den Niederlanden entschieden, in der Bundesrepublik nur von einem Teil der Kultusministerien unterstützt wird, begünstigt Dänemark neben der Landessprache allein Englisch und schränkt die Möglichkeiten des Erwerbs anderer Sprachen im Schulunterricht ein.

Erinnerungskultur   Vorbereitet durch den Streit um Geschichtsmuseen und die Singularität des Nationalsozialismus in den 80er Jahren hat sich seit der Vereinigung der beiden deutschen Staaten eine differenzierte Erinnerungskultur herausgebildet, die zu einem besonderen Merkmal der politischen Kultur der Bundesrepublik geworden und als »kulturelle Orientierungsnorm« (Martin Sabrow) an die Stelle des Fortschritts getreten ist. Sie manifestiert sich in Feuilletons, Gedenkritualen und Museen ebenso wie in Architektur und Städtebau. Thematisch ist neben den erinnerungspolitisch nach wie vor zentralen Nationalsozialismus die Auseinandersetzung mit der DDR getreten. Zugleich verstärkt sich in den letzten Jahren ein Kampf um die Deutung der westdeutschen Geschichte, der sich bei einer positiven Gesamtinterpretation auf angebliche »Tabus« konzentriert: das als Gesamtkomplex diskutierte Themenfeld »1968«/Rote Armee Fraktion und die Erinnerung an die Vertreibung der Ostdeutschen. Nach 1989 schien es zunächst, als sei der Nationalsozialismus weiter in die Ferne gerückt, weil er nicht mehr die unmittelbare Vorgeschichte des vereinigten Deutschland bildete. In den ersten Jahren nach 1989 stellte die Herrschaftspraxis in der DDR, insbesondere das Wirken des Ministeriums für Staatssicherheit, das zentrale erinnerungspolitische Thema dar, wobei der Theorie von der strukturellen Identität der »Totalitarismen« wieder mehr Plausibilität zugemessen wurde.[182] Von derartigen Annahmen getragen war auch die umstrittene, 1993 von der Bundesregierung beschlossene Umgestaltung der Neuen Wache in Berlin als Zentrale Gedenkstätte für nicht näher spezifizierte »Opfer von Krieg und Gewaltherrschaft« mit einer überdimensionalen Käthe-Kollwitz-Pietà im Zentrum, die Kanzler Kohl persönlich qua ästhetischer Richtlinienkompetenz durchgesetzt hatte. Doch seit Mitte der 90er Jahre drang in bis dahin nicht erreichter Breite und Anschaulichkeit die NS-Vergangenheit wieder in das Bewusstsein der Öffentlichkeit. Vermittelt wurde der Konkretisierungsschub durch Medienereignisse wie Steven Spielbergs mit mehreren Oscars ausgezeichnete Kassenschlager *Schindlers Liste* (1994), die Tagebücher Viktor Klemperers (1995) und Daniel Goldhagens Buch *Hitlers willige Vollstrecker* (1996), das eine Kontroverse um die Frage auslöste, inwieweit dem Holocaust ein bereits vor 1933 vorhandener »eliminatorischer Antisemitismus« zugrunde lag.[183] Im Fernsehen erreichten Guido

Knopps »Histotainment«-Dokumentationen wie *Hitlers Helfer* (1996), *Hitlers Krieger* (1998) und *Holokaust* (2000) ein Millionenpublikum. 900 000 Bundesbürger – darunter viele Schulklassen – besuchten die zwischen 1995 und 1999 durch 33 Städte tourende Ausstellung »Vernichtungskrieg. Verbrechen der Wehrmacht 1941 bis 1944« des Hamburger Instituts für Sozialforschung, die den in der Öffentlichkeit noch verbreiteten Mythos der »reinen« Wehrmacht erschütterte, indem durch eine Vielzahl von Bildquellen auf deren Beteiligung am Judenmord in Osteuropa aufmerksam gemacht wurde.[184] Die zugespitzte These und die emotionale Kraft der Visualisierung beflügelten nicht nur eine Kontroverse um die Beteiligung von *ordinary men* an den NS-Verbrechen, die mit der Goldhagen-Debatte korrespondierte, sie löste auch einen politischen Streit aus, der häufig als Generationskonflikt gedeutet wurde. Der *Bayernkurier* sah in der Ausstellung des von ehemaligen »68ern« geprägten Hamburger Instituts gar einen »moralischen Vernichtungsfeldzug gegen das deutsche Volk«. 1997 Gegenstand einer Bundestagsdebatte, ging die Auseinandersetzung in einen Disput über die Aussagekraft von Bildquellen über, als sich 1999 herausstellte, dass 20 von 1433 Fotos der Ausstellung falsch zugeordnet waren. Nach der daraufhin erfolgten Schließung konzipierte das Institut eine neue Ausstellung, die weniger stark auf Bildquellen setzte, den Kontext stärker ausleuchtete und bei einer abgewogeneren Darstellung die These der ersten Ausstellung untermauerte. Sie markierte da-

Besucher in der Ausstellung über die Verbrechen der Wehrmacht, 1998

durch einen Wandel zu einer stärkeren Historisierung der NS-Vergangenheit und erreichte zwischen 2001 und 2004 noch einmal 420 000 Besucher in elf Städten.[185]

Zu einem Dauerbrenner der Debatte um die Frage, wie die Deutschen die Erinnerung an die NS-Opfer wachhalten sollten, wurde das Denkmal für die ermordeten Juden Europas, das schon seit 1988 von einer Initiative um den Historiker Eberhard Jäckel und die Journalistin Lea Rosh gefordert worden war.[186] 1992 machten sich die Bundesregierung und der CDU-geführte Berliner Senat diesen Plan zu eigen und stellten ein Baugrundstück von doppelter Fußballfeldgröße nahe den früheren Schaltzentralen des NS-Terrorapparates zur Verfügung. Allerdings stießen die aus einem Wettbewerb von 1994 hervorgegangenen Entwürfe auf wenig Gegenliebe, insbesondere aufgrund ihrer monumentalen Gestalt. Dass in der öffentlichen Debatte immer mehr von »Gigantomanie«, einem »Ablasshandel« oder einer prospektiven »Kranzabwurfstelle« die Rede war, deutete schon die Problematik an, die mit dem Plan verbunden war, im Lande der Täter eine zentrales Denkmal für die Opfer des Holocaust zu errichten. Auch eine Hierarchisierung der Opfer »exakt entlang den Kategorien des NS-Terrorsystems« (Reinhart Koselleck) wurde befürchtet, wie der Protest des Zentralrats Deutscher Sinti und Roma zeigte, der vergeblich eine Lösung forderte, die allen Opfern gerecht werden sollte. Erst ein weiterer Wettbewerb brachte 1997 mit dem Stelenfeld von Peter Eisenman und Richard Serra jene Memorialfiguration hervor, die nach einem Bundestagsbeschluss seit 2003 in modifizierter Form errichtet wurde und seit 2005 zugänglich ist: ein aus 2711 Betonstelen unterschiedlicher Höhe bestehendes, auf wellenförmigem Gelände begehbares Flächendenkmal, das an ein Gräberfeld erinnert und trotz seiner großen Ausmaße zurückhaltender erscheint als die frühen Entwürfe. Ein unterhalb des Denkmals eingerichteter »Ort der Information« ermöglicht anhand von historischen Kontextualisierungen und der Beschreibung von Familien- und Einzelschicksalen eine Einordnung und Konkretisierung des in seiner abstrakten Form assoziationsoffenen Denkmals. Während landläufige Ressentiments nach wie vor anzutreffen waren, wie sie Martin Walser mit seiner Formulierung von der »Monumentalisierung der Schande« ausdrückte, hat doch gerade die kontroverse Debatte in Politik und Öffentlichkeit eine Sensibilisierung für Fragen einer angemessenen Erinnerungskultur bewirkt. Zu Recht hat der amerikanische Historiker Omer Bartov darauf aufmerksam gemacht, dass die maßgeblichen Träger der erinnerungspolitischen Ereignisse seit Mitte der 90er Jahre nach dem Krieg geboren wurden: Die »Konkretisierung der Erinnerung an den Holocaust«

Schatten der Vergangenheit – das *Denkmal für die ermordeten Juden Europas* in Berlin

erfolgte genau zu dem Zeitpunkt, »da die Erinnerung an ihn als gelebtes und erlebtes Geschehen mit ihren Trägern« abstirbt.[187]

Über das Gedenken in Deutschland hinaus ist der Holocaust zur Chiffre einer gesamteuropäischen Identität geworden, wie die Institutionalisierung des Auschwitz-Tages am 27. Januar, dem Tag der Befreiung des Konzentrationslagers durch die Rote Armee 1945, zeigt. Schon seit den späten 70er Jahren thematisiert, wurde nach dem Umbruch von 1989/91 der Holocaust immer stärker als internationales Schlüsselereignis begriffen, als Auftrag zur Verhinderung vergleichbarer Verbrechen in Gegenwart und Zukunft. Kodifiziert wurde der Gedenktag zuerst in Deutschland, als Bundespräsident Roman Herzog ihn Anfang 1996 zum ersten offiziellen »Tag des Gedenkens an die Opfer des Nationalsozialismus« erklärte. 2000 wurde er auf europäischer Ebene durch das »Stockholm International Forum on the Holocaust« und das Europäische Parlament etabliert, das die Mitgliedsstaaten zur Einführung eines »Shoah«-Gedenktags am 27. Januar aufforderte. 2005 machte die Vollversammlung der Vereinten Nationen mit der Ausrufung des »International Day of Commemoration in Memory of the Victims of the Holocaust« diesen Tag sogar zu einem globalen Gedenktag. Beflügelnd für die Europäisierung des Holocaust-Gedenkens wirkten sich selbstkritische Debatten um die Kollaboration mit dem Nationalsozialismus in vielen europäischen Ländern aus, aber auch Ereignisse wie das Massaker von Srebrenica 1995

Europäisierung des Holocaust-Gedenkens

sowie die mit der Erweiterung und Intensivierung der EU einhergehenden Bemühungen zur Etablierung eines europäischen Geschichtsbewusstseins.[188] Allerdings bestehen unterhalb des normativen Konsenses disparate, zum Teil konkurrierende Erinnerungskulturen, geschichtspolitische Absichten und Gedenkpraktiken fort, die etwa in Osteuropa um das Verhältnis von national-sozialistischen und stalinistischen Verbrechen kreisen.

DDR-Ge-schichte im Rückblick

Während beim Thema Nationalsozialismus der Übergang vom kollektiven zum kulturellen Gedächtnis schon weit gediehen war, sprudelte die persönli-che Erinnerung an die DDR angesichts der vielen lebenden Zeitgenossen noch sehr lebendig. Ihren Wandel hat der Kulturwissenschaftler Dietrich Mühl-berg in drei Phasen unterteilt: Während der Großteil der Bevölkerung in den Jahren des Umbruchs von 1990 bis 1992 mit fliegenden Fahnen den Osten mit seinen topographischen Begrenzungen, Konsumgütern, Ritualen und Denk-weisen in Richtung Westen hinter sich ließ, war zwischen 1993 und 1996 eine häufig als »Ostalgie« verunglimpfte Rückbesinnung zu verspüren, die die Ernüchterung nach dem raschen Wechsel, der doch keine Ankunft in einer neuen Heimat erbracht hatte, hinterließ.[189] Die Jahre zwischen 1996 und 2001 waren geprägt vom Konflikt zwischen einer offiziellen Erinnerungskultur auf der einen Seite, die die DDR als von vornherein zum Scheitern verurteilte Erziehungsdiktatur deutete, als historisches Negativum – nicht mehr als eine »Fußnote« in der deutschen Geschichte –, und der privaten Erinnerung auf der anderen Seite, die auch auf gelungene Lebensgeschichten zurückblickte.[190] Der Kampf der Erinnerungen, die aufgrund des hochpolitisierten Kontextes auch dann als Parteinahmen gedeutet wurden, wenn sie sich lediglich mit Alltagsphänomenen beschäftigten, wurde in der Öffentlichkeit mit großer Heftigkeit ausgetragen. Aufgefangen werden konnte der politische Druck am besten durch das Stilmittel der Burleske, wie es etwa die 1999 verfilmten Bücher *Helden wie wir* und *Sonnenallee* von Thomas Brussig erfolgreich erprobten. Wie die in den Feuilletons ausgetragene Kontroverse Diktatur vs. Alltag über Medienereignisse auch die Geschichtsbilder einer großen Masse von Bürgern beeinflusste, lässt sich an zwei Kinoerfolgen studieren, die die DDR aus ganz unterschiedlichen Perspektiven darstellten. Die Filmkomödie *Goodbye, Lenin!* (2003) von Wolfgang Becker heimste zahlreiche Preise ein und wurde mit 6,5 Millionen Besuchern zu einem großen Publikumserfolg. Der Film setzte dem grauen Alltag und der ebensowenig erstrebenswerten Konsumwelt in Westdeutschland eine DDR entgegen, wie sie faktisch nie existiert hatte.[191] Zu diesem Zweck inszeniert Alex (Daniel Brühl) für seine Mutter Christiane (Katrin Saß), die als zwar gemaßregelte, aber dennoch treue Kommunistin vor einem lebensgefährlichen Schock bewahrt werden soll, einen kontrafaktischen Systemwandel, währenddessen die Bundesbürger zu Tausenden in die DDR übersiedeln und am Ende der DDR-Kosmonaut Siegmund Jähn Erich Honecker als Staatschef beerbt und die irdischen Angelegenheiten aus der Perspektive des Weltraums betrachtet. Diese Utopie speiste sich aus dem linken Traum eines dritten Wegs, wie er nur kurz in der Umbruchszeit zwischen dem Herbst 1989 und dem Herbst 1990 geträumt worden war. Demgegenüber schilderte der sogar mit einem Oscar ausgezeichnete, aber in Deutschland mit 2,3 Millionen verkauften Eintrittskarten weniger stark besuchte Film *Das Leben der Anderen* (2006) von Florian Graf Henckel von Donnersmarck die DDR als Diktatur und Überwachungsstaat, der freilich nicht lückenlos funktionierte.[192] Beauftragt, den Schriftsteller Georg Dreyman (Sebastian Koch) zu überwachen, entwickelt der in seinen sozialistischen Idealen erschütterte Stasi-Hauptmann Gerd Wiesler (Ulrich Mühe) trotz einschlägiger Deformierungen – er lebt im Gegensatz zu seinem Bespitzelungsobjekt ein tristes Leben, hört und sieht alles, spricht aber nur selten – Skrupel, täuscht seine Vorgesetzten und verhindert damit die Inhaftierung Dreymans. Während frühere DDR-Dissidenten kritisierten, einen solchen Fall habe es nicht gegeben, lobten andere die differenzierte Darstellung auch der Täterseite.

Das herausragende Beispiel für erinnerungspolitische Entscheidungen in Architektur und Städtebau im Kontext der Vereinigung der beiden deutschen Staaten stellt der Abriss des »Palastes der Republik« zugunsten eines Neubaus des Berliner Schlosses dar. Der 1976 an der Stelle der 1950 hauptsächlich aus symbolpolitischen Gründen abgerissenen Überreste des Hohenzollernschlosses errichtete »Palast der Republik« wurde 1990 auf Beschluss der Volkskammer wegen Asbestverseuchung geschlossen und seit 2006 auf Beschluss des Bundestages abgetragen. Zuvor war die im modernen Stil errichtete, flache und transparente, im Vergleich zu den an sowjetischen Repräsentationsbauten orientierten Aufbauplänen der 50er Jahre bescheiden auftretende Kombination von Parlament und Volkshaus nicht nur ein Prestigeprojekt der DDR, sondern auch ein Treffpunkt für die Bevölkerung gewesen, die sich dort bei Theateraufführungen, Konzerten, Fernsehshows, in Kneipen und Restaurants amüsierte.[193] Durch die noch 1990 gestartete Kampagne zum Wiederaufbau des Schlosses entstand ein Kulturkampf um die repräsentative Mitte Berlins, in dem die Frage verhandelt wurde, ob das bauliche Erbe der DDR erhalten oder an eine vorangegangene Traditionslinie angeknüpft werden sollte. Trotz einhelliger Ablehnung durch die Ostberliner Bevölkerung und die Denkmalpflege gewann der Plan des Gebäudeaustauschs immer mehr politische Unterstützung – anfangs insbesondere durch die Berliner CDU und Bundeskanzler Kohl, später durch seinen Nachfolger Gerhard Schröder – auch weil seit 1992 ein »Förderverein Berliner Stadtschloss« mit Schlossattrappen und ähnlichen Mitteln aus dem Repertoire der Disney-World die Vision einer historischen Kontinuität, in der die DDR nicht vorkam, immer prachtvoller ausmalte.[194] Auch als schließlich Ende 2008 an den Palast nur mehr die Inschrift »Die DDR hat es nie gegeben« an der Ufermauer der anliegenden Spree erinnerte, konnte von einer »Wiedererrichtung« des nun einmal verschiedenen Hohenzollernbaues natürlich nicht die Rede sein. Der während der letzten Abrissarbeiten am 28. November 2008 gekürte Siegerentwurf von Franco Stella für den Neubau eines Schlosses der Berliner Republik kombiniert das historistische Ziel einer originalgetreuen Fassadenkopie an drei Seiten mit einer modern gehaltenen Ostseite, die Palastfreunden als schwacher Trost gelten mag – ebenso wie die öffentliche Zugänglichkeit des »Humboldt-Forums« und der Versuch, den massiven Komplex durch eine neu geschaffene Passage wenigstens partiell aufzubrechen.

»1968«   Der Zusammenbruch des »real existierenden Sozialismus« hat auch die Bewertung der westdeutschen Vergangenheit beeinflusst, insbesondere die Wahrnehmung von »1968«, das noch an seinem zwanzigsten Jubiläum von 1988 derart positiv gesehen worden war, dass selbst CDU/CSU-Politiker sich als (»andere«) »68er« mit gleichem Generationen-Feeling in die Brust warfen.[195] Nach 1989 fühlten sich Gegner wie Kurt Sontheimer bestätigt, der die Ursachen der zunehmenden rechtsradikalen Ausschreitungen der frühen 90er Jahre auf die gewollte Zerstörung jeder Autorität durch die 68er zurückführte.[196] Zugleich wurde auch unter vormals linken westdeutschen Intellektuellen das Verhältnis zum »realen Sozialismus« Gegenstand harter Auseinandersetzungen. Ralph Giordano klagte die angesichts der Bilanz des Stalinismus »trauerunfähige Linke« an und forderte Bekenntnis und Aufarbeitung. Götz Aly trug 2008 mit der Analogisierung von »1968« und nationalsozialistischer Bewegung zur Reanimation eines Ende der 60er Jahre in den Springer-Medien geläufigen Topos bei.[197] Derartige autobiographisch motivierte Bekenntnisse blieben nicht unwidersprochen: »Schuldkoller und Geständniszwang sind Spielarten des Größenwahns«, hatte Barbara Sichtermann schon 1993 konstatiert – kurz bevor eine systematische Historisierung der Sozialismuseuphorie der 60er und 70er Jahre einsetzte, die inzwischen weit fortgeschritten ist, ohne in das Bewusstsein einer mehr am Skandal interessierten Öffentlichkeit vorgedrungen zu sein.[198]

Unter neuem Vorzeichen wurde auch die in den 80er Jahren begonnene Auseinandersetzung mit dem westdeutschen Terrorismus in Gestalt der Roten Armee Fraktion intensiviert. Die RAF, deren Ikonographie um das Jahr 2000 auch als Pop-Phänomen vermarktet wurde – durch Guerilla-Inszenierungen in Zeitgeistmagazinen und unter dem Label »Prada Meinhof« als Military-Look in Rebellenvariante – hat gesteigertes öffentliches Interesse erregt. Gleichzeitig wurde die differenziertere Auseinandersetzung mit diesem Thema Gegenstand bemerkenswerter Filme wie *Die Stille nach dem Schuss* (Volker Schlöndorff, 2000), *Die innere Sicherheit* (Christian Petzold, 2000) und *Black Box BRD* (Andres Veiel, 2001) mit begrenzter öffentlicher Wirkung, während die Ereignisse des »Deutschen Herbstes« von 1977 durch das Doku-Drama *Todesspiel* (Heinrich Breloer, 1997) und das Fernsehspiel *Mogadischu* (Roland Suso Richter, 2008) als Event-Geschichte einem großen Fernsehpublikum dargeboten wurden. Neuerdings ist das Thema auch als Action-Kino auf die Leinwände gelangt, wo der als historische Wahrheit vermarktete Streifen *Der Baader Meinhof Komplex* (Uli Edel, 2008, Berater: Stefan Aust) eine Art Rambo-RAF präsentierte. Parallel zu dieser erinnerungskulturellen Welle hat sich die zeitgeschichtliche Forschung intensiviert, ohne dass die öffentliche Debatte davon besonders berührt würde.[199] In dem im Sommer 2003 eskalierenden Streit um die geplante Ausstellung »Mythos RAF« der Berliner Kunst-Werke, die die Behandlung der RAF in Film, Bildender Kunst und Literatur mit einer zeitgeschichtlichen Kontextualisierung kombinieren wollte, ist im Kontext der Anschläge vom 11. September 2001 die gewachsene Brisanz dieses erinnerungspolitischen Minenfelds sichtbar geworden. Die Intervention der Vertreter der Opfer, unterstützt von der *Bild-Zeitung*, gegen eine angebliche »Legendenbildung und Glorifizierung der RAF« verhinderte die Durchführung der »Terror-Ausstellung« (*Bild*) in der geplanten Form.[200] Sie wurde erst 2005 bei reduziertem Budget in veränderter Konzeption gezeigt – gekappt um ihren zeitgeschichtlichen Zusammenhang.[201]

Parallel zur Intensivierung und Internationalisierung des Holocaust-Gedenkens hat die Aufmerksamkeit zugenommen, die in Deutschland der eigenen Opferrolle gewidmet wurde.[202] Dazu trug etwa Jörg Friedrichs *Der Brand* (2002) bei, der das angebliche Tabu einer Erörterung des Bombenkriegs der Alliierten gegen die deutsche Bevölkerung durchbrechen wollte und die Ereignisse auf eine Ebene mit dem Holocaust hob, während sich ein lokaler Fokus auf das Schicksal Dresdens richtete, das schon in der DDR als Symbol für die Verwerflichkeit des »anglo-amerikanischen Bombenterrors« herhalten musste.[203] Tatsächlich war die Erinnerung an den Bombenkrieg und seine Opfer

Deutsche als Opfer

stets lebendig gehalten und durch die Friedensbewegung der 80er Jahre noch einmal beflügelt worden, auch wenn sie sich seit den 60er Jahren einer Konkurrenz mit der Erinnerung an die Opfer des Nationalsozialismus ausgesetzt sah.[204] Gleichzeitig wurde, ebenfalls als vermeintlicher Tabubruch, die Geschichte von Flucht und Vertreibung am Ende des Krieges neu thematisiert. Während das Thema durch Fernsehausstrahlungen wie die Histotainment-Serie *Die große Flucht* (ZDF, 2001) und den fiktionalen Mehrteiler *Die Flucht* (Arte/ARD, 2007) mit Maria Furtwängler in der Hauptrolle eine breite Öffentlichkeit erreichte, entzündete sich an dem Vorhaben des Bundes der Vertriebenen, die neue Konjunktur für ein geschichtspolitisches Projekt zu nutzen, eine außenpolitische Verstimmung. Nur vordergründig spitzte er sich auf die Person der BdV-Vorsitzenden Erika Steinbach zu, die als CDU-Bundestagsabgeordnete gegen die endgültige Festlegung der deutschen Ostgrenze auf die Oder-Neisse-Linie gestimmt hatte. Wichtiger war, dass das von ihr vorangetriebene »Zentrum gegen Vertreibungen« in Berlin eine Europäisierung des Vertreibungsgedenkens unter deutscher Federführung institutionalisieren und auf eine Ebene mit dem Holocaust heben sollte, denn hier wie dort handelte es sich angeblich um Resultate »entmenschte[n] Rassenwahns« (Steinbach). Das 2000 veröffentlichte Konzept eines solchen Zentrums stellte den »Schicksalsweg der deutschen Vertriebenen« in den Mittelpunkt einer Dauerausstellung, die international durch eine »Dokumentation weltweiter Vertreibungen« kontextualisiert werden sollte – ein »bloßes Etikett«, wie Gesine Schwan urteilte.[205] Während sich in der 2003 eskalierenden Debatte für das Projekt neben der CDU/CSU Prominente wie Peter Scholl-Latour, Joachim Gauck, Horst Möller und Udo Lattek aussprachen – Verbündete aus anderen politischen Lagern wie Peter Glotz waren Ausnahmen –, favorisierte die rot-grüne Bundesregierung eine Lösung auf europäischer Ebene. Eine Initiative um den SPD-Bundestagsabgeordneten Markus Meckel, die für ein »Europäisches Zentrum gegen Vertreibungen, Zwangsaussiedlungen und Deportationen« eintrat (als Standort wurde Breslau/Wrocław genannt), wurde u. a. von Günter Grass, Władysław Bartoszewski, Hans Mommsen und Rita Süssmuth unterstützt, während eine dritte Gruppe – darunter Micha Brumlik, Georg G. Iggers und Bronisław Geremek – ein solches Zentrum generell ablehnte, weil es die Ursachen von Vertreibungen ausblende und ethnischen im Verhältnis zu politischen und sozialen Konflikten ein zu starkes Gewicht zumesse. Die 2006 in Berlin gezeigte Ausstellung »Erzwungene Wege – Flucht und Vertreibung im Europa des 20. Jahrhunderts«, die das BdV-Konzept exemplarisch umsetzte, verschaffte dem Projekt erneut öffentliche Resonanz, wobei sich die Regierungskoalition aus CDU und SPD nun für die Errichtung eines »Sichtbaren Zeichens« der Erinnerung an die Vertreibung der Deutschen aus Ost- und Mitteleuropa in Berlin ausgesprochen hat, das im »Deutschlandhaus« in Berlin-Kreuzberg, einem Sitz der Vertriebenenverbände, seinen Ort finden soll.

Ein auffälliger Zug der Kultur der 90er Jahre, der auch politische Implikationen hatte, trat hervor in der ubiquitären Neigung, sich durch Zuordnung zu einer »Generation« in einen überindividuellen Zusammenhang zu stellen – ein in den Jahren des weltpolitischen Umbruchs besonders beliebtes Konstrukt, das in den Tiefen deutschen Geisteslebens wurzelt. Der Tübinger Kulturwissenschaftler Kaspar Maase hat errechnet, dass in den 50er Jahren durchschnittlich sieben neu erschienene Bücher pro Jahr den Begriff der »Generation« im Titel führten, in den 70er Jahren waren es 25, in den 90er Jahren 85, in den ersten Jahren nach der Jahrtausendwende 112 – ein Anstieg um das 16fache, während sich die Anzahl der Neuerscheinungen nur verfünffachte.[206] Auffällig war auch die Verbreitung in der Produktwerbung. Die Industrie, die immer neue »Generationen« von Automobilen und Motoren, Spielen, Büromaschinen oder Küchengeräten erfand, benutzte diesen Begriff seiner zeitlichen Strukturierungsfunktion wegen: Er bringt Ordnung in das Kontinuum des Geschichtsverlaufs, indem er Zäsuren markiert und Innovationen behauptet. Mit dem begrifflichen Tusch der »Generation« inszenierten sich auch Akteure, die ihrer Altersgruppe die Trägerschaft eines größeren gesellschaftlichen Umbruchs zuordnen wollten. Insbesondere versuchten in den 60er und 70er Jahren Geborene über diese Kategorie ein kollektives Selbstverständnis zu kreieren, das sich von der »68er-Generation« abhob. Als relevantes Phänomen sichtbar wurde dies im Erfolg des 1991 erschienenen Romans *Generation X* von Douglas Coupland, der aus konsumkritischer Perspektive »Geschichten für eine immer schneller werdende Kultur« (so der Untertitel der deutschen Übersetzung) erzählte. Keineswegs konsumkritisch argumentierte der aus einem westdeutschen Erfahrungsschatz schöpfende Essay *Generation Golf* (2000) von Florian Illies. Sein Titel bezog sich auf eine 1999 gestartete Volkswagen-Kampagne zum 25-jährigen Jubiläum des Golf, die ein edel ausgestattetes Sondermodell namens »Generation« (Alufelgen, Lederlenkrad, Sonderfarbe: Technoblau-metallic) bewarb. Dass das Buch innerhalb von zwei Jahren zehn Auflagen erlebte, deutet schon die große Resonanz dieser generationellen Inszenierung aus dem Geiste eines konsumhedonistischen Alltags an, der empirische Validität zugemessen wurde. Ein weibliches Pendant wuchs Illies »Inspektion« – so der Untertitel des Buches – mit Katja Kullmanns *Generation Ally* (2002) zu, die ebenfalls eine marken- und warengestützte Identität proklamierte und sich im Gegensatz zur »letzten heroischen Generation« (Kaspar Maase) der 68er positionierte.

Von einer generationsstiftenden Bedeutung der politischen Epochenzäsur ausgehende Generationszuschreibungen, wie etwa Claus Leggewies These einer *89er-Generation* (1995) oder Heinz Budes Konstruktion einer *Generation Berlin* (2001) entwickelten eine gewisse Deutungskraft am ehesten in parteipolitischen Kreisen, etwa in der SPD, wo sich das 1999 gegründete Magazin *Berliner Republik* als Sprachrohr einer jüngeren, sich selbst als pragmatisch präsentierenden Generation von sozialdemokratischen Nachwuchspolitikern darstellt. Es mag sein, dass sich hier im gemeinsamen Aufstiegsbegehren eine »Wir-Schicht« (Norbert Elias) herauskristallisiert. Inwieweit es sich dabei tatsächlich um eine »Generation« handelt, ist in der Regel erst aus längerem Abstand zu beurteilen.[207] Einstweilen verweist die verbreitete Neigung, aus ästhetischen Erfahrungen Generationszugehörigkeiten abzuleiten, weniger auf soziale Tatsachen als auf kulturelle Zuordnungsbedürfnisse, wobei die inflationäre Verwendung dieser Inszenierungen – in diesen Kontext gehören auch eine allgegenwärtige Jubiläisierung, die Konjunktur des »Zeitzeugen« und der neuen Biographik sowie dekadologisch ausgerichtete Identitätskonstruktionen – darauf hindeutet, dass es sich um mehr oder weniger flüchtige Selbstzuschreibungen handelt.

3 Kunst im Kontext von Ökonomisierung, Globalisierung und Medialisierung

Ökonomisierung, Globalisierung und Medialisierung: Die Hervorhebung dieser drei Tendenzen im 2008 veröffentlichten Schlussbericht der Enquete-Kommission des Deutschen Bundestags über die Gegenwart der »Kultur in Deutschland«[208] kennzeichnet nicht nur den allgemeinen Entwicklungsgang moderner Gesellschaften, sondern darin zugleich eine Phase enormer Beschleunigung. Ein Indikator fortschreitender Ökonomisierung ist die Etablierung der Kultur als »Wirtschaftsfaktor«. Die sogenannte »Kultur- und Kreativwirtschaft«, sie vereint Dutzende Bereiche von den Museums-Shops bis zur Filmindustrie, erreichte in Deutschland 2004 mit 36 Milliarden Euro einen Anteil von 1,6 Prozent des Bruttoinlandproduktes. Damit rangierte die Wertschöpfung dieses Wirtschaftszweiges zwischen chemischer Industrie (2,1 Prozent) und Energiewirtschaft (1,5 Prozent).[209]

Wie in anderen wirtschaftlichen Bereichen vollzogen sich auch in der Kultur als »Wirtschafts-faktor« »Kulturindustrie«, ein Begriff der Kritischen Theorie, rapide Konzentrationsprozesse, sowohl bei den Verlagen wie im Buchhandel, wo sich neben dem Versandhandel wenige große Ketten wie Hugendubel, Thalia oder, im Bahnhofsbuchhandel, Stilke, beträchtliche Marktsegmente gesichert haben. Vor allem das Sortiment der großen Publikumsverlage wird in den Filialen großer Verkaufsketten jeweils besonders gut sichtbar angeordnet. Einen hervorgehobenen Platz in eigens gefertigten Regalen belegen überall die durch Bestsellerlisten oder Besprechungen in Literatursendungen des Rundfunks und Fernsehens empfohlenen Sachbücher und belletristischen Werke. Hohe Einschaltquoten erzielten, von Marcel Reich-Ranicki präsidiert, *Das literarische Quartett* (1988–2001) und die von Elke Heidenreich moderierte Sendung *Lesen!* (2003–2008), beide im Zweiten Deutschen Fernsehen. Die sanft gelenkte Orientierung des meist mittelständischen Publikums durch Erfolgslisten und Empfehlungen kennzeichnet ein Moment der Massenmedialisierung von Kultur. Wie in jedem anderen wirtschaftlichen Sektor zeigten sich in der Kulturentwicklung Auswirkungen der Globalisierung in einer enormen Ausweitung der Angebote. Wachsende kulturelle Vielfalt durch weltweite Kommunikation im Internet, internationale Verbreitung von Filmen in Kino und Fernsehen und die zunehmende touristische Erreichbarkeit von Gemäldeausstellungen in London, Opernaufführungen in Paris oder Konzerten in Budapest stehen Tendenzen einer »globalen Monokultur« auf niedrigem Niveau entgegen.[210]

Die »Künstler- und Kulturberufe«, die ca. 800 000 Erwerbstätige (zu etwa einem Viertel Selbstständige) zählen (2004) und nach britischem Vorbild mittlerweile zuweilen als *creative class* begrifflich zusammengefasst werden, erlebten einen rapiden Wachstumsschub. Die Zahl der sogenannten angewandten bildenden Künstler (Designer und Grafiker) verdoppelte sich von 1995 bis 2004 nahezu, Ton-/Bildingenieure sowie Bühnen-/Filmausstatter registrierten im gleichen Zeitraum einen Zuwachs von 73 Prozent, bei Schriftstellern, Journalisten und Übersetzern waren es jeweils über 50 Prozent, bei Musikern, Schauspielern und bildenden Künstlern zwischen 20 und 40 Prozent. Die einzige Ausnahme bildeten die Fotografen, deren Anzahl leicht zurückging.[211] Mit der Ausdifferenzierung der *creative class* – die Künstlersozialkasse unterscheidet 25 Tätigkeitsbereiche in der Bildenden Kunst, 44 in der Darstellenden Kunst, 15 in der Musik und 20 im Bereich des Wortes – ging eine zunehmende Professionalisierung im Sinne geregelter Ausbildungsgänge einher. Vor diesem Hintergrund scheint es symptomatisch, dass das Leipziger

Johannes-R.-Becher-Institut zur Ausbildung von Schriftstellern nach dem Ende der DDR nicht abgewickelt wurde. Mit westlichen Literaten als beamteten Dozenten bzw. Professoren, zuerst Josef Haslinger und Hans Ulrich Treichel, entwickelte sich das Literaturinstitut der Leipziger Universität seit 1995 zur deutschen Speersitze der Vermittlung schriftstellerischer Kompetenzen.[212] Ähnlich verhält es sich mit der Berliner Ernst-Busch-Hochschule für Schauspielkunst auf dem Gebiet des Theaters.

Staatliche Kulturförderung, so der offiziöse Konsens, sollte allerdings nicht nur die wirtschaftliche Bedeutung bedenken, sondern habe auch die Aufgabe der Unterstützung jener »Ausdrucks- und Präsentationsformen, die sich nicht ›verkaufen‹«, um der »problematischen Nivellierung kultureller Standards« entgegenzuwirken.[213] Die Kulturförderung als Staatsauftrag markiert einen beträchtlichen Unterschied zur angelsächsischen Tradition staatlicher Zurückhaltung und starken Mäzenatentums.[214] Dieses Vorbild wurde auch hierzulande vehement als Königsweg propagiert, bevor die weltweite Wirtschaftskrise die Nachteile einer vor allem auf private Initiativen gestützten Kulturförderung nachdrücklich vor Augen führte. Als insgesamt effektiv erwies sich dagegen die Weiterentwicklung eines Systems, in dem die staatliche Seite, vor allem Länder und Kommunen, die Grundsicherung der kulturellen Infrastruktur, von Museen und Gemäldegalerien bis zu Bibliotheken und Theatern, gewährleistet, während zugleich – auch in Formen von »public-private-partnership« – das bürgerschaftliche Engagement von öffentlich-rechtlichen Medien, Kirchen, Stiftungen und anderen vor Ort aktiviert wird, um das kulturelle Angebot zu bereichern.

Nationaler Hörfunk

Nicht nur die Privatisierung des Rundfunks im Westen, sondern auch seine Ausdehnung in die neuen Bundesländer und die teilweise Neustrukturierung der öffentlich-rechtlichen Rundfunklandschaft veränderten das Hörfunkangebot in der Bundesrepublik einschneidend. Allein die Zahl der Radioprogramme stieg zwischen 1991 und 1997 von 180 auf 241 – 1980 waren es auf dem Gebiet der alten Bundesrepublik noch 31 gewesen.[215] Gleichzeitig wurde neben der öffentlich-rechtlich wie privat getragenen regionalen Grundstruktur des Hörfunks mit dem Deutschlandradio eine nationale Rundfunkanstalt geschaffen, die gebührenfinanziert und werbefrei ist. Die Aufgabe dieser durch einen Staatsvertrag der Bundesländer ins Leben gerufenen Einrichtung ist es, ein »umfassendes Bild der deutschen Wirklichkeit« zu vermitteln, »das Geschehen in den einzelnen Ländern und die kulturelle Vielfalt Deutschlands angemessen« darzustellen und »vor allem die Zusammengehörigkeit im vereinten Deutschland [zu] fördern sowie der gesamtgesellschaftlichen Integration« zu dienen.[216] Die neue Rundfunkanstalt entstand 1994 als Fusion des seit 1962 als »Wiedervereinigungssender« von Köln ausgestrahlten Deutschland-funks mit dem 1946 von der amerikanischen Besatzungsmacht in Westberlin gegründeten RIAS und dem 1990 aus den beiden DDR-Sendern Stimme der DDR und Radio DDR 2 entstandenen Deutschlandsender Kultur.[217] Unter dem Namen Deutschlandradio führte der Deutschlandfunk in Köln bei ver-änderter Aufgabenstellung die Arbeit der gleichnamigen westdeutschen An-stalt fort, und als zweites Standbein nahm in Berlin Deutschlandradio Kultur (bis 2005 als DeutschlandRadio Berlin) seinen Sendebetrieb auf.[218] Während Köln sich auf die politische Information konzentrieren sollte, lag der Schwer-punkt des Berliner Programms auf anspruchsvoller Unterhaltung und der Berichterstattung über das Kulturleben. Eine ähnliche Konzentration auf kulturelle Dienstleistungen hatten auch andere öffentlich-rechtliche Anstal-ten vorgenommen, so etwa das frühere dritte Programm des NDR, das seit 2003 als NDR Kultur firmiert und ein breites Angebot an Musik und Kultur-informationen mit regionalem Schwerpunkt präsentiert. Eine Reihe privater Sendeanstalten widmen sich Spezialinteressen wie etwa klassischer Musik oder dem Jazz.

Verglichen mit privaten, aber auch den anderen öffentlich-rechtlichen An-stalten ist der Anteil der selbstproduzierten Sendungen bei den beiden natio-nalen Anstalten mit knapp 70 Prozent des Sendevolumens außergewöhnlich hoch.[219] Darüber hinaus tritt Deutschlandradio Kultur – häufig in Zusam-menarbeit mit anderen Medien – als Veranstalter von Konzerten etwa im Rahmen des Festivals für neue Musik »UltraSchall« oder politischen Ver-anstaltungsreihen wie »Forum Pariser Platz« im Haus der Dresdner Bank am Brandenburger Tor in Erscheinung und betätigt sich damit auch als Sponsor des politisch-kulturellen Lebens. Im Kleinen zeigt die zunehmende Resonanz beider Sendeanstalten, wie stark in der Gesellschaft der Bedarf an anspruchs-voller Information und kultureller Vielfalt gestiegen ist. Der durch seinen schon zuvor hohen Bekanntheitsgrad und den besseren Empfang begüns-tigte Deutschlandfunk vergrößerte seine regelmäßige Hörerschaft (weitester Hörerkreis) zwischen 1995 und 2002 von 5,3 auf 9,7 Prozent der Bevölke-rung über 14 Jahren, beim weniger bekannten und schlechter erreichbaren Deutschlandradio Kultur wuchs sie von 1,3 auf 3,4 Prozent.[220] Die Hörerschaft ist relativ jung, gut gebildet und urban.

Die »Laienkultur« erreicht erhebliche Ausmaße, am meisten im Bereich der Musik. Durch die Dachverbände der Laienmusik werden etwa vier Mil-lionen musizierende und singende Menschen vertreten, darunter etwa 1,3

»Laienkultur«

Millionen in fast 50 000 kirchlichen und weltlichen Chören; 500 000 in Rock-, Pop-, Jazz- und Folkloregruppen und 740 000 in Ensembles instrumentaler Musik.[221] Ohne die öffentliche Kulturförderung würde diese kulturelle Basis erodieren. An vielen Orten hat es in den letzten Jahren Konflikte gegeben, weil im kommunalen Kulturetat die Unterstützung solcher und anderer kultureller Aktivitäten – von den Volkshochschulen bis zu Gemeindebibliotheken – zugunsten von spektakulären und fremdenverkehrsförderlichen Prestigeprojekten eingeschränkt wurde. Zudem hat die kommunale Politik, zuerst in den Großstädten, die Kultur mittlerweile auch als »weichen«, aber dennoch wichtigen »Standortfaktor« der Konkurrenz um Wirtschaftsansiedlungen entdeckt. Immer wieder wird in Umfragen das Ranking von Städten im Ansehen leitender Angestellter wichtiger Unternehmen ermittelt. Freizeitmöglichkeiten und kulturelle Angebote gewinnen hier neben herkömmlichen Faktoren wie Immobilienpreisen und Verkehrsanbindung im Kontext marktförmiger Imagepolitik einen neuen Stellenwert. Ein frühes Beispiel für die steigende Bedeutung von Kultur lieferte angesichts des industriellen Strukturwandels das Ruhrgebiet, wo etliche ehemalige Bergbaubetriebe zu Kulturzentren wurden, in denen klassische Musik und avantgardistisches Theater sich ebenso beheimateten wie Diskotheken und Kinosäle.[222]

Angesichts der seit den 60er Jahren fortschreitenden Verwischung der Grenzen von »höherer« und massenhafter Kultur wurde von Beobachtern auf die in den USA entwickelte These vom »kulturellen Allesfresser« (*Cultural Omnivore*) zurückgegriffen, eines Typus, der sich an Beethoven ebenso erfreut wie an Pop-Musik, in Ausstellungen moderner Malerei ebenso zu Hause ist wie in Zirkusvorstellungen, Krimiserien im Fernsehen ebenso ansieht wie anspruchsvolle Filme im Kulturkanal Arte. Tatsächlich hat das Massenkulturelle und Populäre längst seinen stigmatisierenden Charakter verloren. Allerdings liegt die spielerische Kombination von »hoher« und populärer Kultur nicht im Belieben der gesamten Bevölkerung, der Typus des »kulturellen Allesfressers« ist mittelständisch, urban und gebildet, ansonsten gelten die »feinen Unterschiede« (Pierre Bourdieu) ästhetischer Präferenzen entlang der Linien des sozialen und kulturellen Kapitals fort.[223]

Umgang mit der DDR-Kultur

Als Besonderheit gegenüber anderen Ländern auf ähnlichem Entwicklungsstand sind für die Bundesrepublik die kulturellen Nachwirkungen der deutschen Teilung in Rechnung zu stellen. Mitten im Globalisierungsschub der 90er Jahre kam es zu einer »Vereinigungsdebatte«, die nicht nur allgemein das Feuilleton erfasste, sondern auch die Schriftsteller und Künstler einschloss.[224] Diese positionierten sich mit ihren Stellungnahmen vor allem an den beiden Polen der Debatte. Der deutsche Filmemacher Hans Jürgen Syberberg sah in seinem Essay *Vom Unglück und Glück der Kunst in Deutschland* (1990) die deutsche Einheit als Chance, unter der »Modernisierung« und »Amerikanisierung« der letzten fünf Jahrzehnte die deutschen Wurzeln wieder freizulegen, zumal diese in der DDR stalinistisch tiefgefroren erhalten worden seien. Ähnlich artikulierte Wim Wenders die Klage darüber, dass ihm durch »Amerikanisierung« verwehrt worden sei, ein Deutscher zu sein.[225] Unter den westdeutschen Schriftstellern symbolisierten die konträren Positionen von Günter Grass, der die deutsche Einheit mit besorgter Skepsis erlebte, und Martin Walser, für den sie die Erfüllung eines sehnsuchtsvollen Wunsches gewesen war, die Zwietracht der Intellektuellen wohl auch deshalb besonders sinnfällig, weil diese beiden Autoren sich seit den Tagen der Gruppe 47 kannten und von der Öffentlichkeit als gemeinsame literarische Repräsentanten des Gewissens der Nation angesehen wurden.[226]

Die konträren Positionen verdichteten sich in einem erbittert geführten Streit um die DDR-Literatur und die Haltung der ostdeutschen Schriftsteller im untergegangenen SED-Regime, der bis heute immer wieder aufflammt. Abgesehen von jenen, die bereits zuvor nach Westdeutschland gegangen waren oder gehen mussten, fanden sich die meisten ostdeutschen Schriftsteller im Herbst 1989 auf der Seite der bürgerrechtlichen Opposition, die für eine Demokratisierung der DDR eintrat. Auf der zentralen Kundgebung in Ostberlin am 4. November sprachen unter anderen Christa Wolf und Heiner Müller.[227] Der seit den 90er Jahren immer wieder geäußerte Vorwurf lautete denn auch, dass die attraktive DDR-Literatur bis zum Schluss zur positiven Sicht westdeutscher Intellektueller auf die SED-Diktatur beigetragen habe.[228] Die Front verlief in diesem Streit unübersichtlich, weil es sich nicht nur um eine Auseinandersetzung zwischen West und Ost handelte, sondern im Westen auch um die Abrechnung mit jenen, die vor 1989 den Machthabern und ihren literarischen Vertretern in Ostberlin zu nahe gekommen seien[229], während im Osten Konkurrenzen zwischen jenen ausgetragen wurden, die früh mit dem SED-Regime gebrochen hatten, und jenen, die erst ganz am Ende oder gar nicht zur Opposition gefunden hatten.[230] Die literarische Qualität der DDR-Literatur, die in der Bundesrepublik seit den 60er Jahren anerkannt worden war, spielte in diesem Streit eine vergleichsweise geringe Rolle[231], wenn man von der politisch geleiteten Polemik gegen Christa Wolfs Erzählung *Was bleibt* (1990) absieht. Immer wieder ging es dagegen um die persönlichen Verstrickungen von Schriftstellern, etwa um die Parteinahme für den DDR-Sozialismus oder Verpflichtungserklärungen für das Ministerium für

Staatssicherheit – in jugendlichem Alter – auch im Falle von Christa Wolf.[232] Im Hintergrund mancher Stellungnahmen stand dabei eine Analogiebildung, indem die Haltung der DDR-Autoren mit der »inneren Emigration« während des »Dritten Reiches« verglichen wurde.[233] Als nach der Aufdeckung von Walter Jens' NSDAP-Mitgliedschaft, Günter Grass' Mitgliedschaft in der Waffen-SS am Ende des Krieges und einer Reihe weiterer westdeutscher Fälle, die von der Boulevard-Presse genüsslich skandalisiert wurden, mit dem in der DDR und auch danach in den neuen Bundesländern populären Schriftsteller Erwin Strittmatter ein ostdeutsches Pendant gefunden wurde, der seine SS-Mitgliedschaft schamhaft verschwiegen hatte, konnte immerhin in dieser Hinsicht die deutsche Einheit besiegelt werden.[234]

Literatur und
Erinnerung Zeitgemäß war in mehrfacher Hinsicht auch der Abschluss von Walter Kempowskis zehnbändigem »kollektiven Tagebuch« *Echolot* (2005)[235], in dem private Tagebücher, Briefe, Zeitungsmeldungen und andere Zeugnisse einzelner Phasen des Zweiten Weltkriegs (1941, 1943, 1945) in dichter Montage ausgewählt worden waren, damit wir Deutsche »endlich ins reine kommen mit uns, mit unserer Geschichte und miteinander«, wie eine Laudatio hervorhob.[236] Das Werk Kempowskis, der seit den 70er Jahren als humorvoller, mit leichter Hand zeitgeschichtliche Stoffe erzählender »Unterhaltungsschriftsteller« galt, fand eine enorme Resonanz: Zum einen stand der Autor mit seiner eigenen Biographie – er war 1948 als 19-jähriger Schüler von einem sowjetischen Militärgericht zu einer langen Haftstrafe verurteilt worden und saß acht Jahre in Bautzen ein – für die Opfer und Verlierer der deutschen Geschichte. Zum anderen repräsentierte Kempowski, geboren 1929, die sogenannte Flakhelfergeneration, die in den 90er Jahren in den Ruhestand trat und in der ein besonderes Bedürfnis nach barmherzigen Erzählungen von den Deutschen als Opfern vorhanden war. Mit dem Abtreten der um 1940 geborenen »Kriegskinder« ein Jahrzehnt später verstärkte sich der Boom von Büchern, Tagebüchern und Filmen zu Flucht, Vertreibung und Bombenkrieg noch. Namhafte Schriftsteller, von Günter Grass mit der Novelle *Im Krebsgang* (2002) über die Versenkung des mit Tausenden von Flüchtlingen besetzten KdF-Dampfers »Wilhelm Gustloff« durch sowjetische Torpedos am 30. Januar 1945 bis zu den essayistischen Thesen über *Luftkrieg und Literatur* (1999) des ein Jahr zuvor im Alter von 56 Jahren verstorbenen Schriftstellers und Literaturwissenschaftlers W. G. Sebald, haben Werke vorgelegt, die eine keineswegs nur entlang der herkömmlichen politischen Lager verlaufende eigentümliche »Opferdebatte« beförderten.[237] Vermarktet wurden sie zwar häufig mit der falschen Behauptung, hier würde ein Tabu verletzt und tiefes

Schweigen nach Jahrzehnten gebrochen. Aber von einer bewussten politischen Tendenz waren die seriösen Werke zu diesem Themenspektrum weitgehend frei, regelmäßig findet sich das NS-Regime als Auslöser des Bösen erwähnt. Durch die Individualisierung des gesamten Geschehens in Familien- und Einzelschicksale, die »der Krieg« aufwirbelte, zieht sich allerdings eine subkutan die deutsche Geschichte entschuldende Tendenz. Da systematische Untersuchungen zur Rezeption fehlen, lässt sich über die Reichweite und Wirkung dieser literarischen Strömung wenig sagen. Zudem müsste sie ins Verhältnis gesetzt werden zum Erfolg autobiographischer Erzählungen von jüdischen Opfern der Deutschen. Sowohl *Weiter leben* (1992) von Ruth Klüger als auch das inzwischen verfilmte *Mein Leben* (1999) von Marcel Reich-Ranicki erlebten zahlreiche Auflagen und Ausgaben und sind als Forschungsfeld der Literaturwissenschaft entdeckt worden.

Zur Näherung an die Empirie literarischer Erfolge können Verzeichnisse der mit namhaften Preisen geehrten Schriftsteller für das Renommee bei Verlagen und anderen Institutionen auf der Angebotsseite und von Bestseller-Tabellen für die Präferenzen des Publikums herangezogen werden. Dabei ist allerdings die indirekt steuernde Funktion solcher Listen zu berücksichtigen. Der Georg-Büchner-Preis, den deutschsprachige Schriftsteller erhalten, ging in den letzten beiden Jahrzehnten an Botho Strauß (1989), Tankred Dorst (1990), Wolf Biermann (1991), George Tabori (1992), Peter Rühmkorf (1993), Adolf Muschg (1994), Durs Grünbein (1995), Sarah Kirsch (1996), H. C. Artmann (1997), Elfriede Jelinek (1998), Arnold Stadler (1999), Volker Braun (2000), Friederike Mayröcker (2001), Wolfgang Hilbig (2002), Alexander Kluge (2003), Wilhelm Genazino (2004), Brigitte Kronauer (2005), Oskar Pastior (2006), Martin Mosebach (2007) und Josef Winkler (2008). In einer solchen langen Reihe relativieren sich die Zufälligkeiten, scheinen Muster auf – abgesehen davon, dass hier in der Regel Schriftsteller geehrt wurden, die sich als Intellektuelle in die Debatten der Zeit einmischten.

Die Gewinner etwa des Büchner-Preises, des Friedenspreises des Deutschen Buchhandels, im deutschsprachigen Ausland des Ingeborg-Bachmann-Preises oder international des Literatur-Nobelpreises (Grass erhielt ihn 1999, Jelinek 2004) und amerikanischen Pulitzer-Preises fanden sich auf prominenten Bestseller-Listen, allerdings selten auf den vorderen Plätzen. Die älteren deutschen Topliteraten, Grass, Lenz oder Walser, aus der ehemaligen DDR auch Christa Wolf, fanden ein Massenpublikum, ebenso prominente ausländische Erzähler, Paul Auster, Jonathan Franzen, David Guterson oder Philip Roth aus den USA, Umberto Eco aus Italien, Isabel Allende aus Chile, Cees Nooteboom

Literarische Erfolge

aus den Niederlanden und einige weitere. Von den jüngeren deutschen Autoren gelangten so unterschiedliche Autoren wie Wilhelm Genazino, Judith Hermann, Sven Regener, dieser als Repräsentant der um 1960 geborenen Altersgruppe herausgestellt, oder jüngst Daniel Kehlmann zu Auflagenerfolgen. Die Suche nach dem definitiven »Wenderoman« ließ auch Romane von Thomas Brussig, Ingo Schulze und zuletzt Uwe Tellkamps *Der Turm* (2008) in die Bestsellerlisten gelangen.

Allerdings zeigen sich über die letzten beiden Jahrzehnte hinweg immer deutlicher von autoritativ empfohlener literarischer Qualität abweichende Präferenzen bei dem an belletristischer Literatur interessierten breiteren Publikum.[238] Zum Ersten ist das »Markenbewusstsein« gestiegen, die Bestsellerlisten weisen insgesamt weniger Namen aus als in den 60er und 70er Jahren, dafür aber viel mehr prominente und meist nicht preisgekrönte Erfolgsautoren, die jedes Jahr einen neuen Titel platzieren oder zeitweise mit etlichen Büchern gleichzeitig an der Spitze präsent sein konnten, wie zum Beispiel Rosamunde Pilcher in den 90er Jahren oder die schottische Schriftstellerin Joanne K. Rowling, die mit ihren *Harry-Potter*-Romanen die ersten vier Plätze der Jahresbestenliste des *Spiegel* 2001 belegte. Ein zweiter charakteristischer Zug war die zunehmende Internationalisierung. Besonders stark waren Autoren aus den USA, England, Frankreich, Skandinavien und südeuropäischen Ländern vertreten, die jeweils mindestens ein Drittel bis zu zwei Dritteln der Bestsellerlisten belegten. Zum Dritten ist inhaltlich die stark gestiegene Präsenz von Kriminalstoffen festzuhalten, die in früheren Zeiten, abgesehen von den Büchern sehr weniger Autoren, eindeutig dem Bereich der Trivialliteratur zugerechnet worden waren. Am erfolgreichsten platzierten sich John Grisham mit seinen häufig in kriminellen Kreisen der Finanzwelt spielenden Romanen seit Anfang der 90er Jahre und, etwas später, Dan Brown mit gigantischen Weltverschwörungsszenarien, die auch den Eingang der Terrorismusthematik in die Kunst spiegeln.[239] Mit der atmosphärisch dichten Beschreibung der Polizeiarbeit hatten die in Venedig lebende Amerikanerin Donna Leon und der schwedische Schriftsteller Henning Mankell den größten Erfolg. Auch deutsche Autorinnen wie Ingrid Noll und zuletzt Andrea Maria Schenkel sind auf vordere Plätze der Bestsellerlisten gelangt. Häufig wird mittlerweile die These vertreten, dass kritische und mitunter satirische Gesellschaftsbeschreibungen am ehesten im Genre des Kriminalromans verwirklicht werden könnten. Dies versuchen mit wachsendem Erfolg auch immer mehr in großen Städten wie Hamburg, Köln, Hannover, München oder Berlin, aber auch regional in der Provinz – von Ostholstein bis zum Allgäu – verortete Kriminalreihen einzulösen. Die Polizisten figurieren dort häufig als zynisch reflektierende Intellektuelle mit gleichwohl hohem Berufsethos. Der sich stetig steigernde Krimiboom hängt im Übrigen mit der besonders guten Medientauglichkeit des Genres zusammen. Viele Bücher der genannten Erfolgsautoren sind umgehend verfilmt worden. Dies gilt für John Grisham, Donna Leon oder Henning Mankell ebenso wie für deutsche Autoren.

Einen Aufschwung nahm auch die Pop-Literatur in der zweiten Hälfte der 90er Jahre. Diesem Genre sind eine ganze Reihe jüngerer Schriftsteller zugeordnet worden, die bei starkem Gegenwartsbezug die alltags- und populärkulturelle Zeichenwelt in ihre literarische Produktion aufnehmen und überdies häufig auf anderen medialen Feldern kreativ sind – Film, Theater, Turntable –, sich aber ansonsten erheblich unterscheiden.[240] Geprägt wurde die neue Pop-Literatur anfangs von Autoren wie Christian Kracht und Benjamin von Stuckrad-Barre, die als »Enkel-Generation« der Pop-Literaten der 60er Jahre betrachtet worden sind, sich aber als »Gegengegenkultur« (Diedrich Diederichsen) vom Protesthabitus vorgängiger Jugendszenen absetzten.[241] Sie pflegten ein ironisches Verhältnis zu ihrer Umwelt, das mit einem demonstrativen Interesse für Oberflächenphänomene wie äußeres Erscheinungsbild, Konsumgüter und Marken korrespondierte, aber in ihrem ebenso ausgeprägten Desinteresse für Politik und Theorie eine existenzielle Verunsicherung ausstellte. Die besonders markante Affinität zur Popmusik, wie sie schon der Erfolgsroman *High Fidelity* des Briten Nick Hornby literarisch umgesetzt hatte, repräsentiert etwa von Stuckrad-Barre, dessen Bücher *Soloalbum* (1998), *Livealbum* (1999) und *Remix* (1999) um dieses Thema kreisen.[242] Seine Lesungen in Clubs und Kinos inszenierte er im Stile von Popkonzerten, beim Musiksender MTV moderierte er eine Literatursendung. Selbst nicht zimperlich im Austeilen, litt des Autors Reputation, als er 2001 die Zeitschrift *Titanic* verklagte, die sich über seine mediale Allgegenwart lustig gemacht hatte. Den Auftakt zur neuen Pop-Literatur hatte schon zuvor Christian Kracht mit dem Roman *Faserland* (1995) gegeben, der den Alltag von Oberschichtssprösslingen zwischen Sylt, München und der Schweiz schildert. Das Buch wurde als Wortmeldung einer neuen Generation wahrgenommen, die unter dem Titel *Tristesse Royale. Das popkulturelle Quintett* (1999) auch ein kollektives Statement abgab, symbolträchtig im Hotel Adlon formuliert. Florian Illies begrüßte Krachts Erstling als generationellen Befreiungsschlag: »Es wirkte befreiend, dass man endlich den gesamten Bestand an Werten und Worten der 68er-Generation, den man immer als albern empfand, auch öffentlich albern nennen konnte.«[243] Das »Gründungsphänomen« (Moritz

Baßler) hielt nicht viel vom Etikett des »Pop-Literaten« und reanimierte mit seinem zweiten Roman *1979* (2001) die Vorstellung vom drohenden Untergang eines dekadent schwächelnden Abendlandes eben in jenem Moment, als sie nach dem 11. September 2001 neue Plausibilität beanspruchte. Weniger die Neigung zum Populären als die spezifische Mischung aus Ästhetizismus und konservativem Weltbild provozierte voraussehbar polarisierte Reaktionen.

Der konservativ-elitäre Grundzug dieser frühen Ausprägungen der neueren Pop-Literatur hat kulturkritische Vorbehalte gegenüber der Popkultur noch einmal reaktiviert, ohne dass die seit den 60er Jahren niedergerissenen Schranken zwischen Hoch- und Populärkultur wieder aufzurichten gewesen wären. Autorinnen wie Alexa Hennig von Lange (*Relax*, 1997) oder Sibylle Berg (*Sex II*, 1999) thematisierten unscharf gewordene Geschlechterverhältnisse nicht aus männerbündischer Perspektive, während Suhrkamp-Autoren wie Rainald Goetz (*Rave*, 1998) und Thomas Meinecke (*The church of John F. Kennedy*, 1996) popkulturelle Praktiken in verschiedenen Medien mit theoretischen Interessen verbinden. Ähnlich wie Meinecke artikuliert Kathrin Röggla (*really ground zero*, 2001) nicht nur avantgardistische Ambitionen, sondern auch einen politischen Anspruch. Bei diesen Autoren treten am stärksten Parallelen zum Geschehen in der deutschen Popmusik hervor, die insbesondere mit der »Hamburger Schule« im Umfeld von Musikern wie Jochen Distelmeyer und Bernd Begemann sowie Bands wie Blumfeld, Die Sterne und Tocotronic in den 90er Jahren den »Diskurspop« der »Pop-Linken« etabliert haben. Populärkulturelle Elemente mit politischen Statements kombiniert ebenfalls der dem Typus des »Pop-Literaten« zumeist nicht zugerechnete Wladimir Kaminer (*Russendisko*, 2000); gemeinsam mit Yuriy Gurzhy veranstaltete er eine legendäre »Russendisko« im Berliner Kaffee Burger und im RBB Radio Multikulti. Zum wichtigsten Autor einer interkulturellen Literatur mit politischem Anspruch wurde Feridun Zaimoglu, der in Büchern wie *Kanak Sprak. Misstöne vom Rande der Gesellschaft* (1995) und *Abschaum* (1997) die Sprache türkischstämmiger Jugendlicher zu Gehör brachte und damit eine konfliktreichere Wirklichkeit beschrieb, als man sie hinter den Internatsmauern von Schloss Salem erahnen mochte.[244] Zaimoglu betrachtete die Pop-Literatur à la Kracht und Stuckrad-Barre als »reaktionäres Kunsthandwerk« und förderte in subversiver Absicht popkulturelles Material zutage, das die selbstverständliche Dominanz einer westdeutschen Middle-class-Jugendkultur in Frage stellt.[245] Der Einebnung nationaler oder ethnischer Grenzen fielen auch gewohnte literarische Kategorien zum Opfer – darunter das Genre der »Migrationsliteratur«, die Zaimoglu zufolge nur mehr ein »toter Kadaver« war.[246] Neue Formen der Präsentation von Literatur junger Schriftsteller für ein junges Publikum erfreuten sich in vielen Städten seit den 90er Jahren immer größerer Beliebtheit. In Poetry-Slam-Veranstaltungen werden kurze eigene Texte der Bewertung des Publikums unterworfen, das zugleich und mitunter primär über die »performance« und nicht so sehr über die literarische Qualität urteilt.[247] Davon zu unterscheiden sind im gleichen Zeitraum entstandene sogenannte Lesebühnen, auf denen ein festes Team, mitunter begleitet von Gastauftritten, wöchentlich oder monatlich ebenfalls kurze eigene Texte liest, allerdings ohne Wettbewerb. Die kleine Form der präsentierten Texte evozierte auch eine neue Blüte lyrischer Produktion seit den 90er Jahren in immer verzweigteren poetologischen Szenen.

Nach wie vor spiegelt sich die große, historisch gewachsene Bedeutung des Theaters für die bürgerliche Kultur in einer regional gefächerten staatlichen Förderung wider. Eine vielfältige Theaterlandschaft hatte sich auch in der DDR erhalten, wo insbesondere die fortschrittlichen Traditionen des bürgerlichen »Erbes« gepflegt wurden und die Bühne auch als Forum für unangepasste Meinungen eine wichtige Rolle spielte. Nach großen Intendanten wie Helene Weigel, Wolfgang Langhoff und Benno Besson (der 1978 in den Westen ging) brachten sich neben Ostberlin als der »gesamtdeutschen Theaterhauptstadt« (Hermann Glaser) auch in der ostdeutschen Provinz Spielleiter mit großem Potenzial zur Geltung – so etwa Frank Castorf in Anklam und Karl-Marx-Stadt oder Hanns Anselm Perten in Rostock. Nach der Vereinigung wurden zunächst die zahlreichen, gut ausgestatteten Häuser in den neuen Bundesländern weiter subventioniert, um diese Kristallisationspunkte lokalen bürgerlichen Kulturlebens zu erhalten. Allerdings ist das Theater in der Konkurrenz mit den elektronischen Massenmedien und angesichts demographischer Umbrüche in ganz Deutschland, wie die Enquete-Kommission »Kultur in Deutschland« des Deutschen Bundestages 2007 konstatierte, »in die Peripherie gerutscht«.[248] In der ehemaligen DDR kamen der Verlust der politischen Ventilfunktion und die Erosion des sozialen Zusammenhalts hinzu: Mit dem Ende der volkseigenen Betriebe blieben auch die regelmäßigen Theaterbesuche der Brigaden aus. Von der Vereinigung bis 2004 wurden in der Konkurrenz um knapper gewordene öffentliche Mittel in Gesamtdeutschland 37 Orchester aufgelöst, in den öffentlich finanzierten Theatern reduzierte sich die Zahl der Beschäftigten von 45 000 auf 39 000. Angesichts der Kürzungen und Schließungen – besonders spektakulär war die des traditionsreichen Schiller-Theaters im Westen Berlins 1993 – initiierte Bundespräsident Johannes Rau 2002 ein »Bündnis für Theater – Wir brauchen einen neuen Konsens«, das für den Fortbestand einer vielfältigen Theaterlandschaft als Ort der Reflexion in Zeiten des raschen gesellschaftlichen Wandels eintrat. Neben den 150 Theatern und Orchestern, die im Deutschen Bühnenverein als Standesorganisation zusammengeschlossen sind, beruht diese Vielfalt auf zahlreichen Privattheatern und Festspielhäusern sowie rund 1000 Freien Theatern. In der Spielzeit 2004/2005 erreichten die Theater-, Orchester- und Festspielunternehmen etwa 33 Millionen Besucher – gut 19 Millionen strömten in die öffentlich finanzierten Spielstätten, wobei freie Bühnen beim Kinder- und Jugendtheater weit stärkere Publikumsmagneten sind als die staatlichen Häuser.

In der alten Bundesrepublik war die Krise des Theaters schon in den 80er Jahren sichtbar geworden, als Postmoderne und neue Unübersichtlichkeit einen »Sensationalismus« hervorriefen, der mit dem »Altern der Avantgarde« und einer »Juvenalisierung des Kulturbewusstseins« einherging.[249] In den 60er Jahren groß gewordene Intendanten wie Peter Zadek, Peter Stein und Claus Peymann brachten im Hamburger Schauspielhaus, an der Berliner Schaubühne am Lehniner Platz und in Bochum teilweise spektakulär Gegenwartsautoren wie Tankred Dorst, Botho Strauß, Thomas Bernhard oder Elfriede Jelinek auf die Bühne, doch kamen mit Peter Brook und Robert Wilson »die wesentlichen Impulse von außen« (Matthias Matussek). Nach der Vereinigung verschaffte sich erst mit einer Verzögerung von zehn Jahren eine Gruppe jüngerer Theatermacher Gehör, wobei der wichtigste Vermittler dieses Erneuerungsschubs in einer Generationsschublade nicht so einfach unterzubringen ist. Auf Empfehlung des Exintendanten und Theaterwissenschaftlers Ivan Nagel in seinem Gutachten zur Neuordnung der Ostberliner Theaterlandschaft übernahm 1992 Frank Castorf, geboren 1951, die Leitung der Volksbühne. Castorf gelang es, mit einer eher gegenwartsnahen als werkgetreuen Ästhetik der eklektischen Materialfusion mit Gesellschaftsbezug ein junges Publikum dauerhaft zu binden. Die zupackenden und lautstarken Inszenierungen – zu den Regisseuren gehörten neben dem Intendanten u. a. Christoph Marthaler (*Murx den Europäer!*, 1993) und Christoph Schlingensief (*Rocky Dutschke*, 1996) – boten technische Experimente, Gegenwartsmusik, Slapstick und markante Schauspielerpersönlichkeiten wie Henry Hübchen, Martin Wuttke und Corinna Harfouch. Als Inkarnation eines »postdramatischen« Theaters galt die Volksbühne auch aufgrund ihres Anspruchs auf politische Wirksamkeit durch innovative Inszenierung.[250] Der »Panzerkreuzer« (Castorf) am Rosa-Luxemburg-Platz brachte von Beginn an frischen Wind in die deutsche Theaterszene, wurde von den Kritikern zur

»Bühne des Jahres« gewählt und war 1993 gleich mit zwei Stücken beim Berliner Theatertreffen vertreten.

Als Indikator für einen Generationsbruch wurde 2000 der Intendantenwechsel an der Berliner Schaubühne bewertet, wo Thomas Ostermeier und die Choreographin Sasha Waltz, die das Tanztheater zum Alltag hin öffnen wollte und Schnittmengen mit dem Schauspiel suchte, gemeinsam mit zwei weiteren Jüngeren die künstlerische Leitung übernahmen, während im darauffolgenden Jahr Andreas Kriegenburg die Oberspielleitung am Hamburger Thalia-Theater antrat; schon seit 1998 war Stefan Bachmann Schauspieldirektor am Theater Basel und wurde 2000 – wie auch Waltz – zum Berliner Theatertreffen eingeladen. Ostermeier, Absolvent der renommierten Ernst-Busch-Hochschule für Schauspielkunst, hatte sich als Regisseur an der Baracke des Deutschen Theaters mit dem Stück *Shoppen & Ficken* (1998) des Briten Mark Ravenhill den Zeitgenossen empfohlen. Zu einem einschneidenden Theaterereignis wurde es nicht nur wegen seiner drastischen Gewaltdarstellung, sondern auch, weil es junge Autoren ermutigte.[251] Einer der meistgespielten wurde Roland Schimmelpfennig, der bei den Münchner Kammerspielen aufgestiegen war, sich seit 1996 auf das Schreiben konzentrierte und mit Stücken wie *Push-up 1–3* (2001) oder *Alice im Wunderland* (2003) Erfolg hatte. Freilich wurde der mit »Event«, Jugendkult und Generationsstilisierung verbundenen Experimentierfreude der Jungen nicht nur Sympathie entgegengebracht. Während Peter Sloterdijk dem Theater eine »Kulturrevolution nach unten« attestierte, grämte sich Joachim Kaiser über das Unvermögen der Regisseure, sich in die großen Dramen »zu versenken, sie zu verstehen, ohne sie sogleich weiterdichten zu wollen«.[252] Wolfgang Höbel und Matthias Matussek hingegen waren hingerissen:

> »Was die Gegenwartsdramatik angeht, ist das deutsche Theater auf dem Weg der Besserung – es gibt junge Autoren wie Sand am Meer. Nur müssen sie sich nach wie vor in überambitionierten Regie-Experimenten skelettieren und von ausgelaugten Kritikern verkennen lassen.«[253]

Die konzeptionelle Krise, die die westdeutsche Filmkunst in den 80er Jahren erfasste, dauerte bis weit in die 90er Jahre an.[254] Mit dem Ende des Neuen Deutschen Films ließ ihre ästhetische Kraft und ihr intensiver Gesellschaftsbezug nach, während zwischen Kommerzialisierung, gesellschaftsfernem Subjektivismus und Resignation kaum tragfähige Akzente zu erkennen waren. Wenn der deutsche Film Zuschauer ins Kino zog, dann durch das Genre der Komödie, das Mitte der 80er Jahre mit Doris Dörries *Männer* (1985) einen großen Erfolg erzielte und noch in den Jahren nach dem Mauerfall zunächst

Neuester Deutscher Film

das Kinogeschehen bestimmte. Dabei entstanden im Kielwasser des deutschen Komödienbooms schon Keime eines neuen Unterhaltungskinos mit Anspruch. Von der Wohlfühlgemeinschaft des privatistischen Amüsements kaum beachtet, debütierten bald nach der Vereinigung einige jüngere Regisseure, die am Ende der 90er Jahre einen Aufschwung gesellschaftsbezogener, künstlerisch eigenständiger und gleichzeitig unterhaltsamer Filme bewirkten. Diese »Renaissance du cinéma allemand« (Positif) mobilisierte nicht nur ein größeres deutsches Publikum, sondern stieß auch – erstmals seit langem – im Ausland auf Interesse. Deutsche Filme waren um die Jahrtausendwende bei internationalen Wettbewerben vertreten und errangen zahlreiche Preise, mit Caroline Links Nirgendwo in Afrika (2001) wurde zum zweiten Mal ein deutscher Film mit einem Oskar ausgezeichnet.[255]

Diese Erfolge fußten auch auf dem wirtschaftlichen Fundament und dem erweiterten kulturellen Raum, die der kommerzielle Boom geschaffen hatte. Nach der Vereinigung bewegte sich die Zahl der Kinobesucher stetig aufwärts, die insbesondere durch die zu Tempeln der »Erlebnisgesellschaft« ausgebauten Multiplexe angezogen wurden – das erste entstand 1990 in Köln mit 14 Sälen für 3000 Besucher. Der Höhepunkt dieses Wachstums wurde 2001 erreicht, als in 1815 Spielstätten 178 Millionen Kinokarten verkauft wurden. Das entsprach statistisch 2,16 Kinobesuchen pro Einwohner, 1995 waren es 1,52 gewesen – auf diesen Wert sanken sie 2007 auch wieder ab. Der Marktanteil der deutschen Produktionen, gemessen an Besuchern, wuchs von 9,4 Prozent 1995 auf einen Spitzenwert von 23,8 Prozent 2004, wobei die dazwischenliegenden Jahresergebnisse bei durchschnittlich 14,7 Prozent lagen.[256] Damit wird freilich auch deutlich, dass mit ca. 80 Prozent der weit überwiegende Teil des im Kino genossenen Kulturguts aus Hollywood kam. Publikumserfolge waren amerikanische Blockbuster wie Pretty Woman (1990), Jurassic Park (1993) oder Titanic (1997).

Die Komödien, die den Anteil des deutschen Films in die Höhe trieben, blieben ohne große internationale Resonanz. Slapstick-Streifen unterhielten das Publikum zumeist ohne jede ästhetische oder soziologische Ambition – wie etwa der Zeichentrickfilm Werner – das muss kesseln (1995) mit fünf Millionen Zuschauern –, teilweise kultivierten sie kaum verhüllt soziale Ressentiments, wie etwa Go Trabi Go – Die Sachsen kommen (1991), während Helmut Dietls Schtonk! (1991) einen politisch-publizistischen Skandal der 80er Jahre aufgriff – die Veröffentlichung der gefälschten Hitler-Tagebücher im Stern. Vor dem Hintergrund von Umbrüchen in Geschlechtsidentitäten und Partnerschaftsformen wurden Beziehungskomödien besonders populär – nicht zuletzt dann, wenn sie sich den Irritationen des männlichen Selbstverständnisses widmeten. Mit *Der bewegte Mann* (1994), einer Geschichte über den Zusammenprall von hetero- und homosexuellen Welten, lockte Sönke Wortmann sieben Millionen Besucher an die Kinokassen. 1997 errang den ersten Platz unter den deutschen Publikumlieblingen *Knockin' on Heaven's Door* (Regie: Thomas Jahn) als deutsche Adaption der Gangsterfilm-Persiflage *Pulp Fiction* und des Dramas *Thelma and Louise*.[257] Diese Produktionen brachten eine Riege neuer deutscher Leinwandstars wie Veronica Ferres, Maria Schrader, Ben Becker und Joachim Król hervor, die zum deutschen Kinoboom wesentlich beitrugen, aber auch die Parallelen zum Film der 50er und 60er Jahre hervortreten ließen – die »kesse« Katja Riemann als »Mischung aus Liselotte Pulver und Sabine Sinjen«, Til Schweiger als »zeitgenössische Version von Horst Buchholz«.[258] In hoher Verdichtung waren sie in Helmut Dietls Komödie *Rossini oder die mörderische Frage, wer mit wem schlief* (1996) anzutreffen, der Nummer Zwei der Jahresrangliste 1997, die das dekadente Miteinander der Münchner Filmschickeria auf die Schippe nahm. Nach Auffassung Georg Seeßlens hatte der Rückfall nach dem Ende des Neuen Deutschen Films die »soziale Funktion«, die »Trümmer der politischen und sexuellen Revolte und ihres Scheiterns zu entsorgen und das Leben danach für den neuen Mittelstand zu möblieren«, die amerikanische Filmwissenschaftlerin Sabine Hake sah in der »stabilisierende[n] Funktion der klassischen Erzählung« in Umbruchzeiten und in der Konzentration auf die Unterhaltung als »vorrangigste Aufgabe« ein Zurück zum Kino der 50er Jahre.[259]

Zwar ging der Rekordbesuch der Lichtspieltheater im Jahr 2001 auch auf eine Komödie zurück – *Der Schuh des Manitu* von Michael »Bully« Herbig lockte als erfolgreichster deutscher Film nach 1945 mehr als 12 Millionen Menschen vom Fernseher weg –, aber die Filmhitliste dieses Jahres wies auch Produktionen anspruchsvoller Autorenfilmer auf. Darunter waren, freilich keineswegs immer im Spitzenbereich, *Die innere Sicherheit* von Christian Petzold (Platz 19: 120 000), Caroline Links erst am Jahresende gestarteter künftiger Oscar-Preisträger *Nirgendwo in Afrika* (115 000 – im darauffolgenden Jahr kamen 1,2 Millionen hinzu) und Andres Veiels *Black Box BRD* (Platz 23: 99 000); schon im dritten Jahr lief Leander Haußmanns *Sonnenallee* mit insgesamt 2,7 Millionen Besuchern – der erste von mehreren Versuchen, das Geheimnis der verflossenen DDR mit dem Mittel der Ironie zu erschließen und damit das Etikett vom »Stasi-Staat« zu unterlaufen. An diesen Erfolgen zeigte sich, dass die neuen Autorenfilmer nicht per se antikommerziell eingestellt waren, sondern das Publikum unterhalten wollten. Ihnen fehlte der rebellische und belehrende Impetus mancher Autorenfilmer der 60er und 70er Jahre, doch näherten sie sich im Unterschied zu den meisten Komödien ihrem Gegenstand auf realistische und analytische Weise. Gleichzeitig entwickelten sie eigenständige ästhetische Formsprachen – mehrdeutige Charaktere, Episodenstruktur, ein offener Schluss sind häufig anzutreffende narrative Formen.[260] Eine größere Rolle spielen die sozialen und kulturellen Verwerfungen der Gegenwartsgesellschaft. Als eine der »Paradoxien« der neueren Entwicklung im deutschen Kino hob Georg Seeßlen hervor, dass »seine Bilder wieder prächtiger und grandioser werden, seit es das innere und äußere Elend wieder entdeckt hat«.[261] Organisatorisch wurden neue Wege beschritten, um Abhängigkeiten von der Filmindustrie zu vermindern und flexibler agieren zu können. Die 1994 von den Regisseuren Tom Tykwer, Wolfgang Becker und Dani Levy gemeinsam mit dem Produzenten Stefan Arndt gegründete Produktionsfirma »X Filme Creative Pool« sollte die Voraussetzungen für ein »anspruchsvolles Independent-Autorenkino« (Arndt) mit internationaler Reichweite schaffen.

An einem historischen Thema, dem von Götz George dargestellten Hannoveraner Serienmörder Fritz Haarmann aus den 20er Jahren, der im Polizeiverhör beobachtet wird, entwickelte Romuald Karmakar in *Der Totmacher* (1995) eine in ihrer Subtilität eindringliche Studie zur Psyche eines Gewalttäters.[262] Die zahlreichen filmischen Analysen des urbanen Alltagslebens widmen sich auffällig häufig Berlin, das als *melting pot* von Ost und West sozialen und kulturellen Konfliktstoff in besonders reicher Fülle bietet. Ein herausragendes Beispiel ist Wolfgang Beckers X-Filme-Produktion *Das Leben ist eine Baustelle* (1997), die um die Liebesgeschichte zwischen Jan (Jürgen Vogel) und Vera (Christiane Paul) episodenhaft und an alltäglichen Orten die Gegebenheiten des Großstadtlebens von »Normalos« zwischen (temporären) Jobs, Popkultur, AIDS und Tod ausleuchtet.[263] Der Jugendfilm *Crazy* (2000), der mit der zeitgenössisch blühenden Pop-Literatur korrespondierte, wurde als Beispiel für Hans-Christian Schmids »außerordentliche Fähigkeit zur subtilen Figurenzeichnung« gelobt.[264]

Einen Durchbruch brachte das Jahr 1998, als der temporeiche, komplexe und technisch ambitionierte Liebes- und Actionfilm *Lola rennt* von Tom Tykwer mit Franka Potente und Moritz Bleibtreu als Hauptdarstellern eine Aufbruchstimmung und eine Welle der Anerkennung für den neuesten deutschen Autorenfilm auslöste.[265] Verstärkt wurde die Wahrnehmung eines »neuen deutschen Kinowunders« (Katja Nicodemus) durch eine Reihe besonders erfolgreicher Produktionen in den Folgejahren. Seinen Durchbruch hatte Oskar Roehler mit *Die Unberührbare* (2000), einem Schwarzweißfilm, der auf fiktive Weise einen autobiographisch inspirierten Stoff bearbeitete – die letzten Lebensjahre seiner Mutter, der Schriftstellerin Gisela Elsner, die als Westkommunistin am Verschwinden der DDR zerbricht. Andreas Dresens Filme *Halbe Treppe* (2002) und *Sommer vorm Balkon* (2005), die alltägliche Kollisionen von Träumen und Wirklichkeiten zeigen, changieren zwischen fiktionalen und dokumentarischen Darstellungsformen.[266] Dass ausgerechnet Fatih Akins *Gegen die Wand* (2003) auf der Berlinale 2004 den Goldenen Berliner Bären erhielt – und damit zum ersten Mal seit 18 Jahren ein deutscher Film –, war ein symptomatischer Vorgang. Er trug endlich der Tatsache Rechnung, dass schon seit Mitte der 90er Jahre eine Reihe türkischstämmiger Filmemacher – darunter viele junge Frauen – den Alltag der multiethnischen Gesellschaft künstlerisch reflektierten. Nachdem Türken im Fernsehen als Darsteller längst angekommen waren – im *Tatort*, in der *Lindenstraße*, als Comedy von Kaya Yanar –, erzeugte Akins harte, schnelle und witzige Studie zum Freiheitsstreben der traditionalistisch erzogenen Sibel (Sibel Kekilli) unter Beihilfe ihres ebenso assimilierten wie verwahrlosten Gatten Cahit (Birol Ünel) insofern einen »Innovationsschub«, als nun die im Spannungsfeld der vielfachen Identitäten und Identitätsbrüche Aufgewachsenen selbst im Kino ihre Geschichten erzählten.[267] Damit wurden auch die Arbeiten anderer Regisseure wie Yüksel Yavuz, Hussi Kutlucan oder Thomas Arslan, die sich mit diesem Thema beschäftigen, stärker wahrgenommen.

Politisch brachte Michael Naumann als Kulturbeauftragter der Bundesregierung 1999 mit einem »Bündnis für den Film« Politiker, die Filmwirtschaft, Regisseure und Fernsehobere an einen Tisch, um die Voraussetzungen der Filmförderung zu verbessern und den im Zuge der Privatisierung gewachsenen Einfluss des Fernsehens einzuschränken. Gleichzeitig symbolisierte im Jahr 2000 der Einzug der Stiftung Deutsche Kinemathek, der beiden Arsenal-Kinos und der Deutschen Film- und Fernsehakademie Berlin in das Filmhaus am Potsdamer Platz sowie die Eröffnung des Filmmuseums Berlin am selben Ort, wo auch die Berlinale ausgetragen wird, die »längst überfällige Anerkennung des Films als eines wesentlichen Anteils der deutschen Kultur« (Sabine Hake).

Stigmatisierung der Bildenden »SED-Kunst«

Die Siegerpose des Westens gegenüber der ehemaligen DDR, die Teile der politischen Kultur der 90er Jahre prägte, hatte auch im Bereich der Bildenden Kunst Auswirkungen. So bilanzierte Eduard Beaucamp:

»Die Westkuratoren, die nach 1990 die Spitzen der Museen im Osten besetzten, nahmen ihr Missionierungsgeschäft ernst und versuchten die Häuser möglichst schnell auf den letzten Stand der Westästhetik zu bringen. [...] Das einst strömende Ostpublikum hat sich den Museen entfremdet, da es Sinn und Gewinn der Belehrung nicht einsieht und vom Verlust der eigenen Kunstgeschichte irritiert ist.«[268] Die Zeiten, in denen die als »SED-Kunst« stigmatisierte Kunst in der DDR allenfalls zu politisch-didaktischen Abschreckungszwecken gezeigt wurde, wichen schon bald differenzierten Diskussionen[269] und sind spätestens mit der großen vergleichenden Retrospektive »Art of Two Germanys. Cold War Cultures« im Los Angeles County Museum (2009) wohl endgültig vorüber.[270] Bereits 2003 hatte die Neue Nationalgalerie in Berlin die Kunst der DDR in einem großen Überblick präsentiert. Anders als für die Belletristik bildete im Übrigen der internationale Kunstmarkt ein wichtiges Korrektiv gegen westdeutschen Polit-Provinzialismus. Dort erlangten vom Kunstjournalismus als »Neue Leipziger Schule« apostrophierte junge Künstler, die noch in der DDR ihre Ausbildung

Wolfgang Mattheuer: *Hinter die 7 x 7 Berge*

erfahren hatten, seit Ende der 90er Jahre einen enormen Marktwert, allen voran der 1960 geborene Neo Rauch mit surrealistisch anmutenden Bildern voller eigentümlicher Figuren, Gebäude und Apparate in markanter Farbigkeit.[271]

Kunst in der Öffentlichkeit

Ohnehin zeigten sich die nachwachsenden Generationen von Kunstverständigen an ideologisch überkommenen Kontroversen weniger interessiert. Dies demonstrierte etwa der programmatische Pluralismus großer Ausstellungen wie der documenta 11 (2002) und 12 (2007), die kaum mehr anstößig sein konnten oder sogar wegen ihres weiten Spektrums als beliebig kritisiert wurden. Von seinem documenta-Rundgang 2002 berichtete ein Journalist, »die 11. Weltausstellung der bildenden Kunst ist eine Veranstaltung des Nachdenkens, aber auch des Gähnens.«[272]

Leidenschaftliche Diskussionen hatte es dagegen im Parlament und in der Medienöffentlichkeit Mitte der 90er Jahre über das über lange Zeit geplante

Vorhaben des Künstlerpaares Christo und Jeanne-Claude gegeben, das Berliner Reichstagsgebäude zu verhüllen. In namentlicher Abstimmung votierte im Februar 1994 eine knappe Mehrheit des Bundestags für diese Aktion, die im Juni und Juli des folgenden Jahres mehrere Millionen Zuschauer anlockte.[273]

Wer Aufsehen erregen und anstößig sein wollte im öffentlichen Raum, musste sich schon sehr originelle Aktionen ausdenken, wobei wie in diesem Beispiel das Ineinanderfließen von Kunst und Wirklichkeit die wichtigsten Anlässe bot. Dies implizierte aber nicht nur die Verfremdung der Realität einschließlich würdiger staatlicher Symbole, sondern umgekehrt die Kritik weihevoller Kunst, etwa durch die 1982 gegründete Düsseldorfer Gruppe »Die Langheimer«, Schüler bedeutender Künstler, die in demonstrativen Happenings Werke großer Meister fälschten, um dem vermeintlich »Authentischen« in der Kunst seine Aura zu nehmen.[274] Während solche Exponate durch ironische Verfremdungen allerdings kaum Anlass zur Verwechslung boten, veröffentlichte der 1988 verhaftete »König der Kunstfälscher« Edgar Mrugalla, der etwa 3000 Picassos, Liebermanns, Noldes u. a. kopiert hatte, 1993 seine Memoiren und behauptete, noch zahlreiche seiner Werke würden unentdeckt unter berühmten Namen in Galerien hängen. Die Motivation für seine Fälschungen, an denen er selbst kaum etwas verdient habe, sei die Bloßstellung der Kunstszene gewesen.[275] Ob im Bild vom Bild vom Bild des Konzeptkünstlers Thomas Demand, der Papiermodelle fotografierte, die er nach Fotovorlagen konstruiert hatte, bis zu dem international am meisten beachteten deutschen Fotografen Andreas Gursky, geboren 1955 in Leipzig, der durch digitale Bildbearbeitung den inszenatorischen Charakter der Konsum- und Werbewelt entschlüsselte – stets ging es um die Sichtbarmachung von Entfremdung durch hervorhebende Verfremdung. In dieser Hinsicht entstand, von Neo Rauch bis Andreas Gursky, um 2000 ein neuer »Mythos deutsche Kunst«[276] auf dem internationalen Kunstmarkt, der sich in exorbitanten Verkaufspreisen niederschlug. Während New York das Zentrum des Kunsthandels blieb, avancierte Berlin – auch als Filialort wichtiger internationaler Galerien – zur erstrangigen deutschen Adresse.

1988 präsentierte das New Yorker Museum of Modern Art als neueste Strömung der Baukunst »dekonstruktivistische« Architektur u. a. von Frank Gehry, Daniel Libeskind und Zaha Hadid, die als neues Paradigma nach der postmodernen Architektur vorgestellt wurde und sich im Laufe der 90er Jahre in einer Reihe spektakulärer Bauten auch in Deutschland materialisierte.[277] Der damit erneut postulierte Anschluss an philosophische Zeitströmungen wollte unter Anleihen bei Jacques Derrida mit der Erschütterung des Ordnungsden-

Dekonstruktivistische Architektur

kens der westlichen Moderne zugleich eine neue Formensprache entwickeln, die mit ihren wuchernden, die Lotrechte in Frage stellenden Schrägen die Existenz einer a priori bestehenden Wahrheit in Zweifel ziehen sollte.[278] Beispiele sind neben dem Vitra-Museum in Weil (1989) und dem MARTa Museum für zeitgenössische Kunst in Herne (2005) von Frank Gehry das Hysolar-Institut in Stuttgart (1987) und das Deutschen Postmuseum in Frankfurt am Main (1990) von Behnisch & Partner sowie der Ufa-Kristallpalast in Dresden von Coop Himmelb(l)au (1998).

Das Jüdische Museum in Berlin

Den in Deutschland bedeutendsten dekonstruktivistischen Bau schuf Daniel Libeskind mit dem Jüdischen Museum in Berlin. In seiner expressionistischen Form thematisierte dieses Bauwerk das Spannungsverhältnis von Rationalität und Irrationalismus in der Moderne an ihrem neuralgischsten Punkt – der Judenvernichtung im »Dritten Reich«, die die »Dialektik der Aufklärung« als Kernproblem der modernen Gesellschaft hervortreten ließ. 1988 noch im Rahmen der Internationalen Bauausstellung als Erweiterungsbau des Berlin-Museums ausgeschrieben, präsentierte Libeskinds preisgekrönter Entwurf einen langestreckten, zickzackförmig gestalteten Bau, mit grauen Zinkplatten verkleidet und durch schräg gestellte, schmale Fensterbänder mit Tageslicht versorgt. Das jüdische Museum im Untergeschoss besteht aus einem eigenen, aus zwei sich kreuzenden Achsen bestehenden Baukörper. Libeskind begründete die eigenwillige Form des Gebäudes mit der Abwesenheit derer, deren Geschichte das Museum zeigen würde.[279] Eine zentrale Rolle für die Integration von Berliner Stadtgeschichte und jüdischer Geschichte spielt der in der Längsachse das ganze Gebäude durchschneidende »«void« – ein leerer Raum, der dem Besucher beim Gang durch das Haus immer wieder begegnet und die Leerstelle kennzeichnete, die die Ermordung eines Großteils der jüdischen Bevölkerung in der stark von ihr geprägten

Das von Daniel Libeskind entworfene Jüdische Museum in Berlin

Berliner Kultur hinterlassen hat.[280] Dass der Bau als Kunstwerk verstanden wurde, zeigten Hunderttausende von Besuchern, die seit Anfang 1999 das leere Gebäude besichtigten, noch bevor im September 2001 die ständige Ausstellung der Öffentlichkeit übergeben wurde. Die *Frankfurter Allgemeine Zeitung* betrachtete die Eröffnung als «inoffiziellen Gründungsakt des neuen Deutschland», und John Rosenthal schrieb in der Zeitschrift *Merkur*, dass nicht nur die Unterstützung durch die Eliten, sondern auch die anhaltend große Resonanz in der Bevölkerung die Bedeutung dieses Museums für die neue deutsche Identität nach 1990 belege: «Deutschland musste nicht nur gedenken – die übrige Welt musste sehen, wie Deutschland gedachte.»[281]

Sieht man einmal ab von derart spektakulären Neuschöpfungen, setzte sich in den 90er Jahren und bis zur Gegenwart der Trend fort, Kulturbauten (aber nicht nur solche) durch Umnutzung alter Gebäude für neue Zwecke zu schaffen. Nicht nur der sich fortsetzende Strukturwandel in Industriegebieten und im ländlichen Raum gab solche Bauten frei und warf die Frage ihrer künftigen Nutzung auf, sondern nach 1990 auch die von den Siegermächten des Zweiten Weltkrieges verlassenen Kasernen oder leerstehende Plattenbauten in den neuen Bundesländern. Im Französischen Viertel Tübingens wurden militärische Anlagen zu Wohungen und Werkstätten umgebaut, in den 15 Kasernen, die seit 1990 in der ehemaligen Garnisonsstadt Ludwigsburg frei wurden, kamen Altenwohnungen und Hotels unter, aber auch Filmakademie, Landesarchiv und Medienzentrum. Dass Fabriketagen zu Luxuswohnungen wurden und die »Kreativindustrie« sich besonders gern in um- und ausgebauten historischen Hüllen niederließ, verweist schon auf die problematischen Aspekte dieses anhaltenden Trends. In den letzten 20 Jahren ist die Kombination alten Gemäuers mit modernen Stahl- und Glasanbauten häufig anzutreffen, die die erwünschte Spannung von Tradition und Modernität zum Ausdruck bringt und »Differenz« signalisiert. Ganz ohne Umbauten kommen Umnutzungen aus, die dem nahezu unveränderten Raum einen neuen Inhalt geben und dadurch jenen Dualismus erzeugen, die den Besuch zu einem besonderen Erlebnis machen. Beispiele sind der Freizeitpark »Kernwasser Wunderland« in und um die Bauruine des nie in Betrieb gegangenen Atomkraftwerks Kalkar und der 1991 eröffnete und 2005 wieder geschlossene Berliner Techno-Club »Tresor« in der mit einer Umenge von Schließfächern bestückten Stahlkammer des früheren Kaufhauses Wertheim.[282]

Prototypen für die Umnutzung in einer schwerindustriell geprägten Region hat die Internationale Bauausstellung Emscher Park hervorgebracht, die von 1989 bis 1999 das nördliche Ruhrgebiet mit Städten wie Duisburg, Bottrop,

Umnutzungen für kulturelle Zwecke

IBA Emscher Park

Essen, Bochum und Dortmund einbezog und systematisch die Umwidmung des Ruhrgebiets zum Kulturstandort vorangetrieben hat.[283] Die Leitidee »Integrierte Regionalentwicklung« setzte ganz auf ökologische Erneuerung: kein weiterer Flächenverbrauch; statt Abriss Instandhaltung, Modernisierung und Umnutzung von Industriegebäuden; Umbau der Produktionsstruktur zugunsten ökologisch verträglicher Verfahren. So wurde auf dem Gelände des Thyssen-Stahlwerks in Duisburg-Meiderich als Großprojekt postindustrieller Landschaftsarchitektur bis zum Jahr 2002 ein Park gestaltet, der die Industriebrache zum Erlebnisraum mit Aussichtsturm (auf einem früheren Hochofen) und nächtlichen Lichtinstallationen, zahlreichen Veranstaltungen, Spiel- und Sportangeboten umfunktioniert. Der in den 20er Jahren errichtete Gasometer in Oberhausen wurde nach dem Abschluss des Umbaus 1994 zu einem weit ausstrahlenden Veranstaltungsort für Ausstellungen und Konzerte. Das 1986 stillgelegte Steinkohlebergwerk Zeche Zollverein in Essen avancierte zu einem Prestigeprojekt des Wandels von der Industrie- zur Kulturwirtschaft, das 2002 zum Weltkulturerbe der UNESCO erklärt wurde. Es beherbergt u. a. das Design Zentrum Nordrhein-Westfalen und das Ruhr Museum sowie Ausstellungs- und Konzerträume und ist Austragungsort zahlreicher hochkarätiger Veranstaltungen.

Ökologisches Wohnen   Ein Beispiel für die ökologische Orientierung im Wohnen, das nach wie vor von einem hohen Anteil an Neubauten gekennzeichnet war, bietet das bereits Ende der 80er Jahre gestartete Modellvorhaben des Bayerischen Innenministeriums zum Sozialen Wohnungsbau.[284] Hier wurden insbesondere skandinavische und holländische Erfahrungen mit dem Bau kleinerer Siedlungen aufgenommen, um auch die sozial weniger begünstigten Teile der Bevölkerung in den Genuss eines Gartens zu bringen, durch Gemeinschaftshäuser soziale Isolation zu durchbrechen und den Wohnwert zu erhöhen. Neben deutschen Architekten wurden Kopenhagener Büros wie Tegnestuen Vandkunsten mit der Ausführung der Siedlungen an Standorten wie Amberg, Bad Wörishofen, Bayreuth und Röthenbach an der Pegnitz beauftragt. Seit 1996 experimentierte man in diesem Kontext auch mit der Errichtung von Mietwohnungen in preisgünstiger und umweltverträglicher Holzsystembauweise. Hier drückte sich eine neue »Einfachheit« aus, die sich weniger an gesellschaftlichen Utopien als an der »Tradition des Gebrauchs« (Hermann Glaser) orientiert. Letztlich stand auch diese Architektur im Zeichen der von Jost Hermand postulierten »Hoffnung auf andere, bessere Gesellschaftsformen [...], in der nicht mehr die Beschleunigung der industriellen Zuwachsrate und die damit verbundenen materiellen Gewinnchancen die einzig ausschlaggebenden

Faktoren innerhalb aller noch möglicher Fortschrittsvorstellungen wären«.[285] Dass dies nicht unbedingt im Widerspruch zu wirtschaftlichen Erwägungen stehen musste, zeigt die Tatsache, dass sich im Kontext der Suburbanisierung, die durch die ungebrochene Nachfrage nach Ein- und Zweifamilienhäusern nach wie vor anhält, auch junge Unternehmen ansiedelten.[286]

Die gründlichste städtebauliche Neuordnung nach 1990 vollzog sich in Berlin, wo aus den getrennten Stadtorganismen mit der im Osten liegenden Mitte als neuem Zentrum ein Ganzes geschaffen wurde. Diese neue Mitte wurde mit dem Umzug von Parlament und Regierung in die alte Reichshauptstadt bis zur Jahrtausendwende um die Achse bis zum Bundeskanzleramt verlängert. Programmatisch sollte nach dem Willen von Axel Schultes und Charlotte Frank, die 1993 die Ausschreibung um die Ausgestaltung des Spreebogens gewonnen hatten, das architektonische »Band des Bundes« nicht nur Raum für die Abgeordneten und ihren Apparat schaffen, sondern mit dem Sprung über die Spree auch die beiden Teile der Stadt verbinden.[287] Zu einem wahren Publikumserfolg geriet der Umbau des Reichstags mit seiner neuen, von Norman Foster geschaffenen Kuppel, die zu den touristischen Attraktionen Berlins geworden ist. Seit 2006 auch erschlossen durch den neuen Hauptbahnhof, erblickt der Besucher des Regierungsviertels zuerst das überdimensionierte, im Volksmund respektlos als »Waschmaschine« titulierte Bundeskanzleramt, errichtet 2001 ebenfalls von Schultes und Frank.

Berlins neue
Mitte

2006 zog der Kunsthistoriker Wolfgang Pehnt eine gemischte Bilanz der städtebaulichen Entwicklung der Hauptstadt seit 1990: »Es wurde eine Mischung von manchmal Geglücktem, oft Mißlungenem und vielem, was dazwischen lag: selten begeisternd, aber auch nicht gänzlich danebengeraten.« In städtebaulicher Hinsicht artikulierte sich mit der Errichtung der »Berliner Republik« das von manchen befürchtete, von anderen ersehnte neue »Machtbewusstsein« nur begrenzt. Maßgeblich waren andere Mechanismen: »Nicht die Machtgebärden des Dritten Reiches kehrten wieder, sondern die Usancen kapitalistischen Städtebaus bemächtigten sich der vielen verlockenden innerstädtischen Immobilien.«[288] Während sich der »Furor des Faksimilierens« um den Pariser Platz am Brandenburger Tor und am Schlossplatz austobte, äußerte sich das Geltungsbedürfnis der Wirtschaftsmagnaten besonders prominent in der Wieder- oder Neuerrichtung des Potsdamer Platzes im Niemandsland zwischen den beiden Häften des geteilten Berlin.[289] Noch bevor ein städtebauliches Konzept für die Brache entwickelt worden war, verkaufte der Berliner Senat 1990 ein großes Geländestück an die Daimler-Benz AG, gefolgt 1991 von dem Elektronikkonzern Sony, wobei sich in den Folgejahren zwischen

Stadt und Bauherren ein Konflikt um die historische Repräsentation des Platzes entwickeln sollte. Während der Senat den Mythos des Potsdamer Platzes als historischem Ort erhalten wollte und eine Integration der baulichen Überreste des Hotels Esplanade und des Weinhauses Huth sowie eine angemessene architektonische Reaktion auf den Standort des ehemaligen Volkesgerichtshofs forderte, sah die Industrie in derartigen Vorgaben eine Einschränkung des Plans, sich durch ein architektonisches »Statement des 20. Jahrhunderts« in Form von Hochhäusern markant zu platzieren.[290] Man einigte sich schließlich auf einen Kompromiss, der als historischen Bezugspunkt die »wilden 20er Jahre« ausstellte – etwa in der vielbesuchten »Info-Box« auf dem Leipziger Platz, die 1995 errichtet wurde und den Zehntausenden Baustellenflaneuren allein diesen historischen Abschnitt ausmalte. Das Verdienst der Investoren war es, so die Selbstdarstellung, aus dem Nichts heraus einen neuen Mythos des Potsdamer Platzes erschaffen zu haben, der dieser historischen Parallele angemessen war.

Besonders kontrovers wurde über die Frage diskutiert, wie der Reichstag als neuer Sitz des deutschen Parlaments künstlerisch auszugestalten sei. Viele der führenden Künstler der Bundesrepublik waren hier vertreten: Georg Baselitz, Sigmar Polke, Katharina Sieverding, selbst Bernhard Heisig aus der früheren DDR (dessen Anwesenheit heftig kritisiert wurde). Abgeordnete der CDU/CSU monierten, dass Wandinschriften sowjetischer Soldaten aus der

Der Potsdamer Platz in Berlin, 2008

Zeit des Kriegsendes exemplarisch bewahrt worden waren, anstatt deutsche »Wappen und Fahnen« auszustellen. Irritation rief Hans Haackes Installation »Der Bevölkerung« hervor, die in einem Spannungsverhältnis zur Reichstagswidmung »Dem Deutschen Volke« stand und von Bundestagsabgeordneten mit Erde aus ihrem Wahlkreis gefüllt werden sollte.[291] Ebenfalls wegen seiner Uneindeutigkeit rief Gerhard Richters Wandbild »Schwarz Rot Gold« Befremden hervor, eine 21 Meter hohe und gut drei Meter breite Fläche aus emaillierten Glasplatten in den deutschen Nationalfarben, die ungewohnt proportioniert waren und durch die vom Material hervorgerufenen Spiegeleffekte an Fremdheit noch gewannen.[292] Teile der Öffentlichkeit reagierten verständnislos auf die ironische Brechung der Nationalfarben, Bundestagsvizepräsidentin Antje Vollmer (Bündnis 90/Die Grünen), Mitglied des Kunstbeirates des Bundestags, sprach von »Scharlatanerie«. Dabei hatte Richter nur, ähnlich wie Jasper Johns in seinen Interpretationen des Star Spangled Banner, eine eigene Deutung der Nationalfarben vorgelegt, die schon als ästhetisches Konzept der Demokratie ein Loblied sang und darin bestätigt wurde, indem sie im obersten Organ des demokratischen Staates prominent geäußert werden durfte. Das Hochgefühl, das »glücklichste Volk der Welt« zu sein, wie Walter Momper (SPD), der damalige Regierende Bürgermeister Westberlins, am Tag nach der Öffnung der Mauer bekundet hatte, war bald verflogen. Was war das überhaupt, das deutsche Volk? Dauerhaft glücklich machten derart problematische Gemeinschaftsbehauptungen offenbar nicht. Vielleicht anstrengender, aber sicherlich fruchtbarer ist die Akzeptanz von Differenz und Konflikt, auf die Richter setzte. Gerade die Auseinandersetzung über die Zulässigkeit des Andersseins war es, die die Kultur der Bundesrepublik in so widersprüchlicher wie faszinierender Weise geprägt hat.

Anhang

Anmerkungen

Einleitung

1 Deutscher Bundestag (Hg.), Kultur in Deutschland. Schlussbericht der Enquete-Kommission des Deutschen Bundestages, Regensburg 2008; zu einzelnen Zahlen des Berichts s. Kapitel VII; vgl. auch Karin Thomas, Kultur, in: Werner Weidenfeld/ Karl-Rudolf Korte (Hg.), Handbuch zur deutschen Einheit 1949–1989–1999, Bonn 1999, S. 510–523.

2 Rudolf Stichweh, Kultur, Wissen und die Theorien soziokultureller Evolution, in: Soziale Welt, Jg. 50, 1999, S. 459–470, hier S. 471.

3 Andreas Wirsching, Abschied vom Provisorium: 1982–1990, München 2006.

4 Wolfgang Benz (Hg.), Die Bundesrepublik Deutschland. Geschichte in drei Bänden. Bd. 3: Kultur, Frankfurt/M. 1983; in der zweiten Auflage von 1989 Bd. 4: Kultur.

5 Manfred Görtemaker, Geschichte der Bundesrepublik Deutschland. Von der Gründung bis zur Gegenwart, München 1999; Edgar Wolfrum, Die geglückte Demokratie. Geschichte der Bundesrepublik Deutschland von ihren Anfängen bis zur Gegenwart, Stuttgart 2006.

6 Rudolf Morsey, Die Bundesrepublik Deutschland. Entstehung und Entwicklung bis 1969, München 1987 (⁵2007); Andreas Rödder, Die Bundesrepublik Deutschland 1969–1990, München 2004.

7 Hans-Ulrich Wehler, Deutsche Gesellschaftsgeschichte. Fünfter Band: Bundesrepublik und DDR 1949–1990, München 2008, S. 362–406.

8 Mit dem Anspruch einer Gesamtdarstellung: Hermann Glaser, Kulturgeschichte der Bundesrepublik Deutschland. Bd. 1: Zwischen Kapitulation und Währungsreform 1945–1948, München 1985; Bd. 2: Zwischen Grundgesetz und Großer Koalition 1949–1967, München 1986; Bd. 3: Zwischen Protest und Anpassung 1968–1989, München 1989 (mit jeweiligen Neuauflagen, Taschenbuchausgaben sowie späteren Kurzfassungen); Jost Hermand, Kultur im Wiederaufbau: die Bundesrepublik Deutschland 1945–1965, München 1986; ders., Die Kultur der Bundesrepublik Deutschland 1965–1985, München 1988; ders., Nach der Postmoderne. Ästhetik heute, Köln u.a. 2004; mit dekadologischem Zugriff auf das gesamte 20. Jahrhundert Werner Faulstich (Hg.), Die Kultur der fünfziger Jahre, München 2002; ders. (Hg.), Die Kultur der sechziger Jahre, München 2003; ders. (Hg.), Die Kultur der siebziger Jahre, München 2004; ders. (Hg.), Die Kultur der achtziger Jahre, München 2005.

9 Ludwig Fischer, Literatur und sozialgeschichtliche Phase, in: ders. (Hg.), Literatur in der Bundesrepublik Deutschland bis 1967, München 1986, S. 17–26, Zitat S. 25.

10 Vgl. zum Forschungsstand Axel Schildt, Die Sozialgeschichte der Bundesrepublik Deutschland bis 1989/90, München 2007; zur Differenzierung der Stadtkultur vgl. Helmuth Berking/Martina Löw (Hg.), Die Eigenlogik der Städte. Neue Wege für die Stadtforschung, Frankfurt/M./New York 2008.

11 Zum Forschungsstand zuletzt Cornelia Rauh, Bürgerliche Kontinuitäten? Ein Vergleich deutsch-deutscher Selbstbilder und Realitäten seit 1945, in: Historische Zeitschrift, Bd. 287, 2008, S. 341–362.

12 Seit Detlef Peukert u. a. in den 80er Jahren den Begriff der lebensweltlich dimensionierten, aber hinsichtlich des Abschlusses politikgeschichtlich begründeten »Klassischen
Moderne« für die Zeit von 1880–1930 vorgeschlagen haben (Detlef Peukert, Die Weimarer Republik. Krisenjahre der klassischen Moderne, Frankfurt/M. 1987; August
Nitschke u. a. [Hg.], Jahrhundertwende. Der Aufbruch in die Moderne 1880–1930;
Reinbek 1990), wird anhaltend über die Verlängerung des Moderne-Begriffs diskutiert;
(vgl. zuletzt Ulrich Herbert, Europe in High Modernity. Reflections on a Theory of
the 20th Century, in: Journal of Modern European History, Jg. 3, 2006, S. 5–21; vgl.
Lutz Raphael, Ordnungsmuster der »Hochmoderne«? Die Theorie der Moderne und
die Geschichte der europäischen Gesellschaften im 20. Jahrhundert, in: Ute Schneider/
Lutz Raphael [Hg.], Dimenisonen der Moderne. Festschrift für Christof Dipper, Frank-
furt/M. u. a. 2008, S. 73–92).

13 Anselm Doering-Manteuffel/Lutz Raphael, Nach dem Boom. Perspektiven auf die Zeit-
geschichte seit 1970, Göttingen 2008; Alexander Gallus, Zäsuren in der Bundesrepublik
Deutschland, in: Hans-Peter Schwarz (Hg.), Die Bundesrepublik Deutschland. Eine
Bilanz nach 60 Jahren, Köln/Weimar/Wien 2008, S. 35–56.

14 Vgl. auch für einige kulturelle Trends Hartmut Kaelble, Sozialgeschichte Europas. 1945
bis zur Gegenwart, München 2007; Hermann W. von der Dunk, Kulturgeschichte des
20. Jahrhunderts, Bd. II, München 2004, S. 241 ff. Eine deutsche Kulturgeschichte für
den englischen Sprachraum aus der Perspektive der »Cultural Studies« liegt schon seit
einigen Jahren vor: Rob Burns (Hg.), German Cultural Studies. An Introduction, Oxford
1995.

15 Georg Bollenbeck, Bildung und Kultur. Glanz und Elend eines deutschen Deutungs-
musters, Frankfurt/M. 1994; ders., Tradition, Avantgarde, Reaktion. Deutsche Kontroversen um die kulturelle Moderne, Frankfurt/M. 1999; Christian Schwaabe, Die
deutsche Modernitätskrise. Politische Kultur und Mentalität von der Reichsgründung
bis zur Wiedervereinigung, München 2005.

16 Zit. nach Deutscher Bundestag, Kultur (wie Anm. 1), S. 57.

17 Thomas J. Knoblich, Das Prinzip Soziokultur – Geschichte und Perspektiven, in: Aus
Politik und Zeitgeschichte, B 11/2001, S. 7–14.

18 Frederick Jameson, The Cultural Turn. Selected Writings on the Postmodern,1983–1998,
London 1998; Doris-Bachmann-Medick, Cultural Turns. Neuorientierungen in den
Kulturwissenschaften, Reinbek 2006 (^{3}2009).

19 Einen hervorragenden Überblick bietet Ute Daniel, Kompendium Kulturgeschichte.
Theorien, Praxis, Schlüsselwörter, Frnakfurt/M. 2001 (^{5}2006).

20 Lynn Hunt, Kulturgeschichte ohne Paradigmen?, in: Historische Anthropologie, Jg. 16.
2008, S. 323–340, Zitat S. 323.

21 Zu dieser Diskussion Michael Maurer, Alte Kulturgeschichte – Neue Kulturgeschichte?,
in: Historische Zeitschrift, Bd. 280, 2005, S. 281–304.

22 Annette Vowinckel, Zeitgeschichte und Kulturwissenschaft, in: Zeithistorische Forschungen, Jg. 4, 2007, S. 393–407.

23 Manuela Glaab/Karl-Rudolf Korte, Politische Kultur, in: Weidenfeld/Korte (wie Anm.
1), S. 642–650.

24 Michael Philipp, Persönlich habe ich mir nichts vorzuwerfen. Politische Rücktritte in
Deutschland von 1950 bis heute, München 2007.

25 Vgl. Barbara Stollberg-Rillinger (Hg,), Was heißt Kulturgeschichte des Politischen?, Berlin 2005; Ute Frevert/Heinz-Gerhard Haupt (Hg.), Neue Politikgeschichte. Perspektiven
einer historischen Politikforschung, Frankfurt/M./New York 2005.

26　Peter Burke, Was ist Kulturgeschichte?, Frankfurt/M. 2005, S. 86 ff.

27　Ludgera Vogt, Kunst oder Kitsch: ein »feiner Unterschied«? Soziologische Aspekte ästhetischer Wertung, in: Soziale Welt, Jg. 45, 1994, S. 363–384.

28　Axel Schildt, Medialisierung und Konsumgesellschaften in der zweiten Hälfte des 20. Jahrhunderts, Essen 2004.

29　Detlef Siegfried, Time is on my Side. Politik und Konsum in der westdeutschen Jugendkultur der 60er Jahre, Göttingen ²2008; Heinz-Gerhard Haupt/Claudius Torp (Hg.), Die Konsumgesellschaft in Deutschland 1890–1990. Ein Handbuch, Frankfurt/M./New York 2009.

Kapitel I
Nach dem Krieg: Zäsuren, Aufbrüche und Kontinuitäten 1945–1949

1　Vgl. die Berlin-Anthologie von Peter Kruse (Hg.), Bomben, Trümmer, Lucky Strikes – Die Stunde Null in bisher unbekannten Manuskripten, Berlin 2004; biographische Zeugnisse in Heinrich Breloer (Hg.), Mein Tagebuch. Geschichten vom Überleben 1939–1947, Köln 1984; vgl. für vielfältige Beispiele auch Klaus-Dietmar Henke, Die amerikanische Besetzung Deutschlands, München 1995.

2　Uta Gerhardt, Soziologie der Stunde Null. Zur Gesellschaftskonzeption des amerikanischen Besatzungsregimes in Deutschland 1944–1945/46, Frankfurt/M. 2005; Hans Braun/Uta Gerhardt/Everhard Holtmann (Hg.), Die lange Stunde Null. Gelenkter sozialer Wandel in Westdeutschland nach 1945, Baden-Baden 2007; vgl. Günter Scholdt, Was soll nur aus diesem Deutschland werden? Stellungnahmen deutschsprachiger Schriftsteller zwischen 1938 und 1949, in: Gunther Nickel (Hg.), Literarische und politische Deutschlandkonzepte 1938–1949, Göttingen 2004, S. 87–116.

3　Vgl. Jörg Hillmann/John Zimmermann (Hg. im Auftrag des Militärgeschichtlichen Forschungsamtes), Kriegsende 1945 in Deutschland, München 2002; Bernd-A. Rusinek (Hg.), Kriegsende 1945. Verbrechen, Katastrophen, Befreiungen in nationaler und internationaler Perspektive, Göttingen 2004; Jörg Echternkamp (Hg. im Auftrag des Militärgeschichtlichen Forschungsamtes), Die deutsche Kriegsgesellschaft 1939 bis 1945 (Das Deutsche Reich und der Zweite Weltkrieg 9/2), München 2005.

4　Vgl. Arnold Sywottek, Tabuisierung und Anpassung in Ost und West. Bemerkungen zur deutschen Geschichte nach 1945, in: Thomas Koebner/Gert Sautermeister/Sigrid Schneider (Hg.), Deutschland nach Hitler. Zukunftspläne im Exil und aus der Besatzungszeit 1939–1949, Opladen 1987, S. 229–260; Peter Schulze-Hageleit, Leben in Deutschland 1945–1995. Geschichtsanalytische Reflexionen, Pfaffenweiler 1996, S. 33 ff.

5　Vgl. Peter Reichel, Politik mit der Erinnerung. Gedächtnisorte im Streit um die nationalsozialistische Vergangenheit, München/Wien 1995, S. 290 ff.; Jan-Holger Kirsch, »Wir haben aus der Geschichte gelernt«. Der 8. Mai als politischer Gedenktag in Deutschland, Köln/Weimar/Berlin 1999, S. 96 ff.; vgl. auch Heinrich Oberreuter/Jürgen Weber (Hg.), Die Niederlage, die eine Befreiung war: Zur Einführung, in: dies. (Hg.), Freundliche Feinde? Die Alliierten und die Demokratiegründung in Deutschland, München/Landsberg/Lech 1996, S. 9–20; für vergleichende Perspektiven Arnd Bauerkämper/Christoph Kleßmann/Hans Misselwitz (Hg.), Der 8. Mai 1945 als historische Zäsur. Strukturen, Erfahrungen, Deutungen, Potsdam 1995.

6　Martin Broszat/Klaus-Dietmar Henke/Hans Woller (Hg.), Von Stalingrad zur Währungsreform. Zur Sozialgeschichte des Umbruchs in Deutschland, München ²1989.

7 Vgl. zum Folgenden mit Hinweisen zur Forschungsliteratur Axel Schildt, Die Sozialgeschichte der Bundesrepublik Deutschland bis 1989/90, München 2007, S. 8 ff., 71 ff.;
Alexander von Plato/Almut Leh, »Ein unglaublicher Frühling«. Erfahrene Geschichte
im Nachkriegsdeutschland 1945–1948, Bonn 1997.

8 Timm Erhardt, Der Schwarzmarkt in Flensburg 1945–1948, in: Lange Schatten. Ende der
NS-Diktatur und frühe Nachkriegsjahre in Flensburg. Hg. vom Stadtarchiv Flensburg
in Zusammenarbeit mit der Universität Flensburg (Redaktion: Broder Schwensen/Ger-
hard Paul/Peter Wulf), Flensburg 2000, S. 211–220; vgl. Michael Wildt, Der Traum vom
Sattwerden. Hunger und Protest, Schwarzmarkt und Selbsthilfe in Hamburg 1945–1948,
Hamburg 1986; zuletzt Malte Zierenberg, Die Stadt der Schieber. Der Berliner Schwarzmarkt 1939–1950, Göttingen 2008.

9 Karl-Ludwig Sommer, Humanitäre Auslandshilfe als Brücke zu atlantischer Partnerschaft. CARE, CRALOG und die Entwicklung der deutsch-amerikanischen Beziehungen nach Ende des Zweiten Weltkriegs, Bremen 1999.

10 Vgl. Marita Krauss, Kaleidoskop des Trümmeralltags, in: Friedrich Prinz (Hg.), Trümmerzeit in München. Kultur und Gesellschaft einer deutschen Großstadt im Aufbruch
1945–1949, München 1984, S. 283–302.

11 Helga Grebing/Peter Pozorski/Rainer Schulze, Die Nachkriegsentwicklung in West-
deutschland 1945–1949. Die wirtschaftlichen Grundlagen, Stuttgart 1980, S. 30 f.; vgl.
Adelheid von Saldern, Häuserleben. Zur Geschichte städtischen Arbeiterwohnens vom
Kaiserreich bis heute, Bonn 1995, S. 257 ff.; Werner Durth, Vom Überleben. Zwischen
Totalem Krieg und Währungsreform, in: Ingeborg Flagge (Hg.), Geschichte des Woh-
nens, Bd. 5: 1945 bis heute. Aufbau, Neubau, Ausbau, Stuttgart 1999, S. 17–79.

12 Vgl. Marion Frantzioch, Die Vertriebenen. Hemmnisse und Wege ihrer Integration.
Mit einer kommentierten Bibliographie, Berlin 1987; Rainer Schulze/Doris von der
Brelie-Lewien/Helga Grebing (Hg.), Flüchtlinge und Vertriebene in der westdeutschen
Nachkriegsgeschichte. Bilanzierung der Forschung und Perspektiven für die künftige
Forschungsarbeit, Hildesheim 1987; Paul Lüthinger, Integration der Vertriebenen. Eine
empirische Analyse, Frankfurt/M. 1989; Albrecht Lehmann, Im Fremden ungewollt
zuhaus. Flüchtlinge und Vertriebene in Westdeutschland 1945–1990, München 1991;
Dieter Hoffmann/Marita Krauss/Michael Schwartz (Hg.), Vertriebene in Deutschland.
Interdisziplinäre Ergebnisse und Forschungsperspektiven, München 2000.

13 Vgl. Hartmut Rudolph, Evangelische Kirche und Vertriebene 1945 bis 1972, 2 Bde., Göttingen 1984; für die katholische Seite vgl. Robert Bendel, Aufbruch aus dem Glauben?
Katholische Heimatvertriebene in den gesellschaftlichen Transformationen der Nachkriegszeit, Köln u. a. 2003.

14 Hans Otte, Die hannoversche Landeskirche nach 1945: Kontinuität, Bruch und Aufbruch, in: Heinrich Grosse/Hans Otte/Joachim Perels (Hg.), Neubeginn nach der
NS-Herrschaft? Die hannoversche Landeskirche nach 1945, Hannover 2002, S. 11–48,
hier S. 13; vgl. Carsten Nicolaisen/Clemens Vollnhals, Kirchen, Bildung und Erziehung.
Evangelische Kirche und öffentliches Leben in München 1945–1949, in: Prinz, Trümmerzeit (wie Anm. 10), S. 131–141; Von der Notkirche zur Gemeinde. Flucht, Vertreibung, Aufnahme. Ein Rückblick nach 50 Jahren. Hg. von den Katholischen Dekanaten
im Remms-Murr-Kreis, Waiblingen 2002; Hans Ammerich, Eintracht und Übereinstimmung? Die katholische Kirche in der Pfalz nach 1945, in: Gerhard Nestler/Hannes
Ziegler (Hg.), Die Pfalz in der Nachkriegszeit. Wiederaufbau und demokratischer Neubeginn (1945–1954), Kaiserslautern 2004, S. 221–242.

15 Annette Kuhn, Die stille Kulturrevolution der Frau. Versuch einer Deutung der Frauen-

öffentlichkeit (1945–1947), in: Gabriele Clemens (Hg.), Kulturpolitik im besetzten Deutschland 1945–1949, Stuttgart 1994, S. 83–101.

16 Vgl. Margarete Dörr, »Wer die Zeit nicht miterlebt hat …« Frauenerfahrungen im Zweiten Weltkrieg und in den Jahren danach, 3 Bde., Frankfurt/M. 1998; Elisabeth Heineman, What Difference does a Husband make? Women and Marital Status in Nazi and Postwar Germany, Berkeley 1999; Merith Niehuss, Familie, Frau und Gesellschaft. Studien zur Strukturgeschichte der Familie in Westdeutschland 1945–1960, Göttingen 2001.

17 Vgl. Alfons Kenkmann, Wilde Jugend. Lebenswelt großstädtischer Jugendlicher zwischen Weltwirtschaftskrise, Nationalsozialismus und Währungsreform, Essen 1995; Margarete Dörr, »Der Krieg hat uns geprägt«. Wie Kinder den Zweiten Weltkrieg erlebten, 2 Bde., Frankfurt/M./New York 2007.

18 Vgl. Rudolf Käs, Hot and Sweet. Jazz im befreiten Land, in: Hermann Glaser/Lutz v. Pufendorf/Michael Schöneich (Hg.), So viel Anfang war nie. Deutsche Städte 1945–1949, Berlin 1989, S. 250–255.

19 Vgl. Robert von Zahn, Neue Musik, Jazz und die Suche nach dem richtigen Weg. Diskussionen der Werkstatt in Köln 1946–48, in: Dieter Breuer/Gertrude Cepl-Kaufmann (Hg.), Öffentlichkeit der Moderne. Die Moderne in der Öffentlichkeit. Das Rheinland 1945–1955, Essen 2000, S. 283–297; Martina Taubenberger, »Ich bin ein befreites Subjekt«. Von einer jungen Generation im Nachkriegsdeutschland, die die Freiheit suchte – und den Jazz fand, in: Historische Anthropologie, Jg. 14, 2006, S. 268–286; Ekkehard Jost, Sozialgeschichte des Jazz, Frankfurt/M. 2003 (erweiterte Neuausgabe).

20 Vgl. als eine der raren materialreichen Untersuchungen hierzu Doris Foitzik, Jugend ohne Schwung? Jugendkultur und Jugendpolitik in Hamburg 1945–1949, Hamburg 2002.

21 Christine Neumann, »Ich dachte, die Welt ginge unter«. Jugend in Flensburg 1945 und in der unmittelbaren Nachkriegszeit, in: Lange Schatten (wie Anm. 8), S. 107–132, hier S. 122 f.

22 Vgl. Christoph Kleßmann/Georg Wagner (Hg.), Das gespaltene Land. Leben in Deutschland 1945–1990. Texte und Dokumente zur Sozialgeschichte, München 1993, S. 51 ff.

23 Vgl. Klaus von Beyme, Der Wiederaufbau. Architektur und Städtebaupolitik in beiden deutschen Staaten, München/Zürich 1987, S. 25 ff.

24 Hermann Glaser, Kulturgeschichte der Bundesrepublik Deutschland Bd. 1: Zwischen Kapitulation und Währungsreform, München/Wien 1985, S. 37; vgl. Brewster S. Chamberlain, Kultur auf Trümmern. Berichte der amerikanischen Information Control Section Juli – Dezember 1945, Stuttgart 1979.

25 Kurt Grobecker/Hans-Dieter Loose/Erik Verg (Hg.), … mehr als ein Haufen Steine. Hamburg 1945–1949, Hamburg 1981, S. 198 ff.

26 Gunther Volz, Trümmermode und New Look. Kleidung und Mode in München 1945–1949, in: Prinz, Trümmerzeit (wie Anm. 10), S. 303–311; Isolde M. Th. Kohl, Krieg der Röcke, in: Glaser u. a., Anfang (wie Anm. 18), S. 293–302.

27 Klaus-Jörg Ruhl (Hg.), Deutschland 1945. Alltag zwischen Krieg und Frieden, Darmstadt/Neuwied 1984, S. 198 ff.; Grobecker u. a., Haufen Steine (wie Anm. 25), S. 123 ff.

28 Gerhard Paul, »Wir brachten den letzten Wehrmachtbericht dieses Krieges«. Der »Reichssender Flensburg« im Mai 1945 und die Leitideen der bundesdeutschen Nachkriegsgesellschaft, in: Lange Schatten (wie Anm.8), S. 55–82.

29 Hans-Ulrich Wagner, Das Ringen um einen neuen Rundfunk. Der NWDR unter der Kontrolle der britischen Besatzungsmacht, in: Peter von Rüden/Hans-Ulrich Wagner, Die Geschichte des Nordwestdeutschen Rundfunks, Hamburg 2005, S. 13–84, hier S. 13 f.;

vgl. Hans Bausch, Rundfunkpolitik nach 1945. Erster Teil: 1945–1962, München 1980; Edgar Lersch, Rundfunk in Stuttgart 1934–1949, Stuttgart 1990; Rainer Bolz, Rundfunk und Literatur unter amerikanischer Kontrolle. Das Programmangebot von Radio München 1945–1949, Wiesbaden 1991; Sabine Friedrich, Rundfunk und Besatzungsmacht. Organisation, Programm und Hörer des Südwestfunks 1945–1949, Baden-Baden 1991; Arnulf Kutsch, Unter britischer Kontrolle. Der Zonensender 1945–1948, in: Wolfram Köhler (Hg.), Der NDR. Zwischen Programm und Politik, Hannover 1991, S. 83–148.

30 Vgl. Alexander Badenoch, Making Sunday what it actually should be: Sunday Radio Programming and the Re-Invention of Tradition in occupied Germany 1945–1949, in: Historical journal of film, Radio and television, Jg. 25, 2005, S. 577–598; ders., Time Consuming: Women's Radio and the Reconstruction of National Narratives in Western Germany 1945–1948, in: German History, Bd. 25, 2007, S. 46–71.

31 Glaser, Kulturgeschichte, Bd. 1 (wie Anm. 24), S. 185.

32 Vgl. zum Folgenden Reinhard Wittmann, Geschichte des deutschen Buchhandels, München 1999, S. 406 ff.; Vgl. Glaser, Kulturgeschichte, Bd. 1 (wie Anm. 24), S. 281 ff.; vgl. Hermann Gieselbusch/Dirk Moldenhauer/Uwe Naumann/Michael Töteberg, 100 Jahre Rowohlt. Eine illustrierte Chronik, Reinbek 2008, S. 139 ff.

33 Vgl. Helmut Vogt, Gutes Geld für den Wiederaufbau. Die Währungsreform von 1948 in der späteren Bundeshauptstadt Bonn, in: Manfred van Rey (Hg.), Bonn von der Währungsreform zum Wirtschaftswunder. Mit Erinnerungsberichten von Zeitzeugen gesammelt von Anneliese Barbara Braun, Bonn 1998, S. 7–62, hier S. 37.

34 Edda Ziegler, Rowohlts Rotations Romane 1946–1949. Eine Programmanalyse, in: Monika Estermann/Edgar Lersch (Hg.), Buch, Buchhandel und Rundfunk 1945–1949, Wiesbaden 1997, S. 125–136.

35 Zit. nach Andreas Bootz, Kultur in Bielefeld 1945–1960, Bielefeld 1993, S. 86.

36 Wilfried Barner, Disziplinierung, Restauration, neue Freiheiten: Literarisches Leben im Westen (Westzonen, Bundesrepublik, Österreich, deutschsprachige Schweiz), in: ders. (Hg.), Geschichte der deutschen Literatur von 1945 bis zur Gegenwart, München ²2006, S. 3–30, hier S. 6 f.; vgl. als lokales Beispiel Heide Hammel, Und neues Leben blüht aus den Ruinen. Der kulturelle Wiederaufbau in Pforzheim 1945–1949, Heidelberg u. a. 2003, S. 28 ff.

37 Vgl. Wolfgang Schivelbusch, Vor dem Vorhang. Das geistige Berlin 1945–1948, München 1995; Hans-Martin Hinz (Hg.), Die vier Besatzungsmächte und die Kultur in Berlin 1945–1949, Leipzig 1999.

38 Zit. nach Glaser, Kulturgeschichte, Bd. 1 (wie Anm. 24), S. 266; zur Entwicklung des Kabaretts s. Kapitel II.2.

39 Bernard Genton, Berlin als Theater der Nationen. Ein Versuch, die kulturpolitischen Positionen der Alliierten zu vergleichen, in: Hinz, Besatzungsmächte (wie Anm. 37), S. 29–40.

40 Vgl. die Daten in Hermann Glaser u. a., Anfang (wie Anm. 18), S. 59 ff.

41 Henning Rischbieter, Bühnenhunger, in: Glaser u. a., Anfang (wie Anm. 18), S. 226–236, hier S. 226 f.; Friedrich Prinz, Münchner Kultur – Kultur in München 1945/49. Natura morte oder Musica Viva?, in: ders., Trümmerzeit (wie Anm. 10), S. 9–20, hier S. 14.

42 Vgl. Franz-Josef Jelich, Vom »Sinn« der Ruhr-Festspiele. Zu dem Versuch, nach 1945 eine »soziale Kultur« zu begründen, in: Jan-Pieter Barbian/Ludger Heid (Hg.), Zwischen Gestern und Morgen. Kriegsende und Wiederaufbau im Ruhrgebiet, Essen 1995, S. 433–443; Ingeborg Schnelling-Reinicke, Gründung und Entwicklung der Ruhrfestspiele in Recklinghausen, in: Geschichte im Westen (GiW), Jg. 13, 1998, S. 40–60.

43 Schivelbusch, Vorhang (wie Anm. 37), S. 201 ff.; es gibt mittlerweile Dutzende von teilweise opulent ausgestatteten Dokumentationen zur Geschichte der DEFA.

44 Friedrich P. Kahlenberg, Film, in: Wolfgang Benz (Hg.), Die Geschichte der Bundesrepublik Deutschland, Bd. 4: Kultur, Frankfurt/M. 1989, S. 464–512, hier S. 466, 502; Klaus Kreimeier, Kino und Filmindustrie in der BRD. Ideologieproduktion und Klassenwirklichkeit nach 1945, Kronberg/Ts. 1973, S. 23 ff.

45 Vgl. Peter Pleyer, Deutscher Nachkriegsfilm 1946, Münster 1965, S. 155 ff.

46 Zit. nach Matthias Schartl, Als die Welt endete, fing sie auch wieder an. Flensburger Kulturleben in der Nachkriegszeit, in: Lange Schatten (wie Anm. 8), S. 221–265, hier S. 233; vgl. Peter Gleber, Zwischen gestern und morgen. Film und Kino im Nachkriegsjahrzehnt, in: Franz-Josef Heyen/Anton M. Keim (Hg.), Auf der Suche nach neuer Identität. Rheinland-Pfalz im Nachkriegsjahrzehnt, Mainz 1996, S. 451–520.

47 Grobecker u. a., Haufen Steine (wie Anm. 25), S. 212, 214 f.

48 Walter Bernsdorff, Die Entwicklung des Sports zwischen dem 28.3.1945 und Ende 1948, in: Benno Hafeneger/Wolfram Schäfer (Hg.), Marburg in den Nachkriegsjahren, Marburg 1998, S. 341–350.

49 Otto Schumacher-Helmold, Bonns größtes Fußballereignis. 16 000 Zuschauer erlebten am 6. Mai 1948 den 1. FC Kaiserslautern in Bonn, in: van Rey, Bonn (wie Anm. 33), S. 227–230; vgl. auch Ludger Heid, »Wo Meiderich liegt, wo Meiderich siegt, ist überall bekannt.« Fußball und Zeitgeist im Revier (1945–1954), in: Barbian/Heid, Gestern (wie Anm. 42), S. 215–238.

50 Schartl, Welt (wie Anm. 46), S. 254.

51 Norddeutscher Verleger- und Buchhändlerverband e. V. (Hg.), als der krieg zu ende war … Ein Lesebuch vom Neubeginn in Hamburg und Schleswig-Holstein, Hamburg 1985, S. 140.

52 Sibylle Spiegel, Das Herbstfest 1946 im Trümmermünchen: Kein Oktoberfest aber eine richtige Wies'n, in: Prinz, Trümmerzeit (wie Anm. 1), S. 339–344.

53 Hammel, Leben (wie Anm. 36), S. 221.

54 Zit. nach Grobecker u. a., Haufen Steine (wie Anm. 25), S. 205.

55 Einen nützlichen ersten Überblick vermittelt Wolfgang Benz (Hg.), Die Vertreibung der Deutschen aus dem Osten. Ursachen, Ereignisse, Folgen, Frankfurt/M. 1985; vgl. mit vielfältigen kulturellen Zeugnissen den opulenten Ausstellungskatalog von Dagmar Kift (Hg.), Aufbau West. Neubeginn zwischen Vertreibung und Wirtschaftswunder, Essen 2005.

56 Eine bedrückende zeitgenössische Reportage ist dokumentiert in: Hans A. Rümelin (Hg.), So lebten wir … Ein Querschnitt durch 1947, Stuttgart 1997, S. 76 ff.

57 Grobecker u. a., Haufen Steine (wie Anm. 25), S. 173.

58 Vgl. für das Folgende Axel Schildt, Im Kern gesund? Die deutschen Hochschulen 1945, in: Helmut König/Wolfgang Kuhlmann/Klaus Schwabe (Hg.), Vertuschte Vergangenheit. Der Fall Schwerte und die NS-Vergangenheit der deutschen Hochschulen, München 1997, S. 223–240.

59 Waldemar Krönig/Klaus-Dieter Müller, Nachkriegssemester. Studium in Kriegs- und Nachkriegszeit, Stuttgart 1990, S. 142 ff.; vgl. auch Margit Szöllösi-Janze u. a. (Hg.), Zwischen »Endsieg« und Examen. Studieren an der Universität Köln 1943–1948. Brüche und Kontinuitäten, Nürnberg 2007.

60 Bernd Greiner, Die Morgenthau-Legende. Zur Geschichte eines umstrittenen Plans, Hamburg 1995; Jörg Später, Vansittart. Britische Debatten über Deutsche und Nazis, 1902–1945, Göttingen 2003.

61 Wolfgang Benz, Potsdam 1945. Besatzungsherrschaft und Neuaufbau im Vier-Zonen-Deutschland, München ³1994, S. 81 ff.

62 Gunther Mai, Der Alliierte Kontrollrat in Deutschland 1945–1948. Alliierte Einheit – deutsche Teilung?, München 1995.

63 Vgl. als Überblick das Handbuch politischer Institutionen und Organisationen 1945–1949. Bearbeitet von Heinrich Potthoff in Zusammenarbeit mit Rüdiger Wenzel, Düsseldorf 1983.

64 Vgl. vor allem Richard Stöss (Hg.), Parteienhandbuch. Die Parteien der Bundesrepublik Deutschland 1945–1980, 2 Bde., Opladen 1983.

65 Vgl. detailliert Gerhard A. Ritter/Merith Niehuß, Wahlen in Deutschland 1946–1991. Ein Handbuch, München 1991, S. 127 ff.

66 Zonal vergleichende Perspektiven in: Clemens, Kulturpolitik (wie Anm. 15); Oberreuter/Weber, Feinde (wie Anm. 5); Wolfgang Benz (Hg.), Deutschland unter alliierter Besatzung 1945–1949/55. Ein Handbuch, Berlin 1999; Braun u.a., Stunde Null (wie Anm. 2).

67 Caspar Schrenck-Notzing, Charakterwäsche. Die amerikanische Besatzung in Deutschland und ihre Folgen, Stuttgart ⁴1965.

68 Immer noch instruktiv: Karl-Ernst Bungenstab, Umerziehung zur Demokratie? Re-education-Politik im Bildungswesen der US-Zone 1945–49, Düsseldorf 1970; vgl. Gerhardt, Soziologie (wie Anm. 2).

69 Die Zäsur 1947 betont Alfons Söllner, Zur Archäologie der Demokratie in Deutschland. Bd. 2: Analysen von politischen Emigranten im amerikanischen Außenministerium 1946–1949, Frankfurt/M. 1986, S. 169 ff.

70 Vgl. Anna J. Merritt/Richard Merritt, Public Opinion in Occupied Germany. The OMGUS Surveys 1945–1949, Urbana, Ill. 1970; Hans Braun/Stephan Articus, Sozialwissenschaftliche Forschung im Rahmen der amerikanischen Besatzungspolitik 1945–1949, in: Kölner Zeitschrift für Soziologie und Sozialpsychologie, Jg. 36, 1984, S. 703–737; Hans Braun/Maria Zörkler/Pia-Luise Grundhöfer/Andreas Kopp, Die sozialwissenschaftliche Forschung im Rahmen der französischen Besatzungspolitik in Westdeutschland zwischen 1945 und 1949, Trier 1989; dies., Die Sozialforschung im Rahmen der britischen Besatzungspolitik. Eine Datenquelle zur Erhellung der Lebensbedingungen im Nachkriegsdeutschland, in: Tel Aviver Jahrbuch für deutsche Geschichte, Bd. 19, 1990, S. 461–467; Ulrich M. Bausch, Die Kulturpolitik der US-amerikanischen Information Control Division in Württemberg-Baden von 1945 bis 1949. Zwischen militärischem Funktionalismus und schwäbischem Obrigkeitsdenken, Stuttgart 1992, S. 22 ff., 40 ff.; Hans Braun, Sozialwissenschaftliche Forschung als Selbstvergegenwärtigung und Evaluation der amerikanischen Besatzungsherrschaft, in: ders. u.a., Stunde Null, S. 205–225.

71 Saul K. Padover, Lügendetektor. Vernehmungen im besiegten Deutschland 1944/45, Frankfurt/M. 1999 (1946), S. 123.

72 Vgl. (mit Hinweisen auf die Forschung) Angelika Eder, Kultur und Kulturveranstaltungen in den jüdischen DP-Lagern, in: Julius H. Schoeps (Hg.), Leben im Land der Täter. Juden im Nachkriegsdeutschland (1945–1952), Berlin 2001, S. 63–77; zu den Ressentiments gegen die Überlebenden Horst Dieter Schlosser, Es wird zwei Deutschlands geben. Zeitgeschichte und Sprache in Nachkriegsdeutschland 1945–1949, Frankfurt/M. 2005, S. 84 ff.; Eva Zametzer, Die Anfänge des Ost-West-Konflikts in der deutschen Sprache. Argumentationsstrategien in Tagesspiegel und Berliner Zeitung von 1945 bis 1949, Frankfurt/M. 2006.

73 Vgl. Jürgen Wilke, Massenmedien und Vergangenheitsbewältigung, in: ders. (Hg.), Me-

diengeschichte der Bundesrepublik Deutschland, Köln/Weimar/Wien 1999, S. 649–671, hier S. 651 ff.

74 Vgl. Merritt/Merritt, Public Opinion (wie Anm. 70); für Allensbacher Umfragen seit 1948 Edgar Piel, Spuren der NS-Ideologie im Nachkriegsdeutschland, in: Oberreuter/ Weber, Feinde (wie Anm. 5), S. 145–168.

75 Lutz Niethammer, Die Mitläuferfabrik. Die Entnazifizierung am Beispiel Bayerns, Berlin 1982.

76 Neuer Westfälischer Kurier, 22.7.1949, zit. nach Clemens Vollnhals (Hg. in Zusammenarbeit mit Thomas Schlemmer), Entnazifizierung. Politische Säuberung und Rehabilitierung in den vier Besatzungszonen 1945–1949, München 1991, S. 326.

77 John Dos Passos, Das Land des Fragebogens, Frankfurt/M. 1997.

78 Vgl. Vollnhals, Entnazifizierung (wie Anm. 76); Cornelia Rauh-Kühne, Die Entnazifizierung und die deutsche Gesellschaft, in: Archiv für Sozialgeschichte, Bd. 35, 1995, S. 35–70.

79 Vgl. Norbert Frei, Vergangenheitspolitik. Die Anfänge der Bundesrepublik und die NS-Vergangenheit, München 1996, S. 29 ff.

80 Vgl. Arnd Bauerkämper (Hg.), »Junkerland in Bauernhand«? Durchführung, Auswirkungen und Stellenwert der Bodenreform in der Sowjetischen Besatzungszone, Berlin 1996.

81 Eine der besten Regionalstudien: Gerhard Besier, ›Selbstreinigung‹ unter britischer Besatzungsherrschaft. Die evangelisch-lutherische Landeskirche und ihr Landesbischof Marahrens 1945–1947, Göttingen 1986; vgl. die Beiträge von Joachim Perels, Gerhard Lindemann, Axel Wunderlich und Simone Schad, in: Grosse u. a., Neubeginn (wie Anm. 14).

82 Vera Bücker, Die Schulddiskussion im deutschen Katholizismus nach 1945, Bochum 1989; Damian van Melis, »Ganz Deutschland war ein einziges großes Konzentrationslager«. Die katholische Kirche und die Frage der deutschen Kollektivschuld, in: Gary S. Schaal/Andreas Wöll (Hg.), Vergangenheitsbewältigung. Modelle der politischen und sozialen Integration in der bundesdeutschen Nachkriegsgeschichte, Baden-Baden, S. 129–146.

83 Henric L. Wuermeling, Die weiße Liste. Umbruch der politischen Kultur in Deutschland 1945, Berlin 1981.

84 Esther Neblich, Bayreuth in der Besatzungs- und Nachkriegszeit 1945–1955, in: Archiv für die Geschichte von Oberfranken, Bd. 84, 2004, S. 409–428, hier S. 422.

85 Eines der bekanntesten Beispiele der Arbeit für den US-Geheimdienst OSS 1943 wurde jüngst publiziert: Gunther Nickel/Johanna Schrön (Hg.), Geheimreport. Berichte von Carl Zuckmayer, Göttingen 2002; vgl. dazu kritisch Georg Guntermann, Auch in eigener Sache. Ansichten auf Carl Zuckmayers Geheimreport, in: Zeitschrift für Deutsche Philologie, Jg. 123, 2004, S. 286–293.

86 Willy Brandt, Verbrecher und andere Deutsche. Ein Bericht aus Deutschland 1946, Bonn 2007; Carl Zuckmayer, Deutschlandbericht für das Kriegsministerium der Vereinigten Staaten von Amerika, Göttingen 2004; Joachim Szodrzynski, Der Nachrichtendienst und sein Dichter – Carl Zuckmayers Geheimreport. Überlegungen zu einem deutschen Intellektuellen, in: Markus Joch/Norbert Christian Wolf (Hg.), Text und Feld. Bourdieu in der literaturwissenschaftlichen Praxis, Tübingen 2005, S. 335–351; zahlreiche weitere prominente Reiseberichte in Klaus R. Scherpe (Hg.), In Deutschland unterwegs. Reportagen, Skizzen, Berichte, Stuttgart 1982.

87 Vgl. Marita Biller, Exilstationen. Eine empirische Untersuchung zur Emigration und

Remigration deutschsprachiger Journalisten und Publizisten, Münster/Hamburg 1994; Claus-Dieter Krohn/Patrik von zur Mühlen (Hg.), Rückkehr und Aufbau. Deutsche Remigranten im öffentlichen Leben Nachkriegsdeutschlands, Marburg 1997; Begleitbuch zur Ausstellung »Rückkehr in die Fremde? Remigranten und Rundfunk in Deutschland 1945–1955«, hg. vom Arbeitskreis selbständiger Kulturinstitute u. a., Berlin 2000; Marita Krauss, Heimkehr in ein fremdes Land. Geschichte der Remigration nach 1945, München 2001; Claus-Dieter Krohn/Axel Schildt (Hg.), Zwischen den Stühlen? Remigranten und Remigration in der deutschen Medienöffentlichkeit der Nachkriegszeit, Hamburg 2002; Irmela von der Lühe/Claus-Dieter Krohn, Fremdes Heimatland. Remigration und literarisches Leben nach 1945, Göttingen 2005; Irmela von der Lühe/Axel Schildt/Stefanie Schüler-Springorum (Hg.), »Auch in Deutschland waren wir nicht wirklich zu Hause«. Jüdische Remigration nach 1945, Göttingen 2008.

88 Brewster S. Chamberlin, ›Todesmühlen‹. Ein früher Versuch zur Massen-›Umerziehung‹ im besetzten Deutschland 1945–1946, in: Vierteljahreshefte für Zeitgeschichte, Jg. 29, 1981, S. 420–436; Brigitte J. Hahn, Umerziehung durch Dokumentarfilm? Ein Instrument amerikanischer Kulturpolitik im Nachkkriegsdeutschland (1945–1953), Münster 1997, S. 229 ff.; Ulrich Prehn, Von der Re-education zur Re-orientation. Zum Wandel angloamerikanischer Film-Bilder vom nationalsozialistischen zum postnationalsozialistischen Deutschland, in: Arbeitskreis Historische Bildforschung (Hg.), Der Krieg im Bild – Bilder vom Krieg. Hamburger Beiträge zur Historischen Bildforschung, Frankfurt/M. 2003, S. 133–162.

89 Dirk Deissler, Die entnazifizierte Sprache. Sprachpolitik und Sprachregelung in der Besatzungszeit, Frankfurt/M. 2004.

90 Schlosser, Deutschlands (wie Anm. 72), S. 36 ff.; Johanna Sänger, Heldenkult und Heimatliebe. Straßen- und Ehrennamen im offiziellen Gedächtnis der DDR, Berlin 2006.

91 Dolf Sternberger/Gerhard Storz/W. E. Süskind, Aus dem Wörterbuch des Unmenschen. Neue erweiterte Ausgabe mit Zeugnissen des Streits über die Sprachkritik, Hamburg ³1968; ein ähnliches Anliegen verfolgte der Romanist Victor Klemperer LTI. Notizbuch eines Philologen, Leipzig 1947 (¹²1993); vgl. Heidrun Kämper, Der Schulddiskurs in der frühen Nachkriegszeit. Ein Beitrag zur Geschichte des sprachlichen Umbruchs nach 1945, Berlin/New York 2005, S. 320 ff.

92 Bungenstab (wie Anm. 68), S. 70 ff., 99 ff.; vgl. Maria Halbritter, Schulreformpolitik in der britischen Zone von 1945 bis 1949, Weinheim 1979; Manfred Heinemann (Hg.), Umerziehung und Wiederaufbau. Die Bildungspolitik der Besatzungsmächte in Deutschland und Österreich, Stuttgart 1981; ders. (Hg.), Zwischen Restauration und Innovation. Bildungsreformen in Ost und West nach 1945, Köln u. a. 1999.

93 Jürgen Bennack, Volksschulbücher der Nachkriegszeit zwischen Erneuerung und Restauration, in: Heinemann, Umerziehung (wie Anm. 92), S. 1–16.

94 Torsten Gass-Bolm, Das Gymnasium 1945–1980. Bildungsreform und gesellschaftlicher Wandel in Westdeutschland, Göttingen 2005, S. 81 ff.

95 Rolf Schörken, Jugend 1945. Politisches Denken und Lebensgeschichte, Frankfurt/M. 1994.

96 Karl-Heinz Füssl, Die Umerziehung der Deutschen. Jugend und Schule unter den Siegermächten des Zweiten Weltkriegs 1945–1955, Paderborn u. a. 1994, S. 35 ff.; Friedhelm Boll, Auf der Suche nach Demokratie. Britische und deutsche Jugendinitiativen in Niedersachsen nach 1945, Bonn 1995.

97 Füssl, Umerziehung (wie Anm. 96), S. 148 ff.

98 Vgl. zum Folgenden für alle Belege, sofern nicht anders angegeben, Schildt, Im Kern

(wie Anm. 58); Bungenstab, Umerziehung (wie Anm. 68), S. 115 ff.; in den letzten zehn Jahren erfolgten Veröffentlichungen zu den meisten Hochschulen; vgl. u. a. David Phillips, The rekindling of cultural and intellectual life in the universities of occupied Germany with particular reference to the British Zone, in: Clemens, Kulturpolitik (wie Anm. 61), S. 102–116; Corine Defrance, Die Franzosen und die Wiedereröffnung der Mainzer Universität, 1945–1949, in: Ebd., S. 117–130; Renate Kries, Die Wiedereröffnung der Universität zu Köln 1945, in: Georg Mölich/Stefan Wunsch (Hg.), Köln nach dem Krieg. Facetten der Stadtgeschichte, Köln 1995, S. 240–264; Jürgen C. Heß/Hartmut Lehmann/Volker Sellin (Hg.), Heidelberg 1945, Stuttgart 1996; Anikó Szabó, Vertreibung, Rückkehr, Wiedergutmachung. Göttinger Hochschullehrer im Schatten des Nationalsozialismus, Göttingen 2000.

99 Victor Klemperer, Ich will Zeugnis ablegen bis zum letzten. Tagebücher 1933–1941. Hg. von Walter Nowojski unter Mitarbeit von Hadwig Klemperer, Berlin 1995, S. 296.

100 Ein Gespräch mit Günther Wolf. Care-Pakete und Walt Whitman. Erinnerungen an kulturelle Neuanfänge aus Sicht der jungen Generation, in: Ludwig Fischer/Klaas Jarchow/Horst Ohde/Hans-Gerd Winter (Hg.), »Dann waren die Sieger da«. Studien zur literarischen Kultur in Hamburg 1945–1950, Hamburg 1999, S. 13–19, Zitat S. 14.

101 Volker R. Berghahn, Transatlantische Kulturkriege. Shepard Stone, die Ford-Stiftung und der europäische Antiamerikanismus, Stuttgart 2004; Claus-Dieter Krohn, Ein intellektueller Marshall-Plan? Die Hilfe der Rockefeller Foundation beim Wiederaufbau der Wissenschaften in Deutschland nach 1945, in: Braun u. a., Stunde Null (wie Anm. 2), S. 227–250.

102 Vgl. u. a. Johannes Weyer, Westdeutsche Soziologie 1945–1960. Deutsche Kontinuitäten und nordamerikanischer Einfluss, Berlin 1984; Günther Lüschen (Hg.), Deutsche Soziologie seit 1945. Entwicklungen und Praxisbezug, Opladen 1979; Wolfgang Prinz/Peter Weingart (Hg.), Die sog. Geisteswissenschaften. Innenansichten, Frankfurt/M. 1990; Gerhard Göhler/Bodo Zeuner (Hg.), Kontinuitäten und Brüche in der deutschen Politikwissenschaft, Baden-Baden 1994; Karl-Siegbert Rehberg, Auch keine Stunde Null. Westdeutsche Soziologie nach 1945, in: Walter H. Pehle/Peter Sillem (Hg.), Wissenschaft im geteilten Deutschland. Restauration oder Neubeginn nach 1945, Frankfurt/M. 1992, S. 26–44; Hubertus Buchstein, Politikwissenschaft und Demokratie. Wissenschaftskonzeption und Demokratietheorie sozialdemokratischer Nachkriegspolitologen in Berlin, Baden-Baden 1992; Alfons Soellner, Deutsche Politikwissenschaft in der Emigration. Studien zu ihrer Akkulturation und Wirkungsgeschichte, Opladen 1996; Rainer Nicolaysen, Siegfried Landshut. Die Wiederentdeckung der Politik. Eine Biographie, Frankfurt/M. 1997; Wilhelm Bleek, Geschichte der Politikwissenschaft in Deutschland, München 2001; Carola Dietze, Nachgeholtes Leben. Helmuth Plessner 1892–1985, Göttingen 2006.

103 Horst Ohde, Das Haus an der Rothenbaumchaussee. Zur Geschichte des NWDR, in: Fischer u. a., Sieger (wie Anm. 100), S. 291–320.

104 S. die in Anm. 29 genannte Literatur.

105 Vgl. Norbert Frei, Die Presse, in: Benz, Geschichte, Bd. 4 (wie Anm. 44), S. 370–417; Kurt Koszyk, Pressepolitik für Deutsche 1945–1949. Geschichte der deutschen Presse IV, Berlin 1986; Otto Köhler, Wir Schreibmaschinentäter. Journalisten unter Hitler – und danach, Köln 1989; Peter Köpf, Schreiben nach jeder Richtung. Goebbels-Propagandisten in der deutschen Nachkriegspresse, Berlin 1995; Sigrun Schmid, Journalisten der frühen Nachkriegszeit. Eine kollektive Biographie am Beispiel von Rheinland-Pfalz, Köln 2000; als Fallstudien: Norbert Frei, Amerikanische Lizenzpolitik und deutsche

Pressetradition. Die Geschichte der Nachkriegszeitung Südost-Kurier, München 1986; Christian Haase/Axel Schildt (Hg.), DIE ZEIT und die Bonner Republik. Eine meinungsbildende Wochenzeitung zwischen Wiederbewaffnung und Wiedervereinigung, Göttingen 2008 (hier auch Hinweise zur neuesten Forschungsliteratur); zu den Nachrichtenagenturen vgl. Wilke, Nachrichtenagenturen, in: ders., Mediengeschichte (wie Anm. 72), S. 469–488.

106 Zur Pressepolitik der USA vgl. die detaillierte Studie von Jessica C. E. Gienow-Hecht, Transmission Impossible. American Journalism as Cultural Diplomacy in Postwar Germany 1945–1955, Baton Rouge 1999.

107 Christina von Hodenberg, Konsens und Krise. Eine Geschichte der westdeutschen Medienöffentlichkeit 1945–1973, Göttingen 2006, S. 125 ff.; als lokale Fallstudie Christian Sonntag, Medienkarrieren. Biographische Studien über Hamburger Nachkriegsjournalisten 1946–1949, München 2006.

108 Jost Hermand, Kultur im Wiederaufbau. Die Bundesrepublik Deutschland 1945–1965, München 1986, S. 9; Glaser, Kulturgeschichte, Bd. 1 (wie Anm. 24), S. 296 ff.; zu den Verlagen Suhrkamp, Rowohlt und dem für die Literaturentwicklung in der SBZ und DDR erstrangigen Aufbau-Verlag vgl. die entsprechenden Beiträge in Ursula Heukenkamp (Hg.), Unterm Notdach. Nachkriegsliteratur in Berlin 1945–1949, Berlin 1996; zum Rowohlt-Verlag auch Sabine Krecker, Neuanfang in vier Zonen. Der Rowohlt Verlag nach 1945: Hamburg, Stuttgart, Baden-Baden, Berlin, in: Fischer u. a., Sieger (wie Anm. 100), S. 207–228; s. auch die in Anm. 32 und 34 genannte Literatur.

109 Magdalene Heider, Politik – Kultur – Kulturbund. Zur Gründungs- und Frühgeschichte des Kulturbundes zur demokratischen Erneuerung Deutschlands 1945–1954 in der SBZ/DDR, Köln 1993.

110 Rose Liebert, »Neues Denken in allen Bahnen«. Kulturpolitik in Duisburg nach dem Zweiten Weltkrieg, in: Barbian/Ludger, Gestern (wie Anm. 42), S. 186–197, Zitat S. 189.

111 Vgl. zu diesem bisher wenig untersuchten Feld mit instruktiven Fallstudien Habbo Knoch (Hg.), Das Erbe der Provinz. Heimatkultur und Geschichtspolitik, Göttingen 2001.

112 Vgl. für Beispiele Glaser u. a., Anfang (wie Anm. 18); für München: Prinz, Trümmerzeit (wie Anm. 10), S. 21 ff., 60 ff.; für das Ruhrgebiet: Liebert, Denken (wie Anm. 105); für Nürnberg: Clemens Wachter, Kultur in Nürnberg 1945–1950. Kulturpolitik, kulturelles Leben und Bild der Stadt zwischen dem Ende der NS-Diktatur und der Prosperität der fünfziger Jahre, Nürnberg 1999; für Pforzheim: Hammel, Leben (wie Anm. 36), ibs. S. 31 ff., 94 ff.; für Tübingen und Reutlingen: Frank Becker, Kultur im Schatten der Trikolore. Theater, Kunstausstellungen, Kino und Film im französisch besetzten Württemberg-Hohenzollern 1945–1949, Frankfurt/M. u. a. 2007, S. 125 ff.

113 Besonders für die Volkshochschulen ist die demonstrative »Lokalorientierung« hervorzuheben; vgl. Jörg Wollenberg, Schule der Demokraten, in: Glaser u. a., Anfang (wie Anm. 18), S. 303–309, Zitat S. 310.

114 Dies ist in den zahlreichen Varianten am ehesten durch lokale und biographische Fallstudien zu untersuchen; vgl. hierfür Bernd Ulrich, Bremer Spätbürger. Städtische Tradition und bürgerlicher ›Geist‹ nach 1945, in: Manfred Hettling/Bernd Ulrich (Hg.), Bürgertum nach 1945, Hamburg 2005, S. 222–254.

115 Vgl. die Dokumentation von Claudia Althaus, Nachbarschaftsbewegung und direkte Demokratie in den frühen 50er Jahren, in: Geschichte im Westen, Jg. 15, 2000, S. 95–114.

116 Hammel, Leben (wie Anm. 36), S. 32 ff.

117 Beatrix Burghoff, Die sogenannte ›Stunde Null‹: Umbruch oder Kontinuität? Ein Dis-

kussionsbeitrag am Beispiel einer kulturellen Vereinigung in Wuppertal, in: Hermann de Buhr/Heinrich Küppers/Volkmar Wittmütz (Hg.), Die Bergischen, »Ein Volk von zugespitzter Reflexion. Religion. Schule. Mentalität, Wuppertal 1992, S. 176–198

118 Hubert Treiber, Salon-Geselligkeit und Vortragskultur im Nachkriegs-Heidelberg – oder: Über die Rückkehr der »letzten Bildungsbürger«, in: Heß u. a., Heidelberg (wie Anm. 98), S. 255–269.

119 Glaser, Kulturgeschichte, Bd. 1 (wie Anm. 24), S. 29.

120 Ebd., S. 196 (ff.).

121 Ingrid Laurien, Politisch-kulturelle Zeitschriften in den Westzonen 1945–1949. Ein Beitrag zur politischen Kultur der Nachkriegszeit, Frankfurt/M. u. a. 1991, S. 1 (ff.).

122 Vgl. dazu eine Studie über Hermann Nohl, der Ende 1945 den Begriff des »Bürgers« in der *Sammlung* wieder in die politisch-kulturelle Debatte warf; Kai Arne Linnemann, Die Sammlung der Mitte und die Wandlung des Bürgers, in: Hettling/Ulrich, Bürgertum (wie Anm. 114), S. 185–220.

123 Vgl. Kämper, Schulddiskurs (wie Anm. 91); dies., Opfer – Täter – Nichttäter. Ein Wörterbuch zum Schulddiskurs 1945–1955, Berlin/New York 2007; Ursula Heukenkamp (Hg.), Schuld und Sühne? Kriegserlebnis und Kriegsdeutung in deutschen Medien der Nachkriegszeit (1945–1961). Amsterdam/Atlanta, GA 2001.

124 Norbert Frei, Von deutscher Erfindungskraft. Oder: Die Kollektivschuldthese in der Nachkriegszeit, in: ders., 1945 und wir. Das Dritte Reich im Bewußtsein der Deutschen, München 2005, S. 145–155; vgl. Raimund Lammersdorf, Verantwortung und Schuld. Deutsche und amerikanische Antworten auf die Schuldfrage, 1945–1947, in: Heinz Bude/Bernd Greiner (Hg.), Westbindungen. Amerika in der Bundesrepublik, Hamburg 1999, S. 231–256; Kämper, Opfer (wie Anm. 123), S. 151 ff.

125 Zur Analyse der Jaspers-Vorlesung über die Schuldfrage im Wintersemester 1946/47 vgl. Michael Th. Greven, Politisches Denken in Deutschland nach 1945. Erfahrungen und Umgang mit der Kontingenz in der unmittelbaren Nachkriegszeit, Opladen/Farmington Hills 2007, S. 61 ff.

126 Vgl. Axel Schildt, Solidarisch mit der Schuld des Volkes. Die öffentliche Schulddebatte und das Integrationsangebot der Kirchen in Niedersachsen nach dem Zweiten Weltkrieg, in: Bernd Weisbrod (Hg.), Rechtsradikalismus in der politischen Kultur der Nachkriegszeit. Die verzögerte Normalisierung in Niedersachsen, Hannover 1995, S. 269–295; Anke-Marie Lohmeier, Aufklärung und Propaganda. Politische Konsensbildung in Literatur und Publizistik der frühen Nachkriegszeit in Westdeutschland, in: Internationales Archiv für Sozialgeschichte der deutschen Literatur, Bd. 25, 2000, S. 115–133.

127 Axel Schildt, Zur Hochkonjunktur des »christlichen Abendlands« in der westdeutschen Geschichtsschreibung, in: Ulrich Pfeil (Hg.), Die Rückkehr der deutschen Geschichtswissenschaft in die »Ökumene der Historiker«. Ein wissenschaftsgeschichtlicher Ansatz, München 2008, S. 49–70.

128 Vor den Toren der Wirklichkeit. Deutschland 1946–47 im Spiegel der Nordwestdeutschen Hefte. Ausgewählt und eingeleitet von Charles Schüddekopf, Berlin/Bonn 1980, S. 319; vgl. Eckart Krippendorff, 1945: Goethe als »Heilung«, in: Jochen Golz/Justus H. Ulbricht (Hg.), Goethe in Gesellschaft. Zur Geschichte einer literarischen Vereinigung vom Kaiserreich bis zum geteilten Deutschland, Köln/Weimar/Wien 2005, S. 151–156.

129 Zit. nach Schildt, Kern (wie Anm. 58), S. 235.

130 Vgl. die Dokumentation von Hans Borchers/Klaus W. Vowe, Die zarte Pflanze Demokratie. Amerikanische re-education in Deutschland im Spiegel ausgewählter politischer

und literarischer Zeitschriften (1945–1949), Tübingen 1979; Glaser, Kulturgeschichte, Bd. 1, (wie Anm. 24), S. 131 ff.

131 Heike Springhart, »dass es eine Hoffnung gibt für Deutschland…« Religion und Kirchen im Nachkriegsdeutschland als Institutionen der re-education, in: Braun u. a., Stunde Null (wie Anm. 2), S. 91–114.

132 Axel Schildt, Amerikanische Einflüsse auf den Wiederaufbau westeuropäischer Städte nach dem Zweiten Weltkrieg, in: Informationen zur modernen Stadtgeschichte (IMS), Jg. 2007, S. 48–62; vgl. auch Klaus Schönberger, »Hier half der Marshallplan«. Werbung für das europäische Wiederaufbauprogramm zwischen Propaganda und Public Relations, in: Gerald Diesener/Rainer Gries (Hg.), Propaganda in Deutschland. Zur Geschichte der politischen Massenbeeinflussung im 20. Jahrhundert, Darmstadt 1996, S. 193–212.

133 Vgl. die detaillierte Fallstudie von Ellen Latzin, Lernen von Amerika? Das US-Kulturaustauschprogramm für Bayern und seine Absolventen, Stuttgart 2005.

134 Vgl. Maritta Hein-Kremer, Die amerikanische Kulturoffensive. Gründung und Entwicklung der Information Centers in West-Deutschland und West-Berlin, 1945–1955, Köln/Weimar/Berlin 1996.

135 Norbert Finzsch/Jürgen Martschukat (Hg.), Different Restorations. Reconstruction and »Wiederaufbau« in the United States and Germany: 1865–1945–1989, Providence/Oxford 1996; vgl. Jost Hermand, Resisting Boogie-Woogie Culture, Abstract Expressionism, and Pop Art. German Highbrow Objections to the Import of »American« Forms of Culture, 1945–1965, in: Alexander Stephan (Hg.), Americanization and Anti-Americanism. The German Encounter with American Culture after 1945, New York/Oxford 2005, S. 67–77.

136 Als legendär gilt das Feuilleton der »Neuen Zeitung«, das seit dem Herbst 1945 von Erich Kästner geleitet wurde und an dem etwa der junge Alfred Andersch mitarbeitete; vgl. Gerhard Hay, Literatur und Medien. Literarische Positionen im München der Nachkriegszeit, in: Prinz, Trümmerzeit (wie Anm. 10), S. 209–219, hier S. 211 ff.; Volker Wehdeking, Nachkriegsmünchen als Tor zum freieren Süden: Alfred Andersch und Gustav René Hocke als Kulturkritiker und Erzähler, in: ebd., S. 220–227.

137 Glaser, Kulturgeschichte, Bd. 1 (wie Anm. 24), S. 313 f.

138 Ursula Reinhold/Dieter Schlenstedt/Horst Tanneberger (Hg.), Manifest des Ersten Deutschen Schriftstellerkongresses 4. Bis 8. Oktober 1947, Berlin 1997; vgl. Hermann Haarmann, Wiedersehen in Berlin. Erster Deutscher Schriftstellerkongress, Berlin 4. bis 8. Oktober 1947, in: von der Lühe/Krohn, Heimatland (wie Anm. 87), S. 39–56.

139 Wilfried Barner, Im Zeichen des »Vollstreckens«. Literarisches Leben in der SBZ und in der frühen DDR, in: ders., Geschichte (wie Anm. 36), S. 116–130, hier S. 121 ff.; Hans-Dieter Zimmermann, Literarische Blockaden. Die Berliner Blockade und die Berliner Literaten, in: Zeitschrift für Geschichtswissenschaft, Jg. 46, 1998, S. 531–537.

140 Christine Malende, Berlin und der P. E. N.-Club. Zur Geschichte der deutschen Sektion einer internationalen Schriftstellerorganisation, in: Heukenkamp, Notdach (wie Anm. 108), S. 89–128.

141 Hannes Schwenger, Buchmarkt und literarische Öffentlichkeit, in: Ludwig Fischer (Hg.), Literatur in der Bundesrepublik Deutschland bis 1967, München 1986, S. 99–124, hier S. 101–105; Stephan Füssel, Ein Frankfurter Phönix. Die Anfänge der Frankfurter Messe und ihre frühe Internationalisierung, in: ders. (Hg.), 50 Jahre Frankfurter Buchmesse 1949–1999, Frankfurt/M. 1999, S. 12–25.

142 Ludwig Fischer, Normalisierung und kultureller Auftrag. Zu Argumentationsmustern

der literarischen Intelligenz in der »Buchkrise« von 1948/49, in: ders. u. a., Sieger (wie Anm. 100), S. 237–272, Zitat S. 237.

143 Vgl. die instruktive Skizze von Wilhelm Heinrich Pott, Die Philosophien der Nachkriegsliteratur, in: Fischer, Literatur (wie Anm. 141), S. 263–278; vgl. aus marxistischer Sicht die Beiträge zum Thema »Wahrheiten und Geschichten – Philosophie nach '45«, in: Dialektik, Bd. 11, Köln 1986.

144 Mit dieser Feststellung wird in einem neueren Beitrag eine tiefe Zäsur ohne Kontinuitäten behauptet: Gösta Gantner, Das Ende der »Deutschen Philosophie«. Zäsuren und Spuren eines Neubeginns bei Karl Jaspers, Martin Heidegger und Theodor W. Adorno, in: Braun u. a., Stunde Null (wie Anm. 2), S. 175–202.

145 Vgl. Klaus Schölzel, Die Entlastung des Geistes, in: Glaser u. a., Anfang (wie Anm. 18), S. 310–315; Daniel Morat, Von der Tat zur Gelassenheit. Konservatives Denken bei Martin Heidegger, Ernst Jünger und Friedrich-Georg Jünger 1920–1960, Göttingen 2007, S. 361 ff.

146 Hermand, Kultur (wie Anm. 108), S. 75.

147 Anke-Marie Lohmeier, Aufklärung und Propaganda. Politische Konsensbildung in Literatur und Publizistik der frühen Nachkriegszeit in Westdeutschland, in: Internationales Archiv für Sozialgeschichte der deutschen Literatur, Bd. 25, 2000, S. 115–133.

148 Vgl. Morat, Tat (wie Anm. 145), S. 279 ff.

149 Hermand, Kultur (wie Anm. 108), S. 73.

150 Hans Michael Baumgartner/Hans-Martin Sass, Philosophie in Deutschland 1945–1975. Standpunkte, Entwicklungen, Literatur, Meisenheim 1980, S. 7 ff.; Helmut Fahrenbach, Nationalsozialismus und der Neuanfang »westdeutscher Philosophie« 1945–1950, in: Pehle/Sillem, Wissenschaft (wie Anm. 102), S. 99–11.

151 Zit. nach Ludwig Fischer, Literarische Kultur im sozialen Gefüge, in: ders., Literatur (wie Anm. 141), S. 142–163, hier S. 145.

152 Johannes F. G. Grosser (Hg.), Die große Kontroverse. Ein Briefwechsel um Deutschland, Hamburg u. a. 1963 (alle Zitate in dieser Broschüre); vgl. Irmela von der Lühe, »Kommen Sie bald wie ein guter Arzt«. Die große Kontroverse um Thomas Mann (1945), in: Joanna Jablowsk/Malgorzata Pótrola (Hg.), Gegenwart, Debatten, Skandale. Deutschsprachige Autoren als Zeitgenossen, Lodz 2002, S. 305–320; Hans-Ulrich Wagner, Briefe zur deutschen Situation. Deutschlandpolitische Vorstellungen im Umfeld der sogenannten Großen Kontroverse um Thomas Mann, in: Nickel, Deutschlandkonzepte (wie Anm. 2), S. 271–294; Leonore Krenzlin, Geschichte des Scheiterns – Geschichte des Lernens? Überlegungen zur Lage während und nach der ›Großen Kontroverse‹ und zur Motivation ihrer Akteure, in: von der Lühe/Krohn, Heimatland (wie Anm. 87), S. 57–70.

153 Thomas Mann, Essays. Bd. 2: Politik. Hg. Von Hermann Kurzke, Frankfurt/M. 1977, S. 299.

154 Jost Hermand/Wigand Lange, »Wollt Ihr Thomas Mann wiederhaben? Deutschland und die Emigranten, Hamburg 1999.

155 Ernst Fischer, »… kaum ein Verlag, der nicht auf der Wiederentdeckungswelle der Verschollenen mitreitet«. Zur Reintegration der Exilliteratur in den deutschen Buchmarkt nach 1945, in: von der Lühe/Krohn, Heimatland (wie Anm. 87), S. 71–92; vgl. Friedhelm Kröll, Anverwandlung der ›Klassischen Moderne‹, in: Fischer, Literatur (wie Anm. 141), S. 244–262.

156 Stephen Brockmann, German Literary Culture at the Zero Hour, Rochester, NY/Woodbridge, Suffolk, UK 2004; Waltraud Wende, Einen Nullpunkt hat es nie gegeben. Schrift-

steller zwischen Neuanfang und Restauration – oder: Kontinuitäten bildungsbürgerlicher Deutungsmuster in der unmittelbaren Nachkriegsära, in: Georg Bollenbeck/
Gerhard Kaiser (Hg.), Die janusköpfigen 50er Jahre. Kulturelle Moderne und bildungsbürgerliche Semantik III, Wiesbaden 2000, S. 17–29.

157 Alexander von Bormann, Frühe Nachkriegslyrik (1945–1950), in: Barner, Geschichte
(wie Anm. 36), S. 76–88; vgl. illustrativ und polemisch Thomas Friedrich, Deutsche
stories oder »sagt nackt was ihr müsst«. Bemerkungen zur Kahlschlag-Literatur, in:
Bernhard Schulz (Hg.), Grauzonen, Farbwelten. Kunst und Zeitbilder 1945–1955, Berlin/
Wien 1983, S. 359–378.

158 Joachim Szodrzynski, »Wenn ich jetzt nicht an die Oberfläche tauche, wird es nie
geschehen.« Strategien von Schriftstellern zur Etablierung im literarischen Feld nach
1945. Am Beispiel von Hans Erich Nossack und Hans H. König, in: Fischer u. a., Sieger
(wie Anm. 100), S. 85–109; Inge Stephan, »Was geht uns Kassandra an?« Zur Funktion
des Mythos in Hans Erich Nossacks frühen Nachkriegstexten, in: ebd., S. 111–130.

159 Die Verse von Eich und Schnurre werden u. a. zit. bei Hermand, Kultur (wie Anm.
108), S. 135.

160 Zit. nach Florian Vaßen, Politische Lyrik, in: Fischer, Literatur (wie Anm. 141), S. 436–459,
Zitat S. 439.

161 Horst Ohde, Die Magie des Heilen. Naturlyrik nach 1945, in: Fischer, Literatur (wie
Anm. 141), S. 349–367, hier S. 349 ff.

162 Elisabeth Endres, Die Literatur der Adenauerzeit, München 1983, S. 37.

163 Vgl. Manfred Karnick, Krieg und Nachkrieg. Erzählprosa im Westen, in: Barner, Geschichte (wie Anm. 36), S. 31–75, hier S. 39 ff.

164 Hermand, Kultur (wie Anm. 108), S. 178.

165 Doris Kirchner, Doppelbödige Wirklichkeit. Magischer Realismus und nichtfaschis-
tische Literatur, Tübingen 1993; Ingeborg Scholz, Deutsche Lyrik im Spannungsbogen
zwischen Kunst und Religion. Werner Bergengruen und Rudolf Alexander Schröder,
Bonn 2002; die deutsch-baltischen Heimatbezüge betont der Historiker Frank-Lothar
Kroll, Dichtung als Kulturvermittlung. Über einen Grundaspekt im Schaffen Ber-
gengruens, in: ders. (Hg.), Flucht und Vertreibung in der Literatur nach 1945, Berlin
1997, S. 103–121; vgl. auch Kurt Adel, Von Sprache und Dichtung 1800–2000, Frank-
furt/M. 2004, S. 129 ff.

166 Zit. nach Glaser, Kulturgeschichte, Bd. 1 (wie Anm. 24), S. 300.

167 Karl Esselborn, Neubeginn als Programm, in: Fischer, Literatur (wie Anm. 141),
S. 230–243.

168 Hermand, Kultur (wie Anm. 108), S. 180.

169 Volker C. Dörr, Mythomimesis. Mythische Geschichtsbilder in der westdeutschen (Er-
zähl-)Literatur der frühen Nachkriegszeit (1945–1952), Berlin 2004.

170 Karnick, Krieg (wie Anm. 153), S. 53 ff. (dort alle Zitate).

171 Samuel Moser (Hg.), Ilse Aichinger. Leben und Werk, Frankfurt/M. 1995.

172 Karnick, Krieg (wie Anm. 163), S. 66 ff.

173 Vgl. Friedhelm Kröll, Gruppe 47, Stuttgart 1979; Heinz Ludwig Arnold, Die Gruppe 47.
Ein kritischer Grundriß, München ³2004 (1980), S. 13 ff., 67 ff.; Justus Fischer/Eberhard
Lämmert/Jürgen Schutte (Hg.), Die Gruppe 47 in der Geschichte der Bundesrepublik,
Würzburg 1991; Hermann Kinder, Der Mythos von der Gruppe 47, Eggingen 1991;
Artur Nickel, Hans Werner Richter – Ziehvater der Gruppe 47. Eine Analyse im Spiegel
ausgewählter Zeitungs- und Zeitschriftartikel, Stuttgart 1994; Ingrid Gilcher-Holtey,
»Askese schreiben, schreib Askese«. Zur Rolle der Gruppe 47 in der politischen Kultur

der Nachkriegszeit, in: Internationales Archiv für Sozialgeschichte der deutschen Literatur, Bd. 25, 2000, Heft 2, S. 134–167.

174 Rosmarie Mair, Zu Gast bei Ilse Schneider-Lengyel: Das erste Treffen der Gruppe 47 am Bannwaldsee bei Füssen, in: Der Schwabenspiegel. Jahrbuch für Literatur, Sprache und Spiel, Bd. 3, 2002, S. 191–199; vgl. aus der Erinnerungsliteratur auch Jürgen Grambow, »Der Skorpion« und die Folgen. Hans Werner Richter und die »Gruppe 47«, in: Neue deutsche Literatur, Jg. 45, 1997, Heft 6, S. 169–176; Barbara König, Hans Werner Richter. Notizen einer Freundschaft, München/Wien 1997; zur Dekonstruktion des Gründungsmythos der Gruppe vgl. Klaus Briegleb, »Neuanfang« in der westdeutschen Nachkriegsliteratur – Die Gruppe 47 in den Jahren 1947–1951, in: Stephan Braese (Hg.), Bestandsaufnahme. Studien zur Gruppe 47, Berlin 1999, S. 35–63.

175 Sie ist als Reprint erhältlich: »Der Skorpion«. Herausgegeben von Hans Werner Richter. Reprint. Mit einer Dokumentation zur Geschichte des »Skorpions« und einem Nachwort zur Geschichte der Gruppe 47 von Heinz Ludwig Arnold, Göttingen 1991.

176 Schon beim Streit zwischen Thomas Mann und Frank Thiess hatte sich Andersch nicht den Angriffen des großen Exildichters auf die Literatur im »Dritten Reich« anschließen mögen, weil er sich selbst getroffen fühlte; Markus Joch, Vom Reservieren der Logenplätze. Das Dreieck Thiess – Mann – Andersch, in: Hans-Gerd Winter (Hg.), »Uns selbst mussten wir misstrauen.« Die »junge Generation« in der deutschsprachigen Nachkriegsliteratur, Hamburg/München 2002, S. 67–79.

177 Esselborn, Neubeginn (wie Anm. 167), S. 235.

178 Thomas Koebner (Hg.), Mit uns zieht die neue Zeit! Der Mythos Jugend, Frankfurt/M. ^{2}1987.

179 Zit. nach Hans Neunzig (Hg.), Der Ruf. Unabhängige Blätter für die junge Generation. Eine Auswahl, München 1980, S. 19 (der Artikel ist in der Nummer vom 15.8.1946 enthalten).

180 Zit. nach Hans-Gerd Winter, »Wohin sollen wir denn auf dieser Welt!« Wolfgang Borchert, der früh vereinnahmte Autor und sein unbehauster Heimkehrer, in. Fischer u. a., Sieger (wie Anm. 100), S. 25–55, hier S. 30.

181 Zit. nach Ralf Schnell, Geschichte der deutschsprachigen Literatur seit 1945, Stuttgart/Weimar 1993, S. 98.

182 Hans-Ulrich Wagner, Autoren, Foren, Diskussionen – Die »junge Generation« nach 1945, in: Winter, Uns selbst (wie Anm. 176), S. 16–46, hier S. 27; Schnabel hatte nach eigener Darstellung auch einen neuen Titel für das – verschollene – Urmanuskript vorgeschlagen, das zunächst mit »Ein Mann kommt nach Deutschland« betitelt war.

183 Zit. nach Michael Töteberg, »Wo bleibt das Buch?« Wolfgang Borchert. Eine literarische Karriere im Nachkrieg, in: Winter, Uns selbst (wie Anm. 176), S. 95–109, Zitat S. 95.

184 Zit. nach Winter, Welt (wie Anm. 182), S. 25; vgl. Gordon Burgess/Hans-Gerd Winter (Hg.), Pack das Leben bei den Haaren. Wolfgang Borchert in neuer Sicht, Hamburg 1997.

185 Vgl. Ulrike Weckel, Spielarten der westdeutschen Vergangenheitsbewältigung – Wolfgang Borcherts Heimkehrer und sein langer Weg durch die westdeutschen Medien, in: Tel Aviver Jahrbuch für deutsche Geschichte, Bd. 31, 2003, S. 125–161, und die dort genannte ältere Forschungsliteratur; Peter Reichel, Erfundene Erinnerung. Weltkrieg und Judenmord in Film und Theater, München/Wien 2004, S. 45 ff.; Friedemann Weidauer, Sollen wir ihn reinlassen? Wolfgang Borcherts Draussen vor der Tür in neuen Kontexten, in: German Life and Letters, Bd. 49, 2006, S. 122–139.

186 Zur heutigen Borchert-Verehrung einschließlich Sonderbriefmarke anlässlich des 75. Geburtstags 1996 vgl. ebd., S. 29.

187 Jürgen Schröder, Das Drama: Der mühsame Anfang, in: Barner, Geschichte (wie Anm. 36), S. 99–115, hier S. 107 ff.; vgl. ausführlich Katrin Weingran, »Des Teufels General« in der Diskussion, Marburg 2004.

188 Bernd Balzer, Nur drei Ausnahmen? Das »aktuelle Gegenwartsstück« 1945–1950, in: Winter, Uns selbst (wie Anm. 176), S. 191–199.

189 Henning Rischbieter, Theater, in: Benz, Geschichte, Bd. 4 (wie Anm. 44), S. 86–130, Zitat S. 87; für die folgenden Ausführungen zum Bühnengeschehen vgl. neben diesem Überblick ders., Bühnenhunger (wie Anm. 40); Jan Berg, Drama und Theater, in: Fischer, Literatur (wie Anm. 141), S. 493–524; lokale Beispiele vgl. für Berlin: Schivelbusch, Vorhang (wie Anm. 37), S. 91 ff.; Bielefeld: Andreas Bootz, Kultur in Bielefeld 1945–1960, Bielefeld 1993, S. 44 ff.; Hamburg: Barbara Müller-Wesemann, »Spielen für das Leben«. Theater in Hamburg von 1945 bis 1950, in: Fischer u. a., Sieger (wie Anm. 100), S. 57–79; Köln: Thomas Thorausch, »Komödiantische Lockerheit und ernsthaftes Beginnen am Werk«. Städtisches Schauspiel in Köln 1945–1959, in: Mölich/Wunsch, Köln (wie Anm. 98), S. 201–222; Konstanz: Martin Jösel, Ins Theater mit zwei Stücken Holz – Literatur und Theater der Nachkriegszeit in Südbaden, in: Das Markgräflerland: Beiträge zu seiner Geschichte und Kultur, Bd. 2, Schopfheim 1995, S. 47–64; Koblenz, Mainz: Erika Fischer-Lichte, »Stunde Null« oder, Die Lust, Theater zu spielen. Theater für die Region, in: Heyen/Keim, Suche (wie Anm. 46), S. 121–184; München: Elisabeth Angermair, Theaterleben in den ersten Nachkriegsjahren: Kammerspiele, Volkstheater, Privattheater, in: Prinz, Trümmerzeit (wie Anm. 10), S. 193–208; Nürnberg: Wachter, Kultur (wie Anm. 112), S. 49 ff.; Pforzheim: Hammel, Leben (wie Anm. 36), S. 87 ff.; Tübingen und Reutlingen: Becker, Kultur (wie Anm. 112), S. 133 ff.

190 Vgl. Klaus Völker, Fritz Kortner, Schauspieler und Regisseur, Berlin ²1993; Jens Malte Fischer, Nach Deutschland wollen Sie gehen? Die Remigration Fritz Kortners und sein Film Der Ruf, in: Hans-Peter Bayerdörfer (Hg.), Theatralia Judaica (II). Nach der Shoah. Israelisch-deutsche Theaterbeziehungen seit 1949, Tübingen 1996, S. 57–70; Marita Krauss, Theaterremigranten – Fritz Kortner und andere. Die Münchner Kammerspiele als Beispiel, in: von der Lühe u. a., Deutschland (wie Anm. 87), S. 339–355.

191 Rischbieter, Bühnenhunger (wie Anm. 41), S. 230 f.; vgl. (auch zum Folgenden) Andreas Höfele, »Goebbels in reverse«? Re-education und Zensur im deutschen Theater nach 1945, in: Beate Müller, Zensur im modernen deutschen Kulturraum, Tübingen 2003, S. 97–113.

192 Wigand Lange, Theater in Deutschland nach 1945. Zur Theaterpolitik der amerikanischen Besatzungsbehörden, Frankfurt/m. u. a. 1980, S. 262 ff.

193 Zuckmayer, Deutschlandbericht (wie Anm. 86), S. 160.

194 Anselm Gerhard, Die »Vorherrschaft der deutschen Musik« nach 1945 – eine Ironie der Geschichte, in: Albrecht Riethmüller, Deutsche Leitkultur Musik? Zur Musikgeschichte nach dem Holocaust, Stuttgart 2006, S. 13–28.

195 David Monod, Settling Scores. German Music, Denacification, the Americans, 1945–1953, Chapel Hill/London 2005.

196 Franzpeter Messmer, Musik und Theater. Münchner Tradition und Klassische Moderne – Der musikalische Neuanfang, in: Prinz, Trümmerzeit (wie Anm. 10), S. 173–184, Zitat S. 177; vgl. Wolfgang Geiseler, Zwischen Klassik und Moderne, in: Glaser u. a., Anfang (wie Anm. 18), S. 244–257.

197 Nürnberger Nachrichten, 28.9.1946, zit. nach Wachter, Kultur (wie Anm. 112), S. 151.

198 Vgl. auch die detaillierten Angaben für eine Stadt der britischen Zone bei Bootz, Kultur (wie Anm. 35), S. 28 ff.

199 Hermand, Kultur (wie Anm. 108), S. 97.

200 Vgl. Maren Köster/Dörthe Schmidt (Hg.), Man kehrt nie zurück, man geht immer nur fort. Remigration und Musikkultur, München 2005; sowie Dörthe Schmidt, »Das wache Bewußtsein aller Beheimateten«. Exil und die Musik in der Kultur der Nachkriegszeit, in: von der Lühe u. a., Deutschland (wie Anm. 87), S. 356–385.

201 Glaser, Kulturgeschichte, Bd. 1 (wie Anm. 24), S. 211 ff.; die Geschichte der ersten beiden Jahrzehnte der Darmstädter Ferienkurse ist von einem Forschungsteam institutionen- und werkgeschichtlich akribisch erforscht worden: Gianmario Borio/Hermann Danuser (Hg.), Im Zenit der Moderne. Die Internationalen Ferienkurse für Neue Musik Darmstadt 1946–1966. Geschichte und Dokumentation in vier Bänden, Bd. 1, Freiburg 1997.

202 Vgl. Michael H. Kater, Carl Orff im Dritten Reich, in: Vierteljahreshefte für Zeitgeschichte, Jg. 43, 1995, S. 1–35.

203 Bausch, Kulturpolitik (wie Anm. 70), S. 127 f.; Thomas Steiert, Zur Musik- und Theaterpolitik in Stuttgart während der amerikanischen Besatzungszeit, in: Clemens, Kulturpolitik (wie Anm. 15), S. 55–68.

204 Sabine Henze-Döhring, Kulturelle Zentren in der amerikanischen Besatzungszone: der Fall Bayreuth, in: Clemens, Kulturpolitik (wie Anm. 15), S. 39–54; zur Entnazifizierung von Winifred Wagner s. Anm. 84.

205 Dieter Vorsteher, Kunst. In die Freiheit entlassen?, in: Glaser u. a., Anfang (wie Anm. 18), S. 191–213.

206 Willi Baumeister, Tagebucheintrag vom 10.3.1941, zit. nach Willi Baumeister. Ausstellungskatalog Nationalgalerie Berlin, Staatliche Museen, Preußischer Kulturbesitz, Berlin 1989, S. 50.

207 Doris Schmidt, Bildende Kunst, in: Benz, Geschichte, Bd. 4. (wie Anm. 44), S. 243–289, hier S. 243 f.

208 Kathleen Schröter, Kunst zwischen den Systemen. Die *Allgemeine Deutsche Kunstausstellung* 1946 in Dresden, in: Nikola Doll/Ruth Heftrig/Olaf Peters/Ulrich Rehm (Hg.), Kunstgeschichte nach 1945. Kontinuität und Neubeginn in Deutschland, Köln/Weimar/Wien 2006, S. 209–237; dabei fällt auf, dass die Schilderung des Krieges selbst keine hervorgehobene Rolle spielte: Peter H. Feist, Folgen ohne Ursachen. Der Zweite Weltkrieg in der deutschen Bildenden Kunst der Nachkriegszeit, in: Heukenkamp, Schuld (wie Anm. 123), S. 241–257; Eduard Trier, »Wie die Künstler angefangen haben …«, in: Hugo Borger/Ekkehard Mai/Stephan Waetzold (Hg.), '45 und die Folgen. Kunstgeschichte eines Wiederbeginns, Köln/Weimar/Wien 1991, S. 163–174.

209 Hermand, Kultur (wie Anm. 108), S. 95.

210 Jürgen Schilling (Hg.), Karl Hofer. Ausstellungskatalog Schloss Cappenberg, Unna 1991; Martin Damus, Kunst in der BRD 1945–1990. Funktionen der Kunst in einer demokratisch verfaßten Gesellschaft, Reinbek 1995, S. 43 ff.

211 Freya Mülhaupt, »… und was lebt, flieht die Norm«, in: Schulz, Grauzonen (wie Anm. 157), S. 183–193.

212 Glaser, Kulturgeschichte, Bd. 1 (wie Anm. 24), S. 228 f.

213 Hermand, Kultur (wie Anm. 108), S. 121 ff.; vgl. Brigitte Buberl, »Die Kunst das Leben zu lieben« – Querschnitt Münchner Graphik 1945–1949, in: Prinz, Trümmerzeit (wie Anm. 10), S. 95–107.

214 Jost Hermand, Freiheit im Kalten Krieg. Zum Siegeszug der abstrakten Malerei in Westdeutschland, in: Hugo Borger/Ekkehard Mai/Stephan Waetzold (Hg.), '45 und die Folgen. Kunstgeschichte eines Wiederbeginns, Köln/Weimar/Wien 1991, S. 135–162, hier S. 135.

215 Besonders Berlin wurde zum hot spot solcher Auseinandersetzungen; vgl. Marion Desmukh, Die Wiederherstellung der Kultur: Die Nationalgalerie und die amerikanische Besatzung (1945–1949), in: Claudia Rückert/Sven Kuhrau (Hg.), »Der Deutschen Kunst ...« Nationalgalerie und nationale Identität 1876–1998, Amsterdam o. J., S. 112–131.

216 Beyme, Wiederaufbau (wie Anm. 23), S. 47 ff., 60 ff.; vgl. für Hamburg Axel Schildt, Aufbaugeist und Grabenkämpfe. Zur Gründung des Bundes Deutscher Architekten (BDA) in Hamburg nach dem Zweiten Weltkrieg, in: Zeitschrift des Vereins für Hamburgische Geschichte, Bd. 73, 1987, S. 151–169.

217 Anna Minta/Bernd Nicolai, »Laßt Euch sagen, daß Deutschland Eurer (nicht) bedarf«. Zur Problematik der Architekten-Remigration in die beiden Teile Deutschlands, in: von der Lühe u. a., Deutschland (wie Anm. 87), S. 313–338.

218 Winfried Nerdinger (Hg.), Bauhaus-Moderne im Nationalsozialismus. Zwischen Anbiederung und Verfolgung, München 1993; vgl. als Standardwerk, das die über die Regimezäsuren reichenden Netzwerke beschreibt: Werner Durth, Deutsche Architekten. Biographische Verflechtungen 1900–1970, Braunschweig/Wiesbaden 1986.

219 Von Saldern, Häuserleben (wie Anm. 11), S. 259 f.; vgl. Hartmut Frank, Trümmer. Traditionelle und moderne Architekturen im Nachkriegsdeutschland, in: Schulz, Grauzonen (wie Anm. 157), S. 43–83.

220 Werner Durth/Niels Gutschow, Träume in Trümmern. Planungen zum Wiederaufbau zerstörter Städte im Westen Deutschlands 1940–1950, 2 Bde., Wiesbaden/Braunschweig 1988; unter Einbeziehung ostdeutscher Stadtplanungen vgl. Klaus von Beyme/Werner Durth/Niels Gutschow/Winfried Nerdinger/Thomas Topfstedt (Hg.), Neue Städte aus Ruinen. Deutscher Städtebau der Nachkriegszeit, München 1992.

221 Vgl. für den Wiederaufbau der Nürnberger Altstadt Wachter, Kultur (wie Anm. 112), S. 319 ff.

222 Durth/Gutschow, Träume (wie Anm. 219), Bd. 2, S. 541–592.

223 Zit. nach Vittorio Magnago Lampugnani, Architektur und Stadtplanung, in: Benz, Geschichte, Bd. 4 (wie Anm. 44), S. 200–242, S. 200.

224 Axel Schildt, Die Grindelhochhäuser. Eine Sozialgeschichte der ersten deutschen Wohnhochhausanlage. Hamburg-Grindelberg 1945–1956, Hamburg 1988 (aktualisierte Neuausgabe Hamburg/München 2007).

225 Durth/Gutschow, Träume (wie Anm. 219), Bd. 2, S. 867–942.

226 Wachter, Kultur (wie Anm. 112), S. 324.

227 Nina A. Krieg, München, leuchtend und ausgebrannt ... Denkmalpflege und Wiederaufbau in den Nachkriegsjahren, in: Prinz, Trümmerzeit (wie Anm. 10), S. 69–87; vgl. Winfried Nerdinger (Hg.), Aufbauzeit. Planen und Bauen – München 1945–1950, München 1984.

228 Zit. nach von Saldern, Häuserleben (wie Anm. 11), S. 260; vgl. Glaser, Kulturgeschichte, Bd. 1 (wie Anm. 24), S. 83 ff.; Christian Welzbacher, Der Wiederaufbau des Frankfurter Goethehauses. Altstadtsanierung – Schöpferische Rekonstruktion – Kulturpessimismus – Symbolpolitik, in: Die alte Stadt, Jg. 33, 2006, S. 317–330; Michael Faber, Zwischen Identität und Authentizität. Zur politischen Geschichte der Denkmalspflege in Deutschland, Dresden 2008, S. 71 ff.

Kapitel II
Kultur im Wiederaufbau – die Gründerjahre der Bundesrepublik 1949/50–1957

1 Fritz René Allemann, Bonn ist nicht Weimar, Köln u.a. 1956; Ralf Dahrendorf, Die neue Gesellschaft. Strukturwandlungen der Nachkriegszeit, in: Hans Werner Richter, Bestandsaufnahme. Eine deutsche Bilanz 1962, München 1962, S. 203–220; Hans-Peter Schwarz, Die Ära Adenauer. Gründerjahre der Republik 1949–1957, Stuttgart/Wiesbaden 1981, S. 375, 382; Christoph Kleßmann, Ein stolzes Schiff und krächzende Möwen. Die Geschichte der Bundesrepublik und ihre Kritiker, in: Geschichte und Gesellschaft, Jg. 11, 1985, S. 476–494, Zitat S. 485; als durchgängige Fragestellung in Axel Schildt/ Arnold Sywottek (Hg.), Modernisierung im Wiederaufbau. Die westdeutsche Gesellschaft der 50er Jahre, Bonn 1993 (Studienausgabe 1998); vgl. auch Georg Bollenbeck, Die fünfziger Jahre und die Künste: Kontinuität und Diskontinuität, in: ders./Gerhard Kaiser (Hg.), Die janusköpfigen 50er Jahre. Kulturelle Moderne und bildungsbürgerliche Semantik III, Opladen 2000, S. 190–213; Edgar Wolfrum, Die geglückte Demokratie. Geschichte der Bundesrepublik Deutschland von ihren Anfängen bis zur Gegenwart, Stuttgart 2006, S. 11 ff.

2 Norbert Muhlen, Das Land der Großen Mitte. Notizen aus dem Neon-Biedermeier, in: Der Monat, Jg. 5, 1953, Heft 63, S. 237–244, Zitat S. 238.

3 Erich Kästner, Heinrich Heine und wir (1956), in: ders., Gesammelte Schriften, Bd. 5. Vermischte Beiträge, Köln 1959, S. 529–530; dokumentiert in Eckart Conze/Gabriele Metzler (Hg.), 50 Jahre Bundesrepublik Deutschland. Daten und Diskussionen, Stuttgart 1999, S. 319 f.

4 Axel Schildt, Ankunft im Westen. Ein Essay zur Erfolgsgeschichte der Bundesrepublik, Frankfurt/M. 1999, S. 87 ff.; Standardwerke zum Kalten Krieg: Ernst Nolte, Deutschland und der Kalte Krieg, München/Zürich 1974; Wilfried Loth, Die Teilung der Welt. Geschichte des Kalten Krieges 1941–1955, München 2000; Bernd Stöver, Der Kalte Krieg 1947–1991. Geschichte eines radikalen Zeitalters, München 2007.

5 Vgl. Rainer Gries/Volker Ilgen/Dirk Schindelbeck, Gestylte Geschichte. Vom alltäglichen Umgang mit Geschichtsbildern, Münster 1989, S. 59 ff.; Cornelius Helmes-Conzett, Mode – Geschichte – Politik. Die 50er Jahre und die Politischen Generationen der Bundesrepublik, Hamburg 1995, S. 20 ff.

6 Hinzuweisen ist vor allem auf den ironisch subtilen Bildband von Nikolaus Jungwirth/ Gerhard Kromschröder, Die Pubertät der Republik. Die 50er Jahre der Deutschen, Frankfurt/M. 1978.

7 Heinz-Dietrich Ortlieb, Das Ende des Wirtschaftswunders. Unsere Wirtschafts- und Gesellschaftsordnung in der Wandlung, Wiesbaden 1962, S. 52 f.; für alle Belege und Hinweise zur sozialhistorischen Forschungsliteratur vgl. Axel Schildt, Die Sozialgeschichte der Bundesrepublik Deutschland bis 1989/90, München 2007; hervorgehoben werden im Folgenden lediglich einige für den Kontext besonders wichtige Veröffentlichungen, nachgewiesen nur Zitate.

8 Paul Schallück, Zum Beispiel. Essays, Frankfurt/M. 1962, S. 10.

9 Alexander und Margarete Mitscherlich, Die Unfähigkeit zu Trauern. Grundlagen kollektiven Verhaltens, München 1967, S. 23.

10 Vgl. die Fallstudie von Norman-Mathias Pingel, Braunschweiger Arbeitsalltag in den 50er Jahren, in: Frank Ehrhardt (Hg.), Aufbauzeit, Perlonkleid & Tanzvergnügen. Alltag in Braunschweig in den 50er Jahren, Braunschweig 1998, S. 23–62.

11 Vgl. Klaus-Jörg Ruhl, Verordnete Unterordnung. Berufstätige Frauen zwischen Wirt-

schaftswachstum und konservativer Ideologie in der Nachkriegsgesellschaft (1945–1963), München 1994; Gunilla-F. Budde (Hg.), Frauen arbeiten. Weibliche Erwerbstätigkeit in Ost- und Westdeutschland nach 1945, Göttingen 1997; Christine von Oertzen, Teilzeitarbeit und die Lust am Zuverdienen. Geschlechterpolitik und gesellschaftlicher Wandel in Westdeutschland 1948–1969, Göttingen 1999, S. 216 ff.; Merith Niehuss, Familie, Frau und Gesellschaft. Studien zur Strukturgeschichte der Familie in Westdeutschland 1945–1960, Göttingen 2001.

12 Vgl. etwa Hedwig Brüchert (Bearbeiterin), Rheinland-Pfälzerinnen. Frauen in Politik, Gesellschaft, Wirtschaft und Kultur in den Anfangsjahren des Landes Rheinland-Pfalz, Mainz 2001.

13 Für den Gesamtzusammenhang vgl. Klaus Tenfelde (Hg.), Arbeiter im 20. Jahrhundert, Stuttgart 1991 (mit einigen Beiträgen zur Zeit nach dem Zweiten Weltkrieg); als dichte lokale und betriebliche Studien Peter Alheit/Helga Haack/Heinz Gerd Hofschen (Hg.), Gebrochene Modernisierung – der langsame Wandel proletarischer Milieus. Eine empirische Vergleichsstudie ost- und westdeutscher Arbeitermilieus in den fünfziger Jahren, 2 Bde., Bremen 1999; Dietmar Süß, Kumpel und Genossen. Arbeiterschaft, Betrieb und Sozialdemokratie in der bayerischen Montanindustrie 1945 bis 1976, München 2003.

14 Axel Schildt, »Massengesellschaft« und »Nivellierte Mittelschicht«. Zeitgenössische Deutungen der westdeutschen Gesellschaft im Wiederaufbau der 1950er Jahre, in: Karl Christian Führer u. a. (Hg.), Eliten im Wandel. Gesellschaftliche Führungsschichten im 19. Und 20. Jahrhundert. Festschrift für Klaus Saul zum 65. Geburtstag, Münster 2004, S. 198–213.

15 Josef Mooser, Abschied von der ›Proletarität‹. Sozialstruktur und Lage der Arbeiterschaft in der Bundesrepublik in historischer Perspektive, in: M. Rainer Lepsius/Werner Conze (Hg.), Sozialgeschichte der Bundesrepublik Deutschland. Beiträge zum Kontinuitätsproblem, Stuttgart 1983, S. 143–186; für die Einbettung in eine größere sozialhistorische Perspektive ders., Arbeiterleben in Deutschland 1900–1970, Klassenlagen, Kultur und Politik, Frankfurt/M. 1984.

16 Joerg Roesler, Privater Konsum in Ostdeutschland 1950–1960, in: Schildt/Sywottek, Modernisierung (wie Anm. 1), S. 290–303.

17 Vgl. Michael Wildt, Abschied von der ›Freßwelle‹ oder: die Pluralisierung des Geschmacks. Essen in der Bundesrepublik Deutschland der fünfziger Jahre, in: Alois Wierlacher/Gerhard Neumann/Hans Jürgen Teuteberg (Hg.), Kulturthema Essen. Ansichten und Problemfelder, Berlin 1993, S. 211–225; ders., Am Beginn der ›Konsumgesellschaft‹. Mangelerfahrung, Lebenshaltung, Wohlstandshoffnung in Westdeutschland in den fünfziger Jahren, Hamburg 1994, S. 76 ff.; vgl. daneben Arne Andersen, Der Traum vom guten Leben. Alltags- und Konsumgeschichte vom Wirtschaftswunder bis heute, Frankfurt/M./New York 1997, S. 35; Arnold Sywottek, From Starvation to Excess? Trends in the Consumer Society from the 1940s to the 1970s, in: Hanna Schissler (Hg.), The Miracle Years. A Cultural History of West Germany, 1949–1968, Princeton/Oxford 2001, S. 341–358; David Crew (Hg.), Consuming Germany in the Cold War, Oxford/New York 2003.

18 Vgl. Günther Schulz, Wiederaufbau Deutschland. Die Wohnungsbaupolitik in den Westzonen und der Bundesrepublik von 1949 bis 1957, Düsseldorf 1994; Georg Wagner, Sozialstaat gegen Wohnungsnot. Wohnraumbewirtschaftung und Sozialer Wohnungsbau im Bund und in Nordrhein-Westfalen 1950–1970, Paderborn 1995; Axel Schildt, Wohnungspolitik, in: Hans Günter Hockerts, Drei Wege deutscher Sozialstaatlichkeit. NS-Diktatur, Bundesrepublik und DDR im Vergleich, München 1998, S. 151–189; aus

der Fülle von lokalen Studien zum Sozialen Wohnungsbau der 50er Jahre vgl. Dorothee Stapelfeldt, Wohnungsbau der 50er Jahre in Hamburg, Phil. Diss. Hamburg 1989; Jörg C. Kirschenmann, Architektur und Städtebau, in: Karl-Ludwig Sommer (Hg.), Bremen in den fünfziger Jahren. Politik, Wirtschaft, Kultur, Bremen 1989, S. 124–151; Frank Ehrhardt, Wohnen und Wohnungsbau im Braunschweig der 50er Jahre, in: ders., Aufbauzeit (wie Anm. 10), S. 135–158; Anke Borgmeyer, Zum Sozialen Wohnungsbau der Fünfziger-jahre, in: Martin Dallmeier/Hermann Reidel/Eugen Trapp (Hg.), Die Fünfzigerjahre in Regensburg. Architektur – Denkmalpflege – Geschichte – Kunst, Regensburg 2004.

19 Joachim Stave, Wie die Leute reden. Betrachtungen über 15 Jahre Deutsch in der Bundesrepublik, Lüneburg 1964, S. 14.

20 Heinrich Härle, Der soziale Möbelbau, in: Bauen und Wohnen, Jg. 5, 1950, Heft 5, S. 335–340.

21 Muhlen, Land (wie Anm. 2), S. 238.

22 Elisabeth Noelle-Neumann/Erich Peter Neumann (Hg.), Jahrbuch der öffentlichen Meinung 1947–1955, Allensbach 1956, S. 110 f.; vgl. Elke Pahl-Weber, Im fließenden Raum. Wohnungsgrundrisse nach 1945, in: Bernhard Schulz (Hg.), Grauzonen, Farbwelten. Kunst und Zeitbilder 1945–1955, Berlin/Wien 1983, S. 105–123; Adelheid von Saldern, Häuserleben. Zur Geschichte städtischen Arbeiterwohnens vom Kaiserreich bis heute, Bonn 1995, S. 301 ff.

23 Bettina Günter, Blumenbank und Sammeltassen. Wohnalltag im Wirtschaftswunder zwischen Sparsamkeit und ungeahnten Konsummöglichkeiten, Berlin 2002, S. 85 ff.

24 Bulletin des Presse- und Informationsamtes der Bundesregierung, Nr. 223, 1953, zit. nach Werner Bührer (Hg.), Die Adenauer-Ära. Die Bundesrepublik Deutschland 1949–1963, München/Zürich 1993, S. 248–250.

25 Angela Delille/Andrea Grohn, Blick zurück aufs Glück. Frauenleben und Familienpolitik in den 50er Jahren, Berlin 1985, S. 123; vgl. Christian d Nuys-Henkelmann, »Wenn die rote Sonne abends im Meer versinkt …« Die Sexualmoral der fünfziger Jahre, in: Anja Nagel-Bohlan/Michael Salewski (Hg.), Sexualmoral und Zeitgeist im 19. und 20. Jahrhundert, Opladen 1990, S. 107–146; Thomas Großbölting, Kirchliche Sexualmoral und jugendliche Sexualität von den 1950er bis zu den 1970er Jahren, in: Deutschland-Archiv, Jg. 38, 2005, S. 56–64.

26 Lu Seegers, Fragen Sie Frau Irene. Die Rundfunk- und Familienzeitschrift HÖR ZU! Als Ratgeber bei Geschlechterproblemen in den 50er Jahren, in: Jürgen Wilke (Hg.), Massenmedien und Zeitgeschichte, Konstanz 1999, S. 363–380.

27 Elisabeth D. Heineman, Der Mythos Beate Uhse. Respektabilität, Geschichte und autobiographisches Marketing in der frühen Bundesrepublik, in: Werkstatt Geschichte, Jg. 14, 2005, Heft 40, S. 69–92; vgl. zur Sexualmoral der 50er Jahre Dagmar Herzog, Die Politisierung der Lust. Sexualität in der deutschen Geschichte des zwanzigsten Jahrhunderts, München 2005, S. 83 ff.

28 Sybille Buske, »Fräulein Mutter« vor dem Richterstuhl. Der Wandel der öffentlichen Wahrnehmung und rechtlichen Stellung lediger Mütter in der Bundesrepublik 1948–1970, in: Werkstatt Geschichte, Jg. 9, 2000, Heft 27, S. 48–67; dies., Die Debatte über »Unehelichkeit«, in: Ulrich Herbert (Hg.), Wandlungsprozesse in Westdeutschland. Belastung, Integration, Liberalisierung 1945–1980, Göttingen 2002, S. 315–347; in diesem Zusammenhang sind auch die Reaktionen auf Verbindungen zwischen deutschen Frauen und amerikanischen Soldaten in den süddeutschen Garnisonsstädten einzuordnen; vgl. Maria Höhn, GIs and Fräuleins. The German-American Encounter in 1950s West Germany, Chapel Hill/London 2002.

29 Vgl. Robert G. Moeller, Heimkehr ins Vaterland: Die Remaskulinisierung West-
    deutschlands in den fünfziger Jahren, in: Militärgeschichtliche Zeitschrift, Bd. 60,
    2001, S. 403–436.

30 Vgl. als Standardwerk Lukas Rölli-Alkemper, Familie im Wiederaufbau. Katholizismus
    und bürgerliches Familienideal in der Bundesrepublik Deutschland 1945–1965, Pa-
    derborn 2000; als retrospektive Binnenperspektive Ulrike Altherr, Nur Kinder, Küche,
    Kirche? Katholisches Frauenleben in den 1950er und 1960er Jahren, in: Rottenburger
    Jahrbuch für Kirchengeschichte, Bd. 24, 2005, S. 149–167.

31 Vgl. Hanna Schissler,»Normalization« as Project. Some Thoughts on Gender Relations
    in West Germany during the 1950s, in: dies., Miracle Years (wie Anm. 17), S. 359–375.

32 Illustrativ gestaltet bei Delille/Grohn, Blick (wie Anm. 25), S. 34 ff.

33 Vgl. Vera Neumann, Nicht der Rede wert. Die Privatisierung der Kriegsfolgen in der
    frühen Bundesrepublik. Lebensgeschichtliche Erinnerungen, Münster 1999, S. 159 f.

34 Hamburger Echo, 13.6.1953, zit. nach Axel Schildt, Die Grindelhochhäuser. Eine So-
    zialgeschichte der ersten deutschen Wohnhochhaus-Anlage. Hamburg-Grindelberg
    1945–1956, Hamburg 1988 (aktualisierte Neuauflage 2007), S. 182.

35 Uwe Meiners, Zurück zur Figur. Unterwäsche im Zeichen des Wirtschaftswunders, in:
    ders. (Hg.), Korsetts und Nylonstrümpfe. Frauenunterwäsche als Spiegel von Mode und
    Gesellschaft zwischen 1890 und 1960, Oldenburg 1995, S. 75–103; im Halbdunkel blühte
    auch die Pornographie; vgl. Rainer Jogschies, Blick zurück durchs Schlüsselloch. Die
    entfesselten Fünfziger, Frankfurt/M./Berlin 1990, S. 26 ff.

36 Angela Delille/Andrea Grohn, Perlonzeit. Wie Frauen ihr Wirtschaftswunder erlebten,
    Berlin 1985; vgl. Susanne Buck,»Gewirkte Wunder, hauchzarte Träume«. Von Frauen-
    beinen und Perlonstrümpfen, Marburg 1996.

37 Vgl. zum Folgenden detailliert Axel Schildt, Moderne Zeiten. Freizeit, Massenmedien
    und ›Zeitgeist‹ in der Bundesrepublik der 50er Jahre, Hamburg 1995 (²2003), S. 110 ff.

38 Jürgen Habermas, Soziologische Notizen zum Verhältnis von Arbeit und Freizeit, in:
    Konkrete Vernunft. Festschrift für Erich Rothacker. Hg. von Gerhard Funke, Bonn
    1958, S. 219–231 (Zitat: S. 227).

39 Hans-Paul Bahrdt, Die moderne Großstadt. Soziologische Überlegungen zum Städte-
    bau, Reinbek 1961, S. 105.

40 Vgl. Dirk Schubert,»Heil aus Ziegelsteinen« – Aufstieg und Fall der Nachbarschaftsidee.
    Eine deutsch-anglo-amerikanische Dreiecks-Planungsgeschichte, in: Die alte Stadt.
    Vierteljahresschrift für Stadtgeschichte, Stadtsoziologie und Denkmalspflege, Jg. 25,
    1998, S. 141–173.

41 Institut für Demoskopie, Eine Generation später. Bundesrepublik Deutschland 1953–
    1979. Eine Allensbacher Langzeit-Studie, Allensbach 1981.

42 Vgl. zum Folgenden ausführlich Schildt, Moderne Zeiten (wie Anm. 37), S. 109 ff.

43 Axel Schildt, Hegemon der häuslichen Freizeit: Rundfunk in den 50er Jahren, in:
    Schildt/Sywottek, Modernisierung (wie Anm. 1), S. 477–492; zum Folgenden daneben
    auch ders., Moderne Zeiten (wie Anm. 37), S. 209 ff.; vgl. Michael Meyen, Hauptsache
    Unterhaltung. Mediennutzung und Medienbewertung in Deutschland in den 50er Jah-
    ren, Münster u. a. 2001.

44 Vgl. Schildt, Hegemon (wie Anm. 43), S. 460; Janina Fuge, Der »Wellen-Detektiv« und
    das »Gute in dem Herrn Schwarzhörer«. Die Schwarzhöreraktionen des Nordwest-
    deutschen Rundfunks 1951–1954, in: Rundfunk und Geschichte, Jg. 32, 2006, S. 18–33.

45 Martin S. Allwood, Die Freizeitgestaltung der arbeitenden Bevölkerung in Darmstadt,
    Diss. rer. pol. Darmstadt 1953, S. 44, 46.

46 Mit Anschreiben der »Hör Zu« an NWDR-Programmdirektor Werner Pleister, 25.5.1951, zit. nach Schildt, Moderne Zeiten (wie Anm. 37), S. 236.

47 Axel Schildt, Das Radio und sein jugendliches Publikum von den Zwanziger zu den Sechziger Jahren. Eine Skizze, in: Inge Marszolek/Adelheid von Saldern (Hg.), Radiozeiten. Herrschaft, Alltag, Gesellschaft (1924–1960), Potsdam 1999, S. 251–266.

48 Ders., Lieschen Müller als untaugliches Objekt kultureller Veredelung. Hörerwünsche und Programmentwicklung des Radios in der Frühen Bundesrepublik, in: Ludwig Fischer (Hg.), Programm und Programmatik. Kultur- und medienwissenschaftliche Analysen, Konstanz 2005, S. 314–328.

49 Zit. nach Monika Burzik, Von singenden Seemännern und Musikern vom Sirius. Die Musik der fünfziger Jahre, in: Werner Faulstich (Hg.), Die Kultur der fünfziger Jahre, München 2002 (²2007), S. 249–262, hier S. 257; vgl. ebd. auch für das Folgende.

50 Vgl. den Text u. a. in Harm Mögenburg, Kalter Krieg und Wirtschaftswunder. Die fünfziger Jahre im geteilten Deutschland (1949–1961), Frankfurt/M. 1993, S. 135.

51 Monika Pater, Rundfunkangebote, in: Adelheid von Saldern/Inge Marszolek (Hg.), Zuhören und Gehörtwerden II: Radio in der DDR der fünfziger Jahre. Zwischen Lenkung und Ablenkung, Tübingen 1998, S. 171–248.

52 Vgl. Kurt Koszyk, Presse und Pressekonzentration in den 50er Jahren, in: Schildt/Sywottek, Modernisierung (wie Anm. 1), S. 439–457; Schildt, Moderne Zeiten (wie Anm. 37), S. 120 ff.; Walter J. Schütz, Entwicklung der Tagespresse, in: Jürgen Wilke (Hg.), Mediengeschichte der Bundesrepublik Deutschland, Köln/Weimar/Wien 1999, S, 109–134; Hans Bohrmann, Entwicklung der Zeitschriftenpresse, in: ebd., S. 135–145; Rüdiger Schulz, Nutzung von Zeitungen und Zeitschriften, in: ebd., S. 401–425.

53 Für die folgenden Angaben zu Auflagen und Lektüreverhalten im Blick auf Zeitungen, Zeitschriften und Bücher vgl. Schildt, Moderne Zeiten (wie Anm. 37), S. 121 ff.

54 Vgl. die instruktive Regionalstudie von Gerd Meier, Zwischen Milieu und Markt. Tageszeitungen in Ostwestfalen (1920–1970), Paderborn u. a. 1999, S. 243 ff.

55 Zur Konzerngeschichte u. a. Gudrun Kruip, Das »Welt«-»Bild« des Axel-Springer-Verlags. Journalismus zwischen westlichen Werten und deutschen Denktraditionen, München 1999; Karl Christian Führer, Erfolg und Macht von Axel Springers »Bild«-Zeitung in den 1950er Jahren, in: Zeithistorische Forschungen, Jg. 4, 2007, S. 311–336.

56 Vgl. Lu Seegers, Hör Zu! Eduard Rhein und die Rundfunkprogrammzeitschriften (1931–1965), Potsdam 2000.

57 Marianne Kriegsmann, Zerrspiegel. Der deutsche Illustrierten-Roman. 1950–1977, Stuttgart 1981; vgl. die Fallstudie von Inge Weiler, Die Sensationsberichterstattung der Illustrierten in den fünfziger und sechziger Jahren. Der Fall Christa Lehmann, in: Joachim Lindner/Claus Michael Ort (Hg. In Verbindung mit Jörg Schönert u. Marianne Wünsch), Verbrechen – Justiz – Medien. Konstellationen in Deutschland von 1900 bis zur Gegenwart, Tübingen 1999, S. 193–214.

58 Delille/Grohn, Blick (wie Anm. 25), S. 100 ff.

59 Schildt, Moderne Zeiten (wie Anm. 37), S. 125 f.; vgl. Werner Faulstich, AV-Medien, Buchgemeinschaften und Leserschaft. Probleme des westdeutschen Buchhandels in den fünfziger Jahren im Licht der Berichterstattung des *Börsenblatts*, in: Günter Häntzschel (Hg.), Neue Perspektiven der deutschen Buchkultur in den 50er Jahren des 20. Jahrhunderts. Ein Symposion, Wiesbaden 2003, S. 45–60; Thomas Lehning, Das Medienhaus. Geschichte und Gegenwart des Bertelsmann-Konzerns, München 2004, S. 48 ff.

60 Patrick Rössler, Aus der Tasche in die Hand. Rezeption und Konzeption literarischer

Massenpresse: Taschenbücher 1946–1963, Karlsruhe 1997; vgl. Frank Rainer Max, Reclams »Gelbe Reihe« und der literarische Kanon, in: Olaf Kutzmutz (Hg.), Warum wir lesen, was wir lesen. Beiträge zum literarischen Kanon, Wolfenbüttel 2002, S. 6–14.

61 Klaus F. Geiger, Kriegsromanhefte in der BRD. Inhalte und Funktionen, Tübingen 1974; Liselotte Brodbeck, Roman als Ware. Zur Analyse der Liebesromanhefte, Basel 1974; Jens Ulrich Davids, Das Wildwest-Romanheft in der Bundesrepublik, Tübingen ²1975; Peter Wesollek, Jerry Cotton oder »Die verschwiegene Welt«. Untersuchungen zur Trivialliteratur am Beispiel einer Heftromanserie, Bonn 1976; Ernst Antoni, »Landser«-Hefte. Wegbereiter für den Rechtsradikalismus. Eine Dokumentation, München 1979; Gerd Hallenberger, Macht und Herrschaft in den Welten der Science Fiction, Meitingen 1986; Andreas C. Knigge, Fortsetzung folgt. Comic-Kultur in Deutschland, Frankfurt/M. 1986; Heinz J. Galle, Groschenhefte. Die Geschichte der deutschen Trivialliteratur, Frankfurt/M. 1988; Thomas Hausmanninger, Superman. Eine Comic-Serie und ihr Ethos, Frankfurt/M. 1989; Bernd Dolle-Weinkauf, Comics. Geschichte einer populären Literaturform in Deutschland seit 1945, Weinheim/Basel 1990; Jan Eik, Der Mann, der Jerry Cotton war. Erinnerungen des Bestsellerautors Heinz Werner Höber, Berlin 1996; Gerhard Teuscher, Perry Rhodan, Jerry Cotton und Johannes Mario Simmel. Eine Darstellung zu Theorie, Geschichte und Vertretern der Trivialliteratur, Stuttgart 1999; Werner Faulstich, Groschenromane, Heftchen, Comics und die Schmutz- und Schunddebatte, in: ders., Kultur (wie Anm. 49), S. 199–213.

62 Björn Laser, Heftchenflut und Bildersturm – Die westdeutsche Comic-Debatte in den 50ern, in: Bollenbeck/Kaiser, 50er Jahre (wie Anm. 1), S. 63–86.

63 Klaus Doderer (Hg.), Zwischen Trümmern und Wohlstand. Literatur der Jugend 1945–1960, Darmstadt 1987.

64 Vgl. die Beiträge in Ulf Preuss-Lausitz u. a., Kriegskinder, Konsumkinder, Krisenkinder. Zur Sozialisationsgeschichte nach dem Zweiten Weltkrieg, Weinheim/Basel 1983; Heinz-Hermann Krüger (Hg.), »Die Elvis-Tolle, die hatte ich mir unauffällig wachsen lassen«. Lebensgeschichte und jugendliche Alltagskultur in den fünfziger Jahren, Opladen 1985; ders., »Es war wie ein Rausch, wenn alle Gas gaben«. Die »Halbstarken« der 50er Jahre, in: Deutscher Werkbund e. V. und Württembergischer Kunstverein Stuttgart (Hg.), Schock und Schöpfung. Jugendästhetik im 20. Jahrhundert, Darmstadt/Neuwied 1986, S. 269–274; Kaspar Maase, BRAVO Amerika. Erkundungen zur Jugendkultur der Bundesrepublik in den fünfziger Jahren, Hamburg 1992; Thomas Grotum, Die Halbstarken. Zur Geschichte einer Jugendkultur der 50er Jahre, Frankfurt/M./New York 1994; Werner Lindner, Jugendprotest seit den fünfziger Jahren, Opladen 1996; Jürgen Zinnecker, »Halbstarke« – die andere Seite der 68er Generation, in: Ulrich Herrmann (Hg.), Protestierende Jugend. Jugendopposition und politischer Protest in der deutschen Nachkriegsgeschichte, Weinheim/München 2002, S. 461–485.

65 Jürgen Zinnecker, Jugendkultur 1940–1985, Opladen 1987, S. 313 ff.; Axel Schildt, Von der Not der Jugend zur Teenager-Kultur. Aufwachsen in den 50er Jahren, in: Schildt/Sywottek, Modernisierung (wie Anm. 1), S. 335–348; ders., Moderne Zeiten (wie Anm. 37), S. 152 ff.; Benno Hafeneger, Jugendkultur in den fünfziger Jahren, in: ders./Wolfram Schäfer (Hg.), Marburg in den Nachkriegsjahren. Entwicklungen in Politik, Kultur und Architektur, Marburg 2006, S. 149–180.

66 Torsten Gass-Bolm, Das Ende der Schulzucht, in: Herbert, Wandlungsprozesse (wie Anm. 28), S. 436–466, hier S. 443 ff.; Dirk Schumann, Schläge als Strafe? Erziehungsmethoden nach 1945 und ihr Einfluss auf die »Friedenskultur« in beiden Deutschlands, in: Thomas Kühne (Hg.), Von der Kriegskultur zur Friedenskultur? Zum Mentalitäts-

wandel in Deutschland seit 1945, Hamburg 2000, S. 34–48; ders., Legislation and Liberalization: The Debate About Corporal Punishment in Schools in Postwar West Germany, 1945–1975, in: German History, Jg. 25, 2007, S. 192–218; Hinweise zu Erziehungsstilen auch in Gerhard A. Auer/Oliver Sänger, Kindheit und Jugend in den Fünfziger Jahren, in: Volker Watzka/Gerhard A. Auer (Hg.), Kinder, Kinder. Kindheit und Jugend in den Fünfziger Jahren (Jahrbuch des Landkreises Emmendingen für Kultur und Geschichte, Bd. 17, 2003), Emmendingen 2002, S. 8–170.

67 Vgl. Wolfgang Klafki, Die fünfziger Jahre – eine Phase schulorganisatorischer Restauration. Zur Schulpolitik und Schulentwicklung im ersten Jahrzehnt der Bundesrepublik, in: Dieter Bänsch (Hg.), Die fünfziger Jahre. Beiträge zu Politik und Kultur, Tübingen 1985; Klaus Köhle, Bildungsrestauration, »Bildungskatastrophe«, Bildungsexplosion: Die Entwicklung des Bildungssystems in der Bundesrepublik von 1945 bis heute, in: Robert Hettlage (Hg.), Die Bundesrepublik. Eine historische Bestandsaufnahme, München 1990, S. 234–254; Christoph Führ/Carl-Ludwig Furck (Hg.), Handbuch der deutschen Bildungsgeschichte. Bd. VI: 1945 bis zur Gegenwart. Erster Teilband: Bundesrepublik, München 1998.

68 Schildt, Moderne Zeiten (wie Anm. 37), S. 158.

69 Vgl. ebd., S. 141 ff.; die Literatur über den Film der 50er Jahre ist kaum noch überschaubar, während Darstellungen zur Kinolandschaft eher spärlich gesät sind; eine detaillierte Regionalstudie ist Holger Klein-Wiele, Kinoarchitektur der fünfziger Jahre im Ruhrgebiet, Berlin 2006; die einzige umfassende Untersuchung mit quantifizierenden Angaben zur Filmproduktion ist nach wie vor Martin Osterland, Gesellschaftsbilder in Filmen. Eine soziologische Untersuchung des Filmangebots der Jahre 1949 bis 1964, Stuttgart 1975; vgl. als neueren Überblick über die Forschungsliteratur Walter Uka, Modernisierung im Wiederaufbau oder Restauration? Der bundesdeutsche Film der fünfziger Jahre, in: Faulstich, Kultur (wie Anm. 49), S. 71–89; für das gesamte filmische Spektrum vgl. Hans-Peter Reichmann/Rudolf Woronesch (Redaktion), Zwischen gestern und morgen. Westdeutscher Nachkriegsfilm 1946–1962, Frankfurt/M. 1989; erfolgreiche Filme analysiert auch Bärbel Westermann, Nationale Identität im Spielfilm der fünfziger Jahre, Frankfurt/M. u. a. 1990.

70 Vgl. Schildt, Moderne Zeiten (wie Anm. 37), S. 142.

71 Friedrich P. Kahlenberg, Film, in: Wolfgang Benz, Die Geschichte der Bundesrepublik Deutschland, Bd. 4: Kultur, Frankfurt/M. 1989, S. 464–512, hier S. 478 f.; Thomas Koebner (Hg.), Idole des deutschen Films. Eine Galerie von Schlüsselfiguren, München 1997; ders. (Hg.), Filmregisseure. Biographien, Werkbeschreibungen, Filmographien, Stuttgart 1999 (³2008); Uta Schwarz, Wochenschau, westdeutsche Identität und Geschlecht in den fünfziger Jahren, Frankfurt/M./New York 2002.

72 Vgl. Willi Höfig, Der deutsche Heimatfilm 1947–1960, Stuttgart 1973; Gerhard Bliersbach, So grün war die Heide. Der deutsche Nachkriegsfilm in neuer Sicht, Basel 1985; Wolfgang Kaschuba, Der deutsche Heimatfilm. Bildwelten und Weltbilder, Tübingen 1989; Margit Szöllösi-Janze, »Aussuchen und abschießen«: der Heimatfilm der fünfziger Jahre als historische Quelle, in: Geschichte in Wissenschaft und Unterricht, Jg. 44, 1993, S. 308–321; Manuela Fiedler, Heimat im deutschen Film. Ein Mythos zwischen Regression und Utopie, Alfeld 1997; Jürgen Trimborn, Der deutsche Heimatfilm der fünfziger Jahre. Motive, Symbole und Handlungsmuster, Köln 1998; Johannes von Moltke, Der Heimatfilm als Horrorfilm. Rosen blühen auf dem Heidegrab (1952), in: WerkstattGeschichte, Jg. 11, 2002, Heft 33, S. 82–99; Kristin Kopp, Ein östliches Traumland im westdeutschen Heimatfilm. Kurt Hoffmanns »Ich denke oft an Piroschka«, in:

Gregor Thum, Traumland Osten. Deutsche Bilder vom östlichen Europa im 20. Jahrhundert, Göttingen 2006, S. 138–155.

73 Allgemeine Zeitung der Lüneburger Heide (Uelzen), 22.2.1952, zit. nach Axel Schildt, Konsum und Freizeit im »Wirtschaftswunderland« – mit Streiflichtern auf den Alltag von Stadt und Landkreis Uelzen in den 50er Jahren, in: Bernd Weisbrod (Hg.), Von der Währungsreform zum Wirtschaftswunder. Wiederaufbau in Niedersachen, Hannover 1998, S. 207–230, Zitat S. 225.

74 Bundesinnenminister Gerhard Schröder zum Gewinn der Fußballweltmeisterschaft, 19.7.1954, in: Bulletin des Bundespresse- und Informationsamtes, Nr. 133, zit. nach Bührer, Adenauer-Ära (wie Anm. 20), S. 263 f.

75 Vgl. Dirk van Laak, Der widerspenstigen Deutschen Zivilisierung. Zur politischen Kultur einer unpolitischen Gesellschaft, in: Conze/Metzler, 50 Jahre (wie Anm. 3), S. 297–315, hier S. 300.

76 So der beziehungsreiche Titel des analytisch ergiebigsten zeitgeschichtlichen Werks: Franz-Josef Brüggemeier, Zurück auf dem Platz. Deutschland und die Fußball-Weltmeisterschaft 1954, München 2004; vgl. auch Norbert Seitz, Bananenrepublik und Gurkentruppe. Die nahtlose Übereinstimmung von Fußball und Politik 1954–1987, Frankfurt/M. 1987; Alfred Georg Frei, Finale Grande. Die Rückkehr der Fußballweltmeister 1954, Berlin 1994; Arthur Heinrich, Tooor! Toor! Tor! 40 Jahre 3 : 2, Berlin 1994; Stefanie Schüler-Springorum, »Das Wunder von Bern«. Die Bundesdeutschen als virtuelle Gemeinschaft, in: Gerhard Paul (Hg.), Das Jahrhundert der Bilder. 1949 bis heute, Göttingen 2008, S. 198–205.

77 Vgl. Volker Depkat, Lebenswenden und Zeitenwenden. Deutsche Politiker und die Erfahrungen des 20. Jahrhunderts, München 2007.

78 Vgl. Hans Mommsen, Von Weimar nach Bonn: Zum Demokratieverständnis der Deutschen, in: Schildt/Sywottek, Modernisierung (wie Anm. 1), S. 745–758; Christoph Gusy (Hg.), Weimars lange Schatten – »Weimar« als Argument nach 1945, Baden-Baden 2003; auf umfassender Quellengrundlage jetzt Sebastian Ullrich, Der Weimar-Komplex. Das Scheitern der ersten deutschen Demokratie und die politische Kultur der frühen Bundesrepublik 1945–1959, Göttingen 2009.

79 Die Welt, 30.11.1946, S. 3.

80 Vgl. Frank-Lothar Kroll, Bonn als Bundeshauptstadt 1949–1989, in: Bernd Heidenreich (Hg.), Deutsche Hauptstädte. Von Frankfurt nach Berlin, Wiesbaden 1998, S. 137–152; Manfred van Rey, Vom Bundesdorf zur Bundesstadt, in: Jürgen Brautmeier/Ulrich Heinemann (Hg.), Mythen – Möglichkeiten – Wirklichkeiten. 60 Jahre Nordrhein-Westfalen, Essen 2007, S. 177–177.

81 Helmut Vogt, »Der Herr Minister wohnt in einem Dienstwagen auf Gleis 4«. Die Anfänge des Bundes in Bonn 1949/50, Bonn 1999.

82 Ders., Das Herzstück der jungen Bundeshauptstadt. Die Anfänge des Deutschen Bundestages in Bonn 1949/50, in: Aus Politik und Zeitgeschichte, B 32–33, 1999, S. 16–24; Gisbert Knopp, Der Plenarsaal des deutschen Bundestages. Hans Schwipperts Planungsideen für das erste »moderne« Parlamentsgebäude der Welt, in: Dieter Breuer/Gertrude Cepl-Kaufmann (Hg.), Öffentlichkeit der Moderne. Die Moderne in der Öffentlichkeit. Das Rheinland 1945–1955, Essen 2000, S. 399–420.

83 Jürgen W. Falter, Kontinuität und Neubeginn. Die Bundestagswahl 1949. Zwischen Weimar und Bonn, in: Politische Vierteljahresschrift, Jg. 22, 1981, S. 236–263.

84 Als verlässlicher Überblick Richard Stöss, Parteien-Handbuch. Die Parteien der Bundesrepublik Deutschland 1945–1980, Opladen 1983.

85 Klaus Günther, Expressive Konkurrenz und instrumentelle Kooperation: Zum bundes-republikanischen Politikdesign der 50er Jahre, in: Schildt/Sywottek, Modernisierung (wie Anm. 1), S. 791–804.

86 Vgl. als zeitgenössisches Handbuch Heinz Ischreyt, Deutsche Kulturpolitik. Informationen über ihre pluralistischen und totalitären Formen. Ein Leitfaden, Bremen 1964; vgl. auch Ulrich Heinemann, NRW-Kultur. »Eine Sache der Kommunen«? 60 Jahre Landes-kulturpolitik, in: Brautmeier/Heinemann, Mythen (wie Anm. 80), S. 173–197.

87 Vgl. Christel Oldenburg, Tradition und Modernität. Die Geschichte der Hamburger SPD von 1950–1966, Phil. Diss. Universität Hamburg 2008.

88 Frieder Günther, Heuss auf Reisen. Die auswärtige Repräsentation der Bundesrepublik durch den ersten Bundespräsidenten, Stuttgart 2006; vgl. Franklin Kopitzsch, »Wirklich der Hamburger mag Sie und Ihre Art leiden«. Des Bundespräsidenten Theodor Heuss erster Staatsbesuch in Hamburg im März 1950, in: Zeitschrift des Vereins für Hambur-gische Geschichte, Bd. 83, 1997, S. 503–522,

89 Rainer Burger, Heuss als Journalist. Beobachter und Interpret von vier Epochen deut-scher Geschichte, Münster 1999, S. 328 ff.

90 Thomas Schlemmer, Aufbruch, Krise und Erneuerung. Die Christliche-Soziale Union 1945–1955, München 1998.

91 Vgl. Lutz Niethammer (Hg.), Lebensgeschichte und Sozialkultur im Ruhrgebiet 1930–1960, 3 Bde., Berlin/Bonn 1983–1985; Vgl. Herbert Kühr/Karl Rohe (Hg.), Poli-tik und Gesellschaft im Ruhrgebiet. Beiträge zur regionalen Politikforschung, König-stein/Ts. 1979; Stefan Goch, Sozialdemokratische Arbeiterbewegung im Ruhrgebiet. Eine Untersuchung am Beispiel Gelsenkirchen 1848–1975, Düsseldorf 1990.

92 Alexander Gallus, Die Neutralisten. Verfechter eines vereinten Deutschlands zwischen Ost und West 1945–1990, Düsseldorf 2001.

93 Vgl. Josef Müller, Die Gesamtdeutsche Volkspartei. Entstehung und Politik unter dem Primat nationaler Wiedervereinigung 1950–1957, Düsseldorf 1990.

94 Vgl. Patrick Major, The death oft the KPD. Communism and anti-communism in West Germany 1945–1956m Oxford 1997; Till Kössler, Abschied von der Revolution. Kom-munisten und Gesellschaft in Westdeutschland 1945–1968, Düsseldorf 2005.

95 Norbert Frei, Vergangenheitspolitik. Die Anfänge der Bundesrepublik und die NS-Ver-gangenheit, München 1996, S. 326 ff.

96 Schildt, Moderne Zeiten (wie Anm. 37); ders., Ankunft (wie Anm. 4), S. 87 ff.; 306 ff.; vgl. in diesem Zusammenhang die Entdeckung der Meinungsforschung für die politische Lenkung: Anja Kruke, Demoskopie in der Bundesrepublik Deutschland. Meinungs-forschung, Parteien und Medien 1945–1990, Düsseldorf 2007.

97 Dies gilt auch für die Kreation des Staatswappens, die an Vorlagen der Weimarer Zeit anknüpfte; Jürgen Hartmann, Der Bundesadler, in: Vierteljahreshefte für Zeitgeschich-te, Jg. 56, 2008, S. 495–509.

98 Zit. nach Bührer, Adenauer-Ära (wie Anm. 24), S. 106; die »Einwohner von Trizonesien« waren ein äußerst populärer Karnevalsschlager von 1948.

99 Heuss an Adenauer, 2.5.1952, zit. nach Conze u. a., 50 Jahre (wie Anm. 3), S. 317; vgl. die Rekonstruktion der Auseinandersetzung aus den Quellen bei Klaus Goebel, »Neu-gierig, was ich zum Schluß gedichtet haben werde«. Der Streit um die deutsche Na-tionalhymne 1950–1952, in: Erik Gieseking/Irene Gückel/Hermann-Josef Scheidgen/Anselm Tiggemann (Hg.), Zum Ideologieproblem in der Geschichte, Lauf an der Peg-nitz 2006, S. 119–137; Theo Schwarzmüller, Albert Finck und die Nationalhymne. Eine Lebensreise vom Kaiserreich zur Bundesrepublik, Annweiler 2002.

100 Der Fall wird dokumentiert von Wolfgang Kraushaar, Die Protest-Chronik 1949–1959. Eine illustrierte Geschichte von Bewegung, Widerstand und Utopie, Bd. 1, Hamburg 1996, S. 495; für den öffentlichen Umgang mit der NS-Vergangenheit in der frühen Bundesrepublik vgl. insbesondere Frei, Vergangenheitspolitik (wie Anm. 95); zur öffentlichen Debatte vgl. Schildt, Ankunft (wie Anm. 4), S. 106 ff.; Ulrich Brochhagen, Nach Nürnberg. Vergangenheitsbewältigung und Westintegration in der Ära Adenauer, Hamburg 1994.

101 Zit. nach Hans Ulrich Behn, Die Regierungserklärungen der Bundesrepublik Deutschland, München/Wien 1971, S. 31.

102 Frei, Vergangenheitspolitik (wie Anm. 95), S. 29 ff.

103 Entnazifizierung in der Schlußphase, in: Hamburger Abendblatt, 30.3.1950.

104 Gerhard Paul, »… zwinkerte man mit den Augen und schwieg«. Schweigekartell und Weißwäschersyndikat, oder: Wie aus NS-Tätern und ihren Gehilfen Nachbarn und Kollegen wurden, in: Lange Schatten. Ende der NS-Diktatur und frühe Nachkriegsjahre in Flensburg. Hg. vom Stadtarchiv Flensburg in Zusammenarbeit mit der Universität Flensburg (Redaktion: Broder Schwensen/Gerhard Paul/Peter Wulf), Flensburg 2000, S. 311–376; vgl. auch Ulrich Herbert, Rückkehr in die Bürgerlichkeit? NS-Eliten in der Bundesrepublik, in: Bernd Weisbrod (Hg.), Rechtsradikalismus in der politischen Kultur der Nachkriegszeit. Die verzögerte Normalisierung in Niedersachsen, Hannover 1995, S. 1–17; ders., Best. Biographische Studien über Radikalismus, Weltanschauung und Vernunft. 1903–1989, Bonn 1996, S. 434 ff.; Winfried Loth/Bernd A. Rusinek (Hg.), Verwandlungspolitik. NS-Eliten in der Nachkriegszeit, Frankfurt/M./New York 1998.

105 Frei, Vergangenheitspolitk (wie Anm. 95), S. 133 ff.

106 Brochhagen, Nürnberg (wie Anm. 100), S. 96 ff.

107 Ebd., S. 87 ff.; Bert-Oliver Manig, Die Politik der Ehre. Die Rehabilitierung der Berufssoldaten in der frühen Bundesrepublik, Göttingen 2004; Oliver von Wrochem, Erich von Manstein. Vernichtungskrieg und Geschichtspolitik, Paderborn u. a. 2006, S. 237 ff.

108 Vgl. Peter Dudek/Hans-Gerd Jaschke, Entstehung und Entwicklung des Rechtsextremismus in der Bundesrepublik. Zur Tradition einer besonderen politischen Kultur, 2 Bde., Opladen 1984, Bd. 1, S. 79 ff., 146 ff.; Jörg Echternkamp, Mit dem Krieg seinen Frieden schließen – Wehrmacht und Weltkrieg in der Veteranenkultur 1945–1960, in: Kühne, Kriegskultur (wie Anm. 66), S. 78–93; Thomas Kühne, Zwischen Vernichtungskrieg und Freizeitgesellschaft. Die Veteranenkultur der Bundesrepublik (1945–1995), in: Klaus Naumann (Hg.), Nachkrieg in Deutschland, Hamburg 2001, S. 90–113.

109 Curt Garner, Der öffentliche Dienst in den 50er Jahren: Politische Weichenstellungen und ihre sozialgeschichtlichen Folgen, in: Schildt/Sywottek, Modernisierung (wie Anm. 1), S. 759–790.

110 Hans-Jürgen Döscher, Verschworene Gesellschaft. Das Auswärtige Amt unter Adenauer zwischen Neubeginn und Kontinuität, Berlin 1995, S. 136 ff.; ders., Seilschaften. Die verdrängte Vergangenheit des Auswärtigen Amtes, Berlin 2005.

111 Vgl. Mary Allan Reese, Organisation Gehlen. Der Kalte Krieg und der Aufbau des deutschen Geheimdienstes, Berlin 1992; Udo Ulfkotte, Verschlußsache BND, München ³1997; James H. Critchfield, Auftrag Pullach. Die Organisation Gehlen 1948–1956, Hamburg/Berlin/Bonn 2005.

112 Patrick Wagner, Die Resozialisierung der NS-Kriminalisten, in: Herbert, Wandlungsprozesse (wie Anm. 28), S. 179–213.

113 Steffen R. Kathe, Kulturpolitik um jeden Preis. Die Geschichte des Goethe-Instituts von 1951–1990, München 2005, S. 131; vgl. Eckard Michels, Von der Deutschen Akademie

zum Goethe-Institut. Sprach- und auswärtige Kulturpolitik 1923–1960, München 2005; Bernhard Wittek, Und das in Gottes Namen. Das Goethe-Institut von 1951 bis 1976, Berlin 2006; Wiederbegründet wurden Anfang der 50er Jahre auch der Deutsche Akademische Austauschdienst (DAAD) und die Alexander von Humboldt-Stiftung, die eine internationale Vernetzung der deutschen akademischen Szene fördern sollten; vgl. Christian Jansen (unter Mitarbeit von Christoph Nensa), Exzellenz weltweit. Die Alexander von Humboldt-Stiftung zwischen Wissenschaftsförderung und auswärtiger Kulturpolitik (1953–1003), Köln 2004; Johannes Paulmann (Hg.), Auswärtige Repräsentationen. Deutsche Kulturdiplomatie nach 1945, Köln/Weimar/Wien 2005.

114 Vgl. Rolf-Ulrich Kunze, Die Studienstiftung des deutschen Volkes seit 1925. Zur Geschichte der Hochbegabtenförderung in Deutschland, Berlin 2001, S. 263 ff.

115 Corinna Unger, Ostforschung in Westdeutschland. Die Erforschung des europäischen Ostens und die Deutsche Forschungsgemeinschaft 1945–1975, Stuttgart 2007.

116 Vgl. Axel Schildt, Der Umgang mit der NS-Vergangenheit in der Öffentlichkeit der Nachkriegszeit, in: Loth/Rusinek, Verwandlungspolitik (wie Anm. 104), S. 19–54.

117 Lutz Hachmeister, Der Gegnerforscher. Die Karriere des SS-Führers Franz Alfred Six, München 1998, S. 316 ff.; ders., Ein deutsches Nachrichtenmagazin. Der frühe »Spiegel« und sein NS-Personal, in: Lutz Hachtmeister/Friedemann Siering (Hg.), Die Herren Journalisten. Die Elite der deutschen Presse nach 1945, München 2002, S. 87–120.

118 Schildt, Tatkreis. Deutschlands Platz in einem »christlichen Abendland«. Konservative Publizisten aus dem Tat-Kreis in der Kriegs- und Nachkriegszeit, in: Th. Koebner u. a. (Hg.), Deutschland nach Hitler. Zukunftspläne im Exil und aus der Nachkriegszeit 1939 – 1949, Opladen 1987, S. 344–369; Klaus Große Kracht, »Schmissiges Christentum«. Die Wochenzeitung »Christ und Welt« in der Nachkriegszeit (1948–1958), in: Michael Grunewald/Uwe Puschner (Hg. in Verbindung mit Hans Manfred Bock), Das evangelische Intellektuellenmilieu in Deutschland, seine Presse und seine Netzwerke (1871–1963), Bern u. a. 2008, S. 505–531.

119 Nicolas Berg, Der Holocaust und die westdeutschen Historiker. Erforschung und Erinnerung, Göttingen 2003.

120 Vgl., Philipp von Hugo, Beobachten, bürgen und zensieren – Filmpolitik mit dem Zweiten Weltkrieg in der Bundesrepublik der fünfziger Jahre, in: Tel Aviver Jahrbuch, Bd. 31, 2003, S. 62–91; Peter Reichel, Erfundene Erinnerung. Weltkrieg und Judenmord im Film und Theater, München/Wien 2004. S. 64 ff.

121 Vgl. zu dieser Episode Martina Thiele, Publizistische Kontroversen über den Holocaust im Film, Berlin ²2007, S. 165 ff.; Ewout van der Knaap, Nacht und Nebel. Gedächtnis des Holocaust und internationale Wirkungsgeschichte, Göttingen 2008.

122 Ernst von Salomon, Der Fragebogen, Hamburg 1951; vgl. Ansgar Fürst, Im deutschen Treibhaus. Tendenzen und Diagnosen der Adenauer-Zeit. Eine Spurensuche in der zeitgenössischen Literatur, Freiburg 2003, S. 33 ff.; Gregor Streim, Unter der ›Diktatur‹ des Fragebogens. Ernst von Salomons Bestseller Der Fragebogen (1951) und der Diskurs der ›Okkupation‹, in: Gunther Nickel (Hg.), Literarische und politische Deutschlandkonzepte 1938–1949, Göttingen 2004, S. 87–116; Maciej Walkowiak, Ernst von Salomons autobiographische Romane als literarische Selbstgestaltungsstrategien im Kontext der historisch-politischen Semantik, Frankfurt/M. u. a. 2007, S. 295 ff.

123 Friedrich M. Reifferscheidt, 1945–1950, in: Frankfurter Hefte, Jg. 6, 1951, S. 90–100; vgl. Schildt, Moderne Zeiten (wie Anm. 37), S. 337 ff.; den Vorwurf der »Restauration« erhoben mit gänzlich anderer Motivation auch jene christlich-konservativen Publizisten,

die die neue Ordnung der Bundesrepublik, wie vorher auch die Weimarer Republik, als zu weltlich empfanden. Der Begriff der »Restauration« wurde in den 1960er Jahren sowohl von Zeithistorikern der DDR als auch von einigen Politikwissenschaftlern der Bundesrepublik verwandt.

124 Wolfgang Koeppen, Drei Romane (Tauben im Gras/Das Treibhaus/Der Tod in Rom), Frankfurt/M. 1986, S. 272.

125 So der neue Innenminister des Landes Schleswig-Holstein Paul Pagel (CDU), der diesen Begriff in seinem Tagebuch eintrug, als er feststellte, dass er im neuen Kabinett 1950 der Einzige war, der keine ehemalige NS-Mitgliedschaft vorzuweisen hatte; vgl. Heinz Josef Varain, Parteien und Verbände. Eine Studie über ihren Aufbau, ihre Verflechtungen und ihr Wirken in Schleswig-Holstein 1945–1958, Köln/Opladen 1964, S. 233.

126 Frei, Vergangenheitspolitik (wie Anm. 96), S. 326 ff.

127 Edgar Wolfrum, Geschichtspolitik in der Bundesrepublik Deutschland. Der Weg zur bundesrepublikanischen Erinnerung 1948–1990, Darmstadt 1999, S. 65 ff.

128 Jan Eckel, Intellektuelle Transformationen im Spiegel der Widerstandsdeutungen, in: Herbert, Wandlungsprozesse (wie Anm. 28), S. 140–176; ders., Hans Rothfels. Eine intellektuelle Biographie im 20. Jahrhundert, Göttingen 2005.

129 Constantin Goschler, Wiedergutmachung. Westdeutschland und die Verfolgten des Nationalsozialismus (1945–1954), München 1992, S. 185 ff.; ders., Schuld und Schulden. Die Politik der Wiedergutmachung für NS-Verfolgte seit 1945, Göttingen 2005; erst sehr viel später wurden deutsch-israelische Kulturbeziehungen angeknüpft, das erste Goethe-Institut wurde in Tel Aviv 1979 gegründet; vgl. Hanna Schubert, Kontinuität und Umbruch. Die deutsch-israelischen Kulturbeziehungen. Bestandsaufnahme und Empfehlungen, Berlin 2004.

130 Hans Erler/Ansgar Koschel (Hg.), Der Dialog zwischen Juden und Christen. Versuche des Gesprächs nach Auschwitz, Frankfurt/M./New York 1999.

131 Rainer Erb/Werner Bergmann, Antisemitismus in der Bundesrepublik Deutschland. Ergebnisse der empirischen Forschung von 1946–1089, Opladen 1991; Frank Stern, Im Anfang war Auschwitz. Antisemitismus und Philosemitismus im deutschen Nachkrieg, Gerlingen 1991; Jack Morris/Jack Zipes (Hg.), Unlikely History. The Changing German-Jewish Symbiosis. 1945–2000, New York/Houndmills, Basingstoke 2002; Samuel Salzborn, Antisemitismus. Geschichte und Gegenwart, Gießen 2004.

132 Jürgen Zieher, Im Schatten von Antisemitismus und Wiedergutmachung. Jüdisches Leben in Köln in den fünfziger Jahren, in: Jost Dülffer (Hg.), Köln in den 50er Jahren. Zwischen Tradition und Modernisierung, Köln 2001, S. 277–304; Susanne Schönborn (Hg.), Zwischen Erinnerung und Neubeginn. Zur deutsch-jüdischen Geschichte nach 1945, München 2006; Anthony Kauders, Unmögliche Heimat. Eine deutsch-jüdische Geschichte der Bundesrepublik, München 2007; Irmela von der Lühe/Axel Schildt/Stefanie Schüler-Springorum (Hg.), »Auch in Deutschland waren wir nicht wirklich zu Hause«. Jüdische Remigration nach 1945, Göttingen 2008.

133 Thomas Henne/Arne Riedlinger (Hg.), Das Lüth-Urteil aus (rechts-)historischer Sicht. Die Konflikte um Veit Harlan und die Grundrechtsjudikatur des Bundesverfassungsgerichts, Berlin 2005; vgl. allgemein Werner Bergmann, Antisemitismus in öffentlichen Konflikten. Kollektives Lernen in der politischen Kultur der Bundesrepublik 1949–1989, Frankfurt/M./New York 1997, S. 105 ff.; die Presseberichterstattung über ausgewählte Fälle am Beispiel von sechs meinungsbildenden Presseorganen analysiert Heiko Buschke, Deutsche Presse, Rechtsextremismus und nationalsozialistische Vergangenheit in der Ära Adenauer, Frankfurt/M./New York 2003.

134 Zit. nach Peter Römer, Die Verfassungsentwicklung in den fünfziger Jahren, in: Dieter Bänsch (Hg.), Die fünfziger Jahre. Beiträge zu Politik und Kultur, Tübingen 1985, S. 71–89, hier S. 81; vgl. Dieter Gosewinkel, Adolf Arndt. Die Wiederbegründung des Rechtsstaats aus dem Geist der Sozialdemokratie (1945–1961), Bonn 1991, S. 208 ff.

135 Vgl. Horst Möller, Das Kommunismusbild in der alten Bundesrepublik zwischen Kaltem Krieg und Entspannungspolitik, in: Peter März/Hans-Joachim Veen (Hg.), Woran erinnern? Der Kommunismus in der deutschen Erinnerungskultur, Köln/Weimar/Wien 2006, S. 17–31, hier S. 25; zu ergänzen ist, dass denselben demoskopischen Umfragen zufolge das Verbot der KPD weitaus populärer war als das Verbot der neonazistischen Sozialistischen Reichspartei.

136 Auszüge aus dem Bundesergänzungsgesetz vom 18.9.1953, zit. nach Mögenburg, Kalter Krieg (wie Anm. 50), S. 83 f.

137 Christoph Kleßmann, Arbeiter im »Arbeiterstaat«. Deutsche Traditionen, sowjetisches Modell, westdeutsches Magnetfeld (1975–1971), Bonn 2007, S. 311 ff.

138 Bulletin des Bundespresse- und Informationsamtes Nr. 154 vom 18.8.1956, zit. nach Bührer, Ära Adenauer (wie Anm. 24), S. 179–181.

139 Joachim Perels, Keine Erfolgsgeschichte des demokratischen Rechtsstaats – zur strafrechtlichen Ausschaltung von Kommunisten in der Ära Adenauer, in: Antonia Grunenberg (Hg.), Einsprüche: Politik und Sozialstaat im 20. Jahrhundert. Festschrift für Gerhard Kraiker, Hamburg 2004, S. 193–203, Zitat S. 193; Standardwerk zum Thema ist Alexander von Brünneck, Politische Justiz gegen Kommunisten in der Bundesrepublik Deutschland 1949 bis 1968, Frankfurt/M. 1978; vgl. Justizministerium des Landes NRW (Hg.), Politische Strafjustiz 1951–1968. Betriebsunfall oder Symptom, Geldern 1998.

140 Vgl. allgemein Martin Wengeler, »Unerträglich, aber notwendig«? Öffentliche Sprachsensibilität als Indikator kulturellen Wandels in der Bundesrepublik Deutschland, in: Kühne, Kriegskultur (wie Anm. 66), S. 280–293.

141 Vgl. Kai-Uwe Merz, Kalter Krieg als antikommunistischer Widerstand. Die Kampfgruppe gegen Unmenschlichkeit 1949–1958, München 1987; Klaus Körner, Von der antibolschewistischen zur antisowjetischen Propaganda: Dr. Eberhard Taubert, in: Arnold Sywottek (Hg.), Der Kalte Krieg – Vorspiel zum Frieden?, Münster/Hamburg 1993, S. 54–68; Matthias Friedel, Der Volksbund für Frieden und Freiheit (VFF). Eine Teiluntersuchung über westdeutsche antikommunistische Propaganda im Kalten Krieg und deren Wurzeln im Nationalsozialismus, St. Augustin 2001; ausführlich zuletzt Stefan Creuzberger, Kampf für die Einheit. Das gesamtdeutsche Ministerium und die politische Kultur des Kalten Krieges 1949–1969, Düsseldorf 2008, S. 155 ff.

142 Eva Bliembach, Worte als Waffen. Flugblattpropaganda im Kalten Krieg, in: Gerald Diesener/Rainer Gries (Hg.), Propaganda in Deutschland. Zur Geschichte der politischen Massenbeeinflussung im 20. Jahrhundert, Darmstadt 1996, S. 235–254.

143 Ingrid Pietrzynski, Der 17. Juni 1953 im Rundfunk der DDR. Ursachen, Verlauf und Folgen, in: Klaus Arnold/Christoph Classen (Hg.), Zwischen Pop und Propaganda. Radio in der DDR, Berlin 2004, S. 113–129; Bernd Stöver, Radio mit kalkuliertem Risiko. Der RIAS als US-Sender für die DDR 1946–1961, in: ebd., S. 209–228.

144 Vgl. Reiner Diederich/Richard Grübling/Max Bartholl, Die rote Gefahr. Antisozialistische Bildagitation 1918–1976, Hamburg 1976; Deutschland im Kalten Krieg 1945–1963. Eine Ausstellung des Deutschen Historischen Museums 28. August bis 24. November 1992 im Zeughaus Berlin, Berlin 1992; Gerd Langguth (Hg.), Politik und Plakat. Fünfzig Jahre Plakatgeschichte am Beispiel der CDU, Bonn 1995, S. 71 ff., hier S. 80; Pierre

Aycoberry, Der Bolschewik, in: Étienne François/Hagen Schulze (Hg.), Deutsche Erinnerungsorte I, München 2001, S. 455–468.

145 Deutschland (wie Anm. 144), S. 117, 171; zum Kontext vgl. Gerhard Paul, »Alle Wege des
Marxismus führen nach Moskau«. Schlagbilder antikommunistischer Bildrhetorik, in:
ders. Jahrhundert (wie Anm. 76), S. 88–97.

146 Vgl. allgemein Hermann Glaser, Kulturgeschichte der Bundesrepublik, Bd. 2: Zwischen
Grundgesetz und Großer Koalition 1949–1967, München/Wien 1986, S. 44; sein Film
»Die Mörder sind unter uns« (1946) wurde sogar 1971 erstmals in der Bundesrepublik
im Kino gezeigt.

147 Axel Schildt, Zwischen Abendland und Amerika. Studien zur westdeutschen Ideenland-
schaft der 50er Jahre, München 1999, S. 21 ff. (für das Folgende); vgl. Vanessa Conze, Das
Europa der Deutschen. Ideen von Europa in Deutschland zwischen Reichstradition und
Westorientierung (1920–1970), München 2005, S. 111 ff.

148 Schildt, Abendland (wie Anm. 147), S. 28.

149 Zum geistigen Hintergrund Gerd Koenen, Der Russland-Komplex. Die Deutschen und
der Osten 1900–1945, München 2005.

150 Zit. nach Gösta von Uexküll, Konrad Adenauer, Reinbek 1976, S. 80; vgl. als Studien zur
politischen Sprache Wolfgang Bergsdorf, Herrschaft und Sprache. Studien zur politi-
schen Terminologie der Bundesrepublik Deutschland, Pfullingen 1983; Karin Böke/Frank
Liedtke/Martin Wengeler (Hg.), Politische Leitvokabeln in der Adenauer-Ära, Berlin/
New York 1996; A. Naser Shrouf, Sprachwandel als Ausdruck politischen Wandels. Am
Beispiel des Wortschatzes in Bundestagsdebatten 1949–1998, Frankfurt/M. 2006, S. 71 ff.

151 Vgl. Gotthard Lerchner, Nation und Sprache im Spannungsfeld zwischen Sprachwis-
senschaft und Politik in der Bundesrepublik und der DDR bis 1989, in: Andreas Gardt
(Hg.), Nation und Sprache. Die Diskussion ihres Verhältnisses in Geschichte und Gegenwart, Berlin/New York 2000; Klaus Siewert (Hg. unter Mitarbeit von Susanne In der
Smitten und Florian Ziem), Vor dem Karren der Ideologie. DDR-Deutsch und Deutsch
in der DDR, Münster 2004; ein symbolträchtiges Feld des deutsch-deutschen Vergleichs
in Sprache und Musik bildet für die 50er Jahre speziell das Militärische; vgl. Erika Funk-
Hennigs, Deutsche Militärmusik nach 1945. Aufbau und Entwicklung im Kontext der
politischen Kultur der DDR und der Bundesrepublik, Karben 1999; Manfred Franz
Heidler, Musik in der Bundeswehr. Musikalische Bewährung zwischen Aufgabe und
künstlerischem Anspruch, Essen 2005.

152 Vgl. Guido Müller, Der Kreis um Franz A. Kramer und die Gründung des Rheinischen
Merkur, in: Claus D. Krohn/Axel Schildt (Hg.), Zwischen den Stühlen? Remigranten
und Remigration in der deutschen Medienöffentlichkeit der Nachkriegszeit, Hamburg
2002, S. 316–342; ders., Der Rheinische Merkur. Ein militantes christliches, konser-
vativ-liberales und westliches Medium der Bundesrepublik Deutschland 1946–1950, in:
Michel Grunewald/Uwe Puschner (Hg. in Zusammenarbeit mit Hans-Manfred Bock),
Das konservative Intellektuellenmilieu in Deutschland, seine Presse und seine Netzwerke (1890–1960), Bern 2003, S. 273–293.

153 Zit. nach Behn (wie Anm. 101), S. 33.

154 Zum Spannungsverhältnis von Wiedervereinigungsforderung und den weiter reichenden nationalen Ansprüchen beim Kuratorium Unteilbares Deutschland vgl. Wolfrum,
Geschichtspolitik (wie Anm. 127), S. 108 ff., 155 ff.; Leo Kreuz, Das Kuratorium Unteilbares Deutschland. Aufbau, Programmatik, Wirkung, Opladen 1980; Christoph Meyer,
Die deutschlandpolitische Doppelstrategie. Wolfgang Schütz und das Kuratorium Unteilbares Deutschland (1954–1972), Landsberg am Lech 1997; zur politischen Kultur der

Vertriebenen vgl. konträr Samuel Salzborn, Geschichte, Gegenwart und Zukunft der Vertriebenenverbände, Berlin 2000; Matthias Stickler, Ostdeutsch heißt gesamtdeutsch. Organisation, Selbstverständnis und heimatpolitische Zielsetzungen der deutschen Vertriebenenverbände 1949–1972, Düsseldorf 2004.

155 Zit. nach Wolfrum, Geschichtspolitik (wie Anm. 127), S. 125; dort S. 124 ff.

156 Manfred Wittig, »Der Tod hat alle Unterschiede ausgelöscht«. Anmerkungen zur Geschichte und Ideologie des Volksbundes Deutsche Kriegsgräberfürsorge nach 1945, in: Michael Hütt/Hans-Joachim Kunst/Florian Matzner/Ingeborg Pabst (Hg.), Unglücklich das Land, das Helden nötig hat. Leiden und Sterben in den Kriegsdenkmälern des Ersten und Zweiten Weltkrieges, Marburg 1990, S. 91–98.

157 Zit. nach Georg Holländer, Regression in die europäische Zukunft. Kulturpolitik und politische Kultur in Duisburg 1945 bis 1964, in: Jan-Pieter Barbian/Ludger Heid (Hg.), Die Entdeckung des Ruhrgebiets. Das Ruhrgebiet in Nordrhein-Westfalen 1946–1996, Essen 1997, S. 419–432, hier S. 426.

158 Abdruck der Rede im Bulletin des Bundespresse- und Informationsamtes, Nr. 128, 14.7.1955; vgl. Matthias Pape, Lechfeldschlacht und NATO-Beitritt. Das Augsburger »Ulrichsjahr« 1955 als Ausdruck der christlich-abendländischen Europaidee in der Ära Adenauer, in: Zeitschrift des Historischen Vereins für Schwaben, Bd. 94, 2001/2002, S. 269–308.

159 Zum Mythos Friedland vgl. Dagmar Kleineke, Entstehung und Entwicklung des Lagers Friedland 1945–1955, Phil. Diss. Göttingen 1992; Moeller, Heimkehr (wie Anm. 29); Wilfried F. Schoeller, Deutschland vor Ort. Geschichten, Mythen, Erinnerungen, München 2005, S. 296–311; Michael Stolle, Das Wunder von Friedland. Die Heimkehr der letzten deutschen Kriegsgefangenen und das Radio, in: Rundfunk und Geschichte, Jg. 31, 2005, S. 19–30.

160 Schildt, Abendland (wie Anm. 147), S. 68 ff.

161 Eine detaillierte Rekonstruktion der Abläufe bei Klaus Heilmeier, Kino und Film im Regensburg der Fünfzigerjahre, in: Dallmeier u. a., Fünfzigerjahre (wie Anm. 18), S. 111–115; Manfred Eder, »Die Sünderin« in Regensburg. Demonstrationen für und gegen den »Skandalfilm« des Jahres 1951 unter Beteiligung von Studenten der Phil.-Theol. Hochschule, in: Beiträge zur Geschichte des Bistums Regensburg, Bd. 29, 2005, S. 495–512.

162 Stephan Buchloh, Wider die Schmutzflut. Jugendschutzdebatten und –maßnahmen in der frühen Bundesrepublik Deutschland, in: Jahrbuch für Kommunikationsgeschichte, Jg. 2, 2000, S. 157–187; Adelheid von Saldern, Kulturdebatte und Geschichtserinnerung. Der Bundestag und das Gesetz über die Verbreitung jugendgefährdender Schriften (1952/53), in: Bollenbeck/Kaiser, 50er Jahre (wie Anm. 1), S. 87–114; umfassend jetzt Jürgen Kniep, Filmbewertung und Filmzensur. Studien zum Umgang mit dem Kinofilm in der Bundesrepublik, 1949–1960, Phil. Diss. Freiburg 2008.

163 Konzeptionell Anselm Doering-Manteuffel, Wie westlich sind die Deutschen? Amerikanisierung und Westernisierung im 20. Jahrhundert, Göttingen 1999, S. 71 ff.; vgl. Eckart Conze, Wege in die atlantische Gemeinschaft. Amerikanisierung, Westernisierung und Europäisierung in der internationalen Politik der Bundesrepublik Deutschland, in: Gian Enrico Rusconi/Hans Woller (Hg.), Parallele Geschichte? Italien und Deutschland 1945–2000, Berlin 2006, S. 307–329.

164 Bertrand Russell, Der Weg zum Weltstaat, in: Der Monat, Jg. 1, 1948/1949, H. 1, S. 4–8; Franz Borkenau, Nach der Atombombe, in: ebd., S. 9–16; vgl. Ilona Stölken-Fitschen, Atombombe und Geistesgeschichte. Eine Studie der fünfziger Jahre aus deutscher Sicht, Baden-Baden 1995, S. 59 f.

165 Vgl. Michael Hochgeschwender, Freiheit in der Offensive? Der Kongreß für kulturelle Freiheit und die Deutschen, München 1998.

166 Dirk Schindelbeck/Volker Ilgen, »Haste was, biste was!« Werbung für die Soziale Marktwirtschaft, Darmstadt 1999; Detlef Briesen, Über den Wandel der ästhetischen und politischen Kultur in der frühen Bundesrepublik. Ein Vergleich der Reichsausstellung »Schaffendes Volk« Düsseldorf 1937 mit der Großen Rationalisierungsausstellung »Alle sollen besser leben!« Düsseldorf 1953, in: Geschichte im Westen, Jg. 16, 2001, S. 47–72.

167 Vgl. Axel Schildt, Ende der Ideologien? Politisch-ideologische Strömungen in den 50er Jahren, in: ders./Sywottek (wie Anm. 1), Modernisierung, S. 627–635.

168 Rulf Treidel, Evangelische Akademien im Nachkriegsdeutschland. Gesellschaftspolitisches Engagement in kirchlicher Öffentlichkeitsverantwortung, Stuttgart/Berlin/Köln 2001; Margret Fell, Mündig durch Bildung. Zur Geschichte katholischer Erwachsenenbildung in der Bundesrepublik Deutschland zwischen 1945 und 1975, München 1983.

169 Vgl. Schildt, Abendland (wie Anm. 147), S. 11.

170 Vgl. Eberhard Illner/Rainer Steinberg, Die Kölner Mittwochsgespräche 1950–1956, in: Anselm Faust u. a., Deutsche »Nachkriegswelten« 1945–1955. Regionale Zugänge und neue Sichtweisen, Bensberg 1992, S. 31–40.

171 Nina Verheyen, Diskutieren in der frühen Bundesrepublik. Zur Kulturgeschichte des »besseren Arguments« zwischen Re-education und Studentenbewegung. Veröffentlichung der Arbeitsgruppe »Zivilgesellschaft historisch-sozialwissenschaftliche Perspektiven« des Wissenschaftszentrums Berlin für Sozialforschung, Berlin 2003.

172 Christina von Hodenberg, Konsens und Krise. Eine Geschichte der westdeutschen Medienöffentlichkeit 1945–1973, Göttingen 2006, S. 145 ff., 197 ff.; vgl. auch Heinz Murmann, Mit »C« ist es feiner. Der Deutsche Presseclub Bonn von 1952 bis heute, Bonn 1997, S. 20 ff.; Stephan Buchloh, »Pervers, jugendgefährdend, staatsfeindlich«. Zensur in der Ära Adenauer als Spiegel des gesellschaftlichen Klimas, Frankfurt/M./New York 2002; Gunnar Krüger, »Wir sind doch kein exklusiver Club!« Die Bundespressekonferenz in der Ära Adenauer, Münster 2005.

173 Nina Verheyen, Fernsehschule der Vernunft? Der Internationale Frühschoppen (1952–1987) in emotionsgeschichtlicher Perspektive, in: Frank Bösch/Manuel Borutta (Hg.), Die Massen bewegen. Medien und Emotionen in der Moderne, Frankfurt/M./New York 2006, S. 264–283.

174 Zit. nach Schildt, Abendland (wie Anm. 147), S. 91; vgl. auch Monika Boll, Nachtprogramm. Intellektuelle Gründungsdebatten der frühen Bundesrepublik, Münster 2004.

175 Klaus J. Hennig, »Malskat, jetzt müssen Sie ran!« Alles gotisch, alles neu: Vor 50 Jahren flog in Lübeck der größte Kunstschwindel in der Geschichte der Bundesrepublik auf, in: Die ZEIT, Nr. 21 vom 16.5.2002.

176 Heinrich Böll, Hierzulande, in: Gewerkschaftliche Monatshefte, Jg. 12, 1961, S. 129–134.

177 Ludwig Fischer, Dominante Muster des Literaturverständnisses, in: ders. (Hg.), Literatur in der Bundesrepublik Deutschland bis 1967, München 1986, S. 179–213, hier S. 196 ff.

178 Sven Hanuschek/Therese Hörnigk/Christine Malende (Hg.), Schriftsteller als Intellektuelle. Politik und Literatur im Kalten Krieg, Tübingen 2000.

179 Vgl. Schildt, Abendland (wie Anm. 147), S. 90 f.

180 Vgl. Susanne Hornfeck, Der Hansische Goethe-Preis 1949–1999, Hamburg 1999.

181 Zit. nach: Waltraud Wende, Einen Nullpunkt hat es nie gegeben. Schriftsteller zwischen Neuanfang und Restauration – oder: Kontinuitäten bildungsbürgerlicher Deutungsmuster in der unmittelbaren Nachkriegsära, in: Bollenbeck/Kaiser, 50er Jahre (wie Anm. 1), S. 17–29, hier S. 25.

182 Curtius und Alewyn zit. nach Karl Robert Mandelkow, Der »restaurierte« Goethe: Klassikerrezeption in Westdeutschland nach 1945 und ihre Vorgeschichte seit 1870, in: Schildt/Sywottek, Modernisierung (wie Anm. 1), S. 541–550, hier S. 545; vgl. ders., Restauration oder Neuanfang? West-östliche Konfigurationen der Goetherezeptionen im ersten Nachkriegsjahrzehnt, in: Lothar Ehrlich/Gunther Mai (Hg.), Weimarer Klassik in der Ära Ulbricht, Köln/Weimar/Wien 2000, S. 135–149.

183 Zit. nach Wilfried Barner (Hg.), Geschichte der deutschen Literatur von 1945 bis zur Gegenwart, München ²2006, S. 24.

184 Zit. nach Petra Weber, Thomas Mann in Frankfurt, Stuttgart und Weimar. Umstrittenes kulturelles Erbe und deutsche Kulturnation, in: Udo Wengst/Hermann Wentker (Hg.), Das doppelte Deutschland. 40 Jahre Systemkonkurrenz, Berlin 2008, S. 35–63, hier S. 37.

185 Zit. ebd., S. 40.

186 Konrad Dussel, Die Interessen der Allgemeinheit vertreten. Die Tätigkeit der Rundfunk- und Verwaltungsräte von Südwestfunk und Süddeutschem Rundfunk 1949 bis 1969, Baden-Baden 1995, S. 316 ff.; vgl. Lars Klingberg, Die Neue Bachgesellschaft in der Zeit der deutschen Teilung, in: Rudolf Eller, 100 Jahre Neue Bachgesellschaft. Beiträge zu ihrer Geschichte, Leipzig 2001, S. 101–113; Christoph Kleßmann, Johann Sebastian Bach im »Arbeiter- und Bauernstaat«. Zur Bachrezeption in der DDR, in: Deutschland-Archiv, Jg. 40, 2007, S. 106–115.

187 Weber, Thomas Mann (wie Anm. 182), S. 41.

188 Zum Folgenden Schildt, Moderne Zeiten (wie Anm. 37), S. 324 ff.

189 Rudolf Hagelstange, Moderne Humanitas, in: Der Monat, Jg. 4, 1951, Heft 38, S. 115–123, Zitat S. 117.

190 Joachim Bodamer, Der Mann von heute. Seine Gestalt und Psychologie, Stuttgart 1956, S. 21.

191 Fedor Stepun, in: Hans Schwippert (Hg.), Darmstädter Gespräch. Mensch und Technik. Erzeugnis – Form – Gebrauch, Darmstadt 1952, S. 162 f.

192 Willy Hellpach, Der deutsche Charakter, Bonn 1954, S. 240.

193 Alfred Weber, Der dritte oder der vierte Mensch. Vom Sinn des geschichtlichen Daseins, München 1953, S. 43, 53, 80.

194 Friedrich Sieburg, Die Langeweile als Lebensstil, in: Die Gegenwart, Jg. 8, 1953, S. 270–272, Zitat S. 270.

195 Arthur Jores, Der Mensch und seine Krankheit, Stuttgart 1956; Hans Selye, Streß beherrscht unser Leben, Düsseldorf 1957; der aus Österreich stammende, dann in Kanada lebende Arzt Selye hatte den Begriff »Stress« Mitte der 30er Jahre eingeführt.

196 Alexander Mitscherlich, in: Institut für Sozialforschung, Soziologische Exkurse. Nach Vorträgen und Diskussionen, Frankfurt/M. 1956 (Neuausgabe Frankfurt/M. 1991), S. 70.

197 Vgl. Paul Nolte, Die Ordnung der deutschen Gesellschaft. Selbstentwurf und Selbstbeschreibung im 20. Jahrhundert, München 2000, S. 208 ff.

198 Schwippert, Gespräch (wie Anm. 191), S. 109.

199 Arnold Gehlen, Das Ende der Persönlichkeit, in: Merkur, Jg. 10, 1956, S. 1149–1158, Zitat S. 1152.

200 Vgl. Axel Schildt, Konservatismus in Deutschland. Von den Anfängen im 18. Jahrhundert bis zur Gegenwart, München 1998, S. 236 ff.

201 Helmut Schelsky, Ist der Großstädter wirklich einsam? (1956), in: ders., Auf der Suche nach Wirklichkeit. Gesammelte Aufsätze, Düsseldorf/Köln 1965, S. 305–309.

202 Vgl. Clemens Albrecht/Günther C. Behrmann/Michael Bock/Harald Homann/Friedrich H. Tenbruck, Die intellektuelle Gründung der Bundesrepublik. Eine Wirkungs-

geschichte der Frankfurter Schule, Frankfurt/M./New York 1999; wie schon der Titel andeutet, wird der Einfluss allerdings überschätzt, wie eine Durchsicht von Programmen der einschlägigen politisch-kulturellen Foren zeigt; vgl. kritisch Alfons Soellner, Adorno und die politische Kultur der frühen Bundesrepublik, in: Mittelweg 36, Literaturbeilage, Nr. 2, 2002, S. 37–52.

203 Rolf Wiggershaus, Die Frankfurter Schule. Geschichte. Theoretische Entwicklung. Politische Bedeutung, München 1986, S. 479; dieses immer wieder aufgelegte und mehrere Sprachen übersetzte Buch bietet ansonsten immer noch die differenzierteste Darstellung der Geschichte der sogenannten Kritischen Theorie.

204 Günther Häntzschel, Literatur und Buchkultur in den fünfziger Jahren, in: Faulstich, Kultur (wie Anm. 49), S. 217–229, Zitat S. 217.

205 Hannes Schwenger, Buchmarkt und literarische Öffentlichkeit, in: Fischer, Literatur (wie Anm. 177), S. 99–124, hier S. 105 f.; vgl. Olaf Kutzmutz (Hg.), Warum wir lesen, was wir lesen. Beiträge zum literarischen Kanon, Wolfenbüttel 2002; zur Jugendbuchliteratur vgl. Klaus Doderer (Hg.), Zwischen Trümmern und Wohlstand. Literatur der Jugend 1945–1960, Darmstadt 1987.

206 Vgl. Ludwig Fischer, Zur Sozialgeschichte der westdeutschen Literatur, in: Schildt/ Sywottek, Modernisierung (wie Anm. 1), S. 551–562.

207 Zit. nach Norbert Niemann/Eberhard Rathgeb (Hg.), Inventur. Deutsches Lesebuch 1945–2003, München/Wien 2003, S. 97 f.

208 Zit. nach Fischer, Muster (wie Anm. 177), S. 187; vgl. Alexander von Bormann, Gedichte zwischen Hermetik und Öffentlichkeit, in: Barner, Geschichte (wie Anm. 181), S. 194–243, hier S. 214 ff.

209 Glaser, Kulturgeschichte, Bd. 2 (wie Anm. 146), S. 167 f.

210 Knut Hickethier, Literatur und Massenmedien, in: Fischer, Literatur (wie Anm. 177), S. 125–141, hier S. 133 ff.; Ingrid Scheffler, Literatur und Schriftsteller im Hörfunk. Der NWDR Köln (1945–1955), in: Dieter Breuer/Gertrude Cepl-Kaufmann (Hg.), Öffentlichkeit in der Moderne. Die Moderne in der Öffentlichkeit. Das Rheinland 1945–1955, Essen 2000, S. 219–236.

211 Vgl. die Erinnerungen des seit 1951 als NWDR-Hörspielchef amtierenden Heinz Schwitzke, Fünfzig Jahre Hörspiel, in: Neue Rundschau, Bd. 87, 1976, S. 281–300.

212 Vgl. das Standardwerk von Stefan Bodo Würfel, Das deutsche Hörspiel, Stuttgart 1978, S. 74 ff.; Horst Ohde, Das Literarische Hörspiel – Wortkunst im Massenmedium, in: Fischer, Literatur (wie Anm. 177), S. 469–492; Thomas Koebner, Parabelernst und Konversationskomik: Das Hörspiel der fünfziger Jahre, in: Barner, Geschichte (wie Anm. 181), S. 244–259.

213 Dietrich Kerlen, Macht statt Markt in der Buchkultur. Die Restauration des Bildungsbürgertums in der Frühzeit der Bundesrepublik Deutschland, in: Häntzschel, Perspektiven (wie Anm. 59), S. 29–44.

214 Vgl. Brigitte Scheideler, Von Konsens zu Kritik: Der Friedenspreis des Deutschen Buchhandels, in: Stephan Füssel (Hg.), 50 Jahre Frankfurter Buchmesse 1949–1999, Frankfurt/M. 1999, S. 46–88; zu den Anpassungsstrategien von NS-Kulturfunktionären im Literaturbetrieb der Bundesrepublik vgl. exemplarisch Kai-Uwe Scholz, Chamäleon oder Die vielen Gesichter des Hans Friedrich Blunck. Anpassungsstrategien eines prominenten NS-Kulturfunktionärs vor und nach 1945, in: Ludwig Fischer u. a. (Hg.), Dann waren die Sieger da. Studien zur literarischen Kultur in Hamburg 1945–1950, Hamburg 1999, S. 131–167.

215 Schwenger, Buchmarkt (wie Anm. 205), S. 119 ff.

216 Wilfried Barner, Kommerz und Experimente: Literarisches Leben im Westen, in: ders., Geschichte (wie Anm. 181), S. 163–171, hier S. 168.

217 Bernd Kortländer, Literaturpreise als Indikatoren literarischer Geschmacksnormen in NRW nach 1945, in: Breuer/Cepl-Kaufmann, Öffentlichkeit (wie Anm. 210), S. 197–217.

218 Wolfgang Schömel, Der Bremer Literaturpreis, in: Karl-Ludwig Sommer (Hg.), Bremen in den fünfziger Jahren, Bremen 1989, S. 90–96; Celan erhielt den Preis allerdings zwei Jahre später.

219 Ernst Jünger, Der gordische Knoten, Frankfurt/M. 1953, S. 35.

220 Armin Mohler, Ravensburger Tagebuch. Meine Zeit bei Ernst Jünger 1949/50. Mit einem Nachtrag In Wilflingen 1950–1953 von Edith Mohler, Leipzig 1999; vgl. Ralf Walkenhaus, Armin Mohlers Denkstil, in: Jahrbuch Extremismus und Demokratie, Bd. 9, 1997, S. 97–116.

221 Vgl. als Überblick Hans Wagener (Hg.), Von Böll bis Buchheim: Deutsche Kriegsprosa nach 1945, Amsterdam/Atlanta, GA 1997.

222 Grundlegend Heinz-Ludwig Arnold (Hg.), Die Gruppe 47. Ein kritischer Grundriß, München ³2004; vgl. Peter Gendolla/Rita Leinecke (Hg.), Die Gruppe 47 und die Medien, Siegen 1997; Stuart Parkes/John J. White (Hg.), The Gruppe 47 fifty Years on a Re-Appraisal of its literacy and political Significance, Amsterdam/Atlanta, GA 1999; zur Biographie des Organisators aller Treffen, Hans Werner Richter, vgl. auch Sabine Cofalla, Der »soziale Sinn« Hans Werner Richters. Zur Korrespondenz des Leiters der Gruppe 47, Berlin 1997; dies. (Hg.), Hans Werner Richter, Briefe, München 1997; s. auch die in Kapitel 1, Anm. 173–175 genannte Literatur.

223 Wilfried Barner, Zwischen dem »Wendejahr« und dem »Durchbruch«: Westliche Erzählprosa in den fünfziger Jahren, in: ders., Geschichte (wie Anm. 181), S. 172–193, Zitat S. 176; mit Bezug auf Ilse Aichingers »Spiegelgeschichte«, Friedrich Dürrenmatts »Der Tunnel«, Wolfgang Hildesheimers Sammlung »Lieblose Legenden« und Peter Weiss' »Der Schatten des Körpers des Kutschers«.

224 Arnold, Gruppe 47 (wie Anm. 222), S. 95 ff.

225 Ebd., S. 111 ff.; Ohde, Hörspiel (wie Anm. 203), S. 481 ff.; Gendolla/Reinecke, Gruppe 47 (wie Anm. 213), S. 34 ff.

226 Arnold, Gruppe 47 (wie Anm. 222), S. 192.

227 Ebd., S. 163.

228 Zur zeitgenössischen Kritik an der Trilogie Helmut Müller, Die literarische Republik. Westdeutsche Schriftsteller und die Politik, Weinheim/Basel 1982, S. 53 ff.; Ansgar Fürst, Im deutschen Treibhaus. Tendenzen und Diagnosen der Adenauer-Zeit. Eine Spurensuche in der zeitgenössischen Literatur, Freiburg 2003, S. 25 ff.; Barner, »Wendejahr« (wie Anm. 223), S. 173 f.

229 Die Diskussion über Arno Schmidt, dessen Hauptwerk »Zettels Traum« 1970 erschien, ist durch heftige Kontroversen zwischen dezidierter Bewunderung und vehementer Ablehnung gekennzeichnet; vgl. Wolfgang Albrecht, Arno Schmidt, Stuttgart/Weimar 1998; »Arno Schmidt? – Allerdings!« Hg. vom Deutschen Literaturarchiv, Marbach 2006.

230 Klaus Briegleb, Missachtung und Tabu. Eine Streitschrift über die Frage: Wie antisemitisch war die Gruppe 47, Berlin 2002; dazu Stellungnahmen in zahlreichen Zeitungen und Zeitschriften.

231 Vgl. Hans Daiber, Deutsches Theater seit 1945, Stuttgart 1976; Jan Berg, Drama und Theater, in: Fischer, Literatur (wie Anm. 177), S. 493–524; Glaser, Kulturgeschichte, Bd. 2 (wie Anm. 145), S. 242 ff.; Henning, Rischbieter, Theater, in: Benz, Geschichte,

Bd. 4 (wie Anm. 71), S. 86–130, hier S. 92 ff.; Knut Hickethier, Das Theater der Bundesrepublik in den fünfziger Jahren, in: Faulstich, Kultur (wie Anm. 49), S. 35–52.

232 Detaillierte Informationen in Klaus Budzinski/Reinhard Hippen (Hg.), Metzler Kabarett Lexikon, Stuttgart 1996; Volker Kühn, Das Wolfgang Neuss Buch, Hamburg 1981.

233 Vgl. detailliert Lutz Hennrich, Theaterangebot und Theaternachfrage in Düsseldorf, in: Breuer/Cepl-Kaufmann, Öffentlichkeit (wie Anm. 210), S. 321–338.

234 Peter Mertz, Das gerettete deutsche Theater. Die deutsche Bühne im Wiederaufbau, Weinheim/Berlin 1990, S. 148; vgl. detailliert Dieter Hadamczik/Jochen Schmidt/Werner Schulze-Reimpell, Was spielten die Theater? Bilanz der Spielpläne in der Bundesrepublik Deutschland 1947–1975, Remagen-Rolandseck 1978, S. 32 ff.

235 Bernd Waldmann, »Schiller ist gut – Schiller muß sein«. Grundlagen und Funktion der Schiller-Rezeption des westdeutschen Theaters der fünfziger Jahre, Frankfurt/M. u. a. 1993.

236 Kurt Dörnemann, Schiller bei den Ruhrfestspielen (1951–1965), in: Schau-Bühne. Schillers Dramen 1945 bis 1984. Eine Ausstellung des Deutschen Literaturarchivs und des Theatermuseums der Universität zu Köln, Marbach am Neckar 1984, S. 114 ff.; Stephan Pächer, Die Ruhrfestspiele Recklinghausen von 1946 bis 1965. Die theatergeschichtliche, politische und gesellschaftliche Funktion eines kulturellen Neuanfangs, in: Vestische Zeitschrift. Zeitschrift der Vereine für Orts- und Heimatkunde im Vest Recklinghausen, Bd. 94–96, 1995/97, S. 503–590, hier S. 550 f.

237 Zit. nach Berg, Drama (wie Anm. 231), S. 510 f.

238 Vgl. Arnold, Gruppe 47 (wie Anm. 222), S. 233 ff.

239 Jürgen Schröder, Das Jahrzehnt Frischs und Dürrenmatts, in: Barner, Geschichte (wie Anm. 182), S. 260–273; Schröder irrt allerdings, wenn er die beiden Autoren als meistgespielte deutschsprachige Dramatiker der 50er Jahre bezeichnet (ebd., S. 260) – dieser Rang kam eindeutig Carl Zuckmayer zu.

240 Max Frisch in seiner Büchnerpreis-Rede, zit. ebd.; vgl. Klaus-Peter Friedrich, »… diese Würdigung, die mich freilich überrascht hat (wie jede Art von Alterserscheinung) …« – Max Frischs Ehrenpromotion im Juni 1962, in: Benno Hafeneger/Wolfram Schäfer (Hg.), Marburg in den Nachkriegsjahren 3. Entwicklungen in Politik, Kultur und Architektur, Marburg 2006, S. 119–130.

241 Berg, Drama (wie Anm. 231), S. 511.

242 Klaus Ebbeke, Strukturen am Rande des Wahnsinns. Zur ernsten Musik nach 1945, in: Bernhard Schulz (Hg.), Grauzonen, Farbwelten. Kunst und Zeitbilder 1945–1955, Berlin/Wien 1983, S. 413–430; Glaser, Kulturgeschichte, Bd. 2 (wie Anm. 146), S. 247 ff.; Ulrich Dibelius, Musik, in: Benz, Geschichte, Bd. 4 (wie Anm. 71), S. 131–168, hier S. 135 ff.

243 Vgl. etwa Robert von Zahn, Geburt zweier Szenen. Neue und Alte Musik in Köln, in: Historisches Archiv der Stadt Köln (Hg.), Kunst und Kultur in Köln nach 1945, Köln 1996, S. 68–100.

244 Josef Häusler, Spiegel der Neuen Musik. Donaueschingen. Chronik – Tendenzen – Werkbesprechungen, Kassel 1996.

245 Ulrich Dibelius, Die Musik in den fünfziger Jahren, in: Bänsch, Jahre (wie Anm. 67), S. 259–282, Zitat S. 268.

246 Vgl. Jost Hermand, Kultur im Wiederaufbau. Die Bundesrepublik Deutschland 1945–1965, München 1986, S. 393 ff.; Christian Broecking, Adorno versus Behrend revisited. Was bleibt von der Kontroverse im Merkur 1953?, in: Wolfgang Knauer (Hg.), Jazz und Gesellschaft. Sozialgeschichtliche Aspekte des Jazz, Hofheim 2002, S. 41–55; Ferdinand Zehentreiter, Zwischen Ideologie und Utopie. Adorno zu Volksmusik, Massenkultur

und Kulturindustrie, in: Walter Salmen/Giselher Schubert (Hg.), Komponisten im Spannungsfeld elitär – populär, Mainz u. a. 2005, S. 311–322; zum Verhältnis der beiden Denker zueinander in den 50er Jahren vgl. Christian Thies, Die Krise des Individuums. Zur Kritik der Moderne bei Adorno und Gehlen, Reinbek 1997.

247 Vgl. Wolfram Knauer, Emanzipation wovon? Zum Verhältnis des amerikanischen und des deutschen Jazz in den 50er und 60er Jahren, in: ders. (Hg.), Jazz in Deutschland, Hofheim 1996, S. 141–158; Ralf Peter Fuchs, Neue Menschen und Kultur der Moderne. Der Jazz und sein Publikum in der deutschen Nachkriegspresse 1945–1953, in: Wolfram Knauer (Hg.), Jazz und Gesellschaft. Sozialgeschichtliche Aspekte des Jazz, Hofheim 2002.

248 Zit. nach Andreas Bootz, Kultur in Bielefeld 1945–1960, Bielefeld 1993, S. 126.

249 Vgl. Werner Hofmann, Im Banne des Abgrunds. Der »Verlust der Mitte« und der Exorzismus der Moderne: Über den Kunsttheoretiker Hans Sedlmayr, in: Gerda Breuer (Hg.), Die Zähmung der Avantgarde. Zur Rezeption der Moderne in den 50er Jahren, Basel/Frankfurt/M. 1997, S. 43–54; Hans Körner, »Gefahren der modernen Kunst«? Hans Sedlmayr als Kritiker der Moderne, in: Christian Drude/Hubertus Kohle (Hg.), 200 Jahre Kunstgeschichte in München. Positionen. Perspektiven. Polemik 1780–1980, München/Berlin 2003, S. 209–222.

250 Zit. nach Schildt, Moderne Zeiten (wie Anm. 37), S. 332; die Protokolle aller Vorträge einschließlich von Reaktionen aus dem Publikum bei Hans-Gerhard Evers (Hg.), Erstes Darmstädter Gespräch: Das Menschenbild unserer Zeit, Darmstadt 1951; zu Baumeisters Kunsttheorie vgl. Beat Wyss, Willi Baumeister und die Kunsttheorie der Nachkriegszeit, in: Breuer, Zähmung (wie Anm. 249), S. 55–72; Susanne Leeb, Die modernen Troglodyten. Willi Baumeisters Kunsttheorie, in: Nikola Doll/Ruth Heftrig/Olaf Peters/Ulrich Rehm (Hg.), Kunstgeschichte nach 1945. Kontinuität und Neubeginn in Deutschland, Köln/Weimar/Wien 2006, S. 149–164.

251 Vgl. Jost Hermand, Freiheit im Kalten Krieg. Zum Siegeszug der abstrakten Malerei in Westdeutschland, in: Hugo Borger/Ekkehard Mai/Stephan Waetzold (Hg.), '45 und die Folgen. Kunstgeschichte eines Wiederbeginns, Köln/Weimar/Wien 1991, S. 135–162; Bollenbeck, Jahre (wie Anm. 1), S. 204 f.; Doris Müller-Toovey, Bilder des Aufbaus. Eine vergleichende Studie bildkünstlerischer Darstellungen im Osten und Westen Deutschlands nach 1945, Frankfurt/M. 2005, S. 183 ff.

252 Bernhard Kerber, Die Rezeption amerikanischer Kunst in der Bundesrepublik Deutschland 1949–1959, in: Breuer, Zähmung (wie Anm. 249), S. 173–202; Jacques Leenhardt, Die abstrakte Kunst. Eine Debatte der 50er Jahre, in: ebd., S. 203–230; Jutta Held, Moderne Mythostheorien und die Künste um 1950, in: Kunst und Politik, Bd. 2, 2000, S. 7–14; Martin Schieder, Kollektive Erbschaften. Deutsch-französische Kunstgespräche in den 1950er Jahren, in: Doll u. a., Kunstgeschichte (wie Anm. 241), S. 195–208.

253 Vgl. Hans-Joachim Manske, Anschlußsuche an die Moderne: Bildende Kunst in Westdeutschland 1945–1960, in: Schildt/Sywottek, Modernisierung (wie Anm. 1), S. 563–582; Martin Damus, Kunst in der BRD 1945–1990. Funktionen der Kunst in einer demokratisch verfaßten Gesellschaft, Reinbek 1995, S. 78 ff.

254 Martin Warnke, Von der Gegenständlichkeit und der Ausbreitung der Abstrakten, in: Bänsch, Jahre (wie Anm. 67), S. 209–222; Werner Bührer, Der Kulturkreis im Bundesverband der Deutschen Industrie und die »kulturelle Modernisierung« der Bundesrepublik in den 50er Jahren, in: Schildt/Sywottek, Modernisierung (wie Anm. 1), S. 583–595.

255 Gerda Breuer, Vorwort, in: dies., Zähmung (wie Anm. 249), S. 7–24, Zitate S. 15; vgl. Karl-Siegbert Rehberg, »Denkende Malerei« und konstruktivistische Moderne. Arnold Gehlens ambivalente Kunstsoziologie, in: ebd., S. 73–100.

256 Gregor Wedekind, Abstraktion und Abendland: Die Erfindung der documenta als Antwort auf »unsere deutsche Lage«, in: Doll u. a., Kunstgeschichte (wie Anm. 250), S. 165–181.

257 Wolfgang Lenk, Die Documenta als Herausforderung des Kunstmuseums?, in: Lutz Hieber/Stephan Moebius/Karl-Siegbert Rehberg (Hg.), Kunst im Kulturkampf. Zur Kritik der deutschen Museumskultur, Bielefeld 2005, S. 155–183, Zitat S. 159; vgl. Karin Thomas, Kunst in Deutschland seit 1945, Köln 2002, S. 60 ff.

258 Vgl. Thilo Koenig, »Subjektive Fotografie« in den fünfziger Jahren, Berlin 1988; Silke Oßwald, photokina: Kultur und Kommerz im Köln der fünfziger Jahre, in: Jost Dülffer (Hg.), Köln in den 50er Jahren. Zwischen Tradition und Modernisierung, Köln 2001, S. 361–377; Anne Ganteführ-Trier, Zur Geschichte der ersten photographischen Ausstellungen auf der photokina in Köln, in: Breuer/Cepl-Kaufmann, Öffentlichkeit (wie Anm. 210), S. 527–544; Thomas, Kunst (wie Anm. 257), S. 114 ff.

259 Warnke, Gegenständlichkeit (wie Anm. 254), S. 219; vgl. Damus, Kunst (wie Anm. 253), S. 141 ff.

260 Gert Selle, Geschichte des Design in Deutschland, Frankfurt/M./New York 1994, S. 290 ff.; ders., Das Produktdesign der 50er Jahre: Rückgriff in die Entwurfsgeschichte, vollendete Modernisierung des Alltagsinventars oder Vorbote der Postmoderne, in: Schildt/Sywottek, Modernisierung (wie Anm. 1), S. 612–624.

261 Thomas Jaspersen, Produktwahrnehmung und stilistischer Wandel, Frankfurt/M./New York 1985, S. 51 ff.; vgl. zahlreiche Beispiele bei Christian Borngräber, Design. Bruchstücke. Westdeutsches Nachkriegsdesign 1945–1955, in: Schulz, Grauzonen (wie Anm. 22), S. 127–174; für das Design des gedeckten Tisches vgl. Hermann Schreiber/Dieter Honisch/Ferdinand Simoneit (Hg.), Die Rosenthal Story, Düsseldorf/Wien 1980.

262 Zit. nach Klaus von Beyme, Der Wiederaufbau. Architektur und Städtebaupolitik in beiden deutschen Staaten, München/Zürich 1987, S. 91.

263 Werner Durth/Niels Gutschow, Architektur und Städtebau der fünfziger Jahre, Bonn 1987; Architektur und Städtebau der fünfziger Jahre. Ergebnisse der Fachtagung in Hannover, 2.-4. Februar 1990: Schutz und Erhaltung von Bauten der fünfziger Jahre, Bonn 1990.

264 So die Überschriften der entsprechenden Aufsätze in Klaus von Beyme/Werner Durth/ Niels Gutschow/Winfried Nerdinger/Thomas Topfstedt (Hg.). Neue Städte aus Ruinen. Deutscher Städtebau der Nachkriegszeit, München 1992.

265 Sandra Wagner-Conzelmann, Auf der Suche nach dem städtischen Leben: Die konzeptionellen Erneuerungen der Planungsmaximen des Städtebaus der 1950er Jahre, in: Doll u. a., Kunstgeschichte (wie Anm. 250), S. 99–111.

266 Werner Durth, Kontraste und Parallelen: Architektur und Städtebau in West- und Ostdeutschland, in: Schildt/Sywottek, Modernisierung (wie Anm. 1), S. 596–611; Werner Durth/Jörn Düwel/Niels Gutschow, Architektur und Städtebau der DDR. Die frühen Jahre, Berlin 2007.

267 Vgl. zur Interbau Dieter Hanauske, »Bauen, bauen, bauen …!« Die Wohnungspolitik in Berlin (West) 1945–1961, Berlin 1995, S. 715 ff.; Sandra Wagner-Conzelmann, Die Interbau 1957 in Berlin. Stadt von heute – Stadt von morgen. Städtebau und Gesellschaftskritik der 50er Jahre, Petersberg 2007; Annette Maechtel/Kathrin Peters (Hg.), Die Stadt von morgen. Beiträge zu einer Archäologie des Hansaviertels Berlin, Berlin 2008.

Kapitel III
Kultur in dynamischen Zeiten 1957/58–1965

1   Vgl. Axel Schildt/Detlef Siegfried/Karl Christian Lammers (Hg.), Dynamische Zeiten. Die 60er Jahre in den beiden deutschen Gesellschaften, Hamburg ²2003.

2   Bernd Haunfelder/Axel Schollmeier, Die fetten Jahre. Münster 1957 bis 1968 in Fotos von Willi Hänscheid, Münster 2004.

3   Hans Werner Richter (Hg.), Bestandsaufnahme. Eine deutsche Bilanz 1962, München/Wien/Basel 1962; vgl. zur zeitgenössischen Reflexion auch die Bände mit Beiträgen von Max Born u. a., Wo stehen wir heute?, Gütersloh 1960; Karl Jaspers u. a., Die Hoffnungen unserer Zeit, München 1963.

4   Marianne Braig/Peter Lohauß/Werner Polster/Klaus Voy, Projekte der Moderne und Modernisierungen – das späte Wirklichwerden der modernen Lebensweise, in: Klaus Voy/Werner Polster/Claus Thomasberger (Hg.), Gesellschaftliche Transformationsprozesse und materielle Lebensweise, Marburg 1991, S. 23–80, Zitat S. 43.

5   Axel Schildt, Vollbeschäftigung in der Bundesrepublik Deutschland: Geschichten aus dem Märchenland, in: Damals. Das Magazin für Geschichte und Kultur, Jg. 36, 2004, Heft 9, S. 8–11; dort auch die weiteren Angaben.

6   Veit Didczuneit/Hanno Sowade, Zündapp Sport Combinette. Geschenk für den millionsten Gastarbeiter, Bonn 2004.

7   Ulrich Herbert/Karin Hunn, Gastarbeiter und Gastarbeiterpolitik in der Bundesrepublik. Vom Beginn der offiziellen Anwerbung bis zum Anwerbestopp (1955–1973), in: Schildt u. a., Zeiten (wie Anm. 1), S. 273–310, hier S. 299 f.; vgl. zur Gastarbeiterbeschäftigung in den 60er Jahren auch Mathilde Jamin (Hg.), Fremde Heimat. Eine Geschichte der Einwanderung aus der Türkei, Essen 1998; Franziska Dunkel/Gabriella Stramaglia-Faggion, Zur Geschichte der Gastarbeiter in München. »Für 50 Mark einen Italiener«, München 2000; Anne von Oswald/Barbara Sonnenberger, »Bullenkloster«: Leben in »Gastarbeiter«-Unterkünften in den sechziger er und siebziger Jahren, in: Sowi, Heft 29, 2000, S. 200–207; Karen Schönwälder, Einwanderung und ethnische Pluralität. Politische Entscheidungen und öffentliche Debatten in Großbritannien von den Fünfzigerjahren bis zu den Siebzigerjahren, Essen 2001; Anne von Oswald, Volkswagen, Wolfsburg und die italienischen »Gastarbeiter«, in: Archiv für Sozialgeschichte, Bd. 42, 2002, S. 55–79; Karin Hunn, Asymmetrische Beziehungen: Türkische »Gastarbeiter« zwischen Heimat und Fremde, in: ebd., S. 145–172; Margret Spohn, Türkische Männer in Deutschland. Familie und Identität. Migranten der ersten Generation erzählen ihre Geschichte, Bielefeld 2002; Monika Mattes, »Gastarbeiterinnen« in der Bundesrepublik. Anwerbepolitik, Migration und Geschlecht in den 50er bis 70er Jahren, Frankfurt/Main/New York 2005.

8   Ute Frevert, Umbruch der Geschlechterverhältnisse? Die 60er Jahre als geschlechterpolitischer Experimentierraum, in: Schildt u. a., Zeiten (wie Anm. 1), S. 642–660, hier S. 644 f.

9   Christine von Oertzen, Teilzeitarbeit und die Lust am Zuverdienen. Geschlechterpolitik und gesellschaftlicher Wandel in Westdeutschland 1948–1969, Göttingen 1999.

10 Matthias Frese, »Samstags gehört Vati mir«. Arbeit und Freizeit von Frauen und Männern in der gewerkschaftlichen Diskussion der frühen Bundesrepublik Deutschland (1949–1965), in: Westfälische Forschungen, Bd. 45, 1995, S. 73–101.

11 Am siebten Tag – Geschichte des Sonntags. Begleitbuch zur Ausstellung im Haus der Geschichte der Bundesrepublik Deutschland, Bonn, 25. Oktober 2002 bis 21. April 2003, Bonn 2002.

12 Konrad H. Jarausch/Michael Geyer, Zerbrochener Spiegel. Deutsche Geschichten im 20. Jahrhundert, München 2005, S. 44; vgl. ebd. S. 303 ff.

13 Axel Schildt, Moderne Zeiten. Freizeit, Massenmedien und »Zeitgeist« in der Bundesrepublik der 50er Jahre, Hamburg 1995, S. 356 ff.

14 Michael Wildt, Abschied von der ›Freßwelle‹ oder: die Pluralisierung des Geschmacks. Essen in der Bundesrepublik Deutschland der fünfziger Jahre, in: Alois Wierlacher/Gerhard Neumann/Hans Jürgen Teuteberg (Hg.), Kulturthema Essen. Ansichten und Problemfelder, Berlin 1993, S. 211–226.

15 Michael Wildt, Am Beginn der ›Konsumgesellschaft‹. Mangelerfahrung, Lebenshaltung, Wohlstandshoffnung in Westdeutschland in den fünfziger Jahren, Hamburg 1994, S. 78 ff.

16 Hermann Glaser, Kulturgeschichte der Bundesrepublik, Bd. 2: Zwischen Grundgesetz und Großer Koalition 1949–1967, München/Wien 1986, S. 88.

17 Axel Schildt, Rebellion und Reform. Die Bundesrepublik der Sechzigerjahre, Bonn 2005, S. 42.

18 Alle Rezepte in Clemens Wilmenrod bittet zu Tisch, Hamburg ⁴1960 (1956).

19 Karl Ditt, Rationalisierung im Einzelhandel: Die Einführung und Entwicklung der Selbstbedienung in der Bundesrepublik Deutschland 1949–2000, in: Michael Prinz (Hg.), Der lange Weg in den Überfluss. Anfänge und Entwicklung der Konsumgesellschaft seit der Vormoderne, Paderborn 2003, S. 315–356.

20 Jan Logemann, Einkaufsparadies und »Gute Stube«. Fußgängerzonen in westdeutschen Innenstädten der 1950er bis 1970er Jahre, in: Adelheid von Saldern (Hg.), Stadt und Kommunikation in bundesrepublikanischen Umbruchszeiten, Stuttgart 2006, S. 103–122.

21 Arne Andersen, Der Traum vom guten Leben. Alltags- und Konsumgeschichte vom Wirtschaftswunder bis heute, Frankfurt/M./New York 1997, S. 201 f.

22 Michael Wildt, Amerika auf Raten. Konsum und Teilzahlungskredit im Westdeutschland der fünfziger Jahre, in: Heinz Bude/Bernd Greiner (Hg.), Westbindungen. Amerika in der Bundesrepublik, Hamburg 1999, S. 202–230.

23 Hans-Dieter Lösenbeck, Stiftung Warentest. Ein Rückblick 1964–2002, Berlin 2003; zur Begrifflichkeit vgl. Michael Wildt, Konsumbürger. Das Politische als Optionsfreiheit und Distinktion, in: Manfred Hettling/Bernd Ulrich (Hg.), Bürgertum nach 1945, Hamburg 2005, S. 255–283.

24 Schildt, Rebellion (wie Anm. 17), S. 37.

25 Wolfgang Ruppert, Zur Konsumwelt der 60er Jahre, in: Schildt u. a., Zeiten, S. 752–767.

26 Vgl. u. a. Susanne Buck, »Gewirkte Wunder, hauchzarte Traume«. Von Frauenbeinen und Perlonstrümpfen, Marburg 1996, S. 23 ff.; Heike Weber, »Kluge Frauen lassen für sich arbeiten!« Werbung für Waschmaschinen von 1950–1995, in: Technikgeschichte, Bd. 65, 1998, S. 27–55; Angela Schulze, Werbung an der Grenze. Provokation in der Plakatwerbung der 50er bis 90er Jahre, Wiesbaden 1999, S. 201 ff.; Gabriele Huster, Wilde Frische – Zarte Versuchung. Männer- und Frauenbild auf Werbeplakaten der fünfziger bis neunziger Jahre, Marburg 2001, S. 23 ff.; Cornelia Fleer, Waschen, Spülen, Schleudern oder: Einseifen, Waschen und Werben. Zum Wandel von Waschkultur und Waschmaschinenwerbung am Beispiel historischer Werbefilme der Firma Miele, in: Hans-Gerd Schmidt/Bernd Wiesener (Hg.), Werbefilme. Spiegel der Zeiten – Chronik des Alltags, Bielefeld 2002, S. 131–144; Wenjian Jia, Werbegeschichte als Kommunikationsgeschichte. Analyse der Anzeigenwerbung im SPIEGEL von 1947 bis 1990, Göttingen 2002, S. 121 ff.

27 Vgl. detailliert Hartmut Kaelble, Sozialgeschichte Europas. 1945 bis zur Gegenwart, Bonn 2007, S. 87 ff.

28 Wunderwirtschaft. DDR-Konsumkultur in den 60er Jahren. Hg. von der Neuen Gesellschaft für Bildende Kunst, Köln/Weimar/Wien 1996.

29 Harm Schröter, Die Amerikanisierung der Werbung in der Bundesrepublik Deutschland, in: Jahrbuch für Wirtschaftsgeschichte, Berlin 1997, Bd. I, S. 93–115; Karin Knop, Zwischen Afri-Cola-Rausch und dem Duft der großen weiten Welt: Werbung in den sechziger Jahren, in: Werner Faulstich (Hg.), Die Kultur der 60er Jahre, München 2003, S. 241–271.

30 Vgl. dazu und zu weiteren Beispielen Schild, Moderne Zeiten (wie Anm. 13), S. 352 ff.

31 Vgl. als Überblick zur Forschungsliteratur Axel Schildt, Zur so genannten Amerikanisierung in der frühen Bundesrepublik – einige Differenzierungen, in: Lars Koch (Hg.), Modernisierung als Amerikanisierung? Entwicklungslinien der westdeutschen Kultur 1945–1960, Bielefeld 2007, S. 23–44; zuletzt Christof Mauch/Kiran Klaus Patel (Hg.), Wettlauf um die Moderne. Die USA und Deutschland 1890 bis heute, München 2008.

32 Vgl. Konrad Jarausch, Die Umkehr. Deutsche Wandlungen 1945–1995, München 2004, S. 160 ff.

33 Vgl. Alf Lüdtke/Inge Marßolek/Adelheid von Saldern (Hg.), Amerikanisierung. Traum und Alptraum im Deutschland des 20. Jahrhunderts, Stuttgart 1996.

34 Axel Schildt, Ankunft im Westen. Ein Essay zur Erfolgsgeschichte der Bundesrepublik, Frankfurt/M. 1999, S. 82, Bernd Greiner, »Test the West«. Über die »Amerikanisierung« der Bundesrepublik Deutschland, in: Bude/Greiner, Westbindungen (wie Anm. 22), S. 16–54, hier S. 27 ff.

35 Kaspar Maase, BRAVO Amerika. Erkundungen zur Jugendkultur der Bundesrepublik in den fünfziger Jahren, Hamburg 1992, S. 113 ff.; Rainer Gries, Coca-Cola. Globale Werbeikone und Symbol der Amerikanisierung, in: Gerhard Paul, Das Jahrhundert der Bilder. 1949 bis heute, Göttingen 2008, S. 162–169.

36 Torsten Gass-Bolm, Das Ende der Schulzucht, in: Ulrich Herbert (Hg.), Wandlungsprozesse in Westdeutschland. Belastung, Integration, Liberalisierung 1945–1980, Göttingen 2002, S. 436–466; hinzuweisen ist auf die dunklen Seiten der Pädagogik jener Jahre, am schlimmsten im Bereich der Heimerziehung.

37 Axel Schildt, Von der Not der Jugend zur Teenager-Kultur: Aufwachsen in den 50er Jahren, in: ders./Arnold Sywottek (Hg.), Modernisierung im Wiederaufbau. Die westdeutsche Gesellschaft in den 50er Jahren, Bonn 21998, S. 335–347, hier S. 347; Maase, BRAVO (wie Anm. 35), S. 104 ff.; Detlef Siegfried, Starschnitt. Die Bildersprache der »Bravo«, in: Paul, Jahrhundert (wie Anm. 35), S. 146–153.

38 Norbert Grube, Westdeutsche Haarmoden und Haarpflege der 50er und 60er Jahre im Spiegel demoskopischer Daten, in: Christian Jaenecke (Hg.), Haartragen. Eine kulturwissenschaftliche Annäherung, Köln u. a. 2004, S. 233–249, hier S. 244 ff.

39 Schildt, Moderne Zeiten (wie Anm. 13), S. 161.

40 Uta G. Poiger, Jazz, rock, and rebels. Cold War politics and American culture in a divided Germany, Berkeley/Los Angeles/London 2000.

41 Konrad Jarausch/Hannes Siegrist (Hg.), Amerikanisierung und Sowjetisierung in Deutschland 1945–1970, Frankfurt/M./New York 1997.

42 Ulf Krüger/Ortwin Pelc (Hg.), Beatles, Beat und Große Freiheit, Hamburg 2006; Detlef Siegfried, Time is on my Side. Konsum und Politik in der westdeutschen Jugendbewegung der 60er Jahre, Göttingen 22008, S. 73 ff.

43 Schildt, Moderne Zeiten (wie Anm. 13), S. 117 ff.

44 Bettina Günter, Blumenbank und Sammeltassen. Wohnalltag im Wirtschaftswunder

zwischen Sparsamkeit und ungeahnten Konsummöglichkeiten, Berlin 2002, S. 85 ff., Zitate S. 85, 87.

45 Thomas Winkelmann, »Skandinavisch Wohnen« – ein Wohnstil oder ein kulturelles Muster?, in: Kieler Blätter zur Volkskunde, Jg. 34, 2002, S. 205–235, Zitat S. 219.

46 Günter, Blumenbank (wie Anm. 44), S. 71 ff.

47 Alphons Silbermann, Neues vom Wohnen der Deutschen (West), Köln 1999, S. 77 (ff.); Silbermann war erstmals 1963 mit einer Wohnwunsch-Studie hervorgetreten; vgl. Margot Tränkle, Neue Wohnhorizonte. Von den leeren Läden zu Warenfülle und Selbstbedienung, in: Ingeborg Flagge (Hg.), Geschichte des Wohnens, Bd. 5: 1945 bis heute. Aufbau, Neubau, Umbau, Stuttgart 1999, S. 686–806.

48 Vgl. das Fallbeispiel von Christian Heppner, Garbsen – Neue Mitte am Rand? Die Entstehung einer Stadt im suburbanen Raum 1945–1975, Hannover 2005.

49 Vgl. exemplarisch Meik Woyke, Mobilität im suburbanen Raum. Das schleswig-holsteinische Umland von Hamburg (1950–1980), in: Saldern, Stadt (wie Anm. 20), S. 123–146; ders., »Häuschen im Grünen«: Die Popularisierung der Suburbanisierung im 20. Jahrhundert, in: Daniela Münkel/Lu Seegers (Hg.), Medien und Imagepolitik im 20. Jahrhundert. Deutschland, Europa, USA, Frankfurt/M./New York 2008, S. 273–292.

50 Vgl. ausführlich Christina Simon, Suburbane Wohngebiete. Konzepte zur städtebaulichen Qualifizierung des Ein- und Zweifamilienhauses in der Bundesrepublik Deutschland 1949–1999, Stuttgart 2001.

51 Zit. nach Schildt, Rebellion (wie Anm. 17), S. 52.

52 Werner Polster/Klaus Voy, Eigenheim und Automobil – Die Zentren der Lebensweise, in: Voy u. a., Transformationsprozesse (wie Anm. 4), S. 263–320; Heidrun Edelmann, Vom Luxusgut zum Verbrauchsgegenstand. Die Geschichte der Verbreitung von Personenkraftwagen in Deutschland, Frankfurt/M. 1989.

53 Eine Vielzahl von Beispielen in Michael Kriegeskorte, Automobilwerbung in Deutschland 1948–1968. Bilder eines Aufstiegs, Köln 1994.

54 Schildt, Moderne Zeiten (wie Anm. 13), S. 189 ff.

55 Cord Pagenstecher, Der bundesdeutsche Tourismus. Ansätze zu einer Visual History: Urlaubsprospekte, Reiseführer, Fotoalben 1950–1990, Hamburg 2003, S. 95 ff., 366 ff.

56 Rainer Gries/Volker Ilgen/Dirk Schindelbeck, Gestylte Geschichte. Vom alltäglichen Umgang mit Geschichtsbildern, Münster 1989, S. 92 ff.

57 Volker Wellhöner, »Wirtschaftswunder« – Weltmarkt – westdeutscher Fordismus: der Fall Volkswagen, Münster 1996; Erhard Schütz, Der Volkswagen, in: Étienne François/ Hagen Schulze (Hg.), Deutsche Erinnerungsorte I, München 2001, S. 352–369; Heidrun Edelmann, Heinz Nordhoff und Volkswagen. Ein deutscher Unternehmer im amerikanischen Jahrhundert, Göttingen 2003.

58 Vgl. die folgenden Zitate in Axel Schildt, Vom Wohlstandsbarometer zum Belastungsfaktor – Autovision und Autoängste in der westdeutschen Presse von den 50er bis zu den 70er Jahren, in: Hans Liudger Dienel/Helmuth Trischler (Hg.), Geschichte der Zukunft des Verkehrs. Verkehrskonzepte von der frühen Neuzeit bis zum 21. Jahrhundert, Frankfurt/New York 1997, S. 289–309; vgl. Barbara Schmucki, Der Traum vom Verkehrsfluss. Städtische Verkehrsplanung seit 1945 im deutsch-deutschen Vergleich, Frankfurt/M./New York 2001.

59 Eine umfassende Darstellung liefert Knut Hickethier, Geschichte des deutschen Fernsehens, Stuttgart/Weimar 1998; die Kapitel zum Fernsehen der DDR darin stammen von Peter Hoff (ebd., S. 181 ff., 281 ff.).

60 Sigrid Reuter, Bahlsen-Fernsehwerbung von 1964 bis 1970. Dokumente gesellschaftli-

chen Wandels, in: Schmidt/Wiesener, Werbefilme (wie Anm. 26), S. 107–130; Siegfried J. Schmidt/Brigitte Spieß, Die Kommerzialisierung der Kommunikation. Fernsehwerbung und sozialer Wandel 1956–1989, Frankfurt/M. 1996, S. 198 ff.

61 Franziska Torma, Eine Naturschutzkampagne in der Ära Adenauer. Bernhard Grzimeks Afrikafilme in den Medien der 50er Jahre, München 2004; Jens Ivo Engels, Naturpolitik in der Bundesrepublik. Ideenwelt und politische Verhaltensstile in Naturschutz und Umweltbewegung 1950–1980, Paderborn u. a. 2006, S. 214 ff.; Johannes Paulmann, Jenseits von Eden. Kolonialismus, Zeitkritik und wissenschaftlicher Naturschutz in Bernhard Grzimeks Tierfilmen der 1950er Jahre, in: Zeitschrift für Geschichtswissenschaft, Jg. 56, 2008, S. 541–560.

62 Vgl. die Fallstudien zu Catarina Valente, Lou van Burg u. a. in Ricarda Strobel/Werner Faulstich, Die deutschen Fernsehstars, 4 Bde., Göttingen 1998.

63 Vgl. die Erinnerungen an einzelne Sendungen in Bernd Müllender/Achim Nöllenheidt (Hg.), Am Fuß der blauen Berge. Die Flimmerkiste in den 60er Jahren, Essen 1994.

64 Jürgen Wilke, Die Tagespresse der sechziger Jahre. Krisensymptome und Selbstbehauptung, in: Faulstich, Kultur (wie Anm. 29), S. 213–230.

65 Schildt, Moderne Zeiten (wie Anm. 13), S. 130.

66 Jörn Glasenapp, Titelschwund und Politisierung. Zur Illustriertenlandschaft der sechziger Jahre, in: Faulstich, Kultur (wie Anm. 29), S. 129–143, Zitat S. 132.

67 Knut Hickethier, Literatur und Massenmedien, in: Ludwig Fischer (Hg.), Literatur in der Bundesrepublik bis 1967, München/Wien 1986, S. 125–141, hier S. 139 f.

68 Axel Schildt, Hegemon der häuslichen Freizeit: Rundfunk in den 50er Jahren, in: Schildt/Sywottek, Modernisierung (wie Anm. 37), S. 458–476, hier S. 475 f.; Konrad Dussel, Vom Radio- zum Fernsehzeitalter. Medienumbrüche in sozialgeschichtlicher Perspektive, in: Schildt u. a., Zeiten (wie Anm. 1), S. 673–694; Fabian Baar, Von der Abendunterhaltung zum Leitmedium – vom Familienzentrum zur Geräuschkulisse. Funktionswandel der Medien Fernsehen und Radio, in: Faulstich, Kultur (wie Anm. 29), S. 231–240.

69 Jürgen Wilke, Radio im Geheimauftrag. Der Deutsche Freiheitssender 904 und der Deutsche Soldatensender 935 als Instrumente des Kalten Krieges, in: Klaus Arnold/Christoph Classen (Hg.), Zwischen Pop und Propaganda. Radio in der DDR, Berlin 2004, S. 249–266.

70 Petra Witting-Nöthen, Die Einführung der Stereofonie im Rundfunk, in: Geschichte im Westen, Jg. 15, 2000, S. 185–195.

71 Jörg Türschmann, Der Brief und das Telefon: Veränderungen bei den Medien der Individualkommunikation, in: Faulstich, Kultur (wie Anm. 29), S. 115–128.

72 Dirk van Laak, Der widerspenstigen Deutschen Zivilisierung. Zur politischen Kultur einer unpolitischen Gesellschaft, in: Eckart Conze/Gabriele Metzler (Hg.), 50 Jahre Bundesrepublik Deutschland, Stuttgart 1999, S. 297–315, Zitat S. 305.

73 Vgl. Stephan Braese, Die andere Erinnerung. Jüdische Autoren in der westdeutschen Nachkriegsliteratur, Berlin/Wien 2001.

74 Zit. nach Moritz Scheibe, Auf der Suche nach der demokratischen Gesellschaft, in: Herbert, Wandlungsprozesse (wie Anm. 36), S. 245–277, hier S. 248.

75 Axel Schildt, Materieller Wohlstand – pragmatische Politik – kulturelle Umbrüche. Die 60er Jahre in der Bundesrepublik, in: Schildt u. a., Zeiten (wie Anm. 1), S. 21–53, hier S. 36 ff.

76 Thomas Winkelmann, »Droht eine Diktatur der Unanständigkeit?« Wahrnehmungsmuster und Positionen in der westdeutschen Diskussion über Ingmar Bergmanns Spielfilm Das Schweigen, in: Kieler Blätter zur Volkskunde, Bd. 35, 2003, S. 71–88; Philipp

von Hugo, »Eine zeitgemäße Erregung«. Der Skandal um Ingmar Bergmanns Film »Das Schweigen« (1963) und die Aktion »Saubere Leinwand«, in: Zeitgeschichte online – Fachportal für die Zeitgeschichte (2006); Werner Faulstich, Das Schweigen. Ein Film schockiert Deutschland, in: Paul, Jahrhundert (wie Anm. 35), S. 290–297; Frank Bajohr, Erik Blumenfeld (1915–1997). Hanseat und Grenzgänger in der politischen Kultur der Bundesrepublik, unveröffentlichtes Ms. 2009, S. 228 ff.

77 Anselm Doering-Manteuffel, Westernisierung. Politisch-ideeller und gesellschaftlicher Wandel in der Bundesrepublik bis zum Ende der 60er Jahre, in: Schildt u. a., Zeiten (wie Anm. 1), S. 310–341; Gabriele Metzler, Am Ende aller Krisen? Politisches Denken und Handeln in der Bundesrepublik der sechziger Jahre, in: Historische Zeitschrift, Bd. 275, 2002, S. 57–103.

78 Axel Schildt, Die Demission eines Bürgermeisters. Der Rücktritt Paul Nevermanns 1965 als Lehrstück einer Kulturgeschichte des Politischen, in: Dirk Brietzke/Norbert Fischer/ Arno Herzig (Hg.), Hamburg und sein norddeutsches Umland. Aspekte des Wandels seit der frühen Neuzeit. Festschrift für Franklin Kopitzsch, Hamburg 2007, S. 390–400.

79 Elke Scherstjanoi (Hg.), Zwei Staaten, zwei Literaturen? Das internationale Kolloquium des Schriftstellerverbandes in der DDR, Dezember 1964. Eine Dokumentation, München 2008.

80 Zur Zensurpraxis vgl. Simone Barck/Martina Langermann/Siegfried Lokatis (Hg.), Jedes Buch ein Abenteuer. Zensursystem und politische Öffentlichkeit in der DDR bis Ende der sechziger Jahre, Berlin 1997.

81 Heiner Stahl, Agit-Pop. Das Jugendstudio DT 64 in den swingenden sechziger Jahren, in: Arnold/Classen, Pop (wie Anm. 69), S. 229–248.

82 Michael Rauhut, Beat in der Grauzone. DDR-Rock 1964–1972 – Politik und Alltag, Berlin 1993; Poiger, Jazz (wie Anm. 40).

83 Vgl. ausführlich Günter Agde (Hg.), Kahlschlag. Das 11. Plenum des ZK der SED 1965. Studien und Dokumente, Berlin 1991.

84 Vgl. für die Zeit seit dem letzten Drittel der 50er Jahre illustrativ Deutschland im Kalten Krieg 1945–1963. Eine Ausstellung des Deutschen Historischen Museums. 28. August bis 24. November 1992, Berlin 1992, S. 98 ff.; Dirk Schindelbeck, Propaganda mit Gummiballons und Pappraketen. Deutsch-deutscher Flugblattkrieg nach dem Bau der Mauer, in: Gerald Diesener/Rainer Gries (Hg.), Propaganda in Deutschland. Zur Geschichte der politischen Massenbeeinflussung im 20. Jahrhundert, Darmstadt 1996, S. 213–234; Eva Bliembach, Flugblattpropaganda im Kalten Krieg, in: Ebd., S. 235–254.

85 Vgl. mit zahlreichen Hinweisen auf die Forschungsliteratur Klaus Schwabe (Hg.), Konrad Adenauer und Frankreich 1949–1963. Stand und Perspektiven der Forschung zu den deutsch-französischen Beziehungen in Politik, Wirtschaft und Kultur, Bonn 2005; zu den kulturellen Beziehungen zwischen Frankreich und der DDR vgl. Ulrich Pfeil, Die »anderen« deutsch-französischen Beziehungen. Die DDR und Frankreich 1949–1990, Köln/Weimar/Wien 2004.

86 Axel Schildt, Mending Fences. The Federal Republic and Eastern Europe, in: Eduard Mühle (Hg.), Germany and the European East in the Twentieth Century, Oxford/New York 2003, S. 153–180.

87 Josef Foschepoth, Rolle und Bedeutung der KPD im deutsch-deutschen Systemkonflikt, in: Zeitschrift für Geschichtswissenschaft, Jg. 56, 2008, S. 889–909, hier S. 899 ff.

88 Erna Heckel/Horst Keßler/Dieter Ulle/Klaus Ziermann, Kulturpolitik in der Bundesrepublik von 1949 bis zur Gegenwart, Köln 1987, S. 135.

89 Marcus M. Payk, Antikommunistische Mobilisierung und konservative Revolte. Wil-

liam S. Schlamm, Winfried Martini und der »Kalte Bürgerkrieg« in der westdeutschen Publizistik der späten 1950er Jahre, in: Thomas Lindenberger (Hg.), Massenmedien im Kalten Krieg. Akteure, Bilder, Resonanzen, Köln/Weimar/Wien 2006, S. 111–137.

90 Werner Bergmann, Antisemitismus in öffentlichen Konflikten. Kollektives Lernen in der politischen Kultur der Bundesrepublik 1949–1989. Frankfurt/M./New York 1997, S. 187 ff.; Michael Kohlstruck, Das zweite Ende der Nachkriegszeit. Zur Veränderung der politischen Kultur um 1960, in: Gary S. Schaal/Andreas Wöll (Hg.), Vergangenheitsbewältigung. Modelle der politischen und sozialen Integration in der bundesdeutschen Nachkriegsgeschichte, Baden-Baden 1997, S. 113–128; Axel Schildt, Der Umgang mit der NS-Vergangenheit in der Öffentlichkeit der Nachkriegszeit, in: Wilfried Loth/Bernd A. Rusinek (Hg.), »Verwandlungszone«? Nationalsozialistische Eliten in der Nachkriegszeit, Frankfurt/M./New York 1998, S. 19–54; Detlef Siegfried, Zwischen Aufarbeitung und Schlußstrich. Der Umgang mit der NS-Vergangenheit in den beiden deutschen Staaten 1958–1969, in: Schildt u. a., Zeiten (wie Anm. 1), S. 77–113.

91 Andreas Lörcher, Antisemitismus in der öffentlichen Debatte der späten fünfziger Jahre. Mikrohistorische Studie und Diskursanalyse des Falls Zind, Freiburg 2008.

92 Rainer Hering, Der »Fall Nieland« und sein Richter. Zur Kontinuität in der Hamburger Justiz zwischen »Drittem Reich« und Bundesrepublik, in: Zeitschrift des Vereins für Hamburgische Geschichte, Bd. 81, 1995, S. 207–222.

93 Richard McCormick, Memory and Commerce, Gender and Restoration. Wolfgang Staudte's Roses for the State Prosecutor (1959) and West German Film in the 1950s, in: Hanna Schissler (Hg.), The Miracle Years. A cultural History of West Germany, 1949–1968, Princeton/Oxford 2001, S. 281–300.

94 Klaus Weinhauer, Schutzpolizei in der Bundesrepublik. Zwischen Bürgerkrieg und Innerer Sicherheit: Die turbulenten sechziger Jahre, Paderborn u. a. 2003.

95 Axel Schildt, »Schlafende Höllenhunde«. Reaktionen auf die antisemitische Schmierwelle 1959/60, in: Andreas Brämer/Stefanie Schüler-Springorum/Michael Studemund-Halévy (Hg.), Aus den Quellen. Beiträge zur deutsch-jüdischen Geschichte. Festschrift für Ina Lorenz zum 65. Geburtstag, Hamburg 2005, S. 313–321; vgl. Peter Reichel, Vergangenheitsbewältigung in Deutschland. Die Auseinandersetzung mit der NS-Diktatur von 1945 bis heute, München 2001, S. 138 ff.

96 Walter Gagel, Geschichte der politischen Bildung in der Bundesrepublik Deutschland 1945–1989/90, Wiesbaden ³2005, S. 125 ff.; ders., Der lange Weg zur demokratischen Schulkultur. Politische Bildung in den fünfziger und sechziger Jahren, in: Aus Politik und Zeitgeschichte, B 45, 2002, S. 6–27.

97 Zit. nach Klaus-Jörg Ruhl (Hg.), »Mein Gott, was soll aus Deutschland werden?« Die Adenauer-Ära 1949–1963, München 1985, S. 234 f.

98 Bernd A. Rusinek, Von der Entdeckung der NS-Vergangenheit zum generellen Faschismusverdacht – akademische Diskurse in der Bundesrepublik der 60er Jahre, in: Schildt u. a., Zeiten (wie Anm. 1), S. 114–147; Karl Christian Lammers, Die Auseinandersetzung mit der »braunen« Universität, in: Ebd., S. 148–165.

99 Lothar Mertens, »Westdeutscher« Antisemitismus? MfS-Dokumente über eine Geheimaktion in der Bundesrepublik Deutschland, in: Deutschland-Archiv, Jg. 27, 1994, S. 1271–1273; vgl. auch Michael Lemke, Kampagnen gegen Bonn. Die Systemkrise der DDR und die West-Propaganda der SED 1960–1963, in: Vierteljahreshefte für Zeitgeschichte, Jg. 41, 1993, S. 153–174; Klaus Bästlein, »Nazi-Blutrichter als Stützen des Adenauer-Regimes«. Die DDR-Kampagne gegen NS-Richter und -Staatsanwälte, die Reaktionen der westdeutschen Justiz und ihre gescheiterte Selbstreinigung, in: ders. u. a.

(Hg.), Die Normalität des Verbrechens. Bilanz und Perspektiven der Forschung zu den nationalsozialistischen Gewaltverbrechen, Berlin 1994, S. 408–443; Joachim Käppner, Erstarrte Geschichte. Faschismus und Holocaust im Spiegel der Geschichtswissenschaft und Geschichtspropaganda der DDR, Hamburg 1999, S. 97 ff., 117 ff.

100 Gary Smith (Hg.), Hannah Arendt revisited:»Eichmann in Jerusalem« und die Folgen, Frankfurt/M. 2000; Peter Krause, Eichmann und die Deutschen.»Vergangenheits- bewältigung in West und Ost am Beispiel der Presse zum Jerusalemer Eichmann- Prozess«, in: Deutschland-Archiv, Jg. 38, 2005, S. 266–273; Fritz Bauer Institut (Hg.), »Gerichtstag halten über uns selbst …«. Geschichte und Wirkung des 1. Frankfurter Auschwitz-Prozesses, Frankfurt/M. 2001; Reichel, Vergangenheitsbewältigung (wie Anm. 95), S. 158 ff.; Irmtraud Wojak, Fritz Bauer 1903–1968. Eine Biographie, München 2009.

101 Eine quantitative Totalerhebung des Themas»Nationalsozialismus« im Fernsehen lie- fert Christoph Classen, Bilder der Vergangenheit. Die Zeit des Nationalsozialismus im Fernsehen der Bundesrepublik Deutschland, Köln/Weimar/Wien 1999.

102 Karl Jaspers, Die Schuldfrage. Für Völkermord gibt es keine Verjährung, München 1979 (enthält u. a. das Gespräch mit Augstein und eine Analyse der Bundestagsdebatte von 1965); vgl. zu den Verjährungsdebatten Reichel, Vergangenheitsbewältigung (wie Anm. 95), S. 182 ff.; Helmut Dubiel, Niemand ist frei von der Geschichte. Die nationalsozia- listische Herrschaft in den Debatten des Deutschen Bundestages, München/Wien 1999; Marc von Miquel, Ahnden oder Amnestieren? Westdeutsche Justiz und Vergangen- heitspolitik in den sechziger Jahren, Göttingen 2002.

103 Peter Reichel, Politik mit der Erinnerung. Gedächtnisorte im Streit um die nationalso- zialistische Vergangenheit, Frankfurt/M. 1999, S. 99 ff.

104 Mit Verweisen auf ältere Literatur Konrad H. Jarausch, Der nationale Tabubruch. Wis- senschaft, Öffentlichkeit und Politik in der Fischer-Kontroverse, in: Martin Sabrow/ Ralph Jessen/Klaus Große Kracht (Hg.), Zeitgeschichte als Streitgeschichte. Große Kon- troversen seit 1945, München 2003, S. 20–40; ebd., S. 41–57 auch die Sicht des zeitweilig radikalsten Fischer-Schülers Immanuel Geiss.

105 Zit. nach Wolfgang Kraushaar, Die Protestchronik 1949–1959. Eine illustrierte Ge- schichte von Bewegung, Widerstand und Utopie, Hamburg 1996, Bd. III, S. 1610; vgl. ebd., S. 1635, zu Adenauers Erklärung im CDU-Parteivorstand am 11.5.1957; vgl. Hans- Peter Schwarz, Adenauer und die Kernwaffen, in: Vierteljahreshefte für Zeitgeschichte, Jg. 37, 1989, S. 567–593.

106 Bundesparteivorstand der CDU. Stenographische Protokolle, 11.5.1957, zit. nach Konrad Adenauer, Reden 1917–1967, hg. von Hans-Peter Schwarz, Stuttgart 1975, S. 357.

107 Vgl. Michael Geyer, Der Kalte Krieg, die Deutschen und die Angst. Die westdeut- sche Opposition gegen Wiederbewaffnung und Kernwaffen, in: Klaus Naumann (Hg.), Nachkrieg in Deutschland, Hamburg 2001, S. 267–318; Axel Schildt,»German Angst«: Überlegungen zur Mentalitätsgeschichte der Bundesrepublik, in: Daniela Münkel/Jutta Schwarzkopf (Hg.), Geschichte als Experiment. Studien zu Politik, Kultur und Alltag im 19. und 20. Jahrhundert. Festschrift für Adelheid von Saldern, Frankfurt/M./New York 2004, S. 87–97; Michael Werner, Die»Ohne mich«-Bewegung. Die bundesdeutsche Friedensbewegung im deutsch-deutschen Kalten Krieg (1949–1955), Bonn 2006.

108 Vgl. Jörg Drews,»Wer noch leben will, der beeile sich!«. Weltuntergangsphantasien bei Arno Schmidt, in: Gunter E. Grimm/Werner Faulstich/Peter Kuon (Hg.), Apo- kalypse. Weltuntergangsvisionen in der Literatur des 20. Jahrhunderts, Frankfurt/M. 1986, S. 14–34; vgl. zur literarischen Bearbeitung der Atomkriegsgefahr auch Ilona

Stölken-Fitschen, Atombombe und Geistesgeschichte. Eine Studie der fünfziger Jahre aus deutscher Sicht, Baden-Baden 1995, S. 220 ff.

109 Vgl. Kraushaar, Protest-Chronik, S. 1755 ff.; eine dichte Schilderung dieser Phase gibt Hans Karl Rupp, Außerparlamentarische Opposition in der Ära Adenauer. Der Kampf gegen die Atombewaffnung in den fünfziger Jahren. Eine Studie zur innenpolitischen Entwicklung der BRD, Köln ³1984 (1970), S. 162–212; zur Einordnung der Kampagne »Kampf dem Atomtod« in die Geschichte politischer Jugendbewegungen vgl. eine Reihe von Beiträgen in Ulrich Herrmann (Hg.), Protestierende Jugend. Jugendopposition und politischer Protest in der deutschen Nachkriegsgeschichte, Weinheim/München 2002.

110 Zit. nach Axel Schildt, »Atomzeitalter« – Gründe und Hintergründe der Proteste gegen die atomare Bewaffnung der Bundeswehr Ende der 1950er Jahre, in: Kampf dem Atomtod! Die Protestbewegung 1957/58 in zeithistorischer und gegenwärtiger Perspektive, Hamburg 2009, S. 39–56.

111 Vgl. Karl A. Otto, Vom Ostermarsch zur APO. Geschichte der außerparlamentarischen Opposition in der Bundesrepublik 1960–1970, Frankfurt/M./New York 1982; Holger Nehring, Politics, Symbols and the Public Sphere: The Protests against Nuclear Weapons in Britain and West Germany, 1958–1963, in: Zeithistorische Forschungen (ZF), Jg. 2, 2005, S. 180–202; Henrik Kaare Nielsen, Youth and the Antinuclear Power Movement in Denmark and West Germany, in: Axel Schildt/Detlef Siegfried (Hg.), Between Marx and Coca-Cola. Youth Cultures in Changing European Societies, 1960–1980, New York/Oxford 2006 (Paperback 2007), S. 203–223; Thomas Ekman Jørgensen, Überlegungen zu einer Sozialgeschichte der Entspannung 1960–1980, in: ZF, Jg. 3, 2006, S. 363–380; Bernd Stöver, Der Kalte Krieg. Geschichte eines radikalen Zeitalters, München 2007, S. 217 ff.

112 Daniela Münkel, Wer war die »Generation Godesberg«?, in: Klaus Schönhoven/Bernd Braun (Hg.), Generationen in der Arbeiterbewegung, München 2005, S. 243–258.

113 Beatrix W. Bouvier, Zwischen Godesberg und Großer Koalition. Der Weg der SPD in die Regierungsverantwortung. Außen-, sicherheits- und gesellschaftspolitische Öffnung der SPD 1960–1966, Bonn 1990.

114 Daniela Münkel, Willy Brandt und die »Vierte Gewalt«. Politik und Massenmedien in den 50er bis 70er Jahren, Frankfurt/M./New York 2005, S. 216 ff.

115 Manfred Görtemaker, Geschichte der Bundesrepublik Deutschland. Von der Gründung bis zur Gegenwart, München 1999, S. 378 ff.; Thomas Mergel, Verkaufen wie Zahnpasta? Politisches Marketing in den bundesdeutschen Wahlkämpfen, 1949–1990, in: Hartmut Berghoff (Hg.), Marketing-Geschichte. Die Genese einer modernen Sozialtechnik, Frankfurt/M./New York 2007, S. 372–399.

116 Vgl. Stefan Hönemann/Markus Moors, Wer die Wahl hat … Bundestagswahlkämpfe seit 1957. Muster der politischen Auseinandersetzung, Marburg 1994, S. 54 ff.; Christina Holtz-Bacha, Wahlwerbung als politische Kultur. Parteienspots im Fernsehen 1957–1998, Wiesbaden 2000; Frank Bösch, Werbefirmen, Meinungsforscher, Professoren. Die Professionalisierung der Politikberatung im Wahlkampf (1949–1972), in: Stefan Fisch/Wilfried Rudloff (Hg.), Experten und Politik: Wissenschaftliche Politikberatung in geschichtlicher Perspektive, Berlin 2004, S. 309–328; Jürgen Wilke/Jutta Spiller, Wahlkampfberichterstattung im deutschen Fernsehen: Anfänge und Herausbildung von Sendeformaten (1953–1983), in: Markus Behmer/Bettina Hasselbring (Hg.), Radiotage, Fernsehjahre. Studien zur Rundfunkgeschichte nach 1945, Münster 2006, S. 103–124.

117 Christina von Hodenberg, Konsens und Krise. Eine Geschichte der westdeutschen Medienöffentlichkeit 1945–1973, Göttingen 2006, S. 293 ff.

118 Vgl. die umfangreiche zweibändige Dokumentation von Jürgen Seifert (Hg.), Die SPIE-GEL-Affäre, Olten/Freiburg 1966 (hier Bd. II, S. 224); Dorothee Liehr, Von der Affäre gegen den »Spiegel« zur Spiegel-Affäre, Frankfurt/M. 2002; Frank Bösch, Später Protest. Intellektuelle und die Pressefreiheit in der frühen Bundesrepublik, in: Dominik Geppert/Jens Hacke (Hg.), Streit um den Staat. Intellektuelle Debatten in der Bundesrepublik 1960–1980, Göttingen 2008, S. 91–112.

119 Vgl. Siegward Lönnendonker (Hg.), Linksintellektueller Aufbruch zwischen »Kulturrevolution« und »kultureller Zerstörung«. Der Sozialistische Deutsche Studentenbund (SDS) in der Nachkriegsgeschichte (1946–1969). Dokumentation eines Symposiums, Opladen 1998, S. 80 ff.; zur Trennung des SDS von der SPD Willy Albrecht, Der Sozialistische Deutsche Studentenbund (SDS). Vom parteikonformen Studentenverband zum Repräsentanten der Neuen Linken, Bonn 1994, S. 383 ff.

120 Claus-Dieter Krohn, Die westdeutsche Studentenbewegung und das »andere Deutschland«, in: Schildt u. a., Zeiten (wie Anm. 1), S. 695–718; Helmut Peitsch, »Warum wird so einer Marxist?« Zur Entdeckung des Marxismus durch bundesrepublikanische Nachwuchsliteraturwissenschaftler, in: Rainer Rosenberg/Inge Münz-Koenen/Petra Boden (Hg.), Der Geist der Unruhe. 1968 im Vergleich. Wissenschaft-Literatur-Medien, Berlin 2000, S. 125–151; Wolfgang Kraushaar (Hg.), Frankfurter Schule und Studentenbewegung. Von der Flaschenpost zum Molotowcocktail 1946 bis 1995, Hamburg 2003.

121 Vgl. zur Rekonstruktion sozialistischer Theorie und Organisation seit 1958 Gregor Kritidis, Linkssozialistische Opposition in der Ära Adenauer. Ein Beitrag zur Frühgeschichte der Bundesrepublik Deutschland, Hannover 2008, S. 456.

122 Vgl. zu den folgenden Angaben Schildt, Rebellion (wie Anm. 17), S. 118 ff.; Alfons Kenkmann, Von der bundesdeutschen »Bildungsmisere« zur Bildungsreform in den 60er Jahren, in: Schildt u. a., Zeiten (wie Anm. 1), S. 402–423.

123 Uta Andrea Balbier, Kalter Krieg auf der Aschenbahn. Der deutsch-deutsche Sport 1950–1972. Eine politische Geschichte, Paderborn u. a. 2007.

124 Van Laak, Zivilisierung (wie Anm. 72), S. 305.

125 Knut Hickethier, Protestkultur und alternative Lebensformen, in: Faulstich, Kultur (wie Anm. 29), S. 11–30, Zitat S. 18.

126 Hugo Steger, Sprache im Wandel, in: Wolfgang Benz (Hg.), Die Geschichte der Bundesrepublik Deutschland, Bd. 4: Kultur, Frankfurt/M. 1989, S. 13–52, Zitat: S. 31.

127 Margarethe Szeless, Die Kulturzeitschrift magnum. Photographische Befunde der Moderne, Marburg 2007; der Untertitel von »Atomzeitalter« lautete: »Zeitschrift für Sozialwissenschaft und Politik«.

128 Theodor W. Adorno u. a., Der Positivismusstreit in der deutschen Soziologie, Darmstadt/Neuwied [14]1991; Rolf Wiggershaus, Die Frankfurter Schule. Geschichte. Theoretische Entwicklung. Politische Bedeutung, München/Wien 1986, S. 628 ff.; Hans-Joachim Dahms, Positivismusstreit. Die Auseinandersetzungen der Frankfurter Schule mit dem logischen Positivismus, dem amerikanischen Pragmatismus und dem Kritischen Rationalismus, Frankfurt/M. 1994.

129 Sämtliche zitierten und weitere Beispiele sind dokumentiert in Vaterland, Muttersprache. Deutsche Schriftsteller und ihr Staat seit 1945, Berlin 1979, S. 139 ff.

130 Helmut L. Müller, Die literarische Republik. Westdeutsche Schriftsteller und die Politik, Weinheim/Basel 1982, S. 84 ff.

131 Franz Schonauer, Das schmutzige Nest, in: Martin Walser (Hg.), Die Alternative oder Brauchen wir eine neue Regierung?, Reinbek 1961, S. 73–75, Zitate S. 73; ursprünglich war Heinrich Böll als Herausgeber vorgesehen, lehnte aber aus Zeitgründen ab.

132 Dok. in Uwe Reimer, Die Sechziger Jahre. Deutschland zwischen Protest und Erstarrung (1962–1972), Frankfurt/M. 1993, S. 35 f.

133 Andreas Kötzing, Zensur von DEFA-Filmen in der Bundesrepublik, in: Aus Politik und Zeitgeschichte, 1/2–2009, S. 33–39.

134 Rüdiger Thomas, Sonderbare Begegnungen. Gespräche zwischen ost- und westdeutschen Autoren 1961–1964, in: Deutschland-Archiv, Jg. 32, 1999, S. 64–73; Helmut Peitsch, Zur Vorgeschichte des Hamburger Streitgesprächs deutscher Autoren aus Ost und West: Die Rezeption des Konzepts »Engagement« in der BRD und in der DDR, in: Sven Hanuschek/Therese Hörnigk/Christine Malende (Hg.), Schriftsteller als Intellektuelle. Politik und Literatur im Kalten Krieg, Tübingen 2000, S. 307–330.

135 Christoph Kleßmann, Die deutsche Frage in der ZEIT, in: Christian Haase/Axel Schildt (Hg.), Die ZEIT und die Bonner Republik. Eine meinungsbildende Wochenzeitung zwischen Wiederbewaffnung und Wiedervereinigung, Göttingen 2008, S. 264–279, hier S. 270 f.

136 Zit. nach Rita Leinecke, Die Gruppe 47 und die Öffentlichkeit, in: Peter Gendolla/Rita Leinecke (Hg.), Die Gruppe 47 und die Medien, Siegen 1997, S. 64–86, Zitat S. 81; vgl. Dominik Geppert, Von der Staatsskepsis zum parteipolitischen Engagement. Hans Werner Richter, die Gruppe 47 und die deutsche Politik, in: ders./Hacke, Streit (wie Anm. 118), S. 46–68; Joachim Scholtysek, Mauerbau und deutsche Frage. Westdeutsche Intellektuelle und der Kalte Krieg, in: ebd., S. 69–90.

137 Dok. in Vaterland (wie Anm. 129), S. 227 f.; Vgl. Volker Hentschel, Ludwig Erhard. Ein Politikerleben, München/Landsberg am Lech 1996, S. 571 ff.

138 Per Øhrgaard, »ich bin nicht zu herrn willy brandt gefahren« – Zum politischen Engagement der Schriftsteller in der Bundesrepublik am Beginn der 60er Jahre, in: Schildt u. a., Dynamische Zeiten (wie Anm. 1), S. 719–733, Zitat S. 728.

139 Vgl. für einen ersten Eindruck die Sammlung von Klaus Wagenbach (Hg.), Deutsche Literatur der 60er Jahre. Ein Lesebuch, Berlin 1968 (überarbeitete Neuausgabe 1994).

140 Vgl. Penka Angelova, Elias Canetti – Spuren zum mythischen Denken, Wien 2005; Sven Hanuschek, Elias Canetti. Biographie, München/Wien 2005.

141 Heinrich Vormweg, Literatur, in: Benz, Geschichte (wie Anm. 126), S. 53–85, Zitat S. 64.

142 Jochen Vogt, Nonkonformismus in der Erzählliteratur der Adenauerzeit, in: Fischer, Literatur (wie Anm. 67), S. 279–298, hier S. 295 ff.

143 Ebd., S. 292.

144 Vgl. Harro Zimmermann, Günter Grass unter den Deutschen. Chronik eines Verhältnisses, Göttingen 2006; Timm Niklas Pietsch, »Wer hört noch zu?« Günter Grass als politischer Redner und Essayist, Essen 2006; Christoph Hägele, Skandal oder Inszenierung? Günter Grass in der Kritik, in: Stefan Neuhaus/Johann Holzner (Hg.), Literatur als Skandal. Fälle – Funktionen – Folgen, Göttingen 2007, S. 598–612.

145 Vgl. die einfühlsame Wertung von Elisabeth Endres, Die Literatur der Adenauerzeit, München 1983, S. 17 ff.

146 Vgl. zur Kritik von konservativer und anderer Seite ausführlich Heinz Ludwig Arnold (Hg.), Die Gruppe 47. Ein kritischer Grundriß, München 2004, S. 239 ff.

147 Glaser, Kulturgeschichte, Bd. 2 (wie Anm. 16), S. 267.

148 Gunter E. Grimm, Zwischen Anpassung und Protest. Buchmarkt, Bestseller und Belletristik in den sechziger Jahren, in: Faulstich, Kultur (wie Anm. 29), S. 95–113, hier S. 96 f.

149 Ludwig Fischer, Strategien der Produktion von Unterhaltungs- und Massenliteratur, in: ders. (Hg.), Literatur (wie Anm. 67), S. 318–345, Zitat S. 332 (das Zitat bezieht sich auf Lenz).

150 Zur Orientierung in der reichhaltigen literaturwissenschaftlichen Literatur vgl. Heinz Ludwig Arnold (Hg.). Siegfried Lenz, München 1976 (²1982).

151 Diese Autoren in der Liste des Spiegel, Nr. 21/1964; weitere Beispiele bei Reinhard Leipert (Redaktion), Der Literaturführer 1945 bis 1998, Gütersloh/München 1999, S. 50; Klaus Ziermann, Der deutsche Buch- und Taschenbuchmarkt. 1945–1955, Berlin 2000, S. 109.

152 Wolfgang Promies, ›Arbeiterdichtung‹ – Literatur der Arbeitswelt, in: Fischer, Literatur (wie Anm. 67), S. 403–419.

153 Vgl. Vogt, Nonkonformismus (wie Anm. 142), S. 290 ff.; Jürgen Grambow, Uwe Johnson, Reinbek 1997; Heinz Ludwig Arnold (Hg.), Uwe Johnson, München 2001; Colin Riordan, »Der Roman ist für einen Nachdruck in der Demokratischen Republik nicht zu empfehlen«: Uwe Johnson und die Zensur in Ost und West, in: Beate Müller (Hg.), Zensur im modernen deutschen Kulturraum, Tübingen 2003, S. 149–162.

154 Vgl. zu Enzensbergers Lyrik Reinhold Grimm (Hg.), Hans Magnus Enzensberger, Frankfurt 1984; Ludwig Fischer, Dominante Muster des Literaturverständnisses, in: ders., Literatur (wie Anm. 67), S. 179–213, hier S. 182 ff.; Florian Vaßen, Politische Lyrik, in: ebd., S. 436–459, hier S. 445 ff.; Alexander von Bormann, Über die Lyrik zu den Zwecktexten, in: Wilfried Barner (Hg.), Geschichte der deutschen Literatur von 1945 bis zur Gegenwart, München ²2006, S. 435–451.

155 Arnold Blumer, Das dokumentarische Theater der sechziger Jahre in der Bundesrepublik Deutschland, Meisenheim am Glan 1977; Walter Uka, Hinwendung zu Geschichte, Politik und Gesellschaft – Orientierung an neuen Formen: Das bundesrepublikanische Theater in den sechziger Jahren, in: Faulstich, Kultur (wie Anm. 29), S. 49–59; Dorothea Kraus, Theater-Proteste. Zur Politisierung von Straße und Bühne in den 1960er Jahren, Frankfurt/M./New York 2007.

156 Fritz J. Raddatz (Hg.), Summa iniuria oder Durfte der Papst schweigen? Hochhuths »Stellvertreter in der öffentlichen Kritik, Reinbek 1963; einen charakteristischen Brief des rechtskonservativen Dichters Hans Egon Holthusen dokumentiert Eberhard Rathgeb, Die engagierte Nation. Deutsche Debatten 1945–2005, München/Wien 2005, S. 131 ff.; vgl. zur Rezeptionsgeschichte auch Reinhart Hoffmeister, Rolf Hochhuth. Dokumente zur politischen Wirkung, München 1980, S. 23 ff.; Hans Gerd Winter, Dokumentarliteratur, in: Fischer, Literatur (wie Anm. 67), S. 379–402; Peter Blickle, Die Einlösung subversiven Wirkungspotenzials: Die Theaterskandale um Arthur Schnitzlers *Professor Bernhardi* und Rolf Hochhuths *Stellvertreter*, in: New German Review, Bd. 10, 1994, S. 103–118; Peter Reichel, Erfundene Erinnerung. Weltkrieg und Judenmord in Film und Theater, München/Wien 2004, S. 217 ff.

157 Ebd., S. 238 ff.

158 Glaser, Kulturgeschichte, Bd. 2 (wie Anm. 16), S. 48 ff.; vgl. aus der Literaturwissenschaft Werner Mittenzwei, Das Leben des Bertolt Brecht oder Der Umgang mit den Welträtseln, Frankfurt/M. 1987; Frank Thomsen/Hans-Harald Müller/Tom Kindt, Ungeheuer Brecht. Eine Biographie seines Werks, Göttingen 2006; Reinhold Jaretzky, Bertolt Brecht, Reinbek 2006; Wendula Dahle (Hg.), Die Geschäfte des armen B. B. Vom geschmähten Kommunisten zum Dichter deutscher Spitzenklasse, Hamburg 2007.

159 Erstveröffentlichung: Die Welt, 9.12.1959.

160 Müller, Literarische Republik (wie Anm. 130), S. 79 ff.

161 Hans Daiber, Deutsches Theater seit 1945. Bundesrepublik, Deutsche Demokratische Republik, Österreich, Schweiz, Stuttgart 1976, S. 130 f.; vgl. für deutsch-deutsche Theaterbeziehungen die Fallstudie von Renate Meyer-Braun, Löcher im Eisernen Vor-

hang. Theateraustausch zwischen Bremen und Rostock während des Kalten Krieges (1956–1961), Berlin 2007.

162 Knut Hickethier, Das Fernsehspiel, in: Fischer, Literatur (wie Anm. 67), S. 585–597, hier S. 590 ff.

163 Das Oberhausener Manifest ist dokumentiert in: Hans Helmut Prinzler/Eric Rentschler (Hg.), Der alte Film war tot. 100 Texte zum westdeutschen Film 1962–1987, Frankfurt/M. 2001, S. 29; vgl. die Erinnerungen von Hilmar Hoffmann, Die aufmüpfigen Filmfestspiele. Kurzfilmtage Oberhausen, in: Jan-Pieter Barbian/Ludger Heid (Hg.), Die Entdeckung des Ruhrgebiets. Das Ruhrgebiet in Nordrhein-Westfalen 1946–1996, S. 502–506; Wilhelm Roth, Das Oberhausener Manifest (1962) und die Bedeutung Oberhausens für die Entwicklung des deutschen Films in den frühen Jahren der Teilung, in: Geschichte im Westen, Jg. 9, 2004, S. 76–83.

164 Vgl. Werner Faulstich/Helmut Korte (Hg.), Fischer Filmgeschichte, Bd. 4: Zwischen Tradition und Neuorientierung 1961–1976, Frankfurt/M. 1992; Irmgard Wilharm, Tabubrüche in Ost und West – Filme der 60er Jahre in der Bundesrepublik und der DDR, in: Schildt u. a., Dynamische Zeiten (wie Anm. 1), S. 734–751; einen Überblick über die neuere Literatur bietet Walter Uka, Abschied von gestern: Avantgarde, Revolte, Mainstream. Der bundesdeutsche Film in den sechziger Jahren, in: Faulstich, Kultur (wie Anm. 29), S. 195–212.

165 Michael Custodis, Die soziale Isolation der neuen Musik. Zum Kölner Musikleben nach 1945, Stuttgart 2004, S. 117 ff.

166 Ulrich Dibelius, Musik, in: Benz, Geschichte (wie Anm. 126), S. 131–168, Zitat S. 140.

167 Glaser, Kulturgeschichte, Bd. 2 (wie Anm. 16), S. 253.

168 Jost Hermand, Kultur im Wiederaufbau. Die Bundesrepublik Deutschland 1945–1965, München 1986, S. 476 ff., Zitat S. 481.

169 Glaser, Kulturgeschichte, Bd. 2 (wie Anm. 16) S. 267.

170 Karin Thomas, Kunst in Deutschland seit 1945, Köln 2002, S. 131 ff.

171 Vgl. zu dieser zeitlichen Parallele ebd., S. 45.

172 Götz Adriani/Winfried Konnertz/Karin Thomas, Joseph Beuys, Köln 1994; Hiltrud Oman, Joseph Beuys. Die Kunst auf dem Weg zum Leben, München 1998 (1988); Reinhard Ermen, Joseph Beuys, Reinbek 2007.

173 Hans-Joachim Manske, »Das Lachen der Beatles gilt mehr als die Anerkennung von Marcel Duchamp« – Zur Bildenden Kunst der 60er Jahre in Deutschland, in: Schildt u. a., Dynamische Zeiten (wie Anm. 1), S. 768–807. Das Titelzitat stammt von Joseph Beuys.

174 Thomas Hecken, Gegenkultur und Avantgarde 1950–1970. Situationisten, Beatniks, 68er, Tübingen 2006, S. 21 ff.

175 Christian Malycha, Das Motiv ohne Inhalt. Malerei bei Georg Baselitz 1959–1969, Bielefeld 2008.

176 Manske, Lachen (wie Anm. 173), S. 769.

177 Thomas, Kunst (wie Anm. 170), S. 193 ff.

178 Andrzej Pilch, Die kulturellen Beziehungen zwischen der Bundesrepublik Deutschland und der Volksrepublik Polen nach dem Zweiten Weltkrieg, in: Heiner Timmermann (Hg.), Deutschland – Frankreich – Polen. Ihre Beziehungen zueinander nach 1945, Saarbrücken ²1991, S. 165–178; Jürgen Weichardt, Polnische Kunst in Deutschland – westdeutsche Kunst in Polen. Eine Bilanz der wechselseitigen Ausstellungsbeziehungen, in: Jan Pieter Barbian/Marek Zybura (Hg.), Erlebte Nachbarschaft. Aspekte der deutsch-polnischen Beziehungen im 20. Jahrhundert, Wiesbaden 1999, S. 252–265.

179 Thomas, Kunst (wie Anm. 170), S. 143 ff.

180 Georg Wagner-Kyora, Schloss ohne Geschichte. Der Braunschweiger Wiederaufbau-Konflikt 1950–2007, Berlin 2008.

181 Martina Heßler, Die kreative Stadt. Zur Neuerfindung eines Topos, Bielefeld 2007, S. 63 ff.

182 Christopher Oestereich, Umstrittene Selbstdarstellung. Der deutsche Beitrag zur Weltausstellung in Brüssel 1958, in: Vierteljahreshefte für Zeitgeschichte, Jg. 48, 2000, S. 127–153; Jochen Hennig, Das Atomium. Das Symbol des Atomzeitalters, in: Paul, Jahrhundert (wie Anm. 35) S. 210–217.

183 Otl Aicher, Planung in Mißkredit, in: Richter, Bestandsaufnahme (wie Anm. 3), S. 398–420, Zitate S. 298, 401, 406, 407, 408, 410.

184 Vgl. zum Kontext Tobias Freimüller, Alexander Mitscherlich. Gesellschaftsdiagnosen und Psychoanalyse nach Hitler, Göttingen 2007, S. 337 ff.

185 Steffen Krämer, »Urbanität durch Dichte«. Die neue Maxime im deutschen Städte- und Siedlungsbau der 1960er Jahre, in: Adrian von Buttlar/Christoph Heuter/Wolfgang Pehnt/Thomas Topfstedt (Hg.), Denkmal! Moderne. Architektur der 60er Jahre. Wiederentdeckung einer Epoche, Berlin 2007, S. 106–115.

186 Oliver Schöller, »Urbanität durch Dichte« – ein umkämpftes Konzept. Dargestellt am Beispiel des Großsiedlungsbaus der Neuen Heimat, in: Die alte Stadt, Jg. 28, 2001, S. 111–129; ders./Eckhard Bolenz (Hg.), »Go West«. Utopie und Realität der Trabantenstadt Ratingen-West, Essen 2007; Georg Wagner-Kyora, Die neue City in der kriegszerstörten Altstadt: Das »Wiederaufbau«-Image Bremens (1946–1964), in: Münkel/Seegers, Meiden (wie Anm. 49), S. 293–318.

187 Ricarda Strobel, Architektur, Design und Mode zwischen Funktionalismus und Pop, in: Faulstich, Kultur (wie Anm. 29), S. 145–163, hier S. 147.

188 Alexander Sedlmaier, Berlin's Europa-Center (1963–65). Americanization, Consumerism, and the Uses oft he International Style, in: German Historical Institute Washington D. C., Bd. 2, 2005, S. 87–99; für einen Vergleich von Kaufhäusern als Areale jugendlichen Freizeitkonsums vgl. ders., Youth and the Semi-Public Sphere of Large-Scale Retail, in: Axel Schildt/Detlef Siegfried (Hg.), European Cities, Youth and the Public Sphere in the Twentieth Century, Aldershot/Burlington 2005, S. 135–149.

189 Michael Grüttner, Wem die Stadt gehört. Stadtplanung und Stadtentwicklung in Hamburg 1965 6–1975, Hamburg 1976; Erwin Schleich, Die zweite Zerstörung Münchens. Bilder von Eva Dietrich, München 1978.

190 Burkhard Körner, Der Kanzlerbungalow von Sep Ruf in Bonn, in: Bonner Geschichtsblätter, Bd. 49/50, 1999/2000, S. 507–613, dort auch die Zitate; vgl. Winfried Nerdinger/Irene Meissner (Hg.), Sep Ruf (1908–1982). Moderne mit Tradition (Ausstellungskatalog), München 2008.

Kapitel IV
Kultur in der Transformationsgesellschaft 1966–1973

1 Axel Schildt/Detlef Siegfried/Karl Christian Lammers (Hg.), Dynamische Zeiten. Die 60er Jahre in den beiden deutschen Gesellschaften, Hamburg ²2003; Ulrich Herbert (Hg.), Wandlungsprozesse in Westdeutschland. Belastung, Integration, Liberalisierung 1945–1980, Göttingen 2002; Matthias Frese/Julia Paulus/Karl Teppe (Hg.), Demokratisierung und gesellschaftlicher Aufbruch. Die sechziger Jahre als Wendezeit der Bundesrepublik, Paderborn u. a. 2003.

2 Gerold Ambrosius, Agrarstaat oder Industriestaat – Industriegesellschaft oder Dienstleistungsgesellschaft? Zum sektoralen Strukturwandel im 20. Jahrhundert, in: Reinhard Spree (Hg.), Geschichte der deutschen Wirtschaft im 20. Jahrhundert, München 2001, S. 50–69.

3 Rainer Geißler, Die Sozialstruktur Deutschlands. Die gesellschaftliche Entwicklung vor und nach der Wiedervereinigung, Bonn 2002, S. 199.

4 Ronald Inglehart, The Silent Revolution. Changing Values and Political Styles, Princeton 1977.

5 Helmut Klages, Traditionsbruch als Herausforderung. Perspektiven der Wertewandelsgesellschaft, Frankfurt am Main 1993, S. 15.

6 Karl-Heinz Reuband, Von äußerer Verhaltenskonformität zu selbständigem Handeln: Über die Bedeutung kultureller und struktureller Einflüsse für den Wandel in den Erziehungszielen und Sozialisationsinhalten, in: Heinz Otto Luhe/Heiner Meulemann (Hg.), Wertwandel – Faktum oder Fiktion? Bestandsaufnahmen und Diagnosen aus kultursoziologischer Sicht, Frankfurt/M./New York 1988, S. 73–97, hier S. 82 f.

7 Ulrich Herbert, Drei politische Generationen im 20. Jahrhundert, in: Jürgen Reulecke (Hg.), Generationalität und Lebensgeschichte im 20. Jahrhundert, München 2003, S. 95–114.

8 Der Spiegel v. 21.11.1966.

9 Stiftung Warentest (Hg.), 40 Jahre Stiftung Warentest, Berlin [2005], S. 21.

10 Vgl. Dietmar Klenke, Bundesdeutsche Verkehrspolitik und Umwelt. Von der Motorisierungseuphorie zur ökologischen Katerstimmung, in: Werner Abelshauser (Hg.), Umweltgeschichte. Umweltverträgliches Wirtschaften in historischer Perspektive, Göttingen 1994, S. 163–190.

11 Der Spiegel v. 23.1.1967.

12 Zur Soziologie des Capri-Fahrers vgl. Konkret, Nr. 6 v. 11.3.1971, S. 26 ff.

13 Konkret, Nr. 25 v. 2.12.1971, 38 ff.

14 Wolfgang Sachs, Die Liebe zum Automobil. Ein Rückblick in die Geschichte unserer Wünsche, Reinbek 1990, S. 99.

15 Der Spiegel v. 16.8.1971; Knut-Olaf Haustein/David Groneberg, Tabakabhängigkeit. Gesundheitliche Schäden durch das Rauchen, 2., neu bearb. u. erw. Aufl., Berlin/Heidelberg 2008, S. 627. Das Folgende S. 20. Zur frühen Nachkriegszeit: Christoph Maria Merki, Die amerikanische Zigarette – das Maß aller Dinge. Rauchen in Deutschland zur Zeit der Zigarettenwährung (1945–1948), in: Thomas Hengartner/Christoph Maria Merki (Hg.), Tabakfragen. Rauchen aus kulturwissenschaftlicher Sicht, Zürich 1996, S. 57–82.

16 Karin Stiehr, Risikokonflikte und der Streit um das Rauchen. Eine Analyse der gesellschaftlichen Diskurse über die Schaffung von Sicherheit, Wiesbaden 1992, S. 51.

17 Der Spiegel v. 31.5.1971 u. v. 4.6.1973. Zahlen für 1986: Jürgen von Troschke, Das Rauchen. Genuss und Risiko, Basel 1987, S. 167. Für die Entwicklung in den 50er Jahren vgl. Tino Jacobs, Rauch und Macht. Das Unternehmen Reemtsma 1920 bis 1961, Göttingen 2008, S. 188 ff. Zur Tabakwerbung an einem herausragenden Beispiel vgl. Gerhard Paul, Das HB-Männchen – Werbefigur des Wirtschaftswunders, in: Zeithistorische Forschungen/Studies in Contemporary History, Online-Ausgabe, 4 (2007), URL: http://www.zeithistorische-forschungen.de/16126041-Paul-2-2007.

18 Jakob Tanner, Rauchzeichen. Zur Geschichte von Tabak und Hanf, in: Hengartner/Merki (Hg.), Tabakfragen (wie Anm. 15), S. 15–42.

19 Der Spiegel v. 20.12.1971.

20 Der Spiegel v. 1.4.1968 u. v. 25.9.1972.

21 Sabine Hilgenstock, Die Geschichte der BUNTEN (1948–1988). Die Entwicklung einer illustrierten Wochenzeitschrift mit einer Chronik dieser Zeitschriftengattung, Frankfurt am Main u. a. 1993, S. 103 ff.; Jörn Glasenapp, Titelschwund und Politisierung. Zur Illustriertenlandschaft der sechziger Jahre, in: Werner Faulstich (Hg.), Die Kultur der 60er Jahre, München 2003, S. 129–143.

22 Jürgen Wilke (Hg.), Mediengeschichte der Bundesrepublik Deutschland, Bonn 1999, S. 778.

23 Der Spiegel v. 11.12.1967.

24 Media-Fakten 1/1971, S. 11. Chotjewitz: Der Spiegel v. 20.5.1968.

25 Arbeitsgemeinschaft Leseranalyse e. V., Berichtsband 1971, S. 111.

26 Der Spiegel v. 12.3.1973 u. v. 26.11.1973.

27 Knut Hickethier (unter Mitarbeit von Peter Hoff), Geschichte des Deutschen Fernsehens, Stuttgart/Weimar 1998, S. 212 ff.

28 Zu Vico Torriani vgl. ausführlich: Ricarda Strobel/Werner Faulstich, Die deutschen Fernsehstars, Bd. 2: Show- und Gesangsstars, Göttingen 1998, S. 84 ff. u. 206 ff.

29 Zur Bedeutung der Medien für die Mitteilungsbereitschaft Unbeteiligter im Falle Bartsch vgl. Kerstin Brückweh, Mordlust. Serienmorde, Gewalt und Emotionen im 20. Jahrhundert, Frankfurt am Main/New York 2006, S. 303 ff.

30 Dies und das Folgende: Der Spiegel v. 4.12.1967 u. v. 21.4.1969.

31 George Katona/Burkhard Strumpel/Ernest Zahn, Aspirations and Affluence: Comparative Studies in the United States and Western Europe, New York u. a. 1971, S. 173.

32 Herbert Schäfer, Weiße-Kragen-Kriminalität und Jugendgefährdung. Ein Pinselstrich am Bild des professionellen Jugendgefährders, in: ders. (Hg.), Grundlagen der Kriminalistik, Bd. 1: Jugendkriminalität, Hamburg 1965, S. 347–380, hier 380.

33 Emnid, 4/5/1969, S. 3.

34 European Consumers: their interests, aspirations and knowledge on consumer affairs. Results and analyses of a sample survey carried out in the nine countries of the European Economic Community, Brussels 1976, S. 65 ff. u. 155.

35 Jürgen Habermas, Strukturwandel der Öffentlichkeit. Untersuchungen zu einer Kategorie der bürgerlichen Gesellschaft. M. e. Vorwort zur Neuauflage 1990, Frankfurt/M. ⁵1996 (erstmals 1962), S. 30.

36 Der Spiegel v. 2.10.1967.

37 Helmut M. Bien, Werbung am Puls der Zeit, in: Wolfgang Schepers (Hg.), '68. Design und Alltagskultur zwischen Konsum und Konflikt, Köln 1998, S. 144–155; Rainer Gries, Rainer, Produkte als Medien. Kulturgeschichte der Produktkommunikation in der Bundesrepublik und der DDR, Leipzig 2003;

38 Barbara Tils Interview mit Wilp in: Schepers (Hg.), '68 (wie Anm. 37), S. 159 ff.; Moritz Ege, Schwarz werden. »Afroamerikanophilie« in den 1960er und 1970er Jahren, Bielefeld 2007, S. 28 ff.

39 Die Zahl bei Walter Hollstein, Gammler und Provos, in: Frankfurter Hefte, Jg. 22, 1967, S. 409–418, S. 410.

40 Tina Gotthardt, Zwischen Nichtstun und Selbstbestimmung. Gammler in der Bundesrepublik der 1960er Jahre, Hamburg 2006.

41 Detlef Siegfried, Time Is on My Side. Konsum und Politik in der westdeutschen Jugendkultur der 60er Jahre, Göttingen 2006, S. 420 ff.

42 Peng, Nr. 2 v. März 1968, abgedruckt in H. Martin (Hg.), Strategie und Organisationsfrage in der antiautoritären Bewegung. Eine Dokumentation, Darmstadt 1970, S. 91.

43 Gunter Sachs, Mein Leben, München 2005.

44 Gunter Sachs, Von Kunst, Kult und Charisma, München 2003, ohne Seitenangabe.

45 Werben & Verkaufen, Nr. 18 v. 5.9.1969, S. 6. Das Folgende S. 4.

46 Dagmar Herzog, Die Politisierung der Lust. Sexualität in der deutschen Geschichte des 20. Jahrhunderts, München 2005.

47 Julian Bourg, Boy Trouble: French Pedophiliac Discourse of the 1970s, in: Axel Schildt/ Detlef Siegfried (Hg.), Between Marx and Coca-Cola. Youth Cultures in Changing European Societies, 1960–1980, New York/Oxford 2006, S. 287–312.

48 Pascal Eitler, Die Produktivität der Pornographie: Visualisierung und Therapeutisierung der Sexualität nach 1968, in: Nicolas Pethes/Silke Schicktanz (Hg.), Sexualität als Experiment. Identität, Lust und Reproduktion zwischen Science und Fiction, Frankfurt/ New York 2008, S. 255–273.

49 Ralf Dose, Die Implantation der Antibabypille in den 60er und frühen 70er Jahren, in: Zeitschrift Sexualforschung, 3, 1990, S. 25–39; Gisela Staupe/Lisa Vieth, Die Pille. Von der Lust und von der Liebe, Berlin 1996; Eva-Maria Silies, Selbst verantwortete Lebensführung. Der Streit um die Pille im katholischen Milieu, in: Habbo Knoch (Hg.), Bürgersinn mit Weltgefühl. Politische Moral und solidarischer Protest in den sechziger und siebziger Jahren, S. 205–224.

50 Der Spiegel v. 27.2.1978.

51 Gunter Schmidt (Hg.), Kinder der sexuellen Revolution. Kontinuität und Wandel studentischer Sexualität 1966–1996, Gießen 2000. Vgl. Hans Giese/Gunter Schmidt, Studenten-Sexualität. Verhalten und Einstellungen, Reinbek 1968.

52 Zit. nach Herzog, Politisierung (wie Anm. 46), S. 117.

53 Michael Kandora, Homosexualität und Sittengesetz, in: Herbert (Hg.), Wandlungsprozesse (wie Anm. 1), S. 379–401.

54 Gunter Schmidt (Hg.), Jugendsexualität. Sozialer Wandel, Gruppenunterschiede, Konfliktfelder, Stuttgart 1993.

55 James W. Jones, Discourses on and of AIDS in West Germany, 1986–90, in: Journal of the History of Sexuality, Jg. 2, 1992, S. 439–468.

56 Oswalt Kolle, Ich bin so frei. Mein Leben, Berlin 2008.

57 Elizabeth D. Heineman, Der Mythos Beate Uhse. Respektabilität, Geschichte und autobiographisches Marketing in der frühen Bundesrepublik, in: WerkstattGeschichte 40, 2006, S. 69–92; Elizabeth D. Heineman, The Economic Miracle in the Bedroom. Big Business and Sexual Consumption in Reconstruction West Germany, in: The Journal of Modern History, 78, 2006, S. 846–877.

58 Günter Amendt, Sexfront, Frankfurt am Main 1970. Erw. Neuausgabe: Reinbek 1994 (48.-50. Tausend).

59 Günter Amendt, »Sexfront«. Revisited, in: Zeitschrift für Sexualforschung, Jg. 19, 2006, S. 159–172, hier 164.

60 Zitat: Schmidt (Hg.), Kinder (wie Anm. 51), S. 11.

61 Barbara Til, Anarchie und Kleiderwirbel. Mode 1968, in: Schepers (Hg.), '68 (wie Anm. 37), S. 106–115; Sandra Kirsch, Die modische Revolution. Mode zwischen 1964 und 1974, in: Doris Foitzik/Catherine Schenda/Victor Ströver (Hg.), When I was Young … Kindheit und Jugend in der Flower-Power-Zeit, Bremen [1995], S. 96–104. Zitat: Junge Gemeinschaft, Nr. 6 v. November/Dezember 1966, S. 15.

62 Allensbacher Berichte, Nr. 17, 1970.

63 Twen, Nr. 12, Dezember 1966, S. 59 ff.

64 Der Spiegel v. 25.4.1966.

65 Frankfurter Zeitung – Blick durch die Wirtschaft v. 27.6.1967.

66 Der Spiegel v. 13.3.1972.

67 Grob, Marion, Das Kleidungsverhalten jugendlicher Protestgruppen in Deutschland im 20. Jahrhundert, Münster 1985; Wolf-Dieter Könenkamp, Jeans – Mode und Mythen, in: Martin Scharfe (Red.), Jeans. Beiträge zu Mode und Jugendkultur, Tübingen 1985, S. 99–167.

68 Das Beste aus Reader's Digest (Hg.), Sieben-Länder-Untersuchung. Eine vergleichende Marktuntersuchung in Belgien, Frankreich, Großbritannien, Holland, Italien, Luxemburg und der Bundesrepublik Deutschland, o. O. 1963., S. 5.

69 Institut für Jugendforschung, Bravo Jugend-Panel, Bd. 1, [München 1974], S. 23 ff.; Lebensmittelhandel, Nr. 10 v. 10.8.1973.

70 Gérard Lutte u. a., Leitbilder und Ideale der europäischen Jugend, Ratingen u. a. 1970, S. 134 ff.

71 Zit. nach Herzog, Politisierung (wie Anm. 46), S. 180.

72 Jost Hermand, Pop International, Frankfurt am Main 1971; Peter Wicke, Music, Dissidence, Revolution, and Commerce. Youth Culture between Mainstream and Subculture, in: Schildt/Siegfried (Hg.), Marx (wie Anm. 47), S. 106–123.

73 Detlef Siegfried, Time Is on My Side. Konsum und Politik in der westdeutschen Jugendkultur der 60er Jahre, Göttingen ²2008, S. 217.

74 Rolf Pausch, Diskotheken. Kommunikationsstrukturen als Widerspiegelung gesellschaftlicher Verhältnisse, in: Hanns-Werner Heister u. a., Segmente der Unterhaltungsindustrie, Frankfurt am Main 1974, S. 196–214; Georg Mühlenhöver, Phänomen Disco. Geschichte der Clubkultur und der Popularmusik, Köln 1999.

75 Stefan Gauß, Das Erlebnis des Hörens. Die Stereoanlage als kulturelle Erfahrung, in: Wolfgang Ruppert (Hg.), Um 1968. Die Repräsentation der Dinge, Marburg 1998, S. 65–93.

76 Bravo-Einkaufs-Panel. Jahresband 1968/69, [München 196], 11 u. 32; Institut für Jugendforschung, Bravo Jugend-Panel. Langzeituntersuchung. Ergebnisse einer Marktuntersuchung, Bd. 3, [München 1975], S. 20 f.

77 Siegfried, Time (wie Anm. 73), S. 332 ff.

78 Klaus Voormann, »Warum spielst Du Imagine nicht auf dem weißen Klavier, John«. Erinnerungen an die Beatles und viele andere Freunde, München 2003.

79 Michael Koetzle (Hg.), Twen. Revision einer Legende, München 1995, S. 311.

80 Porträt in Twen, Nr. 8, 1969, S. 81 ff.

81 fff-Courier, Nr. 44 v. 21.9.1967; Der Musikmarkt, Nr. 9 v. 15.9.1967.

82 Infratest, Der jugendliche Radiohörer. Nordrhein-Westfalen 1971, München 1971, 40 f.

83 Norbert Linke, Der Kontakt zwischen Hörer und Massenmedien, in: Siegmund Helms (Hg.), Schlager in Deutschland. Beiträge zur Analyse der Popularmusik und des Musikmarktes, Wiesbaden 1972, S. 295–305, 299.

84 Archiv der Jugendkulturen e. V. (Hg.), 50 Jahre BRAVO, Berlin 2005; Teddy Hoersch, BRAVO 1956–2006, München 2006; Detlef Siegfried, Starschnitt. Die Bildersprache der Bravo, in: Gerhard Paul (Hg.), Das Jahrhundert der Bilder. II: 1949–2007, Göttingen 2008, S. 146–153.

85 Fritz Rau, 50 Jahre Backstage. Erinnerungen eines Konzertveranstalters, Heidelberg 2005.

86 Elisabeth Noelle/Erich Peter Neumann (Hg.), Jahrbuch der öffentlichen Meinung 1965–1967, Allensbach/Bonn 1967, S.156.

87 Der Musikmarkt, Jg. 9, 1967, Nr. 11, S. 10.

88 Linke, Kontakt (wie Anm. 83), S. 299.

89   Ebd., S. 302.
90   Der Musikmarkt, Nr. 12, 1968, 8 u. 9, 1969.
91   Michael Reufsteck/Stefan Niggemeier, Das Fernsehlexikon, München 2005, S. 1384 ff.
92   Konkret v. 19.4.1973, S. 52.
93   Dieter Baacke, Beat – die sprachlose Opposition, München 1968.
94   Siegfried, Time (wie Anm. 73), S. 601 ff.; Detlef Mahnert/Harry Stürmer, Zappa, Zoff und Zwischentöne. Die Internationalen Essener Songtage 1968, Essen 2008.
95   Sounds 2, 1974, S. 20.
96   Peng, Nr. 3 [Mai 1967], o.Pag.
97   Helmut Salzinger, Swinging Benjamin, Frankfurt am Main 1973.
98   Detlef Briesen, Die Drogenwelle in de Bundesrepublik Deutschland in den frühen 70er Jahren. Beispiele, Verallgemeinerungen und ein Blick auf die Post-68er Generation, in: ders./Klaus Weinhauer (Hg.), Jugend, Delinquenz und gesellschaftlicher Wandel. Bundesrepublik Deutschland und USA nach dem Zweiten Weltkrieg, Essen 2007, S. 43–69.
99   Allensbacher Berichte, Nr. 16, 1972, S. 4.
100 Wilfried Rudloff, Im Schatten des Wirtschaftswunders. Soziale Probleme, Randgruppen und Subkulturen 1949 bis 1973, in: Thomas Schlemmer/Hans Woller (Hg.), Bayern im Bund, Bd. 2: Gesellschaft im Wandel 1949 bis 1973, München 2002, S. 347–467, 452.
101 Robert P. Stephens, Germans on Drugs. The Complications of Modernization in Hamburg, Ann Arbor 2007., S. 56 ff. Vgl. Klaus Weinhauer, The End of Certanties: Drug Consumption and Youth Deliquency in West Germany during the 1960s and 1970s, in: Schildt/Siegfried, Marx (wie Anm. 47), S. 371–392.
102 Karl-Heinz Reuband, Rauschmittelkonsum. Soziale Abweichung und institutionelle Reaktion, Wiesbaden 1976, S. 89 f., 105, Anm. 7.
103 Jakob Tanner, Cannabis und Opium, in: Thomas Hengartner/Christoph Maria Merki (Hg.), Genussmittel. Eine Kulturgeschichte, Frankfurt am Main 2001, S. 221–258.
104 Agit 883, Nr. 23, 17.7.1969; Nr. 24, 24.7.1969.
105 Gabriel A. Almond/Sidney Verba, The Civic Culture. Political Attitudes and Democracy in Five Nations, Boston 1965; dies. (Hg.), The Civic Culture Revisited. An Analytic Study, Boston 1980.
106 Elisabeth Noelle/Erich Peter Neumann (Hg.), Jahrbuch der öffentlichen Meinung 1968–1973, Allensbach/Bonn 1974, S. 213.
107 Gabriele Metzler, Am Ende aller Krisen? Politisches Denken und Handeln in der Bundesrepublik der sechziger Jahre, in: Historische Zeitschrift, 2002, Bd. 275, S. 57–103, hier 91 f.
108 Klaus Schönhoven, Wendejahre. Die Sozialdemokratie in der Zeit der Großen Koalition 1966–1969, Bonn 2004.
109 Moritz Scheibe, Auf der Suche nach der demokratischen Gesellschaft, in: Herbert (Hg.), Wandlungsprozesse (wie Anm. 1), S. 245–277.
110 Pavel A. Richter, Die Außerparlamentarische Opposition in der Bundesrepublik Deutschland 1966 bis 1968, in: Ingrid Gilcher-Holtey (Hg.), 1968 – Vom Ereignis zum Gegenstand der Geschichtswissenschaft, Göttingen 1998, S. 35–55; Nick Thomas, Protest Movements in 1960s West Germany: A Social History of Dissent and Democracy, Oxford/New York 2003.
111 Karl A. Otto, Vom Ostermarsch zur APO. Geschichte der außerparlamentarischen Opposition in der Bundesrepublik 1960–1970, Frankfurt am Main/New York 1977; Alice Holmes Cooper, Paradoxes of Peace. German Peace Movements since 1945, Ann Arbor 1996.

112 Zitat: Otto, Ostermarsch (wie Anm. 111), S. 105.

113 Michael Schneider, Demokratie in Gefahr? Der Konflikt um die Notstandsgesetze: Sozialdemokratie, Gewerkschaften und intellektueller Prozess (1958–1968), Bonn 1986.

114 Ingo Juchler, Die Studentenbewegungen in den Vereinigten Staaten und der Bundesrepublik Deutschland der sechziger Jahre. Eine Untersuchung hinsichtlich ihrer Beeinflussung durch Befreiungsbewegungen und -theorien aus der Dritten Welt, Berlin 1996; Wilfried Mausbach, Auschwitz and Vietnam: West German Protest Against America's War During the 1960s, in: Andreas W. Daum/Lloyd C. Gardner/Wilfried Mausbach (Hg.), America, The Vietnam War, and the World. Comparative and International Perspectives, New York 2003, S. 279–298.

115 Vgl. Frank Werkmeister, Die Protestbewegung gegen den Vietnamkrieg in der Bundesrepublik Deutschland 1965–1973, Marburg 1975.

116 Siegward Lönnendonker/Bernd Rabehl/Jochen Staadt, Die antiautoritäre Revolte. Der Sozialistische Deutsche Studentenbund nach der Trennung von der SPD, Bd. 1: 1960–1967, Opladen 2002; Michael A. Schmidtke, Der Aufbruch der jungen Intelligenz. Die 68er Jahre in der Bundesrepublik und den USA, Frankfurt am Main/New York 2003.

117 Reimut Reiche/Peter Gäng, Vom antikapitalistischen Protest zur sozialistischen Politik, in: Neue Kritik, Nr. 41, 1967, S. 17–35, hier 22 u. 24.

118 Ingrid Gilcher-Holtey, Die 68er Bewegung. Deutschland – Westeuropa – USA, München 2001; Norbert Frei, 1968. Jugendrevolte und globaler Protest, München 2008.

119 Zit. nach Detlef Siegfried, »1968« – eine Kulturrevolution?, in: ders., Sound der Revolte. Studien zur Kulturrevolution um 1968, Weinheim 2008, S. 13–30, 19.

120 Michaela Karl, Rudi Dutschke. Revolutionär ohne Revolution, Frankfurt am Main 2003.

121 Hans Manfred Bock, Ein unangepasster Marxist im Kalten Krieg. Zur Stellung Wolfgang Abendroths in der Intellektuellengeschichte der Bundesrepublik, in: Friedrich-Martin Balzer/Hans Manfred Bock/Uli Schöler (Hg.), Wolfgang Abendroth. Wissenschaftlicher Politiker, Opladen 2001, S. 216–267; Richard Heigl, Oppositionspolitik. Wolfgang Abendroth und die Entstehung der Neuen Linken (1950–1968), Hamburg 2008.

122 Michael Buckmiller/Joachim Perels (Hg.), Opposition als Triebkraft der Demokratie. Bilanz und Perspektiven der zweiten Republik. Jürgen Seifert zum 70. Geburtstag, Hannover 1998.

123 Mario Kessler, Ossip K. Flechtheim. Politischer Wissenschaftler und Zukunftsdenker (1909–1998), Köln u. a. 2007.

124 Vgl. die Übersicht in Deutscher Bundestag, 6. Wahlperiode, Drucksache VI/569 v. 23.3.1970, S. 1. Volker Möhle/Christian Rabe, Kriegsdienstverweigerer in der BRD. Eine empirisch-analytische Studie zur Motivation der Kriegsdienstverweigerer in den Jahren 1957–1971, Opladen 1972, S. 64.

125 Patrick Bernhard, Zivildienst zwischen Reform und Revolte. Eine bundesdeutsche Institution im gesellschaftlichen Wandel 1961–1982, München 2005, S. 169 ff.

126 2. Bericht über die Lage der Jugend und die Bestrebungen auf dem Gebiet der Jugendhilfe, Bonn 1968, S. 174; Konkret, Nr. 2 v. 13.1.1972.

127 Wilhelm Hennis, »Demokratisierung«. Zu einem häufig gebrauchten und vieldiskutierten Begriff (1969), abgedruckt in: Eberhard Rathgeb, Die engagierte Nation. Deutsche Debatten 1945–2005, München 2005, S. 207–210, hier 207 f.

128 David P. Conradt, Changing German Political Culture, in: Gabriel A. Almond/Sidney-Verba (Hg.), Civic Culture Revisited. An Analytic Study, Boston 1980, S. 212–272, hier 232.

129 Horst W. Schmollinger, Die Nationaldemokratische Partei Deutschlands, in: Richard

Stöss (Hg.), Parteien-Handbuch. Die Parteien in der Bundesrepublik Deutschland 1945–1980, Bd. 4, Opladen 1986, S. 1922–1994; Uwe Hoffmann, Die NPD. Entwicklung, Ideologie und Struktur, Frankfurt am Main u. a. 1999.

130 Reinhard Kühnl/Rainer Rilling/Christine Sager, Die NPD. Struktur, Ideologie und Funktion einer neofaschistischen Partei, Frankfurt am Main 1969, S. 232 ff.

131 Gert Waldmann, Von der Linken lernen, in: Nation Europa, Jg. 19, August 1969, S. 23–24.

132 Dirk van Laak, Gespräche in der Sicherheit des Schweigens. Carl Schmitt in der politischen Geistesgeschichte der frühen Bundesrepublik, Berlin ²2002, S. 256 ff.; Ralf Walkenhaus, Armin Mohlers Denkstil, in: Jahrbuch Extremismus und Demokratie 9 (1997), S. 97–116.

133 Schönhoven, Wendejahre (wie Anm. 108).

134 Hermann Schreiber/Frank Sommer, Gustav Heinemann, Bundespräsident, Frankfurt am Main 1969.

135 Arnulf Baring in Zusammenarbeit mit Manfred Görtemaker, Machtwechsel. Die Ära Brandt-Scheel, Stuttgart 1982.

136 Daniela Münkel, Einleitung: Sozialdemokratie auf dem Weg nach vorn». Willy Brandt und die SPD 1947–1972, in: dies. (Bearb.), Auf dem Weg nach vorn. Willy Brandt und die SPD 1947–1972 (= Willy Brandt, Berliner Ausgabe, Bd. 4), Bonn 2000, S. 17–65; Daniela Münkel, Willy Brandt und die «Vierte Gewalt». Politik und Massenmedien in den 50er bis 70er Jahren, Frankfurt am Main 2005.

137 Adam Krzemiński, Der Kniefall, in: Étienne François/Hagen Schulze, Deutsche Erinnerungsorte, Bd. 1, München 2001, S. 638–653; Christoph Schneider, Der Warschauer Kniefall. Ritual, Ereignis und Erzählung, Konstanz 2006. Zur erinnerungspolitischen Bedeutung auch: Valentin Rauer, Geste der Schuld. Die mediale Rezeption von Willy Brandts Kniefall in den neunziger Jahren, in: Bernhard Giesen/Christoph Schneider (Hg.), Tätertrauma. Nationale Erinnerungen im öffentlichen Diskurs, Konstanz 2004, S. 133–156.

138 Daniela Münkel, Willy Brandt. Vom Reformer zum Denkmal, in: Paul (Hg.), Jahrhundert, S. 442–449. Vgl. demgegenüber: Thomas Mergel, Grenzen der Imagepolitik: Eine gescheiterte Kampagne für Rainer Barzel 1972, in: Daniela Münkel/Lu Seegers (Hg.), Medien und Imagepolitik im 20. Jahrhundert. Deutschland, Europa, USA, Frankfurt/New York 2008, S. 47–70.

139 Zit. nach Andreas Rödder, Die Bundesrepublik Deutschland 1969–1990, München 2004, S. 34.

140 Siegfried Heimann, Sozialdemokratische Partei Deutschlands, in: Stöss (Hg.), Parteien-Handbuch (wie Anm. 130), Bd. 4, S. 2025–2216, 2183.

141 Peter Lösche/Franz Walter, Die SPD. Klassenpartei, Volkspartei, Quotenpartei, Darmstadt 1992, S. 152 ff.

142 Diese Typologie nach Heimann, Sozialdemokratische Partei Deutschlands (wie Anm. 140), S. 2072 ff.

143 Jürgen Dittberner, Freie Demokratische Partei, in: Stöss (Hg.), Parteien-Handbuch (wie Anm. 130), Bd. 3, S. 1311–1381, 1329 ff. u. 1369.

144 Frank Bösch, Die Adenauer-CDU. Gründung, Aufstieg und Krise einer Erfolgspartei 1945–1969, München 2001; Philipp Gassert, Kurt Georg Kiesinger 1904–1988. Kanzler zwischen den Zeiten, München 2006.

145 Axel Schildt: »Die Kräfte der Gegenreform sind auf breiter Front angetreten«. Zur konservativen Tendenzwende in den Siebzigerjahren. In: Archiv für Sozialgeschichte 44, 2004, S. 449–478.

146   Wulf Schönbohm, Die CDU wird moderne Volkspartei, Selbstverständnis, Mitglieder, Organisation und Apparat 1950–1980, Stuttgart 1985, S. 99 ff.; Hans-Jürgen Lange, Responsivität und Organisation. Eine Studie über die Modernisierung der CDU von 1973–1989, Marburg 1994.

147   Ute Schmidt, Die Christlich Demokratische Union Deutschlands, in: Stöss (Hg.), Parteien-Handbuch (wie Anm. 130), Bd. 1, S. 490–660, hier 643.

148   Zit. nach Johannes T. Theißen, Die Rolle der Interessenverbände im Hochschulbereich unter besonderer Berücksichtigung von »Bund Freiheit der Wissenschaft« und »Bund Demokratischer Wissenschaftler«, Bonn 1984, S. 75.

149   Dominik Rigoll, »Was täten Sie, wenn quer durch Paris eine Mauer wäre?« Der Radikalenbeschluss von 1972 und der Streit um die westdeutschen Berufsverbote. Deutsch-französische Verflechtungen, in: Heiner Timmermann (Hg.), Historische Erinnerung im Wandel. Neuere Forschungen zur deutschen Zeitgeschichte unter besonderer Berücksichtigung der DDR-Forschung, Berlin 2007, S. 603–623.

150   Gerard Braunthal, Politische Loyalität und öffentlicher Dienst. Der »Radikalenerlass« von 1972 und die Folgen, Marburg 1992, S. 117.

151   Conradt, Political Culture (wie Anm. 129), S. 242 ff.

152   Zit. nach Carl-Ludwig Furck, Das Schulsystem: Primarbereich – Hauptschule – Realschule – Gymnasium – Gesamtschule, in: Christoph Führ/Carl-Ludwig Furck (Hg.), Handbuch der deutschen Bildungsgeschichte, Bd. VI 1945 bis zur Gegenwart, Erster Teilband Bundesrepublik Deutschland, München 1998, S. 282–355, hier 311.

153   Christoph Führ, Deutsches Bildungswesen seit 1945. Grundzüge und Probleme, Bonn 1996, S. 297.

154   Jens Naumann, Entwicklungstendenzen des Bildungswesens der Bundesrepublik Deutschland im Rahmen wirtschaftlicher und demographischer Veränderungen, in: Max-Planck-Institut für Bildungsforschung, Max-Planck-Institut für Bildungsforschung, Projektgruppe Bildungsbericht (Hg.), Bildung in der Bundesrepublik Deutschland. Daten und Analysen, Bd. 1: Entwicklungen seit 1950, Stuttgart 1980, S. 21–102, hier 39.

155   Verhandlungen des Deutschen Bundestags. 6. Wahlperiode, 5. Sitzung, 28.10.1969, S. 27.

156   Zit. nach Alfons Kenkmann, Von der bundesdeutschen »Bildungsmisere« zur Bildungsreform in den 60er Jahren, in: Schildt/Siegfried/Lammers (Hg.), Dynamische Zeiten (wie Anm. 1), S. 402–423, hier 414.

157   Vgl. für dies und das Folgende Torsten Gass-Bolm, Das Gymnasium 1945–1980. Bildungsreform und gesellschaftlicher Wandel in Westdeutschland, Göttingen 2005.

158   Axel Schildt, Nachwuchs für die Rebellion – die Schülerbewegung der späten 60er Jahre, in: Jürgen Reulecke (Hg.), Generationalität und Lebensgeschichte im 20. Jahrhundert, München 2003, S. 229–252; Torsten Gass-Bolm, Revolution im Klassenzimmer? Die Schülerbewegung 1967–1970 und der Wandel der deutschen Schule, in: Christina von Hodenberg/Detlef Siegfried (Hg.), Wo »1968« liegt. Reform und Revolte in der Geschichte der Bundesrepublik, Göttingen 2006, S. 113–138.

159   Zit. nach Furck, Schulsystem (wie Anm. 153), S. 320.

160   Zit. nach Torsten Gass-Bolm, Das Gymnasium 1945–1980. Bildungsreform und gesellschaftlicher Wandel in Westdeutschland, Göttingen 2005, S. 309.

161   Hartmut von Hentig, Mein Leben – bedacht und bejaht. Schule, Polis, Gartenhaus, München 2007.

162   Vgl. Gass-Bolm, Gymnasium (wie Anm. 163), S. 281 ff.; Furck, Schulsystem (wie Anm. 153), S. 328 ff.

163 Knud Andresen, Die bundesdeutsche Lehrlingsbewegung von 1968 bis 1972. Konturen eines vernachlässigten Phänomens, in: Peter Birke/Bernd Hüttner/Gottfried Oy (Hg.), Alte Linke – neue Linke? Die sozialen Kämpfe der 1968er Jahre in der Diskussion, Berlin 2009, S. 87–102.

164 Oskar Anweiler, Bildungspolitik, in: Hans Günter Hockerts (Hg.), Geschichte der Sozialpolitik in Deutschland seit 1945, Bd. 5: 1966–1974. Bundesrepublik Deutschland. Eine Zeit vielfältigen Aufbruchs, Baden-Baden 2006, S. 709–735, hier 731–735.

165 Franz-Werner Kersting, Psychiatriereform als Gesellschaftsreform. Die Hypothek des Nationalsozialismus und der Aufbruch der sechziger Jahre, Paderborn u. a. 2003.

166 Günter Wallraff, 13 unerwünschte Reportagen, Köln 1969; Ulrike Meinhof, Bambule. Fürsorge – Sorge für wen?, Berlin 1971.

167 Die gesammelten Artikel finden sich in: SPIEGEL-Redaktion (Hg.), Unterprivilegiert. Eine Studie über sozial benachteiligte Gruppen in der Bundesrepublik Deutschland, Neuwied/Berlin 1973.

168 Markus Köster, Jugend, Wohlfahrtsstaat und Gesellschaft im Wandel. Westfalen zwischen Kaiserreich und Bundesrepublik, Paderborn 1999.

169 Zit. nach Julia Ubbelohde, Der Umgang mit jugendlichen Normverstößen, in: Herbert (Hg.), Wandlungsprozesse (wie Anm. 1), S. 402–435, hier 431.

170 Peter Brosch, Fürsorgeerziehung. Heimterror und Gegenwehr, Frankfurt am Main 1971.

171 Zitat: Rote Presse Korrespondenz v. 14.11.1969, S. 12. Vgl. Manfred Liebel, Jugendwohnkollektive – Alternativen zur Fürsorgeerziehung, München 1972.

172 Meike Sophia Baader, Männer – Frauen – Kinder. Das Zusammenspiel von Kinderladen- und Frauenbewegung Revisited, in: Historische Jugendforschung. Jahrbuch des Archivs der deutschen Jugendbewegung, NF Band 4/2007, S. 153–167.

173 Axel Jansa, Pädagogik, Politik, Ästhetik. Paradigmenwechsel um '68, Frankfurt am Main u. a. 1999, S. 115 ff.; Gerhard Bott (Hg.), Erziehung zum Ungehorsam. Kinderläden berichten aus der Praxis der antiautoritären Erziehung, Frankfurt am Main 1970; Doris Foitzik, Erziehung zum Ungehorsam. Die kleinen Wilden in den Kinderläden, in: Foitzik/Schenda/Ströver (Hg.), When I was Young …, S. 42–55.

174 Pia Schmid, Wie die antiautoritäre Erziehung für einige Jahre in städtische Kindertagesstätten gelangte. Das Frankfurter Modellprojekt Kita 3000, 1972–1978, in: Meike Sophia Baader (Hg.), »Seid realistisch, verlangt das Unmögliche!« Wie 1968 die Pädagogik bewegte, Weinheim 2008, S. 36–55.

175 Bastian Hein, Die Westdeutschen und die Dritte Welt. Entwicklungspolitik und Entwicklungsdienste zwischen Reform und Revolte 1959–1974, München 2006.

176 Juchler, Studentenbewegungen (wie Anm. 114).

177 Werner Balsen/Karl Rössell, Hoch die internationale Solidarität. Zur Geschichte der Dritte Welt-Bewegung in der Bundesrepublik, Köln 1986; Claudia Olejniczak, Die Dritte-Welt-Bewegung in Deutschland. Konzeptionelle und organisatorische Strukturmerkmale einer neuen sozialen Bewegung, Wiesbaden 1999; Niels Seibert, Vergessene Proteste. Internationalismus und Antirassismus 1964–1983, Münster 2008.

178 Uta G. Poiger, Imperialism and Consumption: Two Tropes in West German Radicalism, in: Schildt/Siegfried (Hg.), Marx (wie Anm. 47), S. 158–169.

179 Hein, Dritte Welt (wie Anm. 178), S. 251.

180 Detlef Siegfried, Authentisch schwarz. Blues in der Gegenkultur um 1970, in: Michael Rauhut/Reinhard Lorenz (Hg.), Ich hab' den Blues schon etwas länger. Spuren einer Musik in Deutschland, Berlin 2008.

181 Moritz Ege, Schwarz werden. »Afroamerikanophilie« in den 1960er und 1970er Jahren, Bielefeld 2007.

182 Hans-Christian Kirsch, Gammler, Provos, Anarchisten, in: Deutsche Jugend, Jg. 16, 1968, S. 31–40, hier 35.

183 Bommi Baumann, Wie alles anfing, Berlin 1991, S. 16.

184 Leseranalyse für Publikumszeitschriften 1970, Frankfurt am Main 1970. Doppelleserschaften sind hier nicht berücksichtigt.

185 Reinhard Wittmann, Geschichte des deutschen Buchhandels, München 1999, S. 421.

186 Monika Estermann, Die Situation des Buchhandels, in: dies./Edgar Lersch (Hg.), Buch, Buchhandel und Rundfunk. 1968 und die Folgen, Wiesbaden 2003, S. 55.

187 Adelheid von Saldern, Markt für Marx. Literaturbetrieb und Lesebewegungen in der Bundesrepublik in den Sechziger- und Siebzigerjahren, in: Archiv für Sozialgeschichte, Bd. 44, 2004, S. 149–180.

188 Uwe Naumann/Patrick Rössler, 50 Jahre rororo. Eine illustrierte Chronik, Reinbek 2000.

189 Zit. nach Raimund Fellinger (Red.), Kleine Geschichte der edition suhrkamp, Frankfurt am Main 2003, S. 23. Das Folgende S. 56.

190 Der Spiegel v. 22.7.1968.

191 Ernst Herhaus/Jörg Schröder, Siegfried, Frankfurt am Main 1972; Ulrich Ott, MÄRZ, in: Protest! Literatur um 1968. Eine Ausstellung d. Deutschen Literaturarchivs in Verbindung m. d. Germanistischen Seminar der Universität Heidelberg u. d. Deutschen Rundfunkarchiv im Schiller-Nationalmuseum Marbach a. Neckar, Marbach 1998, S. 339–360.

192 Thomas Daum, Ghetto, Sprungbrett, Basis. Zum Selbstverständnis der Alternativpresse seit 1968, Hamburg/München 1975; Christoph Schubert, Alternative Literaturszene in der Bundesrepublik Deutschland, in: Heinz Ludwig Arnold (Hg.), Literaturbetrieb in der Bundesrepublik Deutschland. Ein kritisches Handbuch, 2., vollst. veränd. Aufl., München 1981, S. 126–141; Anja Schwanhäußer, Stilrevolte Underground. Die Alternativkultur als Agent der Postmoderne, Berlin 2002.

193 Exemplarisch: rotaprint 25 (Hg.), agit 883. Bewegung, Revolte, Underground in Westberlin 1969–1972, Hamburg/Berlin 2006.

194 Bernd Dolle-Weinkauff, Comics. Geschichte einer populären Literaturform in Deutschland seit 1945, Weinheim/Basel 1990, S. 173 ff.

195 Bernd Dolle-Weinkauff, Comics made in Germany. 60 Jahre Comics aus Deutschland 1947–2007, Wiesbaden 2008, S. 33 f. u. 103.

196 Alexander Gallus, Zeitschriftenporträt: konkret, in: Uwe Backes/Eckhard Jesse (Hg.), Jahrbuch Extremismus & Demokratie, Jg. 13, 2001, S. 227–249; Siegfried, Time (wie Anm. 73), S. 294 ff. u. 529 ff.

197 IVW-Auflagenmeldungen, Bad Godesberg 1968.

198 Vibeke Rützou Petersen, Kursbuch 1965–1975. Social, Political and Literary Perspectives of West Germany, New York u. a. 1988; Henning Marmulla, Das Kursbuch. Nationale Zeitschrift, internationale Kommunikation, transnationale Öffentlichkeit, in: Martin Klimke/Joachim Scharloth (Hg.), 1968. Handbuch zur Kultur- und Mediengeschichte der Studentenbewegung, Stuttgart/Weimar 2007, S. 37–47.

199 Jörg Lau, Hans Magnus Enzensberger. Ein öffentliches Leben, Berlin 1999, S. 222 u. 255.

200 Albrecht Götz von Olenhusen, »Aufklärung durch Aktion«. Kollektiv-Verlage und Raubdrucke, in: Estermann/Lersch (Hg.), Buch (wie Anm. 189), S. 196–212; Anita Kugler, Raubdrucke. Die freie Liebe bitte neben die Kasse, in: Christiane Landgrebe/Jörg Plath (Hg.), '68 und die Folgen. Ein unvollständiges Lexikon, Berlin 1998, S. 103–108.

201 Albrecht Götz von Olenhusen/Christa Gnirß, Handbuch der Raubdrucke, Pullach 1973.

202 Lisa Borgemeister, Politische Buchhandlungen im Kontext mit der 68er Bewegung in der BRD – am Beispiel der Marburger Buchhandlung »Roter Stern«, in: Stephan Füssel (Hg.), Die Politisierung des Buchmarkts. 1968 als Branchenereignis, Wiesbaden 2007, S. 91–158.

203 Mathias Bröckers, Zweitausendeins. Der Versand. 40 Jahre danach, Frankfurt am Main 2009.

204 Martin Hubert, Politisierung der Literatur – Ästhetisierung der Politik. Eine Studie zur literaturgeschichtlichen Bedeutung der 68er-Bewegung in der Bundesrepublik Deutschland, Frankfurt am Main 1992; Helmut Kiesel, Literatur um 1968. Politischer Protest und postmoderner Impuls, in: Protest! (wie Anm. 194), S. 593–629.

205 Renate Matthaei, Vorwort, in: dies. (Hg.), Trivialmythen, Frankfurt am Main 1970, S. 7–10, hier 7 f.

206 Per Øhrgaard, Günter Grass. Ein deutscher Schriftsteller wird besichtigt, Wien 2005, S. 73 ff.

207 Karl Heinz Bohrer, Die Tortur – Peter Weiss' Weg ins Engagement – Die Geschichte eines Individualisten, in: Rainer Gerlach (Hg.), Peter Weiss, Frankfurt am Main 1984, S, 182–207, hier 183.

208 Peter Weiss und Hans Magnus Enzensberger. Eine Kontroverse, in: Kursbuch 6 v. Juli 1966, S. 165–176, hier 170. Das Folgende 176. Vgl. 10 Arbeitspunkte eines Autors in der geteilten Welt (1965), in: Peter Weiss, Rapporte 2, Frankfurt am Main ²1980, S. 14–23; Jens-Fietje Dwars, Und dennoch Hoffnung. Peter Weiss. Eine Biographie, Berlin 2007, S. 189 ff.; Lau, Enzensberger (wie Anm. 202), S. 223 ff.

209 Zit. nach Lau, Enzensberger (wie Anm. 202), S. 233, das Folgende nach Protest! (wie Anm. 194), S. 68.

210 Christina von Hodenberg, Konsens und Krise. Eine Geschichte der westdeutschen Medienöffentlichkeit 1945–1980, Göttingen 2006.

211 Helmut Peitsch, »Warum wird so einer Marxist?« Zur Entdeckung des Marxismus durch bundesrepublikanische Nachwuchsliteraturwissenschaftler, in: Rainer Rosenberg/Inge Münz-Koenen/Petra Boden (Hg.), Der Geist der Unruhe. 1968 im Vergleich Wissenschaft – Literatur – Medien, Berlin 2000, S. 125–151.

212 Vgl. Karl Prümm, Tod der Literatur? Zur Krise der literarischen Formen, in: Estermann/Lersch (Hg.), Buch (wie Anm. 189), S. 153–165.

213 Hans Magnus Enzensberger, Gemeinplätze, die Neueste Literatur betreffend, in: Kursbuch 15 v. November 1968, S. 187–197, hier 195 f.

214 Helmut Lethen, Zur materialistischen Kunsttheorie Benjamins, in: Alternative, H. 56/57, 1967, S. 225–234.

215 Martin Walser, Berichte aus der Klassengesellschaft, in: Erika Runge, Bottroper Protokolle, Frankfurt am Main 1968, S. 7–10, hier 9.

216 Peter Fischbach/Horst Hensel/Uwe Naumann (Hg.), Zehn Jahre Werkkreis Literatur der Arbeitswelt. Dokumente, Analysen, Hintergründe, Frankfurt am Main 1979; Gundel Mattenklott, Literatur von unten – die andere Kultur, in: Klaus Briegleb/Sigrid Weigel (Hg.), Gegenwartsliteratur seit 1968, München 1992, S. 153–181.

217 Der rote Großvater erzählt. Berichte und Erzählungen von Veteranen der Arbeiterbewegung aus der Zeit von 1914 bis 1945, hg. v. Erasmus Schöfer m. d. Düsseldorfer Werkstatt d. Werkkreises u. d. Werkkreis-Lektorat, Frankfurt am Main 1974, S. 7.

218 Fiedlers Thesen und die nachfolgende Debatte in der Zeitung *Christ und Welt* sind abgedruckt in: Uwe Wittstock (Hg.), Roman oder Leben. Postmoderne in der deutschen Literatur, Leipzig 1994, S. 14 ff. Vgl. Klaus J. Milich, Die frühe Postmoderne. Geschich-

te eines europäisch-amerikanischen Kulturkonflikts, Frankfurt am Main/New York 1998, S. 184 ff.; Jörgen Schäfer, Pop-Literatur. Rolf Dieter Brinkmann und das Verhältnis zur Populärkultur in der Literatur der sechziger Jahre, Stuttgart 1998, S. 29 ff.; Roman Luckscheiter, Der postmoderne Impuls. Die Krise der Literatur um 1968 und ihre Überwindung, Berlin 2001, S. 31 ff. sowie das Kompendium von Johannes Ullmaier, Von Acid nach Adlon und zurück. Eine Reise durch die deutschsprachige Popliteratur, Mainz 2001, S. 48 ff.

219 Leslie A. Fiedler, Überquert die Grenze, schließt den Graben! Über die Postmoderne, in: Wittstock (Hg.), Roman (wie Anm. 221), S. 14–39b, 15.

220 So Carl Weissner 1965, zit. nach Protest! (wie Anm. 194), S. 207. Vgl. Andreas Kramer, Von Beat bis »Acid«. Zur Rezeption amerikanischer und britischer Literatur in den sechziger Jahren, in: Heinz Ludwig Arnold/Jörgen Schäfer (Hg.), Pop-Literatur, München 2003, S. 26–40.

221 Rolf Dieter Brinkmann/Ralf-Rainer Rygulla (Hg.), Acid. Neue amerikanische Szene, Darmstadt 1969, S. 417. Vgl. die Reaktion von Martin Walser, Über die Neueste Stimmung im Westen, in: Kursbuch 20 v. März 1970, S. 19–41 sowie die umfassende Auseinandersetzung mit diesem Phänomen bei Jost Hermand, Pop International. Eine kritische Analyse, Frankfurt am Main 1971.

222 Eckhard Schumacher, Gerade Eben Jetzt. Schreibweisen der Gegenwart, Frankfurt am Main 2003. Das folgende Zitat S. 71.

223 Rolf Dieter Brinkmann, Angriff aufs Monopol. Ich hasse alte Dichter, in: Wittstock (Hg.), Roman (wie Anm. 221), S. 66.

224 Twen v. Dezember 1966, S. 94.

225 Konkret v. Dezember 1966, S. 39.

226 Peter Braun, Eine Reise durch das Werk von Hubert Fichte, Frankfurt am Main 2005.

227 Torsten Teichert, »Herzschlag außen«. Die poetische Konstruktion des Fremden und des Eigenen im Werk von Hubert Fichte, Frankfurt am Main 1987. Zitat S. 42, das Folgende 40.

228 Bernward Vesper, Die Reise. Ausgabe letzter Hand, Berlin/Schlechtenwegen 1977.

229 Gerd Koenen, Vesper, Ensslin, Baader. Urszenen des deutschen Terrorismus, Köln 2003, S. 311.

230 Uwe M. Schneede, Die Geschichte der Kunst im 20. Jahrhundert. Von den Avantgarden bis zur Gegenwart, München 2001, S. 191 ff.; Hans-Joachim Manske, »Das Lachen der Beatles gilt mehr als die Anerkennung von Marcel Duchamp«. Zur Bildenden Kunst der 6oer Jahre in Deutschland, in: Schildt/Siegfried/Lammers (Hg.), Dynamische Zeiten (wie Anm. 1), S. 768–807; Karin Thomas, Bis heute. Stilgeschichte der bildenden Kunst im 20. Jahrhundert, Köln [12]2 004.

231 Tilman Osterwold, Pop Art, Köln 2007.

232 Walter Grasskamp, Das Cover von Sgt. Pepper. Eine Momentaufnahme der Popkultur, Berlin 2004; Detlef Siegfried, Sgt. Pepper & Co. Plattencover als Ikonen der Popkultur, in: Paul (Hg.), Jahrhundert (wie Anm. 84), S. 330–337.

233 Die Beatles und Gertrude Degenhardt. 12 Popbilder, [Mainz 1968].

234 Twen 3/1968.

235 Marie Luise Syring (Hg.), Um 1968. Konkrete Utopien in Kunst und Gesellschaft, Köln 1990; Rudolf Frieling/Dieter Daniels (Hg.), Medien, Kunst, Aktion. Die 6oer und 7oer Jahre in Deutschland, Wien/New York [1997]; Martin Papenbrock, Happening, Fluxus, Performance. Aktionskünste in den 6oer Jahren, in: Klimke/Scharloth (Hg.), Handbuch 1968 (wie Anm. 201), S. 137–149.

236 Jürgen Becker/Wolf Vostell (Hg.), Happenings. Fluxus, Pop Art, Nouveau Réalisme. Eine Dokumentation, Reinbek 1965, S. 14.

237 Wulf Herzogenrath, Nam June Paik. Fluxus. Video, München 1983; Edith Decker, Paik. Video. Die Installationen 1963–1984, Hamburg 1988; Toni Stooss/Thomas Kellein (Hg.), Nam June Paik. Video Time – Video Space, Ostfildern-Ruit 1991.

238 Kriwet: poem-paintings, buttons, signs, flags 1966–1967, Düsseldorf 1967, o.Pag.

239 Uwe Husslein, Und abends in die Lichtmaschine. Das Creamcheese und die Clubkultur in Deutschland, in: ders. (Hg.), Pop am Rhein, Köln 2008, S. 8–45.

240 Oliver Jahraus, Die Aktion des Wiener Aktionismus. Subversion der Kultur und Dispositionierung des Bewusstseins, München 2001; Thomas Dreher, Performance Art nach 1945. Aktionstheater und Intermedia, München 2001, S. 163 ff.

241 Heiner Stachelhaus, Joseph Beuys, Düsseldorf u. a. ³1991; Götz Adriani/Winfried Konnertz/Karin Thomas, Joseph Beuys, Köln 1994; Uwe M. Schneede, Joseph Beuys – die Aktionen. Kommentiertes Werkverzeichnis mit fotografischen Dokumentationen, Stuttgart 1994.

242 Stiftung Museum Schloss Moyland u. a. (Hg.), Joseph Beuys. Die Materialien und ihre Botschaft, Bedburg-Hau 2006.

243 Barbara Lange, Joseph Beuys. Richtkräfte einer neuen Gesellschaft, Berlin 1999.

244 Beate Kutschke, Kulturtheorien und künstlerische Avantgarde in den 1960er und 1970er Jahren, Köln u. a. 2007.

245 Arnold Jacobshagen, Musica impura. Hans Werner Henzes »Der langwierige Weg in die Wohnung der Natascha Ungeheuer« und die Studentenbewegung, in: ders./Markus Leniger (Hg.), Rebellische Musik. Gesellschaftlicher Protest und kultureller Wandel um 1968, Köln 2007, S. 103–124. Nachfolgende Zitate 109, 117.

246 Constantin Floros, Und immer wieder für eine bessere Welt. Annaherungen an den Komponisten Hans Werner Henze, in: Peter Petersen (Hg.), Hans Werner Henze. Die Vorträge des internationalen Henze-Symposions am Musikwissenschaftlichen Institut der Universität Hamburg 28. b. 30. Juni 2001, Frankfurt am Main u. a. 2003, S. 195–204.

247 Beate Kutschke, Angry Young Musicians. Gibt es seine Sprache der musikalischen Avantgarde für »1968«?, in: Klimke/Scharloth (Hg.), Handbuch 1968 (wie Anm. 201), S. 175–186; Andreas Kühn, »Die Musik gehört dem Volk«. Musik in der Lebenswelt der K-Gruppen, in: Jacobshagen/Leniger (Hg.), Musik (wie Anm. 248), S. 157–168; Peter Schleuning, »Hoch die Rote Note!« Eine linke Blaskapelle um 1970, in: ebd., S. 169–180.

248 Holger Böning, Der Traum von einer Sache. Aufstieg und Fall der Utopie im politischen Lied der Bundesrepublik und der DDR, Bremen 2004, S. 59 ff.; Hotte Schneider, Die Waldeck. Lieder, Fahrten, Abenteuer. Die Geschichte der Burg Waldeck von 1911 bis heute, Potsdam 2005, S. 313 ff.; Siegfried, Time (wie Anm. 73), S. 571 ff.

249 Eckard Holler, The Folk and Liedermacher Scene in the Federal Republic in the 1970s and 1980s, in: David Robb (Hg.), Protest Song in East and West Germany since the 1960s, Rochester, NY 2007, S. 133–167.

250 Adelheid Maske/Ulrich Maske, Das werden wir schon ändern. Franz Josef Degenhardt und seine Lieder, Dortmund 1977.

251 Reinhard Mey mit Bernd Schroeder, Was ich noch zu sagen hätte, Köln 2005.

252 Agnes Hüfner (Hg.), Straßentheater, Frankfurt am Main 1970; Dorothea Kraus, Straßentheater als politische Protestform, in: Klimke/Scharloth (Hg.), Handbuch 1968 (wie Anm. 201), S. 89–100.

253 Ingrid Gilcher-Holtey/Dorothea Kraus/Franziska Schößler (Hg.), Politisches Theater nach 1968. Regie, Dramatik und Organisation, Frankfurt/New York 2006.

254 Hans-Thies Lehmann, Postdramatisches Theater, Frankfurt am Main 1999.

255 Dorothea Kraus, Theater-Proteste. Zur Politisierung von Straße und Bühne in den 1960er Jahren, Frankfurt/New York 2007, S. 82 ff.

256 Dieter Baacke, Die Kabarett-Opposition. Zu den Essener Kabarett-Tagen 1968, in: Deutsche Jugend 1968, 205 f.; Peinemann, Steve B., Die Wut, die du im Bauch hast. Politische Rockmusik: Interviews, Erfahrungen, Reinbek 1980, S. 22 ff.

257 Song 3/1969, S. 21.

258 Kai Sichtermann/Jens Johler/Christian Stahl, Keine Macht für Niemand. Die Geschichte der Ton Steine Scherben, Berlin 2000.

259 Kraus, Theater-Proteste (wie Anm. 258), S. 272 ff.

260 Annette Brauerhoch, Der Autorenfilm. Emanzipatorisches Konzept oder autoritäres Modell?, in: Hans-Peter Reichmann/Rudolf Worschech (Red.), Abschied vom Gestern. Bundesdeutscher Film der sechziger und siebziger Jahre, Frankfurt am Main 1991, S. 154–165; Thomas Elsaesser, New German Cinema. A History, Basingstoke 1989, S. 74 ff.

261 Norbert Grob, Film der sechziger Jahre, in: Wolfgang Jacobsen/Anton Kaes/Hans Helmut Prinzler (Hg.), Geschichte des deutschen Films, 2., aktual. u. erw. Aufl., Stuttgart 2004, S. 207–244, 225.

262 Zit. nach Robert Fischer/Joe Hembus, Der Neue Deutsche Film 1960–1980, München 1981, S. 26.

263 Klaus Kreimeier, Rückblick auf ein Biedermeier mit Raketen, in: Reichmann/Worschech (Red.), Abschied (wie Anm. 263), S. 10–18, 16.

264 Thomas Elsässer, »It started with these Images«. Some Notes on Political Film-making after Brecht in Germany: Helke Sander and Harun Farocki, in: Discourse, 1985, 7, S. 95–119.

265 Daniel Alexander Schacht, Fluchtpunkt Provinz. Der Neue Heimatfilm zwischen 1968 und 1972, Münster 1991.

266 Volker Pantenburg, Die Rote Fahne. Deutsche Film- und Fernsehakademie Berlin, 1966–1968, in: Klimke/Scharloth (Hg.), Handbuch 1968 (wie Anm. 201), S. 199–206.

267 Walter Uka, Abschied von gestern: Avantgarde, Revolte, Mainstream. Der bundesdeutsche Film in den sechziger Jahren, in: Werner Faulstich (Hg.), Die Kultur der sechziger Jahre, München 2003, S. 195–212.

268 Hans Günter Pflaum/Hans Helmut Prinzler, Film in der Bundesrepublik Deutschland, München/Wien 1979, S. 111 ff.; Wolfgang Glatzer u. a. (Hg.), Recent Social Trends in West Germany 1960–1990, Frankfurt am Main u. a., 1992, S. 460.

Kapitel V
Kultur in der Zivilgesellschaft 1974–1982

1 Jens Hohensee, Der erste Ölpreisschock 1973/74. Die politischen und gesellschaftlichen Auswirkungen der arabischen Erdölpolitik auf die Bundesrepublik Deutschland und Westeuropa, Stuttgart 1996.

2 Bernhard Schäfers, Gesellschaftlicher Wandel in Deutschland. Ein Studienbuch zur Sozialstruktur und Sozialgeschichte der Bundesrepublik, 5., völlig neu bearb. u. erw. Aufl., Stuttgart 1990, S. 229.

3 Andreas Rödder, Die Bundesrepublik Deutschland 1969–1990, München 2004; Edgar Wolfrum, Die geglückte Demokratie. Geschichte der Bundesrepublik Deutschland von ihren Anfängen bis zur Gegenwart, Bonn 2007, S. 327 ff.; Anselm Döring-Manteuffel,

Nach dem Boom. Brüche und Kontinuitäten der Industriemoderne seit 1970, in: VfZ 4/2007, S. 559–581; Konrad H. Jarausch, Verkannter Strukturwandel. Die siebziger Jahre als Vorgeschichte der Probleme der Gegenwart, in: ders. (Hg.), Das Ende der Zuversicht? Die siebziger Jahre als Geschichte, Göttingen 2008, S. 9–28; Anselm Döring-Manteuffel/Lutz Raphael, Nach dem Boom. Perspektiven auf die Zeitgeschichte seit 1970, Göttingen 2008.

4 Margit Szöllösi-Janze, Wissensgesellschaft – ein neues Konzept zur Erschließung der deutsch-deutschen Zeitgeschichte?, in: Hans Günter Hockerts (Hg.), Koordinaten deutscher Geschichte in der Epoche des Ost-West-Konflikts, München 2004, S. 277–305. Zur Kritik am Begriff der »Dienstleistungsgesellschaft« vgl. zusammenfassend Rödder, Bundesrepublik (wie Anm. 3), S. 175.

5 Wolfgang Welsch, Unsere postmoderne Moderne, Berlin [6]2002.

6 Elisabeth Noelle-Neumann, The Germans. Public Opinion Polls 1967–1980, Westport, London 1981, S.131.

7 Jürgen Kocka, Zivilgesellschaft als historisches Projekt: Moderne Europäische Geschichtsforschung in vergleichender Absicht, in: Christof Dipper/Lutz Klinkhammer/Alexander Nütznadel (Hg.), Europäische Sozialgeschichte. Festschrift für Wolfgang Schieder, Berlin 2000, S. 475–484.

8 Ulrich Beck/Wolfgang Bonß/Christoph Lau, Theorie reflexiver Modernisierung – Fragestellungen, Hypothesen, Forschungsprogramme, in: Ulrich Beck/Wolfgang Bonß (Hg.), Die Modernisierung der Moderne, Frankfurt am Main 2001, S. 11–62.

9 Anselm Doering-Manteuffel, Im Kampf für »Frieden« und »Freiheit«. Über den Zusammenhang von Ideologie und Sozialkultur im Ost-West-Konflikt, in: Hockerts (Hg.), Koordinaten (wie Anm. 4), S. 29–47.

10 Elisabeth Noelle-Neumann/Edgar Piel (Hg.), Allensbacher Jahrbuch der Demoskopie 1978–1983, München u. a. 1983, S. 25.

11 Andreas Reckwitz, Das hybride Subjekt. Eine Theorie der Subjektkulturen von der bürgerlichen Moderne zur Postmoderne, Weilerswist 2006, S. 441 ff.

12 Joseph Heath/Andrew Potter, Konsumrebellen. Der Mythos der Gegenkultur, Berlin 2005.

13 Gerhard Schulze, Die Erlebnisgesellschaft. Kultursoziologie der Gegenwart, Frankfurt am Main 1992.

14 Diethart Kerbs, Das Ritual und das Spiel – Bemerkungen über die politische Relevanz des Ästhetischen, in: ders. (Hg.), Die hedonistische Linke. Beiträge zur Subkultur-Debatte, Neuwied/Berlin 1970, S. 24–47.

15 Peter Kmieciak, Wertstrukturen und Wertwandel in der Bundesrepublik Deutschland. Grundlagen einer interdisziplinären empirischen Wertforschung mit einer Sekundäranalyse von Umfragedaten, Göttingen 1976, Tab. V, 1 u. V, 3a; Noelle-Neumann/Piel (Hg.), Jahrbuch 1978–1983 (wie Anm. 10), S. 63; Axel Schildt, Die Sozialgeschichte der Bundesrepublik Deutschland bis 1989/90, München 2007, S. 62.

16 Noelle-Neumann/Piel (Hg.), Jahrbuch 1978–1983 (wie Anm. 10), S. 63.

17 Hans-Werner Prahl, Freizeitsoziologie. Entwicklungen, Konzepte, Perspektiven, München 1977, S. 11 ff.

18 Klaus Berg/Marie-Luise Kiefer, Massenkommunikation III. Eine Langzeitstudie zur Mediennutzung und Medienbewertung 1964–1985, Frankfurt am Main 1987, S. 207.

19 Horst O. Halefeldt, Programmgeschichte des Hörfunks, in: Jürgen Wilke (Hg.), Mediengeschichte der Bundesrepubik Deutschland, Bonn 1999, S. 211–230; Peter Marchal, Kultur- und Programmgeschichte des öffentlich-rechtlichen Hörfunks in der Bundes-

republik Deutschland. Ein Handbuch, Bd. 2, München 2004, S. 421 ff.; exemplarisch: Stefan Kursawe, Vom Leitmedium zum Begleitmedium. Die Radioprogramme des Hessischen Rundfunks 1960–1980, Köln u. a. 2004.

20 Knut Hickethier (unter Mitarbeit von Peter Hoff), Geschichte des Deutschen Fernsehens, Stuttgart/Weimar 1998, S. 314 ff.

21 Josef Schmid, Intendant Klaus von Bismarck und die Kampagne gegen den »Rotfunk« WDR, in: Archiv für Sozialgeschichte, Bd. 41, 2001, S. 349–381.

22 Konrad Dussel, Deutsche Rundfunkgeschichte. Eine Einführung, Konstanz 1999, S. 250.

23 Hans-Friedrich Foltin, Die Talkshow. Geschichte eines schillernden Genres, in: Hans Dieter Erlinger/Hans-Friedrich Foltin (Hg.), Unterhaltung, Werbung und Zielgruppenprogramme (= Geschichte des Fernsehens in der Bundesrepublik Deutschland, Bd. 4), München 1994, S. 69–112.

24 Hickethier, Geschichte (wie Anm. 20), S. 321.

25 Meulemann, Werte (wie Anm. 33), S. 167; Wolfgang Glatzer u. a. (Hg.), Recent Social Trends in West Germany 1960–1990, Frankfurt am Main 1992, S. 457 ff.

26 Zahl für Städte über 20 000 Einwohner, Glatzer (Hg.), Trends (wie Anm. 25), S. 460.

27 Martin Diewald, Sozialkontakte und Hilfeleistungen in informellen Netzwerken, in: Wolfgang Glatzer/Regina Berger-Schmitt (Hg.), Haushaltsproduktion und Netzwerkhilfe. Die alltäglichen Leistungen der Haushalte und Familien, Frankfurt/New York 1986, S. 51–84. Vgl. Wolfgang Glatzer u. a. (Hg.), Haushaltstechnisierung und gesellschaftliche Arbeitsteilung, Frankfurt/New York 1991, S. 163 ff. Das Folgende: Glatzer u. a. (Hg.), Trends (wie Anm. 25), S. 98.

28 Hartmut Kaelble, Europäische Besonderheiten des Massenkonsums 1950–1990, in: Hannes Siegrist/Hartmut Kaelble/Jürgen Kocka, Europäische Konsumgeschichte. Zur Gesellschafts- und Kulturgeschichte des Konsums (18. bis 20. Jahrhundert), Frankfurt am Main/New York 1997, S. 169–203, 199.

29 Bettina Bannasch, Was macht das Telefon im Buch?, in: Stefan Münker/Alexander Roesler (Hg.), Telefonbuch. Beiträge zu einer Kulturgeschichte des Telefons, Frankfurt am Main 2000, S. 83–100, 94. Vgl. Margret Baumann/Helmut Gold (Hg.), Mensch Telefon. Aspekte telefonischer Kommunikation, Frankfurt 2000. Das Folgende: Glatzer u. a. (Hg.), Trends (wie Anm. 25), S. 425.

30 Um 1990 erhobene detaillierte Nutzungsdaten bei Ulrich Lange, Telefonkommunikation im privaten Alltag und die Grenzen der Interpretation, in: Sibylle Meyer/Eva Schulze (Hg.), Technisiertes Familienleben. Blick zurück und nach vorn, Berlin 1993, S. 203–232.

31 Arne Andersen, Der Traum vom guten Leben. Alltags- und Konsumgeschichte vom Wirtschaftswunder bis heute, Frankfurt am Main 1997, S. 125.

32 Glatzer u. a. (Hg.), Trends (wie Anm. 25), S. 451.

33 Noelle-Neumann/Piel (Hg.), Jahrbuch 1978–1983 (wie Anm. 10), S. 71; Heiner Meulemann, Werte und Wertewandel. Zur Identität einer geteilten und wieder vereinten Nation, Weinheim/München 1996, S. 165.

34 Erwin K. Scheuch, Vereine als Teil der Privatgesellschaft, in: Heinrich Best (Hg.), Vereine in Deutschland. Vom Geheimbund zur freien gesellschaftlichen Organisation, Bonn 1993, S. 143–208, 158. Vgl. als Lokalstudie Friedhelm Kröll, Vereine im Lebensalltag einer Großstadt am Beispiel Nürnberg. Eine kultursoziologische Studie, Marburg 1987«

35 Noelle-Neumann/Piel (Hg.), Jahrbuch 1978–1983 (wie Anm. 10), S. 12.

36 Dieter Sauberzweig, Die menschliche Stadt als kulturpolitische Aufgabe, in: Olaf Schwencke/Klaus H. Revermann/Alfons Spielhoff (Hg.), Plädoyers für eine neue Kul-

turpolitik, München 1974, S. 117–128, 118 f. Vgl. Hilmar Hoffmann (Hg.), Perspektiven der kommunalen Kulturpolitik, Frankfurt am Main 1974; Ursula Flecken, Zur Genese der Nachmoderne im Städtebau. Entwürfe 1960–1975 in Westdeutschland, Berlin 1999. Vgl. schon Hans Paul Bahrdt, Humaner Städtebau. Überlegungen zur Wohnungspolitik und Stadtplanung für eine nahe Zukunft, Hamburg ²1968.

37 Hermann Glaser, Das Unbehagen an der Kulturpolitik, in: Schwencke/Revermann/ Spielhoff (Hg.), Plädoyers (wie Anm. 36), S. 47–56, 49.

38 Walter Siebel, Die europäische Stadt, Frankfurt am Main 2004.

39 Wolfgang Niess, Volkshäuser, Freizeitheime, Kommunikationszentren. Zum Wandel kultureller Infrastruktur sozialer Bewegungen. Beispiele aus deutschen Städten 1848 bis 1984, Hagen 1984, S. 212 ff.

40 Diethart Kerbs, Über die Lust am Wiederbeleben verlassener Räume, in: Peter Ulrich Hein/Hartmut Reese (Hg.), Kultur und Gesellschaft der Bundesrepublik Deutschland. Eine Festschrift zum 65. Geburtstag von Arno Klönne, Frankfurt am Main u. a. 1996, S. 87–100.

41 Horst Dietrich, Fabrik. Sogenanntes Kommunikations- und Aktionszentrum, in: Schwenke/Revermann/Spielhoff (Hg.), Plädoyers (wie Anm. 36), S. 117–128; Niess, Volkshäuser (wie Anm. 39), S. 335 ff.

42 Albert Herrenknecht, Provinzleben. Aufsätze über ein politisches Neuland. Frankfurt/ M. 1977; Egon Schewe, Selbstverwaltete Jugendzentren. Entwicklung, Konzeption und Bedeutung der Jugendzentrumsbewegung, Bielefeld 1980.

43 Detlef Siegfried, »Einstürzende Neubauten«. Wohngemeinschaften, Jugendzentren und private Präferenzen kommunistischer »Kader« als Formen jugendlicher Subkultur, in: Archiv für Sozialgeschichte, Bd. 44, 2004, S. 39–66, 55.

44 Vgl. den Überblick in: Albert Herrenknecht/Wolfgang Hätscher/Stefan Koospal: Träume, Hoffnungen, Kämpfe … Ein Lesebuch zur Jugendzentrumsbewegung. Frankfurt/M. 1977, S. 113 ff.

45 Dies und das Folgende: François Höpflinger, Haushalts- und Familienstrukturen im intereuropäischen Vergleich, in: Stefan Hradil/Stefan Immerfall, Die westeuropäischen Gesellschaften im Vergleich, Opladen 1997, S. 97–138, 105.

46 Der Spiegel v. 9.8.1971.

47 Twen, Nr. 4/1971, S. 13; Ulfert Herlyn, Leben in der Stadt. Lebens- und Familienphasen in städtischen Räumen, Opladen 1990, S. 83.

48 Gudrun Cyprian, Sozialisation in Wohngemeinschaften. Eine empirische Untersuchung ihrer strukturellen Bedingungen, Stuttgart 1978, S. 26, 31.

49 Adelheid von Saldern, Häuserleben. Zur Geschichte städtischen Arbeiterwohnens vom Kaiserreich bis heute. Bonn 1995, S. 405 f.

50 Dieter Korczak: Neue Formen des Zusammenlebens. Erfolge und Schwierigkeiten des Experiments »Wohngemeinschaft«. Frankfurt/M. 1979, S. 108 ff.; Michael Andritzky, Balance zwischen Heim und Welt. Wohnweisen und Lebensstile von 1945 bis heute, in: Ingeborg Flagge (Hg.), Geschichte des Wohnens. Bd. 5: 1945 bis heute. Aufbau, Neubau, Umbau. Stuttgart 1999, S. 615–686, 652 f.

51 Walter Hollstein, Die Gegengesellschaft. Alternative Lebensformen, Reinbek 1981, S. 72.

52 Nina Verheyen, Diskutieren als kommunikative Praxis in der westdeutschen Studentenbewegung, in: Martin Klimke/Joachim Scharloth (Hg.), 1968. Handbuch zur Kultur- und Mediengeschichte der Studentenbewegung, Stuttgart/Weimar 2007, S. 209–221.

53 Dieter Sauberzweig, Kulturpolitik und Stadtentwicklung, in: Hoffmann (Hg.), Perspektiven (wie Anm. 36), S. 37–49, 43.

54 Gottfried Korff, Neue Strukturen einer urbanen Festkultur. Auf dem Weg zur Festivalisierung und Kommerzialisierung, in: von Saldern (Hg.), Stadt (wie Anm. 49), S. 165–179.

55 Jörn Danker, Kieler Woche im Wandel. Die Neugründung der Kieler Woche nach dem Zweiten Weltkrieg, Kiel 1990.

56 Landeshauptstadt München (Hg.), 175 Jahre Oktoberfest 1810–1985, München 1985, S. 122.

57 Exemplarisch: Bernhard Hanneken, Folk in Nordrhein-Westfalen, in: Robert von Zahn (Hg.), Folk und Liedermacher an Rhein und Ruhr, Münster 2002, S. 11–76.

58 Stadt Mainz (Hg.), Open Ohr. Festschrift zum 30., Mainz [2005].

59 Hans-Dieter Kübler, Die eigene Welt der Kinder. Zur Entstehung von Kinderkultur und Kindermedien in den siebziger Jahren, in: Werner Faulstich (Hg.), Die Kultur der 70er Jahre, München 2004, S. 65–80.

60 Ursula Rabe-Kleberg, Verwaltete Kindheit?, in: Ulf Preuss-Lausitz u. a., Kriegskinder, Konsumkinder, Krisenkinder. Zur Sozialisationsgeschichte seit dem Zweiten Weltkrieg, Weinheim/Basel 1983, S. 168–175.

61 Klaus-Dieter Lenzen, Kinderkultur – die sanfte Anpassung, Frankfurt am Main 1978; Hermann Bausinger, Kultur für Kinder – Kultur der Kinder, in: Konrad Köstlin (Hg.), Kinderkultur. 25. Deutscher Volkskundekongress in Bremen v. 7. b. 12. Oktober 1985, Bremen 1987, S. 11–18.

62 Zit. nach Yvonne Schütze, Zur Veränderung im Eltern-Kind-Verhältnis seit der Nachkriegszeit, in: Rosemarie Nave-Herz, Wandel und Kontinuität der Familie in der Bundesrepublik Deutschland, Stuttgart 1988, S. 95–114, 104.

63 Michael Schmidbauer/Paul Löhr, Kinderfernsehen in der Bundesrepublik Deutschland. Eine Dokumentation von Forschungsergebnissen 1959–1988, München u. a. 1988, S. 56.

64 Michael Schmidbauer, Die Geschichte des Kinderfernsehens in der Bundesrepublik Deutschland. Eine Dokumentation, München 1987, S. 73 ff.; Hans Dieter Erlinger/Dirk Ulf Stötzel (Hg.), Geschichte des Kinderfernsehens in der Bundesrepublik Deutschland. Entwicklungsprozesse und Trends, Berlin 1991; Hans-Dieter Kübler, Von der Vorführstunde zur Agentur für Medienwaren: zur Entwicklung des Kinderfernsehens zum Inbegriff kommerzieller Kinderkultur, in: Erlinger/Foltin (Hg.), Unterhaltung (wie Anm. 23), S. 327–370; Hans Dieter Erlinger u. a., Handbuch des Kinderfernsehens, Konstanz 1995; Hickethier, Geschichte (wie Anm. 20), S. 234 u. 351 f.

65 Margot Berghaus u. a., Vorschule im Fernsehen. Ergebnisse der wissenschaftlichen Begleituntersuchung zur Vorschulserie Sesamstraße, Weinheim/Basel 1978.

66 Hans-Bredow-Institut für Rundfunk und Fernsehen an der Universität Hamburg, Begleituntersuchung zur Fernsehserie »Sesamstraße«, Hamburg 1975, Anhang, S. 3.

67 Zit. nach Annemarie Meister, Ungeheuerliche Kinder. Wie sich das Kindheitsbild verändert hat, in: Doris Foitzik/Catherine Schenda/Victor Ströver (Hg.), When I was Young ... Kindheit und Jugend in der Flower-Power-Zeit, Bremen o. J., S. 10–26, 13.

68 Hans-Günter Rolff, Massenkonsum, Massenmedien und Massenkultur. Über den Wandel kindlicher Aneignungsweisen, in: Preuss-Lausitz u. a., Kriegskinder (wie Anm. 60), S. 153–167, 154.

69 Heinz Hengst, Nur Filme ohne Bilder. Ein paar Bemerkungen zu den Hörspielkassetten für Kinder, in: Ästhetik & Kommunikation 27, 1977, S. 21–27 (nachfolgendes Zitat: 24); ders., Schallplatte/Kassette: Hörspiel, in: Dietrich Grünewald/Winfred Kaminski (Hg.), Kinder- und Jugendmedien. Ein Handbuch für die Praxis, Weinheim/Basel 1984, S. 217–224; Erika Funk-Hennigs, Einflüsse des massenmedialen Musikangebots

von Kinderschallplatte und -cassette auf die heutige Kinderkultur, in: Köstlin (Hg.), Kinderkultur (wie Anm. 61), S. 383–388.

70 Peter Scheiner, Realistische Kinder- und Jugendliteratur, in: Gerhard Haas (Hg.), Kinder- und Jugendliteratur. Ein Handbuch, 3., völlig neu bearb. Aufl., Stuttgart 1984, S. 37–62; Heinz-Jürgen Kliewer, Die siebziger Jahre, in: Reiner Wild (Hg.), Geschichte der deutschen Kinder- und Jugendliteratur, Stuttgart 1990, S. 328–353; Ursula Kirchhoff, Die achtziger Jahre, in: ebd., S. 354–371.

71 Melchior Schedler, Kindertheater. Geschichte, Modelle, Projekte, Frankfurt 1972; Stefan Reisner, Kindertheater – ein Gebrauchsartikel, in: Ästhetik & Kommunikation 27, 1977, S. 63–66; Gerhard Fischer, Grips. Geschichte eines populären Theaters (1966–2000), München 2002.

72 Bericht über unsere Arbeit, in: Kinder- und Jugendtheater rote grütze, Darüber spricht man nicht!!! Ein Spiel vom Kindermachen & Kinderkriegen, vom Liebhaben & Schämen & was noch alles vorkommt, München ⁵1980 (erstmals 1973), o. Pag.

73 Hans Peter Bleuel, Kinder in Deutschland, München 1971.

74 Am lokalen und betrieblichen Beispiel: Anne von Oswald, Volkswagen, Wolfsburg und die italienischen »Gastarbeiter«. Die gegenseitige Verstärkung eines Provisoriums, in: Archiv für Sozialgeschichte, Bd. 42, 2002, S. 55–79.

75 Karen Schönwälder, Migration und Ausländerpolitik in der Bundesrepublik Deutschland. Öffentliche Debatten und politische Entscheidungen, in: Rosemarie Beier-de Haan (Hg.), Zuwanderungsland Deutschland. Migrationen 1500–2005, Berlin 2005, S. 106–119.

76 Ulrich Herbert, Geschichte der Ausländerpolitik in Deutschland. Saisonarbeiter, Zwangsarbeiter, Gastarbeiter, Flüchtlinge, Bonn 2003, S. 241.

77 Klaus J. Bade, Europa in Bewegung. Migration vom späten 18. Jahrhundert bis zur Gegenwart, München 2002, S. 314 ff.

78 Klaus J. Bade/Jochen Oltmer, Normalfall Migration, Bonn 2004, S. 73.

79 Herbert, Geschichte (wie Anm. 76), S. 235. Das Folgende S. 246.

80 Rainer Geißler, Die Sozialstruktur Deutschlands. Die gesellschaftliche Entwicklung vor und nach der Wiedervereinigung, 3., grundl. Überarb. Aufl., Wiesbaden 2002, S. 292.

81 Monika Mattes, Zum Verhältnis von Migration und Geschlecht. Anwerbung und Beschäftigung von »Gastarbeiterinnen« in der Bundesrepublik 1960 bis 1973, in: Jan Motte/Rainer Ohliger/Anne von Oswald (Hg.), 50 Jahre Bundesrepublik – 50 Jahre Einwanderung. Nachkriegsgeschichte als Migrationsgeschichte, Frankfurt/New York 1999, S. 285–309.

82 Karin Hunn, »Nächstes Jahr kehren wir zurück …« Die Geschichte der türkischen »Gastarbeiter« in der Bundesrepublik, Göttingen 2005, S. 386 ff.

83 Herbert, Geschichte (wie Anm. 76), S. 238. Die erste Zahl bezieht sich auf die 15- bis 24-Jährigen, die zweite auf die 16- bis 20-Jährigen.

84 Verein zur Erforschung und Darstellung der Geschichte Kreuzbergs e. V./Kreuzberg Museum/Gesellschaft für interregionalen Kulturaustausch e. V. (Hg.), Ein jeder nach seiner Façon? 300 Jahre Zuwanderung nach Kreuzberg und Friedrichshain, Berlin 2005, S. 103 ff.

85 Martin Düspohl, »In jeder Generation tauscht sich die Bevölkerung einmal aus …« Migrationsgeschichte in der Konzeption des Kreuzberg Museums (Berlin), in: Jan Motte/Rainer Ohliger (Hg.), Geschichte und Gedächtnis in der Einwanderungsgesellschaft. Migration zwischen historischer Rekonstruktion und Erinnerungspolitik, Essen 2004, S. 159–179.

86 Zit. nach Hunn, Geschichte (wie Anm. 82), S. 430.

87 Anna K. Kuhn, Bourgeois Ideology and the (Mis) Reading of Günter Wallraff's »Ganz Unten«, in: New German Critique, 46, 1989, S. 191–202.

88 Sigrid Weigel, Literatur der Fremde – Literatur in der Fremde, in: Klaus Briegleb/dies. (Hg.), Gegenwartsliteratur seit 1968, München/Wien 1992 (= Hansers Sozialgeschichte der Literatur, Bd. 12), S. 182–229; Carmine Chiellino (Hg.), Interkulturelle Literatur in Deutschland. Ein Handbuch, Stuttgart 2000.

89 Yüksel Pazarkaya, Türkiye, Mutterland – Alamanya, Bitterland … Das Phänomen der türkischen Migration als Thema der Literatur, in: Zeitschrift für Literaturwissenschaft und Linguistik, 56, 1984, S. 101–123.

90 Arlene Akiko Teraoka, »Gastarbeiterliteratur«: The Other Speaks Back, in: Cultural Critique, 7, 1987, S. 77–101.

91 Gerhard Ringshausen, Religion in den siebziger Jahren: Sehnsüchte, Engagement und Desinteresse, in: Faulstich (Hg.), 70er Jahre (wie Anm. 59), S. 19–36. Vgl. grundlegend: Friedrich Wilhelm Graf, Die Wiederkehr der Götter. Religion in der modernen Kultur, München 2004.

92 Karl Gabriel, Christentum zwischen Tradition und Postmoderne, Freiburg u. a. ³1994, S. 60.

93 Glatzer u. a. (Hg.), Trends (wie Anm. 25), S. 295.

94 Noelle-Neumann/Piehl, Jahrbuch 1978–1983 (wie Anm. 10), S. 135.

95 Karl Gabriel, Zwischen Aufbruch und Absturz in die Moderne. Die Katholische Kirche in den 60er Jahren, in: Axel Schildt/Detlef Siegfried/Karl Christian Lammers (Hg.), Dynamische Zeiten. Die 60er Jahre in den beiden deutschen Gesellschaften, Hamburg ²2003, S. 528–543; Martin Greschat, Protestantismus und Evangelische Kirche in den 60er Jahren, in: ebd., S. 544–581.

96 Benjamin Ziemann, Zwischen sozialer Bewegung und Dienstleistung am Individuum. Katholiken und katholische Kirche im therapeutischen Jahrzehnt, in: Archiv für Sozialgeschichte, Bd. 44, 2004, S. 357–394, 364.

97 Zit. nach Wim Damberg, Abschied vom Milieu? Der Katholizismus im Bistum Münster und in den Niederlanden 1945–1980, Paderborn 1997, S. 302.

98 Ebd., S. 354. Vgl. auch Thomas Großbölting, Zwischen Kontestation und Beharrung. Katholische Studierende und die Studentenbewegung, in: Westfälische Forschungen, Bd. 48, 1998, S. 157–189.

99 Wolf-Dieter Hauschild, Evangelische Kirche in der Bundesrepublik Deutschland zwischen 1961 und 1979, in: Siegfried Hermle/Claudia Lepp/Harry Oelke (Hg.), Umbrüche. Der deutsche Protestantismus und die sozialen Bewegungen in den 1960er und 70er Jahren, Göttingen 2007, S. 51–90, 59.

100 Pascal Eitler, Politik und Religion: Semantische Grenzen und Grenzverschiebungen in der Bundesrepublik Deutschland (1965–1975). In: Ute Frevert/Heinz-Gerhard Haupt (Hg.), Neue Politikgeschichte. Perspektiven einer historischen Politikforschung, Frankfurt am Main 2005, S. 268–303.

101 Harald Schroeter-Wittke, Der Deutsche Evangelische Kirchentag in den 1960er und 1970er Jahren – eine soziale Bewegung?, in: Hermle/Lepp/Oelke (Hg.), Umbrüche (wie Anm. 99), S. 213–225, 221.

102 Zit. nach Friedrich-Wilhelm Haack, Jugendreligionen. Ursachen, Trends, Reaktionen, München 1979, S. 88.

103 Michael Mildenberger, Die religiöse Revolte. Jugend zwischen Flucht und Aufbruch, Frankfurt a. M. 1979, S. 98 ff.

104 Hans Gasper/Joachim Müller/Friederike Valentin (Hg.), Lexikon der Sekten, Sondergruppen und Weltanschauungen. Fakten, Hintergründe, Klärungen, Freiburg u. a. ²1990, S. 1.

105 Mildenberger, Revolte (wie Anm. 103), S. 172.

106 Zit. nach Haack, Jugendreligionen (wie Anm. 102), S. 138.

107 Die Zahl für 1982 (die Organisation selbst gab 50 000 an): Glatzer u. a. (Hg.), Trends (wie Anm. 25), S. 374. Vgl. Horst Reller/Manfred Kießig (Hg.), Handbuch Religiöse Gemeinschaften, 3., völlig überarb. u. erw. Neuaufl., Gütersloh 1985, S. 585.

108 Vgl. Manfred Gilligs dreiteilige Serie in Sounds von April bis Juni 1978.

109 Ausführlich: Michael Rauhut/Reinhard Lorenz (Hg.), Ich hab den Blues schon etwas länger. Spuren einer Musik in Deutschland, Berlin 2008.

110 Sounds v. November 1979, S. 17.

111 Elmar Kraushaar, Rote Lippen. Die ganze Welt des deutschen Schlagers, Reinbek 1983, S. 112 ff., hier 115; Matthias Bardong/Hermann Demmler/Christian Pfarr (Hg.), Das Lexikon des deutschen Schlagers, 2., erw. u. überarb. Aufl., München 1993; André Port le roi, Schlager lügen nicht. Deutscher Schlager und Politik in ihrer Zeit, Essen 1998, S. 146 ff.; Stiftung Haus der Geschichte der Bundesrepublik Deutschland (Hg.), Melodien für Millionen. Das Jahrhundert des Schlagers, Bonn 2008.

112 Jan Feddersen, Ein Lied kann eine Brücke sein. Die deutsche und internationale Geschichte des Grand Prix Eurovision, Hamburg 2002, S. 5.

113 Alex Seago, The »Kraftwerk-Effekt«. Transatlantic circulation, global networks and contemporary pop music, in: Atlantic Studies, 1, 2004, S. 85–106.

114 Günter Ehnert/Detlef Kinsler, Rock in Deutschland. Lexikon deutscher Rockgruppen und Interpreten, Hamburg 1984; Julian Cope, Krautrocksampler. One Heads Guide to the Grosse Kosmische Musik, Löhrbach 1996; Martin Büsser, On the Wild Side. Die wahre Geschichte der Popmusik, Hamburg 2004; Henning Dedekind, Krautrock. Underground, LSD und kosmische Kuriere, Höfen 2008.

115 Jürgen Legath u. a. (Hg.), Das Rockpalast-Buch. Die ersten sieben Jahre, Hamburg 1982; Peter Rüchel, »Feels so good, hurts so bad«: Der Rockpalast live auf Sendung, in: Stiftung Haus der Geschichte der Bundesrepublik Deutschland/Bundeszentrale für politische Bildung (Hg.), Rock! Jugend und Musik in Deutschland. Begleitbuch zur Ausstellung, Berlin 2005, S. 79–85.

116 Werner Mezger, Diskokultur. Die jugendliche Superszene, Heidelberg 1980.

117 Vgl. Alfred Hilsbergs Reportage »Aus grauer Städte Mauern« in Sounds, Oktober bis Dezember 1979; Archiv der Jugendkulturen (Hg.), Keine Zukunft war gestern. Punk in Deutschland, Berlin 2008.

118 Jürgen Teipel (Hg.), Verschwende Deine Jugend. Ein Doku-Roman über den deutschen Punk und New Wave, Frankfurt am Main 2001.

119 Sounds v. Januar 1980, S. 18.

120 Jugendwerk der deutschen Shell (Hg.), Jugend '81. Lebensentwürfe, Alltagskulturen, Zukunftsbilder, Bd.1, Hamburg 1981, S. 14.

121 Bernd Faulenbach, Die Siebzigerjahre – ein sozialdemokratisches Jahrzehnt?, in: Archiv für Sozialgeschichte, Bd. 44, 2004, S. 1–38.

122 Wolfgang Kraushaar, Die Frankfurter Sponti-Szene. Eine Subkultur als politische Versuchsanordnung, in: Archiv für Sozialgeschichte, Bd. 44, 2004, S. 105–122.

123 Ulrich Herbert, Liberalisierung als Lernprozeß. Die Bundesrepublik in der deutschen Geschichte – eine Skizze, in: ders. (Hg.), Wandlungsprozesse in Westdeutschland. Belastung, Integration, Liberalisierung 1945–1980, Göttingen 2002, S. 7–49.

124 Martin und Sylvia Greiffenhagen, Politische Kultur, in: dies. (Hg.), Handwörterbuch zur politischen Kultur der Bundesrepublik Deutschland, 2., völlig überarb. U. aktual. Aufl., Wiesbaden 2002, S. 387–401, 395.

125 Walter Jaide, Achtzehnjährige – Zwischen Reaktion und Rebellion. Politische Einstellungen und Aktivitäten Jugendlicher in der Bundesrepublik. Opladen 1982, S. 84.

126 Jugendwerk der Deutschen Shell (Hg.), Jugend '81. Lebensentwürfe, Alltagskulturen, Zukunftsbilder, Bd. 1, Opladen 1982, S. 488.

127 Noelle-Neumann/Piel (Hg.), Jahrbuch 1978–1983 (wie Anm. 10), S. 339.

128 Zahlen bei Gerhard A. Ritter/Merith Niehuss, Wahlen in der Bundesrepublik Deutschland. Bundes- und Landtagswahlen 1946–1987, München 1987, S. 52 f. u. 75 f.

129 Peter Cornelius Mayer-Tasch, Die Bürgerinitiativbewegung. Der aktive Bürger als rechts- und politikwissenschaftliches Problem, Reinbek 1976, S. 12 f., 91 u. 154; Jens Ivo Engels, Naturpolitik in der Bundesrepublik. Ideenwelt und politische Verhaltensstile in Naturschutz und Umweltbewegung 1950–1980, Paderborn u. a. 2006, S. 326.

130 Udo Kempf, Bürgerinitiativen – Der empirische Befund, in: Bernd Guggenberger/Udo Kempf (Hg.), Bürgerinitiativen und repräsentatives System, 2., neubearb. U. erw. Aufl., Opladen 1984, S. 295–317, 306 ff.

131 Mayer-Tasch, Bürgerinitiativbewegung (wie Anm. 129), S. 67.

132 Friedhelm Neidhardt/Dieter Rucht, Protestgeschichte der Bundesrepublik Deutschland 1950–1994: Ereignisse, Themen, Akteure, in: Dieter Rucht (Hg.), Protest in der Bundesrepublik. Strukturen und Entwicklungen, Frankfurt/M. 2001, S. 27–70, 37.

133 Engels, Naturpolitik (wie Anm. 129), S. 334 ff.; Dieter Rucht, Anti-Atomkraftbewegung, in: Roth/Rucht (Hg.), Bewegungen (wie Anm. 167), S. 245–266, 259 f.

134 Engels, Naturpolitik (wie Anm. 129), S. 346. Vgl. Franz-Josef Brüggemeier, Tschernobyl, 26. April 1986. Die ökologische Herausforderung, München 1998.

135 Markus Mohr, Die Gewerkschaften im Atomkonflikt, Münster 2001.

136 Bernd-A. Rusinek, Wyhl, in: Étienne François/Hagen Schulze (Hg.), Deutsche Erinnerungsorte, Bd. 2, München 2001, S. 625–666; Johann Vollmer, Vom »Denkmal des mündigen Bürgers« zur Besetzungsromantik. Die Grenzen symbolischer Politik in der frühen Anti-AKW-Bewegung, in: Habbo Knoch (Hg.), Bürgersinn mit Weltgefühl. Politische Moral und solidarischer Protest in den sechziger und siebziger Jahren, Göttingen 2007, S. 271–293.

137 Nina Gladitz (Hg.), Lieber heute aktiv als morgen radioaktiv, Berlin 1976, S. 149 ff.

138 Engels, Naturpolitik (wie Anm. 129), S. 376.

139 Robert Jungk, Der Atom-Staat. Vom Fortschritt in die Unmenschlichkeit, München 1977. Vgl. Thomas Dannenbaum, »Atom-Staat« oder »Unregierbarkeit«? Wahrnehmungsmuster im westdeutschen Atomkonflikt der siebziger Jahre, in: Franz-Josef Brüggemeier/Jens Ivo Engels (Hg.), Natur- und Umweltschutz nach 1945. Konzepte, Konflikte, Konsequenzen, Frankfurt/New York 2005, S. 268–286.

140 Albrecht Weisker, Powered by Emotion? Affektive Aspekte in der westdeutschen Kernenergiegeschichte zwischen Technikvertrauen und Apokalypseangst, in: Brüggemeier/Engels (Hg.), Natur- und Umweltschutz (wie Anm. 139), S. 203–221.

141 Dieter Rucht/Jochen Roose, Von der Platzbesetzung zum Verhandlungstisch? Zum Wandel von Aktionen und Struktur der Ökologiebewegung, in: Dieter Rucht (Hg.), Protest in der Bundesrepublik. Strukturen und Entwicklungen, Frankfurt am Main 2001, S. 173–210, 198.

142 Karl Holl, Pazifismus in Deutschland, Frankfurt am Main 1988, S. 232 ff.; Rüdiger Schmitt, Die Friedensbewegung der Bundesrepublik Deutschland. Ursachen und Bedin-

gung der Mobilisierung einer neuen sozialen Bewegung, Opladen 1990; Bernd Stöver, Der Kalte Krieg 1947–1991. Geschichte eines radikalen Zeitalters, Bonn 2007, S. 429 ff.

143 Vgl. die Dokumentation in: Thomas Leif, Die strategische (Ohn-) Macht der Friedensbewegung. Kommunikations- und Entscheidungsstrukturen in den achtziger Jahren, Opladen 1990, S. 296 ff.

144 Michael Roik, Die DKP und die demokratischen Parteien 1968–1984, Paderborn u. a. 2006, S. 253 ff.

145 Corinna Hauswedell, Friedenswissenschaften im Kalten Krieg. Friedensforschung und friedenswissenschaftliche Initiativen in der Bundesrepublik Deutschland in den achtziger Jahren, Baden-Baden 1997.

146 George Katsiaficas, The Subversion of Politics. European Autonomous Movements and the Decolonization of Everyday Life, New Jersey 1997; Sebastian Haunss, Antiimperialismus und Autonomie – Linksradikalismus seit der Studentenbewegung, in: Roth/ Rucht (Hg.), Bewegungen (wie Anm. 167), S. 447–473.

147 Felix Klopotek, Projekt, in: Ulrich Bröckling/Susanne Krasmann/Thomas Lemke (Hg.), Glossar der Gegenwart, Frankfurt am Main 2004, S. 216–221.

148 Vgl. Walter Hollstein, Die Gegengesellschaft. Alternative Lebensformen, Bonn 1979, S. 162 f.; Joseph Huber, Wer soll das alles ändern? Die Alternativen der Alternativbewegung, Berlin 1980, S. 29 ff.; Walter Hollstein/Boris Penth, Alternativ-Projekte, Reinbek 1980; Horst von Gizycki/Hubert Habicht (Hg.), Oasen der Freiheit. Von der Schwierigkeit der Selbstbestimmung. Berichte, Erfahrungen, Modelle, Frankfurt am Main 1978.

149 Huber, Alternativen (wie Anm. 148), S. 28, 33.

150 Zum Strukturwandel selbstverwalteter Betriebe bis Mitte der 90er Jahre vgl. Frank Heider, Kooperation und Gesellschaftsreform: Selbstverwaltete Betriebe in Hessen, in: Jan-Otmar Hesse/Tim Scharnetzky/Jens Scholten (Hg.), Das Unternehmen als gesellschaftliches Reformprojekt. Strukturen und Entwicklungen von Unternehmen der »moralischen Ökonomie« nach 1945, Essen 2004, S. 29–49.

151 Vgl. Reckwitz, Subjekt (wie Anm. 11), S. 514 ff.

152 Hollstein/Penth, Alternativ-Projekte (wie Anm. 148), S. 402 ff.; Jürgen Sosna, Netzwerk-Selbsthilfe. Eine Idee koordinierender Projektarbeit verändert sich, in: Roland Roth/ Dieter Rucht (Hg.), Neue soziale Bewegungen in der Bundesrepublik Deutschland, 2., überarb. u. erw. Aufl., Bonn 1991, S. 298–318.

153 Michael Vester u. a., Soziale Milieus im gesellschaftlichen Strukturwandel. Zwischen Integration und Ausgrenzung, vollst. überarb., erw. u. aktual. Aufl., Frankfurt am Main 2001, S. 167 ff., Zitat 218.

154 Huber, Alternativen (wie Anm. 148), S. 29. Das Folgende: Sven Reichardt, ›»Wärme« als Modus sozialen Verhaltens? Vorüberlegungen zu einer Kulturgeschichte des linksalternativen Milieus vom Ende der 1960er bis Anfang der 1980er Jahre‹, Vorgänge, 3–4, 2005, S. 165–187, 177.

155 Christian Krause/Detlef Lehnert/Klaus-Jürgen Scherer, Zwischen Revolution und Resignation. Alternativkultur, politische Grundströmungen und Hochschulaktivitäten in der Studentenschaft. Eine empirische Untersuchung über die politischen Einstellungen von Studenten, Bonn 1980, S. 194 f.; 203.

156 Heiko Geiling/Michael Vester, Die Spitze des gesellschaftlichen Eisbergs. Sozialstrukturwandel und neue soziale Milieus, in: Roth/Rucht (Hg.), Bewegungen (wie Anm. 152), S. 237–260, 246; Vester, Milieus (wie Anm. 153), S. 509 f. Vgl. Planungsdaten für die Mehrheitsfähigkeit der SPD. Ein Forschungsprojekt des Vorstandes der SPD, Bonn – zusammenfassender Bericht, August 1984, S. 57.

157 Ulrich Linse, Neues Leben, neue Sünden. Über die Experimente der Landkommunen in Deutschland, Kursbuch 74, 1983, S. 55–68, 67.

158 Ulrich Bröckling, Das unternehmerische Selbst. Soziologie einer Subjektivierungsform, Frankfurt am Main 2007.

159 Für die Frühzeit: Lilian Klotzsch/Richard Stöss, Die Grünen, in: Richard Stöss (Hg.), Parteien-Handbuch. Die Parteien in der Bundesrepublik Deutschland 1945–1980, Bd. 3, S. 1509–1598.

160 Joachim Raschke, Die Grünen. Wie sie wurden, was sie sind, Köln 1993, S. 211 ff.

161 Ebd., S. 34.

162 Wolfgang Flieger, Die TAZ. Vom Alternativblatt zur linken Tageszeitung, München 1992, S. 163 u. 165.

163 Zit. nach Jörg Magenau, Die taz. Eine Zeitung als Lebensform, München 2007, S. 30.

164 Zit. nach ebd., S. 81.

165 Flieger, TAZ (wie Anm. 162), S. 187.

166 Dies und das Folgende: Schäfers, Wandel (1990), S. 109 ff.; Glatzer u. a. (Hg.), Trends (wie Anm. 25), S. 133; Sibylle Meyer/Eva Schulze, Frauen in der Modernisierungsfalle – Wandel von Ehe, Familie und Partnerschaft in der Bundesrepublik Deutschland, in: Gisela Helwig/Hildegard Maria Nickel (Hg.), Frauen in Deutschland 1945–1992, Bonn 1993, S. 166–190; Rainer Geißler, Die Sozialstruktur Deutschlands. Zur gesellschaftlichen Entwicklung mit einer Zwischenbilanz zur Vereinigung, 2., neubearb. u. erw. Aufl., Opladen 1996, S. 277 ff.; Wiebke Kolbe, Elternschaft im Wohlfahrtsstaat. Schweden und die Bundesrepublik im Vergleich 1945–2000, Frankfurt/New York 2002, S. 448; Bundeszentrale für politische Bildung, Zahlen und Fakten: Die soziale Situation in Deutschland, CD-ROM, Bonn 2005.

167 Ute Gerhard, Frauenbewegung, in: Roland Roth/Dieter Rucht (Hg.), Die sozialen Bewegungen in Deutschland seit 1945. Ein Handbuch, Frankfurt am Main 2008, S. 187–217, 201.

168 Julia Paulus/Anne Neugebauer, »Das Ringen um die Eingliederung der Frau in eine sich wandelnde Welt«. Frauenvereine und -organisationen um 1968 zwischen »alter« und »neuer« Frauenbewegung, in: Westfälische Forschungen 48, 1998, S. 69–96.

169 Kristina Schulz, Der lange Marsch der Provokation. Die Frauenbewegung in der Bundesrepublik und in Frankreich 1968–1976, Frankfurt am Main/New York 2002, S. 76 ff.; Ute Kätzel, Die 68erinnen. Porträts einer rebellischen Frauengeneration, Reinbek 2002.

170 Ulrike Meinhof, Die Würde des Menschen ist antastbar. Aufsätze und Polemiken, West-Berlin 1980, S.150.

171 Ute Frevert, Umbruch der Geschlechterverhältnisse? Die 60er Jahre als geschlechterpolitischer Experimentierraum, in: Schildt/Siegfried/Lammers (Hg.), Dynamische Zeiten (wie Anm. 95), S. 642–660; Meike Sophia Baader, Von der sozialistischen Erziehung zum buddhistischen Om. Kinderläden zwischen Gegen- und Elitekulturen, in: dies. (Hg.), »Seid realistisch, verlangt das Unmögliche!«. Wie 1968 die Pädagogik bewegte, Weinheim/Basel 2008, S. 16–35.

172 Michael Gante, § 218 in der Diskussion. Meinungs- und Willensbildung 1945–1976, Düsseldorf 1991, S. 100 ff.

173 Ute Gerhard, Unerhört. Die Geschichte der deutschen Frauenbewegung, Reinbek 1990; Herrad Schenk, Die feministische Herausforderung. 150 Jahre Frauenbewegung in Deutschland, München ⁴1988, S. 83 ff.; Leonore Knafla/Christine Kulke, 20 Jahre neue Frauenbewegung. Und sie bewegt sich noch! Ein Rückblick nach vorn, in: Roth/Rucht (Hg.), Bewegungen (wie Anm. 152), S. 91–115; Birgit Meyer, Frauenbewegung und

politische Kultur in den 8oer Jahren, in: Werner Süß (Hg.), Die Bundesrepublik in den 8oer Jahren. Innenpolitik, Politische Kultur, Außenpolitik, Opladen 1991, S. 219–234; Rosemarie Nave-Herz, Die Geschichte der Frauenbewegung in Deutschland, Hannover 1993, S. 65 ff.; Gisela Notz, Die autonomen Frauenbewegungen der Siebzigerjahre. Entstehungsgeschichte – Organisationsformen – politische Konzepte, in: Archiv für Sozialgeschichte, Bd. 44, 2004, S. 123–148.

174 Angelika Wagner, Erfahrungen mit Frauengesprächsgruppen, in: Lottemi Doormann (Hg.), Keiner schiebt uns weg. Zwischenbilanz der Frauenbewegung in der Bundesrepublik, Weinheim/Basel 1979, S. 301–308, hier 301.

175 Waltraud Cornelissen, Politische Partizipation von Frauen in der alten Bundesrepublik und im vereinten Deutschland, in: Helwig/Nickel (Hg.), Frauen (wie Anm. 166), S. 321–349, 327.

176 Ebd., S. 342.

177 Barbara Riedmüller, Das Neue an der Frauenbewegung. Versuch einer Wirkungsanalyse der neuen Frauenbewegung, in: Ute Gerhardt/Yvonne Schütze (Hg.), Frauensituation. Veränderungen in den letzten zwanzig Jahren, Frankfurt am Main 1988, S. 15–44, 36.

178 Meyer, Frauenbewegung (wie Anm. 173), S. 219.

179 Rosemarie Nave-Herz, Kontinuität und Wandel in der Bedeutung, in der Struktur und Stabilität von Ehe und Familie in der Bundesrepublik Deutschland, in: dies. (Hg.), Wandel und Kontinuität der Familie in der Bundesrepublik Deutschland, Stuttgart 1988, S. 61–94, 82.

180 Barbara Holland-Cunz, Die alte neue Frauenfrage, Frankfurt am Main 2003, S. 248.

181 Gerd Koenen, Das rote Jahrzehnt. Unsere kleine deutsche Kulturrevolution 1967–1977, Köln 2001.

182 Klaus Weinhauer, Terrorismus in der Bundesrepublik der Siebzigerjahre. Aspekte einer Sozial- und Kulturgeschichte der Inneren Sicherheit, in: Archiv für Sozialgeschichte, Bd. 44, 2004, S. 219–242; Wolfgang Kraushaar (Hg.), Die RAF und der linke Terrorismus, 2 Bde., Hamburg 2006.

183 Nicolas Büchse, Von Staatsbürgern und Protestbürgern. Der Deutsche Herbst und die Veränderung der politischen Kultur in der Bundesrepublik, in: Habbo Knoch (Hg.), Bürgersinn mit Weltgefühl. Politische Moral und solidarischer Protest in den sechziger und siebziger Jahren, Göttingen: Wallstein Verlag 2007, S. 311–332, 330.

184 Eberhard Knödler-Bunte/Ulf Preuss-Lausitz/Werner Siebel (Hg.), Normalzustände. Politische Kultur in Deutschland, Berlin 1978; Johannes Agnoli und dreizehn andere, »… da ist nur freizusprechen!« Die Verteidigungsreden im Berliner Mescalero-Prozeß, Reinbek 1979. Zur Medienkampagne vgl. Hanno Balz, Der »Sympathisanten«-Diskurs im Deutschen Herbst, in: Klaus Weinhauer/Jörg Requate/Heinz-Gerhard Haupt (Hg.), Terrorismus in der Bundesrepublik. Medien, Staat und Subkulturen in den 1970er Jahren, Frankfurt/New York 2006, S. 320–350, hier 342 ff.

185 Karin Thomas, Bis heute. Stilgeschichte der bildenden Kunst im 20. Jahrhundert, Köln 2004, S. 306 f.

186 Zit. nach Ulrich Krempel, Spurensuche und Vergangenheitsbewältigung. Immendorff, Kitaj, Kiefer, in: Monika Wagner (Hg.), Moderne Kunst. Das Funkkolleg zum Verständnis der Gegenwartskunst, Reinbek 1991, S. 630–648, 634.

187 Jörg Immendorff, Café Deutschland. Katalog zur Ausstellung im Kunstmuseum Basel, 24.2.–1.4.1979, o. O. u.D., S. 17.

188 Sabine Schütz, Anselm Kiefer. Geschichte als Material. Arbeiten 1969–1983, Köln 1999.

189 Klaus Honnef, Kunst der Gegenwart, Köln 1988, S. 66.

190 Angela Schneider, »Da ich kein Historienmaler bin ...«, in: Georg Baselitz. Katalog zur Ausstellung in der Neuen Nationalgalerie Berlin, 24.5.-29.9.1996, Ostfildern-Ruit 1995, S. XLI-XLIX.

191 Zit. nach Beate Elsen-Schwedler, Malerei zwischen Apotheose und Entzauberung, in: C. Sylvia Weber (Hg.), Markus Lüpertz, Malerei, Zeichnung, Skulptur, Künzelsau 2002, S. 11–62, 29 f.

192 Karin Thomas, Kunst in Deutschland seit 1945, Köln 2002, S. 180.

193 Helmut Friedel/Ulrich Wilmes (Hg.), Gerhard Richter. Atlas der Fotos, Collagen und Skizzen, München 1997.

194 Ulf Erdmann Ziegler, Vor den Vätern sterben die Söhne, in: Eckhart Gillen (Hg.), Deutschlandbilder. Kunst aus einem geteilten Land, Berlin 1997, S. 406–412, 412.

195 Armin Zweite, Jochen Gerz: »Exit« – Materialien zum Dachau-Projekt (1972/74), in: Gillen (Hg.), Deutschlandbilder (wie Anm. 194), S. 442–444; Georg Bussmann, Arbeit in Geschichte, Geschichte in Arbeit, Berlin/Hamburg 1988. Vgl. insgesamt: Ingrid Schaffner/Matthias Winzen (Hg.), Deep Storage. Arsenale der Erinnerung. Sammeln, Speichern, Archivieren in der Kunst, München/New York 1997; Kurt Wettengl (Hg.), Das Gedächtnis der Kunst. Geschichte und Erinnerung in der Kunst der Gegenwart, Ostfildern-Ruit 2000.

196 Hendrik Neubauer, Black Star. 60 Years of Photojournalism, Köln 1997.

197 Jörn Glasenapp, Die deutsche Nachkriegsfotografie. Eine Mentalitätsgeschichte in Bildern, Paderborn 2008, S. 213 ff.

198 Peter Weiermair (Hg.), Will McBride. 40 Jahre Fotografie, Schaffhausen 1992; Will McBride, I, Will McBride, Köln 1997.

199 Vgl. Ute Eskildsen (Hg.), Fotografie in deutschen Zeitschriften 1946–1984, Stuttgart 1984.

200 Der Spiegel v. 21.10.1974.

201 Timm Starl, Editorial, in: Fotogeschichte, H. 1, 1981, S. 2.

202 Institut für Jugendforschung, Bravo Jugend-Panel. Langzeituntersuchung. Ergebnisse einer Marktuntersuchung, Bd.1, [München 1974], S. 17.

203 Marita Krauss, Kleine Welten. Alltagsfotografie – die Anschaulichkeit einer »privaten Praxis«, in: Gerhard Paul (Hg.), Visual History. Ein Studienbuch, Göttingen 2006, S. 57–75. Zur Urlaubsfotografie: Cord Pagenstecher, Der bundesdeutsche Tourismus. Ansätze zu einer Visual History: Urlaubsprospekte, Reiseführer, Fotoalben, 1950–1990, Hamburg 2003.

204 Jörn Glasenapp, Krise – Kommerz – Kunst. Zur Fotografie der siebziger Jahre, in: Faulstich (Hg.), 70er Jahre (wie Anm. 59), S. 99–118, 116.

205 Arbeiterfotografie, Berlin 1978; Roland Günter, Fotografie als Waffe. Zur Geschichte und Ästhetik der Sozialfotografie, Reinbek 1982, S. 84 ff.

206 Günter Zint, Zintstoff. 50 Jahre deutsche Geschichte. Fotos von Günter Zint, Petersberg 2007.

207 Hans Günter Pflaum/Hans Helmut Prinzler, Film in der Bundesrepublik Deutschland. Der neue deutsche Film, Herkunft, gegenwärtige Situation. Ein Handbuch, Frankfurt am Main 1982, S. 90 f.; Knut Hickethier, Die Zugewinngemeinschaft. Zum Verhältnis von Film und Fernsehen in den sechziger und siebziger Jahren, in: Hans-Peter Reichmann/Rudolf Worschech (Red.), Abschied vom Gestern. Bundesdeutscher Film der sechziger und siebziger Jahre, Frankfurt am Main 1991, S. 190–211.

208 Hickethier, Geschichte (wie Anm. 20), S. 354.

209 Der Spiegel v. 17.11.1975.

210 Zahlen bei Jost Hermand, Die Kultur der Bundesrepublik Deutschland 1965–85, München 1988, S. 113.

211 Robert Fischer/Joe Hembus, Der Neue Deutsche Film 1960–1980, München 1981, S. 107.

212 Thomas Elsaesser, Der Neue Deutsche Film von den Anfängen bis zu den Neunziger Jahren, München 1994, S. 216 ff.; Claudia Lenssen, Film der siebziger Jahre. Die Macht der Gefühle, in: Wolfgang Jacobsen/Anton Kaes/Hans Helmut Prinzler (Hg.), Geschichte des deutschen Films, 2., aktual. u. erw. Aufl., Stuttgart 2004, S. 245–280.

213 Der Spiegel v. 17.11.1975.

214 Lenssen, Film (wie Anm. 212), S. 247.

215 Elsaesser, Film (wie Anm. 212), S. 179.

216 Thomas Elsaesser, Rainer Werner Fassbinder, Berlin 2001; Michael Töteberg, Rainer Werner Fassbinder, Reinbek 2002, Zitat S. 54.

217 Christian Braad Thomsen, Der doppelte Mensch, in: Heinz Ludwig Arnold (Hg.), Rainer Werner Fassbinder, München 1989, S. 3–10, 9.

218 Zit. nach Fischer/Hembus, Film (wie Anm. 211), S. 9.

219 Heiner Lichtenstein (Hg.), Die Fassbinder-Kontroverse oder Das Ende der Schonzeit, Königstein 1986; Peter Reichel, Erfundene Erinnerung. Weltkrieg und Judenmord in Film und Theater, München/Wien 2004, S. 241 ff.

220 Thilo Wydra, Volker Schlöndorff und seine Filme, München 1998; Volker Schlöndorff, Licht, Schatten und Bewegung. Mein Leben und meine Filme, München 2008.

221 Vgl. die Dokumentation Volker Schlöndorff/Günter Grass, Die Blechtrommel als Film, Frankfurt am Main 1979.

222 Walter Uka, Zwischen der Suche nach Lebensgefühl, Realismus und Geschichte, Selbstverständigung und dem Traum von Hollywood: Der bundesdeutsche Film in den 70er Jahren, in: Faulstich (Hg.), 70er Jahre (wie Anm. 59), S. 193–209, 194.

223 Anton Kaes, Deutschlandbilder. Die Wiederkehr der Geschichte im Film, München 1987, S. 29.

224 Marli Feldvoss, Kundschafterinnen im Raum der Zeit. Spielräume von Frauen. Eine Ortsbesichtigung, in: Reichmann/Worschech, Abschied (wie Anm. 207), S. 116–137, 116.

225 Julia Knight, Women and the New German Cinema, London/New York 1992.

226 Zit. nach Ralf Schnell, Geschichte der deutschsprachigen Literatur seit 1945, Stuttgart 1993, S. 421.

227 Der Spiegel v. 19.12.1977.

228 Dagmar Herzog, Die Politisierung der Lust. Sexualität in der deutschen Geschichte des 20. Jahrhunderts, München 2005, S. 293 ff.; Sven Reichardt, Klaus Theweleits »Männerphantasien« – ein Erfolgsbuch der 1970er Jahre, in: in: Zeithistorische Forschungen/ Studies in Contemporary History, 3 (2006) H. 3, S. 401–421.

229 Interview von Ralf Firle, in: [Carl Weissner (Hg.),] Informationen und Bilder (= Jörg Fauser Edition, Beiheft), S. 3–25, 4 f. (das folgende Zitat S. 18). Vgl. Matthias Penzel/ Ambros Waibel, Rebell im Cola-Hinterland. Jörg Fauser – eine Biografie, Berlin 2004.

Kapitel VI
Kultur der Selbstanerkennung 1983–1990

1 Andreas Wirsching, Abschied vom Provisorium. Geschichte der Bundesrepublik Deutschland 1982–1990, München 2006.

2 Karla Fohrbeck/Andreas Johannes Wiesand, Von der Industriegesellschaft zur Kul-

turgesellschaft? Kulturpolitische Entwicklungen in der Bundesrepublik Deutschland, München 1989, S. 32 u. 47.

3   Jürgen Habermas, Die Krise des Wohlfahrtsstaates und die Erschöpfung utopischer Energien, in: ders., Die Neue Unübersichtlichkeit (= Kleine Politische Schriften V), Frankfurt am Main 1985, S. 141–166, 160 ff. Das Folgende S. 154.

4   Klaus Stemmler, Kulturpolitik in der Ära Kohl. Eine Kritik von Grundlagen und Diskussionen zur Wahrnahme von Kompetenzen unter der Regierung Helmut Kohl 1982–1998, Bonn 2000, S. 16; Fohrbeck/Wiesand, Industriegesellschaft (wie Anm. 2), S. 158. Das Folgende S. 145 u. 25. Für die kommunale Ebene vgl. Helga Schuchardt/Björn Engholm/Michael Müller (Hg.), Kultur im Alltag. Neue Formen kommunaler Kulturpolitik, Hamburg 1985.

5   Gerhard Schulze, Die Erlebnisgesellschaft. Kultursoziologie der Gegenwart, Frankfurt am Main/New York [7]1997 (erstmals 1992), S. 37. Vgl. Zygmunt Bauman, Flüchtige Moderne, Frankfurt am Main 2003.

6   Hartmut Kaelble, Sozialgeschichte Europas. 1945 bis zur Gegenwart, München 2007, S. 217 ff.

7   Harm G. Schröter, Von der Teilung zur Wiedervereinigung 1945–2004, in: Michael North (Hg.), Deutsche Wirtschaftsgeschichte. Ein Jahrtausend im Überblick, 2., völlig überarb. u. aktual. Aufl., München 2005, S. 398.

8   Rainer Geißler, Die Sozialstruktur Deutschlands. Zur gesellschaftlichen Entwicklung mit einer Zwischenbilanz zur Vereinigung, 2., neubarb. u. erw. Aufl., Opladen 1996, S. 201 ff.

9   Statistisches Bundesamt (Hg.), Datenreport 1989. Zahlen und Fakten über die Bundesrepublik Deutschland, Bonn 1989, S. 105. Das Folgende S. 111.

10 Ebd., S. 137 u. 144 f.

11 Schulze, Erlebnisgesellschaft (wie Anm. 5), S. 35. Das Folgende S. 44 ff. Vgl. Andreas Reckwitz, Das hybride Subjekt. Eine Theorie der Subjektkulturen von der bürgerlichen Moderne zur Postmoderne, Weilerswist 2006, S. 557 ff.

12 Jan-Otmar Hesse/Tim Schanetzky/Jens Scholten (Hg.), Das Unternehmen als gesellschaftliches Reformprojekt. Strukturen und Entwicklungen von Unternehmen der »moralischen Ökonomie« nach 1945, Essen 2004.

13 Patrick Bernhard, Die Pizza am Rhein. Zur Italienisierung der deutschen Küche und Gastronomie im 20. Jahrhundert, in: Jörg Calließ (Hg.), Die Geschichte des Erfolgsmodells BRD im internationalen Vergleich. Rehburg-Loccum 2006, S. 211–230.

14 Petra Eisele, Do-it-yourself-Design: Die IKEA-Regale IVAR und BILLY, in: Zeithistorische Forschungen/Studies in Contemporary History, Online-Ausgabe, 3 (2006), H. 3, URL: <http://www.zeithistorische-forschungen.de/16012041-Eisele-3-2006>

15 Hans-Ulrich Wehler, Deutsche Gesellschaftsgeschichte, Fünfter Band: Bundesrepublik und DDR 1949–1990, München 2008, S. 213. Das Folgende S. 215.

16 Michael Vester u. a., Soziale Milieus im gesellschaftlichen Strukturwandel. Zwischen Integration und Ausgrenzung, vollst. überarb., erw. u. aktual. Aufl., Frankfurt am Main 2001.

17 Stefan Hradil, Sozialstrukturanalyse in einer fortgeschrittenen Gesellschaft. Von Klassen und Schichten zu Lagen und Milieus, Opladen 1987.

18 Stefan Hradil, Soziale Ungleichheit in Deutschland, Opladen [8]2001, S. 434.

19 Thomas Etzemüller, Ein ewigwährender Untergang. Der apokalyptische Bevölkerungsdiskurs im 20. Jahrhundert, Bielefeld 2007. Zur Wiederkehr der »Mutter« im alternativen Gewand vgl. exemplarisch Kursbuch 76 v. Juni 1984.

20   Wiebke Kolbe, Elternschaft im Wohlfahrtsstaat. Schweden und die Bundesrepublik im Vergleich 1945–2000, Frankfurt/New York 2002, S. 325 ff.

21   Thomas Meyer, Familienformen im Wandel, in: Geißler, Sozialstruktur (wie Anm. 8), S. 320.

22   Ebd., S. 314 f. Das Folgende S. 322. Die aktuelleren Zahlen nach der überarbeiteten Fassung dieses Aufsatzes in Rainer Geißler, Die Sozialstruktur Deutschlands. Die gesellschaftliche Entwicklung vor und nach der Wiedervereinigung, 3., grundl. Überarb. Aufl., Wiesbaden 2002. Vgl. außerdem das umfangreiche Datenmaterial in Hans Bertram (Hg.), Die Familie in Westdeutschland. Stabilität und Wandel familialer Lebensform, Opladen 1991; Rüdiger Peuckert, Familienformen im sozialen Wandel, 2., völlig überarb. u. erw. Aufl., Opladen 1996.

23   Andreas Gestrich/Jens-Uwe Krause/Michael Mitterauer, Geschichte der Familie, Stuttgart 2003, S. 512.

24   Dies und das Folgende in Meyer, Familienformen (wie Anm. 21), S. 318 ff.

25   Renate Bauereiss/Hiltrud Bayer, Alleinstehende und Alleinlebende: Die »Singles« in der amtlichen Statistik, in: Bertram (Hg.), Individuum, S. 35–60; Meyer, Familienformen, S. 325.

26   Wirsching, Abschied, S. 322.

27   Nicht zu Unrecht wurde das Emanzipationsstreben von Frauen qua Erwerbstätigkeit als Motiv für die Pluralisierung der Lebensformen in den Mittelpunkt gestellt von Sibylle Meyer/Eva Schulze, Balancen des Glücks. Neue Lebensformen: Paare ohne Trauschein, Alleinerziehende und Singles, München 1989.

28   Detailbefunde in Hans Bertram (Hg.), Das Individuum und seine Familie. Lebensformen, Familienbeziehungen und Lebensereignisse im Erwachsenenalter, Opladen 1995.

29   Als Überblick: Werner Faulstich, Auf dem Weg zur totalen Mediengesellschaft. Kleiner Überblick über Daten, Zahlen, Trends der 8oer Jahre, in: Christian W. Thomsen (Hg.), Aufbruch in die Neunziger. Ideen, Entwicklungen, Perspektiven der achtziger Jahre, Köln 1991, S. 97–141. Zu den Interdependenzen vgl. Claus Eurich, Computer, neue Medien und Kultur. Informationstechnologien in den publizistischen und künstlerischen Berufen, Hamburg 1988.

30   Vgl. auch zum Folgenden die Tabellen bei Jürgen Wilke (Hg.), Mediengeschichte der Bundesrepubik Deutschland, Bonn 1999, S. 777 ff. sowie Jürgen Wilke, Die Tagespresse der achtziger Jahre. Zwischen Stabilisierung, Reichweitenverlusten und (supramedialer) Konzentration, in: Werner Faulstich (Hg.), Die Kultur der 8oer Jahre, München 2005, S. 69–89.

31   Klaus Berg/Marie-Luise Kiefer (Hg.), Massenkommunikation V. Eine Langzeitstudie zur Mediennutzung und Medienbewertung 1964–1995, Baden-Baden 1996, S. 49. Das Folgende 26.

32   Reinhard Wittmann, Geschichte des deutschen Buchhandels, München 1999, S. 423 ff.

33   Berg/Kiefer, Massenkommunikation V (wie Anm. 31), S. 309.

34   Horst O. Halefeldt, Programmgeschichte des Hörfunks, in: Wilke (Hg.), Mediengeschichte (wie Anm. 30), S. 211–230, 222 ff.

35   Klaus Wernecke, »Freie Radios« – alternative Radiokultur, in: Faulstich (Hg.), 8oer Jahre (wie Anm. 30), S. 165–173.

36   Hartmut Winkler, Das Ende der Bilder? Das Leitmedium Fernsehen zeigt deutliche Symptome der Ermüdung, in: Knut Hickethier/Irmela Schneider (Hg.), Fernsehtheorien. Dokumentation der GFF-Tagung 1990, Berlin 1992, S. 228–235, 233.

37 Klaus-Dieter Altmeppen, Marktmacht und mächtige Märkte. Die Entwicklung der Medienbranche in den letzten zehn Jahren, in: Otfried Jarren (Hg.), Medienwandel – Gesellschaftswandel? 10 Jahre dualer Rundfunk in Deutschland. Eine Bilanz, Berlin 1994, S. 91–116.

38 Zitat: Der Spiegel v. 1.10.1979.

39 Ausführlich Knut Hickethier (unter Mitarbeit von Peter Hoff), Geschichte des Deutschen Fernsehens, Stuttgart/Weimar 1998, S. 414 ff. Dort auch, sofern nicht anders ausgewiesen, die nachfolgenden Zahlen. Vgl. außerdem Dietrich Schwarzkopf, Die »Medienwende« 1983, in: ders. (Hg.), Rundfunkpolitik in Deutschland. Wettbewerb und Öffentlichkeit, Bd. 1, München 1999, S. 29–49; Martin Eifert/Wolfgang Hoffmann-Riem, Die Entstehung und Ausgestaltung des dualen Rundfunksystems, in: ebd., S. 50–116.

40 Vgl. Jan-Uwe Rogge, Neue und alte Medien im Alltag von Familien. Situationen, Skizzen und Tendenzen, in: Sibylle Meyer/Eva Schulze (Hg.), Technisiertes Familienleben. Blick zurück und nach vorn, Berlin 1993, S. 131–158.

41 Joan Kristin Bleicher, Programmprofile kommerzieller Anbieter seit 1984, in: dies. (Hg.), Programmprofile kommerzieller Anbieter. Analysen zur Entwicklung von Fernsehsendern seit 1984, Opladen 1997, S. 9–40.

42 Hartmut Winkler, Switching, Zapping. Ein Text zum Thema und ein parallellaufendes Unterhaltungsprogramm, Darmstadt 1991. Vgl. außerdem ders., Switching: Die Installation der Tagtraummaschine, in: Knut Hickethier (Hg.), Fernsehen. Wahrnehmungswelt, Programminstitution und Marktkonkurrenz, Frankfurt am Main u. a. 1992, S. 63–68. Als zeitgenössische Impression: Barbara Wesel, Zapping. Ein Ritt über den Wellensee in 90 Minuten, in: Kursbuch 90 v. November 1987, S. 32–36.

43 Uwe Hasebrink, Das Publikum verstreut sich. Zur Entwicklung der Fernsehnutzung, in: Jarren (Hg.), Medienwandel, S. 265–288.

44 Barbara Sichtermann, Fernsehen, Berlin 1994, S. 7.

45 Helmut Lukesch, Video im Alltag der Jugend. Quantitative und qualitative Aspekte des Videokonsums, des Videospielens und der Nutzung anderer Medien bei Kindern, Jugendlichen und jungen Erwachsenen, Regensburg 1989, S. 30; Walter Uka, Video, in: Werner Faulstich (Hg.), Grundwissen Medien, München 1998, S. 392–412, 399.

46 Siegfried Zielinski, Zur Geschichte des Videorecorders, Berlin 1986; ders., Aufriß des internationalen Videomarktes. Zum Handel mit dem Spielfilm als weicher Ware, in: Arbeitsgemeinschaft der Filmjournalisten/Hamburger Filmbüro (Hg.), Neue Medien contra Filmkultur?, Berlin 1987, S. 77–97.

47 Ralf Stockmann, Der Videoboom der achtziger Jahre, in: Faulstich (Hg.), 80er Jahre (wie Anm. 30), S. 123–135, 128 u. 133. Dies und das Folgende: Uka, Video (wie Anm. 45), S. 400 u. 402 f.

48 Wilhelm Roth, Video alternativ, in: Arbeitsgemeinschaft der Filmjournalisten/Hamburger Filmbüro (Hg.), Neue Medien contra Filmkultur?, Berlin 1987, S. 212–221.

49 Jürgen Taeger (Hg.), Die Volkszählung, Reinbek 1983; Vorsicht Volkszählung! Erfasst, venetzt & ausgezählt, Köln 1987; Erwin K. Scheuch/Lorenz Gräf/Steffen Kühnel, Volkszählung, Volkszählungsprotest und Bürgerverhalten. Ergebnisse der Begleituntersuchung zur Volkszählung 1987, Wiesbaden 1989.

50 Wirsching, Abschied (wie Anm. 1), S. 433.

51 Peter Faulstich/Hannelore Faulstich-Wieland, Computer-Kultur. Erwartungen, Ängste, Handlungsspielräume, München 1988, S. 16.

52 Vgl. Peter Weingart (Hg.), Technik als sozialer Prozess, Frankfurt am Main 1989.

53 Zur technologischen Entwicklung vgl. Walter Kaiser, Technisierung des Lebens seit 1945,

in: Hans-Joachim Braun/Walter Kaiser, Energiewirtschaft, Automatisierung, Information seit 1914, Berlin 1997, S. 283–529, 353 ff.; Michael Friedwald, Der Computer als Werkzeug und Medium. Die geistigen und technischen Wurzeln des Personal Computers, Diepholz 1999, S. 370 ff. Vgl. außerdem Stefan M. Gergely, Mikroelektronik. Computer, Roboter und Neue Medien erobern die Welt, aktual. Neuausgabe, München 1985.

54 Werner Faulstich, Die Anfänge einer neuen Kulturperiode: Der Computer und die digitalen Medien, in: Faulstich (Hg.), 80er Jahre (wie Anm. 30), S. 233–247, S. 233 f.

55 Sherry Turkle, Die Wunschmaschine. Vom Entstehen der Computerkultur, Reinbek 1984; Georg Seeßlen/Christian Rost, PacMan & Co. Die Welt der Computerspiele, Reinbek 1984; Dieter Baacke, Jugendliche Computernutzer: Motive und Psychodynamik, in: Technik und Gesellschaft. Jahrbuch 5: Computer, Medien, Gesellschaft, Frankfurt/New York 1989, S. 175–189.

56 Werner Rammert, Mit dem Computer zu Hause in den »digitalen Alltag«? Vision und Wirklichkeit privater Computernutzung, in: Meyer/Schulze (Hg.), Familienleben (wie Anm. 40), S. 277–296, 287.

57 Werner Rammert u. a., Vom Umgang mit Computern im Alltag. Fallstudien zur Kultivierung einer neuen Technik, Opladen 1991. Vgl. Annette Ohme-Reinicke, Moderne Maschinenstürmer. Zum Technikverständnis sozialer Bewegungen seit 1968, Frankfurt am Main 2000, S. 189 ff.

58 Faulstich, Anfänge, (wie Anm. 54), S. 233–247, 237; Rammert, Computer (wie Anm. 56), S. 277.

59 Soheil Dastyari, Computer, in: Faulstich (Hg.), Grundwissen Medien (wie Anm. 45), S. 151–173, 166.

60 Faulstich/Faulstich-Wieland, Computer-Kultur (wie Anm. 51), S. 18 ff.

61 Klaus Haefner, Die neue Bildungskrise. Herausforderung der Informationstechnik an Bildung und Ausbildung, Basel u. a. 1982; ders., Mensch und Computer im Jahre 2000. Ökonomie und Politik für eine human computerisierte Gesellschaft, Basel u. a. 1984.

62 Den Verlauf dieses Kulturkampfes schildern Faulstich/Faulstich-Wieland, Computer-Kultur (wie Anm. 51), S. 127 ff. Vgl. Bundeszentrale für politische Bildung (Hg.), Computer in der Schule. Pädagogische Konzepte und Projekte, Empfehlungen, Dokumente, Bonn 1986 sowie die Skizze bei Wirsching, Abschied (wie Anm. 1), S. 439 ff.

63 Rammert u. a., Umgang (wie Anm. 57), S. 36.

64 Christian Stegbauer, Telekommunikation im Verborgenen. Private Mailboxen in der Bundesrepublik Deutschland, in: Werner Rammert (Hg.), Computerwelten – Alltagswelten. Wie verändert der Computer die soziale Wirklichkeit?, Opladen 1990, S. 174–187.

65 Thomas Ammann, Nach uns die Zukunft. Aus der Geschichte des Chaos Computer Clubs, in: Chaos-Computer-Club/Jürgen Wieckmann (Hg.), Das Chaos Computer Buch. Hacking made in Germany, Reinbek 1988, S. 9–31. Das folgende Zitat S. 9.

66 Detlev Peukert, Arbeiteralltag — Mode oder Methode?, in: Heiko Haumann (Hg.), Arbeiteralltag in Stadt und Land, Berlin 1982, S.8–39; Hannes Heer/Volker Ullrich (Hg.), Geschichte entdecken. Erfahrungen und Projekte der neuen Geschichtsbewegung, Reinbek 1985.

67 Peter Schöttler, Die Geschichtswerkstatt e. V. Zu einem Versuch, basisdemokratische Geschichtsinitiativen und –forschungen zu »vernetzen«, in: Geschichte und Gesellschaft, Jg. 10, 1984, S. 421–424, hier 423; Volker Ullrich, Wie alles anfing. Die »neue Geschichtsbewegung« der achtziger Jahre, in: Joachim Szodrzynski (Red.), Geschichtswerkstätten gestern – heute – morgen. Bewegung! Stillstand. Aufbruch?, Hamburg 2004, S. 21–29.

68 Thomas Lindenberger/Michael Wildt, Radikale Pluralität. Geschichtswerkstätten als praktische Wissenschaftskritik, in: Archiv für Sozialgeschichte, Bd. 19, 1989, S. 393–411; Thomas Lindenberger, »Alltagsgeschichte« oder: Als um die zünftigen Grenzen der Geschichtswissenschaft noch gestritten wurde, in: Martin Sabrow/Ralph Jessen/Klaus Große Kracht (Hg.), Zeitgeschichte als Streitgeschichte. Große Kontroversen nach 1945, München 2003, S. 74–91; Detlef Siegfried, Die Rückkehr des Subjekts. Gesellschaftlicher Wandel und neue Geschichtsbewegung um 1980, in: Olaf Hartung/Katja Köhr (Hg.), Geschichte und Geschichtsvermittlung. Festschrift für Karl Heinrich Pohl, Bielefeld 2008, S. 125–146.

69 Alfons Kenkmann (Hg.), Jugendliche erforschen die Vergangenheit. Bibliographie zum Schülerwettbewerb Deutsche Geschichte um den Preis des Bundespräsidenten, Hamburg 1997.

70 Alf Lüdtke (Hg.), Alltagsgeschichte. Zur Rekonstruktion historischer Erfahrungen und Lebensweisen, Frankfurt/New York 1989; Berliner Geschichtswerkstätten (Hg.), Alltagskultur, Subjektivität und Geschichte. Zur Theorie und Praxis von Alltagsgeschichte, Münster 1994; Lutz Niethammer (Hg.), Lebenserfahrung und kollektives Gedächtnis. Die Praxis der »Oral History«, Frankfurt/M. 1980; Alexander von Plato, Oral History als Erfahrungswissenschaft. Zum Stand der »mündlichen Geschichte« in Deutschland, in: BIOS. Zeitschrift für Biographieforschung und Oral History 4, 1991, S. 97:119.

71 Susanne Brandt, »Wenig Anschauung«? Die Ausstrahlung des Films »Holocaust« im westdeutschen Fernsehen (1978/79), in: Christoph Cornelißen/Lutz Klinkhammer/Wolfgang Schwendtker (Hg.), Erinnerungskulturen. Deutschland, Italien und Japan seit 1945, Frankfurt am Main 2003, S. 257–268; Frank Bösch, Film, NS-Vergangenheit und Geschichtswissenschaft. Von »Holocaust« zu »Der Untergang«, in: VfZ 1/2007, S. 1–32; Sandra Schulz, Film und Fernsehen als Medien der gesellschaftlichen Vergegenwärtigung des Holocaust. Die deutsche Erstausstrahlung der US-amerikanischen Fernsehserie »Holocaust« im Jahre 1979, in: Historical Social Research, Jg. 32, 2007, S. 189–248; Peter Reichel, Erfundene Erinnerung. Weltkrieg und Judenmord in Film und Theater, München/Wien 2004, S. 250 ff.

72 Detlef Garbe, Seismographen der Vergangenheitsbewältigung. Regionalbewusstsein und Erinnerungsorte der NS-Verbrechen am Beispiel des ehemaligen KZ Neuengamme, in: Habbo Knoch (Hg.), Das Erbe der Provinz. Heimatkultur und Geschichtspolitik nach 1945, Göttingen 2001, S. 218–232, hier 223 f.

73 Zu den Ergebnissen vgl. Dieter Galinski/Ursula-Maria Lachauer (Hg.), Alltag im Nationalsozialismus. 1933 bis 1939. Jahrbuch zum Schülerwettbewerb Deutsche Geschichte um den Preis des Bundespräsidenten, Braunschweig 1982.

74 Ulrich Herbert, Vor der eigenen Tür. Bemerkungen zur Erforschung der Alltagsgeschichte des Nationalsozialismus, in: Dieter Galinski/Ulrich Herbert/Ulla Lachauer (Hg.), Nazis und Nachbarn. Schüler erforschen den Alltag im Nationalsozialismus, Reinbek 1982, S. 9–33, hier 12.

75 Stefanie Schüler-Springorum, Lokal, regional, global? Ein Plädoyer dafür, die Synagoge (auch) im Dorf zu lassen (Manuskript). Vgl. auch Monika Richarz, Luftaufnahme. Die Schwierigkeiten der Heimatforscher mit der jüdischen Geschichte, in: Babylon, Nr. 8, 1991, S. 27–33.

76 Albert Herrenknecht, Provinzleben. Aufsätze über ein politisches Neuland, Frankfurt am Main 1977, S. 10 u. 23.

77 Der Spiegel, Nr. 30, 1979.

78 Walter Mossmann, Heimatgedanken, in: Elisabeth Moosmann (Hg.), Heimat. Sehnsucht nach Identität, Berlin 1980, S. 232–234, hier 232. Vgl. insgesamt: Wilfried von Bredow/Hans-Friedrich Foltin, Zwiespältige Zufluchten. Zur Renaissance des Heimatgefühls, Bonn 1981.

79 Anton Kaes, Deutschlandbilder. Die Wiederkehr der Geschichte im Film, München 1987, S. 171 ff.; Alon Confino, Edgar Reitz's *Heimat* and German Nationhood: Film, Memory, and Understandings of the Past, in: German History, vol. 16, No. 2, 1998, S. 185–208; Elizabeth Boa/Rachel Palfreyman, Heimat – A German Dream. Regional Loyalties and National Identity in German Culture 1890–1990, Oxford 2000, S. 171 ff.; Gundolf Hartlieb, In diesem Ozean von Erinnerung. Edgar Reitz' Filmroman Heimat. Ein Fernsehereignis und seine Kontexte, Siegen 2004. Vgl. die Einleitung des Herausgebers in: Knoch (Hg.), Erbe (wie Anm. 72), S. 9–26.

80 Bösch, Film (wie Anm. 71), S. 12. Vgl. Thomas Elsaesser, Edgar Reitz' Heimat. Memory, Home and Hollywood (1985), in: ders., European Cinema. Face to Face with Hollywood, Amsterdam 2005, S. 384–394; Reichel, Erfundene Erinnerung (wie Anm. 71), S. 264 ff.;

81 Vgl. dazu insgesamt Florian Roth, Die Idee der Nation im politischen Diskurs. Die Bundesrepublik Deutschland zwischen neuer Ostpolitik und Wiedervereinigung (1969–1990), Baden-Baden 1995, Zitat S. 112 f. Vgl. Christoph Kleßmann, Die deutsche Frage in der ZEIT, in: Christian Haase/Axel Schildt (Hg.), DIE ZEIT und die Bonner Republik. Eine meinungsbildende Wochenzeitung zwischen Wiederbewaffnung und Wiedervereinigung, Göttingen 2008, S. 264–279.

82 Vgl. Manuela Glaab, Deutschlandpolitik in der öffentlichen Meinung. Einstellungen zur Regierungspolitik in der Bundesrepublik Deutschland 1949 bis 1990, Opladen 1999, S. 88 ff.; Heinrich August Winkler, Der lange Weg nach Westen II. Deutsche Geschichte 1933–1990, Bonn 2004, S. 431 ff.; Wirsching, Abschied (wie Anm. 1), S. 466 ff.

83 Zeitgenössisch zusammenfassend: Werner Weidenfeld (Hg.), Die Identität der Deutschen, Bonn 1983.

84 Edgar Wolfrum, Geschichtspolitik in der Bundesrepublik Deutschland. Der Weg zur bundesrepublikanischen Erinnerung 1948–1990, Darmstadt 1999, S. 303 ff. Vgl. Peter Brandt/Herbert Ammon (Hg.), Die Linke und die nationale Frage, Reinbek 1981; Wolfgang Venohr (Hg.), Die deutsche Einheit kommt bestimmt, Bergisch Gladbach 1982. Dazu kritisch: Arno Klönne, Zurück zur Nation? Kontroversen zu deutschen Fragen, Köln 1984.

85 Beide Zitate von 1978, zit. nach Roth, Idee (wie Anm. 81), S. 171 u. 176.

86 Vgl. Stefan Berger, The Search for Normality. National Identity and Historical Consciousness in Germany since 1800, Providence/Oxford 1997, S. 77 ff.; Martin Große Burlage, Große historische Ausstellungen in der Bundesrepublik Deutschland 1960–2000, Münster 2005.

87 Gottfried Korff, Musealisierung total? Notizen zu einem Trend, der die Institution, nach der er benannt ist, hinter sich gelassen hat, in: Klaus Füßmann/Heinrich Theodor Grütter/Jörn Rüsen (Hg.), Historische Faszination. Geschichtskultur heute, Köln u.a. 1994, S. 129–144, hier 131. Vgl. insgesamt Wolfgang Zacharias (Hg.), Zeitphänomen Musealisierung. Das Verschwinden der Gegenwart und die Konstruktion der Erinnerung, Essen 1990.

88 Walter H. Pehle, Geschichtswissenschaft, Buchproduktion und Öffentlichkeit, in: Füßmann/Grütter/Rüsen (Hg.), Faszination (wie Anm. 87), S. 235–242.

89 Wolfrum, Geschichtspolitik (wie Anm. 84), S. 327 ff.

90 Zit. nach ebd., S. 333.

91 Charles S. Maier, Die Gegenwart der Vergangenheit. Geschichte und die nationale Identität der Deutschen, Frankfurt am Main/New York 1992, S. 154.

92 Peter Reichel, Politik mit der Erinnerung. Gedächtnisorte im Streit um die national-sozialistische Vergangenheit, München 1995, S. 246 ff.; Sabine Moller, Die Entkon-kretisierung der NS-Herrschaft in der Ära Kohl. Die neue Wache, das Denkmal für die ermordeten Juden Europas, das Haus der Geschichte der Bundesrepublik Deutschland, Hannover 1998, S. 81 ff.; Rupert Seuthe, »Geistig-moralische Wende«? Der politische Umgang mit der NS-Vergangenheit in der Ära Kohl am Beispiel von Gedenktagen, Museums- und Denkmalprojekten, Frankfurt am Main 2001, S. 149 ff.

93 Moritz Mälzer, Ausstellungsstück Nation. Die Debatte um die Gründung des Deutschen Historischen Museums in Berlin, Bonn 2005, S. 47 ff.

94 Olaf Hartung, Dingwelten zwischen Ästhetik und Erkenntnis. Zur Dauerausstellung des Deutschen Historischen Museums, in: Zeitgeschichte-online, Thema: Geschichtsbilder des Deutschen Historischen Museums. Die Dauerausstellung in der Diskussion, hg. von Jan-Holger Kirsch und Irmgard Zündorf, Juli 2007, http://www.zeitgeschichte-online. de/portals/_rainbow/documents/pdf/dhm_hartung.pdf; Peter Reichel Geschichtspoli-tisches Desaster. Die Dauerausstellung des Deutschen Historischen Museums, in: ebd., www.zeitgeschichte-online.de/portals/_rainbow/documents/pdf/dhm_reichel.pdf.

95 Jan-Holger Kirsch, »Wir haben aus der Geschichte gelernt«. Der 8. Mai als politischer Gedenktag in Deutschland, Köln u.a. 1999, S. 79 ff.; Werner Bergmann, Die Bitburg-Affäre in der deutschen Presse, in: ders./Rainer Erb/Albert Lichtblau (Hg.), Schwieriges Erbe. Der Umgang mit Nationalsozialismus und Antisemitismus in Österreich, der DDR und der Bundesrepublik Deutschland, Frankfurt am Main u.a. 1995, S. 408–428; Theo Hallet, Umstrittene Versöhnung. Reagan und Kohl in Bitburg 1985, Erfurt 2005.

96 Zit. nach Peter Hurrelbrink, Der 8. Mai 1945 – Befreiung durch Erinnerung. Ein Ge-denktag und seine Bedeutung für das politisch-kulturelle Selbstverständnis in Deutsch-land, Bonn 2005, S. 186.

97 Kirsch, 8. Mai (wie Anm. 95); Hurrelbrink, 8. Mai 1945 (wie Anm. 96); vgl. Reichel, Politik (wie Anm. 92), S. 290 ff.

98 Richard von Weizsäcker, Der 8. Mai 1945 – 40 Jahre danach (1985), in: Eberhard Rathgeb, Die engagierte Nation. Deutsche Debatten 1945–2005, München/Wien 2005, S. 328–330, hier 328.

99 Vgl. Steffen Kailitz, Die politische Deutungskultur im Spiegel des »Historikerstreits«. What's right? What's left?, Opladen 2001 sowie zusammenfassend Klaus Große Kracht, Der »Historikerstreit«. Grabenkampf in der Geschichtskultur, in: ders. (Hg.), Die zankende Zunft. Historische Kontroversen in Deutschland nach 1945, Göttingen 2005, S. 91–114. Außerdem Maier, Gegenwart (wie Anm. 91), S. 15 ff. Die gegensätz-lichen Positionen vertreten zeitnah: Immanuel Geiss, Die Habermas-Kontroverse. Ein deutscher Streit, Frankfurt am Main 1988; Hans-Ulrich Wehler, Entsorgung der deut-schen Vergangenheit? Ein polemischer Essay zum »Historikerstreit«, München 1988.

100 Michael Stürmer, Geschichte in einem geschichtslosen Land (1986), in: »Historiker-streit«. Die Dokumentation der Kontroverse um die Einzigartigkeit der nationalsozia-listischen Judenvernichtung, München/Zürich 1989, S. 36–38, hier 36.

101 Claudia Fröhlich, Vergesst Habermas nicht! DIE ZEIT im Historikerstreit, in: Haase/ Schildt (Hg.), DIE ZEIT (wie Anm. 81), S. 200–217.

102 Ernst Nolte, Vergangenheit, die nicht vergehen will. Eine Rede, die geschrieben, aber nicht gehalten werden konnte, in: »Historikerstreit« (wie Anm. 100), S. 39–47, hier 45.

103 Jürgen Habermas, Eine Art Schadensabwicklung. Die apologetischen Tendenzen in der

deutschen Zeitgeschichtsschreibung, in: »Historikerstreit« (wie Anm. 100), S. 62–76. Das Folgende 71, 73 u. 75.

104   Holger Siever, Kommunikation und Verstehen. Der Fall Jenninger als Beispiel einer semiotischen Kommunikationsanalyse, Frankfurt am Main u. a. 2001.

105   Zit. nach Reichel, Politik (wie Anm. 92), S. 315. Vgl. Wirsching, Abschied (wie Anm. 1), S. 483 ff.

106   Vgl. Russell J. Dalton/Robert Rohrschneider, Wählerwandel und die Abschwächung der Parteineigungen von 1972 bis 1987, in: Max Kaase/Hans-Dieter Klingemann (Hg.), Wahlen und Wähler. Analysen aus Anlass der Bundestagswahl 1987, Opladen 1990, S. 297–324.

107   Peter Haungs, Die CDU: Prototyp einer Volkspartei, in: Alf Mintzel/Heinrich Oberreuter (Hg.), Parteien in der Bundesrepublik Deutschland, Opladen 1992, S. 172–216; Frank Bösch, Macht und Machtverlust. Die Geschichte der CDU, München 2002; Wirsching, Abschied (wie Anm. 1), S. 171 ff.

108   Matthias Zimmer, Nationales Interesse und Staatsräson. Zur Deutschlandpolitik der Regierung Kohl 1982–1989, Paderborn 1992; Karl-Rudolf Korte, Deutschlandpolitik in Helmut Kohls Kanzlerschaft. Regierungsstil und Entscheidungen 1982–1989, Stuttgart 1998 (Zahl S. 676); Heinrich Potthoff, Im Schatten der Mauer. Deutschlandpolitik 1961 bis 1990, Berlin 1999, S. 202 ff.

109   Hans-Jürgen Lange, Responsivität und Organisation. Eine Studie über die Modernisierung der CDU von 1973–1989, Marburg 1994, S. 258 ff.

110   Bösch, Macht (wie Anm. 107), S. 214 u. 225.

111   Hans Vorländer, Die Freie Demokratische Partei, in: Mintzel/Oberreuter (Hg.), Parteien (wie Anm. 107), S. 266–318; Jürgen Dittberner, Die FDP. Geschichte, Personen, Organisation, Perspektiven. Eine Einführung, Wiesbaden 2005, S. 56 ff.

112   Bernd Faulenbach, Die Siebzigerjahre – ein sozialdemokratisches Jahrzehnt?, in: Archiv für Sozialgeschichte, Bd. 44, 2004, S. 1–38; Hermann Schmitt, Die Sozialdemokratische Partei Deutschlands, in: Mintzel/Oberreuter (Hg.), Parteien (wie Anm. 107), S. 133–171; Peter Lösche/Franz Walter, Die SPD. Klassenpartei – Volkspartei – Quotenpartei. Zur Entwicklung der Sozialdemokratie von Weimar bis zur Vereinigung, Darmstadt 1992, S. 77 ff.; Franz Walter, Die SPD. Vom Proletariat zur Neuen Mitte, Berlin 2002, S. 215 ff.; Wirsching, Abschied (wie Anm. 1), S. 135 ff.

113   Schmitt, Sozialdemokratische Partei Deutschlands (wie Anm. 112), S. 153.

114   Daten zur Milieurekrutierung der Parteien in: Planungsdaten für die Mehrheitsfähigkeit der SPD. Ein Forschungsprojekt des Vorstandes der SPD, Bonn – zusammenfassender Bericht, August 1984, S. 62; Heiko Geiling/Michael Vester, Die Spitze des gesellschaftlichen Eisbergs. Sozialstrukturwandel und neue soziale Milieus, in: Roland Roth/Dieter Rucht (Hg.), Neue soziale Bewegungen in der Bundesrepublik Deutschland, 2., überarb. u. erw. Aufl., Bonn 1991, S. 237–260, S. 246.

115   Karsten Rudolph, Einleitung, in: ders. (Bearb.), »Die Partei der Freiheit«. Willy Brandt und die SPD 1972–1992 (= Willy Brandt, Berliner Ausgabe, Bd. 5), Bonn 2002, S. 15–72, hier 55 ff.

116   Hans Werner Kilz/Joachim Preuß, Flick. Die gekaufte Republik, Hamburg 1983; Christine Landfried, Parteifinanzen und politische Macht. Eine vergleichende Studie zur Bundesrepublik Deutschland, zu Italien und den USA, Baden-Baden 1990; Hans Leyendecker, Helmut Kohl, die CDU und die Spenden. Eine Fortsetzungsgeschichte, in: ders./Heribert Prantl/Michael Stiller, Helmut Kohl, die Macht und das Geld, Göttingen 2000, S. 13–244, 112 ff.; Bösch, Macht (wie Anm. 107), S. 164 ff.

117 Erwin K. Scheuch/Ute Scheuch, Cliquen, Klüngel und Karrieren. Über den Verfall der politischen Parteien – eine Studie, Reinbek 1992, S. 40. Vgl. als bis in die Gegenwart ausgreifender Literaturüberblick Ralph Angermund, Helmut Kohl ist wohl doch kein Wassangari. Neue und alte Thesen zum Thema Korruption, in: Neue Politische Literatur, Jg. 42, 2002, S. 380–388.

118 Cordt Schnibben/Volker Skierka, Macht und Machenschaften. Die Wahrheitsfindung in der Barschel-Affäre. Ein Lehrstück, Hamburg 1988; Thomas Ramge, Die großen Polit-Skandale. Eine andere Geschichte der Bundesrepublik, Frankfurt am Main 2003, S. 198 ff.

119 Rudolf Augstein, Der Fall Barschel und die Rolle des »Spiegel«, in: Jochen Bölsche (Hg.), Waterkantgate. Die Kieler Affäre oder: Wie viele Skandale verträgt die Demokratie?, Göttingen 1987, S. 7–12, 7.

120 Zuletzt: Michael Mueller u. a., Der Fall Barschel. Ein tödliches Doppelspiel, Berlin 2007.

121 Siegfried Weischenberg, Die Barschel-Affäre. Eine qualitative Analyse zu einem Fall in der »Mediengesellschaft«, Münster 1990; Gerhard Paul, In der Badewanne. Die fotografische Ikone einer Politik- und Medienaffäre, in: ders. (Hg.), Das Jahrhundert der Bilder. II: 1949–2007, Göttingen 2008, S. 542–549.

122 Konrad H. Jarausch, Die unverhoffte Einheit 1989–1990, Frankfurt am Main 1995; Charles S. Maier, Das Verschwinden der DDR und der Untergang des Kommunismus, Frankfurt am Main 1999; Winkler, Weg (wie Anm. 82), S. 489 ff.; Alexander von Plato, Die Wiedervereinigung Deutschlands – ein weltpolitisches Machtspiel. Bush, Kohl, Gorbatschow und die geheimen Moskauer Protokolle, 2., durchges. Aufl. Bonn 2003; Andreas Rödder, Deutschland einig Vaterland. Die Geschichte der Wiedervereinigung, München 2009.

123 Zit. nach Roth, Idee (wie Anm. 81), S. 137 f.

124 Christian Herchenröder, Die neuen Kunstmärkte, Analyse, Bilanz, Ausblick, Düsseldorf 1990, S. 9.

125 Heinrich Klotz, Die Revision der Moderne, in: ders. (Hg.), Revision der Moderne. Postmoderne Architektur 1960–1980, München 1984, S. 7–11, 7.

126 Deutsch: Charles Jencks, Die Sprache der postmodernen Architektur. Entstehung einer alternativen Tradition, Stuttgart 1978. Vgl. Wolfgang Welsch, Was war die Postmoderne – und was könnte aus ihr werden?, in: Ingeborg Flagge/Romana Schneider (Hg.), Die Revision der Postmoderne, Hamburg 2004, S. 32–39 sowie Jürgen Joedicke, Architekturgeschichte des 20. Jahrhunderts. Von 1950 bis zur Gegenwart, Stuttgart/Zürich 1990, S. 194 ff.; Ulf Jonak, Nachwort zu einer kurzlich zu beobachtenden Eruption. Ansichten zur Architektur der 80er Jahre, in: Thomsen (Hg.), Aufbruch (wie Anm. 29), S. 335–356; Jürgen Pahl, Architekturtheorie des 20. Jahrhunderts. Zeit-Räume, München u. a. 1999, S. 156 ff.; Joachim Petsch, Deutsche Architektur seit 1900, München 2005.

127 Wolfgang Welsch, Unsere postmoderne Moderne, Berlin ⁶2002, S. 107.

128 Charles Jencks, Die Meta-Erzählung der Postmoderne, in: Flagge/Schneider (Hg.), Revision (wie Anm. 126), S. 13–31.

129 Zit. nach Manfred Sack, Kultur erfahren. Schatzhaus, Tempel, Bildungsanstalt, Ort der Lust – Das Museum in unserem Jahrhundert und die mannigfachen Bemühungen, Architektur und Kunst miteinander zu arrangieren, in: Romana Schneider/Winfried Nerdinger/Wilfried Wang (Hg.), Architektur im 20. Jahhundert. Deutschland, München u. a. 2000, o. Pag.

130 Wolfgang Pehnt, Hans Hollein. Museum in Mönchengladbach. Architektur als Collage,

Frankfurt am Main 1986. Vgl. auch die Darstellung in Klotz (Hg.), Revision (wie Anm. 125), S. 104 ff.

131 Thorsten Rodiek, James Stirling. Die Neue Staatsgalerie Stuttgart, Stuttgart 1984.

132 Zit. nach Hermann Glaser, Kulturgeschichte der Bundesrepublik Deutschland, Bd. 3: Zwischen Protest und Anpassung 1968–1989, München 1989, S. 230.

133 Andres Lepik, Eine geistige Akropolis. Die Museumsprojekte, in: ders. (Hg.), O. M. Ungers. Kosmos der Architektur, Ostfildern 2006, S. 83–95; Jasper Cepl, Oswald Mathias Ungers. Eine intellektuelle Biographie, Köln 2007, S. 374 ff.

134 Welsch, Moderne (wie Anm. 127), S. 128. Vgl. auch Heinrich Klotz' Darstellung in Klotz (Hg.), Revision (wie Anm. 125), S. 318 f.

135 Jörn Düwel/Niels Gutschow, Städtebau in Deutschland im 20. Jahrhundert. Ideen, Projekte, Akteure, Berlin/Stuttgart ²2005, S. 244 ff.

136 Vgl. Volker Fischers Text in Klotz (Hg.), Revision (wie Anm. 125), S. 198 ff.

137 Zit. nach Düwel/Gutschow, Städtebau (wie Anm. 135), S. 250. Vgl. Vittorio Magnago Lampugnani (Hg.), Modelle für eine Stadt, Berlin 1984; Dankwart Guratzsch (Hg.), Das NEUE Berlin. Konzepte der Internationalen Bauausstellung 1987 für einen Städtebau mit Zukunft, Berlin 1987; Gernot und Johanne Nalbach (Hg.), Berlin Modern Architecture, Berlin 1989, S. 58 ff.

138 IBA – Internationale Bauausstellung Berlin '84 '87. Projektübersicht, Berlin 1987, S. 177.

139 Ursula Kleefisch-Jobst (Hg.), Rob Krier. Ein romantischer Rationalist. Architekt und Stadtplaner, Wien 2005.

140 Andrea Gleiniger-Neumann, in: Klotz (Hg.), Revision (wie Anm. 125), S. 154.

141 Prominent Jürgen Habermas, Moderne und postmoderne Architektur, in: ders., Unübersichtlichkeit (wie Anm. 3), S. 11–29.

142 Volker Albus/Christian Borngräber, Designbilanz. Neues deutsches Design der 80er Jahre in Objekten, Bildern, Daten und Texten, Köln 1992; Thomas Hauffe, Fantasie und Härte. Das »Neue deutsche Design« der achtziger Jahre, Gießen 1994; Gerd Selle, Geschichte des Designs in Deutschland, aktual. u. erw. Neuausg., Frankfurt am Main 2007, S. 255 ff.

143 Petra Eisele, BRDesign. Deutsches Design als Experiment seit den 1960er Jahren, Köln u. a. 2005, S. 148 f.

144 Gert Selle, Design im Alltag. Vom Thonetstuhl zum Mikrochip, Frankfurt am Main 2007, S. 163 ff.

145 Jochen Gros, Schrumpftechnik und Stilblüten. Mikroelektronik und Design, in: Volker Fischer (Hg.), Design heute. Maßstäbe: Formgebung zwischen Industrie und Kunst-Stück, München ²1992, S. 265–270.

146 Demoskopische Befunde in Glaab, Deutschlandpolitik (wie Anm. 82), S. 305 ff. Das Folgende 314.

147 Fritz Pleitgen (Hg.), Die Ausbürgerung. Anfang vom Ende der DDR, Berlin 2001. Zur Biermann-Rezeption im Westen bis zur Ausbürgerung vgl. Klaus Antes u. a. Wolf Biermann, München 1975; Thomas Rothschild (Hg.), Wolf Biermann. Liedermacher und Sozialist, Reinbek 1976.

148 Die Zahlenangabe in Gerd Eichhorn/Anna-Katharina Jung/Bernd Lindner/Sebastian Lindner, Die kulturelle Bereicherung kommt aus dem Osten! Künstler aus der DDR in der Bundesrepublik – Biografien, Werke, Dokumente, in: Bernd Lindner/Rainer Eckert (Hg.), Mauersprünge, Leipzig 2002, S. 83–115, 83.

149 Stefan Wolle, Die heile Welt der Diktatur. Alltag und Herrschaft in der DDR 1971–1989, Bonn 1998, S. 235 ff.; Werner Mittenzwei, Die Intellektuellen. Literatur und Politik in Ostdeutschland von 1945 bis 2000, Leipzig 2001, S. 324 ff.

150 Vgl. insgesamt den Überblick von Eichhorn/Jung/Lindner/Lindner, Bereicherung (wie Anm. 148).

151 Zit. nach ebd., S. 85. Vgl. Margarete Häßel/Richard Weber, Arbeitsbuch Thomas Brasch, Frankfurt am Main 1987.

152 Vgl. die Aufstellung in Bernd Lindner, Mauerspringer – Mauersprenger, in: Lindner/Eckert (Hg.), Mauersprünge (wie Anm. 148), S. 21–41, 40.

153 Egbert Meyer, DDR-Literatur in Westdeutschland. Literaturwissenschaftliche, schulische und feuilletonistische Rezeption literarischer Prosa aus der DDR, Frankfurt am Main 1994, S. 129. Für die 70er Jahre: Dietrich Löffler, Die Kulturpolitik der SED-Führung und der Literaturtransfer in die Bundesrepublik, in: Monika Estermann/Edgar Lersch (Hg.), Deutsch-deutscher Literaturaustausch in den 70er Jahren, Wiesbaden 2006, S. 140–154.

154 Vgl. exemplarisch zu Wagenbach und Luchterhand die Aufsätze von Daniel Haufler und Hans Altenheim, in: Mark Lehmstedt/Siegfried Lokatis (Hg.), Das Loch in der Mauer. Der innerdeutsche Literaturaustausch, Wiesbaden 1997, S. 166–184 u. S. 298–302.

155 Vgl. Roland Berbig (Hg.), Stille Post. Inoffizielle Schriftstellerkontakte zwischen West und Ost, Berlin 2005.

156 Das erste Zitat: Genia Schulz, Heiner Müller, in: Neue Deutsche Biographie, Bd. 18, Berlin 1997, S. 403–405, 404; das zweite: Heiner Müller, Krieg ohne Schlacht. Leben in zwei Diktaturen, Köln 1992, S. 364.

157 Zit. nach Jörg Magenau, Christa Wolf. Eine Biographie, Berlin 2002, S. 335. Vgl. Frauke Meyer-Gosau, Sehnsucht nach der Vormoderne. Christa Wolfs »arger Weg« zur gesamtdeutschen Autorin, in: Walter Delabar/Erhard Schütz (Hg.), Deutschsprachige Literatur der 70er und 80er Jahre. Autoren, Tendenzen, Gattungen, Darmstadt 1997, S. 268–285.

158 Wilfried Barner, Zwischen unübersichtlichem Überfluss und unverhoffter »friedlicher Revolution«: Literarisches Leben im Westen, in: ders. (Hg.), Geschichte der deutschen Literatur von 1945 bis zur Gegenwart, 2., aktual. u. erw. Aufl., München 2006, S. 797–813, 801.

159 Hans Dieter Zimmermann, Literaturbetrieb Ost/West. Die Spaltung der deutschen Literatur von 1948 bis 1998, Stuttgart u. a. 2000, S. 115 ff.

160 Zit. nach Lindner, Mauerspringer (wie Anm. 152), S. 37.

161 Michael Rauhut, Schalmei und Lederjacke. Udo Lindenberg, BAP, Underground: Rock und Politik in den achtziger Jahren, Berlin 1996. Vgl. Holm Felber, »… no SEDisfaction«: Rock über die Mauer, in: Stiftung Haus der Geschichte der Bundesrepublik Deutschland/Bundeszentrale für politische Bildung (Hg.), Rock! Jugend und Musik in Deutschland. Begleitbuch zur Ausstellung, Berlin 2005, S. 111–121.

162 Korte, Deutschlandpolitik (wie Anm. 108), S. 265 ff.; Sebastian Lindner, Ein Verhandlungsmarathon: Das deutsch-deutsche Kulturabkommen, in: Lindner/Eckert (Hg.), Mauersprünge (wie Anm. 152), S. 55–69.

163 Kurt Plück, Innerdeutsche Beziehungen auf kommunaler und Verwaltungsebene, in Wissenschaft, Kultur und Sport und ihre Rückwirkungen auf die Menschen im geteilten Deutschland, in: Materialien der Enquete-Kommission »Aufarbeitung von Geschichte und Folgen der SED-Diktatur in Deutschland«, hg. v. Deutschen Bundestag, Bd. V/3, Frankfurt am Main 1995, S. 2015–2064, 2028.

164 Nicole-Annette Pawlow, Innerdeutsche Städtepartnerschaften. Entwicklung – Praxis – Möglichkeiten, Berlin 1990, S. 143 f.

165 Lutz Niethammer, Posthistoire. Ist die Geschichte zu Ende? Reinbek 1989, S. 9.

166 Vgl. Ralf Schnell, Geschichte der deutschsprachigen Literatur seit 1945, Stuttgart

1993, S. 441 ff. sowie als allgemeine Bestandsaufnahme: Helmut Kreuzer (Hg.), Pluralismus und Postmodernismus. Zur Literatur- und Kulturgeschichte in Deutschland 1980–1995, 4., erw. u. aktual. Aufl., Frankfurt am Main 1996.

167 Zit. nach Manfred Durzak, Postmoderne und Spätmoderne: Erzählerische Tendenzen der achtziger Jahre, in: Barner (Hg.), Geschichte (wie Anm. 158), S. 814–842, S. 816.

168 Klaus Modick, Dichter wollte ich nicht werden. Eine bio-bibliographische Langnotiz, in: titel-magazin, URL: http://www.titel-magazin.de/modules.php?op=modload&name=News&file=article&sid=4797 (gelesen 24.1.2009).

169 Eine Synopse findet sich in Angelika Buß, Intertextualität als Herausforderung für den Literaturunterricht. Am Beispiel von Patrick Süskinds »Das Parfum«, Frankfurt am Main 2006, S. 124 ff. Vgl. Frank Degler, Aisthetische Reduktionen: Analysen zu Patrick Süskinds »Der Kontrabass«, »Das Parfum« und »Rossini«, Berlin u. a. 2003, S. 99 ff.

170 Zit. nach Stefanie Kreuzer, Vom genieästhetischen »Duften« und postmodernen »Verduften« der Texte, Figuren und Autoren: Intertextuelle Referenzen in »Das Parfum«, in: Andreas Blödorn/Christine Hummel (Hg.), Psychogramme der Postmoderne. Neue Untersuchungen zum Werk Patrick Süskinds, Trier 2008, S. 23–38, 24.

171 So in Bezug auf »Die Frau in den Kissen«, zit. nach Ina Appel, Von Lust und Schrecken im Spiel ästhetischer Subjektivität. Über den Zusammenhang von Subjekt, Sprache und Existenz in Prosa von Brigitte Kronauer und Ror Wolf, Würzburg 2000, S. 26. Vgl. insgesamt Heinz Ludwig Arnold (Hg.), Brigitte Kronauer, München 1991.

172 Schnell, Geschichte (wie Anm. 166), S. 460 ff. Vgl. Alexander von Bormann, Suche nach neuen Sprachen: Lyrik im Westen, in: Barner (Hg.), Geschichte (wie Anm. 158), S. 659–663.

173 Sarah Kirsch, Schneewärme, Stuttgart 1989, S. 23.

174 Zit. nach Christine Cosentino, »Ein Spiegel mit mir darin«. Sarah Kirschs Lyrik, Tübingen 1990, S. 129 f.

175 Michael Krüger, Aus der Ebene. Gedichte, Frankfurt am Main 1985, S. 9.

176 Adolf Muschg, Der Weg in die Bilder. Laudatio auf Michael Krüger, in: Michael Krüger, Die Dronte. Gedichte, Frankfurt am Main 1988, S. 141–158, 149 f.

177 Hans Magnus Enzensberger, Die Furie des Verschwindens. Gedichte, Frankfurt am Main 1980, S. 85.

178 Gustav Zürcher, »Ich bin keiner von uns. Auf den Spuren von Hans Magnus Enzensbergers lyrischem Ich, in: Heinz Ludwig Arnold (Hg.), Hans Magnus Enzensberger (= Text + Kritik, Bd. 49), 2., erw. Aufl., München 1985, S. 10–27, 10.

179 Hans Magnus Enzensberger, Lob des Analphabetentums (1985), in: ders., Der Fliegende Robert. Gedichte, Szenen, Essays, Frankfurt am Main 1992, S. 197–208, 203. Vgl. Tae-Ho Kang, Poesie und Gesellschaftskritik. Hans Magnus Enzensbergers negative Poetik, Diss., Wuppertal 2002, S. 170 ff.

180 Vgl. Oliver van Essenberg, Kulturpessimismus und Elitebewusstsein. Zu Texten von Peter Handke, Heiner Müller und Botho Strauß, Marburg 2004.

181 Hans-Ulrich Treichel, »Wir Rücken an Rücken vereinte«. Zeitgeist und Kulturkritik im Werk von Botho Strauß, in: Delabar/Schütz (Hg.), Literatur (wie Anm. 157), S. 286–299. Vgl. Glaser, Kulturgeschichte (wie Anm. 132), S. 196 ff.

182 Süddeutsche Zeitung v. 21.2.1987, zit. nach Durzak, Postmoderne (wie Anm. 167), S. 827.

183 Strauß-Zitat nach dem Wiederabdruck des *Spiegel*-Essays in Heimo Schwilk/Ulrich Schacht (Hg.), Die selbstbewusste Nation. »Anschwellender Bocksgesang« und weitere Beiträge zu einer deutschen Debatte, Frankfurt am Main/Berlin 1994, S. 19–40, 21.

184 Alfons Söllner, Peter Weiss und die Deutschen. Die Entstehung einer politischen Ästhetik wider die Verdrängung, Opladen 1988.

185 Peter Weiss, Die Ästhetik des Widerstands, Bd. 3, Frankfurt am Main 1981, S. 48.

186 Volker Lilienthal, Literaturkritik als politische Lektüre. Am Beispiel der Rezeption der »Ästhetik des Widerstands« von Peter Weiss, Berlin 1988, S. 59 ff. das Folgende 70 u. 81.

187 Martin Rector, Fünfundzwanzig Jahre »Die Ästhetik des Widerstands«. Prolegomena zu einem Forschungsbericht, in: Arnd Beise/Jens Birkmeyer/Michael Hofmann (Hg.), Diese bebende kühne zähe Hoffnung. 25 Jahre Peter Weiss' »Die Ästhetik des Widerstands«, St. Ingbert 2008, S. 13–48, 20 ff. Zur Rezeption in der DDR, wo das Werk in kleiner Auflage ebenfalls erschien, vgl. Uta Kösser, Literatur im Umgang mit Geschichte. Zur Rezeption der »Ästhetik des Widerstands« in der DDR, in: Michael Hofmann (Hg.), Literatur, Ästhetik, Geschichte. Neue Zugänge zu Peter Weiss, St. Ingbert 1992, S. 115–132.

188 Torsten Pflugmacher, Die literarische Beschreibung. Studien zum Werk von Uwe Johnson und Peter Weiss, München 2007.

189 Uwe Johnson, Jahrestage. Aus dem Leben von Gesine Cresspahl, Bd. 2, Frankfurt am Main 1993, S. 670.

190 Bernd Neumann, Uwe Johnson, Hamburg 1994, S. 797 ff.

Kapitel VII
Kultur zwischen deutscher Einheit und Globalisierung 1990 bis zur Gegenwart

1 Tobias J. Knoblich, Kunst- und Kulturförderung im föderativen System. Hintergründe und Probleme, in: Aus Politik und Zeitgeschichte B 49/2004, S. 5–12. Dort auch die nachfolgenden Zahlen.

2 Süddeutsche Zeitung, 20.11.2007.

3 Christa-Maria Ridder, Massenkommunikation. Empirische Daten zur Nutzung von Fernsehen, Radio, Zeitung und Internet im Verhältnis zu anderen »Kulturaufwendungen«, in: Bernd Wagner (Hg.), Jahrbuch für Kulturpolitik 2005, Bonn 2005, S. 97–109, hier S. 103.

4 Horst W. Opaschowski, Die kulturelle Spaltung der Gesellschaft. Die Schere zwischen Besuchern und Nichtbesuchern öffnet sich weiter, in: Wagner, Jahrbuch 2005 (wie Anm. 3), S. 211–215.

5 Zit. nach Andreas Rödder, Deutschland einig Vaterland. Die Geschichte der Wiedervereinigung, München 2009, S. 123.

6 Gunnar Winkler (Hg.), Sozialreport '90. Daten und Fakten zur sozialen Lage in der DDR, Berlin 1990.

7 Joerg Roesler, Letzte Ausfahrt Marktsozialismus?, in: Stefan Bollinger (Hg.), Das letzte Jahr der DDR. Zwischen Revolution und Selbstaufgabe, Berlin 2004, S. 273–292; ders., Kontinuität im Umbruch. Das Wohlstandsstreben der Ostdeutschen, die »April-Ereignisse« 1990 und die Wohlfahrtsversprechen der Bundesregierung in der Wende, in: Deutschland-Archiv, Jg. 40, 2007, S. 656–664.

8 Margit Weihrich, Alltägliche Lebensführung im ostdeutschen Transformationsprozeß, in: Aus Politik und Zeitgeschichte, B 12/1999, S. 15–26.

9 Jürgen Turek, Treuhandanstalt, in: Werner Weidenfeld/Karl-Rudolf Korte (Hg.), Handbuch zur deutschen Einheit 1949–1989–1999, Bonn 1999, S. 742–751.

10 Gerhard A. Ritter, Der Preis der deutschen Einheit. Die Wiedervereinigung und die Krise des Sozialstaats, München 2007, S. 117 ff.

11 Vgl. ebd.; detaillierter ders. (Hg.), Geschichte der Sozialpolitik in Deutschland seit 1945, Bd. 11: 1989–1994. Bundesrepublik Deutschland. Sozialpolitik im Zeichen der Vereinigung, Baden-Baden 2007.

12 Konrad H. Jarausch, Zehn Jahre danach: die Revolution von 1989/90 in vergleichender Perspektive, in: Zeitschrift für Geschichtswissenschaft, Jg. 48, 2000, S. 909–924, Zitate S. 909.

13 Siegfried Grundmann, Zur Akzeptanz und Integration von Beamten aus den alten in den neuen Bundesländern, in: Deutschland-Archiv, Jg. 27, 1994, S. 31–42; zum Elitentransfer von West- nach Ostdeutschland vgl. Wilhelm Bürklin/Ursula Hoffmann-Lange, Eliten, in: Weidenfeld/Korte, Handbuch (wie Anm. 9), S. 317–330.

14 Wolfgang Ludwig Schneider, Ossis, Wessis, Besserwessis: Zur Codierung der Ost/West-Differenz in der öffentlichen Kommunikation, in: Soziale Welt, Jg. 48, 1997, S. 133–150, Zitate S. 136; vgl. Hans-Joachim Maaz, Psychosoziale Aspekte im deutschen Einigungsprozeß, in: Aus Politik und Zeitgeschichte, B 19/1991, S. 3–10.

15 Norbert Finzsch/Jürgen Martschukat (Hg.), Different restorations: reconstruction and »Wiederaufbau« in Germany and the United States, 1865, 1945, 1989, Oxford u. a. 1996; vgl. Roland Habich/Detlef Landua/Wolfgang Seifert/Annette Spellerberg, »Ein unbekanntes Land« – Objektives und subjektives Wohlbefinden in Ostdeutschland, in: Aus Politik und Zeitgeschichte, B 32/1991, S. 13–33; Lutz Marz, Dispositionskosten des Transformationsprozesses, in: ebd., B 24/1992, S. 3–14.

16 Stefan Hradil, Die Transformation der Transformationsforschung, in: Berliner Journal für Soziologie, Jg. 3, 1996, S. 299–303.

17 Rainer Geißler, Nachholende Modernisierung mit Widersprüchen, in: Aus Politik und Zeitgeschichte, B 40–2000, S. 22–29.

18 Gitta Scheller, Die Transformation Ostdeutschlands. »Verwestlichung« oder Abgrenzung?, in: Deutschland-Archiv, Jg. 39, 2006, S. 790–798, Zitat S. 794; vgl. Karin Böttcher, Scheidung in Ost- und Westdeutschland. Der Einfluss der Frauenerwerbstätigkeit auf die Ehestabilität, in: Kölner Zeitschrift für Soziologie und Sozialpsychologie, Jg. 58, 2006, S. 592–616.

19 Olaf Georg Klein, Ihr könnt uns einfach nicht verstehen – Warum Ost- und Westdeutsche aneinander vorbeireden, Frankfurt/M. 2001.

20 Bernd Lindner, Trennung, Sehnsucht und Distanz. Deutsch-deutsche Verwandtschaftsverhältnisse im Spiegel der Zeitgeschichte, in: Deutschland-Archiv, Jg. 37, 2004, S. 991–1000, Zitat S. 1000.

21 Ebd., Zitat S. 999.

22 Jens Bisky, Zonensucht. Kritik der neuen Ostalgie, in: Merkur, Jg. 58, 2004, S. 117–127.

23 Ebd., S. 118, 122.

24 Dietrich Mühlberg, Beobachtete Tendenzen zur Ausbildung einer ostdeutschen Teilkultur, in: Aus Politik und Zeitgeschichte, B 11/2001, S. 30–38; vgl. die Studie von Alexander Thumfart, Die politische Integration Ostdeutschlands, 2 Bde., Frankfurt/M. 2001.

25 Dieter Walz/Wolfram Brunner, Das Sein bestimmt das Bewusstsein. Oder: Warum sich die Ostdeutschen als Bürger 2. Klasse fühlen, in: Aus Politik und Zeitgeschichte, B 51/1997, S. 13–19.

26 Klaus-Peter Schöppner, Die Mauer in den Köpfen wächst wieder, in: Hamburger Abendblatt, 8.11.2007.

27 Spiegel, 22.1.1990, 19.2.1990, 1.7.1991, 23.3.1992, 27.4.1992, 14.9.1992.

28 Wolfgang Franz, Arbeitslosigkeit, in: Bernhard Schäfers/Wolfgang Zapf (Hg.), Handwörterbuch zur Gesellschaft Deutschlands, ²2001, S. 11–21.

29 Gunter E. Zimmermann, Armut, in: ebd., S. 36–52.

30 Ritter, Preis (wie Anm. 10), S. 134 ff.; Richard Hauser, Einkommen und Vermögen, in: Schäfers/Zapf, Handwörterbuch (wie Anm. 28), S. 157–170; vgl. verschiedene Aufsätze in Aus Politik und Zeitgeschichte, 18/1999.

31 Ernst-Ulrich Huster (Hg.), Reichtum in Deutschland. Die Gewinner in der sozialen Polarisierung, Frankfurt/M./New York 1997.

32 Rainer Geißler, Das mehrfache Ende der Klassengesellschaft. Diagnosen sozialstrukturellen Wandels, in: Kölner Zeitschrift für Soziologie und Sozialpsychologie, Jg. 50, 1998 (Sonderheft 38: Die Diagnosefähigkeit der Soziologie), S. 207–233, Zitate S. 207, 221; Hans-Peter Müller, Zur Zukunft der Klassengesellschaft, in: Merkur, Jg. 61, 2007, S. 189–199.

33 Vgl. Aufsätze zur Einkommensarmut und Obdachlosigkeit in: Aus Politik und Zeitgeschichte, B 49/1992.

34 Themenheft »Kinderarmut«: Aus Politik und Zeitgeschichte, B 26/2006.

35 Verschiedene Beiträge in: Kölner Zeitschrift für Soziologie und Sozialpsychologie, Jg. 44, 1992 (Sonderheft 32: Armut im modernen Wohlfahrtsstaat).

36 Statistisches Jahrbuch 2000 für die Bundesrepublik Deutschland. Hg. vom Statistischen Bundesamt, Stuttgart 2000, S. 550 ff.

37 Heinz Bude/Ernst Dieter Lantermann, Soziale Exklusion und Exklusionsempfinden, in: Kölner Zeitschrift für Soziologie und Sozialpsychologie, Jg. 58, 2006, S. 233–252, Zitate S. 234.

38 Peter A. Berger, Deutsche Ungleichheiten – eine Skizze, in: Aus Politik und Zeitgeschichte, B 28–29/2005, S. 7–16.

39 Ursula Henz/Ineke Maas, Chancengleichheit durch die Bildungsexpansion?, in: Kölner Zeitschrift für Soziologie und Sozialpsychologie, Jg. 47, 1995, S. 605–633.

40 Birgit Becker/Nicole Biedinger, Ethnische Bildungsungleichheit zu Schulbeginn, in: Kölner Zeitschrift für Soziologie und Sozialpsychologie, Jg. 58, 2006, S. 660–684; Klaus Klemm, Ethnische und soziale Herkunft: entscheidend für den Schulerfolg? Reformbedarf des Bildungssystems, in: Schule in der Einwanderungsgesellschaft. Dokumentation der Friedrich-Ebert-Stiftung, Bad Godesberg o. J. (2007), S. 8–17.

41 Jutta Allmendinger, Bildungsarmut: Zur Verschränkung von Bildungs- und Sozialpolitik, in: Soziale Welt, Jg. 50, 1999, S. 35–50; s. dazu auch Beiträge in Aus Politik und Zeitgeschichte, B 21–22/2003.

42 Wolfgang Glatzer, Lebensstandard und Lebensqualität, in: Schäfers/Zapf, Handwörterbuch (wie Anm. 28), S. 436–446.

43 Ders., Haushalte und Haushaltsproduktion, in: Schäfers/Zapf, Handwörterbuch (wie Anm. 28), S. 294–306.

44 Eltern im Kaufstreß. Konsumterror der Kinder, in: Spiegel, 13.12.1993.

45 Weert Canzler, Das Auto im Kopf und vor der Haustür. Zur Wechselbeziehung von Individualisierung und Autonutzung, in: Soziale Welt, Jg. 51, 2000, S. 191–208, Zitate S. 196.

46 Ebd., S. 199.

47 Reiner Keller, Der Müll in der Öffentlichkeit. Reflexive Modernisierung als kulturelle Transformation. Ein deutsch-französischer Vergleich, in: Soziale Welt, Jg. 51, 2000, S. 245–266.

48 Der Spiegel, 3.9.2007.

49 Morgan Spurlock, Angriff der Killer-Burger. Wie Fast Food uns krank macht, München 2006; Hans-Ulrich Grimm, Die Suppe lügt. Die schöne neue Welt des Essens, Stuttgart [13]2008 (1997).

50 Dieter Brandes, Die 11 Geheimnisse des ALDI-Erfolgs, München/Zürich 2006.

51 Vgl. auch für das Folgende Deutsche Gesellschaft für Freizeit, Freizeit in Deutschland 1998, Erkrath 1999.

52 Thomas Müller-Schneider, Freizeit und Erholung, in: Schäfers/Zapf, Handwörterbuch (wie Anm. 28), S. 227–237; Yvonne Bernart, Jugend, in: ebd., S. 361–371.

53 Knut Hickethier (unter Mitarbeit von Peter Hoff), Geschichte des Deutschen Fernsehens, Stuttgart/Weimar 1998, S. 517 ff.

54 Die Zeit, 19.2.2009.

55 Annette Weber, Miniaturstaat Rave-Nation. Konservatismus im Kontext der Techno-Community, in: Tom Holert/Mark Terkessidis (Hg.), Mainstream der Minderheiten. Pop in der Kontrollgesellschaft, Berlin 1996, S. 41–54; Philipp Anz/Patrick Walder (Hg.), Techno, Reinbek 1999; Gabriele Klein, Electronic Vibration. Pop, Kultur, Theorie, Hamburg 1999.

56 David Robb, The Demise of Political Song and the New Discourse of Techno in the Berlin Republic, in: ders. (Hg.), Protest Song in East and West Germany since the 1960s, Rochester/New York 2007, S. 255–278, 265 ff.

57 Carsten Winter, Internet/Online-Medien, in: Werner Faulstich (Hg.), Grundwissen Medien, 3., vollst. Überarb. Aufl., München 1998, S. 274–295; Jürgen Wilke, Zukunft Multimedia, in: ders. (Hg.), Mediengeschichte der Bundesrepublik Deutschland, Bonn 1999, S. 751–774.

58 Uwe Osterrieder, Kommunikation im Internet. Kommunikationsstrukturen im Internet unter Betrachtung des World Wide Web als Massenmedium, Hamburg 2006, S. 17.

59 Statistisches Bundesamt (Hg.), Datenreport 2006. Zahlen und Fakten über die Bundesrepublik Deutschland, Bonn 2006, S. 127 ff.

60 So im Vorwort zum D21-Jahresband 2008 »Klicken und Lernen. Bildung im Wandel«.

61 Martina Pohl, Soziale Ungleichheit im digitalen Zeitalter. Eine Analyse der Internetnutzung in Deutschland, Saarbrücken 2007, S. 43 ff. Dort auch die nachfolgenden Zahlen; vgl. Hubert Eichmann, Medienlebensstile zwischen Informationselite und Unterhaltungsproletariat, Frankfurt am Main 2000; Mirko Marr, Internetzugang und politische Informiertheit. Zur digitalen Spaltung der Gesellschaft, Konstanz 2005.

62 Jan Schmidt, Weblogs. Eine kommunikationssoziologische Studie, Konstanz 2006, S. 16 ff.

63 Ansgar Zerfaß/Dietrich Boelter, Die neuen Meinungsmacher. Weblogs als Herausforderung für Kampagnen, Marketing, PR und Medien, Graz 2005, S. 20 ff.; vgl. Erik Möller, Die heimliche Medienrevolution. Wie Weblogs, Wikis und freie Software die Welt verändern, 2., erw. u. aktual. Aufl., Hannover 2006.

64 Vanessa Diemand/Michael Mangold/Peter Weibel (Hg.), Weblogs, Podcasting und Videojournalismus. Neue Medien zwischen demokratischen und ökonomischen Potenzialen, Hannover 2007 (Zitat S. 7).

65 Heike Weber, Das Versprechen mobiler Freiheit. Zur Kultur- und Technikgeschichte von Kofferradio, Walkman und Handy, Bielefeld 2008, S. 327.

66 Ebd., S. 265.

67 Rainer F. Schuh, Die mobile Generation. Jugendliche und ihr Handy, Saarbrücken 2007, S. 27 ff.

68 Robert A. Wieland, Mobile Anwendungen. Stand und Ausblick im globalen Vergleich, in: Jörg Eberspächer/Joachim Speidel (Hg.), Wachstumsimpulse durch mobile Kommunikation, Berlin u. a. 2007, S. 23–44, S. 30; vgl. Polly Grigorova, Das Handy der dritten Generation. Symbolmedium einer neuen drahtlosen Gesellschaft, Saarbrücken 2007.

69 Thomas Strätling/Ralf Weinen, Ein kleiner Kasten verändert den Musikmarkt: Das Erfolgsgeheimnis des iPod, in: transfer. Werbeforschung & Praxis, 2/2007, S. 36–51, 36. Vgl. Joachim Gartz, Die Apple-Story. Aufstieg, Niedergang und »Wiederauferstehung« des Unternehmens rund um Steve Jobs, Kilchberg 2005, S. 257 ff.

70 Bettina Gebhardt, Musikdownloads von Jugendlichen. Eine empirische Studie zur Zukunft der Musikindustrie, Lohmar 2006, S. 8 f.

71 Strätling/Weinen, Kasten (wie Anm. 71), S. 36.

72 Der Spiegel, 2.3.2009.

73 Statistisches Bundesamt, Datenreport 2006 (wie Anm. 60), S. 33 ff.

74 Der Spiegel, 20.3.2006.

75 Robert Prohl/Volker Scheid, Die gesellschaftliche Bedeutung des Sports in Vergangenheit und Gegenwart, in: dies. (Hg.), Sport und Gesellschaft. Kursbuch Sport, 6., völlig neu bearb. Aufl. Wiebelsheim 2009, S. 12–70, 59.

76 Gerhard Troisen, Sport und Wirtschaft, in: Scheid/Prohl, Sport (wie Anm. 77), S. 125–154, 142.

77 Erika Dilger, Die Fitnessbewegung in Deutschland. Wurzeln, Einflüsse und Entwicklungen, Schorndorf 2008, S. 312 ff.

78 Monika Rulle, Der Gesundheitstourismus in Europa. Entwicklungstendenzen und Diversifikationsstrategien, München/Wien 2004, S. 58 ff.

79 Focus Magazin, 17.12.2007.

80 Dilger, Fitnessbewegung (wie Anm. 79), S. 382 ff.

81 Trosien, Sport (wie Anm. 78), S. 134.

82 Markus Eppinger, Sport in den Massenmedien, in: Scheid/Prohl, Sport (wie Anm. 77), S. 155–185.

83 Hans-Jürgen Schulke, Fan und Flaneur. Public Viewing bei der FIFA-Weltmeisterschaft 2006. Organisatorische Erfahrungen, soziologische Begründungen und politische Steuerung bei einem neuen Kulturgut, in: Dieter H. Jütting (Hg.), Die Welt ist wieder heimgekehrt. Studien zur Evaluierung der FIFA-WM 2006, Münster u. a. 2007, S. 25–71, 26.

84 Gunter A. Pilz, Evaluation und wissenschaftliche Begleitung des Fan- und Besucherbetreuungskonzepts der FIFA WM 2006, in: Jütting, Welt (wie Anm. 86), S. 73–98.

85 Jürgen Osterhammel/Niels P. Petersson, Geschichte der Globalisierung. Dimensionen, Prozesse, Epochen, München ²2004, S. 105 ff.; Stefan A. Schirm (Hg.), Globalisierung. Forschungsstand und Perspektiven, Bonn 2006.

86 Rainer Geißler, Die Sozialstruktur Deutschlands. Die gesellschaftliche Entwicklung vor und nach der Wiedervereinigung, Wiesbaden 32002, S. 282 ff.; Statistisches Bundesamt (Hg.), Datenreport 2006 (wie Anm. 60), S. 41 ff.; vgl. als Überblicksdarstellungen Ulrich Herbert, Geschichte der Ausländerpolitik in Deutschland. Saisonarbeiter, Zwangsarbeiter, Gastarbeiter, Flüchtlinge, Bonn 2003, S. 286 ff.; Klaus J. Bade/Jochen Oltmer, Normalfall Migration, Bonn 2004, S. 97 ff.; Karen Schönwälder, Migration und Ausländerpolitik in der Bundesrepublik Deutschland. Öffentliche Debatten und politische Entscheidungen, in: Rosemarie Beier-de Haan (Hg.), Zuwanderungsland Deutschland. Migrationen 1500–2005, Berlin 2005, S. 106–119; Ulrich Herbert/Karin Hunn, Beschäftigung, soziale Sicherung und soziale Integration von Ausländern, in: Ritter, Geschichte (wie Anm. 11), S. 945–975.

87 Franz Walter, Neue deutsche Elite, in: Spiegel Online, 9.12.2008.

88 Christoph Pallaske, Migranten aus Polen in der Bundesrepublik Deutschland in den Achtziger- und Neunzigerjahren, in: Archiv für Sozialgeschichte, Bd. 42, 2002, S. 237–256.

89 Zahl bei Geißler, Sozialstruktur (wie Anm. 89), S. 293; zu europäischen und globalen Markmalen der Migration seit 1989 vgl. Klaus J. Bade, Europa in Bewegung. Migration vom späten 18. Jahrhundert bis zur Gegenwart, München 2002, S. 378 ff.; Patrick Manning, Migration in World History, New York 2005, S. 174 ff.

90 Zahlen bei Herbert/Hunn, Beschäftigung (wie Anm. 89), S. 947.

91 Oliver Decker/Elmar Brähler, Vom Rand zur Mitte. Rechtsextreme Einstellungen und ihre Einflussfaktoren in Deutschland, Berlin 2006, S. 32 ff.

92 Statistisches Bundesamt, Datenreport 2006 (wie Anm. 60), S. 45.

93 Karen Schönwälder, Kleine Schritte, verpaßte Chancen, neue Konflikte. Zuwanderungsgesetz und Migrationspolitik, in: Blätter für deutsche und internationale Politik, Jg. 49, 2004, S. 1205–1214.

94 Dirk Halm/Martina Sauer, Parallelgesellschaft und ethnische Schichtung, in: Aus Politik und Zeitgeschichte, B 1–2/2006, S. 18–24.

95 Bertelsmann-Stiftung, Religionsmonitor 2008. Muslimische Religiosität in Deutschland. Überblick zu religiösen Einstellungen und Praktiken, Gütersloh 2008.

96 Ebd., S. 20.

97 Thomas Schmitt, Religion, Raum und Konflikt – Lokale Konflikte um Moscheen in Deutschland: das Beispiel Duisburg, in: Berichte zur Landeskunde, Bd. 78, 2004, S. 193–212; Jörg Hüttermann, Das Minarett. Zur politischen Kultur des Konflikts um islamische Symbole, Weinheim/München 2006, S. 176 ff.

98 Heiner Bielefeldt, Menschenrechte in der Einwanderungsgesellschaft. Plädoyer für einen aufgeklärten Multikulturalismus, Bielefeld 2007.

99 Statistisches Bundesamt, Datenreport 2006 (wie Anm. 60), S. 568.

100 Jürgen Baumert u. a. (Hg.), Herkunftsbedingte Disparitäten im Bildungswesen. Differentielle Bildungsprozesse und Probleme der Verteilungsgerechtigkeit. Vertiefende Analysen im Rahmen von PISA 2000, Wiesbaden 2006.

101 Statistisches Bundesamt, Datenreport 2006 (wie Anm. 60), S. 478.

102 Franz Walter, Neue deutsche Elite, in: Spiegel Online, 9.12.2008; vgl. Elisabeth Beck-Gernsheim, Wir und die Anderen. Kopftuch, Zwangsheirat und andere Missverständnisse, erw. Neuausg., Frankfurt am Main 2007, S. 94 ff.

103 Hannes Loh/Sascha Verlan, 20 Jahre HipHop in Deutschland, Höfen 2000; René Martens, »Die Gang ist dein Psychologe«. Hiphop, in: Klaus Farin/Hendrik Neubauer (Hg.), Artificial Tribes. Jugendliche Stammeskulturen in Deutschland, Berlin 2001, S. 174–197; Gabriele Klein/Malte Friedrich, Is this real? Die Kultur des HipHop, Frankfurt am Main 2003.

104 Diedrich Diederichsen (Hg.), Yo! Hermeneutics! Schwarze Kulturkritik, Pop, Medien, Feminismus, Berlin 1993.

105 Kurt Luger/Christian Baumgarten/Karlheinz Wöhler (Hg.), Ferntourismus wohin? Der globale Tourismus erobert den Horizont, Innsbruck 2004.

106 Diese und die folgenden Zahlen bei Heinz Karrasch, Umweltverträglicher Tourismus – Ökotourismus – nachhaltiger Tourismus: Ein Beitrag zum Internationalen Jahr des Ökotourismus 2002, in: HGG-Journal 17 (2002), S. 1–30; Johanna Danielsson/Martin Lohmann, Nachfrageseitige Urlaubstrends, in: Institut für Mobilitätsforschung (Hg.), Erlebniswelten und Tourismus, Berlin u. a. 2004, S. 11–26.

107 Thomas Schmitt, Mallorca – vom Quantitäts- zum Qualitätstourismus. Eine Entwicklung zu mehr Umweltverträglichkeit?, in: HGG-Journal 17 (2002), S. 107–124; vgl. Cord Pagerstecher, Der bundesdeutsche Tourismus. Ansätze einer Visual History: Urlaubsprospekte, Reiseführer, Fotoalben 1950–1990, Hamburg 2003, S. 402 ff.

108 Annette Graf/Sandra Wengertsmann, Prostitutionstourismus. Von den Ursachen und Auswirkungen und der sozialen Verantwortung, Saarbrücken 2006 (Zahl S. 22).

109 Frank Schirrmacher, Der Westen ist frei, in: Frankfurter Allgemeine Zeitung (Beilage Bilder und Zeiten), 30.9.2000.

110 Der Titel des Spiegel, 12.3.1990, lautete: »Der Preis der Einheit: Das Ende der Bundesrepublik«.

111 Christoph Kleßmann, Die Geschichte der Bundesrepublik und der DDR – Erfolgs- contra Misserfolgsgeschichte, in: Bernd Faulenbach/Franz-Josef Jelich (Hg.), Geschichte und Erwachsenenbildung, Essen 2005, S. 15–31; Erich Röper, Die minderen Brüder und Schwestern, in: Aus Politik und Zeitgeschichte, 40/2005, S. 19–25.

112 Albert Munding, Die Kultusministerkonferenz im Prozeß der deutschen Einigung, in: Deutschland-Archiv, Jg. 28, 1995, S. 507–515.

113 Zit. nach der Dokumentation der Mainzer Tage der Fernsehkritik, in: Frankfurter Rundschau, 17.6.1991.

114 Zit. nach Rödder, Deutschland (wie Anm. 5), S. 223.

115 Nach dem Wahlsieg – ratlos in die Zukunft. Die Unvermeidlichen, in: Der Spiegel 49/1990.

116 Petra Bauer, Politische Orientierungen im Übergang. Eine Analyse politischer Einstellungen der Bürger in West- und Ostdeutschland 1990/91, in: Kölner Zeitschrift für Soziologie, Jg. 43, 1991, S. 433–453, Zitat S. 433.

117 Vgl. rückblickend die Positionen für und wider die Intervention und die Beteiligung der Bundesrepublik: Ludger Volmer, Der notwendige Krieg, in: Blätter für deutsche und internationale Politik, Jg. 54, 2009, S. 85–92; Wolf Oschlies, Der illegitime Krieg, in: ebd., S. 93–99.

118 Heinz Bude, So groß sind wir gar nicht. Zwischen Nation und Gesellschaft: Wie die Bundesrepublik neu erfunden werden müßte, in: Frankfurter Allgemeine Zeitung (Beilage »Bilder und Zeiten«), 29.1.1994; vgl. Albrecht von Lucke, Die gefährdete Republik. Von Bonn nach Berlin 1949–1989–2009, Berlin 2009, S. 16 ff.

119 Vgl. etwa Mariam Lau, Risiko Deutschland. Wohin treibt die Berliner Republik?, in: Merkur, Jg. 57, 2003, S. 405–416.

120 Andreas Hadjar/Rolf Becker, Bildungsexpansion und Wandel des politischen Interesses in Westdeutschland zwischen 1980 und 2002, in: Politische Vierteljahresschrift, Jg. 47, 2006, S. 12–34.

121 Vgl. Michael Haller (Hg.), Die Kultur der Medien. Untersuchungen zum Rollen- und Funktionswandel des Kulturjournalismus in der Mediengesellschaft, Münster 2002; Gunter Reus/Lars Harden, Politische »Kultur«. Eine Längsschnittanalyse des Zeitungsfeuilletons von 1983 bis 2003, in: Publizistik, Bd. 50, 2005, S. 153–172 (eine quantifizierende Studie am Beispiel der Frankfurter Allgemeinen Zeitung, der Süddeutschen Zeitung, der Hannoverschen Allgemeinen Zeitung und der Neuen Presse, Hannover).

122 Stefan Marschall, Das Parlament in der Mediengesellschaft – Verschränkungen zwischen parlamentarischer und massenmedialer Arena, in: Politische Vierteljahresschrift, Jg. 42, 2001, S. 388–413.

123 Thomas Zittel, Elektronische Demokratie, in: Neue Politische Literatur, Jg. 46, 2001, S. 433–470.

124 Herfried Münkler, Der Wettbewerb der Sinnproduzenten. Vom Kampf um die politisch-kulturelle Hegemonie, in: Merkur, Jg. 60, 2006, S. 15–22.

125 Max A. Höfer, Die »Berliner Republik« als Kampfbegriff?, in: Aus Politik und Zeitgeschichte, B 6–7/2001, S. 27–30.

126 Heinz Bude, Generation Berlin, Berlin 2001.

127 Thomas Schmid, »Jahrhundertexperiment: Das klingt mir zu deutsch«, in: Frankfurter Rundschau, 31.12.1991.

128 Hans-Peter Schwarz, Die gezähmten Deutschen. Von der Machtbesessenheit zur Machtvergessenheit, Stuttgart 1985; ders., Republik ohne Kompaß. Anmerkungen zur deutschen Außenpolitik, Berlin 2005; Michael Stürmer, Welt ohne Weltordnung. Wer wird die Welt erben?, Hamburg 2006.

129 Friedrich Tenbruck, Wenn Musterschüler sich verrechnen, in: Frankfurter Allgemeine Zeitung, 19.2.1991; Rainer Zitelmann u. a. (Hg.), Westbindung. Chancen und Risiken für Deutschland, Frankfurt/M./Berlin 1993; Heimo Schwilk/Ulrich Schacht (Hg.), Die selbstbewusste Nation: »Anschwellender Bocksgesang« und weitere Beiträge zu einer deutschen Debatte, München 1994; dies., Für eine Berliner Republik. Streitschriften, Reden, Essays nach 1989, München 1997; kritisch dazu Maria Zens, Vergangenheit verlegen. Über die Wiederherstellung nationaler Größe im Hause Ullstein, in: Blätter für deutsche und internationale Politik, Jg. 38, 1993, S. 1364–1375; Hans-Martin Lohmann (Hg.), Extremismus der Mitte. Vom rechten Verständnis deutscher Nation, Frankfurt/M. 1994.

130 Thomas Nipperdey, Die Deutschen wollen und dürfen eine Nation sein. Wider die Arroganz der Post-Nationalen, in: Frankfurter Allgemeine Zeitung, 13.7.1990.

131 Verfassung, Kultur, Nation. Ein Gespräch mit Günter Grass, in: Frankfurter Rundschau, 29.1.1994).

132 Jürgen Habermas, Der DM-Nationalismus. Weshalb es richtig ist, die deutsche Einheit nach Artikel 146 zu vollziehen, also einen Volksentscheid über eine neue Verfassung anzustreben, in: Die Zeit, 30.3.1990.

133 Jürgen Kocka, Nur keinen neuen Sonderweg. Jedes Stück Entwestlichung wäre als Preis für die deutsche Einheit zu hoch, in: Die Zeit, 19.10.1990.

134 Gunther Hellmann u. a., »Selbstbewusst« und »Stolz«. Das außenpolitische Vokabular der Berliner Republik als Fährte einer Neuorientierung, in: Politische Vierteljahresschrift, Jg. 48, 2007, S. 650–679.

135 Francis Fukuyama, Das Ende der Geschichte. Wo stehen wir?, München 1992; Samuel Huntington, Der Kampf der Kulturen. Die Neugestaltung der Weltpolitik im 21. Jahrhundert, München 1996.

136 Deutscher Bundestag (Hg.), Materialien der Enquete-Kommisssion »Aufarbeitung von Geschichte und Folgen der SED-Diktatur in Deutschland, 9 Bde., Baden-Baden 1995; Deutscher Bundestag (Hg.), Überwindung der Folgen der SED-Diktatur im Prozeß der deutschen Einheit. Materialien der Enquete-Kommission der 13. Wahlperiode des Deutschen Bundestags, 8 Bde., Wiesbaden/Frankfurt/M. 1999; als abweichende Position aus Sicht der PDS vgl. zusammenfassend Ludwig Elm, Das verordnete Feindbild. Neue deutsche Geschichtsideologie und «antitotalitärer Konsens», Köln 2001.

137 Vgl. etwa Horst Möller, Trabi, Stasi, Kinderkrippen, in: Rheinischer Merkur, 22.6.2006.

138 Martin Sabrow u. a. (Hg.), Wohin treibt die DDR-Erinnerung? Dokumentation einer Debatte, Göttingen 2007.

139 Hermann Rudolph, Die verdrängte Teilung, in: Merkur, Jg. 61, 2007, S. 1–14.

140 Monika Deutz-Schroeder/Klaus Schroeder (Hg.), Das DDR-Bild von Schülern – ein Ost-West-Vergleich, Stamsried 2008; vgl. kritisch Martin Sabrow, Wie, der Schüler kennt den Dicken mit der Zigarre nicht?, in: Frankfurter Allgemeine Zeitung, 4.2.2009.

141 Günther Gillesen, Auch in Berlin die Bonner Republik. Deutschlands Mitte bleibt, wo sie war, in: Frankfurter Allgemeine Zeitung (Beilage »Bilder und Zeiten«), 10.7.1999; im gleichen Duktus Klaus Harpprecht, Abschied von Bonn. Die Rheinische Republik war

ein Glücksfall für Deutschland und die Welt. Von ihr kann in Berlin nicht genug fortbestehen, in: Die Zeit, 8.7.1999.

142 Wilhelm Hennis, Aus Kohls Erbe. Warum wir den 3. Oktober und nicht den 9. November als nationalen Feiertag begehen, in: Frankfurter Allgemeine Zeitung, 28.9.2000; vgl. Peter Steinbach, Der 9. November in der deutschen Geschichte des 20. Jahrhunderts und in der Erinnerung, in: Aus Politik und Zeitgeschichte, B 43–44/1999, S. 3–11; Thomas Macho, Die Feste der Berliner Republik, in: Merkur, Jg. 60, 2006, S. 837–846.

143 Jens Hacke, Die Sichtbarkeit von Institutionen: Der Wandel staatlicher Repräsentation in der Bundesrepublik seit 1989, in: Jörg Baberowski/David Feest/Maike Lehmann (Hg.), Dem Anderen begegnen. Eigene und fremde Repräsentationen in sozialen Gemeinschaften, Frankfurt/M./New York 2008, S. 37–52, Zitat S. 38.

144 Thomas Schmid, Ein Staat, zwei Gesellschaften oder Plädoyer wider die Selbstaufgabe der Bundesrepublik, in: Blätter für deutsche und internationale Politik, Jg. 35, 1990, S. 1182–1189, Zitate S. 1186 f.

145 Diesbezüglich bejahend oder für die Zukunft optimistisch gestimmt die meisten Beiträge in Werner Süß/Ralf Rytlewski (Hg.), Berlin. Die Hauptstadt. Vergangenheit und Zukunft einer europäischen Metropole, Bonn 1999.

146 Anselm Doering, Manteuffel, Nach dem Boom. Brüche und Kontinuitäten der Industriemoderne seit 1970, in: Vierteljahreshefte für Zeitgeschichte, Jg. 55, 2007, S. 559–581, hier S. 576.

147 Eberhard Fuhrmann (Hg.), Turbokapitalismus. Gesellschaft im Übergang ins 21. Jahrhundert, Hamburg 1997; Edward Luttwak, Turbokapitalismus. Gewinner und Verlierer der Globalisierung, Hamburg/Wien 1999; Hans-Peter Studer, Die Grenzen des Turbokapitalismus. Fakten und Perspektiven für eine neue Ökonomie, Bern 2000.

148 Themenheft »Generationengerechtigkeit«: Aus Politik und Zeitgeschichte, B 8/2005.

149 Tobias Kröll, Die Ideologie des Neoliberalismus als kulturelles Kapital, in: Blätter für deutsche und internationale Politik, Jg. 53, 2008, S. 70–78, Zitat S. 71.

150 Vgl. dazu Beiträge des Jahrbuchs für Pädagogik 2008 (1968 und die neue Restauration), Frankfurt/M. u. a. 2009.

151 Peter Struck, Die 15 Gebote des Lernens. Schule nach PISA, Darmstadt 2007.

152 Cicero 4/2006; vgl. 5/2007; 10/2008; das Messverfahren wurde entwickelt von einem der Geschäftsführer der Initiative Neue Soziale Marktwirtschaft, Max A. Höfer; vgl. ders., Meinungsführer, Denker, Visionäre. Wer sie sind, was sie denken, Frankfurt/M. 2005.

153 Dieter Langewiesche, Schöne neue Hochschulwelt, in: Frankfurter Allgemeine Zeitung, 23.6.2005; vgl. Konrad Paul Lissmann, Theorie der Unbildung. Die Irrtümer der Wissensgesellschaft, Wien 2006; Julian Nida-Rümelin, Humanismus als Leitkultur. Ein Perspektivenwechsel, München 2006, S. 67 ff.; eine Fülle kritischer Artikel dazu auch in der Zeitschrift Forschung und Lehre.

154 Michael Windzio/Matthias Kleimann, Die kriminelle Gesellschaft als mediale Konstruktion? Mediennutzung, Kriminalitätswahrnehmung und Einstellung zum Strafen, in: Soziale Welt, Jg. 57, 2006, S. 193–215.

155 Eckart Conze, Sicherheit als Kultur. Überlegungen zu einer »modernen Politikgeschichte« der Bundesrepublik Deutschland, in: Vierteljahreshefte für Zeitgeschichte, Jg. 53, 2005, S. 357–380.

156 Die Welt, 25.10.2000; vgl. Hartwig Pautz, Die deutsche Leitkultur. Eine Identitätsdebatte. Neue Rechte, Neorassismus und Normalisierungsbemühungen, Stuttgart 2005; Norbert Lammert (Hg.), Verfassung, Patriotismus, Leitkultur. Was unsere Gesellschaft zusammenhält, Bonn 2006; Jürgen Nowak, Leitkultur und Parallelgesellschaft – Argumente

wider einen deutschen Mythos, Frankfurt/M. 2006; Themenheft »Patriotismus«: Aus Politik und Zeitgeschichte, 1–2/2007.

157 Richard Schröder, Deutsche Kultur, in: Frankfurter Allgemeine Zeitung, 18.4.2006.

158 Christoph Böhr, Heimat, in: Frankfurter Allgemeine Zeitung, 26.3.2005 (der Verfasser war Stellvertretender Vorsitzender der CDU und Vorsitzender ihrer Wertekommission); aus konservativer Sicht auch einige Beiträge in der Zeitschrift »Die Politische Meinung«, Jg. 51, 2006, Nr. 440.

159 Rainer Brüderle, Bürgerliche Werte, in: Frankfurter Allgemeine Zeitung, 19.12.2005; der Begriff »unverkrampft« begegnet in vielen Beiträgen zu diesem Themenspektrum; vgl. auch den Titel »Wir, die Deutschen. Eine verkrampfte Nation« des Spiegel, 23/1994.

160 Paul Nolte, Generation Reform. Jenseits der blockierten Republik, München 2004, S. 124 ff.

161 Sascha Lehnartz, Anschwellender Salon-Gesang, in: Frankfurter Allgemeine Sonntagszeitung, 19.3.2006.

162 Matthias Kötter, Rechtskultur statt Leitkultur. Zur Versachlichung der Integrationsdebatte, in: Blätter für deutsche und internationale Politik, Jg. 50, 2005, S. 83–89.

163 Vgl. den Bericht von Christian Geyer, Strukturwandel der Heiligkeit. Dogma gegen Diskurs: Jürgen Habermas und Joseph Kardinal Ratzinger treffen aufeinander, in: Frankfurter Allgemeine Zeitung, 21.1.2004; Jürgen Habermas/Joseph Ratzinger, Dialektik der Säkularisierung. Über Vernunft und Religion, Freiburg 2007; Rudolf Langthaler/Herta Nagl-Docekal (Hg.), Glauben und Wissen. Ein Symposium mit Jürgen Habermas, Wien 2007.

164 Vgl. etwa Barbara Zehnpfennig, Was eint die Nation? Verfassungspatriotismus ist zuwenig: Eine Kultur, die sich ernst nimmt, muß im Angesicht der nationalen Geschichte integrativ sein wollen, in: Frankfurter Allgemeine Zeitung, 27.12.2000.

165 Jürgen Busche, Der Zeitgeist ist konservativ, in: Cicero 8/2006, S. 52–55.

166 Frank Schirrmacher (Hg.), Die Darwin-AG. Wie Nanotechnologie, Biotechnologie und Computer den neuen Menschen träumen, Köln 2001; ders., Das Methusalem-Komplott, München 2004; ders., Minimum. Vom Vergehen und Neuentstehen unserer Gemeinschaft, München 2006.

167 Udo Di Fabio, Die Kultur der Freiheit, München 2005. Für dieses Buch erhielt er den Preis der Frankfurter Allgemeinen Sonntagszeitung und der »Initiative Neue Soziale Marktwirtschaft« als »Reformer des Jahres 2005«.

168 Matthias Matussek, Wir Deutschen. Warum die anderen uns gern haben können, Frankfurt/M. 2006.

169 Diedrich, Diederichsen, Liebe TINA, es geht dir gut, in: Theater heute, Jg. 49, 2008, Heft 12, S. 6–7 (das von Pierre Bourdieu ursprünglich formulierte »TINA«-Prinzip fußt auf der Abkürzung von »There is no Alternative«, einer von der britischen Premierministerin Margaret Thatcher häufig benutzte Formulierung bei der Werbung für ihre marktradikale Wirtschaftspolitik; das satirische Gegenprinzip lautete »TATA« (There are Thousand Alternatives).

170 taz, 10./11.9.2005.

171 Jan-Peter Kunze, Das Geschlechterverhältnis als Machtprozess. Die Machtbalance der Geschlechter in Westdeutschland seit 1945, Wiesbaden 2005.

172 Rüdiger Schmitt-Beck, Über die Bedeutung der Massenmedien für soziale Bewegungen, in: Kölner Zeitschrift für Soziologie und Sozialpsychologie, Jg. 42, 1990, S. 642–662.

173 Thomas Kröter, Political Correctness: Vom linken Wahn zur rechten Wirklichkeit, in: Blätter für deutsche und internationale Politik, Jg. 44, 1995, S. 1367–1374; Kornelia

Hauser, Die Kulturisierung der Politik. »Anti-Polical-Correctness« als Deutungskämpfe gegen den Feminismus, in: Aus Politik und Zeitgeschichte, 21–22/1996, S. 15–21; Marc Fabian Erdl, Die Legende von der politischen Korrektheit. Zur Erfolgsgeschichte eines importierten Mythos, Bielefeld 2004.

174 Cora Stephan, Der Betroffenheitskult. Eine politische Sittengeschichte, Berlin 1993.

175 Eva Hermann, Das Eva-Prinzip. Für eine neue Weiblichkeit, Zürich 2006.

176 Gerhard Brunn, Die Europäische Einigung von 1945 bis heute, Stuttgart 2002; Frank R. Pfetsch, Die Europäische Union. Geschichte, Institutionen, Prozesse, 3., erw. u. aktual. Aufl., München 2005; Curt Gasteyger, Europa zwischen Spaltung und Einigung. Darstellung und Dokumentation 1945–2005, überarb. Neuaufl., Bonn 2005; Werner Weidenfeld/Wolfgang Wessels (Hg.), Europa von A bis Z. Taschenbuch der europäischen Integration, Berlin ⁹2006.

177 Tony Judt, Geschichte Europas von 1945 bis zur Gegenwart, München 2006, S. 846.

178 Weidenfeld/Wessels, Europa (wie Anm, 187), S. 415.

179 Hartmut Kaelble, Sozialgeschichte Europas. 1945 bis zur Gegenwart, München 2007, S. 282 ff.

180 Christine Landfried, Das politische Europa. Differenz als Potenzial der Europäischen Union, Baden-Baden 2002, S. 229 ff.; Judt, Geschichte (wie Anm. 188), S. 902 ff.

181 Olaf Schwencke, Zur Einführung: Kleine Geschichte der Kulturpolitik in Europa, in: Bernd Wagner/Norbert Sievers (Hg.), Jahrbuch für Kulturpolitik 2007, Bd. 7: Europäische Kulturpolitik, Essen 2007, S. 17–31, 24.

182 Wolfgang Wippermann, Dämonisierung und Vergleich: DDR und Drittes Reich, Berlin 2009.

183 Norbert Frei, Goldhagen, die Deutschen und die Historiker. Über die Repräsentation des Holocaust im Zeitalter der Visualisierung, in: Martin Sabrow/Ralph Jessen/Klaus Große Kracht (Hg.), Zeitgeschichte als Streitgeschichte. Große Kontroversen seit 1945, München 2003, S. 138–151; Volker Ullrich, Eine produktive Provokation. Die Rolle der Medien in der Goldhagen-Kontroverse, in: ebd., S. 152–170.

184 Ulrike Jureit, Generationsprojekte? Die beiden Ausstellungen über die Verbrechen der Wehrmacht, in: Olaf Hartung, Museum und Geschichtskultur. Ästhetik – Politik – Wissenschaft, Bielefeld 2006, S. 160–183; Anna Lena Mösken, »Die Täter im Blickpunkt«. Neue Erinnerungsräume in den Bildern der Wehrmachtsausstellung, in: Inge Stephan/Alexandra Tacke (Hg.), NachBilder des Holocaust, Köln u. a. 2007, S. 235–253.

185 Hans-Ulrich Thamer, Vom Tabubruch zur Historisierung? Die Auseinandersetzung um die »Wehrmachtsausstellung«, in: Sabrow/Jessen/Große Kracht, Zeitgeschichte (wie Anm. 194), S. 171–186.

186 Rupert Seuthe, »Geistig-moralische Wende«? Der politische Umgang mit der NS-Vergangenheit in der Ära Kohl am Beispiel von Gedenktagen, Museums- und Denkmalprojekten, Frankfurt am Main 2001, S. 263 ff.; Hans-Georg Stavginski, Das Holocaust-Denkmal. Der Streit um das »Denkmal für die ermordeten Juden Europas« in Berlin (1988–1999), Paderborn u. a. 2002; Jan-Holger Kirsch, Nationaler Mythos oder historische Trauer? Der Streit um ein zentrales »Holocaust-Mahnmal« für die Berliner Republik, Köln 2003; Claus Leggewie/Erik Meyer, »Ein Ort, an den man gerne geht«. Das Holocaust-Mahnmal und die deutsche Geschichtspolitik nach 1989, München 2005.

187 Omer Bartov, Der Holocaust. Von Geschehen und Erfahrung zu Erinnerung und Darstellung, in: Rosemarie Beier (Hg.), Geschichtskultur in der Zweiten Moderne, Frankfurt am Main 2000, S. 95–119.

188 Harald Schmid, Europäisierung des Auschwitzgedenkens? Zum Aufstieg des 27. Januar

1945 als »Holocaustgedenktag« in Europa, in: Jan Eckel/Claudia Moisel (Hg.), Universalisierung des Holocaust? Erinnerungskultur und Geschichtspolitik in internationaler Perspektive, Göttingen 2008, S. 174–202; vgl. Volkhard Knigge/Norbert Frei (Hg.), Verbrechen erinnern. Die Auseinandersetzung mit Holocaust und Völkermord, München 2002; Harald Welzer (Hg.), Der Krieg der Erinnerung. Holocaust, Kollaboration und Widerstand im europäischen Gedächtnis, Frankfurt am Main 2007.

189 Dietrich Mühlberg, Vom langsamen Wandel der Erinnerung an die DDR, in: Konrad H. Jarausch/Martin Sabrow (Hg.), Verletztes Gedächtnis, Erinnerungskultur und Zeitgeschichte im Konflikt, Frankfurt/M. 2002, S. S.217–251.

190 Mary Fulbrook, Ein ganz normales Leben. Alltag und Gesellschaft in der DDR, Darmstadt 2008.

191 Kerstin Cornils, Die Komödie von der verlorenen Zeit: Utopie und Patriotismus in Wolfgang Beckers Good Bye Lenin!, in: Jörg Glasenapp/Claudia Lillge (Hg.), Die Filmkomödie der Gegenwart, Paderborn 2008, S. 252–272; zur internationalen Resonanz: Michael Töteberg, Welcome, Lenin! Die internationale Karriere von Wolfgang Beckers *Good Bye, Lenin!*, in: apropos: Film 2005. Das Jahrbuch der DEFA-Stiftung, Berlin 2005, S. 173–186.

192 Alke Vierck, Der horchende Blick. Hören und Sehen in Donnersmarcks »Das Leben der Anderen« (2006), in: Inge Stephan/Alexandra Tacke (Hg.), NachBilder der Wende, Köln u. a. 2008, S. 214–236; Mary Beth Stein, Stasi with a human face? Ambiguity in »Das Leben der Anderen«, in: German studies review, Jg. 31, 2008, S. 567–579.

193 Anke Kuhrmann, Der Palast der Republik. Geschichte und Bedeutung des Ost-Berliner Parlaments- und Kulturhauses, Petersberg 2006; Alexander Schug (Hg.), Palast der Republik. Politischer Diskurs und private Erinnerung, Berlin 2007.

194 Jürgen Trimborn, »Palast der Republik« oder preußisches Stadtschloss? Wie soll man mit Berlins Mitte umgehen? Die Diskussion um den Wiederaufbau des Hohenzollernschlosses, in: Alte Stadt, Jg. 25, 1998, S. 212–228; Stefanie Flamm, Der Palast der Republik, in: Étienne François/Hagen Schulze (Hg.), Deutsche Erinnerungsorte. Eine Auswahl, Bonn 2005, S. 402–417.

195 Albrecht von Lucke, 68 oder neues Biedermeier. Der Kampf um die Deutungsmacht, Berlin 2008.

196 Die Zeit, 9.4.1993.

197 Vgl. Detlef Siegfried, Furor und Wissenschaft. Vierzig Jahre nach »1968«, in: Zeithistorische Forschungen, Jg. 5, 2008, S. 130–141.

198 Norbert Frei, 1968. Jugendrevolte und globaler Protest, München 2008.

199 Gerd Koenen, Vesper Ensslin Baader. Urszenen des deutschen Terrorismus, Köln 2003; Wolfgang Kraushaar (Hg.), Die RAF und der linke Terrorismus. 2 Bände, Hamburg 2006; Klaus Weinhauer/Jörg Requate/Heinz-Gerhard Haupt (Hg.), Terrorismus in der Bundesrepublik. Medien, Staat und Subkulturen in den 1970er Jahren, Frankfurt/New York 2006.

200 Wolfgang Kraushaar, Zwischen Popkultur, Politik und Zeitgeschichte. Von der Schwierigkeit, die RAF zu historisieren, in: Zeithistorische Forschungen, Jg. 1, 2004, S. 262–270; Meike Tina Schüle, Die Ästhetisierung der RAF. Eine Diskursanalyse zur Debatte um die Berliner Ausstellung »Zur Vorstellung des Terrors«, Saarbrücken [2008].

201 Klaus Biesenbach (Hg.), Zur Vorstellung des Terrors. Die RAF-Ausstellung, 2 Bde., Berlin 2005.

202 Bill Niven (Hg.), Germans as Victims. Remembering the Past in Contemporary Germany, Basingstoke 2006.

203 Lothar Kettenacker (Hg.), Ein Volk von Opfern? Die neue Debatte um den Bomben-

krieg 1940–45, Reinbek 2003; Dietmar Süß, »Heimatfront« und »People's War«, Neue Literatur zur Geschichte des Luftkrieges, in: sehepunkte 4 (2004), Nr. 7/8 [15.07.2004].

204 Malte Thießen, Eingebrannt ins Gedächtnis. Hamburgs Gedenken an Luftkrieg und Kriegsende 1943 bis 2005, München/Hamburg 2007.

205 Samuel Salzborn, Geschichtspolitik in den Medien: Die Kontroverse über ein »Zentrum gegen Vertreibungen«, in: Zeitschrift für Geschichtswissenschaft, Jg. 51, S. 1120–1130; Jürgen Danyel, Deutscher Opferdiskurs und europäische Erinnerung. Die Debatte um das »Zentrum gegen Vertreibungen«, in: Zeitgeschichte-online, Thema: Die Erinnerung an Flucht und Vertreibung, hg. von Jürgen Danyel, Januar 2004.

206 Kaspar Maase, Farbige Bescheidenheit. Anmerkungen zum postheroischen Generationsverständnis, in: Ulrike Jureit/Michael Wildt (Hg.), Generationen. Zur Relevanz eines wissenschaftlichen Grundbegriffs, Hamburg 2005, S. 220–243, Zitat S. 222.

207 Jürgen Reulecke (Hg.), Generationalität und Lebensgeschichte im 20. Jahrhundert, München 2003; Bernd Weisbrod, Generation und Generationalität in der Neueren Geschichte, in: Aus Politik und Zeitgeschichte, B 8/2005, S. 3–9; Ohad Parnes/Ulrike Vedder/Stefan Willer, Das Konzept der Generation. Eine Wissenschafts- und Kulturgeschichte, Frankfurt am Main 2008; Björn Bohnenkamp/Till Mannig/Eva Maria Silies, Generation als Erzählung, Göttingen 2009.

208 Deutscher Bundestag (Hg.), Kultur in Deutschland. Schlussbericht der Enquete-Kommission des Deutschen Bundestages, Regensburg 2008, S. 52.

209 Ebd., S. 504.

210 Ebd., S. 52.

211 Ebd., S. 353.

212 Josef Haslinger/Hans-Ulrich Treichel (Hg.), Wie werde ich ein verdammt guter Schriftsteller?, Frankfurt/M. 2005.

213 Deutscher Bundestag (wie Anm. 219), S. 52.

214 Knoblich, Kunst- und Kulturförderung (wie Anm. 1).

215 Manfred Jenke, Hörfunk im Wettbewerb, in: Dietrich Schwarzkopf (Hg.), Rundfunkpolitik in Deutschland. Wettbewerb und Öffentlichkeit, Bd. 2, München 1999, S. 643–700, 643.

216 Zit. nach Ernst Elitz, Erhofftes und Erreichtes, in: Manfred Jenke (Hg.), Bundesweit und werbefrei. Zehn Jahre DeutschlandRadio, Berlin 2003, S. 27–42, 39.

217 Frank Capellan, Für Deutschland und Europa: Der Deutschlandfunk. Rundfunkanstalt mit besonderem Auftrag 1961–1989, München u. a. 1993.

218 Ansgar Diller, Der nationale Hörfunk, in: Schwarzkopf, Rundfunkpolitik (wie Anm. 226), S. 978–1007.

219 Elitz, Erhofftes (wie Anm. 227), S. 33.

220 Josef Eckhardt, Leistungen durchleuchten – Programme optimieren, in: Jenke, Bundesweit (wie Anm. 226), S. 71–80, 71.

221 Deutscher Bundestag, Kultur (wie Anm. 219), S. 237, 279; vgl. – auch zu anderen Bereichen der Kultur – Hans Joachim Klein, Kulturinstitutionen, in: Schäfers/Zapf, Handwörterbuch (wie Anm. 28), S. 403–414.

222 Jürgen Mittag/Hans-Christoph Seidel, Das Ruhrgebiet – Bürde oder Chance für Nordrhein-Westfalen? Zuschreibungen und Raumbilder im Wandel der Zeit, in: Jürgen Brautmeier/Ulrich Heinemann (Hg.), Mythen – Möglichkeiten – Wirklichkeiten. 60 Jahre Nordrhein-Westfalen, Essen 2007, S. 79–106; Ulrich Heinemann, NRW-Kultur: »Eine Sache der Kommunen«? 60 Jahre Landeskulturpolitik, in: ebd., S. 173–197.

223 Jörg Rössel, Allesfresser im Kinosaal? Distinktion durch kulturelle Vielfalt in Deutsch-

land, in: Soziale Welt, Jg. 57, 2006, S. 259–272; ders., Von Lebensstilen zu kulturellen Präferenzen – ein Vorschlag zur theoretischen Neuorientierung, in: Soziale Welt, Jg. 55, 2004, S. 95–114.

224   Michael Schäfer, Die Vereinigungsdebatte. Deutsche Intellektuelle und deutsches Selbstverständnis 1989–1996, Baden-Baden 2002.

225   Gerd Gemünden, Nostalgia for the Nation: Intellectuals and National Identity in Unified Germany, in: Mieke Bal/Jonathan Crewe/Leo Spitzer (Hg.), Acts of Memory. Cultural Recall in the Present, University Press of New England, Hannover/London 1999, S. 120–133.

226   Helmut Peitsch, »Antipoden« im »Gewissen der Nation«? Günter Grass' und Martin Walsers »deutsche Fragen«, in: Helmut Scheuer (Hg.), Dichter und ihre Nation, Frankfurt/M. 1993, S. 459–489; Morten Brandt, Wendzeitstimmung. Deutschland und die Erinnerung an das Dritte Reich bei Martin Walser und Günter Grass, in: Willi Huntemann u. a. (Hg.), Engagierte Literatur in Wendezeiten, Würzburg 2003, S. 223–242.

227   Robert Grünbaum, Revolutionäre oder Zaungäste? Die DDR-Schriftsteller und der Umbruch von 1989/90, in: Günther Heydemann/Gunther Mai/Werner Müller (Hg.), Revolution und Transformation in der DDR 1989/90, Berlin 1999, S. 595–612.

228   Reinhard Bobach, Mentale Konversion? Kulturelle Aspekte der deutschen Vereinigung, in: Deutschland-Archiv, Jg. 26, 1993, S. 7–20; Detlev Schöttker, Mauerrisse. Kulturtransfer von Ost nach West, in: Merkur, Jg. 61, 2007, S. 1112–1121.

229   Roland Berbig (Hg.), Stille Post. Inoffizielle Schriftstellerkontakte zwischen West und Ost, Berlin 2005.

230   Erich Loest, Als wir in den Westen kamen, in: Deutschland-Archiv, Jg. 30, 1997, S. 79–84.

231   Vgl. kritisch Heinrich Mohr, Mein Blick auf die Literatur in der DDR, in: Aus Politik und Zeitgeschichte, B 10/1994, S. 12–22; vgl. auch die diesem Thema gewidmeten Hefte B 44/1990, B 41–42/1991, B 20/1992, B 22–23/1993, B 13–14/1996, B 13/2000.

232   Karl Deiritz/Hannes Krauss (Hg.), Der deutsch-deutsche Literaturstreit oder »Freunde, es spricht sich schlecht mit gebundener Zunge«. Analysen und Materialien, Hamburg/Zürich 1991; Thomas Anz (Hg.), »Es geht nicht um Christa Wolf«. Der Literaturstreit im vereinigten Deutschland, München 1991.

233   Wolfgang Gabler, Die konservierte Kontroverse. Literaturstreit nach 1945 und nach 1989: Vom Sinn einer Analogiebildung, in: Amsterdamer Beiträge zur neueren Germanistik, Bd. 38/39, 1995, S. 495–522.

234   Frank Hoffmann/Silke Flegel, Autobiografie und Dichtung. Die Sommer-Debatte um Erwin Strittmatter, in: Deutschland-Archiv, Jg. 41, 2008, S. 973–984.

235   Carla A. Damiano, Walter Kempowski's »Das Echolot«. Sifting and exposing the evidence of montage, Heidelberg 2005; Heinz Ludwig Arnold (Hg.), Walter Kempowski, München 2006.

236   Hubert Spiegel, Man hatte allerhand auf dem Herzen (Laudatio aus Anlaß der Verleihung des Hans-Erich-Nossack-Preises des Kulturkreises der deutschen Wirtschaft), in: Frankfurter Allgemeine Zeitung, 10.12.2005; vgl. auch das Interview: Der muß uns doch für verrückt halten, der Mensch! Zeugnis ablegen auf wahrhaftige und durchaus unterhaltsame Art: Walter Kempowski spricht über Günter Grass und den deutschen Humor, in: Frankfurter Allgemeine Zeitung, 22.9.2006; einfühlsamer Nekrolog: Gerhard Henschel, Das Echolot der Deutschen, in: tageszeitung, 6./7.10.2007.

237   Kettenacker, Volk (wie Anm. 214); Thomas Kühne, Die Leiden der Deutschen am NS-Krieg und die »Nicht-Einheit« der Geschichte. Walter Kempowskis »Echolot« Teil II, in: Neue Politische Literatur, Jg. 46, 2001, S. 7–14.

238 Zugrunde liegt diesem Eindruck eine Durchsicht der Bestseller-Listen im »Spiegel« an jeweils vier Stichdaten der Jahre 1989–2008.

239 Vgl. Jeanne Riou/Christer Petersen (Hg.), Zeichen des Krieges in Literatur, Film und den Medien. Bd. 3: Terror, Kiel 2008; Ingo Irsigler/Christoph Jürgensen (Hg.), Nine Eleven. Ästhetische Verarbeitungen des 11. September 2001, Heidelberg 2008.

240 Frank Degler/Ute Paulokat, Neue Deutsche Popliteratur, München 2008.

241 Dirk Frank, Die Nachfahren der »Gegengegenkultur«. Die Geburt der »Tristesse Royale« aus dem Geiste der achtziger Jahre, in: Heinz Ludwig Arnold (Hg.), Pop-Literatur, München 2003, S. 218–233.

242 Ute Paulokat, Benjamin von Stuckrad-Barre. Literatur und Medien in der Popmoderne, Frankfurt am Main 2006; Mathias Mertens, Robbery, assault, and battery. Christian Kracht, Benjamin v. Stuckrad-Barre und ihre mutmaßlichen Vorbilder Bret Easton Ellis und Nick Hornby, in: Arnold, Pop-Literatur (wie Anm. 252), S. 201–217.

243 Zit. nach Moritz Baßler, Der deutsche Pop-Roman. Die neuen Archivisten, München 2002, S. 115.

244 Dirk Skiba, Etholektale und literarisierte Hybridität in Feridun Zaimoglus Kanak Sprak, in: Klaus Schenk/Almut Todorow/Milan Tvrdik (Hg.), Migrationsliteratur. Schreibweisen einer interkulturellen ModerneTübingen/Basel 2004, S. 183–204.

245 Thomas Ernst, Jenseits von MTV und Musikantenstadl. Popkulturelle Positionierungen in Wladimir Kaminers »Russendisko« und Feridun Zaimoglus »Kanak Sprak«, in: Heinz Ludwig Arnold (Hg.), Literatur und Migration, München 2006, S. 148–158.

246 Feridun Zaimoglu/Julia Abel, »Migrationsliteratur ist ein toter Kadaver«. Ein Gespräch, in: Arnold, Literatur (wie Anm. 256), S. 159–166.

247 Petra Anders, Slam Poetry, Stuttgart 2008.

248 Deutscher Bundestag, Kultur (wie Anm. 219), S. 149. Das Folgende S. 156.

249 Hermann Glaser, Deutsche Kultur. Ein historischer Überblick von 1945 bis zur Gegenwart, 3., erw. Aufl., Bonn 2003, S. 447.

250 Hans-Thies Lehmann, Postdramatisches Theater, Frankfurt am Main 1999.

251 Der Spiegel, 24.2.1997; 12.1.1998; Die Welt, 16.1.2008.

252 Der Spiegel, 26.4.1999.

253 Der Spiegel, 24.9.2007.

254 Eric Rentschler, Film der achtziger Jahre. Endzeitspiele und Zeitgeistszenerien, in: Wolfgang Jacobsen/Anton Kaes/Hans Helmut Prinzler (Hg.), Geschichte des deutschen Films, 2., aktual. u. erw. Aufl., Stuttgart 2004, S. 281–318.

255 Anton Kaes, Der Neue Deutsche Film, in: Geoffrez Nowell-Smith, Geschichte des Internationalen Films, Stuttgart/Weimar 1998, S. 566–581, 580 f.; Sabine Hake, Film in Deutschland. Geschichte und Geschichten seit 1895, Reinbek 2004, S. 303 ff.; Katja Nicodemus, Film der neunziger Jahre. Neues Sein und altes Bewusstsein, in: Jacobsen u. a., Geschichte (wie Anm. 264), S. 319–356; Ju-Bong Lee, Der Wandel im deutschen Film der 90er Jahre: Eine Analyse zum Stil der Filme von Hans-Christian Schmid und Tom Tykwer, Diss. Osnabrück 2006.

256 Angaben nach der Statistik der Filmförderungsanstalt: www.ffa.de.

257 Thomas Elsaesser, Introduction: German Cinema in the 1990s, in: ders. (Hg.), The BFI Companion to German Cinema, London 1999, S. 3–16, 6.

258 Malte Hagener, German Stars of the 1990s, in: Tim Bergfelder/Erica Carter/Deniz Göktürk (Hg.), The German Cinema Book, London 2002, S. 98–106; Porträts in Heiko R. Blum/Katharina Blum, Gesichter des neuen deutschen Films, Berlin 1997; Zitat: Hake, Film (wie Anm. 265), S. 318.

259 Georg Seeßlen, Falsche Fünfziger im Kino. Warum das neue deutsche Komödien-Kino dem alten so furchtbar ähnlich ist, in: ders., Glatzen und Glamour. Mythen und Monster der populären Kultur, Hamburg 1999, S. 68–89, 72 f.; Hake, Film (wie Anm. 265), S. 304.

260 Lee, Wandel (wie Anm. 265), S. 24.

261 Seeßlen, Fünfziger (wie Anm. 269), S. 86.

262 Claus Löser, Filme aus Samt und Stahl. Das Kino des Romuald Karmakar, in: apropos: Film 2002. Das Jahrbuch der DEFA-Stiftung, Berlin 2002, S. 200–210.

263 Guntram Vogt, Die Stadt im Film. Deutsche Spielfilme 1900–2000, Marburg 2001, S. 724 ff.

264 Rainer Gansera, 40 Jahre nach Oberhausen. Der Stand der Dinge, in: epd Film 2/2002, S. 16–19, 18.

265 Rainer Gansera, Zeit des Aufbruchs. Tendenzen im deutschen Kino 1998/99, in: epd Film 3/1999, S. 26–31.

266 Kerstin Decker, Neben der Zeit. Die Filme von Andreas Dresen und Andreas Kleinert, in: apropos: Film 2001. Jahrbuch der DEFA-Stiftung, Berlin 2001, S. 328–343.

267 Claus Löser, Berlin am Bosporus. Zum Erfolg Fatih Akins und anderer türkischstämmiger Regisseure in der deutschen Filmlandschaft, in: apropos: Film 2004. Das Jahrbuch der DEFA-Stiftung, Berlin 2004, S. 129–146, Zitat 129; Margret Mackuth, Es geht um Freiheit. Interkulturelle Motive in den Spielfilmen Fatih Akins, Saarbrücken 2007.

268 Eduard Beaucamp, Wo bleibt die ostdeutsche Kunst? Berlin braucht ein Museum, in: Frankfurter Allgemeine Zeitung (Beilage »Bilder und Zeiten«), 30.9.2000; vgl. Bernd Lindner, »Anders als in Dresden damals …« Ostdeutsche Kunstrezipienten und ihre Ausstellungserfahrungen nach 1989, in: Deutschland-Archiv, Jg. 31, 1998, S. 732–744.

269 Eugen Blume/Hubertus Gaßner/Eckhart Gillen/Hans-Werner Schmidt (Hg. im Auftrag der Bundeszentrale für politische Bildung), Wahnzimmer (Katalog einer Ausstellung im Museum der Bildenden Künste Leipzig und danach im Museum Folkwang Essen 2002/2003), Bonn 2002.

270 Vgl. Hanno Rauterberg, Nun kann die Mauer fallen, in: Die Zeit, 29.1.2009; Jordan Mejias, Keine Chance für den Totalitarismus, in: Frankfurter Allgemeine Zeitung, 30.1.2009; dies demonstrierte zuletzt die einhellige Kritik am Ausschluss der DDR-Kunst aus der Berliner Ausstellung »60 Jahre – 60 Werke« im Sommer 2009.

271 Christiane Lange/Florian Matzner (Hg.), Malerei der Gegenwart. Zurück zur Figur, München 2006.

272 Werner Theurich, Documenta-Rundgang. Bloß kein Event!, in: Spiegel-Online, 10.6.2002; zur letzten Documenta s. den Katalog: Documenta Kassel 16/06–23/09 2007, Köln 2007.

273 Vgl. Burt Chernow, Christo und Jeanne-Claude. Eine Biographie, Köln 2000; Jacob Baal-Teshuva, Christo und Jeanne-Claude, Köln 2005.

274 Stefan Römer, Künstlerische Strategien des Fake. Kritik von Original und Fälschung, Köln 2001.

275 Edgar Mrugalla, König der Kunstfälscher. Meine Erinnerungen, Berlin u. a. 1993.

276 Ulrike Knöfel, Bilder für Millionen, in: Spiegel special 5/2008, S. 108.

277 Gert Kähler, Dekonstruktion? Dekonstruktivismus? Aufbruch ins Chaos oder neue Bild der Welt?, Braunschweig/Wiesbaden 1990; Ingeborg Flagge/Romana Schneider (Hg.), Die Revision der Postmoderne, Hamburg 2004.

278 Adolf Max Vogt, Schräge Architektur und aufrechter Gang. Was hat sich nach vier Jahren »Dekonstruktion« in der Architektur verdeutlicht?, in: Gert Kähler (Hg.), Schräge Architektur und aufrechter Gang. Dekonstruktion: Bauen in einer Welt ohne Sinn?,

Wiesbaden 1993, S. 13–35; Mark Wigley, Architektur und Dekonstruktion. Derridas Phantom, Basel 1994.

279 Daniel Libeskind, Between the Lines. Erweiterung des Berlin Museums mit Abteilung Jüdisches Museum (1989), in: Alois Martin Müller (Hg.), Daniel Libeskind. Radix – Matrix. Architekturen und Schriften, München/New York 1994, S. 100–102, 101.

280 Rolf Bothe, Das Berlin Museum und sein Erweiterungsbau, in: Kristin Feireiss (Hg.), Daniel Libeskind. Erweiterung des Berlin Museums mit Abteilung Jüdisches Museum, Berlin 1992, S. 33–52; Kurt Winkler, Ceci n'est pas un musée – Daniel Libeskinds Berliner Musemsprojekt, in: Müller, Daniel Libeskind (wie Anm. 289), S. 122–135; Elke Dorner, Daniel Libeskind. Jüdisches Museum Berlin, Berlin ³2006.

281 John Rosenthal, Von Katastrophe zu Katastrophe. Die bizarre Metaphysik des Architekten Daniel Libeskind, in: Merkur, Jg. 59, 2005, S. 318–328, 325.

282 Johann Jessen/Jochem Schneider, Umnutzung im Bestand. Städtebau – Programm – Gestalt, in: Wüstenrot Stiftung (Hg.), Umnutzungen im Bestand. Neue Zwecke für alte Gebäude, Stuttgart/Zürich 2000, S. 14–42.

283 Karl Ganser, Architektur als Prozess. Die Internationale Bauausstellung Emscher Park, in: Kunibert Wachten (Hg.), Wandel ohne Wachstum? Stadt-Bau-Kultur im 21. Jahrhundert, Braunschweig/Wiesbaden 1996, S. 79–95.

284 Sabine Schneider, Architektur und Wohnen. Modellvorhaben in Bayern, in: Wachten, Wandel (wie Anm. 293), S. 107–113.

285 Jost Hermand, Nach der Postmoderne. Ästhetik heute, Köln u. a. 2004, S. 173.

286 Christina Simon, Suburbane Wohngebiete. Konzepte zur städtebaulichen Qualifizierung des Ein- und Zweifamilienhauses in der Bundesrepublik Deutschland 1949–1999, Stuttgart 2001, S. 136.

287 Nino Galetti, Der Bundestag als Bauherr in Berlin. Ideen, Konzepte, Entscheidungen zur politischen Architektur (1991–1998), Düsseldorf 2008, S. 205 ff.

288 Wolfgang Pehnt, Der Wunsch, zu sein wie andere auch. Zur Architektur der deutschen Hauptstadt, in: Merkur, Jg. 60, 2006, S. 758–770, 758.

289 Matthias Pabsch, Zweimal Weltstadt. Architektur und Städtebau am Potsdamer Platz, Berlin 1998.

290 Sybille Frank, Mythenmaschine Potsdamer Platz: Die wort- und bildgewaltige Entwicklung des »Neuen Potsdamer Platzes« 1989–1998, in: Thomas Biskup/Marc Schalenberg (Hg.), Selling Berlin. Imagebildung und Stadtmarketing von der preußischen Residenz bis zur Bundeshauptstadt, Stuttgart 2008, S. 297–320, Zitat 308; Thomas Albrecht, Die Neugestaltung Berlins zwischen Planungsprozess und städtebaulicher Vision, in: ebd., S. 321–334.

291 Götz Adriani u. a. (Hg.), Kunst im Reichstagsgebäude, Köln 2002.

292 Uwe Fleckner, Die Demokratie der ästhetischen Erfahrung. Gerhard Richters Wandbild *Schwarz Rot Gold* im Berliner Reichstagsgebäude, in: Inge Stephan/Alexandra Tacke (Hg.), NachBilder der Wende, Köln u. a. 2008, S. 283–300.

Kommentierte Hinweise zur Literatur

Im Folgenden werden die wichtigsten seit 1990 erschienenen Monographien und Sammelbände genannt. Ältere Veröffentlichungen sind über sie zu erschließen. Hinweise zu weiteren einführenden Überblickswerken und Sammelbänden gibt die Einleitung dieses Buches, die Spezialliteratur, z. B. regionalhistorische Publikationen und wichtige Aufsätze, findet sich in den Anmerkungen.

1 Theoretische Zugänge zum Kulturbegriff und zur Kulturgeschichte

Einen verlässlichen Überblick über Geschichte und Ansätze der Kulturgeschichte bietet:
> Ute Daniel, Kompendium Kulturgeschichte. Theorien, Praxis, Schlüsselwörter, Frankfurt/M. [5]2006 (2001).

Zur neuesten Debatte über Möglichkeiten einer kulturhistorischen Perspektive auf die politische Geschichte informiert:
> Ute Frevert/Heinz-Gerhard Haupt (Hg.), Neue Politikgeschichte. Perspektiven einer historischen Politikforschung, Frankfurt/M./New York 2005.

2 Der gesellschaftliche Rahmen

Mit knappen Darstellungen, Skizzen der zeithistorischen Forschungsdiskussion und umfangreichen Bibliographien informieren:
> Rudolf Morsey, Die Bundesrepublik Deutschland. Entstehung und Entwicklung bis 1969, München [5]2007;
> Andreas Rödder, Die Bundesrepublik Deutschland 1969–1990, München 2004;
> Axel Schildt, Die Sozialgeschichte der Bundesrepublik Deutschland bis 1989/90, München 2007.

Umfangreiches Datenmaterial der empirischen Sozialforschung auch für die Zeit nach 1990 enthält der Band:
> Rainer Geißler, Die Sozialstruktur Deutschlands. Die gesellschaftliche Entwicklung vor und nach der Wiedervereinigung, Wiesbaden [3]2002.

Für vergleichende europäische Perspektiven sehr empfehlenswert:
> Hartmut Kaelble, Sozialgeschichte Europas. 1945 bis zur Gegenwart, München 2007.

Einige umfangreiche Sammelbände integrieren sozialkulturelle Dimensionen in ihre Betrachtung der Bundesrepublik:
> Axel Schildt/Arnold Sywottek (Hg.), Modernisierung im Wiederaufbau. Die westdeutsche Gesellschaft der 50er Jahre, Bonn [2]1998 (1993);
> Axel Schildt/Detlef Siegfried/Karl Christian Lammers (Hg.), Dynamische Zeiten. Die 60er Jahre in den beiden deutschen Gesellschaften, Hamburg [2]2003 (2000);
> Ulrich Herbert (Hg.), Wandlungsprozesse in Westdeutschland. Belastung, Integration, Liberalisierung 1945–1980, Göttingen [2]2003 (2002).

3 Übergreifende Darstellungen zur kulturellen Entwicklung

Eine kondensierte Version und die Fortschreibung seiner Darstellungen aus den 80er Jahren bieten die Bände von:

> *Hermann Glaser, Deutsche Kultur. Ein historischer Überblick von 1945 bis zur Gegenwart, Bonn 1997,*

und

> *ders., Kleine deutsche Kulturgeschichte. Eine west-östliche Erzählung vom Kriegsende bis heute, Frankfurt/M. 2004.*

Über ein weites Spektrum vor allem popularkultureller Phänomene informieren jeweils für eine Dekade Beiträge von Autoren aus verschiedenen Disziplinen in den Sammelbänden:

> *Werner Faulstich (Hg.), Die Kultur der fünfziger Jahre, München 2002; Die Kultur der sechziger Jahre, München 2003; Die Kultur der siebziger Jahre, München 2004; Die Kultur der achtziger Jahre, München 2005.*

Zur Konsum- und Alltagskultur der 50er und 60er Jahre und darauf bezogene zeitgenössische Diskussionen bieten zwei Bände ausführliche Darlegungen:

> *Axel Schildt, Moderne Zeiten. Freizeit, Massenmedien und »Zeitgeist« in der Bundesrepublik der 50er Jahre, Hamburg ²2003 (1995);*
>
> *Detlef Siegfried, Time is on my Side. Konsum und Politik in der westdeutschen Jugendkultur der 60er Jahre, Göttingen ²2008 (2006).*

Die Nachwirkungen von NS-Regime, Zweitem Weltkrieg und Holocaust, die als lange Schatten über der Gesellschaft und Kultur der Bundesrepublik lagen, sind in unzähligen Studien analysiert worden. Einen hervorragenden Überblick bietet ein soeben veröffentlichter Sammelband:

> *Peter Reichel/Harald Schmid/Peter Steinbach (Hg.), Der Nationalsozialismus – Die zweite Geschichte. Überwindung – Deutung – Erinnerung, München 2009.*

4 Zur Entwicklung der Medienöffentlichkeit

Einen umfassenden Überblick bietet:

> *Jürgen Wilke (Hg.), Mediengeschichte der Bundesrepublik Deutschland, Bonn 1999.*

Die Liberalisierung der politischen Kultur wird am Beispiel der Presseentwicklung dargelegt in der informativen Arbeit von:

> *Christina von Hodenberg, Konsens und Krise. Eine Geschichte der westdeutschen Medienöffentlichkeit 1945–1973, Göttingen 2006.*

Aus der umfangreichen Literatur zu Fotografie, Film und Fernsehen eignen sich zur Einführung:

> *Jörn Glasenapp, Die deutsche Nachkriegsfotografie. Eine Mentalitätsgeschichte in Bildern, Paderborn 2008;*
>
> *Sabine Hake, Film in Deutschland. Geschichte und Geschichten seit 1895, Reinbek 2004;*
>
> *Knut Hickethier (unter Mitarbeit von Peter Hoff), Geschichte des Deutschen Fernsehens, Stuttgart/Weimar 1998.*
>
> *Wolfgang Jacobsen/Anton Kaes/Hans Helmut Prinzler (Hg.), Geschichte des deutschen Films, Stuttgart ²2004 (1993).*

5 Zur Entwicklung in den Künsten

Für die Geschichte der deutschsprachigen Literatur bietet die Darstellung von:

Ralf Schnell, Geschichte der deutschsprachigen Literatur seit 1945, Stuttgart 1993,

eine verlässliche Orientierung. Noch aspektreicher und detaillierter ist der umfangreiche Sammelband von:

Wilfried Barner (Hg.), Geschichte der deutschen Literatur von 1945 bis zur Gegenwart, München ²2006 (1994).

Zur Bildenden Kunst bietet eine pointierte Skizze:

Martin Damus, Kunst in der BRD 1945–1990. Funktionen der Kunst in einer demokratisch verfassten Gesellschaft, Reinbek 1995.

Zur Einbettung in längere Linien eignet sich:

Uwe M. Schneede, Die Geschichte der Kunst im 20. Jahrhundert. Von den Avantgarden bis zur Gegenwart, München 2001.

Mit einer Fülle von anschaulichen Beispielen und kenntnisreichen Darlegungen über die Bildende Kunst in beiden deutschen Staaten:

Karin Thomas, Kunst in Deutschland seit 1945, Köln 2002.

Als Standardwerk der Design-Geschichte kann herangezogen werden:

Gert Selle, Geschichte des Designs in Deutschland, Neuausgabe Frankfurt/M. 2007.

Bildnachweis

akg-images: S. 25, 51, 88, 177, 182, 323, 389, 548
akg-images/AP: S. 188
akg-images/Foto: Dieter E. Hoppe: S. 242
© AKIR, Düsseldorf/Foto: Hans Lachmann: S. 262
© Alfred von Meysenbug: S. 307
© AP Foto: S. 255
© Archenova/Foto: Thomas Dix: S. 452
© Architekturmuseum der Technischen Universität München: S. 243
Archiv der sozialen Demokratie der Friedrich-Ebert-Stiftung (AdsD der FES), Bonn: S. 289
bpk/Germin: S. 225
Bildarchiv von Saga GWG im Museum der Arbeit/Foto: Ernst Scheel: S. 92
Bundesarchiv, Bundesbildstelle, Koblenz (Bild 183-1985-0315-501, Foto: o. Ang., 1948, dpd):
    S. 30 (re.)
Bundesarchiv, Bundesbildstelle, Koblenz (Plak 005-005-001, Grafiker: o. Ang., 1953): S. 143
DAM, Archiv/Modellsammlung, Frankfurt/M./Entwurf: © O. M. Ungers, Köln : S. 449
© Der Spiegel, Hamburg: S. 166 (li.)
© Der Spiegel, Hamburg/Grafik: Uwe Brandi: S. 498
Deutsches Literaturarchiv/Schiller Nationalmuseum, Marbach: S. 166 (re. u. li.)
Deutsches Plakat Museum im Museum Folkwang Essen: S. 259
Foto: Sacha Hartgers, Paris: S. 521
Foto: Hermann Hillebrand, Wittlich: S. 523
Foto: Reinhard Janke: S. 364
Foto: Martin Langer, Hamburg: S. 499
Foto: Jochen Littkemann, Berlin: S. 387
Foto: Digne Meller Marcovicz: S. 304
Foto: Kurt Röhrig/Helga Lade, Frankfurt/M. : S. 102, 110
Foto: Hans Schürer, München: S. 30 (li.), 33
Foto: Hans Peter Stiebing: S. 483
Foto: Günter Zint: S. 267, 354, 362
Fotoarchiv Jupp Darchinger im AdsD der FES: S. 192, 207
G 9215 © Globus, Quelle: Statist. Bundesamt: S. 472
© Jochen Grützke: S. 387
© Jörg Immendorff estate: S. 389
© INTER'S Charles Wilp: S. 259
LAV NRW R RWBO11 412–24/Foto: Sammlung Carl August Stachelscheid: S. 28
© Mineralbrunnen Überkingen-Teinach AG: S. 259.
Münchner Stadtmuseum, Sammlung Grafik/Foto: W. B. Francé: S. 40
    (Inv.Nr. GR 54/1138/745), 47 (Inv.Nr. GR 54/1138/788)
Presse- und Informationsamt der Bundesregierung (B145 Bild-00083755, Foto: o. Ang.,
    26.7.1953): S. 148
© Uwe Rau, Berlin: S. 459
Sinus Lebensweltforschung GmbH, Heidelberg: S. 411

Personenregister

Kursiv gesetzte Seitenzahlen beziehen sich auf Abbildungen.

Becker, Hellmut (1913–1993) 220, 295

Becker, Jurek (1937–1997) 455, 458

Becker, Wolfgang (*1954) 524, 546

Beckett, Samuel (1906–1989) 171

Beckmann, Reinhold (*1956) 515

Beethoven, Ludwig van (1770–1827) 64, 83, 85, 221, 534

Begemann, Bernd (*1962) 540

Behnisch, Günther (*1922) 449, 451, 550

Beilmann, Christel (1921–2005) 279

Bell, Daniel (*1919) 245

Benda, Ernst (1925–2009) 211

Bender, Hans (*1919) 464

Benjamin, Walter (1892–1940) 275, 284, 304, 312

Benn, Gottfried (1886–1956) 71, 162 f.

Benseler, Frank (*1929) 303

Benz, Wolfgang (*1941) 11

Berendt, Joachim Ernst (1922–2000) 314

Berg, Alban (1885–1935) 85

Berg, Sibylle (*1962) 540

Bergengruen, Werner (1892–1964) 74 f., 230

Bergmann, Ingmar (1918–2007) 204

Bermann Fischer, Gottfried (1897–1995) 61, 155

Bernanos, Georges (1888–1948) 75

Bernhard, Thomas (1931–1989) 399, 542

Bertram, Hans (1906–1993) 413

Besson, Benno (1922–2006) 541

Beuys, Joseph (1921–1986) 239, 321, 323, 386 f.

Bichsel, Peter (*1935) 165

Biermann, Wolf (*1936) 206, 305, 455 f., 458, 537

Biondi, Franco (*1947) 355

Blacher, Boris (1903–1975) 85

Black, Roy (1943–1991) 273, 318, 361

Blake, Peter (*1932) 318

Bleibtreu, Moritz (*1971) 546

Bloch, Ernst (1885–1977) 51, 213, 219, 305, 357

Blum, Gabriele (*1954) 428

Blüm, Norbert (*1935) 439, 516

Blumenfeld, Erik (1915–1997) 205

Blyton, Enid (1897–1968) 348

Bobrowski, Johannes (1917–1965) 165, 232

Bodamer, Joachim (*1910) 157

Boehlich, Walter (1921–2006) 312

Boehnisch, Peter (1927–2005) 322

Bohley, Bärbel (*1945) 474

Bohm, Hark (*1939) 345, 393

Böhme, Erich (*1930) 416

Böll, Heinrich (1917–1985) 73, 76, 79, 153, 164 f., 168, 213, 225, 229 f., 395

Bollenbeck, Georg (*1947) 97

Bolz, Norbert (*1953) 488

Bondy, Curt (1894–1972) 26

Boos, Walter (1928–1966) 329

Borchert, Wolfgang (1921–1947) 79–81, 163

Borkenau, Franz (1900–1957) 150

Born, Max (1882–1970) 208, 215

Born, Nicolas (1937–1979) 228, 399

Borneman, Ernest (1915–1995) 270

Börner, Holger (1931–2006) 442

Borngräber, Christian (1945–1992) 453

Borsche, Dieter (1909–1982) 235

Bösch, Frank (*1969) 438

Bourdieu, Pierre (1930–2002) 40, 408, 483, 534

Brahms, Johannes (1833–1897) 64, 83

Brandt, Leo (1908–1974) 215

Brandt, Willy (1913–1992) 50, 124, 150, 216 f., 221 f., 254, 280, 288, 289, 293, 331, 365, 429, 441 f., 474, 506

Brasch, Thomas (1945–2001) 456, 458

Brauer, Max (1887–1973) 51, 61, 126, 214

Braun, Volker (*1939) 537

Brecht, Bertolt (1898–1956) 51, 81, 82, 164, 170, 226, 235–237, 304, 311, 325 f., 388

Breker, Arno (1900–1991) 174, 461

Breloer, Heinrich (*1942) 527

Brentano, Heinrich von (1904–1964) 145, 148 f., 164

Brinkmann, Rolf Dieter (1940–1975) 310, 314 f.

Brook, Peter (*1921) 542

Broszat, Martin (1926–1989) 436

Brown, Dan (*1964) 538

Bruckner, Anton (1824–1896) 238

Brückner, Jutta (*1941) 398

Brühl, Daniel (*1978) 524

Brumlik, Micha (*1947) 528

Brus, Günter (*1938) 320

Brussig, Thomas (*1965) 524, 538

Bruyn, Günter de (*1926) 232, 458

Buback, Siegfried (1920–1977) 384

Harich, Wolfgang (1923–1995) 68
Harlan, Veit (1899–1964) 140
Harry, Armin (*1937) 201
Härtling, Peter (*1933) 228, 348
Hartmann, Karl Amadeus (1905–1963) 84 f.
Hartung, Olaf 433
Haslinger, Josef (*1955) 532
Hauff, Reinhard (*1939) 328
Haug, Wolfgang Fritz (*1936) 210, 257, 305
Hauptmann, Gerhart (1862–1946) 81
Hausmann, Manfred (1898–1986) 75
Häusser, Robert (*1924) 392
Haußmann, Leander (*1959) 545
Haydn, Joseph (1732–1809) 132
Heck, Dieter Thomas (*1937) 273
Heidegger, Martin (1889–1976) 55, 69 f., 159
Heidenreich, Elke (*1943) 512, 531
Hein, Christoph (*1944) 457
Heinemann, Gustav (1899–1976) 130, 287,
    368, 426, 514
Heino (Heinz Georg Kramm, *1938)
    273, 361
Heisig, Bernhard (*1925) 239, 457, 554
Heißenbüttel, Helmut (1921–1996) 163
Heldt, Werner (1904–1954) 88
Hellpach, Willy (1877–1955) 158
Hellwege, Heinrich (1908–1991) 128
Hembus, Joe (1933–1985) 395
Hemingway, Ernest (1899–1961) 76
Hendrix, Jimi (1942–1970) 274, 301
Henkel, Hans-Olaf (*1940) 512
Hennig von Lange, Alexa (*1973) 540
Hennis, Wilhelm (*1923) 285, 291
Hensel, Georg (1923–1996) 170
Henselmann, Hermann (1905–1995) 178
Hentig, Hartmut von (*1925) 295
Henze, Hans Werner (*1926) 171, 238,
    322, 395
Herberger, Sepp (1897–1977) 38
Herbert, Ulrich (*1971) 427
Herbig, Michael »Bully« (*1968) 545
Hermand, Jost (*1930) 12, 387, 552
Hermann, Eva (*1958) 517
Hermkes, Bernhard (1903–1995) 92
Hermlin, Stephan (1915–1997) 226,
    458 f., 459
Herms, Uwe (*1937) 316
Herzog, Roman (*1934) 291, 523

Herzog, Werner (*1942) 394
Herzogenrath, Wulf (*1944) 320
Hesse, Eva (1936–1970) 319
Hesse, Hermann (1877–1962) 73, 77, 153,
    163, 230, 232, 304
Heuer, Rolv (*1946) 273, 307
Heuss, Theodor (1884–1963) 44, 60, 62, 127,
    132, 139, 155
Heyde, Werner (1902–1964) 209
Heydte, Friedrich August von der
    (1907–1994) 145
Heym, Stefan (1913–2001) 51, 206, 232, 455,
    458 f., 474
Hickethier, Knut (*1954) 393
Hilbig, Wolfgang (1941–2007) 537
Hildebrand, Klaus (*1941) 436
Hildebrandt, Dieter (*1927) 169
Hildesheimer, Wolfgang (1916–1991) 168,
    170
Hiller, Kurt (1885–1972) 55, 307
Hillgruber, Andreas (1925–1989) 436
Himmler, Heinrich (1900–1945) 136, 517
Hindemith, Paul (1895–1963) 85, 238
Hitler, Adolf (1889–1945) 49, 63 f., 72, 79,
    131, 138, 144, 211, 394, 436, 520 f.
Höbel, Wolfgang (*1962) 543
Hochhuth, Rolf (*1931) 181, 227, 234,
    235, 312
Hoegner, Wilhelm (1887–1980) 51
Hofbauer, Ernst (1925–1984) 329
Hofer, Karl (1878–1955) 87 f., 88, 174 f.
Höfer, Werner (1913–1997) 152
Hoff, Hein ten (1919–2003) 37
Hoffmann von Fallersleben, August
    Heinrich (1798–1874) 131
Hoffmann, E. T. A. (1776–1822) 463
Hoffmann, Hilmar (*1925) 329, 339, 405
Hoffmann, Jutta (*1941) 456
Hofmannsthal, Hugo von (1874–1929) 82
Hölderlin, Friedrich (1770–1843) 68
Holland, Herwart »Wau« (1951–2001) 424
Holland-Cunz, Barbara (*1957) 382
Hollander, Walther von (1892–1973) 104
Hollein, Hans (*1934) 448
Höllerer, Walter (1922–2003) 165, 167,
    464
Holtfreter, Jürgen (*1937) 393
Holzamer, Karl (1906–2007) 254

Michel, Karl Markus (1929–2000) 312, 421
Middelhauve, Friedrich (1896–1966) 147
Miegel, Agnes (1879–1964) 164
Mies van der Rohe, Ludwig (1886–1969) 89
Mikesch, Elfi (*1940) 398
Millett, Kate (*1934) 382
Minks, Wilfried (*1930) 325
Mischnick, Wolfgang (1921–2002) 289
Mitscherlich, Alexander (1908–1982) 98,
    150, 159, 241, 446
Mitscherlich-Nielsen, Margarete (*1917) 98
Modick, Klaus (*1951) 462
Mohammad Reza Schah Pahlavi
    (1919–1980) 300
Mohler, Armin (1920–2003) 164, 287
Möller, Horst (*1943) 528
Molo, Walter von (1880–1958) 71 f.
Moltmann, Jürgen (*1926) 357
Mommsen, Hans (*1930) 429, 434, 436, 528
Momper, Walter (*1945) 555
Monk, Egon (1927–2007) 254, 417
Moorman, Charlotte (1933–1991) 320
Mooser, Josef (*1946) 100
Moreau, Jeanne (*1928) 329
Morgner, Irmtraud (1933–1990) 232
Morriën, Adriaan (1912–2002) 165
Morrison, Van (*1945) 363
Morsey, Rudolf (*1927) 11
Mosebach, Martin (*1951) 517, 537
Mossmann, Walter (*1941) 360, 428
Motschmann, Klaus (*1934) 291
Mozart, Wolfgang Amadeus (1756–1791)
    35, 65, 83, 85
Mrugalla, Edgar (*1938) 549
Mueller-Stahl, Armin (*1930) 456
Mühe, Ulrich (1953–2007) 525
Mühl, Otto (*1925) 320 f.
Mühlberg, Dietrich (*1936) 524
Muhlen, Norbert (1909–1981) 96
Müller, Heiner (1929–1995) 455–457,
    461, 535
Müller, Josef (1898–1979) 128
Müller-Westernhagen, Marius (*1948) 402
Münker, Stefan (*1963) 337
Münz, Rainer (*1954) 345
Muschg, Adolf (*1934) 465, 537
Musil, Robert (1880–1942) 327
Myhre, Wencke (*1947) 361

Nagel, Ivan (*1931) 542
Nannen, Henri (1913–1996) 61
Natalini, Adolfo (*1941) 450
Naumann, Klaus (*1949) 445
Naumann, Michael (*1941) 547
Nave-Herz, Rosemarie (*1935) 382
Nay, Ernst Wilhelm (1902–1968) 172, 174
Negt, Oskar (*1934) 281
Nettelbeck, Uwe (1940–2007) 307
Nevermann, Paul (1902–1979) 205
Nicklisch, Hans (1911–2001) 162
Nicodemus, Katja (*1968) 546
Nicole (*1964) 361
Niemeyer, Oscar (*1907) 178
Niemöller, Martin (1892–1984) 42, 62, 143
Niethammer, Lutz (*1939) 46, 425, 429
Nipperdey, Thomas (1927–1992) 290,
    431, 508
Nirumand, Bahman (*1936) 312
Nitsch, Hermann (*1938) 320
Noelle-Neumann, Elisabeth (*1916) 46
Nolde, Emil (1867–1956) 87, 231
Noll, Ingrid (*1935) 538
Nolte, Ernst (*1923) 435 f.
Nono, Luigi (1924–1990) 322
Nooteboom, Cees (*1933) 537
Noske, Wilhelm 133
Nossack, Hans Erich (1901–1977) 74, 79
Nöstlinger, Christine (*1936) 345, 348

O'Neill, Eugene (1888–1953) 83
Oberländer, Theodor (1905–1998) 129, 210
Obermaier, Uschi (*1946) 266
Oetker, Rudolf-August (1916–2007) 174
Ofarim, Abi (*1937) 323
Ofarim, Esther (*1941) 323
Ohnesorg, Benno (1940–1967) 283
Ollenhauer, Erich (1901–1963) 130, 143
Oppenheimer, Julius Robert (1904–1967)
    235
Orff, Carl (1895–1982) 85 f.
Ortega y Gasset, José (1883–1955) 157–159
Ortlieb, Heinz-Dietrich (1910–2001) 98
Orwell, George (1903–1950) 157, 419
Ossowski, Leonie (*1925) 348
Ostermeier, Thomas (*1968) 543
Osterwalder, Hans-Ulrich (*1936) 318
Osterwalder, Ute (*1939) 318

Geographisches Register

Eichstätt 145
Eisenhüttenstadt 460
Eltville 368
Emden 396
England 53, 76, 146, 200, 266, 538
Erfurt 484
Erlangen 28, 42, 55, 461
Eschborn 198
Essen 28, 35, 274, 324, 362, 473, 552

Flensburg 27, 29, 38, 104, 135
Frankfurt am Main 30–32, 52, 58, 60 f.,
  63, 68 f., 80, 93, 99, 109, 124 f., 138, 148,
  154 f., 161, 163, 166, 184, 198 f., 210, 213,
  224, 226 f., 234, 236, 259, 272, 275, 279,
  281, 284 f., 295, 297 f., 301, 304–307, 309,
  326, 329, 342, 351, 358, 375 f., 393, 397 f.,
  401, 404, 448–450, 457, 489, 504, 515,
  550 f.
Frankreich 51, 149, 171, 179, 237, 248, 256,
  287, 422, 503, 518 f., 538
Freiburg 55, 61, 289, 300, 309, 319, 369, 371,
  415, 419, 440
Freudenstadt im Schwarzwald 90
Fulda 37

Gelsenkirchen 97, 102
Genf 214, 260, 443
Godesberg 179, 215–217, 278
Görlitz 451
Göttingen 28, 35, 55, 295, 309
Gran Canaria 478
Greifswald 56
Griechenland 182, 503, 518
Grohnde 370
Großbritannien 42, 81, 100, 182, 189, 214,
  248, 270 f., 275, 285, 298, 310, 314, 362 f.,
  421, 438, 492, 502, 511

Haiti 504
Halle 239
Hamburg 21, 24, 29, 31 f., 35–39, 41, 51–53,
  55, 58, 60 f., 65, 68, 74, 79 f., 82, 92, 98 f.,
  104, 117, 126, 134, 140, 149, 151, 154, 163,
  167, 169, 185, 188 f., 193, 201, 205, 211, 214,
  225 f., 253, 268, 270, 273, 305 f., 309, 316,
  323, 329, 340, 346, 358, 360–364, 367, 373,
  375, 383, 391, 393, 424, 426, 446, 452 f., 455,

457, 461, 468, 481, 487, 496 f., 513, 521, 538,
  540, 542 f.
Hamburg-Altona 340
Hamm 28
Hannover 26, 32, 35, 39, 126, 284, 339, 358,
  360, 364, 391, 409, 538, 546
Heidelberg 28, 35, 41, 60, 215, 297, 506
Heilbronn 83
Helmstedt 146
Herne 550
Herrlingen bei Ulm 78
Hessen 27, 39, 53, 87, 126, 219, 286, 297,
  383, 442
Hiroshima 213, 215
Hof 474
Hollywood 36, 117, 395, 456, 544

Indien 157, 358
Irak 490, 506
Iran 351
Island 518
Israel 126, 139 f., 223, 434, 443
Istanbul 401
Italien 89, 115, 146, 171, 179, 182 f., 185, 194 f.,
  237, 251, 256, 322, 351 f., 355, 400, 406–408,
  453, 503, 518, 537

Japan 220, 254
Jena 461
Jerichow 468 f.
Jerusalem 210, 225
Jugoslawien 182, 194, 498, 501, 506

Kaiserslautern 38
Kaiserstuhl 369 f.
Kalkar 370, 551
Karlsruhe 220, 377
Kärnten 195
Kassel 37, 175, 180, 196, 214, 238
Kiel 35, 37, 41, 343, 446
Koblenz 35
Köln 25, 28, 31, 35, 112, 123, 128, 132, 151,
  169, 173, 175, 182, 185, 201, 209, 224, 237,
  239, 270, 306, 314, 318 f., 322, 326, 339,
  354, 361, 368, 391, 445, 453, 455, 459, 501,
  533, 538, 544
Königsberg 147 f.
Kopenhagen 376, 469, 552

Dank

Wir sind allen sehr dankbar, die uns mit Rat und Tat geholfen haben, dieses Buch zu veröffentlichen. Sehr profitiert haben wir von der Kritik durch Knud Andresen, Nora Helmli, Claudia Kemper, Sylvia Necker und Malte Thießen, die – fast – alles akribisch gelesen haben und zu einem intensiven Brainstorming bereit waren. Wichtig waren die Kommentare und Anregungen von Gabriele Kandzora, Moritz Schramm und Joachim Szodrzynski, die größere Teile der Arbeit gelesen haben. Dankbar sind wir auch Tina Gotthardt, Rupert Marienfeld, Alexander Simmeth und Lena Voßler für Literaturbeschaffung, Kopierarbeiten und vieles mehr. Wertvoll war die Unterstützung durch Karl Otto Schütt, den Bibliothekar der Forschungsstelle für Zeitgeschichte in Hamburg. Stefanie Schüler-Springorum hatte eine gute Idee zum Titel des Buches. Schließlich möchten wir uns herzlich bei »unserem« Lektor Tobias Heyl und Martha Bunk vom Hanser Verlag bedanken, mit denen die Zusammenarbeit hervorragend klappte, sowie bei Jürgen Faulenbach von der Bundeszentrale für politische Bildung, der das Unternehmen überhaupt erst angeregt hat. Nicht namentlich erwähnt werden können all jene Freunde und Freundinnen sowie Kolleginnen und Kollegen, die mit uns immer wieder über Kino, Architektur, Vergangenheitspolitik oder Geschlechterverhältnisse in der Geschichte der Bundesrepublik diskutierten, gelegentlich nach dem Fortschritt des Buches fragten und zum Ausdruck brachten, dass sie es gern bald lesen würden. Auch das hat beflügelt.

Hamburg und Kopenhagen im April 2009
Axel Schildt, Detlef Siegfried